AF560531

तुग़लक़ कालीन भारत-1

सेंटर ऑफ एडवांस्ड स्टडी इन हिस्ट्री, अलीगढ़ मुस्लिम यूनिवर्सिटी, अलीगढ़

तुग़लक़ कालीन भारत

भाग-1

सुल्तान ग़यासुद्दीन तुग़लक़ तथा मुहम्मद बिन तुग़लक़
[1320-1351 ई.]

[HISTORY OF THE TUGHLUQS, PART-I]

समकालीन तथा निकट समकालीन इतिहासकारों द्वारा

[ज़ियाउद्दीन बरनी, एसामी, बद्रे चाच, अमीर ख़ुर्द, इब्ने बत्तूता, शिहाबुद्दीन अल उमरी, यहया, मुहम्मद बिहामद ख़ानी, निज़ामुद्दीन अहमद, अब्दुल क़ादिर बदायूनी, अली बिन अज़ीज़ुल्लाह तबातबा, मीर मुहम्मद मासूम, फ़िरिश्ता]

अनुवादक

सैयद अतहर अब्बास रिज़वी

एम.ए., पी-एच.डी.

राजकमल प्रकाशन

ISBN : 978-81-267-1481-0

मूल्य : ₹1250

पहला संस्करण : 1956
राजकमल से पहली बार : 2008
तीसरा संस्करण : 2016
This book is printed on **Print on Demand** Technology : 2025

प्रकाशक : राजकमल प्रकाशन प्रा. लि.
1-बी, नेता जी सुभाष मार्ग, दरियागंज
नई दिल्ली-110 002
शाखाएँ : अशोक राजपथ, साइंस कॉलेज के सामने, पटना-800 006
पहली मंजिल, दरबारी बिल्डिंग, महात्मा गांधी मार्ग, प्रयागराज-211 001
1, अनमोल सोराबजी संतुक लेन, धोबी तलाव, मरीन लाइंस, मुम्बई-400 002
वेबसाइट : www.rajkamalprakashan.com
ई-मेल : info@rajkamalprakashan.com

TUGHLUQ KALEEN BHARAT (Part-I)
Translated by Saiyad Athar Abbas Razvi

डॉक्टर ज़ाकिर हुसैन ख़ाँ

भूतपूर्व उपकुलपति

अलीगढ़ मुस्लिम विश्वविद्यालय

के

चरणों में

सादर समर्पित

इस संस्करण की भूमिका

सन् 1953 में भारत सरकार की अनुमति से अलीगढ़ मुस्लिम विश्वविद्यालय के इतिहास विभाग ने मध्यकालीन भारतीय इतिहास के क्षेत्र में शोध एवं प्रकाशन की एक योजना का शुभारम्भ किया था। प्रारम्भ में इस योजना के कार्यान्वयन का दायित्व प्रोफ़ेसर शेख़ अब्दुर रशीद और तत्पश्चात् सन् 1958 से प्रोफ़ेसर सैयद नूरूल हसन ने अपने ऊपर लिया था।

योजना का एक प्रमुख उद्देश्य फ़ारसी और अरबी में उपलब्ध ऐतिहासिक महत्त्व के स्रोतों का हिन्दी में अनुवाद एवं प्रकाशन था। इस कार्य के लिए एक ऐसे व्यक्ति की आवश्यकता थी जो तीनों भाषाओं का विद्वान हो। बहुत सोच-विचार के उपरान्त डॉ. सैयद अतहर अब्बास रिज़वी (1921-1994) को इस काम के लिए चुना गया। आशानुकूल डॉ. रिज़वी ने इस कार्य में विशेष रुचि और उत्साह दिखाया और पूर्ण समर्पण के साथ कार्य करते रहे। फलस्वरूप उन्होंने 'आदि तुर्क कालीन भारत' (1206-1290) से लेकर इस शृंखला की दस अनूदित पुस्तकों को प्रकाशित किया।* इन समस्त पुस्तकों को उनके अपार ऐतिहासिक महत्त्व तथा अनुवाद कला के कारण सम्पूर्ण विद्या-जगत में अपेक्षित मान्यता प्राप्त हुई और अनेक शोध-कार्यों में इनका उपयोग किया गया।

इन अनूदित पुस्तकों की उपलब्धता पिछले काफ़ी वर्षों से लगभग समाप्त हो चुकी थी। अतः हमारे विश्वविद्यालय के उपकुलपति श्री नसीम अहमद की अनुमति और सहयोग से इन पुस्तकों के पुनः प्रकाशन का कार्य आरम्भ हुआ और इस शृंखला की दो पुस्तकें 'आदि तुर्क कालीन भारत' (1206-1290) तथा 'खलजी कालीन भारत' (1290-1320) पहले ही प्रकाशित हो चुकी हैं। पुनः प्रकाशन की योजना को जारी रखते हुए इस शृंखला की तीसरी महत्त्वपूर्ण पुस्तक 'तुग़लक़ कालीन भारत', भाग-1 (1320-1351 ई.) आपके समक्ष प्रस्तुत है।

---

* अनूदित पुस्तकों की इस शृंखला के अतिरिक्त डॉ. अतहर अब्बास रिज़वी ने उत्तर प्रदेश सरकार की एक योजना के अन्तर्गत छह भागों में उत्तर प्रदेश के स्वतन्त्रता-संग्राम से सम्बन्धित दस्तावेज़ों का प्रकाशन (1957-61) भी किया था। उनकी प्रसिद्ध किताब 'मुस्लिम रिवाइवलिस्ट मूवमेंट्स इन नार्दर्न इण्डिया इन द सिक्सटींथ एंड सेवेन्टींथ सेंचुरीज' (1965) ने बौद्धिक वर्ग के लोगों का ध्यान आकर्षित किया। तत्पश्चात् 1971 में 'इंटेलेक्चुअल हिस्ट्री ऑफ अकबर्स रेन, ए हिस्ट्री ऑफ सूफीज़्म इन इण्डिया' (दो भागों में, 1978 तथा 1983); 'शाह वलीउल्लाह एंड हिज टाइम्स' (1980); 'शाह अब्दुल अज़ीज़' (1982) तथा 'सोशियो-इंटेलेक्चुअल हिस्ट्री ऑफ द इस्ना अशरी शियाज़ इन इण्डिया' (दो भागों में, 1986) पुस्तकें प्रकाशित हुईं।

डॉ. रिज़वी की अन्य पुस्तकों में 'फतेहपुर सीकरी' (वी.जे.ए. फ्लीन के साथ, 1975); 'ईरान : रॉयल्टी, रेलिजन एंड रिवोल्यूशन' (1980) तथा 'द वंडर दैट वाज इण्डिया' (भाग-11, 1987) अत्यधिक प्रसिद्ध हैं। इसके अतिरिक्त उन्होंने 1961 में इब्ने-खल्दून के 'मुकद्दिमा' का अनुवाद भी प्रकाशित किया। उनके अनेक शोध-पत्र विभिन्न संकलनों और पत्रिकाओं में प्रकाशित हुए। पुस्तकालयों को अनेक पांडुलिपियाँ उपलब्ध कराने में भी उनका योगदान है।

प्रसन्नता की बात यह है कि हमारे विशेष अनुरोध पर राजकमल प्रकाशन के प्रबंध निदेशक श्री अशोक महेश्वरी ने प्रस्तुत पुस्तक 'तुग़लक़ कालीन भारत', भाग-1 को पूर्णतः अपने प्रकाशन के खर्च पर छापा है और शेष समस्त पुस्तकों को भी इसी प्रकार स्वयं के खर्च पर छापने के लिए तैयार हैं। आगामी पुस्तक 'तुग़लक़ कालीन भारत', भाग-2 इस समय प्रेस में है और जल्द ही प्रकाशित हो जाएगी। हम इस महान सहयोग के लिए श्री अशोक महेश्वरी का अत्यधिक आभार व्यक्त करते हैं।

प्रोफ़ेसर शहाबुद्दीन इराकी
चेयरमैन एवं कोऑरडीनेटर,
सेंटर ऑफ एडवांस्ड स्टडी ऑफ हिस्ट्री,
अलीगढ़ मुस्लिम यूनिवर्सिटी, अलीगढ़

भूमिका

तुग़लुक़ वंश के इस इतिहास में १३२० ई० से १३५१ ई० तक के इतिहास से सम्बन्धित समस्त प्रमुख फ़ारसी तथा अरबी के ऐतिहासिक ग्रन्थों, काव्यों, एवं यात्रियों के पर्यटन विवरणों का हिन्दी अनुवाद तीन भागों में प्रस्तुत किया जा रहा है। प्रथम भाग में समकालीन इतिहासकारों तथा कवियों की कृतियों का अनुवाद किया गया है। इसमें ज़ियाउद्दीन बरनी की तारीखे फ़ीरोज़ शाही, एसामी की फ़ुतूहुस्सलातीन, बद्रे चाच के क़सीदों तथा अमीर खुर्द की सियरुल औलिया के अनुवाद दिये गये हैं। दूसरे भाग में समकालीन यात्रियों के पर्यटन वृत्तान्तों का अनुवाद है जिनमें इब्ने बत्तूता के यात्रा विवरण तथा शिहाबुद्दीन अल उमरी लिखित मसालिकुल अबसार फी ममालिकुल अमसार सम्मिलित हैं। तीसरे भाग में यहया बिन अहमद सहरिन्दी की तारीखे मुबारक शाही, मुहम्मद बिहामद खानी की तारीखे मुहम्मदी, ख्वाजा निज़ामुद्दीन अहमद की तबक़ाते अकबरी, अब्दुल क़ादिर बदायूनी की मुन्तखबुत्तवारीख, अली बिन अज़ीज़ुल्लाह तबातबा की बुरहाने मआसिर, मीर मुहम्मद मासूम की तारीखे सिन्ध तथा फ़िरिश्ता की तारीखे फ़िरिश्ता के अनुवाद किये गये हैं। इतिहासकारों तथा उनकी कृतियों का परिचय अनुवाद के आरम्भ में दिया गया है। अनुवाद करते समय फ़ारसी से अंग्रेज़ी अनुवाद के सभी प्रचलित नियमों को, जिनका पालन इतिहासकार करते रहे हैं. ध्यान में रखा गया है। भावार्थ के साथ-साथ शब्दार्थ को विशेष महत्त्व दिया गया है। फ़ारसी भाषा का हिन्दी भाषा में वास्तविक अनुवाद देने के प्रयास के कारण कहीं-कहीं पर शब्दों की पुनरावृत्ति अनुपेक्षणीय बन गई है, क्योंकि इन शब्दों में से किसी एक को भी छोड़ देने से मूल जैसा वातावरण न रह पाता। जिन ग्रन्थों के संक्षिप्त अनुवाद किये गये हैं उनमें मध्यकालीन भारतीय संस्कृति से सम्बन्ध रखने वाले आवश्यक उद्धरणों का विशेष ध्यान रखा गया है। फ़ुतूहुस्सलातीन तथा क़सायदे बद्रे चाच की पृष्ठ-संख्या वाक्य के अन्त में कोष्ठबद्ध है। अन्य ग्रन्थों की पृष्ठ संख्या अनुच्छेद के आरम्भ में ही कोष्ठ में लिख दी गई है।

अंग्रेज़ी अनुवाद के ग्रन्थों में पारिभाषिक शब्दों के अंग्रेज़ी अनुवादों में दोष रह गये हैं। इस कारण मध्यकालीन भारतीय इतिहास में अनेक भ्रम-पूर्ण रूढ़ियों को आश्रय मिल गया है। इस प्रकार की त्रुटियों से बचने के उद्देश्य से पारिभाषिक और मध्यकालीन वातावरण के परिचायक शब्दों को मूल रूप में ही ग्रहण किया गया है। ऐसे शब्दों की व्याख्या पाद-टिप्पणियों में कर दी गई है। मिथ्या प्रवादों का विवेचन भी, समकालीन तथा उत्तरवर्ती इतिहासों के आधार पर. पाद-टिप्पणियों में ही किया गया है। नगरों के नाम प्रायः मध्य-कालीन फ़ारसी रूप में ही रहने दिये गये हैं। मुझे खेद है कि कुछ अत्यावश्यक व्याख्यायें इस लिये न की जा सकीं कि मैं विश्व विद्यालय से दूर रहा और मुझे अभीष्ट ग्रन्थ न मिल सके। यदि सम्भव हुआ तो बाद के संस्करण में इस न्यूनता को दूर करने का प्रयत्न किया जायेगा।

'खलजी कालीन भारत' तथा 'आदि तुर्क कालीन भारत' के पश्चात् मध्यकालीन भारतीय इतिहास के आधारभूत, फ़ारसी तथा अरबी के इतिहासों के हिन्दी अनुवाद के ग्रन्थ-माला की यह तीसरी पुस्तक प्रकाशित हो रही है। इस पुस्तक तथा तुग़लुक़ कालीन भारत (भाग २) के प्रकाशित करने के विषय में निर्णय मई १९५६ में इतिहास विभाग अलीगढ़ विश्व विद्यालय ने, डाक्टर जाकिर हुसेन, भूतपूर्व उपकुलपति, अलीगढ़ मुस्लिम विश्व विद्यालय,

के सतत प्रयत्नों के फलस्वरूप किया। पिछली दो पुस्तकों (खलजी कालीन भारत तथा आदि तुर्क कालीन भारत) का प्रकाशन भी डाक्टर साहब की महती कृपा से ही सम्भव हुआ। उनका इस सुलभ कृपा के लिये में जितनी कृतज्ञता प्रकट करूँ थोड़ी है। डाक्टर साहब को राष्ट्र तथा राष्ट्र भाषा से विशेष प्रेम है। उनकी यह हार्दिक इच्छा रही है कि इस ग्रन्थ माला की समस्त पुस्तकें अलीगढ़ विश्व विद्यालय के इतिहास विभाग द्वारा ही प्रकाशित हों और वे इसके लिये बराबर प्रयत्नशील रहे।

इस ग्रन्थ-माला की तैयारी में अलीगढ़ विश्व विद्यालय के इतिहास विभाग के प्रोफ़ेसर डा० नूरुल हसन एम० ए०, डी० फ़िल० (आक्सन) द्वारा मुझे विशेष प्रेरणा तथा सहायता मिली है। उन्होंने मेरी कठिनाइयों को दूर किया और अपने सत्परामर्श एवं अपनी मृदु आलोचनाओं द्वारा मेरे कार्य को सुचारु बनाने की कृपा की। बहुमूल्य सुझावों तथा सामयिक प्रोत्साहन के लिये में उनका विशेष आभारी हूं। पुस्तकों के मिलने की समस्त कठिनाइयाँ विश्व विद्यालय के पुस्तकालयाध्यक्ष श्री सैयिद बशीरुद्दीन की उदार कृपा से दूर होती रहीं, या यह कहिये कि उनकी कृपा से मुझे पुस्तकों के मिलने में कठिनाई का अनुभव ही नहीं हुआ। उनको धन्यवाद देना मेरा परम कर्त्तव्य है। राजनीति विभाग के अध्यक्ष प्रोफ़ेसर मुहम्मद हबीब द्वारा मुझे बराबर प्रोत्साहन मिलता रहा है। इसके लिये मैं उनका आभारी हूँ। विश्व विद्यालय के इतिहास विभाग के अध्यक्ष प्रोफ़ेसर, शेख अब्दुर् रशीद की मेरे ऊपर सदा ही कृपा रही है। मैं उनके तथा रिसर्च और पब्लिकेशन कमेटी के प्रति भी आभार प्रदर्शित करता हूं।

आदर्श प्रेस के स्वामी श्री बद्रीप्रसाद शर्मा ने अपने प्रेस कर्मचारियों के सहयोग से इस पुस्तक की छपाई में जिस परिश्रम और उत्साह को प्रदर्शित किया है उसके लिये मैं उनका आभारी हूँ। प्रूफ़ और छपाई की सारी देखभाल मेरे मित्र श्री श्रवणकुमार श्रीवास्तव एम० ए०, एल० टी० द्वारा बड़ी संलग्नता से होती रही। इसके लिये मैं उन्हें विशेष धन्यवाद देता हूं।

इस अवसर पर मैं भारत सरकार तथा उत्तर प्रदेश सरकार को धन्यवाद देना चाहता हूं जिन्होंने मेरे प्रोत्साहन हेतु खलजी कालीन भारत को पुरस्कृत किया। मैं इस माला की पिछली दोनों पुस्तकों के समीक्षकों के प्रति भी उनके बहुमूल्य सुझावों के लिये कृतज्ञता प्रकट करता हूँ।

अपने इस कार्य में मुझे अपने सभी मित्रों से हर प्रकार की सहायता मिलती रही है। जिस किसी कालिज में मैं रहा हूं वहाँ के हिन्दी तथा संस्कृत के कुछ आचार्यों ने इन पुस्तकों की तैयारी में मेरा हाथ बटाया है। स्थानाभाव के कारण मैं उनके नाम नहीं लिख सका हूं किन्तु मुझे विश्वास है कि वे अपने प्रति मेरे भावों से परिचित हैं।

सैयिद अतहर अब्बास रिज़वी,
एम० ए०, पी-एच० डी०
यू० पी० एजूकेशनल सर्विस।

प्रधानाचार्य
राजकीय इण्टर कालिज,
बुलन्दशहर,
अक्तूबर १९५६ ई०

अनूदित ग्रन्थों की समीक्षा

ज़ियाउद्दीन बरनी

तुग़लुक़ कालीन भारत का मुख्य इतिहासकार ज़ियाउद्दीन बरनी[1] है। उसे सुल्तान मुहम्मद के दरबार में बड़ा सम्मान प्राप्त था। वह लिखता है कि इस तारीखे फ़ीरोज़ शाही का संकलनकर्त्ता १७ वर्ष तथा ३ मास तक सुल्तान मुहम्मद के दरबार का सेवक रह चुका है। उसे सुल्तान द्वारा अत्यधिक इनाम तथा धन-सम्पत्ति प्राप्त हुआ करती थी[2]। एक अन्य स्थान पर वह लिखता है :

"सुल्तान मुहम्मद ने मुझे आश्रय प्रदान किया था और वह मेरा पोषक था। उसके द्वारा जो इनाम इकराम प्राप्त हो चुका है न इससे पूर्व ही मैंने देखा है और न इसके उपरान्त मैं स्वप्न में देखूंगा[3]।"

उसने किसी स्थान पर इस बात की चर्चा नहीं की कि उसे कौनसा पद प्राप्त था।

---

१ उसके विषय में विस्तार से "आदि तुर्क कालीन भारत" में लिखा जा चुका है (आदि तुर्क कालीन भारत, अलीगढ़ १६५६ ई० पृ० १०१–१२१)। ख़लजी कालीन भारत में ख़लजी वंश से सम्बन्धित उसके इतिहास पर समीक्षा की गई है (ख़लजी कालीन भारत अलीगढ़ १६५५ ई० पृ० ज–भ)। इन पृष्ठों में उसके प्रथम दो तुग़लुक़ सुल्तानों के इतिहास की समीक्षा की जाती है।
उसका जन्म सुल्तान बल्बन के राज्य काल में ६८४ हि० (१२८५-८६ ई०) में हुआ। उसने तारीखे फ़ीरोज शाही की रचना ७५८ हि० (१३५७ ई०) में ७४ वर्ष की अवस्था में समाप्त की। इस इतिहास में उसने बल्बन के राज्यकाल के आरम्भ से लेकर सुल्तान फ़ीरोज शाह के छठे वर्ष (७५८ हि०, १३५७ ई०) तक का इतिहास लिखा है। उसका नाना सिपेहसालार हुसामुद्दीन बल्बन का बहुत बड़ा विश्वासपात्र था। उसके पिता मुईदुलमुल्क तथा उसके चाचा अलाउलमुल्क को सुल्तान जलालुद्दीन ख़लजी तथा सुल्तान अलाउद्दीन के राज्य काल में बड़ा सम्मान प्राप्त था। ज़ियाउद्दीन बरनी ने अपनी बाल्यावस्था में अपने समकालीन बड़े बड़े विद्वानों से शिक्षा प्राप्त की। वह शेख़ निज़ामुद्दीन औलिया का भक्त था। अमीर ख़ुसरो का बड़ा घनिष्ठ मित्र था। अन्य समकालीन विद्वानों एवम् कलाकारों से भी वह भली भाँति परिचित था। सुल्तान फ़ीरोज़ शाह तुग़लुक़ के राज्य काल में उसे अपने शत्रुओं के कारण बड़े कष्ट उठाने पड़े। वह अत्यन्त दीन अवस्था को प्राप्त हो गया। कुछ समय तक बन्दी-गृह के कष्ट भी भोगे। उसने अपने ग्रन्थों की रचना सुल्तान फ़ीरोज शाह के राज्य काल में ही की, किन्तु उसे कोई भी प्रोत्साहन न मिला और बड़ी ही शोचनीय अवस्था में उसकी मृत्यु हुई। बरनी ने अपने, अपने पूर्वजों तथा अपने इतिहास के विषय में तारीखे फ़ीरोज़ शाही में भिन्न भिन्न स्थानों पर उल्लेख किया है। (तारीखे फ़ीरोज शाही, कलकत्ता १८६०-६२ ई०) पृ० ६७, ६८, ६६, ८७, ११४, १२३, १२५, १२७, १६८, १८३, २०४, २०५, २०६, २२२, २४०, २४८, २४६, २५०, २५५, २६४, ३४६, ३५०, ३५१, ३५४, ४५६, ४६६, ४६७, ४६७, ५०४, ५०५, ५०८, ५०६, ५१६, ५२१, ५२६, ५४८, ५५४, ५५७, ५६६, ५६७, ५७३, ५८२, ६०२; आदि तुर्क कालीन भारत (अलीगढ़ १६५६ ई०) पृ० १७१, १७२, १७३, १८५, २०३, २०६, २१०, २११, २१३, २२०, (ख़लजी कालीन भारत, अलीगढ़ १६५६ ई०) पृ० ७, ११, १२, २२, ३०, ३६, ४०, ४५, ४६, ४७, ४६, ५०, ५४, ५५, १०५, १०६, १०८,
(तुग़लुक़ कालीन भारत भाग १) पृ० ३०, ३१, ३६, ३७, ६१, ६२, ६७, ६८, ७१, ७३, ७८, ७६)

२ बरनी पृ० ५०४, तुग़लुक़ कालीन भारत भाग १, पृ० ६८।

३ बरनी पृ० ४६७, तुग़लुक़ कालीन भारत भाग १ पृ० ३६।

सम्भवतया वह सुल्तान मुहम्मद बिन तुग़लुक़ का नदीम था[१]। आलिमों तथा सूफ़ियों से सम्पर्क स्थापित करने में उसकी सेवाओं से बड़ा लाभ उठाया जाता होगा[२]। बड़े बड़े अमीर एवम् पदाधिकारी उसके द्वारा अपने प्रार्थना-पत्र सुल्तान की सेवा में प्रस्तुत करते थे[३]। देवगिरि की विजय की बधाई फ़ीरोज़ शाह, मलिक कबीर तथा अहमद अयाज़ ने उसी के द्वारा सुल्तान की सेवा में प्रेषित की[४]।

सुल्तान मुहम्मद बिन तुग़लुक़ कठिनाई के समय उससे परामर्श किया करता था। सुल्तान जब अमीराने सदा से युद्ध करने के लिये प्रस्थान करते समय सुल्तानपुर क़स्बे में ठहरा था तो उसने ज़ियाउद्दीन बरनी को बुलवा कर पूछा "तूने बहुत से इतिहासों का अध्ययन किया है। क्या तूने कहीं पढ़ा है कि बादशाह किन किन अपराधों में लोगों को कठोर दन्ड (प्राण दण्ड) दिया करते थे[५] ?" सुल्तान मुहम्मद ज़ियाउद्दीन बरनी के उत्तर से सन्तुष्ट न हुआ।[६] जिस समय सुल्तान देवगिरि के विद्रोह के निराकरण के उपरान्त तग़ी से युद्ध करने के लिये प्रस्थान कर रहा था तो उसने मार्ग में विद्रोहियों के विषय में वार्त्तालाप प्रारम्भ कर दी। बरनी लिखता है "मैं सुल्तान की सेवा में यह निवेदन न कर सकता था कि प्रत्येक दिशा में विद्रोह तथा अशान्ति का फैलना सुल्तान के हत्याकाण्ड का फल है। यदि वह कुछ समय के लिये हत्या का दण्ड रोक दे तो सम्भव है कि लोग शान्त हो जायँ और साधारणतया विशेष व्यक्ति उससे घृणा करनी कम कर दें।

"मैं सुल्तान के क्रोध से भय करता था और उपर्युक्त बात उससे न कह सकता था किन्तु मैं अपने हृदय में सोचता था कि यह एक विचित्र बात है कि जिस बात से उसके राज्य में उथल पुथल तथा विनाश हो रहा है, वही राज्य तथा शासन को सुव्यवस्थित एवम् उसके उपकार के लिये सुल्तान मुहम्मद के हृदय में नहीं आती।[७]" देवगिरि के हाथ से निकल जाने के उपरान्त ज़ियाउद्दीन बरनी ने अपनी तथा सुल्तान मुहम्मद बिन तुग़लुक़ की वार्त्तालाप का बड़ा मार्मिक उल्लेख किया है। उसने बड़े स्पष्ट शब्दों में सुल्तान को चेतावनी दे दी कि "राज्य के रोगों में सबसे बड़ा तथा घातक रोग यह है कि राज्य के साधारण तथा विशेष व्यक्ति बादशाह से घृणा करने लगें तथा प्रजा का विश्वास बादशाह पर न रहे।" उसने ऐतिहासिक तथ्य के प्रकरण में सुल्तान को राज्य त्याग देने का परामर्श दिया और सुल्तान ने उसे थोड़ा बहुत स्वीकार भी कर लिया।[८]

उसने इतिहास का महत्व तथा उससे लाभ,[९] इतिहास की विशेषता तथा इतिहासकार के कर्त्तव्य[१०] और इतिहास की रचना की शर्तों[११] का उल्लेख तारीखे फ़ीरोज़ शाही की

१ सियुरुल औलिया (मुहिब्बे हिन्द प्रेस देहली १८८५ ई०) पृ० ३१२, तारीखे फ़ीरोज़ शाही (रामपुर पोथी) पृ० २६६ तुग़लुक़ कालीन भारत भाग १ पृ० ५४।

२ सियुरुल औलिया पृ० २५४, तुग़लुक़ कालीन भारत भाग १, पृ० १४७।

३ क़ुतलुग़ ख़ाँ ने जो सुल्तान का गुरु था और जिसका सुल्तान बड़ा सम्मान करता था, उसी के द्वारा दभोई तथा बड़ौदा के विद्रोहियों के विरुद्ध युद्ध हेतु प्रस्थान करने की अनुमति माँगी थी। बरनी पृ० ५०७-८, तुग़लुक़ कालीन भारत, भाग १, पृ० ७०।

४ बरनी पृ० ५२६, तुग़लुक़ कालीन भारत, भाग १, पृ० ७५।

५ बरनी पृ० ५१०, तुग़लुक़ कालीन भारत भाग १, पृ० ७१।

६ बरनी पृ० ५११, तुग़लुक़ कालीन भारत भाग १, पृ० ७२।

७ बरनी पृ० ५१७; तुग़लुक़ कालीन भारत भाग १, पृ० ७६।

८ बरनी पृ० ५२२; तुग़लुक़ कालीन भारत भाग १, पृ० ७९।

९ बरनी पृ० ९१२; आदितुर्क कालीन भारत भाग १, पृ० १२९—३१।

१० बरनी पृ० १३; आदितुर्क कालीन भारत भाग १, पृ० १३१—३२।

११ बरनी पृ०१५-१६; आदितुर्क कालीन भारत भाग १, पृ० १३४--३५।

भूमिका में किया है। वह लिखता है "इतिहास की रचना करते समय सबसे बड़ी शर्त, जोकि इतिहासकार के लिये उसकी धर्मनिष्ठता को देखते हुए आवश्यक है, यह है कि बादशाही की प्रतिष्ठा, गुणों, उत्तम बातों, न्याय और नेकियों का उल्लेख करे। उसे यह भी चाहिये कि उसकी बुरी बातों, और अनाचार को न छिपाये; इतिहास लिखते समय पक्षपात न करे। यदि उचित देखे तो स्पष्ट अन्यथा संकेत या इशारे से बुद्धिमानों और ज्ञान-सम्पन्न व्यक्तियों को सचेत कर दे। यदि भय अथवा डर के कारण अपने समकालीन बादशाह के विरुद्ध कुछ लिखना सम्भव न हो तो इसके लिये वह अपने आप को विवश समझ सकता है, किन्तु पिछले लोगों के विषय में उसे सच-सच लिखना चाहिये। यदि किसी इतिहासकार को किसी बादशाह या मंत्री अथवा किसी अन्य व्यक्ति द्वारा कोई कष्ट या दुःख पहुंचा हो तो उसे उस पर ध्यान न देना चाहिये तथा वह किसी की अच्छाई या बुराई सत्य के विरुद्ध न लिखे और न ऐसी घटनाओं का उल्लेख करे जो कभी न घटी हों[१]।" उसने यथा सम्भव तारीखे फ़ीरोज़ शाही में इस नियम के पालन करने का प्रयत्न किया है। उसने युद्ध तथा विजयों की चर्चा की अपेक्षा बादशाहों तथा अमीरों के पूर्ण व्यक्तित्व को प्रस्तुत करने का प्रयत्न किया है किन्तु लोगों के गुणों की प्रशंसा एवम् दोषों का उल्लेख करते समय वह इतना उत्साहित हो जाता है कि वह अपने ही निर्धारित किये हुये नियमों की उपेक्षा करने लगता है।

सुल्तान ग़यासुद्दीन तुग़लुक़ के इतिहास में उसने उसकी धर्मनिष्ठता, न्याय-प्रियता,[२] सेना के सुप्रबन्ध,[३] प्रजा के हित,[४] कर की वसूली,[५] एवम् दान-पुण्य में संयम,[६] ख़ुसरो ख़ाँ द्वारा लुटाये हुए धन की वापसी[७] और उसके राज्य की विशेषता[८] का बड़ा विशद विवरण दिया है। सुल्तान की कटु आलोचना तथा निन्दा करने वालों का उसने घोर विरोध किया है।[९] उलुग़ ख़ाँ (सुल्तान मुहम्मद बिन तुग़लुक़) की दक्षिण विजय का हाल संक्षिप्त है[१०] और जाजनगर की विजय का हाल तो केवल दो पंक्तियों में ही समाप्त कर दिया है।[११] इसी प्रकार बरनी ने मुग़लों के आक्रमण का अत्यन्त संक्षिप्त उल्लेख किया है। गुजरात पर शादी के आक्रमण का हाल जिसमें पराओ जाति द्वारा उसकी हत्या हुई, बरनी ने नहीं लिखा, और इस घटना को जान बूझ कर छिपाया है। सम्भवतया वह पराओ जाति की विजय, जिन्हें वह नीच समझता था, इतिहास में लिखने के योग्य न समझता था।[१२] उसने अफ़ग़ान पुर के महल के धराशायी होने का हाल इतना संक्षिप्त लिखा है कि उस पर यह दोष लगाया जाने लगा कि उसने सुल्तान फ़ीरोज़ शाह के पक्ष के कारण इस दुर्घटना का सविस्तार उल्लेख नहीं किया।[१३]

१ बरनी पृ० १५-१६; आदि तुर्क कालीन भारत पृ० १३४।
२ बरनी पृ० ४२७; तुग़लुक़ कालीन भारत भाग १, पृ० ५-६।
३ बरनी पृ० ४३८-३९; तुग़लुक़ कालीन भारत भाग १, पृ० १४-१५।
४ बरनी पृ० ४३५-३६, ४३९-४०; तुग़लुक़ कालीन भारत भाग १, पृ० १३-१५।
५ बरनी पृ० ४२९-३२, ४३९; तुग़लुक़ कालीन भारत भाग १, पृ० ७-१०, १५।
६ बरनी पृ० ४३३-३५; तुग़लुक़ कालीन भारत भाग १, पृ० ११-१२।
७ बरनी पृ० ४३२-३३; तुग़लुक़ कालीन भारत भाग १, पृ० १०-११।
८ बरनी पृ० ४४०-४६; तुग़लुक़ कालीन भारत भाग १, पृ० १६-२०।
९ बरनी पृ० ४३६-३७, ४४०; तुग़लुक़ कालीन भारत भाग १, पृ० १३-१४, १६।
१० बरनी पृ० ४४६-५०; तुग़लुक़ कालीन भारत भाग १, पृ० २०-२३,।
११ बरनी पृ० ४५०; तुग़लुक़ कालीन भारत भाग १, पृ० २३।
१२ बरनी पृ० ६; आदि तुर्क कालीन भारत पृ० १२६।
१३ तबक़ाते अकबरी पृ० १९८; मुन्तख़बुत्तवारीख़ भाग १, पृ० २२५।

सुल्तान मुहम्मद बिन तुग़लुक़ के इतिहास का उल्लेख बरनी ने एक विशेष. योजना के अनुसार किया है। वह लिखता है "यदि मैं उसके राज्य काल के प्रत्येक वर्ष का हाल लिखूँ, और जो कुछ उस वर्ष में हुआ उसका सविस्तार उल्लेख करूँ तो कई ग्रन्थ हो जायेंगे। मैंने इस इतिहास में सुल्तान मुहम्मद की राज्य व्यवस्था तथा शासन सम्बन्धी समस्त कार्यों का संक्षिप्त उल्लेख किया है। प्रत्येक विजय के आगे पीछे घटने तथा प्रत्येक हाल और घटना के प्रथम या अन्त में घटने पर कोई ध्यान नहीं दिया है क्योंकि बुद्धिमानों को शासन नीति एवं राज्य व्यवस्था सम्बन्धी कार्यों के अध्ययन से शिक्षा प्राप्त होती है[१]।"

ज़ियाउद्दीन बरनी अपने इतिहास द्वारा अपने समकालीन उच्च वर्ग का पथ प्रदर्शन तथा अपने समकालीन सुल्तान फ़ीरोज़ शाह के समक्ष एक आदर्श रखना चाहता था। इसी उद्देश्य की पूर्त्ति हेतु उसने फ़तावाये जहाँदारी[२] नामक पुस्तक की भी रचना की। सुल्तान मुहम्मद बिन तुग़लुक़ का इतिहास बरनी ने सुल्तान फ़ीरोज़ शाह के राज्य काल में लिखा जो सुल्तान मुहम्मद बिन तुग़लुक़ का आश्रित था। उस समय बरनी बड़े संकट में था। सुल्तान फ़ीरोज़ शाह से उसे बड़ी आशायें थीं फिर भी उसने सुल्तान मुहम्मद बिन तुग़लुक़ के व्यक्तित्व का बड़ा विशद चित्रण किया है। उसके गुणों तथा दोषों का बड़े स्पष्ट रूप से उल्लेख किया है। वह उसकी विद्वत्ता, बुद्धिमत्ता, योग्यता तथा धर्मनिष्ठता[३] से बड़ा प्रभावित था किन्तु दूसरी ओर उसके द्वारा निर्दोषों की हत्या[४] से वह बड़ा दुखी था। वह देखता था कि सुल्तान एक ओर कुलीनता को विशेष महत्त्व देता था और दूसरी ओर कमीनों को उच्च पद प्रदान कर दिया करता था[५]। संक्षेप में वह सुल्तान के विरोधाभासी गुणों[६] को देख कर अपने आपको चकित एवं विस्मित पाता था और उसे संसार के प्राणियों में एक अद्भुत प्राणी कहने पर विवश था।

बरनी ने सुल्तान मुहम्मद बिन तुग़लुक़ के राज्य काल का उल्लेख जैसा कि उसने स्वयं लिखा है, किसी क्रम से नहीं किया। उसके वृत्तान्त को पाँच भागों में विभाजित किया जा सकता है—

(१) सुल्तान के चरित्र की समीक्षा।
(२) प्रारम्भिक शासन प्रबन्ध।
(३) सुल्तान की योजनायें।
(४) राज्य में विद्रोह तथा अशान्ति।
(५) अब्बासी खलीफ़ा से सम्बन्ध।

बरनी ने सुल्तान मुहम्मद के चरित्र की समीक्षा अपने इतिहास की भूमिका[७] एवं अन्य स्थानों पर भी की है। उसने उसके गुणों का बड़ा विशद विवेचन किया है। इसी प्रकार उसने सुल्तान के अत्याचार के कारण भी बताये हैं। उसे खेद था कि युवावस्था में

१ बरनी पृ० ४६७-६८; तुग़लुक़ कालीन भारत भाग १, पृ० ३७; देखो बरनी पृ० ४७०; तुग़लुक़ कालीन भारत भाग १, पृ० ३८-३६।

२ आदि तुर्क कालीन भारत पृ० १०६-११७।

३ बरनी पृष्ठ ४५७, ४६३; तुग़लुक़ कालीन भारत भाग १, पृष्ठ २६-३०, ३४।

४ बरनी पृष्ठ ४६५, ४६७; तुग़लुक़ कालीन भारत भाग १, पृष्ठ ३५, ६७।

५ बरनी पृष्ठ ५०३, ५०५; तुग़लुक़ कालीन भारत भाग १, पृष्ठ ३७, ३८।

६ बरनी पृष्ठ ४५६, ४६२, ५०५-६; तुग़लुक़ कालीन भारत भाग १, पृष्ठ ३१, ३३, ३८, ३६।

७ बरनी पृष्ठ ४५६-६४; तुग़लुक़ कालीन भारत भाग १, पृष्ठ २६-३५।

अधर्मी साद मन्तक़ी, उबैद कवि, नज्म इनतेशार फ़लसफ़ी के कुप्रभाव ने उसको निर्दयी बना दिया था[1]। इसके साथ साथ उसने अपने समूह के उन आलिमों को भी पूर्ण रूप से दोषी ठहराया है जो उसके समक्ष प्राण के भय अथवा धन के लोभ में सत्य बात न कहते थे[2]। वह लिखता है "हम जैसे कुछ कृतघ्न भी जो थोड़ा बहुत पढ़े लिखे थे और उन विद्याओं को समझते थे जिनसे मनुष्य को यश प्राप्त होता है, संसार के लोभ तथा लालच में पाखंडपन करते थे और सुल्तान के विश्वासपात्र होकर शरा के विरुद्ध हत्या काण्ड के सम्बन्ध में सत्य बात सुल्तान के समक्ष न कहते थे। प्राणों के भय से, जोकि नश्वर है तथा धन-सम्पत्ति के लिये जो पतनशील है, आतंकित रहते थे और तन्के, जीतल तथा उसका विश्वासपात्र बनने के लोभ में धर्म के आदेशों के विरुद्ध उसके आदेशों की सहायता करते थे, अप्रमाणित रवायतें पढ़ा करते थे। उनमें से दूसरों का तो मुझे कोई ज्ञान नहीं, किन्तु मैं देख रहा हूं कि मेरे ऊपर क्या बीत रही है। मैं जो कुछ कह चुका या कर चुका हूँ उसका बदला मुझे इस वृद्धावस्था में इस प्रकार मिल रहा है कि मैं संसार में लज्जित, अपमानित तथा पतित हो चुका हूँ। न मेरा कोई मूल्य ही है और न मुझ पर कोई विश्वास ही करता है। मैं दर-दर की ठोकरें खाता हूं और अपमानित होता रहता हूँ। मैं नहीं समझता कि क़यामत में मेरी क्या दुर्दशा होगी और मुझे कौन-कौन से कष्ट भोगने पड़ेंगे[3]।"

बरनी ने सुल्तान के प्रारम्भिक शासन प्रबन्ध के सम्बन्ध में केवल खराज की वसूली एवम् अधिकता का उल्लेख किया है[4]। यह विवरण बड़ा ही अपूर्ण है और केवल उसकी महत्त्वाकाक्षांओं एवं योजनाओं की भूमिका के रूप में लिखा गया है। उसने सुल्तान मुहम्मद बिन तुग़लुक़ की छः योजनाओं की चर्चा की है:

(१) दोआब के कर में वृद्धि[5]। (२) राजधानी का परिवर्तन[6]।
(३) तांबे की मुद्रा[7]। (४) ख़ुरासान विजय[8]।
(५) सेना की भर्त्ती[9]। (६) क़राजिल पर आक्रमण[10]।

इसमें चौथी और पाँचवीं योजनायें एक ही हैं। अन्य योजनाओं का उल्लेख किसी क्रम से नहीं किया गया है अपितु उसने इन योजनाओं के सामूहिक कुप्रभाव को स्पष्ट करने का प्रयत्न किया है। इसी प्रकार राज्य के विभिन्न विद्रोहों का हाल भी बिना किसी क्रम के किया है। उसने केवल चार घटनाओं की तारीखें लिखी हैं:

(१) सुल्तान मुहम्मद का सिंहासनारोहण ७२५ हि०[11]।
(२) अब्बासी ख़लीफ़ा का मनशूर प्राप्त होना ७४४ हि०[12]।

---

१ बरनी पृ० ४६५; तुग़लुक़ कालीन भारत भाग १, पृ० ३५।
२ बरनी पृष्ठ ४६६; तुग़लुक़ कालीन भारत भाग १, पृष्ठ ३६।
३ बरनी पृष्ठ ४६६-६७; तुग़लुक़ कालीन भारत भाग १, पृष्ठ ३६।
४ बरनी पृ० ४६८-६९; तुग़लुक़ कालीन भारत भाग १, पृ० ३७-३८।
५ बरनी पृष्ठ ४७३; तुग़लुक़ कालीन भारत भाग १, पृष्ठ ४०-४२।
६ बरनी पृष्ठ ४७३-७५; तुग़लुक़ कालीन भारत भाग १, पृष्ठ ४२-४३।
७ बरनी पृष्ठ ४७५-७६; तुग़लुक़ कालीन भारत भाग १, पृष्ठ ४३-४४।
८ बरनी पृष्ठ ४७६-७७; तुग़लुक़ कालीन भारत भाग १, पृ० ४५।
९ बरनी पृष्ठ ४७७; तुग़लुक़ कालीन भारत भाग १, पृ० ४५-४६।
१० बरनी पृष्ठ ४७७-७८; तुग़लुक़ कालीन भारत भाग १, पृ० ४६।
११ बरनी पृष्ठ ४५६; तुग़लुक़ कालीन भारत भाग १, पृ० २६।
१२ बरनी पृष्ठ ४९२; तुग़लुक़ कालीन भारत भाग १, पृ० ५८।

(३) सुल्तान का गुजरात की ओर युद्ध हेतु प्रस्थान ७४५ हि०[1]।

(४) सुल्तान की मृत्यु ७५२ हि०[2]।

वह लिखता है "यद्यपि सुल्तान मुहम्मद के समय के षड्यन्त्रों, विद्रोहों, तथा अत्याचारों का उल्लेख क्रमानुसार एवं तिथि के अनुसार नहीं हुआ है और न उनका सविस्तार वर्णन किया गया है, किन्तु मैंने वे सब बातें लिख दी हैं, जिनसे पाठकों के उद्देश्य की पूर्त्ति हो सके।[3] उसके इतिहास के अध्ययन से पता चलता है कि विद्रोहों का मुख्य कारण सुल्तान का अत्याचार निष्ठुरता, एवं हत्याकाण्ड था। उसके इतिहास से यह भलीभाँति स्पष्ट हो जाता है कि प्रजा का विश्वास खो देने पर उस युग में भी राज्य करना कठिन था। प्रजा में आतंक फैला कर राज्य अधिक समय तक अपने अधिकार में रखना सम्भव न था।

बरनी ने कुछ विद्रोहों का कोई उल्लेख नहीं किया। उसने बहाउद्दीन गर्शास्प के विद्रोह की चर्चा नहीं की जो यहया बिन अहमद तथा अब्दुल क़ादिर बदायूनी के अनुसार प्रथम विद्रोह था। इसी प्रकार उसने गंधियाना की विजय का हाल भी नहीं लिखा। सुल्तान मुहम्मद बिन तुग़लुक़ के एक सौतेले भाई मसऊद ख़ाँ के विद्रोह का भी हाल बरनी ने नहीं लिखा। दोआब के विद्रोह एवम् उसके राज्य काल के अन्त की अशान्ति का हाल उसने बड़े विस्तार से लिखा है। अकाल के कष्टों एवम् सुल्तान् द्वारा प्रजा के परोपकार का बरनी ने बड़ा विशद विवरण दिया है। उसने सुल्तान की कृषि की उन्नति से सम्बन्धित योजनाओं की हँसी उड़ाई है; किन्तु उनके अध्ययन से पता चलता है कि वे इतनी असम्भव न थीं, जितनी लोगों ने समझ ली थीं।

अब्बासी खलीफ़ाओं से बैअत का हाल भी बरनी ने बड़े उत्साह से लिखा है। अब्बासी खलीफ़ाओं के प्रति उसकी श्रद्धा तथा विनम्रता, बरनी और उसके समकालीन सभी लोगों को आश्चर्यजनक ज्ञात होती थीं। परदेशियों के प्रति सुल्तान की उदारता भी उस समय के सभी लोगों को एक विचित्र सी बात ज्ञात होती थी।

बरनी द्वारा रचित सुल्तान ग़यासुद्दीन तुग़लुक़ एवम् मुहम्मद बिन तुग़लुक़ के इतिहास की तुलना करने से पता चलता है कि वह उसके पिता की धर्मनिष्ठता की भूरि भूरि प्रशंसा करते समय सुल्तान मुहम्मद बिन तुग़लुक़ के स्वतन्त्र विचारों को नहीं भूला है। सुल्तान ग़यासुद्दीन तुग़लुक़ के दान की प्रशंसा करते समय बरनी संयम तथा सन्तुलन को बड़ा महत्त्व देता है और सुल्तान मुहम्मद के दान को अपव्यय बताता है।

सुल्तान से निकटतम सम्पर्क होने तथा अपनी विचित्र शैली के कारण ज़ियाउद्दीन बरनी बहुत बड़ी सीमा तक अपने भाव के प्रवाह में बहता हुआ दिखाई पड़ता है। वह स्वयम् उस नाटक का पात्र था। उसने केवल घटनाओं का उल्लेख ही नहीं किया अपितु उसने अपनी समकालीन उन समस्याओं का विश्लेषण भी किया है जिनसे उसे रुचि थी, अथवा जिनसे वह किसी प्रकार सम्बन्धित था। अतः उसकी समीक्षा को बिना निष्पक्ष रूप से जाँचे हुए स्वीकार नहीं किया जा सकता। वह आलिमों तथा सूफ़ियों के वर्ग का एक सदस्य था। राजनीति में उसका एक विशेष धार्मिक दृष्टिकोण भी था और इतिहास लिखते समय वह विचित्र आर्थिक संकट और मानसिक उलझन में ग्रस्त था, जिसकी छाप साधारणतया उसके पूरे इतिहास में और विशेष रूप से तुग़लुक़ क़ालीन इतिहास में पाई जाती है।

---

१ बरनी पृ० ५०७; तुग़लुक़ कालीन भारत भाग १, पृ० ७०।

२ बरनी पृ० ५२५; तुग़लुक़ कालीन भारत भाग १, पृ० ८१।

३ बरनी पृ० ४७८; तुग़लुक़ कालीन भारत भाग १, पृ० ४७।

एसामी

एसामी भी सुल्तान मुहम्मद बिन तुग़लुक़ शाह का समकालीन था। उसके पूरे नाम का कोई ज्ञान नहीं। उसके पूर्वजों में से सर्व प्रथम फ़खरुलमुल्क एसामी देहली पहुँचा। वह बग़दाद के खलीफ़ाओं का वज़ीर रह चुका था। अन्त में एक ख़लीफ़ा से रुष्ट होकर उसने अपने सहायकों तथा परिवार सहित हिन्दुस्तान की ओर प्रस्थान किया और मुल्तान पहुँचा। उसके कुछ सहायक मुल्तान में रह गये और कुछ लोग देहली चल दिये। सुल्तान शम्सुद्दीन इल्तुतमिश ने उसे अपना वज़ीर नियुक्त कर दिया[१]। फ़खरुलमुल्क एसामी का एक पुत्र सद्रुलकिराम एसामी सुल्तान नासिरुद्दीन के राज्य काल में वकीलदर नियुक्त हो गया था और उसकी उपाधि ज़हीरुल ममालिक हो गई थी[२]। सद्रुलकिराम एसामी का पुत्र सिपह सालार इज़्ज़ुद्दीन एसामी, सुल्तान बल्बन के राज्य काल में खास हाजिब नियुक्त हो गया था[३]। वह बल्बन के राज्य काल में अथवा खलजी शासन काल में सिपह सालार नियुक्त हुआ होगा।

उसका जन्म ७११ हि० (१३११-१२ ई०) के लगभग हुआ था। उसका पालन पोषण उसके दादा इज़्ज़ुद्दीन एसामी ने किया था। सम्भवतया उसके पिता का देहान्त उसकी बाल्यावस्था में ही हो गया होगा अन्यथा वह उसका उल्लेख अवश्य करता। सुल्तान ग़यासुद्दीन तुग़लुक़ शाह के राज्य काल में उसके इनाम के दो गाँव छीन लिये गये[४]। सुल्तान मुहम्मद बिन तुग़लुक़ शाह के राज्य काल में उसे युवावस्था ही में अपने दादा के साथ देहली से देवगिरि की ओर प्रस्थान करना पड़ा। पहले ही पड़ाव पर उसके दादा की मृत्यु हो गई[५]। अन्य लोगों के साथ वह भी कष्ट भोगता हुआ देवगिरि पहुंचा।

एसामी के कोई सन्तान न थी। पुस्तक की रचना के पूर्व जब उसने हिन्दुस्तान छोड़ कर हज के लिये प्रस्थान करने का दृढ़ संकल्प कर लिया तो उसने इस काव्य की रचना करना भी निश्चय कर लिया जिससे वह अपनी जन्म भूमि में अपना कोई स्मृति-चिह्न छोड़ जाय[६]। इस समय वह अपनी अवस्था के चालीसवें वर्ष में प्रविष्ट हुआ था। उसने फ़ुतूहुस्सलातीन की रचना २७ रमज़ान ७५० हि० (९ दिसम्बर १३४९ ई०) को प्रारम्भ की और ६ रबी-उल-अव्वल ७५१ हि० (१४ मई १३४९ ई०) को[७] ५ मास तथा ९ दिन में इसे समाप्त कर दिया[८]। उसने इस काव्य में फ़िरदौसी तूसी[९] तथा निज़ामी गंजवी[१०] का अनुकरण

---

१ एसामी—फ़ुतूहुस्सलातीन पृष्ठ १२७-२८।

२ एसामी पृष्ठ १४७-४८, ४४८।

३ बरनी पृ० ३६; आदि तुर्क कालीन भारत पृष्ठ १५०।

४ एसामी पृष्ठ ४६१; तुग़लुक़ कालीन भारत भाग १, पृ० ८३-८४!

५ एसामी पृष्ठ ४४७-४८; तुग़लुक़ कालीन भारत भाग १, पृष्ठ ९९–१००।

६ एसामी पृ० २०–२२।

७ एसामी पृष्ठ ६१८; तुग़लुक़ कालीन भारत भाग १, पृष्ठ १४१।

८ एसामी पृ० ६१३ तुग़लुक़ कालीन भारत भाग १, पृ० १४०।

९ अबुल कासिम हसन बिन शरफ़ शाह फ़िरदौसी तूशा सीहनामे का प्रसिद्ध लेखक। उसकी मृत्यु १०२० ई० में हुई।

१० निज़ामी गंजवी फ़ारसी का बड़ा प्रसिद्ध कवि था उसने खम्से (पाँच काव्यों) की रचना की। उसकी मृत्यु १२०० ई० में हुई।

किया है और सुल्तान महमूद ग़ज़नवी के समय से लेकर अपने समकालीन सुल्तान अलाउद्दीन बहमन शाह तक के राज्य काल का हाल लिखा है। वह लिखता है, "मैंने जो कुछ लोगों से सुना एवं पुस्तकों में पाया उसे इस पुस्तक में लिखा। प्राचीन कहानियों की सत्यता के अन्वेषण में मैं ने बड़ा परिश्रम किया। हिन्दुस्तान के बादशाहों का हाल बुद्धिमान मित्रों द्वारा ज्ञात कराया। सभी के विषय में इतिहासों को पढ़ा[1]।" इस प्रकार एसामी ने जो कुछ लिखा है वह बड़ी छान बीन के उपरान्त लिखा है। इसके इतिहास द्वारा पता चलता है कि बहुत से ग्रन्थ, जो एसामी को उपलब्ध थे, अब अप्राप्य हैं अतः उसकी कृत्ति को बड़ा महत्त्व प्राप्त है।

बरनी की अपेक्षा, एसामी ने सुल्तान ग़यासुद्दीन तुग़लुक़ के राज्य काल की घटनाओं का हाल अधिक विस्तार से लिखा है। उलुग़ ख़ाँ (सुल्तान मुहम्मद बिन तुग़लुक़) के तिलंग पर आक्रमण के सम्बन्ध में कई ऐसी घटनाओं का उल्लेख किया है[2] जो सम्भव है, ठीक ही हों और जिनके विषय में एसामी को दक्षिण में ज्ञान प्राप्त हुआ होगा। एसामी ने उलुग़ ख़ाँ के जाजनगर पर आक्रमण का हाल तथा मुग़लों के आक्रमण की चर्चा विस्तार से की है[3]। गुजरात पर शादी दादर के आक्रमण, पराओं की वीरता तथा शादी की हत्या का एसामी ने बड़ा विशद चित्रण किया है।[4] बरनी ने इस घटना को सम्भवतया जान बूझ कर छिपाया है।

सुल्तान ग़यासुद्दीन तुग़लुक़ ने एसामी के पूर्वजों के दो ग्राम जब्त कर लिये थे[5]। एसामी का कथन है कि उसके पूर्वजों को वे ग्राम बहुत समय से प्राप्त थे और सम्भवतया इन ग्रामों को उस सूची में सम्मिलित नहीं किया जा सकता था जो ख़ुसरो ख़ाँ द्वारा बिना किसी अधिकार के प्रदान हुये थे और जिनकी आलोचना उसने भी की है। बरनी ने सुल्तान ग़यासुद्दीन तुग़लुक़ शाह के दान के संयम एवं संतुलन की बड़ी प्रशंसा की है[6]। अतः एसामी के पूर्वजों के ग्रामों का छीना जाना पूर्णतया अन्याय बताना कठिन है[7]।

सुल्तान मुहम्मद बिन तुग़लुक़ द्वारा तो एक प्रकार से उसका सब कुछ नष्ट हो गया। इस कारण उसका सुल्तान के प्रति क्रोध बड़ा स्वाभाविक है। अफ़ग़ानपुर के महल की दुर्घटना के एसामी ने दो कारण बताये हैं: (१) हाथियों का दौड़ाया जाना। (२) अत्याचारी तथा धूर्त्त शाहज़ादे से मिलकर यह षड्यन्त्र कि महल के निर्माण में ऐसा तिलिस्म (कारीगरी) रक्खा जाय कि सुल्तान जैसे ही उसके नीचे बैठे वह छत बिना किसी प्रयत्न के गिर पड़े।[8] तिलिस्म शब्द के अशुद्ध अनुवाद के कारण कुछ बाद के तथा आधुनिक इतिहासकार इस महल को जादू से बना हुआ लिखने लगे।

एसामी ने सुल्तान मुहम्मद बिन तुग़लुक़ के राज्य काल के प्रारम्भ की कुछ ऐसी घटनाओं का भी उल्लेख किया है जिनकी चर्चा बरनी के इतिहास में नहीं पायी जाती। कलानूर तथा फ़रनूर (पेशावर) की विजय का हाल अन्य समकालीन इतिहासों में

१ एसामी पृ० ३१४-१५, तुग़लुक़ कालीन भारत भाग १, पृ० १४०।
२ एसामी पृ० ३६६-४००; तुग़लुक़ कालीन भारत भाग १, पृ० ८४-८६।
३ एसामी पृ० ४०१-४०८, तुग़लुक़ कालीन भारत भाग १, पृ० ८७-८८।
४ एसामी पृ० ४०८-४११, तुग़लुक़ कालीन भारत भाग १, पृ० ८८-८६।
५ एसामी पृ० ३८६-३६१, तुग़लुक़ कालीन भारत भाग १, पृ० ८३-८४।
७ बरनी पृ० ४३२-३५, तुग़लुक़ कालीन भारत भाग १, पृ० १०-१२।
६ एसामी पृ० ३८६-६१, तुग़लुक़ कालीन भारत भाग १, पृ० ८३-८४।
८ एसामी पृ० ४२०, तुग़लुक़ कालीन भारत भाग १, पृ० ६१।

नहीं मिलता। गर्शास्प के विद्रोह का हाल ऐसामी ने बड़े विस्तार से लिखा है[1]। इब्ने बत्तूता ने इस घटना के बिषय में जो कुछ लिखा है[2] वह एसामी के विवरण से बहुत कुछ मिलता जुलता है। समकालीन इतिहासकारों में केवल एसामी ही ने गधियाना की विजय का उल्लेख किया है[3]। बहराम ऐबा के विद्रोह के सम्बन्ध में भी एसामी ने बहुत सी ऐसी बातें लिखी हैं जो केवल उसी के इतिहास में पाई जाती हैं[4]।

एसामी ने देहली से देवगिरि पहुंच जाने के उपरान्त सुल्तान मुहम्मद बिन तुग़लुक़ शाह के विषय में अधिक जानकारी प्राप्त करने का प्रयत्न नहीं किया। जहाँ कहीं भी सुल्तान का नाम आ जाता है उसका क्रोध उबल पड़ता है। वह प्रत्येक विद्रोह का समर्थन करता है तथा प्रत्येक विद्रोही की भूरि-भूरि प्रशंसा करता है। जो लोग सुल्तान की सहायता करते थे, उन्हें वह अत्याचारी का सहायक बता कर कलंकित करता है। सुल्तान के आदेशों का पालन करने वालों तथा उसके विरुद्ध विद्रोह न कर देने वालों की वह घोर निन्दा करता है। वह लिखता है, "यदि देहली वाले उसके आदेशों का पालन न करते तो वे इतने कष्ट में न पड़ते। ऐसे लोगों को इसी प्रकार का फल भोगना पड़ता है। जो कोई अत्याचारी पर दया करता है तो वही उसका सिर मिट्टी में मिला देता है। लोगों ने एक उपद्रवी को अपना बादशाह बना लिया और उसी समय से युद्ध न किया। यदि कोई सरदार उस उपद्रवी के विरुद्ध किसी प्रदेश में अपनी पताका उठाता है तो बहुत से अयोग्य उस उपद्रवी (सुल्तान) की सहायता करने लगते हैं और उस व्यक्ति का साथ नहीं देते। यह दुष्ट अत्याचारी (सुल्तान) संसार भर में अकाल तथा अत्याचार उत्पन्न कर रहा है। यदि इस देश के सब लोग संगठित हो जायँ और उस पर आक्रमण करदें तो कोई आश्चर्य की बात नहीं यदि उसका सिर मिट्टी में मिल जाय[5]।" इस प्रकार से सर्व साधारण को उत्साहित करने तथा राज्य के विरुद्ध विद्रोह करने की शिक्षा मध्यकालीन साहित्य में बहुत कम दिखाई पड़ती है।

एसामी ने सुल्तान मुहम्मद बिन तुग़लुक़ के विरुद्ध अन्धाधुन्ध दोषारोपण किये हैं। ताँबे के सिक्कों का उल्लेख करते हुये उसने कल्पित लोहे तथा चमड़े के सिक्कों और उनके कुप्रभाव की भी चर्चा की है।[6] अब्बासी खलीफ़ा द्वारा अधिकार-पत्र प्राप्त होने के पूर्व शुक्रवार तथा ईदों की नमाज़ें बन्द कराने से सम्बन्धित जो आदेश सुल्तान ने दिये थे उसका उल्लेख एसामी ने इस प्रकार किया है: "उसने इस्लाम के नियम त्याग दिये थे और कुफ़्र प्रारम्भ कर दिया था। उसने अज़ान बन्द करा दी थी। मुसलमान रात दिन उससे घुला करते थे। उसने जुमे की जमाअत (का नमाज़) भी रुकवा दी थी[7]। उसने हिन्दुस्तान की प्रशंसा करते हुये सुल्तान अलीउद्दीन खलजी तथा सुल्तान मुहम्मद बिन तुग़लुक़ की तुलना की है, और सुल्तान मुहम्मद बिन तुग़लुक़ शाह की घोर निन्दा तथा सुल्तान अलाउद्दीन खलजी का गुण-गान किया है[8]। इस प्रकार एसामी ने सुल्तान मुहम्मद बिन तुग़लुक़ शाह के चरित्र की जो समीक्षा की है उसे अधिक महत्त्व नहीं दिया जा सकता, इस लिये कि वह सुल्तान से अत्यन्त रुष्ट था।

१ एसामी पृ० ४२४-३१; तुग़लुक़ कालीन भारत भाग १, पृ० ६२-६५।

२ इब्ने बत्तूता पृ० ३१८-२२; तुग़लुक़ कालीन भारत भाग १, पृ० २१५-१७।

३ एसामी पृ० ४३२-३३; तुग़लुक़ कालीन भारत भाग १, पृ० ६५।

४ किशलू खाँ तथा सुल्तान का पत्र व्यवहार, लाला बहादुर तथा लाला करग का युद्ध, सुल्तान मुहम्मद का युद्ध, (एसामी पृ० ४३६-४२ तुग़लुक़ कालीन भारत भाग १, पृ० ३६-३८)

५ एसामी पृ० ४५१-५२; ५१५, तुग़लुक़ कालीन भारत भाग १, पृ० १०१, ११७-१८।

६ एसामी पृ० ४५६-६०; तुग़लुक़ कालीन भारत भाग १, पृ० १०२-३।

७ एसामी पृ० ५१५; तुग़लुक़ कालीन भारत भाग १, पृ० ११८।

८ एसामी पृ० ६०४-६; तुग़लुक़ कालीन भारत भाग १, पृ० १३८-३६।

इस काल से सम्बन्धित एसामी की कृत्ति का सबसे अधिक महत्त्वपूर्ण भाग दक्षिण का इतिहास है। सुल्तान मुहम्मद बिन तुग़लुक़ शाह ने देवगिरि के शासन सम्बन्धी सभी अधिकार अपने गुरु क़ुतलुग़ ख़ाँ को प्रदान कर दिये थे। क़ुतलुग़ की वीरता तथा योग्यता की बरनी ने भी बड़ी प्रशंसा की है[1]। एसामी भी उसके गुणों से बड़ा प्रभावित था[2]। क़ुतलुग़ ख़ाँ द्वारा अनेक विद्रोहों के शान्त किये जाने का उल्लेख एसामी ने बड़े निष्पक्ष भाव से किया है। हसन काँगू द्वारा बहमनी राज्य की स्थापना तथा बहमनी राज्य का प्रारम्भिक हाल एसामी ने बड़े विस्तार से लिखा है। बहमनी राज्य के अमीरों की उसने बड़ी प्रशंसा की है। उनके कारनामों का उसने बड़ा विशद चित्रण किया है। उसने अपनी रचना सुल्तान अलाउद्दीन बहमन शाह को समर्पित की। वह उसे देवगिरि का मुक्तिदाता समझता था।

बद्रे चाच

सुल्तान मुहम्मद बिन तुग़लुक़ के दरबार के कवियों में बद्रे चाच को बड़ी प्रसिद्धि प्राप्त थी। वह आधुनिक ताशक़न्द का निवासी था और उसने सुल्तान मुहम्मद बिन तुग़लुक़ की प्रशंसा में बहुत से क़सीदों की रचना की। इनके अतिरिक्त उसने सुल्तान मुहम्मद बिन तुग़लुक़ के विषय में शाहनामे नामक कविता की भी रचना की[3]। इस पुस्तक के एक छन्द द्वारा पता चलता है कि उसने इसे ७४५ हि० (१३४४-४५ ई०) में पूर्ण किया। उसकी मृत्यु ७४६ हि० (१३४५-४६ ई०) के बाद हुई होगी।

उसके क़सीदों तथा अन्य कविताओं के अध्ययन से पता चलता है कि दरबारी कवि होने के साथ-साथ उसे कभी-कभी अन्य शाही सेवाओं के लिये भी नियुक्त कर दिया जाता था। ८ दिसम्बर १३४४ ई० को वह क़ुतलुग़ ख़ाँ को बुलाने के लिये दौलताबाद भेजा गया। दरबारी कवि होने के कारण उसने सुल्तान मुहम्मद बिन तुग़लुक़ की भूरि भूरि प्रशंसा की है किन्तु उनमें साधारणतया ऐसे शब्दों का प्रयोग किया है जो सभी फ़ारसी कवि क़सीदों में प्रयोग किया करते थे। अतः उसके क़सीदों के आधार पर सुल्तान मुहम्मद बिन तुग़लुक़ के चरित्र के विषय में निर्णय नहीं दिया जा सकता। उसकी कवितायें भी अधिक उच्च कोटि की नहीं और उसकी शैली बड़ी ही जटिल तथा भ्रमात्मक है किन्तु उसने भिन्न-भिन्न अवसरों पर जो कवितायें तथा क़सीदे लिखे उनके द्वारा विभिन्न घटनाओं का समय निर्धारित करने में बड़ी सुगमता होती है और इसी बात ने उसकी कविताओं को अत्यधिक मूल्यवान तथा महत्त्वपूर्ण बना दिया है।

अमीर ख़ुर्द—

सैयिद मुहम्मद मुबारक अलवी किरमानी, जो अमीर ख़ुर्द के नाम से प्रसिद्ध है, सुल्तानुल मशायख़ शेख़ निज़ामुद्दीन औलिया का चेला था। उसका पालन पोषण तथा शिक्षा दीक्षा शेख़ निज़ामुद्दीन औलिया की छत्र-छाया में हुई[4]। उसके दादा, पिता तथा चाचा आदि के शेख़ फ़रीदुद्दीन गंज शकर तथा शेख़ निज़ामुद्दीन औलिया से बड़े घनिष्ठ सम्बन्ध थे[5]। उसका दादा सैयिद मुहम्मद महमूद किरमानी व्यापारी था और किरमान[6] से लाहौर आया

१ बरनी पृ० ५१२, तुग़लुक़ कालीन भारत भाग १ पृ० ६६।

२ एसामी पृ० ५१३, तुग़लुक़ कालीन भारत भाग १, पृ० ११४।

३ रियू, ब्रिटिश म्यूज़ियम की फ़ारसी हस्तलिखित पुस्तकों की सूची पृष्ठ १०३२।

४ सियरुल औलिया (देहली १३०२ हि० ८८४-८५ ई०) पृष्ठ ३५६।

५ सियरुल औलिया पृष्ठ २१६।

६ किरमान—करमानिया।

करता था। लौटते समय वह शेख फ़रीदुद्दीन गंज शकर से भेंट करने जाया करता था[१]। अन्त में वह शेख से अत्यधिक प्रभावित होने के कारण अजोधन ही में निवास करने लगा[२]। शेख फ़रीद के निधन के उपरान्त वह तथा उसके पुत्र, शेख निज़ामुद्दीन औलिया के साथ रहने लगे।

सैयिद मुहम्मद किरमानी की ७११ हि० (१३११-१२ ई०) में मृत्यु हो गई। उसका ज्येष्ठ पुत्र सैयिद नूरुद्दीन मुबारक, अमीर ख़ुर्द का पिता था। सुल्तान मुहम्मद बिन तुग़लुक़ शाह के देहली निवासियों के निर्वास के समय अमीर ख़ुर्द तथा उसके पिता और चाचा को भी दौलताबाद जाना पड़ा। ७३२ हि० (१३३१-३२ ई०) में जब ख़्वाजये जहाँ अहमद अयाज़ हिन्दुस्तान का वज़ीर नियुक्त हुआ तो उसने देवगिरि की ओर प्रस्थान करने के समय अमीर ख़ुर्द के मंझले चाचा सैयिद क़ुतुबुद्दीन हुसेन को अपने साथ देवगिरि चलने पर विवश किया। सैयिद ने दो शर्तों पर चलना स्वीकार किया : (१) उसे सैयिदों तथा सूफ़ियों के वस्त्र धारण करने की अनुमति रहे (२) उसे राज्य की किसी सेवा को स्वीकार करने पर विवश न किया जाय। यद्यपि ख़्वाजये जहाँ ने दोनों शर्तें स्वीकार करलीं किन्तु सैयिद के जीवन का वह आनन्द समाप्त हो गया[३]। अमीर ख़ुर्द के सबसे छोटे चाचा शम्सुद्दीन सैयिद ख़ामोश की ७३२ हि० (१३३१-३२ ई०) में युवावस्था में देवगिरि ही में मृत्यु हुई[४]।

उसके सबसे बड़े चाचा सैयिद कमालुद्दीन अमीर अहमद को सेना में एक उच्च पद तथा अक़्ता प्राप्त थी। एक बार सुल्तान मुहम्मद बिन तुग़लुक़ शाह ने उसे देवगिरि के निकट भाकसी के बन्दीगृह[५] में डलवा दिया। जब उसे मुक्ति प्राप्त हुई और वह सूफ़ियों के वस्त्र में सुल्तान के पास पहुँचा तो सुल्तान ने इसका कारण पूछा। उसने उत्तर दिया कि "हम मुहम्मद साहब की सन्तान का यही दिखावे का अनुकरण करते थे। उसे भी त्याग कर दंड भोग चुके।" सुल्तान ने उत्तर दिया "तू हमसे इस बहाने से भागना चाहता है और हम तुम लोगों के परामर्श से राज्य व्यवस्था का संचालन करना चाहते हैं।" सुल्तान ने उसे उसी वस्त्र में छोड़ दिया (पहिनने की अनुमति देदी) और उसे बड़ा प्रतिष्ठित मलिक बना दिया। सुल्तान उससे परामर्श किया करता था[६]।

अमीर ख़ुर्द का इस प्रकार अपने समकालीन सूफ़ियों ही से सम्पर्क न था, अपितु उसे अमीरों तथा राज्य के अधिकारियों के विषय में भी ज्ञान प्राप्त होता रहता होगा। उसने सियरुल औलिया में शेख निज़ामुद्दीन औलिया के गुरुओं, उनके समकालीन सूफ़ियों, शेख निज़ामुद्दीन औलिया का तथा उनके चेलों एवं उनसे सम्बन्धित अन्य समकालीन व्यक्तियों

---

१ सियरुल औलिया पृष्ठ २१८।

२ सियरुल औलिया पृष्ठ २१६।

३ सियरुल औलिया पृष्ठ २१८।

४ सियरुल औलिया पृष्ठ २२१।

५ इस बन्दीगृह का अमीर ख़ुर्द ने उल्लेख इस प्रकार किया है, 'जो कोई इस बन्दीगृह में बन्दी बनाया जाता वह सर्पों तथा बिल्ली के समान चूहों के कारण जीवित न रहता। जब तक सैयिद उस बन्दी गृह में रहे तब तक वे उसे किसी प्रकार की हानि न पहुंचा सके। रात्रि में परमेश्वर की कृपा से उनकी शृंखलायें खुल जातीं। वे बन्दी गृह के अधिकारियों को बुला कर दिखा देता कि मैंने किसी प्रकार इन्हें पृथक् नहीं किया। ईश्वर की कृपा से ये पृथक् हो जाती हैं। उन लोगों ने कुछ दिन तक यह हाल देखकर सुल्तान को यह सूचना दी। सुल्तान ने आदेश दिया कि 'उसे मुक्त करके मेरे पास भेज दिया जाय।' (सियरुल औलिया पृष्ठ २१५) इब्ने बत्तूता ने भी देवगिरि के क़िले के बन्दीगृह के चूहों के विषय में यही लिखा है।

६ सियरुल औलिया पृष्ठ २१५।

का हाल लिखा है। उसने यह रचना ५० वर्ष की अवस्था में प्रारम्भ की[1]। उसमें समस्त सूफ़ियों तथा आलिमों के प्रति बड़ी निष्ठा थी। उसका उद्देश्य सूफ़ियों के कारनामों का गुण गान था। उसे सूफ़ियों के चमत्कारों पर पूर्ण श्रद्धा थी। उसने अनेक ऐसे चमत्कारों का उल्लेख किया है जिन पर विश्वास नहीं किया जा सकता। उसे तथा उसके पिता और चाचा एवं उसके अन्य मित्रों को सुल्तान मुहम्मद बिन तुग़लुक़ शाह की सूफ़ियों को शाही सेवायें स्वीकार करने पर विवश करने की नीति के कारण बड़े कष्ट भोगने पड़े। अतः उसने जो कुछ भी सुल्तान के विषय में लिखा उसमें उसके क्रोध की छाप विद्यमान है। उसने अपनी रचना निष्पक्ष भाव से नहीं की। सियरुल औलिया द्वारा सुल्तान मुहम्मद बिन तुग़लुक़ शाह तथा उसके समकालीन सूफ़ियों के सम्बन्ध में पूर्ण हाल ज्ञात होता है।

इब्ने बत्तूता

शेख़ फ़क़ीह, अबू अब्दुल्लाह मुहम्मद इब्ने (पुत्र) अब्दुल्लाह इब्ने मुहम्मद इब्ने इबराहीम, जो इब्ने बत्तूता के नाम से प्रसिद्ध है, तानजीर निवासी था। उसे पूर्व के देशों में लोग शम्सुद्दीन भी कहते थे। वह अरब तथा अरबी बोलने वाले मुसलमान यात्रियों की विस्तृत श्रृङ्खला की एक कड़ी था जो मध्य काल में समय-समय पर भारतवर्ष आते रहे और जिन्होंने भारतवर्ष के विषय में अपनी यात्राओं के विवरणों तथा भूगोल एवं इतिहास की पुस्तकों में कुछ लिखा[2]। वह चौदहवीं शताब्दी (ईसवी) का बड़ा ही महत्त्वपूर्ण यात्री था। उसने २ रजब ७२५ हि० (१४ जून १३२५ ई०) को तानजीर से मक्के के लिये प्रस्थान किया।

मार्ग में सिकन्दरिया, क़ाहिरा, दमिश्क़ तथा मदीने होता हुआ मक्के पहुंचा। वहाँ से वह बसरे, इस्फ़हान, शीराज़, गाज़रुन, कूफ़ा, हिल्ला, कर्बला, बग़दाद, तबरेज़ सामरा, तेकरित मूसल तथा मारिदीन की यात्रा करके बग़दाद तथा कूफ़े होता हुआ मक्के हज करने के लिये १० ज़िलहिज्जा ७२७ हि० (२७ अक्तूबर, १३२७ हि०) को पहुँच गया। १२ ज़िलहिज्जा ७३० हि० (२६ सितम्बर १३३० ई०) को मक्के से चल कर उसने पूर्वी अफ़रीक़ा के कुछ भागों तथा फ़ारस की खाड़ी के कुछ बन्दरगाहों की यात्रा की और ७३१ हि० के हज के समय (१५ अगस्त १३३१ ई०) को मक्के पहुँच गया।

वहाँ से चल कर वह जद्दे, मिस्र, शाम, त्रिपोली, एशिया माइनर, अनातोलिया, कोनिया, किरीमिया, बुलग़ार (वालग़ा पर) क़ुस्तुनतुनिया, समरक़न्द, तिरमिज़, ख़ुरासान, बलख़, हेरात, जाम, मशहद, नीशापुर, बिस्ताम होता हुआ १ मुहर्रम ७३४ हि० (१२ सितम्बर १३३३ ई०) को सिन्ध पहुँचा।

वहाँ से जनानी, सिविस्तान, लाहरी, बक्कर, उच्च, मुल्तान, अजोधन, (पाक पट्टन), अबोहर, अबू बकहर, सरसुती (सिरसा), हाँसी, मसऊदाबाद तथा पालम होता हुआ वह १३ रजब ७३४ हि० (२० मार्च १३३४ ई०) को देहली पहुंचा। सुल्तान मुहम्मद बिन तुग़लुक़ शाह ने उसे १७ सफ़र ७४३ हि० (२२ जुलाई १३४२ ई०) को अपनी ओर से राजदूत बना कर चीन भेजा। इस बीच में इब्ने बत्तूता का सुल्तान के दरबारियों तथा सुल्तान से घनिष्ठतम सम्बन्ध रहा। उसने इस अवधि में भी विभिन्न स्थानों की यात्रायें कीं। ७३७ हि० (१३३६ ई०) में उसने देहली से बिजनौर होते हुये अमरोहे की यात्रा की। वहाँ से वह

१ सियरुल औलिया पृष्ठ १३।

२ कुछ यात्रियों के नाम रेहला में भी दिये गये हैं। THE REHLA OF IBN BATTUTA (Mahdi Husain) Oriental Institute, Boroda, 1953, P. xxi-xxii

अफ़ग़ानपुर भी गया। ७४० हि० में उसने देहली से स्वर्गद्वारी की यात्रा की और वहाँ से उसने सुल्तान के साथ क़न्नौज तथा बहराइच की भी यात्रा की और उसी के साथ देहली लौट आया। ७४२ हि० में वह सुल्तान से भेंट करने देहली से सेहवान गया और फिर वहाँ से लौट आया।

चीन की ओर प्रस्थान करते समय उसने भारतवर्ष के बहुत से स्थानों की सैर की और उनका सविस्तार उल्लेख भी अपनी यात्रा के विवरण में दिया है। मंगलवार १८ सफ़र ७४३ हि० (२३ जुलाई १३४२ ई०) को वह तिलपट पहुंचा। शनिवार २२ सफ़र ७४३ हि० (२७ जुलाई १३४२ ई०) को वह अव पहुँचा। सोमवार २४ सफ़र ७४३ हि० (२६ जुलाई १३४२ ई०) को वह हीलू पहुँचा। बुधवार २६ सफ़र ७४३ हि० (३१ जुलाई १३४२ ई०) को वह ब्याना पहुँचा। वृहस्पतिवार ५ रबी-उल अव्वल ७४३ हि० (८ अगस्त १३४२ ई०) को कोल पहुंचा। शुक्रवार ६ रबी-उल-अव्वल (९ अगस्त १३४२ ई०) को जलाली पहुँचा। सोमवार २३ रबी-उल-अव्वल ७४३ हि० (२६ अगस्त १३४२ ई०) को ताजपुर पहुंचा। वृहस्पतिवार २६ रबी-उल-अव्वल ७४३ हि० (२९ अगस्त १३४२ ई०) को ब्रजपुर पहुंचा। वृहस्पतिवार ३ रबी-उस्-सानी ७४३ हि० (५ सितम्बर १३४२ ई०) को क़न्नौज पहुंचा। सोमवार ७ रबी-उस्-सानी ७४३ हि० (६ सितम्बर १३४२ ई०) को हिनौल पहुंचा। वृहस्पतिवार १० रबी-उस्-सानी ७४३ हि० (१२ सितम्बर १३४२ ई०) को वज़ीरपुर पहुंचा। शनिवार १२ रबी-उस्-सानी ७४३ हि० (१४ सितम्बर १३४२ ई०) को जलेसर पहुँचा। सोमवार १४ रबी-उस्-सानी ७४३ हि० (१६ सितम्बर १३४२ ई०) को मौरी पहुंचा। बुधवार १६ रबी-उस्-सानी ७४३ हि० (१८ सितम्बर, १३४२ ई०) को वह मरह पहुँचा। रविवार २० रबी-उस्-सानी ७४३ हि० (२२ सितम्बर १३४२ ई०) को वह अलापुर पहुंचा। बुद्धवार २३ रबी-उस्-सानी ७४३ हि० (२५ सितम्बर, १३४२ ई०) को वह ग्वालियर पहुँचा। शुक्रवार २५ रबी-उस्-सानी ७४३ हि० (२७ सितम्बर १३४२ ई०) को वह पेरवन पहुंचा। बुद्धवार १ जमादी-उल-अव्वल ७४३ हि० (२ अक्तूबर १३४२ ई०) को अमबारी पहुँचा। शनिवार ४ जमादी-उल-अव्वल ७४३ हि० (५ अक्तूबर १३४२ ई०) को खजराओ (कर्जरा) पहुँचा। बुद्धवार ८ जमादी-उल-अव्वल ७४३ हि० (६ अक्तूबर १३४२ ई०) को चन्देरी पहुंचा। रविवार १६ जमादी-उल-अव्वल ७४३ हि० (२० अक्तूबर १३४२ ई०) को धार पहुँचा। वृहस्पतिवार २३ जमादी-उल-अव्वल ७४३ हि० (२४ अक्तूबर १३४२ ई०) को उज्जैन पहुँचा। रविवार ३ जमादी-उस्-सानी ७४३ हि० (३ नवम्बर १३४२ ई०) को दौलताबाद पहुँचा। सोमवार ११ जमादी-उस्-सानी ७४३ हि० (११ नवम्बर १३४२ ई०) को नन्दुरबार पहुँचा। शुक्रवार २२ जमादी-उस्-सानी ७४३ हि० (२२ नवम्बर १३४२ ई०) को खम्बायत पहुँचा। बुद्धवार २७ जमादी-उस्-सानी ७४३ हि० (२७ नवम्बर १३४२ ई०) को कावा पहुंचा। शुक्रवार २९ जमादी-उस्-सानी ७४३ हि० (२६ नवम्बर १३४२ ई०) को गन्धार पहुँचा। सोमवार ३ रजब ७४३ हि० (२ दिसम्बर १३४२ ई०) को पेरिम पहुँचा। बुद्धवार ५ रजब, ७४३ हि० (४ दिसम्बर १३४२ ई०) को गोगो पहुँचा। शनिवार ८ रजब ७४३ हि० (७ दिसम्बर १३४२ ई०) को सन्दापुर (प्रथम आगमन) पहुँचा। मंगलवार ११ रजब, ७४३ हि० (१० दिसम्बर, १३४२ ई०) को हिनौर (प्रथम आगमन) पहुंचा। सोमवार १७ रजब ७४३ हि० (१६ दिसम्बर १३४२ ई०) को बरसी लोर (अबू सरूर) पहुँचा। बुद्धवार १६ रजब ७४३ हि० (१८ दिसम्बर १३४२ ई०) को फ़ाकनूर पहुँचा। मंगलवार २५ रजब ७४३ हि० (२४ दिसम्बर १३४२ ई०) को मन्जरूर पहुंचा। रविवार ३० रजब ७४३ हि० (२६ दिसम्बर १३४२ ई०) को हीली पहुँचा। सोमवार १ शाबान ७४३ हि० (३० दिसम्बर

१३४२ ई०) को जुरफ़त्तन पहुंचा। मंगलवार २ शाबान ७४३ हि० (३१ दिसम्बर १३४२ ई०) को दहफ़त्तन पहुंचा। मंगलवार २ शाबान, ७४३ हि० (३१ दिसम्बर १३४२ ई०) को बुदफ़त्तन पहुँचा। बुद्धवार ३ शाबान ७४३ हि० (१ जनवरी १३४३ ई०) को पन्देरानी (फ़न्दरियाना) पहुंचा। बृहस्पतिवार ४ शाबान ७४३ हि० (२ जनवरी १३४३ ई०) को कालीकट (प्रथम आगमन) पहुँचा। यहाँ वह ८८ दिन ठहरा अर्थात् ४ शाबान ७४३ हि० (२ जनवरी १३४३ ई०) से ३ ज़ीक़ाद ७४३ हि० (२९ मार्च १३४३ ई०) तक। बृहस्पतिवार ७ ज़ीक़ाद ७४३ हि० (३ अप्रैल १३४३ ई०) को वह कुन्जकरी पहुँचा। सोमवार ११ ज़ीक़ाद ७४३ हि० (७ अप्रैल १३४३ ई०) को क़ुईलून पहुंचा। मंगलवार १२ ज़ीक़ाद ७४३ हि० (८ अप्रैल, १३४३ ई०) को वह कालीकट पहुँचा (द्वितीय आगमन)। मंगलवार २६ ज़ीक़ाद ७४३ हि० (२२ अप्रैल १३४३ ई०) को वह हिनौर पहुँचा (द्वितीय बार आगमन)। यहाँ वह तीन मास तक ठहरा। बृहस्पतिवार १ रबी-उल-अव्वल ७४४ हि० (२४ जुलाई १३४३ ई०) को वह सन्दापुर पहुँचा (द्वितीय बार आगमन)। यहाँ वह अपने आतिथ्य सत्कार करने वाले हिनौर के राजा की ओर से एक समुद्रीय युद्ध में सम्मिलित हुआ और सन्दापुर में १३ जमादी-उल-अव्वल से १५ शाबान (७४४ हि०) तक ठहरा। शनिवार १६ शाबान ७४४ हि० (३ जनवरी १३४४ ई०) को वह हिनौर पहुँचा (तीसरी बार आगमन)। रविवार १७ शाबान ७४४ हि० (४ जनवरी १३४४ ई०) को वह फ़ाकनूर पहुंचा। रविवार १७ शाबान ७४४ हि० (४ जनवरी १३४४ ई०) को वह मन्जरूर पहुँचा। सोमवार १८ शाबान ७४४ हि० (५ जनवरी १३४४ ई०) को वह हीली से होकर गुज़रा। सोमवार १८ शाबान ७४४ हि० (५ जनवरी १३४४ ई०) को वह जुरफ़त्तन से होकर गुज़रा। मंगलवार १९ शाबान ७४४ हि० (६ जनवरी १३४४ ई०) को वह दहफ़त्तन से होकर गुज़रा। मंगलवार १९ शाबान ७४४ हि० (६ जनवरी १३४४ ई०) को वह बुदफ़त्तन से होकर गुज़रा। मंगलवार १९ शाबन ७४४ हि० (६ जनवरी १३४४ ई०) को वह पन्देरानी (फ़न्दरियाना) से होकर गुज़रा। बुद्धवार २० शाबान ७४४ हि० (७ जनवरी १३४४ ई०) को कालीकट से होकर गुज़रा (तृतीय बार आगमन)। बुद्धवार २० शाबान ७४४ हि० (७ जनवरी १३४४ ई०) को वह शालियात पहुंचा। यहाँ पर वह अपने दीर्घकाल तक ठहरने के विषय में उल्लेख करता है। बृहस्पतिवार ३ ज़ीक़ाद ७४४ हि० (१८ मार्च १३४४ ई०) को वह कालीकट पहुंचा (चतुर्थ बार आगमन)। शनिवार १९ ज़ीक़ाद, ७४४ हि० (३ अप्रैल १३४४ ई०) को वह हिनौर पहुँचा (चतुर्थ बार आगमन)। बुद्धवार २६ मुहर्रम ७४५ हि० (९ जून १३४४ ई०) को वह सन्दापुर पहुंचा (तृतीय बार आगमन)। वह यहाँ मुहर्रम मास के अन्त में आया और रबी-उस्-सानी मास की दूसरी तारीख तक ठहरा। मंगलवार १३ रबी-उस्-सानी ७४५ हि० (२४ अगस्त १३४४ ई०) को वह कालीकट आया (पाँचवीं बार आगमन)। रविवार २५ रबी-उस्-सानी ७४५ हि० (५ सितम्बर १३४४ ई०) को वह कन्नालूस (प्रथम बार आगमन) आया। शनिवार ९ जमादी-उल-अव्वल ७४५ हि० (१८ सितम्बर १३४४ ई०) को वह महल आया (प्रथम बार आगमन)। सोमवार ३ रबी-उल-अव्वल ७४६ हि० (४ जुलाई १३४५ ई०) को वह मुलूक आया (प्रथम बार आगमन)। मुलूक में वह ७० दिन तक ठहरने का उल्लेख करता है और वह कहता है कि मालद्वीप में वह १½ वर्ष तक ठहरा। यह बात ध्यान देने योग्य है कि वह मुलूक से महल आया परन्तु बिना रुके ही मुलूक को वापस चलागया। वह १५ रबी-उस्-सानी ७४५ हि० (२६ अगस्त १३४४ ई०) [डा० महदी हुसैन की गणना के अनुसार इसे सोमवार १४ जमादी-उल-अव्वल ७४६ हि० (१२ सितम्बर १३४५ ई०) होना चाहिये] को मुलूक से (लंका) को प्रस्थान का उल्लेख करता है। बुद्धवार २३ जमादी-उल-

अव्वल ७४६ हि० (२१ सितम्बर १३४५ ई०) को वह बटाला पहुंचा। सोमवार २८ जमादी-उल-अव्वल, ७४६ हि० (२६ सितम्बर १३४५ ई०) को वह सलवात पहुँचा। वृहस्पतिवार १ जमादी-उस्-सानी ७४६ हि० (२६ सितम्बर १३४५ ई०) को वह कुनाकर पहुंचा। रविवार ११ जमादी-उस्-सानी ७४६ हि ०(९ अक्तूबर १३४५ ई०) को वह क़ाली पहुंचा। वृहस्पतिवार १५ जमादी-उस्-सानी ७४६ हि० (१३ अक्तूबर १३४५ ई०) को वह कोलम्बो पहुँचा। सोमवार १६ जमादी-उस्-सानी ७४६ हि० (१७ अक्तूबर १३४५ ई०) को वह बटाला पहुंचा। मंगलवार २७ जमादी-उस्-सानी ७४६ हि० (२५ अक्तूबर १३४५ ई०) को वह हरकातू पहुंचा। रविवार १० रजब ७४६ हि० (६ नवम्बर १३४५ ई०) को वह पट्टन पहुँचा। रविवार १५ शाबान ७४६ हि० (११ दिसम्बर १३४५ ई०) को वह मदूरा पहुँचा। बुद्धवार १७ रमज़ान, ७४६ हि० (११ जनवरी, १३४६ ई०) को वह पट्टन पहुंचा। शुक्रवार २६ रमज़ान ७४६ हि० (२० जनवरी १३४६ ई०) को वह क़ुईलून पहुँचा। यहाँ पर वह ३ मास तक ठहरने का उल्लेख करता है। वृहस्पतिवार ४ मुहर्रम ७४७ हि० (२७ अप्रैल १३४६ ई० को वह पीजिलोन द्वीप पहुंचा जहाँ उसे लूट लिया गया। मंगलवार ६ मुहर्रम ७४७ हि० (२ मई १३४६ ई०) को वह कालीकट पहुंचा (छठी बार आगमन)। वृहस्पतिवार २५ मुहर्रम, ७४७ हि० (१८ मई १३४६ ई०) को वह कन्नालूस पहुंचा (द्वितीय बार आगमन)। शुक्रवार ३ सफ़र ७४७ हि० (२६ मई १३४६ ई०) को वह महल पहुंचा (द्वितीय बार आगमन)। रविवार १८ रबी-उल-अव्वल ७४७ हि० (६ जुलाई १३४६ ई०) को वह चिट्टागांग पहुंचा। रविवार ६ रबी-उस्-सानी ७४७ हि० (३० जुलाई १३४६ ई०) को वह कमरू पहुँचा। वृहस्पतिवार २० रबी-उस्-सानी ७४७ हि० (१० अगस्त १३४६ ई०) को वह हबंक़ पहुंचा। सोमवार २४ रबी-उस्-सानी ७४७ हि० (१४ अगस्त १३४६ ई०) को वह सुनार गाँव पहुँचा। वहाँ से निरन्तर चीन, मक्का, मिस्र, ट्यूनिस आदि देशों में होता हुआ २३ शाबान ७५० हि० (६ नवम्बर १३४६ ई०) को वह फ़ेज़ पहुंचा और वहाँ से तनजीर गया।[1]

वहाँ से उसने फिर स्पेन की यात्रा की। मराको के सुल्तान अबू इनआन मरीनी ने उसे विशेष प्रोत्साहन प्रदान किया और जिन जिन देशों को उसने देखा था, उनका हाल लिखवाने का उसे आदेश दिया। तदनुसार उसने अपनी विचित्र तथा आश्चर्यजनक यात्रा का हाल लिखवाया। इसके उपरान्त सुल्तान ने मुहम्मद इब्ने (पुत्र) मुहम्मद इब्ने (पुत्र जुज़ये[2] अल कलबी को मूल पुस्तक को पूर्णतया ध्यान में रखते हुये सुन्दर रूप में संकलित करने का आदेश दिया। उसने सुल्तान के आदेशानुसार शेख़ अबू अब्दुल्लाह के विचारों को साफ़ तथा प्रभावशाली भाषा में लिखा। कहीं-कहीं उसने शेख के शब्दों तथा वाक्यों को बिना किसी परिवर्तन के उसी प्रकार रहने दिया। इसका संकलन ७५६ हि० (१३५५-५६ ई०) में समाप्त हुआ। एक हस्तलिखित पोथी के अनुसार इस यात्रा का नाम "तुहफ़तुन्नुज़्ज़ार फ़ी ग़राइबिल अमसार व अजाइबुल असफ़ार" रखा गया।

भौगोलिक विवरण—

इब्ने बत्तूता ने भारतवर्ष की भौगोलिक स्थिति, यहाँ की जलवायु, फल-फूल, वनस्पिति, पशुओं तथा वेश भूषा और रहन सहन कृषि एवं व्यापार के विषय में विस्तार से लिखा है। वह जिस नगर में भी पहुँचा उसका उसने बड़ी गहन दृष्टि से अध्ययन किया। उसकी यात्रा

१ यह विवरण रेहला से लिया गया है (पृ० LXIV-LXXI)

२ उसका जन्म शव्वाल ७२१ हि० (अक्तूबर, १३२१ ई०) में ग़रनाते में हुआ था। उसकी मृत्यु शव्वाल ७५७ हि० (अक्तूबर, १३५६ ई०) में फ़ेज़ में हुई। वह बहुत बड़ा विद्वान, कवि, इतिहासकार, फ़क़ीह, मुहद्दिस तथा शब्द-शास्त्रज्ञ था। मराको के सुल्तान अबू इनआन मरीनी का वह बहुत बड़ा कृपापात्र था।

के विवरण द्वारा भारतवर्ष के अनेक समकालीन नगरों के विषय में पर्याप्त जानकारी प्राप्त हो जाती है। इब्ने बत्तूता ने देहली का हाल बड़े विस्तार से लिखा है। नगर की चहार दीवारी, विभिन्न द्वार, देहली की जामा मस्जिद, देहली की क़ब्रों, तथा देहली के बाहर दो बड़े हौज़ों का बड़ा ही विशद उल्लेख किया है। उसके भौगोलिक ज्ञान का मूल आधार उसका व्यक्तिगत निरीक्षण है और वह किसी ग्रन्थ से इस सम्बन्ध में प्रभावित नहीं हुआ है। आरम्भ ही से उसने विभिन्न नगरों की दूरी तथा उनके बीच के अन्तर का उल्लेख किया।

शासन प्रबन्ध—

इब्ने बत्तूता का सम्बन्ध ग्रामों के शासन प्रबन्ध तथा न्याय व्यवस्था और वक़्फ़ (धर्म संस्थाओं) के इन्तज़ाम से विशेष रूप से रहा। उसकी यात्रा के विवरण से समकालीन ग्रामों के शासन प्रबन्ध पर भी प्रकाश पड़ता है जिसकी चर्चा अन्य समकालीन ऐतिहासिक ग्रन्थों में भी कम ही मिलती है। सुल्तान तथा उच्च पदाधिकारियों की गति विधि से वह पूर्ण रूप से परिचित था अतः उसने उनके कर्त्तव्यों एवं उनसे सम्बन्धित राजकीय सेवाओं का उल्लेख विस्तार से किया है। उसके पर्यटन लेख द्वारा अनेकों पारिभाषिक शब्दों के विषय में भी ज्ञान प्राप्त हो जाता है[1] इसलिये कि अन्य समकालीन इतिहासकारों ने, जो इसी शासन प्रबन्ध में रहते सहते चले आये थे, उन शब्दों की व्याख्या की आवश्यकता न समझते थे किन्तु इब्ने बत्तूता ने मध्य कालीन भारतीय इतिहास का ज्ञान प्राप्त करने वालों की कठिनाई का बहुत कुछ निवारण कर दिया है। केन्द्र के शासन प्रबन्ध की दृढ़ता के ज्ञान के साथ साथ उसकी यात्रा के विवरण लेख से यह भी पता चलता है कि देहली से थोड़ी ही दूर पर जलाली में किस प्रकार अव्यवस्था थी और इब्ने बत्तूता को अपनी जलाली की यात्रा में कितने कष्ट भोगने पड़े। यद्यपि डाक का प्रबन्ध बड़ा ही उचित था और बड़े ही द्रुतगामी समाचार वाहक राज्य के भिन्न भिन्न भागों में फैले हुये थे किन्तु फिर भी ग्रामों में अधिक शान्ति न थी। इब्ने बत्तूता ने बड़े बड़े अधिकारियों के घूस लेने की भी चर्चा की है क्योंकि घूस के कारण उसे स्वयं कुछ समय तक बड़े कष्ट भोगने पड़े और उसका ऋण जिसकी अदायगी का सुल्तान द्वारा आदेश हो चुका था, अदा न हो सका।

दरबार—

इब्ने बत्तूता सुल्तान के दरबार से विशेष रूप से सम्बन्धित था। उसने दरबार की प्रत्येक वस्तु को बड़ी गहन दृष्टि से देखने तथा दरबार की प्रथाओं को समझने का विशेष रूप से प्रयत्न किया है। वह सुल्तान के जुलूस में भी सम्मिलित होता रहता था, अतः उसने जो कुछ भी साधारण तथा विशेष अवसर पर होने वाले दरबारों और सुल्तान के जुलूस के विषय में लिखा है उसे मध्यकालीन भारतीय इतिहास का 'अमर अध्याय' समझना चाहिये।

डाक का प्रबन्ध—

इब्ने बत्तूता जब हिन्दुस्तान पहुँचा तो यह देख कर, कि किस प्रकार साधारण से साधारण बात सुल्तान तक तेजी से पहुँचाई जाती थी, बड़ा प्रभावित हुआ। उसने सुल्तान के डाक की व्यवस्था का उल्लेख बड़े विस्तार से किया है। उसने राज्य के गुप्त चरों का भी हाल लिखा है और ऐनुलमुल्क के विद्रोह के सम्बन्ध में बताया है कि किस प्रकार लोगों के व्यक्तिगत जीवन से सम्बन्धित बातें भी सुल्तान की सेवा में पहुँच जाती थीं और लोगों के अपराध किसी प्रकार छिपे नहीं रह सकते थे।

समकालीन राजनैतिक घटनायें—

इब्ने बत्तूता ने अपनी यात्रा के विवरण में देहली के पूर्ववर्त्ती सुल्तानों का इतिहास

---

१ इन शब्दों की सूची अन्त में दी गई है।

इस देश के विश्वसनीय लोगों से सुनकर लिखा है। उसके आने के पूर्व सुल्तान मुहम्मद बिन तुग़लुक़ के राज्य काल में जो घटनायें घटी थीं उनकी भी उसने बड़ी विशद चर्चा की है। देहली के विनाश का उसने बड़ा ही मार्मिक उल्लेख किया है। बहाउद्दीन के विद्रोह तथा कम्पिला के राय का उसकी सहायता हेतु अपना सर्वस्व बलिदान कर देने का हाल तथा किशलू खाँ के विद्रोह एवं उसकी हत्या की चर्चा इब्ने बत्तूता ने बड़े विस्तृत रूप से की है। क़राचिल की दुर्घटना माबर तथा दक्षिण के अन्य विद्रोहों का हाल भी इब्ने बत्तूता ने लिखा है। ऐनुलमुल्क के विद्रोह के समय वह स्वयं उपस्थित था और उसके विवरण द्वारा पता चलता है कि किस प्रकार सुल्तान मुहम्मद बिन तुग़लुक़ युद्ध के समय अपने राज्य के हितैषियों से परामर्श किया करता था। विद्रोहों के अतिरिक्त उस समय के अकाल का हाल इब्ने बत्तूता ने बड़े विस्तृत रूप से दिया है।

सुल्तान मुहम्मद बिन तुग़लुक़ का चरित्र—

इब्ने बत्तूता ने सुल्तान मुहम्मद बिन तुग़लुक़ के चरित्र का गहन अध्ययन किया था। सुल्तान द्वारा उसे विशेष प्रोत्साहन प्राप्त होता रहता था। सुल्तान उस पर बड़ी कृपा दृष्टि रखता था। इब्ने बत्तूता की यात्रा द्वारा पता चलता है कि किस प्रकार सुल्तान मुहम्मद बिन तुग़लुक़ परदेशियों का सम्मान किया करता था और उन्हें अत्यधिक इनाम प्रदान करता रहता था। सुल्तान जिस प्रकार योगियों से मिलता जुलता और योग सिद्धियों में रुचि लेता, उसका भी उल्लेख इब्ने बत्तूता ने किया है। सम्भवतया इसी आधार पर एसामी ने उसकी कटु आलोचना की है[1]। इब्ने बत्तूता मुहम्मद बिन तुग़लुक़ की न्याय-प्रियता से बड़ा प्रभावित था। उसकी यात्रा के विवरण द्वारा पता चलता है कि न्याय के सम्बन्ध में सुल्तान मुहम्मद बिन तुग़लुक़ को अपने निकटतम सम्बन्धियों तथा उच्च पदाधिकारियों को भी कठोर दण्ड देने में कोई संकोच न होता था। सुल्तान की न्याय-प्रियता के साथ साथ जब इब्ने बत्तूता उसके अत्यधिक अत्याचारों एवं हत्या काण्ड को देखता था तो उसे बड़ा ही आश्चर्य होता था और ज़ियाउद्दीन बरनी की तारीखे फ़ीरोज़ शाही के समान इब्ने बत्तूता की यात्रा के विवरण में भी सुल्तान मुहम्मद बिन तुग़लुक़ का चरित्र एक जटिल समस्या बन गया है। दोनों ही उसके विरोधाभासी गुणों को देख कर स्तब्ध दिखाई पड़ते हैं। इब्ने बत्तूता की यात्रा के विवरण द्वारा भी सुल्तान मुहम्मद बिन तुग़लुक़ की महत्त्वाकांक्षाओं पर विशेष प्रकाश पड़ता है।

आलिम तथा सूफ़ी—

इब्ने बत्तूता स्वयं एक धार्मिक व्यक्ति था। उसे अपने धर्म से बड़ा प्रेम था। उसने अपनी यात्रा के विवरण में जिन सूफ़ी सन्तों से भेंट की उनके विषय में भी उसने अपने पर्यटन लेख में चर्चा की है। वह देहली के समकालीन आलिमों के सम्पर्क में भी आया और उसने उनके विषय में भी अपनी यात्रा के विवरण में विभिन्न स्थानों पर लिखा है।

लोगों का रहन-सहन—

इब्ने बत्तूता ने भारतवर्ष के रीति रिवाज, लोगों के रहन सहन तथा वेष भूषा का भी उल्लेख किया है। मुसलमानों के विवाह की भारतीय प्रथाओं का इब्ने बत्तूता ने बड़ा विशद विवरण दिया है। उसने सुल्तान मुहम्मद बिन तुग़लुक़ की बहिन से अमीर सैफ़ुद्दीन के विवाह का हाल बड़े विस्तार से लिखा है। वह अमीर सैफ़ुद्दीन का घनिष्ठ मित्र था अतः उसे

१ एसामी, पृष्ठ ५१५; तुग़लुक़ कालीन भारत भाग, १ पृष्ठ ११८। योग सिद्धियों में भारतीय मुसलमान बहुत पहले से रुचि लेने लगे थे और योगी मुसलमान सन्तों की गोष्ठियों में जाया करते थे।

इस विवाह के सम्बन्ध में साधारण से साधारण बात का ज्ञान था। मुसलमानों में समकालीन मृतक क्रियायें क्या क्या थीं और उनका पालन किस प्रकार होता था, यह सब इब्ने बत्तूता को अपनी पुत्री के मृतक संस्कार के अवसर पर स्वयं देखने का मौक़ा मिल गया था। वह सती के दृश्य को भी देख कर बड़ा प्रभावित हुआ और उसने इस दृश्य का बड़े विस्तार से उल्लेख किया है।

मनोरंजन तथा आमोद प्रमोद—

इब्ने बत्तूता भारतवर्ष के विभिन्न भागों में नाना प्रकार की दावतों तथा भोजों में सम्मिलित हुआ था। शाही भोजन का प्रबन्ध तथा साधारण भोजनों के नियम भी उसने विस्तार से लिखे हैं। भोजन तथा मिठाइयों के विस्तृत उल्लेख भी इब्ने बत्तूता की यात्रा के विवरण द्वारा प्राप्त हो जाते हैं। पान खाने का महत्त्व तथा उसकी विशेषता का उल्लेख भी इब्ने बत्तूता ने किया है। भारतवर्ष के कुछ नगरों के बाज़ारों तथा उनकी चहल पहल, सजावट और तत्सम्बन्धी अन्य बातों का उल्लेख इब्ने बत्तूता के विवरण में पाया जाता है। सुल्तान के अभियानों के उपरान्त राजधानी में लौटने के समय और विशेष अवसरों पर किस प्रकार मनोरंजन तथा नगर किस प्रकार सजाया जाता था, इसका भी इब्ने बत्तूता की यात्रा के बिवरण में बड़ा विशद चित्रण हुआ है। सूफ़ियों के गायन तथा नृत्य, सैनिक बाजों तथा अन्य संगीतों एवं नृत्यों का भी हाल इब्ने बत्तूता की यात्रा के विवरण द्वारा ज्ञात हो जाता है। दौलताबाद के गायकों तथा गायिकाओं के बड़े बाज़ार का भी इब्ने बत्तूता ने बिवरण दिया है।

व्यापार—

जब इब्ने बत्तूता राजदूत बना कर चीन की ओर भेजा गया तो उसने विभिन्न स्थानों के व्यापारों का भी अध्ययन किया भारतवर्ष के समुद्रीय तट के बन्दरगाहों के व्यापार, नौकाओं, जहाज़ों तथा अन्य देशों के व्यापारियों से सम्पर्क का हाल भी इब्ने बत्तूता ने बड़े विस्तार से दिया है। नारियल, काली मिर्च तथा बन्दरगाहों में उत्पन्न होने वाली अन्य वस्तुओं का भी उल्लेख इब्ने बत्तूता ने किया है।

इब्ने बत्तूता का चरित्र—

इब्ने बत्तूता को यात्रा से बड़ी रुचि थी। उसने संसार के बहुत बड़े भाग की यात्रा की थी और वह नाना प्रकार के लोगों के सम्पर्क में आ चुका था। उसे प्रत्येक नई बात को गहन दृष्टि से देखने तथा गंभीरतापूर्वक उस पर विचार करने की आदत सी पड़ गई थी। वह बड़ा ही जिज्ञास प्रवृत्ति का था और यदि उसमें यह गुण न होता तो सम्भवतया छोटी छोटी और साधारण बातों का ज्ञान जो हमें उसकी यात्रा के विवरण द्वारा प्राप्त होता है न प्राप्त हो सकता। वह बड़ा स्पष्टवक्ता था और अपने हृदय की किसी बात को छिपाना न जानता था। उसे अपनी त्रुटियों को भी स्पष्ट रूप से उल्लेख कर देने में किसी प्रकार की लज्जा का अनुभव न होता था। वह बड़ा अपव्ययी था। सुल्तान द्वारा जो कुछ भी उसे प्राप्त होता वह उसे शीघ्रातिशीघ्र उड़ा देता। ऋण लेना तो उसके स्वभाव का एक अंग बन गया था और सुल्तान को इसके कारण उसे एक बार चेतावनी भी देनी पड़ी। उसने अपनी यात्रा का विवरण बड़ी ईमानदारी से दिया है। यह सम्भव है कि पिछली घटनाओं के सम्बन्ध में जो कुछ उसे अपने सूत्रों से ज्ञात हुआ उसका कुछ भाग निराधार हो जिसे उसने बिना किसी अधिक परीक्षण के स्वीकार कर लिया हो किन्तु उस पर घटनाओं का तोड़ मरोड़ कर उल्लेख करने का दोष नहीं लगाया जा सकता। जितनी बातें उसके अपने ज्ञान तथा

स्वनिरीक्षण पर आधारित हैं उनके विषय में यह तो कहा जा सकता है कि सम्भव है उसे समझने में भूल हुई हो किन्तु उसे झूठा सिद्ध करना कठिन है।

शिहाबुद्दीन अल उमरी

शिहाबुद्दीन अबुल अब्बास अहमद बिन (पुत्र) यहया बिन (पुत्र) फ़ज़्लुल्लाह अल उमरी का जन्म ३ शव्वाल ७०० हि० (१२ जून १३०१ ई०) में हुआ था। उसने दमिश्क़ तथा क़ाहिरा में विद्याध्ययन किया। वह अपने समय का बहुत बड़ा विद्वान समझा जाता था। उसने बहुत से ग्रन्थों की रचना की थी। उसका सबसे अधिक प्रसिद्ध तथा महत्त्वपूर्ण ग्रन्थ मसालिकुल अबसार फ़ी ममालिकुल अमसार है जो उसने २२ अथवा २७ भागों में लिखा था। बाद के समस्त विद्वानों ने उसकी भूरि-भूरि प्रशंसा की है और उसके ग्रन्थों के आधार पर पुस्तकें लिखी हैं। उसे मिस्र तथा शाम में विभिन्न अवसरों पर बड़े-बड़े पद प्राप्त होते रहे किन्तु वह अपने अन्तिम जीवन काल में मिस्र छोड़ कर दमिश्क़ चला गया और ७४८ हि० (१३४८ ई०) में उसका देहान्त हो गया।

मसालिकुल अबसार फ़ी ममालिकुल अमसार, इतिहास भूगोल तथा जीवनियों का एक वृहत् ग्रन्थ है। वह स्वयं कभी भारतवर्ष नहीं आया किन्तु उसने हिन्दुस्तान का हाल अनेक विश्वस्त सूत्रों द्वारा दिये गये विवरणों के आधार पर लिखा है। उस समय हिन्दुस्तान के बाहर के समस्त मुसलमानों की दृष्टि हिन्दुस्तान की ओर लगी रहती थी। वे हिन्दुस्तान के विषय में अधिक से अधिक जानकारी प्राप्त करने का प्रयत्न किया करते थे। मसालिकुल अबसार के लेखक को हिन्दुस्तान के विषय में जिन यात्रियों द्वारा ज्ञान प्राप्त हुआ, उनके नाम ये हैं:

(१) शेख मुबारक इब्न महमूद अल कम्बाती।

(२) शेख बुरहानुद्दीन अबूबक्र बिन अल-खल्लाल अल-बज़्ज़ी।

(३) फ़क़ीह सिराजुद्दीन अबुस्सफ़ा उमर बिन इसहाक़ बिन अहमद अश्-शिबली अल-अवधी।

(४) क़ाज़ी निज़ामुद्दीन अबुल फ़ज़ैल यहया अल हाकिम अल-तय्यारी।

(५) अली बिन मनसूर अल-उक़ैली।

(६) ख़ोजा अहमद बिन ख़ोजा उमर बिन मुसाफ़िर।

(७) शेख मुहम्मद अल ख़ोजन्दी

(८) सैयिदुश्शरीफ़ ताजुद्दीन अबुल मुजाहिद अल-हसन अस्समरक़न्दी जो शरीफ़ समरक़न्दी कहलाते थे।

(९) शेख अबू बक्र बिन अबुल हसन अल-मुल्तानी जो इब्नुत्ताज अल-हाफ़िज़ के नाम से प्रसिद्ध है।

(१०) शरीफ़ नासिरुद्दीन मुहम्मद जो ज़मुर्रदी कहलाता था।

(११) मुहम्मद बिन अब्दुर रहीम क़ुलैनशी।

(१२) क़ाज़ी-उल-क़ुज़्ज़ात अबू मुहम्मद अल-हसन बिन मुहम्मद ग़ोरी।

इन यात्रियों के अतिरिक्त बहुत से अन्य यात्रियों द्वारा भी शिहाबुद्दीन उमरी ने हिन्दुस्तान के विषय में पूछताछ की और प्रत्येक विवरण को पूर्ण परीक्षण के उपरान्त ही स्वीकार किया है। उसने यात्रियों के मौखिक विवरणों के अतिरिक्त पुस्तकों द्वारा भी हिन्दुस्तान के विषय में ज्ञान प्राप्त करने का प्रयत्न किया। उसने अपने लेख में तुहफ़तुल अल्बाब,

अल इक़्द तथा तक़वीमुल बुल्दान की चर्चा की है। इस प्रकार अपने अध्ययन तथा यात्रियों द्वारा ज्ञात किये हुये विवरणों को अपनी अद्भुत विवेचन शक्ति की सहायता से जाँच कर उसने मसालिकुल अबसार में बड़े ही उत्तम ढंग से प्रस्तुत किया है। यद्यपि उसका यह लेख संक्षिप्त है किन्तु किसी प्रकार इब्ने बत्तूता के विस्तृत विवरण से कम महत्त्वपूर्ण नहीं।

मसालिकुल अबसार में भारतवर्ष की विशेषताओं तथा यहाँ की धन-सम्पत्ति, जलवायु, उपज, फल, फूल, वनस्पति तथा यहाँ पाये जाने वाली और तैयार होने वाली वस्तुओं एवं कला-कौशल और यहाँ के निवासियों की वेश-भूषा का बड़ा विशद उल्लेख किया गया है। इसमें सुल्तान मुहम्मद बिन तुग़लुक़ शाह की विजयों तथा उसके प्रान्तों की सूची भी दी गई है। कुछ प्रान्तों के ग्रामों की संख्या भी गिनाई गई है। देहली नगर के गौरव तथा दौलताबाद के योजना के साथ बसाये जाने की भी चर्चा की गई है। देहली के निवासियों के विषय में लिखा है कि "वे फ़ारसी तथा हिन्दी में दक्ष हैं और उनमें से बहुत से लोग दोनों भाषाओं में कविता करते हैं।"

शिहाबुद्दीन अल उमरी ने सुल्तान मुहम्मद बिन तुग़लुक़ के शासन प्रबन्ध का बड़ा ही महत्त्वपूर्ण विवरण दिया है। अमीरों की विभिन्न श्रेणियों, उनकी अक़्ताओं, इनामों तथा अन्य पदाधिकारियों के विषय में जो बातें लिखी हैं वे अन्य समकालीन इतिहासों में इतनी स्पष्ट नहीं। सेना की व्यवस्था तथा रणक्षेत्र से सेना के प्रबन्ध का हाल, यद्यपि संक्षिप्त है किन्तु इसके द्वारा बहुत सी ऐसी बातें ज्ञात हो जाती हैं जिनके उल्लेख की सम्भवतया समकालीन इतिहासकार आवश्यकता न समझते थे और जिनका आज हमारे लिये बड़ा महत्त्व है। शिहाबुद्दीन ने सुल्तान के दासों, दासियों तथा उनके मूल्य का हाल भी लिखा है। हिन्दुस्तानी कनीज़ों के अत्यधिक मूल्य तथा उनकी विशेषताओं ने लेखक को आश्चर्य में डाल दिया था। शिहाबुद्दीन उमरी ने सुल्तान मुहम्मद बिन तुग़लुक़ के आम दरबारों तथा विशेष गोष्ठियों का उल्लेख भी किया है। उसने जो कुछ लिखा है उसकी तुलना यदि इब्ने बत्तूता के विवरण से की जाय तो यह भलीभाँति ज्ञात हो जायगा कि यद्यपि शिहाबुद्दीन ने सुल्तान के दरबार को स्वयं कभी नहीं देखा था, फिर भी दरबार की प्रथाओं तथा दरबार से सम्बन्धित अन्य बातों का उसने कितना ठीक-ठीक उल्लेख किया है। शिहाबुद्दीन उमरी ने भी हिन्दुस्तान में डाक के प्रबन्ध तथा गुप्तचरों का हाल लिखा है, और यह बताया है कि उनका प्रबन्ध कितना सुन्दर था। उसके ग्रन्थ द्वारा देहली तथा देवगिरि के द्वारों के खुलने तथा बन्द होने की सूचना का सुल्तान तक पहुंचने का भी हाल ज्ञात होता है।

मसालिकुल अबसार में सुल्तान ग़यासुद्दीन तुग़लुक़ के चरित्र का चित्रण, उसके समकालीन इतिहासकारों तथा इब्ने बत्तूता के विवरण से थोड़ा सा भिन्न है। शिहाबुद्दीन ने सुल्तान के अत्याचार तथा हत्याकांड के विषय में कुछ नहीं लिखा है। उसे अपने सूत्रों द्वारा इन बातों का ज्ञान अवश्य हुआ होगा जो उस समय सुल्तान के विषय में उसके राज्य में प्रसिद्ध थीं किन्तु सम्भवतया वह सुल्तान के गुणों तथा दोषों का समाधान न कर सका हो और उन्हें किंवदन्ती समझ कर छोड़ दिया हो। उसने देहली के विनाश तथा ताम्र मुद्राओं के विषय में भी कुछ नहीं लिखा। बरनी तथा इब्ने बत्तूता के समान शिहाबुद्दीन ने भी सुल्तान के दान-पुण्य, विद्वानों, कवियों, गायकों तथा अन्य कलाकारों को आश्रय प्रदान करने के विषय में बड़ा विशद विवरण दिया है। सुल्तान की उदारता तथा उसके अत्यधिक दान के अनेक उदाहरण दिये हैं। मसालिकुल अबसार से पता चलता है कि सुल्तान को अपनी प्रजा का कितना ध्यान रहता था और दरबार के आडम्बर तथा वैभव के बावजूद लोगों की शिकायत किस प्रकार उस तक पहुंच जाया करती थी।

शिहाबुद्दीन ने मसालिकुल अबसार में हिन्दुस्तान के विषय में यात्रियों के विवरण के आधार पर लिखा है। इनमें अनेक व्यापारी भी थे। इस प्रकार मसालिकुल अबसार में उस समय के भारतवर्ष के व्यापार का हाल व्यापारियों द्वारा ज्ञात हो जाता है। मसालिकुल अबसार से पता चलता है कि भारतवर्ष में अन्य देशों से सोना आया करता था किन्तु भारतवर्ष का सोना बाहर नहीं जाता था, यद्यपि घोड़ों तथा कुछ विशेष प्रकार के बहुमूल्य वस्त्रों का आयात अन्य देशों से भी किया जाता था। शिहाबुद्दीन ने भारतवर्ष में चीज़ों के सस्ते होने तथा विभिन्न वस्तुओं के मूल्य सिक्कों, तथा तोल का भी उल्लेख किया है जिससे उस समय की आर्थिक दशा का अच्छा ज्ञान प्राप्त हो जाता है।

इस काल के अन्य इतिहासों के साथ साथ मसालिकुल अबसार के अध्ययन से पता चलता है कि इस ग्रन्थ के बिना हमारे भारतवर्ष के ऐतिहासिक, सामाजिक, आर्थिक तथा सांस्कृतिक ज्ञान में कितनी बड़ी कमी हो जाती। दुर्भाग्यवश अभी तक इस पुस्तक के सभी भाग प्रकाशित नहीं हो सके हैं। हिन्दुस्तान से संबंधित भाग का अँग्रेज़ी अनुवाद एक हस्तलिखित पोथी के रोटोग्राफ़ (फ़ोटो) से डा० आटो स्पीज़ ने मुस्लिम यूनीवर्सिटी जरनल अलीगढ़ में छपवाया था। हिन्दी अनुवाद, इस अँग्रेज़ी अनुवाद तथा सुबहुल आशा के आधार पर किया गया है, क्योंकि सुबहुल आशा[1] के लेखक ने मसालिकुल अबसार को विभिन्न स्थानों पर पूर्ण रूप से नक़ल कर दिया है।

यहया बिन अहमद सहरिन्दी

तुग़लुक़ कालीन इतिहास के सम्बन्ध में यहया बिन अहमद सहरिन्दी की तारीख़े मुबारकशाही को विशेष महत्त्व प्राप्त है। यहया बिन अहमद बिन अब्दुल्लाह सहरिन्दी ने अपना इतिहास सैयिद वंश के सुल्तान, मुइज्ज़ुद्दीन अबुल फ़तह मुबारकशाह को, जिसने ८२४ हि० (१४२१ ई०) से ८३७हि० (१४३३ ई०) तक राज्य किया समर्पित किया। इस इतिहास में आरम्भ में सुल्तान मुइज्ज़ुद्दीन बिन साम से लेकर शाबान ८३१ हि० (१४२८ ई०) तक के देहली के सुल्तानों का हाल लिखा गया किन्तु बाद में लेखक ने इसमें ८३८ हि० (१४३४ ई०) तक का हाल और बढ़ा दिया। जिस समय यह इतिहास लिखा गया, कुछ अन्य, ग्रन्थ जो अब अप्राप्य हैं, उस समय अवश्य उपलब्ध रहे होंगे। सुल्तान ग़यासुद्दीन तुग़लुक़ शाह द्वारा शेख निज़ामुद्दीन औलिया के विरोध का हाल सम्भवतया सर्व प्रथम इसी ग्रन्थ में लिखा गया और बाद के अन्य इतिहासकारों ने उसी का अनुकरण किया है। सुल्तान मुहम्मद बिन तुग़लुक़ शाह के राज्य काल की विभिन्न घटनाओं की तारीखें भी लिखी गई हैं और घटनाओं का उल्लेख भी क्रमानुसार किया गया है।

मुहम्मद बिहामद ख़ानी

मुहम्मद बिहामद ख़ानी मलिकुश्शर्क़ मलिक बिहामद ख़ाँ, का जिसे ऐरिच (बुन्देलखण्ड में) की अक़्ता प्राप्त थी, पुत्र था। मुहम्मद भी अपने पिता के समान एक सफल सैनिक

१ अहमद बिन अली बिन अहमद अब्दुल्लाह अशशिहाब अल-क़क़लशन्दी का जन्म क़ाहिरा के निकट ७५६ हि० (१३५५ ई०) अथवा ७५८ हि० (१३५७ ई०) में हुआ था। उसका सर्व प्रथम ग्रन्थ सुबहुल आशा फ़ी सिनाअतिल इनशा है जिसकी रचना उसने ८१४ हि० (१४११-१२ ई०) में समाप्त की। उसकी मृत्यु १० जमादी-उल-आख़िर ८२१ हि० (१५ जुलाई १४१८ ई०) में हुई। लेखक ने इसे १४ जिल्दों में विभाजित किया था। यह पुस्तक क़ाहिरा में १४ जिल्दों में प्रकाशित हो चुकी है। इस पुस्तक में मिस्र तथा शाम और संसार के अन्य भागों के ऐतिहासिक, भौगोलिक सांस्कृतिक दशा एवं शासन प्रबन्ध का उल्लेख है (मोजम, अल मतबूआतिल अरबिया वल मुअररिबा, मिस्र भाग ८, १९२९ ई०।

था और उसने अपने समय के कई युद्धों में भाग लिया; किन्तु बाद में वह ऐरिच के एक सूफ़ी यूसुफ़ बुध का शिष्य हो गया और धार्मिक कार्यों में तल्लीन रहने लगा।

तारीखे मुहम्मदी[1] में उसने मुहम्मद साहब के काल से लेकर ८४२ हि० (१४३८–३९ ई०) तक का हाल लिखा है। अपने समय के इतिहास में उसने कालपी के सुल्तानों का हाल तथा सुल्तान मुहम्मद बिन तुग़लुक़ शाह के बाद के सुल्तानों का हाल बहुत कुछ अपनी जानकारी के आधार पर लिखा है। तारीखे मुबारकशाही के समान विभिन्न घटनाओं के क्रम का पता लगाने के लिये यह ग्रन्थ बड़ा ही महत्त्वपूर्ण है।

ख्वाजा निज़ामुद्दीन अहमद हरवी

ख्वाजा निज़ामुद्दीन अहमद बिन मुहम्मद मुक़ीम अल-हरवी अकबर के समय में बख्शी था। सर्व प्रथम वह अकबर के राज्यकाल के २९ वीं वर्ष में गुजरात का बख्शी नियुक्त हुआ। तत्पश्चात् ३७ वें वर्ष में राज्य का बख्शी नियुक्त हुआ। १००३ हि० (१५९४ ई०) में उसकी मृत्यु हो गई।

उसने तबक़ाते अकबरी की रचना १००१ हि० (१५९२-९३ ई०) में की किन्तु बाद में १००२ हि० (१५९३-९४ ई०) का भी हाल लिख दिया। इसमें ग़ज़नवियों के समय से लेकर १००२ हि० (१५९३-९४ ई०) तक का हिन्दुस्तान का हाल लिखा गया है। देहली के सुल्तानों का हाल उसने बड़े निष्पक्ष भाव से लिखा है। सुल्तान ग़यासुद्दीन तुग़लुक़ शाह की मृत्यु का उल्लेख करते हुये उसने लिखा है कि बरनी ने मृत्यु के वास्तविक कारण को जान बूझ कर छिपाया है।

अब्दुल क़ादिर बदायूनी

अब्दुल क़ादिर "क़ादिरी" बिन मुलूकशाह बिन हामिद बदायूनी का जन्म १७ रबी-उस्-सानी ९४७ हि० (२१ अगस्त १५४० ई०) को हुआ था। ९८१ हि० (१५७४ ई०) में वह अकबर के दरबार में पेश हुआ और उसने अकबर के दरबार में पुस्तकों के अनुवाद के सम्बन्ध में विशेष सेवायें कीं। मुन्तखबुत्तवारीख में उसने ३६७ हि० (९७७-७८) से लेकर १००४ हि० (१५९५-९६ ई०) तक का विवरण दिया है। बदायूनी के इतिहास को उसके विशेष धार्मिक दृष्टिकोण के कारण बड़ा महत्त्व प्राप्त है। उसने मुहम्मद बिन तुग़लुक़ के राज्यकाल की बहुत सी घटनाओं का समय निर्धारित किया है। यद्यपि उनमें से बहुत सी तारीखों को स्वीकार करना कठिन है फिर भी उसके विवरण का महत्त्व घटाया नहीं जा सकता।

सैयिद अली बिन अज़ीज़ुल्लाह तबातबा

सैयिद अली बिन अज़ीज़ुल्लाह तबातबा हसनी सर्व प्रथम मुहम्मद क़ुली क़ुतुब शाह और फिर बुरहान निज़ाम शाह की सेवा में, जिसने ९९९ हि० (१५९१ ई०) से १००३ हि० (१५९५ ई०) तक राज्य किया, प्रविष्ट हुआ और १००० हि० (१५९२ ई०) में उसने बुरहाने मआसिर की रचना की। इसमें गुलबर्गे के बहमनियों, बिदर के बहमनियों तथा अहमद नगर के निज़ाम शाही सुल्तानों के राज्य का हाल दिया गया है। अन्त में उसने १००४ हि० (१५९६ ई०) तक का हाल अपने इतिहास में बढ़ा दिया। सुल्तान मुहम्मद बिन तुग़लुक़ के राज्यकाल के

१ यह पुस्तक अभी तक प्रकाशित नहीं हुई है। इसकी हस्तलिखित प्रति ब्रिटिश म्युज़ियम में मौजूद है और वह १७ वीं शताब्दी ईसवी में नक़ल हुई थी। अनुवाद उसी पोथी के रोटो ग्राफ़ से किया गया है।

अन्त में बहमनी राज्य की स्थापना का हाल उसने एसामी की फ़ुतुहुस्सलातीन के आधार पर दिया है। उसने इस सम्बन्ध में कुछ अन्य इतिहासों का भी अवश्य प्रयोग किया होगा।

मीर मुहम्मद मासूम नामी

मीर मुहम्मद मासूम "नामी" बिन सैयिद सफ़ाई अल-हुसैनी अल-तिरमिज़ी अल भक्करी १००३–४ हि० (१५९५–९६ ई०) में अकबर की सेवा में प्रविष्ट हुआ और उसने २५० का मनसब प्राप्त किया। उसकी मृत्यु १०१५ हि० (१६०६–७ ई०) के उपरान्त हुई।

उसने तारीखे सिन्ध अथवा तारीखे मासूमी में अरबों द्वारा सिन्ध की विजय से लेकर १००८ हि० (१५९९-१६०० ई०) तक का सिन्ध का इतिहास लिखा है। सुल्तान मुहम्मद बिन तुग़लुक़ शाह के सिन्ध से सम्बन्ध तथा सूमरा लोगों के ज्ञान के लिये तारीखे सिन्ध से बड़ी सहायता मिलती है।

मुहम्मद क़ासिम हिन्दू शाह फ़िरिश्ता

मुहम्मद क़ासिम हिन्दू शाह अस्तराबादी, जो फ़िरिश्ता के नाम से प्रसिद्ध है, सर्व प्रथम अहमद नगर के सुल्तान मुरतुज़ा निज़ाम शाह की सेवा में, जिसने ९७२ हि० (१५६५ ई०) से ९९६ हि० (१५८८ ई०) तक राज्य किया, प्रविष्ट हुआ। १६ सफ़र ९९८ हि० (२८ दिसम्बर १५८९ ई०) को वह बीजापुर दरबार में पेश किया गया और वहीं नौकर हो गया। इबराहीम आदिल शाह द्वितीय ने उसे बड़ा प्रोत्साहन प्रदान किया।

तारीखे फ़िरिश्ता, जिसका वास्तविक नाम गुलशने इबराहीमी है, उसने इबराहीम आदिल शाह को समर्पित की और १०१५ हि० (१६०६-७ ई०) में समाप्त की। इसके उपरान्त उसने इसमें साधारण सा परिवर्तन करके इसका नाम 'तारीखे नौरस नामा' रक्खा। तारीखे फ़िरिश्ता में भारत के प्राचीन हिन्दू राजाओं के समय से लेकर १०१५ हि० तक का हाल है। उसने अपने इतिहास का संकलन समस्त उपलब्ध समकालीन ग्रन्थों के आधार पर, जो अब अप्राप्य हैं, किया। यद्यपि उसने घटनाओं के जाँचने तथा अपने सूत्रों की पूर्ण समीक्षा करने का अधिक प्रयत्न नहीं किया किन्तु उसका इतिहास मालूमात का भंडार है और इसे सर्वदा बड़ा महत्त्व प्राप्त रहेगा।

विषय सूची

भाग अ

भाग ब

भाग स

भाग अ

मुख्य समकालीन इतिहासकार एवं कवि

ज़ियाउद्दीन बरनी

(क) तारीखे फ़ीरोज़शाही

एसामी

(ख) फ़तूहुस्सलातीन

बद्रे चाच

(ग) क़सायदे बद्रे चाच

अमीर खुर्द

(घ) सियरुल औलिया

अस्सुल्तानुल ग़ाज़ी ग़यासुद्दुनिया वद्दीन तुग़लुक़ शाह अस्सुल्तान

(४२३) सद्रे जहाँ[१]—क़ाज़ी[२] कमालुद्दीन

उलुग़ खाँ अर्थात् सुल्तान मुहम्मद शाह

बहराम खाँ शाहज़ादा

महमूद खाँ शाहज़ादा

मुबारक खाँ शाहज़ादा

मसऊद खाँ शाहज़ादा

नुसरत खाँ शाहज़ादा

तातार मलिक,[३] जिसे सुल्तान अपना पुत्र कहता था

मलिक सद्रुद्दीन अरसलान—नायब बारबक[४]

फ़ीरोज़ मलिक,[५] सुल्तान का भतीजा

मलिक शादी दावर—नायब वज़ीर[६]

मलिक बुरहानुद्दीन आलिम मलिक—कोतवाल[७]

मलिक बहा उद्दीन—अर्ज़े ममालिक[८]

---

१ सद्रः—देहली के सुल्तानों के राज्य में धर्म (इस्लामी) सम्बन्धी सभी प्रबन्ध सद्रुस्सुदूर के अधीन होते थे। धर्म आधारित न्याय तथा शिक्षा सम्बन्धी कार्य की देख रेख करने के लिये उसके अधीन सद्र होते थे। प्रदेशों के क़ाज़ी सद्र का कार्य भी करते थे।

२ क़ाज़ीः—सद्रुस्सुदूर, क़ाज़िये ममालिक अथवा मुख्य न्यायाधीश भी होता था। उसका विभाग दीवाने क़ज़ा कहलाता था। उसकी सहायता के लिये क़ाज़ी (न्यायाधीश) नियुक्त होते थे।

३ पुस्तक में ततार मलिक है।

४ नायब बारबकः—दरबार के समस्त कार्यों का प्रबन्ध करने वाले अधिकारियों का अफ़सर बारबक कहलाता था। अमीरों तथा अधिकारियों के खड़े होने और दरबार की शोभा स्थापित रखने का कार्य, उसी का कर्त्तव्य होता था। उसके सहायक नायब बारबक कहलाते थे।

५ सवारों के एक दस्ते का अफ़सर सरख़ेल कहलाता था। सरख़ेलों का अफ़सर सिपहसालार कहलाता था। सिपहसालारों का अफ़सर अमीर कहलाता था। अमीरों का अफ़सर मलिक कहलाता था। मलिकों का अफ़सर ख़ान कहलाता था। (बरनी, तारीख़े फ़ीरोज़शाही–पृ० १४५; आदि तुर्क कालीन भारत–पृ० २२५)।

६ वज़ीरः—प्रधान मन्त्री को वज़ीर कहते थे। राज्य का शासन प्रबन्ध तथा वित्त विभाग उसी के सिपुर्द होता था। उसके सहायक नायब वज़ीर कहलाते थे।

७ कोतवालः—नगर की देख भाल करने वाला अधिकारी। उसके सैनिक रात्रि में नगर में पहरा देते थे। कोतवाल नगर की रक्षा का पूर्ण उत्तरदायी होता था। उसे पुलिस विभाग का मुख्य अधिकारी समझना चाहिये। क़िलों के अधिकारी भी कोतवाल कहलाते थे।

८ अर्ज़े ममालिक अथवा आरिज़े ममालिकः—दीवाने अर्ज़ (सैन्य विभाग) का सब से बड़ा अधिकारी। सेना की भरती, निरीक्षण तथा सेना का समस्त प्रबन्ध उसके अधीन कर्मचारियों द्वारा होता था। युद्ध में सेना की अध्यक्षता उसके लिये आवश्यक न होती थी किन्तु वह अथवा उसके नायब युद्ध में सेना के साथ जाते थे। रसद (खाद्य सामग्री) का प्रबन्ध तथा लूट की सम्पत्ति की देख भाल भी उसी को करनी होती थी। उसके सहायक नायब अर्ज़े ममालिक अथवा नायब आरिज़ कहलाते थे।

मलिक अली हैदर—नायब वकील दर[१]
(४२४) मलिक नसीरुद्दीन महमूद शाह—ख़ास हाजिब[२]
मलिक बहता-ख़ाज़िन[३]
मलिक अली अग़ादी अश्क मलिक
शिहाबुद्दीन चाऊश[४] ग़ोरी
मलिक ताजुद्दीन जाफ़र
मलिक क़िवामुद्दीन—वज़ीर दौलताबाद "क़ुतलुग़ ख़ाँ"
मलिक यूसुफ़—नायब[५] दीबालपुर
मलिक शाहीन—आख़ुरबक[६]
अहमद अयाज़—शहनये एमारत[७]
नसीरुलमुल्क—ख़्वाजा हाजी
मलिक एहसान दबीर[८]
मलिक शिहाबुद्दीन सुल्तानी ताजुलमुल्क
मलिक फ़ख़रुद्दीन
दवल शाह बूसहारी
मलिक क़ीरबक
मलिक कुशमीर— शहनये बारगाह[९]
मलिक मुहम्मद ज़ाग़
मलिक सादुद्दीन मनतक़ी
मलिक हुसामुद्दीन हसन-मुस्तौफ़ी[१०]
मलिक ऐनुलमुल्क
मलिक काफ़ूर लंग
मलिक सिराजुद्दीन क़ुसूरी
मलिक ख़ास—शहनये पील[११]

---

१ वकील दरः—शाही महल तथा सुल्तान के विशेष कर्मचारियों का प्रबन्ध करने वाला सब से बड़ा अधिकारी। उसके सहायक नायब वकील दर कहलाते थे।

२ हाजिबः—बारबक के अधीन हाजिब होते थे। वे दरबार में सुल्तान तथा दरबारियों के मध्य में खड़े होते थे और उनकी अनुमति बिना सुल्तान तक कोई भी न पहुँच सकता था। उनका सरदार अमीर हाजिब कहलाता था। सम्भव है उसे ख़ास हाजिब भी कहते हों। समस्त प्रार्थना-पत्र भी अमीर हाजिब तथा हाजिबों द्वारा ही सुल्तान के समक्ष प्रस्तुत हो सकते थे। वे सुल्तान का संदेश भी ले जाते थे। वे बड़े कुशल सैनिक भी होते थे और युद्ध संचालन भी कभी-कभी उनके द्वारा होता था।

३ ख़ाज़िनः—कोषाध्यक्ष।

४ चाऊशः—सेना तथा दरबार की पंक्तियाँ ठीक करते थे।

५ नायबः—सुल्तान की ओर से किसी प्रान्त का अधिकारी।

६ आख़ुरबकः—शाही घोड़ों की देख रेख करने वाला अधिकारी।

७ शहनये एमारतः—एमारतों का मुख्य प्रबन्धक जिसकी देख रेख में भवनों का निर्माण अथवा उनकी मरम्मत होती थी।

८ दबीरः—दीवाने इन्शा (शाही पत्र व्यवहार) के विभाग का एक अधिकारी। इनका अध्यक्ष दबीरे ख़ास कहलाता था।

९ शहनये बारगाहः—बारगाह का अधिकारी।

१० मुस्तौफ़ीः—राज्य के व्यय की देख भाल करता था।

११ शहनये पीलः—शाही हाथियों के प्रबन्ध करने वालों का मुख्य अधिकारी।

मलिक हुसामुद्दीन बेदार
मलिक निज़ामुद्दीन, आलिम मलिक का पुत्र
मलिक अली, मलिक हाजी का भाई
मलिक बद्रुद्दीन
मलिक ताजुद्दीन तुर्क—नायब गुजरात
मलिक सैफ़ुद्दीन
मलिक हाजी

ग़यासुद्दीन तुग़लुक़ शाह

(४२५) समस्त प्रशंसा अल्लाह के लिये है जोकि लोक तथा परलोक दोनों ही का पोषक है। बहुत बहुत दुरूद तथा सलाम[1] उसके रसूल मुहम्मद एवं उसकी समस्त सन्तान पर।

सुल्तान ग़यासुद्दीन तुग़लुक़ का सिंहासनारोहण

ईश्वर की दया की आशा रखने वाला ज़िया बरनी इस प्रकार कहता है कि जब ७२०[2] हि० (१३२० ई० में) में सुल्तान ग़यासुद्दीन तुग़लुक़ शाह सीरी के राज-भवन में राज-सिंहासन पर आरूढ़ हुआ और बादशाही को उसके शुभ व्यक्तित्व से शोभा प्राप्त हुई तो इस कारण कि उसने सर्वदा अपना समय आदर-पूर्वक, बड़े सम्मान, ऐश्वर्य, वैभव तथा कुशलता से व्यतीत किया था, समस्त शासन-नीति एवं राज्य व्यवस्था एक ही सप्ताह में भली-भाँति सम्पादित हो गई। उस समस्त व्याकुलता तथा उथल-पुथल का, जो ख़ुसरो ख़ाँ तथा ख़ुसरो ख़ानियों[3] द्वारा उत्पन्न हो गई थी और राज्य व्यवस्था उन हरामख़ोरों के अधिकार-सम्पन्न हो जाने के कारण जिस प्रकार छिन्न भिन्न हो गई थी, निराकरण हो गया तथा राज्य सुव्यवस्थित हो गया। लोग यही समझने लगे कि मानो सुल्तान अलाउद्दीन पुनः जीवित हो गया है। सुल्तान ग़यासुद्दीन तुग़लुक़ शाह के राज-सिंहासन पर आरूढ़ होने के ४० दिन के भीतर ही राज्य के सर्व साधारण तथा विशेष व्यक्तियों के हृदय उसकी बादशाही द्वारा सन्तुष्ट हो गये। जो विद्रोह तथा अशान्ति प्रत्येक दिशा से उठ खड़ी हुई थी, उसका स्थान आज्ञाकारिता एवं आज्ञा पालन ने ले लिया।

(४२६) तुग़लुक़ शाह के स्वभाव की दृढ़ता के कारण जन साधारण के हृदय सन्तुष्ट हो गये। लोगों के हृदय से अनुचित विचार एवं षड्यन्त्र की भावनायें नष्ट हो गईं। लोग निश्चिन्त होकर प्रभुत्वशील एवं सुव्यवस्थापक बादशाह के कारण अपने अपने कार्यों में तल्लीन हो गये। लोगों ने अनुचित बातें करनी तथा अत्याचार के विचार त्याग दिये। सुल्तान ग़यासुद्दीन तुग़लुक़ शाह के कारण राज्य में रौनक़ पैदा हो गई। उन शासन-सम्बन्धी कार्यों को, जिनके सुचारु रूप से संचालन करने में लोग वर्षों तक असफल रहते हैं, सुल्तान तुग़लुक़ शाह ने थोड़े ही दिनों में सुव्यवस्थित कर लिया और वे सुचारु रूप से सम्पादित होने लगे। उसके द्वारा इस्लाम तथा मुसलमानों की सहायता होने तथा ख़ुसरो ख़ाँ के उपद्रव एवं उसके विनाश का हाल लिखा जा चुका है[4]। इस प्रकार सुल्तान तुग़लुक़ ने अपने आश्रय-दाताओं का बदला जिस शीघ्रता से ले लिया उतनी कुशलता तथा उतनी सफलता से किसी भी बादशाह को यह बात प्राप्त नहीं हो सकी थी।

सुल्तान ग़यासुद्दीन तुग़लुक़ ने सिंहासनारूढ़ होते ही अलाई तथा क़ुतबी[5] वंश के उन व्यक्तियों को जो हरामख़ोरों द्वारा हत्या से बच गये थे, संतुष्ट कर दिया। सुल्तान तुग़लुक़शाह ने अपने आश्रय-दाताओं के अन्तःपुर की स्त्रियों के सम्मान की रक्षा का पूर्ण रूप से ध्यान

---

१ प्रशंसा एवं प्रार्थना के वाक्य।

२ १ शाबान ७२० हि० (६ सितम्बर, १३२० ई०) तुग़लुक़ नामा, अमीर ख़ुसरो—पृ० १३५-३६; ख़लजी कालीन भारत—पृ० १६२।

३ ख़ुसरो ख़ाँ के सहायक।

४ ख़लजी कालीन भारत—पृ० १४३-४८।

५ सुल्तान अलाउद्दीन तथा सुल्तान क़ुतुबुद्दीन मुबारक शाह के।

रक्खा; सुल्तान अलाउद्दीन की पुत्रियों के उचित स्थानों पर सम्बन्ध कराये। जिन लोगों ने सुल्तान क़ुतुबुद्दीन की मृत्यु के तीसरे दिन उसकी पत्नी के निकाह का खुत्बा शरा के विरुद्ध[1] दुष्ट खुसरो खाँ के साथ पढ़ दिया था, उन्हें उसने कठोर दण्ड दिये। शेष अलाई मलिकों अमीरों तथा पदाधिकारियों को अक़्ता[2], पद, वेतन एवं इनाम प्रदान किये। उन्हें वह अपना ख्वाजा ताश[3] समझता था। वह अलाई राज्य काल के सम्मानित व्यक्तियों का अपमान साधारण अपराध एवं शंका पर न होने देता था। यह प्रथा सी हो गई थी कि पिछले सुल्तानों के सहायकों तथा सम्बन्धियों की दूसरों की चेतावनी हेतु हत्या करा दी जाती थी, किन्तु यह विचार उसके हृदय में कभी न आया।

(४२७) सुल्तान ग़यासुद्दीन तुग़लुक़ शाह ने अपने सिंहासनारोहण के आरम्भ ही से अपनी राज्य व्यवस्था को शासन-प्रबन्ध की दृढ़ता, लोगों को संतुष्ट एवं सम्पन्न रखने, कृषि को प्रोत्साहन देने, न्याय तथा इन्साफ़, एवं आलिमों तथा प्राचीन लोगों को सम्मान देने और लोगों के अधिकार का ध्यान रखने पर आधारित रक्खा। उसने ख्वाजा ख़तीर,[4] मलिकुल वुज़रा जुनैदी[5] तथा ख्वाजा मुहज़्ज़ब बुज़ुर्ग[6] को, जोकि प्राचीन वज़ीर थे और जिनका बादशाहों के दरबार में कोई आदर सत्कार न होता था, सम्मानित किया और उन्हें वस्त्र, वृत्ति तथा इनाम प्रदान किये। उन्हें अपने समक्ष बैठने की अनुमति दी। वह उन से राज्य-व्यवस्था सम्बन्धी नियमों के विषय में, जिनके द्वारा विशेष तथा सर्व साधारण को उन्नति प्राप्त होती रहती है, परामर्श किया करता था। इसके उपरान्त वह अपने देश तथा राज्य, लोगों के संतोष एवं कृषि तथा सर्व साधारण की उन्नति के लिये जो उचित समझता उस पर आचरण करता। वह अपनी ओर से कोई ऐसी नई बात न करता जिसके कारण लोग उससे हृदय में घृणा करने लगते। जो प्राचीन वंश नष्ट हो चुके थे और जिनका समूलोच्छेदन हो चुका था, उन्हें उसने पुनः सम्मान प्रदान किया। चूंकि सुल्तान ग़यासुद्दीन तुग़लुक़ शाह में स्वाभाविक रूप से अत्यधिक निष्ठा तथा दूसरों (की सेवाओं) के अधिकार के विषय में ध्यान रखना विद्यमान था, अतः उसने प्रत्येक उस व्यक्ति को, जिससे उसका मलिकी[7] के समय में परिचय एवं जानकारी थी अथवा उन्हें, जो पिछले समय में कभी भी उससे निष्ठा का व्यवहार कर चुके थे, बादशाह हो जाने पर सम्मानित किया। उन पर उनकी योग्यतानुसार कृपा-दृष्टि रक्खी और किसी की सेवा को नष्ट न होने दिया और उसे बेकार न जाने दिया।

वह राज्य-व्यवस्था सम्बन्धी सभी कार्यों में संयम तथा मध्य का मार्ग ग्रहण करता था, क्योंकि इनके द्वारा शासन-प्रबन्ध सम्बन्धी समस्त कार्य सुचारु रूप से सम्पादित होते

१ शरा के अनुसार मुसलमान विधवा का विवाह पति की मृत्यु के ४ मास १० दिन के पूर्व नहीं किया जा सकता। यह शर्त उसके गर्भाधान के विषय में जानकारी प्राप्त करने के लिये रक्खी गई है और इसे "इद्दत" कहते हैं।

२ इसका अनुवाद प्रायः जागीर किया जाता है किन्तु अक़्ता वह भूमि थी जो सेना के सरदारों को सेना रखने और उसका उचित प्रबन्ध करने के लिये दी जाती थी। सेना में कार्य करने के योग्य न होने पर भूमि ले भी ली जाती थी।

३ सह-दास क्योंकि वे एक ही स्वामी के अधीन थे, अतः साथी।

४ मुइज़्ज़ुद्दीन कैक़ुबाद का वज़ीरुलमुल्क जिसको मलिक निज़ामुद्दीन ने अपमानित किया था। (बरनी—पृ० १३३) सुल्तान जलालुद्दीन फ़ीरोज़ शाह ख़लजी ने उसे अपना वज़ीर नियुक्त कर दिया था। (बरनी—पृ० १७७) उसकी उपाधि ख्वाजये जहाँ थी (बरनी—पृ० १७४) सुल्तान अलाउद्दीन के राज्य काल के आरम्भ में भी वह वज़ीर के पद पर आरूढ़ रहा (बरनी—पृ० २४७)।

५ इल्तुतमिश का वज़ीर जिसकी पदवी निज़ामुलमुल्क थी।

६ जुनैदी का नायब वज़ीर, ख्वाजा मुहज़्ज़बुद्दीन।

७ जब वह मलिक था।

रहते हैं। किसी कार्य में वह यथेच्छाचार को पसन्द न करता था। वह लोगों को दान करने, इनाम देने तथा समस्त कार्यों में, सन्तुलन एवं संयम का ध्यान रक्खे बिना अग्रसर न होता था। सुल्तान यह कदापि न होने देता था कि किसी को सहस्रों दान कर दे और दूसरे को जो उसी के बराबर अथवा उसी के समान हो एक दिरहम भी न दे। जहां तक हो सकता था, वह किसी की सेवा को न भूलता था और अयोग्य लोगों को कभी सम्मानित न करता था। वह बेजोड़ कार्य कदापि न करता था और ऐसे कार्यों से बचता रहता था जिनके द्वारा लोगों के हृदय में उसके प्रति घृणा उत्पन्न होने की सम्भावना होती और सिद्धान्त के प्रतिकूल कार्य करने से व्यासिद्ध रहता था।

नये पद—

(४२८) उसने सुल्तान मुहम्मद को जिसके ललाट से राज्य-व्यवस्था एवं शासन-प्रबन्ध की योग्यता के चिह्न चमकते रहते थे, उलुग़ ख़ाँ की उपाधि प्रदान की। उसे चत्र[1] देकर अपने राज्य का वली अहद (उत्तराधिकारी) बना दिया। अन्य शाहज़ादों में से एक को बहराम ख़ाँ की, दूसरे को ज़फ़र ख़ाँ की, तीसरे को महमूद ख़ाँ की और चौथे को नुसरत ख़ाँ की पदवी प्रदान की। बहराम ऐबा को, जिसे उसने अपना भाई बनाने का सम्मान प्रदान किया था, किशलू ख़ाँ की पदवी प्रदान की। मुल्तान तथा सिन्ध प्रदेश उसे दे दिये। अपने भतीजे मलिक असदुद्दीन को नायब बारबक, अपने भागिनेय बहाउद्दीन को अर्ज़े ममालिक का पद तथा सामाने की अक़्ता एवं अपने जामाता मलिक शादी को दीवाने विज़ारत[2] का संचालन प्रदान किया। ततार ख़ाँ (तातार ख़ाँ) को, जिसे वह अपना पुत्र कहता था, ततार मलिक (तातार मलिक) की पदवी प्रदान की और जफ़राबाद उसकी अक़्ता में दे दिया। क़ुतलुग़ ख़ाँ के पिता मलिक बुरहानुद्दीन को आलिम मलिक की पदवी प्रदान की और उसे देहली का कोतवाल नियुक्त कर दिया। मलिक अली हैदर को नायब वकीलदर, क़ुतलुग़ ख़ां को देवगीर (देवगिरि) का नायब वज़ीर, क़ाज़ी कमालुद्दीन को सद्रे जहाँ, क़ाज़ी समाउद्दीन को देहली का क़ाज़ी, नायबे अर्ज़ तथा गुजरात का (वाली)[3] मलिक ताजुद्दीन जाफ़र को नियुक्त किया। उसने ऐसे लोगों को अपने राज्य का सहायक तथा विश्वास-पात्र बनाया एवं पद तथा अक़्ता प्रदान कीं जिनके द्वारा राज्य-व्यवस्था तथा शासन-प्रबन्ध को शोभा प्राप्त हो सकती थी और जिनको सम्मान तथा नेतृत्व प्रदान हो जाने से सर्व साधारण के हृदय में किसी प्रकार की घृणा उत्पन्न न हो सकती थी। लोगों के हृदय में उनका गौरव इस प्रकार आरूढ़ हो गया मानो वे लोग सर्वदा राज्य व्यवस्था तथा शासन प्रबन्ध करते चले आये हों। सुल्तान ग़यासुद्दीन तुग़लुक़ शाह ने अपनी अत्यधिक योग्यता एवं अनुभव के कारण अपने राज्य के चार वर्षों तथा कुछ महीनों के भीतर किसी को अकस्मात एक ही बार इतनी उन्नति, सम्मान तथा गौरव कदापि प्रदान न किया कि वह अन्धा बहरा होकर अपने हाथ पैर की सुध-बुध त्याग देता और अनुचित कार्य करने लगता।

(४२९) उसने न तो किसी के व्यक्तिगत-अधिकार और प्राचीन सेवाओं को इस प्रकार भुलाया कि उनके द्वारा दूसरे निराश हो जाते और रुष्ट होकर उससे घृणा करने लगते और

१ छत्र, राज्य का एक विशेष चिह्न। जिन लोगों को चत्र प्रदान कर दिया जाता या, उनके लिये यह एक विशेष सम्मान का सूचक होता था।

२ प्रधान मन्त्री का विभाग।

३ विलायत अथवा प्रान्त का हाकिम। उसे हर प्रकार के अधिकार प्राप्त थे। वह प्रान्तों में सुल्तान का प्रतिनिधि होता था।

न उसने प्राचीन दासों तथा निष्ठावान सहायकों के विषय में ऐसी बातें कहीं जिससे दूसरों का विश्वास कम हो जाता। ऐसा ज्ञात होता है कि अमीर खुसरो ने निम्नांकित छन्द सुल्तान ग़यासुद्दीन तुग़लुक़ शाह की ही राज्य-व्यवस्था के सम्बन्ध में उसके संतुलित तथा संयम से कार्य करने को ध्यान में रखकर कहे थे।

छन्द

उसने कोई कार्य पूर्ण ज्ञान तथा बुद्धि के अतिरिक्त न किया।
मानो उसकी टोपी के नीचे सैंकड़ों अम्मामे[1] हों।

प्राचीन शासकों एवं मन्त्रियों के अपने भाइयों, सहायकों तथा विश्वास पात्रों को उन्नति प्रदान करने के विषय में प्राचीन बादशाहों के इतिहास में जो कुछ परामर्श दिये गये हैं, सुल्तान तुग़लुक़ शाह उन समस्त बातों को अपने सहायकों तथा विश्वासपात्रों को उन्नति प्रदान करते समय ध्यान में रखता था। ईश्वर ने सुल्तान ग़यासुद्दीन तुग़लुक़ शाह में शासन-प्रबन्ध राज्य-व्यवस्था, सर्व साधारण का ध्यान रखने एवं संतुष्ट करने, भवन निर्माण कराने तथा कृषि को उन्नति देने से सम्बन्धित गुण स्वाभाविक रूप से उत्पन्न किये थे।

खराज:—

उसने अपने स्वभाव तथा अपनी प्रकृति के कारण अपने राज्य के प्रदेशों का खराज[2] न्याय के मार्ग के अनुसार पैदावार के आधार पर निश्चित किया[3]। नये नये बढ़े हुये करों[4] और (पैदावार) के होने अथवा न होने (दोनों ही दशा में) विभाजन[5] के (कुप्रभाव) से उसने अपने प्रान्तों तथा राज्य की प्रजा को बचा लिया। वह अक़्ताओं तथा राज्य की विलायतों (प्रान्तों) के विषय में साइयों[6] की बातों, मुवफ़्फ़िरों[7] के वाक्यों तथा मुक़ातेआ[8] गरों के आश्वासन पर ध्यान न देता था। उसने आदेश दे दिया था कि साइयों,

---

१ पगड़ियाँ—इसका अर्थ यह हुआ कि सैकड़ों विद्वानों की बुद्धि उसमें थी।

२ भूमि कर, किन्तु कहीं कहीं सभी प्रकार के करों के लिये खराज शब्द का प्रयोग हुआ है।

३ सुल्तान अलाउद्दीन ने नाप के आधार पर कर निश्चित किया था। (बरनी पृ० २८७, खलजी कालीन भारत पृ० ६८)।

४ पुस्तक में "मुहदेसात" है। मोरलैंड ने इस शब्द का अनुवाद Innovations स्वीकार किया है। कुछ लोग इसे हादसे से सम्बन्धित बताते हैं किन्तु दस्तूरुल अलबाब फ़ी इलिमल हिसाब में इस शब्द की परिभाषा इस प्रकार है। "विलायतों के खेतों तथा अचल सम्पत्ति पर जो कर अनुचित रूप से बढ़ा दिया जाता था अथवा दंड देकर या समझौते से वसूल होता था।" (दस्तूरुल अलबाब: रामपुर। ६ ब)

५ पैदावार के होने अथवा न होने दोनों ही दशा में राज्य का भाग (कर) लिये जाने के विपरीत पैदावार के अनुसार राज्य के भाग (कर) को लिये जाने का आदेश दिया।

६ मोरलैंड ने इस शब्द का अनुवाद Spies (जासूस) किया है। Dr. Tripathi ने इसका अनुवाद "Collectors" किया है। शब्द कोषों में इसका अर्थ "चुग़लखोर" तथा "कर वसूल करने वाला" दोनों ही है। सम्भव है कि सुल्तान का अभिप्राय उन कर वसूल करने वालों से हो जो दीवाने विज़ारत के समक्ष ठीक स्थिति न बताते हों।

७ मुवफ़्फ़िर का अर्थ "जो एकत्र न किया जा सके" है। दीवान के कर को अत्यधिक बढ़ा देना तौफ़ीर कहलाता है। (दस्तूरुल अल्बाब, रामपुर १६ अ) अत्यधिक कर बढ़ा देने वाला मुवफ़्फ़िर हुआ।

८ मुक़ातेआ:—किसी को ग्राम के कर का टुकड़ा करके देदेना ताकि वह निश्चित धन दे सके। (दस्तूरुल अल्बाब, रामपुर पृ० १५ ब) किसी भूमि के लिये ठेके पर कर अदा करने वाले मुक़ातेआ गर हुये।

मुवफ़्फ़िरों, मुक़ातेआगरों तथा मुहज्जिबों[१] को दीवाने विज़ारत के निकट फटकने न दिया जाय[२]। उसने दीवाने विज़ारत को आदेश दे दिया था कि अक़्ताओं तथा विलायतों पर दस में एक अथवा ग्यारह में एक से अधिक[३] अनुमान, तख़मीने अथवा साइयों की सूचना एवं मुवफ़्फ़िरों के बताने पर न बढ़ाया जाय।[४] इस बात का प्रयत्न करते रहें कि प्रति वर्ष कृषि की उन्नति (४३०) होती रहे। ख़राज में थोड़ी थोड़ी वृद्धि की जाय और ऐसा न हो कि एक दम ही अत्यधिक वसूल कर लेने से एक बार में ही विलायत नष्ट हो जाय[५] और उन्नति का मार्ग बन्द हो जाय। सुल्तान तुग़लुक़ शाह ने अनेक बार यह आदेश दे दिया था कि विलायतों से ख़राज इस प्रकार वसूल किया जाय कि प्रजा को कृषि की उन्नति में प्रोत्साहन मिलता रहे; पिछली कृषि स्थायी हो जाय और प्रत्येक वर्ष थोड़ी-थोड़ी वृद्धि होती रहे; एक ही बार इतना न वसूल कर लेना चाहिये जिससे न तो पिछली दशा ही वर्त्तमान रह सके और न भविष्य में ही कोई उन्नति हो सके। बादशाहों द्वारा अत्यधिक ख़राज वसूल कर लेने एवं ख़राज में वृद्धि कर देने से विलायतें नष्ट हो जाती हैं और सर्वदा खराब रहती हैं। अत्याचारी मुक़्तों तथा आमिलों[६] के अत्याचार द्वारा विनाश हो जाता है।

ख़राज की वसूली—

सुल्तान तुग़लुक़ शाह ने मुक़्तों[७] तथा राज्य के भिन्न-भिन्न भाग के वालियों को ख़राज वसूल करने के सम्बन्ध में यह आदेश दे दिया था कि वे हिन्दुओं[८] से इस प्रकार व्यवहार करें कि वे लोग धन की अधिकता से अन्धे न हो जायें और विद्रोही तथा षड्यन्त्रकारी न बन जायें और न उनसे ऐसा व्यवहार किया जाय कि वे दरिद्रता के कारण कृषि को त्याग दें। ख़राज वसूल करने के विषय में उपर्युक्त सन्तुलन तथा मध्य का मार्ग ग्रहण करना बुज़ुर्ग

१ भूमि के बदले में सेना भर्ती करने वाले। ऐसे लोगों को कृषि की उन्नति की कोई चिन्ता न होती थी।

२ बरनी ने इस स्थान पर जितने लोगों का उल्लेख किया है वे सब के सब ऐसे थे, जिन्हें भूमि तथा कृषि की उन्नति की चिन्ता न होती थी। वे अधिक कर पर राज्य से भूमि लेकर अथवा कर में वृद्धि करवा कर अपने स्वार्थ की पूर्ति किया करते थे। सुल्तान ने उन्हें कोई प्रोत्साहन न दिया।

३ ज़ियादत अज़ यकदेह याज़देह।

४ कर में वृद्धि की यह विभिन्न विधियाँ थीं किन्तु सुल्तान ग़यासुद्दीन ने केवल पैदावार को आधार माना था। इस स्थान पर ख़ालसे का उल्लेख नहीं केवल बेलाद, विलायत तथा ममालिक की चर्चा की गई है। इससे ऐसा अनुमान होता है कि ख़ालसे पर अधिकतम कर तो सुल्तान अलाउद्दीन ही के राज्य काल में लग गया था और अब ख़ालसे में वृद्धि सम्भव न थी।

५ तारीख़े फ़ीरोज़शाही की रामपुर की हस्तलिखित पोथी में सुल्तान ग़यासुद्दीन तुग़लुक़ शाह के राज्य-काल की कर व्यवस्था का उल्लेख इस प्रकार है। इस पोथी के वाक्य अधिक स्पष्ट हैं।

"उसने आवश्यकतानुसार तथा अपने स्वभाव के कारण विलायतों का ख़राज न्याय के मार्ग पर निश्चित किया और वृद्धि के मुहद्देसात प्रजा के मध्य से हटा दिये।" (पृ० २६६)

"यदि उसके राजसिंहासन के समक्ष दीवाने विज़ारत में मुवफ़्फ़िरान तथा साइयान विलायत के ख़राज में तौफ़ीर करते अथवा पहले की अपेक्षा अधिक स्वीकार कर लेते तो वह बड़ा क्रोधित होता और मुवफ़्फ़िरों की बात का विश्वास न करता और कहता कि 'तौफ़ीर कराने वाला मेरी विलायतों को नष्ट कराना चाहता है और प्रजा के पास जो कुछ है ले लेना चाहता है।' विलायतों तथा अक़्ताओं में से दस अथवा ग्यारह में आधे से अधिक वृद्धि की अनुमति न देता था। शहर (देहली) के आलिमों के इदरार तथा वज़ीफ़े अपने समक्ष नक़्द देता था।" (पृ० २६६-७०)

६ भूमि-कर वसूल करने वाले। ग्रामों में उनका तथा मुतसर्रिफ़ का एक ही कार्य होता था।

७ अक़्ता के अधिकारी।

८ इस स्थान पर हिन्दू का अर्थ मुक़द्दम तथा चौधरी समझना चाहिये, साधारण हिन्दू नहीं।

मिहरों[1] एवं सुदक्ष लोगों द्वारा ही सम्भव है। उपर्युक्त आदेशानुसार हिन्दुओं से व्यवहार करना उच्च कोटि की राज्य व्यवस्था कही जा सकती है।

सुल्तान ग़यासुद्दीन तुग़लुक़ शाह ने, जोकि बड़ा ही अनुभवी, दूरदर्शी तथा कूटनीतिज्ञ बादशाह था, खराज वसूल करने के विषय में यह आदेश भी दिया था कि मुक़्ते तथा वाली खराज वसूल करने के समय इस बात की पूछताछ करते रहें कि ख़ूत[2] तथा मुक़द्दम[3] शाही-खराज के अतिरिक्त प्रजा से कुछ और वसूल न करने पायें। यदि वे अपनी कृषि का कर तथा चराई (का कर) न अदा करें तथा प्रजा से अधिक वसूल न करें तो उनको अपना कर अदा करने के लिये विवश न किया जाय क्योंकि वे इस प्रकार ख़ूती तथा मुक़द्दमी का पारश्रमिक प्राप्त कर लेते हैं, जो उन्हें अपने कार्य के लिये अलग से नहीं दिया जाता। ख़ूतों तथा मुक़द्दमों की गर्दनों पर बड़ा उत्तरदायित्व होता है। यदि वे भी समस्त प्रजा की भाँति कर अदा करेंगे तो उन्हें ख़ूती तथा मुक़द्दमी से कोई लाभ नहीं होगा।

(४३१) सुल्तान ग़यासुद्दीन ने जिन अमीरों तथा मलिकों को उन्नति प्रदान की थी एवं अक़्ता तथा विलायतें जिनके अधीन कर दी थीं उन्हें वह अन्य आमिलों के समान दीवान[4] में उपस्थित होने पर विवश न करता था और न अन्य आमिलों के समान उनसे कठोरता से तथा उन्हें अपमानित करके कर वसूल करने की अनुमति देता था। वह उन लोगों को यह परामर्श दिया करता था कि "यदि तुम चाहते हो कि तुम्हें दीवाने विज़ारत में न बुलवाया जाय और कर वसूल करने में तुम से कठोरता एवं तुम्हारा अपमान न किया जाय और तुम्हारी मलिकी तथा अमीरी का मान नष्ट-भ्रष्ट न हो तो अपनी अक़्ताओं की आय से कम से कम लालच करो; जो कम से कम प्राप्त करो उसमें से अपने कारकुनों[5] के पास कुछ न कुछ रहने दो; सेना के वेतन में से एक दाँग अथवा दिरहम का लोभ मत करो। यह तुम्हारे हाथ में है कि अपने पास से सेना को कुछ दो अथवा न दो किन्तु सेना के लिये जो कुछ निश्चित हो चुका है, यदि उसमें से तुम कुछ आशा रखते हो तो फिर तुम्हें अमीरी तथा मलिकी का नाम न लेना चाहिये। यदि कोई अमीर अपने सेवक के वेतन में से कुछ खा जाता है तो इससे कहीं अच्छा है कि वह धूल खाये। अमीरों तथा मलिकों को अक़्तादारी तथा विलायतदारी[6] के लिये खराज में से १० या ११ में से आधा अथवा १० या १५ में से एक की आशा करने अथवा ले लेने से मना नहीं किया जा सकता[7]। उसे पुनः माँगना तथा अमीरों को इसके लिये कष्ट देना उचित नहीं।"

"इसी प्रकार विलायत तथा अक़्ताओं के कारकुन एवं मुतसर्रिफ़[8] अपने वेतन के अतिरिक्त हज़ार में से ५ अथवा १० ले लें तो इसके लिये उन्हें अपमानित न करना चाहिये और यह

१ ईरान के बादशाह नोशीरवाँ का वज़ीर जो अपनी योग्यता के लिए मध्य कालीन राज-नीति में उदाहरण के रूप में उल्लिखित किया जाता था।

२ ग्राम का वह अधिकारी जो भूमि-कर वसूल करता था।

३ गाँव का मुखिया।

४ कर विभाग।

५ भूमि-कर का हिसाब किताब रखने वाले कर्मचारी।

६ अक़्ता तथा विलायत का प्रबन्ध करने का पारश्रमिक।

७ यह अधिक रक़म राज्य के हिस्से से ली जाती होगी। अलाउद्दीन ने अपने चाचा से कुछ समय के लिये 'फ़वाज़िल' न भेजने की आज्ञा प्राप्त करली थी। (बरनी पृ० २२०-२१, खलजी कालीन भारत पृ० २८-२९)

८ ग्रामों में किसानों से भूमिकर वसूल करने वाला अधिकारी।

रक़म उनसे मारपीट कर अथवा शिकंजे[१] में कस कर या बन्दीगृह में डाल कर न वसूल करनी चाहिये। जो अपहरणकर्ता तथा चोर अपनी अक्ताओं तथा विलायत के खराज से अत्यधिक अपने पास रख लेते हैं अथवा हिसाब में पूरी रक़म नहीं दिखाते, अथवा अपने हिस्से में भारी-भारी रक़में ले लेते हैं, उन्हें दण्ड देकर तथा शिकंजे में कसवा कर एवं बन्दीगृह में डलवा कर अपमानित करना चाहिये। जो कुछ उन्होंने अपहरण कर लिया हो उसे उनके परिवार तक से वसूल कर लेना चाहिये।"

(४३२) यदि बुद्धिमान लोग इस बात पर न्याय-पूर्वक ध्यान देंगे तो उन्हें ज्ञात हो जायगा कि उस अनुभवी तथा न्यायकारी बादशाह ने अपनी दूरदर्शिता के फलस्वरूप जो कुछ आदेश दिये थे वे उचित थे। सुल्तान तुग़लुक़ शाह ने ख़राज वसूल करने के विषय में जो नियम बनाये थे तथा मुक़द्दमी, खूती, विलायतदारी, अक्तादारी एवं कारकुनों के पारश्रमिक के सम्बन्ध में जो नियम निश्चित किये थे, उनके द्वारा उसके राज्य-काल में विलायतों की कृषि को उन्नति भी प्राप्त होती रही, और मुक्तों तथा वालियों को, जोकि उसके सहायक तथा विश्वासपात्र थे, वेतन के अतिरिक्त धन सम्पत्ति भी प्राप्त हो जाया करती थी और प्रत्येक वर्ष उनकी शक्ति तथा वैभव में उन्नति होती रहती थी। कारकुनों को भी अपनी आवश्यकताओं की पूर्ति हेतु धन-सम्पत्ति प्राप्त होती रहती थी। किसी मलिक, अमीर अथवा उच्च पदाधिकारी को कर न अदा करने के कारण दीवान में उपस्थित न होना पड़ता था और इस प्रकार कोई अपमानित न होता था। इसके फलस्वरूप उसके राज्य के सहायकों तथा विश्वासपात्रों की निष्ठा में दिन प्रति दिन वृद्धि होती जाती थी।

ख़ुसरो ख़ाँ द्वारा लुटाये हुये धन की वापसी—

सुल्तान ग़यासुद्दीन तुग़लुक़ शाह ने दीवाने विज़ारत के पद यशस्वी पदाधिकारियों तथा कारकुनों को प्रदान किये थे। दीवान के शाही कार्यों के संचालन में, जहाँ तक विलायतों, अक्ताओं, कारकुनों एवं मुतसर्रिफ़ों का सम्बन्ध है, कोई कठोरता तथा निष्ठुरता न होती थी। न किसी को पदच्युत किया जाता, न कोई अपमानित किया जाता और न कोई बन्दी बनाया जाता था। सुल्तान तुग़लुक़ शाह के दीवाने विज़ारत में एक दो वर्ष तक बैतुलमाल की उस धन-सम्पत्ति को प्राप्त करने के विषय में कठोरता तथा निष्ठुरता होती रही जोकि दुष्ट ख़ुसरो ख़ाँ ने, जब कि उसका राज्य तथा उसके प्राण भय में थे, लुटा दी थी और जिसे लोगों ने युद्ध के समय लूट लिया था। इस प्रकार दीवान द्वारा केवल उस धन-सम्पत्ति को पुनः प्राप्त करने में कठोरता की गई जो लोगों ने लूट ली थी और जिसके फलस्वरूप अलाई राज-कोष रिक्त हो गया था तथा मुसलमानों के बैतुलमाल में कुछ शेष न रह गया था और एक प्रकार से लुटेरों तथा अपहरणकर्त्ताओं एवं उनके सहायकों द्वारा झाड़ू फिर गई थी। तुग़लुक़ शाह के दीवान द्वारा इन लोगों से धन-सम्पत्ति वसूल करने में बड़ी कठोरता की गई।

(४३३) इस प्रकार लूटा हुआ धन जिन लोगों से वसूल किया गया वे तीन श्रेणियों में विभाजित हो गये थे। (१) वे लोग जिनके हृदय में ईश्वर का भय था और जिनकी संख्या बहुत थोड़ी थी; और जिन्होंने ख़ुसरो ख़ाँ द्वारा प्रदान किया हुआ धन राज-कोष में वापस कर दिया था। (२) वे लोग जोकि लोभी थे तथा धन-सम्पत्ति लौटाने में टालमटोल करते रहे और विनय तथा घूस द्वारा धन-सम्पत्ति अदा करने से बच जाना चाहते थे। सुल्तान तुग़लुक़ शाह ने उनका कोई बहाना स्वीकार न किया और उनसे कठोरता से धन-सम्पत्ति प्राप्त की और क्षमा न किया। (३) तीसरे प्रकार के धन प्राप्त करने वाले वे लोग थे जोकि बड़े दुष्ट लोभी, लालची, लुटेरे, बेईमान तथा चोर थे। उनके

१ दण्ड देने की एक मध्य कालीन विधि।

हृदय में दुराचार आरूढ़ हो चुका था। वे लोग बहुत बड़ी संख्या में थे। वे लोग धन-सम्पत्ति रखते हुये भी अपमानित होते तथा कठोरता एवं अपमान को सहन कर लेते थे। जब उनसे धन-सम्पत्ति माँगी जाती तब वे शिकायतें करते और जियारतों[1] को चले जाते थे। प्रत्येक मित्र तथा शत्रु से विनति करते और उस जैसे बादशाह की जोकि इस्लाम तथा मुसलमानों का आश्रय-दाता था, निन्दा करते थे और उसको बुरा भला कहते थे तथा उसका अहित चाहते थे। सुल्तान ने इस तीसरी श्रेणी के व्यक्तियों के लिये, जोकि धन-सम्पत्ति रखते हुये भी अपमानित होना स्वीकार कर लेते थे, आदेश दे दिया था कि इनसे कठोरता, निष्ठुरता, मारपीट से एवं बन्दीगृह में डालकर धन-सम्पत्ति प्राप्त की जाय; उनका कोई भी झूठा बहाना स्वीकार न किया जाय। लुटी हुई धन-सम्पत्ति को पुनः प्राप्त करने के विषय में एक वर्ष के अत्यधिक परिश्रम से अलाई राज-कोष पहले के समान फिर मालामाल हो गया।

सुल्तान तुग़लुक़ के दान की विशेषता—

ईश्वर ने सुल्तान ग़यासुद्दीन तुग़लुक़ शाह को बैतुलमाल में धन-सम्पत्ति एकत्र करने तथा दान-पुण्य करने की विशेष योग्यता प्रदान की थी। बुद्धि एवं शरा के अनुसार जिस किसी से धन-सम्पत्ति प्राप्त करनी चाहिये उससे वह धन-सम्पत्ति प्राप्त करता और शरा, बुद्धि, साहस तथा दान के अनुसार जिसे भी धन-सम्पत्ति प्रदान होनी चाहिये उसे वह प्रदान करता। जिस किसी से (इस्लाम) धर्म तथा राज्य के हित को देखते हुए धन-सम्पत्ति प्राप्त करना उचित न होता उससे वह कुछ न लेता और जिसको कुछ प्रदान करना अपव्यय तथा (४३४) अनुचित होता उसे वह कुछ न देता। ऐसा बादशाह, जिसमें यह योग्यता हो कि वह वसूल करने के समय पर वसूल करे, दान के समय दान करे, किसी से बिना कारण कुछ न ले तथा व्यर्थ में दान न करे, क़रनों[2] तथा युगों के उपरान्त किसी इक़लीम[3] तथा राज्य का स्वामी हुआ होगा अथवा न भी हुआ हो। कोई ऐसा सप्ताह न व्यतीत होता जब कि सुल्तान तुग़लुक़ शाह अपने दरबार के बड़े द्वार को न बन्द करवा देता हो और सर्वसाधारण तथा विशेष व्यक्तियों को उनकी श्रेणी के अनुसार इनाम न देता हो। वह इनाम प्रदान करने में मध्य का मार्ग ग्रहण करता था। वह लोगों को इतनी अधिक धन सम्पत्ति न प्रदान कर देता था कि लोग अपव्यय करने लगते; और न इतना कम देता कि लोग उसे सूम तथा कृपण प्रसिद्ध कर देते। वह लाखों तथा सहस्रों प्रदान करते समय निरंकुश तथा फ़िरऔन[4] के समान बादशाहों का अनुसरण न करता था जो केवल कुछ ही लोगों को दान करते थे और इस बात पर ध्यान न देते थे कि वह उचित है अथवा अनुचित। सुल्तान इस प्रकार किसी को कुछ न प्रदान करता था जिससे दूसरों के हृदय में ईर्षा उत्पन्न हो जाय। उसके दान पुण्य द्वारा लोगों को बड़ा लाभ होता और वे उसके हितैषी तथा निष्कपट सहायक हो जाते थे। किसी को किसी से ईर्षा तथा उसके दान के कारण किसी को उससे घृणा न होती थी। दान-पुण्य तथा लोगों को धन प्रदान करते समय वह दूरदर्शी बादशाह अपने दरबार के प्राचीन तथा नवीन कर्मचारियों, सर्वसाधारण तथा विशेष व्यक्तियों में कोई भेद-भाव न रखता था। वह इस बात पर ध्यान न देता था

---

१ किसी सूफ़ी संत की क़ब्र के दर्शन को चले जाते थे।

२ क़रनः—दस वर्ष की अवधि और कुछ लोगों के अनुसार २०, ३० यहाँ तक कि १२० वर्ष तक की कोई अवधि।

३ जलवायु के प्रदेश। मध्यकालीन मुसलमान भूगोल-वेत्ताओं के अनुसार समस्त संसार सात इक़लीमों में विभाजित था। साधारण साहित्य में बड़े-बड़े प्रान्त तथा स्वतंत्र राज्य भी इक़लीम कहे जाते थे।

४ फ़िरऔन :— मिस्र का एक निरंकुश बादशाह, मिस्र के बादशाहों की पदवी।

कि लोग अपनी श्रेणी के अनुसार उसकी निष्कपट सेवा करते हैं अथवा नहीं। (वह जानता था कि बादशाह द्वारा) कुछ लोग इनाम पा जाते हैं और कुछ नहीं पाते अतः जो लोग नहीं पाते वे निराश हो जाते हैं और दुःखी रहते हैं; बादशाह के विषय में उनकी निष्ठा में कमी हो जाती है। ऐसा भी सम्भव है कि न पाने वाले पाने वालों के विरुद्ध ईर्षा तथा द्वेष रखने लगें और गुप्त रूप से विरोध एवं शत्रुता करने लगें, अतः बादशाह के दान-पुण्य में यह गुण होना चाहिए कि वह जब कुछ प्रदान करे तो इस बात का ध्यान रक्खे कि सभी को मिल जाय जिससे पाने वालों के हृदय में उसके प्रति निष्ठा में वृद्धि हो और लोग एक दूसरे से ईर्षा तथा द्वेष न रखने लगें। उपर्युक्त विचार से, जोकि बड़े दूरदर्शी तथा योग्य लोगों से सम्बन्धित है, सुल्तान तुग़लुक़ शाह इस बात का प्रयास किया करता था कि प्रत्येक बार अपने दरबार के सभी सर्वसाधारण तथा विशेष व्यक्तियों को कुछ न (४३५) कुछ प्रदान करदे। उसके दरबार के हितैषियों में कोई भी उसके इनाम से वंचित तथा निराश न रह पाता था।

सुल्तान ग़यासुद्दीन तुग़लुक़ शाह ने अपने दानपुण्य के विषय में ऐसे उचित नियम बना लिये थे जिनके समान नियम देहली के किसी बादशाह को बनाते हुये न देखा गया था। प्रत्येक फ़तहनामे[1] के पहुँचने, प्रत्येक पुत्र के जन्म विवाह तथा प्रत्येक शाहज़ादे की ततहीर[2] के समय वह समस्त सद्रों[3], गण्य-मान्य व्यक्तियों, आलिमों, मुफ़्तियों[4], विद्वानों, अध्यापकों, मुज़्किरों[5] तथा नगर के विद्यार्थियों को अपने महल में बुलवाता था और प्रत्येक को उसकी श्रेणी के अनुसार इनाम देता था। जिस प्रकार वह उपस्थित लोगों को इनाम देता था उसी प्रकार वह प्रत्येक ख़ानक़ाह[6] के शेखों[7], एकान्त-वासियों को उनकी आवश्यकतानुसार फ़ुतूह[8] भेजता था। वह इस बात का प्रयास किया करता था कि उसके राज्य के समस्त धार्मिक बुज़ुर्गों को इनाम इकराम प्राप्त हो जाय और कोई भी उसके दानपुण्य से वंचित न रहे। वह चाहता था कि उसके दरबार के निष्कपट सहायकों तथा उसके हितैषियों एवं उसके प्रति निष्ठा रखने वालों को शीघ्र इनाम प्राप्त होते रहें; जो कोई भी अपने आपको उसका हितैषी कहता हो वह दरिद्र तथा निर्धन न रहने पाये और उसे किसी से ऋण लेने की आवश्यकता न पड़े; जब कभी बादशाह को कोई प्रसन्नता हो तो उन्हें भी प्रसन्नता प्राप्त होती रहे। यद्यपि वह थोड़ा देता था किन्तु वह एक बहुत बड़ी संख्या को देता था और बार बार देता था। यदि सुल्तान तुग़लुक़ शाह के उस इनाम का, जोकि वह किसी व्यक्ति को प्रदान करता था, लेखा तैयार किया जाता, तो वह उस व्यक्ति की एक वर्ष की समस्त आय अर्थात् वेतन, इदरार[9], वज़ीफ़े[10] एवं इनाम[11] से बढ़ जाता।

---

१ विजय की सूचना के पत्र। इनकी रचना उच्च कोटि के विद्वान किया करते थे।

२ पाक होने; ख़तने के समय।

३ सद्र स्सुदूर के अधीन धार्मिक, न्याय तथा शिक्षा सम्बन्धी कार्यों की देख रेख करने वाला अधिकारी।

४ वह अधिकारी जो इस्लामी धर्म शास्त्र के अनुसार विभिन्न समस्याओं में अपना मत देता था।

५ तज़्कीर, धार्मिक प्रवचन करने वाले।

६ सूफ़ी संतों के निवास करने का स्थान।

७ सूफ़ियों।

८ सूफ़ी संतों तथा धार्मिक व्यक्तियों को बिना उनके माँगे भेजा जाने वाला उपहार। चूँकि वे लोग शाही उपहार अथवा इनाम के आकांक्षी न होते थे, अतः सुल्तान उनके निवास स्थान पर उपहार भिजवाता था।

९ विद्वानों, धार्मिक तथा अन्य लोगों को प्रदान की जाने वाली सहायता।

१० वृत्ति।

११ किसी की सेवा से प्रसन्न होकर पुरस्कार में दी जाने वाली भूमि।

प्रजा के सुख तथा उसकी उन्नति का ध्यान—

सुल्तान तुग़लुक़ शाह स्वाभाविक रूप से सर्वसाधारण के हितों की उन्नति का प्रयास किया करता था। वह चाहता था कि उसकी प्रजा धन-धान्य-सम्पन्न तथा सुखी रहे। वह किसी को दरिद्र तथा निर्धन न देखना चाहता था। वह इस बात का प्रयत्न किया करता था (४३६) कि उसकी समस्त प्रजा, सेना तथा अन्य लोग सर्वदा सुख-शान्ति से जीवन व्यतीत करें। सुल्तान तुग़लुक़ शाह का यह एक प्राचीन गुण तथा उसकी एक उत्कृष्ट आदत थी कि वह चाहता था कि देश तथा उसकी विलायतों (प्रांतों) की प्रजा, हिन्दू तथा मुसलमान, कृषि, उद्योग-धन्धे तथा अन्य कोई न कोई कार्य करते रहें जिसके कारण वे धन-धान्य सम्पन्न हो जायँ और दरिद्रता तथा निर्धनता के कारण दुःखी तथा परेशान न रहें। सुल्तान अपनी प्रजा का इतना बड़ा हितैषी था कि वह चाहता था कि भिखारी लोग भी भिक्षा मांगना त्याग कर कोई न कोई उद्योग-धन्धा करने लगें और भिक्षा माँगने के अपमान, दरिद्रता के अनादर तथा निर्धनता से मुक्त हो जायँ। उसके राज्य के सभी लोग किसी न किसी उद्योग-धंधे के फलस्वरूप सुखी तथा सम्पन्न रहें और ऐसी किसी बात, पाप तथा दुराचार में न पड़ें जिससे उन्हें हानि हो और वे परेशान, आवारा तथा बेकार हो जायँ।

वह प्रत्येक दिन, प्रत्येक सप्ताह तथा प्रत्येक मास में अपने परिवार वालों तथा हितैषियों एवं सहायकों को बुलवाया करता था और उसकी यह इच्छा होती थी कि वे लोग सुखी, सम्पन्न तथा अपने अपने कार्य में लगे रहें। उसकी न तो कभी यह इच्छा होती थी और न वह इस बात पर कभी विचार करता था कि वह उन लोगों को जिन्हें उसने उन्नति प्रदान की है, किसी कारण से कोई हानि पहुँचाये। वह किसी भी दशा में किसी का विनाश न करना चाहता था और न यह बात उसके स्वभाव में ही थी।

लोभी किस प्रकार का बादशाह चाहते हैं—

जो लोग अनुचित रूप से धन-सम्पत्ति प्राप्त कर लेना चाहते थे तथा लोभी और लालची थे एवं जिनकी इच्छा हज़ारों तथा लाखों प्राप्त करके भी पूरी न होती थी वे सुल्तान तुग़लुक़ शाह जैसे बादशाह को, जोकि प्रत्येक व्यक्ति की सेवा का ध्यान रखता था, उचित तथा अनुचित का भेद समझता था और प्रत्येक वस्तु को अपने स्थान पर देखना चाहता था, पसन्द न करते थे। वे ऐसे न्यायकारी सन्तुलित स्वभाव वाले तथा प्रजा के हितैषी बादशाह को न देख सकते थे। वे उसकी निन्दा किया करते थे। जिस प्रकार लोग सुल्तान जलालुद्दीन खलजी की, जोकि बड़ा ही मुसलमान तथा लोगों की सेवाओं का ध्यान रखने (४३७) वाला बादशाह था, निन्दा करते थे, उसी प्रकार वे सुल्तान तुग़लुक़ शाह की भी निन्दा करते थे, क्योंकि लालचियों, लोभियों, सोने चाँदी के प्रेमियों तथा तन्के और जीतल पर जान देने वालों की यही आदत होती है। जो बादशाह सत्य को उत्कृष्ट स्थान प्रदान करता है और यह बात देखता रहता है कि क्या चीज़ उचित है और क्या चीज़ अनुचित, कौन सी वस्तु अपने स्थान पर है तथा कौनसी नहीं, प्रत्येक वस्तु को एक उचित अवसर प्रदान करना चाहता है, लोभियों तथा संसार के प्रेमियों को सेना तथा खज़ाना नहीं लुटाता, ऐसे बादशाह को वे लोग अपना सुल्तान नहीं देख सकते। उपर्युक्त समूह अपने ऊपर ऐसे बादशाह का राज्य चाहता है जोकि अत्याचारी हो, रक्तपात करता हो तथा खज़ाना लुटाता हो, सहस्रों से बिना किसी अधिकार के ले लेता हो तथा हज़ारों को बिना किसी सेवा के प्रदान कर देता हो; स्थायी परिवारों का विनाश कर देता हो और नीच लोगों को बिना किसी सेवा के सम्मान प्रदान कर देता हो; कमीनों, अयोग्य, अनुचित, पाषाण हृदय वालों, खुदा का भय

न करने वालों तथा उन लोगों को जिन्होंने कोई सेवा न की हो सम्मान प्रदान करता हो और नेतृत्व तथा श्रेष्ठता प्रदान करता हो; यशस्वी, गौरव के पाने के योग्य लोगों, धन पाने के अधिकारियों, सदाचारियों तथा पवित्र चरित्र वालों को अपमानित करता हो और उनका विनाश कर देता हो; एक को अत्यधिक धन-सम्पत्ति प्रदान करता हो तथा दूसरे को यह सब लीला देखने के लिये छोड़ देता हो, संसार के प्रेमी, दुनिया के दास, कमीने, बद-अस्ल तथा अभागे ऐसे बादशाह[1] को अपना मित्र नहीं रखते और न समझते हैं; उनकी प्रशंसा तथा उनका गुण-गान नहीं करते। वह ऐसे बादशाह की इच्छा रखते हैं जो नीच लोगों, कमीनों तथा कमअस्लों को उन्नति प्रदान करता हो, चरित्रहीन बातों में जिसे कोई आपत्ति दृष्टिगोचर न होती हो और जो इन बातों को ठीक समझता हो, कुफ़, इलहाद, ज़िन्दिक़ा[2], व्यभिचार, दुराचार, तथा खुल्लम खुल्ला पाप करने वालों से सन्तुष्ट रहता हो; किसी की योग्यता तथा सेवा पर ध्यान न देता हो; सर्वदा इन्द्रिय लोलुपता तथा काम वासना की पूर्ति में तल्लीन रहता हो और स्वाभाविक रूप से योग्यता, गुण-श्रेष्ठता का शत्रु हो।

सेना का प्रबन्ध—

(४३८) सुल्तान ग़यासुद्दीन तुग़लुक़ शाह को सैनिकों के विषय में, जिन पर राज्य-व्यवस्था का आधार है, माता पिता से अधिक अनुकम्पा थी। वह उनके वासिलात[3] का निरीक्षण करता था और इस बात की आज्ञा न देता था कि कोई अमीर एक दाँग अथवा दिरहम उसमें से कम कर ले या दीवाने अर्ज़े ममालिक[4] में कोई उनसे किसी वस्तु की आशा रक्खे। उसे इस बात की पूर्ण जानकारी थी कि सैनिकों को कितना कष्ट एवं परिश्रम करना होता है और उनकी स्त्रियों तथा पुत्रों को कितने व्यय की आवश्यकता होती है।

उसने राजसिंहासन पर आरूढ़ हो जाने के उपरान्त सिराजुलमुल्क ख़्वाजा हाजी को नायब अर्ज़े ममालिक नियुक्त किया और दीवाने अर्ज़े ममालिक का प्रबन्ध, व्यवस्था एवं उत्तरदायित्व उस पर रक्खा। जिस प्रकार अलाई राज्यकाल[5] में हुलिये[6] के विषय में, जिस पर सेना की दृढ़ता आधारित है, धनुष-विद्या की परीक्षा, घोड़ों के दाग़ तथा मूल्य के सम्बन्ध में आदेश दिये गये थे, उसी प्रकार उसने भी आदेश दिये। उसने इस बात का आदेश दे दिया था कि जो कायर टालमटोल करे और सेना के साथ न जाय उसे कठोर दण्ड दिये जायें।

सेना ने जो कुछ ख़ुसरो ख़ाँ से प्राप्त किया था, उसमें से एक साल के वेतन के बराबर उसने उनके वेतन से कटवा लिया। इससे अधिक जो लोगों को प्राप्त हो गया था उसके विषय में उसने आदेश दिया कि वह उनसे तुरंत वसूल न किया जाय किन्तु वह पंजिकाओं में पेशगी के रूप में लिख दिया जाय; और भविष्य में धीरे-धीरे उनके वेतनों से वसूल किया जाय जिससे सेना को हानि न पहुँचे। वह धन-सम्पत्ति जो लूट में प्राप्त हुई थी तथा वह धन-सम्पत्ति जो अर्ज़ के नायबों[7] के पास रह गई थी और वितरित न हुई थी उसे वापस ले लेने का उसने आदेश दे दिया।

---

१ सुल्तान ग़यासुद्दीन तुग़लुक़ तथा सुल्तान जलालुद्दीन ख़लजी के समान।

२ अधर्मी मुसलमानों के कार्य।

३ प्रत्येक मद में जो जमा हुआ हो उसका लेखा (वेतन प्राप्ति का लेखा)

४ सेना विभाग।

५ बरनी पृ० ३१६; ख़लजी कालीन भारत पृ० ८७।

६ सैनिकों का पूर्ण विवरण।

७ सेना विभाग के अधिकारियों।

सुल्तान ग़यासुद्दीन तुग़लुक़ शाह ने अपनी बादशाही के चार पाँच वर्षों में सेना को अपने सम्मुख[1] नक़द धन[2] प्रदान किया और सेना के वासिलात के विषय में बड़ी पूछ-ताछ करता रहता था। वह उनके निश्चित वेतन में से कोई कमी न होने देता था। सेना को इस प्रकार ठीक कर लेने के उपरान्त वह उसे सर्वदा तैयार तथा सुव्यवस्थित रखता था। उसने अमीरों के वेतन तथा इनाम निश्चित करने में बड़े सन्तुलित रूप से कार्य किया और उसके राज्य में प्राचीन अमीर और भी सन्तुष्ट हो गये। नये अमीरों को शक्ति प्राप्त हो गई और वे वैभवशाली तथा धन-धान्य सम्पन्न हो गये। जो इनाम, इदरार, वजीफ़े, गाँव तथा भूमि अलाई राज्यकाल में लोगों को प्रदान किये गये थे, उन्हें सुल्तान तुग़लुक़ शाह ने (४३९) बिना किसी पूछताछ एवं संकोच के स्थायी कर दिया। कृतघ्न खुसरो खाँ ने चार मास में जो कुछ निश्चित कर दिया था तथा दीवानी[3] से जो फ़रमाने तुग़रा[4] एवं आदेश जारी हो गये थे उन्हें उसने रद्द कर दिया। उस हरामखोर मफ़ऊल (गुदा भोग्य) ने जो कुछ प्रदान कर दिया था वह वापस ले लिया। अलाई तथा क़ुतुबी राज्य-काल में जो वेतन, इनाम, इदरार तथा भूमि असावधानी एवं बदमस्ती में विश्वास-पात्रों, सहायकों तथा निकटवर्तियों को बढ़ा कर दे दी गई थीं अथवा नये सिरे से दी गई थीं, उनके विषय में उसने अपने समक्ष पूछ ताछ कराई। जिनके विषय में उसे यह ज्ञात हुआ कि वे बिना किसी अधिकार के प्रदान कर दी गई थीं और जिनके विषय में यह पता चला कि वे पक्षपात तथा अनुचित दान के आधार पर प्रदान हुई थीं उन्हें उसने वापस ले लिया। जिनके विषय में उसे यह ज्ञात हुआ कि वे योग्यता तथा सेवा के आधार पर प्रदान की गई थीं उन्हें उसने स्थायी कर दिया।

शाही धन (कर) की वसूली—

दीवानी के मुतालबों[5] के विषय में सुल्तान तुग़लुक़ शाह से अधिक सुगमता प्रदान करने वाला कोई भी बादशाह देहली में नहीं हुआ है। लाखों के स्थान पर हज़ारों तथा हज़ारों के स्थान पर सैकड़ों तक स्वीकार कर लेता था। यदि दीवानी[6] के अधिकारी राज सिंहासन के समक्ष यह निवेदन करते कि अमुक व्यक्ति दीवानी के कर न अदा करने के कारण बन्दी-गृह में है और दो लाख में से, जोकि उससे वसूल होना शेष है, दस हज़ार अथवा पाँच हज़ार तन्के की ज़मानत देने को तैयार है तो बादशाह वही स्वीकार कर लेता और उसे मुक्त कर देता। उसे कोई न कोई कार्य तथा पद प्रदान कर देता। वह यह न चाहता था कि कोई भी सरकारी मुतालबे के लिये बन्दी-गृह में अधिक समय तक रहे।

सुल्तान का प्रजा की भलाई को ध्यान में रखना—

वह अपनी राज्य-व्यवस्था में किसी रूप से अत्यधिक वसूल करना न चाहता था। उसकी इच्छा थी कि राज्य के समस्त कार्य उचित नियम से सम्पादित होते रहें और कोई ऐसी नवीन बात न हो जिससे लोग उससे, उसके राज्य के विश्वासपात्रों तथा सहायकों से घृणा करने लगें। वह चाहता था कि समस्त सर्वसाधारण तथा विशेष व्यक्तियों के हृदय आतंक, (४४०) भय तथा चिन्ता से मुक्त रहें। वह अपनी प्रजा को किसी प्रकार निराश न होने

---

१ देख रेख में।
२ वेतन तथा इनाम आदि।
३ वित्त विभाग का सचिवालय।
४ वह फ़रमान जिसमें सुल्तान की ख़ास मुहर लगी हो। भूमि सम्बन्धी फ़रमान, अधिकतर फ़रमाने तुग़रा कहलाते थे।
५ वह धन जो किसी को राज-कोष में दाख़िल करना होता था। (माँग)
६ वित्त विभाग के अधिकारी।

देना चाहता था। सुल्तान तुग़लुक़ शाह नियम के विरुद्ध, अनुचित, निराधार तथा कोई भी ऐसी सत्य बात न करना चाहता था जिससे उसकी प्रजा को दुःख तथा कष्ट पहुँचता किन्तु मनुष्य आरम्भ ही से कृतघ्न हो चुका है। खुदा ने क़ुरान में कहा है "यह अवश्य ही सत्य है कि मनुष्य बड़ा ही अन्यायी तथा कृतघ्न है।"

सुल्तान की कटु आलोचनायें—

लोभी, अधर्मी तथा बेईमान लोग उस जैसे न्यायकारी तथा दूसरों के हित-चिन्तक बादशाह की निन्दा किया करते थे। जिन लोभियों तथा षड्यन्त्रकारियों ने सुल्तान क़ुतुबुद्दीन से उसकी कामुकता तथा इन्द्रिय लोलुपता की अवस्था में एवं कृतघ्न माबून (गुदा भोग्य) खुसरो ख़ाँ से उसकी निराशा की अवस्था तथा कुफ़ की उन्नति के समय में धन-सम्पत्ति बिना किसी अधिकार के लूट ली थी, वे सुल्तान तुग़लुक़ शाह की निन्दा किया करते थे और उस जैसे न्यायकारी बादशाह में दोष निकाला करते थे। उसके राज्य के पतन की प्रतीक्षा किया करते थे। वे चक्षु-संकोचन किया करते थे और अनुचित एवं कृतघ्नता-सूचक वाक्य कहा करते थे। उस जैसे दयालु तथा दानी बादशाह को कृपण बताया करते थे।

सुल्तान के राज्य की विशेषता—

इस तारीखे फ़ीरोज़शाही के संकलनकर्ता ज़िया बरनी नें अनेक अनुभवी लोगों से, जिनके नेत्रों में न्याय का अंजन लगा हुआ था, सुना था, कि वे लोग शान्ति-प्रियता एवं लोक तथा परलोक में मुसलमानों के यश के आकांक्षी होने के कारण कहा करते थे कि आज तक देहली में सुल्तान तुग़लुक़ शाह के समान कोई बादशाह राजसिंहासन पर आरूढ़ नहीं हुआ है और सम्भव है कि उसके उपरान्त भी कोई ऐसा बादशाह देहली के राजसिंहासन पर आरूढ़ न होगा जो उसके समान बुद्धिमान, विद्वान् तथा योग्य हो। बादशाही की जो शर्तें बनाई तथा लिखी गई हैं वे सब की सब भगवान् ने सुल्तान तुग़लुक़ शाह को प्रदान की थीं। उसमें पूर्ण रूप से वीरता, साहस, सूझ-बूझ, न्याय, दीनपरवरी, दीनपनाही,[१] आज्ञाकारियों को आश्रय प्रदान करने, विरोधियों के विनाश तथा लोगों की सेवायें पहिचानने एवं दूसरों के अधिकार का (४४१) ध्यान रखने के गुण पाये जाते थे। उसे राज्य व्यवस्था सम्बन्धी नाना प्रकार के अनुभव प्राप्त थे। यदि उलिल अम्र[२] की सब से बड़ी विशेषता यह समझी जाय कि सभी लोग उसके आदेशों का पालन करें तो सुल्तान तुग़लुक़ शाह के राजसिंहासन पर आरूढ होने के प्रथम वर्ष से ही उसके राज्य के सभी लोग उसके इतने अधिक आज्ञाकारी बन गये थे, जितना अन्य बादशाह व्यर्थ के रक्त-पात तथा एक क़रन तक अत्यधिक कठोर दण्ड देने पर भी न बना सके थे। यदि बादशाह का गुण यह समझा जाय कि वह दीन (इस्लाम) की सहायता करता हो तो सुल्तान तुग़लुक़ शाह उस समय भी जब कि वह मलिक था, इस्लाम का बहुत बड़ा सहायक था। उसने मुग़लों के आक्रमण[३] के द्वार बन्द कर दिये थे। उसकी बादशाही के समय में उसकी विजयी तलवार के आतंक से कोई मुग़ल उसके राज्य की सीमा तथा नदी[४] को पार न कर सकता था और किसी मुसलमान अथवा किसी मनुष्य को कोई हानि न पहुँचा सकता था। संसार को नष्ट-भ्रष्ट कर देने वाली तुग़लुक़ शाह की तलवार की धाक काफ़िरों तथा कृतघ्नों पर इस सीमा तक बैठ चुकी थी कि किसी मुग़ल के हृदय में कभी भी उसके

१ इस्लाम की रक्षा तथा उसका ध्यान।

२ जो आदेश देने का अधिकारी हो; सुल्तान।

३ बरनी पृ० ४१५, तुग़लुक़ नामा पृ० १३८, खलजी कालीन भारत पृ० १४४, १६२।

४ सिन्धु नदी।

राज्य की सीमा को पार करने का विचार न हुआ और न कभी हिन्दुस्तान के विद्रोहियों के हृदय में विद्रोह एवं षड्यन्त्र का विचार उत्पन्न हुआ। यदि बादशाह के लिये न्याय करना तथा न्याय का प्रचार करना आवश्यक समझा जाय और यह आशा की जाय कि वह शरा के आदेशों का प्रचार करे तथा उन बातों को फैलाये जिनका ईश्वर की ओर से आदेश प्राप्त हो चुका है और उन बातों को रोके जिनकी ईश्वर की ओर से मनाही हुई है, तो तुग़लुक़ शाह के न्याय की अधिकता से भेडिये को भी इस बात का साहस न होता था कि वह किसी भेड़ की ओर कड़ी दृष्टि से देख सके। उसके राज्यकाल में सिंह तथा मृग एक ही जलाशय से जल पीते थे। शरा के आदेशों के पालन के लिये उसके राज्य-काल के क़ाज़ियों[1], मुफ़्तियों, दादबकों[2] तथा मुहतासिबों[3] को आदर सम्मान प्राप्त था। यदि बादशाह के लिये सेना का प्रबन्ध, जिससे दीन (इस्लाम) की रक्षा, इस्लाम की हिफ़ाजत तथा इस्लामी नियमों का प्रचार होता रहे, आवश्यक समझा जाय तो तुग़लुक़ शाह की राज्य-व्यवस्था के प्रारम्भ ही से सहस्रों आरोहियों की सुसंगठित स्थायी सेना तैयार हो गई थी। वह अनुभवी सरदारों तथा अनुभव-सिद्ध (४४२) सेनापतियों द्वारा सुसज्जित हो गई थी। उसकी बादशाही के समय में सेना को पूरा वेतन नक़द प्राप्त होता था। किसी के वेतन से एक दाँग अथवा दिरहम कम न होता था। यदि बादशाह के लिये प्रजा का पालन-पोषण आवश्यक समझा जाय तो सुल्तान तुग़लुक़ शाह अपनी मलिकी[4] के समय में प्रजा को आश्रय प्रदान करने में हिन्दुस्तान तथा खुरासान में आदर्श माना जाता था। सुल्तान तुग़लुक़ शाह के पास बड़ी-बड़ी नहरें खुदवाने, सुन्दर उद्यान लगवाने, क़िले निर्माण करवाने, कृषि को सर्वसाधारण के लिये सुगम बनाने, नष्ट-भ्रष्ट स्थानों को आबाद करने, खराब, बेकार तथा बिना किसी लाभ की भूमि[5] को उर्वरा बनाने के अतिरिक्त कोई अन्य कार्य न था। सुल्तान तुग़लुक़ शाह समस्त प्राचीन एवं नवीन प्रजापतियों से बढ़ गया था। यद्यपि वह थोड़े ही वर्षों तक राजसिंहासन पर आरूढ़ रहा और यदि मौत उस जैसे प्रजापति बादशाह को न ले जाती तो ईश्वर ही जानता है कि वह अपने राज्यकाल में कितने हज़ार नष्ट घरों को आबाद तथा ठीक कर देता और कितने जंगलों बियाबानों में मेवेदार उद्यान तथा फूलों से भरे हुये उपवन लगवा देता; गङ्गा तथा यमुना के समान न जाने कितनी नहरें कोसों तथा फरसंगों लम्बी खुदवा देता; कितनी बहती हुई नदियाँ[6] पैदा करा देता; किस प्रकार समस्त कृषकों तथा किसानों की सुगमता के साधन पैदा करा देता। अनाज तथा अन्य सामग्री न जाने कितनी सस्ती हो जाती। तुग़लुक़ाबाद का क़िला क़यामत (प्रलय) तक इस बात का प्रमाण रहेगा कि उस बादशाह के हृदय में क़िले बनवाने की इच्छा कितनी प्रबल थी[7]।

---

१ न्यायाधीश, जो शरा के अनुसार अभियोगों का निर्णय करते थे। प्रत्येक क़स्बे में एक क़ाज़ी हुआ करता था। वह धार्मिक कार्यों के लिये दी गई भूमि तथा वृत्ति का भी प्रबन्ध करता था।

२ क़ाज़ी के फ़ैसलों का पालन कराना उसी का कर्त्तव्य होता था।

३ समस्त इस्लाम के विरुद्ध बातों को रोकने वाला अधिकारी। शरा के नियमों के पालन के विषय में देख-रेख इसी के द्वारा होती थी। वह स्वयं दंड देकर शरा के विरुद्ध बातें रोक सकता था।

४ जब वह मलिक था।

५ ऊसर, बंजर भूमि को उर्वरा बनाना (अहया करदने जमीनहाये अमवात व मुन्दर्स शुदा व ला यनफ़ा गश्ता)

६ नहरें खुदवा देता।

७ उसे भवन निर्माण कराने से बड़ी रुचि थी। उसने तुग़लुक़ाबाद का किला तथा अन्य भवन निर्माण कराये (तारीखे फ़िरिश्ता भाग १ पृ० १३०)

यदि बादशाह के लिये यह आवश्यक समझा जाय कि वह मार्गों में शान्ति तथा डाकुओं एवं लुटेरों के विनाश का प्रयास करे तो ईश्वर ने तुग़लुक़ शाह की तलवार की धाक समस्त लुटेरों तथा डाकुओं के हृदय में इस प्रकार आरूढ़ कर दी थी कि उसके राज्यकाल में लुटेरे मार्ग के रक्षक बन गये थे। लुटेरों ने, जिनके पास लूट-मार के अतिरिक्त कोई अन्य कार्य (४४३) नहीं होता था, अपनी तलवारें तोड़ डाली थीं और हल के फाले बनवा लिये; धनुष बेच डाले और बैलों की जोड़ी की व्यवस्था करली; वे सब कृषि-कार्य में लग गये थे और किसी की जिह्वा पर डाकुओं का नाम तक न आता था। किसी के हृदय में लुटेरों का भय उत्पन्न न होता था। उसके राज्यकाल में किसी को इस बात का साहस न होता था कि कोई किसी के खलियान से एक बाली भी चुरा ले। तुग़लुक़ शाह की तलवार के आतंक से उसके राज्य की सीमा की तो चर्चा ही नहीं; लुटेरे, ग़ज़नी की सीमा पर भी डाका न मार सकते थे और व्यापारियों तथा कारवान वालों के निकट न फटक सकते थे।

यदि बादशाही की यह शर्त समझी जाय कि इस्लाम में उसका विश्वास दृढ़ हो और वह फ़र्ज़ (अनिवार्य) तथा अन्य नमाज़ें पढ़ता हो, जेहाद[१] में तल्लीन रहता हो, उसकी आत्मा शुद्ध हो और वह इस्लामी नियमों का पालन करता हो तो सुल्तान ग़यासुद्दीन तुग़लुक़ शाह अन्य विलासी सुल्तानों की अपेक्षा बड़ी शुद्ध आत्मा, शुद्ध दृष्टि, उत्कृष्ट गुण एवं पवित्र विश्वास रखता था। पाँचों समय की फ़र्ज़ नमाज़ें जमाअत[२] के साथ पढ़ता था। जब तक सोने के समय की नमाज़ भी जमाअत के साथ न पढ़ लेता था, तब तक अन्तःपुर में न जाता था। जुमे और ईद की नमाज़ों में अनुपस्थित न रहता था। रमज़ान के महीने की समस्त तीस रातों में तरावीह[३] की नमाज़ पढ़ता था। उसने कभी जान बूझ कर रमज़ान के महीने का कोई रोज़ा न त्यागा। सुल्तान की दृष्टि एवं आत्मा इतनी शुद्ध थी कि वह किसी रूपवान तरुण दास, ग़ुलाम बच्चे तथा ख़्वाजा सरा[४] को अपने पास न फटकने देता था। जिस किसी के विषय में यह सुन लेता कि उसने कोई व्यभिचार अथवा कोई बाल मैथुन किया है तो वह उसका भी शत्रु हो जाता था। सुल्तान तुग़लुक़ शाह ने अपनी फुफंदी व्यभिचार के लिये कभी न खोली थी[५]। उसने अपनी बादशाही के समय में मदिरा की कोई सभा न की। अपने राज्य के साधारण तथा विशेष व्यक्तियों को मदिरा-पान करने से मना कर दिया था। (४४४) अपनी मलिकी तथा बादशाही के समय में उसने कभी जुआ न खेला था। भोग-विलास बादशाह के लिये अत्यन्त आवश्यक समझा जाता है किन्तु किसी ने सुल्तान तुग़लुक़ शाह को न तो मदिरा-पान करते हुये देखा और न व्यभिचार। सुल्तान तुग़लुक़ शाह का इस्लाम में इतना दृढ़ विश्वास था कि वह अधर्मियों, तार्किकों तथा इस्लाम में विश्वास न रखने वालों से बात न करता था। स्वर्गवासी सुल्तान अधिकतर वज़ू[६] किये रहता था। झूठी डींग तथा

१ इस्लाम के प्रसार के लिए युद्ध। साधारणतया सुल्तानों के सभी युद्धों को जेहाद कहा जाता था। मुसलमान विद्रोहियों के विरुद्ध युद्ध को भी जेहाद लिखा गया है। इसलिये इसे साधारण युद्ध ही समझना चाहिये।

२ पाँचों समय की फ़र्ज़ (अनिवार्य) नमाज़ों के सामूहिक रूप से पढ़ने का इस्लाम में बड़ा महत्व बताया गया है।

३ इस नमाज़ में थोड़ा थोड़ा करके पूरे क़ुरान का पाठ होता है और रमज़ान मास में पढ़ी जाती है।

४ नपुन्सक।

५ उसने कभी व्यभिचार न किया था।

६ नमाज़ के लिये क्रमशः हाथ मुँह धोना। कुछ दशाओं में वज़ू टूट जाता है। उन दशाओं को रोकना अथवा वज़ू टूट जाने के उपरान्त पुनः वज़ू कर लेने का बड़ा महत्व बताया गया है। वज़ू की दशा में किसी दुराचार की आशा नहीं की जा सकती।

व्यर्थ में अपने आपको बढ़ा कर दिखाना उसको न आता था। बाल्यावस्था से युवावस्था तथा युवावस्था से वृद्धावस्था तक छल, षड्यंत्र, विद्रोह, विरोध तथा दुष्टता, दूसरों का बुरा चाहने तथा दूसरों को हानि पहुँचाने की कोई बात उसके हृदय में उत्पन्न न हुई। ईश्वर ने उसे उन दोषों तथा अवगुणों से, जिनके विषय में दुष्ट लोग सर्वदा सोच विचार किया करते हैं, आजीवन सुरक्षित रक्खा। वह सर्वदा बड़े सम्मान, वैभव, गौरव तथा शान्ति से जीवन व्यतीत करता रहा।

यदि बादशाहों का कर्त्तव्य दूसरों की सेवाओं का पहचानना, दूसरों का अधिकार उन्हें प्रदान करना तथा प्राचीन सेवकों की सेवाओं का बदला चुकाना समझा जाय तो सुल्तान तुग़लुक़ शाह प्राचीन तथा नवीन बादशाहों की अपेक्षा इस क्षेत्र में भी अद्वितीय था। उसे शनैः शनैः उन्नति प्राप्त हुई थी और अन्त में वह बादशाही तक पहुँचा था। जिन लोगों ने सुल्तान तुग़लुक़ शाह की उस समय सेवा की थी जबकि वह सिपहसालार अथवा मलिक था या किसी ने उसकी कोई सहायता की थी तो उसने सिपहसालारी के समय सेवा करने वालों को मलिकी के समय और मलिकी के समय सेवा करने वालों को बादशाही के समय उचित रूप से सम्मानित किया। वह अपने प्राचीन सेवकों पर इतनी दया करता था जितनी कोई पिता अपने आज्ञाकारी पुत्र पर भी न करता होगा। अपने प्राचीन सेवकों का पालन-पोषण वह अपने भाईयों तथा पुत्रों की भाँति करता था। वह उनके परिवार को अपना परिवार समझता था और उन पर तथा उनके दासों एवं दासियों पर कोई अत्याचार न होने देता था।

(४४५) सुल्तान तुग़लुक़ शाह ने अपनी सहन-शीलता और दूसरों के हक़ पहचानने तथा दूसरों के हक़ का ध्यान रखने के कारण, अपने प्राचीन परिवार वालों के साथ बादशाही आतंक एवं राजकीय नियमों का पालन न किया। जिस प्रकार वह अपनी सिपहसालारी तथा मलिकी के समय में अपने परिवार वालों तथा अपने प्राचीन सहायकों से व्यवहार करता था, उनके चोंचले सहता था, उसी प्रकार वह अपनी बादशाही के समय में भी उन लोगों से व्यवहार करता था। "मख़दूमये जहाँ"[१] तथा प्राचीन दासों और सेवकों एवं उन लोगों के साथ, जिनका उस पर कोई हक़ होता था, व्यवहार करने में उसने सुई की नोक के बराबर भी बादशाही आतंक से कार्य न किया और पूर्व ही के समान व्यवहार करता रहा।

वीरता, युद्ध-विद्या की जानकारी एवं रणक्षेत्र में युद्ध करने के ढंग का जितना ज्ञान सुल्तान तुग़लुक़ शाह को था उतना ज्ञान हिन्दुस्तान तथा खुरासान के किसी स्थान के समस्त सेना नायकों तथा सरदारों को न था। यदि मैं उसके उस समय के युद्ध तथा उसके उन आक्रमणों एवं लड़ाइयों का हाल सविस्तार लिखना चाहूं जब कि वह मलिक था, तो उसके लिये मुझे एक ग्रंथ पृथक् लिखना पड़ेगा। यदि वह कुछ वर्ष और बादशाह रह जाता तो वह इस्लामी पताका को संसार में पूर्व से लेकर पश्चिम तक पहुँचा देता, बेदीनों तथा अधर्मियों के राज्य एवं प्रदेश इस्लाम के अधीन हो जाते। उसने अमीरी तथा मलिकी के समय जिस (वीरता का) प्रदर्शन किया था उस प्रकार रुस्तम ने भी न किया होगा। यदि बादशाही के समय वह कुछ काल तक और जीवित रह जाता तो सिकन्दर से भी अधिक सफलता प्राप्त कर लेता।

सुल्तान अलाउद्दीन अपने राज्य के प्रदेशों में अत्यधिक रक्तपात, कठोरता, अत्याचार तथा दूसरों को कष्ट पहुँचा कर अपनी आज्ञाओं का पालन करा सका था किन्तु सुल्तान तुग़लुक़ शाह ने ४ वर्ष एवं कुछ महीनों में बिना किसी कठोरता, अत्याचार, निष्ठुरता तथा रक्तपात के अपनी आज्ञाओं का पालन करा लिया। सुल्तान तुग़लुक़ शाह के राज्य काल के योग्य तथा

१ सुल्तान की पत्नी, मुहम्मद तुग़लुक़ की माता।

अनुभवी पुरुष उसे ईश्वर की एक बहुत बड़ी देन समझते थे और भगवान् के कृतज्ञ होते रहते थे तथा उसके लिये ईश्वर से प्रार्थना किया करते और सर्वदा उसकी प्रशंसा किया करते थे। लोभी, लालची, कृतघ्न तथा सत्य को न पहचानने वाले, जिनके लालच तथा लोभ का पेट (४४६) क़ारून[1] के राजकोष से भी नहीं भर सकता, उस जैसे बादशाह से दुःखी रहते थे और उसकी निन्दा किया करते थे तथा उस जैसे संसार की रक्षा करने वाले की मृत्यु की प्रतीक्षा किया करते थे।

सुल्तान मुहम्मद का जिसकी पदवी उस समय उलुग़ ख़ाँ थी आरंगल (वारंगल) पर आक्रमण करने के लिये प्रथम बार नियुक्त होना :—

७२१ हि० (१३२१ ई०) में सुल्तान ग़यासुद्दीन तुग़लुक़ शाह ने सुल्तान मुहम्मद को चत्र (छत्र) प्रदान किया और एक सुसज्जित सेना देकर आरंगल[2] (वारंगल) तथा तिलंग प्रदेश पर आक्रमण करने के लिये भेजा[3]। कुछ प्राचीन अलाई अमीरों को भी उसके साथ नियुक्त कर दिया। कुछ अपने विशेष सहायकों तथा विश्वास-पात्रों को भी उसके साथ भेजा। सुल्तान मुहम्मद ने राजसी ठाठ-बाट से बहुत बड़ी सेना लेकर आरंगल (वारंगल) की ओर प्रस्थान किया। देवगिरि में पहुँचने के उपरान्त उसने उस स्थान के कुछ प्रतिष्ठित अमीरों एवं अनुभवी सैनिकों को लेकर तिलंग प्रदेश की ओर बढ़ना प्रारम्भ कर दिया। सुल्तान तुग़लुक़ शाह के राज्य के वैभव तथा सुल्तान मुहम्मद के आतंक से राय लुद्दर देव (रुद्र देव) समस्त अधीन रायों तथा मुक़द्दमों को लेकर क़िले में बन्द हो गया और युद्ध तथा लड़ाई का विचार भी अपने हृदय में न लाया। सुल्तान मुहम्मद ने आरंगल (वारंगल) में पहुँच कर आरंगल (वारंगल) के मिट्टी के क़िले को घेर लिया और वहीं उतर पड़ा। कुछ अमीरों को आदेश दिया कि वे तिलंग प्रदेश का विध्वंस प्रारम्भ कर दें और इस्लामी सेना को अत्यधिक लूट की सम्पत्ति तथा भोजन सामग्री भेजें। इस्लामी सेना की लूटमार से सेना के शिविर में अपार धन-सम्पत्ति तथा भोजन-सामग्री पहुँचने लगी। सेना पूर्ण-व्यवस्था के साथ क़िला विजय करने में तल्लीन हो गई। आरंगल (वारंगल) के पत्थर तथा मिट्टी के क़िले में हिन्दू बहुत बड़ी संख्या में एकत्र हो गये थे और वहाँ पर्याप्त सामग्री इकट्ठा करली थी। दोनों ओर से मग़रिबी[4]

१. मूसा पैग़म्बर के समय का एक बादशाह जो अपनी धन-सम्पत्ति तथा आतंक के लिये बड़ा प्रसिद्ध था।

२ आरंगल (वारंगल) : तिलंगाना के काकतीय वंश की राजधानी। इस पर सर्व प्रथम अलाउद्दीन के राज्य काल में विजय प्राप्त हुई (ख़ज़ाइनुल फ़ुतूह पृ० ८६-१२२; ख़लजी कालीन भारत पृ० १३१-३५)

३ अपने सिंहासनारोहण के दूसरे वर्ष, वारंगल के हाकिम लुद्दर देव (रुद्र देव) के कर न अदा करने तथा देवगिरि की अव्यवस्था के कारण, उलुग़ ख़ाँ को अपने कुछ प्राचीन सहायकों तथा चन्देरी, मालवा, बदायूँ आदि की सेना के साथ बड़े वैभव से तिलंग की ओर भेजा। उलुग़ ख़ाँ ने वहाँ पहुँच कर लूटमार तथा विध्वंस प्रारम्भ कर दिया। लुद्दर देव ने भीषण युद्ध किया और पिछली कायरता का बदला चुका दिया और अन्त में विवश होकर वारंगल के क़िले में बन्द होकर बैठ रहा। क़िले की दीवारें तथा गुम्टियाँ शीघ्रातिशीघ्र ठीक कर लीं। उलुग़ ख़ाँ नित वीरता तथा पौरुष का प्रदर्शन करता था। दोनों ओर से लोग बहुत बड़ी संख्या में मारे जाते थे। जब उलुग़ ख़ाँ ने सरकोब तथा सुरंग तैयार करा ली और वारंगल के क़िले पर विजय प्राप्त होने वाली ही थी कि लुद्दर देव ने विवश होकर उलुग़ ख़ाँ के पास दूत भेजे और धन, सम्पत्ति, हाथी, जवाहरात तथा बहुमूल्य वस्तुएं देनी स्वीकार कीं और यह वचन दिया कि भविष्य में वह उसी प्रकार ख़राज भेजता रहेगा, जिस प्रकार सुल्तान अलाउद्दीन के समय में भेजा करता था। (तारीख़े फ़िरिश्ता भाग १ पृ० १३१)।

४ इसके विषय में कोई निश्चित ज्ञान नहीं। इसका अर्थ तोप भी बताया गया है किन्तु यह एक प्रकार की मध्यकालीन मशीन थी जिससे आग तथा शीघ्र जलने वाले पदार्थ और पत्थर फेंके जाते थे।

तथा अरादों[1] का प्रयोग होता था। प्रत्येक दिन (शाही) सेना क़िले के भीतर वालों से घोर युद्ध करती थी। क़िले के भीतर से आग फेंकी जाती थी और दोनों ओर से (४४७) हत्या-काण्ड होता था। इस्लामी सेना हिन्दुओं पर भारी पड़ी और उन्हें निराश तथा विवश कर दिया। आरंगल (वारंगल) के मिट्टी के क़िले पर विजय प्राप्त होने ही वाली थी कि आरंगल (वारंगल) के राय लुद्दर देव (रुद्र देव) तथा उसके मुक़द्दमों ने सन्धि की वार्त्ता प्रारम्भ करदी। सुल्तान मुहम्मद की सेवा में बसीठ[2] (दूत) धन-सम्पत्ति देकर भेजे तथा माल हाथी, जवाहरात एवं बहुमूल्य वस्तुयें प्रदान करने का वचन दिया। उनकी इच्छा थी कि जिस प्रकार अलाई राज्य-काल में उन्होंने मलिक नायब को धन-सम्पत्ति, हाथी, जवाहरात प्रदान करके खराज अदा करना स्वीकार कर लिया था और इस प्रकार उन्हें लौटा दिया था उसी प्रकार सुल्तान मुहम्मद को भी लौटा दें[3]। सुल्तान मुहम्मद ने उन्हें क्षमा प्रदान न की और क़िले पर अधिकार जमाने तथा राय आरंगल (वारंगल) को बन्दी बनाने पर ज़ोर देने लगा और सन्धि स्वीकार न की। बसीठों को निराश करके लौटा दिया।

जिस समय क़िले वाले निराश हो चुके थे और सन्धि की प्रार्थना कर रहे थे उस समय लगभग एक मास से अधिक व्यतीत हो जाने पर भी देहली से कोई उलाग़ (समाचार वाहक) प्राप्त न हुये थे। इससे पूर्व सुल्तान मुहम्मद को अपने पिता से प्रत्येक सप्ताह २-३ फ़रमान प्राप्त हो जाते थे; किन्तु इस समय फ़रमान न आने तथा समाचार न पहुँचने से सुल्तान मुहम्मद एवं उसके विश्वास-पात्रों को कुछ परेशानी होने लगी और वे सोचने लगे कि कदाचित मार्ग के कुछ थानों[4] का विनाश हो चुका है जिसके कारण न तो कोई सूचना मिल रही है और न कोई दूत तथा फ़रमान प्राप्त हो रहा है। दूतों के न पहुंचने के कारण सुल्तान मुहम्मद की व्याकुलता के समाचार सेना में भी प्रसारित हो गये और सैनिक नाना प्रकार की आशंकायें करने लगे; लोग भिन्न-भिन्न प्रकार की बातें सोचने लगे।

(४४८) उबैद[5] कवि तथा शेखज़ादा दमिश्क़ी, जोकि बड़े ही दुष्ट, धूर्त्त तथा षड्यन्त्रकारी थे और जो किसी प्रकार सुल्तान मुहम्मद के विश्वासपात्र हो गये थे, सेना में यह अफ़वाह उड़ाने लगे कि सुल्तान ग़यासुद्दीन तुग़लुक़ शाह की देहली में मृत्यु हो चुकी है और देहली के राज्य की व्यवस्था बिगड़ चुकी है; कोई अन्य देहली के राज सिंहासन पर आरूढ़ हो गया है। इसी कारण उलाग़ एवं धावे[6] (समाचार वाहक तथा दूत) आने बन्द हो गये हैं। सभी लोग अपनी-अपनी चिन्ता में पड़ गये।

उन्हीं अभागे उबैद तथा शेखज़ादा दमिश्क़ी ने, जोकि बड़े दुष्ट, धूर्त्त, षड्यन्त्रकारी हरामखोर एवं कृतघ्न थे, एक दूसरी अफ़वाह उड़ानी प्रारम्भ करदी। उन्होंने मलिक तिमुर, मलिक तिगीन, मलिक मुल अफ़ग़ान[7] तथा मलिक काफ़ूर मुहरदार से कहा कि सुल्तान मुहम्मद

१ पत्थर तथा आग फेंकने की एक मशीन।

२ इस शब्द का मूल फ़ारसी पुस्तक में प्रयोग हुआ है।

३ ख़ज़ाइनुल फ़ुतूह पृ० ११०-१२०; ख़लजी कालीन भारत पृ० १३४-३५। इससे सुल्तान मुहम्मद तथा सुल्तान अलाउद्दीन के दक्षिण के सम्बन्ध में दृष्टिकोण पर प्रकाश पड़ता है।

४ वह स्थान जहाँ सवार तथा सैनिक मार्ग की रक्षा एवं समाचार भेजने के लिये नियुक्त होते थे।

५ बदायूनी के अनुसार वह अमीर ख़ुसरो पर व्यंग किया करता था। (मुनतख़बुत्तवारीख़, भाग १ पृ० २२२-२३) तारीख़े मुबारक़ शाही का अनुवाद भी देखो।

६ डाक चौकी को उलाग़ कहते थे। तारीख़े फ़िरिश्ता, भाग १ पृ० १३१, इब्ने बत्तूता; तबक़ाते अकबरी पृ० १९५।

७ मुल्ल अफ़ग़ान (बरनी पृ० ४४६), मलिक गुल (तारीख़े फ़िरिश्ता, भाग १ पृ० १३१); मलिक मुल (तबक़ाते अकबरी, भाग १, पृ० १९४)

तुम लोगों को प्रतिष्ठित अलाई मलिक तथा सेना नायक होने के कारण, अपना शत्रु और अपने मार्ग का काँटा समझता है।[१] तुम्हारा नाम उन लोगों की सूची में लिखा जा चुका है जिनकी हत्या कराई जाने वाली है। तुम चारों को एक दिन एक समय पर पकड़वा कर तुम्हारी हत्या करा दी जायगी।' उपर्युक्त मलिक उन दोनों दुष्ट षड्यन्त्रकारियों को सर्वदा सुल्तान मुहम्मद के निकट देखा करते थे, अतः उन लोगों ने उसकी बातों पर विश्वास कर लिया। वे एक दूसरे के परामर्श से अपने सहायकों के दल को लेकर सेना के बाहर चले गये। उनके सेना से निकल जाने के कारण समस्त सेना भयभीत हो गई और खलबली मच गई। प्रत्येक दल में परेशानी तथा चीत्कार होने लगा। किसी को भी किसी अन्य की चिन्ता न रही। क़िले के हिन्दू जो सेना पर किसी दुर्घटना पड़ने की प्रतीक्षा देख रहे थे, जिससे उन्हें मुक्ति प्राप्त हो जाय, एक बार ही क़िले से दलबन्दी करके बाहर निकल आये, और शाही शिविर को पूर्णतया लूटकर भाग गये। सुल्तान मुहम्मद अपने विश्वास-पात्रों को लेकर देवगिरि की ओर चल दिया। सेना वाले व्याकुल होकर छिन्न-भिन्न हो गये।

लौटते समय सुल्तान मुहम्मद के पास शहर (देहली) के उलाग़ (समाचार वाहक) पहुँचे और उन्होंने सुल्तान तुग़लुक़ के स्वास्थ्य एवं सुरक्षित होने के फ़रमान पहुँचाये। अलाई मलिक, जो संगठित होकर निकल आये थे, छिन्न-भिन्न हो गये और प्रत्येक मनमानी दिशा में चल खड़ा हुआ। उनके सहायक तथा उनकी सेना उनकी विरोधी हो गई। उनके अस्त्र-शस्त्र तथा घोड़े हिन्दुओं को प्राप्त हो गये। सुल्तान मुहम्मद सुरक्षित देवगिरि पहुँचा। देवगिरि में (४४६) सेना एकत्र हुई। मलिक तिमुर अपने कुछ सवारों के साथ भाग कर हिन्दुओं के पास पहुँचा और उसकी वहीं मृत्यु हो गई। अवध के अमीर मलिक तिगीन की हिन्दुओं ने हत्या कर दी और उसकी खाल सुल्तान मुहम्मद के पास देवगिरि में भेज दी। मलिक मुख़ (मुल) अफ़ग़ान, उबैद कवि तथा अन्य षड्यन्त्रकारियों को बन्दी बना कर सुल्तान मुहम्मद की सेवा में देवगिरि में भेज दिया गया। सुल्तान मुहम्मद ने सभी को जीवित अपने पिता के पास भेज दिया। विद्रोही अमीरों के परिवार इससे पूर्व ही बन्दी बना लिये जा चुके थे। सुल्तान ग़यासुद्दीन ने सीरी के सैरगाह के मैदान में दरबारे आम किया। उबैद कवि, काफ़ूर मुहरदार तथा अन्य विद्रोहियों को सूली पर चढ़ा दिया गया। कुछ अन्य लोग तथा उनके स्त्री और बालक हाथी के पैरों के नीचे कुचलवा दिये गये। सीरी के मैदान के रक्तपात के आतंक से बहुत समय तक दर्शकों के हृदय काँपते रहे। सुल्तान तुग़लुक़ शाह के उस दण्ड से, जो उसने स्त्रियों तथा बालकों को हाथियों के पाँव के नीचे कुचलवा कर दिया, समस्त देहली वाले काँप उठे।

सुल्तान मुहम्मद का आरंगल (वारंगल) की विजय के लिये पुनः भेजा जाना—

चार मास के उपरान्त[२] सुल्तान ग़यासुद्दीन ने सुल्तान मुहम्मद को अत्यधिक सेना देकर आरंगल (वारंगल) की ओर भेजा। इस बार भी सुल्तान मुहम्मद तिलंग तक पहुँच गया

१ पसामी ने उबैद कवि के षड्यन्त्र का कारण बड़े विस्तार से लिखा है। इब्ने बत्तूता ने उलुग़ ख़ाँ को विद्रोही सिद्ध किया है।

२ उलुग़ ख़ाँ अपने पिता की सेवा में उपस्थित हुआ और चार मास उपरान्त सुल्तान ने उसे पुनः आरंगल (वारंगल) भेजा। (तबक़ाते अकबरी भाग १, पृ० १६६), चूंकि उलुग़ ख़ाँ दो तीन हजार सवार लेकर देहली पहुंचा था, अतः चार मास उपरान्त एक बहुत बड़ी सेना लेकर देवगिरि के मार्ग से वारंगल की ओर बढ़ा। (तारीख़े फ़िरिश्ता भाग १ पृ० १३१) के अनुसार उलुग़ ख़ाँ ७२४ हि० (१३२३-२४ ई०) में वारंगल की ओर दुबारा भेजा गया।

और बीदर[1] के क़िले पर अधिकार जमा लिया। उस किले के मुक़द्दम को बन्दी बना लिया। वहाँ से आरंगल (वारंगल) की ओर प्रस्थान किया और दूसरी बार मिट्टी के क़िले को घेर लिया। बाणों तथा मग़रिबी पत्थरों द्वारा आरंगल (वारंगल) के भीतरी तथा बाहरी क़िले पर अधिकार जमा लिया। आरंगल (वारंगल) का राय लुद्दर देव, समस्त राय, मुक़द्दम तथा उनके परिवार एवं हाथी घोड़े उसे प्राप्त हो गये और उसने देहली में विजय-पत्र भेज दिया। (४५०) तुग़लुक़ाबाद, देहली तथा सीरी में क़ुब्बे[2] सजाये गये और खुशियाँ मनाई गईं। नुहगाना[3] ढोल बजाये गये। सुल्तान मुहम्मद ने तिलंग के राय लुद्दर देव तथा उसके सहायकों एवं विश्वास-पात्रों और हाथियों तथा राज-कोष को मलिक बेदार, जिसकी उपाधि क़दर खाँ हो गई थी, तथा ख्वाजा हाजी नायब अर्ज़े ममालिक के हाथ सुल्तान की सेवा में भज दिया। आरंगल (वारंगल) का नाम सुल्तानपुर रक्खा गया और समस्त तिलंग पर अधिकार जमा लिया गया। उसे मुक्तों तथा वालियों को प्रदान कर दिया गया। वहाँ मुतसर्रिफ़ तथा आमिल नियुक्त किये गये। उसने एक वर्ष का खराज समस्त तिलंग प्रदेश से प्राप्त किया। आरंगल (वारंगल) से सुल्तान मुहम्मद ने जाजनगर[4] पर चढ़ाई की और वहाँ से ४० हाथी तथा विजय एवं सफलता प्राप्त करके तिलंग वापस हुआ। हाथियों को सुल्तान की सेवा में देहली भेज दिया।

सुल्तान ग़यासुद्दीन तुग़लुक़ शाह का लखनौती, सुनार गाँव तथा सत गाँव पर आक्रमण एवं विजय, तथा लखनौती के शासकों का बन्दी बनाया जाना।

मुग़लों का आक्रमण—

जिस समय आरंगल (वारंगल) पर विजय प्राप्त हुई और जाजनगर से हाथी पहुँचे उसी समय कुछ मुग़ल सेना सीमा के प्रदेशों पर चढ़ आई। इस्लामी सेना ने मुग़लों से युद्ध करके उन्हें छिन्न-भिन्न कर दिया और दोनों मुग़ल सरदारों को बन्दी बना कर दरबार में भेज दिया।

सुल्तान ग़यासुद्दीन ने अपनी राजधानी तुग़लुक़ाबाद में बना ली थी। अमीर, मलिक, प्रतिष्ठित तथा गण्यमान्य व्यक्ति अपने परिवारों सहित वहीं निवास करने लगे थे और उन्होंने अपने-अपने घर बनवा लिये थे। उसी समय लखनौती के कुछ अमीर वहाँ के शासकों के अत्याचार तथा अन्याय के कारण सुल्तान तुग़लुक़ शाह की सेवा में उपस्थित हुये। उनके अत्याचार तथा अन्याय, शोषण एवं विरोध के कारण मुसलमानों की परेशानियों के समाचार सुल्तान तुग़लुक़ शाह को पहुंचाये। सुल्तान ग़यासुद्दीन ने लखनौती पर आक्रमण करने का दृढ़ संकल्प कर

१ बीदर नगर का क़िला तिलंग की सीमा पर था और राजा वारंगल से सम्बन्धित था। उसने (सुल्तान मुहम्मद ने) कुछ अन्य क़िलों के साथ, जो मार्ग में थे, इसे भी विजय करके अपने विश्वास-पात्रों को प्रदान कर दिया। (तारीखे फ़िरिश्ता, भाग १ पृ० १३१)।

२ एक प्रकार के गुम्बद तथा द्वार जो खुशी के समय सजाये जाते थे।

३ एक प्रकार के ढोल। सम्भवतया बहुत बड़े ढोल।

४ लगभग आधुनिक उड़ीसा। राजमहेन्दरी में एक मस्जिद उलुग़ खाँ की अधीनता में सालार उलवी ने बनवाई। मस्जिद के एक लेख में निर्माण तिथि २० रमज़ान ७२४ हि० (१० सितम्बर, १३२४ ई०) लिखी है। (महदी हुसेन "The Rise and Fall of Muhammad Bin Tughluq पृ० ६१, २४३, Annual Report of Archaeological Survey of India, 1925-6 p. 150)। इस प्रकार इस विजय को ७२४ हि० की घटना कहा जा सकता है।

(४५१) लिया। उसने सुल्तान मुहम्मद[1] के पास आरंगल में उलाग़ (समाचार वाहक) भेज कर उसे बुलवाया। अपनी अनुपस्थिति में उसे अपना नायब नियुक्त किया और शासन प्रबन्ध का पूर्ण अधिकार उसे प्रदान कर दिया। स्वयं सेना लेकर लखनौती की ओर रवाना हुआ। सेना को गहरी नदियों, दलदल तथा कीचड़ के मार्ग से लखनौती की जैसी लम्बी यात्रा में इस प्रकार ले गया कि किसी का बाल भी बाँका न हुआ। चूँकि तुग़लुक़ शाह का ऐश्वर्य तथा वैभव, ख़ुरासान, हिन्दुस्तान तथा हिन्द एवं सिन्ध के प्रदेश वालों तथा पूर्व से पश्चिम तक के सरदारों एवं सेना नायकों के हृदय में एक क़रन से आरूढ़ हो चुका था अतः तुग़लुक़ शाही पताकाओं की तिरहुट में छाया पड़ते ही लखनौती का शासक सुल्तान नासिरुद्दीन अपनी दासता तथा सेवा-भाव का प्रदर्शन करने के लिये दरबार में उपस्थित हुआ और दरबार में ख़ाकबोस[2] करके सम्मानित हुआ। तुग़लुक़ शाही विजय प्राप्त करने वाली तलवार के निकलने के पूर्व ही उन प्रदेशों के समस्त राजे तथा राय उसके आज्ञाकारी बन गये और दासता के लिये तैयार हो गये।[3]

तातार ख़ाँ, जिसे सुल्तान तुग़लुक़ शाह अपना पुत्र कहा करता था और जो ज़फ़राबाद की अक़्ता का स्वामी था, अमीरों तथा सेना के साथ आगे भेजा गया। उसने वहाँ के स्थानों को अपने अधिकार में कर लिया। वह सुनार गाँव के सुल्तान बहादुर शाह को, जो अपने समान किसी को न समझता था, गर्दन बाँध करके सुल्तान की सेवा में लाया। समस्त हाथी, जो उस प्रदेश में थे, शाही गज-गृह में भिजवा दिये। जो इस्लामी सेना उस प्रदेश में (पहुंची) थी, उसे लूटमार द्वारा अत्यधिक धन-सम्पत्ति प्राप्त हुई। सुल्तान ग़यासुद्दीन तुग़लुक़ शाह ने लखनौती के शासक सुल्तान नासिरुद्दीन को, जो अधीनता तथा दासता स्वीकार करने के लिये सबसे पहले उपस्थित हुआ था, चत्र तथा दूरबाश[4] प्रदान किये। लखनौती उसी के हवाले कर दी। (सुल्तान ने) सत गाँव तथा सुनार गाँव पर अधिकार जमा लिया। सुनार गाँव के शासक बहादुर शाह को बन्दी बनाकर शहर (देहली) की ओर भेज दिया। सुल्तान ग़यासुद्दीन तुग़लुक़ (४५२) शाह विजय तथा सफलता प्राप्त करके तुग़लुक़ाबाद की ओर वापस हो गया। बंगाल की विजय के विजय-पत्र देहली में मिम्बरों[5] पर पढ़े गये, क़ुब्बे सजाए गये, ढोल बजाये गये और आनन्द मनाया गया। लौटते समय सुल्तान तुग़लुक़ शाह सेना से पृथक् होकर शीघ्रातिशीघ्र दो-दो मंज़िलों को एक-एक मंज़िल बनाता हुआ राजधानी की ओर रवाना हुआ।

सुल्तान ग़यासुद्दीन तुग़लुक़ शाह का तुग़लुक़ाबाद के निकट पहुँचना, पड़ाव के पास के कूश्क (महल) की छत के नीचे दबकर स्वर्गवास होना और उसकी मृत्यु से संसार की परेशानी—

जब सुल्तान मुहम्मद ने सुना कि सुल्तान तुग़लुक़ शाह सेना से पृथक् होकर राजधानी

---

१ पुस्तक में सुल्तान महमूद है।

२ भूमि चुमना; सुल्तानों के दरबार में अभिवादन का एक ढंग।

३ बसातीनुल उन्स के अनुसार सुल्तान लखनौती तथा सुनार गाँव पर विजय प्राप्त करके तिरहुट की ओर बढ़ा। तिरहुट के राजा ने अभी तक देहली के सुल्तानों की अधीनता स्वीकार न की थी किन्तु शाही सेना के अपने राज्य में पहुंचने के समाचार पाकर वह भाग गया और पहाड़ियों में छिप गया। तुग़लुक़ ने तिरहुट पहुँचकर अपने शिविर वहाँ लगा दिये। उसने वहाँ के निवासियों पर दया भाव प्रदर्शित किया और वहाँ के पदाधिकारियों के अधिकार बढ़ा दिये। (महदी हुसैन पृ० ६६) इस युद्ध के लिये फ़ुतूहुस्सलातीन तथा इब्ने बत्तूता की यात्रा का उल्लेख पढ़िये।

४ बादशाही के चिह्न।

५ मस्जिदों के मंच।

तुग़लुक़ाबाद की ओर बर सबीले जरीदा[1] आ रहा है, तो उसने आदेश दिया कि तुग़लुक़ाबाद से ३-४ कोस पर अफ़ग़ानपुर के निकट एक छोटा सा कूश्क (महल) बनवाया जाय जहाँ सुल्तान रात्रि में उतरे और दूसरे दिन प्रातःकाल राजसी ठाठ-बाट से राजधानी तुग़लुक़ाबाद में प्रवेश करे। तुग़लुक़ाबाद में क़ुब्बे सजाये गये और बाजे बजने लगे। सुल्तान तुग़लुक़ शाह मध्याह्नोत्तर की नमाज के उपरान्त उस नये कूश्क (महल) में पहुँच कर उतरा। सुल्तान मुहम्मद ने समस्त मलिकों, अमीरों तथा गण्यमान्य व्यक्तियों को लेकर अपने पिता का स्वागत किया तथा पिता के चरण चूमने का सम्मान प्राप्त किया। जिस समय सुल्तान तुग़लुक़ शाह विशेष भोजन मँगवा कर भोजन कर चुका और मलिक तथा अमीर हाथ धोने के लिये बाहर निकले तो दैवी विपत्ति का बज्र पृथ्वी निवासियों पर गिरा।[2] सायबान (सुफ़्फ़ा) की छत जिसके नीचे सुल्तान बैठा था अचानक सुल्तान के ऊपर गिर पड़ी[3] और सुल्तान तथा ५-६ अन्य मनुष्य छत के नीचे दब कर स्वर्गवासी हो गये। संसार को विजय करने वाला उस जैसा बादशाह जोकि संसार में न समा सकता था चार गज भूमि में दफ़न हो गया।

छन्द

(४५३) कौन देखने का साहस कर सकता है, हे! आकाश की अन्धी आँख,
दोनों संसार चार गज़ की क़ब्र में।
सुल्तान की मृत्यु से एक प्रकार से संसार को विशेष हानि पहुँची।

मसनवी (पद्य)

वह राज्य का नगर जो तूने देखा था नष्ट हो गया,
गौरव की वह नील नदी जिसकी चर्चा तूने सुनी थी अब मृग तृष्णा है।
वह शान्ति का शरीर तथा सुख सम्पन्नता की आत्मा,
देखने वालों की दृष्टि से छिप गयी।
आसमानों के लिये कष्टों के वस्त्र बिछा दिये गये,
नक्षत्रों के लिये अन्धकार पर्दा बन गया।

वे लोग सत्य के मार्ग पर हैं जो इस संसार को त्याग देते हैं और इस अत्याचारी तथा धोखा देने वाली दुनिया से मुँह फेर लेते हैं और जो केवल भूसी की रोटी तथा नमक से संतुष्ट रहते हैं। संसार तथा संसार में जो कुछ भी है, देखने के योग्य नहीं। क्या संसार

---

१ कुछ थोड़े से सवारों को लेकर। जरीदा का अर्थ "अकेला", 'शीघ्रातिशीघ्र', अथवा "कुछ थोड़े से सवार जोकि बड़े दल का भाग हों", है। अफ़ग़ानपुर में पड़ाव करने की आवश्यकता का मुख्य कारण यह था कि इतनी बड़ी विजय के उपरान्त, जब कि नगर में समारोह हो रहा हो, सुल्तान का थोड़े से सवारों के साथ प्रविष्ट होना उचित न था।

२ इस वाक्य के अर्थ पर इतिहासकारों में बड़ा मत भेद है। बाद के मध्यकालीन इतिहासकारों ने इस वाक्य को विभिन्न ढंगों से अपने इतिहासों में लिखा है। कुछ इतिहासकारों के वाक्य बाद के इतिहासों के अनुवाद के भाग में दिये गये हैं। बरनी के शब्दों से पता चलता है कि यह दुर्घटना अकस्मात ही घटी। एसामी ने सब दोष सुल्तान मुहम्मद पर रखा है।

३ रामपुर की तारीखे फ़ीरोज़शाही की हस्तलिखित पोथी में इस घटना का उल्लेख इस प्रकार है। "और क्योंकि सुल्तान तुग़लुक़ शाह सेना से जरीदा तर शीघ्रातिशीघ्र शहर (देहली) की ओर प्रस्थान कर रहा था और असावल अर्थात् तुग़लुक़ाबाद की आबादी के निकट पहुँचा और तीन कोस की हद में एक कूश्क (महल) के नीचे, जो नवनिर्मित था, उतरा तो दैवी (आसमानी) भाग्य (क़ज़ा व क़दर) से वह सायबान (सुफ़्फ़ा) जिसके नीचे सुल्तान आकर बैठा था गिर पड़ा और उस जैसा सरदार उसके नीचे आ गया। (पृ० २८७)

वालों की शिक्षा के लिये यह पर्याप्त नहीं है कि जिस बादशाह ने हिन्दुस्तान की इक़लीम पर विजय प्राप्त की और जो सफलता तथा विजय प्राप्त करके अपनी राजधानी के निकट पहुँच गया वह अपने परिवार वालों का मुँह न देख सका, ऐश्वर्ययुक्त राज-सिंहासन से मिट्टी में स्थान ग्रहण कर लिया।

छन्द

तू पूछता है कि उस समय के राज-मुकुट धारण करने वाले कहाँ गये,
देखो उनके द्वारा मिट्टी का पेट हमेशा भरा रहेगा।
भूमि मस्त है क्योंकि उसने मदिरा पान किया है,
हुरमुज़[१] के सिर के प्याले में नोशीरवाँ[२] के हृदय का रक्त।
किसरा[३] तथा सुनहरी नारंगी परवेज़[४] तथा सुनहरी औषधि।
वे सब के सब नष्ट-भ्रष्ट हो गये और वायु द्वारा एक हो गये।

---

१ ईरान के एक बादशाह का नाम जो २७२ ई० के लगभग राज्य करता था।

२ ईरान के एक बादशाह का नाम जो मुहम्मद साहब का समकालीन था। (५७८ ई०)

३ नोशीरवाँ की उपाधि। ईरान के अन्य बादशाह भी किसरा कहलाते थे।

४ ख़ुसरो परवेज़ नोशीरवाँ का पुत्र; मुहम्मद साहब का समकालीन।

अस्सुलतानुल मुजाहिद अबुल फ़तह मुहम्मद शाह अस्सुलतान इब्ने (पुत्र) तुग़लुक़ शाह

(४५४) सद्रेजहाँ—क़ाज़ी कमालुद्दीन
बहराम ख़ाँ, सुल्तान का भाई
मसऊद ख़ाँ, सुल्तान का भाई
मुबारक ख़ाँ, सुल्तान का भाई
नुसरत ख़ाँ, सुल्तान का भाई
ख़्वाजये जहाँ—अहमद अयाज़—वज़ीरुलमुल्क[1]
मलिक कबीर क़ुबूल ख़लीफ़ती
एमादुलमुल्क सरतेज़ सुल्तानी
मलिक मक़बूल नायब वज़ीर
मलिक ऐनुलमुल्क माहरू
तातार ख़ाँ, बुज़ुर्ग (ज्येष्ठ)
क़दर ख़ाँ सर जामदार[2] (सर जानदार[3]) मैमना लखनौती का वाली
क़ुतलुग़ ख़ाँ—नायब दौलताबाद, सुल्तान का गुरु
तातार मलिक, जिसे सुल्तान तुग़लुक़ पुत्र कहता था
नुसरत ख़ाँ, मलिक शिहाबुद्दीन सुल्तानी
मलिक इख़्तियार दबीर
मलिक यूसुफ़ बुग़रा आख़ुरबके मैमना[4]
अमीर ऐबा अमरथान
मलिक जजर अबू रिजा
मलिक साद मन्तक़ी
मलिक ख़लील सर दावतदार[5] का पुत्र
मलिक फ़ख़रुद्दीन दौलतशाह व दस्तारी
मलिक मुख़तसुलमुल्क जैन बन्दा
शेख़ज़ादा मुइज़्ज़ुद्दीन, नायब गुजरात
मलिक मन्ज़ूर कर्क
मलिक सफ़दर-मलिक सुल्तानी—आख़ुरबके मैसरा[6]

---

१ प्रधान मंत्री।

२ सर जामदार :—सुल्तान के वस्त्रों का मुख्य प्रबन्धक।

३ सर जानदार :—सुल्तान के अंग रक्षक जानदार कहलाते थे। उनका सरदार सर जानदार कहलाता था। कभी-कभी दो सर जानदार नियुक्त होते थे। एक मैमने (दाईं ओर का) और दूसरा मैसरे (बाईं ओर का)

४ मैमना :—सेना के दाएं भाग का।

५ सर दावतदार :—शाही लेखन सामग्री का मुख्य प्रबन्धक।

६ सेना की बाईं पंक्ति का।

मलिक उमदतुलमुल्क शरफ़ुद्दीन—दबीर
मलिक ग़ज़नी
मलिक मुख़ अफ़ग़ान, अफ़ग़ान का भाई
मलिक अज़ीज़ हिमार (ख़म्मार) बद असल
मलिक शाहू लोदी अफ़ग़ान
मलिक क़रनफ़ुल, सुब्बाक़
मलिक फ़ीरोज़ अर्थात् सुल्तान फ़ीरोज़ शाह—बारबक़ मलिक
नेक पै—सर दावतदार
ख़ुदावन्दज़ादा क़िवामुद्दीन—नायब वकीलदर[1] आज़म
मलिक ख़्वाजा हाजी दावर
मलिक, सुल्तान का भानजा
मलिक शरफ़ुलमुल्क, अलप ख़ाँ—गुजरात का वाली
बुरहानुल इस्लाम
मलिक इख़्तियारुद्दीन बवाक़िर बेग
मलिक दीनार—जौनपुर का मुक़्ता
मलिक ज़हीरुल जयूश
मलिकुन्नुदमा[2] नासिर ख़ानी
मलिकुल मुलूक[3] एमादुद्दीन
मलिक रज़ीउल मुल्क—विश्वास पात्र वज़ीर
(४५५) मलिकुल हुकमा
मलिक ख़ास—कड़े का मुक़्ता
मलिक काफ़ूर लंग
निज़ामुलमुल्क जोना बहादुर तुर्क—गुजरात का नायब
मलिक इज़्ज़ुद्दीन हाजी दीनी
मलिक अली सर जामदार सरग़दी
नसीरुलमुल्क क़ुबली
मलिक हुसामुद्दीन, अबू रिजा
मलिक अशरफ़, वज़ीर तिलंग

---

१ वकीलदर :—शाही महल तथा सुल्तान के विशेष कर्मचारियों का मुख्य प्रबन्धक।
२ सुल्तान के मुसाहिब नदीम कहलाते थे। इनका मुख्य अधिकारी मलिकुन्नुदमा होता था।
३ मुख्य मलिक; यह उपाधि मलिकों के विशेष सम्मानार्थ प्रदान की जाती थी।

सुल्तान मुहम्मद इब्ने तुग़लुक़ शाह

(४५६) समस्त प्रशंसा ईश्वर के लिये है जोकि दोनों लोकों का पोषक है तथा बहुत बहुत दरूद और सलाम उसके रसूल मुहम्मद एवं उनकी समस्त सन्तान पर।

सुल्तान का सिंहासनारोहण—

मुसलमानों का शुभचिन्तक ज़िया बरनी इस प्रकार निवेदन करता है कि जब ७२५ हि० (१३२५ ई०) में सुल्तान मुहम्मद बिन (पुत्र) तुग़लुक़ शाह, जोकि सुल्तान तुग़लुक़ शाह का उत्तराधिकारी था, राजधानी तुग़लुक़ाबाद में राजसिंहासन पर आरूढ़ हुआ और उसकी बादशाही से इस्लामी राज्य को शोभा प्राप्त हुई, तो उसने शासन के राज सिंहासन को सुशोभित करने के उपरान्त ४०वें दिन तुग़लुक़ाबाद से शहर (देहली) की ओर प्रस्थान किया और शाही महल में प्राचीन सुल्तानों के राजसिंहासन पर बर्कत तथा आशीर्वाद के लिये आसीन हुआ। सुल्तान मुहम्मद के शहर में प्रवेश करने के पूर्व क़ुब्बे सजाये गये, ख़ुशी के बाजे बजाये गये और बाज़ार तथा गलियाँ रंग-बिरंगे, फूलदार वस्त्रों से सुसज्जित की गई। सुल्तान मुहम्मद ने आदेश दे दिया था कि शहर की गलियों तथा मुहल्लों में सुल्तानी चत्र के पहुँचने पर सोना (धन) लुटाया जाय और सोने चाँदी के तन्के मुट्ठियों में भर भर कर गलियों में फेंके जायँ; उन्हें कोठों पर फेंका जाय और दर्शकों के पल्लुओं में डाल दिया जाय।

(४५७) जिस समय संसार दान करने वाला सुल्तान महमूदी तथा सन्जरी[1] वैभव एवं ऐश्वर्य से बदायूँ द्वार में प्रविष्ट हुआ तथा राज-भवन में उतरा तो अमीर एवं गण्यमान्य व्यक्ति हाथियों के हौदज में बैठकर सोने चाँदी के तन्कों के भरे हुये थाल अपने सामने रक्खे हुये मुट्ठियों में भर भर कर गलियों और बाज़ारों में फेंकते जाते थे और कोठों पर भी फेंकते थे। कोठों पर बैठे हुये दर्शक सुल्तान मुहम्मद शाह का न्यौछावर चुनते जाते थे। कोठों पर तथा गलियों में लोगों पर सोने चांदी के तन्कों की वर्षा होती थी। सर्वसाधारण, स्त्री-पुरुष, छोटे-बड़े, युवक तथा वृद्ध, दास-दासियाँ तथा मुसलमान-हिन्दू सुल्तान मुहम्मद के लिये चिल्ला-चिल्ला कर ईश्वर से प्रार्थना करते थे और उसकी प्रशंसा करते थे। सोने चाँदी के तन्कों से उन्होंने अपनी पगड़ियाँ, जेबें तथा अपनी-अपनी मुट्ठियाँ भर ली थीं। देहली उपवन बन गया था जिसमें सफ़ेद और सुनहरे फूल उग आये थे। लाल (रत्न) के फल भी कलियों से निकल आये थे। सर्वसाधारण के सिरों पर फूलों की वर्षा हो रही थी। इस प्रकार की राजसी न्यौछावर किसी राज्य-काल तथा किसी बादशाह के समय में न हुई थी। लोगों की आवश्यकताओं की रज्जु कट गई थी, वृद्ध लोगों के हृदय में भी भोग-विलास की आकांक्षा पैदा हो गई थी। आसक्तों के हृदय की अभिलाषा के वृक्ष में फल आ गये थे। आकाश भी इस न्यौछावर के दृश्य से बदमस्त तथा चक्कर में पड़ गया था। प्रत्येक घर में सुल्तान के आगमन के कारण ढोलक तथा बाजे बजने लगे थे। स्त्री तथा पुरुष नाना प्रकार से विभिन्न स्वरों में गाने लगे थे।

सुल्तान मुहम्मद के गुण—

ईश्वर ने सुल्तान मुहम्मद बिन तुग़लुक़ शाह को प्राणियों में एक विचित्र तथा अद्भुत जीव बनाया था। उसके साहस के समान आकाश तथा पृथ्वी की कोई वस्तु भी न बताई

१ महमूद तथा संजर सम्बन्धी।

जा सकती थी। राज्य व्यवस्था तथा शासन-प्रबन्ध-सम्बन्धी विशेषताएँ उसमें स्वाभाविक रूप से पाई जाती थीं। उसकी नस-नस तथा रोम-रोम में जमशेदी और कैख़ुसरवी[१] भरी थी। (४५८) उसे ऐसा साहस प्राप्त हुआ था कि वह समस्त संसार को अपने अधीन किये बिना संतुष्ट न हो सकता था। उसकी हार्दिक आकांक्षा यह थी कि वह समस्त जिन्नातों[२] तथा मानव जाति पर राज्य करे। उसके हृदय में बाल्यावस्था से ही सुलेमानी[३] तथा सिकन्दरी करने की महत्वाकांक्षा आरूढ़ थी। उसमें अत्यधिक समझ बूझ, योग्यता, बुद्धिमत्ता, दानशीलता एवं उच्च कोटि के गुण विद्यमान थे। बाल्यावस्था तथा युवावस्था को प्राप्त होने के पूर्व ही उसके हृदय में महमूद, सन्जर, कैक़ुबाद तथा कैख़ुसरो[४] की परम्परा पर चलने की आकांक्षा पैदा हो गई थी। वह नेतृत्व तथा सरदारी पर आसक्त था। उसने अपने जीवन के अन्तिम काल में जमशेद तथा फ़रीदूँ[५] के गुणों का प्रदर्शन किया। उसकी मृत्यु के उपरान्त उसकी सुलेमानी तथा सिकन्दरी के गुण स्पष्ट हुये। ईश्वर प्रशंसनीय है, ऐसा ज्ञात होता था कि राज्य व्यवस्था के वस्त्र तथा शासन-प्रबन्ध की क़ेबा[६] उसके शरीर पर सीं गई हो तथा बादशाही सिंहासन की उत्पत्ति उसके आरोहण के लिए ही की गई हो। उसके साहस की उत्कृष्टता अद्वितीय थी। सुल्तान मुहम्मद बिन तुग़लक़शाह में यह बात यहाँ तक स्वाभाविक रूप से पाई जाती थी कि यदि समस्त संसार उसके दासों के अधीन हो जाता तथा पूर्व से पश्चिम तक एवं उत्तर से दक्षिण तक के सभी स्थान तथा जाबुल्सा और जाबुल्क़ा[७] उसके दीवान[८] में ख़राज भेजने लगते, तथा समस्त संसार वाले उसके अधीन हो जाते और समस्त संसार में उसके नाम का ख़ुत्बा तथा सिक्का चालू हो जाता तो भी यदि उसे यह ज्ञात होता कि अमुक टापू अथवा किसी इक़लीम (संसार के भाग) का कोई छोटा सा स्थान भी उसके अधीन नहीं हुआ है तो उसका समुद्र के समान हृदय तथा संसार को नापने वाला स्वभाव उस समय तक संतुष्ट न होता जब तक कि वह उस टापू अथवा स्थान को अपने अधीन न कर लेता।

सुल्तान मुहम्मद के मस्तिष्क में आकांक्षायें, अभिलाषायें, उच्च विचार, अत्यधिक सम्मान एवं वैभव प्राप्त करने की भावनायें आरूढ़ हो चुकी थीं और उनके फलस्वरूप उसकी महत्वाकांक्षा यह थी कि वह संसार में क्यूमुर्स तथा फ़रीदूँ[९] की बराबरी करे, संसार (४५९) वालों पर जमशेद तथा कैख़ुसरो के समान बादशाही करे। वह केवल सिकन्दर बन जाने पर ही संतुष्ट न होना चाहता था अपितु सुलेमान के स्थान पर पहुँच जाना चाहता था। उसकी आकांक्षा थी कि जिन्नात तथा समस्त मनुष्य उसके आदेशों का पालन करने लगें तथा नबूवत[१०] एवं बादशाहत के आदेश उसकी राजधानी में चलने लगें; बादशाही

---

१ ईरान के आतंकमयी बादशाहों के गुण।।

२ अग्नि से उत्पन्न मनुष्य की विरोधी एक जाति। (भूत)

३ एक पैग़म्बर जिनका राज्य हवा पर भी बताया जाता है।

४ कैक़ुबाद तूरान का प्रसिद्ध बादशाह तथा कैख़सरो ईरान का प्रसिद्ध बादशाह।

५ ईरान के प्रसिद्ध बादशाह।

६ समस्त साधारण वस्त्रों के ऊपर पहना जाने वाला वस्त्र; लबादा।

७ दो काल्पनिक नगर जिनके विषय में विचार हैं कि वे संसार के पश्चिमी तथा पूर्वी छोर पर स्थित हैं।

८ वित्त विभाग।

९ ईरान के बादशाह जो अपने वैभव तथा ऐश्वर्य के लिए प्रसिद्ध थे।

१० नबी होने का कार्य।

और पैग़म्बरी[1] को मिला दे; प्रत्येक इक़लीम का बादशाह उसके दासों का दास बन जाय; उसकी बराबरी कोई भी न कर सके।

मैं उसके उच्च साहस को, जोकि अति विचित्र था, देख देख कर चकित हो जाता हूं तथा असमंजस में पड़ जाता हूं। यदि उस बादशाह के साहस को फ़िरऔन[2] तथा नमरूद[3] के समान कहूं जो इतने बड़े साहस वाले थे कि वे मानव जाति को केवल दास बनाने ही से सन्तुष्ट न थे वरन् ईश्वर बन गये थे और भगवान् बनने के अतिरिक्त किसी अन्य सम्मान से सन्तुष्ट न थे तो मैं ऐसा नहीं कर सकता क्योंकि सुल्तान मुहम्मद पांचों समय की नमाज़ पढ़ता था, उन इस्लामी नियमों पर दृढ़ था जो उसे अपने पूर्वजों से प्राप्त हुये थे तथा समस्त एबादत (उपासना) एवं बंदगी (दासता) के कार्य करता था। यदि मैं सुल्तान मुहम्मद के उच्च साहस को बायजीद बस्तामी[4] के उच्च साहस के समान कहूं, जिन्होंने ईश्वर के समस्त गुण अपने आप में देख लिए थे और जो कहा करता था "मुझ से बड़ा कोई नहीं तथा मैं ही "वह" हूं जिसकी सब लोग प्रशंसा करते हैं", और यदि मैं उसे हुसैन मंसूर हल्लाज[5] के समान कहूं जोकि पूर्णतया ईश्वर में लीन हो गये थे और अनलहक़ (अहंब्रह्म) कहा करते थे, तो यह भी सम्भव नहीं क्योंकि उसका मुसलमानों को दण्ड देना तथा ईमान वालों अन्य सैयिदों, सूफ़ियों, आलिमों, सुन्नियों, अनुयायियों, शरीफ़ों, स्वतन्त्र लोगों एवं अन्य लोगों की हत्या कराना इस अधिक सीमा को प्राप्त हो गया था, कि उसके विषय में यह विश्वास करना सम्भव नहीं, अतः मैं इसके अतिरिक्त कुछ नहीं लिख सकता कि ईश्वर ने सुल्तान मुहम्मद को एक अद्‌भुत जीव बनाया था। उसके विरोधाभासी गुणों तथा योग्यताओं का समझना आलिमों एवं बुद्धिमानों के लिए सम्भव नहीं। उसे देख कर बुद्धि चकरा जाती है और उसके गुणों को देख कर चकित तथा स्तब्ध रह जाना पड़ता है।

(४६०) वह व्यक्ति, जिसके बाप दादा मुसलमान थे और जो पांचों समय की फ़र्ज़ (अनिवार्य) नमाज़ पढ़ता था, किसी नशे की वस्तु का सेवन न करता था, व्यभिचार तथा गुदाभोग में न पड़ता था, अपहरण करने तथा हराम की वस्तुयें लेने पर दृष्टि न डालता था, जुआ न खेलता था, दुराचार तथा व्यभिचार से घृणा तथा परहेज़ करता था, ऐसा होने पर भी सुन्नी मुसलमानों तथा पवित्र विश्वास रखने वालों का रक्त दण्ड के रूप में नदी की भाँति महल के द्वार के सामने बहा देता था। मुसलमानों को अत्यधिक दण्ड देते समय उसे इस बात का कोई भय न होता था कि मुसलमानों के रक्त की एक बूंद ईश्वर के निकट दोनों लोकों से अधिक मूल्य रखती है। इससे अधिक और किस विचित्र बात की कल्पना की जा सकती है कि किसी को विशेष तथा साधारण मुसलमानों की हत्या कराते समय क़ुरान के कठोर आदेशों तथा मुहम्मद साहब की हदीस[6] से कोई भय न हो। वह इस बात पर ध्यान न देता कि किस प्रकार मोमिनों (धर्मनिष्ठ मुसलमानों) के रक्तपात के विरुद्ध आसमानी पुस्तकों में लिखा हुआ है और १ लाख २४ हज़ार पैग़म्बरों[7] ने इसके विरुद्ध कहा है। इस पर भी वही व्यक्ति पाँचों

---

१ ईश्वर के दूत। मुहम्मद साहब को मुसलमान अन्तिम दूत मानते हैं।

२ मूसा पैग़म्बर का समकालीन मिस्र का बादशाह जो अपने आपको ईश्वर कहता था।

३ एक अत्याचारी बादशाह जो अपने आप को ईश्वर कहता था और जिसने इबराहीम पैग़म्बर को अग्नि में डलवा दिया था।

४ एक प्रसिद्ध सूफ़ी संत जिनकी मृत्यु ८४८ ई० के लगभग बताई जाती है।

५ एक प्रसिद्ध सूफ़ी संत जिनकी मृत्यु फाँसी द्वारा ८१९ ई० में हुई।

६ मुहम्मद साहब के कथन तथा तत्सम्बन्धी उदाहरणों का संग्रह।

७ पैग़म्बरों की संख्या १,२४,००० बताई गई है।

समय की नमाज़ पढ़ता हो, जुमे तथा जमाअत की नमाज़ में उपस्थित रहता हो, किसी नशे की वस्तु का सेवन न करता हो, वे बातें न करता हो जिनकी ईश्वर की ओर से मनाही की गई है, अमीरुल मोमिनीन अब्बासी खलीफ़ा[१] का अपने आपको एक तुच्छ दास समझता हो और उसकी आज्ञा तथा आदेश के बिना राज्य-व्यवस्था के किसी कार्य में हाथ न डालता हो। इस प्रकार उसमें स्पष्ट रूप से एक दूसरे के विरुद्ध गुण पाये जाते थे। जिन लोगों ने उसके दर्शन किये थे और जो उसके विश्वासपात्र भी थे, वे भी उस अद्भुत जीव के किस गुण पर विश्वास करके, उसके विषय में कौन सी बात कह सकते थे।

यदि सुल्तान मुहम्मद के दान पुण्य तथा उदारता के विषय में अनेक ग्रन्थों की रचना की जाय और यदि उसके इनाम-इकराम के विषय में पुस्तकें लिखी जायें तथा उसके साहस का उल्लेख करते हुये किताबें लिखी जायें तो भी वे कम होंगी क्योंकि सुल्तान मुहम्मद के दान पुण्य का अनुमान लगाना, जोकि स्वाभाविक रूप से उसमें पाया जाता था, बड़ा कठिन है। (४६१) उस संसार को विजय करने वाले तथा संसार को दान करने वाले के दान पुण्य करने की कोई सीमा न थी, वह क़ारून के खज़ाने को भी एक ही व्यक्ति को दे डालना चाहता था। कयानी[२] राजकोष तथा गड़ी हुई धन-सम्पत्ति वह एक ही क्षण में प्रदान कर देना चाहता था। वह दान पुण्य करते समय योग्यता तथा अयोग्यता, पहचाने हुये अथवा न पहचाने हुये, स्थायी तथा यात्री, धनी तथा निर्धन में कोई भेद भाव न करता था और सभी को एक समान समझता था। वह माँगने तथा प्रार्थना करने के पूर्व ही दान कर देता था। वह पहली ही सभा में तथा पहली ही भेंट के समय इतना प्रदान कर देता था कि किसी को उसका विचार तथा अनुमान तक न होता था और इस प्रकार प्रदान करता था कि लेने वाला स्वयं विस्मित हो जाता था। उसकी तथा उसके परिवार की भी आवश्यकताओं की रज्जु कट जाती थी। सुल्तान मुहम्मद के अत्यधिक इनाम के फलस्वरूप भिखारी क़ारून हो गये थे और दरिद्र तथा दीन धन-धान्य सम्पन्न हो गये थे। हातिम[३], बरामिका[४], मअन ज़ाइदा[५] तथा अन्य प्रसिद्ध दानियों ने जो धन-सम्पत्ति वर्षों में दान करके यश प्राप्त किया था, वह सब सुल्तान मुहम्मद एक ही क्षण में प्रदान कर देता था। कुछ बादशाहों ने खज़ाने से धन-सम्पत्ति प्रदान की होगी और कुछ बादशाहों ने खज़ाने से सोना चाँदी प्रदान किया होगा किन्तु सुल्तान मुहम्मद शाह समस्त राज-कोष प्रदान कर देता था और भरा हुआ खजाना लुटा देता था।

उसने सुल्तान बहादुर शाह को सुनार गाँव का राज्य प्रदान करते समय समस्त राज-कोष प्रदान कर दिया था। मलिक सन्जर बदख्शानी को ८० लाख तन्के, मलिकुलमुलूक एमादुद्दीन को ७० लाख तन्के, सैयिद अज़दुद्दौला को ४० लाख तन्के, मौलाना नासिर तवील, क़ाज़ी कासना, खुदावन्दज़ादा ग़यासुद्दीन, खुदावन्दज़ादा क़िवामुद्दीन तथा मलिकुननुदमा नासिर काफ़ी को लाखों तथा अपार सोना (धन) प्रदान किया। मलिक बहराम ग़ज़नी को प्रत्येक वर्ष १०० लाख तन्के देता था। ग़ज़नी के क़ाज़ी को इतनी धन-सम्पत्ति और इतने जवाहरात प्रदान किये कि उसने (उतना धन) अपनी आंख से भी कभी न देखा था।

१ अन्तिम ३७ वाँ अब्बासी खलीफ़ा, जिसकी हत्या हलाकू ने १२५८ ई० में कर दी थी, की संतान।

२ ईरान के बादशाहों का एक वंश।

३ हातिमताई, अरब के तै क़बीले का एक बहुत बड़ा दानी सरदार।

४ खुरासान के बलख़ नामक स्थान का एक वंश जो अपने दान के लिये बड़ा प्रसिद्ध था। वे प्रारम्भिक अब्बासी खलीफ़ाओं के वज़ीर थे। बरनी ने भी इनके इतिहास पर एक पुस्तक लिखी थी।

५ एक दानी

उसने अपने समस्त राज्यकाल में केवल गण्य-मान्य तथा प्रतिष्ठित व्यक्तियों एवं विश्वास-पात्रों, प्रत्येक कला तथा ज्ञान में कुशलता रखने वालों को ही धन-सम्पत्ति न प्रदान (४६२) की अपितु प्रत्येक दरिद्र को, जोकि उसके मान तथा दया के समाचार सुनकर खुरासान, एराक़, मावराउन्नहर, ख्वारज़्म सीस्तान, हिरात, मिस्र तथा दमिश्क़ से, आकाश के समान वैभव रखने वाले उसके दरबार में पहुँचता था, धन सम्पत्ति प्रदान करके माला माल कर देता था। सुल्तान मुहम्मद के राज्यकाल के अन्तिम वर्षों में प्रत्येक वर्ष मुग़ल अमीराने तुमन[1], अमीराने हज़ारा[2], प्रतिष्ठित मुग़ल तथा मुग़लिस्तान के गण्य-मान्य स्त्री एवं पुरुष सुल्तान मुहम्मद शाह के दरबार में दासता तथा निष्कपट सेवा के लिये उपस्थित होते रहते थे। कुछ लोग उसकी सेवा में रुक जाते थे और कुछ लौट जाते थे। उन्हें लाखों और करोड़ों की धन-सम्पत्ति, जड़ाऊ तथा बहुमूल्य ज़ीनें, मोती तथा जवाहरात, सोने चाँदी के बर्तन, सोने चाँदी के भरे हुये तन्कों के थाल, मनों मोती, सोने के काम के वस्त्र, सुनहरे कपड़ों की पेटियाँ तथा सजे हुये घोड़े प्रदान किये जाते थे। अक़्ता तथा विलायतें उन्हें इनाम के रूप में प्रदान की जाती थीं। समस्त संसार प्रदान कर देने वाली उसकी दृष्टि में सोना चाँदी और मोती, कंकड़ तथा ठिकरों से भी अल्प मूल्य रखते थे।

मैं इससे पूर्व लिख चुका हूं कि सुल्तान मुहम्मद प्राणियों में एक अद्‌भुत जीव उत्पन्न हुआ था। यही बात मैं पुनः दुहराता हूं और लिखता हूं। अत्यधिक दान, उदारता तथा उच्च साहस के अतिरिक्त सुल्तान में अन्य प्रकार के भी गुण पाये जाते थे। जहाँदारी (राज्य-व्यवस्था) तथा जहाँगीरी (दिग्विजय) के अनेक नियमों का उसने समस्त संसार में भ्रमण करने वाले अपने हृदय द्वारा आविष्कार किया था। उसके विचित्र तथा अद्‌भुत आविष्कारों के समक्ष (समय) यदि आसफ़[3], अरस्तू, अहमद हसन[4] तथा निज़ामुलमुल्क[5] जीवित होते तो आश्चर्य में अंगुली दाँतों के नीचे दबा लेते। उसके मस्तिष्क में नाना प्रकार के आविष्कारों की योग्यता पाई जाती थी। यद्यपि उसके कुछ परामर्श-दाता भी थे और वह उनसे परामर्श भी (४६३) किया करता था किन्तु राज्य-व्यवस्था की छोटी बड़ी सभी बातें तथा राज्य के छोटे बड़े समस्त कार्य वह दूसरों के परामर्श तथा परामर्श-दाताओं के आविष्कार के अनुसार न करता था। उसके हृदय में जो कुछ आता और जो कोई नई बात उसकी समझ में आती तो वह उस विचार को कार्यान्वित करा देता। संसार को उज्ज्वल करने वाले उसके विचारों तथा आविष्कारों के विरुद्ध कोई भी अपनी राय प्रस्तुत करने का साहस न कर सकता था। परामर्श-दाता उसके विचारों की सराहना करने तथा सैकड़ों प्रकार के उदाहरणों द्वारा सुल्तान के विचारों की प्रशंसा करने के अतिरिक्त कुछ न कर सकते थे।

सुल्तान मुहम्मद की बुद्धि तथा योग्यता के विषय में कुछ कहना अथवा लिखना सम्भव नहीं। वह किसी को पहली बार देखने तथा उससे पहली बार मिलने ही से उसके गुणों अवगुणों तथा उसकी अच्छी और बुरी बातों का पता लगा लेता था; उसकी पिछली योग्यताओं तथा दोषों की जानकारी प्राप्त कर लेता था। वह बड़ा ज़ादब्यान (सुन्दर वक्ता) था और मीठे भाषण करने में उसे बड़ी दक्षता प्राप्त थी। यदि वह प्रातःकाल से रात्रि तक

१ १०,००० सवारों के सरदार।

२ १००० सवारों के सरदार।

३ कहा जाता है कि आसफ़ बिन बरख़िया सुलेमान पैग़म्बर का प्रधान मंत्री था।

४ अहमद बिन हसन मैमन्दी, सुल्तान महमूद ग़ज़नवी का वज़ीर। उसकी मृत्यु १०३३ ई० में हुई।

५ सलजूक़ सुल्तान अलप अरसलाँ तथा मलिक शाह का वज़ीर, एवं सियरुलमुलूक (सयासतनामे) का लेखक। उसकी मृत्यु १०९२ ई० में हुई।

वार्त्ता करता और भाषण देता तो श्रोताओं को कोई कष्ट तथा थकावट न होती। जितनी ही अधिक वह बातें करता उतनी ही सुनने वालों की इच्छा प्रबल हो जाती थी। पत्र व्यवहार तथा लिखने में सुल्तान मुहम्मद बड़े-बड़े योग्य दबीरों (लेखकों) को चकित कर देता था। सुलेख तथा सुन्दर रचनाओं एवं विचित्र शैली तथा भाव व्यंजन में बड़े-बड़े लेखक तथा रचना में नवीनता उत्पन्न करने वाले गुरु उसका सामना न कर सकते थे। विचित्र बातें निकालने तथा रूपक के प्रयोग में वह अद्वितीय था। यदि बड़े-बड़े लेखक उसके समान लिखने का प्रयास करते तो सफल न होते। उसे बहुत बड़ी संख्या में फ़ारसी कवितायें कंठस्थ थीं और वह अपने लेखों में उनका उचित प्रयोग करता था। वह प्रायः स्वयं कविता करता था। सिकन्दर नामे[1] का बहुत बड़ा भाग उसे कंठस्थ था। अबुमुस्लिम[2] नामा तथा तारीखे महमूदी[3] उसे कंठस्थ थी। अन्य बातों के अतिरिक्त सुल्तान मुहम्मद की स्मरण-शक्ति भी विचित्र थी। जो कुछ उसने सुना था वह उसे याद था। तिब (चिकित्सा) में उसे बड़ा अनुभव प्राप्त था। (४६४) वह नाना प्रकार के रोगों की चिकित्सा बड़े अच्छे ढंग से कर सकता था। वह बहुत से रोगियों की चिकित्सा किया करता था। तबीबों (चिकित्सकों) से बड़ी योग्यता से वाद विवाद करता था और उनकी त्रुटियाँ उन्हें बताया करता था।

दर्शन-शास्त्र के ज्ञान में भी उसे विशेष रुचि थी। उसने इस ज्ञान की भी कुछ[4] जानकारी प्राप्त की था। यह ज्ञान उसके हृदय में ऐसा आरूढ़ हो गया था कि वह न्याय-सिद्ध बातों के अतिरिक्त जो कुछ भी सुनता उस पर विश्वास न करता था। किसी भी विद्वान, आलिम, कवि, दबीर (सचिव), नदीम (मुसाहिब) तथा तबीब (चिकित्सक) को इतना साहस न हो सकता था कि वह सुल्तान मुहम्मद की एकान्त की गोष्ठियों में अपने ज्ञान के विषय में कोई वार्त्ता कर सकता अथवा अपनी योग्यता तथा अपने ज्ञान के अनुसार सुल्तान मुहम्मद को उसके असंख्य प्रश्नों के समक्ष कोई बात समझा सकता। सुल्तान मुहम्मद को वीरता तथा पौरुष अपने पूर्वजों द्वारा प्राप्त हुआ था तथा जो कुछ उसने स्वयं सीखा था, उनमें वह अद्वितीय था। बाण तथा भाला चलाने, गेंद खेलने, घोड़ा दौड़ाने तथा शिकार खेलने में उसके समान कोई शहसवार क़रनों अथवा युगों से न देखा गया होगा। उसमें अत्यधिक योग्यता तथा बुद्धि पाई जाती थी। वह बड़ा ही रूपवान तथा सजधज वाला व्यक्ति था। इसी कारण उसका सभी सम्मान करते थे। वीरता तथा (सैनिकों की) पंक्तियों का विनाश करने में वह इतना निपुण था कि वह अकेले ही पूरी सेना पर आक्रमण करके उसका विनाश कर सकता था। सुल्तान मुहम्मद उसके पिता तथा चाचा वीरता में हिन्दुस्तान एवं खुरासान में आदर्श समझे जाते थे। यदि सुल्तान मुहम्मद बिन (पुत्र) तुग़लुक़ शाह दान

१ निज़ामी गंजवी (मृत्यु १२०० ई०) की प्रसिद्ध कविता जो उसने १२०० ई० में समाप्त की। यह उसकी अन्तिम कविता थी। यह उसकी विख्यात पाँच कविताओं (खम्से) के संग्रह की अन्तिम कविता है।

२ अबूमुस्लिम एक बहुत बड़ा सैनिक तथा प्रचारक था। अब्बासी खलीफ़ाओं का राज्य उसी के द्वारा स्थापित हुआ। ७५५ ई० में उसकी हत्या करा दी गई। "शाहनामे, अबूमुस्लिम तथा अमीर हमज़ा की कहानियाँ उसे कंठस्थ थीं।" (तारीखे फ़िरिश्ता भाग १, पृ० १३३)

३ इस इतिहास के लेखक का नाम ज्ञात नहीं। सम्भवतया यह सुल्तान महमूद गज़नवी का इतिहास होगा।

४ इस शब्द का प्रयोग बरनी ने सम्भवतया व्यंग के रूप में किया है। उसने लिखा है "चीज़े अज़ इल्मे माक़ूल ख़ुन्दा बूद"। रामपुर की हस्तलिखित पोथी में इस सम्बन्ध में इस प्रकार लिखा है "वह इल्मेमाक़ूल पर (दर्शन शास्त्र) वाद विवाद करता था और दार्शनिकों में दोष निकालता था।" (पृ० २८२)

करना प्रारम्भ कर देता तो सैकड़ों हातिम ताई लुटाकर भिखारियों को प्रदान कर देता था। यदि वह जहाँगीरी (दिग्विजय) का संकल्प कर लेता था तो खुरासान तथा एराक़ में भूकम्प आ जाता था; मावराउन्नहर तथा ख्वारज़्म असमंजस में पड़ जाते थे।

सुल्तान के अत्याचार करने के कारण—

इस बात का बड़ा दुःख तथा खेद है कि अत्यधिक सम्मान, ऐश्वर्य, श्रेष्ठता, योग्यता, सूझ-बूझ, वीरता, दान पुण्य तथा बुद्धिमत्ता के होते हुये भी उस (सुल्तान मुहम्मद) जैसे (४६५) हिन्दुस्तान तथा खुरासान के बादशाह और बादशाहज़ादे का युवावस्था में अधर्मी साद मन्तक़ी,[1] उबैद कवि, नज्मइनतेशार[2] फ़लसफ़ी से सम्बन्ध तथा मेल हो गया। मौलाना अलीमुद्दीन,[3] जोकि बहुत बड़ा फ़लसफ़ी (दार्शनिक) था, उसके साथ एकान्त में रहा करता था। उन दुष्टों ने, जोकि माक़ूलात[4] में विश्वास रखते थे तथा माक़ूलात सम्बन्धी ज्ञानों के विषय में उठते बैठते विचार तथा तर्क वितर्क किया करते थे, उन्हीं ज्ञानों का प्रचार करते थे, सुल्तान मुहम्मद के हृदय में सुन्नी धर्म के विरुद्ध बातें तथा १ लाख २४ हज़ार पैग़म्बरों की कही हुई बातों के विषय में इस प्रकार अविश्वास उत्पन्न करा दिया था कि उसके हृदय में आसमानी पुस्तकों में लिखी हुई बातों तथा नबियों की हदीस के लिये जो इस्लाम तथा ईमान के स्तम्भ, इस्लामी बातों की खान और मुक्ति तथा भगवान् के निकट उच्च स्थान प्राप्त करने का साधन हैं, कोई स्थान न रह गया था। जो चीज़ भी प्रमाणित न हो सकती थी उसे वह न सुनता था, न उस पर विश्वास करता था तथा वह चीज़ उसके पवित्र हृदय में आरूढ़ न हो पाती थी। यदि सुल्तान मुहम्मद के हृदय में दार्शनिकों के ज्ञान[5] ने स्थान न प्राप्त कर लिया होता और उसे आसमानी कही हुई बातों[6] में रुचि तथा विश्वास होता तो नाना प्रकार के गुणों तथा श्रेष्ठता का स्वामी होते हुये, वह अल्लाह उसके रसूल, नबियों, तथा आलिमों की कही हुई बातों के विरुद्ध कदापि किसी ईमान वाले तथा एकेश्वरवादी की हत्या का आदेश न देता। चूँकि दार्शनिकों की ज्ञान-सम्बन्धी बातों ने, जिनके द्वारा हृदय में कठोरता उत्पन्न हो जाती है, उस पर अधिकार जमा लिया था और आसमानी पुस्तकों में लिखी हुई बातों तथा नबियों की हदीस का, जिसके द्वारा मनुष्य में नम्रता, दीनता, तथा क़यामत के दण्ड का भय होता है, उसके हृदय में कोई स्थान न था, अतः मुसलमानों की हत्या तथा एकेश्वरवादियों का रक्त-पात उसका स्वभाव बन गये थे। वह अनेक आलिमों, सैयिदों, सूफ़ियों क़लन्दरों,[7] नवीसिन्दों[8] तथा सैनिकों की हत्या कराया करता था। कोई दिन अथवा सप्ताह ऐसा

---

१ मलिक सादुद्दीन मंतक़ी को सुल्तान जलालुद्दीन ख़लजी के दरबार में बड़ा सम्मान प्राप्त था। वह उसका बहुत बड़ा विश्वास-पात्र था। (बरनी पृ० १६८, ख़लजी कालीन भारत पृ० १५)। वह सुल्तान अलाउद्दीन का भी विश्वास-पात्र था और उसी ने मौलाना शम्सुद्दीन तुर्क के पत्र के विषय में सुल्तान को सूचना दी थी। (बरनी पृ० २६६, ख़लजी कालीन भारत पृ० ७५)। दोनों स्थानों में से किसी स्थान पर भी बरनी ने साद मंतक़ी के विषय में किसी प्रकार के कठोर शब्द का प्रयोग नहीं किया है।

२ मौलाना नज्मुद्दीन इनतेशार अलाउद्दीन के समय के उन ४६ आलिमों में थे जो बरनी के अनुसार संसार में अद्वितीय थे (बरनी पृ० ३५२-३५४; ख़लजी कालीन भारत पृ० १०८)

३ फ़िरिश्ता के अनुसार "मौलाना इल्मुद्दीन शीराज़ी" (तारीखे फ़िरिश्ता भाग १, पृ० १३३)

४ उन बातों में जो केवल बुद्धि तथा तर्क द्वारा सिद्ध हो सकती हैं।

५ माक़ूलाते फ़िलास्फ़ा।

६ मंक़ूलाते आसमानी।

७ स्वतंत्र विचार के सूफ़ी। इनका अन्य सूफ़ियों से साधारणतया विरोध रहा करता था।

८ करणिक या लिपिक।

(४६६) व्यतीत न होता था जबकि अनेक मुसलमानों की हत्या न कराई जाती हो और उसके महल के द्वार के समक्ष रक्त की नदी न बहती हो। माक़ूलात सम्बन्धी ज्ञानों की कठोरता तथा मनक़ूलात सम्बन्धी ज्ञानों के अभाव के कारण ही वह मुसलमानों का रक्तपात किया करता था। जो कुछ भी सुल्तान मुहम्मद के हृदय में आता उसके विषय में वह सर्वसाधारण को आदेश दे देता और उनसे यह आशा की जाती थी कि वे उसके आदेशों का पालन करेंगे किन्तु वास्तव में वे लोग, जो उन्हें कार्यान्वित कराने के लिये नियुक्त होते थे, पूर्णतया लोगों को उन बातों को समझा न सकते थे, और इस प्रकार वे उसे कार्यान्वित न करा पाते थे। सुल्तान इसे अपने अधीनों की अवज्ञा, शत्रुता तथा विरोध का कारण समझता था।

इस प्रकार सहस्रों मनुष्य अवज्ञा तथा शत्रुता के सन्देह से, और इस विचार से कि वे सुल्तान का बुरा चाहते हैं तथा उसके हितैषी नहीं हैं, कष्ट में पड़ जाते थे। उसे अपनी प्रत्येक नई योजना को कार्यान्वित कराने के लिये अन्य योजनाओं के बनाने की आवश्यकता पड़ती रहती थी और इस प्रकार उसे समस्त योजनाओं पर आचरण कराने के लिये जोर देना पड़ता था; और सर्वसाधारण की हत्या होती रहती थी।

हम जैसे कुछ कृतघ्न भी, जो थोड़ा बहुत पढ़े लिखे थे[1] और उन विद्याओं को समझते थे जिनसे मनुष्य को यश प्राप्त होता है संसार के लोभ तथा लालच में पाखंडपन करते थे और सुल्तान के विश्वासपात्र होकर शरा के विरुद्ध हत्याकांड के सम्बन्ध में सत्य बात सुल्तान के समक्ष न कहते थे। प्राणों के भय से, जोकि नश्वर है तथा धन-सम्पत्ति के लिये जो पतनशील हैं, आतंकित रहते थे और तन्के, जीतल तथा उसका विश्वास-पात्र बनने के लोभ में धर्म के आदेशों के विरुद्ध उसके आदेशों की सहायता करते थे, अप्रमाणित रवायतें[2] पढ़ा करते थे। उनमें से दूसरों का तो मुझे कोई ज्ञान नहीं, किन्तु मैं देख रहा हूं कि मेरे ऊपर क्या बीत रही है। मैं जो कुछ कह चुका तथा कर चुका हूं उसका बदला मुझे इस वृद्धावस्था में इस प्रकार मिल रहा है कि मैं संसार में लज्जित, अपमानित तथा पतित हो चुका हूं। न मेरा कोई मूल्य ही है और न मुझ पर कोई विश्वास ही करता है। (४६७) मैं दर-दर की ठोकरें खाता हूं और अपमानित होता रहता हूं। मै नहीं समझता कि क़यामत में मेरी क्या दुर्दशा होगी और मुझे कौन-कौन से कष्ट भोगने पड़ेंगे।

उपर्युक्त चर्चा का उद्देश्य यह है कि संसार में सुल्तान मुहम्मद ने मुझे आश्रय प्रदान किया था और वह मेरा पोषक था। उसके द्वारा जो इनाम-इकराम प्राप्त हो चुका है, न इससे पूर्व ही मैंने देखा है और न इसके उपरान्त में स्वप्न ही में देखूंगा। यदि सुल्तान मुहम्मद में कुछ बातें, जैसे मुसलमानों का हत्याकाण्ड जिसके कारण उसके राज्य का पतन हो गया, तथा सभी लोग उससे घृणा करने लगे, न होतीं और माक़ूलात सम्बन्धी ज्ञानों में उसका विश्वास न होता, मनक़ूलात के ज्ञान में शून्य न होता और वह अत्यधिक विचित्र आदेश न देता तथा क्रोध, कोप एवं कठोरता उसमें न होती, तो मैं यह लिखता कि सुल्तान मुहम्मद के समान किसी बादशाह का इस समय तक जन्म नहीं हो सका है और आदम[3] से लेकर इस समय तक ऐसा कोई सुल्तान राजसिंहासन पर आरूढ़ नहीं हुआ है। सुल्तान मुहम्मद उन अद्वितीय व्यक्तियों में था जिनके विषय में यह कविता लिखनी उचित है।

---

१ सियाह सफ़ेद पढ़े थे।

२ मुहम्मद साहब तथा उनके अनुयाइयों के कथन।

३ मुसलमानों के धर्मशास्त्रों के अनुसार प्रथम मनुष्य जिसे ईश्वर ने अपने आदेश से उत्पन्न किया।

(कविता)

यदि तू राज्य में आगे बढ़ता है तो तू एक बादशाह है ।
यदि तू पीछे रहता है तो संसार की रक्षा करता है ।
यदि तू दाहिनी ओर मुड़ता है तो तू प्राणों की रक्षा करता है,
यदि तु बाईं ओर मुड़ता हैं तो वृद्धावस्था का आधार बन जाता है ।

ईश्वर ने, जोकि बादशाहों का बादशाह तथा राज्यों का स्वामी है, सुल्तान मुहम्मद को २७ वर्ष तक जोकि एक क़रन होता है, अनेक राज्यों पर राज्य करने के योग्य बनाया। हिन्दुस्तान के प्रांतों गुजरात, मालवा, मरहट, तिलंग, कम्पिला धोर समुनदर (द्वार समुद्र) माबर, लखनौती, सत गाँव, सुनार गाँव तथा तिरहुट[१] के निवासियों को उसका अधीन तथा आज्ञाकारी बनाया। यदि मैं उसके राज्यकाल के प्रत्येक वर्ष का हाल लिखूं और जो कुछ उस वर्ष (४६८) में हुआ उसका सविस्तार उल्लेख करूँ तो कई ग्रन्थ हो जायेंगे। मैंने इस इतिहास में सुल्तान मुहम्मद की राज्य व्यवस्था तथा शासन-सम्बन्धी समस्त कार्यों का संक्षिप्त उल्लेख किया है। प्रत्येक विजय के आगे पीछे घटने तथा प्रत्येक हाल और घटना के प्रथम या अन्त में घटने पर कोई ध्यान नहीं दिया है क्योंकि बुद्धिमानों को शासन नीति एवं राज्य-व्यवस्था सम्बन्धी कार्यों के अध्ययन से शिक्षा प्राप्त होती है। असावधान तथा अचेत लोगों को प्राचीन लोगों के अच्छे बुरे हाल की जानकारी से कोई रुचि नहीं होती। वे इतिहास की, जोकि समस्त ज्ञानों से उत्कृष्ट तथा लाभदायक है, कोई जानकारी नहीं रखते। यदि वे अबूमुस्लिम के क़िस्सों के ग्रन्थों का बराबर अध्ययन किया करें तो भी बुद्धि तथा समझ के अभाव के कारण उन्हें इससे कोई लाभ नहीं हो सकता और वे उस असावधानी से मुक्त नहीं हो सकते जो उनमें जन्म ही से विद्यमान है।

इक़लीमों के शासन-प्रबन्ध का उल्लेख जोकि सुल्तान मुहम्मद द्वारा राजसिंहासन पर आरूढ़ होने के उपरान्त सम्पन्न हुआ।

ख़राज की वसूली—

उन इक़लीमों का खराज देहली के प्रदेशों के खराज के समान कूश्के (महल) हज़ार सुतून[२] में निश्चित हुआ। इन इक़लीमों के वज़ीर, वाली तथा मुतसर्रिफ़ अपने आय-व्यय का लेखा[3] देहली के दीवाने विज़ारत में भेजा करते थे। सुल्तान मुहम्मद के सिंहासनारोहण के कुछ प्रारम्भिक वर्षों में देहली, गुजरात, मालवा, देवगिरि, तिलंग, कम्पिला, धोर समुद्र (द्वार समुद्र) माबर, तिरहुट, लखनौती, सत गाँव तथा सुनार गाँव का खराज इस प्रकार सुव्यवस्थित हो गया था कि उपर्युक्त इक़लीमों तथा प्रांतों का लेखा[४] दूरी के बावजूद देहली के दीवाने विज़ारत में इस प्रकार जाँचा जाता था जिस प्रकार दुआब के क़स्बों तथा ग्रामों का लेखा। जिस प्रकार लेखा प्राप्त होने तथा हिसाब की जाँच के उपरान्त, हवाली[५] की अक़्ता के कारकुनों तथा मुतसर्रिफ़ों से शेष धन, अक़्ता का फ़वाज़िल[६] (वसूल कर लिया जाता था)

१ यह सूची पूरी नहीं। सुल्तान के प्रांतों की सूची मसालेकुल-अबसार में देखिये।

२ इस महल का सविस्तार उल्लेख इब्ने बत्तूता ने किया है।

३ मुजमेलाते जमा व ख़र्च।

४ मुजमेलात।

५ देहली के आसपास।

६ अक़्ता के व्यय से बचा हुआ धन।

और कारकुनों की सच्चाई की जाँच होती थी तथा एक दाँग अथवा दिरहम की भूल नहीं (४६६) होती थी, उसी प्रकार इक़लीमों तथा दूर के प्रदेशों के नायबों, वालियों, मुतसर्रिफ़ों एवं कारकुनों से, इक़लीमों के अत्यधिक सुव्यवस्थित होने के फलस्वरूप हिसाब किताब किया जाता और उनसे मुतालबा[1] लिया जाता था। दूर के प्रदेशों तथा विलायतों के दूर होने के कारण उन्हें छोड़ न दिया जाता था।[2]

मुहम्मद शाह के राज्य के उन थोड़े से वर्षों में बड़ी विचित्र सुव्यवस्था एवं अनुशासन दृष्टिगत हुआ था। अनेक स्थानों पर निरन्तर विजय प्राप्त हुई। जिस स्थान पर भी विजय प्राप्त होती थी वहाँ वाली, नायब तथा आमिल नियुक्त हो जाते थे और सभी सुव्यवस्थित हो जाते थे। इक़लीम तथा निकट एवं दूर के प्रदेश किसी भी राज्यकाल में तथा किसी भी सुल्तान के समय इस प्रकार सुव्यवस्थित न हुये थे। धन, ख़राज, उपहार तथा भेंट के रूप में जितना धन उन वर्षों में देहली में प्राप्त हुआ था, उतना खराज किसी भी राज्यकाल में न प्राप्त हुआ था। दूर-दूर की इक़लीमें इतनी सुव्यवस्थित हो गईं थीं कि इतने प्रदेशों में, जिनकी सीमायें एक दूसरे से मिली हुईं थीं, कोई भी विद्रोही मुक़द्दम, विरोधी खूत तथा खराज न अदा करने वाला ग्राम शेष न रह गया था। उन इक़लीमों तथा प्रदेशों का शेष कर तथा (वर्तमान) खराज, दुआब के क़स्बों तथा ग्रामों के समान कारकुनों तथा मुतसर्रिफ़ों से बड़ी कठोरता से वसूल कर लिया जाता था।

सुल्तान मुहम्मद के दरबार में अत्यधिक मलिकों, अमीरों तथा देहली के प्रतिष्ठित एवं गण्य-मान्य व्यक्तियों, आस पास के प्रतिष्ठित लोगों एवं मुतसर्रिफ़ों, अत्यधिक लाव लश्कर, भिन्न-भिन्न समूहों के लोगों, रायों, उनकी सन्तानों तथा प्रत्येक स्थान के मुक़द्दमों की दासता के कारण बड़ी बिचित्र रौनक़ पैदा हो गई थी। देहली में उस प्रकार की रौनक़ तथा आदमियों की इतनी भीड़ भूतकाल में कभी न देखी गई थी। अत्यधिक धन-सम्पत्ति, उपहार, तुहफ़े, सामान, पशु आदि भेंट में चारों ओर की इक़लीमों से बराबर पहुँचते रहते थे। देहली के आस पास के स्थानों का खराज बहुत अधिक तथा सुव्यवस्थित हो गया था और वह बराबर (४७०) खज़ाने में पहुँचता रहता था। सुल्तान मुहम्मद, महमूद तथा सन्जर के समान जो कुछ व्यय करना चाहता था, वह उस धन-सम्पत्ति के कारण पर्याप्त होता था।

सुल्तान मुहम्मद शाह राज्य की आय में से जो कुछ व्यय करता था उससे देहली के प्राचीन खज़ाने को कोई हानि न पहुँचती थी। यदि मैं इसका सविस्तार उल्लेख करूँ कि किस प्रकार कोई दूर की इक़लीम विजय हुई, किस प्रकार सुव्यवस्थित हुई, किन लोगों ने

१ जो कुछ अदा करना हो।

२ राजसिंहासन की ओर से मुहस्सिल (कर वसूल करने वाले) नियुक्त होते थे और उसके आदेशानुसार शेष कर वसूल करते थे। यदि बुद्धिमान लोग इस विषय पर सोच विचार करें और पता लगायें कि किस प्रकार जहाँगीरी तथा जहाँबानी (दिग्विजय एवं राज्य-व्यवस्था) का संचालन होता था जिससे कि इतनी दूर-दूर की इक़लीमें जो देहली से सहस्रों कोस पर स्थित थीं उसके अधिकार में आ गईं थीं तथा सुव्यवस्थित हो गईं थीं, और वे देहली के मीनारे के पास के स्थानों के समान प्रतीत होती थीं, तो वे आश्चर्यचकित रह जायेंगे। (उन्हें आश्चर्य होगा) कि कितनी सेना द्वारा, ये विलायतें, (प्रदेश) तथा आमिल सुव्यवस्थित होते होंगे और आज्ञाकारी बने रहते होंगे। किस प्रकार पूर्व से पश्चिम तथा उत्तर से दक्षिण तक इतनी सुव्यवस्था रहती होगी। किस प्रकार का आतंक, भय तथा प्रताप होगा कि उसके आतंक तथा भय एवं उसकी बुद्धि के आविष्कारों द्वारा तथा अविनियमों के बनाने की योग्यता से समस्त संसार का आधा भाग सुव्यवस्थित था। (तारीखे फ़ीरोज़शाही, रामपुर पोथी; पृ० २८५)

उसे सुव्यवस्थित किया, किस प्रकार धन-सम्पत्ति तथा खज़ाना शहर (देहली) में पहुँचता था, और किस प्रकार सुल्तान मुहम्मद उन्हें दानपुण्य में व्यय करता था तो यह हाल बड़ा विस्तृत हो जायगा और इससे मेरे उद्देश्य की पूर्ति न हो सकेगी।

सुल्तान की महत्त्वाकांक्षायें तथा नये आदेश—

मैं ने सुल्तान के गुणों में से केवल थोड़ी सी उन बातों का उल्लेख किया है जोकि उसके उच्च साहस, संसार को विजय करने की इच्छा, समस्त संसार पर अधिकार प्राप्त करने की महत्त्वाकाँक्षा से सम्बन्धित थीं तथा मैंने यह उल्लेख किया है कि किस प्रकार सुल्तान मुहम्मद युवावस्था ही से ऐसी बातें करने का प्रयास किया करता था जिनका होना सम्भव नहीं। इस प्रकार की महत्त्वाकाँक्षाओं तथा दूर एवं निकट के स्थानों पर अधिकार जमाने और विजय किये हुये देशों को सुव्यवस्थित रखने की अभिलाषा का परिणाम यह था कि वह नये-नये आदेश निकाला करता था। दीवाने खरीतादार[1] में, जिसका नाम दीवाने तलबे अहकामे तौक़ी पड़ गया था, प्रतिदिन शाही तौक़ी[2] से १००, २०० नये आदेश प्राप्त हो जाते थे। उन नये आदेशों के अनुसार इक़लीमों तथा निकट और दूर के वालियों, मुक़्तों तथा मुतसर्रिफ़ों को, उन्हें कार्यान्वित कराने के लिये विवश किया जाता था। इसमें असमर्थ रहने तथा देर करने के कारण पदाधिकारियों को कठोर दण्ड दिये जाते थे और उनका स्थानान्तरण कर दिया जाता था। चूंकि वाली तथा मुक़्तों को नये आदेशों का पालन कराना, जो कल्पना पर निर्भर थे और जोकि शाही तौक़ी द्वारा चालू किये जाते थे, असम्भव ज्ञात होता था; अतः उससे सर्वसाधारण में घृणा उत्पन्न हो जाती थी। यदि वे इक़लीमों तथा प्रदेशों में उन आदेशों का प्रचार करते तथा उन्हें कार्यान्वित कराते तो लोग उसे न कर पाते और विरोध प्रारम्भ कर देते थे। शासन-व्यवस्था में विघ्न पड़ जाता तथा सुव्यवस्थित अवस्था में गड़बड़ी (४७१) पैदा हो जाती। इन नये आदेशों के अतिरिक्त ३ या ४ योजनायें सुल्तान मुहम्मद के मस्तिष्क में घूमा करती थीं। सुल्तान को यह आशा थी कि उनकी पूर्ति द्वारा समस्त संसार उसके दासों के अधीन हो जायगा। सुल्तान ने इन योजनाओं की पूर्ति तथा उनको कार्यान्वित कराने हेतु अपने किसी परामर्शदाता, मित्र अथवा हितैषी से परामर्श न किया और जो कुछ भी उसके हृदय में आया उसे उसने पूर्णतया उचित समझ लिया। उन पर आचरण करने तथा उनके प्रचार से उसका सुव्यवस्थित राज्य उसके हाथ से निकल गया और समस्त लोग उससे घृणा करने लगे। राजकोष रिक्त हो गया और अशान्ति पर अशान्ति तथा अव्यवस्था पर अव्ययस्था पैदा होती गई। सर्वसाधारण की घृणा के फलस्वरूप विद्रोह तथा षड्यन्त्र होने लगे। जैसे-जैसे सुल्तान अपनी नवीन आविष्कृत योजनाओं का पालन कराने के लिये बहुत बड़ी संख्या में आदेश निकाला करता वैसे ही सर्वसाधारण अधिक संख्या में विद्रोह करने लगते। सुल्तान के मस्तिष्क में अपनी प्रजा के प्रति परिवर्तन होने लगा। अत्यधिक लोगों की हत्या कराई जाती थी। बहुत सी इक़लीमों का खराज तथा दूर-दूर के प्रदेश उसके हाथ से निकल गये। उसका अत्यधिक लाव-लश्कर छिन्न-भिन्न हो गया। उन्हें दूर-दूर के प्रदेशों में नियुक्त करना पड़ता था। राजकोष में कमी हो गई। सुल्तान मुहम्मद का भी मस्तिष्क संतुलित न रहा। अपने स्वभाव की कठोरता तथा नाज़ुकी[3] के कारण सुल्तान मुहम्मद ने कठोर दण्ड देने प्रारम्भ

१ वह सुल्तान के पत्र आदि की रक्षा तथा लेखन सामग्री आदि का प्रबन्ध करता था। इब्ने बत्तूता ने उसे "साहिबुल काग़ज़ वल क़लम" लिखा है।

२ तौक़ी—(शाही आदर्श वाक्य) की मुहर से जो आदेश निकाले जाते थे, वे अहकामे तौक़ी कहलाते थे। अधिकारियों को आदेश, नियुक्ति-पत्र आदि अहकामे तौक़ी द्वारा ही निकाले जाते थे।

३ शीघ्र रुष्ट होने के कारण।

कर दिये। देवगिरि तथा गुजरात के प्रदेशों के अतिरिक्त कोई स्थान तथा प्रदेश सुव्यवस्थित न रहा। राज्य के प्रदेशों विशेष कर राजधानी देहली में भी अत्यधिक विद्रोह तथा अशान्ति फैल गई। दुर्भाग्यवश तथा भगवान् की इच्छा से अन्य कल्पनायें सुल्तान मुहम्मद के हृदय में पैदा होने लगीं किन्तु इनका पालन कई वर्षों तक न हो सका। प्रजा शाही योजनाओं को कार्यान्वित करने में असमर्थ थी। उन योजनाओं को कार्यान्वित कराने से सुल्तान के राज्य का पतन प्रारम्भ हो गया और प्रजा का विनाश होने लगा।

आदेशों का पालन न करने वालों को कठोर दण्ड—

(४७२) उपर्युक्त योजनाओं में से जिस योजना को भी कार्यान्वित कराया जाता उसके कारण राज्य में अशान्ति, गड़बड़ी तथा अव्यवस्था पैदा हो जाती। विशेष तथा साधारण प्रजा के हृदय सुल्तान मुहम्मद से घृणा करने लगते। सुव्यवस्थित प्रदेश तथा स्थान भी हाथ से निकल जाते। सुल्तान मुहम्मद के हृदय में जो कुछ भी आता उसके अनुसार वह आदेश जारी करता किन्तु उनका पालन न हो पाता। सुल्तान और भी खिन्न होता तथा असन्तुष्ट होने के कारण वह प्रजा को खीरे, ककड़ी के समान कटवा डालता। अत्यधिक रक्तपात करता। अनेक दुष्ट, एकेश्वरवादियों, मुसलमानों तथा सुन्नियों की हत्या कराने के लिए उद्धत रहते थे। उनके समान दुष्ट, आदम से लेकर इस समय तक नहीं पैदा हो सके हैं। दुष्टता में हज्जाज बिन यूसुफ़[1] की गणना उनके दासों तथा सेवकों में भी नहीं हो सकती। ज़ैनबन्दा-मुस्तसुलमुल्क, यूसुफ़ बुग़रा, सरदावतदार के पुत्र खलील, मुहम्मद नजीब, अभागा शाहज़ादा निहावन्दी, क़रनफ़ल सय्याफ़[2], दुष्ट ऐबा, मुजीर अबूरिजा—उस पर ईश्वर की लाखों लानतें हों—गुजरात के क़ाज़ी का पुत्र अन्सारी, अभागे थानेश्वरी के तीनों पुत्रों के पास मुसलमानों की हत्या के अतिरिक्त कोई अन्य कार्य न था। मैं भगवान् पर विश्वास करके कह सकता हूँ कि यदि ज़ैनबन्दा, यूसुफ़ बुग़रा तथा दुष्ट खलील को २० पैग़म्बरों की भी हत्या करने के लिए कह दिया जाता तो वे रात भी व्यतीत न होने देते (और उनकी हत्या कर देते)। इस इतिहास का असहाय संकलन-कर्त्ता इसका उल्लेख किस प्रकार कर सकता है कि सुल्तान मुहम्मद जगत के प्राणियों में एक अद्भुत जीव था। रात दिन वह दुष्टों के विनाश का प्रयत्न किया करता था। वह दुष्टों की जिनकी संख्या हज़ारों से अधिक थी, उनकी दुष्टता के कारण हत्या कराया करता था किन्तु इसी के साथ-साथ उसने इन कुछ व्यक्तियों को जिनका उल्लेख हो चुका है और जो लोक तथा परलोक में अत्यन्त दुष्ट थे अपना विश्वासपात्र बना लिया था। ऐसे बादशाह का व्यक्तित्व प्राणियों में फिर किस प्रकार अद्भुत न होता।

सुल्तान की योजनायें

(१) दोआब के कर में वृद्धि—

(४७३) सुल्तान की पहली[3] योजना जिसके फलस्वरूप प्रजा का विनाश तथा राज्य में अशान्ति हुई यह थी कि सुल्तान मुहम्मद के हृदय में यह बात आई कि दोआब के मध्य की

१ पाँचवें उमय्या खलीफ़ा, अब्दुल मलिक की ओर से अरब तथा एराक़ का शासक। कहा जाता है कि उसने १,२०,००० मनुष्यों की हत्या कराई और जब उसकी मृत्यु हुई तो उस समय उसके कारागार में ५०,००० बन्दी थे। उसकी मृत्यु ७१४ ई० में हुई।

२ तलवार चलाने वाला।

३ महदी हुसेन के अनुसार यह अन्तिम योजना थी (महदी हुसेन पृ० १३६-३७)

विलायत का ख़राज एक के स्थान पर दस और बीस लेना चाहिये[१]। सुल्तान की उपर्युक्त योजना के कार्यान्वित कराने में कुछ और भी कठोर अबवाब (अतिरिक्त कर) जारी कर दिये गये। कुछ नवीन कर भी लागू किये, जिनके फलस्वरूप प्रजा की कमर टूट गई[२]। उन अबवाबों को इस कठोरता से वसूल किया गया कि निस्सहाय तथा निर्धन प्रजा का पूर्णतया विनाश हो गया। धनी प्रजा, जिसके पास धन-सम्पत्ति थी, विद्रोही बन गई। विलायतों का विनाश हो गया। कृषि पूर्णतया नष्ट हो गई। दूर दूर की विलायतों की प्रजा को दोआब की प्रजा के विनाश के समाचार से यह भय हुआ कि कहीं उनसे भी उसी प्रकार का व्यवहार न किया जाय, जो दोआब वालों से किया गया। इस भय से उन्होंने विद्रोह कर दिया और जंगलों में घुस गये।

दोआब में कृषि की कमी, वहाँ की प्रजा के विनाश, व्यापारियों की कमी तथा हिन्दुस्तान[३] की अक़्ताओं से अनाज के न पहुंचने के कारण देहली तथा देहली के आस-पास एवं दोआब में घोर अकाल पड़ गया। अनाज का भाव बढ़ गया। वर्षा न हुई। पूर्णतया दुर्भिक्ष पड़ गया। वह अकाल कई वर्ष तक चलता रहा। कई हज़ार मनुष्य इस अकाल में मर

---

१ "दर दिले सुल्तान मुहम्मद उफ़्ताद कि ख़राजे विलायते दोआब यके ब देह व यके ब बिस्त मी बायद सितद।" इस वाक्य में यके ब देह तथा यके ब बिस्त का अनुवाद १। १० तथा १। २० अथवा १०%, ५% हो गया। बरनी ने यके ब देह का कई स्थानों पर प्रयोग किया है और इसका अर्थ उन स्थानों पर दस गुना है। "शफ़क़ते व एहतेमामे कि सुल्तान रा दर बाबे आँ पिसर बूद यके ब देह शुद" सुल्तान की जो कुछ भी कृपा तथा दया इस पुत्र के विषय में थी वह दस गुनी बढ़ गई (बरनी पृ० १०६, आदि तुर्क कालीन भारत पृ० २००)। "निर्ख़े शराब यके ब देह रसीद" मदिरा का भाव दस गुना चढ़ गया (बरनी पृ० १३०, आदि तुर्क कालीन भारत पृ० २१५)। इसी प्रकार बरनी ने 'यके ब सद' सौ गुने के अर्थ में प्रयोग किया है (बरनी पृ० ३०, ८४, १३८, आदि तुर्क कालीन भारत पृ० १४४, १८३, २२०)। इसी प्रकार बरनी ने 'यके ब चहार, शब्द का प्रयोग किया है और उसका अर्थ चौगुना है (बरनी पृ० ३८५, ख़लजी कालीन भारत पृ० १२७)। बरनी ने 'यके ब हज़ार' का भी प्रयोग किया है जिसका अर्थ हज़ार गुना है (बरनी पृ० ५६८)। सोने की मुद्रा के मूल्य में वृद्धि का उल्लेख करते हुये भी बरनी ने "यके ब चहार व यके ब पंज" का उल्लेख किया है, जिसका अर्थ चौगुना-पचगुना है (बरनी पृ० ४७५)। प्रत्येक स्थान पर अतिशयोक्ति सूचक वाक्य ही है। किसी स्थान पर निश्चित संख्या का उल्लेख नहीं। इसी प्रकार इस स्थान पर भी किसी निश्चित वृद्धि का उल्लेख नहीं अपितु यह वाक्य अतिशयोक्ति के रूप में ही प्रयोग हुये हैं। मोरलैंड का भी यही विचार है।

बदायूनी ने 'यके ब देह बिस्त' लिखा है जिसका अर्थ यह हुआ कि १० से २० के अनुपात में अर्थात् दुगुना हो गया (मुन्तख़बुत्तवारीख़ भाग १, पृ० २३७)। होदीवाला का विचार है कि सम्भव है बरनी ने यके ब देह बिस्त लिखा हो और नक़ल करने वालों ने यके ब देह व यके ब बिस्त बना दिया हो (होदीवाला, Studies in Indo-Muslim History पृ० २६४)। तारीख़े मुबारकशाही में यके ब देह व यके ब बिस्त ही लिखा है (पृ० ११३)। इस प्रकार सम्भवतया आरम्भ ही में बरनी की पुस्तक नक़ल करने वालों से भूल हो गई और बाद में लोगों ने इसे भिन्न भिन्न प्रकार से लिखा और या यह अतिशयोक्ति का वाक्य हो। इसका साधारण अर्थ अत्यधिक वृद्धि भी हो सकता है। रामपुर की तारीख़े फ़ीरोज़शाही की हस्तलिखित पोथी में इस वाक्य का उल्लेख नहीं। दोआब के कर की वृद्धि के सम्बन्ध में जो उल्लेख है उससे यही पता चलता है कि कर अत्यधिक बढ़ा दिया गया था (पृ० २८८)।

२ "व दर आमाले अन्देशये मज़कूर सुल्तान दुरुस्त अबवाबे पैदा आवुरदन्द व माले वज़ा करदन्द कि कमरे रिआया बे शिकस्त।" इस स्थान पर बरनी ने अन्य करों का उल्लेख नहीं किया। बाद के इतिहासकारों ने उन करों के नाम भी लिखे हैं।

३ दोआब के पूर्व का भाग।

गये। प्रजा परेशान हो गई। बहुतों के घर बार नष्ट हो गये। सुल्तान मुहम्मद के राज्य-व्यवस्था सम्बन्धी आदेशों के पालन तथा उसके राज्य की रौनक़ में उस तिथि से कमी होने लगी और उसकी वह शान न रही।

(२) राजधानी का परिवर्तन—

सुल्तान मुहम्मद की दूसरी योजना[1], जिसको कार्यान्वित कराने के कारण राजधानी में खराबी तथा विशेष व्यक्तियों की दुर्दशा हुई और चुने हुये लोगों को हानि पहुँची[2], जो उसके हृदय में आई यह है कि देवगिरि का नाम दौलताबाद रक्खा जाय और

---

१ रामपुर की तारीखे फ़ीरोज़शाही की हस्तलिखित पोथी में इस घटना का उल्लेख बड़े स्पष्ट रूप से किया गया है। "७२७ हि० में खुदावन्दे आलम (संसार के स्वामी) सुल्तान ने देवगीर का दृढ़ संकल्प कर लिया और देवगीर का नाम दौलताबाद रखा।......(पृ० २८५)। जब देवगीर का नाम दौलताबाद रख लिया गया और सभी इक़लीमों की राजधानी दौलताबाद निश्चित की गई तो उसने आदेश दिया कि उसकी माता मख़दूमये जहाँ, जो इस्लामी प्रदेशों की शरण तथा आश्रयदात्री थीं और जिनके समान दान पुण्य में संसार में कोई भी न था और जो राज्य के सहायकों तथा विश्वास-पात्रों एवं उनके परिवार की आश्रयदात्री थीं, तथा राज्य के समस्त मलिक एवं अमीर, सहायक तथा विश्वास-पात्र दौलताबाद की ओर प्रस्थान करें; दरबार के हाथी घोड़े, खज़ाना तथा बहुमूल्य वस्तुयें दौलताबाद भेज दी जायँ। देवगीर को भली भाँति दौलताबाद बना दिया गया। मख़दूमये जहाँ के प्रस्थान के उपरान्त, सैयिद, मशायख़ (सूफ़ी) आलिम तथा देहली के प्रतिष्ठित, गण्यमान्य एवं प्रसिद्ध लोग दौलताबाद बुलाये गये। शहर (देहली) के सभी प्रतिष्ठित लोग अपने सहायकों को लेकर वहाँ पहुँचे और सुल्तान के दस्त बोस का सम्मान प्राप्त कर सके। उनके इदरार तथा इनाम में वृद्धि कर दी गई। उन्हें ग्राम प्रदान किये गये और भवन निर्माण हेतु धन उन्हें अलग से प्रदान हुआ। वे लोग सम्पन्न हो गये। वर्ष के अन्त में किशलू ख़ाँ बहराम ऐबा ने विद्रोह कर दिया। (पृ० २८६)......।

(विद्रोह दमन से लौट कर) सुल्तान मुहम्मद पुनः शहर (देहली) में आया। उसने आदेश दिया कि देहली तथा चार-पाँच कोस तक के क़स्बों के निवासियों को क़ाफ़िलों में विभाजित करके दौलताबाद भेजा जाय; शहर वालों के घर उनसे मोल ले लिये जायं; देहली के घरों का मूल्य खज़ाने से नक़द दे दिया जाय जिससे जाने वाले लोग दौलताबाद में अपने लिये घर बनवा लें। शाही आदेशानुसार देहली तथा आस-पास के निवासी देहली की ओर भेज दिये गये। देहली शहर इस प्रकार रिक्त हो गया कि कुछ दिन तक देहली के समस्त द्वार बन्द रहे और शहर में कुत्ते बिल्ली तक न रह गये थे। तत्पश्चात् प्रदेशों से आलिमों, मशायख़ (सूफ़ियों) तथा प्रतिष्ठित लोगों को ला कर शहर (देहली) में बसाया गया और उन्हें इनाम तथा इदरार प्रदान किये गये। दौलताबाद शहर (देहली) के लोगों द्वारा सुसज्जित हो गया। शहर वालों के भेजने के उपरान्त, सुल्तान मुहम्मद दो वर्ष तक देहली में निवास करता रहा। (पृ० २८७)

बदायूनी ने यात्रा की सुविधाओं का बड़ा विषद वर्णन किया है और देहली से दौलताबाद, लोगों के दो बार भेजे जाने का उल्लेख किया है। एक बार ७२७ हि० (१३२६-२७ ई०) में और दूसरी बार ७२९ हि० (१३२८-२९ ई०) में। (मुन्तख़बुत्तवारीख़ पृ० २२६, २२८)।

सर्व प्रथम सुल्तान अपनी माता तथा अन्तःपुर के साथ १३२७ ई० में दौलताबाद पहुँचा। १३२८ ई० में उसने बहराम ऐबा किशलू ख़ाँ का मुल्तान में विद्रोह शान्त करने के लिये दौलताबाद से प्रस्थान किया और देहली में सेना एकत्र करने के लिये रुका। मुल्तान से लौट कर वह देहली में दो वर्ष तक निवास करता रहा। १३२९ ई० में सैयिदों, सूफ़ियों, तथा देहली के आलिमों को दौलताबाद प्रस्थान करने का दूसरा आदेश प्रदान हुआ। (मह्दी हुसेन पृ० ११५-१६)

२ इस स्थान पर जन साधारण का उल्लेख नहीं। "अबतरीये ख़वासे ख़ल्क़ व बर उफ़्तादे मर्दुमे गुज़ीदा व चीदा"। यदि 'अबतरीये ख़वासे ख़ल्क़' के स्थान पर "ख़वास व ख़ल्क़" पढ़ा जाय तो इसका अर्थ सर्वसाधारण, एवं विशेष व्यक्ति हो जायगा।

उसे राजधानी बनाया जाय, क्योंकि अन्य इक़्लीमों की दूरी तथा निकटता देखते हुये देवगिरि मध्य में स्थित है। देहली, गुजरात, लखनौती, सत गाँव, सुनार गाँव, तिलंग, माबर, धोरसमुनदर (४७४) (द्वार समुद्र) तथा कम्पिला इस स्थान से कुछ कमी बेशी के साथ समान दूरी पर स्थित हैं। इस योजना के विषय में किसी से परामर्श किये बिना तथा उसके लाभ एवं हानि पर प्रत्येक दृष्टिकोण से दृष्टिपात किये बिना उसने देहली को, जोकि १६० अथवा १७० वर्ष में इस प्रकार आबाद हुई थी और जोकि एक बहुत बड़ा नगर बन गई थी तथा बग़दाद एवं मिस्र के समान हो गई थी, तथा उसके समस्त भवनों एवं ४, ५ कोस के आसपास के स्थानों तक के क़स्बों को नष्ट कर दिया। यहाँ तक कि राजधानी तथा भवनों और आसपास के क़स्बों में कोई कुत्ता बिल्ली भी न छोड़ा गया। वहाँ के समस्त निवासियों, उनके दासों-दासियों, स्त्रियों और बालकों को भी रवाना कर दिया। यहाँ के निवासी, जोकि वर्षों से तथा अपने पूर्वजों के समय से इस स्थान पर निवास करते चले आये थे और जिन्हें इस स्थान से विशेष प्रेम हो गया था, इस लम्बी यात्रा के कष्ट से मार्ग ही में नष्ट हो गये। बहुत से लोग, जोकि देवगिरि पहुँचे, अपनी मातृ-भूमि का वियोग सहन न कर सके और वापस होने की इच्छा ही में परलोकगामी हो गये। देवगिरि के चारों ओर, जोकि प्राचीन काल से कुफ़ का स्थान था, मुसलमानों की क़ब्रें बन गईं। यद्यपि सुल्तान ने देहली से प्रस्थान करने वाली प्रजा को अत्यधिक इनाम इकराम दिये और यात्रा के लिये प्रस्थान करने तथा देवगिरि के पहुँचने के समय तक (अत्यधिक इनाम इकराम दिये किन्तु प्रजा कोमल होने के फलस्वरूप परदेश तथा कष्टों को सहन न कर सकी और उसी कुफ़ के स्थान में उनकी मृत्यु हो गई। भेजी जाने वाली प्रजा में बहुत कम लोग अपने घरों को सुरक्षित पहुँच सके। उसी तिथि से यह नगर, जोकि संसार के नगरों के लिये ईर्ष्या की वस्तु था, नष्ट हो गया। यद्यपि सुल्तान मुहम्मद ने राज्य के प्रदेशों, प्रसिद्ध क़स्बों तथा स्थानों के आलिमों एवं गण्य-मान्य व्यक्तियों को शहर (देहली) में लाकर बसाया किन्तु इस प्रकार लोगों के लाने से शहर (देहली) आबाद न हो सका। उनमें से कुछ की शहर ही में (४७५) मृत्यु हो गई और कुछ लौट गये और अपने-अपने घरों को चल दिये। इन परिवर्तनों तथा इस उथल-पुथल से राज्य को विशेष हानि पहुँची।

(३) ताँबे की मुद्रा—

सुल्तान मुहम्मद की तीसरी योजना, जिससे उसके राज्य को हानि पहुँची और जिससे हिन्दुस्तान के विद्रोहियों तथा षड्यन्त्रकारियों को विशेष प्रोत्साहन प्राप्त हुआ और जिससे उनकी शक्ति तथा धृष्टता बढ़ गई और जिससे समस्त हिन्दू धन-धान्य सम्पन्न हो गये, यह थी कि क्रय विक्रय में ताम्र मुद्राओं का प्रयोग होने लगे। सुल्तान मुहम्मद की अपनी महत्त्वाकांक्षाओं के कारण उसके हृदय में यह आया कि समस्त संसार पर अधिकार जमाया जाये और उसे अपने अधीन बनाया जाय। इस असम्भव कार्य के लिये अत्यधिक एवं अपार लावलश्कर की आवश्यकता थी। विशाल सेना बिना अपार धन-सम्पत्ति के भर्ती न हो सकती थी। सुल्तान के खज़ानों में दान पुण्य की अधिकता से बड़ी अव्यवस्था हो गई थी। सुल्तान मुहम्मद ने ताँबे के सिक्के चालू किये और आदेश दिया कि क्रय-विक्रय में ताँबे की मुद्रा को सोने तथा चाँदी की मुद्रा के समान प्रचलित किया जाये। उपर्युक्त आदेश के पालन के फलस्वरूप हिन्दुओं[1] के घरों में से प्रत्येक घर टकसाल बन गया। राज्य के प्रदेशों के हिन्दुओं ने लाखों करोड़ों ताँबे की मुद्रा बनवालीं। वे उसी से खराज अदा करते

१ सम्भवतया सुनार तथा अन्य कारीगर अधिकतर हिन्दू ही रहे होंगे। इसी लिये बरनी ने हिन्दुओं के घरों को टकसाल कहा; वैसे जाली सिक्के बनवाने में हिन्दू तथा मुसलमान सभी सम्मिलित रहे होंगे।

थे और घोड़े अस्त्र-शस्त्र तथा नाना प्रकार की बहुमूल्य वस्तुयें खरीदते थे। हवाली (देहली के आसपास) के निवासी, मुक़द्दम तथा खूत तांबे की मुद्राओं द्वारा धन-धान्य सम्पन्न हो गये और राज्य में बड़ी अव्यवस्था हो गई। थोड़े ही समय बाद दूर के स्थानों (देशों) के निवासी ताँबे के तन्के को ताँबे के भाव पर ही लेने लगे। जिन स्थानों पर सुल्तान का आतंक छाया था वहाँ एक सोने का तन्का १०० ताँबे के (तन्के के) मूल्य पर लिया जाता था। प्रत्येक सुनार अपने घर में ताँबे की मुद्रा ढालने लगा। ताँबे की मुद्रा द्वारा खज़ाना भर गया। ताँबे की मुद्रा इतनी निर्मूल्य एवं क्षुद्र हो गई कि वह कंकड़ तथा ठिकरे के समान बन गई। प्राचीन मुद्राओं का मूल्य उनके अत्यधिक सम्मान के कारण चौगुना पचगुना बढ़ गया। जब चारों ओर क्रय विक्रय में अव्यवस्था होने लगी और ताँबे के तन्कों का मूल्य मिट्टी के ढेलों से भी कम हो गया और वह किसी काम के न रहे तो सुल्तान मुहम्मद (४७६) ने ताँबे के सिक्के के विषय में अपना आदेश रद्द कर दिया और अत्यधिक क्रोधावस्था में आदेश दिया कि जिस किसी के पास ताँबे का सिक्का हो उसे वह खज़ाने में दाखिल करदे और उसके स्थान पर प्राचीन सोने की मुद्रा खज़ाने से ले जाय। भिन्न-भिन्न गरोहों के हज़ारों मनुष्य, जिनके पास हज़ारों ताँबे के सिक्के थे और जो उन सिक्कों से परेशान हो चुके थे और जिन्होंने उन सिक्कों को ताँबे के बर्तनों के पास अपने घरों के कोनों में फेंक दिया था, उन सिक्कों को लेकर खज़ाने में पहुँच गये और उनके स्थान पर सोने चाँदी के तन्के, शशगानी तथा दोगानी ले लेकर अपने अपने घरों को वापस हो गये खज़ाने में ताँबे के सिक्के इतनी संख्या में पहुँच गये कि तुग़लुक़ाबाद में ताँबे के तन्कों के ढेर पर्वत के समान लग गये। ताँबे के सिक्के के स्थान पर खज़ाने की धन-सम्पत्ति निकल गई। खज़ाने में जो एक बहुत बड़ी अव्यवस्था हुई उसका कारण तांबे के तन्के थे। ताँबे के सिक्के चालू करने के आदेश अपितु तांबे के सिक्कों के कारण खज़ाने की बहुत बड़ी धन-सम्पत्ति नष्ट हो जाने पर सुल्तान का हृदय अपने राज्य के प्रदेशों की प्रजा से घृणा करने लगा[1]।

१ ७३० हि० से लेकर ७३२ हि० तक के ताँबे के सिक्के मिलते हैं। इस प्रकार यह योजना लगभग १३२६-३० से १३३१-३२ ई० तक चली। इब्ने बत्तूता जो सिन्ध में १२ सितम्बर १३३३ ई० को पहुंचा, इस विषय पर कुछ नहीं लिखता। इससे यह निष्कर्ष निकालना कि लोग इस योजना को भूल चुके थे, कठिन है। सम्भव है कि इब्ने बत्तूता इसके विषय में लिखना भूल ही गया हो। सिक्कों के सम्बन्ध में परिशिष्ट "स" देखिये।

रामपुर की तारीखे फ़ीरोज़शाही की हस्तलिखित पोथी में इसका उल्लेख राजकोष के रिक्त होने के सम्बन्ध में किया गया है। "खज़ाने के खाली होने का तीसरा कारण यह था कि सुल्तान मुहम्मद को दान पुण्य तथा सेना के लिये अपार खज़ाने की आवश्यकता थी। खज़ाने में इतनी चाँदी, दिहम तथा दीनार न रह गये थे जिससे शाही महत्त्वाकांक्षायें पूरी हो सकतीं; राज्य व्यवस्था हेतु योजनाओं के लिये पर्याप्त होता। सुल्तान ने वर्षों से सेवकों (मुजाविरों, तुज्जारान-व्यापारियों) से सुन रखा था कि चीन में क्रय विक्रय तथा लोगों के लेन देन के लिये अजार (चाउ) का प्रयोग करते हैं। चाउ काग़ज़ का टुकड़ा होता है, जिस पर चीन के बादशाहों का नाम तथा उपाधि चित्रित रहती है। वहाँ के लोग उसे तन्का व जीतल तथा सोने और चाँदी के स्थान पर लेते देते हैं। सुल्तान मुहम्मद ने चाउ को सुनकर ताँबे के तन्के निकाले और यह समझा कि ये मेरे राज्य के प्रदेशों में जारी हो जायंगे तथा पूर्ण रूप से माने जायंगे। कोई इन तन्कों को मना न करेगा; जिस प्रकार चाउ चलता है उसी प्रकार ताँबे के तन्के चालू हो जायेंगे। तदनुसार टकसाल में ताँबे के तन्के ढलने लगे और ताँबे के तन्कों के ढेर लग गये। शहर, क़स्बों तथा बड़े-बड़े ग्रामों में कुछ समय तक ताँबे

(शेष आगे के पृष्ठ पर)

(४) ख़ुरासान विजय—

सुल्तान मुहम्मद की चौथी योजना, जिससे खज़ाने में अव्यवस्था हुई और खज़ाने की अव्यवस्था के कारण देश में अशान्ति फैली, ख़ुरासान तथा एराक़ पर विजय प्राप्त करने की थी। इस लोभ में सुल्तान उन प्रदेशों के प्रतिष्ठित तथा गण्यमान्य व्यक्तियों को अत्यधिक धन सम्पत्ति प्रदान करता था। उन राज्यों के प्रतिष्ठित लोग उसके सम्मुख नाना प्रकार की विचित्र योजनायें प्रस्तुत किया करते थे और जहाँ तक सम्भव होता राज्य से धन सम्पत्ति प्राप्त करते किन्तु वे इक़लीमें तथा प्रदेश उसके हाथ न आये। सुव्यवस्थित इक़लीमें (राज्य) तथा प्रदेश हाथ से निकल गये। खज़ाना, जोकि राज्य का आधार है, रिक्त हो गया।

(५) सेना की भर्ती—

सुल्तान मुहम्मद की पाँचवीं योजना, जिससे उसकी राज्य व्यवस्था में गड़बड़ी हो गई, यह थी कि उसने एक वर्ष ख़ुरासान विजय हेतु सेना तैयार करने का आदेश दे दिया। (४७७) असंख्य तथा अपार सेना भर्ती करने का आदेश हुआ। प्रथम वर्ष में उन्हें खज़ाने तथा अक़्ताओं से वेतन दिया गया। अनेक कठिनाइयों के कारण वह योजना कार्यान्वित न हो सकी। (दूसरे वर्ष खज़ाने में इतना धन न रहा कि इस सेना के वेतन का भुगतान हो सकता, उसे स्थायी बनाया जा सकता) वह सेना भी छिन्न-भिन्न हो गई और खज़ाना, जिस पर राज्य व्यवस्था तथा शासन प्रबन्ध आधारित हैं, रिक्त हो गया। जिस वर्ष सैनिकों की बहुत बड़ी संख्या भर्ती की गई थी उस वर्ष इस कार्य में कोई सावधानी न दिखाई गई, किसी का हुलिया न लिखा गया, तलवार आदि चलाने की कोई परीक्षा न ली गई, घोड़े के मूल्य तथा दाग़ पर ध्यान न दिया गया। केवल उन लोगों के सिरों की गणना करके देहली तथा क़स्बों और प्रदेशों में उन्हें नक़द धन (वेतन) प्रदान किया गया। उस वर्ष ३ लाख ७० हज़ार सवारों की सूची दीवाने अर्ज़ द्वारा राज-सिंहासन के समक्ष प्रस्तुत हुई। एक पूरा साल सवारों की भर्ती, उनके प्रबन्ध तथा उन्हें धन (वेतन) प्रदान करने में व्यतीत हो गया। इतने बड़े लश्कर को किसी स्थान की विजय के लिये न भेजा जा सका जिससे लूट की धन-सम्पत्ति द्वारा दूसरे वर्ष सेना का कार्य चल सकता। दूसरा वर्ष प्रारम्भ हो गया और न तो वेतन के लिये खज़ाने में ही धन रहा और न अक़्ताओं में जिससे सेना स्थायी रूप से रह

के तन्के चलते रहे और खज़ाने में ख़राज में (के बदले) ताँबे के तन्के लिये जाते थे। पास तथा दूर के हिन्दुओं ने ताँबे के तन्के ढलवा लिये और ख़राज अदा करने लगे। उसी से घोड़े, सामग्री तथा अस्त्र शस्त्र मोल लेते थे। उस तिथि से हिन्दू धन-धान्य सम्पन्न तथा पूँजीपति हो गये। कुछ दिन उपरान्त इक़लीम (प्रान्तों) के समस्त नगरों में तांबे के तन्कों का चलन कम होने लगा और पूर्व की भाँति न चलता था और कोई उन्हें हाथ न लगाता था। कोई भी सोने के एक तन्के को १२० तांबे के तन्के लेकर भी न देता था। सुल्तान मुहम्मद ने ताँबे के तन्के के विषय में पूछताछ कराई तो पता चला कि बहुत बड़ा विद्रोह हो जायगा और लोग मिलकर बग़ावत कर देंगे। सुल्तान ने तांबे के सिक्के से सम्बन्धित आदेश बन्द करा दिये, और हुक्म दे दिया कि जिसके पास तांबे के तन्के हों, वह उन्हें खज़ाने में पहुँचा दे और उनके स्थान पर सोने चांदी के तन्के तथा शशगानी ले जाय। तांबे के तन्के खज़ाने में दाख़िल कर दिये गये और उनके स्थान पर लोग सोने चांदी के तन्के एवं दुगनी ले गये। खज़ाना ख़ाली हो गया। तांबे के तन्कों के ढेर तुग़लुक़ाबाद में लग गये। सुल्तान के दुःख तथा उसके द्वारा अत्यधिक हत्याकांड का एक कारण यह भी था, (३०२) कि उसके आदेशानुसार तांबे के तन्के न चल सके और लोगों ने उसकी आज्ञाओं का पालन न किया।

सकती। इस प्रकार सेना छिन्न-भिन्न हो गई और सभी अपने-अपने कार्य में लग गये, किन्तु ख़ज़ाने से लाखों और करोड़ों ख़र्च हो गये।[1]

(६) क़राजिल पर आक्रमण–

सुल्तान मुहम्मद की छठी योजना, जिसके कारण राज्य की सुव्यवस्थित सेना में बड़ी गड़बड़ी हुई, क़राजिल[2] पर्वत की विजय की थी। सुल्तान मुहम्मद के हृदय में आया कि चूंकि ख़ुरासान तथा मावराउन्नहर के विजय की योजना बनाई जा रही है अतः क़राजिल पर्वत को, जोकि हिन्दुस्तान तथा चीन के निकट के मार्ग के मध्य में है, इस्लामी पताकाओं द्वारा विजय कर लिया जाय जिससे सेना को घोड़े प्राप्त होने तथा सेना की यात्रा में सुगमता हो। उपर्युक्त विचार से राज्य की वर्षों की सुव्यवस्थित सेना, प्रतिष्ठित अमीर तथा बड़े-बड़े सेना नायकों की अधीनता में क़राजिल पर्वत की विजय के लिये नियुक्त हुई। सुल्तान ने आदेश दिया कि समस्त सेना क़राजिल पर्वत के बीच के स्थानों पर विजय प्राप्त कर ले। इस (४७८) आदेश के अनुसार समस्त सेना ने क़राजिल पर्वत की ओर प्रस्थान किया और प्रविष्ट होकर भिन्न-भिन्न स्थानों पर पड़ाव डाल दिये। क़राजिल के हिन्दुओं ने वापसी के मार्ग की घाटियों पर अधिकार जमा लिया और इस प्रकार समस्त सेना का उस पर्वत में पूर्णतया विनाश हो गया। इतनी बड़ी सुव्यवस्थित तथा चुनी हुई सेना में से केवल १० सवार लौट सके। इस विचित्र घटना से देहली की सेना को बहुत बड़ी हानि पहुंची। इतनी बड़ी अव्यवस्था तथा हानि का किसी उपाय द्वारा समाधान न हो सका।

उपर्युक्त विचार, जिनके कारण राज्य-व्यवस्था में गड़बड़ी तथा राज कोष को क्षति पहुँची, सुल्तान मुहम्मद की महत्त्वाकांक्षाओं के फलस्वरूप पैदा होते थे। वह अपनी इन महत्त्वाकांक्षाओं को कार्य रूप में परिणत कराना चाहता था किन्तु इन पर आचरण होना असम्भव था। इसके फलस्वरूप सुव्यवस्थित राज्य भी हाथों से निकल गया और राज्य-व्यवस्था में भी गड़बड़ पड़ी। ख़ज़ाना तथा धन-सम्पत्ति का भी विनाश हुआ।

---

१ चौथी और पाँचवीं दोनों योजनायें एक ही हैं। रामपुर की तारीखे फ़ीरोज़शाही की हस्तलिखित पोथी में इस घटना का उल्लेख ख़ज़ाना ख़ाली होने के सम्बन्ध में किया गया है और इसे ख़ज़ाना ख़ाली होने का दूसरा कारण बताया गया है। "ख़ज़ाना ख़ाली होने का दूसरा कारण यह था कि सुल्तान मुहम्मद के हृदय में उसके उच्च स्वभाव के कारण ऊपर की ओर के राज्यों को अपने अधिकार में करने का लोभ उत्पन्न हो गया। उसकी आकांक्षा थी कि ग़ज़नी नगर से सोने तथा लोहे का पुल बनवा दे अर्थात् असंख्य तथा अपार सेना लेकर उन इक़लीमों (देशों) पर आक्रमण करे ताकि उस के चत्र के पहुंचते ही उस देश के निवासी स्वेच्छा तथा अपनी ख़ुशी से उसके सेवक बन जायें; सुल्तान के दान पुण्य का जो कुछ हाल उन्होंने अपने कानों से सुना है उसे आंखों से देखलें। इसी कारण धन एकत्र करने का प्रयत्न किया जाता था और सेना के बढ़ाने का प्रयास होता था। मैंने ज़हीरुल जुयूश (सेनापति) नायब अर्ज़े ममालिक से सुना है कि दीवाने अर्ज़े ममालिक में ४,७०,००० सवार पंजीकृत हुये। उनके वेतन का अधिकांश भाग ख़ज़ाने से प्रदान हुआ। दूसरे वर्ष उनके वेतन का ख़ज़ाने से भुगतान न हो सका और वे छिन्न-भिन्न हो गये। यदि हिसाब करने वाले हिसाब करें, तो ज्ञात हो जायगा कि ४,७०,००० सवारों पर कितना धन व्यय हुआ होगा। (तारीखे फ़ीरोज़शाही; रामपुर पोथी पृ० ३०१)।

२ छपी हुई पुस्तक में क़राजिल है। इब्ने बत्तूता ने क़राचील तथा फ़िरिश्ता एव तबक़ाते अकबरी आदि में हिमाचल लिखा है। (तबक़ाते अकबरी भाग १ पृ० २०४)। बदायूनी ने हिमाचल तथा क़राचल को एक बताया है। बदायूनी ने इस घटना को ७३८ हि० (१३३७-३८ ई०) के हाल में लिखा है (मुन्तख़बुत्तवारीख़ भाग १, पृ० २२६)। होदीवाला का विचार है कि यह कुमायूं का प्राचीन नाम कुर्माचल है, और गढ़वाल तथा कुमायूं के भाग से अभिप्राय है (होदीवाला पृ० २६४-६५)।

सुल्तान मुहम्मद के राज्यकाल के षड्यन्त्र तथा विद्रोह जो प्रत्येक दिशा से उठ खड़े हुये और (जिनके कारण) सुव्यवस्थित राज्य हाथ से निकल गये।

यद्यपि सुल्तान मुहम्मद के समय के षड्यन्त्रों, विद्रोहों तथा अत्याचारों का उल्लेख क्रमानुसार एवं तिथि के अनुसार नहीं हुआ है और न उनका सविस्तार वर्णन किया गया है, किन्तु मैंने वे सब बातें लिख दी हैं, जिनसे पाठकों के उद्देश्य की पूर्ति हो सके। जब सुल्तान मुहम्मद ने अत्यधिक कठोरता तथा अत्यधिक धन-सम्पत्ति वसूल करना, अपनी महत्वाकांक्षाओं के अनुसार राज्य व्यवस्था एवं शासन-प्रबन्ध आरम्भ कर दिया और जब राज्य के साधारण तथा विशेष व्यक्ति सुल्तान मुहम्मद के आदेशों का पालन असम्भव समझ कर उससे घृणा करने लगे, तो विद्रोह प्रारम्भ हो गया।

बहराम[1] ऐबा का विद्रोह—

सर्व प्रथम[2] मुल्तान में बहराम ऐबा ने विद्रोह कर दिया। जिस समय उसने मुल्तान में (४७९) विद्रोह किया उस समय सुल्तान मुहम्मद देवगीर (देवगिरि) में था। जैसे ही उस विद्रोह की सूचना सुल्तान को मिली, सुल्तान देवगीर (देवगिरि) से शहर (देहली) पहुँचा। शहर में सेना एकत्र की और मुल्तान पर चढ़ाई कर दी। जब सुल्तान मुहम्मद की सेना का बहराम ऐबा की सेना से युद्ध हुआ तो पहले ही आक्रमण में बहराम ऐबा पराजित हो गया। उसका सिर काटकर सुल्तान के समक्ष लाया गया। बहराम ऐबा की सेना हार गई। बहुत से मार डाले गये। बहुत से भाग गये तथा छिन्न भिन्न हो गये।

उपर्युक्त दुर्घटना के उपरान्त मुल्तान की सेना पहले के समान कभी भी सुव्यवस्थित तथा स्थायी न हो सकी। सुल्तान को जब बहराम ऐबा पर विजय प्राप्त हो गई तो उसकी यह इच्छा हुई कि मुल्तान निवासियों की, जो बहराम ऐबा के सहायक हो गये थे, एक साथ हत्या कर दी जाय। (शेखुल इस्लाम) शेख रुक्नुद्दीन मुल्तानी[3] ने सुल्तान से मुल्तान निवासियों की सिफ़ारिश की। सुल्तान मुहम्मद ने शेखुल इस्लाम रुक्नुलहक़ वद्दीन की सिफ़ारिश स्वीकार करली और उनकी हत्या का आदेश न दिया।

दोआब में विद्रोह[4]—

सुल्तान मुहम्मद मुल्तान से विजय तथा सफलता प्राप्त करके देहली की ओर लौटा और देवगीर (देवगिरि) को, जहाँ शहर (देहली) निवासी अपने परिवार सहित प्रस्थान कर चुके थे, न गया। वह देहली में ही निवास करने लगा। दो वर्ष तक सुल्तान देहली में रहा: अमीर, मलिक तथा सैनिक बराबर सुल्तान के साथ देहली में रहे। उनका परिवार देवगीर (देवगिरि)

१ बदायूनी के अनुसार यह विद्रोह ७२८ हि० (१३२७–२८ ई०) में हुआ (मुन्तख़बुत्तवारीख़ पृ० २२७)।

२ बदायूनी के अनुसार दूसरा विद्रोह। पहला विद्रोह ७२७ हि० के अन्त में मलिक बहादुर गुर्शास्प का देहली में हुआ (मुन्तख़बुत्तवारीख़ पृ० २२६-२७)।

३ भारतवर्ष में सुहरवर्दी सिलसिले की स्थापना करने वाले शेख़ बहाउद्दीन ज़करिया (मृत्यु १२६६ ई०) के पोते। सुल्तान अलाउद्दीन के समय से उन्हें बड़ी प्रसिद्धि प्राप्त हो गई थी। इनकी मृत्यु १३३७ ई० में हुई।

४ तारीखे फ़ीरोज़शाही की रामपुर की हस्तलिखित पोथी में इस घटना का उल्लेख इस प्रकार है: "सुल्तान शहर वालों को भेजने के उपरान्त दो तीन वर्ष तक देहली में ठहरा। शहर के आसपास के ग्रामों, दोआब, बरन, कोल तथा मेरठ के क़स्बों एवं विलायतों से शाही अबवाब (लगान के अतिरिक्त अन्य कर) के अनुसार धन प्राप्त किया जाता था। अबवाब के अनुसार अपार धन वसूल किया जाता तथा कर वसूल करने में अत्यधिक कठोरता की जाती थी। प्रत्येक विलायत तथा क़स्बे में कठोर जानदार एवं मुहसिल नियुक्त किये जाते थे, अत्यधिक कठोर दंड दिये जाते, आमिलों तथा मुतसर्रिफ़ों

ही में रहा। उन दो वर्षों तक जबकि सुल्तान देहली में था दोग्राब-प्रदेश मुतालबे (देय धन) की अधिकता तथा अबवाब (लगान के अतिरिक्त कर) की ज्यादती से नष्ट हो गया। हिन्दू[१] अनाज के खलियानों को जला डालते थे और अपने मवेशियों को घर से निकाल देते थे। सुल्तान ने शिक़दारों तथा फ़ौजदारों को उन लोगों के विनाश तथा ध्वंस का आदेश दे दिया। कुछ ख़ूत तथा मुक़द्दम मार डाले गये, कुछ अन्धे बना डाले गये और जो बच जाते थे वे दलबन्दी करके जंगलों में घुस जाते थे। विलायत (दोआब) नष्ट हो रही थी। उन्हीं दिनों सुल्तान (४८०) मुहम्मद शिकार खेलने के नियम से[२] बरन प्रदेश की ओर गया। उसने आदेश दिया कि समस्त बरन प्रदेश विध्वंश तथा नष्ट कर दिया जाय और हिन्दुओं के कटे हुए सिरों को बरन के क़िले की अटारियों पर लटका दिया जाय।[३]

बंगाल में विद्रोह—[४]

उन्हीं दिनों में बहराम खाँ की मृत्यु के उपरान्त बंगाल में फ़खरा का विद्रोह उठ खड़ा हुआ। फ़खरा[५] तथा बंगाल की सेना विद्रोही हो गई। उन्होंने क़दर खाँ की हत्या कर दी और उसके स्त्री बालक तथा हाथियों और सैनिकों के टुकड़े-टुकड़े कर दिये। लखनौती का राज-कोष क्षीण हो गया। लखनौती, सत गाँव तथा सुनार गाँव हाथ से निकल गये।

पर जुर्माने एवं कठोरता की जाती। प्रजा शाही कठोर माँगों को सहन न कर सकी। विलायत (प्रदेश) व्याकुल हो उठे। प्रत्येक दिशा में 'मंडल' बना लिये गये। दस-दस, बीस-बीस ने संगठित हो हो कर जंगलों तथा तालाबों के निकट शरण ले ली और वहीं निवास करने लगे। अधिकांश प्रजा का पता न चल पाता। बरवात दारान (सम्भवतया वे अधिकारी जिनके पास शाही काग़ज़ रहते होंगे) तथा मुहसिल लौट आते। सुल्तान ने प्रजा के आज्ञा उल्लंघन से क्रोधित होकर हिन्दुस्तान की ओर चढ़ाई की तथा विद्रोहियों की विलायतें विध्वंस करदीं। प्रदेशों की परेशानी इसी प्रकार प्रारम्भ हुई। सुल्तान फिर देहली वापस आया और उसने दुबारा बरन की ओर प्रस्थान किया। समस्त बरन की विलायत (प्रदेश) विध्वंस कर दी (पृ० २८८); मृतकों के खलियान लग गये और रक्त की नदियाँ बहा दी गईं। बरन के हिसार (कोट) के समस्त बुर्जों पर प्रजा को जीवित लटका दिया गया। दंड के भय तथा आतंक से लोगों की घृणा में वृद्धि हो गई। वहाँ से ख़ुदावन्दे आलम (संसार के स्वामी) सुल्तान मुहम्मद ने पुनः हिन्दुस्तान पर चढ़ाई की और आदेश दिया कि जंगलों को घेर लिया जाय तथा आज्ञा का उल्लङ्घन करने वालों की हत्या कर दी जाय। संक्षेप में सुल्तान मुहम्मद हिन्दुस्तान के प्रदेशों का बादशाह तथा बादशाहज़ादा था और इन इक़लीमों (राज्यों) की सभी प्रजा मुसलमान तथा हिन्दू उसके तथा उसके पिता के आश्रित थे। उन्हें सुल्तान मुहम्मद द्वारा अत्यधिक इनाम इकराम प्राप्त होता रहता था और वे उसकी आज्ञाओं का पालन किया करते थे। एक वर्ष ऐसा हुआ कि विलायत के ख़राज में वृद्धि कर दी गई और ग्रामों में शाही अबवाब, उनके अदा करने की शक्ति के बाहर लगा दिये गये। इनको अदा करने के लिये कहा गया और इस सम्बन्ध में फ़रमान बन गये। प्रजा सहन न कर सकी। वे ग़रज़ मुहसिल तथा बरवातदार उनके हाथ पकड़ कर उन्हें निकाल लाते थे कारकुन, आमिल, बरवात वाले तथा दीवान के मुहसिल राजसिंहासन के समक्ष निवेदन करते कि प्रजा शाही करों को कान से सुनने को तैयार नहीं। वे क्या कर सकते हैं? सभी सहमत होकर कहते कि प्रजा (अदा करने के) योग्य होने के बावजूद विद्रोही हो गई है। सुव्यवस्थित विलायतें (प्रदेश) नष्ट हो गईं। दुष्ट तथा धूर्त्त आकाश द्वारा विनाश प्रारम्भ हो गया। (पृ० २८९)

१ हिन्दू शब्द सभी किसानों के लिये प्रयोग हुआ है।

२ इस स्थान पर मनुष्य के शिकार का कोई उल्लेख नहीं। बरनी ने बल्बन के तुग़रिल के विरुद्ध प्रस्थान करने के सम्बन्ध में भी इन्हीं शब्दों का प्रयोग किया है (बरनी पृ० ८५; आदि तुर्क कालीन भारत पृ० १८३)।

३ महदी हुसैन के अनुसार यह छठा विद्रोह था (महदी हुसैन पृ० १४८, १५२)।

४ महदी हुसैन के अनुसार यह १३वाँ विद्रोह था।

५ उसका नाम फ़खरुद्दीन था और वह बहराम खाँ का सिलाहदार था।

फ़खरा तथा अन्य विद्रोहियों ने उन पर अधिकार जमा लिया और वे इसके उपरान्त पुनः विजय न हो सके।

क़न्नौज से दलमऊ तक का विनाश—

सुल्तान ने उन्हीं दिनों में हिन्दुस्तान के ध्वंस हेतु चढ़ाई की और क़न्नौज से दलमऊ[1] तक विध्वंस कर दिया। जो कोई भी पकड़ जाता उसकी हत्या करदी जाती थी। बहुत से लोग भाग गये और जंगलों में घुस गये किन्तु जंगलों को भी घेर लिया गया। जो कोई भी जंगल में मिल जाता उसकी हत्या कर दी जाती थी। इस प्रकार उस वर्ष क़न्नौज से दलमऊ तक के स्थान विध्वंस कर दिये गये।

माबर में विद्रोह—

जब सुल्तान मुहम्मद हिन्दुस्तान में क़न्नौज के आस पास तथा क़न्नौज के आगे के विद्रोहियों के विनाश में संलग्न था, उसी समय तीसरा विद्रोह माबर[2] में हो गया। इबराहीम ख़रीतेदार[3] के पिता सैयिद एहसन ने माबर में विद्रोह कर दिया। वहाँ के अमीरों की हत्या कर दी और उस देश पर अपना अधिकार जमा लिया। जो सेना देहली से माबर पर अधिकार स्थापित रखने हेतु नियुक्त थी वह वहीं रह गई। जब यह सूचना सुल्तान को प्राप्त हुई तो उसने इबराहीम ख़रीतेदार तथा उसके सम्बन्धियों को बन्दी बना लिया। सुल्तान मुहम्मद शहर (देहली) पहुँचा। शहर में सेना सुव्यवस्थित करके माबर पर आक्रमण करने के लिए देवगीर (देवगिरि) की ओर प्रस्थान किया। सुल्तान अभी देहली से ३-४ मंज़िल आगे न गया था कि देहली में अनाज का मूल्य बढ़ गया। अकाल प्रारम्भ हो गया। चारों ओर के मार्ग बन्द हो गये। सुल्तान देवगीर (देवगिरि) पहुंचा। उसने वहाँ के मुक़्तों, अमीरों तथा मरहठा आमिलों पर भारी कर लगा दिये। बहुत से लोग कर की अधिकता से मर गये। (४८१) उसने मरहठा प्रदेश में भी भारी अबवाब निश्चित किये। राज-सिंहासन के समक्ष से (ओर से) मुहसिल (कर वसूल करने वाले) नियुक्त हुये। कुछ समय उपरान्त सुल्तान ने अहमद अयाज़ को देहली भेज दिया और स्वयं तिलंग की ओर प्रस्थान किया। अहमद अयाज़ देहली पहुँचा। उसी समय लाहौर में विद्रोह होगया किन्तु अहमद अयाज़ ने उसे दबा दिया। सुल्तान सेना लेकर आरंगल (वारंगल) पहुँचा। वहाँ महामारी का प्रकोप था। बहुत से लोग वहाँ पहुँच कर रुग्ण हो गये। वहाँ से लोगों को दूसरे स्थानों पर भेजा गया। सुल्तान मुहम्मद भी रुग्ण हो गया। उसने मलिक क़बूल नायब वज़ीर को उस स्थान पर नियुक्त किया और तिलंग की विलायत (प्रदेश) उसे प्रदान कर दी। इसके उपरान्त वह शीघ्रातिशीघ्र

---

१ आधुनिक राय बरेली (उत्तर प्रदेश) ज़िले की एक तहसील। **W. C. Benett** ने **"A Report on the Family History of the Chief Clans of Roy Boreilly"** में जौना शाह द्वारा दलमऊ के सुन्दर बनाये जाने का हाल लिखा है किन्तु उस जौना शाह के विषय में मूल पुस्तक में लिखा है कि वह फ़ीरोज़शाह की सेना का एक अधिकारी था। बिनेट का विचार है कि यह जौना, मुहम्मद बिन तुग़लुक़ ही था। (**Benett. W. C., A Report on the Family History of the Chief Clans of Roy Bareilly District,** महदी हुसेन पृ० १५३-१५५)

२ इब्ने बत्तूता के अनुसार मुहम्मद बिन तुग़लुक़ ८ जून १३३४ ई० को देहली पहुँचा और ५ जनवरी १३३५ ई० को माबर की ओर रवाना हुआ। इस प्रकार यह विद्रोह १३३४ ई० में प्रारम्भ हुआ डा० महदी हुसेन के अनुसार यह सातवाँ विद्रोह था। (महदी हुसेन १५८-१६०)

३ फ़रमानों को भेजने वाले अधिकारी।

वहाँ से वापस हुआ और रुग्णावस्था में देवगीर (देवगिरि) पहुँचा। कुछ दिनों देवगीर (देवगिरि) में अपनी चिकित्सा कराई।[१]

दक्षिण का प्रबन्ध–

उसने शिहाब सुल्तानी को नुसरत ख़ाँ की पदवी प्रदान की और उसे बिदंर तथा उस ओर की विलायत प्रदान की। उसने उस ओर की अक्ताओं का १०० लाख तन्के मुक़ातेआ (ठेका) निश्चित किया। देवगीर (देवगिरि) तथा मरहठा प्रदेश क़ुतलुग़ ख़ाँ को प्रदान किये और स्वयं रुग्णावस्था में ही देहली वापस हुआ।

देहली निवासियों की वापसी की आज्ञा–

जब सुल्तान तिलंग की ओर प्रस्थान कर रहा था उसी समय उसने देहली के निवासियों को, जोकि देवगीर (देवगिरि) में थे, शहर (देहली) को लौट जाने का आम (सामान्य) आदेश दे दिया था। २-३ क़ाफ़िले जो रह गये थे, उन्हें देवगीर (देवगिरि) से शहर (देहली) की ओर भेज दिया। जिन्हें मरहठा प्रदेश अच्छा लगा वे सपरिवार वहीं रह गये।

सुल्तान मुहम्मद की देवगीर (देवगिरि) से शहर (देहली) की ओर वापसी तथा मार्ग में ख़राबी; (लोगों के कष्टों) का निरीक्षण करना।

देहली में अकाल तथा सुल्तान द्वारा प्रबन्ध–

जब सुल्तान मुहम्मद देवगीर (देवगिरि) से रुग्णावस्था में देहली लौटा और धार पहुँचा तो वहाँ कुछ दिन विश्राम किया। वहाँ से देहली की ओर प्रस्थान किया। मालवे में (४८२) भी अकाल पड़ा हुआ था। समस्त मार्ग के धावे (डाक) का प्रबन्ध नष्ट हो चुका था; मार्ग की विलायतें तथा क़स्बे बड़े दुःख तथा कष्ट में थे। सुल्तान देहली पहुँचा। देहली की (पिछली) रौनक़[२] का हज़ारवाँ भाग भी अब शेष न रह गया था। समस्त विलायतें नष्ट हो चुकीं थीं; घोर अकाल पड़ा हुआ था;[३] और कृषि न रह गई थी। सुल्तान ने यह देख कर कुछ समय तक कृषि की व्यवस्था करने तथा प्रजा को आबाद करने का प्रयास किया किन्तु उस वर्ष वर्षा ही न हुई और कोई सफलता प्राप्त न हुई। घोड़ों तथा मवेशियों के लिये घास भी न रह गई थी। अनाज का भाव १६-१७ जीतल प्रति सेर हो गया था। प्रजा का विनाश हो रहा था। सुल्तान मुहम्मद सोन्धार[४] के रूप में कृषि के लिये राजकोष से धन-सम्पत्ति प्रदान करता था। प्रजा कष्ट में तथा दुःखी होती जाती थी। वर्षा के न होने के कारण कृषि भी न हो सकती थी और लोगों की मृत्यु होती जाती थी। सुल्तान देहली पहुंच कर रोग से मुक्त हो गया और शीघ्र ही स्वस्थ हो गया।

---

१ बरनी ने मावर के स्वतन्त्र होने तथा वहाँ एक स्वतंत्र राज्य स्थापित होने का हाल स्पष्ट रूप से नहीं लिखा है। बदायूनी ने उसी को हसन काँगू अलाउद्दीन बहमन शाह लिखा है। (मुन्तख़बुत्तवारीख़ भाग १ पृ० २३१)।

२ पुस्तक में 'आबादानी हैं' जिसका अनुवाद आबादी तथा रौनक़ दोनों ही सम्भव हैं।

३ देहली में अनाज का भाव १५-१६ जीतल तक पहुँच गया था। (तारीख़े फ़ीरोज़शाही–रामपुर पोथी पृ० २९१)। जब सुल्तान देहली में स्थायी रूप से रहने लगा तो भी (अनाज) १०–१२ जीतल प्रति सेर से कम न हुआ। (तारीख़े फ़ीरोज़शाही—रामपुर पोथी–पृ० २९२)

४ ऋण (तक़ावी) के रूप में। बरनी ने धन की संख्या नहीं लिखी। अफ़ीफ़ के अनुसार दो करोड़ दिया गया था। (तारीख़े फ़ीरोज़शाही लेखक, शम्स सिराज अफ़ीफ़–पृष्ठ ९२-९३)।

शाहू अफ़ग़ान का मुल्तान में विद्रोह और सुल्तान का मुल्तान की ओर प्रस्थान करना।[1]

जिस समय सुल्तान मुहम्मद कृषि को सुव्यवस्थित करने तथा "सोन्धार" बाँटने में तल्लीन था, उसे मुल्तान से यह सूचना मिली कि शाहू अफ़ग़ान ने विद्रोह कर दिया है और मुल्तान के नायब बेहज़ाद की हत्या करदी है। मलिक नवा मुल्तान से शहर (देहली) की ओर भाग गया। शाहू ने अफ़ग़ानों को एकत्र करके मुल्तान पर अधिकार जमा लिया। सुल्तान ने शहर (देहली) में तैयारी करके शाहू अफ़ग़ान से युद्ध करने के लिये मुल्तान की ओर प्रस्थान किया। सुल्तान अभी कुछ मंज़िल भी आगे न बढ़ा था कि शहर (देहली) में सुल्तान मुहम्मद की माता मखदूमये जहाँ का निधन हो गया। उस सत्यवती मलिका के निधन से सुल्तान तुग़लुक़ शाह का वंश टूट गया। प्रजा को मखदूमये जहाँ द्वारा जितना दानपुण्य, सहायता तथा प्रोत्साहन प्राप्त होता था वह अन्य लोगों द्वारा न प्राप्त हो सका। शहर (देहली) में मखदूमये जहाँ की आत्मा की शान्ति के लिये भोजन वितरित हुआ तथा अत्यधिक दान पुण्य हुआ। मुल्तान की ओर जाते हुये सुल्तान को मखदूमये जहाँ के निधन का हाल ज्ञात (४८३) हुआ। वह इस समाचार से बड़ा दुःखी हुआ। मखदूमये जहाँ के दान पुण्य तथा कृपा द्वारा अनेक वंशों का कार्य चलता था। उस पवित्र, चरित्रवती तथा सती सावित्री द्वारा अनेक स्त्री तथा पुरुष, सुख-सम्पन्नता एवं आराम से जीवन व्यतीत करते थे। सुल्तान मुहम्मद आगे की ओर रवाना हुआ। मुल्तान पहुंचने में कुछ ही मंज़िलें रह गई थीं कि उसे शाहू के अधीनता-सम्बन्धी प्रार्थना-पत्र प्राप्त हुये। उसने विद्रोह त्याग कर पश्चाताप प्रकट किया था। वह मुल्तान छोड़कर अपने अफ़ग़ानों के साथ अफ़ग़ानिस्तान[2] की ओर चल दिया। सुल्तान मार्ग से लौट पड़ा और सुनाम पहुँचा। सुनाम से उसने अगरोहा में पड़ाव किया और वहीं कुछ समय तक रहा। अगरोहा से वह कूच करता हुआ (देहली) पहुँचा। देहली में घोर अकाल पड़ा हुआ था। आदमी-आदमी को खाये जाते थे। सुल्तान मुहम्मद ने कृषि (की उन्नति) के विषय में बड़ा प्रयास किया। कुंए खुदवाने का आदेश दिया, किन्तु प्रजा इस आदेश का पालन करने में भी असमर्थ रही। लोगों के मुंह से यदि उसके विरुद्ध कुछ निकल जाता तो उन्हें उसके कारण कठोर दण्ड दिये जाते और बहुतों की हत्या करा दी जाती।

सुल्तान का सुनाम, सामाने कैथल तथा कुहराम की ओर प्रस्थान, उन प्रदेशों का विध्वंस कराना, क्योंकि सभी विद्रोही हो गये थे। वहाँ से कोहपाया[3] की ओर प्रस्थान। कोहपाया के रायों का अधीन होना, मुक़द्दमों सरान (सरदारों), बेराहों[4], मन्दाहरों[5], जीवान, भट्टों

१ डा० महदी हुसेन के अनुसार इस विद्रोह की तिथि ७४२ हि०। (१३४१ ई०) निश्चित की जा सकती है। यह १६ वाँ विद्रोह था। (महदीहुसेन पृ० १८०)।

२ इससे आधुनिक अफ़ग़ानिस्तान न समझना चाहिये। इब्ने बत्तूता के अनुसार खम्भायत, गुजरात तथा नहरवाला अफ़ग़ानों के मुख्य निवास स्थान थे। यह कहना कठिन है कि वह उन्हीं स्थानों में से कहीं गया। बरनी का अफ़ग़ानिस्तान से अभिप्राय अफ़ग़ानों का निवास स्थान है।

३ पर्वत के नीचे के स्थान।

४ सम्भवतया बुर्रा, एक जाट जाति जो अब डेरा ग़ाज़ी खाँ तथा भावलपुर में पाई जाती थी।

५ एक राजपूत जाति जो करनाल, अम्बाला तथा पटियाला में निवास करती थी। (Ibetson, Sir D, (A Glossary of the Tribes and Castes of the Punjab and North-West Frontier Provinces, Lahore, 1916, Vol. I P. 135)

(भट्टियों)[१] तथा मनहियान[२] का देहली लाया जाना, उनका मुसलमान होना, और उनका मलिकों तथा अमीरों के सिपुर्द होना एवं शहर (देहली) में रक्खा जाना।

(४८४) सुल्तान ने दूसरी बार सुनाम तथा सामाने की विलायतों पर आक्रमण किया। वहाँ के विद्रोहियों तथा विरोधियों ने मन्दल[३] बना लिये थे। वे खराज नहीं अदा करते थे और उपद्रव मचाया करते थे तथा मार्ग में लूटमार किया करते थे। सुल्तान मुहम्मद ने उनके मन्दलों का विनाश कर दिया, उनके दल छिन्न-भिन्न कर दिये। उनके मुक़द्दम तथा सरदार शहर (देहली) लाये गये। उनमें से कुछ मुसलमान हो गये। उनके समूह अमीरों को सौंप दिये गये। वे अपने परिवार सहित शहर (देहली) में निवास करने लगे। उन्हें उनकी प्राचीन भूमि से पृथक् कर दिया गया और उस प्रदेश में उनका उपद्रव शान्त हो गया। यात्रियों को लूटमार के भय से मुक्ति प्राप्त हो गई।

वारंगल तथा कम्पिला[४] में विद्रोह[५] :—

जब सुल्तान शहर (देहली) में ही था उसी समय आरंगल (वारंगल) के हिन्दुओं ने विद्रोह कर दिया। कण्या नायक[६] की उस प्रदेश में शक्ति बढ़ गई। मलिक मक़बूल नायब वज़ीर आरंगल (वारंगल) से शहर (देहली) की ओर भाग गया और सुरक्षित देहली पहुंच गया। आरंगल (वारंगल) पर हिन्दुओं ने अधिकार जमा लिया और वह प्रदेश पूर्णतया हाथ से निकल गया। उसी समय कपया के एक सम्बन्धी ने, जिसे सुल्तान मुहम्मद ने कम्पिला की ओर भेजा था, इस्लाम त्याग दिया तथा मुर्तद[७] हो गया और विद्रोह कर दिया। कम्पिला प्रदेश भी सुल्तान के हाथ से निकल गया और हिन्दुओं के हाथ में आ गया[८]। उसे मुर्तदों ने अपने अधिकार में कर लिया।

चारों ओर अशान्ति—

देवगीर (देवगिरि) तथा गुजरात के अतिरिक्त कोई भी स्थान सुव्यवस्थित न रहा। प्रत्येक दिशा में विद्रोह तथा षड्यन्त्र होने लगा। जैसे-जैसे षड्यन्त्र तथा विद्रोह बढ़ते जाते, सुल्तान मुहम्मद प्रजा से खिन्न होता जाता और लोगों को कठोर दण्ड देता। लोगों को जब सुल्तान द्वारा हत्या-काण्ड के समाचार प्राप्त होते तो वे उससे और भी घृणा करने लगते और अशान्ति बढ़ती जाती। सुल्तान मुहम्मद कुछ समय तक देहली में ठहरा रहा। सोन्धार प्रदान करता तथा कृषि की उन्नति का प्रयास करता रहा। वर्षा के न होने के कारण प्रजा का उपकार न हो सका। देहली में अनाज का भाव बढ़ता गया और लोग बहुत बड़ी

१ जाट तथा भट्टी—सिन्धु तथा सतलज के निचले भाग की एक राजपूत जाति। (Ibetson p. 144)

२ रावलपिंडी, झेलम, सियालकोट तथा गुर्दासपुर की ओर की एक राजपूत जाति। (Ibetson p. 154) बरनी के अनुसार यह सब भिन्न-भिन्न विद्रोही जातियाँ थी।

३ यह शब्द मंडल भी हो सकता है और इसका यह अर्थ हुआ कि संगठित हो गये थे किन्तु यहाँ रक्षा का घेरा समझना चाहिये।

४ होसयेत, तालुक़ा, बेलारी जिले में अनिगुन्दी से ८ मील पूर्व।

५ डा० महदी हुसैन के अनुसार यह ११ वाँ विद्रोह था, जो लगभग १३३६ ई० के हुआ। (महदी हुसेन पृ० १६१-६२)।

६ कृष्ण नायक।

७ इस्लाम त्याग देने वाला मुर्तद कहलाता है।

८ तत्सम्बन्धी फ़िरिश्ता के अनुवाद में इस विषय पर विस्तार से नोट लिखा गया है।

(४८५) संख्या में नष्ट होने लगे। यद्यपि सुल्तान बदायूँ तथा कटिहर[1] की ओर चरागाह की खोज में एक दो बार गया और कई दिनों तक भ्रमण करके देहली लौट आया किन्तु फिर भी किसी का उपकार न हुआ। अकाल के कारण कष्टों में वृद्धि होती गई। लोग भूख से तथा चौपाये चारे के अभाव से मरते ही गये। इस घोर अकाल के कारण सुल्तान मुहम्मद राज्य व्यवस्था सम्बन्धी महत्त्वाकांक्षाओं की पूर्ति न कर सकता था।

सुल्तान मुहम्मद का सुर्गद्वारी (स्वर्गद्वारी) की ओर प्रस्थान तथा कुछ समय तक वहीं निवास करना।

जब सुल्तान मुहम्मद ने देखा कि किसी प्रकार देहली वालों को अनाज तथा चारे के अभाव से मुक्ति नहीं प्राप्त होती और बिना वर्षा के कृषि किसी प्रकार सम्भव नहीं और देहली की प्रजा का कष्ट दिन प्रति दिन बढ़ता जा रहा है तो उसने आदेश दिया कि शहर (देहली) के निवासियों को द्वार तथा चहारदीवारी हिन्दुस्तान की ओर, अपने परिवार सहित प्रस्थान करने से न रोकें[2]। प्रजा को हिन्दुस्तान की ओर जाने की आज्ञा प्रदान की गई जिससे वे कुछ समय तक के लिये अकाल के कष्ट से मुक्त हो सके। उन्हें उस स्थान पर स्वयं तथा अपने परिवार सहित रहने की अनुमति प्रदान कर दी गई। प्रजा बहुत बड़ी संख्या में अनाज के अभाव के कारण हिन्दुस्तान की ओर अपने परिवारों सहित चली जा चुकी थी[3]।

सुल्तान मुहम्मद भी शहर (देहली) से बाहर निकला और यहाँ से पटियाली[4] कम्पिला[5] से होता हुआ खोद[6] क़स्बे के आगे गंगा तट पर उतर पड़ा और उसी स्थान पर सेना के साथ निवास करने लगा। लोगों ने उसी स्थान पर छप्पर डाल लिये और वहीं निवास करने लगे। उस ग्राम का नाम स्वर्गद्वारी पड़ गया। अवध तथा कड़े से उस स्थान पर अनाज पहुँचाने लगा और शहर (देहली) की अपेक्षा वहां अनाज सस्ता था।

ऐनुल मुल्क के विद्रोह के कारण—

जिस समय सुल्तान मुहम्मद स्वर्गद्वारी में निवास कर रहा था, मलिक ऐनुलमुल्क, अवध तथा ज़फ़राबाद[7] की अक़्ता का स्वामी था। मलिक ऐनुलमुल्क के भाइयों ने वहाँ भीषण युद्ध करके अवध तथा ज़फ़राबाद के विद्रोहियों को कठोर दण्ड दिये थे और दोनों (४८६) अक़्ताओं को सुव्यवस्थित कर दिया था। जिस समय सुल्तान मुहम्मद का पड़ाव स्वर्गद्वारी में था, उस समय अनाज तथा चारे की ओर से देहली की अपेक्षा सुगमता प्राप्त हो गई थी। मलिक ऐनुलमुल्क तथा उसके भाइयों ने केवल स्वर्गद्वारी ही में नहीं वरन् देहली में भी धन-सम्पत्ति, भोजन सामग्री, अनाज तथा वस्त्र आदि भेजे थे। इन सब का मूल्य लगभग ७० या ८० लाख तन्के था। सुल्तान मुहम्मद की ऐनुलमुल्क के प्रति बड़ी श्रद्धा

१ पुस्तक में कान्हर है परन्तु इसे कटिहर अथवा आधुनिक रुहेलखण्ड होना चाहिये।

२ उन्हें जाने की अनुमति प्रदान की।

३ बरनी के आगे के कथन से भी इस वाक्य की पुष्टि होती है।

४ उत्तर प्रदेश के एटा जिले में।

५ कम्पिला उत्तर प्रदेश के फ़रुर्खाबाद जिले में।

६ उत्तर प्रदेश के फ़रुर्खाबाद जिले की क़ायमगंज तहसील में शम्साबाद से तीन मील दूर। रामपुर की तारीखे फ़ीरोज़ शाही की हस्तलिखित पोथी में खोरा है। "सुल्तान ने खोरा क़स्बे के आगे गंगा तट पर एक ऊंचा स्थान देखा और उसे अपने निवास के लिये निश्चित कर लिया"। (तारीखे फ़ीरोज शाही, रामपुर पृ० २६२)।

७ जौनपुर से पौने पाँच मील दक्खिन-पूर्व।

हो गई थी और वह उसकी योग्यता पर विश्वास करने लगा था। इससे पूर्व सुल्तान को देवगीर (देवगिरि) से निरन्तर यह समाचार प्राप्त होते रहते थे कि क़ुतलुग़ ख़ाँ के कारकुन लोभ तथा स्वार्थ में पड़ चुके हैं, उन्होंने कर कम कर दिया है। सुल्तान मुहम्मद के हृदय में यह आया कि वह ऐनुलमुल्क को देवगीर (देवगिरि) की विज़ारत प्रदान करदे और उसको तथा उसके भाइयों, सहायकों तथा घरबार को देवगीर (देवगिरि) की ओर भेज दे[1]। क़ुतलुग़ ख़ाँ उसके घरबार तथा सहायकों को देवगीर (देवगिरि) से देहली में बुला ले।

जब यह सूचना ऐनुलमुल्क तथा उसके भाइयों को प्राप्त हुई तो वे बड़े भयभीत हुये। वे इसे सुल्तान का छल समझने लगे क्योंकि उन लोगों ने उस प्रदेश में कई वर्षों से अपना अधिकार स्थापित कर रक्खा था। देहली के प्रतिष्ठित तथा गण्य-मान्य व्यक्ति विशेषकर नवीसिन्दे (कारणिक) सुल्तान के दण्ड के भय से धीरे-धीरे अनाज की मंहगाई का बहाना करके अपने परिवार सहित अवध तथा ज़फ़राबाद में पहुँच चुके थे। कुछ लोग ऐनुलमुल्क तथा उसके भाइयों के सेवक हो गये थे, कुछ लोगों को मुक़ातेआ पर ग्राम प्राप्त हो गये थे और उन्होंने सुल्तान के दण्ड के भय से उसकी शरण ग्रहण करली थी। सुल्तान को प्रजा का प्रस्थान तथा उनकी शरण में पहुँच जाना बार बार ज्ञात होता रहता था। सुल्तान इससे अधिक खिन्न होता था किन्तु सुल्तान ने यह बात कभी किसी से न कही और इसे अपने हृदय में हीं रक्खा कि वह उन लोगों के इस कार्य से असन्तुष्ट है। एक दिन उसने स्वर्गद्वारी से ऐनुलमुल्क के पास सन्देश भेजा कि उन योग्य तथा अनुभवी लोगों को एवं जिन्हें कठोर दण्ड दिये जाने का (४८७) आदेश हो चुका था और जो देहली से अवध तथा ज़फ़राबाद पहुँच चुके थे, बन्दी बना कर देहली भेज दिया जाय। देहली के विशेष तथा साधारण व्यक्तियों में से जो उसकी अक़्ता में पहुंच गये हों, चाहे उनकी इच्छा हो अथवा न हो उन्हें पुनः देहली भेज दिया जाय। इस सन्देश तथा सुल्तान के क्रोध से ऐनुलमुल्क और उसके भाइयों का भय और बढ़ गया। वे समझ गये कि उन्हें छल द्वारा देवगीर (देवगिरि) भेजा जा रहा है और वहीं उनकी हत्या करा दी जायगी। इस कारण वे उससे घृणा करने लगे और गुप्त रूप से विद्रोह में तल्लीन हो गये।[2]

निज़ाम माईं का विद्रोह[3]—

जिस समय सुल्तान देहली में था और फिर वहाँ से स्वर्गद्वारी में निवास करने के लिये गया, चार विद्रोह शीघ्र-शीघ्र हुये और उन्हें शान्त कर दिया गया। सुल्तान मुहम्मद को

१ "मैं तारीखे फ़ीरोज़शाही का संकलनकर्त्ता सुल्तान के नदीमों (मुसाहिबों) में थोड़ा बहुत सम्मान रखता था। मैं ने सुल्तान द्वारा सुना था कि वह बार बार कहता था कि ऐनुलमुल्क ने अपनी योग्यता से हमारे लिये इतनी धन सम्पत्ति अवध तथा ज़फ़राबाद से पहुँचाई है। देवगीर (देवगिरि), अवध तथा ज़फ़राबाद की अपेक्षा सौ गुना है। देखता हूँ कि वह उस स्थान से कितनी सम्पत्ति तथा खज़ाना भेजता है। ऐनुल मुल्क तथा उसके भाई अपने पदच्युत होने का हाल सुना करते थे। सुल्तान अत्यधिक कठोर दण्ड देता था। दूसरे उनके वहाँ जड़ पकड़ लेने तथा शहर (देहली) वालों से उनके पत्र-व्यवहार का हाल सुल्तान ने बहुत सुन रखा था। तीसरे उन लोगों ने समझा कि देवगीर (देवगिरि) का पद इन्हें छल द्वारा दिया जा रहा है अन्यथा क़ुतलुग़ ख़ाँ को, जो सुल्तान का गुरु है और वर्षों से वहाँ का वाली तथा वज़ीर है एवं जड़ पकड़ चुका है, किस प्रकार हटाया जाता और हमें प्रदान किया जाता। वे अपनी मूर्खता के कारण सुल्तान से भयभीत हो गये। (तारीखे फ़ीरोज़शाही, रामपुर, पृ० २६३)

२ सुल्तान १३३८ ई० के अन्त से १३४१ ई० तक स्वर्ग द्वारी में रहा। इस बीच में चार विद्रोह हुये। १५, १६, १७, १८ (महदी हुसेन पृ० १६५)।

३ १५ वाँ विद्रोह १३३८ ई० (महदी हुसेन पृ० १६५)।

विद्रोहियों पर विजय प्राप्त हुई। सर्व प्रथम निज़ाम माईं ने कड़े में विद्रोह किया। निज़ाम माईं बड़ा भंगड़ी, भंगी तथा ख़ुराफ़ाती[1] था। उसने बकवादी तथा प्रलापी होने के कारण कड़े की अक़्ता कई लाख तन्के के मुक़ातेये (ठेके) पर प्राप्त कर ली। उसने वहाँ पहुँच कर बहुत हाथ पैर मारे। चूँकि उसके पास कोई धन-सम्पत्ति, तथा सहायक न थे और उसका कोई आधार न था, अतः उसे अपने मुक़ातेये से कोई लाभ न हुआ। जो कुछ उसने अदा करने के लिये लिख कर दिया था, उसका दसवाँ भाग भी वह वसूल न कर सका। अपने आप को बेचने वाले कुछ गुलामों को मोल लेकर तथा कुछ भंगड़ी पायकों को अपना मित्र बना कर बिना किसी आधार के, शक्ति तथा धन-सम्पत्ति के बिना विद्रोह कर दिया। चत्र धारण कर लिया। अपनी उपाधि सुल्तान अलाउद्दीन निश्चित की। जब यह सूचना देहली पहुँची तो इससे पूर्व कि सुल्तान मुहम्मद कोई सेना उससे युद्ध करने के लिये शहर (देहली) से भेजता, ऐनुलमुल्क तथा उसके भाइयों ने अवध से निज़ाम माईं पर आक्रमण कर दिया और उसके विद्रोह को शान्त कर दिया। निज़ाम माईं की खाल खिंचवा कर शहर (देहली) भेज दी। (४८८) सुल्तान का आदेश पहुंचने के पूर्व ही यह विजय ऐनुलमुल्क द्वारा प्राप्त हुई थी। देहली से सुल्तान मुहम्मद की बहिन का पति शेखज़ादा बस्तामी कड़े की ओर भेजा गया और कड़े की अक़्ता उसे प्रदान कर दी गई। वह निज़ाम माईं के साथी विद्रोहियों को राजसिंहासन के आदेशानुसार कठोर दण्ड देने में बड़ा पथ-भ्रष्ट हो गया।

शिहाबे सुल्तानी का विद्रोह[2] :—

इसी बीच में, शिहाबे सुल्तानी ने बिदर में विद्रोह कर दिया। यह दूसरा विद्रोह था। इस शिहाबे सुल्तानी ने, जिसकी उपाधि नुसरत खाँ निश्चित हुई थी बिदर तथा उससे सम्बन्धित समस्त अक़्ताओं को राजसिंहासन के समक्ष तीन वर्ष के लिये एक करोड़ कर मुक़ातेये (ठेके) पर अदा करने का वचन देकर प्राप्त कर लिया था। इस मुक़ातेये के विषय में स्वीकृति-पत्र लिखकर दे दिया था। उसने वहाँ पहुंच कर बड़ी योग्यता तथा बुद्धिमत्ता से प्रबन्ध किया किन्तु फिर भी मुक़ातेये (ठेके) का तीन चौथाई कर भी प्राप्त न कर सका। वह सुल्तान के कठोर दण्ड के समाचार निरंतर बिदर में सुना करता था। बक़्क़ाल पेशा होने के कारण वह आतंकित तथा विवश था। दण्ड तथा अपमान के भय से उसने विद्रोह कर दिया और बिदर के क़िले में बन्द होकर बैठ रहा। क़ुतलुग़ खाँ देवगीर (देवगिरि) से उसका विद्रोह शान्त करने के लिये नियुक्त हुआ। देहली के कुछ मलिक तथा अमीर एवं धार की सेना क़ुतलुग़ खाँ के साथ बिदर भेजी गई। वह सेना लेकर बिदर पहुँचा और वहाँ के क़िले पर विजय प्राप्त करली। शिहाबे सुल्तानी को बन्दी बनाकर सुल्तान के दरबार में भेज दिया। वह विद्रोह शान्त हो गया और वह विलायत भी सुव्यवस्थित हो गई।

अली शाह का गुलबर्गे में विद्रोह[3] :—

कुछ महीनों के उपरान्त अली शाह ने, जोकि ज़फ़र खाँ[4] अलाई का भानजा था, उसी प्रदेश में विद्रोह कर दिया। यह तीसरा विद्रोह था। अली शाह, क़ुतलुग़ खाँ का अमीर सदा[5]

१ ये शब्द बरनी के ही हैं।

२ १६ वाँ विद्रोह, १३३८-३९ ई० (महदी हुसेन पृ० १६५)।

३ १७ वाँ विद्रोह, १३३९ ई० (महदी हुसेन पृ० १६६)।

४ ज़फ़र खाँ ने सुल्तान अलाउद्दीन के राज्यकाल में मंगोलों पर विजय के कारण अपनी वीरता के लिये बड़ी प्रसिद्धि प्राप्त करली थी। (बरनी पृ० २६०-६१; ख़लजी कालीन भारत पृ० ५२-५३)।

५ १०० सैनिकों के अधिकारी।

था। वह देवगीर (देवगिरि) से कर वसूल करने के लिये गुलबर्गे गया था। उस स्थान पर सवार, प्यादे, मुक्ते तथा वाली न पाकर उसने अपने भाइयों को अपनी ओर मिला लिया और गुलबर्गे के मुतसर्रिफ़ भीरन की हत्या करदी। वहाँ की धन-सम्पत्ति लूट ली। वहाँ से बिदर की ओर प्रस्थान किया। वहाँ के नायब की भी हत्या करदी। बिदर तथा गुलबर्गा दोनों ही अपने अधिकार में कर लिये और विद्रोह तथा अत्याचार प्रारम्भ कर दिया। सुल्तान मुहम्मद ने क़ुतलुग़ ख़ाँ को पुनः उस ओर भेजा। देहली के कुछ मलिक तथा अमीर एवं धार की सेना क़ुतलुग़ ख़ाँ के साथ भेजी। क़ुतलुग़ ख़ाँ ने सेना लेकर देवगीर (देवगिरि) से (४८९) उस ओर प्रस्थान किया। विद्रोही अली शाह ने आगे बढ़ कर क़ुतलुग़ ख़ाँ से युद्ध किया और पराजित होगया। वह भाग कर बिदर के क़िले में घुस गया। क़ुतलुग़ ख़ाँ इस बार भी बिदर पहुंचा और बिदर को घेर लिया। विद्रोही तथा षड्यंत्रकारी अली शाह और उसके भाइयों को बन्दी बना कर क़िले से निकाल लाया और उन्हें सुल्तान मुहम्मद के पास स्वर्गद्वारी भेज दिया। इस प्रकार वह विद्रोह शान्त हो गया और वहाँ की प्रजा को शान्ति प्राप्त हो गई। सुल्तान मुहम्मद ने अली शाह तथा उसके भाइयों को ग़ज़नी भेज दिया किन्तु वे वहाँ से फिर लौट आये और दोनों भाइयों की (महल) के द्वार के समक्ष हत्या करादी गई।

ऐनुलमुल्क का विद्रोह[1]—

उन्हीं दिनों में चौथा विद्रोह ऐनुलमुल्क तथा उसके भाइयों का स्वर्गद्वारी में हुआ। ऐनुलमुल्क सुल्तान मुहम्मद का मित्र तथा विश्वासपात्र रह चुका था। वह सुल्तान मुहम्मद के क्रोध तथा सुल्तान की कठोरता एवं आतंक से बहुत भयभीत था। वह अपने विचार में अपने आपको मृत्यु के निकट देखता था। उसने सुल्तान से अपने भाइयों तथा अवध और ज़फ़राबाद की सेना लाने की अनुमति प्राप्त करली। वह उन्हें स्वर्गद्वारी के निकट कुछ कोस तक ले गया। अचानक एक आधी रात में वह स्वर्गद्वारी से भाग कर अवध तथा ज़फ़राबाद की सेना के शिविर में अपने भाइयों के पास पहुँच गया। उसके भाई ३-४ हज़ार[2] सवारों की सेना लेकर गंगा नदी पार करके स्वर्गद्वारी की ओर पहुंच गये। उन्होंने हाथियों तथा घोड़ों के गल्लों को, जो उन्हें मार्ग में चरते हुये मिले, पकड़ लिया और उन्हें अपनी सेना में ले गये। स्वर्गद्वारी में बहुत बड़ा कोलाहल मच गया। सुल्तान मुहम्मद ने सामाने, अमरहो बरन तथा कोल की सेनायें बुलवाईं। अहमद अयाज़[3] की सेना भी उन दिनों वहीं पहुँच गई। सुल्तान मुहम्मद ने कुछ दिनों तक स्वर्गद्वारी में रुक कर तैयारी की और क़न्नौज की ओर चढ़ाई करदी। क़न्नौज के निकट सेना के शिविर लगा दिये।

(४९०) ऐनुलमुल्क तथा उसके भाई युद्ध विद्या का कोई ज्ञान न रखते थे। वे वीर तथा पराक्रमी न थे। उन्हें इस कार्य (युद्ध) का कोई अनुभव प्राप्त न था। वे सुल्तान मुहम्मद से युद्ध के लिए तैयार हो गये, यद्यपि सुल्तान मुहम्मद उसका पिता तथा चाचा मुग़लों तथा ख़ुरासान की सेना से युद्ध कर चुके थे और मुग़लों पर बीसियों बार बिजय प्राप्त कर चुके थे। उन्होंने ख़ुसरो ख़ाँ तथा ख़ुसरो ख़ानियों (ख़ुसरो ख़ाँ के सहायकों) से तलवार, तीर गदा तथा भाले द्वारा युद्ध करके देहली का राज्य हिन्दुओं तथा बरवारों से छीन लिया था।

---

१ १८ वाँ विद्रोह १३४० ई० (महदी हुसैन पृ० १६६-६७)।

२ पुस्तक में सी सद व चहार सद है जिसका अर्थ ३००० व ४००० है किन्तु यह चेहल सद होना चाहिये और इस प्रकार संख्या ३-४ हज़ार हो जाती है।

३ पुस्तक में अहमदाबाद है किन्तु यह अहमद अयाज़ होना चाहिये। (होदीवाला पृ० २९७)।

विद्रोहियों ने मूर्खता तथा अनुभव-शून्यता के कारण गंगा नदी, बाँगरमऊ[1] के नीचे बटला, सनाही तथा मज़राबा (ग्रामों) की ओर से पार की। उन्हें भ्रम था कि सुल्तान मुहम्मद के अत्यधिक दण्ड के भय से लोग उससे घृणा करने लगे हैं। सेना, सुल्तान से, जोकि उसका वर्षों से आश्रयदाता तथा उसके आश्रयदाता का पुत्र है, फिर जायगी; उन नवीसिन्दों तथा बक़्क़ालों से जिन्हें लगाम तथा घोड़ों के साज़ की दुमची का भी ज्ञान न था, मिल जायगी। ऐनुलमुल्क तथा उसके भाई शाही सेना से युद्ध करने के लिए उसके मुक़ाबले में आये। इन अभागे कायर विद्रोहियों ने रात के अन्तिम पहर में सुल्तान की सेना से युद्ध प्रारम्भ कर दिया और वाणों की वर्षा करने लगे। सुबह होते होते सुल्तान मुहम्मद के लश्कर की एक सेना ने उन पर आक्रमण कर दिया। उनकी सेना पहले ही आक्रमण में पराजित होकर छिन्न-भिन्न हो गई। ऐनुलमुल्क को जीवित ही बन्दी बना लिया गया। शाही सेना ने १२-१३ कोस तक उनका पीछा किया। उनके बहुत से सवार तथा प्यादे भागते हुये मारे गये। ऐनुलमुल्क के दोनों भाई, जोकि सेना नायक बन गये थे, सुल्तान की सेना से युद्ध करते हुये मारे गये। उनकी सेना के बहुत से सैनिक अपने प्राणों के भय से गंगा में कूद पड़े। बहुत से लोग नदी में डूब गये। जिस सेना ने उन लोगों का पीछा किया उसे इतनी धन-सम्पत्ति प्राप्त हुई कि उसका उल्लेख सम्भव नहीं। उनके सवार तथा प्यादे, जो गंगा पार करके भाग सके मवासात[2] में हिन्दुओं के हाथ में पड़ गये। उनके घोड़ों तथा अस्त्र शस्त्र का (४६१) विनाश हो गया। सुल्तान मुहम्मद ने ऐनुलमुल्क की हत्या का आदेश न दिया। उसका विचार था कि वह वास्तव में विद्रोही नहीं है, केवल भूल से वह इस दुर्घटना में फँस गया है; वह योग्य बुद्धिमान तथा काम का आदमी है। सुल्तान ने उन्हीं दिनों में ऐनुलमुल्क को मुक्ति प्रदान करदी। कुछ समय उपरान्त उसे अपने सम्मुख बुलवाया और सम्मानित किया। उसे ख़िलअत तथा उच्च पद प्रदान किये। उसे बहुत कुछ इनाम दिया। उसके पुत्रों तथा उसके शेष घर बार को भी उसे प्रदान कर दिया।

सुल्तान का बहराइच को प्रस्थान तथा वहाँ से देहली को वापसी—

सुल्तान मुहम्मद, ऐनुलमुल्क का विद्रोह शान्त करके बाँगरमऊ से हिन्दुस्तान की ओर चल खड़ा हुआ। बहराइच पहुँचा। सिपहसालार मसऊद शहीद के रौज़े की, जो सुल्तान महमूद सुबुक्तिगीन की सेना का एक योद्धा था, ज़ियारत (दर्शन) की। रौज़े के मुजाविरों[3] को बहुत कुछ दान-पुण्य किया। बहराइच से अहमद अयाज़ को आगे प्रस्थान करने के लिये नियुक्त किया और आदेश दिया कि वह लखनौती के मार्ग में शिविर लगा दे और वहीं उतर पड़े; ऐनुलमुल्क के भागे हुये सैनिकों तथा उन लोगों को, जो विद्रोह में अवध तथा ज़फ़राबाद से उसके सहायक हो गये थे, लखनौती न जाने दे; देहली के जो निवासी अकाल अथवा सुल्तान के दण्ड के भय से ज़फ़राबाद पहुँच कर निवास करने लगे हैं उन्हें जिस प्रकार सम्भव हो उनकी मातृ-भूमि की ओर भेज दे। सुल्तान मुहम्मद बहराइच से लौट कर निरन्तर कूच करता हुआ देहली

१ उत्तर प्रदेश के उन्नाव ज़िले की सफ़ीपुर तहसील में। यहाँ से दो मध्य कालीन मार्ग कटते थे। १ क़न्नौज से फ़ैज़ाबाद दूसरा देहली से बनारस। यहाँ एक सूफ़ी अलाउद्दीन का मज़ार है। जिसमें एक शिला लेख १३०२ ई० का है। फ़ीरोज़ तुग़लुक़ द्वारा १३७४ ई० का निर्मित यहाँ एक मज़ार भी है। (Imperial Gazetteer of India; 1908; Vol. VI, P. 380, होदीवाला पृ० २९७)।

२ इसका अर्थ "शरण या रक्षा का स्थान है।" मवासात उन स्थानों को कहते थे, जहाँ विद्रोही रक्षा के लिये छिप जाते थे।

३ रौज़े (समाधि-क्षेत्र) के प्रबन्धक।

पहुँचा। वहाँ पहुँच कर वह राज्य-व्यवस्था में तल्लीन हो गया। अहमद अयाज़ जिस कार्य के लिये नियुक्त हुआ था, उसे पूरा करके शहर (देहली) पहुँच गया।

अब्बासी ख़लीफ़ा का मनशूर (आज्ञा-पत्र)—

जब सुल्तान मुहम्मद शहर (देहली) से स्वर्गद्वारी में निवास करने लगा था तो उसके हृदय में यह बात आई कि बादशाहों की सल्तनत तथा उनका शासन बिना ख़लीफ़ा[1] की अनुमति के, जोकि अब्बास[2] की सन्तान से है, उचित नहीं। जो बादशाह अब्बासी ख़लीफ़ाओं (४६२) की अनुमति के बिना स्वयं बादशाही कर चुके हैं अथवा कर रहे हैं, वे अपहरणकर्त्ता हैं। सुल्तान यात्रियों से ख़ुलफ़ाये अब्बासी के विषय में बड़ी पूछ-ताछ किया करता था। उसने अनेक यात्रियों द्वारा यह सुना था कि अब्बासी सन्तान का ख़लीफ़ा मिस्र में ख़िलाफ़त की गद्दी पर आरूढ़ है[3]। सुल्तान मुहम्मद ने अपने सहायकों तथा विश्वास-पात्रों सहित मिस्र के उस ख़लीफ़ा की बैअत[4] करली। स्वर्गद्वारी से २-३ महीने तक ख़लीफ़ा की सेवा में प्रार्थना-पत्र भेजता रहा और उसे प्रत्येक बात की सूचना देता रहा। जब वह शहर (देहली) पहुँचा तो उसने जुमे तथा ईद की नमाज़ें स्थगित करा दीं। सिक्के से अपना नाम निकलवा दिया और आदेश दिया कि सिक्के में ख़लीफ़ा का नाम तथा उपाधि लिखी जाय।[5] वह अब्बास की सन्तान की ख़िलाफ़त के विषय में इतनी अत्यधिक श्रद्धा प्रदर्शित करता था कि उसका उल्लेख तथा वर्णन सम्भव नहीं।

७४४ हि० (१३४३ ई०) में हाजी सईद सरसरी मिस्र से शहर (देहली) आया और ख़लीफ़ा के दरबार से सुल्तान मुहम्मद के लिये मनशूर, लिवा[6] तथा ख़िलअत लाया। सुल्तान मुहम्मद ने राज्य के समस्त उच्च पदाधिकारियों, सैयिदों, मशायख (सूफ़ियों) आलिमों, प्रतिष्ठित तथा गण्य मान्य व्यक्तियों एवँ भिन्न-भिन्न समूहों के नेताओं को लेकर ख़लीफ़ा का मनशूर तथा ख़िलअत लाने वाले हाजी सईद सरसरी का स्वागत किया। ख़लीफ़ा के ख़िलअत तथा मनशूर का अत्यधिक सत्कार किया और उसमें बड़ी अतिशयोक्ति से काम लिया। (सत्कार की पराकाष्ठा प्रदर्शित की)। अत्यधिक आदर-सत्कार का उल्लेख भी सम्भव नहीं। वह कुछ तीर पर ताब[7] तक आगे पैदल गया। मनशूर तथा ख़िलअत सिर पर रक्खी। सईद सरसरी के चरणों का चुम्बन किया। शहर में क़ुब्बे सजाये गये। मनशूर तथा ख़िलअत पर सोने की वर्षा की गई। प्रथम शुक्रबार को जब ख़लीफ़ा का नाम मिम्बर[8] पर पढ़ा गया तो सोने तथा चाँदी

---

१ मुहम्मद साहब के उत्तराधिकारी ख़लीफ़ा कहलाते हैं। प्रथम चार ख़लीफ़ाओं के बाद (६६१ ई०) बनी उमय्या की खिलाफ़त रही (७४६ ई०) उनके बाद अब्बासी ख़लीफ़ा हुये और हलाकू ने १२५८ ई० में मोतसिम बिल्लाह की हत्या करके बग़दाद पर अधिकार जमा लिया और अब्बासी ख़लीफ़ाओं के राज्य का अन्त हो गया। मोतसिम का एक चाचा अहमद मिस्र भाग गया। वहां ममलूक तुर्कों का १२५२ ई० से राज्य था। समकालीन बादशाह ज़हीर (१२५८-६५ ई०) ने उसका स्वागत किया और उसे नाम मात्र को ख़लीफ़ा बना दिया। इस प्रकार मिस्र में अब्बासी ख़लीफ़ाओं का राज्य प्रारम्भ हो गया।

२ मुहम्मद साहब के चाचा तथा अब्दुल मुत्तलिब के पुत्र। इनकी मृत्यु ६५३ ई० में हुई। उनके वंश के एक व्यक्ति सफ़्फ़ाह ने अबू मुस्लिम ख़ुरासानी की सहायता से ७४६ ई० में अब्बासी ख़लीफ़ाओं का राज्य स्थापित किया।

३ ख़लीफ़ा है।

४ अधीनता स्वीकार करना।

५ मुहम्मद बिन तुग़लुक़ के समय के ७४१ हि० (१३४०-४१) के सिक्कों के विषय में परिशिष्ट पढ़िये।

६ मनशूर—आज्ञा पत्र, लिवा=झंडा।

७ तीर के पहुँचने की दूरी।

८ मसजिद का मञ्च।

के तन्कों के भरे हुये थाल न्योछावर किये गये। उस तिथि से जुमे तथा ईद की नमाज़ों की अनुमति दे दी गई। ख़लीफ़ा के नाम के सम्मान के लिये, जोकि ख़ुत्बों में पढ़ा जाता था, कई शुक्रवार को सुल्तान महल से सीरी की जामा मस्जिद तक समस्त मलिकों, अमीरों, प्रतिष्ठित तथा गण्य मान्य व्यक्तियों को लेकर पैदल जाता था। उसने आदेश दे दिया था कि ख़ुत्बे में केवल उन्हीं (४६३) बादशाहों के नाम पढ़े जायें जिन्हें अब्बासी खलीफ़ाओं द्वारा अनुमति तथा आज्ञा प्राप्त हुई थीं; जिन्हें इस प्रकार की अनुमति न प्राप्त हो, उनके नाम ख़ुत्बे से पृथक् कर दिये जायं; उन्हें अपहरणकर्त्ता समझा जाय। उसने यह भी आदेश दिया कि ज़रबफ़्त के (सुनहरे काम) वस्त्रों तथा अन्य बहुमूल्य वस्तुओं पर तथा ऊँचे-ऊँचे भवनों पर खलीफ़ा का नाम लिखा जाय, ख़लीफ़ा का नाम लिखे बिना किसी अन्य का नाम न लिखा जाय। हाजी सरसरी के पहुंचने के उपरान्त, सुल्तान मुहम्मद ने एक बहुत लम्बा चौड़ा प्रार्थना-पत्र अत्यधिक विनय प्रदर्शित करते हुये तथा ऐसे बहुमूल्य जवाहरात देकर जिनके समान जवाहरात ख़ज़ाने में न थे, हाजी रजब बुरक़ई के हाथ ख़लीफ़ा की सेवा में मिस्र भेजा।

मलिक कबीर का सम्मान तथा हाजी रजब बुरक़ई का मिस्र भेजा जाना—

सुल्तान मुहम्मद अब्बासी ख़लीफ़ा पर इतनी अधिक श्रद्धा रखने लगा था कि यदि मार्ग में डाकुओं का भय न होता तो वह अपना समस्त ख़ज़ाना, जो उस समय उसके पास था, देहली से मिस्र भेज देता और ख़लीफ़ा की अनुमति के बिना जल भी न पीता। ख़लीफ़ा के ऊपर सुल्तान इतनी अपार श्रद्धा रखने लगा था कि उसने मलिक कबीर सर जानदार[1] को, जोकि उसका बड़ा विश्वास-पात्र था और जिससे बढ़ कर श्रेष्ठ उसके निकट कोई न था, उसकी सेवाओं के लिये मलिक ख़लीफ़ा की उपाधि प्रदान की। ख़लीफ़ा का अधिकार, जिसे वह स्वीकार करता था, दृढ़ बनाने के लिये वह समस्त प्रार्थना पत्रों में मलिक कबीर को अपनी मृत्यु तक क़ुबूले ख़लीफ़ी लिखवाता रहा। यह मलिक कबीर जिसकी उपाधि क़ुबूले खलीफ़ी थी, एक ऐसा दास (ग़ुलाम) था जिसके समान चरित्रवान्, बुद्धिमान, योग्य, सुव्यवस्थापक, तथा धर्मनिष्ठ, पवित्र हृदय तथा पवित्र विचारों वाला ईश्वर का भक्त एवं उपासक, न्यायकारी कोई भी दास देहली के राज्य में किसी बादशाह को कदाचित् ही प्राप्त हुआ हो। सुल्तान की दृष्टि में किसी को भी इतना आदर-सम्मान तथा श्रेष्ठता न प्राप्त हो सकी। यदि किसी के विषय में यह कहा जाता कि वह सुल्तान का उत्तराधिकारी है तो वह मलिक कबीर ही (अल्लाह उस पर दया करे) था। इस दास को, जोकि राज्य तथा शासन (४६४) के योग्य था, सुल्तान मुहम्मद ने अपनी श्रद्धा के कारण मलिक ख़लीफ़ा बना दिया था। इस प्रकार यह फ़रिश्तों के समान गुण रखने वाला, अद्वितीय मलिक, ख़लीफ़ा की सेवा में उपहार के लिये समर्पित कर दिया गया था। उसने मलिक कबीर को आदेश दिया कि वह खलीफ़ा की सेवा में हाजी रजब बुरक़ई के हाथ, एक प्रार्थना-पत्र अपनी दासता का उल्लेख करते हुये भेजे।

शेख़ुश्शुयूख़ का हाजी रजब के साथ मिस्र से ख़लीफ़ा की ओर से आना—

प्रार्थना-पत्र तथा हाजी रजब बुरक़ई के भेजने के दो वर्ष उपरान्त मिस्र का शेख़ुश्शुयूख़, सुल्तान मुहम्मद के नाम नियाबते ख़िलाफ़त[2] का मनशूर, अमीरुल मोमिनीन की प्रदान की

१ पुस्तक में सर आमदार है किन्तु इब्ने बत्तूता ने जो उसके कार्यों का उल्लेख किया है, उससे ज्ञात होता है कि वह सर जानदार था।

२ ख़लीफ़ा का नायब होना, सहायक होना।

हुई खास खिलअत तथा लिवा (झंडा) देहली लाया[1]। सुल्तान मुहम्मद ने समस्त अमीरों, मलिकों, गण्यमान्य एवं प्रतिष्ठित लोगों को लेकर मिस्र के शेखुश्शुयूख तथा हाजी रजब बुरक़ई का, जो अमीरुल मोमिनीन का खिलअत, मनशूर, तथा लिवा मिस्र से लाये थे, स्वागत किया। वे दूर तक पैदल गये और उनका इतना आदर सम्मान किया कि दर्शकगण चकित हो गये। यदि मैं चाहूं कि सुल्तान मुहम्मद की अब्बासी ख़लीफ़ा के विषय में श्रद्धा के सौवें भाग का भी उल्लेख कर सकूं तो यह सम्भव नहीं।

ख़लीफ़ा के प्रति सुल्तान की श्रद्धा—

उसने राज्य व्यवस्था तथा शासन प्रबन्ध-सम्बन्धी, छोटे बड़े तथा साधारण एवं विशेष कार्यों में अपने आपको जिस प्रकार ख़लीफ़ा के आदेशों का अधीन समझना प्रारम्भ कर दिया था, उसके उल्लेख के लिये एक ग्रन्थ की आवश्यकता होगी। सुल्तान मुहम्मद उठते बैठते, बोलते-चालते, कहते-सुनते, किसी को कुछ लेते-देते समय ख़लीफ़ा के अतिरिक्त कोई अन्य नाम न लेता था। इस समय जब शेखुश्शुयूख मिस्र तथा हाजी रजब बुरक़ई पहुँचे तो शहर (देहली) में क़ुब्बे सजाये गये। सुल्तान अमीरुल मोमिनीन की लिवा तथा मनशूर अपने सिर पर रख कर शहर के द्वार से महल के भीतर तक पैदल गया और अत्यधिक आदर सम्मान का प्रदर्शन किया। जो अमीर तथा मुग़लिस्तान एवं खुरासान के अमीरे तुमन[2] सुल्तान मुहम्मद के पास पहुँचते, उन्हें वह अमीरुल मोमिनीन[3] के मनशूर की बैअत करने का आदेश (४६५) दिया करता था। क़ुरान, मशारिक़[4] तथा अमीरुल मोमिनीन का मनशूर सामने रख कर बैअत कराता। लोगों से स्वीकृति-पत्र तथा इक़रार-नामे अमीरुल मोमिनीन के नाम से लेता था। अनेक मुग़ल शाहज़ादे, अमीराने हज़ारा,[5] अमीराने सदा[6] तथा अन्य उच्च पदाधिकारी एवं उच्च श्रेणी की स्त्रियाँ[7] जो भी सुल्तान के दरबार में पहुँचतीं उन सब से सर्व प्रथम अमीरुल मोमिनीन के नाम की बैअत का पत्र लिया जाता था; तत्पश्चात उन्हें लाखों तथा करोड़ों प्रदान कर दिये जाते थे। इस अवसर पर भी शेखुश्शुयूख मिस्री तथा उन लोगों को, जो उनके साथ आये थे, अत्यधिक इनाम इकराम देकर बड़े आदर-सम्मानके साथ विदा किया। नहरवाला तथा खम्बायत (खम्भायत) के मार्ग से सुल्तान ने ख़लीफ़ा की सेवा में उन लोगों के हाथ अत्यधिक धन-सम्पत्ति तथा जवाहरात मिस्र भेजे। इस के अतिरिक्त दो बार फिर अमीरुल मोमिनीन का मनशूर भरोंच तथा खम्बायत में प्राप्त हुआ। प्रत्येक बार सुल्तान मुहम्मद ने उसका अत्यधिक आदर सम्मान किया। वह बादशाह, जो आतंक तथा वैभव से परिपूर्ण था, ख़लीफ़ा का मनशूर लाने वालों की इतनी सेवा करता था जितनी कोई तुच्छ दास भी अपने स्वामी की न कर सकता होगा। वह उनका अत्यधिक आदर सम्मान करता था और हाजी सईद सरसरी, हाजी रजब बुरक़ई तथा शेखुश्शुयूख मिस्री के चरणों का चुम्बन किया करता था और अपना सिर उनके चरणों पर रख दिया करता था। इतनी नम्रता,

---

१ हाजी सईद ७४४ हि० (१३४३ ई०) में पहुँचा। हाजी रजब उसी वर्ष दूत बना कर भेज दिया गया होगा और वह ७४६ हि० में शेखुश्शुयूख़ के साथ लौटा।

२ १०,००० सैनिकों के अधिकारी।

३ मोमिनों का सरदार; ख़लीफ़ा की पदवी।

४ 'मशारिक़ुल अनवार' हदीसों का प्रसिद्ध संग्रह। इसके संकलनकर्त्ता रज़ी उद्दीन हसन इमाम सग़ानी थे। इस पुस्तक की उस समय हिन्दुस्तान में बड़ी प्रसिद्धि थी।

५ हज़ार सैनिकों के अधिकारी।

६ १०० सैनिकों के अधिकारी।

७ ख़ातूनान।

ऐसे बादशाह द्वारा, जिसका पालन पोषण सरदारी तथा नेतृत्व के वातावरण में हुआ था, आश्चर्यजनक प्रतीत होती थी। वह बाल्यावस्था से मलिकी, मलिकी से खानी तथा खानी से बादशाही के समय तक बड़े आदर सम्मान तथा वैभव से जीवन व्यतीत करता रहा था और सर्वदा लोग उसकी सेवा करते रहे थे। दर्शकगण सुल्तान की दीनता तथा दासता पर आश्चर्य (४९६) किया करते थे। आलिम तथा बुद्धिमान एक दूसरे से आश्चर्य करते हुये कहते थे कि सुल्तान मुहम्मद को अपने समकालीन खलीफ़ा से कितना प्रेम है कि वह उसके नाम पर जान देता है। उसे उसमें कितनी अधिक श्रद्धा है और मनशूर तथा खिलअत लाने वालों की वह किस प्रकार इतनी सेवा करता है, जितनी सेवा कोई दास अपने स्वामी की न करता होगा। यदि सुल्तान मुहम्मद की अमीरुल मोमिनीन से भेंट हो जाय तो ईश्वर ही जानता है कि वह उसकी कितनी सेवा तथा कितना आदर सम्मान करेगा।

मखदूमज़ादे का आगमन—

सुल्तान को अब्बासी खलीफ़ा में इतनी अधिक श्रद्धा थी कि बग़दाद के मखदूमज़ादे[1] के देहली आने पर वह उसका स्वागत करने के लिए पालम तक गया। उसने उसका बड़ा आदर सम्मान किया और उसे लाखों तथा अपार धन-सम्पत्ति प्रदान की। उसकी उपाधि मखदूमज़ादा निश्चित की। जब वह सुल्तान को सलाम करने जाता तो सुल्तान राजसिंहासन से उतर कर कुछ दूर तक आगे बढ़ कर अन्य लोगों के समान अपने दोनों हाथ तथा मुख उसके सामने भूमि पर रख कर अभिवादन करता। सुल्तान के आदर सम्मान से जिन्नात[2] तथा मनुष्य विस्मित थे। दरबारे आम में तथा ईदों और समारोहों के समय सुल्तान मखदूमज़ादे को अपने बराबर राजसिंहासन पर बैठाता था। उसके समक्ष राजसिंहासन पर बड़े अदब से पालथी मार कर बैठता था। उसकी वापसी के समय भी वह विनयपूर्वक अभिवादन करता। उसे अब्बासी खलीफ़ा में इतनी श्रद्धा थी कि उसने १० लाख तन्के, क़न्नौज प्रदेश, सीरी का कूश्क (महल), सीरी के कोट के भीतर का समस्त कर, और बहुत कुछ भूमि, हौज़ तथा उद्यान मखदूमज़ादे को प्रदान कर दिये थे।

सुल्तान के चरित्र के विषय में बरनी के विचार—

इस तारीखे फ़ीरोज़शाही का लेखक, सुल्तान मुहम्मद के विरोधाभासी गुणों से चकित तथा विस्मित है। उसके आतंक तथा उसकी दीनता में से किसी एक के पक्ष में भी (४९७) विश्वास से कुछ नहीं कह सकता। मैं यह देखता हूं कि एक ओर वह शरीअत के आदेशों का बड़े नियमित रूप से पालन करता था तथा इस्लाम के आदेशों पर आचरण करता था, और दूसरी ओर वह ऐसी बातें करता था जो इस्लाम के विरुद्ध होती थीं। वह एक ऐसा व्यक्ति था जिसे इस्लाम में इतना विश्वास था कि उसने अपनी उपाधि सुल्तान मुहम्मद निश्चित की थी, क्योंकि मुहम्मद का नाम मनुष्य जाति के नामों में सर्वश्रेष्ठ है। वह प्राचीन बादशाहों की बड़ी-बड़ी उपाधियों से घृणा करता था और उनसे उसे लज्जा आती थी। उसे अब्बासी खलीफ़ा में बड़ी श्रद्धा थी। वह विगत तथा जीवित समस्त अब्बासी खलीफ़ाओं का इतना आदर सम्मान करता था कि यदि उनके पास से कोई भी उसकी सेवा में पहुँच जाता तो वह उसका इतना आदर सम्मान करता जितना एक दास अपने स्वामी का भी न कर सकता था।

---

१ अमीर ग़यासुद्दीन मुहम्मद जिसे इब्ने बत्तूता 'इब्नुल खलीफ़ा' कहा करता था। वह ७४२ हि० (१३४१-४२ ई०) के लगभग आया होगा। इब्ने बत्तूता ने उसका उल्लेख विस्तार से किया है।

२ कहा जाता है कि जिन्नात अग्नि द्वारा उत्पन्न एक प्राणी है।

दीवाने सियासत—

एक ओर मैं उसकी धर्म-निष्ठता तथा नम्रता अपनी आँखों से देखता था और दूसरी ओर कोई दिन ऐसा व्यतीत न होता था जब कि सुन्नी मुसलमानों के शीश खीरे ककड़ी के समान न काट डाले जाते हों और उसके (राज भवन) के द्वार के समक्ष मुसलमानों के रक्त की नदी न बहती हो। उसने एक दीवाने सियासत की स्थापना की थी और कुछ अभागे अधर्मियों को दीवाने सियासत का मुफ़्ती नियुक्त कर दिया था। मुर्तदों तथा काफ़िरों का गुण रखने वाले कुछ व्यक्तियों को दीवाने सियासत का अधिकारी, मुतसर्रिफ़ (अधिकारी) तथा मुतफ़हहिस[१] नियुक्त कर दिया था। उसके दण्ड का कार्य इस सीमा तक पहुँच चुका था कि पृथ्वी तथा आकाश, आसमान तथा फ़रिश्ते उसके विरोधी थे तथा उससे घृणा करने लगे थे।

बरनी की समीक्षा—

मुझ जैसा बेईमान, अधर्मी तथा दुष्ट जो वर्षों तक सुल्तान मुहम्मद के दरबार का विश्वासपात्र रह चुका है, सुल्तान मुहम्मद के किस गुण पर विश्वास कर सकता है और उसे किन लोगों की श्रेणी में रख सकता है। उसके विरोधाभासी गुणों को देख कर चकित रहने के फलस्वरूप मैं इसके अतिरिक्त कुछ और नहीं लिख सकता कि सुल्तान मुहम्मद को ईश्वर ने प्राणियों में एक अद्भुत प्राणी बनाया था। उसके विरोधाभासी गुण समझ में नहीं आते। ज्ञान तथा बुद्धि द्वारा उनके विषय में कुछ नहीं कहा जा सकता।

(४६८) सुल्तान मुहम्मद स्वर्गद्वारी से लौटने के पश्चात् ३-४ वर्ष तक शहर (देहली) में रहा। उसने इस समय कुछ वस्तुओं की ओर विशेष ध्यान देने के अतिरिक्त कोई अन्य कार्य न किया। वह जहांदारी तथा जहाँबानी (राज्य व्यवस्था एवं शासन-प्रबन्ध) के कुछ कार्यों में विशेष रूप से व्यस्त रहा।

कृषि की उन्नति—

कुछ वर्षों तक, जब कि सुल्तान देहली से किसी अन्य ओर न गया, वह कृषि को उन्नति देने तथा लोगों को आबाद[२] करने में तल्लीन रहा। सुल्तान कृषि की उन्नति की उसलूब (नियम) बनाया करता था। कृषि को उन्नति देने के विषय में सुल्तान की समझ में जो कुछ आता उसे वह लिख लेता था। वह लेख उसलूब[३] कहलाता था। यदि उसके सोचे हुये उसलूबों (नियमों) का पालन होने लगता और प्रजा उसे असम्भव न समझती तो कृषि की उन्नति और खेती की प्रगति से संसार माला माल हो जाता, ख़ज़ाना भर जाता; सेना इतनी बड़ी संख्या में एकत्र हो जाती कि उसकी अधिकता से समस्त संसार पर विजय प्राप्त हो जाती।

कृषि की उन्नति के लिए एक दीवान बनाया गया। उस दीवान का नाम दीवाने अमीर-कोही[४] रक्खा गया। उसके लिए पदाधिकारी नियुक्त हुये। ३० कोस × ३० कोस का एक घेरा

---

१ पूछ ताछ करने वाला।

२ पुस्तक में अफ़ज़ूनीये-इमारत "भवन निर्माण कार्य की उन्नति" अथवा लोगों की उन्नति देने या आबाद करने का उल्लेख है।

३ उसलूबः—नियम, आदेश।

४ तबक़ाते नासिरी में मलिकुल उमरा इख़्तियारुद्दीन अमीर कोह का उल्लेख, सुल्तान इल्तुतमिश के अमीरों की सूची में है। (तबक़ाते नासिरी "कलकत्ता" पृ० १७७, आदि तुर्क कालीन भारत पृ० २६) मलिक हमीदुद्दीन अमीर कोह तथा उसके पुत्रों से सम्बन्धित एक घटना का उल्लेख बरनी ने अलाउद्दीन के हाल में किया है (बरनी पृ० २८१ ख़लजी कालीन भारत पृ० ६४)। इस से पता चलता है कि अमीर कोह इस से पूर्व भी नियुक्त होते थे। तबक़ाते अकबरी में दीवाने अमीर गोई (पृ० २११) तथा तारीख़े फ़िरिश्ता में अमीर कोई है (पृ० १४०)।

अनुमान से इस शर्त के साथ बना लिया जाता था कि इतने कोस के बीच की एक बालिश्त भूमि भी बिना कृषि के न रहे; जो एक बार बो दिया जाय उसमें परिवर्तन होता रहे। उदाहरणार्थ जौ के स्थान पर गेहूँ बोया जाय, गेहूँ के स्थान पर गन्ना, गन्ने के स्थान पर अँगूर तथा हरी तरकारियाँ बोई जायं। उस कल्पित (निर्धारित) भूमि[1] पर लगभग १०० शिक़दार नियुक्त किये जाते थे।

लोभी, दरिद्र तथा मूर्ख लोगों ने तीन लाख बीघा ऊसर भूमि यह वचन देकर कृषि के लिये प्राप्त की कि ३ वर्ष के उपरान्त वे उस भूमि से ३ हज़ार सवार देंगे। वे इस विषय में लिख कर दे देते थे। ये लोभी तथा मूर्ख लोग, जो ऊसर भूमि पर कृषि करने के लिये तैयार हो जाते थे, ज़ीन सहित घोड़े, सुनहरी क़बायें, पेटियाँ तथा नक़द (धन) पाते थे। जो कुछ धन सम्पत्ति, चाहे उन्हें इनाम के रूप में, चाहे दान के रूप में, चाहे सोन्धार के रूप में, जिस में प्रत्येक तीन लाख तन्के पर पचास हज़ार तन्के नक़द प्राप्त होते थे, उन्हें दी जाती। (४९९) उसे वह अपनी कमाई हुई धन-सम्पत्ति समझ कर ले जाते थे और अपनी व्यक्तिगत आवश्यकताओं पर व्यय करते थे। चूंकि ऊसर भूमि पर, जो कृषि के योग्य न थी, किसी प्रकार की कृषि न हो सकती थी अतः वे दण्ड की प्रतीक्षा किया करते थे। दो वर्ष में लगभग ७० लाख तन्के उन लोगों को सोन्धार के रूप में प्रदान कर दिये गये जिन्होंने ऊसर भूमि पर कृषि करने का दायित्व ले लिया था। ३ वर्ष के बीच में वे लोग उस भूमि के सौवें अथवा हज़ारवें भाग पर भी कृषि न कर सके, जिसके विषय में वह वचन दे चुके थे। यदि सुल्तान मुहम्मद टट्ठा के युद्ध से जीवित लौट आता तो उन लोगों में से जिन्होंने कृषि करने का दायित्व लिया था तथा सोन्धार स्वीकार कर लिया था, किसी को भी जीवित न छोड़ता।[2]

मुग़लों को दान—

दूसरी बात, जिसका प्रयत्न सुल्तान मुहम्मद अपने देहली के निवास काल में करता रहा,

१ ज़मीने मुतसव्विरा।

२ सम्भवतया दो वर्ष में ६०-७० लाख तन्के प्रजा को सोन्धार के रूप में दे दिये गये। जो कोई शाही उसलूब के अनुसार एक लाख तन्के की कृषि करना स्वीकार करता था और तीसरे वर्ष एक हज़ार सवार तथा तीन लाख तन्के की कृषि का भार उठाना निश्चय कर लेता था उसे सुनहरे काम के वस्त्र, तथा पेटियाँ प्राप्त होती थीं। वे ज़ीन सहित घोड़े और दस-दस, बीस-बीस हज़ार तन्के नक़द, सोन्धार के अतिरिक्त सुल्तान से प्राप्त करते थे। यदि शाही असालीब प्रजा को अल्पदृष्टता तथा कमीनेपन के कारण असम्भव न ज्ञात होते और जिस प्रकार उन्हें तैयार किया गया था, उसी प्रकार वे कार्यान्वित हो जाते और ४० कोस लम्बी तथा चालीस कोस चौड़ी ज़मीनों पर कृषि होने लगती तो खलियानों में अनाज न समाता और अनाज का भाव एक जीतल दो जीतल प्रति मन पहुंच जाता। इतना कर प्राप्त होता कि उसके द्वारा असंख्य तथा अपार सेना तैयार तथा सुसंगठित हो जाती और उस सेना के बल से संसार की अच्छी इक़लीमें (राज्य) अधिकार में आ जातीं और सुव्यवस्थित रहतीं; किन्तु लोभी, लालची, हवा बाँधने वाले तथा परिणाम पर ध्यान न देने वाले सामने आ गये और असालीब के अनुसार ख़ज़ाने से सोन्धार का धन प्राप्त करने लगे। उन्हें वस्त्र, पेटियाँ तथा ज़ीन सहित घोड़े ख़ज़ाने से प्रदान होते थे और वे समस्त धन अपने व्यक्तिगत कार्यों में व्यय कर देते थे; (पृ० २९७) वर्षों के अपने कार्य पूरे करते; अपना विवाह करते, तथा अपनी पुत्रियों का विवाह कर डालते; भवन निर्माण कराते तथा अपनी इच्छाओं की पूर्ति करते। तीसरे वर्ष के उपरान्त जब सुल्तान की अनुपस्थित में क़ुबूल ख़लीफ़ती ने दीवाने ज़िराअत (कृषि विभाग) में पूछ ताछ कराई तो पता चला कि हवा नापने वाले (बकवादी) ७४ लाख तन्के सोन्धार के रूप में ख़ज़ाने से लेजा चुके हैं; दीवाने ज़िराअत की समस्त शिक़ों में एक लाख बीघा भूमि पर भी कृषि नहीं हो सकी है। परिणाम का ध्यान न रखने वाले कुछ लोग जिन्होंने कृषि का दायित्व लिया था, दण्ड की प्रतीक्षा करने लगे। कुछ भागने की तैयारियाँ करने लगे, कि जैसे ही शाही पताकायें वापस हों, वे भाग खड़े हों (पृ० २९८) [तारीखे फ़ीरोजशाही, रामपुर पोथी]।

मुग़लों को दान-पुण्य के विषय में थी। प्रत्येक वर्ष शीत ऋतु के प्रारम्भ में अनेक अमीराने तुमन, अमीराने हज़ारा, स्त्रियाँ तथा राजकुमार उसके राज्य में आते थे। उन्हें लाखों करोड़ों की धन-सम्पत्ति, खिलअत, ज़ीन सहित घोड़े, कई कई हज़ार मोती प्रदान किये जाते। प्रत्येक दिन किसी न किसी की दावत होती रहती थी। दो तीन मास तक सुल्तान के पास मुग़लों को दान-पुण्य करने तथा उनका सम्मान और सेवा करने के अतिरिक्त कोई अन्य कार्य न रहा।

उसलूब की तैयारी –

सुल्तान मुहम्मद इन वर्षों में असालीब[1] बनाने में तल्लीन रहता था अर्थात् वह धन सम्पत्ति एवं सेना को बढ़ाने तथा कृषि को उन्नति देने की योजनायें लिखा करता था। उनका नाम उसने उसलूब रक्खा था। उसका विश्वास था कि उसकी प्रजा उसकी मिली-जुली कृपा तथा कठोरता के कारण उसका पालन करेगी। वह रात दिन असालीब तैयार किया करता था और उन्हें कार्यान्वित कराने का प्रयत्न किया करता था।

विद्रोह तथा कठोर दण्ड—[2]

चौथा कार्य जिसमें सुल्तान मुहम्मद उस समय जबकि वह देहली में था तल्लीन रहा, दूसरों को कठोर दण्ड देना था। इसके कारण अनेक सुव्यवस्थित स्थान हाथ से निकल गये। जो स्थान उसके हाथ में रह गये उनमें भी उथल-पुथल तथा विद्रोह होने लगे। उनके (५००) षड्यन्त्र तथा विद्रोह के समाचार सुल्तान को प्राप्त होते रहते थे और राजधानी में कठोर दण्ड देने का कार्य बढ़ता जाता था। जो कोई बात, चाहे वह सच्ची हो अथवा झूठी शत्रुता के कारण हो अथवा द्वेष रखने के फलस्वरूप किसी के विषय में जो कोई कह देता उसे कठोर दण्ड प्रदान किया जाता। आग से जला कर तथा मार पीट कर के लोगों से ऐसी बातें स्वीकार करा ली जाती थीं, जिन पर उन्हें दण्ड दिया जा सकता। कुछ विश्वास के योग्य मुसलमान, जो उन लोगों के विषय में पूछ ताछ करने के लिए नियुक्त थे जिन्हें दण्ड दिया जाने वाला होता था। वे लोगों को कठोर दण्ड दिलाया करते थे। शहर में कठोर दण्डों की संख्या जितनी ही बढ़ती उतना ही चारों ओर के लोग सुल्तान से घृणा करने लगते और विद्रोह तथा विरोध होने लगते। राज्य को अत्यधिक हानि तथा क्षति पहुँचती रहती। जिसे दण्ड दिया जाता उसका नाम शरीर (दुष्ट) रख दिया जाता था। यद्यपि सुल्तान मुहम्मद बड़ा ही योग्य, समझदार तथा अनुभवी बादशाह था किन्तु ईश्वर ने उसे शासन नीति तथा राज्य व्यवस्था में गहन दृष्टि प्रदान न की थी। वह ऐसी ही बातें किया करता था जिससे उसकी प्रजा तथा सेना, जोकि राज्य की हुमा[3] के दो पंखों के समान हैं, उससे घृणा करने

---

१ उसलूब का बहुवचन।

२ सुल्तान के अत्यधिक दंड तथा क्रोध का तीसरा कारण यह था कि जो फ़रमान आज्ञाओं को कार्यान्वित कराने हेतु राज-सिंहासन द्वारा चालू कराये जाते उनका पालन प्रजा की शक्ति में न होता। लोग अपनी विवशता के विषय में एक दूसरे से वार्त्तालाप करते और यदि एक आदमी बन्दी बनाया जाता तो उसके द्वारा २००-३०० अन्य लोग बन्दी बना लिये जाते और क्रम बंध जाता तथा शाखा से शाखा निकलती रहती कि इसने उससे सुना, उसने उसके समक्ष शिकायत की। राजसिंहासन के समक्ष यह अनुमान लगाया जाता कि इस बात से यह निकलता है और उससे वह। लोग इस प्रकार की बातें अपनी आदत के अनुसार किया करते थे। सुल्तान मुहम्मद जो कुछ भी उसके हृदय में आता और जो कुछ वह समझता उसके अनुसार इन बातों को प्रजा की शत्रुता तथा विरोध का कारण समझ कर उन्हें दंड देता। दंड देते समय सैयिद, शेख (सूफ़ी) बुद्धिमान (विद्वान्), विद्यार्थी, प्रसिद्ध, प्रतिष्ठित, सैनिक तथा बाज़ारी किसी पर ध्यान न देता। (तारीखे फ़ीरोज़शाही, रामपुर पोथी, पृ० ३००)।

३ एक काल्पनिक पक्षी जिसके विषय में प्रसिद्ध है कि यदि किसी पर उसकी छाया पड़ जाय तो वह बादशाह हो जाता है।

लगी थी। वह जान बूझ कर अपने देश तथा राज्य के विनाश का प्रयत्न किया करता था। प्रथम बात जिसके कारण सभी उसमें घृणा करने लगे थे, अत्यधिक दण्ड था। दूसरे असालीब का बनाना क्योंकि वे देखने में तो ठीक ज्ञात होती थे, किन्तु उनका कार्यान्वित होना असम्भव था। जो कोई उसे स्वीकार न करता या जो कोई लोभ तथा भय के कारण स्वीकार कर भी लेता परन्तु उसे पूरा न कर पाता उसका बध करा दिया जाता था। कठोर दण्ड दिये जाते थे। समस्त बुद्धिमान लोग चकित रहते थे और ईश्वर की लीला देखा करते थे।

देवगीर (देवगिरि) का शासन प्रबन्ध—

पाँचवाँ कार्य. जिसमें सुल्तान मुहम्मद अन्तिम वर्षों में तल्लीन रहा, देवगीर (देवगिरि) तथा मरहठ प्रदेश की सुव्यवस्था एवं वहाँ के लिये वालियों, मुक़्तों तथा पदाधिकारियों की नियुक्ति था। राज्य के कुछ शत्रुओं ने, जो अपने आपको राज्य का हितैषी कहते थे, (५०१) सुल्तान मुहम्मद से यह निवेदन करना प्रारम्भ कर दिया कि "देवगीर (देवगिरि) तथा मरहठ प्रदेश में क़ुतलुग़ ख़ाँ के पदाधिकारियों की चोरी के कारण बहुत बड़े धन का ग़बन (अपहरण) हुआ है। लाखों और करोड़ों मूल्य का कर हज़ारों तक पहुंच चुका है।" सुल्तान मुहम्मद ने बड़े साहस से मरहठ प्रदेश के कर के विषय में ६—७ करोड़ का लेखा तैयार किया, और उसी के अनुसार समस्त मरहठ प्रदेश को ४ शिक़ों[1] में विभाजित किया। एक शिक़ मलिक सर दावतदार को, दूसरी शिक़ मलिक मुख़लिसुलमुल्क को, तीसरी शिक़ यूसुफ़ बुग़रा को और चौथी शिक़ कमीने अज़ीज़ ख़म्मार[2] को प्रदान की। वे सब के सब बड़े दुष्ट तथा पतित थे। देवगीर (देवगिरि) की विज़ारत एमादुलमुल्क सरीरे[3] सुल्तानी को, नियाबते विज़ारत[4] धारा को तथा अन्य पद उन लोगों को प्रदान किये जिन्होंने शाही उसलूबों को कार्यान्वित कराने का वचन दिया। वे लोग निरन्तर उसलूबों के अनुसार ख़राज का लेखा तैयार कराने तथा कृषि को उन्नति देने की चेष्टा करते रहे। उसने जिन पदाधिकारियों को उस प्रदेश में नियुक्त किया उन्हें आदेश दिया कि वहाँ निवास करने वाले अमीराने सदा, प्रतिष्ठित लोगों, मुक़ातेआ (ठेका) करने वालों तथा नवीसिन्दों, जिन्होंने विद्रोह तथा षड्यन्त्र किया हो, में से किसी एक को भी जीवित न छोड़ा जाय, क्योंकि वे सब राज-द्रोही तथा उसके शत्रु हैं। उस प्रदेश में केवल उन लोगों की रक्षा की जाय तथा आश्रय प्रदान किया जाय जोकि सुल्तान के उसलूबों पर आचरण कर सकें और जो लोग उसके लेख के अनुसार ख़राज अदा कर सकें। देवगीर (देवगिरि) के निवासियों को राजधानी के समस्त समाचार तथा देवगीर (देवगिरि) और मरहठा प्रदेश की राज्य व्यवस्था से सम्बन्धित योजनाओं के समाचार प्राप्त होते रहते थे। सब के सब अत्यधिक आतंकित थे और सुल्तान से घृणा करने लगे थे।

क़ुतलुग़ ख़ाँ का देहली बुलाया जाना—

उस वर्ष के अन्त से जबकि देवगीर (देवगिरि) के वालियों, मुक़्तों तथा वहां के कर की व्यवस्था की गई, सुल्तान मुहम्मद के राज्य का पतन निकट आ गया। क़ुतलुग़ ख़ाँ तथा

१ प्रान्त का भूमि कर के अनुसार विभाजन।

२ यह शब्द हेमार (गधा), हम्मार (गधा हाँकने वाले) तथा ख़म्मार (मदिरा बेचने वाला) पढ़ा जाता है। इब्ने बत्तूता, जिसे अज़ीज़ के विषय में पूर्ण जानकारी थी, उसे 'ख़म्मार' कहता था। रामपुर की तारीख़े फ़ीरोज़शाही की हस्तलिखित पोथी में भी ख़म्मार है (पृ० ३०३)।

३ एमादुलमुल्क सरतेज़ सुल्तानी (बरनी पृ० ४५४)

४ नायब वज़ीर।

उसके समस्त परिवार और सम्बन्धियों को देवगीर (देवगिरि) से शहर (देहली) बुलवा लिया गया[1]। दुष्ट, मूर्ख तथा विनाशक अज़ीज़ ख़म्मार को धार एवं समस्त मालवा प्रदान किया (५०२) गया और दण्ड का कार्य कठोरता से होने लगा। क़ुतलुग़ ख़ाँ के पदच्युत होने से समस्त देवगीर (देवगिरि) निवासियों के हाथ-पैर फूल गये और प्रत्येक व्यक्ति अपनी मृत्यु निकट समझने लगा। समस्त बुद्धिमान लोग इस बात पर विश्वास करते थे कि देवगीर (देवगिरि) की प्रजा को क़ुतलुग़ ख़ाँ की इस्लाम के प्रति निष्ठा, सत्यता, न्याय तथा दया एवं कृपा के फलस्वरूप शान्ति प्राप्त थी। वहाँ के निवासी, हिन्दू तथा मुसलमान, बादशाह के अत्यधिक कठोर दण्डों के समाचार सुन कर उससे घृणा करने लगे थे और कुछ लोग गुप्त रूप से षड्यन्त्र रचने लगे थे किन्तु क़ुतलुग़ ख़ाँ की उपस्थिति में वे अपने आपको सुरक्षित समझते थे। उन्हें विश्वास था कि जो कोई भी उसकी शरण में होगा, उसे सुल्तान के दण्ड से मुक्ति प्राप्त हो जायगी। जब क़ुतलुग़ ख़ाँ को देहली बुला लिया गया तो उस पवित्र आत्मा वाले मलिक के सम्बन्धियों में से किसी को भी उस प्रदेश में रहने न दिया गया।[2]

निज़ामुद्दीन की अस्थायी नियुक्ति—

क़ुतलुग़ ख़ाँ के भाई मौलाना निज़ामुद्दीन को, जोकि एक अनुभव-शून्य परन्तु सज्जन पुरुष था, आदेश दिया गया कि वह भरौंच से देवगीर (देवगिरि) पहुंच जाय और उस समय तक जब तक कि देवगीर (देवगिरि) का वज़ीर तथा नये मुक़्ते और वाली उस स्थान पर न पहुँचें, उस स्थान की सेना तथा विलायत का प्रबन्ध करता रहे। जो ख़ज़ाना क़ुतलुग़ ख़ाँ

---

१ बद्र चाच के एक छन्द के अनुसार यह घटना ७४५ हि० (१३४४-४५ ई०) में घटी। वह सुल्तान के आदेशानुसार ७४५ हि० में देवगिरि भेजा गया।

> "ब साले दौलत शह बुवद ग़ुर रये शाबान
> कि सूये मुमलेकते देवगीर शुद फ़रमान"

दाल=४; वाव=६, लाम=३०, ते=४००, शीन=३००, हे=५=७४५

२ बहुत से बुद्धिमान आपस में कहते थे कि मरहठ की प्रजा क़ुतलुग़ ख़ाँ की बातों तथा लेखनी पर विश्वास करती थी। वह आश्रयदाता ख़ान, जिसने जड़ पकड़ ली थी, मुसलमानों, हिन्दुओं, सेना तथा प्रजा के प्रति न्याय, कृपा और अनुकम्पा रखता था। उसके इस स्थान से स्थायी रूप से शहर (देहली) की ओर चले जाने से प्रजा का विश्वास नष्ट हो गया। उन्होंने शिक़ों तथा उसलूबों के विषय में सुना था तथा उन्हें कठोर मलिकों की नियुक्ति एवं ख़राज (की वृद्धि) के विषय में ज्ञान प्राप्त था और उन्होंने यह देखा था कि शाही चत्र तथा सायाबान (छत्र) आज्ञाओं का उल्लंघन करने वालों तथा विरोधियों के लिये उस प्रदेश में कई बार पहुंच चुका है और अन्य लोगों की इमारत तथा विलायत (अधिकार) के कारण अब शान्ति नहीं। इस कारण उनका दिल ठिकाने न रह सका। सुल्तान के कुछ निकटवर्त्तियों को इस बात का ज्ञान था किन्तु वे सुल्तान के समक्ष कह न सकते थे क्योंकि सुल्तान देवगीर (देवगिरि) से ऊपर की ओर की इक़लीमों (ख़ुरासान, एराक़ तथा मावराउन्नहर) के लिये अपार धन प्राप्त करना चाहता था। जो लोग उन देशों से सुल्तान की सेवा में पहुँचते थे वे अपनी प्रतिष्ठा तथा अत्यधिक लोभ के कारण राजसिंहासन के समक्ष कहते कि "उन राज्यों पर सुगमतापूर्वक अधिकार प्राप्त हो जायगा; जैसे शत्रु होने चाहिये, वैसे नहीं रह गये हैं, सुल्तान के दानपुण्य की प्रसिद्धि वहाँ पहुँच चुकी है।" सुल्तान को असंख्य सेना की आवश्यकता थी और उस सेना के लिये शहर (देहली) के आस पास की विलायतों से अत्यधिक कर माँगा जाता था और दूर-दूर की अक़्ताओं पर भारी ख़राज लगाया जाता था (पृ० २६६)। निकट तथा दूर के लोग शाही माँगों तथा ख़राज को सहन न कर सकते थे और इस कारण उसकी आज्ञाओं का उल्लघन कर देते और पिछला कर भी प्राप्त न होता था और जो कुछ मौजूद होता उसे व्यय किया जाता तथा उपस्थित सेना में भी कमी हो जाती। सुल्तान क्रोध करता तथा अत्यधिक दण्ड देता (पृ० ३००)। [तारीखे फ़ीरोजशाही, रामपुर पोथी]

के कर्मचारियों ने देवगीर (देवगिरि) में एकत्र किया था, वह मार्ग की ख़राबी, मालवा की अशान्ति तथा मुक़द्दमों के विद्रोह के कारण देहली न लाया जा सकता था। उसके सम्बन्ध में आदेश हुआ कि वह धारागीर के क़िले में, जोकि बड़ा दृढ़ क़िला था, रक्खा जाय जिससे क़ुतलुग़ ख़ाँ की अनुपस्थिति के कारण देवगीर (देवगिरि) में कोई उपद्रव तथा अशान्ति न हो सके। जिस दिन क़ुतलुग़ ख़ाँ अपने सम्बन्धियों तथा परिवार को लेकर चला, समस्त बुद्धिमान तथा अनुभवी लोग एक स्वर में कहने लगे कि देवगीर (देवगिरि) इस प्रकार हाथ से निकल जायगा कि इस पर उस समय तक अधिकार न हो सकेगा जब तक कि बादशाह स्वयं वहाँ जाकर कुछ समय तक निवास न करे और उस प्रदेश को विद्रोहियों से रिक्त न कर दे।

कमीने मलिक अज़ीज़ ख़म्मार का धार तथा मालवा प्रदेश प्राप्त करना; उस कमीने पतित का उस प्रदेश की ओर प्रस्थान; उस अयोग्य कमीने एवं कमीने के पुत्र के आचरण द्वारा विद्रोह तथा आम बग़ावत के द्वार खुलना—

(५०३) जिस वर्ष के अन्त में क़ुतलुग़ ख़ाँ को देवगीर (देवगिरि) से देहली बुलवाया गया, सुल्तान मुहम्मद ने कमीने अज़ीज़ ख़म्मार को धार की विलायत प्रदान की और समस्त मालवा उसके सिपुर्द कर दिया। उसे कई लाख तन्के प्रदान किये ताकि उसके सम्मान एवं उसकी शक्ति में उन्नति हो जाय। उस कमीने तथा अभागे व्यक्ति के उस प्रदेश का शासन-प्रबन्ध करने के लिए, जोकि बहुत ही विस्तृत है, प्रस्थान करते समय सुल्तान ने उससे ऐसी बातें कीं जिससे वह और भी पथ-भ्रष्ट हो गया। सुल्तान ने उससे कहा कि, "हे अज़ीज़! तू देखता है कि किस प्रकार प्रत्येक दिशा में विद्रोह तथा षड्यन्त्र हो रहे हैं। मैंने सुना है कि प्रत्येक विद्रोही अमीराने सदगान (सदा) की सहायता से विद्रोह करता है, अमीरे सदगान लूटमार के लोभ में उसके सहायक बन जाते हैं। इस प्रकार विद्रोही विद्रोह कर देते हैं। तू जाने और धार के अमीरे सदगान। यदि तू धार के अमीराने सदगान में से विद्रोही तथा षड्यन्त्रकारी लोगों को पाये तो जिस प्रकार हो सके और जिस विधि से सम्भव हो उनका विनाश कर दे। इसके उपरान्त तू उस प्रदेश में, जहाँ के निवासी पथ भ्रष्ट न हो चुके हैं, निश्चिन्त होकर शासन कर सकेगा।

अज़ीज़ द्वारा अमीराने सदा की हत्या—

उस दुष्ट ने देहली से बड़ी शान से प्रस्थान किया। उसके साथ कुछ अन्य कमीने भी थे जोकि उसके विश्वास-पात्र तथा सहायक बन गये थे। उसने उन जन्मजात दुष्ट, मूर्खों के साथ धार पहुँच कर धार का शासन-प्रबन्ध प्रारम्भ कर दिया। एक दिन उस कमीने तथा व्यभिचार द्वारा जन्म पाये हुए ने एक योजना बनाई जिसके अनुसार लगभग ८० अमीराने (५०४) सदा तथा धार के प्रतिष्ठित सैनिकों को बन्दी बना लिया गया। उसने उनसे कहा कि देवगीर (देवगिरि) के अमीराने सदा के कारण ही चारों ओर विद्रोह हुआ करता है। इस बहाने से उसने महल के द्वार के समक्ष सभी की हत्या करा दी। उस अभागे कमीने के हृदय में यह बात न आई कि यदि अमीरे सदा होना ही हत्या का कारण बनाया जायगा तो देवगीर (देवगिरि), गुजरात तथा अन्य सभी स्थानों के अमीराने सदा उससे असंतुष्ट होकर विद्रोह कर देंगे। अमीराने सदा की घृणा तथा उनके विद्रोह कर देने के कारण राज्य किस प्रकार चल सकता है। धार के अमीराने सदा के इस पद के अधिकारी होने के दोष पर,

बध कराये जाने के समाचार देवगीर (देवगिरि) तथा गुजरात पहुँचे। दोनों प्रदेशों के अमीराने सदा जहाँ कहीं भी थे, सावधान हो गये और उन्होंने दलबन्दी करके विद्रोह कर दिया। उस दुष्ट तथा दुष्ट के पुत्र के अनुचित कार्य के फलस्वरूप राज्य में बहुत बड़ी अव्यवस्था हो गई। जब अज़ीज़ खम्मार ने धार के अमीराने सदा की हत्या के समाचार अपने प्रार्थना-पत्र में लिख कर सुल्तान की सेवा में भेजे तो सुल्तान ने उसे खिलअत तथा फ़रमान भेज कर सम्मानित किया। चूंकि उसके राज्य का पतन होने ही वाला था, अतः उसने अपने दरबार के प्रतिष्ठित लोगों एवं विश्वास-पात्रों को आदेश दिया कि वे सब अज़ीज़ के पास बधाई-पत्र भेजें और उसके उस अनुचित कार्य की प्रशंसा करें; उसकी सेवा में वस्त्र तथा सजे हुये घोड़े उपहार के रूप में भेजें।

नजबा को गुजरात, मुल्तान एवं बदायूँ प्राप्त होना—

इस तारीखे फ़ीरोज़शाही का संकलनकर्त्ता १७ वर्ष तथा ३ मास तक सुल्तान मुहम्मद के दरबार का सेवक रह चुका है। उसे सुल्तान द्वारा अत्यधिक इनाम तथा धन-सम्पत्ति प्राप्त हुआ करती थी। वह उस बादशाह के, जोकि संसार के प्राणियों में एक अद्भुत प्राणी था, विरोधाभासी गुणों का अवलोकन करके चकित रह चुका है। वह जीवन पर्यन्त उसके शुभ वचन, कमीनों, बदअसलों, पतितों तथा तुच्छ लोगों के अपमान के विषय में (५०५) सुना करता था। वह कमअसलों, हरामखोरों, नमकहरामों, दुष्टों, दुराचारियों तथा व्यभिचारियों के विषय में तर्क-पूर्ण भाषण किया करता था और ऐसा ज्ञात होता था कि वह कमीने तथा बदअसलों को मूर्तियों से अधिक शत्रु समझता है। दूसरी ओर उसने एक कमीने गायक के पुत्र नजबा को इतनी उन्नति प्रदान की कि उसकी श्रेणी समस्त मलिकों की अपेक्षा बहुत बढ़ा दी। उसे गुजरात, मुल्तान तथा बदायूं प्रदान कर दिया।

कमीनों को उच्च पद—

इसी प्रकार उसने अज़ीज़ खम्मार, उसके भाई, फ़ीरोज़ हज्जाम (नाई), मनका तब्बाख (बावर्ची), मसऊद खम्मार, लद्धा माली तथा अन्य ऐसे लोगों को, जो कमीनों में रत्न के समान थे, सम्मान प्रदान किया। उन्हें उच्च पद तथा अक़्तायें प्रदान कीं। शेख बाबू, नायक[1] बच्चा जुलाहे को अपना विश्वासपात्र बना लिया और उस कमीने तथा तुच्छ को अत्यधिक सम्मान प्रदान किया। पीरा माली को, जोकि हिन्दुस्तान तथा सिन्ध के कमीनों तथा पतितों में सबसे अधिक कमीना एवं पतित था, दीवाने विज़ारत प्रदान की और उसे समस्त मलिकों अमीरों, वालियों तथा मुक्तों का हाकिम बना दिया। किशन बाज़रम इन्दरी को, जोकि बड़ा ही कमीना था, अवध प्रदेश प्रदान कर दिया। अहमद अयाज़ के दास मुक़बिल को, जोकि रूप तथा गुण में समस्त दासों से पतित था, गुजरात का नायब वज़ीर नियुक्त किया। यह पद केवल बड़े-बड़े खानों तथा प्रतिष्ठित वज़ीरों को प्राप्त होता था। वह जिस प्रकार बड़े-बड़े पद, बड़ी विलायतों तथा प्रदेशों का शासन प्रबन्ध कमीनों एवं तुच्छ लोगों को प्रदान करता था, उससे प्रत्येक व्यक्ति को आश्चर्य होता था। ऐसा बादशाह, जो अपने अत्यधिक ऐश्वर्य तथा वैभव के कारण जमशेद एवं कैखुसरो के बराबर था और जो बंगाले तथा मुग़लिस्तान के शासकों को अपने सेवकों की श्रेणी में रखना अपना अपमान समझता हो, और जो अपने समय के बड़े-बड़े कुलीनों तथा बुज़ुर्चमेहरों को अपनी सेवा के योग्य न समझता हो, न जाने किस प्रकार कमीनों को बड़े-बड़े पद तथा अक़्तायें प्रदान किया करता था।

---

१ मानक जुलाहा बच्चा (तबक़ाते अकबरी पृ० २१५); बाबक जुलाहा बच्चा (तारीखे फ़िरिश्ता पृ० १४०)

सुल्तान मुहम्मद के विषय में बरनी के विचार—

मैं, जोकि एक तुच्छ व्यक्ति हूँ, उस बादशाह के, जोकि समस्त संसार वालों का स्वामी तथा आश्रयदाता था, विरोधाभासी गुणों को देखकर चकित एवं विस्मित हूं। यदि मैं उस (५०६) बादशाह द्वारा उच्च पद तथा बड़ी-बड़ी अक़्ताओं को अयोग्य लोगों, उनकी सन्तानों, व्यभिचार द्वारा जन्म पाये हुये व्यक्तियों तथा कमीनों को प्रदान करने और उन्हें नेतृत्व तथा सरदारी देने, समस्त संसार को उनकी आज्ञा का आश्रित बनाने तथा दुनिया भर को उनके दरबार पर निर्भर रखने का उल्लेख करके यह कहूं कि वह ईश्वर बनना चाहता था और अपने आपको समस्त संसार का पोषक समझता था, और जिस प्रकार बड़े सम्मान वाला ईश्वर संसार का राज्य तथा शासन, दुनिया का सुख तथा धन-सम्पत्ति अयोग्य कमीनों तथा अपने शत्रुओं को प्रदान करता है और किसी बात का भय न करके अमीरी, धन-सम्पत्ति, राज्य-व्यवस्था तथा शासन-प्रबन्ध तुच्छ लोगों और उनकी सन्तानों को दे देता है और किसी बात की चिन्ता न करते हुये समस्त संसार का शासन-प्रबन्ध अयोग्य तथा कृतघ्न अपितु काफ़िरों, मुशरिकों, फ़िरऔन तथा नमरूद जैसे अवगुण वालों को प्रदान कर देता है, उसी प्रकार सुल्तान मुहम्मद भी करता था तो यह उचित नहीं क्योंकि वह बड़ा धर्मनिष्ठ था और अपने आपको ईश्वर का तुच्छ दास समझता था। नमाज़ के लिये जैसे ही अज़ान[1] होती वैसे ही वह उठ खड़ा होता और उस समय तक खड़ा रहता जब तक कि अज़ान होती रहती। प्रातःकाल की नमाज़ के उपरान्त अनेक अवराद[2] पढ़ा करता था। अन्तःपुर में जाने के पूर्व वह ख्वाजा-सराओं को महल में सूचना देने के लिये भेज देता था ताकि उससे पर्दा करने वाली स्त्रियाँ छिप जायं और बादशाह की दृष्टि उन पर न पड़े। वह क़ुतलुग़ ख़ाँ का, जिससे उसने बाल्यावस्था में कुछ पढ़ा था, इतना अधिक सम्मान करता था और इस कार्य में इतनी अतिशयोक्ति (अधिकता) प्रदर्शित करता था जितनी कोई शिष्य अपने गुरू की न करता होगा। वह मख़दूमये जहाँ की आज्ञाओं का इतना अधिक पालन करता था कि कभी भी कोई बात उसकी आज्ञा के विरुद्ध न करता था। मैं इस बादशाह के गुणों के विषय में यह कहूं कि वह बड़ा ही नम्र तथा दीन स्वभाव रखता था या यह लिखूं कि वह स्वयं ईश्वर बनना चाहता था? (५०७) वास्तव में मैं संसार की रक्षा करने वाले उस बादशाह के गुणों को नहीं समझ सकता। मैं यही कह सकता और लिख सकता हूं कि ईश्वर ने सुल्तान मुहम्मद को जगत के प्राणियों में एक अद्भुत प्राणी बनाया था।

दभोई तथा बरौदा के अमीराने सदा का विद्रोह—

जिस समय मलिक अज़ीज़ ख़म्मार ने इतना बड़ा अनर्थ किया कि एक साथ ८९ अमीराने सदा की इस कारण हत्या करादी कि वे इस पद पर नियुक्त थे, उसी समय गुजरात का नायब वज़ीर मुक़बिल पायगाह (शाही अस्तबल) के घोड़ों तथा ख़ज़ाने को, जो गुजरात में एकत्र था, देहुई[3] तथा बरौदा के मार्ग से देहली ला रहा था। जब वह देहुई (दभोई) तथा बरौदा की सीमा में पहुंचा तो देहुई (दभोई) तथा बरौदा के अमीराने सदा, जोकि अज़ीज़ ख़म्मार के हत्याकाण्ड से आतंकित हो गये थे और जिन्होंने गुप्त रूप से विद्रोह कर दिया था, मुक़बिल नायब वज़ीर गुजरात पर टूट पड़े। समस्त घोड़े तथा ख़ज़ाना, जो वह ला रहा था, उससे छीन लिया। उन्होंने गुजरात के उन व्यापारियों की भी धन-सम्पत्ति

१ नमाज़ के लिये अज़ान (बाँग) द्वारा बुलाया जाता है।

२ क़ुरान तथा ईश्वर की वंदना-सम्बन्धी अन्य पुस्तकों के विभिन्न भागों का पढ़ना। इसे अनिवार्य नमाज़ों से पृथक् पढ़ते हैं।

३ दभोई होना चाहिये।

तथा बहुमूल्य सामान, कपड़े आदि, जो वे उसके साथ देहली ले जा रहे थे, लूट लिये। वह (मुक़बिल) नहरवाला लौट गया और उसके साथी छिन्न भिन्न हो गये। देहुई (दभोई) तथा बरौदा के अमीराने सदा इस धन-सम्पत्ति तथा घोड़े आदि के कारण बड़े शक्तिशाली बन गये। उन्होंने उपद्रव की ज्वाला भड़का दी और विद्रोह कर दिया। वे सेना एकत्र करके खम्बायत पर अधिकार जमाने के लिये चल खड़े हुये। देहुई (दभोई) तथा बरौदा के अमीराने सदा के विद्रोह तथा उपद्रव से समस्त गुजरात में हा हाकार मच गया और उस प्रदेश के राज्य में उथल पुथल प्रारम्भ हो गयी। इस विद्रोह तथा देहुई (दभोई) और बरौदा के अमीराने सदा के मुक़बिल नायब वज़ीर गुजरात पर आक्रमण, मुक़बिल की पराजय तथा घोड़ों और धन-सम्पत्ति के विनाश के समाचार देहली में सुल्तान मुहम्मद के दरबार में रमज़ान ७४५ हि० (जनवरी १३४५ ई०) के अन्त में प्राप्त हुये। सुल्तान मुहम्मद उपर्युक्त विद्रोह के समाचार से बड़ी चिन्ता में पड़ गया। वह उपर्युक्त विद्रोह तथा विस्फ़ोट को दबाने के लिये स्वयं गुजरात की ओर प्रस्थान करना चाहता था।

विद्रोह शान्त करने के लिये क़ुतलुग़ ख़ाँ द्वारा आज्ञा माँगना—

क़ुतलुग़ खां ने, जोकि सुल्तान का गुरु था, तारीखे फ़ीरोज़शाही के संकलनकर्त्ता अर्थात् (५०८) ज़िया बरनी द्वारा सुल्तान की सेवा में यह संदेश भेजा कि "दभोई तथा बरौदा के अमीराने सदा का क्या महत्त्व है और वे क्या चीज़ हैं, जो जगत का रक्षक बादशाह उनके दमन हेतु प्रस्थान कर रहा है। उन लोगों ने अज़ीज़ खम्मार के हत्या-काण्ड तथा अनुचित व्यवहार के कारण विद्रोह कर दिया है। यदि उन्हें यह ज्ञात हुआ कि सम्मानित पताकाओं (सुल्तान) ने इस युद्ध के लिए प्रस्थान किया है, तो वे और भी विरोध करने लगेंगे और हिन्दुओं के पास भाग जायेंगे या किसी दूर के स्थान को चले जायेंगे। बादशाह के आक्रमण तथा दण्ड के भय से अन्य विलायतों के अमीराने सदा भी घृणा तथा विद्रोह करने लगेंगे। यदि मुझ दरबार के प्राचीन हितैषी को आदेश प्रदान हो जाय तो उन्हीं इनामों से जो बादशाह के दान द्वारा मुझे प्राप्त हुये हैं, सेना तैयार करके देहुई (दभोई) तथा बरौदा पर आक्रमण करके उनका विद्रोह तथा उपद्रव शान्त कर दूँ। शिहाबे सुल्तानी तथा ज़फ़र ख़ाँ अलाई के भतीजे अली शाह करा (कड़ा) के समान, जिनकी गर्दनों को रस्सी से बँधवा कर मैंने बिदर से राजसिंहासन के समक्ष भेज दिया था, इन विद्रोहियों को भी भेज दूँ और उस प्रदेश को सुव्यवस्थित कर दूँ[1]"। इस इतिहास के संकलनकर्त्ता ने क़ुतलुग़ ख़ाँ की प्रार्थना सुल्तान के कानों तक पहुँचा दी। सुल्तान को क़ुतलुग़ ख़ाँ की प्रार्थना, जोकि राज्य व्यवस्था के हित में थी, पसन्द न आई। उसने उसकी प्रार्थना का कोई उत्तर न दिया और आदेश दिया कि शीघ्रातिशीघ्र कूच की तैयारी प्रारम्भ कर दी जाय, सेना की संख्या बढ़ाई जाय।

विद्रोह शान्त करने के लिए सुल्तान का प्रस्थान—

विद्रोह के समाचार पहुँचने के पूर्व सुल्तान ने शेख अलाउद्दीन अजोधनी के पुत्र शेख मुइज़्ज़ुद्दीन को गुजरात का नायब नियुक्त कर दिया था। जब गुजरात पर आक्रमण होना निश्चय हो गया तो उसने आदेश दिया कि शेख मुइज़्ज़ुद्दीन को ३ लाख तन्के नक़द प्रदान किये जायं जिससे वह दो तीन दिन में १ हज़ार सवार एकत्र करले और वह शाही पताकाओं (५०९) के साथ प्रस्थान करे। सुल्तान ने अपनी अनुपस्थिति में युग के सम्राट् फ़ीरोज़ शाह

१　क़ुतलुग़ ख़ाँ ने यह प्रार्थना देहली पहुँचने के तुरन्त बाद अपने खोये हुये सम्मान को पुनः प्राप्त करने के लिये की होगी। बद्र चाच पहली शाबान ७४५ हि० को क़ुतलुग़ ख़ाँ को बुलवाने दौलताबाद भेजा गया था और इस विद्रोह के समाचार रमज़ान ७४५ हि० के अन्त में प्राप्त हुये थे (बरनी पृ० ५०७)।

सुल्तान, मलिक कबीर तथा अहमद अयाज़ को अपना नायब नियुक्त किया। शुभ कूश्क (महल) से निकल कर सुल्तानपुर[1] नामक क़स्बे में, जोकि शहर (देहली) से १५ कोस पर है, ठहरा। रमज़ान के महीने के ३-४ दिन शेष थे। वह उन दिनों वहीं रुका रहा।

विद्रोहियों द्वारा अज़ीज़ ख़म्मार की हत्या—

सुल्तानपुर में अज़ीज़ ख़म्मार का धार से प्रार्थना-पत्र प्राप्त हुआ जिसमें लिखा था कि "देहुई (दभोई) तथा बरौदा के अमीराने सदा ने उपद्रव तथा विद्रोह कर दिया है। चूंकि मैं उनसे निकट हूं, अतः मैं धार की सेना तैयार करके उनके उपद्रव की ज्वाला बुझाने के लिये प्रस्थान करता हूँ।" सुल्तान ने कमीने अज़ीज़ ख़म्मार का देहुई (दभोई) तथा बरौदा की ओर प्रस्थान करना पसन्द न किया। उसकी चिन्ता और भी बढ़ गई। उसने कहा कि अज़ीज़ युद्ध करना नहीं जानता। आश्चर्य नहीं कि इन विद्रोहियों द्वारा वह मारा जाय। इस सूचना के बाद ही यह समाचार मिला कि अज़ीज़ ने वहाँ पहुंच कर उन लोगों से युद्ध किया, किन्तु युद्ध में उसके होश जाते रहे और वह घोड़े से नीचे गिर कर असावधान हो गया। उन विद्रोहियों ने उसे बन्दी बना लिया और उसे बहुत बुरी तरह मार डाला। उपद्रव और भी बढ़ गया।

ज़िया बरनी से परामर्श—

रमज़ान के उन ४-५ दिनों में, जबकि सुल्तान मुहम्मद सुल्तानपुर क़स्बे में था, उसने अन्तिम रात्रि में इस तुच्छ ज़िया बरनी को बुलवाया। सुल्तान ने कहा कि "हे अमुक व्यक्ति ! तू देखता है कि किस प्रकार विद्रोह उठ खड़े हुये हैं। मुझे इन विद्रोहों की चिन्ता नहीं। लोग यही कहेंगे कि यह सब विद्रोह सुल्तान के अत्यधिक दण्ड के कारण होते हैं। मैं लोगों के कहने तथा विद्रोह के कारण दण्ड देने से बाज़ नहीं आ सकता।" तत्पश्चात् सुल्तान ने बरनी से कहा कि "तूने बहुत से इतिहासों का अध्ययन किया है। क्या तू ने कहीं पढ़ा है कि बादशाह किन-किन अपराधों में लोगों को कठोर दण्ड (प्राण दंड) दिया करते थे ?" इस दास ने उत्तर दिया (५१०) कि "दास ने तारीखे किसरवी[2] में पढ़ा है कि बादशाह के लिये कठोर दण्ड दिये बिना बादशाही करना सम्भव नहीं। यदि बादशाह लोगों को कठोर दण्ड नहीं देता तो ईश्वर ही जानता है कि अवज्ञाकारियों की अवज्ञा से कौन-कौन से उपद्रव न उठ खड़े हों, और आज्ञाकारी कैसे-कैसे व्यभिचार तथा दुराचार न करने लगें। जमशेद के एक विश्वास-पात्र ने उससे यह पूछा कि 'बादशाह को किन किन अपराधों में मृत्यु-दण्ड देना चाहिये ?' उसने उत्तर दिया कि 'बादशाह को ७ प्रकार के अपराधों के लिये लोगों को मृत्यु-दण्ड देना उचित है। जो कोई इस सीमा से बढ़ जाता है उसके राज्य में अशान्ति फैल जाती है और विद्रोह होने लगता है और राज्य का हित समाप्त हो जाता है। (१) जो कोई सच्चे दीन (इस्लाम) को त्याग दे और अपनी बात पर दृढ़ रहे उसे मृत्यु-दण्ड दिया जाय। (२) जो कोई जान बूझ कर बादशाह के आज्ञाकारियों की हत्या करे उसे मृत्यु-दण्ड दिया जाय। (३) जिस किसी का विवाह हो चुका हो और वह दूसरों की स्त्रियों से व्यभिचार करे तो उसको भी मृत्यु-दण्ड देना चाहिये। (४) जो बादशाह के विरुद्ध षड्यन्त्र रचे और उसका षड्यन्त्र प्रमाणित हो जाय तो उसके लिये भी मृत्यु-दण्ड है। (५) जो कोई विद्रोहियों का नेता हो तथा विद्रोह फैलाता हो उसे भी मृत्यु-दंड दे दिया जाय। (६) बादशाह की जो प्रजा बादशाह के विरोधियों, शत्रुओं तथा उसकी बराबरी

---

१ गुर्गाओं जिले में देहली से २५ मील दक्खिण पश्चिम की ओर।

२ इस इतिहास की चर्चा बरनी ने अन्य प्रसिद्ध इतिहासों के साथ अपनी प्रस्तावना में की है किन्तु इसके लेखक का उल्लेख नहीं किया। सम्भव है कि यह मूसा बिन ईसा अल-किसरवी का इतिहास हो जिसका उल्लेख अलबेरूनी ने किया है। (Sachau's Translation of the Asarul Baqiya, Page 122, 127, 208, होदीवाला पृ० २८६)

करने वालों से मिल जाय और उसे समाचार, अस्त्र-शस्त्र आदि पहुंचाये और उसकी सहायता प्रमाणित हो जाय तो उसकी भी हत्या कर दी जाय। (७) यदि कोई बादशाह की आज्ञाओं का उल्लंघन करे और यदि उस आज्ञा-उल्लंघन द्वारा बादशाह के राज्य को हानि पहुँचे तो उसको भी मृत्यु-दण्ड दे दिया जाय किन्तु अन्य आज्ञाओं के उल्लंघन पर नहीं। हत्या उसी दशा में कराई जा सकती है जब कि राज्य की हानि का भय हो क्योंकि जब ख़ुदा के दास ख़ुदा की आज्ञाओं तक का उल्लंघन किया करते हैं तो यदि वे बादशाह की आज्ञाओं का उल्लंघन करें, जो उसका नायब है, तो क्या हुआ; किन्तु यदि आज्ञा पालन न करने से राज्य को (५११) हानि पहुंचने का भय हो और उस पर भी बादशाह उन्हें मृत्यु-दण्ड न दे तो वह अपने राज्य का स्वयं ही विनाश कर देगा।" सुल्तान ने मुझ से पूछा कि, "इन सातों मृत्यु-दण्डों में से किन-किन का उल्लेख मुस्तफ़ा[१] (ईश्वर का दरूद और सलाम उन पर हो) की हदीस में हुआ है और उनमें से कौन-कौन बादशाहों से सम्बन्धित हैं।" मैंने उत्तर दिया कि "उपर्युक्त सात अपराधों में से तीन अपराधों के लिये मृत्यु-दण्ड है: मुर्तद हो जाने, मुसलमानों की हत्या तथा विवाहित द्वारा व्यभिचार। चार अन्य अपराधों पर मृत्यु-दण्ड सुल्तानों के अपने राज्य के हित से सम्बन्धित हैं। उपर्युक्त लाभों का उल्लेख करते हुए जमशेद ने कहा है कि बादशाह इस कारण वज़ीर चुनते तथा उन्हें अत्यधिक सम्मान प्रदान करते और अपना राज्य उनके अधिकार में दे देते हैं कि वज़ीर बादशाहों के राज्य में अधिनियम बनाते हैं और उसे सुव्यवस्थित रखते हैं। उन अधिनियमों का पालन करने के कारण बादशाह को किसी के रक्तपात की आवश्यकता नहीं रहती।" सुल्तान ने उत्तर दिया कि "जमशेद ने जिन दण्डों के विषय में कहा है वे प्राचीन काल से सम्बन्धित हैं। इस युग में दुष्ट तथा आज्ञाओं का उल्लंघन करने वाले बहुत बड़ी संख्या में पैदा हो गये हैं। मैं नित षड्यन्त्र, उपद्रव तथा छल की आशंका पर लोगों को मृत्यु-दण्ड देता हूँ। यदि प्रजा में से कोई ज़रा भी आज्ञा का उल्लंघन करता है तो मैं उसकी भी हत्या करा देता हूँ। मैं उन्हें इसी प्रकार उस समय तक दण्ड देता रहूँगा जब तक कि या तो मेरा देहावसान न हो जाय या लोग ठीक न हो जायँ और विद्रोह तथा आज्ञा का उल्लंघन करना बन्द न कर दें। मेरे पास कोई ऐसा वज़ीर नहीं है जो मेरे राज्य के लिये अधिनियम बनाये और मुझे किसी के रक्त से अपने हाथ न रंगने पड़ें। इसके अतिरिक्त मैं लोगों की हत्या इस कारण करता हूँ कि लोग एकबारगी मेरे विरोधी तथा शत्रु बन गये हैं। मैंने लोगों को इतनी धन-सम्पत्ति प्रदान की किन्तु फिर भी मेरा कोई भी विश्वास-पात्र अथवा हितैषी न बना। मुझे लोगों के स्वभाव के विषय में भली भाँति जानकारी प्राप्त हो चुकी है कि वे मेरे शत्रु तथा विरोधी हैं।"

गुजरात के विद्रोहियों की पराजय —

(५१२) सुल्तानपुर से सुल्तान मुहम्मद निरंतर कूच करता हुआ गुजरात की ओर रवाना हुआ। जब सुल्तान नहरवाला पहुँचा तो शेख मुइज्ज़ुद्दीन तथा अन्य कारकुनों (पदाधिकारियों) को नहरवाला नगर में भेजा और सुल्तान स्वयं नगर को अपने बाईं ओर छोड़ता हुआ आबू के पर्वत में प्रविष्ट हुआ। उस स्थान से देहुई (दभोई) तथा बरौदा निकट थे। सुल्तान ने एक सेना-नायक तथा अन्य सैनिकों को उन विद्रोहियों से युद्ध करने के लिये भेजा। वह सेना-नायक आबू पर्वत से देहुई (दभोई) तथा बरौदा में प्रविष्ट हुआ और उन विद्रोहियों का मुक़ाबला किया। विद्रोही युद्ध न कर सके। उनके बहुत से सवार मारे गये। अन्य पराजित हुये। बहुत से अपनी स्त्रियों तथा बालकों को लेकर देवगीर (देवगिरि)

१ मुहम्मद साहब।

भाग गये। सुल्तान ग्राबू पर्वत से भरौंच गया। वहाँ से उसने मलिक मक़बूल[1] नायब वज़ीरे ममालिक तथा देहली के कुछ सैनिक तथा भरौंच के ग्रमीराने सदा एवं भरौंच की सेना देहुई (दभोई) तथा बरौदा के भागने वालों का पीछा करने के लिये नियुक्त की। मलिक मक़बूल नायब वज़ीरे ममालिक ने नर्बदा-तट के निकट पहुंच कर देहुई (दभोई) तथा बरौदा के भागने वालों से युद्ध करके उन्हें पराजित तथा तहस नहस कर दिया। उन भागने वालों में से बहुत से मारे गये। उनके स्त्री बालक तथा उनकी धन-सम्पत्ति मलिक मक़बूल नायब वज़ीर को प्राप्त हो गई। उन भागने वालों में से कुछ प्रतिष्ठित लोग घोड़े की नंगी पीठ पर सवार होकर सालीर तथा मालीर[2] पर्वत के मुक़द्दम मान देव के पास भाग गये। मान देव ने उन्हें बन्दी बना लिया और उनके पास जो कुछ धन-सम्पत्ति जवाहरात तथा मोती थे, उनसे छीन लिये और गुजरात से उनके उपद्रव का पूर्णतया अन्त कर दिया। मलिक मक़बूल नायब वज़ीर नर्बदा-तट पर कुछ दिनों ठहरा रहा। सुल्तान के आदेशानुसार भरौंच के बहुत से प्रतिष्ठित अमीराने सदा बन्दी बना लिये और उन सब की तुरन्त हत्या करादी। जो लोग नायब वज़ीर की तलवार से बच गये उनमें से कुछ देवगीर (देवगिरि) भाग गये और कुछ गुजरात के मुक़द्दमों के पास चले गये। सुल्तान मुहम्मद कुछ समय तक भरौंच में ठहरा रहा। भरौंच, (५१३) खम्बायत तथा गुजरात का कर, जो वर्षों से शेष था, प्राप्त करने के लिये उसने विशेष पूछताछ तथा प्रयास किया। कर वसूल करने वाले कठोर व्यक्ति नियुक्त किये। उसने बड़ी कठोरता से अत्यधिक धन-सम्पत्ति एकत्र की। उन दिनों सुल्तान मुहम्मद का प्रजा के प्रति क्रोध बहुत बढ़ा था और उसके हृदय में बदला लेने की भावनायें बढ़ती जाती थीं। जिन लोगों ने खम्बायत तथा भरौंच में नायब से अनुचित बातें कही थीं या किसी प्रकार विद्रोहियों को सहायता पहुंचाई थी, उन्हें बन्दी बना लिया जाता था और उनकी हत्या करादी जाती थी प्रत्येक श्रेणी के मनुष्य बहुत बड़ी संख्या में मार डाले गये।

देवगीर (देवगिरि) में विद्रोह—

जब सुल्तान भरौंच में था तो उसने ज़ैनबन्दा तथा रुक्न थानेश्वरी के मँझले पुत्र को, जोकि अपने समय के बहुत बड़े दुष्ट लोगों में थे तथा दुराचारियों के नेता और संसार के समस्त दुष्टों से भी अधिक दुष्ट थे, देवगीर (देवगिरि) के दुष्टों के विषय में पूछताछ करने के लिये नियुक्त किया। थानेश्वरी का पुत्र, जोकि बहुत बड़ा दुष्ट था, देवगीर (देवगिरि) पहुँचा ही था तथा जैन बन्दा, जोकि दुष्ट एवं काफ़िरों के समान था और जो मजदुलमुल्क कहलाता था, अभी मार्ग ही में था कि देवगीर (देवगिरि) के मुसलमानों के मध्य में खलबली मच गई क्योंकि दो अभागे दुष्ट उस प्रदेश के षड्यन्त्रकारियों के विषय में पूछताछ करने और उनकी हत्या के लिये नियुक्त हुये थे। एक को उन लोगों ने अपनी आँखों से देख लिया था और दूसरे के विषय में उन्हें ज्ञात था कि वह धार पहुँच गया होगा। भाग्यवश सुल्तान ने उसी समय दो प्रतिष्ठित अमीरों को देवगीर (देवगिरि) भेजा। क़ुतलुग़ खाँ के भाई को यह फ़रमान लिखा कि वह देवगीर (देवगिरि) की सेना में से १½ हज़ार सवारों को तैयार करके प्रतिष्ठित अमीराने सदा के नेतृत्व में भरौंच भेज दे। वे दोनों दरबारी अमीर देवगीर (देवगिरि)

१ इससे पूर्व बरनी ने उसे मुक़बिल लिखा है। अफ़ीफ़ ने भी उसे मक़बूल लिखा है। वह प्रारम्भ में हिन्दू था और उसका नाम कन्नू था। फ़ीरोज शाह के राज्यकाल में उसे बड़ा सम्मान प्राप्त हुआ। (अफ़ीफ़; तारीखे फ़ीरोजशाही पृ० ३९४-४०६; ४२१-४२५)।

२ बगलाना के ७ क़िलों में से दो क़िले (मोलीर व सालीर)। बगलाना, सूरत तथा नन्दूरबार के मध्य में एक पर्वतीय प्रदेश है (आईने अकबरी भाग (२) नवलकिशोर प्रेस लखनऊ १८९३ पृ० १२०)। राजा का नाम नान्यदेव था।

पहुँचे। क़ुतलुग़ खाँ के भाई मौलाना निज़ामुद्दीन ने १½ हज़ार सवारों को तैयार करके उन्हें (५१४) व्यय देकर प्रतिष्ठित अमीराने सदा के नेतृत्व में उन दो अमीरों के साथ, जो उन्हें बुलाने आये थे, भरौंच की ओर भेज दिया। देवगीर (देवगिरि) के अमीराने सदा ने भरौंच की ओर अपने अधीन सवारों के साथ प्रस्थान किया। जब वे भरौंच की ओर प्रस्थान करते समय पहले पड़ाव[1] पर पहुँचे तो उन्होंने सोचा कि "हम लोग राज-सिंहासन के सम्मुख इस लिये बुलाये गये हैं कि हमारी हत्या करादी जाय। यदि हम वहाँ जायेंगे तो हम में से एक भी न लौट सकेगा। सभी अमीराने सदा की हत्या करादी जायगी"। उन्होंने उपर्युक्त सोच विचार करके उन दोनों अमीरों की, जोकि राजसिंहासन द्वारा भेजे गये थे, पहले ही पड़ाव में हत्या करदी और विद्रोह कर दिया। वे वहाँ से शोर मचाते हुये वापस हुये और शाही महल में पहुँच गये। मौलाना निज़ामुद्दीन को, जो उस स्थान का शासक था, बन्दी बना लिया। वे पदाधिकारी, जो देवगीर (देवगिरि) में रक्षा के विचार से नियुक्त किये गये थे, बन्दी बना लिये गये और सभी की हत्या कर दी गई। थानेश्वरी के पुत्र के टुकड़े-टुकड़े कर दिये। धारागीर[2] के खज़ाने को वे ले आये। मलिक यल अफ़ग़ान के भाई मुख अफ़ग़ान को, जोकि देवगीर (देवगिरि) की सेना का एक अमीर सदा था, अपना नेता बना लिया और उसे राजसिंहासनारूढ़ कर दिया। धन सम्पत्ति तथा खज़ाना उस स्थान के सवारों एवं प्यादों को बाँट दिया। मरहठ की विलायतें अमीराने सदा में वितरित करदीं। अनेक विद्रोही तथा षड्यन्त्रकारी उन अफ़ग़ानों के सहायक एवं मित्र हो गये। देहुई (दभोई) तथा बरौदा के अमीराने सदा मान देव के पास से देवगीर (देवगिरि) पहुँच गये। देवगीर (देवगिरि) में बहुत बड़ा विद्रोह उठ खड़ा हुआ। वहाँ की प्रजा विद्रोहियों की सहायक हो गई।

सुल्तान का देवगीर (देवगिरि) की ओर प्रस्थान तथा उसकी विजय—

जब सुल्तान को देवगीर (देवगिरि) के अमीरों के विद्रोह तथा विरोध के समाचार मिले तो उसने एक बहुत बड़ी सेना तैयार की। भरौंच से देवगीर (देवगिरि) पर चढ़ाई कर दी। सुल्तानी पताकायें निरन्तर धावे मारती हुई देवगीर (देवगिरि) पहुंच गईं। देवगीर (देवगिरि) के विद्रोहियों तथा हरामखोरों ने सुल्तान से युद्ध किया। सुल्तान मुहम्मद ने (५१५) उनसे युद्ध करके उन्हें पराजित कर दिया। उनके बहुत से सवार युद्ध करते हुये मारे गये। मुख अफ़ग़ान, जोकि वहाँ पर उनका सरदार था और जिसने चत्र धारण कर लिया था और अपने आपको सुल्तान कहलवाता था, अपने सहायक तथा साथी विद्रोहियों एवं उनके परिवारों को लेकर धारागीर के ऊपर चला गया। वे विद्रोही जो सरदार बन चुके थे, उस क़िले में घुस गये। हसन काँगू, बिदर के विद्रोही तथा मुख अफ़ग़ान के भाई शाही सेना से भाग कर अपनी-अपनी विलायतों को चले गये।

देवगीर (देवगिरि) के निवासी, मुसलमान तथा हिन्दू, सैनिक तथा बाज़ारी नष्ट भ्रष्ट कर दिये गये। सुल्तान ने एमादुलमुल्क सरतेज़ सुल्तानी तथा कुछ अन्य अमीरों और सैनिकों को गुलबर्गा भेज कर यह आदेश दिया कि वह गुलबर्गा तथा उस ओर के प्रदेश अपने अधिकार में कर ले। जो लोग शाही सेना से भाग गये हैं उनके विषय में यह आदेश हुआ कि उन्हें ढूंढ-ढूंढ कर उनके षड्यन्त्र का अन्त कर दिया जाय। सुल्तान देवगीर (देवगिरि) में कूश्के खास (खास महल) में ठहरा रहा। उसने उन समस्त मुसलमानों को जो देवगीर (देवगिरि) में थे

---

१ यह पड़ाव नासिक ज़िले के मानिकपुंज दर्रे पर दौलताबाद के ४० मील उत्तर पश्चिम में हुआ होगा। (होदीवाला पृ० ३००)।

२ यह एक बड़ा ही मज़बूत क़िला था।

नौरोज़ करगन (गुरगीन[1]) के साथ शहर (देहली) भेज दिया। देवगीर (देवगिरि) के विजय-पत्र इस युग के सुल्तान (फ़ीरोज़ शाह) मलिक कबीर, तथा अहमद अयाज़ के पास देहली भेज दिये गये। शहर (देहली) में खुशी के बाजे बजवाये गये। राजधानी से सुल्तान की अनुपस्थिति के समय इन लोगों ने राज्य को पूर्ण रूप से सुव्यवस्थित रक्खा और प्रजा उनसे संतुष्ट थी।

देवगीर (देवगिरि) का शासन प्रबन्ध तथा तग़ी का विद्रोह--

सुल्तान मुहम्मद देवगीर (देवगिरि) की व्यवस्था तथा मरहठ प्रदेश के शासन प्रबन्ध में लग गया। वह अमीरों को अक़्तायें प्रदान करता था। अभी वह सेना तथा विलायत के प्रबन्ध से निश्चिंत भी न हुआ था कि कृतघ्न तग़ी के विद्रोह के समाचार देवगीर (देवगिरि) में प्राप्त हुये। उस दास ने, जोकि मोर्ची था और सफ़दर मलिक सुल्तानी[2] का दास रह चुका था, गुजरात के अमीराने सदा को मिला कर विद्रोह कर दिया। गुजरात के कुछ मुक़द्दम भी उसके (५१६) सहायक बन गये। वह हरामखोर नहरवाला पहुँचा और उसने शेख मुइज़्ज़ुद्दीन के सहायक मलिक मुज़फ़्फ़र की हत्या कर दी। शेख मुइज़्ज़ुद्दीन तथा अन्य पदाधिकारियों को पकड़ कर बन्दी बना लिया। तग़ी हरामज़ादा तथा हरामखोर (दुष्ट) अन्य विद्रोहियों के साथ खम्बायत पहुँचा और खम्बायत को लूट लिया। खम्बायत से हिन्दुओं तथा मुसलमानों के साथ भरौंच के क़िले के नीचे आ पहुँचा। भरौंच के क़िले वालों से नित युद्ध करने तथा क़िले को हानि पहुँचाने लगा। सुल्तान मुहम्मद तग़ी के विद्रोह के समाचार सुन कर खुदावन्द ज़ादा क़िवामुद्दीन, मलिक जौहर तथा शेख बुरहान बलारामी, ज़हीरुल जुयूश (सेना-नायक) को तथा कुछ सेना देवगीर (देवगिरि) में छोड़ कर और देवगीर (देवगिरि) की व्यवस्था समाप्त न करके तथा अधूरी छोड़कर शीघ्रातिशीघ्र देवगीर (देवगिरि) से भरौंच की ओर रवाना हुआ। उस स्थान के जो छोटे बड़े मुसलमान वहाँ रह गये थे, उन्हें सेना के साथ भरौंच भेज दिया। उस समय अनाज का मूल्य बहुत बढ़ गया था और सेना वालों को इससे बड़ा कष्ट था।

सुल्तान की सेवा में बरनी का पहुँचना तथा विद्रोह के विषय में वार्त्ता—

इस तारीखे फ़ीरोज़शाही का संकलनकर्त्ता ज़िया बरनी सुल्तान मुहम्मद से, जब कि वह भरौंच की ओर १-२ पड़ाव आगे पहुँच चुका था और सागौन घाटी को पार कर चुका था, शहर (देहली) से आकर मिला। इस युग के बादशाह (फ़ीरोज़), मलिक कबीर तथा अहमद अयाज़ के बधाई-पत्र जो इन लोगों ने शहर (देहली) से मेरे हाथ भेजे थे, मैंने सुल्तान की सेवा में प्रस्तुत किये। सुल्तान ने मेरा बड़ा आदर सम्मान किया।

एक दिन मैं सुल्तान के साथ-साथ यात्रा कर रहा था और सुल्तान मुझ से वार्त्तालाप करता जाता था कि इसी बीच में विद्रोह के विषय में वार्त्ता होने लगी। सुल्तान ने मुझ से कहा कि 'तू देखता है कि हरामखोर (दुष्ट) अमीराने सदा किस प्रकार विद्रोह कर रहे हैं। यदि मैं एक ओर व्यवस्था करता हूं और उनका विद्रोह शान्त करता हूं तो वे दूसरी ओर (५१७) से विद्रोह कर देते हैं। यदि मैं प्रारम्भ ही में यह आदेश दे देता कि समस्त देवगीर (देवगिरि) गुजरात तथा भरौंच के अमीराने सदा को एक साथ हत्या करदी जाय तो मुझे इतने कष्ट का सामना न करना पड़ता। इसी हरामखोर (दुष्ट) तग़ी की, जोकि मेरा दास है, यदि मैं हत्या करा देता अथवा उसे अदन के बादशाह के पास उपहार के रूप में भेज

---

१ पुस्तक में नौरोज़ कर्कन है। एक अन्य स्थान पर बरनी ने उसका नाम करगन लिखा है। वह तरमाशीरी का जामाता था और सुल्तान मुहम्मद का बड़ा विश्वास-पात्र था (बरनी पृ० ५३३)।

२ इब्ने बत्तूता के अनुसार उसका नाम क़ीरान था। उसने उसे सफ़दर मलिक लिखा है। बरनी ने उसका नाम तथा पद सुल्तान मुहम्मद बिन तुग़लुक़ के अमीरों की सूची में मलिक सफ़दर मलिक सुल्तानी आखुरबके मैसरा रखा है (बरनी पृ० ४५४)।

देता तो फिर वह किस प्रकार यह उपद्रव तथा विद्रोह कर सकता।" मैं सुल्तान की सेवा में यह निवेदन न कर सकता था कि "प्रत्येक दिशा में विद्रोहों तथा अशान्ति का फैलना सुल्तान के हत्या काण्ड का फल है। यदि वह कुछ समय के लिए हत्या का दण्ड रोक दे तो सम्भव है कि लोग शान्त हो जायँ और साधारण तथा विशेष व्यक्ति उससे घृणा करनी कम कर दें। मैं सुल्तान के क्रोध से भय करता था और उपर्युक्त बात उससे न कह सकता था किन्तु मैं अपने हृदय में सोचता था कि यह एक विचित्र बात है कि जिस बात से उसके राज्य में उथल पुथल तथा उसका विनाश हो रहा है, वही राज्य तथा शासन को सुव्यवस्थित एवं उसके उपकार के लिए सुल्तान मुहम्मद के हृदय में नहीं आती। सुल्तान मुहम्मद कूच करता हुआ भरौंच पहुँचा। नर्बदा तट पर जोकि भरौंच के नीचे से बहती है सेना लेकर उतर पड़ा। जब तग़ी हरामख़ोर (दुष्ट) ने सुना कि शाही पताकायें भरौंच पहुँच चुकी हैं तो वह उस स्थान को त्याग कर अन्य विद्रोहियों के साथ, जोकि उसके सहायक बन गये थे और जिनकी संख्या ३ हज़ार से अधिक न थी, भाग गया।

सुल्तान मुहम्मद ने नर्बदा-तट पर मलिक यूसुफ़ बुग़रा को सेना-नायक बनाया और उसे दो हज़ार सवार प्रदान किये। उसे तथा कुछ अन्य अमीरों को खम्बायत भेजा। वह सेना लेकर ४-५ दिन में खम्बायत की सीमा पर पहुँच गया और तग़ी से युद्ध किया। दुर्भाग्यवश मलिक यूसुफ़ बुग़रा तथा कुछ अन्य लोग विद्रोहियों द्वारा मारे गये। शाही सेना पराजित होकर भरौंच पहुँची। जब मलिक यूसुफ़ बुग़रा की हत्या तथा शाही सेना की (५१८) पराजय के समाचार सुल्तान को प्राप्त हुये तो उसने तुरन्त नदी पार की। २-३ दिन तक उसने भरौंच में तैयारी की। तत्पश्चात् शीघ्रातिशीघ्र खम्बायत की ओर प्रस्थान किया। तग़ी को जब यह ज्ञात हुआ कि सुल्तान खम्बायत आ रहा है तो वह खम्बायत से भाग कर असावल[1] चला गया। जब कृतघ्न तग़ी ने यह सुना कि शाही पताकायें असावल पहुँचने वाली हैं, तो वह वहाँ से भी भाग कर नहरवाला पहुंचा। सुल्तान के भरौंच से प्रस्थान करने के पूर्व हरामख़ोर (दुष्ट) तग़ी ने शेख़ मुइज्जुद्दीन तथा अन्य पदाधिकारियों की जिन्हें उसने बन्दी बना लिया था, हत्या करा दी।

इस इतिहास का संकलनकर्त्ता कहता है कि "मुझे यह उचित ज्ञात नहीं होता कि इस तारीखे फ़ीरोज़शाही में, जिसमें सुल्तान का इतिहास तथा राज्य के गण्य-मान्य व्यक्तियों का उल्लेख है, मैं तग़ी की दुष्टता तथा नीचता का उल्लेख करूँ और यह लिखूं कि तग़ी किस प्रकार कुछ सवारों को लेकर सुल्तान के मुक़ाबले में दृष्टिगत होता था और किस प्रकार प्रत्येक सेना से युद्ध करने के लिए बुरीदगान[2] की भाँति जाता था और तुरन्त भाग खड़ा होता था। सुल्तान की सेना से उस कमीने माबून (गुदा भोग्य) का युद्ध निम्नांकित छन्द में पूर्ण रूप से इस प्रकार स्पष्ट कहा जा सकता है।

छन्द

यह किस प्रकार सम्भव है कि मक्खी तलवार से काट डाली जाय।
किस प्रकार शेर मच्छर के चाँटा मारे।

तग़ी से युद्ध—

सुल्तान जब असावल पहुँचा तो लगभग एक मास तक सेना के घोड़ों की दुर्दशा तथा निरन्तर वर्षा के कारण असावल में रुका रहा। कुछ समय उपरान्त जब कि निरंतर वर्षा हो

१ फ़िरिश्ता के अनुसार अहमदाबाद।
२ बुरीदा "वह जिसका ख़तना हो चुका हो।" यहाँ इसका अर्थ नामर्द है।

रही थी, नहरवाले से सूचना मिली कि वलदुज़ ज़िना (व्यभिचार द्वारा जन्म पाया हुआ) तग़ी कुछ सवारों को, जिन्हें उसने एकत्र कर लिया था, लेकर नहर वाले के बाहर निकल कर असावल पर धावा मारने वाला है और कड़ा[1] नामक क़स्बे में पहुँच चुका है। सुल्तान मुहम्मद उस निरन्तर वर्षा में ही असावल से निकल खड़ा हुआ और तीसरे चौथे दिन कड़ाबत्ती[2] नामक क़स्बे के निकट, जहाँ तग़ी था, पहुँच गया। दूसरे दिन सुल्तान ने सेना तैयार करके (५१६) उस हरामखोर (दुष्ट) पर आक्रमण किया। जब उन हरामखोरों की दृष्टि सुल्तान के लश्कर पर पड़ी तो सभी मदिरापान करके मस्त हो गये। उन लोगों के मध्य में से अमीराने सदा के कुछ सवार बराओ फ़िदाइयों[3] की भाँति अपने प्राण हथेली पर रख कर और नंगी तलवारें अपने हाथ में लिये हुए शाही सेना पर टूट पड़े। शाही सेना ने हाथियों द्वारा उन पर आक्रमण किया। वे अभागे शाही मस्त हाथियों का सामना न कर सके और शाही सेना के पीछे से होते हुये किसी प्रकार घने जंगलों में घुस गये। वे पराजित होकर नहरवाले की ओर भाग गये। शाही सेना ने कुछ विद्रोहियों तथा उनके पूरे शिविर पर अधिकार जमा लिया। लगभग ४०० या ५०० विद्रोही युवक तथा वृद्ध, जो विद्रोहियों के शिविर से इस्लामी सेना द्वारा बन्दी बनाये गये थे, मार डाले गये। सुल्तान मुहम्मद ने मलिक यूसुफ़ बुग़रा के पुत्र को सेना देकर भागने वालों का पीछा करने के लिये नहरवाले की ओर भेजा। जब रात्रि हो गई और काफ़ी समय हो गया तो मलिक यूसुफ़ का पुत्र मार्ग में रुक गया और वह तथा उसकी सेना सो गई।

तग़ी की पराजय तथा सुल्तान का नहरवाला की ओर प्रस्थान—

तग़ी उन सवारों को लेकर जो उसके साथ भाग सके थे, नहरवाला पहुँचा। वे विद्रोही नहरवाले से अपने परिवार तथा सहायकों को लेकर किसी मार्ग से कन्त[4] चले गये। कुछ दिन तक वे वहाँ रहे। वहाँ से वे राय कर्नाल (गिरनार[5]) के पास छिपने के लिये प्रार्थना-पत्र भेज कर कर्नाल (गिरनार) चले गये। वहाँ से वे तहया (थट्टा) तथा दमरीला पहुंचे और उन लोगों की शरण में आ गये। सुल्तान दो-तीन दिन पश्चात् नहरवाला पहुँचा और सहसीलंग हौज़ के चबूतरे पर उतर पड़ा। वहाँ से वह गुजरात प्रदेश की शासन-व्यवस्था ठीक करने में तल्लीन हो गया। गुजरात के मुक़द्दम, राना लोग, तथा महन्त सुल्तान की सेवा में उपस्थित हुये और उन्होंने उपहार भेंट किये। उन्हें खिलअत तथा इनाम प्रदान किये गये। थोड़े ही समय में लोग शान्त हो गये। विद्रोह तथा उपद्रव का अन्त हो गया और

---

१ अहमदाबाद सरकार का एक महाल (करी)। (आईने अकबरी भाग २ पृ० १२१)

२ होदीवाला के अनुसार पट्टन के निकट कड़ी। गैकवाड़ राज्य के एक ज़िले का मुख्य क़स्बा।

३ फ़िदाई—हसन बिन सब्बाह के इस्माइली सहायक जो अपने प्राणों का भय न करके अपने नेता की आज्ञानुसार सब कुछ कर डालते थे। क़ज़्वीन तथा गीलान के मध्य में स्थित अलअहमूत पर्वत पर उसने एक दृढ़ तथा दुर्गम क़िला बनवा लिया था। यहीं से उसके ध्वंस का कार्यक्रम प्रारम्भ हुआ और उसने अनेक क़िलों पर अधिकार जमा लिया। उसकी मृत्यु ११२४ ई० में हुई। अमीर ख़ुसरो के अनुसार हिन्दू बरादो (बराओ) भी इसी प्रकार अपने स्वामियों के लिये प्राण त्याग देते थे। (तुग़लुक़नामा पृ० १६, खलजी कालीन भारत पृ० १८४)।

४ पुस्तक में 'दर कन्त ब राहे रफ़्त' है जिसका अर्थ "किसी मार्ग से कन्त चला गया" है। डाउसन ने इसे कन्त बराही पढ़ा (History of India, III, p. 261)। Cambridge History of India में भी इस शब्द को इसी प्रकार पढ़ कर इसे खम्भालिया (जामनगर में) बताया गया है (Vol. III, p. 170)। होदीवाला का विचार है कि कन्त, कच्छ के पूर्व में कंथ कोट नामक स्थान हो सकता है। (होदीवाला पृ० ३०२)

५ गिरनार अथवा जूनागढ़।

(५२०) प्रजा विद्रोहियों की लूटमार से मुक्त हो गई। कुछ प्रतिष्ठित विद्रोही तग़ी से पृथक् होकर मण्डल तथा टेरी (पटरी)[१] के राना के पास उसकी शरण में पहुँच गये। मण्डल तथा टेरी (पटरी) के राना ने उनकी हत्या करादी और उनके सिर सुल्तान की सेवा में भेज दिये। उनके स्त्री बालक तथा धन-सम्पत्ति अपने अधिकार में कर लिये। राज-सिंसाहन की ओर से उसे खिलअत, इनाम तथा सोने के बर्तन प्रदान हुये। राना इतना सम्मान पाने के उपरान्त दरबार में उपस्थित हुआ।

हसन काँगू का देवगीर (देवगिरि) पर अधिकार—

जिस समय सुल्तान सहसीलंग के चबूतरे पर विराजमान था और राज्य-व्यवस्था तथा शासन-प्रबन्ध को ठीक करने में तल्लीन था और यह चाहता था कि नहरवाले पर आक्रमण करे, उसी समय देवगीर (देवगिरि) से समाचार प्राप्त हुआ कि हसन काँगू तथा अन्य विरोधियों एवं विद्रोहियों ने, जोकि रणक्षेत्र में शाही सेना के सामने से भाग गये थे, एमादुल-मुल्क पर आक्रमण कर दिया। एमादुलमुल्क मारा गया। उसकी सेना छिन्न-भिन्न हो गई। ख़ुदावन्द जादा क़िवामुद्दीन, मलिक जौहर तथा ज़हीरुल-जुयूश (सेना नायक) देवगीर (देवगिरि) से धार की ओर भाग गये। हसन काँगू ने देवगीर (देवगिरि) पहुँच कर चत्र धारण कर लिया। जो लोग शाही सेना के भय से धारागीर (धारागिरि) के ऊपर पहुंच चुके थे वे भी नीचे उतर आये और देवगीर (देवगिरि) में बहुत बड़ी अशान्ति फैल गई। सुल्तान मुहम्मद उपर्युक्त समाचार सुनकर बड़ा दुःखी हुआ और भली भाँति समझ गया कि प्रजा पूर्ण रूप से घृणा करने लगी है और अब उसे ठीक करना सम्भव नहीं; शासन सम्बन्धी कार्यों की दृढ़ता समाप्त हो चुकी है और राज्य का पतन भी होने ही वाला है। कुछ महीनों तक जब तक कि सुल्तान नहरवाले म रहा उसने किसी की हत्या नहीं कराई। सुल्तान ने देवगीर (देवगिरि) पर आक्रमण करने के लिये अहमद अयाज, मलिक बहराम ग़ज़नी, अमीर क़बतग़ा अमीरे महान[२] तथा सेना को देहली से बुलवाया। वे पूर्ण रूप से तैयार होकर शहर (देहली) से उसकी सेवा में पहुंचे। तत्पश्चात् सूचना मिली कि हसन काँगू ने देवगीर (देवगिरि) में बहुत बड़ी सेना एकत्र करली है। सुल्तान को अहमद अयाज, मलिक बहराम ग़ज़नी तथा अमीर क़बतग़ा को देवगीर (देवगिरि) भेजना उचित ज्ञात न हुआ। सुल्तान ने देवगीर (देवगिरि) पर आक्रमण करने का विचार त्याग दिया और निश्चय किया कि सर्व प्रथम गुजरात को मुक्त (५२१) करले और कर्नाल (गिरनार) पर अधिकार जमा ले। हरामखोर (दुष्ट) तग़ी को परास्त करने के उपरान्त ही देवगीर (देवगिरि) पर आक्रमण करे, जिससे उसे कोई चिन्ता तथा परेशानी न रहे और निश्चिन्त होकर पूर्ण रूप से देवगीर (देवगिरि) के विद्रोहियों तथा विरोधियों का विनाश कर दे। सुल्तान मुहम्मद ने कर्नाल का युद्ध तथा खिंगार[३] का विनाश परमावश्यक समझ लिया। देवगीर (देवगिरि, के मुक़द्दम, जोकि शाही सेना में देवगीर

१ रन खाड़ी के निकट दो छोटे क़स्बे। (बम्बई गज़ेटियर भाग ४, पृ० ३४५)

२ ये दो व्यक्ति नहीं, अपितु एक ही हैं। बरनी ने सुल्तान फ़ीरोज शाह के हाल में लिखा है: "चीन तथा ख़ता के उन दो बुजुर्ग जादों में एक अमीर क़तवग़ा (क़बतग़ा) अमीर मेहमान (महान) है। स्वर्गीय सुल्तान मुहम्मद बिन तुग़लुक़ शाह उसका बड़ा सम्मान करता था और अमीर महान कहता था।" (बरनी पृ० ५८४-८५)। डा० महदी हुसैन तथा डा० ईश्वरी प्रसाद इन्हें दो व्यक्ति समझते थे। (महदी हुसैन पृ० १८६, Qarauna Turks p. 247.)

३ इस स्थान पर मूल पोथी में कनहगार है किन्तु दूसरे स्थान पर बरनी ने खिंगार लिखा है और यही उचित है (बरनी पृ० ५२३)। यदि इसे गुनहगार पढ़ा जाय तो इसका अर्थ अपराधी तथा अभिप्राय तग़ी से हो सकता है।

(देवगिरि) से आये हुये थे, यह देख कर कि देवगीर (देवगिरि) के युद्ध में कुछ देर है एक-एक दो-दो करके देवगीर (देवगिरि) लौट गये।

बरनी से परामर्श—

देवगीर (देवगिरि) के विद्रोहियों की सफलता तथा देवगीर (देवगिरि) के हाथ से निकल जाने से सुल्तान के हृदय में बदले की भावनायें बड़ी तीव्र हो गईं। जिस समय सुल्तान मुहम्मद देवगीर (देवगिरि) के हाथ से निकल जाने पर खिन्न था उसने मुझको अर्थात् तारीखे फ़ीरोजशाही के संकलनकर्त्ता को राज-सिंहासन के समक्ष बुलवाया। सुल्तान ने इस तुच्छ से कहा कि "मेरा राज्य रुग्ण है और रोग किसी प्रकार समाप्त नहीं होता। जिस प्रकार यदि कोई हकीम सिर के पीड़ा[1] की चिकित्सा करता है तो ज्वर बढ़ जाता है और यदि ज्वर को दूर करने का प्रयास करता है तो सुद्दे[2] पड़ जाते हैं, उसी प्रकार मेरा राज्य भी रोगी हो गया है। यदि एक ओर सुव्यवस्थित करता हूं तो दूसरी ओर अव्यवस्था उत्पन्न हो जाती है। यदि मैं किसी एक दिशा को सुशासित कर लेता हूं तो दूसरी ओर अशान्ति फैल जाती है। तू मुझे बता कि प्राचीन बादशाह राज्य के इन रोगों के विषय में किस प्रकार आचरण करते थे।" इस तुच्छ ने उत्तर दिया कि "प्राचीन बादशाहों के राज्य के रोगों के उपचार का उल्लेख इतिहास की पुस्तकों में कई प्रकार से लिखा है। कुछ सुल्तान, यह देख कर कि उनके प्रति उनकी प्रजा का विश्वास उठ गया है तथा सभी लोग घृणा करनी प्रारम्भ कर चुके हैं, राज्य त्याग कर अपने जीवन ही में अपने पुत्रों में से किसी पुत्र को बादशाह बना कर स्वयं एकान्त-वास ग्रहण कर लेते थे और इस प्रकार वे सब कुछ त्याग कर अपने कुछ विशेष मित्रों सहित (५२२) राज्य के एक कोने में शान्ति-पूर्वक जीवन व्यतीत करने लगते थे और राज्य व्यवस्था में हस्तक्षेप न करते थे। कुछ लोग ऐसी अवस्था में जब सभी लोग घृणा (विद्रोह) करने लगते थे, स्वयं शिकार, संगीत तथा मदिरापान में तल्लीन हो जाते थे और राज्य व्यवस्था तथा शासन प्रबन्ध-सम्बन्धी समस्त छोटे बड़े कार्य अपने वज़ीरों, विश्वास-पात्रों, सहायकों तथा मित्रों को प्रदान कर देते थे और स्वयं किसी बात की पूछताछ तथा कोई आदेश न देते थे। इस उपचार से, कि बादशाह प्रजा के कार्य में हाथ नहीं डालता, तथा किसी से बदला लेने के लिये प्रसिद्ध नहीं है, उसके राज्य का रोग ठीक हो जाता है। राज्य के रोगों में सबसे बड़ा तथा घातक रोग यह है कि राज्य के साधारण तथा विशेष व्यक्ति बादशाह से घृणा करने लगें तथा प्रजा का विश्वास बादशाह पर न रहे।" सुल्तान ने उत्तर दिया कि "मैं चाहता हूं कि यदि राज्य मेरी इच्छानुसार सुव्यवस्थित हो जाय तो मैं देहली का राज्य इन तीन व्यक्तियों अर्थात् इस युग के बादशाह फ़ीरोज शाह अस्सुल्तान, मलिक कबीर तथा अहमद अयाज को सौंप कर मक्के चला जाऊँ किन्तु इस समय मैं प्रजा से रुष्ट हूँ और प्रजा मुझ से दुःखी है। प्रजा को मेरे स्वभाव का ज्ञान प्राप्त हो चुका है और मैं प्रजा की शक्ति तथा निर्बलता के विषय में सब कुछ समझ चुका हूं। मैं जो उपचार करता हूं उससे लाभ नहीं होता। विद्रोहियों, आज्ञा का उल्लंघन करने वालों तथा विरोधियों की औषधि मेरे पास तलवार है। मैं लोगों की हत्या कराता हूं तथा तलवार चलाता हूं जिससे वे या तो टुकड़े टुकड़े हो जायें और या ठीक ही हो जायें। जितना अधिक लोग विद्रोह करेंगे उतना ही अधिक मैं लोगों की हत्या कराऊँगा।"

गुजरात का प्रबन्ध—

जब सुल्तान मुहम्मद देवगीर (देवगिरि) पर आक्रमण करने के विचार त्याग कर

---

१ पुस्तक में खुज़ा है किन्तु यह सुदा (सिर की पीड़ा) हो सकता है। ख़ज़ा से कोई अर्थ नहीं निकलता।

२ पेट का बहुत सूखा हुआ मल।

गुजरात को सुव्यवस्थित करने में लग गया तो उसने तीन बरसातें गुजरात में व्यतीत कीं। एक वर्षा सुल्तान मण्डल पातेरी (पटरी) में रहा। इस वर्षा में सुल्तान गुजरात को सुव्यवस्थित (५२३) तथा सेना को तैयार करता रहा। दूसरी वर्षा में सुल्तान कर्नाल (गिरनार) के क़िले के निकट रहा। जब कर्नाल (गिरनार) के मुक़द्दम ने शाही सेना की संख्या तथा उस अगणित सेना का ऐश्वर्य देखा तो उसने यह निश्चय कर लिया कि हरामखोर (दुष्ट) तग़ी को जीवित बन्दी बना कर सुल्तान के पास भेज दे। तग़ी को जब यह हाल ज्ञात हुआ तो वह वहाँ से भाग कर थट्टा चला गया और थट्टा के जाम से मिल गया। वर्षा के अन्त पर सुल्तान ने कर्नाल (गिरनार) पर अधिकार जमा लिया और उस ओर के समुद्र-तट तथा टापू अपने अधिकार में कर लिये। उस स्थान के राना तथा मुक़द्दम शाही दरबार में उपस्थित हो गये और उन्हें इनाम तथा खिलअत प्रदान हुये। कर्नाल (गिरनार) में एक महता राजसिंहासन की ओर से नियुक्त हो गया। कर्नाल (गिरनार) का राना खिंगार[1] बन्दी बना लिया गया और दरबार में उपस्थित किया गया। वह समस्त प्रदेश पूर्णतया सुव्यवस्थित हो गया।

मलिक कबीर की मृत्यु—

सुल्तान मुहम्मद तीसरी वर्षा में कोन्दल (गोन्डाल)[2] में रहा। यह स्थान कोन्दल (गोन्डाल), सूमरा[3] (जाति) के टट्ठा तथा मड़ीला (डमरीला) की ओर स्थित है। कोन्दल (गोन्डाल) में सुल्तान रुग्ण हो गया और उसको ज्वर आने लगा। उस रोग के कारण उसे कुछ समय तक वहाँ रुकना पड़ा। सुल्तान के कोन्दल (गोन्डाल) पहुँचने तथा वहाँ पड़ाव करने के पूर्व देहली से मलिक कबीर की मृत्यु के समाचार प्राप्त हुये। उसकी मृत्यु से सुल्तान बड़ा दुःखी हुआ। उसने अहमद अयाज़ तथा मलिक मक़बूल नायब वज़ीरे ममालिक को देहली की राज्य व्यवस्था ठीक रखने के लिये भेज दिया। उसने देहली से ख़ुदावन्दज़ादा[4], मखदूमज़ादा, कुछ शेखों (सूफ़ियो), आलिमों, प्रतिष्ठित तथा सम्मानित व्यक्तियों एवं उनके परिवार तथा सवारों और प्यादों की सेना को कोन्दल (गोन्डाल) बुलवाया। जो लोग भी बुलवाये गये थे वे सवार और प्यादों की सेना के साथ बड़े वैभव से कोन्दल (गोन्डाल) में दरबार में उपस्थित हुये। सुल्तान की सेवा में बहुत से लोग एकत्र हो गये और सेना सुव्यवस्थित हो गई। दोपालपुर, मुल्तान, उच्च तथा सिविस्तान से नौकायें पहुंच गईं। (५२४) सुल्तान मुहम्मद भी रोग से मुक्त हो गया और समस्त सेना लेकर कोन्दल (गोन्डाल) से सिन्धु नदी के तट पर पहुँचा। सिन्धु नदी, सेना तथा हाथियों सहित बड़ी शान्ति तथा संतोष से पार की। इस स्थान पर अमीर फ़र्ग़न (क़ुर्ग़न) द्वारा भेजा हुआ अल्तून बहादुर तथा ४-५ हजार मुग़ल सवार सुल्तान की सेवा में उपस्थित हुये। सुल्तान ने अल्तून बहादुर तथा उस सेना के प्रति जो उसकी सहायता के लिये आई थी, बड़ी कृपा दिखाई और उसे अत्यधिक इनाम प्रदान किया। सुल्तान उस स्थान से अपनी सेना जो चींटियों तथा टिड्डियों से भी अधिक थी, लेकर सिन्धु नदी के किनारे-किनारे ठट्ठा (थट्टा) की ओर चल दिया और सूमरा

१ पुस्तक में खिंगार व रानये कर्नाल है किन्तु इसे खिंगार, रानये कर्नाल (कर्नाल का राना खिंगार होना चाहिये)।

२ काठियावाड़ में है।

३ तारीखे मासूमी का अनुवाद देखिये। ये एक शक्तिशाली स्थानीय जाति थी और ग्यारहवीं शताब्दी के मध्य से चौदहवीं शताब्दी के प्रथम २५ वर्षों तक इन्हें दक्षिणी सिन्ध में बड़ा अधिकार प्राप्त रहा।

४ ख़ुदावन्दज़ादा क़िवामुद्दीन को देवगिरि में नियुक्त किया गया था। (बरनी पृ० ५१६) सुल्तान तुग़लुक़ की एक पुत्री का नाम भी ख़ुदावन्दज़ादा था। सम्भव है कि उसी को बुलवाया गया हो। (अफ़ीफ़, तारीखे फ़ीरोज़शाही पृ० ४५)

जाति तथा हरामखोर (दुष्ट) तग़ी, जो उन लोगों की शरण में पहुँच चुका था, के बिनाश के लिये निरंतर कूच करता हुआ रवाना हो गया।

सुल्तान मुहम्मद का पुनः रुग्ण होना तथा उसकी मृत्यु—

जब सुल्तान मुहम्मद ने अपार सेना लेकर ट्ठा की ओर प्रस्थान किया और ट्ठा से ३० कोस की दूरी पर पहुँच गया तो उस दिन मुहर्रम की दसवीं थी। सुल्तान ने रोज़ा रक्खा था। रोज़ा खोलते समय उसने मछली खाई। मछली का भोजन उसके अनुकूल सिद्ध न हुआ। सुल्तान पुनः रुग्ण हो गया और उसको पुनः ज्वर आने लगा। उसी रोग की अवस्था में सुल्तान ने नौका पर बैठ कर १२-१३ मुहर्रम को निरन्तर कूच करके ट्ठा से १४ कोस की दूरी पर पड़ाव किया। शाही लश्कर तैयार हुआ। यदि सुल्तान का आदेश हो जाता तो एक ही दिन में ट्ठा के सूमरों तथा तग़ी हरामखोर (दुष्ट) एवं अन्य विद्रोहियों को पांव के नीचे कुचल दिया जाता और उन्हें नष्ट कर दिया जाता; किन्तु मनुष्य का प्रयास ईश्वर के निश्चित किये हुये भाग्य का सामना नहीं कर सकता।

छन्द

बादशाह इस प्रकार योजना बनाता है किन्तु उसे यह ज्ञात नहीं कि ईश्वर की आज्ञा से,
भाग्य ने उसके प्रयास के पृष्ठ पर रेखा खींच दी है।

(५२५) उन २-३ दिनों में, जब कि सुल्तान मुहम्मद ट्ठा से १४ कोस की दूरी पर पड़ाव डाले था, उसका रोग बढ़ने लगा। सुल्तान के रोग के बढ़ने के कारण सेना वाले परेशान हो गये और लोगों में कोलाहल मच गया। लोग इस कारण और भी विस्मित थे कि वे अपनी स्त्रियों तथा बालकों सहित देहली से हज़ारों कोस दूर पड़े हुये थे और शत्रु उनके निकट था। वे निर्जन जंगलों में निराश तथा दुःखी अवस्था में थे। न तो उन्हें लौट जाने का और न भागने का मार्ग दीख पड़ता था। उन्होंने अपने प्राणों से हाथ धो लिये थे। सुल्तान मुहम्मद की मृत्यु के उपरान्त वे अपनी मृत्यु भी अनुभव के दर्पण में देख रहे थे।

२१ मुहर्रम ७५२ हि० (२० मार्च, १३५१ ई०) को भाग्यशाली, शहीद, सुल्तान मुहम्मद बिन तुग़लुक़ शाह का ट्ठा से १४ कोस पर सिन्धु नदी के तट पर निधन हो गया। वह जहाँपनाह (व) जहाँगीर (संसार को शरण देने वाला तथा दिग्विजयी) राज-सिंहासन से लकड़ी के तख्तों के नीचे सो गया। उलिल-अमरी की मसनद (राज-सिंहासन) से मिट्टी में बन्दी हो गया।

छन्द

तू ने अल्प[1] अरसलान का शीश बलन्दी में आकाश तक उठा देखा,
किन्तु उसकी मृत्यु के उपरान्त अल्प अरसलान का शरीर मिट्टी में देख।
वह इतना बड़ा अमीर था कि हज़ारों लोग उसके महल पर पहरा देते थे,
किन्तु अब तू देख उसके मक़बरे के गुम्बद पर केवल कौवे पहरा देते हैं।

मकड़ी ने किसरा की मिहराबों में जाले तान दिये हैं,
अफ़रासियाब[2] के गुम्बद पर उल्लू बोल रहा है।

मैं अविश्वासी आकाश के विरुद्ध न्याय चाहता हूं और सदैव के अत्याचार के विरुद्ध

---

१ ईरान का एक सलजूक़ सुल्तान जिसने १०६३ ई० से १०७२ ई० तक राज्य किया। वह अपने उत्कृष्ट कार्यों के लिये बड़ा प्रसिद्ध है।

२ तूरान का एक प्राचीन प्रतापी बादशाह। उसके पिता का नाम पशंग था और उसने ईरान पर भी १२ वर्ष राज्य किया।

(५२६) न्याय की प्रार्थना करता हूं क्योंकि वह पूर्व तथा पश्चिम के बादशाह को ४ गज़ क़ब्र में अपमानित करके डाल देता है। इन बादशाहों तथा शासकों के पास सितारों के समान अगणित सेना थी।

छन्द[1]

मदिरापान समस्त संसार के लिये विष बन चुका है;
मेवे आदम के पुत्रों के लिये मौत के बीज बन चुके हैं।
हे विनाश के मित्र! अपने पग रोक ले;
इस तुच्छ संसार को अधिक परेशान न कर।
क़यामत की प्रातः हो रही है और हम सो रहे हैं
दुनिया के सोने वालों के लिये नारे लगा।
देख मृत्यु का फ़र्श बिछ चुका है,
अतः प्रसन्नता का बिछौना लपेट ले;
यह क़यामत का दिन है उठ! और फाड़ डाल,
आसमानों के महल के गुम्बद की छत।
बादशाह मुहम्मद मिट्टी के पेट में सो गया,
दुःख प्रकट करने के लिये अपने वस्त्र काले कर ले।
और फिर शोक के हाथों से संसार के शरीर पर,
मिट्टी फेंक! इस सम्मानित वस्त्र पर।

सुल्तान मुहम्मद बिन तुग़लुक़ शाह के निधन के उपरान्त प्रजा तथा सेना शत्रुओं, विद्रोहियों, मुग़लों तथा सूमरों के बीच में जंगल और मैदान में शोक तथा कष्ट में पड़ी थी। सब ने अपने प्राणों से हाथ धो लिये थे। समस्त छोटे बड़े नमाज़, दुआ, ईश्वर के सामने रोने चिल्लाने तथा अपनी दीनता प्रकट करने में तल्लीन थे। समस्त दुःखी तथा परेशान थे और सब की दोनों आँखें आकाश की ओर लगी हुईं थीं और समस्त सेना की वाणी पर यही प्रार्थना थी, "हे दुखियों को मार्ग दर्शाने वाले, और हे सहायता की प्रार्थना करने वालों की सहायता!" (हे ईश्वर)

---

१ यह छन्द तबक़ाते अकबरी में भी नक़ल किये गये हैं। (पृ० २२३-२४)

फ़ुतूहुस्सलातीन

[लेखक—एसामी]

[प्रकाशन मदरास यूनीवर्सिटी १६४८ ई०]

सुल्तान ग़यासुद्दीन तुग़लुक़ शाह

सिंहासनारोहण तथा नये पद—

तुग़लुक़, ग़यासुद्दीन बना। मलिक फ़खरुद्दीन, उलुग़ खाँ हुआ। वह सुल्तान का ज्येष्ठ पुत्र था। सुल्तान का दूसरा पुत्र बहराम खाँ हुआ। वह संसार में दूसरा हातिम (दानी) था। तीसरे पुत्र की उपाधि ज़फ़र खाँ हुई। चौथा पुत्र जो कनिष्ठतम था, महमूद खाँ हुआ। वीर ऐबा का पुत्र सेना का खान बनाया गया। (३८८)[1] बहाउद्दीन की पदवी गुर्शस्प हुई। इसी प्रकार अन्य सरदारों को पद प्रदान किये गये। समस्त राज्य को अत्याचार से मुक्ति प्राप्त हो गई और सभी प्रसन्न हो गये। तीसरे दिन नासिरुद्दीन एक उद्यान में बन्दी बना लिया गया। उसकी हत्या करा दी गई और संसार को चार मास के उपरान्त शान्ति प्राप्त हो गई। ७२० हि० (१३२० ई०) में संसार को यह प्रसन्नता प्राप्त हुई।[2]

खज़ाने का वापस लिया जाना तथा इनाम व इदरार का बन्द होना—

जब ग़यासी राज्य द्वारा चारों ओर शान्ति हो गई तो नये बादशाह ने प्रत्येक कारखाने में पूछताछ कराई। राजकोष के विषय में पूछताछ की गई, जमा तथा खर्च का पता लगाया गया। जब खज़ाने की बारी आई तो वह रिक्त मिला। सुल्तान ने इस बात का पता लगाने का आदेश दिया कि धन के लोभ में कौन-कौन लोग विश्वासघाती से मिल गये थे और किन-किन लोगों ने दो वर्ष का वेतन प्राप्त किया था। कातिबों ने प्रत्येक सूची से जमा व खर्च निकाला और उसे बादशाह के समक्ष पढ़ा। वे लोग बुलाये गये और उनसे बड़ी कठोरता से धन प्राप्त किया गया। सेना का अर्ज़[3] किया गया और परीक्षा के उपरान्त प्रत्येक की रोटी[4] निश्चित की गई। तत्पश्चात् ऐमा[5] पर दृष्टिपात किया गया। सुल्तान ने लोगों के इदरार (वृत्ति) में बड़ी कमी करदी। जब लोगों के इनाम[6] के ग्राम ले लिये गये तो सन्तुष्ट लोगों के हृदय को बड़ा कष्ट हुआ। (३८६, ३६०)

एसामी के पूर्वजों के ग्रामों का छीना जाना—

मेरे पूर्वजों को भी प्राचीन शाहों के समय से उस आबादी के निकट (देहली) दो स्वर्ग रूपी ग्राम वर्षों से प्राप्त थे। प्रत्येक ग्राम से बड़ा धन प्राप्त होता था। जो शाह भी सिंहासनारूढ़ होता वह प्रत्येक (पिछले) बादशाह का फ़रमान देख कर उन्हें मेरे पूर्वजों के पास ही रहने

---

१ मूल पुस्तक की पृष्ठ-संख्या वाक्य के अन्त में कोष्ठ-बद्ध है। प्रत्येक छन्द का अनुवाद नहीं किया गया है। केवल महत्त्वपूर्ण छन्दों का अनुवाद किया गया है।

२ ग़यासुद्दीन तुग़लुक़ की विजय का सविस्तार उल्लेख अमीर ख़ुसरो ने तुग़लुक़ नामे में किया है। (हैदराबाद दक्षिण १६३३ ई०, ख़लजी कालीन भारत पृ० १८४–१६४)

३ निरीक्षण।

४ वेतन।

५ वह भूमि जो धार्मिक तथा अन्य लोगों को दान के रूप में दी जाती थी।

६ धार्मिक लोगों को दान में दिये हुये ग्राम।

देता और पिछले बादशाहों के आदेशों में उलट फेर न करता और उन्हें ताज़ा (नया) फ़रमान प्रदान कर देता। जब तुग़लुक़ सुल्तान हुआ तो उसने दोनों ग्राम ले लिये। उसने सन्तुष्ट लोगों के हृदय को कष्ट पहुंचाया। इसका फल अच्छा न हुआ।

यदि ईश्वर तुझे राज्य प्रदान करे तो फ़क़ीरों (सन्तों) की कमली की ओर दृष्टिपात न कर, दीनों के स्थान को नष्ट न कर। इससे तेरी गणना सुव्यवस्थापकों में हो सकेगी। यदि तू भला नहीं कर सकता तो बुरा भी मत कर। धन एकत्र करने के लिए दीनों को कष्ट न पहुँचा। उस धन से क्या लाभ कि लोग तुझे घृणा से याद करें। (३६१)

उलुग़ ख़ाँ का तिलंग पर आक्रमण तथा तिमुर व तिगीन का विद्रोह—

सुल्तान ने धन प्राप्त करने तथा सेना के अर्ज़ तथा प्रत्येक कार्य के प्रबन्ध के उपरान्त उलुग़ ख़ाँ को तिलंग पर आक्रमण करने का आदेश दिया। उलुग़ ख़ाँ सुल्तान के आदेशानुसार राजधानी से एक बहुत बड़ी सेना लेकर चला। बल[1], तिमुर, तिकिनताश तथा तिगीन सेना के विशेष सरदारों में थे। वह ख़ान विद्रोहियों को दण्ड देता तथा प्रत्येक ज़मींदार से कर प्राप्त करता हुआ चला। मरहठा प्रदेश लूटता हुआ अरंगल की ओर बढ़ा और तिलंग के क़िले के नीचे शिविर लगा दिये।

उबैद के झूठ के कारण तिमुर तथा तिगीन का विद्रोह—

छः मास तक उस क़िले की विजय का कोई उपाय न हो सका। उस विजेता ख़ान को सुल्तान का फ़रमान प्रत्येक सप्ताह में प्राप्त होता रहता था जिसमें लिखा होता था कि, "मैं समझता हूँ कि ख़ान का हृदय मुझ से भर गया है और शैतानों की बात सुन कर ख़ान मुझे भूल गया है। (३६२) न जाने क्या बात हुई कि ख़ान को इधर आने का ध्यान नहीं।" सुल्तान को दुःखी पाकर ख़ान इस बात का प्रयत्न करने लगा कि यथा शीघ्र क़िले को प्राप्त कर ले और राजधानी में पहुँच कर बादशाह के चरणों का चुम्बन कर सके। ख़ान के साथ एक बड़ा ही धूर्त्त था जो ज्योतिष तथा रमल (फलित ज्योतिष) की जानकारी के विषय में बड़ी डींगें मारा करता था। वह असावधान लोगों को पथ-भ्रष्ट किया करता था। उलुग़ ख़ाँ ने एक दिन उसे गुप्त रूप से बुला कर पूछा कि वह हिसाब लगा कर यह निश्चित कर दे कि तिलंग के क़िले पर कब विजय प्राप्त होगी। उबैद एक सप्ताह तक अपने कार्य में तल्लीन रहा। तत्पश्चात् उसने ख़ान से कहा, "अमुक दिन तथा अमुक समय अवश्य विजय प्राप्त हो जायगी।" जब उसकी बताई हुई अवधि के अनुसार बहुत दिन व्यतीत हो गये और वह समय निकट आ गया तो उबैद ने अपनी धूर्त्तता के खुल जाने के भय से सेना में एक उपद्रव खड़ा कर दिया।[2]

कहा जाता है कि उसने तिगीन तथा तिमुर से चुपके से कहा कि "सुल्तान की मृत्यु हो गई है और इस घटना को एक दो सप्ताह हो चुके हैं। (३६३) दो तीन सप्ताह से ख़ान बड़ा दुःखी है और यह समाचार छिपाता है। यदि तीन चार दिन में प्रान्तों के सरदारों के पास से पत्र प्राप्त होंगे तो वह हम सब से उन्हें गुप्त रक्खेगा। मुझे ऐसा ज्ञात होता है कि वह सेना के सरदारों पर अत्याचार करेगा और वीरों से विश्वासघात करके उनका बध करा देगा।" तिगीन तथा तिमुर उस दुःशील से यह बात सुन कर ख़ान के विरोधी बन गये और उन्होंने यह बात अन्य सरदारों को भी बता दी। काफ़ूर, जो पहले मुहरदार था और

१ एक हस्तलिखित पोथी में मुल।

२ बरनी ने उबैद के इस षड्यन्त्र का उल्लेख नहीं किया है। सम्भव है एसामी को इसके विषय में दक्षिण में जानकारी हुई होगी।

फिर वकीलदर हो गया था, कंथूनी, नसीर-कुलहेज़र, रन बावला, तिकिनताश जो हृदय से खान के हितैषी थे, प्राणों के भय से उसके विरोधी बन गये।

तिमुर तथा तिगोन का भागना और तिलंग के राय से संधि—

तिगीन तथा तिमुर दोनों सरदारों ने, जो दूसरों से श्रेष्ठ थे, अरंगल (वारंगल) के राय रुद्र देव से लिख कर यह निश्चय किया कि वह भागते समय उन्हें कोई हानि न पहुँचाये। राय ने दूत से सूर्य, गंगाजल, यज्ञोपवीत, मूर्तियों (देवी देवताओं), सोमनाथ तथा लात व उज़्ज़ा[1] की शपथ लेकर उन्हें हानि न पहुँचाने का विश्वास दिलाया। तत्पश्चात् सरदार प्रत्येक अलंग[2] में आग लगा कर ढोल पीटते हुये भाग खड़े हुये। उलुग़ खाँ ने यह कोलाहल सुन कर भागने के अतिरिक्त कोई उपाय न देखा। वह घोड़े पर सवार हुआ और कुछ समय तक सराचा (शिविर) के समक्ष ठहरा। बहुत से हितैषी सरदार उससे आकर मिले। उनमें ऐनुलमुल्क, नसीरे ममालिक, जिसे लोग ख़्वाजा चाची कहते थे, बल अफ़ग़ान तथा एक अन्य पहलवान जिसकी उपाधि बाद में क़दर खाँ हो गई, ख़ान के पास आकर एकत्र हो गये। (३६४-३६५) प्रत्येक के साथ बहुत बड़ी सेना थी और खान की सेना अत्यन्त दृढ़ थी किन्तु अधिक सेना के भाग खड़े होने के कारण खान को भी सेना लेकर प्रस्थान करना पड़ा। इस प्रकार क़िले के नीचे से दो सेनायें एक ही मार्ग पर चल पड़ीं किन्तु एक तो दाहिनी ओर तथा दूसरी बाईं ओर। एक समूह भागने वालों के साथ और दूसरा खान की पताका के नीचे। इस प्रकार वे तीन चार दिन तक चलते रहे। खान ने उनके पास दूत भेज कर उनकी ओर से विश्वास-पात्रता का आश्वासन दिलाया और दोनों ही सेनाओं के खतरे में होने के समाचार कहलाये। "दो तीन दिन से दो सेनायें एक ही मार्ग पर जा रही हैं। दोनों में किसी प्रकार युद्ध न हुआ किन्तु यह उचित नहीं कि दो सेनायें एक स्थान पर इस प्रकार जायें। कल से दोनों में से एक सेना इसी शिविर पर रुक जाय और दूसरी आगे बढ़ कर पड़ाव करे।" (३६६)

उन लोगों ने भी आज्ञाकारिता के अतिरिक्त कोई उपाय न देखा। उन्होंने खान के पास 'पा बोस' के उपरान्त सन्देश भेजा कि "एक दुष्ट ने हमें खान की ओर से भय दिला दिया था, इसी कारण हम लोग प्राणों के भय से भाग खड़े हुये। अब हमारा भला इसी में है कि खान की सेवा में उपस्थित हो जायें। अतः यही अच्छा है कि खान अपने आज्ञाकारियों से दो फ़रसंग आगे बढ़ कर अपने शिविर लगाये।" सुना जाता है कि दूसरे दिन खान आगे बढ़ गया और वे लोग वहीं रह गये।

उलुग़ खाँ का कोटगीर पहुँचना तथा मुजीर अबू रिजा से, जो कोटगीर को घेरे था, भय करना।

खान देवगीर (देवगिरि) की ओर चल दिया और कोटगीर पहुँचा। वहाँ दो एक मास से मुजीर अबू रिजा क़िले को घेरे था और शत्रुओं से युद्ध कर रहा था। उसके आने के समाचार पाकर वहाँ के हिन्दू क़िले में घुस गये थे। खान को उससे (मुजीर से) विश्वासघात का भय हो गया। (३६७) जब मुजीर ने खान के भय का अनुभव किया तो उसने एक रात्रि में अपनी अक़्ता का समस्त कर ले जाकर खान के समक्ष रख दिया और अपनी राजभक्ति का विश्वास दिलाया और कहा कि जो लोग उसके विरोधी हो गये हैं, उनसे वह भय न करे।

---

१ प्राचीन अरब के दो देवता। एसामी ने उन्हें हिन्दुओं का देवता बना दिया।

२ शरण; वह दीवार जो क़िले पर विजय प्राप्त करने तथा अपनी रक्षा के लिए बनाई जाती थी।

वह उन्हें भी शीघ्र ही बन्दी बना लेगा। खान यह वार्त्ता सुन कर संतुष्ट हो गया और उसे तिगीन तथा तिमुर की कोई चिन्ता न रही।

मुजीर अबू रिजा का देवगीर के ज़मींदारों के पास पत्र भेजना और तिमुर तथा तिगीन की सेना का कल्यान में विनाश—

तत्पश्चात् सुना जाता है कि मुजीर ने प्रत्येक दिशा में संदेश-वाहक प्रेषित किये और वहाँ के सरदारों को लिख भेजा कि कुछ लोगों ने विद्रोह कर दिया है अतः वे चारों ओर आक्रमण करके उनके शीश काट कर भेज दें। इसके लिये उन्हें अत्यधिक पुरस्कार मिलेगा। जब प्रत्येक स्थान के अधिकारी को मुजीर का यह पत्र प्राप्त हुआ तो प्रत्येक परगने से सेनायें चल पड़ीं और उन्होंने मार्ग रोक दिये। (३६८)

जब विद्रोही कल्यान ग्राम में पहुंचे तो चारों ओर से ज़मींदारों ने चढ़ाई कर दी। विद्रोही यह देख कर भाग खड़े हुये। कुछ की तो ग्राम वासियों ने हत्या कर दी और कुछ हिन्दुओं द्वारा बन्दी बना लिये गये। उलुग़ खाँ ने देवगीर (देवगिरि) में अपने शिविर लगाये और मुजीर अपने कार्य में कटिबद्ध रहा।

महमूद ख़ाँ का देहली पहुँचना, सुल्तान तुग़लुक़ का दरबार तथा विद्रोहियों को दण्ड—

महमूद खाँ को सुल्तान ने देवगीर (देवगिरि) का मुक़्ता नियुक्त कर दिया था। उलुग़ खाँ के आदेशानुसार वह विद्रोहियों को बन्दी बना कर यथा शीघ्र राजधानी की ओर चल दिया। उनमें एक उबैद ज्योतिषी था जिसने क़िले की विजय के विषय में भविष्यवाणी की थी। (३६६) दूसरा प्राचीन बादशाहों का मुहरदार था जो वकीलदर हो चुका था। नसीरुद्दीन कुलाहे ज़र[१], वीर कैथूनी तथा अन्य सरदार भी बन्दी बना कर उसके साथ कर दिये गये थे। महमूद खाँ मरहठा राज्य से चल कर राजधानी पहुंचा और शाही महल में बन्दियों को ले जाकर सुल्तान के चरणों का चुम्बन किया। उबैद को फाँसी दे दी गई। मुहरदार की हत्या करा दी गई। सभी लोग इससे आतंकित हो गये। नसीर कुलाहे ज़र को हाथी के पैरों के नीचे कुचलवा दिया गया।

उलुग़ ख़ाँ द्वारा तिलंग पर पुनः चढ़ाई तथा तिलंग एवं बोदन की विजय—

उलुग़ खाँ ने तिलंग पर आक्रमण करने के लिये पुनः प्रस्थान किया। दूसरे दिन उस ने सुनारी में बरगाह (शिविर) लगायी। फिर तिलंग की ओर चल खड़ा हुआ और किसी भी पड़ाव पर देर न की। कुछ समय उपरान्त वह बोदन[२] पहुंच गया। तीन चार दिन तक वहाँ के क़िले वालों से युद्ध होता रहा। क़िले वाले आतंकित हो गये। राय ने अपनी धन-सम्पत्ति समर्पित करके क्षमा याचना करली। क्षमा के उपरान्त वह स्वयं ही नहीं अपितु अपने घरबार सहित ईमान ले आया।[३] (४००) वहाँ से चल कर खान दसवें दिन अरंगल (वारंगल) पहुँच गया। रुद्र देव बड़ा आतंकित हुआ।

तिलंग की विजय—

सुना जाता है कि जब अगणित सेना विद्रोह करके क़िले से भाग गई तो अरंगल (वारंगल) के राय रुद्र देव ने मुक्ति प्राप्त करके एक बहुत बड़े समारोह का आयोजन किया।

१ सुनहरी टोपी वाला।
२ बौधन, तिलंग में एक क़स्बा।
३ मुसलमान हो गया।

उसने अपने आप को सुरक्षित समझ कर अनाज की सभी खत्तियाँ रिक्त करा दीं। किसानों को सब अनाज बाँट दिया गया और समस्त प्रदेश में कृषि करने का आदेश दे दिया गया। उलुग़ ख़ाँ ने अचानक पहुँच कर क़िला घेर लिया। वह पाँच मास तक क़िला घेरे रहा। अनाज के कम हो जाने के कारण राय को रक्षा की प्रार्थना करनी पड़ी। ख़ान ने उसे शरण प्रदान कर दिया। तत्पश्चात् उसे विवश होकर क़िले के बाहर निकलना पड़ा। (४०१) सेना ने लूटमार प्रारम्भ कर दी। उन लोगों ने क़िले के भवन को भी हानि पहुँचाई।

उलुग़ ख़ाँ ने तिलंग के क़िले पर विजय प्राप्त कर ली। इससे पूर्व किसी ने जिज़या लेने के अतिरिक्त विजय प्राप्त न की थी।[1] उलुग़ ख़ाँ ने विजय के उपरान्त राय को समस्त धन-सम्पत्ति तथा हाथियों सहित राजधानी भेज दिया।

उलुग़ ख़ाँ का जाजनगर पर आक्रमण—

वहाँ कुछ दिन शिविर लगा कर उसने जाजनगर की ओर प्रस्थान किया। हिन्दू (शाही) सेना के पहुंचने के समाचार पाकर जंगलों में घुस गये। राय ने अन्य सेना नायकों को एक सेनापति के अधीन करके युद्ध करने के लिये सेना भेजी। इस में ५००,००० पैदल, ४०,००० सवार तथा हाथियों की एक सेना थी। (४०२) ख़ान की सेना से हिन्दुओं की यह सेना पराजित होकर भाग खड़ी हुई। बहुत से लोग मारे गये। हाथियों की सेना ख़ान के लश्कर को प्राप्त हो गई। तुर्कों को हिन्दुओं के शिविर से अत्यधिक धन-सम्पत्ति प्राप्त हुई। वहाँ से उलुग़ ख़ाँ ने दो एक दिन पश्चात् राजधानी की ओर प्रस्थान किया। सुल्तान ने शाहज़ादे को बहुत सम्मानित किया और उसे अपनी एक विशेष जड़ाऊ ख़िलअत प्रदान की। बादशाह के आदेशानुसार एक जश्न का आयोजन हुआ। दो तीन सप्ताह तक ख़ुशी मनाई जाती रही। (४०३)

मुग़लों का आक्रमण—

एक दिन (बहाउद्दीन) गर्शास्प ने, जो सामाने का अधिकारी था, शाह के पास दूत भेज कर सूचना भेजी कि 'मुग़लों की दो सेनायें सिन्धु नदी पार करके हिन्दुस्तान में प्रविष्ट हो गई हैं। यदि सहायतार्थ कोई सेना इस ओर भेज दी जाय तो मैं उन्हें पराजित करदू।" सुल्तान यह समाचार पाकर कि उसके राज्य में यह दुर्घटना हो गई चिन्ता में पड गया। उसने एक सेना तैयार कराई। उसमें वीर शादी दादर तथा शादी सतलिया थे। इस सेना ने सामाने की ओर प्रस्थान किया। गर्शास्प को सूचना भेजी कि वह शीघ्र सामाने से सेना लेकर प्रस्थान करे और मुग़ल सेना के विरुद्ध इस प्रकार प्रयत्नशील हो कि सभी का विनाश हो जाय। (४०४) गर्शास्प आदेशानुसार सेना लेकर नगर के बाहर निकला। वह उन लोगों की खोज में निरंतर रहता था। अन्त में सुना जाता है कि उसे ज्ञात हुआ कि कुछ मुग़ल पहुँच गये। ज़करिया तथा हिन्दुये बूरी तथा अरश मुग़लों के हज़ार सैनिकों के प्रसिद्ध सरदार थे। इन दोनों (ज़करिया तथा हिन्दू) ने दोआब में और शेर ने पर्वत के आँचल में शिविर लगा दिये थे।

गर्शास्प ने यह समाचार पाकर पर्वत के आँचल की ओर प्रस्थान किया और उन लोगों पर अचानक टूट पड़ा। अब उनके सरदार शेर के पास युद्ध के अतिरिक्त कोई उपाय न रह गया। तीन चार हज़ार मुग़ल घोड़े पर सवार हुये। दोनों सेनाओं में युद्ध होने लगा। (४०५) हिन्दुस्तानियों की सेना को विजय प्राप्त हुई और मुग़ल सेना भाग खड़ी हुई। मुग़ल बहुत बड़ी संख्या में मार डाले गये और बहुत से बन्दी बना लिये गये। शेर भाले से

१ इससे ख़लजी सुल्तानों तथा तुग़लुक़ सुल्तानों की दक्षिण नीति का पता चलता है और बरनी के तत्सम्बन्धी वाक्य की पुष्टि होती है।

घायल होकर गिरा। हिन्दुस्तानियों ने उसका सिर काट लिया। उनके शिविरों पर भी अधिकार जमा लिया गया।

वहाँ से हिन्दुस्तान की सेना के सरदार ने दूसरी ओर अन्य काफ़िरों के संहार हेतु प्रस्थान किया और ब्याह (ब्यास) नदी के निकट घात लगा कर बैठ गये। दो तीन दिन तक मुग़लों की सेना की खोज होती रही। दूसरे दिन काफ़िरों की एक सेना से एक बन्दी भाग कर गर्शास्प के पास पहुँचा और सूचना दी कि वे अपनी अक़्ता को भागे जा रहे हैं, और यहाँ से तीन फ़रसंग की दूरी पर हैं। गर्शास्प यह सुनकर अपनी सेना लेकर चल खड़ा हुआ। (४०६)

जब वे ब्याह (ब्यास) नदी के तट पर पहुंचे तो काफ़िर दृष्टिगत हुये। वीर शादी नायब वज़ीर आगे-आगे था। उसके साथ प्रसिद्ध शादी सतलिया था। महमूद सरबत्ता भी बहुत बड़ी सेना लिये साथ में था। उस ओर मध्य में वीर गर्शास्प था। यूसुफ़ शहनये-पील दाहिनी ओर था। मलिक अहमद चप बाईं ओर तथा शाबान सर चत्रदार[1] थे। उधर से ज़करिया आगे था। उसके पीछे हिन्दू बूरी था। अरश स्वयं मध्य में था। प्रत्येक के साथ अपार सेना थी। जब शादी दादर आगे बढ़ा तो उसे नदी पार करने के योग्य मिल गई। मुग़ल सेना को बाईं ओर छोड़ कर वह ज़करिया की ओर बढ़ा। सरबत्ता भी एक हज़ार सवार लेकर आगे बढ़ा। मुग़ल सेना पराजित हुई। शादी ने पीछा करने का आदेश दिया। (४०७) सेना ज़करिया के पास, जो बड़ा वीर था, पहुंच गई। वह भी युद्ध के लिये तैयार हो गया। दोनों सेनाओं में युद्ध होने लगा। मुग़ल शेर की हत्या के पहले ही से हताश थे। अतः पहले ही आक्रमण में पराजित हो गये। ज़करिया घोड़े से गिर पड़ा और एक मुरत्तब सवार ने उसे बन्दी बना लिया और उसे अपने सरदार के पास ले गया। शादी ने अत्यधिक प्रसन्न होकर आदेश दिया कि ख़ुशी के बाजे बजाये जायं। हिन्दुस्तानी सेना उन लोगों की धन-सम्पत्ति लूटने लगी। बहुत से मुग़ल जीवित बन्दी बना लिये गये और उनके घोड़ों की बहुत बड़ी संख्या हाथ लगी। एक ओर से गर्शास्प जब बड़े वेग से नदी की ओर बढ़ा तो उसे वहाँ गहरा जल मिला। उसने मार्ग बन्द पाकर लगाम मोड़ी। दूसरी ओर अरश तथा हिन्दू थे। युद्ध प्रारम्भ हो गया। वे दोनों भागने के लिये तैयार थे। रात्रि के अन्त में वे पर्वत की ओर भागे और अपने देश की ओर चल दिये। (४०८)

हिन्दुस्तानी सेना इस विजय के उपरान्त सुल्तान के पास शेर का शीश तथा ज़करिया को बन्दी अवस्था में लेकर पहुँची। सुल्तान ने सरदारों की प्रशंसा की और उन को ख़िलअतें प्रदान कीं।[2]

गुजरात में पराओं द्वारा शादी की हत्या—

इस घटना के एक दो मास उपरान्त शाह ने शादी दादर को गुजरात पर आक्रमण करने का आदेश दिया। उसे आदेश दिया गया कि वह वहाँ के सरदारों को बन्दी बना ले प्रत्येक विद्रोही को दंड दे और क़िले के अधिकारियों से कर प्राप्त करले। उस प्रदेश को पूर्ण रूप से सुव्यवस्थित कर दे। शाही दादर सुल्तान के आदेशानुसार एक दो मास में गुजरात पहुँच गया। वह भिन्न-भिन्न दिशाओं में आक्रमण करने लगा। जब वहाँ का बहुत सा भाग सुव्यवस्थित हो गया, तो सुना जाता है उसने एक क़िले पर आक्रमण किया। (४०९)

दो एक मास तक वह उस क़िले के नीचे रहा और रात दिन रक्तपात करता रहा। जब हिन्दुओं ने अपने आप को क़िले में बन्दी पाया तो वे रात दिन कोई न कोई युक्ति सोचते

१ शाही चत्र (छत्र) का मुख्य प्रबन्धक।

२ बरनी ने इस युद्ध का हाल नहीं लिखा है, केवल मुग़ल सरदारों के सिर के लाये जाने का उल्लेख किया है। (बरनी पृ० ४५०)

रहे। अन्त में एक समूह (पतुरों) ने विश्वासघात करना निश्चय करके प्राणों की रक्षा की याचना की। उन्होंने सन्देश भेजा कि "हम लोग अहले तरब[1] हैं। दो एक मास पूर्व हम लोग इस क़िले में ईदर से आये थे, अचानक यहाँ सेना पहुँच गई और हम लोग बन्दी बना लिए गये। यदि हमारे प्राणों को हानि न पहुँचाई जाय तो हम लोग सेना के सरदार के मनोरंजन का बहुत बड़ा साधन बन सकते हैं, क्योंकि हम लोगों में से प्रत्येक अपनी अपनी कला में अद्वितीय है।" सेना के सरदार ने यह हाल सुन कर उन्हें रक्षा प्रदान करके बाहर निकाल लिया। (४१०)

सुना जाता है कि कुछ योद्धा नर्तकियों के वेश में अस्त्र शस्त्र छिपाये क़िले के बाहर निकले। मलिक शादी ने उनके आने के समाचार पाकर उन्हें सराचा (शिविर) में बुलवाया। उन्होंने शिविर में प्रविष्ट होकर तलवारें निकाल लीं और उसका सिर काट डाला और क़िले की ओर चल दिये। दूसरी ओर से कुछ लोग सेना पर टूट पड़े। सेना में कोलाहल मच गया और सरदार की हत्या हो जाने के कारण वे सैनिक राजधानी की ओर भाग गये। (४११) शाह ने नायब वज़ीर की हत्या सुनकर शोक प्रकट किया।[2]

तुग़लुक़ाबाद का निर्माण—

तुग़लुक़ शाह बड़ा ही शूरवीर था। उसके ५ वर्ष के राज्य में किसी प्रकार का कोई उपद्रव न हुआ। सुना जाता है कि जब उसके राज्य के ४ वर्ष सफलता पूर्वक व्यतीत हो गये तो उसने राजधानी से एक फ़रसंग की दूरी पर एक क़िले का निर्माण कराया। उसने आदेश दिया कि नींव से चोटी तक उसे कठोरतम पाषाण से बनाया जाय। उसने क़िले के नीचे एक हौज़ (सरोवर) बनाने का भी आदेश दिया। उस क़िले का नाम तुग़लुक़ाबाद रक्खा।

लखनौती पर आक्रमण—

इसी बीच में वह लखनौती पर आक्रमण करने के उद्देश्य से निकला। उस के साथ शहज़ादा बहराम, जुलची, दौलत शाह बूथवार, तातार जाशगूरी वीर हिन्दू तथा शाहीन आख़ुर-बक आदि थे। उसने वीर उलुग़ खाँ को देहली में छोड़ दिया और दो एक बुद्धिमान उस की सहायता के लिये नियुक्त कर दिये। (४१२) उन में शाहीन आख़ुरबक तथा अहमद बिन अयाज़ और अन्य चुने हुये लोग थे। दूसरे दिन सेना ने प्रस्थान करके राजधानी से दो फ़रसंग पर शिविर लगाये। उसने शिकार खेलते हुये अवध को पार किया और फिर कोसी नदी पार की और शिविर लगा दिये। वहाँ दो एक मास तक शिविर लगाये रहा। एक दिन प्रातःकाल (बहादुर) बूरा का भाई नासिरुद्दीन सुल्तान की सेवा में आज्ञाकारिता प्रदर्शित करने हेतु उपस्थित हुआ। वहाँ का राज्य दोनों भाइयों को प्राप्त था। उसने अधीनता प्रकट करते हुए सुल्तान के चरण चूमे और पिछले अपराधों के लिये क्षमा याचना की। सुल्तान ने उसके हाथ चूमे और उसे सोने की कुरसी पर आसीन होने की आज्ञा दी और उस से सब वृत्तान्त पूछा। उसने सुल्तान के लिये शुभ कामना करते हुये कहा कि "मैंने मूर्ख बूरा से तीन वर्ष का कर भेजने को कहा किन्तु उसने स्वीकार न किया और विद्रोह कर रक्खा है। (४१३) उस पर मेरे परामर्श का कोई प्रभाव न हुआ। अब मुझे एक सेना प्रदान कर दी जाय तो मैं उसे तुरन्त बन्दी बना लाऊँ।"

बहराम खाँ का बूरा पर आक्रमण तथा उसका बन्दी बनाया जाना—

दूसरे दिन सुल्तान ने बहराम खाँ को आदेश दिया कि वह सेना लेकर प्रस्थान करे।

---

१ नाचने गाने वाले।

२ बरनी ने इस घटना का उल्लेख नहीं किया है।

जुलची सेना के अग्रिम भाग का नेता था। वीर हिन्दू तथा ततार दाहिनी ओर के सरदार थे। बाईं ओर नासिरुद्दीन तथा शाहीन आखुरबक मैसरा थे। मध्य में राज्यों को विजय करने वाला खान था। सेना बूरा को बन्दी बनाने के लिये लखनौती की ओर चल खड़ी हुई। जब वह लखनौती के निकट पहुँची तो बहादुर भी सेना लेकर निकला। दोनों सेनायें बीच के एक मैदान में रुकीं। (४१४)

तत्पश्चात् मूर्ख बूरा अग्रसर हुआ। उसे देहली की सेना पर आक्रमण करने की बड़ी प्रसन्नता थी और वह इसमें अपना यश समझता था। उसने जुलची पर आक्रमण कर दिया किन्तु वह अपने स्थान से न हिला। ततार भी उसकी सहायता को पहुँच गया। बहादुर ने अपनी सेना में कोलाहल देख कर भागना ही उचित समझा। जैसे ही वह कुछ पग पीछे हटा वीरों ने मियान से तलवारें निकाल लीं और उस की सेना पर टूट पड़े। वे कुछ देर तो रुके किन्तु अन्त में भाग खड़े हुये। भागने वाले आगे-आगे थे और सिंह पीछे-पीछे। बूरा को भागते समय अपनी एक कनीज़ (दासी) याद आ गई। वह उसके रूप पर आसक्त था अतः उसने शिविर की ओर वापस होकर उसे शिविर से निकाला और पुनः भाग कर दो तीन पहाड़ियाँ पार कीं किन्तु अचानक एक नदी मिल गई। वह घोड़े के साथ कीचड़ में गिर पड़ा। पीछे से अजगरों (शाही सैनिकों) ने तुरन्त पहुँच कर उसे बन्दी बना लिया और बहराम खां के सम्मुख ले गये। (४१५)

खान अपने शत्रु को बन्दी पाकर बड़ा प्रसन्न हुआ और उसने आदेश दे दिया कि प्रजा को कष्ट न पहुँचाया जाय और न भागने वालों ही का पीछा किया जाय। वहाँ से वह सुल्तान की सेवा में उपस्थित हुआ। सुल्तान ने बूरा को बन्दी देख कर ईश्वर को धन्यवाद दिया। उसने उसे बन्दी बना देने का आदेश दे दिया।

तिरहुट पर आक्रमण—

दूसरे दिन उसने प्रातःकाल कूसी नदी से चल कर तिरहुट की ओर प्रस्थान किया। उसे दो बादशाह एक साथ प्राप्त हो गये। एक युद्ध द्वारा तथा दूसरा संधि से। बादशाह के आने के समाचार पाकर तिरहुट का राय एक घने जंगल की ओर भाग गया। (शाही) सेना उस घने जंगल की ओर पहुँची। शाह उस जंगल को देख कर बड़ा आश्चर्यान्वित हुआ। (४१६) सुना जाता है कि सुल्तान स्वयं घोड़े से उतर कर जंगल के विनाश हेतु कटि-बद्ध हो गया और कुल्हाड़ी लेकर दो एक पुराने वृक्ष स्वयं काट डाले। सेना ने यह देख कर कुल्हाड़ियां हाथ में ले लीं और सेना के लिये मार्ग बना लिया। दो तीन दिन तक सेना मार्ग बनाती रही, और तीसरे दिन तिरहुट के क़िले पर पहुँच गई। वहाँ सात गहरी खाइयाँ थीं जो जल से पूर्ण थीं। दो तीन सप्ताह तक सुल्तान अपनी सेना दाहिनी ओर बाईं ओर भेजता रहा। उन्हें आदेश दिया कि वे आक्रमण करके जहाँ भी हिन्दू एकत्र हों उन्हें लूट लें। (४१७) तत्पश्चात् उसने (लखनौती के शासक नासिरुद्दीन को) चत्र प्रदान करके लखनौती भेज दिया। सुल्तान वीर तलबग़ा के पुत्र अहमद को तिरहुट में छोड़ कर दूसरे दिन वहाँ से चल दियां और दो एक मास उपरान्त राजधानी के निकट पहुँच गया।

अफ़ग़ानपुर के कूश्क (महल) में सुल्तान की मृत्यु—

जब उलुग़ ख़ाँ ने आने वालों से सुल्तान की पताकाओं के देहली के निकट पहुँचने के समाचार सुन तो उसने अयाज़ के पुत्र अहमद को आदेश दिया कि वह अफ़ग़ानपुर में एक बहुत ही ऊँचे महल का निर्माण कराये। (४१८) वह स्वयं सुल्तान के चरण चूमने की तैयारियाँ करने लगा। जब उसे यह ज्ञात हुआ कि सुल्तान यमुना तक पहुँच गया है तो शाहज़ादा उसके स्वागतार्थ शीघ्रता से बढ़ा और उसने यमुना पार करके उसके चरणों का चुम्बन किया और उससे

क्षमा याचना की। शाह उसके अपव्यय के विषय में सुन कर उससे बड़ा रुष्ट था। दोनों की भेंट से सेना वाले बड़े प्रसन्न हुये। दोनों ने तत्काल नदी पार की। जब अफ़ग़ानपुर के निकट सेना पहुंची तो सुल्तान ने एक नया सुसज्जित प्रासाद देखा जिसके निर्माण में अत्यधिक व्यय हुआ था। उसने आदेश दिया कि ठहरने का ढोल बजाया जाय[1] और सेना भी वहीं उतरे। सेना ने महल के चारों ओर शिविर लगा दिये। वीर सुल्तान महल के भीतर चला गया। उसमें एक अलंकृत बारगाह[2] (सभा भवन) थी। उसके आगे एक प्रांगण था। वहाँ सुल्तान विराजमान हुआ और मस्त हाथियों के लाने के विषय में आदेश दिया। उस प्राँगण में हाथी दौड़ाये गये। उनके दौड़ने से दो मील तक भूमि हिलने लगी। मैंने वृद्धों से सुना है कि प्रांगण में हाथियों के दौड़ने से उस नवनिर्मित भवन में लगी हुई सामग्री भी हिलने लगी और इस कारण शहतीर निराधार हो गये। (४१९) वह सुसज्जित प्रासाद धराशायी हो गया और सुल्तान का शीश शहतीर के नीचे आ गया। वह बहुत कुछ बाहर निकलने के लिये हिला किन्तु सुल्तान का कोमल शरीर चूर्ण हो गया। छोटे निकल गये किन्तु वृद्ध मर गया। यह हाल कुछ लोगों द्वारा इस प्रकार भी बताया जाता है।

अत्याचारी तथा धूर्त शाहज़ादे ने मलिक (अहमद बिन अयाज़) के पुत्र से गुप्त रूप से निश्चय कर लिया था कि वह महल के निर्माण में ऐसा तिलिस्म[3] (कारीगरी) रक्खे कि सुल्तान जैसे ही उसके नीचे बैठे, वह छत बिना किसी प्रयत्न के गिर पड़े और सुल्तान का सिर खम्भे के नीचे आ जाय। सुल्तान की मृत्यु के उपरांत, शाहज़ादे के बादशाह हो जाने पर वह उसे वज़ीर नियुक्त कर देगा[4]। उसकी मृत्यु पर राजधानी के विशेष व्यक्तियों ने बड़ा शोक प्रकट किया। तत्पश्चात् वह दफ़न कर दिया गया। हे बुद्धिमान्! यदि ईश्वर तुझे राजमुकुट तथा राजसिंहासन प्रदान करे तो तुझे चाहिये कि तू दीनों का दुःख दूर करे। (४२०)

सुल्तान मुहम्मद शाह इब्ने तुग़लुक़ शाह

सिंहासनारोहण—

जब अशुभ चरित्र वाला शाहज़ादा अपने पिता को दफ़न कर चुका तो उसने दिखाने को तो शोक-सम्बन्धी आयोजन किये किन्तु वह हृदय से बड़ा प्रसन्न था। तीन दिन तक वह उसका शोक करता रहा। तत्पश्चात् उसने सोने के राज-सिंहासन पर मुकुट धारण करके बड़े हर्ष से दरबार किया। उसने अपनी उपाधि अबुल मुजाहिद रक्खी। सेना तथा प्रजा उसे मुहम्मद शाह पुकारती थी। हिन्दी भाषा में उसकी पदवी जोना (जोन्ह) थी। ७२४ हि० (१३२४ ई०) में वह सिंहासनारूढ़ हुआ। (४२१)

मुहम्मद शाह का हिन्दुस्तान के लोगों को धोखा देना—

उसने प्रजा को अपनी दया तथा न्याय का आश्वासन दिलाया। आरम्भ में उसने कहा "मेरे राज्य का प्रत्येक वृद्ध मेरे लिये शहंशाह (सुल्तान तुग़लुक़) के स्थान पर है। प्रत्येक युवक

१ ठहरने की घोषणा कराई जाय।

२ इब्ने बत्तूता ने इसका सविस्तार उल्लेख किया है।

३ इस शब्द के अशुद्ध अनुवाद के कारण कुछ बाद के तथा आधुनिक इतिहासकार इस महल को जादू से बना हुआ लिखने लगे।

४ ऐसा ज्ञात होता है कि सुल्तान मुहम्मद के शत्रुओं ने इस प्रकार की किम्वदन्ती साधारणतया उड़ा दी थी। इब्ने बत्तूता का तत्सम्बन्धी उल्लेख इन्हीं किम्वदन्तियों से प्रभावित है।

बहराम खां के स्थान पर है। प्रत्येक बालक मेरा पुत्र है।" आरम्भ में उसने अत्यधिक स्वर्ण (धन) लुटाया। मलिक ज़ादा (अहमद बिन अयाज़) को वज़ीर नियुक्त किया और कुछ समय उपरान्त उसे पदच्युत करके गुजरात भेज दिया। बहराम खाँ को बड़े सम्मान से लखनौती भेजा। बहादुर शाह बूरा को ५ बहुमूल्य चत्र देकर सुनार गाँव भेजा। बुरहान के पुत्र क़िवामुद्दीन को दक्षिण भेजा। बहराम ऐबा को मुल्तान की सीमा पर सेना ले जाने का आदेश दिया। (४२२)

कलानूर तथा फ़रशूर (पेशावर) पर आक्रमण—

उसने अपने राज्य के प्रारम्भ में अपने वीर सरदारों को आदेश दिया कि 'वे ख़ज़ान्ची से एक साल का वेतन लेकर सेना को प्रदान कर दें। युद्ध के नये अस्त्र-शस्त्र तैयार किये जायँ क्योंकि मुझे शिकार[1] की अभिलाषा है।' जब सेना वालों को धन दे दिया गया तो दूसरे दिन सुल्तान ने आदेश दिया कि एक सायाबान (छत्र) मुल्तान की ओर सजाया जाय। इस बात के एक दो सप्ताह उपरान्त सुल्तान देहली से सेना लेकर निकला। दो मास पश्चात् वह लाहौर पहुँचा। सुना जाता है कि वह स्वयं लाहौर में रुक गया और सेना को फ़रशूर (पेशावर) की ओर भेजा और यह आदेश दिया कि वे मुग़लों के राज्य पर आक्रमण करें। वीरों ने कलानूर तथा फ़रशूर पर अधिकार जमा लिया। काफ़िरों की स्त्रियों तथा बालकों को बन्दी बना लिया। मुग़लों के लिए जो प्रत्येक वर्ष सिन्धु नदी पार करके हिन्दुस्तान में लूट मार किया करते थे, यह बात उल्टी हो गई कि (शाही) सेना ने कलानूर तथा फ़रशूर पर अधिकार जमा लिया। सुल्तान के नाम का ख़ुत्बा वहाँ पढ़ा जाने लगा। इस युद्ध के उपरान्त सरदार तो लौट गये किन्तु सेना दो तीन सप्ताह तक ठहरी रही। (४२३) वहाँ उन्हें अनाज न होने के कारण केवल शिकार पर जीवन निर्वाह करना पड़ा। सेना दो एक मास उपरान्त सुल्तान के महल में उपस्थित हुई। सुल्तान ने प्रत्येक को सम्मानित किया। दो तीन मास तक शाही सेना उस प्रदेश में इधर उधर लूट मार करती रही और उपद्रवकारियों को दण्ड दिया जाता रहा। तत्पश्चात् वह राजधानी को लौट आया।

शहर (देहली) पहुँच कर उसने न्याय करना प्रारम्भ कर दिया और नित्य नये नियम बनाने लगा। देहली तथा पूरे राज्य के सभी लोग उससे प्रसन्न तथा उसके लिए शुभ कामनायें करते थे। इस घटना के दो वर्ष उपरान्त सुल्तान का हृदय दया तथा न्याय से फिर गया। वह शहर (देहली) वालों से इतना सशंकित हो गया कि औषधि विष में परिवर्तित हो गई। उसने न्याय के स्थान पर अत्याचार तथा हत्याकाण्ड प्रारम्भ कर दिया।

बहाउद्दीन गर्शास्प[2] का विद्रोह—

बहाउद्दीन सुल्तान के चाचा का पुत्र था। सुल्तान (तुग़लुक़) ने उसकी श्रेष्ठता देख

---

१ शिकार शब्द का अर्थ युद्ध यहाँ पूर्णतया स्पष्ट है।

२ तारीख़े फ़ीरोज़शाही की प्रकाशित पोथी में इस घटना का उल्लेख नहीं। तारीख़े फ़ीरोज़शाही की रामपुर की हस्तलिखित पोथी में इस विद्रोह का उल्लेख इस प्रकार है: "उस तिथि से जब कि सुल्तान तीन वर्ष देहली में रहा, दुष्ट समय द्वारा एक बहुत बड़ी दुर्घटना घटी और राज्य में विघ्न पड़ गया। कुछ समय उपरान्त सुल्तान तुग़लुक़ शाह के भान्जे मलिक बहाउद्दीन ने सगर में विद्रोह कर दिया। दौलताबाद के निकट पहुंच कर (शाही) सेना से युद्ध किया और पराजित हुआ, उसकी सेना भाग खड़ी हुई। दौलताबाद के अमीरों को कम्पिला की ओर नियुक्त किया गया। वहाँ के राय को बन्दी बना कर उसकी हत्या करदी। उसका परिवार अन्य हिन्दुओं के साथ बन्दी बना लिया गया। उसका ख़ज़ाना दौलताबाद लाया गया। बहाउद्दीन वहाँ से धोल समुन्दर (द्वार समुद्र) पहुँचा। अपने परिवार को हिन्दुओं में छोड़ गया। उसे (बहाउद्दीन को)

कर उसकी उपाधि "वीर गर्शास्प" रखी। सुल्तान ने उसे सगर[1] की ओर भेजा। वह सुल्तान (मुहम्मद) के हृदय का परिवर्तन देख कर सेना एकत्र करने लगा और चारों ओर से वीरों को जमा करने लगा। (४२४)

अहमद अयाज़ का गुजरात से देवगिरि की ओर प्रस्थान और गर्शास्प के विरुद्ध आक्रमण—

मलिक ज़ादा को गुजरात में जब यह हाल ज्ञात हुआ तो उसने चारों ओर से सरदारों को बुलवाया और ख़ज़ाना प्रदान करने तथा धन सम्पत्ति लुटाने लगा। एक दिन मलिक ज़ादा को सुल्तान का फ़रमान प्राप्त हुआ कि वह मरहठों के राज्य पर आक्रमण करे। क़िवामुद्दीन पुत्र बुरहान, क़ुतुबुलमुल्क, वीर ततार, तथा अशरफ़ुलमुल्क एवं अन्य सरदारों को एकत्र करने का आदेश हुआ। वह सब का सरदार नियुक्त हुआ। मलिक जादा बहुत बड़ी सेना तैयार करके निकला। (४२५) उस ओर से गर्शास्प भी आगे बढ़ा। जब (अहमद अयाज़) को देवगीर (देवगिरि) की ओर से सेना के आने के समाचार प्राप्त हुए तो उसने भी गोदावरी नदी पार की। जब देवगीर (देवगिरि) की सेना निकट पहुँची तो मलिक ज़ादा ने स्वयं अपनी सेना के मध्य में स्थान ग्रहण किया। दाहिनी ओर अशरफ़ुलमुल्क था। ततार उसकी सहायता के लिए था। बुरहानुद्दीन का पुत्र क़िवामुद्दीन बाईं ओर था। दूसरी ओर गर्शास्प सेना के मध्य में था। खिज़्र बहराम दाहिनी ओर तथा बेदर बाईं ओर थे। जब दोनों ओर की सेनायें तैयार हो गईं तो प्रत्येक युद्ध की प्रतीक्षा करने लगा। गर्शास्प ने अयाज़ के पुत्र की सेना के दाहिनी ओर आक्रमण किया (४२६) और अचानक मध्य भाग को चीरने लगा। समस्त सेना कम्पित हो गई। ततार तथा अशरफ़ुलमुल्क भी हिल गये। दोनों सेनाओं के कारण युद्ध क्षेत्र में अन्धकार व्याप्त हो गया। ऐसे अवसर पर दुष्ट खिज़्र बहराम मुजीर की सेना से मिल गया और देवगीर (देवगिरि) की सेना का सहायक बन गया।

अपने सहायक के निकल जाने के पश्चात् गर्शास्प को भी भागना पड़ा। वह नदी की ओर भागा। देवगीर (देवगिरि) की सेना ने उसका पीछा किया। वह पलट-पलट कर सिंह की भाँति शत्रु पर आक्रमण करता था। अन्त में उसने भी नदी पार की। उसकी सेना भी उसी ओर भागी। सुना जाता है कि जब वह सगर नामक क़िले में पहुंचा तो वहाँ से अपने परिवार को लेकर तथा वहाँ की धन-सम्पत्ति नष्ट करके कम्पिला की ओर चल दिया। जब वह भाग कर कूमटा पहुंचा तो शरण के लिये उस क़िले में घुस गया। वहाँ से उसने (राय) कम्पिला को अपनी सहायता के लिये उद्यत किया। कम्पिला (के राय) ने उसे हर प्रकार की सहायता का आश्वासन दिलाया और उसे निश्चिंत हो जाने के लिये कहा। (४२७) उसने सूर्य, यज्ञोपवीत, लात तथा मनात की शपथ लेकर कहा कि उसके शरीर पर जब तक शीश है तब तक उसे (गर्शास्प को) कोई हानि नहीं पहुंचा सकता। जब इस घटना के पश्चात् कुछ समय व्यतीत हो गया तो राजधानी से निरंतर सेनायें आने लगीं। समुद्र के समान उस दुर्ग के चारों ओर सेनाओं का वेग बढ़ने लगा।

बन्दी बनाकर सुल्तान की सेवा में दौलताबाद भेज दिया गया। सुल्तान ने उसकी हत्या करा दी और हाथी के पाँव के नीचे फिंकवा दिया। कम्पिला शाही सेवकों के अधीन हो गया। (पृ० २८६)। "तारीख़े मुबारकशाही के अनुसार यह विद्रोह ७२७ हि० के अन्त (१३२७ ई०) में हुआ [तारीख़े मुबारकशाही पृ० ९९, मुन्तख़बुत्तवारीख़ भाग १ पृ०, २२६-२७]

१ गुलबर्गे के निकट।

सुल्तान मुहम्मद का दौलताबाद पहुँचना तथा अहमद अयाज़ को कम्पिला भेजना और उसका अचानक कूमटा पहुँचना—

सुना जाता है कि शाह सेना लेकर दौलताबाद की ओर बढ़ा। जब सुल्तान ने गर्शास्प की पराजय का हाल सुना तो उसने मलिक ज़ादा को अपने पास बुलवा लिया। मलिक रुक्नुद्दीन क़ुतुबुलमुल्क ने सुल्तान के आदेशानुसार कम्पिला की ओर दो बार आक्रमण किया, किन्तु प्रत्येक बार पराजित होकर उसे लौटना पड़ा। तीसरी बार सुल्तान की ओर से मलिक-ज़ादा (अहमद अयाज़) युद्ध के लिये क़िले की ओर बढ़ा। वह कूमटा पर अचानक पहुंच गया। (४२८) दो तीन बार गर्शास्प तथा कम्पिला (का राय) युद्ध के लिये समर भूमि में निकले किन्तु पराजित होकर क़िले में घुस गये। एक दो मास तक इसी प्रकार रक्तपात होता रहा। एक दिन हिन्दुस्तान की सेना के सरदार ने सुल्तान से निवेदन किया कि सभी सैनिक एक बार टूट पड़ें। इस प्रकार एक साथ समस्त सैनिकों ने आक्रमण कर दिया और क़िले पर टूट पड़े।

कम्पिला के राय तथा गर्शास्प को पराजय एवं हुसदुर्ग की विजय—

बहाउद्दीन तथा राय कम्पिला यह देख कर कि क़िला हाथ से निकला जाता है, क़िला छोड़ कर भाग गये और बड़ी दुःखमय अवस्था में हुसदुर्ग चले गये। शाही सेना ने उन का पीछा किया। उस क़िले में एक मास तक बाण, भाले, ईंट तथा पत्थर से युद्ध होता रहा। एक दिन समस्त (शाही) सेना क़िले पर टूट पड़ी और सभी साधारण तथा विशेष व्यक्ति क़िले में प्रविष्ट हो गये। गर्शास्प ने यह देख कर तीन चार घोड़े लिये और अपनी स्त्रियों को दो तीन घोड़ों पर बैठाया और स्वयं एक घोड़े पर बैठ कर भाग खड़ा हुआ। (४२९)

जो कोई उसका पीछा करता उसका वह शीश काट लेता। इस प्रकार वह शत्रु की सेना के मध्य से रात्रि में नहीं, अपितु दिन में निकल गया। प्रतिज्ञा का पालन करने वाले हिन्दू कम्पिला (के राय) ने शूरवीरों के समान युद्ध-प्राङ्गण न छोड़ा। वह मित्र के लिये अपना घर बार लुटा रहा था। उसने घोर युद्ध किया, किन्तु अन्त में आहत हुआ और उसे अपने शीश की बलि देनी पड़ी। सेना ने क़िले में प्रविष्ट होकर बहुत से हिन्दू मार डाले और अपार धन-सम्पत्ति एकत्रित की। हुसदुर्ग की विजय के उपरान्त मलिक ज़ादा के सम्मुख एक व्यक्ति लाया गया। मलिक ज़ादा ने उसे क़िले वालों का परिचय देने का आदेश दिया। जो सिर उसके समक्ष लाया जाता, वह उसका परिचय दे देता। जब एक सिर, जो बाण से छिदा था, लाया गया, तो उसने विलाप प्रारम्भ कर दिया। मलिक ज़ादा ने विलाप का कारण पूछा और कहा, "यह किस का सिर है?" उसने विलाप करते हुए कहा, "यह हमारे राय का सिर है।" मलिक ज़ादा ने कहा, "यह सिर एक सोने के थाल में रखा जाय।" और तत्पश्चात् उसकी खाल में घास भर दी जाय।" क़िले में आग लगा दी गई और वह सिर मलिक ज़ादा ने सुल्तान के पास भिजवा दिया। (४३०) तत्पश्चात् गर्शास्प का पीछा करने के लिये एक बहुत बड़ी सेना भेजी।

बहाउद्दीन का भाग कर धोर समुन्दर (द्वार समुद्र) पहुँचना तथा बन्दी बनाया जाना—

सुना जाता है कि जब गर्शास्प, जिसके पास धन-सम्पत्ति न रह गई थी बलाल[१] (के राज्य) की सीमा में प्रविष्ट हुआ, तो उसका भाग्य उसके प्रतिकूल था और केवल दुःख तथा कष्ट ही उसके पास रह गये थे। बलाल ने उसे छल तथा धूर्त्तता से बन्दी बना कर मलिक ज़ादा

१ द्वार समुद्र का वीर बल्लाल तृतीय, होयसल राज्य का स्वामी।

के पास भेज दिया। मलिकज़ादा ने उसे भारी शृङ्खलाओं में बंधवा कर संसार के सम्राट् के पास भिजवा दिया। शाह ने आदेश दिया कि "उसकी खाल खींच कर उसमें घास भूसा भर कर प्रत्येक स्थान पर घुमाने के लिये भेज दिया जाय जिससे प्रत्येक सरदार सावधान हो जाय; उसका शरीर बवरचियों (रसोइयों) को दे दिया जाय और वे उसका भोजन बना कर हाथियों के सामने डाल दें और प्रत्येक प्रान्त तथा नगर में सूचना करा दी जाय कि सभी विद्रोही इसी दंड के पात्र होंगे।" तत्पश्चात् उसके आदेशानुसार समारोह तथा मनोरंजन का आयोजन किया गया और दो सप्ताह तक लोग रात दिन तक शहर में खुशी मनाते रहे। (४३१)

मुहम्मद शाह इब्ने तुग़लुक़ शाह द्वारा गंधियाना की विजय—

इस कार्य से निश्चिन्त होकर सुल्तान कुछ मास तक दौलताबाद में रहा। एक दिन उसने सेना लेकर गन्धियाना[1] पर चढ़ाई की। जब कोलियों[2] के सरदार नाग नायक ने सुल्तान के आने के समाचार सुने तो भय के कारण दुर्ग के कपाट बन्द कर लिये। पर्वत की चोटी पर वह क़िला इस प्रकार बना था कि वह भूतों का क़िला कहलाता था और कोई भी उसके निकट न पहुँच सकता था। किसी को भी अभी तक उसकी परिधि के विषय में कोई ज्ञान न था। देहली की सेना प्रशंसा की पात्र है कि उसने नदियों तथा पर्वतों को विजय किया और समुद्र से लेकर सिन्धु नदी तक अनेकों क़िलों को विजिय किया। जब सेना गन्धियाना पहुंची तो भय के कारण पर्वत तृण-तुल्य बन गया। प्रत्येक समय क़िले में कोलाहल मचा रहता था। जब इस अवस्था में आठ मास व्यतीत हो गये तो प्रत्येक बुर्ज से हिन्दुओं का दुःख प्रकट होने लगा और हिन्दुओं ने सुल्तान से अपने प्राणों की रक्षा की याचना प्रारम्भ कर दी। (४३२)

बहुत कुछ वार्त्ता के उपरान्त नाग नायक ने क़िले से निकल कर बड़ी दीनता से शाह के चरणों का चुम्बन किया और सुल्तान ने उसे क़बा तथा कुलाह (सम्मान सूचक वस्त्र) प्रदान किये। दूसरे दिन सुल्तान ने वहाँ से दौलताबाद की ओर प्रस्थान किया। सेना ने दौलताबाद पहुँच कर एक सप्ताह तक यात्रा के कष्ट के कारण विश्राम किया।[3]

बहराम ऐबा के विद्रोह की सूचना—

एक दिन एक दूत ने यह समाचार पहुँचाये कि "मैं देहली की ओर से आ रहा हूँ। मुझे प्रत्येक व्यक्ति से मार्ग में यह ज्ञात हुआ है कि बहराम ऐबा ने विद्रोह कर दिया है और मुल्तान का विध्वंस कर रहा है।"

सुल्तान का दौलताबाद से देहली को प्रस्थान—

दूत से यह समाचार पाकर बादशाह ने पश्चिम की ओर शिविर लगवाये। दूसरे दिन वहाँ से निरन्तर यात्रा करते हुये देहली की ओर प्रस्थान किया। राजधानी में पहुँच कर एक मास तक बादशाह ने विश्राम किया। एक दिन उसने आदेश दिया कि बारजा (सभा भवन) में बहुत से खेमें लगाये जायँ और एक उत्कृष्ट सायाबान (शामियाना) उसमें लगाया जाय। उस बारगाह[4] (सभा करने का स्थान) पर एक सुन्दर मिम्बर (मंच) सजाया गया। उसने आदेश दिया कि दरबारी उसमें दाहिना और बायाँ स्थान लें। (४३३) नक़ीब सभी को सूचना दें और सभी शहर वालों को दावत दी जाय। सब छोटे बड़े बुलाये

---

१ गंधियाना अथवा गोन्धाना, कुन्दना एक ही नाम के भिन्न-भिन्न रूप हैं। यह स्थान पूना से १२ मील पर सिंहगढ़ है।

२ दक्षिण के हिन्दुओं की एक जाति।

३ समकालीन इतिहासकारों में एसामी ही ने इस विजय का उल्लेख किया है और फ़िरिश्ता ने उसी के आधार पर इसकी चर्चा की है। यह विजय १३२८ ई० में प्राप्त हुई।

४ इसकी व्याख्या के लिये इब्ने बत्तूता का उल्लेख पढ़िये।

जायें और सभी नगर वासी सम्मिलित हों। वहाँ एक बहुत बड़ी सभा हुई और बहुत से लोग उस दिन पद्-दलित हो गये क्योंकि जनसमूह की कोई सीमा न रही थी। तत्पश्चात् सुल्तान ने आदेश दिया कि जलाल हुसाम मिम्बर पर लोगों को उपदेश दे। उसके वाज़ (धार्मिक प्रवचन) के उपरान्त सुल्तान ने मंच (मिम्बर) पर एक खुत्बा (प्रवचन) पढ़ा। ईश्वर तथा मुहम्मद साहब की प्रशंसा के उपरान्त उसने सभी को आशीर्वाद दिया। खेद है कि ऐसे बुद्धिमान बादशाह ने गेहूं दिखाने और जौ बेचने का पाप किया। न्याय के बहाने से वह अत्याचार करता था। सेना के साथ प्रजा की भी हत्या होती थी। तत्पश्चात् संगीत तथा नृत्य का आयोजन हुआ। इसके उपरान्त लोगों को भोजन कराया गया। प्रत्येक सरदार को सोने के ख्वान (थाल) प्रदान किये गये जिनमें ऊपर तक नाना प्रकार की वस्तुयें भरी थीं। वहाँ का बचा हुआ भोजन बहुत से लोग ले गये। वह इतना अधिक था कि लोगों ने छः मास तक उन रोटियों के अतिरिक्त कुछ न खाया। (४३४)

सुल्तान मुहम्मद इब्ने तुग़लुक़ शाह का मुल्तान की ओर प्रस्थान—

इस बात के एक सप्ताह के उपरान्त एक दिन सुल्तान राजसी ठाठ-बाट से सवार होकर शिकार के प्रयोजन से निकला और हौज़े खास पर पहुँचा। उसके पीछे-पीछे एक संसार था। उसकी पताका के पीछे सरदारों की पताकायें थीं। लखनौती से वीर नासिरुद्दीन, ततार, सफ़दर (क़ीरान), हुशंग (तुग़लुक़ी), लाला बहादुर, लाला करंग, शाह का सर दावत-दार, शादी सतलिया, मक़बूल, नायब बारबक मलिक मुखलिसुलमुल्क यज़कियों का सिंह, अमीर दौलत शाह बूथवारी, कुशमीर, क़िमली, नवा तथा तग़ी शहनये बारगाह, सुल्तान के साथ थे। दूसरे दिन कीली में शिविर लगा। इसी प्रकार प्रत्येक दिन एक पड़ाव पार करता हुआ सुल्तान अचानक लाहौर पहुँच गया। (४३५)

किशली खाँ तथा सुल्तान का पत्र व्यवहार—

जब किशली खाँ (बहराम ऐबा) ने यह सुना कि देहली की सेना उस पर चढ़ाई करने के लिये पहुँच गई तो उसने सुल्तान को पत्र लिखा कि "सुल्तान को मूर्ख लोगों की बातें सुन कर इस हितैषी पर संदेह हो गया। यदि सुल्तान अपने राज्य की ओर देहली लौट जाय तो मैं शाह के आदेशों का पालन करता रहूंगा और निश्चित कर प्रत्येक वर्ष तथा मास में भेजता रहूंगा। यदि शाह इस स्थान पर उसी प्रकार आक्रमण करे जिस प्रकार अफ़रासियाब (तूरान का बादशाह) ने ईरान पर आक्रमण किया था तो उसे समझ लेना चाहिये कि जब तक इस भूमि पर रुस्तम वर्त्तमान है, उस समय तक अफ़रासियाब का क्या भय हो सकता है?[1]

सुल्तान का किशली खाँ को उत्तर—

शहंशाह को जब इस पत्र का ज्ञान हुआ तो उसने दबीरों को उसका उत्तर इस प्रकार लिखने के लिये आदेश दिया : "हे भाग्यवान तथा बुद्धिमान! ईश्वर ने जिन्हें उन्नति दी है, उनका विरोध न कर। मुझे ईश्वर ने हिन्दुस्तान प्रदान किया है। (४३६) मैं जब किसी वृक्ष को अपनी सीमा से अधिक सिर उठाये देखता हूं तो मैं उसका सिर कुल्हाड़ी से काट कर उसके स्थान पर दूसरा वृक्ष लगा देता हूं। यदि तू अपने प्राण चाहता है तो मेरा विरोध न कर। यदि तेरा भाग्य तुझे उचित मार्ग-प्रदर्शित करे तो तू इस स्थान पर चला आ। मुझ से युद्ध करने वाला बच कर नहीं जाता। यदि तू मुग़लों के राज्य में भागना चाहेगा तो मैं वहाँ से भी

---

१ शाहनामे की अफ़रासियाब तथा रुस्तम की कहानी की चर्चा, जिसमें अफ़रासियाब के ईरान पर आक्रमण तथा रुस्तम की प्रतिरक्षा का उल्लेख है।

तुझे निकाल लाऊँगा। यदि तू आज्ञाकारिता स्वीकार कर लेगा तो बच जायगा अन्यथा तुझे अपने धन जन से वंचित होना पड़ेगा।"

लाला बहादुर तथा लाला करंग का युद्ध के लिये बोहनी भेजा जाना और किशलो ख़ाँ के यज़कियों से युद्ध—

सुना जाता है कि किशली ख़ाँ को पत्र भेजने के पश्चात् सुल्तान ने मुल्तान की सीमा की ओर एक सेना भेज कर आदेश दिया कि वे लोग सीधे बोहनी ग्राम पहुँच जायँ और वहाँ से युद्ध करते रहें। (४३७) युद्ध के लिये स्थान को दृढ़ बना कर वहीं रात दिन सावधान रहें। यदि शत्रु के यज़क[1] आयें तो उन पर तुरन्त टूट पड़ें। उस सेना के दो तीन आदमी सरदार रहें और शत्रु का मार्ग रोक दें। लाला बहादुर तथा लाला करंग (सरदार) रहें क्योंकि वे चतुर तथा वीर हैं। जब यह सेना बोहनी पहुंची तो बहराम ऐबा को भी पता लग गया। उसने अपनी सेना के सरदार कुशमीर को, जो उसका जामाता भी था, आदेश दिया कि वह आक्रमण करके उस थाने[2] पर अधिकार जमा ले और वहाँ से शत्रु के यज़क को भगा दे। जब कुशमीर, बोहनी पहुँचा तो उसे शत्रु के यज़क दृष्टिगोचर हुये। उसने उन पर एक साधारण आक्रमण किया किन्तु यज़क के सरदारों ने अपनी सेना को आदेश दिया कि वे अपने-अपने स्थान पर डटे रहें और प्रत्येक अपनी ढाल को अपने मुख के सामने करले। कुशमीर की सेना उन लोगों को दृढ़ पाकर भाग गई और मुल्तान की ओर चल दी। यज़क ने उन लोगों को भागते हुये देख कर उनका ३ फ़रसंग तक पीछा किया, और मृतकों से मार्ग को पाट दिया। वहाँ से लौटकर उन्होंने इसकी सूचना सुल्तान को लिख कर भेजदी। बादशाह उस पत्र को पाकर बड़ा प्रसन्न हुआ। (४३८)

सुल्तान का युद्ध के लिए प्रस्थान—

उसने लाहौर से युद्ध के लिए दूसरे दिन मुल्तान की ओर प्रस्थान किया। जब कुछ पड़ाव शेष रह गये तो एक पड़ाव पर अबुल फ़तह शेख़ रुक्नुद्दीन सुल्तान के सम्मुख अभिवादन करने के लिए आया। सुल्तान ने प्रणाम किया और उसके चरण चूम कर उससे सहायता की याचना की। अबुल फ़तह द्वारा प्रोत्साहन प्राप्त करके सुल्तान निरंतर बढ़ता चला गया और उसने किसी पड़ाव पर भी विश्राम न किया। जब शाही सेना तलहम्बा[3] की सीमा पर पहुंची तो खान भी मुल्तान से सेना लेकर निकला और शीघ्र ही रावी नदी पार करली। बोहनी पहुंच कर उसने युद्ध के लिए सामान एकत्र किये। वहाँ से चल कर तलहम्बा की ओर प्रस्थान किया और वहाँ से भी एक कोस आगे एक ग्राम में पहुँच गया।

दोनों ओर के यज़क दृष्टिगोचर होने लगे। इस ओर से सुल्तान सेना की तैयारी के लिए कटि-बद्ध हो गया। उसने क़ल्ब (मध्य भाग की सेना) के तीन टुकड़े किये और प्रत्येक भाग में विभिन्न प्रकार के चत्र रक्खे। (४३९) लखनौती का शासक नासिरुद्दीन क़ल्ब के मध्य भाग की सेना में था। क़ल्ब के बाईं ओर शेख़ अबुल फ़तह का भाई इस्माईल तथा दाहिनी ओर सर दावतदार था। दाहिनी पंक्ति के आगे हुशंग था और बीच में वीर दौलत शाह था। ततार तथा अन्य वीर बाईं पंक्ति के आगे थे। सुल्तान स्वयं बाईं पंक्ति से कुछ दूर वीरों को साथ लिए घात लगाये बैठा था। लोहा पहिने हुये हाथियों की एक पंक्ति सुल्तान की पंक्ति के सम्मुख चिंघाड़ रही थी। हौदे के नीचे उनके शरीर ऐसे थे कि मानों

१ सेना का अग्रिम भाग; गूढ़चारी सेना।
२ ग्रामों के सैनिक केन्द्र।
३ एक हस्तलिखित पोथी में तिलन्ह है।

पर्वत बादल के नीचे छिप गया हो। अर्ज़ (निरीक्षण तथा गणना) के समय सेना की संख्या एक लाख निकली।

उस ओर किशली खां ने भी अपनी सेना तैयार की। दाहिनी पंक्ति में मन्दी अफ़ग़ान, तथा बाईं पंक्ति में खान का भाई शम्सुद्दीन थे। मध्य में खान तथा कुशमीर थे। सुना जाता है कि उसके साथ १२००० सवार थे। (४४०) जब दोनों ओर की सेनायें टकराईं तो मन्दी अफ़ग़ान ने हुशंग की ओर आक्रमण किया किन्तु न तो उस पर और न सर दावतदार पर आक्रमण का कोई प्रभाव हुआ और वह अपनी सेना की ओर लौट गया। तत्पश्चात् शम्सुद्दीन ने इस्माईल की पंक्ति पर आक्रमण किया क्योंकि शाह उसके पीछे हाथियों की सेना लिये उपस्थित था। उसने एक आक्रमण से उस सेना को पराजित कर दिया और सेना यह दशा देख कर दंग रह गई। इस्माईल उस युद्ध में मारा गया। जब बादशाह को यह हाल ज्ञात हुआ तो उसने क़ुतुबुलमुल्क को इस्माईल की पंक्ति की सहायता करने के लिए भेजा। उस शूरवीर ने एक ऐसा आक्रमण किया कि शम्सुद्दीन पराजित हो गया। उसी समय सुल्तान भी अपने स्थान से चल पड़ा। उसके चलने से शम्सुद्दीन काँप उठा। पूर्व का बादशाह उस के दाहिनी ओर से पहुँच गया और समस्त सेना धूल में लुप्त हो गई। हाथी के हौदों पर बैठे हुये सैनिकों ने अपने भालों से (रक्त) की नदी बहा दी। (४४१) भीषण युद्ध होता रहा। खान (किशली) उस युद्ध में मारा गया; शाही सेना की विजय हुई। सरदार के न रहने के कारण (खान) की सेना युद्ध न कर सकी और भाग खड़ी हुई। देहली की सेना ने चारों ओर लूटमार प्रारम्भ करदी। शाह के एक सिलहदार[1] ने खान के मृतक शरीर से उसका सिर काट लिया और उसे सुल्तान के समक्ष प्रस्तुत कर दिया। सुल्तान ने उसे भाले की नोक पर लगवा कर फिराया और नक़ीबों[2] को आदेश दिया कि वे इस बात की घोषणा करदें कि जो कोई विद्रोह करेगा उसका अन्त यही होगा। दूसरे दिन उसने मुल्तान की ओर प्रस्थान किया। समस्त बन्दियों की हत्या करा दी। प्रत्येक पड़ाव पर अत्यधिक रक्तपात किया। (४४२)

शेख़ रुक्नुद्दीन की सिफ़ारिश—

जब सम्मानित पताकायें मुल्तान पहुँचीं तो सुल्तान ने आदेश दिया कि मुल्तान के सभी निवासियों को कठोर दण्ड दिये जायें। एक सप्ताह तक वहाँ घोर रक्तपात हुआ। जो कोई मुल्तान से भाग गया वही सुरक्षित रह सका। अबुल फ़तह शेख़ रुक्नुद्दीन उस सप्ताह में एकांतवास में थे। जब उन्हें इस रक्तपात का पता चला तो वे नगरवासियों की सिफ़ारिश के लिये नंगे सिर तथा नंगे पाँव सुल्तान के समक्ष पहुँचे। उनकी सिफ़ारिश पर सुल्तान ने कबीर को आदेश दिया कि अपराधी अब क्षमा कर दिये जायें और बन्दियों को खोल दिया जाय। जो लोग उस रक्तपात से बच गये उन्होंने ईश्वर के प्रति कृतज्ञता प्रकट की और उस नगर का नाम आज़ादपुर हो गया। (४४३)

सुल्तान का मुल्तान से दीपालपुर पहुँचना तथा लखनौती से बूरा की हत्या के समाचार प्राप्त होना—

वहाँ से चल कर सुल्तान पाँचवें दिन दीपालपुर पहुंचा। एक दिन लखनौती से बहराम खां के पास से एक दूत ने आकर धरती-चुम्बन करके कहा कि "(बहादुर) बूरा ने विद्रोह करके

---

१ सुल्तान के अङ्गरक्षक।

२ नक़ीब, शाही आदेशों की उच्च स्वर में घोषणा करते थे।

लखनौती में रक्तपात मचा रखा था। बहराम खाँ ने उस पर आक्रमण करके उसे पराजित कर दिया। बहादुर, खान द्वारा पराजित होकर एक नदी की ओर भागा और उसमें गिर पड़ा। खान ने वहाँ पहुंच कर उसे बन्दी बना लिया और उसकी खाल खिचवा डाली। विजय-पत्र के साथ खान ने वह खाल भी सुल्तान के पास भेजी है।" सुल्तान ने यह सुन कर आदेश दिया कि चालीस दिन तक नगर में आनन्द उल्लास मनाया जाय; उसकी तथा बहराम (किशली खाँ) की खाल एक ही क़ुब्बे[1] पर लटकाई जाय। (४४४)

सुल्तान का देहली पहुँचना—

वहाँ से दूसरे दिन सुल्तान ने राजधानी की ओर प्रस्थान किया। जिस दिन वह शहर देहली में पहुँचा तो शहर में आनन्द उल्लास मनाया गया। चारों ओर सजावट की गई। चालीस दिन तक खुशी के बाजे बजते रहे। उस समय के नगर की तुलना किसी भी वस्तु से सम्भव न थी। (४४५) नगर इस प्रकार मनुष्यों से परिपूर्ण था कि ईर्ष्यालु समय उसे कम करने लगा।[2]

सुल्तान का देहली नगर पर अत्याचार और प्रजा को देवगीर (देवगिरि) भेजना—

सुल्तान को शहर वालों पर संदेह था और वह उनके लिये विष छिपाये रहता था। उसने अत्याचार द्वारा अत्यधिक मनुष्यों की हत्या करादी किन्तु जब उसे यह भी पर्याप्त ज्ञात न हुआ तो उसने गुप्त रूप से यह कुत्सित योजना बनाई कि एक मास में नगर का विनाश कर दिया जाय। उसने प्रत्येक दिशा में स्पष्ट रूप से यह सूचना कराई कि "जो कोई भी सुल्तान का हितैषी हो, वह मरहठा प्रदेश की ओर प्रस्थान करे। जो कोई उसकी आज्ञा का पालन करेगा, वह अत्यधिक धन सम्पत्ति प्राप्त करेगा और जो कोई भी इसका उल्लंघन करेगा, उसका सिर काट डाला जायगा।" उसने आदेश दिया कि नगर में आग लगा दी जाय और सभी लोगों को नगर से निकाल दिया जाय। सभी लोगों को रोते पीटते अपने-अपने घर छोड़ने पड़े। (४४६) परदे वाली स्त्रियों, तथा एकांतवासी पवित्र लोगों (सन्तों) को उनके घरों से बड़ा कष्ट देकर बाल पकड़ कर निकाल दिया गया। वे लोग अवानों[3] के भय से निकल पड़े और उन लोगों ने नगर के बाहर शिविर लगा दिये। लोगों ने इस प्रकार चीत्कार मचाते हुये प्रस्थान किया, जिस प्रकार किसी जीवित मनुष्य को क़ब्र में दफ़न किया जाय। प्रत्येक पड़ाव पर मज़ार ही मज़ार बन गये और मृतकों के अतिरिक्त कुछ भी दृष्टिगत न होता था। सभी जन्म-भूमि के प्रति प्रेम से पीड़ित थे।

सिपेह सालार इज़्ज़ुद्दीन एसामी की देहली से तिलपट पहुंच कर मृत्यु—

मेरे पूर्वजों में से भी एक वृद्ध का निवास उसी नगर में था। उनकी अवस्था ९० वर्ष की थी और वे एकान्तवासी थे। अपने पूर्वजों द्वारा इनाम में प्राप्त किये हुये ग्राम अपनी संतान में बाँटा करते थे। वे कभी अपने घर से न निकलते थे। शुक्रवार तथा ईद के अतिरिक्त कभी भी अपने द्वार के बाहर न दिखाई पड़ते थे। रात दिन वे एक कोने (दालान) में एबादत किया करते थे। (४४७) उनकी उपाधि इज़्ज़े दीन (इज़्ज़ुद्दीन) थी और कभी किसी को उन से कोई उपालंभ न हुआ था। सद्रुलकेराम, वीर ज़हीरे ममालिक, जिससे एसामी का उद्यान हरा भरा था, उसका पिता था। वह सुल्तान बल्बन का वकीलदर था।

---

१ एक प्रकार के गुम्बद तथा द्वार जो खुशी के समय सजाये जाते थे।

२ एसामी ने किशली खाँ के विद्रोह के पूर्व देहली वालों के देवगिरि भेजे जाने का उल्लेख नहीं किया।

३ शाही पुलिस के वे कर्मचारी जो सुल्तान के आदेशों का कठोरता से पालन कराते थे।

जब एसामी का वह वंशज ६० वर्ष की अवस्था में निकाला गया और चारपाई पर तिलपट पहुँचा तो उसके साथ वालों ने उसके मुख से चादर हटाई। उसने चारों ओर वृक्षों का झुंड देख कर कहा कि, "मेरा एबादत का स्थान कहाँ है? मैं इस स्थान पर जंगल के अतिरिक्त कुछ नहीं पाता।" सेवकों ने उत्तर दिया कि, जब वह सो रहा था तो अवानों ने आकर अत्याचार से उसकी चारपाई घर के बाहर करदी; अब उस नगर से देवगीर (देवगिरि) की ओर प्रस्थान हो रहा है; अब वह स्थान पुनः कभी नहीं प्राप्त हो सकता। उस वृद्ध ने निराश होकर एक ठंडी श्वास ली और मृत्यु को प्राप्त हो गया तथा उन भूतों से अपने धर्म की रक्षा करली। चारों ओर कोलाहल मच गया। सभी स्त्री तथा पुरुष अपना मुंह और बाल नोचने लगे। (४४८)

अन्त में उसे दफ़न कर दिया गया। तीन दिन और रात तक लोग विस्मित रहे। तीसरे दिन लोगों ने उस स्थान से प्रस्थान किया। सभी वृद्ध, युवक, स्त्री तथा बालक यात्रा करने के लिये विवश थे। बहुत से कोमल, मृत्यु को प्राप्त हो गये। बहुत से बालक दूध बिना मर गये। अनेकों लोगों ने प्यास के कारण प्राण त्याग दिये। ऐसे सुकुमार व्यक्ति, जिन्हें स्वप्न में भी सूर्य की उष्णता का अनुभव न हुआ था, फटे पुराने वस्त्र लपेटे गिरते पड़ते चले जाते थे। कोई नंगे पैर ही चला जाता था। जिन मुखों पर चन्दन के अतिरिक्त कुछ न लगता था, वे धूल से ढके हुये थे। जो आँखें उपवनों के अतिरिक्त कुछ न देखती थीं, उनमें धूलि का अंजन लगा रहता था। जो चरण बाटिकाओं के अतिरिक्त कहीं न जाते थे, उनमें जंगलों तथा ब्याबानों में चलने के कारण छाले पड़ गये थे। उस क़ाफ़िले में से अत्यधिक कठिनाई सहन करके केवल दसवाँ भाग ही दौलताबाद पहुंच सका।

सुल्तान ने अत्याचार से उस क़ाफ़िले को छः भागों में विभाजित कर दिया था। किसी के पास कोई सामान न था। प्रत्येक क़ाफ़िला शहर से उसके क्रोध तथा अत्याचार के कारण, न कि न्याय तथा उपकार के कारण, चल दिया। (४४९) उसने ऐसा बसा हुआ नगर नष्ट कर डाला। पता नहीं वह ईश्वर को क्या उत्तर देगा। जब उस नगर में कोई न रह गया तो समस्त द्वार बन्द कर दिये गये। सब घर भूतों के निवास-स्थान बन गये। उसी समय घरों में आग लगा दी गई। नगर इस प्रकार रिक्त हो गया था कि द्वार तथा दीवारें विलाप करने लगी थीं। सुना जाता है कि कुछ समय उपरान्त नीच तथा अत्याचारी बादशाह ने क़स्बों के परगनों से ग्रामीणों को बुलवा कर नगर को बसवाया। तोतों तथा बुलबुलों को उद्यान से निकाल कर कौओं को बसा दिया। न जाने शाह को किस प्रकार उन निर्दोषों लोगों के प्रति संदेह उत्पन्न हो गया कि उसने उनके पूर्वजों की नींव उखाड़ डाली और अभी तक उनकी संतानों के विनाश में तल्लीन है। उसे किसी बालक अथवा वृद्ध पर दया न आई। न तो कोई धनी ही सुरक्षित था और न कोई दीन ही। उसके कोई संतान न थी, अतः उसने अपने समान सभी को कर देना चाहा। जुहाक[1] ने बड़ा अत्याचार किया किन्तु कोई भी उसे अत्याचारी के अतिरिक्त कुछ नहीं कहता था। यदि वह दुष्ट इस समय होता तो सभी नगर-वासी उसे आशीर्वाद देते। सुना जाता है कि सर्पों से अपनी रक्षा के लिये वह नगर-वासियों तथा सैनिकों में से प्रति दिन दो मनुष्यों का रक्तपात किया करता था। दोनों का मस्तिष्क सर्पों को दिया जाता था जिससे, वे सोते रहें और उसे कोई कष्ट न पहुंचायें। जुहाक अधर्मी तथा शैतान का उपासक था। (४५०)

बड़े आश्चर्य की बात है कि हमारा समकालीन सुल्तान न तो शैतान के वंश से है,

---

१ शाहनामे के अनुसार ईरान का एक बादशाह जिसके दोनों कंधों पर शैतान के चूमने के कारण दो सर्प निकल आये थे और वे नित्य दो मनुष्यों का मस्तिष्क खाते थे।

और न किसी ने उसके कन्धों का चुम्बन किया और न किसी ने उससे यह कहा कि उसका उपचार मनुष्यों के मस्तिष्क के अतिरिक्त किसी अन्य वस्तु से हो ही नहीं सकता; और न वह ज़ुहाक के धर्म का अनुयायी ही है। फिर भी उसने इस समय इतने अत्याचार किये जितने ज़ुहाक ने एक हज़ार वर्ष में किये होंगे। यदि वह दुष्ट शैतान की शिक्षानुसार दो मनुष्यों की हत्या कराता था, तो हमारा बादशाह अकारण ही हज़ारों मनुष्यों की हत्या कराया करता है। यदि उसने बाबुल की प्रजा का रक्तपात किया तो उसी कारण से संसार का आधार समाप्त हो गया। यदि देहली वाले उसके आदेशों का पालन न करते तो वे इतने कष्ट में न पड़ते। ऐसे लोगों को इसी प्रकार का फल भोगना पड़ता है। जो कोई अत्याचारी पर दया करता है तो वही उसका सिर मिट्टी में मिला देता है। लोगों ने एक उपद्रवी को अपना बादशाह बना लिया और उस समय से युद्ध न किया। यदि कोई सरदार उस उपद्रवी के विरुद्ध किसी प्रदेश में अपनी पताका उठाता है तो बहुत से अयोग्य उस उपद्रवी (सुल्तान) की सहायता करने लगते हैं और उस व्यक्ति का साथ नहीं देते। यह दुष्ट अत्याचारी (सुल्तान) संसार भर में अकाल, तथा अत्याचार उत्पन्न कर रहा है। यदि इस देश के सब लोग संघठित हो जायँ और उस पर आक्रमण कर दें तो कोई आश्चर्य की बात नहीं कि उसका सिर मिट्टी में मिल जाय। ऐसी राजधानी को, जिसमें फ़रिश्ते अपने पंखों से झाड़ू देते थे, जिसकी मरम्मत प्रत्येक बादशाह ने कराई, जिसकी मस्जिदें काबे के समान थीं, जिसके हौज़े शम्सी को सूर्य से जल प्राप्त होता था, जिसमें १६० वर्षों के भवन थे, जिसकी चारों फ़स्लें बड़ी ही अनुकूल थीं, जिसके चारों ओर उद्यान, उपवन तथा वाटिकायें थीं, जहाँ प्रत्येक वस्तु प्राप्य थी, बादशाह ने छोटे बड़े से रिक्त कर दिया। (४५१-५२) वही नगर देवगीर (भूतों का स्थान) हो गया। फिर लोग क्यों देवगीर (देवगिरि) गये? एक मास तक वहाँ के द्वार बन्द रहे और उस नगर में कुत्तों के अतिरिक्त कोई न रह गया था। सुल्तान ने फिर आदेश दिया कि ग्रामीणों को लाकर उस नगर में बसाया जाय और कौओं को बुलबुल का स्थान प्रदान किया जाय।

देहली के नष्ट होने का पहला कारण—

सुना जाता है कि १०० वर्ष उपरान्त प्रत्येक वस्तु में परिवर्तन हो जाता है; पुरानी बातों के स्थान पर नई बातें प्रारम्भ हो जाती हैं। (४५३) शम्सुद्दीन के बसाये हुये देहली को १०० वर्ष व्यतीत हो चुके थे और उसके भवनों को पूर्ण उन्नति प्राप्त हो चुकी थी अतः उसके विनाश का पहला कारण यही थी।

दूसरा कारण—

दूसरा कारण यह था कि प्रत्येक गली में बिदअती[1] पैदा हो गये थे। उनके अशुभ अस्तित्व के कारण सौभाग्य का अन्त हो गया। लोगों ने प्राचीन नियम त्याग कर प्रत्येक स्थान पर नये नियम बना लिये; नये प्रकार के वस्त्र धारण करने प्रारम्भ कर दिये और गेहूं दिखा कर जौ बेचने लगे। दिखाने को तो वे आदर सम्मान करते थे किन्तु हृदय में वे शत्रुता रखते थे। अनेकों हृदय उनके व्यंग से दुःखी रहते और प्रत्येक व्यक्ति परिहास में २०० कुफ़ की बातें कह डालता था। वे लोगों के हृदय को कष्ट पहुँचाया करते थे। (४५४) नमाज की चटाई तथा तस्बीह (माला) छोड़ कर उन लोगों ने (मदिरा की) सुराही तथा प्याला उठा लिया था। वे ऐसे-ऐसे कार्य करते थे कि कोई बुद्धिमान उनका नाम भी न ले सकता था। उनकी संख्या अधिक तथा उनके कुकर्मों के असीम हो जाने के कारण देहली की नींव

१ धर्म (इस्लाम) में नई-नई बातें निकालने वाले।

में विघ्न पड़ा गया। ईश्वर ने उन पर एक अत्याचारी नियुक्त कर दिया जिसने उनका समूल उच्छेदन कर दिया। उन्हें उनके देश से निकलवा दिया। उन पापियों के कारण अनेक स्वर्ग के पात्रों को भी कष्ट उठाने पड़े। ईश्वर अपने भक्तों को अपनी कृपा की गली के अतिरिक्त कोई अन्य स्थान न दे। (४५५)

तीसरा कारण (शेख़ निज़ामुद्दीन)—

यद्यपि प्रत्येक देश में एक अमीर बादशाह होता है, किन्तु वह किसी फ़क़ीर (संत) की शरण में होता है। यदि अमीर राज्य के अधिकारी होते हैं तो फ़क़ीर (संत) राज्य के कष्टों का निवारण करता है। निज़ामुल हक़ ऐसे ही पीर (सन्त) थे जिनके द्वार पर प्रत्येक उपस्थित रहने में गर्व किया करता था। सर्व प्रथम उनका निधन हुआ[1] तत्पश्चात् उस नगर तथा राज्य का विनाश हुआ। (४५६)

देवगीर (देवगिरि) का आबाद होना; शेख़ बुरहानुद्दीन का उल्लेख—

संसार का यह नियम है कि यदि वह किसी को हानि पहुँचाता है तो दूसरे को लाभ। (४५७) इस प्रकार जब देहली नष्ट हो गई तो वहाँ के निवासियों के केवल दसवें भाग के पहुंचने से देवगीर (देवगिरि) को सुषमा प्राप्त हो गई। उसका नया नाम दौलताबाद रखा गया। हिन्दुस्तान के भिन्न-भिन्न भागों से नाना प्रकार के लोगों ने पहुँच कर यहाँ निवास प्रारम्भ कर दिया। वहाँ एक बहुत बड़े सूफ़ी बुरहानुद्दीन निवास करते थे। उनके आशीर्वाद से दौलताबाद को विशेष शोभा प्राप्त हो गई। (४५८) उनके कारण किसी के पाप तथा कुकर्म का नगर पर कोई प्रभाव न होता था किन्तु उनके निधन के पश्चात् आकाश ने पुनः अत्याचार प्रारम्भ कर दिया। अत्याचार के कारण चारों ओर कोलाहल रहने लगा, और पूरा दौलताबाद, देवगीर (भूतों का निवास स्थान) हो गया। सभी से अत्याचार द्वारा धन प्राप्त किया जाने लगा और पूरे राज्य में कोलाहल प्रारम्भ हो गया। सभी को दंड दिया जाने लगा। अवानों ने प्रत्येक दिशा में धावा मार कर अनेकों घरों का समूल उच्छेदन कर दिया। धनी लोग बन्दी बनाये जाने लगे। लोग भीख माँगने लगे।

चाँदी, ताँबे, लोहे तथा चमड़े का उल्लेख—

सुना जाता है कि जब तुच्छ लोगों को आश्रय देने वाले सुल्तान को गुप्तचरों द्वारा यह ज्ञात हुआ कि प्रत्येक दिशा के नगर पुनः सम्पन्न हो गये तो उसने अपने हृदय में सोचा कि यह सुखी लोग धन के कारण नष्ट नहीं होते; (४५९) इन्हें धन की सहायता प्राप्त होती है अतः इस आश्रय का अन्त हो जाना चाहिये। जब सभी धनी दरिद्र हो जायेंगे, तो कोई किसी की सहायता न कर सकेगा। विनाशी स्वभाव वाले सुल्तान ने खज़ाने वालों को आदेश दिया कि चाँदी सोने के स्थान पर सराय वालों (बाज़ारियों) को लोह तथा चर्म[2] के दिरम दिये जायँ। नये सिक्के ढाले जायं और लोह तथा ताम्र पर छाप लगाई जाय और उन पर शाह का नाम अंकित किया जाय। जब सुल्तान ने इस प्रकार की मुद्रायें ढलवाईं तो नगरों में एक उपद्रव उठ खड़ा हुआ। कोई खुल्लम खुल्ला किसी प्रकार रो चिल्ला न सकता था। उस दुष्ट के भय से सभी लोग स्वर्ण के मूल्य पर ताम्र मोल लेते थे। प्रत्येक घर ताँबे के बर्तनों

१ शेख़ निज़ामुद्दीन औलिया अपने समय के बड़े प्रतिष्ठित सूफ़ी थे। (बरनी पृ० ३४३-३४६; खलजी कालीन भारत पृ० १०१-१०३) उनका निधन देहली में १३२५ ई० में हुआ।

२ लोह तथा चर्म का किसी स्थान पर उल्लेख नहीं। एसामी ने जो कुछ लिखा है उससे उसका सुल्तान पर क्रोध पूर्णतया स्पष्ट होता है। उसकी कृति द्वारा उन लोगों के दृष्टिकोण का पूरा पता चलता है जो उससे असंतुष्ट थे अथवा जिन्हें उससे किसी प्रकार की हानि पहुँची थी।

तथा प्रत्येक खान लोहे से रिक्त हो गई। प्रत्येक स्थान पर जूते, थाल तथा कुल्हाड़ी सोने चाँदी के बराबर हो गये। लोग प्राणों के भय से लोहे के बदले में मोती बेचते थे। इस मुद्रा द्वारा तीन वर्ष में जहाँ कहीं भी धन था, वह नष्ट हो गया। एक दिन उस धन के पुजारी ने आदेश दिया कि कोई भी ताम्र मुद्रा न ले। उन मुद्राओं के २०० तन्के कोई आधे दाँग को भी मोल न लेता था। (४६०) प्रत्येक धनी निर्धन हो गया। राज्य में इस प्रकार का घोर अत्याचार हुआ।

शेख़ ज़ैनुद्दीन का उल्लेख–

बादशाह के अत्याचार से हिन्दुस्तान के उद्यान में पतझड़ आ गया। लोगों के दुर्भाग्य से चारों ओर घोर अकाल पड़ गया। मनुष्य, मनुष्य का भक्षण करने लगा। किसी स्थान पर धन अथवा अनाज का पता न था। जो कोई सुल्तान के अत्याचार से बच गया वह अकाल तथा दरिद्रता के कारण नष्ट हो गया। देवगीर (देवगिरि) में विशेष रूप से कोई ऐसा धर्मात्मा न रह गया कि जिसकी शरण में दीन तथा दुःखी जा सकते। अन्त में एक व्यक्ति प्रकट हुआ। उसकी उपाधि ज़ैनुद्दीन थी। (४६१) उसके आशीर्वाद से देवगीर (देवगिरि) वालों को सुख प्राप्त हुआ। क़ुतलुग़ ख़ाँ उसी की शरण में गया। उस ने उस फ़क़ीर (सन्त) की शरण में जाकर इस प्रदेश को सुल्तान के अत्याचार से मुक्त कर दिया। यदि कोई अत्याचारी शाह के आदेशानुसार राजधानी से यहाँ आता तो उसे सफलता न प्राप्त होती और वह व्याकुल होकर लौट जाता। लोगों ने देहली त्याग कर यहाँ निवास प्रारम्भ कर दिया था। देहली में देहली के नाम के अतिरिक्त कुछ शेष न रह गया था। इस प्रकार कुशलता-पूर्वक १४ वर्ष व्यतीत हो गये और यहाँ से सौभाग्य एक यव मात्र भी कम न हुआ। मरहठा राज्य में जंगलों तथा पर्वतों में नगर एवं ग्राम बस गये। (४६२)

तुर्माशीरीन[1] का हिन्दुस्तान पर आक्रमण तथा उसकी पराजय—

एक दिन एक संदेश-वाहक ने मुल्तान से आकर निवेदन किया कि मुग़ल सेना ने रावी पार करली है। उसने सिन्ध की सीमा पर बड़ा उत्पात किया है और अब हिन्दुस्तान की ओर बढ़ रही है। जब सुल्तान को यह ज्ञात हुआ कि दुष्ट मुल्तान की सीमा को पार कर चुके हैं तो वह भी युद्ध के लिये कटिबद्ध हो गया। प्रत्येक दिशा में संदेश वाहक भेज कर उसने सेनायें बुलवाईं। सेना के अर्ज़ (निरीक्षण) के समय राजधानी में जो सेना चारों ओर से आकर एकत्र हुई थी, उसकी संख्या ५००,००० निकली। सेना के शिविर सीरी से जूद (उद्यान) तक लगे। प्रत्येक दिन उसकी सेना बढ़ती जाती थी। दूसरे दिन एक संदेश-वाहक ने आकर कहा कि "तीन दिन हुये, कि मुग़ल मेरठ पहुँच कर उत्पात मचा रहे हैं; समस्त प्रजा क़िले में घुस गई है और वह स्थान नष्ट हो रहा है। एक सेना समुद्र के समान बड़े वेग से बढ़ती जा रही है। तुर्माशीरीन उस सेना का सेना नायक है।"

सुल्तान ने यह सुन कर बुग़रा के पुत्र (यूसुफ़) को आदेश दिया कि "१०,००० सवारों की सेना मेरठ की ओर ले जाकर मुग़लों पर टूट पड़ो। (४६३) यदि उस सेना पर आक्रमण

---

१ रामपुर की तारीख़े फ़ीरोज़शाही की हस्तलिखित पोथी में तुर्माशीरीन के आक्रमण का उल्लेख इस प्रकार है: "शहर (देहली) वालों को दौलताबाद रवाना करने के पश्चात् सुल्तान दो वर्ष वहाँ रहा। उन दिनों तुर्माशीरीन ने अत्यधिक सेना लेकर हिन्दुस्तान पर चढ़ाई की और दोआब तक पहुँच गया। सुल्तान मुहम्मद ने अपनी समस्त सेना एकत्र की। इसी समय लखनौती के अमीरों तथा प्रतिष्ठित व्यक्तियों ने भाग जाना चाहा और अपने प्रदेश में पुनः पहुँच कर विद्रोह करना चाहा। सुल्तान मुहम्मद का तुर्माशीरीन से बहुत बड़ा युद्ध हुआ। तुर्माशीरीन ने घोर प्रयत्न तथा युद्ध किया और अपनी सेना के साथ लौट गया। (तारीख़े फ़ीरोज़शाही रामपुर पोथी पृ० २८७–८८)

करना सम्भव न हो तो तू सेना लेकर क़िले में घुस जाना। कोई सुरक्षित स्थान देख कर उनकी घात में बैठे रहना। यदि उनकी सेना पहले ही चल पड़े तो उनके विनाश के लिए सेना लेकर प्रस्थान करना। उस ओर से तू चल और इस ओर से मैं चलूँ। इस प्रकार उन्हें बीच में घेर लिया जाय और उन पर आक्रमण करके उनकी सेना का विनाश कर दिया जाय।"

बुग़रा के पुत्र (यूसुफ़) ने शाह के आदेशानुसार मेरठ पहुँच कर शिविर लगा दिए। एक दिन तुर्माशीरीन ने ५०० सवारों को आक्रमण के लिए भेजा। यूसुफ़ (बुग़रा के पुत्र) ने सेना की संख्या कम पाकर उन पर आक्रमण कर दिया। वे संख्या की कमी के कारण भाग गये। तुर्मा की बहिन का एक पुत्र दस सवारों के साथ मदिरा-पान कर रहा था। उसके दाहिने तथा बाईं ओर से सेना निकल गई और उसे कोई सूचना न हुई। हिन्दुस्तान की एक सेना ने वहाँ पहुँच कर उसे तथा उसके साथियों को बन्दी बना लिया। उसे क़िले की ओर भेज दिया। वहाँ से शूरवीर आगे बढ़े। मुग़लों ने अपने विरुद्ध सेना को आते देख कर उनसे युद्ध प्रारम्भ कर दिया। (४६४)

हिन्दी[1] (तुर्मा) के सवार भाग खड़े हुये। यूसुफ़ ने सुल्तान के पास मुग़लों के हिन्दुस्तान से भागने के समाचार भेज दिये। जो लोग बन्दी बनाये गये थे, उन्हें भी उसने भेज दिया। तुर्मा की बहिन के पुत्र के हाथ पैर बाँध कर उसे सौ वीरों के साथ भेजा गया। जब शाह को उनके भागने की सूचना प्राप्त हुई तो वह भी आगे बढ़ा। थानेश्वर पहुंच कर उसने उस स्थान से बहुत से सैनिक उन लोगों के पीछे भेजे। शाही सेना ने सिन्धु नदी तक उनका पीछा करके घोर रक्तपात किया। सेना के वापस लौट आने के उपरान्त सुल्तान ने थानेश्वर से राजधानी की ओर प्रस्थान किया। (४६५)

कछवाहा की पराजय—

उस समय एक हिन्दू था जो कछवाहा कोतल कहलाता था। उसने विद्रोह कर दिया। सुना जाता है कि सुल्तान ने लौटने के पश्चात् उस पर आक्रमण किया।[2] मुईनुद्दीन[3] सिजज़ी की क़ब्र के, जो अजमेर में है, दर्शन करके वह राजधानी को लौट गया। वहाँ पहुँच कर लोगों ने कुछ समय तक विश्राम किया।

लोगों के विनाश के उद्देश्य से क़राचल पर्वत में सुल्तान मुहम्मद शाह इब्ने तुग़लुक़ शाह का सेना भेजना—

एक दिन सुल्तान प्रातःकाल एक वाटिका की सैर करने गया। वहाँ से लौटते समय वह बाज़ार में से गुज़रा। वहाँ उसे बड़ी चहल पहल मिली। लोग क्रय विक्रय में व्यस्त थे। उसने अपने हृदय में कहा कि यह नगर अब भी आबाद है। इन लोगों का किसी उपाय से विनाश कराना चाहिये। वह राजधानी पहुंचा। दूसरे दिन उसने आदेश दिया कि तिलपट में बारगाह (दरबार) सजाई जाय। सेना ने बाहर शिविर लगाये। (४६६)

उसने अपने भागिनेय ख़ुसरो मलिक को आदेश दिया कि वह देहली से क़राचल पर्वत की ओर प्रस्थान करे; वह सेना को उन गुफाओं की ओर ले जाय जो सर्वदा काँटों से भरी

१ इस स्थान पर तुर्माशीरीन होना चाहिये।

२ इस युद्ध से सम्बन्धित छन्दों का कोई पता नहीं।

३ भारतवर्ष में चिश्ती सिलसिले के चलाने वाले। इनकी क़ब्र अजमेर में है। इनकी मृत्यु १२३५ ई० में हुई।

रहती थीं। वहाँ ले जाकर वह सेना को नष्ट करा दे जिस से प्रजा की संख्या में कमी हो जाय। सुना जाता है कि सुल्तान ने उसके साथ एक लाख सवार भेजे।

पर्वत के नीचे एक नदी थी जिसके चारों ओर काँटे ही काँटे थे। हिन्दुस्तान के बुद्धिमानों ने उसमें एक बड़ी ही विचित्र कारीगरी रखी थी। उसके झरने के मुंह पर एक विचित्र प्रकार की कुंजी थी। वहाँ बहुत से लोग रात दिन नियुक्त रहते थे। जब तक वह कुंजी बन्द रहती वहाँ मैदान रहता और जब वह खोल दी जाती तो वहाँ नदी हो जाती थी। जब सेना उस नदी को पार करके गुफाओं तथा पर्वत में पहुंची तो हिन्दुओं ने सेना को पर्वत में प्रविष्ट हो जाने दिया। जब सेना पर्वत तथा गुफाओं में पहुंच गई तो हिन्दू उस पर्वत से उबल पड़े और उन्होंने (शाही) सेना का मार्ग रोक दिया। सुना जाता है कि एक लाख सैनिकों में केवल ५, ६ हज़ार लौट सके। (४६७)

जब वे लोग सुल्तान के पास पहुँचे तो उसने क्रोध करते हुये कहा कि "तुम लोग जीवित लौट कर क्यों आये? तुमने भी गुफाओं में अपने प्राण क्यों न त्याग दिये? तुमने अपने साथियों को ख़तरे में डाल दिया।" सुल्तान ने इस अपराध पर उनके सिर भी कटवा डाले।

तत्पश्चात् उसने मनुष्य का शिकार करने वाले अपने अवानों को प्रजा की हत्या करने के लिये भेजा। उसने आदेश दिया कि 'धनी लोगों से धन प्राप्त किया जाय; जहाँ कहीं कोई सरदार मिले उसका सिर काट लिया जाय; जहाँ कहीं कोई धनी मिले उसे दरिद्र बना दिया जाय।' प्रत्येक स्थान पर विद्रोही बन्दी बनाये जाने लगे, और लोगों के घरों में आग लगाई जाने लगी। (४६८)

माबर में सैयिद जलाल का विद्रोह तथा सुल्तान का तिलंग की ओर प्रस्थान—

माबर में एक सैयिद जलाल कोतवाल था। उसने देहली के बादशाह से विद्रोह कर के, बादशाहों के समान चत्र धारण कर लिया। जब सुल्तान को पता चला तो वह एक बहुत बड़ी सेना लेकर दक्षिण की ओर तेज़ी से चल खड़ा हुआ। दक्षिण पहुँच कर दो एक मास तक वह दौलताबाद में रहा। वहाँ से उसने तिलंग पर चढ़ाई की। वहाँ पहुँच कर वह दो एक मास तक माबर विजय की तैयारियाँ करता रहा। सुना जाता है कि उसके अशुभ चरणों के पहुँचते ही वहाँ गरम (विषैली) वायु चलने लगी। इसके कारण प्रजा की बहुत बड़ी संख्या में मृत्यु हो गई। प्रत्येक घर में बहुत से मनुष्य मर गये। बादशाह इस दुर्घटना से विस्मित हो गया। वह स्वयं रुग्ण हो गया। देहली की सेना के आधे सरदार भी मर गये। सुल्तान उस नगर से वापस हुआ क्योंकि उस वायु के कारण वह भी अन्तिम समय को प्राप्त हो रहा था। उसने एक पालकी में वहाँ से प्रस्थान किया। मार्ग में एक दूत ने पहुंच कर निवेदन किया कि "क़ुतलुग़ ख़ाँ ने गुप्त रूप से यह सूचना भेजी है कि एक मास हुआ कि हुशंग (होशंगे) शाह ने विद्रोह कर दिया है।" (४६९)

वह[1] भाग कर बदसरा (बरहरा) पर्वत पहुँचा। जब सेना हवाली पहुँची तो शहंशाह ने उसे बाईं ओर कर लिया। वह क़िला हिन्दुओं के छिपने का स्थान था। सेना वहाँ उतरी और बादशाह ने चारों ओर धावे मारने के लिये सेना भेजी। जब हुशंग को यह पता चला तो वह कौकन की ओर भाग गया। सुल्तान ने क़ुतलुग़ ख़ाँ को उसके पास इस आशय से भेजा कि वह सुल्तान की ओर से उसे रक्षा का आश्वासन दिलाये। सुल्तान के आदेशानुसार

१ इस युद्ध से सम्बन्धित छन्द किसी भी हस्तलिखित पोथी में नहीं मिलते।

ख़ान अकेले ही हुशंग की ओर प्रस्थान करके उसे शाह के पास लाया। (४७०) सेना ने वहाँ से कतका की ओर प्रस्थान किया और एक मास तक दौलताबाद में रुकी रही; वहाँ से देहली की ओर प्रस्थान किया।

शाहू, गुलचन्द तथा हलाजून का विद्रोह—

शाहू, हलाजून तथा गुलचन्द ने सुल्तान को लाहौर से दूर देख कर विद्रोह कर दिया। ख्वाजये जहाँ मुक़बिल ने क़ीरान, जिसकी उपाधि सफ़दर थी, सरतेज़ तथा अन्य सरदारों को लेकर देहली से लाहौर पर चढ़ाई की। प्रथम बार शाहू की सेना पराजित हुई और फिर अन्य लोगों पर भी विजय प्राप्त हो गई। हलाजून तथा गुलचन्द को परास्त करके एवं उन्हें और कुछ अन्य सरदारों को बन्दी बना कर सेना राजधानी में लौट आई।

सुल्तान मुहम्मद का देहली पहुँचना तथा अन्य लोगों को नष्ट करना, और चारों ओर विद्रोह—

जब सुल्तान देहली पहुँचा तो सेना संक्रामक रोग के कारण एक तिहाई से भी कम पहुँच सकी। जो लोग संक्रामक रोग से बच गये उनकी सुल्तान ने अत्याचार-पूर्वक हत्या करा डाली। (४७१) उसने चारों ओर गुप्तचर नियुक्त किये। उसने शहर (देहली) में दीवाने ग़ौसी[1] स्थापित कर दिया। उसमें कुछ अत्याचारी नियुक्त किये। किसी की तो कोई दोष लगा कर तथा किसी की अत्याचार-पूर्वक हत्या की जाने लगी। कोई बन्दी बनाया जाता, किसी की हत्या की जाती तथा कोई अन्धा बना दिया जाता। उसके अत्याचार से सभी व्याकुल थे। जो लोग उससे दूर थे, वे उस अत्याचारी सुल्तान के विरोधी बन गये। माबर में स्वतन्त्र राज्य स्थापित हो गया। जलाल वहाँ का बादशाह बन गया। एक व्यक्ति ने, जिसकी उपाधि फ़ख़रुद्दीन थी, लखनौती में विद्रोह कर दिया। बहराम ख़ां की मृत्यु के उपरान्त फ़ख़रुद्दीन ने चत्र धारण कर लिया। शाह का, अपनी सेना नष्ट कर देने के कारण, प्रान्तों के शासन-प्रबन्ध में कोई अधिकार न रहा।

ऐनुद्दीन माहरू का विद्रोह—

गंगा तट पर सुल्तान ने सरकाबरी[2] नामक एक स्वर्ग स्थापित कराया। एक दिन शहर से निकल कर उसने उस उद्यान के भ्रमण हेतु प्रस्थान किया। उसने ऐनुद्दीन को सेना, हाथी तथा सामान लेकर आगे भेजा। ऐनुद्दीन ने सेना से पृथक् होकर नदी पार की। हाथी तथा सेना अपने साथ देख कर उसने अत्याचारी बादशाह की सेवा से अपना सिर खींच लिया। (४७२) उसने सबको समझाया कि 'एक अकेले ने सभी आदम की संतान का विनाश कर दिया है। अत्याचारी बादशाह पर आक्रमण करना उचित है। यदि सब लोग संघठित हो जायँ तो उसका विनाश हो सकता है।'

ऐनुद्दीन तथा मुहम्मद शाह का युद्ध—

जब सुल्तान को यह हाल ज्ञात हुआ तो वह बड़ा दुःखी हुआ। अपनी एक सेना को विद्रोह करते देख कर उसके हृदय में यह विचार उत्पन्न हुआ कि उसका सिर कटने वाला है। वह रात्रि भर ईश्वर से प्रार्थना करता रहा और उसने अत्याचार त्याग देने की प्रतिज्ञा कर ली। दूसरे दिन उसने प्रत्येक स्थान पर दूत भेज कर हर प्रान्त से सेना मंगवाई। गंगा के इस ओर दो फ़रसंग पर क़न्नोज के निकट शिविर लगाये। एक सप्ताह उपरान्त सभी सरदार भारी सेनायें लेकर पहुंच गये। देहली से बादशाह का वज़ीर अहमद इब्ने (पुत्र) अयाज़, कैथून से

१ यह नया विभाग सम्भवतया लोगों को दंड देने के लिए स्थापित किया गया होगा।
२ स्वर्ग द्वारी।

खत्ताब अफ़ग़ान तथा ब्याना से मुजीर पहुँचे। (४७३) एक सप्ताह तक सेना गंगा के इस ओर रही। दोनों सेनाओं के मध्य में ३ फ़रसंग की दूरी थी। जब ऐनुद्दीन को पता चला कि सुल्तान ने नदी के उस ओर दो फ़रसंग पर शिविर लगा लिये हैं तो उसने भी युद्ध के लिए रात्रि में नदी पार की। उसने अपने शिविर गंगा के उसी ओर छोड़ दिये और अपनी सेना प्रातः काल से दोपहर के मध्य तक उस स्थान पर पहुँचा कर शाही सेना पर टूट पड़ा और शाही सेना के एक भाग को नष्ट कर दिया। शाही सेना तैयार न थी अतः वह असावधान होने के कारण काँपने लगी। कुछ समय उपरान्त सेना सावधान होकर घोड़े पर सवार हुई और सैनिक अपने अपने सरदारों से मिल गये। सब ने मिल कर शत्रु पर आक्रमण किया और भागने वाले भी लौट आये। शहंशाह भी घोड़े पर सवार हुआ और ऐनुद्दीन से युद्ध करने लगा। उस दिन सायंकाल तक युद्ध होता रहा। रात्रि में मशालें जला दी गईं। सुना जाता है रात भर दोनों सेनाओं में युद्ध हुआ। प्रातः काल से दोपहर के मध्य तक युद्ध होता रहा। दोनों ओर से किसी ने अपना स्थान न छोड़ा। (४७४)

तत्पश्चात् ऐनुद्दीन का भाग्य उसके प्रतिकूल हो गया। सुल्तान अपने स्थान पर डटा रहा। ऐनुद्दीन अपना स्थान छोड़ कर शहंशाह पर आक्रमण करने के लिये बढ़ा किन्तु अत्याचारे की पूजा करने वाली प्रजा, उसकी (सुल्तान की) सहायक बन गई और दो सेनाओं ने मिल कर अकेले ऐनुद्दीन को पराजित कर दिया। वह अवध की ओर भागा किन्तु शाही सवारों ने उसका पीछा करके उसे बन्दी बना लिया। सुल्तान के आदेशानुसार उसे गधे पर बैठा कर प्रत्येक स्थान में घुमाने के लिये भेजा गया। तीन दिन तक उसे बादशाह के अवान इसी प्रकार घुमाते रहे। चौथे दिन सुल्तान ने उसे क्षमा कर दिया। सुना जाता है कि उसके दो जुड़वाँ (भाई) शहरुल्लाह तथा नसरुल्लाह उसके सहायक थे। वे लोग अपनी पराजय के उपरान्त इस प्रकार भाग गये कि फिर उनका पता न लगा। दूसरे दिन सुल्तान ने समर भूमि से राजधानी की ओर प्रस्थान किया। शहर पहुँच कर उसने पुनः अत्याचार प्रारम्भ कर दिया। (४७५)

ख़ुर्रम के भड़काने पर बिदर में नुसरत ख़ाँ का विद्रोह—

एक दिन शाह ने दरबार किया। जब वह सेना का अर्ज़ (निरीक्षण) कर रहा था तो बुद्धिमान ख़ान का भेजा हुआ दूत देवगीर (देवगिरि) से पहुँचा। बुरहान के पुत्र क़ुतलुग़ ख़ाँ ने लिखा था कि "शिहाब ने जिसकी उपाधि सुल्तान ने नुसरत ख़ाँ रखी थी और जो बिदर तथा कुईर (कुहीर) का शासक था, विद्रोह कर दिया है। उसने अपने आसपास के स्थानों को बड़ी हानि पहुँचाई है। गुजरात से ख़ुर्रम नामक ने उसे मार्ग-भ्रष्ट कर दिया है। यदि सुल्तान का आदेश हो तो मैं उस पर आक्रमण करके उसे पराजित कर दूं।" सुल्तान ने यह सुनकर दरबार समाप्त कर दिया। दो-तीन दिन तक वह सोचता रहा। तत्पश्चात् उसने समस्त सरदारों को आदेश दिया कि वे देवगीर (देवगिरि) की ओर प्रस्थान करें। (४७६) ख़ान से कह दें कि वह उस दुष्ट पर आक्रमण करे। जब राजधानी की सेना ख़ान के पास पहुंच गई तो उसने एक शुभ अवसर पर प्रस्थान किया।

क़ुतलुग़ ख़ाँ की नुसरत ख़ाँ पर चढ़ाई—

सेना पर्वतों को पार करती हुई सुनारी के कूश्क (महल) में पहुँच गई। क़ुतलुग़ ख़ाँ ने वहाँ एक बहुत ऊँची बारगाह[1] लगवाई। उसके समक्ष दो ऊँची-ऊँची दहलीज[2] थीं।

---

१ वह स्थान जहाँ सुल्तान अथवा अमीर दरबार करते हैं।

२ बारगाह के आगे का भाग।

वहाँ दो तीन दिन रुक कर क़ुतलुग़ ख़ाँ ने अलप ख़ाँ को देवगीर (देवगिरि) भेज दिया और स्वयं सेना लेकर सुनारी के क़ूश्क (महल) से चल दिया। नुसरत ख़ाँ ने अपनी सेना को एक वर्ष की धन-सम्पत्ति प्रदान कर दी थी, और आसपास के स्थानों का विनाश कर रहा था। उसने मलिक शेख़ को गुलबर्गे की ओर भेज दिया था। शाही सेना के पहुँचने पर उसने उसे बुलवाया और एक गोष्ठी आयोजित की। (४७७) उसने ख़ुर्रम से कहा कि वह सरदार बने; बिदर से सेना लेकर दो फ़रसंग आगे प्रस्थान करे; वहाँ एक कटघर (कठगढ़)[1] लकड़ी तथा काँटों से बनवाये, देवगीर (देवगिरि) की सेना के उस स्थान पर पहुँचने के उपरान्त वह उनसे युद्ध करे।

क़ुतलुग़ ख़ाँ तथा नुसरत ख़ाँ का युद्ध, क़ुतलुग़ ख़ाँ की विजय—

जब (शाही) सेना कटघर के निकट पहुंची तो ख़ुर्रम की सेना भी मैदान में उतरी। दोनों ओर की सेनायें मैदान में डट गईं। मलिक शेख़ सेना के मध्य में था। ख़ुर्रम सेना के अग्रिम भाग में था। वृद्ध हमीदुद्दीन दाहिनी ओर तथा अनुभवी मसऊद आरिज़ बाईं ओर युद्ध के लिये तैयार थे। (४७८) इधर से (शाही सेना की ओर से) ख़ान मध्य में था। अली शाह नत्थू अग्रिम भाग में था। अहमद लाची तथा क़लाता दाहिनी ओर एवं सादे मुल्क बाईं ओर थे। धार के सरदारों की एक सेना, मलिक आलम ख़ान के मध्य भाग की सेना से आकर मिल गई। अन्य सरदार अर्थात् बीरम क़ुरा, नवा, अल्मास, फ़तहुल्लाह हुशंग, खंडे राय, ख़ान के साथ दायें बायें थे। एक ही प्रदेश की सेनाओं में युद्ध होने लगा। दोनों ओर की सेनाओं में एक ही स्थान के निवासी सम्मिलित थे। एक ओर पिता तो दूसरी ओर पुत्र था। चारों ओर से सेना के वेग के कारण मलिक शेख़ की मध्य भाग की सेना पराजित हो गई। मलिक शेख़ तथा ख़ुर्रम कटघर में घुस गये। कुछ समय तक बाणों से युद्ध होता रहा। अली शाह नत्थू जो ख़ान के सम्मुख था विद्रोहियों के कटघर पर टूट पड़ा। शत्रुओं के रक्त की नदी बह निकली। (४७९) सादे मुल्क भी उसकी सहायता को पहुँच गया। जब समस्त (शाही) सेना कटघर पर टूट पड़ी तो मलिक शेख़ बिदर की ओर भाग गया। ख़ुर्रम कटघर में जीवित बन्दी बना लिया गया। सेना ने लूटमार प्रारम्भ कर दी। ख़ान ने लूटमार के उपरान्त रात्रि में रणक्षेत्र ही में शिविर लगाये। ख़ुर्रम को बन्दी बना कर सुल्तान के पास भिजवा दिया। दूसरे दिन सेना ने बिदर की ओर प्रस्थान किया। (४८०)

नुसरत ख़ाँ का बिदर के क़िले से निकलना तथा क्षमा याचना करना—

सेना के बिदर पहुंचने पर बिदर का समस्त लश्कर क़िले में घुस गया। दो तीन दिन तक ख़ान ने क़िला घेरने में देर की। उसने दूसरे दिन नुसरत ख़ाँ के पास अंगूर तथा पान भेज कर उसे गुप्त रूप से संदेश भेजा कि "तू मार्ग-भ्रष्ट हो गया है। अब तू शीघ्र नीचे उतर आ क्योंकि मेरा तुझ से युद्ध करना उचित नहीं। तू मुझे सुल्तान के सम्मुख जमानत में प्रस्तुत करदे। तेरा शाही तलवार से बचना सम्भव नहीं। यदि तुझे अपना घरबार प्रिय है तो चला आ। जब ख़ान ने यह बात सुनी तो उसे सन्धि के अतिरिक्त कोई उपाय समझ में न आया। रात्रि में वह किले से निकल कर पवित्र ख़ान से मिल गया। क़िले में कोलाहल मच गया और क़िले के द्वार बल-पूर्वक खुलवा लिये गये। भीतर वाले बाहर भाग गये और बाहर वाले भीतर घुस गये। लूट मार प्रारम्भ हो गई। दूसरे दिन ख़ान ने विद्रोहियों के साथियों तथा सम्बन्धियों को बन्दी बना कर सुल्तान के पास भेज दिया। (४८१)

१ कठघर अथवा कठगढ़ लकड़ी का क़िला। रक्षा के लिये इस प्रकार का क़िला लकड़ी तथा काँटों आदि से तैयार किया जाता था। दक्षिण के युद्ध में इसका विशेष उल्लेख है।

क़ुतलुग़ ख़ाँ का बिदर से कोटगीर की ओर प्रस्थान—

(क़ुतलुग़) ख़ान ने अलमास को बिदर में राज्य करने के लिए छोड़ दिया। वहाँ से उसने अली शाह को युद्ध करने के लिए कुएर भेजा और स्वयं सेना लेकर कोटगीर पर चढ़ाई की। विद्रोही मुग़ला क़िले की दृढ़ता पर विश्वास करके उसमें घुस गया था। पर्वत पर वह क़िला ईंटों तथा पत्थरों से बना था और वहाँ युद्ध करना सम्भव न था। ख़ान ने वहाँ पहुंच कर क़िला घेर लिया और प्रत्येक दिशा में आक्रमणकारी नियुक्त कर दिये और मन्जनीक़ें तथा साबात लगा दिए। पर्वत के तोड़ने के लिए गर्गच लगाये गये। दूसरी ओर गुप्त रूप से सुरंग लगाई गई। छः मास तक सेना क़िले को घेरे रही और दो तीन स्थान पर पर्वत तोड़ डाला और युद्ध के लिए मार्ग बना लिया। अग्नि-पूजक मुग़ला, जो हिन्दुओं में विजयी रहता था, सेना से युद्ध करता रहा। (४८२) जब उसने प्रत्येक दिशा से क़िले को नष्ट होते देखा तथा अनाज की कमी पाई तो उसने ख़ान के पास दूत भेज कर उससे क्षमा याचना करनी चाही। इसी वार्त्ता में दो तीन दिन व्यतीत हो गये। एक अँधेरी रात्रि में सेना को असावधान पाकर वह अपनी स्त्री तथा बालकों को लेकर अँधेरे में क़िले से निकल गया। सेना में कोलाहल मच गया। इसी कोलाहल में वह एक ओर भाग गया। कुछ लोगों ने उसका पीछा किया किन्तु उसके सीमा को पार कर लेने के कारण वे लोग लौट आये। उस रात्रि में उसकी एक पुत्री बन्दी बनाली गई और कोटगीर का क़िला विजित हो गया।

अली शाह नत्थू ज़फ़रख़ानी का विद्रोह—

जिस दिन बिदर से देवगीर (देवगिरि) की सेना ने कोटगीर की ओर प्रस्थान किया था, तो ख़ान ने अली शाह को कोएर पर आक्रमण करने के लिये भेजा था। (४८३) अली शाह प्रस्थान करके कुछ दिन उपरान्त कोएर पहुँच गया और उसने शिविर लगा दिये। चारों ओर लूटमार करने लगा। एक दिन तिलंग के कुछ दुष्टों ने उस पर एक संकीर्ण स्थान पर रात्रि में छापा मारा। अली शाह ने तुरन्त हिन्दुओं की सेना पर आक्रमण किया। दूसरी ओर से अहमद शाह ने विद्रोहियों की सेना के विरुद्ध पहुंच कर नारा लगाया। उसके भाई मलिक इख़्तियार तथा मुहम्मद शाह भी हिन्दुओं पर आक्रमण करते रहे और उन्होंने हिन्दुओं की समस्त सेना को छिन्न-भिन्न कर दिया। बहुत से लोग बन्दी बना लिये गये। अली शाह को ज्ञात हुआ कि इस उपद्रव का कारण चोब देव था। उसने आदेश दिया कि उसकी खाल खींच ली जाय; उसके पुत्र का सिर काट कर उसकी माता के पास भेज दिया जाय। जब कोएर के चारों ओर कोई विद्रोही न रहा तो अली शाह ने वह राज्य तथा नगर सुव्यवस्थित किया। प्रत्येक वर्ष वह खलजी वंश का पुरुष, निश्चित कर दीवान में भेजा करता था और सर्वदा ख़ान के आदेशों का पालन किया करता था। सभी लोग उसके व्यवहार से संतुष्ट थे।

इस घटना के एक दो वर्ष उपरान्त अचानक एक उपद्रव उठ खड़ा हुआ। (४८४) भरन नामक एक हिन्दू ने, जिसके अधिकार में गुलबर्गे की अक़्ता थी, जब प्रत्येक से कोएर के गुण सुने और वहाँ के कर में अत्यधिक अपहरण देखा तो उसे इस बात की आकांक्षा हुई कि वह स्थान उसके अधिकार में आ जाय। उसने ख़ान के पास एक पत्र, धन-सम्पत्ति, घोड़े तथा वस्त्र भेज कर कोएर में तौफ़ीर[1] का सुझाव रक्खा। उसने एक के स्थान पर डेढ़ देना स्वीकार किया। तुच्छ कुत्ता, सिंहों पर गुर्राया। (क़ुतलुग़) ख़ाँ ने अपहरण देख कर वह प्रदेश उस हिन्दू को सौंप दिया। परवाना (आज्ञा-पत्र) प्राप्त करके उस हिन्दू भरन

१ कर में वृद्धि। बरनी ने सुल्तान ग़यासुद्दीन तुग़लुक़ शाह के कर सम्बन्धी एक आदेश में लिखा है कि मुवफ़्फ़िरों के सुझाव पर कोई ध्यान न दिया जाय। (बरनी पृ० ४२९)

ने ज़फ़र खानियों¹ को गुलबर्गे में बुलवाया और उनसे बड़े कठोर शब्द कहे। अली शाह ने अपने भाइयों, अर्थात् अब्दुल्लाह, मुहम्मद शाह, अहमद शाह तथा मलिक इख्तियारुद्दीन, के साथ, जो बड़े शूरवीर थे, गुप्त रूप से एक गोष्ठी की। एक ने कहा कि "दुष्ट भरना हिन्दू हमें सभा में अपमानित करता है। (४८५) ऐसा ज्ञात होता है कि खान हमारे प्राणों के पीछे पड़ा है अन्यथा एक हिन्दू किस प्रकार मुसलमानों पर राज्य करता।" अली शाह ने कहा "तलवार के धनी एक बात पर सैंकड़ों देश जला डालते हैं। यदि वह हिन्दू हम पर अत्याचार करता है तो मैं उससे बदला लेने तथा उसका वध करने के लिये तैयार हूं।" अनुभवी अब्दुल्लाह के अतिरिक्त सभी लोग इससे सहमत हो गये। उन्होंने निश्चय किया कि सर्व प्रथम भरना से बदला लिया जाय और फिर यदि सम्भव हो तो इस प्रदेश को अत्याचारियों से रिक्त कर दें। अब्दुल्लाह ने कहा "क्रोध में आत्म हत्या न करनी चाहिये। यदि हिन्दू सरदारी के अभिमान में अशिष्टता करता है तो खान के आदेशों का उल्लघन करना उचित नहीं। इस में बहुत सोच समझ कर कार्य करना चाहिये। (४८६) तुम्हारे पास न तो अत्यधिक सेना है और न तुम्हारा कोई पड़ोसी तुम्हारा सहायक है। युद्ध के समय बहुत बड़ी सेना के मुक़ाबले में छोटी सेना का सफल होना सम्भव नहीं।" अली शाह ने जब यह परामर्श सुना तो उसने कहा कि "एक अनुभवी व्यक्ति को इसी प्रकार कहना चाहिये था किन्तु मेरा हृदय क्रोध के कारण प्रत्येक समय जला भुना करता है और जो कोई भी इस कार्य में मेरा साथ न देगा वह मेरा घोर शत्रु होगा; चाहे वह मेरा सम्बन्धी ही क्यों न हो। मैं उसका रक्त बहा दूँगा। मैं इस कार्य हेतु कटिबद्ध हो गया हूँ। यदि तू मेरा मित्र है तो इस कार्य में हाथ डाल।" यह कह कर उसने अपने मित्रों को बुलवाया और उन्हें यह सब हाल बताया। दूसरे दिन उसने चार सेनायें बनाईं। एक सेना का सरदार अहमद शाह को नियुक्त किया। मलिक इख्तियारुद्दीन को कुछ वीरों का सरदार नियुक्त किया। अमीरे अमीरान को एक सेना देकर गुप्त रूप से रवाना किया जिससे वे अपने साथियों को क़िले से निकाल लायें। अली शाह स्वयं कुछ साथियों को लेकर बिदर के क़िले पर आक्रमण करने के लिये कटिबद्ध हुआ।

जो लोग गुलबर्गा गये थे उन्होंने उसी रात्रि में सफलता प्राप्त कर ली। एक पहर रात्रि व्यतीत हो जाने पर उन्होंने भरन की हत्या कर दी। गुलबर्गा की सेना में कोलाहल मच गया। सब लोग घोड़ों पर ज़ीन कस कर सवार हो गये और भरन के महल के चारों ओर एकत्र हो गये। (४८७)

मलिक इख्तियार तथा अहमद शाह ने लोगों की भीड़ देख कर कहा कि, "यदि तुम्हारे नगर में हिन्दू की खान के आदेशानुसार हत्या कर दी गई तो तुम्हें इतना कोलाहल न मचाना चाहिए।" तत्पश्चात् उन लोगों ने कुछ सोना (धन) छत पर चढ़ कर लुटा दिया। लोगों ने सोना (धन) लूटना प्रारम्भ कर दिया; और लोग भय के कारण तथा धन के लोभ में शान्त हो गये। इस प्रकार उन लोगों ने गुलबर्गे पर अधिकार जमा लिया।

जो लोग गुप्त रूप से नियुक्त हुए थे वे भी उसी रात्रि में पहुँच गये। उन्होंने अपने साथियों को निकाल लिया और किसी द्वारपाल को सूचना भी न हुई। अली शाह ने महमूद पर अधिकार प्राप्त कर लिया। वह बिदर का शासक था। उसने महमूद को खान का जाली परवाना, जो इसी आशय से तैयार कराया था, दिखाया। इस प्रकार बिदर पर अधिकार प्राप्त कर लिया। समस्त संसार इस बात पर चकित था कि एक ही रात्रि में किस प्रकार दो-तीन क़िलों पर अधिकार प्राप्त हो गया। (४८८)

१ ज़फ़र खाँ के सहायकों।

अली शाह की सगर पर चढ़ाई—

आसपास के लोग उसके सहायक बन गये लोगों को अपना सहायक पाकर उसने सगर पर आक्रमण किया। लाचीन के पुत्र, अहमद शाह तथा उसके कुछ सहायकों ने सगर में सेना एकत्र की और क़िले के बाहर एक कटघर बनाया। एक ओर हौज़, दूसरी ओर क़िला और अन्य दिशा में कटघर था। जब अली शाह की सेना दृष्टिगोचर हुई तो प्रत्येक युद्ध के लिए तैयार हो गया। तत्पश्चात् वे कटघर के बाहर निकले। अहमद क़िलाता सेना के मध्य में था। लाचीन का पुत्र बाईं ओर तथा अहमद जिन्द एवं गुलगूं दाहिनी पंक्ति में थे।

उस ओर अली शाह स्वयं मध्य में था। अहमद शाह बाईं पंक्ति में तथा इख़्तियारुद्दीन दाहिनी पंक्ति में थे। (४८६) अली शाह शत्रु की सेना को बढ़ते देख कर सावधान हो गया वीर अहमद शाह ने बाईं पंक्ति से ऐसा आक्रमण किया कि सगर की सेना में अन्धकार छा गया। वह चीत्कार करता हुआ उनके मध्य भाग पर टूट पड़ा और बाणों की वर्षा प्रारम्भ करदी। एक बाण क़िलाता के लगा और वह व्याकुल होकर अपने कटघर की ओर भागा। सगर की सेना के मध्य भाग के पराजित हो जाने से उनकी सेना छिन्न भिन्न हो गई। वे भाग कर क़िले में घुस गये। प्रत्येक दिशा से अली शाह की सेना पहुँच गई। वे कटघर पर टूट पड़े और सेना की समस्त सम्पत्ति लूट ली। सगर पर विजय प्राप्त करके उसने एक पर्वत पर शिविर लगाये। उस दिन से लोग उस पर्वत को कोहे अली शाह (अली शाह का पर्वत) कहने लगे। अली शाह ने वहाँ दस दिन रुक कर चारों ओर सेनायें भेजीं।

अली शाह की सगर से वापसी तथा धारुवर में चत्र धारण करना—

एक दिन एक दूत ने पहुँच कर यह सूचना दी कि "अलप खाँ सेना लेकर पहुंच गया है। (४६०) वह बीड़ तक आ गया है।" अली शाह ने यह सुन कर उस पर आक्रमण करने के लिये प्रस्थान किया। एक दो पड़ाव पार करके अलमिला की ओर चला। वहाँ से ग्रामों तथा परगनों में लूटमार करता हुआ गुलबर्गे को उसने पार कर लिया, और कान गाँव में शिविर लगाये। वहाँ उसने एक गोष्ठी की। किसी ने कहा रात्रि में छापा मार कर शत्रु पर अधिकार जमा लिया जाय। कुछ लोगों ने कहा इस स्थान से चल कर उन पर अचानक टूट पड़ना चाहिये। अन्य लोगों ने कहा कि बिदर में सेना ले जाकर वहाँ क़िले के बाहर कटघर का निर्माण करें और शत्रु के पहुंचने पर आक्रमण कर दें। विजय के उपरान्त दक्षिण तथा देहली सभी पर हमारा अधिकार स्थापित हो जायगा। (४६१)

अली शाह ने यह सुन कर कहा, "हमें किसी बात का भय न करना चाहिये और इस प्रकार युद्ध करना चाहिये कि या तो हम प्राण त्याग दें, और या विजय प्राप्त करें। मैंने हिन्दुस्तान के बादशाह के विरुद्ध तलवार उठाई है अतः मेरे लिये युद्ध के अतिरिक्त कोई अन्य उपाय नहीं। मैं अब इस स्थान से आगे बढ़ता हूं। अली शाह ने सफ़ेद चत्र धारण किया। (४६२) उसने प्रत्येक को पदवी वितरण कीं। मलिक अब्दुल्लाह को खाने खानाँ, मुहम्मद शाह को ख़ाने ख़ातम, मलिक अहमद को ज़फ़र खाँ, तथा इख़्तियारुद्दीन को फ़ीरोज़ खाँ की पदवी प्रदान की। उसने अपनी पदवी अलाउद्दीन रक्खी। उसने बिदर के क़िले की ओर अहमद शाह को भेजा और स्वयं धारुवर की ओर सेना लेकर अग्रसर हुआ। धारुवर में उसने एक कटघर बनवाया। उसके एक ओर पर्वत, एक ओर गुफा, एक ओर हौज़ तथा दूसरी ओर क़िला था। वह कटघर में सेना के आने तथा उससे युद्ध करने की प्रतीक्षा करता रहा।

सुल्तान को अली शाह के विद्रोह की सूचना प्राप्त होना तथा देहली से सेनायें भेजना—

जब सुल्तान को यह हाल ज्ञात हुआ तो उसने देहली से दो तीन सेनायें नियुक्त कीं। (४६३) नवा, मुख़लिसुलमुल्क, संजर बदख़शानी, क़ुरा बैरम, तिमुर तन्ती, जिसकी पदवी ज़फ़र थी, को सुल्तान ने आदेश दिया कि वे सेना लेकर देवगीर (देवगिरि) पहुंच जायँ और (क़ुतलुग़) ख़ाँ से कहें कि वह अली शाह पर आक्रमण करे; उस सेना का सरदार अलप ख़ाँ को बनाये आसपास से सेनायें तथा मलिक आलम आदि जैसे सरदारों को बुलवाये।

क़ुतलुग़ ख़ाँ का अली शाह के विरुद्ध देवगीर से धारुवर तथा बिदर के ऊपर आक्रमण—

ख़ान (क़ुतलुग़) दौलताबाद से चल कर बीड़ पहुँचा। एक न्याय चाहने वाले ने ख़ान से आकर निवेदन किया कि 'एक सेना घाटी से धारुवर पहुँच गई है और परगनों की प्रजा को बन्दी बना लिया है। तकनूर पहुँच कर वहाँ के लोगों की उसने बुरी तरह हत्या की है।' ख़ान ने यह सुन कर तकनूर की घाटी को पार करके दूसरे दिन धारुवर की ओर प्रस्थान किया। (४६४)

दूसरे दिन वहाँ पहुँच कर उसने युद्ध की तैयारी करदी। क़ुतलुग़ ख़ाँ सेना के मध्य में था। अलप ख़ां सेना के अग्रिम भाग में नियुक्त हुआ। उसके सामने सर दावतदार खड़ा हुआ। सफ़ा शेख बाबू उसके बीच में नियुक्त हुआ। मलिक आलम दाहिनी पंक्ति में था। भरूची उसके साथ था। नवा, हसन सरआबदार, बाईं पंक्ति में नियुक्त हुये। बुग़रा का पुत्र भी उसी ओर था।

उस ओर अनुभवी अली शाह ने ख़िज़्र बिन (पुत्र) क़लिक़ से कहा कि वह सेना को कुछ भागों में विभाजित करे। वह ५०० सवारों को लेकर एक गुफा में घात लगाये बैठा रहे। वह सर्वदा चत्र की ओर देखता रहे। जब दो एक बार चत्र दृष्टिगोचर हो तथा लुप्त हो जाय तो वह चीत्कार करता हुआ गुफा से निकल कर सेना पर टूट पड़े। उसे सावधान कर दिया कि वह इस चिह्न को न भूले। अब्दुल्लाह को, जो विद्रोह न करना चाहता था, उसने सेना के मध्य भाग में रखा। मुहम्मद शाह को दाहिनी पंक्ति में नियुक्त किया। (४६५) इख़्तियारुद्दीन बाईं पंक्ति में था। वह वीर स्वयं युद्ध की प्रतीक्षा करता रहा। मन्दिरों पर उसने बुर्ज[1] बनवा दिये थे और उन पर धुनर्धारी नियुक्त कर दिये थे। एक सेना पानी के हौज़ पर नियुक्त कर दी थी। उसका सरदार नत्थू था। उस वीर ने युद्ध के लिये बड़े विचित्र आयोजन किये किन्तु उसे ईश्वर की सहायता प्राप्त न थी।

जब युद्ध प्रारम्भ हुआ तो ख़ान ने आदेश दिया कि सेना कटघर की ओर प्रस्थान करे। जब ख़ान की सेना धीरे-धीरे विद्रोहियों की सेना के निकट पहुंची तो नवा ने बाईं पंक्ति से घोड़ा आगे बढ़ाया। एक मन्दिर पर चत्र लगाया गया। उस चत्र पर वाणों की वर्षा होने लगी। एक ओर सरआबदार[2] ने पहले ही आक्रमण में हौज़ पर अधिकार जमा लिया। अली शाह ने जब यह देखा कि चारों ओर से सेना ने युद्ध प्रारम्भ कर दिया है तो उसने उस चत्र को ऊँचा नीचा करने के लिए कहा। (४६६) कोई भी छिपने के स्थान से दृष्टिगोचर न हुआ और उसकी सहायतार्थ न आया। सुना जाता है कि क़लिक़ का पुत्र

१ क़िले आदि की दीवारों का वह ऊपरी भाग जिसमें बैठने के लिये थोड़ा स्थान होता है।
२ जल का मुख्य प्रबन्धक।

इतना भयभीत हो गया था कि वह भाग खड़ा हुआ। अली शाह अपने साथियों की शिथिलता देख कर सेना के मध्य भाग में पहुँचा और कटार निकाल ली। उसके साथ ५० सवार थे। वह सबके पूर्व स्वयं सवार हुआ। उसने अपने मध्य भाग से आक्रमण किया। जो कोई भी सामने था, वह पराजित हुआ। उसने सर दावतदार की पंक्ति पर अधिकार जमा लिया। समस्त (शाही) सेना इस आक्रमण से कम्पित हो उठी। अली शाह ने दो तीन बार इस प्रकार तलवार चलाई कि (शाही) सेना पर अन्धकार छा गया और कोई उसकी ओर दृष्टिपात न कर सका। (क़ुतलुग़) खाँ ने सेना को छिन्न-भिन्न होते देख कर उसे ललकारा। अली शाह ने (क़ुतलुग़) खाँ को अग्रसर होते देख कर अपने घोड़े को उसी ओर बढ़ाया। बड़ा घोर युद्ध होने लगा। बाईं ओर से इख़्तियारुद्दीन ने मध्य भाग के अनेक सरदारों की हत्या कर दी। (४६७) दोपहर तक इसी प्रकार युद्ध होता रहा। खान ने नवा को दाहिनी ओर से बाईं ओर भेज दिया। एक पहर तक युद्ध और होता रहा। जब अली शाह का कार्य बिगड़ गया तो वह अपने सहायकों को लेकर दाहिनी ओर से बाहर निकला और उसने बुग़रा के पुत्र पर आक्रमण किया। वह शिथिल व्यक्ति उस आक्रमण से पराजित हो गया। उसकी दाहिनी तथा बाईं ओर की पंक्ति भागने लगी। अली शाह को मध्य से मार्ग मिल गया और वह अपने सहायकों को लेकर उस मार्ग से निकल गया। शाही सेना ने कटघर पर विजय प्राप्त करली। उसके चत्र तथा दूरबाश[1] पर भी अधिकार जमा लिया। अब्दुल्लाह भी बन्दी बना लिया गया, मुहम्मद शाह की युद्ध में हत्या हो गई, समस्त सेना तथा सामान नष्ट हो गया।

अली शाह की धारुवर में पराजय तथा बिदर के क़िले में उसका बन्द होना—

अली शाह, कुछ वीर सवार तथा इख़्तियारुद्दीन उस सेना द्वारा पराजित होकर बिदर की ओर भागे। (४६८) दो तीन दिन तक क़ुतलुग़ की सेना ने उस समर भूमि में विश्राम किया। अब्दुल्लाह की, जिसका कोई अपराध न था, हत्या करदी गई। तिमुर तन्ती को भागने वालों का पीछा करने के लिए भेजा गया। तत्पश्चात् सेना ने बिदर की ओर प्रस्थान किया। एक सप्ताह उपरान्त सेना बिदर पहुँच गई। अली शाह क़िले के बाहर न निकला। उसी दिन क़िले को घेरने के लिए सेना के दस्ते नियुक्त हो गये। प्रत्येक समय रक्तपात होने लगा। दोनों ओर से मन्जनीक़ों का प्रयोग प्रारम्भ हो गया। नित्य वाणों की वर्षा हुआ करती। रात्रि में दोनों ओर से कोलाहल मचा रहता। प्रत्येक दिशा में साबात बाँधे गये। अली शाह ५ मास तक क़िले में बन्द रहा। अन्त में एक बुर्ज को खोद डाला गया। वहाँ प्रातःकाल से संध्या के समय तक युद्ध हुआ करता था। (४६६)

अली शाह द्वारा शरण की याचना करना तथा बिदर की विजय—

अली शाह ने जब क़िले को बुरी दशा में देखा तो उसने खान से शरण की याचना की। खान ने उसे शरण प्रदान करदी। सर्व प्रथम इख़्तियारुद्दीन ने बाहर आकर शरण के सम्बन्ध में वार्त्ता की। दूसरे दिन प्रातः काल अली शाह ने क़िले के द्वार खुलवा दिये। उसने क़िले के निस्सहाय लोगों की रक्षा के लिए खान के चरणों का चुम्बन करके याचना की। सेना ने क़िले में घुस कर लूट मार प्रारम्भ करदी। वहाँ एक सप्ताह विश्राम करके खान ने अली शाह तथा समस्त धन-सम्पति देहली भिजवा दी और स्वयं बिदर से दौलताबाद लौट आया। (५००)

---

१ दो शाखाओं वाला जड़ाऊ भाला जिसे बादशाहों के आगे आगे रखा जाता है।

अलप ख़ाँ बिन (पुत्र) क़ुतलुग़ ख़ाँ का चाँदगढ़ पर आक्रमण तथा विद्रोहियों को दण्ड—

अली शाह के युद्ध के उपरान्त ख़ान ने अलप ख़ाँ को चांदगढ़ पर आक्रमण करने तथा हिन्दुओं को दण्ड देकर प्रत्येक धनी से धन-सम्पत्ति प्राप्त कर लेने के लिए भेजा। उसने आदेश दिया कि जो कोई सूचना पाकर भी ख़राज न अदा करे तो उसकी हत्या करदी जाय। सभी उपद्रवकारियों को दंड दिया जाय। उसके साथ हुशंग, अबू बक्र तथा अब्दुल्लाह् को भी सेनायें देकर साथ किया। बहराम अफ़ग़ान तथा क़लगी मुग़ल भी उसके साथ भेजे गये। ख़ान सेना लेकर एक दो मास तक धावे मारता रहा। उसने अंकोला (अकोला) की भी सीमा पार करली। प्रत्येक ने ख़ान के पास दूत तथा अत्यधिक उपहार तथा कर भेजे। कुछ मास उपरान्त ख़ान प्रत्येक उपद्रवकारी से कर प्राप्त करके देवगीर (देवगिरि) वापस हुआ और (क़ुतलुग़) ख़ाँ के चरण चूमे। दूसरे वर्ष भी उसने सेना लेकर आक्रमण किया और पर्वतों तथा क़िले के सभी निवासियों ने ख़राज अदा कर दिया। (५०१)

सुल्तान का देवगिरि वालों को देह्ली भेजने के विषय में क़ुतलुग़ ख़ाँ को फ़रमान भेजना—

उस सेना के लौटने पर एक दूत सुल्तान का यह फ़रमान लाया कि सुल्तान का प्रत्येक हितैषी देह्ली की ओर प्रस्थान करे। जो कोई भी इस कार्य में शिथिलता करेगा उसका घर बार ख़तरे में पड़ जायगा। सुल्तान ने वहाँ सरतेज़ नामक एक बुद्धिमान व्यक्ति को भेजा और उसे आदेश दिया कि वह उस राज्य तथा प्रदेश वालों को दण्ड दे। उसने पवित्र ख़ान को नगर रिक्त कराने का आदेश दिया। उसे सब लोगों को दो तीन क़ाफ़िलों में विभाजित करने के लिए लिखा गया। दरिद्रों को सहायता देने का भी आदेश दिया गया। अलप ख़ाँ को सेना लेकर सर्व प्रथम प्रस्थान करने का आदेश मिला। दूसरे क़ाफ़िले को उसके पीछे भेजने का आदेश हुआ। ६ मास उपरान्त ख़ान को सभी ख़ास व आम के साथ आने का आदेश हुआ। तीसरे क़ाफ़िले के विषय में आदेश दिया गया कि उसमें सर्वसाधारण तथा विशेष व्यक्ति हों। ख़ान को इस कार्य में विशेष प्रयत्न करने का आदेश प्राप्त हुआ। (५०२)

अलप ख़ाँ का देह्ली की ओर प्रस्थान तथा आलम मलिक का देवगिरि पहुँचना—

ख़ान ने अलप ख़ाँ को समस्त सेना तथा धन के साथ रवाना किया और स्वयं दूसरे आदेश की प्रतीक्षा करता रहा। जब इस बात को एक दो वर्ष[1] व्यतीत हो गये और अलप ख़ाँ सुल्तान के चरणों में पहुँच गया तो शाह के आदेशानुसार मलिक आलिम, जो ख़ान का भाई था, वहाँ पहुंचा। भरौंच से सेना लाकर वह दौलताबाद गया। उसने शाह का फ़रमान उसे पहुँचाया। इस फ़रमान के पहुंचते ही देवगीर (देवगिरि) का भाग्य पलट गया। शाह के आदेशानुसार पूरे शहर को रोता पीटता छोड़ कर ख़ान राजधानी की ओर चला गया और मलिक आलिम कतगा में रह गया। वह सेना के प्रबन्ध तथा राज्य की सुव्यवस्था का प्रयत्न करता रहा। वह प्रत्येक की परीक्षा लेकर उसकी योग्यतानुसार रोटी (पद) प्रदान करता था। उस परीक्षा से देवगीर (देवगिरि) की सेना वाण के समान सीधी हो गई।

---

१ मास होना चाहिये।

क़ाज़ी जलाल तथा मुबारक जोर बिम्बाल का सुल्तान के अत्याचार के कारण बड़ौदा में विद्रोह—

इस घटना के दो वर्ष उपरान्त सुल्तान के अत्याचार के कारण गुजरात में विद्रोह हो गया। प्रत्येक दिशा में कोलाहल मच गया। कुछ लोग उसके अत्याचार के कारण उसके विरोधी हो गये। (५०३) जोर बिम्बाल, क़ाज़ी जलाल, जलाल इब्ने (पुत्र) लाला, जिहलू अफ़ग़ान ने बड़ौदा में संघठित होकर विद्रोह कर दिया। जब उन्होंने देखा कि दुष्ट मुक़बिल सुल्तान के आदेशानुसार बहुत से लोगों की, विशेष कर सद्रों तथा सरदारों की, हत्या करा रहा है तो एक दिन उन चारों ने संघठित होकर यह निश्चय किया कि "एक संसार की उसके अत्याचारों के कारण हत्या हो रही है। सभी योग्य लोगों को क़ब्र में पहुँचाया जा रहा है। जो कोई किसी अन्य स्थान को भाग जाता है वह बच जाता है। हमें मिलकर उसके अत्याचार से मुक्ति प्राप्त कर लेनी चाहिये। सम्भव है हम राज्य को अत्याचार से बचा लें। हमें शिथिलता से प्राण न देने चाहिये।" चारों लोगों ने दृढ़ रूप से वचन-बद्ध होकर विद्रोह कर दिया। जब अवान उनसे कर प्राप्त करने तथा उन्हें कष्ट देने आये तो उन्होंने, उन लोगों को बन्दी बना लिया। (५०४)

बड़ौदा की सेना का मुक़बिल की सेना पर अचानक आक्रमण तथा मुक़बिल की पराजय—

जब मुक़बिल को यह हाल ज्ञात हुआ तो उसने प्रत्येक दिशा से सेना एकत्र की और सरकीज में शिविर लगाये। एक दिन वीर विद्रोहियों ने मुक़बिल की सेना पर इस प्रकार आक्रमण किया कि उसकी पताकायें नीची हो गईं। मुक़बिल उनके सामने से भाग कर पटन के क़िले में घुस गया। वे चारों लूटमार के उपरान्त खम्बायत पहुँचे। वहाँ एक व्यक्ति अखी नामक ने विद्रोहियों को नगर सौंप दिया। सुना जाता है कि तग़ी शहनये बारगाह[1] सुल्तान के आदेशानुसार उस स्थान को भेज दिया गया था। वीरों ने उसकी ज़ंजीरें काट कर उसे पाँचवाँ सरदार नियुक्त किया किन्तु तीसरे दिन तग़ी उनके पास से भाग कर तुच्छ मुक़बिल के पास पटन पहुँच गया। मुबारक ने दूसरे दिन वहाँ से प्रस्थान करके असावल पर आक्रमण किया (५०५) और २० दिन में उस क़िले पर विजय प्राप्त करली और आसपास के स्थान अपने अधिकार में कर लिये। इस बात के एक दो मास उपरान्त एक अन्य उपद्रव उठ खड़ा हुआ।

अज़ीज ख़म्मार का बड़ौदा की सेना से युद्ध तथा उसका मारा जाना—

अज़ीज, जो ख़म्मार[2] वंश से था और सुल्तान द्वारा धार का मुक़्ता नियुक्त हुआ था, मालवे से सेना लेकर बढ़ा। उस ओर से मुक़बिल, इस ओर से अज़ीज और अन्य दिशाओं से दूसरे स्थान वाले सेना लेकर युद्ध के लिये एकत्र हुये। जब तबलावद की सीमा पर यह सेना पहुँची तो उन चारों ने भी यह सुन कर युद्ध के लिये अपनी सेनायें तैयार कीं। उन चारों की सेना में ७०० सवार से अधिक न थे। दूसरी ओर ६००० वीर थे। ख़म्मार स्वयं मध्य भाग में था। वह नितान्त निर्दोष लोगों का रक्त पात कर चुका था। (५०६) मूर्ख तग़ी, अज़ीज की सेना के आगे हुआ। मुक़बिल की सेना दाहिनी पंक्ति में थी। दूसरी ओर चारों शूरवीर सिंह के समान युद्ध के लिये सन्नद्ध थे। दाहिने तथा बायें भाग के प्रबन्ध को त्याग कर वे चारों ओर फैले थे। तग़ी शत्रु की सेना को इधर उधर फैला

१ दरबार का प्रबन्ध करने वाला अधिकारी
२ मदिरा बेचने वाला। कलाल

हुआ पाकर उसके विनाश के लिये कटिबद्ध हो गया। मूर्ख, खम्मार ने जो एक बाज़ारी व्यक्ति था, अपनी सेना शत्रु के मध्य भाग की ओर बढ़ाई। वह अपनी सेना को दृढ़ पाकर कुछ समय तक वहाँ डटा रहा। शत्रु यह देख कर रण क्षेत्र से भाग खड़े हुये। प्रत्येक के पीछे थोड़े ही से लोग रह गये। मुबारक, जलाल, जलाल इब्ने (पुत्र) लाला तथा वीर जहलू अपनी सेना में विघ्न पड़ते देख कर दाहिनी एवं बाईं ओर भाग खड़े हुये। सुना जाता है कि उस युद्ध के समय क़ाज़ी जलाल के १४ साथी कपास के एक खेत में छिप गये थे, और प्राण के भय से रुई बन गये थे। (५०७) जब उन लोगों ने देखा कि अज़ीज़ की सेना इधर उधर हो गई तो जलाल के साथी चीत्कार करते हुये कपास के खेत से निकल कर उन पर टूट पड़े। एक ओर से मुबारक कुछ वीर सवारों को लेकर, दूसरी ओर से जहलू, अन्य दिशा से जलाल इब्ने (पुत्र) लाला नारे लगाते हुये एकत्र हो गये। खम्मार युद्ध न कर सका और भाग खड़ा हुआ किन्तु बन्दी बना लिया गया। तत्पश्चात् उन्होंने मुक़बिल पर आक्रमण किया। मुकबिल भाग खड़ा हुआ। अत्याचारी की सेना पराजित हुई। वीरों ने लूटमार प्रारम्भ कर दी। खम्मार की उसी दिन हत्या करदी। (५०८) लूट द्वारा प्राप्त धन-सम्पत्ति चारों वीरों ने आपस में बराबर बराबर बाँट ली।

बड़ौदा की सेना का खम्बायत पर आक्रमण—

वहाँ से वे सेना लेकर दूसरे दिन खम्बायत के लिये चल खड़े हुये और वहाँ पहुँचे किन्तु नगर-वासियों ने उनका साथ न दिया। उन लोगों ने समझा कि वे युद्ध से भाग कर शरण लेने के लिए आये हैं। सभी लोगों ने अपने-अपने घर बन्द कर लिये। विद्रोहियों की सेना ने बाहर शिविर लगाये। उनकी सेना की संख्या प्रत्येक समय बढ़ने लगी। दूसरे दिन नगर-निवासी तलवार लेकर निकले और उन्होंने युद्ध किया किन्तु वे एक ही आक्रमण में पराजित हो गये और अपने-अपने घरों में घुस गये। सुना जाता है उस नगर में प्रत्येक घर एक क़िला था। (५०९) दो तीन दिन पश्चात् तग़ी रातों रात जंगल के मार्ग से खम्बायत में प्रविष्ट हो गया। नगर-वासियों को उसके पहुँच जाने से संतोष हो गया। वे लोग अपने नगर की रक्षा करने लगे। कुछ लोग मैदान से और कुछ लोग नगर से रात दिन युद्ध किया करते थे। कोई एक दूसरे पर विजय प्राप्त न कर पाता था। इसी प्रकार तीन चार मास व्यतीत हो गये।

देहली से गुजरात की ओर सुल्तान का प्रस्थान—

जब सुल्तान ने गुजरात के विद्रोह तथा अज़ीज़ की हत्या का हाल सुना तो वह बड़ा व्याकुल हुआ। उसके पास उस समय अधिक सवार न थे। (५१०) उसके अत्याचार के कारण नगरों तथा सेना के मनुष्यों की संख्या में बहुत कमी हो गई थी। फिर भी विद्रोह का हाल सुन कर वह देहली से गुजरात की ओर सेना लेकर चल खड़ा हुआ। प्रत्येक पड़ाव पर एक सप्ताह तक रुकता जाता था। वह बड़े धीरे-धीरे प्रस्थान करता था। केवल आधा फ़रसंग यात्रा करता था और भिन्न भिन्न युक्तियाँ सोचा करता था। उसके साथ थकी माँदी ४००० सेना थी। न उनके घोड़ों में प्राण थे और न सवारों में साहस। सभी बादशाह के अत्याचार के कारण दीन अवस्था को प्राप्त हो चुके थे। सुल्तान ने उनकी पदवी अहले तहम्मुल (सहनशील) रक्खी थी। उन लोगों के अतिरिक्त जन साधारण थे जो रोते पीटते हुये आकर सम्मिलित हुये। यदि वे ऐसा न करते तो उनकी हत्या करादी जाती। वे रात दिन उपवास करते थे और मृत्यु की आकांक्षा किया करते थे। जब सेना नागौर की सीमा में प्रविष्ट हुई तो सुल्तान एक उजाड़ स्थान पर ठहरा। सेना के पास न तो अनाज था और

न जल आदि का कोई प्रबन्ध था। पशुओं के सींग और खुर ही रह गये थे। घोड़े केसर तथा दुम चबाते थे। (५११) मनुष्य दुःख के अतिरिक्त कुछ न खाता था और किसी के पास भी दुःख के अतिरिक्त कुछ शेष न रह गया था। वहाँ सेना दो मास तक रही। सुल्तान ने आज़म मलिक को भरौंच की ओर भेजा।

आज़म मलिक का भरौंच पहुँचना और सेना का क़िले में उतरना—

उस शिथिल ख़ुरासानी को आदेश दिया कि वह शीघ्र १०० सवार लेकर भरौंच की ओर प्रस्थान करे, मलिक आलिम का दास क़मर उस क़िले में सेना के साथ है। देवगीर (देविगिरि) की जितनी भी सेना उस क़िले में है उसकी वह उस क़िले में रक्षा करे; यदि विद्रोहियों की सेना वहाँ अचानक पहुँच जाय तो वह क़िले के बाहर न निकले और क़िले में सावधान रहे। ख़ुरासानी ने कुछ दिन उपरान्त भरौंच पहुँच कर क़मर को सुल्तान का आदेश पहुँचाया। प्रत्येक स्थान पर क़िले की रक्षा के लिये वीर नियुक्त किये। (५१२)

बड़ौदा की सेना का भरौंच पहुँचना तथा उसकी पराजय—

जब विद्रोहियों ने सुना कि भरौंच में बहुत बड़ी सेना पहुँच गई तो वे खम्बायत छोड़ कर कोलाहल करते हुये भरौंच के क़िले पर पहुँचे और क़िले को चारों ओर से घेर लिया। वे सेना के बाहर निकलने की प्रतीक्षा करते रहे। सुना गया है कि विद्रोही तीन दिन तक नित्य क़िले पर आक्रमण करते थे और रात्रि में दो मील पर निवास करते थे। भीतर ३, ४ हज़ार सेना थी और विद्रोही ७०० सवार थे किन्तु अधिक संख्या में होने पर भी आदेश न होने के कारण वे बाहर न निकले। तीसरे दिन विद्रोहियों की सेना अभिमान में भरी हुई क़िले के नीचे पहुँची। जहलू अफ़ग़ान अपनी सेना लेकर अपने साथियों के साथ आगे बढ़ा और द्वार पर युद्ध के लिये पहुंच गया तथा अपनी सीमा से बहुत बढ़ गया। देवगीर (देवगिरि) के कुछ सरदारों ने, विशेषकर हमीद ने कहा कि "यह उपद्रवकारी नहीं जानता कि सिंह सुल्तान के आदेशानुसार क़िले में बन्दी है। (५१३) चाहे शाह इस अपराध में हमारा रक्त ही क्यों न बहा दे किन्तु हम इसकी हत्या इस समर भूमि में कर देंगे। यह कह कर वे लोग बाहर निकले। दो तीन बार जहलू ने उन लोगों पर अधिकार प्राप्त करने का प्रयत्न किया किन्तु सफल न हुआ। जब एक पहर दिन शेष रह गया, तो दौलताबाद की सेना ने उन्हें भगा दिया। क़मर ने अपनी सेना को विजय प्राप्त करते देख कर क़िले के बाहर निकल कर उसकी सहायता की। सेना चारों ओर से आक्रमण करके जहलू से युद्ध में भिड़ गई। युद्ध में उसका घोड़ा गिर गया। सेना ने पहुंच कर उससे युद्ध करके उसका सिर काट लिया। जहलू की हत्या के उपरान्त क़िले के चारों ओर से सेना निकल पड़ी। जोर बिम्बाल तथा क़ाज़ी जलाल प्रत्येक दिशा से धावा होते हुये देख कर शिविर छोड़ कर भाग गये और मान देव[1] के पास पहुंच कर शरण ग्रहण की। सुना जाता है कि उस हिन्दू ने उनके प्रति निष्ठा प्रदर्शित करके उन्हें अपने जाल में फांस लिया और उनकी धन सम्पत्ति पर अधिकार जमा लिया। सुल्तान ने उसके पास दूत भेजकर अपने शत्रुओं को उससे मांगा। उस दुष्ट हिन्दू ने उन्हें शाह के पास भेजना निश्चय कर लिया। (५१४)

देवगीर (देवगिरि) वालों का विद्रोह तथा इस्माईल मुख़ का राज्य—

दुष्ट एवं नीचों के मित्र तथा इस्लाम के शत्रु शहंशाह से, जिसने इस्लाम पूर्णतया त्याग दिया था, छोटे बड़े सभी खिन्न थे। उसके विरुद्ध प्रदेशों का विद्रोह उचित था। शरा

१ एक हस्तलिखित पोथी में नानदेव है।

ने उसके रक्तपात की अनुमति दे दी थी। लोगों के हृदय उसकी युक्तियों से बुझ गये थे। क़ाज़ियों का मत भी उसकी हत्या के विषय में था। उसकी मृत्यु द्वारा ही उससे मुक्ति प्राप्त हो सकती थी। उसने इस्लाम के नियम त्याग दिये थे और कुफ़ प्रारम्भ कर दिया था। उसने अज़ान बन्द करा दी थी। मुसलमान रात दिन उससे घुला करते थे। उसने जुमे की जमाअत (की नमाज़) भी रुकवा दी थी और हिन्दुओं से होली खेला करता था। वह योगियों से एकान्त में गोष्ठी करता था और हृदय से वह कुफ़ के मार्ग पर चला करता था। कोई भी मुफ़्ती उससे कम ही सहमत होता था और यदि सहमत होता तो वह स्वयं अपराधी होता था। उसके अत्याचार के कारण प्रत्येक प्रान्त में कोलाहल रहता था। प्रत्येक महज़र[1] द्वारा उसके विरुद्ध युद्ध उचित था। सुना जाता है कि उसी हत्यारे तथा अपवित्र ने अपने राज्य के अन्त में अनेक विद्रोहियों की सेना को पराजित किया और अनेक बादशाहों को बन्दी बनाया और ज़ुहाक का अनुसरण किया। (५१५)

अहमद (पुत्र) लाचीन तथा क़ुलताश की हत्या एवं नासिरुद्दीन अफ़ग़ान का राज्य प्राप्त करना—

गुजरात की सेना से निश्चिन्त होकर (सुल्तान ने) दुष्ट अहमद को, जिसने लाचीन के नाम को कलंकित कर दिया था, आदेश दिया कि वह शीघ्र देवगीर (देवगिरि) की ओर प्रस्थान करे और छल से विद्रोहियों को बन्दी बना ले और उन्हें राजधानी की ओर ले आये। अहमद ने वहाँ पहुंच कर गुप्त रूप से आलिम मलिक को लिखा कि वह सेना को राजधानी की ओर भेज दे। आलिम मलिक ने पत्र पढ़ कर घृणा प्रकट की किन्तु कोई अन्य उपाय न देख कर उसने सेना नगर के बाहर निकाली। सेना के सरदारों को उसने कुछ प्रदान न किया और उन्हें आदेश दिया कि वे निरन्तर प्रस्थान करते रहें और पड़ावों पर कम ठहरें। जब वे नगर से ५ फ़रसंग प्रस्थान कर चुके तो प्रत्येक को अपना विनाश देख कर दुःख होने लगा। सभी सरदारों ने संगठित होकर कहा कि 'हम लोगों के प्राण भय में हैं।' नूरुद्दीन तथा इस्माईल अपनी एवं अन्य लोगों की मुक्ति के लिए कटिबद्ध हो गये। (५१६) उन्होंने कहा 'अत्याचारी सुल्तान को रक्तपात में आनन्द आता है और वह किसी के ऊपर कोई ध्यान नहीं देता।' उन्होंने निश्चय किया कि उस रात्रि में वह न सोयें और दूसरे दिन सर्व प्रथम अहमद का शीश पृथक् कर दें; तत्पश्चात् क़ुलताश तथा हुसाम सिपहताश की हत्या करदें और उन तीनों के शीश जगंग तथा मान देव के पास भेज दें; तत्पश्चात् देवगीर (देवगिरि) पर चढ़ाई करके आलिम मलिक को बन्दी बना लें। प्रातः काल कुछ लोगों ने लाचीन के पुत्र के पास पहुंच कर उसका शीश उसके शरीर से पृथक् कर दिया। (५१७) क़ुलताश उस कोलाहल से जाग उठा और एक घोड़े पर सवार होकर भागा। जो लोग उसका पीछा कर रहे थे, उन्होंने उसकी हत्या करदी। हुसाम उस समय शिविर ही में था। जो लोग उसकी हत्या के लिये नियुक्त हुये थे, उन्होंने उसका सिर काट डाला। उनके सिर देवहर भेज दिये गये। देवहर में सिरों को भेज कर सन्ध्या समय नगर में पहुंच गये। नूरुद्दीन तथा इस्माईल ने दौलताबाद की ओर शीघ्र ही प्रस्थान किया। नसीर तुग़ुलची तथा हाजिब[2] देवगीर (देवगिरि) पहुंचे। मलिक आलिम उस समय सो रहा था। जब उसे जगाया गया तो उसने पूछा कि "यह कैसा कोलाहल है ?" उसे उत्तर मिला कि "जो निर्दोष सेना तू ने भेजी थी, वह मार्ग से लौट आई है। उन्होंने सेना के सरदारों की हत्या करदी

१ किसी बात के निर्णय हेतु कोई सभा अथवा दस्तावेज़।
२ पुस्तक में साहिब है।

है और अब वे तेरी हत्या करना चाहते हैं।" मलिक ने आदेश दिया कि, "द्वार शीघ्र बन्द करा दिये जायँ और युद्ध के लिये जल्दी की जाय।" उसने कुछ खरखोदह निवासियों को जो उसके साथ रहते थे आदेश दिया कि वे घोड़ों पर सवार होकर युद्ध के लिये निकलें। जब (विद्रोहियों की) सेना उनके द्वार पर पहुँची तो उन खरखोदह निवासियों ने उनसे युद्ध किया। (५१८) उस दिन युद्ध होता रहा। जब रात्रि हुई तो सेना घाटी की ओर चल दी। उन्होंने देवगीर (देवगिरि) की घाटी पर अधिकार जमा लिया, और प्रत्येक दिशा में एक सेना चल पड़ी। आलिम मलिक उस रात्रि में भीतर के महल में घुसा रहा। नसीर तथा हाजिब ने बाहरी क़िले पर अधिकार प्राप्त कर लिया। कोतवाल क़िले में घुस गया। समस्त नगर सेना द्वारा पददलित हो गया। दूसरे दिन सेना क़िले तथा महल पर टूट पड़ी। उस दिन, रात्रि तक युद्ध होता रहा। दूसरे दिन पुनः युद्ध हुआ और आलिम मलिक जीवित बन्दी बना लिया गया और देवगीर (देवगिरि) के क़िले पर विजय प्राप्त हो गई।

देवगिरि की सेना की विजय तथा सुल्तान नासिरुद्दीन का सिंहासनारोहण——

दुष्ट रुस्तम, केसू (केशू) तथा शेखजादा जो जंजीर लाये थे भाग कर सतारा नामक क़िले में घुस गये। (५१९) हुसाम को सतारा की ओर भेजा गया। उसके भय से वहाँ का क़िला चूर्ण हो गया। वहाँ वालों ने भय के कारण शरण की याचना की। मलिक (हुसाम) ने उनसे कहा कि वे शीघ्र नीचे उतर आयें अन्यथा कटार द्वारा उन्हें उतार दिया जायगा। सतारा में अनाज का पूर्णरूप से अभाव था अतः वे बड़ी नम्रता से बाहर निकल आये। हुसामुद्दीन ने उन लोगों को बन्दी बना लिया और दो तीन दिवस उपरान्त उनकी हत्या करा दी। उन्हें अत्यधिक धन सम्पत्ति तथा अश्व प्राप्त हुये। तत्पश्चात् उन्होंने गोष्ठी करके निश्चय किया कि एक सरदार को बादशाह बनाया जाय। (५२०)

उन लोगों ने इस्माईल के सिर पर राजमुकुट रखना चाहा। इस्माईल ने यह बात सुन कर कहा, "मैं राज्य के योग्य नहीं। हसन नामक एक वीर जिसका निवास इस राज्य की सीमा पर है, इस कार्य के योग्य है। हुकैरी तथा बदगाँव की अक़्ता का वह स्वामी है और हममें से प्रत्येक को उसकी अपेक्षा कम प्रतिष्ठा प्राप्त है। बहमन वंश का वह एक उत्तम दीपक है।" लोगों ने कहा उसका मत बड़ा ही उत्कृष्ट है किन्तु शत्रु निकट है और वह दूर है। अतः उन लोगों ने तुरन्त एक नारंगी रंग का चत्र उसके (इस्माईल के) सिर पर रख दिया। उसकी उपाधि नासिरुद्दीन रक्खी गई। नूरुद्दीन 'ख्वाजये जहाँ' नियुक्त हुआ। सेना को बादशाह ने १५ मास का धन (वेतन) प्रदान किया। प्रत्येक व्यक्ति को उसकी योग्यतानुसार पद प्रदान किये गये। दरबार के समय नक़ीबों ने जयध्वनि की और सरदारों ने पा बोस[१] किया और उसके दाहिनी तथा बाईं ओर आदर-पूर्वक खड़े हो गये। (५२१)

क़ाज़ी जलाल तथा मुबारक खुर्रम मुफ़्ती का दौलताबाद पहुंचना——

जंगग के पास जब सरदार पहुंचे तो उसने उन दोनों को मान देव के पास भेज दिया। उनके पहुँचने पर दो सरदारों को मुक्ति प्राप्त हो गई। मुबारक तथा क़ाज़ी जलाल अपनी सेना को पददलित होते देख कर मान देव से मिल गये थे। दुष्ट मान देव उन लोगों को सुल्तान के पास भेजना चाहता था। उन दोनों सरदारों के पहुंच जाने से दुष्ट राय ने उन्हें दौलताबाद भेज दिया। इस प्रकार वे मुक्त हो गये। जब वे दोनों सरदार नासिरुद्दीन के पास पहुँचे तो उसने उन्हें अत्यधिक धन तथा अश्व प्रदान किये। जलाल को क़दर खाँ की

१ चरणों का चुम्बन।

उपाधि प्रदान की गई। मुबारक को भी खानी का पद प्राप्त हुआ। वे रात दिन उसकी सेवा हेतु कटिबद्ध रहते थे।

नूरुद्दीन का उलुग़ ख़ाँ के साथ गुलबर्गे को प्रस्थान—

एक दो मास उपरान्त नूरुद्दीन ने ज़ुहाकियों (शाही सेना) से युद्ध करने के लिये प्रस्थान किया। उलुग़ खाँ, बहराम अफ़ग़ान तथा हुसेन[1] भी उसके साथ रवाना हुये। यद्यपि उलुग़ खाँ सेना का सरदार था किन्तु प्रधान प्रबन्धक नूरुद्दीन था। सर्व प्रथम उन्होंने गुलबर्गे पर चढ़ाई की। गंधरा ने अनेक मुसलमानों की हत्या करा दी थी। (५२२) शेख़ इज़्ज़ुद्दीन को भी उस दुष्ट ने मरवा डाला था। सेना के गुलबर्गा पहुँचने पर उस दुष्ट खत्री (क्षत्री) ने क़िला बन्द कर लिया। कुछ पायक अपने अन्वेषन में क़िले के बाहर खड़े हो गये। वे पहले ही आक्रमण में पददलित हो गये और दूसरे आक्रमण में क़िले में फिर घुस गये। गंधरा ने व्याकुल होकर कल्यान में उस दुष्ट ग्रामीण को पत्र लिखा जिसने दोहनी द्वारा जलाल की पदवी प्राप्त करली थी। उसने लिखा कि "मैं क़िले में घिर गया हूं। तू रात्रि में इन लोगों पर छापा मार और मैं इधर क़िले से निकल कर उन पर आक्रमण कर दूंगा। इस प्रकार शत्रु का रक्त बहा दिया जाय।" जब जलाल के सम्मुख वह पत्र पढ़ा गया तो वह दुष्ट, कल्यान से चल पड़ा। जब सेना को उस के क़िले वालों की सहायतार्थ आने का समाचार मिला तो सरदार के आदेशानुसार हुसेन एक बहुत बड़ी सेना लेकर अग्रसर हुआ। (५२३)

हुसेन हथिया की जलाल दोहनी (निवासी) पर विजय—

जब वह अपनी सेना को लेकर तीन फ़रसंग आगे तक बढ़ गया तो उसे शत्रु के सवार आते हुए दिखाई दिये। उस समय उसके साथ १०० प्रसिद्ध सवारों में दस के अतिरिक्त थोड़े ही लोग पहुंचे थे किन्तु उसने आक्रमण करना निश्चय कर लिया। शत्रु की सेना के पहुँच जाने पर उसने जलाल को ललकारा कि "जलाल कहाँ है? मेरा नाम हुसेन (हथिया) है।" जलाल को यह सुन कर अपनी सेना से निकलना पड़ा किन्तु वह उसका सामना न कर सका और मार डाला गया। (५२४) उन दस सैनिकों ने फिर उसकी सेना पर आक्रमण किया। उनमें से एक ने ढोल बजाने वाले के पास पहुंच कर उसका सिर काट डाला और ढोल विदीर्ण कर दिया। उनकी सेना भी पराजित हो गई। सेनापति ने उनका पीछा न किया और अपनी सेना की ओर लौट आया। उनके वापस आने पर तीन दिन और रात खुशी मनाई गई और निश्चिन्त होकर क़िले पर आक्रमण किया जाने लगा। अरादे तथा मञ्जनीक़ें लगा दी गईं। (५२५)

गुलबर्गा के क़िले पर ज़फ़र ख़ाँ का पहुँचना—

(ज़फ़र ख़ाँ) अत्याचारी सुल्तान से एक समूह के विद्रोह कर देने का हाल सुन कर, उनकी सहायता के लिए गुलबर्गा पहुंचने के विषय में निरन्तर सोचा करता था। दो एक मास तक वह इसी विषय पर विचार करता रहा। एक रात्रि में उसने स्वप्न देखा कि उसे शीघ्र प्रस्थान करना चाहिये। वह तुरन्त सेना लेकर गुलबर्गा पहुंच गया। सेना के सरदार यह समाचार पाकर उसके स्वागतार्थ पहुंचे। जब विद्रोहियों को यह हाल ज्ञात हुआ तो, क्या बिदर क्या सगर वाले, सभी सहायता के लिए तैयार हो गये। (५२६) एक बिदर से कल्यान में आया। एक सगर से सेना लेकर गुलबर्गा पहुंचा और वह क़िला चारों ओर

---

१ हुसेन हथिया गर्शास्प (क़ुराबक मैसरा बहमनी)

से घिर गया। एक दिन दूसरी नमाज़ (सायं की नमाज़ के पूर्व की नमाज़) के समय क़िले वालों ने सगर की सेना पर आक्रमण कर दिया। सगर की सेना असावधान थी। ज़फ़र ख़ाँ ने तुरन्त शत्रु पर आक्रमण करके उन्हें पराजित कर दिया।

नासिरुद्दीन को ज़फ़र ख़ाँ के पहुंचने का समाचार प्राप्त होना—

सरदारों ने बादशाह को लिखा कि 'हसन बहुत बड़ी सेना लेकर पहुंच गया है। वह इस शुभ समाचार को सुन कर बड़ा प्रसन्न हुआ। उसने उसके पास सोने के बन्द का एक भाला प्रेषित किया। जब इस बात को तीन चार मास व्यतीत हो गये तो क़िले वाले बड़े भयभीत हो गये। क़िला दो स्थानों से टूट गया था और अनाज समाप्त हो गया था। (५२७) वे लोग अपने प्राणों की रक्षा की याचना करने लगे। एक दिन शिहाबुद्दीन (पुत्र) जलालुद्दीन, जिसे बादशाह ने अपनी राजधानी का कोतवाल बना दिया था, बादशाह का यह संदेश लाया कि सेना वहाँ से तुरन्त प्रस्थान करे, कुछ सवारों के साथ वहाँ कोई वीर रह जाय और अन्य लोग शीघ्र वहाँ पहुंच जायँ। जब सरदारों ने वह फ़रमान पढ़ा तो वे बहाना करने लगे। किसी ने कहा कि 'क़िले की विजय के उपरान्त मैं जाऊँगा'; किसी ने कहा मैं इस सेना से अपनी अक़्ता को सुव्यवस्थित करने के उपरान्त जाऊँगा।' ज़फ़र ख़ाँ ने यह सुन कर कहा, "हम लोग राजभक्त नहीं"। (५२८) वह दिन भर अपने अज्ञानी साथियों को उपालम्भ देता रहा। दूसरे दिन वह दौलताबाद की ओर चल खड़ा हुआ। बादशाह का भाग्य उससे विपरीत हो गया था, अतः आधी सेना भी उसके पास न पहुंची।

गुलबर्गे की विजय—

क़िले के दो स्थानों से टूट जाने तथा अनाज के समाप्त हो जाने से क़िले वाले क्षमा याचना करने लगे थे। रात्रि में गन्धरा दुर्ग के बाहर भाग गया। सवारों ने उसका पीछा किया; हुसेन सब के आगे उसके पास पहुंच गया, किन्तु उसकी दीन अवस्था देख कर उसने उसकी हत्या न की। उसके माल असबाब तथा स्त्री व बालक अपने अधिकार में कर लिये, केवल गन्धरा ही बच गया। गुलबर्गे की विजय के कई दिन बाद तक किसी सेना ने राजधानी की ओर प्रस्थान न किया। उलुग़ ख़ाँ चारों ओर धावे मारता हुआ राजधानी की ओर रवाना हुआ। नूरुद्दीन जो बादशाह का वज़ीर था, गुलबर्गे ही में रह गया और नगर तथा क़िले का प्रबन्ध करता रहा। (५२९)

सुल्तान मुहम्मद के पास देवगिरि के विद्रोह की सूचना पहुँचना तथा देवगिरि पर आक्रमण—

जब उस दुष्ट एवं नीचों के आश्रयदाता तथा क्रोधी सुल्तान ने देवगीर (देवगिरि) की सेना के समाचार सुने तो भूतों की भाँति उसे आवेश आने लगा। तीन दिन और रात वह शयन न कर सका और किसी से गाली के अतिरिक्त कोई बात न करता था। चौथे दिन बदला लेने के लिये उसने अत्याचार करने से साधारण सी तोबा की और ईश्वर से प्रार्थना करते हुये कहने लगा कि वह अब फिर कभी रक्तपात न करेगा। छः मास तक बड़ी चाल, प्रवंचना तथा छल से वह सेना एकत्र करता रहा और ५०,००० सैनिक इकट्ठे कर लिये। जब वह इलौरा की घाटी में पहुँचा तो चारों ओर से मार्ग बन्द पाया। वहाँ से लौट कर उसने सुनारी की ओर प्रस्थान किया। कुछ समय तक वह कभी इधर सेना ले जाता और कभी उधर शिविर लगवाता। (५३०)

सुल्तान मुहम्मद तथा सुल्तान नासिरुद्दीन का युद्ध—

एक दिन सुल्तान ने आदेश दिया कि महावत हाथी के दाँतों में लोहे के अनी लगायें,

हाथियों पर हौदे कसे जायें और घोड़ों पर ज़ीनें बाँधी जायँ। जब उसकी सेना तैयार हो गई तो उसने आदेश दिया कि मध्य भाग में ततार रहे, मक़बूल की सेना बाईं ओर रहे। वह स्वयं दाहिनी पंक्ति से थोड़ी दूर हट कर घात लगा कर बैठ गया। सुल्तान ने आदेश दे दिया कि उसके आदेश के बिना कोई अपने स्थान से न हिले।

दूसरी ओर से नासिरुद्दीन युद्ध के लिये तैयार हुआ। उसने अपने पुत्र खिज़्र खाँ को मध्य भाग में नियुक्त किया। खाने तातार तथा खाने जहाँ उसकी सहायता के लिये नियुक्त हुये। खातम खाँ भी शाह के आदेशानुसार मध्य भाग से अग्रसर हुआ। (५३१) वहाँ हिज़ब्र खास हाजिब, शाह के आदेशानुसार मेघों के समान गर्जना कर रहा था। वह आगे की पंक्ति की सहायता करता था। नसीर तुग़ुलची ने शाह के आदेशानुसार सेना पर आक्रमण किया। गुजरात की सेना के सरदार क़दर खाँ तथा मुबारक खाँ को शाह ने दाहिनी पंक्ति में नियुक्त किया था। शम्सुद्दीन, पीगू का पुत्र, तथा ज़फ़र खां बाईं ओर की पंक्ति में नियुक्त हुये। हुसामुद्दीन उसकी पताका की शरण में था। सफ़दर खाँ भी उसका सहायक था। हुसामुद्दीन पुत्र आराम शाह अपनी सेना के साथ बाईं पंक्ति में सम्मिलित हुआ। शाह स्वयं एक हज़ार सवार लिये हुये मध्य भाग से कुछ पीछे घात लगा कर बैठा। उसने सेना के संगठित करने का बड़ा प्रयत्न किया किन्तु ईश्वर की सहायता उसे प्राप्त न थी; अतः उसे कोई लाभ न हुआ।

दोनों सेनायें एक दूसरे के सम्मुख सवार होकर आईं। जब दो घड़ी से अधिक दिन व्यतीत हो गया तो दोनों सेनाओं में युद्ध प्रारम्भ हो गया। नासिरुद्दीन के पास सरदारों ने जाकर कहा "यदि शाह का आदेश हो तो हम लोग दो एक पग अग्रसर हों और शत्रु पर आक्रमण कर दें।" शहंशाह (मुहम्मद) ने सरदारों को संकेत किया कि वे शीघ्र शत्रु के मध्य भाग पर आक्रमण करें। जब सेना का अग्रिम दल आगे बढ़ा तो समस्त सेना चल पड़ी। (५३२) ज़फ़र खाँ ने बाईं पंक्ति से सेना को आगे बढ़ा कर शत्रु की सेना के दाहिने भाग पर आक्रमण किया। शत्रु की दाहिनी पंक्ति की सेना भाग खड़ी हुई। मक़बूल, जो सेना के दाहिनी ओर था, सेना को भागते हुये देख कर मध्य भाग में बड़ी युक्ति से प्रविष्ट हो गया। ज़फ़र खाँ ने उनके शिविर पर भी छापा मारा। उसने अत्यधिक सवारों की हत्या कर दी और बहुत से अश्वों पर अधिकार प्राप्त कर लिया। किसी को अपना सामना करते हुये न देख कर वह अपनी सेना में लौट गया। दूसरों का अहित चाहने वाला वह (सुल्तान मुहम्मद) यह देख कर सेना के मध्य भाग में आया और सब सरदार एकत्र हो गये। नौरोज़, तातार, तथा मक़बूल जैसे सरदारों ने संगठित होकर आक्रमण किया। दोनों सेनाओं में द्वन्द युद्ध होने लगा। नासिरुद्दीन यह देख कर अपनी सेना के मध्य भाग की सहायता के लिये आगे बढ़ा। उसने समर भूमि में बड़ी तलवार चलाई किन्तु ईश्वर की सहायता में कमी पाकर वह उस स्थान से धीरे से लौट पड़ा। नसीर तुग़ुलची का घोड़ा उस अहित चाहने वाले (सुल्तान मुहम्मद) के बाण से गिर पड़ा, किन्तु उसने पैदल ही भीषण युद्ध किया। उसके सईस ने यह देख कर अपना घोड़ा उसे दे दिया। (५३३) वह स्वयं सेना के घोड़ों द्वारा कुचल गया।

नासिरुद्दीन ने समर भूमि से भाग कर एक नदी पार की। ज़फ़र खाँ अपनी सेना की ओर लौट गया। उसके सम्मुख उसी समय शत्रु की एक सेना पहुंच गई और उसके लिये युद्ध के अतिरिक्त कोई उपाय न था। उसने उस पर आक्रमण किया और कटार निकाल ली। उसे मार्ग मिल गया और वह अपनी सेना में पहुँच गया। उसे देख कर सेना के हृदय को बड़ी शक्ति प्राप्त हो गई। एक ओर ईरानियों की पंक्ति थी और दूसरी ओर तूरानियों की। कोई

भी नदी को पार करने का साहस न करता था। दोनों सेनायें नदी के चारों ओर रहीं और अपनी-अपनी रक्षा करती रहीं। (५३४)

नदी के इस ओर सुल्तान ने अपनी सेना तैयार की और दूसरी ओर देवगीर (देवगिरि) के बादशाह की सेना तैयार हुई किन्तु उसने अपने पास १०० के स्थान पर दस सैनिक भी न देखे। रातों रात उसकी सेना भाग गई थी। दोनों सेनायें दोपहर तक खड़ी रहीं। जब एक पहर दिन शेष रह गया तो देहली के बादशाह ने हाथियों की पंक्तियाँ आगे बढ़ाई। हाथियों की चिंघाड़ से घोड़े भाग गये और सवार हाथियों के पैरों के नीचे गिर पड़े।

सुल्तान नासिरुद्दीन का भाग कर देवगिरि के क़िले में शरण लेना—

नासिरुद्दीन देवगीर (देवगिरि) के क़िले की ओर भाग गया। उसकी सेना ने चारों ओर के मार्ग ग्रहण कर लिये। एक सैनिक समूह देवगीर (देवगिरि) में घुस गया। एक दूसरा गरोह जीवित बन्दी बना लिया गया। एक सैनिक समूह मार डाला गया और दूसरा समूह प्राण लेकर भाग गया। उसी दिन बाहरी क़िले पर, शक्ति के कारण नहीं अपितु बुरी दशा में होने के कारण, विजय प्राप्त कर ली गई। (५३५) इस्माईल क़िले में बन्द रहा। शत्रु की संख्या बहुत अधिक देख कर उन्हें शरण की याचना करनी पड़ी।

सुल्तान के हृदय में पीड़ा उठना तथा देवगिरि निवासियों का दंड से मुक्त हो जाना—

सुना जाता है उसी रात्रि में एशा[1] के समय सुल्तान के हृदय में पीड़ा होने लगी। उसने आदेश दिया कि प्रत्येक दिशा में यह सूचना दे दी जाय कि पीड़ित प्रजा को क्षमा प्रदान की जाती है; लोगों को मुक्त कर दिया जाय। दूसरे दिन जब उसकी पीड़ा कम हो गई तो उसने अपने अधिकारियों को आदेश दिया कि जिन लोगों को मुक्त कर दिया गया है, उन्हें पुन: बन्दी बना लिया जाय। उसने अपनी प्रतिज्ञा तोड़ डाली और पुन: अत्याचार प्रारम्भ कर दिया। इस कारण उसके राज्य में विघ्न उत्पन्न हो गया और शेख तथा आलिम उसका विरोध करने लगे। (५३६) वह नगर ग्राम बन गया। प्रत्येक स्थान पर श्वानों का राज्य हो गया। वह देहली नगर, जो दरिद्रों का काबा (आश्रय का स्थान) था, सैकड़ों अत्याचारों के कारण नष्ट हो गया। (५३७)

गुजरात में तग़ी का विद्रोह तथा सुल्तान मुहम्मद की वापसी—

जब देवगीर (देवगिरि) का कतगा[2] नष्ट हो गया और धर्मनिष्ठ मुसलमानों में से कुछ की हत्या करादी गई और कुछ लोग बन्दी बना लिये गये तो देहली का बादशाह दो मास तक उस स्थान पर रहा, और प्रत्येक समय धर्मनिष्ठ मुसलमानों का रक्तपात करता रहा। एक दिन एक दूत ने आकर कहा कि "तग़ी ने पुन: विद्रोह कर दिया है; उसने गुजरात में लूट मार प्रारम्भ करदी है और बड़ा रक्तपात कर रहा है।" देहली का बादशाह यह हाल सुन कर अन्य युद्धों को भूल गया, और बड़ी अशान्त अवस्था को प्राप्त हो गया। उसकी शलवार में (मानों)पिस्सू पड़ गये हों। उसने सोचा कि "गुजरात की ओर मेरे प्रस्थान करने पर इस स्थान के सिंह युद्ध से मुक्त हो जायेंगे और क़िले के बन्दी छूट जायेंगे। यदि में उससे युद्ध के लिए सेना भेजता हूं, तो कोई भी मुझे उसके समान प्रतीत नहीं होता।" (५३८) वह बहुत समय तक इसी असमंजस्य में रहा। अन्त में एक दुष्ट ने उसे परामर्श दिया कि सब क़िले वालों की

---

१ रात्रि की नमाज़।

२ कतगा—राजधानी। देवगीर के क़िले के नीचे का नगर जो सुल्तान मुहम्मद बिन तुग़लुक़ शाह के समय दौलताबाद के नाम से प्रसिद्ध था।

हत्या करा दी जाय। सुल्तान ने उस समय सरतेज़ को गुलबर्गा भेज कर आदेश दिया कि वह वहाँ रक्तपात प्रारम्भ कर दे।

देवगिरि के क़िले वालों की हत्या, जौहर का अत्याचार तथा सरतेज़ का गुलबर्गे की ओर प्रस्थान—

दौलताबाद में जौहर रह गया। उसने मुसलमानों का बड़ा रक्तपात किया। किसी की किसी बहाने से तथा किसी की जबरदस्ती हत्या कराई गई। उस दुष्ट के आदेशानुसार एक सेना क़िले के भिन्न-भिन्न स्थानों पर नियुक्त की गई। वह क़िला ऐसा था, मानों ईश्वर ने कोई पर्वत उत्पन्न कर दिया हो। वह चारों ओर से (पर्वत) काट कर बनाया गया था और किसी को खोजने पर भी उसका द्वार न मिलता था। किसी को भी उस क़िले का मार्ग ज्ञात न हो सका था। (५३९) यदि कोई उसकी ऊँचाई देखने का प्रयत्न करता तो उसके सिर से टोपी गिर पड़ती। उस क़िले के नीचे एक खाई सर्वदा जल से भरी रहती थी और ऐसा ज्ञात होता था कि कोई नदी बह रही हो। खिज़्र खाँ सरयाक, खाने जहाँ, तातार खाँ, क़दर खाँ, मुबारक खाँ, सफ़दर खाँ, बहाउद्दीन खास हाजिब, नसीर तुग़लची तथा कजक का पुत्र, अचानक बन्दी बना लिये गये।

ज़फ़र ख़ाँ का देवगीर से मिर्ज की ओर प्रस्थान—

वीर ज़फ़र खाँ अपने राज्य की ओर भाग गया। बहुत से सवार उससे मिल गये (५४०) कोई भी उसका पीछा करने का साहस न कर सकता था। जब वह बेजारा बर करा (बनजारा बड़ खेड़ा) पहुंचा तो प्रत्येक दिशा से उसके पास सेना बढ़ने लगी। सर्व प्रथम नूरुद्दीन ने सेना लेकर ख़ान के झंडे के नीचे शरण ग्रहण की। दूसरे दिन उससे उलुग़ खाँ मिला। उसकी सेना रात दिन बढ़ने लगी। जब सेना ने हलक बुल (पुल) पर शिविर लगाये तो नरायन (नारायण) ने रात्रि में सेना पर छापा मारा। कुछ हिन्दुस्तानी वीर, जो हिन्दी भाषा में नायक कहलाते थे, नूरुद्दीन पर, जब कि वह असावधान था और घोड़ों पर ज़ीनें भी न कसी थीं, टूट पड़े। उन लोगों ने कुछ मनुष्यों को घायल कर दिया। जब प्रत्येक व्यक्ति जाग उठा तो हिन्दू तुर्कों द्वारा पराजित हो गये। जब उन हिन्दुओं को सफलता न प्राप्त हुई, तो वे अपने स्थान को भाग गये। वीर हुसेन ने उनका पीछा करके उन्हें बुरी तरह पददलित कर दिया किन्तु रात्रि अँधेरी होने के कारण वह शीघ्र लौट गया।

प्रातः काल ज़फ़र खाँ ने मिर्ज की ओर प्रस्थान किया। उसी दिन सेना मिर्ज पहुंच गई और प्रत्येक व्यक्ति को यात्रा के कष्ट से आराम हो गया। ख़ान अपनी माता के चरणों के चुम्बन हेतु मार्ग ही से सितलगह की ओर चल दिया। बुद्धिमान ख़ान की अनुपस्थिति में सरदार असावधान हो गये थे। उसी जल्दबाज़ नूरुद्दीन ने अपनी मूर्खता के कारण अपने आपको नष्ट कर लिया। (५४१) वह अपनी असावधानी तथा मूर्खता के कारण बन्दी बना लिया गया और जल्लादों ने उसे देवगीर (देवगिरि) भेज दिया। ख़ान को यह सुन कर बड़ा दुःख हुआ और वह मिर्ज की ओर चल पड़ा। वहाँ पहुंच कर उसने वह उपद्रव शांत कर दिया। तत्पश्चात् वह बुद्धिमान ख़ान उसी स्थान पर निवास करने लगा। देहली के बादशाह ने उसे मंत्र, यंत्र तथा छल द्वारा प्रभावित करना चाहा किन्तु उस पर कोई प्रभाव न हुआ। (५४२)

ज़फ़र ख़ाँ का सरतेज़ के विरुद्ध प्रस्थान—

उसने एक रात्रि में स्वप्न देखा कि उसे सर्वदा आशावादी रहना चाहिये। यद्यपि नासिरुद्दीन का भाग्य प्रतिकूल हो गया है किन्तु विजय तथा सफलता उसकी ओर बढ़ रही है। ख़ान यह सुखद समाचार पाकर अपने राज्य से चल कर सर्व प्रथम अरगह पहुँचा। वह

तीन मास तक उस स्थान पर रुका रहा और फिर वहां से उसने सरतेज़ पर चढ़ाई करने के लिये प्रस्थान किया और ईश्वर से इस कार्य में सहायता की याचना की। सर्व प्रथम वह सगर (नामक) क़िले पर पहुंचा। सगर का फ़ौजदार उसका सहायक बन गया। जो सेना भागने के लिये तैयार थी, वह ज़फ़र खां को सरतेज़ से युद्ध करने के लिये आता हुआ देख कर उसकी सहायता हेतु सन्नद्ध हो गई। (५४३)

सिकन्दर खां, क़ीर खां तथा वीर हुसेन उससे मिल गये। जब खान की सेना में तीन, चार हज़ार वीर एकत्र हो गये तो एक दिन खान ने सरदारों को बुला कर उनसे गुप्त रूप से कहा कि "सरतेज़ गुलबर्गे में असंख्य सेना लिये हुये है। हम लोग सेना लेकर उस पर चढ़ाई करदें और उसकी हत्या करदें, यद्यपि ऐसा करना कठिन भी हो, तो सम्भव है कि वह क़िला बन्द कर लेने पर विवश हो जाय। उस समय हम लोग गुलबर्गा छोड़ कर दौलताबाद की ओर चलदें। यदि वह दुष्ट हमारा पीछा करेगा तो वह स्वयं कष्टों के जाल में फंस जायगा। जब वह हमारे निकट पहुंच जायगा तो हम लोग पलट कर उस पर आक्रमण कर देंगे और इस प्रकार एक ही आक्रमण में उसकी सेना छिन्न-भिन्न कर देंगे यदि वह हमारा पीछा न करेगा तो हम लोग दौलताबाद पहुंच जायेंगे और समस्त (शत्रुओं की) सेना को छिन्न-भिन्न करके क़िले के बन्दियों को मुक्त करा देंगे। देवगीर (देवगिरि) के कतगह पर भी अधिकार प्राप्त कर लेंगे और वहां से बहुत से लोगों को लेकर दुष्ट सरतेज़ पर आक्रमण कर देंगे।" सरदार यह सुन कर उस बुद्धिमान खान के आदेशों का पालन करने के लिए कटि-बद्ध हो गये। दूसरे दिन प्रातः काल सेना ने दौलताबाद की ओर प्रस्थान किया। जब शिथिल सरतेज़ को ज्ञात हुआ कि सेना ने बुरुम की सीमा पार करली है तो वह युद्ध के लिये गुलबर्गा से शीघ्रातिशीघ्र चल पड़ा। (५४४)

ज़फ़र खां तथा सरतेज़ का युद्ध एवं ज़फ़र खां की विजय—

जब ज़फ़र खां गोदावरी पहुंचा तो उसने सेना को आदेश दिया कि वह कूक के मार्ग पर प्रस्थान करे। जहां कहीं से सम्भव हो नौकायें एकत्र की जायें और प्रत्येक स्थान से सेना इकट्ठी की जाय। वह नदी पार करके दौलताबाद की ओर प्रस्थान करना चाहता था। उसी समय एक गुप्तचर ने यह सुखद समाचार सुनाया कि सरतेज़ इस ओर युद्ध के लिये सेना लेकर आ रहा है। खान ने यह सुन कर शत्रुओं के विनाशक हुसेन (हथिया) को आदेश दिया कि वह अपने यज़कियों (अग्रिम दल) को आगे ले जाकर दुष्टों के यज़कियों (अग्रिम सेना) पर आक्रमण कर दे। वह वीर २० अथवा ३० सवारों को लेकर शीघ्रातिशीघ्र चल खड़ा हुआ। दाम खेड़ा में उसे शत्रुओं के यज़क (अग्रिम दल) दृष्टिगोचर हुये। मुबारक को जो बद्दा के नाम से प्रसिद्ध था, दुष्ट सरतेज़ ने ३०० सवारों को देकर भेजा था। वीर हुसेन ने उसे देख कर उसे क्षण भर भी अवसर मिलने न दिया। (५४५) वह अचानक दुष्ट की सेना पर टूट पड़ा और उसे छिन्न-भिन्न कर दिया। मुबारक को अपने हाथ पैर की सुध बुध न रही और वह बीर (बीड़) की ओर भाग गया। उसकी सेना का बहुत बड़ा भाग बन्दी बना लिया गया।

हुसेन (हथिया) दुष्ट की सेना को पराजित करके अपनी सेना के शिविर को लौट आया। उसकी विजय को ज़फ़र खां ने बड़ा शुभ चिह्न समझा। वह उसी समय गोदावरी से पलट कर महवा घट्टी की ओर लपका। जिस समय खान बड़े वेग से बढ़ रहा था, उसे मार्ग में आता हुआ एक व्यक्ति मिला। उससे उसने सरतेज़ के समाचार पूछे। उस बुद्धिमान पुरुष ने कहा कि "सरतेज़ वीर पार कर चुका है। महवा की ओर उसने सिन्धतन में एक कटघर बना लिया है। अपने एक ओर नहर को करके उसने भागने का मार्ग बन्द कर लिया है।" यह सुन कर

ख़ान ने महवा की ओर सेना लेकर सीधे प्रस्थान किया। जब वह सिन्धतन पहुंचा तो शत्रु को सामने छोड़ कर वह अपने विरोधियों के पीछे की ओर बढ़ा।

जब प्रातः काल उसकी सेना पहुँच गई तो उसने अपनी सेना को चारों ओर फैला दिया। इस्कन्दर ख़ाँ तथा क़ीर ख़ाँ को अग्रिम भाग में नियुक्त किया। उलुग़ ख़ाँ को दाहिनी पंक्ति में स्थान दिया जिससे वह शत्रु के बाँये भाग को नष्ट करदे। हुसेन को उसकी सहायता के लिये नियुक्त किया। अली लांची तथा शरफ़ बाईं पंक्ति में नियुक्त हुये। (५४६) मध्य भाग में वह स्वयं विराजमान हुआ। उस ओर सरतेज़ ने सोचा कि यह सेना अचानक पहुंच गई है। यही अच्छा है कि मैं अपने कटघर में बन्द रहूं और युद्ध करने के लिये न निकलूं। उसने सेना को आदेश दिया कि प्रत्येक भाग पर दृष्टि रखे; कोई भी कटघर के बाहर न निकले तथा कटघर के भीतर ही युद्ध करता रहे। ज़फ़र ख़ाँ ने जब यह देखा कि शत्रु अपने स्थान पर जमा हुआ है तो उसने अपनी सेना को आदेश दिया कि वे अपने स्थान से प्रस्थान करें और कटघर पर आक्रमण करें। प्रत्येक वीर अपने अपने दल के साथ विद्युत तथा मेघ के समान गर्जना करता हुआ अग्रसर हुआ। अली लाची ने बाईं पंक्ति से सेना आगे बढ़ाई। जब वह चीत्कार करता हुआ कटघर के निकट पहुँचा तो सरतेज़ को युद्ध के अतिरिक्त कोई उपाय दृष्टिगोचर न हुआ। (५४७)

सरतेज़ की सेना के आक्रमण से सगर की सेना बड़ी भयभीत हो गई। वे उस आक्रमण से भागना ही चाहते थे कि ज़फ़र ख़ाँ ने मध्य भाग से घोड़ा बढ़ा कर सगर की सेना को ललकारा कि 'हे कायरो! मत भागो। क्षण भर के लिए मेरी लीला देखो'। यह कह कर वह चीत्कार करता हुआ कटघर के निकट पहुंचा। उसकी सेना ने उसे जब इस प्रकार बढ़ते हुये देखा तो इस्कन्दर ख़ाँ, क़ीर ख़ाँ तथा हुसेन एवं अन्य सरदार दुष्ट के कटघर पर टूट पड़े। उन तीनों सिंहों ने क़ुबूलाये लाहौर (सरतेज़) को पराजित कर दिया। अली चरग़दी भी उसी सेना में था। वह भी पराजित हुआ। अली तथा क़ुबूला (सरतेज़) के भागने पर प्रत्येक सैनिक भाग गया। ज़फ़र ख़ाँ ने अपने सरदारों को आदेश दिया कि वे प्रत्येक दिशा से कटार निकाल कर टूट पड़ें। जैसे ही ख़ान कुछ पग आगे बढ़ा, समस्त सेना कटघर पर टूट पड़ी। चारों ओर रक्त-पात देख कर सरतेज़ के लिए भागने के अतिरिक्त कोई उपाय न था किन्तु इस भागने से कोई लाभ न था, क्योंकि उसका मार्ग अवरुद्ध था। वह एक बाण द्वारा आहत होकर पिपासा की व्याकुलता के कारण नदी की ओर भागा। बड़ी कठिनाई से उसने नदी पार की और घोड़े पर ठहरने के योग्य न रहने के कारण घोड़े से गिर पड़ा। (५४८)

सरतेज़ की सेना का भागना तथा सरतेज़ का मारा जाना—

उसके एक मित्र ने उसके पास पहुंच कर उसे पहचान लिया उसने सोचा कि "इस दुष्ट तथा अत्याचारी ने बहुत से राज्य तथा नगर नष्ट कर दिये हैं। मैं यदि उसका सिर काट लूं तो उचित है।" अतः उसने उसका सिर काट डाला और उसे ख़ान के पास लाया। ख़ान ने सरतेज़ का सिर देख कर आदेश दिया कि उसे भाले की नोक पर रख कर फिराया जाय। सरतेज़ का जामाता, क़मर जो रक्तपात में उसका बहुत बड़ा सहायक था, बन्दी बना लिया गया। वह बहुत घायल हो चुका था। वीरों ने उसका भी सिर काट डाला। उपद्रवियों के नेता महमूद का भी सिर काट डाला गया ताकि उपद्रव कम हो जाय। एक दूसरा समूह भी अपनी दुष्टता के कारण बन्दी बना लिया गया। ताज क़िलाता, सैफ़ अरब, जो धर्म (इस्लाम) का दिन रात विनाश किया करते थे, तथा पिथौरा, गंधरा, एवं दुष्ट शिवराय का, जो प्रत्येक स्थान के मुक्ता थे, विनाश कर दिया गया और कोई भी सिन्धतन से बच कर न जा सका। सवार

भागते हुये नदी में गिर गये। (५४९) भागी हुई सेना ने क्षमा-याचना की और उन्हें क्षमा प्राप्त हो गई।

मलिक ताजुद्दीन विजय के लिये बीड़ गट्टी (घाटी) की ओर भेजा गया। सेना को अत्यधिक धन सम्पत्ति प्राप्त हुई (५५०) ज़फ़र खां ने शत्रु पर विजय प्राप्त करने के उपरान्त समर भूमि से प्रस्थान किया। एक बहुत बड़ी सेना दौलताबाद की ओर चल खड़ी हुई। (५५१)

ज़फ़र ख़ाँ का दौलताबाद की ओर प्रस्थान, क़िले के बन्दियों की मुक्ति तथा जौहर का भागना—

जौहर यह समाचार सुन कर धार की ओर भाग गया और क़िले वालों को मुक्ति प्राप्त हो गई। नासिरुद्दीन ने, जो छः मास से बन्दी था, क़िले से निकल कर ईश्वर के प्रति कृतज्ञता प्रकट की। तत्पश्चात् उसने सोचा कि "हसन के अतिरिक्त कोई भी राज्य के योग्य नहीं। मुक्त होने के उपरान्त मेरे लिये यही अच्छा है कि मैं उसके चरणों पर अपना शीश नवाऊँ।" उसने अपने सरदारों को बुला कर उनसे परामर्श किया। वे भी उससे सहमत थे। (५५२) तीसरे दिन विजयी खान नगर में प्रविष्ट हुआ। नासिरुद्दीन एक हाथ में तलवार तथा एक हाथ में चत्र लेकर मार्ग में आगे बढ़ा। उसने कहा "मैं आपका चत्रदार[1] हूं तथा आपकी तलवार ने मुझे मुक्ति दिलाई है।" खान ने उसे देख कर उसका बड़ा आदर सत्कार किया और कहा, "तू अपना चत्र अपने ही सिर पर रखे रह। वीरों के हाथ में केवल तलवार सौंप दे।" नासिरुद्दीन ने उसे अपनी बात स्वीकार न करते देख कर कहा, "चूंकि ईश्वर ने आपको विजय प्रदान की है, अतः आप का सिर चत्र का पात्र है। यदि मेरा मुख मुकुट तथा सिंहासन के योग्य होता तो मेरा भाग्य मेरा विरोधी न हो जाता। यदि आप इसे स्वीकार न करेंगे तो मैं भिखारियों के वस्त्र धारण करके इस राज्य से निकल कर कहीं चला जाऊँगा।" (५५३) तत्पश्चात् उस चत्र की छाया बादशाह के सिर पर कर दी और स्वयं कुछ पीछे हट कर भूमि-चुम्बन किया और बड़ी प्रसन्नता से उसके सम्मुख खड़ा हो गया।

सुल्तान अलाउद्दीन बहमन शाह का सिंहासनारोहण—

शुक्रवार, २४ रबीउस्सानी ७४८ हि० (३ अगस्त, १३४७ ई०) को ६ घड़ी दिन चढ़ने पर वह राजसिंहासन पर आरूढ़ हुआ। उसकी उपाधि अलाउद्दीन हुई। उसका नाम बहमन था और उसका चरित्र फ़रीदूं[2] के समान था। उसकी कुन्नियत[3] अबुल मुज़फ़्फ़र रखी गई। (५५४) बादशाह ने अपने पुत्र मुहम्मद को अपनी प्राचीन पदवी, ज़फ़र खाँ की दी और उसे ख्वाजये जहाँ किया। इस्कन्दर खाँ बारबक नियुक्त हुआ। शाह बहराम वकीलदर, तथा उमर उसका नायब नियुक्त हुआ। नत्थू, शेर ख़ाँ बनाया गया। हुसामे दबल इलची, नायब वज़ीर; मलिक हिन्दू एमादे ममालिक, जैद का पुत्र क़ुतुबेमुल्क, सैयिद रज़ी उद्दीन, फ़तह मुल्क; शम्स रशीक़ी खास हाजिब, मलिक शादी नायब बारबक तथा हुसेन गर्शास्प नियुक्त हुये। (५५५) वह क़ुराबक मैसरा भी नियुक्त हुआ। शम्सुद्दीन, पीगू का पुत्र क़ुराबक मैमना नियुक्त हुआ। शरफ़ पारसी उमदतुलमुल्क बनाया गया। इलियास ज़हीर जयूश नियुक्त हुआ। मलिक बैराम क़ुराबक मैसरा तथा अलाउद्दीन क़ुराबक मैमना नियुक्त किये गये। ताजुद्दीन, ताजुलमुल्क तथा नजमुद्दीन, जो धार की सीमा से आया था, नसीरे ममालिक बनाये गये। नसीर तुग़लची अज़्दे मुल्क तथा राजसिंहासन का रक्षक नियुक्त हुआ। हुसेन इब्ने (पुत्र) तूरान संसार के बादशाह

१ शाही छत्र का रक्षक।

२ ईरान का एक प्राचीन प्रसिद्ध बादशाह जिसका राज्य ईसा से ७५० वर्ष पूर्व बताया जाता है।

३ पिता के सम्बन्ध से पुकारने का नाम।

का खाज़िन बनाया गया। मुहम्मद क़दर खाँ अजदरेमुल्क हुआ। मुबारक खाँ का पुत्र शहनये पील हुआ। उसकी पदवी सुल्तान ने परवेज़ रखी। अबू तालिब सर दावतदार तथा मलिक शादी बादशाह के खरीताकश नियुक्त हुये। अहमद हस्ब तथा दहशेर का पुत्र ताजुद्दीन मुख्य जानदार नियुक्त हुये। वे दाहिनी तथा बाईं ओर दूरबाश रखते थे। बहराम नायबे अर्ज़ तथा मलिक छज्जू सभी हाजिबों का सरदार (सैयिदुल हुज्जाब) नियुक्त हुये। क़ाज़ी बहा हाजिबे क़ज़िया, रजब शहनये बारगाह तथा खिज्र उसका नायब, नियुक्त हुये। (५५६)

क़ीमाज़ आखुरबके मैसरा तथा खुलासा आखुरबके मैमना नियुक्त हुये। महमूद बादशाह के दस्तरख्वान का शहना तथा शिहाब कुनरबाल सर आबदार नियुक्त हुये। शेरे जालोर सहमुल हशम तथा अली शाह सर परदादार नियुक्त हुये। प्राचीन खान अपने-अपने पदों पर विराजमान रहे। उन सब लोगों ने अपनी राजभक्ति प्रदर्शित की। बादशाह ने प्रत्येक को भिन्न-भिन्न स्थान (राज्य) प्रदान किये और उनकी सेना में वृद्धि कर दी। उसके आदेशानुसार सभी अपनी-अपनी अक़्ता को चले गये। ख्वाजये जहाँ (मुहम्मद) ने गुलबर्गे से मिर्ज की ओर सेना लेकर प्रस्थान किया। इस्कन्दर खाँ तथा क़ीर खाँ ने कोएर तथा बिदर की ओर प्रस्थान किया। वीर हुसेन खन्दार (क़न्धार) की ओर रवाना हुआ और उसने बहुत से विद्रोहियों का रक्तपात किया। क़ुतुब मलिक महन्द्री की ओर तथा सफ़दर खाँ ने सगर की ओर प्रस्थान किया। (५५७)

सरदारों की ओर से चिन्ता—

जब सेना इक़लीमों (प्रान्तों) में चली गई तो शहंशाह दौलताबाद में रह गया। वह सोचने लगा कि "संसार से राजभक्ति का अभाव हो गया है। मेरे सम्मुख सभी प्राण त्यागने पर सन्नद्ध रहते हैं किन्तु दूर जाकर नाम भी नहीं लेते। सरदार अपनी अपनी अक़्ता में व्यस्त हैं। दाहिने तथा बायें, शत्रु मेरी घात में लगे हैं।" रात्रि में उसने एक स्वप्न देखा जिससे वह संतुष्ट हो गया। (५५८-५५९)

एमादुलमुल्क तथा मुबारक खाँ का तावी नदी की ओर आक्रमण तथा शत्रुओं के थानों का विनाश—

बादशाह ने सरदारों को आदेश दिया कि वे शत्रु पर आक्रमण करें; सागौन घट्टी को पार करने के उपरान्त शत्रुओं के हितैषियों के शीश काटलें। एमादे ममालिक ने शाह के आदेशानुसार शत्रु की सीमा पर सेना भेजी। मुबारक खाँ के साथ उसने तावी की सीमा पर आक्रमण किया। सर्व प्रथम दाँगरी पर आक्रमण किया। दाँगरी के बुर्ज पृथ्वी पर गिरा दिया। दुष्ट राम नाथ का सिर काट डाला। वहाँ से चंचवाल पर चढ़ाई करके वहाँ का क़िला तोड़ डाला। उस क़िले से अत्यधिक दास प्राप्त हुये। ढाल महला का सिर काट डाला गया। उसने दो तीन बार तावी नदी तक आक्रमण किया।

अमीरों का अपनी अक़्ताओं की ओर प्रस्थान तथा उनकी विजय—

गर्शास्प ने बादशाह के आदेशानुसार देवगीर (देविगिरि) से कोटगीर की ओर प्रस्थान किया। (५६०) खन्दार (क़न्धार) में उस समय मुसलमानों की एक सेना थी जो अलराज की सहायक थी। उन लोगों ने एक दिन कोलाहल करके उस क़िले पर अधिकार जमा लिया। अलराज यह सूचना पाकर आधी रात में क़िले से भाग खड़ा हुआ। गर्शास्प ने यह सुन कर उनकी बड़ी प्रशंसा की। उसी समय उसने खन्दार (क़न्धार) की ओर प्रस्थान किया। वहाँ वाले उसके चरणों का चुम्बन करने के लिये उपस्थित हो गये।

वहाँ से उसने कोटगीर (कोटगिरि) की ओर प्रस्थान किया। दूंगर का राय उसमें बन्दी बना लिया गया। उस क़िले में हिन्दुओं का एक समूह रह गया था। गर्शास्प ने बाहर से हिन्दुओं को बुरी तरह परेशान कर दिया। हिन्दू उसके वाणों के भय से क़िले के बाहर बहुत कम सिर निकालते थे। कुछ लोगों ने अपने प्राणों के भय से सेना को क़िले में प्रविष्ट होने का मार्ग दे दिया। दूंगर का राय किसी न किसी युक्ति से भाग गया। जब गर्शास्प ने कोटगीर (कोटगिरि) पर अधिकार जमा लिया तो उसने देवगीर (देवगिरि) में संदेशवाहक प्रेषित करके बादशाह के पास उस विजय के सुखद समाचार लिख भेजे। बादशाह ने उस विजय पर ईश्वर के प्रति कृतज्ञता प्रकट की। (५६१) नगर में आनन्द मनाया गया।

क़ुतुबुलमुल्क का सैयिदाबाद अथवा महंद्री पर आक्रमण—

क़ुतुबुलमुल्क ने बादशाह के आदेशानुसार सेना लेकर प्रस्थान किया। बुरुम पहुँच कर, उस पर अधिकार जमा लिया। तत्पश्चात् उसने अकलकोट विजय किया। वहाँ से उसने महन्द्री पर आक्रमण किया। जिस अधिकारी ने भी विरोध किया, उसकी हत्या कर दी गई। जिसने आज्ञाकारिता स्वीकार करली, वह क्षमा कर दिया गया और उसकी अक़्ता सुरक्षित रह गई। किसी को लोहे (शक्ति) से, तो किसी को लोभ द्वारा अधिकार में किया गया। उसके भाग्य से थोड़े से सवारों द्वारा तीन चार क़िलों पर अधिकार जमा लिया गया।

क़ीर ख़ाँ की कल्यान पर विजय—

क़ीर ख़ाँ ने कल्यान पर चढ़ाई की। (५६२) क़िले वालों ने द्वार बन्द कर लिये। यदि वे बाहर निकलते तो परास्त हो जाते। अत्याचारियों पर रात्रि में वाणों की वर्षा होने लगी और अरादों तथा मग़रिबी का प्रयोग होने लगा। पाँच मास तक इसी अवस्था में रहने के कारण प्रत्येक व्यक्ति कष्ट से व्याकुल हो गया। जब भोजन सामग्री समाप्त हो गई तो प्रत्येक दिशा से क्षमा-याचना होने लगी। इस प्रकार वे अपमानित होकर बाहर निकले किन्तु ख़ान ने उन्हें क्षमा कर दिया था; अतः किसी ने किसी को कोई हानि न पहुँचाई। वह स्वयं क़िले के द्वार पर बैठ गया और लूट मार रोक दी। (५६३) विजय के उपरान्त क़ीर ख़ाँ ने विजय पत्र बादशाह के पास भेज दिया। बादशाह इससे बड़ा प्रसन्न हुआ। एक सप्ताह तक नगर में आनन्द मनाया गया।

इस्कन्दर ख़ाँ का बिदर पर आक्रमण तथा मलीखेड़ पर चढ़ाई—

इस्कन्दर ख़ां ने बिदर पहुँच कर अपनी समस्त अक़्ता अपने सेवकों में वितरण करदी। प्रत्येक को उसकी योग्यतानुसार ग्राम प्राप्त हो गये। तत्पश्चात् ख़ान ने कहा, "सैनिक युद्ध के नये अस्त्र-शस्त्र तैयार करें।" जब सेना तैयार हो गई तो उसने एक दिन बाहर शिविर लगाये। दूसरे दिन उसने मलीखेड़ पर चढ़ाई की। जब सेना मलीखेड़ पहुंच गई तो हिन्दुओं की एक सेना ने उन पर आक्रमण किया। तुर्कों ने बहुत से हिन्दुओं की हत्या कर डाली। हिन्दू क़िले की ओर भाग खड़े हुये। वीरों ने हिन्दुओं का पीछा किया। (५६४) जो लोग बाहर थे, वे अश्वों के सुमों द्वारा कुचले गये। अन्य आहत होकर दुर्ग में भाग गये। हिन्दुओं ने दुर्ग का विनाश देख कर आज्ञाकारिता स्वीकार करली। वहाँ से सेना अपने राज्य को लौट गई।

इस्कन्दर का कापानीड के पास पत्र भेजना—

एक दिन ख़ान ने सोचा कि यद्यपि संसार के बादशाह के पास हाथी के अतिरिक्त सभी

वस्तुयें हैं, फिर भी इस स्थान के घोड़ों ने इस प्रकार के पशु नहीं देखे हैं। अतः यदि घोड़ों को हाथियों के देखने का अभ्यास हो जाय तो वे हाथियों के सामने से बहुत कम भागा करेंगे। यह सोच कर उसने एक योग्य व्यक्ति तिलंग में कापा (नीड) के पास भेजा और उसे मैत्री भाव से परिपूर्ण एक पत्र लिखा कि "हम दोनों पड़ोसी के नाते एक दूसरे की मित्रता तथा सहायता के लिए वचन-बद्ध हो जायँ।" (५६५)

कापानीड का उत्तर—

कापा के पास जब यह पत्र पहुँचा तो जो कुछ इसमें लिखा था उसे पढ़ कर वह बड़ा प्रसन्न हुआ और उसे तुरन्त एक पत्र लिखवाया कि "तू शीघ्र मेरे पास आ जिससे हम आलिंगित हों और शाह के पास आज्ञाकारियों के समान उपहार भेजें।" (५६६)

तिलंग की ओर इस्कन्दर ख़ाँ का प्रस्थान तथा दो हाथी प्राप्त करके राजधानी को भेजना—

कापा का उत्तर पाकर वह शीघ्रातिशीघ्र सेना लेकर बिदर से तिलंग की ओर चल खड़ा हुआ। जब वह (कापा) के राज्य की सीमा पर पहुंचा तो (कापा) यह समाचार पाकर खान के स्वागतार्थ कुछ फ़रसंग आगे गया। जब कापा की सेना दृष्टिगोचर हुई तो वह सिंह अपनी सेना से पृथक् होकर (राय) की सेना की ओर बढ़ा। दोनों आलिंगित हुये। राय उसे देख कर बड़ा प्रभावित हुआ। वार्त्ता के उपरान्त ख़ान ने उसे बहुत से उपहार भेंट किये। (५६७) कापा ने ख़ान का बड़ा आदर-सम्मान किया और उसके सभी उपहार स्वीकार किये। तत्पश्चात् ख़ान. राय को अपने शिविर में ले गया। दोनों सेनायें तीन दिन तक वहाँ शिविर लगाये रहीं। तीन दिन के उपरान्त ख़ान राय के शिविर में विदा होने के लिये गया और उससे निवेदन किया कि वह शाह के पास उपहार स्वरूप दो हाथी प्रेषित करे। राय ने उत्तर दिया कि "मैं भी यही उपहार शाह के पास भेजने वाला था किन्तु तू दो तीन दिन तक इस स्थान पर और ठहर जिससे मैं तुझे जी भर कर देख लूँ।" दो तीन दिन तक ख़ान राय का अतिथि रहा। तत्पश्चात् उसने सामान बाँधने का आदेश दिया और स्वयं राय के शिविर में विदा होने के लिये गया। (५६८) राय ने उससे इतने शीघ्र विदा न होने का आग्रह किया किन्तु ख़ान ने स्वीकार न किया। कापा ने उसे दो हाथी बादशाह के पास भेजने के लिये तथा ख़ान को अत्यधिक उपहार प्रस्तुत किये तत्पश्चात् मित्रता के लिये पुनः वचन-बद्ध होकर दोनों विदा हुये। ख़ान ने बिदर पहुँच कर दोनों हाथी, जो पर्वत के समान थे, शाह के पास भेज दिये। शाह ने बिना किसी परिश्रम के हाथी प्राप्त करना अपने लिये बड़ा शुभ समझा और ख़ान के पास, जिसे वह अपना पुत्र कहता था, एक चत्र भेजा। (५६९)

अकार की ओर नासिरुद्दीन का प्रस्थान तथा नरायण द्वारा बन्दी बनाया जाना—

शाह ने नासिरुद्दीन को अपना हितैषी देख कर अकार नामक स्थान प्रदान किया। वह आनन्द विभोर होकर वहाँ पहुँचा किन्तु वह शीघ्र मार्ग-भ्रष्ट हो गया। नरायण ने उसे भ्रम में डाल कर छल द्वारा उसके साथियों की हत्या करा दी और उसे बन्दी बना लिया। सरदारों को चाहिये कि वे बुद्बुद् के समान प्रत्येक पवन के झोंके से जल पर हिलते न रहें। वे अपने किसी कार्य में असावधान न हों और सर्वदा सचेत रहें। वे दो तीन बुद्धिमानों को सदैव अपने साथ रखें। (५७०) उनसे प्रत्येक कार्य में परामर्श करते रहें। अन्यथा असावधानी के कारण उन्हें कष्ट होगा और अन्त में लज्जित होना पड़ेगा।

गुलबर्गे की ओर ख्वाजये जहाँ का प्रस्थान तथा विजय—

ख्वाजये जहाँ (मुहम्मद पुत्र ऐनुद्दीन वज़ीर बहमनी) ने मिर्ज से गुलबर्गे पर आक्रमण किया। क़ुतुवेमुल्क (पुत्र जैद बहमनी) महन्द्री से उसकी सहायतार्थ पहुंचा। कुछ समय तक वह गुलबर्गे में विध्वंस कराता रहा। जब वह पूरा स्थान अधिकार में आ गया तो उसने दुष्ट बूजा पर आक्रमण किया और उसके प्राचीन दुर्ग को घेर लिया। दुर्ग के एक ओर पत्थर फेंकने के लिए मन्जनीक़ लगवा दी। उसके चारों ओर दो तीन अरादे भी लगवाये गये। (५७१) क़ुतुबेमुल्क ने सभी बुर्जों को हानि पहुंचाई। बूजा ने दुर्ग का विनाश होते देख कर प्रसिद्ध कर दिया कि 'अब कोई चिन्ता नहीं। सुल्तान मुहम्मद धार से लौट कर इस स्थान को पहुंचने ही वाला है।' कभी वह पताका पर काग़ज़ बाँध कर दिखाता कि सुल्तान की ओर से यह फ़रमान प्राप्त हुआ है। जब क़िले में अनाज न रहा तो क़िले के कुछ लोग जो बड़े दुःखी थे एक बुर्ज से कमन्द[1] डाल कर नीचे उतर आये। सेना यह देख कर चारों ओर से क़िले पर टूट पड़ी। क़िले में भगदड़ मच गई। आक्रमणकारियों ने अत्यधिक धन-सम्पत्ति प्राप्त की। (५७२) गुलबर्गे की विजय के उपरान्त विजय के समाचार, शाह को लिख भेजे गये। तत्पश्चात् वज़ीर के आदेशानुसार एक सप्ताह तक आनन्दोल्लास मनाया जाता रहा; रात दिन संगीत तथा नृत्य का आयोजन होता रहा।

आज़म हुमायूं ख्वाजये जहाँ द्वारा गुलबर्गे की सुव्यवस्था—

तत्पश्चात् वज़ीरे ममालिक (ख्वाजये जहाँ) राजगद्दी पर आरूढ़ हुआ। (५७३) बड़ों को अग्रता प्रदान की। छोटों को कृषि के लिए तैयार किया। राज्य में न्याय का मार्ग खोल दिया; किसी को बल-पूर्वक तो किसी को लोभ द्वारा अपने वश में कर लिया। उसने वह राज्य सुव्यवस्थित कर दिया।

सगर की सेना द्वारा सफ़दर ख़ाँ की हत्या—

आज़म हुमायूँ (ख्वाजये जहाँ) शासन प्रबन्ध के कार्य से निश्चिन्त होकर गुलबर्गे में आनन्द-पूर्वक समय व्यतीत करने लगा। (५७४) एक दिन एक दूत ने आकर यह समाचार पहुँचाये कि सगर की सेना में एक उपद्रव उठ खड़ा हुआ है। सफ़दर ख़ाँ किम्बा नामक क़िले को विजय करने का प्रयत्न कर रहा था। नौ मास तक उस क़िले वाले द्वार बन्द किये रहे। क़िले में अनाज न रहा और लगभग ३० हजार मनुष्य मृत्यु को प्राप्त हो गये किन्तु इसी बीच में मुहम्मद इब्ने (पुत्र) आलम ने अचानक विद्रोह कर दिया। नत्थू अलमबक उसका सहायक हो गया। उन्होंने सेना में विद्रोह करके सफ़दर ख़ाँ का सिर काट डाला। अली लाचीं तथा फ़खरुद्दीन मुहरदार बहाना करके भाग गये। किम्बा से सेना सगर को चल दी। उस (ख्वाजये जहाँ) ने यह सुन कर उन पर आक्रमण करना निश्चय कर लिया। (५७५)

ख्वाजये जहाँ का सगर की सेना को पत्र—

उसने आलम के पुत्र (मुहम्मद) को पत्र लिखवाया कि "सुना जाता है कि तू ने वीरों के सिर काट डाले हैं किन्तु अब निश्चिन्त होकर इस स्थान को चला आ। वहाँ किसी योग्य व्यक्ति को क़िले की कुंजी सौंप दे अन्यथा तेरे पास कुछ न रह जायेगा" किन्तु उसने धन के बल पर इस ओर कुछ ध्यान न दिया। (५७६) उसने एक योजना बनाई जिसके द्वारा अपने ही पाँव में कुल्हाड़ी मार ली। उसने नत्थू अलमबक से कहा कि "तू गुलबर्गे जाकर

१ एक प्रकार की फन्देदार रस्सी जिसे क़िले पर फेंक कर क़िले पर चढ़ जाते अथवा उतर आते थे।

निवेदन कर कि वह वीर (सफ़दर) हमारे ऊपर रात दिन अत्याचार किया करता था। जब उसका अत्याचार बहुत बढ़ गया तो उसका शरीर क़ब्र के योग्य बन गया। यदि स्वामी मुझ से यह राज्य छीन लेगा तो उसे अन्त में लज्जा का प्याला पीना पड़ेगा। यदि वह मेरा राज्य मेरे पास रहने दे तो मैं उसका आज्ञाकारी तथा उसका भक्त रहूँगा और उसके आदेशानुसार प्राणों की बलि दिया करूँगा। मेरे पास एक वीर सेना है और कोई भी इस स्थान पर बल-पूर्वक अधिकार नहीं जमा सकता।" जब नत्थू गुलबर्गा पहुँचा और स्वामी (ख़्वाजये जहाँ) ने उसकी कथा सुनी तो उसने उसे नगर में बन्दी बना लेने का आदेश दे दिया और शाह के पास समस्त हाल लिख भेजा। शाह ने उसके पास तुरन्त आदेश भेजा कि वह शीघ्र प्रस्थान करे और भंवरी नदी (कदाचित भीमा) को पार करे और रात दिन सेना नदी तट पर रखे। (५७७)शाह का फ़रमान प्राप्त करके उसने सगर की ओर चढ़ाई की और भंवरी पार करली। कलकुरू ग्राम से चारों ओर सेना भेजी। सेना ने शत्रुओं के ग्रामों पर आक्रमण करके सगर निवासियों को भयभीत कर दिया। मुहम्मद (पुत्र आलम) कभी युद्ध करता और कभी सन्धि का प्रयत्न करता। कभी युद्ध के लिये सेना भेजता, कभी छल के पत्र लिखता। जब इस प्रकार एक दो मास व्यतीत हो गये तो शहंशाह ने राजधानी से प्रस्थान किया।

शाह का सुखद स्वप्न तथा शाही पताकाओं का सगर की ओर प्रस्थान—

बादशाहों में तीन आदतें होती हैं : (१) जिन पर अत्याचार हो रहा हो उनका न्याय करना; (२) दीनों को धन प्रदान करना; (३) ईश्वर की उपासना। इस युग में इस प्रकार का कोई अन्य बादशाह दृष्टिगत नहीं हुआ। (५७८) उसकी पदवी अलाउद्दीन है। उसने एक रात्रि में एक स्वप्न देखा जिसमें उसे विजय के शुभ समाचार प्राप्त हुये। उसने देखा कि तुग़लुक़ का पुत्र, जो धर्म का विनाशक है और जिसने हज्जाज[1] की प्रथा प्रचलित कर रक्खी है, भूमि पर तृषित पड़ा है; उसके सिर और आँख पर धूल पड़ी है; उसकी जिह्वा मुंह से निकली है और उसका वस्त्र मानों कफ़न (शव वस्त्र) है। उसके साथी जल की खोज में दौड़ रहे हैं किन्तु जल अप्राप्य है। बादशाह उसे देख कर वहाँ से चल दिया और एक उजाड़ गाँव में पहुँचा। वहाँ से एक वृद्ध मिला जिसने उससे कहा, "तू उस दुष्ट के पास से किस कारण चला आया। ईश्वर तेरा सहायक है। तुझे उससे कुछ भय न करना चाहिये।" (५७९) बादशाह को उस स्वप्न द्वारा विशेष प्रोत्साहन प्राप्त हुआ। उसने सेना को सगर की ओर प्रस्थान करने का आदेश दिया। तत्पश्चात् उसने देवगीर (देवगिरि) में क़दर ख़ाँ, गर्शास्प, एमादे ममालिक, अज़्दे मुल्क, क़िवामुलमुल्क नायब वज़ीर मलिक अज़्दर, शम्सुद्दीन पीगू का पुत्र तथा कजक को रहने का आदेश दिया। दूसरे दिन शाह ने सगर की ओर प्रस्थान किया।

शाही पताकाओं का गुलबर्गे पहुँचना तथा आज़म हुमायूँ ख़्वाजये जहाँ द्वारा स्वागत—

एक दिन आज़म हुमायूँ (ख़्वाजये जहाँ) को दूत ने यह समाचार पहुंचाया कि बादशाह दौलताबाद से इस ओर चल चुका है। (५८०) यह सुन कर वह सेना के अधिकारियों को सावधान रहने का आदेश देकर बादशाह की ओर शीघ्रातिशीघ्र चल खड़ा हुआ और उसी

१ हज्जाज बिन (पुत्र) यूसुफ़ अल सक़फ़ी जो पाँचवें उमय्या ख़लीफ़ा अब्दुल मलिक की ओर से अरब के कुछ भाग तथा एराक़ का शासक था। ६९३ ई० में उसने मक्के में काबे को हानि पहुँचाई। प्रसिद्ध है कि उसने अपने जीवन काल में १२०,००० मनुष्यों की हत्या कराई थी और उसकी मृत्यु के उपरान्त बन्दीगृह में ५०,००० बन्दी थे। उसकी मृत्यु ७१४ ई० में हुई।

दिन शाह के पास पहुँच गया। हाजिबों ने उसके पहुँचने के समाचार पाकर शाह को तुरन्त सूचना दी। शाह ने तत्काल उसे उपस्थित होने की अनुमति दे दी। उसने शाह के समक्ष उपस्थित होकर उसके चरणों का चुम्बन किया। शाह ने उसका शीश अपनी गोद में ले लिया। शाह के पूछने पर उसने सात मास की विजयों की एक एक करके चर्चा की। जब एक घड़ी दिन व्यतीत हो गया तो शाह ने मलिक अशबक से कहा कि "सालारे ख्वान (भोजन का प्रबन्ध करने वाला मुख्य अधिकारी) को भोजन लाने का आदेश दो।" (५८१) शाह के आदेशानुसार नाना प्रकार के भोजन खिलाये गये। भोजन के उपरान्त फ़ुक़ा (एक प्रकार की बिना नशे की मदिरा) पी गई। तत्पश्चात् पान बाँटा गया। भोजन के उपरान्त सरदार, शाह के समक्ष दो पंक्तियों में खड़े हो गये। (५८२)

शाही पताकाओं का गुलबर्गे की ओर प्रस्थान तथा मुहम्मद (पुत्र) आलम एवं अन्य सरदारों का बन्दी बनाया जाना—

दो तीन दिन गुलबर्गे में निवास करके शाह ने सगर की ओर प्रस्थान किया। उसी दिन भंवरी नदी पार कर ली। तीसरे दिन वह अपने उद्देश्य के निकट पहुँच गया। जब आलम के पुत्र (मुहम्मद) को यह हाल ज्ञात हुआ तो उसके मित्रों ने उसे परामर्श दिया कि वह आज्ञाकारिता स्वीकार कर ले। मुहम्मद अपने मित्रों की वार्त्ता से विवश होकर बादशाह की सेवा में उपस्थित होने के लिये उठ खड़ा हुआ। उसने बादशाह के चरणों पर अपना सिर रख कर क्षमा-याचना की। बादशाह ने उसकी हत्या का आदेश न दिया और उसे बन्दी बनवा लिया। (५८३) उसने आदेश दिया कि उसकी धन-सम्पत्ति पर अधिकार जमा लिया जाय। यह कह कर वह सगर की ओर चल दिया और वहाँ पहुँच कर हौज़ के किनारे अपने शिविर लगाये।

सगर नगर की सुव्यवस्था तथा मुबारक ख़ाँ का हरियप के राज्य की सीमा की ओर प्रस्थान एवं उसकी विजय—

जिन लोगों पर अत्याचार किया गया था बादशाह ने उनका न्याय किया। प्रत्येक को उसकी योग्यता के अनुसार सम्मानित किया। एक दिन बादशाह ने सरदारों को आदेश दिया कि वे हरियप (हरिहर के राज्य) की सीमा पर आक्रमण करें। (५८४) उस सेना का सरदार मुबारक ख़ाँ नियुक्त हुआ। क़ुतुबेमुल्क (पुत्र जैद बहमनी) ने अग्रिम दल को लेकर प्रस्थान किया। वे विजय करते हुये बढ़ते जा रहे थे कि उन्हें करीचूर नामक क़िला दृष्टि-गोचर हुआ। जब सरदार उस क़िले के निकट पहुंचे तो उन्होंने तलवारें खींच लीं। उस दिन सायकाल तक युद्ध होता रहा। रात्रि में दुर्गाध्यक्ष ने दुर्ग समर्पित कर दिया और रक्षा की याचना करने लगा। दूसरे दिन सेना सगर की ओर लौट गई और बादशाह के समक्ष लूट की सामग्री प्रस्तुत कर दी। शाह ने सैनिकों की बड़ी प्रशंसा की।

बादशाह का सगर से मंधौल की ओर प्रस्थान तथा खिपरस एवं अन्य विद्रोहियों से धन प्राप्त करना—

दूसरे दिन शाह ने सगर से किम्बा की ओर प्रस्थान किया। खिपरस यह सुन कर अत्यन्त भयभीत हुआ। (५८५) उसने एक पत्र बादशाह के पास भिजवाया जिसमें उसने यह लिखवाया कि 'मैं अपने पापों के कारण शाह के चरणों का चुम्बन करने उपस्थित नहीं हो रहा हूं। यदि शाह मेरे अपराध क्षमा करदें तो मैं दो वर्ष के खराज का भुगतान कर दूंगा।" बादशाह ने उसे क्षमा करके खराज स्वीकार कर लिया और नरायण की ओर चढ़ाई की। दूसरे दिन

वह तालकोटा पहुंच गया।[1] वह क़िले से निकल कर शाह के चरणों का चुम्बन करने के लिये बढ़ा और अपने स्त्री तथा बालक शाह के पैरों पर डाल दिये। शाह ने उसे खिलअत प्रदान की और उसे हाथी पर सवार कराया। (५८६)

क़ाज़ी सैफ़ के दूत का पहुँचना तथा अधीनता-स्वीकृति सम्बन्धी पत्र लाना—

दूसरे दिन बादशाह ने एक बहुत बड़ी सेना लेकर नरायण पर चढ़ाई की। एक पड़ाव पर सैफ़ (क़ाज़ी सैफ़ुद्दीन) के दूत ने उपस्थित होकर उसकी ओर से निवेदन किया कि "वह देहली के बादशाह के अत्याचार देख कर उसकी सेवा के परित्याग के उपरान्त शाह के चरणों का चुम्बन करने आ रहा है।" शाह ने दूत पर विशेष कृपा-दृष्टि प्रदर्शित करके कहा कि वह तुरन्त जाकर अपने स्वामी से कह दे कि वह उससे शीघ्र मिले क्योंकि उसके बिना बहुत से कार्य स्थगित हैं। (५८७) दूत शाह की वार्त्ता सुन कर आनन्दचित्त होकर सैफ़ के पास लौट गया।

क़ाज़ी सैफ़ की बादशाह से भेंट—

अरगह का मुक़्ता सैफ़ देहली के बादशाह की सहायता कर रहा था। वह नरायण के साथ रात दिन प्रयत्नशील रहता था। जब उसने यह सुना कि उस अधर्मी हिन्दू ने नासिरुद्दीन से विश्वासघात करके अतिथियों का रक्तपात किया है तो वह उसका विरोधी हो गया। उसने उसे सूचना भेजी कि "मैं शीघ्र तेरा अभिमान समाप्त कर दूंगा।" तत्पश्चात् उसने सेना लेकर प्रस्थान किया और मार्ग में देवगीर (देवगिरि) के बादशाह से मिला। शाह ने उसे देख कर उसका स्वागत किया। (५८८) उसे आलिंगन किया और उसके सिर पर स्वर्ण न्योछावर किया। उससे कहा, "हे सैफ़! राजभक्तों को अत्याचारी के विरुद्ध न्यायकारी का साथ देना चाहिये। तू ने जो नासिरुद्दीन की सहायता न की, तो उसका कारण भय होगा। इस समय तू इस्लाम की सहायता करने आया है। बुद्धिमान लोगों को ऐसा ही करना चाहिये। अब हम दोनों मिलकर संसार विजय करलें; इस्लाम के शत्रुओं का सिर मिट्टी में मिला दें। एक व्यक्ति समस्त संसार का रक्तपात कर रहा है। हम मिल कर दुष्ट को बन्दी बना लें तथा वीर बन्दियों को मुक्त करा दें। अभी तक ये लोग पापों के कारण दंड देने के लिए जीवित हैं, अतः हे ईश्वर! तू विजय के द्वार खोल दे, लोगों की तोबा स्वीकार कर ले और वे अपने पाप का दंड भोगने से मुक्त हो जायें।" (५८९)

शाही पताकाओं का केन्ह नदी पार करना, नरायण के पत्रों का प्राप्त होना और मन्धौल के क़िले का घेरा जाना—

दूसरे दिन शहंशाह ने सेना लेकर मन्धौल पर आक्रमण करने के लिये प्रस्थान किया। वह प्रत्येक शिकारगाह में शिकार खेलता जाता था। जब उसने केन्ह (कृष्णा) पार कर ली तो शत्रु के प्रदेश नष्ट हो गये। सब लोग क़िलों में घुस गये। नरायण इस समाचार से कि उसका राज्य नष्ट हो रहा है, बड़ा व्याकुल हुआ। उसने एक बुद्धिमान व्यक्ति को शाह के पास भेज कर लिखा कि, "मैं प्राचीन दास हूं। केवल भय के कारण चरण चूमने नहीं आ रहा हूँ। यदि शाह किसी बुद्धिमान को इस ओर भेज दें तो मैं उसे समस्त हाल बता दूं।" शाह ने आदेश दिया कि क़ाज़ी बहा हाजिबे क़ज़िया[2] उस राजद्रोही हिन्दू के पास जाय। (५९०) उससे यह कहे, "हे छली हिन्दू! मैं तुझ से बड़ा रुष्ट हूं। यदि तू अपने भाग्य से यहाँ चला आये तो तेरा घरबार सुरक्षित रह जायगा अन्यथा तेरा विनाश कर दिया जायगा।" नरायण ने यह पढ़ कर क़िला बन्द करना निश्चय कर लिया। वह स्वयं

१ इसके बाद के कुछ छन्दों का पता नहीं।

२ पुस्तक में हाजिबे क़िस्सा है।

जामखण्डी में रह गया। मन्धौल में गोपाल को भेजा। तरदल तथा बगरकोट में भी दो हिन्दू और बहुत बड़ी सेनायें भेजीं। शाह ने यह देख कर सर्व प्रथम मन्धोल नामक क़िले को विजय करना और तत्पश्चात् उस दुष्ट पर आक्रमण करके उसकी हत्या करना निश्चय कर लिया। (५६१)

नरायण की सेना का रात्रि में छापा मारना तथा उसकी सेना की पराजय—

तीसरे दिन उस विरोधी हिन्दू ने रात्रि में छापा मारा। दो सौ सवार तथा एक हज़ार पैदल सैनिक, जिन में हिन्दू तथा दुष्ट मुसलमान दोनों ही सम्मिलित थे, चीत्कार करते हुये शाही सेना के रक्तपात के लिये बढ़े। शहंशाह कोलाहल सुन कर तुरन्त घोड़े पर सवार हुआ और सेना के सरदार भी बाहर निकले। मुबारक खाँ सैफ़, शाह का वकील दर तथा उसका नायब, मलिक अहमद हर्ब और बहुत से सवार एवं प्यादे आक्रमण के लिये अग्रसर हुये। (५६२) जब शाही सेना वाले युद्ध करने को बढ़े तो रात्रि में छापा मारने वाले भाग खड़े हुये। कुछ लोग तो क़िले में घुस गये और कुछ भाग गये। बहुत से हिन्दू बन्दी बना लिये गये और बहुत से हिन्दू वाणों द्वारा मार डाले गये। कुल दस या बीस सैनिक सिंहों के हाथ से बच कर भाग सके। शाही सेना उनका पीछा करती हुई जामखंडी द्वार तक पहुंची और फिर वहाँ से लौट आई। प्रातःकाल बन्दियों में से कुछ को हाथी के पैरों के नीचे कुचलवा दिया गया, कुछ को क़िले के चारों ओर फाँसी देदी गई। उनमें हिन्दुओं का एक प्रसिद्ध नेता भी बन्दी बना लिया गया। शाह ने उसे देख कर फाँसी देने का आदेश दे दिया। उस दिन नरायण की शक्ति बहुत कम हो गई। (५६३) वह इतना भयभीत हो गया कि उसे पुनः रात्रि में छापा मारने की इच्छा न हुई।

शाहज़ादा ज़फ़र खाँ का पहुँचना—

शाहज़ादा ज़फ़र खाँ, जोकि बादशाह का उत्तराधिकारी था, संसार के बादशाह की पताकाओं के मन्धोल पहुंचने की सूचना पाकर अत्यधिक अश्वारोहियों तथा पदातियों को एकत्र करके शाह के चरणों का चुम्बन करने के लिए मिर्ज से चल खड़ा हुआ। अरादे तथा मन्जनीक़ें भी उसने भेजीं। शाह ने राज्य के अधिकारियों को आदेश दिया कि वे सेना के शिविर से दो फ़रसंग आगे शाहज़ादे के स्वागतार्थ प्रस्थान करें। तत्पश्चात् हाजिबों द्वारा उसके पहुँचने की सूचना देने पर, शाह ने उसे उपस्थित करने का आदेश दिया। उसने शाह के समक्ष तीन स्थानों पर धरती पर शीश नवाया। शाह उसे देख कर बड़ा प्रसन्न हुआ। (५६४) तत्पश्चात् उसे आलिंगन किया। उसने शाह के समक्ष अत्यधिक उपहार प्रस्तुत किये। शाह ने उसे खिलअत प्रदान की।

विजयी सेना का मंधौल वालों से युद्ध—

एक दिन समस्त सरदारों ने घट्टप[1] नदी पार करके क़िले पर एक ऐसा आक्रमण किया जिससे वह दुर्ग कम्पित हो उठा। वाणों की वर्षा से प्रत्येक बुर्ज में कोलाहल मच गया। दो तीन बुर्जों का समूल उच्छेदन कर दिया। सेना के वीर क़िले वालों पर वाणों तथा भालों से आक्रमण करने लगे। जब शत्रु का पतन होने लगा तो बादशाह ने हृदय में कहा कि "यदि इस युद्ध में मुसलमानों की हत्या होती रहे और यदि मैं युद्ध के उपरान्त प्रत्येक मुसलमान के बाल के लिए लाखों हिन्दुओं की हत्या करा दूंगा तो भी कोई लाभ न होगा। अत; यही

१ घट्टप अथवा, घटप्रभा, कृष्णा नदी से मिलने वाली एक छोटी नदी।

उचित है कि मैं युक्ति से कार्य करूँ।" (५६५) उस समय शाह ने यह आदेश दिया कि समस्त सेना क़िले से लौट जाय। सभी सरदार क़िले के भिन्न-भिन्न भागों में फैल जायें। उस दिन क़िले वाले बड़े व्याकुल हुये। कुछ तो मारे गये और शेष घेर लिये गये। चार मास तक सेना रक्तपात करती रही। तत्पश्चात् नरायण ने दूत भेज कर क्षमा-याचना की और निवेदन किया कि "मैं केवल भय के कारण उपस्थित न होता था। जब बादशाह का क्रोध शान्त हो जायगा तो मैं शाह के द्वार पर उपस्थित हो जाऊँगा।" उसने दो वर्ष का ख़राज भी भिजवाया। जब हिन्दू ने शाह को जिज़्या देना स्वीकार कर लिया तो दूसरे दिन शाह मन्धौल से मिर्ज की ओर चल पड़ा और दो एक मास तक मिर्ज के क़िले में रहा।

पट्टन की ओर प्रस्थान—

मिर्ज से उसने कौंकन की ओर प्रस्थान किया। (५६६) उसने पट्टन घाटी बड़े वेग से पार की। बलाल को जब उसके आने की सूचना मिली तो वह भाग गया। पट्टन छोड़ कर वह एक पर्वत में घुस गया। दूसरे दिन सेना पट्टन पहुंची। तुर्कों ने हिन्दुओं की धन सम्पत्ति लूट ली। दो तीन सप्ताह तक सेना उस स्थान पर लूट मार करती रही। सभी हिन्दू भयभीत होकर पर्वतों में घुस गये। तत्पश्चात् शाह लूट मार के उपरान्त अपने राज्य की ओर लौट गया। मिर्ज पहुँच कर सेना ने विश्राम किया। शाह उस क़िले में दो एक मास तक भोग विलास में ग्रस्त रहा। तत्पश्चात् उसने सेना लेकर सगर की ओर प्रस्थान किया।

शाही पताकाओं का सगर तथा गुलबर्गे की ओर प्रस्थान—

जब बादशाह सगर के निकट पहुँचा तो प्रत्येक स्थान से ज़मींदारों ने उपस्थित होकर उपहार भेंट किये। दूसरे दिन शाह ने प्राचीन सगर में शिविर लगाये। मुक़्तों को नये आज्ञा-पत्र दिये और उनसे पिछला कर प्राप्त किया। दो तीन सप्ताह तक सेना परगनों से कर प्राप्त करती रही। अक़्ताओं तथा सेना के प्रबन्ध के उपरान्त ग्रामीणों एवं सैनिकों को सुख-सम्पन्न बना कर, उसने भँवरी नदी पार की और गुलबर्गे की अक़्ता में प्रविष्ट हुआ। (५६७) उसने मलीखेड़ तथा सीड़म (के राय) से ख़राज प्राप्त किया। शिव राय ने भी उसके पास ख़राज प्रेषित किया। वहाँ से वह प्रत्येक दिशा में शिविर लगाता तथा शिकार खेलता रहा।

क़ीर ख़ां का कोएर से विद्रोह के विचार से आना तथा उसकी पराजय—

सुना जाता है कि क़ीर ख़ाँ, जिसे अत्याचार द्वारा उन्नति प्राप्त हुई थी, एक दिन धूर्त्तता से बादशाह से आकर मिला। शाह ने उसका स्वागत किया और उसे खिलअत प्रदान की। तीसरे दिन वह षड्यन्त्र का भण्डार उस स्थान से चला गया। शाह ने यह सुन कर उसका तुरन्त पीछा किया और उसके शिविर पर अधिकार जमा लिया। उसकी सेना का बहुत बड़ा भाग नष्ट हो गया। क़ीर ख़ाँ स्वयं एक नदी की ओर भागता हुआ पहुंचा। वह कोएर की ओर भागा। (५६८) शाह यह देख कर अपने शिविर की ओर लौट आया और बन्दियों को मुक्त कर दिया।

शाही पताकाओं का कल्यान पहुँचना तथा इस्कन्दर ख़ां का बादशाह से मिलना—

तत्पश्चात् वह विजयी बादशाह कल्यान पहुंचा और उसने वहाँ का क़िला घेर लिया। कुछ दिन पश्चात् इस्कन्दर ख़ाँ, जिसे शाह अपना पुत्र कहा करता था, उसके चरणों का चुम्बन करने पहुंचा। शाह ने उसे एक चत्र प्रदान किया और उसे आदेश दिया कि वह विश्वासघाती वृद्ध (क़ीर ख़ाँ) पर आक्रमण करे। शाह के आदेशानुसार वह उस दुष्ट वृद्ध के विरुद्ध, जिसका नाम ज़िया इब्ने (पुत्र) फ़ीरोज़ (क़ीर ख़ाँ) था, चल खड़ा हुआ। (५६९)

इस्कन्दर ख़ां का क़ीर ख़ाँ से युद्ध तथा क़ीर ख़ाँ का उसके द्वारा बन्दी बनाया जाना—

इस्कन्दर ख़ाँ लौट कर कल्यान से बिदर की ओर गया और वहाँ से उसने युद्ध करने के लिये कोएर की ओर चढ़ाई की। जब बिदर से निकल कर उसने दो फ़रसंग पर शिविर लगाये तो वह अत्याचारी तथा विश्वासघाती वृद्ध यह समाचार सुन कर कोएर से सेना लेकर निकला और उसने बिदर की सेना के शिविर पर आक्रमण कर दिया। उस वीर ने अपने शिविर से निकल कर बड़े वेग से आक्रमण किया। उस आक्रमण से शत्रु के मध्य भाग की सेना पराजित हो गई और उसने भागने वालों का पीछा किया। सुना जाता है कि वह वृद्ध उस समर भूमि में घात लगाये बैठा था। जब उसने शत्रु द्वारा अपने मध्य भाग की सेना को पराजित होते देखा तो उसने शत्रु के मध्य भाग पर आक्रमण करके उसे पराजित कर दिया और बिदर की सेना का शिविर उसके अधिकार में आ गया। वीर फ़खरुद्दीन बिन (पुत्र) शाबान ने कुछ सवारों को लेकर उस पर आक्रमण किया। क़ीर ख़ाँ ने, जिसके पास बहुत बड़ी सेना थी उस पर आक्रमण किया। फ़खर बिन (पुत्र) शाबान उसका सामना न कर सका। (६००) वह पीछे हटा। अन्त में कुछ वीर युद्ध करने के लिये उसकी सहायता को पहुंच गये। उनमें से एक जौर बिम्बाल अबू बक्र था। कुछ अन्य वीरों ने भी आपस में कहा कि "यदि इस स्थान से हम भागेंगे तो ख़ान को कल कौन सा मुख दिखायेंगे अतः यही उचित है कि हम वीरता से युद्ध करें।" तत्पश्चात् उन लोगों ने एक साथ आक्रमण कर दिया। क़ीर ख़ाँ यह देख कर भाग गया। फ़खर बिन (पुत्र) शाबान ने पीछे से पहुंच कर उसके केश खींच लिये। दोनों अश्वारोही, अश्वों से गिर पड़े। समर भूमि में कोलाहल होने लगा। क़ीर ख़ाँ की सेना ने उसे छुड़ाने का बड़ा प्रयत्न किया किन्तु उन्हें सफलता न हुई। बिदर की सेना को विजय प्राप्त हो गई। क़ीर ख़ाँ को बन्दी बना कर वे ख़ान के पास ले गये। इस्कन्दर ख़ाँ उसे बन्दी देख कर बड़ा प्रसन्न हुआ। (६०१) उसने फ़खर बिन (पुत्र) शाबान को आदेश दिया कि वह विजय-पत्र बादशाह के पास लेजा कर उसे यह सुखद समाचार सुनाये। वह स्वयं रण क्षेत्र से कोएर की ओर चल दिया। वहाँ पहुंच कर उसने वह क़िला घेर लिया।

शाही पताकाओं का कल्यान से प्रस्थान तथा क़िले की विजय—

जब शाही पताकायें कोएर पहुँचीं और इस्कन्दर ख़ाँ को यह हाल ज्ञात हुआ तो वह उस वृद्ध को बन्दी बना कर शाह के चरणों के चुम्बन हेतु आनन्द विभोर होकर गया। शाह ने उसके शीश का चुम्बन करके कहा कि "इसी प्रकार अपने वचन से विचलित न होना चाहिये।" तत्पश्चात् उसने कहा, "यह दुष्ट वृद्ध इस योग्य है कि इसकी तुरन्त हत्या कर दी जाय।" ख़ान ने यह सुन कर कहा कि "मेरे कहने पर इसे क्षमा कर दिया जाय। तत्पश्चात् उसके किले के नीचे शिविर लगाये जायें। यदि वह आज्ञाकारिता तथा अत्याचार से तोबा करना, एवं जिज़या अदा करना स्वीकार कर ले तो शाह उसे क्षमा कर दे अन्यथा उसका सिर तलवार से निःसंकोच काट डाला जायगा।" शाह ने यह सुन कर ख़ान की बात स्वीकार कर ली और राजसी ठाठ से कोएर के क़िले के नीचे शिविर लगाये। (६०२)

इस्कन्दर ख़ाँ की प्रशंसा तथा पुस्तक के समर्पण का उल्लेख—

मैं इस सोच विचार में था कि यह पुस्तक शाह के पास कौन लेजा सकता है कि बादशाह के ख़ास नायबे हाजिब बहाउद्दीन ने, जो इससे पूर्व हाजिबे क़िस्सा था, मुझ से कहा कि "यह बड़ा ही उत्तम हो यदि तू यह पुस्तक इस्कन्दर ख़ान के पास ले जाय। वह तेरे विषय

में शाह से कह देगा।" जब में ने उस बुद्धिमान से यह बात सुनी तो में शाहज़ादे के महल की ओर गया। मुझे कोई भी उसके समान नहीं मिल सका है। वह मानों रुस्तम है। मैं ने उसके जो गुण सुन रखे थे प्रत्यक्ष देख लिये और सुनने की अपेक्षा मुझे उसमें २०० गुणा अधिक दृष्टिगोचर हुये। (६०३)

हिन्दुस्तान तथा सुल्तान अलाउद्दीन खलजी की प्रशंसा एवं मुहम्मद शाह इब्ने (पुत्र) तुग़लुक़ शाह की निन्दा—

हिन्दुस्तान बड़ा ही सुन्दर देश है। स्वर्ग इससे ईर्ष्या करता है। इसकी चारों फ़सलों की वायु स्वर्ग की वायु के समान है। पग पग पर यहाँ नहरें बहती हैं जिनका जल आबे हयात[1] के समान है। उसकी पतझड़ से बहार का जन्म होता है। आँधी भी यहाँ की पुरवा हवा के समान है। प्रातः तथा सायं, प्रत्येक समय यहाँ मनुष्य के लिये आनन्द रहता है। फूलों तथा मेवों की यहाँ अधिकता है। यहाँ की मिट्टी से भी गुलाब के फूल की सुगंध आती है। यहाँ का जल पीकर वृद्ध युवक बन जाता है और मृतक में प्राण आ जाते हैं। जो कोई भी यहाँ दोनों एराक़, सिन्ध तथा अरब से आ जाता है तो फिर उसे अपनी जन्मभूमि कभी याद नहीं आती। (६०४) जो लोग सर्वदा यात्रा करते रहते हैं और जिन्हें कोई स्थान अच्छा नहीं लगता और जो किसी नगर में एक मास भी विश्राम नहीं करते, वे यात्रा करते हुये जब हिन्दुस्तान पहुंचते हैं तो अपनी यात्रा त्याग कर यहीं निवास करने लगते हैं और फिर किसी अन्य स्थान को बहुत कम जाते हैं। नाम[2] के दो एक ही मालियों ने इस उद्यान में पतझड़ तथा बहार का कार्य किया। यद्यपि दोनों का नाम मुहम्मद है किन्तु एक ने अत्याचार (मुहम्मद बिन तुग़लुक़) तथा दूसरे ने (अलाउद्दीन खलजी) सुख पहुँचाया। यदि उस (अलाउद्दीन) ने हिन्द से समुद्र तक के स्थानों पर अधिकार जमाया तो इस (मुहम्मद बिन तुग़लुक़) ने उन्हें खो दिया। जो स्थान उसके न्याय द्वारा आबाद हुये, वे इसके अत्याचार द्वारा नष्ट हो गए। जो स्थान उसके राज्य में आज्ञाकारी थे, वे इसके राज्य में विद्रोही हो गए। जो क़िले उसके राज्य में पद-दलित थे, वे इसके राज्य में आकाश से बातें करने लगे। यदि उसने इस्लाम फैलाया तो इसने अधिकांश स्थानों पर कुफ़ फैला दिया। यदि लोग उसके राज्य में सुख-सम्पन्नता से जीवन व्यतीत करते थे तो इसके राज्य में दीन अवस्था के कारण मृत्यु को प्राप्त हो गए। यदि उसके नाम के सोने के सिक्के चलते थे, तो इसने ताँबे का सिक्का चला दिया। संसार को सुख देने के कारण ईश्वर उसे इसका अच्छा फल देगा। (६०५) इसने इस प्रकार संसार को नष्ट कर दिया है, मुझे ज्ञात नहीं कि वह ईश्वर को क्या उत्तर देगा। इसने कुलीनों (मुसलमानों) का विनाश कर दिया, काफ़िरों की सन्तान को उन्नति दी। इसने बहुत से (सैयिदों) की अत्याचार-पूर्वक हत्या करादी। इससे भगवान् तथा मनुष्य दोनों ही अप्रसन्न हो गये। हिन्दुस्तान में वह दूसरा यज़ीद[3] उत्पन्न हुआ। उसने जितनी बातें कहीं अथवा कीं वे अनुचित थीं। उस दुष्ट ने समस्त हिन्दुस्तान में किसी को जो भी वचन दिया, उसका पालन न किया। विद्रोहियों की शक्ति बढ़ गई। चारों ओर से उपद्रव उठ खड़ा हुआ। प्रत्येक दिशा में किसी न किसी वीर ने विद्रोह कर दिया। प्रत्येक राज्य में दूसरा बादशाह

१ वह जल जिसके पीने के उपरान्त मनुष्य अमर हो जाता है।

२ सुल्तान मुहम्मद अलाउद्दीन खलजी तथा सुल्तान मुहम्मद इब्ने (पुत्र) तुग़लुक़ शाह।

३ उमय्या वंश के संस्थापक मुआविया का पुत्र यज़ीद प्रथम जिसने इमाम हुसैन एवं उनके सहायकों तथा वंश वालों की हत्या कराई। उसकी मृत्यु ६८३ ई० में हुई।

हो गया। माबर में एक पृथक् राजसिंहासन हो गया। वहां एक सैयिद बादशाह हो गया। तिलंग प्रदेश में विद्रोह हो गया। तिलंग का क़िला तुर्कों के हाथ से निकल गया। एक मुर्तद ने कन्नड़ के राज्य पर अधिकार जमा लिया। उसने गूती से माबर की सीमा तक (के प्रदेश) अपने अधिकार में कर लिये। कुहराम, तथा सामाना से पंजाब तक, लाहौर तथा मुल्तान, के प्रदेश नष्ट हो गये। सत्य के मार्ग पर दृढ़ रहने वाले फ़क़ीरों (सन्तों) को अत्याचार द्वारा परेशान कर दिया गया। लखनौती में भी एक व्यक्ति बादशाह बन बैठा। तिरहुट तथा गौड़ मवास[1] बन गये। सर्व साधारण विद्रोह करने लगे। समस्त मालवा में भी विद्रोह हो गया। कुछ स्थानों के अतिरिक्त सभी पर काफ़िरों का अधिकार हो गया। हिन्दुओं ने समस्त प्रदेश अपने अधिकार में कर लिये। मुसलमान हिन्दुओं के समान किले में घुस गये। गुजरात में भी विद्रोह हो गया। वहाँ भी कुफ़ में वृद्धि तथा इस्लाम में कमी हो गई। जब बादशाह का अत्याचार सीमा से बढ़ गया तो समस्त मरहठा राज्य भी उसका विरोधी हो गया। उन्होंने कमीने बादशाह के विरुद्ध विद्रोह कर दिया और उन्हें कुफ़ की ओर अधिक लाभ दृष्टिगत होने लगा। राज्य में एक ओर से दूसरी ओर तक विद्रोह होने लगा और सरदार विरोध करने लगे। उसमें युद्ध का सामर्थ्य न रहा। (६०६) उसकी सेना नित्य प्रति कम होने लगी। अत्याचार, अकाल तथा हत्या के कारण उससे सर्व साधारण तथा विशेष व्यक्ति सभी घृणा करने लगे।

तग़ी नायब शहनये बारगाह का विद्रोह और सुल्तान मुहम्मद इब्ने तुग़लुक़ शाह का उसके कारण ३ वर्ष तक परेशान रहना तथा उसके राज्य का पतन—

तग़ी नामक एक तुर्क, सुल्तान का एक विश्वासपात्र था। वह नायब शहनये बारगाह था। वह अनेक वर्षों तक सुल्तान का भक्त रहा और उसने उसके हित के लिए अपना समस्त जीवन समर्पित कर दिया था। उसने उसके शत्रुओं के विरुद्ध घोर युद्ध किया था और उस का परम भक्त तथा बहुत बड़ा हितैषी था। उसने सुल्तान के अत्यधिक अत्याचार सहन किये थे और उसका आज्ञाकारी रह चुका था। जब सुल्तान के अत्याचार की सीमा न रही तो उसका हृदय भी उसकी कठोरता के कारण कुफ़ (विद्रोह) की ओर प्रवृत्त होने लगा। वह नायब शहनये बारगाह अत्याचारी बादशाह से रुष्ट हो गया। वह गुजरात प्रदेश में था और वहाँ का शेर बबर था। जब सुल्तान गुजरात से मरहठा राज्य में मुसलमानों का रक्तपात करने के लिए आया तो वह उस राज्य में उसे छोड़ आया था। उसने सुल्तान के अत्याचारों से खिन्न होने के कारण विद्रोह कर दिया। समस्त नगरों से सेनायें उसके पास एकत्र हो गईं। देवगीर (देवगिरि) की सेना को पराजित करने के उपरान्त सुल्तान ने तग़ी पर आक्रमण करने के लिये प्रस्थान किया। जब वह गुजरात पहुँचा तो तग़ी ने उससे युद्ध करने के लिए गुजरात से सेना इकट्ठा की। उसके पास एक हज़ार सवार एकत्र हो गये थे। (६०७) वह कभी कभी दिन में सुल्तान के मध्य भाग की सेना पर आक्रमण करता और अनेक सरदारों की हत्या कर डालता और सुल्तान की सेना की पंक्तियों को छिन्न-भिन्न कर देता। सुल्तान की हत्या न कर पाने के कारण वह अपने शिविर को लौट जाता। सुना जाता है कि वह सिंह प्रत्येक सप्ताह दूसरे-दूसरे बनों तथा पर्वतों में शिविर लगाया करता था। वह एक शिविर में एक मास न रुकता और सेना को बराबर एक स्थान पर न रखता था। रात दिन वह सुल्तान के हृदय को कष्ट पहुंचाया करता था। इस प्रकार तीन वर्ष व्यतीत हो गये और अत्याचारी सुल्तान की बहुत बुरी दशा हो गई।

---

१ वे स्थान जहाँ विद्रोही रक्षा के लिये छिप जाते हों।

अलाउद्दुनिया वद्दीन अबुल मुज़फ़्फ़र बहमन शाह सुल्तान के लिए प्रार्थना—

हे भाग्यशाली बादशाह। राजसिंहासन तथा राजमुकुट तेरे लिए रात दिन प्रार्थना करते रहते हैं। तेरी उपाधि अलाउद्दीन इस कारण निश्चित हुई है कि समस्त बादशाहों की अपेक्षा तेरा वंश उत्कृष्ट है। तूने इस देश को अत्याचार से मुक्त करा दिया है, विशेष कर जब कि अत्याचार के कारण देवगीर (देवगिरि) में कोलाहल होने लगा तो ईश्वर ने तुझे तलवार खींचने की ओर प्रेरित किया। तू ने शत्रुओं का विनाश कर दिया। (६०८) तुझे देवगीर (देवगिरि) का राज्य प्राप्त हो गया। तत्पश्चात् तूने न्याय के द्वार खोल दिये और उपद्रव के मार्ग बन्द करा दिये और राज्य को सुव्यवस्थित किया। तूने मुझ दास को इस मसनवी (कविता) लिखने योग्य बना दिया। फ़िरदौसी तूसी[1] तथा निज़ामी गंजवी[2] दो कवि इस कार्य में अति कुशल हुए हैं। मैंने इन दोनों का अनुसरण किया है। यदि तूस के वृद्ध ने आदम से लेकर महमूद (ग़ज़नवी) के समय तक का हाल लिखा है तो मैं ने आदम से महमूद तक की संक्षिप्त चर्चा प्रस्तावना में की है। मैंने महमूद से लेकर इस बादशाह तक के प्रत्येक वर्ष तथा मास का हाल लिखा है। हे बादशाह! तू हिन्दुस्तान के बादशाहों में से अन्तिम बादशाह है; अतः यह पुस्तक मैं तेरे नाम से समाप्त करता हूं। (६०९) मैं यह कार्य इस कारण कर रहा हूँ कि संसार वाले तेरा नाम लेते रहें। ईश्वर करे जब तक पृथ्वी तथा काल रहे, जब तक आकाश तथा तारामंडल रहें उस समय तक तेरे नाम के कारण यह शुभ मोती (ग्रन्थ) चमकता रहे। (६१०)

पुस्तक की रचना—

बुद्धिमानों को ज्ञात है कि कविता की रचना कितना कठिन कार्य है। (६११) इस युग में न तो कोई कविता का महत्व समझता है और न कवि को कोई प्रोत्साहन प्राप्त होता है। (६१२) ऐसी अवस्था में ५ मास, ९ दिन और ६ घड़ी पूर्व मैं ने यह कार्य प्रारम्भ किया था। मैं ने रात दिन अपने हृदय के रक्त को इस उद्यान (रचना) के लिये जल बना दिया। सुना जाता है कि फ़िरदौसी ने महमूद को मोतियों का कोष समर्पित किया और बादशाह ने भी उसे सोने से लदा हुआ हाथी प्रदान किया किन्तु (फ़िरदौसी) तूसी इस विषय में महमूद से बढ़ कर है क्योंकि मोतियों का कोष सोने से लदे हुये हाथी की अपेक्षा मूल्य में अधिक होता है। यदि बादशाह ने सोना रक्तपात के उपरान्त प्राप्त किया तो कवि ने हृदय के रक्त द्वारा मोती प्राप्त किये। (६१३) मैं ने भी बादशाह के दान की आशा में हिन्दुस्तान के समस्त बादशाहों के वंश का हाल लिखा। यदि तूसी वृद्ध ने अधर्मियों की प्रशंसा की तो मैं ने अधिकांश मुसलमानों की चर्चा की है। मैं ने जो कुछ लोगों से सुना एवं पुस्तकों में पाया उसे इस पुस्तक में लिखा। प्राचीन कहानियों की सत्यता के अन्वेषण में मैं ने बड़ा परिश्रम किया। हिन्दुस्तान के बादशाहों का हाल बुद्धिमान मित्रों द्वारा ज्ञात कराया। (६१४) सभी के विषय में इतिहासों को पढ़ा। जो मोती मुझे उचित ज्ञात हुआ, उसे मैं ने इस माला में गूँथ लिया। जो कोई भी मोतियों का परखने वाला है, वह मेरी प्रशंसा करेगा। यदि मुझे कोई ऐसा मोती मिला जो औरों की अपेक्षा चमकदार न था तो उसे मैं ने अपनी योग्यता से चमका लिया। जो कोई मोती पहचाने

---

१ अबुल क़ासिम हसन बिन शरफ़ शाह फ़िरदौसी तूसी, शाहनामे का प्रसिद्ध लेखक। उसकी मृत्यु १०२० ई० में हुई।

२ निज़ामी गंजवी, फ़ारसी का बड़ा प्रसिद्ध कवि था। उसने ख़म्से (पाँच मसनवियों) की रचना की। उसकी मृत्यु १२०० ई० में हुई।

वाले हैं, वे मेरी प्रशंसा करेंगे। जब यह पुस्तक समाप्त हो गई तो इसमें बादशाहों की विजय का उल्लेख होने के कारण, मैं ने इसका नाम फ़ुतूहुस्सलातीन रक्खा। ईश्वर इसे बुरी दृष्टि से बचाये। (६१५)

एसामी ! तू ने अपनी समस्त अवस्था कुकर्मों तथा पाप में व्यतीत कर दी। इस समय जब कि तू चालीसवें वर्ष में प्रविष्ट हुआ है तो समस्त पापों से तोबा कर, क्योंकि अभी समय शेष है। (६१६) इस पुस्तक को समाप्त करने के पश्चात् मैं ईश्वर का विशेष रूप से कृतज्ञ हूं। ईश्वर करे कि सभी लोग इस ग्रन्थ का आदर सम्मान करें। मैं ने इसकी रचना २७ रमज़ान ७५० हि० (९ दिसम्बर, १३४९ ई०) को प्रारम्भ की और ६ रबी-उल-अव्वल ७५१ हि० (१४ मई १३५० ई०) को इसे समाप्त कर दिया। (६१८)

क़सायदे[1] बद्रे चाच

[लेखक—बद्रे चाच]

[प्रकाशन:-नवल किशोर कानपुर १८७३ ई०]

अब्बासी ख़लीफ़ा द्वारा "बादशाह" की उपाधि प्राप्त होने पर बधाई।

जब बादशाह का बैअत[2] सम्बन्धी पत्र ख़लीफ़ा के राजसिंहासन के समक्ष प्रस्तुत किया गया तो उसने आदेश दिया कि उसकी (सुल्तान मुहम्मद इब्न तुग़लुक़ शाह) आज्ञाओं का सातों इक़लीमों[3] में पालन किया जाय। अमीरुल मोमिनीन (ख़लीफ़ा) ने आदेश दिया कि प्रत्येक शुक्रवार को मिम्बर[4] पर सातों इक़लीमों में (सुल्तान मुहम्मद) को शहंशाहे इस्लाम कहा जाय। इमाम (ख़लीफ़ा) के पास से आये हुए फ़रमान के स्वागतार्थ (सुल्तान ने) इस्लाम के प्रति अपनी निष्ठा के कारण सिर तथा पाँव नंगे किये। भीड़ आगे पीछे चल रही थी और फ़रिश्ते ईश्वर का भजन कर रहे थे। बादशाह ने आँख की पुतली के रंग का खिलअत धारण किया। आकाश ने स्वर्ण न्योछावर किये। राज्य से ईर्ष्या रखने वाले व्याकुल तथा कष्ट में पड़ गये। (१४)

अब्बासी ख़लीफ़ा के पास से हिन्दुस्तान के बादशाह के पास खिलअत तथा फ़रमान प्राप्त होना—

इमाम (ख़लीफ़ा) ने उसे पूर्ण अधिकार प्रदान किये। यह सूचना समस्त संसार को प्राप्त हो गई। धर्म (इस्लाम) को उन्नति प्राप्त हुई और शरा तथा ईमान की रौनक़ बढ़ गई। जो लोग मार्ग-भ्रष्ट थे, वे सच्चे धर्म के अभिलाषी हो गये और शरा के नेताओं का सम्मान बढ़ गया। मोमिनीन (धर्मनिष्ठ मुसलमानों) की ईद शुभ हुई। अमीरुल मोमिनीन (ख़लीफ़ा) द्वारा दो बार सुल्तान को खिलअत प्राप्त हुआ। शाह ने अमीरुल मोमिनीय (ख़लीफ़ा) के दूतों के सिर पर तन्के न्योछावर किये। ७००+माह (४६)=७४६ हि०[5] में इस यात्रा से मुहर्रम में शाबान के पूर्व का अधिकारी (रजब) पहुंचा। (१५) चूंकि समकालीन शहंशाह को इस्लाम के दुःख का ध्यान था अतः मुसलमानों के स्वामी के पास से इसकी औषधि प्राप्त हुई। सुल्तान को ख़लीफ़ा के पास से निरन्तर खिलअत प्राप्त होता रहे। (१६)

शहर देहली में समारोह—

इस काल के स्वामी अहमद इब्ने (पुत्र) अब्बास मुहम्मद साहब के उत्तराधिकारी के पास से फ़रमान प्राप्त हुआ जिसमें लिखा था कि पृथ्वी, जल (समुद्र) तथा वायु पर उसका अधिकार स्थापित रहे। तुर्कों की इक़लीम (राज्य), रूम, ख़ुरासान, चीन तथा शाम के

---

१ क़सीदा उस कविता को कहते हैं जिसमें किसी की प्रशंसा की जाती है।

२ बैअत—अधीनता स्वीकार करने की एक प्रकार की शपथ। सूफ़ी लोग भी इस प्रकार की शपथ लेते हैं।

३ इक़लीम—जलवायु के प्रदेश। मध्यकालीन मुसलमान भूगोलवेत्ताओं के अनुसार समस्त संसार सात इक़लीमों में विभाजित था।

४ मस्जिद का मंच, अथवा धार्मिक प्रवचन का मच।

५ माह में तीन अक्षर हैं। मीम =४०, अलिफ़ =१, हे=५। इस प्रकार माह शब्द द्वारा ४६ की संख्या निकलती है। ७४६ हि० मुहर्रम मास में अप्रैल-मई १३४५ ई० था। रजब, सुल्तान मुहम्मद के दूत का नाम था और रजब मास शाबान के पूर्व आता है।

शासक उसके आदेशों का पालन करते रहें। खतीब,[1] मिम्बर से उसकी उपाधि सुल्ताने शर्क़ व ग़र्ब तथा शहंशाहे बहर व बर[2] बताया करें। इस अवसर पर नगर में बड़ा समारोह हुआ। (१७)

हिन्दुस्तान के बादशाह द्वारा जश्न तथा अबुर रबी सुलेमान अब्बासी एवं मुहम्मद शाह की प्रशंसा—

अबुर रबी सुलेमान सच्चा खलीफ़ा एवं मुसलमानों का नेता है। हिन्दुस्तान का बादशाह हृदय से उसका सेवक तथा भक्त है। चीन तथा खता के बादशाह अबुल मुजाहिद ग़ाज़ी मुहम्मद तुग़लुक़ हिन्द के बादशाह के अधीन हैं। बीसियों आसफ़[3] उसके दरबार के अमीर तथा बू अली सीना[4] उसका ख़ास नदीम[5] है। (२०)

नगरकोट की विजय तथा उसकी प्रशंसा—

बादशाह ने नगरकोट का क़िला उदख़ुलू फ़ीहा[6] (७३८ हि०) को विजय किया। वह बड़ा ही ऊँचा था। (२८) इस भव्य क़िले पर शहंशाह रात्रि में एक लाख की संख्या के साथ पहुंच गया। सुल्तान, मुहम्मद साहब की शरा का शरीर से तथा खलीफ़ा के आदेशों का हृदय से पालन करता था। अबुर रबी मुस्तकफ़ी पर शरा का आधार था। यदि वह क़िला विजय करता था तो खलीफ़ा के नाम पर और यदि नगर बसाता तो उसके सेवकों के नाम पर। (२९)

देवगीर (देवगिरि) के क़िले के लिये प्रस्थान—

दौलते शाह[7] वर्ष में पहली शाबान (८ दिसम्बर १३४४ ई०) को मुझे देवगीर (देवगिरि) की ओर प्रस्थान करने का आदेश हुआ। मेरी यात्रा के विषय में शुभ कामनायें करते हुये सुल्तान ने कहा "उसे देवगीर मत कहो। वह दौलताबाद है। उसका क़िला अत्यधिक ऊँचा है। वहाँ तू पहुंच कर मलिक क़ुतलुग़ ख़ाँ से मेरी ओर से कह कि इस दरबार से आकर मिले।" (६४-६५)

क़िला ख़ुर्रमाबाद तथा उसकी प्रशंसा—

इस भवन का निर्माण ज़हीरुद्दीन मेमार द्वारा हुआ। इसका निर्माण ७४४ हि० (१३४३ ई०) में हुआ। (८९-९०)

नासिरुद्दीन कवि की निन्दा—

यदि उसके हृदय को कष्ट पहुँचे तो अच्छा है। वह सैकड़ों अच्छे लोगों को बुरा कहता है। (१०१)

---

१ ईद, जुमे तथा अन्य शुभ अवसरों पर ख़ुत्बा पढ़ने वाले। ख़ुत्बे में ईश्वर, मुहम्मद साहब, उनकी सन्तान, मित्रों तथा समकालीन बादशाह की प्रशंसा होती है।

२ पूर्व तथा पश्चिम का सुल्तान तथा समुद्र एवं स्थल का शहंशाह

३ सुलेमान का, जो एक बड़े प्रतापी पैग़म्बर समझे जाते हैं, मंत्री।

४ अबू अली सीना प्रसिद्ध चिकित्सक तथा दार्शनिक। उनका जन्म बुख़ारा में ९८३ ई० में तथा मृत्यु हमदान में १०३७ ई० में हुई।

५ मुसाहिब अथवा सहवासी या विश्वासपात्र परामर्शदाता।

६ इस शब्द का अर्थ "उसमें प्रविष्ट हुआ" है। इस शब्द से ७३८ हि० का पता चलता है। अलिफ़=१, दाल=४, ख़े=६००, लाम=३०; वाव=६, अलिफ़=१, फ़े=८०, ये=१०, हे=५, अलिफ़=१ =७३८ हि० (१३३७-३८ ई०)

७ दौलत शाह से ७४५ हि० इस प्रकार निकलता है:—दाल=४, वाव=६, लाम=३०, ते=४००, शीन=३००, हे=५।

सियरुल औलिया

[लेखक मौलाना सैयिद मुहम्मद मुबारक अलवी अमीर खुर्द]

[प्रकाशन:—मुहिब्बे हिन्द देहली १३०२ हि० १८८५]

सुल्तानुल मशायख निज़ामुद्दीन औलिया[1] के ख़लीफ़ाओं का उल्लेख

मौलाना शम्सुद्दीन यह्या—

(२२८) जब सुल्तान मुहम्मद ने अत्याचार तथा अन्याय प्रारम्भ कर रक्खा था और अपनी रक्त पायी तलवार को ईश्वर के भक्तों के रक्त से तृप्त कर रहा था तो उसने मौलाना शम्सुद्दीन को बुलवाया। कुछ दिन तक उन्हें राजभवन में आतंकित रक्खा। तत्पश्चात् अपने समक्ष बुलवाया। जब वे सुल्तान की सेवा में उपस्थित हुये तो सुल्तान ने कहा, "तेरा जैसा बुद्धिमान यहाँ क्या कर रहा है ? तू कशमीर जाकर वहाँ के मन्दिरों में निवास कर और लोगों को इस्लाम की ओर आमंत्रित कर।" इस फ़रमान के उपरान्त उन्हें रवाना करने के लिए कुछ लोग नियुक्त हुये। मौलाना अपने घर पहुँचे ताकि कशमीर प्रस्थान करने की तैयारी करें। जो लोग वहाँ उपस्थित थे उनकी ओर (मौलाना ने) देख कर कहा "यह लोग क्या कहते हैं ? मैंने शेख (निज़ामुद्दीन औलिया) को स्वप्न में देखा है कि वे मुझे बुला रहे हैं। मैं अपने स्वामी की सेवा में जाता हूँ। मुझे यह लोग कहाँ भेज रहे हैं ?" दूसरे दिन मौलाना रुग्ण हो गये। उनके सीने पर एक फोड़ा निकल आया जिससे उन्हें अत्यन्त पीड़ा एवं कष्ट हुआ। उस फोड़े की अस्त्रचिकित्सा की गई। जब सुल्तान को यह सूचना मिली तो उसने आदेश दिया कि उन्हें बुला कर पूछ ताछ की जाय। मौलाना उसी रुग्णावस्था में राज भवन में ले जाये गये और प्रमाण मिल जाने पर लौटा दिये गये। कुछ दिन उपरान्त उनका निधन हो गया।

शेख़ नसीरुद्दीन महमूद[2]—

(२४५) संसार वालों की सर्व सम्मति से वे अपने समय के बहुत बड़े सूफ़ी थे और सभी उनके भक्त थे। सुल्तान मुहम्मद उनको कष्ट पहुँचाया करता था और वे अपने गुरुओं का (२४६) अनुसरण करते हुये सब कुछ सहन करते थे और किसी प्रकार से बदला लेने का प्रयत्न न करते थे। यह बादशाह अपने जीवन-काल के अन्त में तग़ी से युद्ध करने के लिए देहली से १००० कोस दूर ठट्ठा पहुँचा। वहाँ से शेख नसीरुद्दीन महमूद तथा अन्य आलिमों एवं प्रतिष्ठित लोगों को अपने पास बुलवाया और उनका उचित सम्मान न किया। यह बात उसे राज्य के तख़्ते से जनाज़े के तख़्त तक पहुंचा कर शहर (देहली) लाने का कारण बनी।

लोगों ने शेख नसीरुद्दीन महमूद से पूछा कि "इस बादशाह ने तुम्हें कष्ट पहुंचाये। यह बात किस प्रकार थी ?" आपने उत्तर दिया "मेरे तथा ईश्वर के मध्य में एक बात थी। वह उस ओर प्रेरित हुआ।"

---

१ चिश्ती सिलसिले के देहली के प्रसिद्ध सूफ़ी जो शेख फ़रीदुद्दीन गंजशकर के चेले थे। उनका निधन १३२५ ई० में हुआ।

२ वे चिराग़े देहली के नाम से प्रसिद्ध थे। उनका निधन १३५६ ई० में हुआ।

शेख़ क़ुतुबुद्दीन मुनव्वर—

(२५०) ईर्ष्या रखने वालों ने शेख़ क़ुतुबुद्दीन मुनव्वर के विरुद्ध सुल्तान मुहम्मद बिन तुग़लुक़ से नाना प्रकार की बातें उसके हृदय को उत्तेजित करने वाली कहीं, किन्तु उसे उनसे कुछ कहने का अथवा कष्ट पहुँचाने का अवसर न मिलता था। उसने उन्हें सर्व प्रथम संसार में फंसाने, तत्पश्चात् कष्ट पहुंचाने का निश्चय किया। तदनुसार सुल्तान ने शेख़ के नाम दो ग्रामों के फ़रमान लिखवा कर सद्रे जहाँ क़ाज़ी कमालुद्दीन के हाथ भिजवाये और उससे कहा कि 'इसे शेख़ क़ुतुबुद्दीन मुनव्वर के पास ले जाओ और जिस प्रकार सम्भव हो इन फ़रमानों को शेख़ द्वारा स्वीकार करा दो।" क़ाज़ी कमालुद्दीन सद्रे जहाँ हाँसी पहुंचे और उस फ़रमान को रूमाल में लपेट कर आस्तीन में रख कर शेख़ की सेवा में ले गये। शेख़ क़ुतुबुद्दीन मुनव्वर दालान में उस स्थान पर, जहाँ शेख़ फ़रीदुद्दीन के चरण पहुँच चुके थे, बैठे। क़ाज़ी कमालुद्दीन ने शेख़ के प्रति सुल्तान की निष्ठा तथा प्रेम की चर्चा करके उस फ़रमान को शेख़ के समक्ष रख दिया। शेख़ क़ुतुबुद्दीन मुनव्वर ने कहा "जब सुल्तान नासिरुद्दीन, उच्च तथा मुल्तान की ओर प्रस्थान कर रहा था, तो उस समय सुल्तान ग़यासुद्दीन बल्बन "उलुग़ ख़ाँ" था। वह दो ग्रामों के फ़रमान शेख़ फ़रीदुद्दीन[1] के पास ले गया। शेख़ ने उत्तर दिया "हमारे पीरों (गुरुओं) ने इस प्रकार की वस्तुयें स्वीकार नहीं की हैं। इनके इच्छुक बहुत बड़ी संख्या में हैं। उन्हीं को (२५१) लेजा कर दो।" शेख़ क़ुतुबुद्दीन ने इसके उपरान्त कहा कि "तुम सद्रे जहाँ तथा मुसलमानों के वायज[2] हो। यदि कोई अपने पीरों (गुरुओं) की प्रथा के विरुद्ध आचरण करे तो उसे परामर्श देना चाहिये। कोई प्रलोभन न दिलाना चाहिये।" क़ाज़ी कमालुद्दीन शेख़ क़ुतुबुद्दीन मुनव्वर के उत्तर से लज्जित होकर क्षमा याचना करता हुआ उठ खड़ा हुआ। वहाँ से उसने सुल्तान मुहम्मद के समक्ष शेख़ के गौरव तथा उनकी श्रेष्ठता का उल्लेख इस प्रकार किया कि सुल्तान का हृदय पूर्णतया नरम हो गया।

(२५२) जिन दिनों सुल्तान मुहम्मद हाँसी की ओर गया और बंसी में, जोकि हाँसी से चार कोस है, उतरा तो उसने निज़ामुद्दीन नद्रबारी को, जो मुख़लेसुलमुल्क कहलाता था, हाँसी के क़िले के विषय में पूछताछ करने के लिये भेजा। जब वह शेख़ क़ुतुबुद्दीन मुनव्वर के घर के निकट पहुंचा तो उसने पूछा, "यह किस का घर है?" उसे बताया गया कि, "यह सुल्तानुल मशायख़ (शेख़ निज़ामुद्दीन औलिया) के ख़लीफ़ा (उत्तराधिकारी) शेख़ क़ुतुबुद्दीन मुनव्वर का घर है।" उसने कहा "आश्चर्य है कि बादशाह इस स्थान पर आये और शेख़ उससे भेंट करने न जायँ।" संक्षेप में, जब उसने क़िले का हाल सुल्तान को बताते हुये कहा कि सुल्तानुल मशायख़ का एक ख़लीफ़ा यहाँ निवास करता है, जो बादशाह के दर्शनार्थ नहीं आया है, तो सुल्तान के अभिमान को धक्का लगा। उसने शेख़ हसन सर बरहना को, जो बहुत बड़ा अभिमानी था, शेख़ क़ुतुबुद्दीन को बुलाने के लिये भेजा। जब हसन सर बरहना शेख़ क़ुतुबुद्दीन मुनव्वर के घर पहुँचा तो वह राजसीय ठाठ बाट को पृथक् कर अकेले पैदल जाकर शेख़ के घर के द्वार के एक कोने में सिर नीचा करके बैठ गया और अपने आपको प्रकट न किया। शेख़ रसोई के कोठे पर ईश्वर की उपासना कर रहे थे। जब कुछ समय व्यतीत हो गया तो शेख़ को दैवी प्रेरणा द्वारा ज्ञात हो गया कि हसन द्वार पर बैठा है। उन्होंने शेख़ज़ादा नूरुद्दीन[3] को उसे बुला लाने का आदेश दिया। जब शेख़ज़ादा बाहर निकला तो वह शेख़

१ चिश्ती सिलसिले के शेख़ क़ुतुबुद्दीन ऊशी के प्रसिद्ध चेले शेख़ फ़रीदुद्दीन मसऊद गंजशकर का कार्य क्षेत्र पंजाब, मुल्तान तथा अजोधन था। उनका निधन १२७१ ई० में हुआ।

२ धार्मिक प्रवचन करने वाले।

३ शेख़ का पुत्र।

हसन सर बरहना को शेख़ क़ुतुबुद्दीन मुनव्वर की सेवा में ले गया। शेख़ हसन सर बरहना शेख़ को सलाम करके तथा हाथ मिला कर बैठ गया और कहा "आप को सुल्तान ने बुलवाया है। शेख़ मुनव्वर ने पूछा "जाने या न जाने में मुझे कोई अधिकार है या नहीं ?" उसने उत्तर दिया "मुझे फ़रमान मिला है कि मैं शेख़ को ले आऊँ।" शेख़ ने कहा "ईश्वर को धन्य है कि मैं अपनी इच्छा से नहीं जाता।" अपना मुख घर वालों की ओर करके कहा, "तुम्हें ईश्वर को सौंप दिया।" यह कह कर मुसल्ला[1] तथा असा[2] लेकर पैदल चल खड़े हुये। हसन सर बरहना को शेख़ क़ुतुबुद्दीन मुनव्वर के ललाट से ईश्वर को प्राप्त हुये पुरुषों के चिह्न दृष्टिगत हुये और उसने उन्हें छल तथा बनावट से शून्य पाया। उसने शेख़ से कहा, "आप पैदल क्यों चल रहे हैं। सवार हो जाइये।" शेख़ ने उत्तर दिया "कोई आवश्यकता नहीं। (२५३) मुझ में पैदल चलने की शक्ति है।" मार्ग में जब वे अपने पूर्वजों के घेरे (क़ब्रस्तान) में पहुँचे तो अपने बाप-दादा (की क़ब्र) की पाइंती खड़े हो कर कहा "मैं आप लोगों के पास से अपनी इच्छा से नहीं जा रहा हूं किन्तु मुझे ले जाया जा रहा है। ईश्वर के कुछ भक्तों को छोड़ दिया है जिनके पास कोई खर्च नहीं।" जब वे रौज़े[3] से बाहर निकले तो देखा कि एक मनुष्य कुछ चाँदी (धन) लिये खड़ा है। शेख़ ने पूछा "यह क्या है ?" उसने उत्तर दिया "मेरी एक इच्छा पूरी हुई है। मैं शुकराना[4] लाया हूं।" शेख़ ने उत्तर दिया "मेरे घर में खर्च न था। वहीं ले जाओ।"

संक्षेप में, वे हाँसी से बंसी, जो ४ कोस है, पैदल यात्रा करके पहुँचे। जब सुल्तान को शेख़ के आने की सूचना मिली और शेख़ हसन ने जो कुछ देखा था उसकी चर्चा की तो बादशाह ने अभिमानवश उस ओर ध्यान न दिया। अपने समक्ष बुलवाया और वहाँ से देहली की ओर चल दिया। देहली पहुंच कर उसने शेख़ को भेंट करने के लिए बुलवाया। जब वे उसके पास जा रहे थे तो उन्होंने सुल्तान फ़ीरोज़ शाह से, जो उन दिनों नायब बारबक था, कहा "हम लोग दरवेश हैं। बादशाहों की सभा के शिष्टाचार तथा वार्तालाप के ढंग से परिचित नहीं। जिस प्रकार आज्ञा हो आचरण किया जाय।" (फ़ीरोज़) ने कहा, "सुल्तान से आपके विषय में लोगों ने कह दिया है कि आप मलिकों तथा सुल्तानों की ओर ध्यान नहीं देते। चूंकि यह बात सत्य है अतः शेख़ को बादशाह का आदर सम्मान एवं उसके प्रति निष्ठा प्रदर्शित करनी चाहिये।" जब शेख़ जा रहे थे तो शेख़ ज़ादा नूरुद्दीन उनके पीछे पीछे जा रहा था। बादशाह के अमीरों तथा मलिकों की भीड़ के भय एवं आतंक से शेख़ज़ादे की बुरी दशा होगई। इसका कारण शेख़ज़ादे की अल्पावस्था एवं कभी बादशाहों का दरबार न देखना था। शेख़ क़ुतुबुद्दीन को दैवी प्रेरणा से शेख़ज़ादे की दशा का ज्ञान हो गया। सिर पीछे करके शेख़ ने कहा "बाबा नूरुद्दीन! ऐश्वर्य केवल अल्लाह को प्राप्त (२५४) है।" यह बात सुनकर शेख़ज़ादे का साहस बढ़ गया और वह भय-शून्य हो गया। अमीर तथा मलिक भेड़ों के समान दृष्टिगोचर होने लगे। सुल्तान शेख़ के आने का समय ज्ञात करके धनुष लेकर खड़ा हो गया और शेख़ के ललाट पर ईश्वर के भक्तों के चिह्न देख कर उसने उनका बड़ा आदर सम्मान किया और हाथ मिलाया। हाथ मिलाते समय शेख़ ने सुल्तान का हाथ दृढ़ता-पूर्वक पकड़ा और पहली ही भेंट में उस जैसा अत्याचारी बादशाह शेख़ का भक्त हो गया। सुल्तान ने कहा "मैं आप की ओर गया। आपने मुझे अपनी भेंट से सम्मानित न किया।" शेख़ ने कहा, "सर्व प्रथम तूने हाँसी देखा, तत्पश्चात् हाँसी का

---

१ वह चटाई जिस पर नमाज़ पढ़ी जाती है।

२ लाठी, हाथ की लकड़ी।

३ वह स्थान जहाँ धार्मिक व्यक्ति दफ़न हों।

४ भेंट

दरवेश बच्चा। मैं अपने आपको उस स्थिति में नहीं पाता कि बादशाहों से भेंट करूँ। एक कोने में बादशाह तथा समस्त मुसलमानों के लिये ईश्वर से शुभ कामनायें किया करता हूं। मुझे विवश समझा जाय।"

शेख़ क़ुतुबुद्दीन मुनव्वर की बातों से जो, आडम्बररहित थीं, सुल्तान मुहम्मद का हृदय नरम हो गया। सुल्तान फ़ीरोज़ शाह को आदेश दिया कि शेख की इच्छानुसार कार्य करो। शेख मुनव्वर ने कहा 'मेरी इच्छा अपने पूर्वजों के स्थान पर एकान्त में निवास करने की है।" शेख लौट गये। मलिक कबीर, जो बड़ा न्यायकारी, सदाचारी तथा दयावान् था, कहा करता था कि "सुल्तान मुहम्मद कहा करता था कि जब कोई सूफ़ी मुझसे हाथ मिलाता था तो उसका हाथ काँप जाता था किन्तु इस बुजुर्ग ने धर्म की शक्ति से मेरे हाथ दृढ़ता पूर्वक पकड़ लिये। मैं समझ गया कि ईर्ष्यालुओं ने जो कुछ मुझसे कहा वह सत्य नहीं। मैंने उसके ललाट पर धर्म का तेज देखा।" तत्पश्चात् सुल्तान फ़ीरोज़ शाह तथा ख्वाजा ज़ियाउद्दीन बरनी को शेख़ मुनव्वर के पास भेजा और उन्हें एक लाख तन्का इनाम प्रदान किया। शेख मुनव्वर ने कहा "ईश्वर न करे कि यह दरवेश एक लाख तन्के स्वीकार करे।" जब उन्होंने (२५५) जाकर कहा कि 'शेख स्वीकार नहीं करते, तो सुल्तान ने आदेश दिया कि "५०,००० दो।" वे शेख की सेवा में गये। शेख ने उसे भी स्वीकार न किया। सुल्तान ने कहा, "यदि शेख इतना भी स्वीकार न करेंगे तो लोग मुझे क्या कहेंगे?" जब बात बहुत बढ़ी और २००० तन्के तक पहुँची तो सुल्तान फ़ीरोज़ शाह तथा ज़ियाउद्दीन बरनी ने कहा "हम इससे कम के विषय में राजसिंहासन के समक्ष नहीं कह सकते कि शेख इतना भी स्वीकार नहीं करते।" शेख़ ने कहा "ईश्वर को धन्य है। दरवेश को दो सेर खिचड़ी तथा थोड़ा सा घी पर्याप्त होता है। वह सहस्रों लेकर क्या करेगा?" बड़े आग्रह के उपरान्त शेख ने २००० तन्के स्वीकार किये और उसमें से अधिकांश सुल्तानुल मशायख़ तथा शेख क़ुतुबुद्दीन बख़्तियार[1] के रौज़ों के लिये एवं शेख नसीरुद्दीन महमूद को दे दिये। कुछ अन्य लोगों को बाँट दिये। कुछ दिन उपरान्त वे बड़े सम्मान से हाँसी की ओर चल दिये।......

मौलाना हुसामुद्दीन मुल्तानी—

(२६२) जिस समय शहर (देहली) वालों को देवगीर (देवगिरि) भेजा जा रहा था तो मौलाना (हुसामुद्दीन मुल्तानी) गुजरात चले गये और वहीं उनका निधन हो गया। उनकी (क़ब्र की) मिट्टी से वहाँ वालों की आवश्यकतायें पूरी होती हैं।

मौलाना फ़ख़रुद्दीन ज़र्रादी—

(२७१) जिन दिनों सुल्तान मुहम्मद तुग़लुक़ शहर (देहली) के लोगों को देवगीर (देवगिरि) भेज रहा था और तुर्किस्तान तथा ख़ुरासान अपने अधिकार में करना एवं चंगेज़ ख़ाँ की सन्तान (मुग़लों) को परास्त करना चाहता था तो उसने आदेश दिया कि शहर (देहली) तथा आस पास के समस्त सद्र एवं प्रतिष्ठित लोग, जो शहर (देहली) में एकत्र हैं उपस्थित हों और बड़े बड़े बारगाह[2] लगाये जायें। उसके नीचे मिम्बर[3] रक्खा जाय ताकि वह मिम्बर से लोगों को जिहाद[4] की ओर प्रेरित करे। संक्षेप में, उस दिन मौलाना फ़ख़रुद्दीन, मौलाना शम्सुद्दीन यहया तथा शेख़ नसीरुद्दीन महमूद बुलवाये गये। शेख क़ुतुबुद्दीन दबीर ने जो

१ वे शेख़ मुईनुद्दीन चिश्ती के चेले तथा चिश्ती सिलसिले के बड़े प्रसिद्ध सूफ़ी थे। उनका कार्य क्षेत्र देहली था। उनका निधन १२३५ ई० के लगभग हुआ।

२ दरबार के लिए शामियाने।

३ एक प्रकार का मंच जिस पर खड़े होकर धार्मिक प्रवचन दिया जाता है।

४ इस्लाम के लिए धर्म-युद्ध।

सुल्तानुल मशायख (शेख़ निज़ामुद्दीन औलिया) का निष्ठावान चेला तथा फ़खरुद्दीन जर्रादी का शिष्य था, अन्य सूफ़ियों के आने के पूर्व शेख़ को आगे लेजाना चाहा। शेख़ सुल्तान से भेंट न करना चाहते थे। वे अनेक बार कह चुके थे कि "मैं अपना सिर उसके द्वार के समक्ष लोटता हुआ पाता हूं। मैं उससे मेल न करूँगा और वह मुझे जीवित न छोड़ेगा।"

(२७२) संक्षेप में, जब मौलाना की सुल्तान से भेंट हुई, तो शेख़ क़ुतुबुद्दीन दबीर ने मौलाना के पाँव के जूते उठा लिये और सेवकों के समान बग़ल में दाब कर खड़ा हो गया। सुल्तान यह बात देख कर उस समय कुछ न बोला। मौलाना फ़खरुद्दीन से वार्त्तालाप करने लगा और कहा "मैं चंगेज़ ख़ाँ की संतान को परास्त करना चाहता हूं। तुम इस कार्य में मेरा साथ दो।" मौलाना ने कहा "इनशा अल्लाह"[1]। सुल्तान ने कहा "यह सन्देह का वाक्य है।" मौलाना ने कहा "भविष्य के सम्बन्ध में इसी प्रकार कहा जाता है।" मौलाना का यह उत्तर सुन कर वह बड़ा खिन्न हुआ और उसने कहा, "तुम मुझे परामर्श दो जिसके अनुसार मैं कार्य करूँ।" मौलाना ने उत्तर दिया "क्रोध मत किया करो।" सुल्तान ने पूछा "कैसा क्रोध ?" मौलाना ने कहा "भयंकर क्रोध।" सुल्तान इस बात से रुष्ट हो गया और इसके चिह्न उसके मुख से दृष्टिगत होते थे किन्तु उसने कुछ न कहा। आदेश दिया कि भोजन लाया जाय। जब भोजन आया तो सुल्तान तथा मौलाना एक थाल में भोजन करने बैठे। मौलाना फ़खरुद्दीन भोजन करते समय इतना कुपित थे कि सुल्तान समझ गया कि मौलाना को मेरे साथ भोजन करना अच्छा नहीं लग रहा है। सुल्तान आग्रह हेतु हड्डी से माँस निकाल निकाल कर मौलाना के समक्ष रखता जाता था। मौलाना अत्यन्त घृणा से थोड़ा थोड़ा खाते जाते थे।

जब भोजन हटाया गया तो मौलाना शम्सुद्दीन यहया तथा शेख़ नसीरुद्दीन महमूद को बुलवाया गया। इस स्थान पर दो प्रकार से यह हाल बताया जाता है। एक यह कि जब यह लोग आये तो मौलाना फ़खरुद्दीन ने मौलाना शम्सुद्दीन को स्थान दिया और मौलाना नसीरुद्दीन को अपने से ऊँचे स्थान पर बिठाया। दूसरे यह कि एक ओर मौलाना शम्सुद्दीन यहया तथा मौलाना नसीरुद्दीन बैठे और दूसरी ओर मौलाना फ़खरुद्दीन जर्रादी। प्रथम बात ठीक है क्योंकि शेख़ क़ुतुबुद्दीन दबीर का, जो वहाँ उपस्थित था, कथन सत्य है। उठते समय इन लोगों के लिये एक एक ऊनी वस्त्र तथा एक एक चाँदी (तन्के) की थैली लाई गई। प्रत्येक ने वस्त्र तथा चाँदी (२७३) (के तन्कों) को लिया और अभिवादन करके लौट गये किन्तु वस्त्र तथा चाँदी (के तन्कों) को मौलाना फ़खरुद्दीन के हाथ में दिये जाने के पूर्व शेख़ क़ुतुबुद्दीन दबीर ने वस्त्र तथा धन ले लिया, इस लिये कि उसे ज्ञात था कि शेख़ वस्त्र तथा धन न लेंगे और यह बात उनके सम्मान को नष्ट किये जाने का कारण बन जायेगी।

जब यह लोग वापस हो गये तो सुल्तान ने शेख़ क़ुतुबुद्दीन दबीर से कहा, "हे दुष्ट तथा धूर्त ! यह क्या हरकत की ? सर्व प्रथम फ़खरुद्दीन के जूते बग़ल में ले लिये। तत्पश्चात् वस्त्र तथा चाँदी (के तन्कों को) स्वयं ले लिया और उसे मेरी तलवार से मुक्त करा दिया।" शेख़ क़ुतुबुद्दीन दबीर ने कहा "वे मेरे गुरु तथा मेरे स्वामी (शेख़ निज़ामुद्दीन औलिया) के ख़लीफ़ा हैं। मेरे लिये यह उचित है कि मैं उनके जूते आदर-पूर्वक अपने सिर पर रक्खूं न कि बग़ल में। वस्त्र तथा धन का क्या मूल्य है," सुल्तान ने उससे बड़े कठोर शब्द कहे और कहा "अपने इस कुफ़्रयुक्त विश्वास को त्याग दे अन्यथा मै तेरी हत्या कर दूंगा।" सुल्तान को शेख के प्रति उसकी निष्ठा का पूर्ण ज्ञान था। यदि कुछ अभागे अर्थात् एहतेसान दबीर एवं उस जैसे लोग शेख़ क़ुतुबुद्दीन दबीर को हानि पहुंचाने के लिये सुल्तान के समक्ष असभ्य वाद विवाद करते तो शेख़ क़ुतुबुद्दीन उन लोगों को बड़े कठोर उत्तर देता और कहता

१ यदि ईश्वर की इच्छा हुई।

"यदि सुल्तानुल मशायख़ से प्रेम के कारण मेरी हत्या करा दी जाय तो मैं इसे अपना सौभाग्य समझूंगा। मैं शहीद हो जाऊंगा और सुल्तान की सेवा तथा तुम लोगों से लज्जित होने से मुक्त हो जाऊँगा।" जब कभी सुल्तान मुहम्मद की सभा में शेख़ फ़ख़रुद्दीन की चर्चा होती तो वह हाथ मल कर कहता कि "खेद है कि फ़ख़रुद्दीन ज़र्रादी मेरी रक्त-पायी तलवार से बच गया।"

(२७४) जब मौलाना देवगीर (देवगिरि) पहुँचे और हौज़े सुल्तान के किनारे उतरे तो हज करने की इच्छा, जो पूर्व ही से थी, अधिक प्रबल हो गई। उन दिनों क़ाज़ी कमालुद्दीन सद्रे जहाँ मौलाना फ़ख़रुद्दीन की सेवा में बहुत आया करते थे। क़ाज़ी कमालुद्दीन सद्रे जहाँ मौलाना फ़ख़रुद्दीन हाँसवी के भागनेय एवं शिष्य थे। मौलाना फ़ख़रुद्दीन ज़र्रादी भी मौलाना फ़ख़रुद्दीन हाँसवी के शिष्य थे। मौलाना फ़ख़रुद्दीन ने इस अत्यधिक प्रेम के कारण क़ाज़ी कमालुद्दीन सद्रे जहाँ से हज के लिए प्रस्थान करने के विषय में परामर्श किया। क़ाज़ी कमालुद्दीन ने कहा कि "सुल्तान की अनुमति के बिना प्रस्थान करना उचित नहीं, इस लिए कि वह इस नगर को बसाना चाहता है। उसकी इच्छा है कि यह नगर आलिमों, सूफ़ियों तथा सद्रों के कारण समस्त संसार में प्रसिद्ध हो जाय। वह विशेष रूप से तुम्हें कष्ट पहुँचाने का प्रयत्न किया करता है।" मौलाना यह उत्तर सुन कर अपना रहस्य बताने पर लज्जित हुये। मुझे[1] यह हाल मेरे स्वर्गीय पिता ने बताया था। मेरे पिता का कथन था कि यह बात ठीक न हुई। प्रेम में परामर्श नहीं होता।

मौलाना कहते थे कि "मैंने उसकी मित्रता पर विश्वास किया और उसने यह बात उचित समझी।" मेरे पिता ने कहा "यदि क़ाज़ी क़मालुद्दीन से अब आपकी भेंट हो तो इस बात की कोई चर्चा न कीजियेगा। कुछ समय उपरान्त इस कार्य का उपाय किया जायगा।" कुछ समय पश्चात् मौलाना के भतीजे ने, जो क़स्बे में था, मौलाना को अपने विवाह में भतयून क़स्बे बुलवाया। मौलाना विवाह के उपरान्त कोकन थाना घाट से हज के लिये चल दिये।

(२७५) हज के बाद वे बग़दाद गये। बग़दाद के आलिमों तथा सूफ़ियों ने उन के विषय में सुन कर उनका स्वागत किया। वहाँ जब तक वे रहे हदीस[2] पर वाद विवाद करते रहे और सभी आलिमों से श्रेष्ठ रहे। वहां से वे देहली के लिये लौटते हुये जहाज़ पर सवार हुये। उस जहाज़ में अत्यधिक शाही सामान भरा था। भारी होने के कारण वह डूबने लगा। जहाज़ के मुक़द्दमों (अधिकारियों) ने उनसे आकर कहा कि "जहाज़ डूब रहा है। यदि आप आज्ञा दें तो कुछ सामान समुद्र में फेंक दिया जाय जिससे जहाज़ हल्का हो जाय।" मौलाना ने उत्तर दिया कि "मुझे लोगों के सामान पर क्या अधिकार जो फेंकने की अनुमति दे दूँ।" मौलाना नमाज़ पढ़ने के लिए मुसल्ले पर बैठ गये, और डूब गये।

मौलाना सिराजुद्दीन उस्मान "अख़ी सिराज"—

(२८६) जब लोग देवगीर (देवगिरि) भेजे जाने लगे तो वे लखनौती चले गये और सुल्तानुल मशायख़ के पुस्तकालय की कुछ प्रमाणित पुस्तकें, जो वक़्फ़ थीं, अध्ययन तथा वाद-विवाद के लिये और सुल्तानुल मशायख़ का वस्त्र, जो उन्होंने मौलाना को प्रसन्न-मुद्रा में दिया था, अपने साथ ले गये।

महज़र[3]—

(५२६) जब सुल्तानुल मशायख़ के भाग्य तथा चमत्कार एवं गौरव का सूर्य संसार

---

१ लेखक, अमीर ख़ुर्द।

२ मुहम्मद साहब की वाणी तथा कार्यों का उल्लेख।

३ वाद विवाद द्वारा किसी विषय का निर्णय करने के लिये सभा।

वालों पर उदय हुआ तो समा[१] की रुचि, आलिमों, फ़ाज़िलों (विद्वानों), सद्रों और प्रतिष्ठित लोगों, सर्व साधारण तथा विशेष व्यक्तियों, दूर तथा निकट के लोगों, जो उनके स्वभाव में (ईश्वर के) प्रेम के कारण थी, बढ़ गई। समस्त संसार में इसका प्रचार हो गया तथा ईश्वर के प्रेम का उत्साह उन लोगों के हृदय में बढ़ने लगा। आशिक़ी तथा इश्क़बाज़ी (प्रेम सम्बन्धी कार्य) एवं समा संसार में फिर से प्रारम्भ हो गया। विरोधियों के ईर्ष्या का काँटा, जैसा कि नियम है, उन्हें कष्ट देने लगा। वे बहुत समय से यह धार्मिक पक्षपात अपने हृदय में रखते थे.........क्योंकि वे अधिकांश प्रतिष्ठित लोगों, आलिमों, सद्रों, सूफ़ियों, अमीरों, मलिकों, तथा समकालीन बादशाह के विश्वासपात्रों को सुल्तानुल मशायख़ का (५२७) विश्वास-पात्र पाते थे, अतः साँस न ले सकते थे। ढके हुये देग के समान उबलते थे और इस बात का प्रयत्न किया करते थे कि कोई बादशाह इस विषय पर महज़र करे जिससे वे ईर्ष्या के घाव को जिह्वा की नोक से रस कर बहने योग्य बनायें।............ सुल्तान अलाउद्दीन तथा सुल्तान क़ुतुबुद्दीन के राज्य-काल में उन्हें सफलता प्राप्त न हुई। सुल्तान ग़यासुद्दीन तुग़लुक़ के सिंहासनारूढ़ होने पर शेख़ज़ादा हुसामुद्दीन जिसे सुल्तानुल मशायख़ ने नाना प्रकार से आश्रय प्रदान किया था और जिसने बहुत ही मुजाहदा[२] किया था तथा कष्ट उठाया था किन्तु (ईश्वर के) प्रेम से शून्य होने के कारण उसे कोई लाभ न हुआ था, अपनी प्रसिद्धि हेतु महज़र के लिये शोर मचाने लगा। क़ाज़ी जलालुद्दीन लवानजी नायबे हाकिमे मुमलिकत इश्क़ वालों (सूफ़ियों) के विरोध के लिये प्रसिद्ध था। अन्य विद्वानों ने भी शेख़ज़ादा हुसाम को भड़का कर अपना नेता बना लिया और उसे बादशाह से यह निवेदन करने पर उद्यत किया कि शेख़ निज़ामुद्दीन मुहम्मद का सभी लोग अनुसरण करते हैं। वे समा जो इमामे आज़म के धर्म में हराम[३] है, सुनते हैं। कई हज़ार लोग इस शरा के विरुद्ध कार्य में उनका अनुसरण करते हैं। शेख़ज़ादा (हुसामुद्दीन) भी सुल्तान का विश्वासपात्र था। उसने यह बात सुल्तान तक पहुँचाई। सुल्तान ग़यासुद्दीन को समा के हलाल[४] अथवा हराम होने के विषय में ज्ञान न था। उसे इस बात पर आश्चर्य हुआ कि ऐसा बुज़ुर्ग, जो संसार भर का नेता है, शरा के विरुद्ध कार्य किस प्रकार कर सकता है।.........इस सम्बन्ध में प्रश्न तथा क़ाज़ी हमीदुद्दीन[५] नागोरी के फ़तवे[६] एवं (५२८) शरई पुस्तकों की रवायतें[७] बादशाह के समक्ष प्रस्तुत की गईं। सुल्तान ने कहा "क्योंकि आलिमों ने समा के हराम होने के विषय में फ़तवा दे दिया है और इस कार्य की रोक टोक कर रहे हैं अतः सुल्तानुल मशायख़ को उपस्थित किया जाय। समस्त शहर के आलिमों, सद्रों तथा प्रतिष्ठित लोगों को बुलवा कर महज़र का आयोजन किया जाय जिससे सत्य बात स्पष्ट हो सके।........."

---

१ सूफ़ियों की गोष्ठियों का संगीत तथा नृत्य।

२ घोर तपस्या तथा उपासना।

३ इस्लाम की शरा के अनुसार जो निषिद्ध हो।

४ इस्लाम की शरा के अनुसार जो उचित हो।

५ शेख़ मुहम्मद इब्ने अता, हमीदुद्दीन नागोरी के नाम से प्रसिद्ध थे। वे बड़े विद्वान थे और क़ुतुबुद्दीन बख़्तियार काकी के बड़े मित्र थे। उन्होंने समा के प्रचार में विशेष योग दिया। उनकी मृत्यु १२४५ ई० में हुई।

६ इस्लाम के नियमों के अनुसार किसी समस्या के विषय में निर्णय। मुफ़्ती का मत।

७ मुहम्मद साहब, उनकी सन्तान, मित्रों एवं अन्य धार्मिक व्यक्तियों के कथन एवं कार्य से सम्बन्धित घटनाओं का वृत्तान्त।

सुल्तानुल मशायख़ के भक्तों ने उन्हें इस बात की सूचना पहुंचाई। सुल्तानुल मशायख़ ने कोई चिन्ता न की। बहुत बड़े बड़े आलिम जो सुल्तानुल मशायख़ के सेवक थे, जैसे मौलाना फ़ख़रुद्दीन ज़र्रादी, मौलाना वजीहुद्दीन पायली आदि ने शरा के अनुसार समा के होने के विषय में आयते एकत्र कीं और सुल्तानुल मशायख़ की सेवा में समा के शरा के अनुसार होने पर वाद-विवाद किया जिससे महज़र के पूर्व तैयारी हो सके। सुल्तानुल मशायख़ के हृदय में दैवी ज्ञान समुद्र के समान लहरें लिया करता था अतः उन्होंने उन लोगों की ओर कोई ध्यान न दिया और इस विषय में कोई बात न कही। उन लोगों को बड़ा आश्चर्य हुआ किन्तु उन्हें सुल्तानुल मशायख़ की विद्वत्ता पर पूर्ण विश्वास था; अतः वे सन्तुष्ट थे।

संक्षेप में, जब सुल्तानुल मशायख़ बादशाह के महल में बुलवाये गये तो सुल्तानुल मशायख़ ने अपने मित्रों को बुलवाया किन्तु क़ाज़ी मुहीउद्दीन काशानी जो बहुत बड़े विद्वान थे तथा मौलाना फ़ख़रुद्दीन ज़र्रादी जो क़ाज़ी से अधिक दयावान थे, बिना बुलाये हुये सुल्तानुल मशायख़ के भक्तों के साथ शाही महल में पहुंच गये। महज़र के पूर्व क़ाज़ी जलालुद्दीन नायब हाकिम ने सुल्तानुल मशायख़ को परामर्श देने के लिये बातें प्रारम्भ कर दीं और पक्षपात से परिपूर्ण शब्द जो सुल्तानुल मशायख़ की गोष्ठी के योग्य न थे कहे और कटु आलोचनायें कीं। सुल्तानुल मशायख़ सहन करते रहे। जब उसने यह कहा कि "यदि इसके उपरान्त गोष्ठी आयोजित की और समा सुना तो मैं शरा का हाकिम हूं, तुम्हें हानि पहुंचाऊँगा।" सुल्तानुल
(५२९) मशायख़ इस बात से क्रोधित हो गये और कहा "इस पद से जिसके बल पर ये शब्द कह रहा है हटा दिया जाय।" १२ दिन के पश्चात् वह क़ाज़ी के पद से हटा दिया गया और उसकी मृत्यु हो गई।

जब महज़र प्रारम्भ हुआ तो उस सभा में, जिसमें सभी आलिम, प्रतिष्ठित लोग, सद्र, अमीर तथा मलिक उपस्थित थे और बादशाह आदि सभी सुल्तानुल मशायख़ की ओर आकर्षित तथा कृपादृष्टि रखते थे, शेख़ज़ादा हुसाम ने कहा कि "आपकी गोष्ठियों में समा होता है। लोग नृत्य करते तथा आह व नारे लगाते हैं।" इस प्रकार की बहुत सी बातें कहीं। सुल्तानुल मशायख़ ने उसकी ओर मुख करके कहा "प्रबलता मत दिखाओ और बहुत बातें मत करो। बताओ समा का क्या अर्थ है?" शेख़ज़ादा हुसाम ने कहा, "मुझे ज्ञात नहीं किन्तु आलिमों का कथन है कि समा हराम है।" सुल्तानुल मशायख़ ने कहा, "जब तुझे समा का अर्थ ज्ञात नहीं तो मुझे तुझ से इस विषय में कोई बात नहीं करनी।" शेख़ज़ादा हुसाम, जो वादी था, अपराधी हो गया और हताश हो गया।

बादशाह के कान सुल्तानुल मशायख़ की बातों की ओर लगे थे। जब लोग वाद-विवाद में शोर मचाने लगते तो बादशाह कहता "प्रबलता मत दिखाओ। सुनो कि शेख़ क्या कहते हैं।" जो आलिम वहाँ उपस्थित थे उनमें मौलाना हमीदुद्दीन तथा मौलाना शिहाबुद्दीन मुल्तानी चुप थे और उन्होंने कोई अनुचित बात न कही अपितु मौलाना हमीदुद्दीन ने कहा "जिस प्रकार वादी सुल्तानुल मशायख़ की गोष्ठियों का उल्लेख कर रहे हैं वैसा नहीं वरन् इसके विरुद्ध है। मैं ने उन गोष्ठियों को देखा है और उनमें समस्त पीरों[1], सूफ़ियों एवं दरवेशों के दर्शन किये हैं।" इस बीच में क़ाज़ी कमालुद्दीन ने कहा "मैं ने किसी स्थान पर यह रवायत देखी है।" अबू हनीफ़ा[2] ने कहा "संगीत सुनना हराम है और समा में चक्कर लगाना बुरा कार्य है।" सुल्तानुल मशायख़ ने कहा, "इसमें निषेध नहीं किया गया है।"

---

१ सूफ़ियों (सन्तों) के गुरु।

२ इमाम अबू हनीफ़ा अथवा इमामे आज़म उन चार व्यक्तियों (इमाम हनीफ़ा, इमाम हम्बल, इमाम शाफ़ई तथा इमाम मालिक) में से एक थे जिनके द्वारा इस्लाम के विभिन्न धार्मिक नियम संकलित हुये।

इस वाद-विवाद के अवसर पर शेख़ बहाउद्दीन ज़करिया[1] के नाती मौलाना इल्मुद्दीन आ गये। बादशाह ने उनकी ओर मुख करके कहा, "आप विद्वान् भी हैं और यात्री भी। आज मेरे समक्ष समा के प्रश्न पर वाद विवाद हो रहा है। मैं आप से पुछता हूं कि (५३०) समा सुनना हलाल है अथवा हराम?" मौलाना ने कहा, "मैंने इस विषय पर मक़सदा नामक पुस्तक की रचना की है। उसमें इसके हराम अथवा हलाल होने पर तर्क वितर्क किया है। जो लोग हृदय से सुनें उनके लिये हलाल (उचित) है और जो वासना से सुनें उनके लिये हराम है।" सुल्तान ने मौलाना इल्मुद्दीन से पुनः पूछा, "आप बग़दाद, शाम तथा रूम की यात्रा कर चुके हैं। वहाँ के सूफ़ी समा सुनते हैं अथवा नहीं। उन्हें कोई इस कार्य से रोकता है अथवा नहीं?" मौलाना इल्मुद्दीन ने कहा, "सभी नगरों के बुजुर्ग तथा सूफ़ी समा सुनते हैं और कुछ लोग बाजों के साथ। समा सूफ़ियों में शेख़ जुनैद[2] तथा शेख़ शिबली[3] के समय से प्रचलित है।" बादशाह मौलाना इल्मुद्दीन से यह सुन कर चुप हो रहा और कुछ न बोला।

मौलाना जलालुद्दीन ने कहा, "बादशाह को समा के हराम होने के विषय में आदेश दे देना चाहिये और इस विषय में इमामे आज़म के धर्म का ध्यान रखना चाहिये। सुल्तानुल मशायख़ ने बादशाह से कहा "मैं नहीं चाहता कि तू इस विषय में कोई आदेश दे।" बादशाह ने सुल्तानुल मशायख़ का आदेश स्वीकार कर लिया और कोई हुक्म न दिया।......

(५३१) उन्हीं दिनों में किसी ने सुल्तानुल मशायख़ से पूछा "क्या इस प्रकार का आदेश हुआ है कि आप जब चाहें समा सुनें, आप के लिये हलाल है?" सुल्तानुल मशायख़ ने कहा, "यदि हराम है तो किसी के कहने से हलाल न हो जायगा और यदि हलाल है तो किसी के कहने से हराम न हो जायगा।"......इसके उपरान्त बादशाह ने सुल्तानुल मशायख़ को बड़े सम्मान से विदा कर दिया।

मौलाना ज़िया उद्दीन बरनी ने अपनी (पुस्तक) हैरत नामे[4] में लिखा है कि सुल्तानुल मशायख़ ने महज़र से घर लौट कर मध्याह्न के उपरान्त की नमाज़ के समय मौलाना मुही-उद्दीन काशानी तथा अमीर ख़ुसरो कवि को बुला कर कहा कि "देहली के विद्वान् मेरे प्रति विरोध तथा ईर्ष्या से परिपूर्ण थे। मैदान खुला देख कर उन्होंने अत्यधिक शत्रुता पूर्ण बातें कीं। आज यह देख कर आश्चर्य हुआ कि वाद विवाद के समय मुहम्मद साहब की हदीस नहीं सुनते थे और कहते थे कि हमारे नगर में फ़िक़ह[5] की रवायतों पर आचरण करना हदीस से श्रेष्ठ समझते हैं। ये बातें ऐसे लोग करते हैं जिन्हें मुहम्मद साहब की हदीस पर विश्वास नहीं होता। प्रत्येक बार जब मुहम्मद साहब की प्रमाणित हदीसों का उल्लेख होता तो निषेध

इमाम अबू हनीफ़ा के अनुयायी हनफ़ी कहलाते थे। अधिकांश सुन्नी मुसलमान उन्हीं के अनुयायी हैं। भारतवर्ष के लगभग सभी सुन्नी उन्हीं को मानते हैं। उनकी मृत्यु ७३७ ई० में हुई। उन्होंने मुहम्मद साहब की शिक्षा तथा क़ुरान में बताये गये नियमों के आधार पर इस्लाम की शिक्षाओं का कट्टरपन से पृथक् होकर समझाने का प्रयत्न किया है।

१ भारतवर्ष में सुहरवर्दी सिलसिले के प्रसिद्ध संस्थापक। उनका कार्य-क्षेत्र मुल्तान था जहाँ उस समय इस्लाम का बड़ा प्रचार था। उनकी मृत्यु १२६७ ई० में हुई। सुहरवर्दी सूफ़ी समा के विरोधी थे।

२ शेख़ जुनैद बग़दादी बड़े प्रसिद्ध सूफ़ी हुये हैं। इनका निधन ६११ ई० में हुआ।

३ शेख़ अबू बक्र शिबली भी बग़दाद के एक प्रसिद्ध सूफ़ी थे। इनका निधन ६४६ ई० में हुआ।

४ हसरत नामा (सियरुल औलिया पृ० ३१३)।

५ इस्लाम की नियमावली।

करते और कहते "यह हदीस शाफ़ई[1] से सम्बन्धित है और वह हमारे आलिमों का शत्रु है। हम इसे नहीं सुनते।" मैं नहीं समझता कि उन्हें (इस्लाम पर) श्रद्धा है अथवा नहीं, क्योंकि बादशाह के समक्ष अभिमान-पूर्वक व्यवहार करते थे। प्रमाणित हदीसों का निषेध करते थे। मैंने न कोई ऐसा आलिम देखा है और न सुना है जिसके समक्ष मुहम्मद साहब की हदीसों का उल्लेख किया जाय और वह कहे कि मैं नहीं सुनता। मैं नहीं जानता कि यह कैसा समय है। ऐसा नगर जहाँ इस प्रकार के अभिमान का प्रदर्शन हो किस प्रकार आबाद है। आश्चर्य है कि यह नष्ट क्यों नहीं हो जाता। बादशाह, अमीर तथा सर्व साधारण, शहर के क़ाज़ी तथा आलिमों से यह सुन कर कि इस नगर में हदीस पर आचरण नहीं होता, किस प्रकार मुहम्मद साहब की हदीसों के प्रति श्रद्धा रख सकते हैं। जिस समय से मैं ने हदीस के (५३२) निषेध के सम्बन्ध में सुना, मुझे भय होता है कि इस प्रकार के शहर के आलिमों के अविश्वास के कलंक के कारण आकाश से कहीं कष्टों, देश-निकाले, अकाल तथा व्यापक रोगों की वर्षा न होने लगे।

इस घटना के चौथे वर्ष वे सब आलिम जो इस महज़र में सम्मिलित थे तथा अन्य लोग उनके कारण देवगीर (देवगिरि) भेज दिये गये। उन आलिमों में से बहुत से आलिमों ने देवगीर (देवगिरि) में सिर झुकाया (चले गये)। शहर (देहली) में घोर अकाल तथा व्यापक रोग फैल गया, यहाँ तक कि अभी तक इन कष्टों का पूर्णतया निवारण नहीं हुआ है।

———

१ अबू अब्दुल्लाह मुहम्मद बिन (पुत्र) इदरीस "शाफ़ई" इस्लाम की नियमावली के चार संग्रह कर्त्ताओं में से एक थे। उनका निधन मिस्र में ८२० ई० में हुआ।

भाग ब

समकालीन यात्रियों के पर्यटन-वृत्त

इब्ने बत्तूता

(क) यात्रा विवरण

शिहाबुद्दीन अल उमरी

(ख) मसालिकुल अबसार फ़ी ममालिकुल अमसार

इब्ने बत्तूता

यात्रा विवरण

[प्रकाशन पेरिस १९४९ ई०]

(९३) शेख अबू अब्दुल्लाह मुहम्मद बिन (पुत्र) मुहम्मद बिन (पुत्र) इबराहीम अल्लवाती[१] तन्जा (तन्जीर) निवासी, जो इब्ने बत्तूता (ईश्वर उस पर दया करे) के नाम से प्रसिद्ध है, इस प्रकार निवेदन करता है।

मुहर्रम ७३४ हि० (१२ सितम्बर, १३३३ ई०) की पहली तारीख को हम लोग सिन्ध घाटी[२] पर पहुँचे। यह बन्जाब[३] (पंजाब) के नाम से प्रसिद्ध है। इसका अर्थ ५ नदियाँ है। यह संसार की सबसे बड़ी नदी है। ग्रीष्म-ऋतु में इसमें बहिया आ जाती है। पंजाब निवासी बहिया के उपरान्त यहाँ उसी प्रकार कृषि करते हैं, जिस प्रकार मिस्र निवासी सिन्ध (९४) में बहिया आजाने के उपरान्त कृषि करते हैं। यह नदी सुल्ताने मुअज़्ज़म मुहम्मद शाह मलिकुल हिन्द व सिन्ध (हिन्द तथा सिंध का सुल्तान) के राज्य की सीमा पर स्थित है।

जब हम इस नदी पर पहुँचे तो समाचार पहुँचाने वाले पदाधिकारी, जो इसी कार्य के लिये नियुक्त हैं, हमारे पास आये और हमारे पहुँचने की सूचना मुल्तान नगर के अमीर (अधिकारी) क़ुतुबुलमुल्क को भेज दी। उस समय सिन्ध का अमीरुल उमरा (मुख्य अधिकारी) सरतेज़ नामक था। वह सुल्तान का ममलूक (दास) था और अर्ज़े ममालिक के पद पर नियुक्त था। वह सुल्तान की सेनाओं का अर्ज़[४] करता था। हमारे पहुंचने के समय वह सिन्ध के सिविस्तान नगर में था, जो मुल्तान से १० दिन की दूरी पर स्थित है। सिन्ध प्रदेश तथा सुल्तान की राजधानी 'देहली' के मध्य में ५० दिन की यात्रा की दूरी है। जब सुल्तान को समाचार भेजते वाले अधिकारी सुल्तान के पास सिन्ध से कोई सूचना भेजते हैं तो वह सूचना बरीद (डाक) द्वारा ५ दिन में पहुँच जाती है।

बरीद (डाक)—

(९५) हिन्दुस्तान में बरीद दो प्रकार के होते हैं। घोड़े के बरीद, उलाक़ (उलाग़) कहलाते हैं। वे सुल्तान द्वारा प्रदान किये हुये घोड़ों पर यात्रा करते हैं। प्रत्येक ४ कोस के उपरान्त घोड़ा बदल लिया जाता है। पैदल बरीद का प्रबन्ध इस प्रकार होता है कि एक मील में ३ चौकियाँ डाक ले जाने वालों की होती हैं। इसे दावा कहते हैं। इसका अर्थ मील का $\frac{1}{3}$ भाग है। मील, कुरोह के नाम से प्रसिद्ध है। प्रत्येक तिहाई मील की दूरी पर एक गाँव आबाद होता है। गाँव के बाहर ३ क़ुब्बे (बुर्जियाँ) होते हैं। प्रत्येक बुर्जी में डाक ले जाने वाले उद्यत रहते हैं। प्रत्येक डाक ले जाने वाले के पास दो ज़रा (हाथ) लम्बा डंडा होता है। इसके सिरे पर ताँबे की घण्टियाँ बंधी होती हैं। जब समाचार ले जाने वाला नगर से निकलता है तो वह पत्र को एक हाथ में और घण्टियों के डंडे को दूसरे हाथ में लेकर बड़ी तीव्र गति से दौड़ता है। जब बुर्जियों के आदमी घंटियों का बजना सुनते हैं तो वे सन्नद्ध

---

१ लवाता—अन्दलुस में एक स्थान।

२ पुस्तक में प्रत्येक स्थान पर 'वादी' का उल्लेख है। नदी के लिये पृ० १०० पर "नहर" शब्द का प्रयोग हुआ है। तुग़लुक़ कालीन भारत, भाग १, पृ० १५९।

३ मूल पुस्तक में प्रत्येक स्थान पर बन्जाब है।

४ निरीक्षण तथा भरती।

(९६) हो जाते हैं। जैसे ही समाचार ले जाने वाला उन तक पहुँचता है वैसे ही उनमें से एक उसके हाथ से पत्र लेकर दौड़ पड़ता है। वह दौड़ते समय बराबर डंडा हिलाया करता है और इस प्रकार वह दूसरे दावे तक पहुँच जाता है। यही क्रिया अन्त तक चलती रहती है और पत्र निश्चित स्थान पर पहुँच जाता है। यह बरीद घोड़े के बरीद से अधिक शीघ्रगामी होता है। प्रायः इस बरीद द्वारा ख़ुरासान के ताज़े फल भी जो हिन्दुस्तान में बहुत पसन्द किये जाते हैं, मंगाये जाते हैं। फलों को थालियों में रख दिया जाता है और वे बड़ी तीव्र गति से सुल्तान तक पहुँचा दिये जाते हैं। इसी प्रकार बड़े बड़े अपराधी भी लाये जाते हैं। उन्हें तख़्त पर रख कर समाचार ले जाने वाले बड़ी तीव्र गति से दौड़ कर पहुँचा देते हैं। इसी प्रकार सुल्तान के प्रयोग के लिये, जब वह दौलताबाद में निवास करता है, गंगाजल पहुंचाया जाता है। गंगा हिन्दुओं के तीर्थ की नदी है। यह दौलताबाद से ४० दिन की दूरी पर स्थित है।

(९७) जब समाचार भेजने वाले सुल्तान को इस देश में किसी के पहुँचने की सूचना भेजते हैं तो सुल्तान उन पत्रों को बड़े ध्यान से पढ़ता है। समाचार लिखने वाले प्रत्येक यात्री का बड़ा सविस्तार हाल लिखते हैं। वे उसका रूप-रंग, वस्त्र, उसके साथियों की संख्या, सेवकों तथा दासों और घोड़ों तक के विषय में सुल्तान को सूचना देते हैं। वे यात्री के उठने बैठने, सोने जागने तथा उससे सम्बन्धित सभी बातों का उल्लेख करते हैं और कोई बात भी नहीं छोड़ते। जब कोई यात्री मुल्तान में, जोकि सिन्ध की राजधानी है, पहुँचता है तो वह उस समय तक वहाँ रुका रहता है, जब तक कि सुल्तान की ओर से उसके प्रवेश के विषय में आदेश तथा उसके आदर सत्कार के लिए आज्ञा नहीं प्राप्त हो जाती। उस देश में परदेशियों का आदर-सत्कार उसके आचरण तथा कार्यों को देख कर किया जाता है, क्योंकि किसी को उसके वंश तथा कुल के विषय में कोई ज्ञान नहीं होता।

मलिकुल हिन्द सुल्तान अबुल मुजाहिद मुहम्मद शाह की यह आदत है कि वह परदेशियों का बड़ा आदर-सत्कार करता है। वह उनसे अपने प्रेम का परिचय बड़े बड़े पद तथा (९८) विलायतें प्रदान करके देता है। उसके बड़े-बड़े विश्वास-पात्र, हाजिब, वज़ीर, क़ाज़ी और वैवाहिक सम्बन्धी परदेशी हैं। उसने यह आदेश दे दिया है कि परदेशियों को अज़ीज़ (सम्मानित) की पदवी प्रदान की जाय। इस प्रकार उसके राज्य में उन लोगों का नाम अज़ीज़ हो गया है।

प्रत्येक व्यक्ति को बादशाह के सम्मुख दरबार में उपस्थित होते समय उनका विश्वास-पात्र बनने के लिये उपहार भेंट करने होते हैं। सुल्तान उपहार से कई गुना अधिक इनाम लोगों को प्रदान करता है। आगे चल कर परदेशियों के इनाम के विषय में पुनः उल्लेख किया जायगा। जब लोगों को उसके स्वभाव के विषय में विदित हो गया तो सिंध तथा हिन्द के कुछ व्यापारियों ने यह व्यवसाय कर लिया है कि जो भी सुल्तान की सेवा में उपस्थित होने जाता है उसे वे सहस्रों दीनार ऋण के रूप में दे देते हैं, और जो उपहार यात्री भेंट करना चाहते हैं उसकी वे व्यवस्था कर देते हैं। उसे यदि सवारी के जानवरों, ऊँटों तथा सामान की आवश्यकता होती है तो व्यापारी उसका भी प्रबन्ध कर देते हैं। वे स्वयं तथा धन-सम्पत्ति द्वारा भी यात्रियों की सेवा के लिये उद्यत रहते हैं और दासों के समान उनकी सेवा किया करते हैं। जब यात्री सुल्तान की सेवा में उपस्थित होता है तो उसे बहुत इनाम प्राप्त होता है। (९९) उस इनाम से वह समस्त ऋण चुका देता है। इस प्रकार व्यापारियों को बड़ा लाभ होता है और यह एक साधारण सी प्रथा हो गई है।

सिन्ध पहुँचने पर मैंने भी इस प्रथा पर आचरण किया और व्यापारियों से घोड़े ऊँट तथा दास मोल लिये। मैंने ग़ज़नी में, एराक़ के एक व्यापारी से जो तकरीत[1] का निवासी था और जिसका नाम मुहम्मदुद दौरी था, ३० घोड़े तथा वाणों से लदा हुआ एक ऊँट मोल ले लिया था क्योंकि ऐसी ही वस्तुयें सुल्तान को भेंट की जाती हैं। मुहम्मदुद दौरी ख़ुरासान चला गया और जब वह हिन्दुस्तान लौटा तो उसने मुझसे अपना पूरा ऋण वसूल कर लिया और उसे बड़ा लाभ हुआ। कई वर्षों के उपरान्त मैं उससे हलब नगर[2] में मिला। उस समय मुझे काफ़िरों ने लूट लिया था किन्तु उसने मेरी कोई सहायता न की।

गैंड़ों का हाल—

(१००) जब हम सिन्धु नदी, (नहर) जो पंजाब के नाम से प्रसिद्ध है, पार कर चुके तो हम बाँसों के एक कानन के मध्य में प्रविष्ट हुये। हमारा मार्ग उसी कानन के मध्य में था। अचानक एक गैंड़ा हमारी ओर झपटा। यह जानवर काले रंग का होता है और उसका डील-डौल बड़ा होता है। उसके शरीर को देखते हुये उसका सिर बहुत ही बड़ा होता है। इसी कारण यह बात प्रसिद्ध हो गई है कि गैंड़े के केवल सिर ही सिर होता है और शरीर नहीं होता। यह हाथी से छोटा होता है किन्तु उसका सिर हाथी के सिर से कई गुना बड़ा होता है। इसके आँखों के मध्य में एक सींग होता है जो ३ ज़रा (हाथ) लम्बा और एक बालिश्त चौड़ा होता है। जब वह हमारे निकट पहुँचा तो एक सवार उसके सामने आ गया। गैंड़े ने घोड़े के सींग मारा और सवार की रान चीर कर उसको भूमि पर गिरा देने के उपरान्त जंगल में भाग गया और फिर उसका पता कहीं न लगा।

इस यात्रा में मैंने अस्र[3] की नमाज़ के उपरान्त एक दिन फिर गैंड़ा देखा। वह घास (१०१) चर रहा था। जब हमने उस पर आक्रमण करना चाहा तो वह भाग गया। एक बार फिर मैंने गैंड़ा देखा। इस समय हम मलिकुल हिन्द के साथ बाँस के जंगलों में होकर जा रहे थे। सुल्तान हाथी पर सवार था। हम लोग भी उसके साथ हाथियों पर सवार थे। पैदल सैनिकों तथा अश्वारोहियों ने उसका पीछा करके उसकी हत्या करदी और उसका सिर सुल्तान के शिविर में पहुँचा दिया।

सिन्ध नदी से २ दिन की यात्रा के उपरान्त हम लोग जनानी[4] पहुंचे। जनानी सिन्ध नदी पर एक सुन्दर तथा भव्य नगर है। इसमें बड़े सुन्दर उद्यान हैं। यहाँ के निवासी सामेरा[5] कहलाते हैं। वे लोग वहाँ प्राचीन काल से निवास करते चले आ रहे हैं। उनके पूर्वज उस समय भी वहाँ के निवासी थे जब हज्जाज बिन यूसुफ़[6] के समय में सिन्ध पर विजय प्राप्त हुई थी। इसका उल्लेख इतिहासों में है जिनमें सिन्ध विजय का हाल लिखा है।

(१०२) शेख, इमाम, आलिम, आमिल, ज़ाहिद, आबिद[7] रुक्नुद्दीन बिन (पुत्र) शेख फ़क़ाह[8] शम्सुद्दीन बिन (पुत्र) शेखुल इमाम, आबिद ज़ाहिद, बहाउद्दीन ज़करिया क़ुरशी, उन

१ टिगरिस नदी पर एक प्रसिद्ध नगर।
२ अलेप्पो।
३ मध्याह्न उपरान्त तथा सायंकाल के नमाज़ के बीच की नमाज़ का समय।
४ कदाचित उच्च तथा सक्कर के बीच का एक नगर, जिसका अब कोई चिह्न नहीं।
५ सूमरा अथवा सुमेरा, तारीखे सिन्ध का अनुवाद देखिए।
६ हज्जाज बिन (पुत्र) यूसुफ़ सक़फ़ी पाँचवें उमय्या ख़लीफ़ा अब्दुल मलिक के समय अरब तथा एराक़ का एक बड़ा अत्याचारी शासक (मृत्यु ७१४ ई०)।
७ विद्वान्, धर्मनिष्ठ, उपासक तथा ईश्वर के भक्त।
८ फ़िक़ह (इस्लामी धर्म शास्त्रों के अनुसार उसकी नियमावली) वेत्ता।

तीन व्यक्तियों में से एक थे जिनके विषय में मुझसे पवित्र शेख बुरहानुद्दीन अलआरज ने सिकन्दरिया नगर में कह दिया था कि मैं उन लोगों से अपनी यात्रा में भेंट करूँ। ईश्वर की कृपा से मेरी उनसे भेंट हो गई। रुक्नुद्दीन ने मुझसे कहा कि "मेरे पूर्वज मुहम्मद बिन क़ासिम क़ुरशी के नाम से प्रसिद्ध थे और सिन्ध विजय के समय वे उस सेना में सम्मिलित थे जिसे हज्जाज़ बिन यूसुफ़ ने अपनी अमीरी के समय एराक़ से भेजा था।[1] वे वहीं बस गये और उनका वंश बहुत बढ़ गया।" सामेरा लोग किसी के साथ भोजन नहीं करते। जब वे भोजन करते हैं तो उन्हें कोई देख भी नहीं सकता। न तो वे अपनी जाति के बाहर किसी से विवाह करते हैं और न कोई उनके यहाँ विवाह करता है। उस समय उनका अमीर (अधिकारी) वुनार नामक था। उसका वृत्तान्त आगे दिया जायगा।

(१०३) जनानी से चलकर हम सिविस्तान[2] पहुँचे। यह एक बहुत बड़ा नगर है। इसके बाहर चारों ओर मरुस्थल है जहाँ कीकर (बबूल) नामक वृक्ष के अतिरिक्त कोई अन्य वृक्ष नहीं होता। उसकी नदी के किनारे ख़रबूज़े के अतिरिक्त कुछ और नहीं बोया जा सकता। इस नगर के निवासी ज्वार तथा मटर खाते हैं जिसे मुशुंक कहते हैं। वे इसी की रोटी बनाते हैं। इस नगर में मछली बहुत होती हैं और भैंस का दूध भी अधिक मात्रा में मिलता है। लोग सक़न्क़ूर खाते हैं। यह गिरगिट के समान होता है। पश्चिम[3] के निवासी इसे हनीशतुल्जन्ना (गोह) कहते हैं। इसके दुम नहीं होती है। वहाँ के लोग बालू में से खोदकर इसे निकालते हैं। उसका पेट फ़ाड़कर आँतें आदि निकाल देते हैं और उसमें केसर के स्थान पर हल्दी भर देते हैं। मुझे इस जानवर को खाते देख कर घृणा आ गई (१०४) और मैंने उसे नहीं खाया। जब हम सिविस्तान पहुंचे तो बड़ी गरमी पड़ रही थी। मेरे साथी नंगे रहते थे और एक वस्त्र कटि के चारों ओर बाँध लेते थे और दूसरा वस्त्र जल में भिगो करके अपने कन्धों पर रख लेते थे। वह शीघ्र ही शुष्क हो जाता था। वे फिर उसे आर्द्र कर लेते थे और यही किया करते थे।

इस नगर में मैं नगर के प्रतिष्ठित खतीब[4] शैबानी से मिला। उसने मुझे खलीफ़ा अमीरुल मोमिनीन उमर इब्ने अब्दुल अज़ीज़[5] का पत्र दिखाया जो उसके किसी पूर्वज को उस समय प्रदान हुआ था, जब वह उस नगर का खतीब नियुक्त हुआ था। वह पत्र उसके वंश में उस समय से अद्यावधि उपस्थित है। पत्र में जो कुछ लिखा था वह निम्नांकित है:—

पत्र—

"ईश्वर का दास अमीरुल मोमिनीन उमर इब्ने अब्दुल अज़ीज़ इस प्रकार अमुक व्यक्ति के लिये आदेश देता है।" वह पत्र ९९ हि० (७१७ ई०) का लिखा था और उस पत्र में अमीरुल मोमिनीन उमर इब्ने अब्दुल अज़ीज़ ने लिखा था कि "केवल एक ईश्वर ही प्रशंसा का पात्र है।" यह बात मुझे उसी खतीब ने बताई।

(१०५) इस नगर में मुझे एक वृद्ध शेख मुहम्मद बग़दादी नामक मिला। वह शेख उस्मान मरन्दी की क़ब्र के निकट की खानक़ाह[6] में रहता है। कहा जाता है कि उसकी

---

१ मुहम्मद बिन क़ासिम का सिन्ध पर ७११ ई० में आक्रमण हुआ।

२ सेहवान; कदाचित सिन्ध के लरकना जिले का एक नगर।

३ उत्तरी पश्चिमी अफ़रीक़ा।

४ वक्ता; धार्मिक प्रवचन करने वाला।

५ आठवाँ उमय्या खलीफ़ा (७१७-७१९ ई०) जो अपने पवित्र जीवन व्यतीत करने के कारण बड़ा प्रसिद्ध था।

६ वह स्थान जहां सूफ़ी लोग निवास करते हैं। बड़े बड़े सूफ़ियों की पृथक् खानक़ाहें होती थीं जहाँ उनके चेले भी निवास करते थे।

अवस्था १४० वर्ष से अधिक है और जब तन्केज़ (चंगेज़ खाँ) के पुत्र हलऊन बिन तन्केज़ अलततरी[1] ने अन्तिम अब्बासी खलीफ़ा मुस्तासिम बिल्लाह की हत्या की तो वह बग़दाद में उपस्थित था। इतनी वृद्धावस्था को प्राप्त हो जाने पर भी वह अभी बड़ा हृष्ट पुष्ट है और सुगमता-पूर्वक चल फिर सकता है।

कहानी—

इस नगर में अमीर वुनार सामेरी तथा अमीर क़ैसर रूमी निवास करते थे। वे दोनों ही सुल्तान की सेवा में थे। वुनार का उल्लेख पहले हो चुका है। उनके अधीन १ हज़ार ८ सौ सवार थे। वहीं एक काफ़िर हिन्दू भी निवास करता था। उसका नाम रतन था। वह हिसाब किताब तथा सुलेख में दक्ष था। वह सुल्तान की सेवा में एक अमीर के साथ उपस्थित (१०६) हुआ। सुल्तान ने उसका बड़ा आदर-सम्मान किया और उसे अज़ीमुस्-सिन्ध की उपाधि तथा सिन्ध प्रदेश का शासन और सिविस्तान एवं उसके अधीन स्थानों की अक़्ता प्रदान कर दी। उसे तबल[3] तथा ध्वज रखने की अनुमति प्रदान की। मरातिब[4] रखने की आज्ञा, जो केवल बड़े-बड़े अमीरों को ही दी जाती है, प्रदान की। जब वह इस प्रदेश में पहुंचा तो वुनार, क़ैसर तथा अन्य लोगों को काफ़िर का यह आदर सम्मान अच्छा न लगा और उन्होंने उसकी हत्या कर देनी निश्चित की। उसके पहुँचने के कुछ दिन उपरान्त उन्होंने उससे कहा कि वह अपने राज्य के स्थानों का निरीक्षण करले। इस प्रकार वह उनके साथ निरीक्षण के लिए गया। रात्रि में जब सभी शिविर में थे तो लोगों ने कोलाहल प्रारम्भ कर दिया कि कोई सिंह घुस आया है और इस प्रकार उस काफ़िर की हत्या करदा गई। वहाँ से लौट कर उन्होंने सुल्तान के खज़ाने पर, जो वहाँ एकत्र था और जो १२ लाख के लगभग था, अपना अधिकार जमा लिया। १ लाख में १०० हज़ार दीनार[5] होते हैं और प्रत्येक लाख का मूल्य १० हज़ार हिन्दुस्तानी सोने के दीनार के बराबर होता है। एक हिन्दुस्तानी दीनार मग़रिब[6] (१०७) के २½ सोने के दीनार के बराबर होता है[7]। उसके उपरान्त लोगों ने वुनार को अपना सरदार बना लिया और उसकी पदवी मलिक फ़ीरोज़ हुई। उसने सेना को धन-सम्पत्ति प्रदान की, किन्तु कुछ समय उपरान्त वह अपनी जाति वालों से दूर रहने के कारण आतंकित हो गया और वहाँ से अपने सम्बन्धियों को लेकर चल दिया। शेष सेना ने क़ैसर रूमी को अपना नेता बना लिया। इस विद्रोह की सूचना सुल्तान के ममलूक (दास) एमादुल-मुल्क सरतेज़ को प्राप्त हुई। वह उस समय सिन्ध का अमीर (अधिकारी) था और मुल्तान में निवास करता था। उसने सेना एकत्र करके सिन्ध नदी के तथा स्थल दोनों मार्गों से आगे बढ़ना प्रारम्भ कर दिया। मुल्तान से सिविस्तान तक १० दिन का मार्ग है। क़ैसर उससे युद्ध करने के लिए निकला और दोनों में युद्ध हुआ। क़ैसर तथा उसके सहायक बुरी तरह पराजित हुये। वे नगर में पहुंच कर क़िले में बन्द हो गये। एमादुलमुल्क सरतेज़ ने उन्हें घेर लिया। मन्जनीक़ों द्वारा क़िले वालों पर आक्रमण करना प्रारम्भ कर दिया। वे लोग बुरी तरह घिर गये थे। ४० दिन उपरान्त क़ैसर ने क्षमा माँग ली।

---

१ हलाकू मगोल, चंगेज़ का पोता। (मृत्यु १२६५ ई०)

२ ३७ वाँ तथा अन्तिम अब्बासी ख़लीफ़ा (मृत्यु १२५८ ई०)

३ बड़ा ढोल।

४ इसका उल्लेख इब्ने बत्तूता ने आगे किया है।

५ चाँदी के तन्के।

६ मराको।

७ इस विषय में मसालिकुल अबसार का अनुवाद देखिए।

(१०८) जब क़ैसर तथा उसकी सेना क्षमा के वचन पाकर बाहर निकली तो सरतेज़ ने उनके साथ विश्वासघात किया। उनकी धन-सम्पत्ति लूट ली और उनकी हत्या का आदेश दे दिया। प्रत्येक दिन किसी का बध करा देता और किसी को तलवार से दो टुकड़े करा देता था, किसी की खाल खिचवाता और खाल में भूसा भरवा कर नगर की चहार दीवारी पर लटकवा देता था। बहुतों की यही दशा की गई और चहार दीवारी का बहुत बड़ा भाग इन्हीं खालों द्वारा भर गया था, जो खूटियों से लटकी रहती थीं। दर्शकगण इसे देख कर कांप उठते थे। उनकी खोपड़ियाँ एकत्र करके नगर के मध्य में ढेर लगा दिया गया था।

मैं इस घटना के कुछ ही समय उपरान्त इस नगर में पहुंचा और एक बहुत बड़े मदरसे में उतरा। मैं मदरसे की छत पर सोया करता था। वहाँ से यह लाशें लटकी हुई दीख पड़ती थीं। जब मैं रात्रि में उठता तो उन्हें देख कर भयभीत हो जाता था। मैं उन्हें मदरसे से बराबर देखना सहन न कर सकने के कारण मदरसे में न ठहर सका और अन्य स्थान को चला गया।

(१०९) योग्य फ़िक़ह वेत्ता, अलाउलमुल्क ख़ुरासानी जो फ़सीहुद्दीन के नाम से प्रसिद्ध था और जो इससे पूर्व हिरात का क़ाज़ी रह चुका था, हिन्दुस्तान के मलिक[1] की सेवा में उपस्थित हुआ और सिन्ध में लाहरी[2] नगर का वाली (अधिकारी) नियुक्त हो गया था। उसने भी अपने सैनिकों सहित एमादुलमुल्क सरतेज़ की सहायता की थी। मैंने उसके साथ लाहरी नगर तक यात्रा करना निश्चय कर लिया। उसके पास १५ जहाज़ थे जिनके द्वारा वह अपना सामान लेकर सिन्ध नदी से आया था; अतः मैं उसी के साथ चल दिया।

सिन्ध नदी की यात्रा तथा उसका प्रबन्ध—

फ़क़ीह अलाउलमुल्क के पास एक जहाज़ था जिसे अहौरा कहते थे। वह हमारे देश के तरीदा[3] के समान था किन्तु यह अधिक चौड़ा और छोटा था। इसके मध्य में एक लकड़ी की कोठरी थी। उस तक पहुँचने के लिए सीढ़ी लगाई जाती थी। इसके ऊपर अमीर के बैठने के लिये स्थान बनाया गया था। उसके मित्र उसके सम्मुख बैठते थे और उसके दास उसके दांये बांये खड़े रहते थे। उस जहाज़ को ४० मल्लाह खेते थे। (११०) अहौरा के दाहिनी तथा बाईं ओर ४ नौकायें चलती थीं। इनमें से २ में अमीर की अमीरी के मरातिब अर्थात् विशेष चिह्न बड़े ढोल, दुन्दुभी, तुरही, बिगुल तथा बाँसुरियाँ होती थीं। अन्य दो में गायक बैठते थे। बारी-बारी ढोल तथा तुरही बजती थी और गायक गाने गाते थे। इस प्रकार गाना बजाना प्रातः काल से लेकर मध्याह्न के भोजन तक होता रहता था। जब भोजन का समय आ जाता तो नौकायें एक दूसरे से जोड़ दी जाती थीं। उनके बीच में सीढ़ियाँ रख दी जाती थीं और गायक अमीर की नौका अहौरा में पहुंच जाते थे। जब तक अमीर भोजन करता था तब तक यह लोग गाया बजाया करते थे। इसके उपरान्त वे लोग भी भोजन करके अपनी-अपनी नौकाओं में चले जाते थे। इसके उपरान्त यात्रा पुनः प्रारम्भ हो जाती थी और रात्रि तक नौकायें चलती रहती थीं। जब अंधेरा हो जाता था तो शिविर नदी के किनारे लगा दिये जाते थे। अमीर उतर कर अपने शिविर में (१११) पहुँच जाता था। दस्तरख़्वान[4] बिछा दिया जाता था और अधिकतर सेना अमीर

१ सुल्तान मुहम्मद बिन तुग़लुक़।

२ चौदहवीं शताब्दी ईसवी में सिन्ध का एक प्रसिद्ध बन्दरगाह जो अब करांची का एक ग्राम है।

३ एक प्रकार का छोटा जहाज़।

४ वह कपड़ा जिस पर भोजन रख कर खाया जाता है।

के साथ ही भोजन करती थी। एशा[1] की नमाज़ के उपरान्त पहरा देने वाले रात्रि में बारी-बारी से पहरा दिया करते थे। जब पहरे वालों की एक टोली अपना पहरा समाप्त कर लेती तो उनमें से एक चिल्लाकर कहता था कि "हे आखुन्द मलिक (स्वामी) ! इतनी रात्रि व्यतीत हो चुकी है।" इसके उपरान्त पहरा बदल जाता था और दूसरे पहरे वाले उनका स्थान ले लेते थे। जब उनका भी पहरा समाप्त हो जाता तो उनमें से भी एक व्यक्ति चिल्ला कर कहता कि "इतनी रात्रि समाप्त हो चुकी है।" प्रातःकाल ढोल तथा तुरही बजाई जाती और प्रातःकाल की नमाज़ पढ़ी जाती। इसके उपरान्त भोजन लाया जाता और जब सब लोग भोजन कर चुकते तो यात्रा पुनः प्रारम्भ हो जाती।

जब अमीर जल द्वारा यात्रा करता था तो वह नौकाओं पर उसी प्रकार यात्रा करता था जिसका उल्लेख हो चुका है। यदि वह स्थल के मार्ग से यात्रा करना चाहता था तो सब से आगे ढोल तथा तुरही बजती थी। हाजिब आगे-आगे चलते थे। उनके पीछे पदाति होते थे। पदातियों के पीछे अमीर चलता था। हाजिब के सामने ६ अश्वारोही चलते थे। इनमें से
(११२) तीन ढोल लटकाये रहते थे और तीन बाँसुरियाँ लिये रहते थे। जब वे किसी गाँव अथवा किसी ऊँची भूमि पर पहुंचते थे तो समस्त ६ सवार अपनी बाँसुरियाँ तथा ढोल बजाते थे। इसके उत्तर में अन्य सैनिक भी अपने ढोल तथा अपनी तुरही बजाते थे। हाजिबों के दाहिनी तथा बाईं ओर गायक होते थे जो बारी-बारी से गाते बजाते थे। जब मध्याह्न के भोजन का समय आ जाता तो सभी रुक जाते थे।

पाँच दिन की यात्रा के उपरान्त हम लोग अलाउलमुल्क की विलायत लाहरी में पहुंचे। यह एक बड़ा ही सुन्दर नगर है और समुद्र-तट पर स्थित है। सिन्ध नदी यहीं गिरती है। इस प्रकार लाहरी में दो समुद्र मिलते हैं। यह एक बहुत बड़ा बन्दरगाह है। यहाँ, यमन, फ़ारस एवं अन्य देशों के लोग आते हैं। इसी कारण यहाँ अत्यधिक कर प्राप्त होता है और यह नगर बड़ा ही धनी है। अमीर अलाउलमुल्क ने मुझे बताया था कि इस नगर में ६० लक (लाख) कर प्रति वर्ष प्राप्त होता है। लक का उल्लेख पहले हो चुका है। अमीर
(११३) को इसमें से २० वाँ भाग प्राप्त होता है। सुल्तान अपने पदाधिकारियों को भिन्न-भिन्न प्रदेश इसी हिसाब से प्रदान करता है। वे कर का २०वाँ भाग स्वयं ले लेते हैं।

एक विचित्र बात जो हमने नगर के बाहर देखी—

एक दिन मैं अलाउलमुल्क के साथ सवार होकर लाहरी से ७ मील की दूरी पर तारना[2] नामक मैदान में पहुंचा। वहाँ मनुष्यों तथा जानवरों की मूत्तियाँ बहुत बड़ी संख्या में पड़ी थीं। उनमें से अधिकतर टूटी फूटी थीं और पहचानी न जाती थीं। किसी का केवल सिर और किसी का पैर ही अवशिष्ट था। कुछ पत्थर, अनाज, गेहूं, सरसों और मिश्री आदि के समान थे। घरों की दीवारों तथा अन्य चहार दीवारियों के खंडहर वर्त्तमान थे। हमने एक घर के खंडहर देखे जो तराशे हुए पत्थर का बना था। इसके बीच में एक
(११४) चबूतरा था जो एक ही पत्थर का बना था। उस पर एक आदमी की मूर्त्ति थी। उस मनुष्य का सिर कुछ लम्बा था और उसका मुंह एक ओर फिरा हुआ था। दोनों हाथ कमर से बन्दियों के समान कसे हुये थे। वहाँ पानी के हौज थे, जिनसे बड़ी दुर्गन्ध आती थी। उसकी दीवारों पर हिन्दी शब्दों में कुछ लिखा हुआ था।

अमीर अलाउलमुल्क ने मुझ से कहा कि इतिहासकारों का कथन है कि इस स्थान पर एक बहुत बड़ा नगर था। यहाँ के निवासी बड़े दुष्ट थे; अतः उन्हें पत्थर बना दिया गया।

---

१ रात्रि की नमाज़।

२ भोरा मारी।

घर में चबूतरे पर जो पत्थर की मूर्त्ति थी वह वहाँ के राजा की बताई जाती है। वह घर अभी तक राजा का महल बताया जाता है। कहा जाता है कि हिन्दी अक्षरों में उस नगर के विनाश का इतिहास लिखा था। उस नगर का विनाश एक हज़ार वर्ष पूर्व हो चुका था। मैं अमीर अलाउलमुल्क के पास ५ दिन ठहरा। उसने मेरा बड़ा सम्मान किया और मेरी यात्रा (११५) के लिये आवश्यक सामग्री का प्रबन्ध कर दिया।

बकार (बक्कर)—

वहाँ से मैं बकार (बक्कर) की ओर गया। बकार (बक्कर) एक सुन्दर नगर है। सिन्ध नदी की एक शाखा उसके बीच से गुज़रती है। इसका उल्लेख आगे किया जायगा। उस शाखा के मध्य में एक सुन्दर खानक़ाह है; वहाँ यात्रियों को भोजन प्रदान होता है। इसे किशलू खाँ ने, जब वह सिन्ध का वाली (प्रान्त का अधिकारी) था, बनवाया था। इसका उल्लेख भी आगे होगा। मैं इस नगर में फ़क़ीह इमाम सद्रुद्दीन हनफ़ी, नगर के क़ाज़ी अबू हनीफ़ा तथा पवित्र धर्मनिष्ठ शेख शम्सुद्दीन मुहम्मद शीराज़ी से, जोकि बड़े वृद्ध थे, मिला। शेख शम्सुद्दीन उमर की अवस्था १२० वर्ष की बताई जाती थी।

उज (उच्च)—

बकार (बक्कर) से मैं उज (उच्च) की ओर गया। यह एक बहुत बड़ा नगर है और बड़े सुन्दर ढंग से बना है। यह सिन्ध नदी के तट पर स्थित है। यहाँ के बाज़ार बड़े सुन्दर तथा भवन बड़े मजबूत हैं। उस समय बकार (बक्कर) का अमीर, मलिक शरीफ़ जलालुद्दीन क़ीजी था। वह बड़ा विद्वान, पराक्रमी तथा दानी था। वह इसी नगर में अपने घोड़े से गिर कर मर गया।

इस मलिक की दानशीलता—

(११६) मलिक शरीफ़ जलालुद्दीन मेरा बड़ा मित्र हो गया था। हम लोग एक दूसरे से बड़ा प्रेम करते थे तथा हममें परस्पर बड़ी निष्ठा थी। इसके उपरान्त हम लोग राजधानी देहली में भी मिले। इस समय सुल्तान दौलताबाद की ओर चला गया था। इसका उल्लेख बाद में होगा। मुझे राजधानी में ही ठहरने का आदेश हुआ था। जलालुद्दीन ही ने मुझसे कह दिया था कि "तुम्हें अपने व्यय के लिये अत्यधिक धन की आवश्यकता होगी। सुल्तान बहुत समय तक बाहर रहेगा अतः तुम मेरे गाँव का कर वसूल करके व्यय कर लिया करना। तदनुसार मैंने ५ हज़ार दीनार व्यय कर दिये। ईश्वर उसे इसका प्रतिकार दे।

उज (उच्च) में मेरी भेंट आबिद, ज़ाहिद, शरीफ़, शेख क़ुतुबुद्दीन हैदर अलवी से हुई। उसने मुझे खिरक़ा (चीवर) प्रदान किया। वह बहुत बड़ा सूफ़ी था। वह खिरक़ा मेरे पास उस समय तक रहा जब तक कि मैं समुद्र में काफ़िर हिन्दुओं द्वारा नहीं लूटा गया।

मुल्तान—

(११७) उज (उच्च) से मैं मुल्तान पहुंचा। यह नगर सिन्ध की राजधानी है और सिन्ध का अमीरुल उमरा (मुख्य अधिकारी) यहीं निवास करता है। मुल्तान के मार्ग में १० मील दूर एक नदी मिलती है जो खुसरवाबाद[1] के नाम से प्रसिद्ध है। यह एक बहुत बड़ी नदी है और नाव के बिना पार नहीं की जा सकती। इस स्थान पर यात्रियों के विषय में कड़ी पूछ ताछ की जाती है और उनके असबाब की तलाशी ली जाती है। जिस समय हम लोग वहाँ पहुंचे उस समय वहाँ का नियम यह था कि यात्रियों के माल में से राज्य की

१ सम्भवतया रावी नदी की कोई शाखा अथवा रावी नदी। अब इस नाम की किसी नदी का कोई पता नहीं।

ओर से चौथाई ले लिया जाता था और प्रत्येक घोड़े पर सात दीनार कर देना पड़ता था। हमारे हिन्दुस्तान पहुँचने के दो वर्ष उपरान्त सुल्तान ने ये कर क्षमा कर दिये। उसने यह आदेश दे दिया कि यात्रियों से ज़कात[1] तथा उश्र[2] के अतिरिक्त कुछ न वसूल किया जाय। इस समय सुल्तान ने अब्बासी खलीफ़ा अबुल अब्बास की बैअत करली थी।

जब हम लोग नदी पार करने लगे और सामानों की तलाशी होने लगी तो मैं इस विचार से बड़ा दुःखी हुआ कि मेरे सामान की भी तलाशी होगी। यद्यपि उसमें कुछ न था (११८) फिर भी लोगों को देखने में वह अधिक ज्ञात होता था। मुझे भय था कि कहीं मेरी पोल न खुल जाय किन्तु उसी समय मुल्तान के (अमीर) क़ुतुबुलमुल्क द्वारा भेजा हुआ एक बहुत बड़ा सैनिक पदाधिकारी पहुंच गया। उसने आदेश दिया कि मेरी तलाशी न ली जाय। उसके आदेशों का पालन हुआ। मैं इसके लिये ईश्वर के प्रति कृतज्ञता प्रकट करता हूँ। उस रात में हम लोग नदी तट पर रहे। प्रातः काल मलिकुल बरीद[3], जिसका नाम देहक़ान था, हमारे पास आया। वह समरक़न्द का निवासी था। वह सुल्तान को उस नगर तथा उससे सम्बन्धित स्थानों का समस्त हाल एवं यात्रियों का वर्णन भेजने के लिये नियुक्त था। मेरा उससे परिचय कराया गया और मैं उसके साथ अमीर मुल्तान (मुल्तान के हाकिम) की सेवा में उपस्थित हुआ।

मुल्तान के अमीर तथा उसके दरबार का हाल—

मुल्तान का अमीर (अधिकारी) क़ुतुबुलमुल्क बहुत बड़ा तथा योग्य अमीर था। जब मैं उसकी सेवा में उपस्थित हुआ तो वह मेरा स्वागत करने के लिये खड़ा हो गया। मुझसे हाथ मिलाया और मुझे अपने निकट बैठने का आदेश दिया। मैंने उसे एक दास, एक घोड़ा तथा किशमिश और बादाम भेंट किये। यह वस्तुयें यहाँ बड़ा बहुमूल्य उपहार समझी जाती हैं क्योंकि यह इस देश में नहीं होतीं वरन् खुरासान से लाई जाती हैं।

(११९) अमीर एक बहुत बड़े चबूतरे पर बैठा था जिस पर बड़े बड़े फ़र्श (क़ालीन) बिछे थे। उसके निकट क़ाज़ी जिसका नाम सालार तथा खतीब जिसका नाम मुझे याद नहीं, बैठे थे। सेना के बड़े बड़े अधिकारी उसके दाहिनी और बाईं ओर खड़े थे। सशस्त्र सैनिक उसके पीछे खड़े थे। सेना के समूह अर्ज़[4] के लिए उसके समक्ष प्रस्तुत किये जा रहे थे और बहुत से धनुष वहाँ रक्खे थे। जब कोई धनुर्धारी सेना में भर्ती होने के लिए आता तो उसे एक धनुष दिया जाता और वह अपनी शक्ति के अनुसार धनुष को हाथ में लेकर खींचता था। उसका वेतन जिस शक्ति से वह धनुष खींचता था उसी के अनुसार निश्चित होता था। जो कोई सवारों की सेना में भर्ती होना चाहता था उसकी परीक्षा इस प्रकार ली जाती थी। एक छोटा नगाड़ा दीवार में लगा हुआ था। वह घोड़ा दौड़ाता हुआ आता और उस पर भाले से वार करता था। एक नीची दीवार में एक अँगूठी लटकी थी। परीक्षार्थी बड़ी तीव्र गति से घोड़ा दौड़ाता आता और यदि वह उसे अपने भाले से उठा लेता तो वह बड़ा कुशल अश्वारोही समझा (१२०) जाता था। जो लोग धनुर्धारी सवारों की सेना में भर्ती होना चाहते थे उनके लिए भूमि पर एक गेंद रख दिया जाता था प्रत्येक व्यक्ति घोड़ा दौड़ाता हुआ आता और उस पर बाण फेंकता। उसके बाण चलाने की योग्यता के अनुसार उसका वेतन निश्चित किया जाता था।

१ वह धार्मिक कर जो केवल मुसलमानों से वसूल किया जाता था।

२ वह कर जो मुसलमानों के अतिरिक्त अन्य जाति वालों से प्राप्त किया जाता था। यह $\frac{1}{10}$ के हिसाब से लगाया जाता था।

३ डाक से सम्बन्धित कर्मचारियों का मुख्य अधिकारी।

४ निरीक्षण तथा भर्ती।

जब हम उस अमीर की सेवा मे उपस्थित हो कर अभिवादन कर चुके तो उसने हमें आदेश दिया कि हम नगर के बाहर शेख रुक्नुद्दीन के एक चेले के घर में निवास करें। रुक्नुद्दीन का हाल पहले लिखा जा चुका है। यहाँ का नियम यह है कि जब तक सुल्तान का आदेश प्राप्त नहीं हो जाता उस समय तक किसी को अतिथि नहीं रक्खा जाता।

उन परदेशियों की सूची जिनसे मैं मिला और जो सुल्तान की सेवा में हिन्दुस्तान जा रहे थे--

इनमें से एक खुदावन्द ज़ादा क़िवामुद्दीन था जो तिरमिज़[1] का क़ाज़ी था। वह सपरिवार यहाँ आया था और मुल्तान में उसके भाई एमादुद्दीन ज़ियाउद्दीन तथा बुरहानुद्दीन भी उसके पास पहुँच गये थे। इनके अतिरिक्त एक मुबारक शाह भी था। वह समरक़न्द के (१२१) गणमान्य व्यक्तियों में समझा जाता था। अरुनबुग़ा, बुखारे का एक सम्भ्रान्त व्यक्ति था। खुदावन्द ज़ादा की बहिन का पुत्र मलिक ज़ादा तथा बद्रुद्दीन फ़स्साल भी आये हुये थे। सभी के साथ उनके मित्र सहायक तथा दास थे।

हम लोगों के मुल्तान पहुंचने के दो मास उपरान्त नगर में सुल्तान का एक हाजिब शम्सुद्दीन बूशजी तथा मलिक मुहम्मद हरवी कोतवाल आये। सुल्तान ने उन्हें खुदावन्द ज़ादा के स्वागत के लिए भेजा था। खुदावन्द ज़ादा की धर्म पत्नी के स्वागत के लिये सुल्तान की माता मख्दूमये जहाँ ने तीन ख्वाजा सरा भेजे थे। वे लोग उनके तथा उनके पुत्रों के लिए खिलअतें लाये थे और उन्हें समस्त यात्रियों के लिए यात्रा की सामग्री की व्यवस्था करने का आदेश प्रदान हुआ था। उन लोगों ने मेरे पास आकर मेरे हिन्दुस्तान आने का उद्देश्य पूछा। मैंने उत्तर दिया कि में खुन्दआलम (संसार के स्वामी) की सेवा के उद्देश्य से उपस्थित हुआ हूं। (१२२) सुल्तान अपने राज्य में इसी नाम से प्रसिद्ध है। उसने यह आदेश दे दिया कि खुरासान के किसी यात्री[2] को उस समय तक हिन्दुस्तान में प्रविष्ट न होने दिया जाय जब तक कि उसकी इच्छा इस देश में निवास करने की न हो। जब मैंने उनसे यह कहा कि में इस देश में निवास करना चाहता हूँ तो उन्होंने क़ाज़ी तथा आदिलों[3] को बुलवाया। उन्होंने मुझसे अपने विषय में तथा अपने साथियों के विषय में, जो यहाँ निवास करना चाहते थे, एक पत्र लिखवाया। मेरे कुछ साथियों ने इस पर हस्ताक्षर न किये। हमने यात्रा की तैयारी प्रारम्भ करदी। राजधानी ४० दिन की यात्रा की दूरी पर स्थित है। मार्ग में बराबर आबादी मिलती है। हाजिबों तथा अन्य पदाधिकारियों ने, जो उसके साथ भेजे गये थे, क़िवामुद्दीन की यात्रा की सभी आवश्यकताओं का प्रबन्ध किया और मुल्तान से अपने साथ २० खाना पकाने वाले भी ले लिए। हाजिब स्वयं उन्हें लेकर भोजन की व्यवस्था करने के लिए रात्रि में आगे चला जाता था। खुदावन्द ज़ादा को पहुँचने पर सभी वस्तुयें तैयार मिलती थीं। मैंने जिन यात्रियों का उल्लेख किया है उनमें से प्रत्येक अपने साथियों के साथ अपने शिविर में निवास करता था किन्तु कभी कभी वे सब खुदावन्द जादे के साथ वहीं भोजन करते (१२३) थे जो उसके लिए तैयार होता था। जहाँ तक मेरा सम्बन्ध है मैंने उसके साथ केवल एक बार भोजन किया।

भोजन इस प्रकार लाया जाता था: पहले रोटियाँ लाई जाती थीं जो बहुत पतली चपातियाँ होती हैं। एक भेड़ के चार या छः टुकड़े कर लेते हैं। इस प्रकार भुने हुये भेड़

१ आकसस नदी पर एक प्राचीन नगर।

२ सभी बाहरी यात्री, खुरासान के यात्री अथवा खुरासानी कहलाते थे।

३ लिखित पत्रों को प्रमाणित करने वाला अधिकारी।

के माँस के बड़े बड़े टुकड़े एक एक मनुष्य के समक्ष रखे जाते हैं; फिर घी में तली हुई रोटियाँ लाई जाती हैं। यह हमारे देश की उन रोटियों के समान होती हैं जो मुश्रक कहलाती हैं। इसके बीच में हलवा साबुनी[1] भरा जाता है। प्रत्येक रोटी के टुकड़े पर एक मीठी रोटी रक्खी जाती है, जिसको ख़िश्ती कहते हैं। इसका अर्थ है 'ईंट के समान'। यह आटे, शकर तथा घी से बनाई जाती है। उसके उपरान्त घी प्याज़ और हरे अदरक में पका हुआ माँस चीनी की पलेटों में रक्खा जाता है फिर एक वस्तु लाई जाती है जिसे समोसा कहते हैं। इसमें क़ीमा किया हुआ माँस होता है। बादाम, जायफल, पिस्ता, प्याज़ और गरम मसाला डालकर पतली चपातियों में लपेट दिया जाता है और घी में तल लिया जाता है। प्रत्येक व्यक्ति के (१२४) सामने ४ या ५ समोसे रक्खे जाते हैं, फिर घी में पके हुये चावल लाते हैं। उसके ऊपर भुना हुआ मुर्ग़ होता है। इसके उपरान्त लुक़्मातुल क़ाज़ी[2] लाई जाती है। इसे हाशिमी भी कहते हैं।

इसके उपरान्त क़ाहिरिया[3] लाते हैं। भोजन प्रारम्भ होने से पूर्व हाजिब दस्तरख्वान पर खड़ा हो जाता है। वह सुल्तान की दिशा में अभिवादन करता है। समस्त उपस्थित जन भी उसी दिशा में अभिवादन करते हैं। हिन्दुस्तान में लोग ख़िदमत (अभिवादन) इस प्रकार करते हैं जिस प्रकार लोग नमाज़ के समय घुटनों पर हाथ रख कर झुकते हैं। इस क्रिया के उपरान्त दस्तरख्वान पर बैठते हैं। भोजन प्रारम्भ करने से पूर्व चाँदी, सोने तथा काँच के प्यालों में मिश्री और गुलाब का शरबत पीते हैं। जब शरबत पी चुकते हैं तो हाजिब बिस्मिल्लाह[4] कहता है उस समय सब भोजन करना प्रारम्भ कर देते हैं। भोजन के उपरान्त फ़ुक़्क़ा[5] के प्याले लाये जाते हैं। जब लोग फ़ुक़्क़ा पी चुकते हैं तो पान सुपारी आती है। पान सुपारी ले लेने के उपरान्त हाजिब बिस्मिल्लाह कहता है। सब उठ खड़े होते हैं और (१२५) जिस प्रकार भोजन से पूर्व ख़िदमत (अभिवादन) की थी उसी प्रकार पुनः करते हैं और उसके उपरान्त दस्तरख्वान से उठ कर चले जाते हैं।

अबूहर[6]—

अब हम मुल्तान से रवाना हुये। हमारे हिन्दुस्तान पहुंचने तक, जैसा इससे पूर्व उल्लेख हुआ है, वही व्यवस्था रही। सबसे पहले हम जिस नगर में प्रविष्ट हुये वह अबूहर था। यह हिन्दुस्तान के नगरों में पहला नगर है। यह एक छोटा और सुन्दर नगर है। यहाँ की आबादी बड़ी घनी है और इसमें नदियाँ तथा वृक्ष पाये जाते हैं। हिन्दुस्तान में हमारे देश के वृक्षों में से बेर के अतिरिक्त कोई वृक्ष नहीं पाया जाता। हमारे देश की अपेक्षा यहाँ का बेर बहुत बड़ा और मीठा होता है। इसकी गुठली माँजू के दाने के बराबर होती है। यहाँ बहुत से ऐसे वृक्ष भी पाये जाते हैं जो न तो हमारे देश में और न किसी अन्य स्थान में पाये जाते हैं।

भारतीय वृक्ष तथा फल—

(१२६) हिन्दुस्तान में एक फल अम्बा (आम) होता है। उसका वृक्ष नारंगी के वृक्ष

१ एक प्रकार की मिठाई। अलीगढ़ में यह मिठाई अब भी बहुत बिकती है।

२ एक प्रकार का हलवा।

३ यह भी एक प्रकार का हलवा होता है।

४ अल्लाह के नाम से। मुसलमान प्रत्येक कार्य करने के पूर्व बिस्मिल्लाह कहना बड़ा आवश्यक समझते हैं।

५ एक प्रकार का जौ का पेय जिसमें मद नहीं होता। सम्भवतया इसे भोजन पचाने के लिए तैयार किया जाता होगा।

६ पंजाब के फ़ीरोज़पुर ज़िले की फ़ाज़िलका तहसील का एक प्राचीन नगर।

के समान होता है, किन्तु यह इससे बहुत बड़ा होता है और इसमें पत्ते भी अधिक होते हैं। इसकी छाया भी बड़ी घनी होती है; किन्तु जो इसकी छाया में सोता है वह रुग्ण हो जाता है। उसका फल आलू बुखारे से बड़ा होता है। पकने के पूर्व यह हरा रहता है। जब यह गिर पड़ता है तो उसमें नमक डाल कर उसी प्रकार अचार बनाते हैं जिस प्रकार हमारे देश में नीबू तथा खट्टे का अचार बनाया जाता है। हिन्दुस्तानी अदरक तथा मिर्च का भी अचार बनाते हैं और खाने के साथ खाते हैं। प्रत्येक ग्रास के उपरान्त थोड़ा सा अचार खा लेते हैं। खरीफ़ में जब अम्बा (आम) पकता है तो पीले रंग का हो जाता है और वह सेब के समान खाया जाता है। कुछ लोग उसे चाक़ू से काट कर खाते हैं और कुछ चूसते हैं। यह फल मीठा होता है, किन्तु इसमें थोड़ी-सी खटास भी होती है। इसकी गुठली बड़ी निकलती है। जब गुठली बो दी जाती है तो उसमें से वृक्ष निकल आता है जिस प्रकार अन्य बीजों से वृक्ष निकलते हैं।

यहाँ शकी व बरकी (कटहल) का वृक्ष भी होता है जो बहुत बड़ा होता है और (१२७) बहुत समय तक वर्तमान रहता है। इसके पत्ते आखरोट के पत्तों के समान होते हैं। इसका फल वृक्ष की जड़ में लगता है। जो फल भूमि से मिला होता है वह बरकी कहलाता है। वह अधिक मीठा तथा बड़ा स्वादिष्ट होता है। जो फल ऊपर लगता है वह शकी कहलाता है। उसका फल बड़े कद्दू के समान होता है और छिलका गाय की खाल की तरह होता है। जब खरीफ़ में यह बहुत पीला हो जाता है तो तोड़ लिया जाता है। जब वह चीरा जाता है तो प्रत्येक कटहल में से १०० या २०० बीज खीरों के समान निकलते हैं। बीजों के बीच में पीले रंग की एक झिल्ली होती है। प्रत्येक बीज में बड़ी (फ़ूल) सेम के बराबर गुठली होती है इन गुठलियों को भूनकर या पकाकर खाते हैं तो उसका स्वाद फ़ूल (बड़ी सेम) के समान होता है। फ़ूल (बड़ी सेम) इस देश में नहीं होती। इन गुठलियों को लाल मिट्टी में दबा देते और ये दूसरे वर्ष तक रह जाती हैं। यह हिन्दुस्तान का सबसे अच्छा फल समझा जाता है।

तेन्दू, आबनूस के वृक्ष का फल होता है। उसका फल खुबानी के बराबर होता है (१२८) और रंग भी वैसा ही होता है। यह बड़ा मीठा होता है।

जमून (जामुन)—इसका वृक्ष बड़ा होता है। उसका फल जैतून के फल के बराबर होता है किन्तु यह कुछ कुछ काला होता है। जैतून के समान उसके भीतर एक गुठली होती है।

इस देश में मीठी नारंगी बहुत बड़ी संख्या में होती है किन्तु खट्टी नारंगी बहुत कम होती है। यहाँ एक तीसरे प्रकार की भी नारंगी होती है जो खट्टी मिट्ठी होती है। मुझे वह बड़ी स्वादिष्ट ज्ञात होती थी और मैं उसे बड़ी रुचि से खाता था।

महुआ—इसका वृक्ष बड़ा होता है। पत्ते आखरोट के पत्तों के समान होते हैं किन्तु इसके पत्तों में कुछ लाली तथा पीलापन मिला होता है। उसका फल भी छोटे आलू बुखारे के समान होता है। वह बड़ा मीठा होता है। प्रत्येक फल के मुंह पर एक छोटा दाना होता है जो अंगूर के समान होता है। वह बीच में से खाली होता है। उसका स्वाद अंगूर के समान होता है किन्तु अधिक खा लेने से सिर में पीड़ा होने लगती है। सूखा महुआ स्वाद में अन्जीर के समान होता है। मैं अन्जीर के स्थान पर उसे खाया करता था। अन्जीर इस देश में नहीं होता। महुए के मुंह पर जो दूसरा दाना होता है वह भी अंगूर कहलाता है। अंगूर हिन्दुस्तान में बहुत कम होता है। केवल देहली के कुछ भागों तथा

कुछ अन्य प्रदेशों में पाया जाता है। महुए में साल में दो बार फल लगते हैं। उसकी गुठली का तेल निकाला जाता है जो दीपकों में जलाया जाता है।

कसेरा (कसेरू)—इसको भूमि से खोद कर निकालते हैं। यह आखरोट के समान होता है और बड़ा मधुर होता है।

जो फल हमारे देश में होते हैं उनमें से अनार भी हिन्दुस्तान में होता है। इसमें साल (१३०) में दो बार फल लगते हैं। मालदीप टापू में मैंने देखा कि अनार १२ महीने फल देता है। हिन्दुस्तानी इसे अनार कहते हैं। इसी से जुलनार (गुलनार) शब्द निकला है; जुल (गुल) फ़ारसी में फूल को कहते हैं और नार अनार को कहते हैं।

हिन्दुस्तान में बोये जाने वाले अनाज जिनका प्रयोग भोजन में होता है—

हिन्दुस्तान में साल में दो फ़स्लें होती हैं। जब ग्रीष्म ऋतु में वर्षा होती है तो खरीफ़ की फ़स्ल बोई जाती है। यह ६० दिन के उपरान्त काट ली जाती है। खरीफ़ की फ़स्ल में निम्नांकित अनाज पैदा होते हैं :

(१) कुज़रू—जो एक प्रकार की ज्वार है और समस्त अनाजों में यह अधिक मात्रा में होती है।

(२) क़ाल—जो अनली[1] के समान होती है।

(३) शामाख—इसके बीज क़ाल के बीजों से छोटे होते हैं। प्रायः शामाख बिना बोये ही उग जाता है। प्रायः आबिद, ज़ाहिद, (सूफ़ी, संत) फ़क़ीर तथा दरिद्र लोग शामाख ही खाते हैं। प्रत्येक व्यक्ति अपने बाँयें हाथ में एक बड़ी टोकरी ले लेता है और दाहिने हाथ (१३१) में एक छड़ी ले लेता है। उसी से वह शामाख झाड़ता जाता है और वह टोकरी में गिरता जाता है। इस प्रकार लोग साल भर के लिये शामाख एकत्र कर लेते हैं। शामाख को एकत्र करके धूप में सुखाया जाता है। काठ की ओखलियों में कूट कर इसकी भूसी पृथक् कर ली जाती है और सफ़ेद दाना भीतर से निकल आता है। उसकी खीर भैंस के दूध में पकाई जाती है जो उसकी रोटी की अपेक्षा अधिक स्वादिष्ट होती है। मैं प्रायः खीर पका कर खाया करता था और वह मुझे बड़ी स्वादिष्ट लगती थी।

(४) माँश—मटर की एक क़िस्म है।

(५) मूंज (मूंग)—यह माँश की एक क़िस्म है किन्तु इसका बीज कुछ लम्बा होता है और यह अधिक हरा होता है। मूंज (मूंग) चावल में मिलाकर पकाया जाता है। यह भोजन किशरी (खिचड़ी) कहलाता है। इसको घी के साथ खाते हैं। प्रातःकाल किशरी (१३२) नाश्ते में उसी प्रकार खाई जाती है जिस प्रकार हमारे देश में हरीरा खाया जाता है।

(६) लोभिया—यह भी एक प्रकार की सेम है।

(७) मोंत (मोंठ)—यह कुज़रू के समान होता है किन्तु इसके दाने छोटे होते हैं। यह घोड़े तथा बैलों को दाने के स्थान पर दिया जाता है। इसे खाकर पशु बड़े मोटे हो जाते हैं। इन लोगों का विचार है कि जौ में इतनी शक्ति नहीं होती, अतः पशुओं को अधिकतर मोंठ चक्की में दल कर और पानी में भिगो कर दिया जाता है। हरे चारे के स्थान पर पशुओं को माँश की पत्तियाँ दी जाती हैं। सर्व प्रथम उन्हें पहले, १० दिन घी खिलाया जाता है। कुछ को ३ रतल[2] और कुछ को ४ रतल[3] प्रतिदिन दिया जाता है। इन दिनों उन पर सवारी नहीं की जाती। इसके उपरान्त एक मास तक माँश की पत्तियाँ खिलाई जाती हैं।

---

१ एक प्रकार की ज्वार।

२ आधुनिक डेढ़ सेर।

३ आधुनिक दो सेर।

जिन अनाजों का उल्लेख किया गया वे खरीफ़ के अनाज हैं। वे बोने के ६० दिन उपरान्त काट लिये जाते हैं। उसके पश्चात् रबी के अनाज बोये जाते हैं अर्थात् गेहूं, जौ, (१३३) मसूर। यह सब उन्हीं खेतों में बोये जाते हैं जिनमें खरीफ़ के अनाज। इस देश की भूमि बड़ी उपजाऊ तथा उत्तम है। चावल साल में तीन बार बोया जाता है। चावलों की पैदावार सब अनाजों से अधिक होती है। तिल और गन्ना भी खरीफ़ के साथ बोया जाता है।

अब मैं यात्रा का पुनः उल्लेख करता हूँ। अबूहर से चलकर हम एक मरुभूमि में प्रविष्ट हुये। यह एक दिन की यात्रा थी। उसके किनारों पर बड़े बड़े पर्वत थे। उन बड़े बड़े पर्वतों में हिन्दू रहते हैं। वे प्रायः यात्रियों को लूट लिया करते हैं। हिन्दुस्तान के निवासियों में अधिकतर लोग काफ़िर हैं। कुछ लोग ज़िम्मी हैं। वे इस्लामी राज्य के अधीन हैं और ग्रामों में निवास करते हैं। वे एक मुसलमान हाकिम के अधीन होते हैं। हाकिम एक आमिल अथवा ख़दीम (खादिम) के अधीन होता है। गाँव उसी की अक़्ता में होता है। उनके अतिरिक्त अन्य विद्रोही होते हैं और वे युद्ध किया करते हैं, पर्वतों में घुसे रहते हैं तथा यात्रियों को लूट लेते हैं।

मार्ग में हमारा युद्ध; यह पहला युद्ध था जो हमने हिन्दुस्तान में देखा—

(१३४) जब हम अबूहर से चले तो सब लोग प्रातःकाल ही चल दिये। मैं तथा कुछ अन्य लोग मध्याह्न तक वहीं रहे और मध्याह्न उपरान्त वहाँ से चले। हम लोग कुल २२ सवार थे। इनमें से कुछ अरब तथा कुछ अन्य थे। हम पर ८० पैदल हिन्दुओं तथा दो सवारों ने आक्रमण कर दिया। मेरे साथी बड़े वीर तथा साहसी थे। वे बड़ी वीरता से लड़े। हमने १२ पदातियों तथा एक सवार की हत्या कर डाली और उसका घोड़ा अधिकार में कर लिया। मैं तथा मेरा घोड़ा बाण से घायल हो गये किन्तु उनके बाण बड़े साधारण होते हैं। हमारे साथियों में से एक का घोड़ा घायल हो गया था। हमने उसे वह घोड़ा दे (१३५) दिया जो हमें काफ़िरों से प्राप्त हुआ था। घायल घोड़े को हलाल कर लिया गया। जो तुर्क हमारे साथ थे वे उसे खा गये। हम उन लोगों के सिर, जिनकी हमने हत्या की थी अबी बकहर[1] के क़िले में ले गये। वहाँ हम लोग रात्रि में पहुंचे और उन्हें दीवार में लटका दिया। वहाँ हम आधी रात को पहुँचे। वहाँ से चल कर हम दो दिन के उपरान्त अजोधन पहुंच गये।

अजोधन—

यह एक छोटा नगर है और शेख फ़रीदुद्दीन बदायूनी का नगर है। मुझ से शेख बुरहानुद्दीन अलआरज ने सिकन्दरिया में कहा था कि मेरी भेंट शेख फ़रीदुद्दीन[2] से होगी। ईश्वर को धन्य है कि मेरी भेंट उनसे हो गई। शेख फ़रीदुद्दीन मलिकुलहिन्द के गुरु हैं। सुल्तान ने यह नगर उन्हें प्रदान कर दिया है। शेख को सर्वदा इस बात की आशंका रहती है कि अन्य लोग अपवित्र होते हैं। ईश्वर हमें इससे सुरक्षित रक्खे। वे किसी से न तो हाथ मिलाते हैं और न किसी के निकट जाते हैं। जैसे ही उनके वस्त्र किसी से छू जाते हैं वे उन्हें धो डालते हैं। मैं उनकी खानक़ाह में पहुंच कर उनकी सेवा में उपस्थित हुआ। मैंने शेख

---

१ अजोधन से २० मील दूर (अबू बकहर)।

२ शेख फ़रीदुद्दीन गंजशकर की मृत्यु १२६५ ई० में हो गई थी। इब्ने बत्तूता का अभिप्राय शेख फ़रीद के पोते शेख अलाउद्दीन मौजे दरिया से होगा। इनकी मृत्यु ७३४ हि० (१३३५ ई०) में हुई। शेख फ़रीदुद्दीन गंजशकर को इब्ने बत्तूता ने शेख फ़रीदुद्दीन बदायूनी लिखा है।

बुरहानुद्दीन का अभिवादन उनको पहुँचाया। इससे उन्हें बड़ा आश्चर्य हुआ और उन्होंने (१३६) उत्तर दिया कि "मैं इसके योग्य नहीं हूं।" मैंने उनके दोनों योग्य पुत्रों से भी भेंट की। उनके ज्येष्ठ पुत्र का नाम मुइज्ज़ुद्दीन था। अपने पिता की मृत्यु के उपरान्त वे उनके उत्तराधिकारी बने। उनके दूसरे पुत्र का नाम अलमुद्दीन था। मैं उनके दादा के मक़बरे के दर्शन के लिये भी गया। उनका नाम शेख़ फ़रीदुद्दीन बदायूनी था। बदायून सम्बल प्रदेश में एक नगर है। जब मैं इस नगर से चलने लगा तो मुझसे अलमुद्दीन ने कहा कि "मैं उनके पिता से मिल कर जाऊँ।" मैं उनकी सेवा में उपस्थित हुआ। वे सबसे ऊँची छत पर थे और श्वेत वस्त्र धारण किये थे। वे एक बड़ी पगड़ी बाँधे हुये थे। उसका एक सिरा एक ओर लटका हुआ था। उन्होंने मेरे लिये ईश्वर से शुभ कामना की और मुझे कुछ मिश्री तथा शकर दी।

हिन्दुस्तानी जो आग में जल कर आत्म-हत्या कर लेते हैं (सती)—

जब मैं शेख (मौजे दरिया) के पास से लौटा तो मैंने देखा कि लोग हमारे शिविर की ओर से भागे हुये चले आते हैं और उनमें हमारे कुछ साथी भी हैं। मैंने पूछा कि क्या बात है? उन्होंने उत्तर दिया कि "एक हिन्दू काफ़िर की मृत्यु हो गई है और उसको जलाने (१३७) के लिये अग्नि तैयार की गई है। उसकी (पत्नी) भी अपने आप को जला देगी।" जब वे जलाये जा चुके तो मेरे साथी लौट आये। उन्होंने मुझ से कहा कि "स्त्री मृतक शरीर से लिपट गई थी और उसी के साथ जल गई।" इसके अतिरिक्त मैं देखा करता था कि एक हिन्दू स्त्री बहुमूल्य वस्त्र धारण किये हुये घोड़े पर जाया करती थी। उसके पीछे हिन्दू और मुसलमान होते थे और आगे आगे नक़्क़ारे तथा नौबत बजती जाती थी। ब्राह्मण, जोकि हिन्दुओं के नेता होते हैं, उनके साथ होते थे। सुल्तान के राज्य में विधवा को जलाने के लिये सुल्तान से आज्ञा लेनी पड़ती है। सुल्तान की आज्ञा के उपरान्त ही उसे जलाया जा सकता है।

कुछ समय उपरान्त मैं एक नगर में था जिसके अधिकतर निवासी हिन्दू थे। वह नगर अम्जेरी[1] कहलाता था। वहाँ के अधिकतर निवासी काफ़िर थे किन्तु वहाँ का अमीर (अधिकारी) सामिरा जाति का मुसलमान था। नगर के निकट कुछ विद्रोही काफ़िर रहते थे। उन्होंने एक दिन सड़क पर डाका मारा। मुसलमान अमीर उनसे युद्ध करने के लिये गया। (१३८) उसके साथ उसकी हिन्दू तथा मुस्लिम प्रजा भी थी। उन लोगों के मध्य में बड़ा घोर युद्ध हुआ। युद्ध में ७ काफ़िर मारे गये। इनमें से तीन के पत्नियाँ थीं। तीनों विधवाओं ने अपने आपको जला डालना निश्चय कर लिया। पति की मृत्यु के उपरान्त पत्नी का अपने आपको जला डालना बड़ा ही प्रशंसनीय कार्य समझा जाता है किन्तु यह अनिवार्य नहीं। जब कोई विधवा अपने आपको जला डालती है तो उसके घर वालों का सम्मान बढ़ जाता है और वह पति-भक्ति के लिये प्रसिद्ध हो जाती है। जो विधवा अपने आपको नहीं जलाती उसे मोटे वस्त्र धारण करने पड़ते हैं और वह बड़ा दुखी जीवन व्यतीत करती है। पति भक्ति के अभाव के कारण लोग उससे घृणा करते हैं, किन्तु वह जलने के लिए विवश नहीं की जाती।

जब उन तीनों स्त्रियों ने जिनका उल्लेख ऊपर हो चुका है अपने आपको जलाना निश्चय कर लिया तो वे गाती बजाती रहीं और नाना प्रकार के खाने-पीने तथा समारोह

---

१ धार (मालवे) के निकट अमझेरा। यह दृश्य इब्ने बत्तूता ने मालवा से दौलताबाद जाते समय १३४२ ई० में देखा होगा।

में व्यस्त रहीं। ऐसा ज्ञात होता था कि वे संसार से विदा हो रही हैं। प्रत्येक स्थान की (१३६) स्त्रियाँ उनके साथ समारोह में सम्मिलित थीं। चौथे दिन प्रातःकाल प्रत्येक की सवारी के लिये घोड़े लाये गये। उन्होंने बहुमूल्य वस्त्र धारण किये और सुगंधि लगाई। उनके दाहिने हाथ में एक नारियल था जिससे वे खेलती जाती थीं; और बाय हाथ में एक दर्पण था जिसमें वे अपना मुख देखती जाती थीं। उन्हें ब्राह्मण तथा उनके सम्बन्धी घेरे हुये थे। उनके आगे आगे लोग नक्कारे, तुरही तथा बिगुल बजाते जाते थे। काफ़िरों में से प्रत्येक उनसे कहता था कि "मेरी दण्डवत मेरे पिता, भाई, माता अथवा मित्र को पहुंचा देना।" वह उनसे हाँ कहती थीं और मुसकराती जाती थीं। मैं अपने मित्रों के साथ उन लोगों के जलाये जाने का दृश्य देखने के लिए चल दिया। तीन मील यात्रा करके हम एक अँधेरे स्थान पर पहुंचे, जहाँ अधिक जल तथा वृक्षों की छाया थी। बीच में चार गुम्बद थे। प्रत्येक गुम्बद में एक-एक पत्थर की मूर्ति थी। गुम्बद के बीच में जल का एक सरोवर था। वृक्षों की छाया के (१४०) कारण उस पर धूप न पड़ती थी। तिमिर में यह स्थान मानों नरक का एक टुकड़ा था (ईश्वर हमें इससे बचाये)। जब स्त्रियाँ उन गुम्बदों के निकट पहुंचीं तो हौज़ में उतर कर उन्होंने स्नान किया और डुबकियाँ लगाई। अपने वस्त्र तथा आभूषण उतार कर दान कर दिये और उनके स्थान पर एक मोटी साड़ी धारण की। सरोवर के नीचे एक स्थान पर अग्नि प्रज्वलित की गई। जब उस पर सरसों का तेल डाला गया तो उसमें से लपट उठने लगी। लगभग १५ (पन्द्रह) आदमियों के हाथ में लकड़ी के गट्ठे बंधे हुये थे। दस आदमी बड़े-बड़े बाँस लिये हुये थे। ढोल तथा तुरही बजाने वाले विधवाओं के आने की प्रतीक्षा कर रहे थे। आदमियों ने आग के सामने एक रज़ाई लगा दी थी जिससे स्त्रियाँ अग्नि से भयभीत न (१४१) हो जायँ। मैंने देखा कि एक स्त्री रज़ाई तक आई और उसे ज़ोर से आदमियों के हाथ से खींच लिया और मुस्करा कर उनसे फ़ारसी भाषा में कहा कि "मुझे[१] आग से डराते हो। मैं जानती हूँ कि वह आग है, मुझे जाने दो।" इसके उपरान्त उसने अग्नि के सामने हाथ जोड़े और अपने आपको उसमें गिरा दिया। तुरन्त नक़्क़ारे तुरही तथा बिगुल बजने लगे। आदमियों ने उसके ऊपर लकड़ियाँ फेंक दीं। कुछ लोगों ने लकड़ी के बड़े-बड़े कुन्दे उस पर डाल दिए जिससे वह हिल न सके। लोगों ने चिल्लाना प्रारम्भ कर दिया और उच्च स्वर से कोलाहल करने लगे। मैं यह दृश्य देख कर मूर्छित हो गया और घोड़े से गिरने को था कि मुझे मेरे मित्रों ने संभाल लिया और मेरा मुख जल से प्रक्षालित करवाया। मैं वहाँ से लौट आया।

हिन्दुस्तानी इसी प्रकार अपने आपको जल में डुबा देते हैं। अधिकतर लोग गंगा नदी में (१४२) डूब जाते हैं। इस नदी की यह लोग यात्रा करते हैं और शव की राख इसी नदी में डालते हैं। उनका कथन है कि यह स्वर्ग की नदी है। जब कोई डूबने के लिये आता है तब वह उपस्थित जनों से कह देता है कि "मैं किसी सांसारिक कष्ट अथवा निर्धनता के कारण ऐसा नहीं करता वरन् अपने कुसाई (गुसाईं) की प्रसन्नता के लिये करता हूं। गुसाईं इनकी भाषा में अल्लाह का नाम है। जब वह डूब कर मर जाता है तो उसको निकाल कर जलाते हैं और उसकी राख गंगा नदी में डाल देते हैं।

सरसुती—

अब मैं पुनः यात्रा का वर्णन करता हूं। अजोधन से चल कर चार दिन की यात्रा के उपरान्त हम सरसती (सरसुती अथवा सिरसा) पहुँचे। यह नगर बहुत बड़ा है। वहाँ का

१ "मा रा मी तरसानी अज़ आतिश। मन मी दानम ऊ आतिश अस्त, रिहा कुनी मारा।"

चावल बड़ा अच्छा होता है और अधिक संख्या में होता है। वहाँ से वह देहली भेजा जाता है। (१४३) नगर का कर बहुत अधिक है। हाजिब शम्सुद्दीन बूशन्जी ने मुझे इसका कर बताया था, किन्तु मुझे याद नहीं।

हाँसी—

वहाँ से हम हाँसी गये। यह एक बड़ा ही सुन्दर नगर है और बड़ी अच्छी तरह से बसा है। यहाँ की आबादी भी अधिक है। इसके चारों ओर एक बहुत ऊंची चहार दीवारी है। कहा जाता है कि एक काफ़िर राजा तूरा ने इसे बनवाया था। उसके विषय में नाना प्रकार की कथायें प्रसिद्ध हैं। क़ाज़ी कमालुद्दीन सद्रे जहाँ, क़ाज़ी-उल-कुज़्ज़ात उसका भाई क़तलू खाँ (क़ुतलुग़ खाँ) सुल्तान का गुरु और उनके भाई निज़ामुद्दीन तथा शम्सुद्दीन जो मक्के चला गया था और जिसकी मृत्यु वहीं हो गई थी, इसी नगर के मूल निवासी थे।

मसऊदाबाद—

हम हाँसी से चल कर दो दिन उपरान्त मसऊदाबाद पहुँचे। यह राजधानी देहली से १० मील की दूरी पर स्थित है। हम लोगों ने ३ दिन वहाँ विश्राम किया। हाँसी तथा मसऊदाबाद मलिक कमाल गुर्ग के पुत्र मलिकुल मुअज़्ज़म होशंग के अधीन था। गुर्ग का अर्थ भेड़िया है। उसका उल्लेख बाद में होगा।

(१४४) जब हम पहुँचे तो हिन्दुस्तान का सुल्तान राजधानी में न था। वह क़न्नौज की ओर गया हुआ था। क़न्नौज देहली से १० दिन की यात्रा की दूरी पर स्थित है। देहली में बादशाह की माता मख़्दूमये जहाँ तथा उसका वज़ीर ख्वाजये जहाँ जिसका नाम अहमद बिन (पुत्र) अयाज़ रूमी था, राजधानी ही में थे। जहाँ का अर्थ संसार है। वज़ीर का मूल वंश तुर्क था। वज़ीर ने हम में से प्रत्येक के स्वागतार्थ उसी की श्रेणी के अनुसार मनुष्य भेजे। मेरे स्वागत को शेख़ बुस्तामी तथा शरीफ़ माज़िन्दरानी परदेशियों का हाजिब और फ़क़ीह अलाउद्दीन (१४५) क़ुन्नरा मुल्तानी आये। वज़ीर ने हमारे आने की सूचना सुल्तान को दी। यह सुचना पत्र-द्वारा भेजी गई थी, जिसे पैदल बरीद, जिन्हें दावा कहते थे, ले गये थे। यह सुल्तान को प्राप्त हो गई और तीन ही दिन में उत्तर भी आ गया। तीन दिन हमें मसऊदाबाद ठहरना पड़ा। तीन दिन उपरान्त हम से मिलने क़ाज़ी, फ़क़ीह, मशायख़ (सूफ़ी) तथा कुछ अमीर आये। हिन्दुस्तान में अमीरों को मलिक कहा जाता है, अर्थात् मिस्र एवं अन्य देशों में जो लोग अमीर कहलाते हैं वे इस देश में मलिक कहलाते हैं। हम से मिलने शेख़ ज़हीरुद्दीन ज़ंजानी, जो सुल्तान का एक उच्च पदाधिकारी था, आया।

पालम—

इसके उपरान्त हम मसऊदाबाद से चल कर एक गाँव के निकट ठहरे जिसको पालम कहते हैं। यह गाँव सैयिद शरीफ़ नासिरुद्दीन मुतहर औहरी का है। वे सुल्तान के नदीम हैं। सुल्तान के विश्वासपात्र होने के कारण उन्हें विशेष लाभ प्राप्त हुआ है।

देहली—[1]

दूसरे दिन प्रातःकाल हम हिन्दुस्तान की राजधानी देहली पहुँचे। यह एक भव्य तथा (१४६) शानदार नगर है। इसके भवन बड़े ही सुन्दर तथा दृढ़ हैं। यह चारों ओर से एक दीवार से घिरा हुआ है जिसकी तुलना संसार की किसी अन्य दीवार से नहीं हो सकती। यह केवल हिन्दुस्तान का ही सब से बड़ा नगर नहीं अपितु पूर्व के इस्लामी नगरों में भी यह सब से बड़ा है।

देहली का वर्णन–

देहली नगर बड़ा लम्बा चौड़ा है और पूर्णतया आबाद है। वास्तव में यह चार नगरों से मिल कर बना है जो एक दूसरे के निकट स्थित हैं। प्रथम जो देहली के नाम से प्रसिद्ध है, प्राचीन हिन्दुओं के समय का नगर है। वह ५८४ हि०[1] (११८८ ई०) में विजय हुआ। दूसरा नगर सीरी है। यह दारुल ख़िलफ़ा (ख़लीफ़ा के रहने का स्थान) के नाम से प्रसिद्ध है। यह नगर सुल्तान ने अब्बासी ख़लीफ़ा मुस्तन्सिर के पोते ग़यासुद्दीन को उस समय प्रदान कर दिया था जब वह सुल्तान के दरबार में उपस्थित हुआ था। सुल्तान अलाउद्दीन तथा सुल्तान क़ुतुबुद्दीन इसी नगर में रहते थे। इनका उल्लेख इसके बाद होगा। तीसरा (१४७) नगर तुग़लुक़ाबाद के नाम से प्रसिद्ध है। इसको सुल्तान, जिसके दरबार में हम उपस्थित हुये, के पिता सुल्तान तुग़लुक़ ने बसाया था। इस नगर के बसाने का यह कारण था कि वह एक दिन सुल्तान क़ुतुबुद्दीन के सामने खड़ा था। उसने सुल्तान से निवेदन किया कि 'ख़ुन्दे आलम ! इस स्थान पर एक नगर बसाना उचित होगा।' सुल्तान ने व्यंगपूर्ण भाषा में कहा "जब तुम सुल्तान हो जाना तो यहाँ नगर बसाना।" ईश्वर की कृपा से जब वह सुल्तान हो गया तो उसने यह नगर बसाया और उसका नाम अपने नाम पर रक्खा। चौथा नगर जहाँपनाह कहलाता है। इसमें इस समय का बादशाह सुल्तान मुहम्मद शाह जिसके दरबार में हम उपस्थित हुये, रहता है। उसने इस नगर को बसाया है। बादशाह का विचार था कि चारों नगरों को मिला कर एक दीवार उनके चारों ओर बनवा दें। उसने दीवार बनवाना प्रारम्भ किया किन्तु अधिक व्यय की आवश्यकता होने के कारण उसने दीवार अधूरी छोड़ दी।[2]

देहली के द्वारों तथा दीवार का वर्णन–

(१४८) नगर की चहारदीवारी समस्त संसार में अद्वितीय है। इसकी दीवारों की चौड़ाई ११ ज़रा (गज) है। इसमें कोठरियाँ तथा घर बने हुये हैं जिनमें चौकीदार तथा द्वारपाल रहते हैं। अनाज की ख़त्तियाँ जो अम्बार कहलाती हैं, चहार दीवारी में बनी हुई हैं। मन्जनीक़, युद्ध की सामग्रियाँ तथा रआदा (अरादा) भी इन्हीं गोदामों में रक्खे जाते हैं। अनाज भी इनमें ही एकत्र किया जाता है। इस अनाज को बहुत दिनों तक कोई हानि नहीं पहुंचती और इसका रंग भी नहीं बदलता। मेरे सामने इन गोदामों में से चावल निकाले गये। उनका रंग ऊपर से काला हो गया था किन्तु स्वाद में अन्तर न हुआ था। मक्की तथा ज्वार भी उससे निकाली जा रही थी। कहते हैं कि सुल्तान बल्बन[3] के समय जिसको ९० वर्ष हो चुके हैं, यह अनाज भरा गया था। चहार दीवारी के ऊपर कई सवार तथा प्यादे समस्त नगर के चारों ओर घूम सकते हैं। शहर के अन्दर की ओर गोदामों में रोशनदान हैं जिससे रोशनी पहुंचती है। इस चहार दीवारी के नीचे का भाग पत्थर का बना हुआ है। ऊपरी भाग पक्की ईंटों का बना हुआ है। इसमें कई बुर्ज एक दूसरे के निकट हैं। इस नगर में २८ (१४९) द्वार हैं जो दरवाज़ा कहलाते हैं। उनमें से निम्नांकित यह हैं :

---

१ इसे ५८७ हि० (११९१ ई०) अथवा ५८९ हि० (११९३ ई०) होना चाहिये। (आदि तुर्क कालीन भारत)

२ शाहजहानाबाद अथवा देहली शाहजहाँ (१६२७ ई०—१६५८ ई०) द्वारा बसाई गई थी। मुहम्मद बिन तुग़लुक़ के समय की देहली शाहजहानाबाद से दस मील दूर दक्षिण में है। सुल्तान फ़ीरोज़ ने फ़ीरोज़ाबाद इन्द्रप्रस्थ के निकट बसाया। इस प्रकार वह दक्षिण से उत्तर की ओर बढ़ा।

३ बल्बन ने १२६६ ई० से १२८६ ई० तक राज्य किया। ९० वर्ष पूर्व १२४४ ई० में अलाउद्दीन मसऊद बादशाह था। (तबक़ाते नासिरी पृ० १९७-२०१, आदि तुर्क कालीन भारत पृ० ४१-४३।

बदायूं दरवाज़ा—यह सबसे बड़ा दरवाज़ा है। मंडवी दरवाज़ा—यहाँ अनाज का बाज़ार है। जुल (गुल) दरवाज़ा जहाँ उद्यान हैं; शाह दरवाज़ा, किसी व्यक्ति के नाम पर है। पालम दरवाज़ा पालम गाँव के नाम पर है। नजीब दरवाजा तथा कमाल दरवाज़ा किसी व्यक्ति के नाम से प्रसिद्ध हैं। ग़ज़नी दरवाज़ा, जिसका नाम ग़ज़नी नगर के नाम पर रक्खा गया है, ग़ज़नी खुरासान की सीमा पर है। ईदगाह तथा कुछ क़ब्रस्तान इसके बाहर हैं। बजालसा दरवाज़ा—इसके बाहर देहली के मक़बरे हैं।[1] यह एक सुन्दर क़ब्रस्तान है। प्रत्येक क़ब्र पर यदि गुम्बद नहीं तो मिहराब अवश्य होती है। बीच में गुलशब्बो, रायबेल, चमेली (१५०) के फूल तथा अन्य फूल लगे हुये हैं। ये फूल सर्वदा खिले रहते हैं।

देहली की जामा मस्जिद–

देहली की जामा मस्जिद बहुत बड़ी है। उसकी दीवार, छतें तथा फ़र्श प्रत्येक सुन्दर तराशे हुये सफ़ेद पत्थर के बने हुये हैं। इन्हें सीसा लगा कर बड़ी सुन्दरता से जोड़ा गया है। लकड़ी का इसमें नाम नहीं। इसमें पत्थर के १३ गुम्बद हैं। मिम्बर[2] भी पत्थर का बना है। ४ प्राँगण हैं। मस्जिद के बीचो बीच में एक बहुत बड़ी लाट है। यह किसी को ज्ञात नहीं कि यह किस धातु की बनी है। मुझे कुछ हिन्दुस्तानी विद्वानों ने बताया कि यह सात धातुओं को मिला कर बनाई गई है। इस लाट का अंगुल भर हिस्सा पालिश किया हुआ है और वह ख़ूब (१५१) चमकता है। लोहे का इस पर कोई प्रभाव नहीं होता। यह लाट ३० ज़रा (गज़) लम्बी है। मैं ने इसका घेरा अपनी पगड़ी से नापा था। वह ८ ज़रा (गज़) है। मस्जिद के पूर्वी द्वार के निकट दो ताँबे की बहुत बड़ी बड़ी मूर्त्तियाँ पड़ी हुई हैं। वे पाषाण से जुड़ी हुई हैं। मस्जिद में आने जाने वाले उन पर पैर रख कर आते जाते हैं। इस मस्जिद के स्थान पर पहले बुतखाना (मन्दिर) था। जब देहली पर विजय प्राप्त हुई तो उसके स्थान पर यह मस्जिद बनवाई गई। मस्जिद के उत्तरी प्रांगण में एक मीनार[3] है। इसके समान मीनार किसी देश में नहीं पाया जाता। यह लाल पत्थर का बना हुआ है यद्यपि मस्जिद सफ़ेद पत्थर की बनी है। मीनार के पत्थरों पर खुदाई का काम है। यह बहुत ऊँचा है। इसके ऊपर का छत्र शुद्ध (१५२) संगमरमर का है और लट्टू शुद्ध सोने के हैं। उसका ज़ीना भीतर से इतना चौड़ा है कि उस पर हाथी चढ़ सकता है। एक विश्वासपात्र मनुष्य ने मुझे बताया कि जब इस मीनार का निर्माण हो रहा था तो मैंने हाथियों को इसके ऊपर पत्थर ले जाते हुये देखा था। इसे सुल्तान मुइज्ज़ुद्दीन बिन (पुत्र) नासिरुद्दीन बिन (पुत्र) सुल्तान ग़यासुद्दीन बल्बन ने बनवाया था। सुल्तान क़ुतुबुद्दीन[4] मस्जिद के पश्चिमी प्रांगण में एक और मीनार इससे भी बड़ा और ऊँचा बनवाना चाहता था।[5] एक तिहाई के निकट उसने बनवा भी लिया था किन्तु वह इसे अधूरा ही छोड़ कर मर गया। सुल्तान मुहम्मद ने उसे पूरा करने का विचार किया था किन्तु इसे अशुभ समझ कर उसने अपना विचार त्याग दिया। जहाँ तक इसकी मोटाई तथा ज़ीने

---

१ तारीख़े फ़ीरोज़शाही में कैक़ुबाद के राज्यकाल के अन्त में १२ द्वारों का लेख है। (बरनी पृ० १७२, आदि तुर्क कालीन भारत पृ० २४४) अमीर ख़ुसरो के क़ेरानुस्सादैन में देहली के १३ द्वार लिखे हैं (क़ेरानुस्सादैन पृ० २६, आदि तुर्क कालीन भारत पृ० १८६)

२ मस्जिद का मंच।

३ क़ुतुब मीनार जो क़ूवतुल इस्लाम मस्जिद का माज़ना अथवा अज़ान देने का स्थान था।

४ क़ुतुबुद्दीन मुबारक शाह ख़लजी (१३१६-१३२० ई०)

५ यह मीनार सुल्तान अलाउद्दीन ख़लजी (१२१०-१२१६ ई०) ने ७११ हि० (१३११-१२ ई०) में बनवाना प्रारम्भ किया था। (ख़ज़ाइनुल फ़ुतूह (अलीगढ़) पृ० २५-२८, ख़लजी कालीन भारत पृ० १५७)

की चौड़ाई का प्रश्न है यह मीनार संसार की एक अद्‌भूत वस्तु है। इसका ज़ीना इतना चौड़ा है कि ३ हाथी एक दूसरे के बराबर खड़े होकर उस पर चढ़ सकते हैं। यह तिहाई मीनार ऊँचाई में उत्तरी प्रांगण के पूरे मीनार के बराबर है। मैं एक बार उस पर चढ़ा था तो मैं ने देखा कि शहर के ऊँचे ऊँचे घर तथा चहार दीवारी इतनी ऊँचाई होने पर छोटी-छोटी ज्ञात होती थीं। उसकी जड़ में खड़े हुये आदमी छोटे छोटे बालक दीख पड़ते थे। नीचे से खड़े होकर देखने से यह मीनार जो पूरा नहीं हो सका है इतना बड़ा और चौड़ा होने के कारण (१५३) कम ऊंचा मालूम होता है।

सुल्तान क़ुतुबुद्दीन खलजी का विचार था कि वह सीरी में जो दारुल खलीफ़ा कहलाता है, एक जामा मस्जिद का निर्माण कराये किन्तु वह क़िबले[1] की ओर एक दीवार तथा मेहराब के अतिरिक्त कुछ न बनवा सका। जो भाग उसने बनवाया था वह सफ़ेद, काले, हरे, तथा लाल पत्थरों का था। यदि यह बन जाती तो इसकी तुलना संसार की किसी भी मस्जिद से न हो सकती थी। सुल्तान मुहम्मद (बिन तुग़लुक़) ने इसको पूरा करने का विचार किया था। मेमारों तथा कारीगरों से जब व्यय का अनुमान लगवाया तो ज्ञात हुआ कि उसमें ३५ लाख व्यय होगा। इतना अधिक व्यय देख कर उसने अपना विचार त्याग दिया। सुल्तान का एक विशेष पदाधिकारी कहता था कि "उसने इसे अशुभ समझ कर नहीं बनवाया क्योंकि उसके प्रारम्भ होते ही सुल्तान क़ुतुबुद्दीन का बध हो गया था।"

देहली के बाहर के दो बड़े सरोवर—

(१५४) देहली के बाहर एक बड़ा सरोवर है जिसका नाम सुल्तान शम्सुद्दीन लालमिश (इल्तुतमिश) के नाम पर है। देहली नगर के निवासी अपने पीने का जल यहीं से प्राप्त करते हैं। यह देहली के मुसल्ले (ईदगाह) के निकट है। इसमें वर्षा का जल एकत्र होता रहता है। वह दो मील लम्बा तथा एक मील चौड़ा है। उसके पश्चिम में ईदगाह के समान पत्थर के घाट बने हुये हैं और ज़ीने के समान पत्थर का एक चबूतरा दूसरे चबूतरे के ऊपर बना हुआ है। इन ज़ीनों द्वारा जल तक पहुंचने में सुगमता होती है। प्रत्येक चबूतरे के कोने पर पत्थर के गुम्बद बने हुये हैं, जिनमें दर्शक बैठ कर सैर तथा आनन्द करते हैं हौज़ के मध्य में एक बहुत बड़ा गुम्बद है, जो दो मंज़िला है और तराशे हुए पत्थर का बना है। जब सरोवर में जल अधिक हो जाता है तब गुम्बदों तक नौका में बैठ कर ही जा सकते हैं। जब जल कम हो जाता है तो प्रायः लोग वैसे ही चले जाते हैं। गुम्बद के भीतर एक मस्जिद है जहाँ धार्मिक (फ़क़ीर) लोग तथा संसार को त्याग देने वाले साधु संत रहते हैं। वे लोग केवल ईश्वर का ही भरोसा करते हैं। जब सरोवर के किनारे (१५५) सूख जाते हैं तो उनमें गन्ना, ककड़ी कचरी तरबूज़ तथा खरबूज़े बो दिये जाते हैं। खरबूज़ा उसमें छोटा किन्तु बड़ा मीठा होता है।

देहली तथा दारुल खिलाफ़ा के मध्य में हौज़े खास स्थित है। यह हौज़ सुल्तान शम्सुद्दीन के हौज़ से भी बड़ा है। इसके किनारे पर लगभग ४० गुम्बद हैं। उसके चारों ओर अहिलेतरब (गायक) रहते हैं इन्हीं के कारण यह स्थान तरबाबाद (संगीत नगर) कहलाता है। यहाँ इन लोगों का एक बाज़ार है जो संसार का एक बहुत बड़ा बाज़ार कहा जा सकता है। यहाँ एक जामा मस्जिद तथा अन्य मस्जिदें हैं। मुझे बताया गया कि गाने बजाने वाली स्त्रियाँ जो इस मुहल्ले में रहती हैं, रमज़ान के महीने में तरावीह[2] की नमाज़ जमाअत से

---

१ मक्के में काबा जो हिन्दुस्तान से पश्चिम में है।

२ रमज़ान के महीने की रात्रि की अनिवार्य नमाज़ (एश की नमाज़) के बाद की नमाज़। नमाज़ के मध्य में चार बार थोड़ा-थोड़ा विश्राम किया जाता है। अतः यह नमाज़ तरावीह की नमाज़ कहलाती है।

पढ़ती हैं। उन्हें इमाम नमाज़ पढ़ाते हैं। स्त्रियों की बहुत बड़ी संख्या नमाज़ पढ़ती है। यह हाल पुरुष गायकों का भी है। मैंने अमीर सैफ़ुद्दीन ग़द्दा इब्ने मुहन्ना के विवाह में देखा कि प्रत्येक गायक अज़ान होते ही मुसल्ला बिछा कर वज़ू[1] करके नमाज़ के लिये खड़ा हो गया।

देहली के मज़ार (क़ब्रें)—

यहाँ के मज़ारों में सब से प्रसिद्ध क़ब्र पवित्र शेख़ क़ुतुबुद्दीन बख़्तियार काकी की है। इनकी क़ब्र के चमत्कार बड़े प्रसिद्ध हैं और लोग उसका बड़ा सम्मान करते हैं। शेख़ का नाम काकी इस कारण प्रसिद्ध हो गया कि उनके पास जो ऋणी अथवा दरिद्र आता और ऋण तथा दीनता की शिकायत करता या कोई ऐसा व्यक्ति आता जिसकी पुत्री युवावस्था को प्राप्त हो चुकी होती और वह विवाह का प्रबन्ध न कर सकता हो तो शेख़ उसको सोने या चांदी की काक (टिकिया) दे दिया करते थे। इसी कारण वे काकी प्रसिद्ध हो गये (ईश्वर उन पर कृपा रक्खे)।

दूसरा मज़ार फ़क़ीह नूरुद्दीन कुरलानी का है। इसके अतिरिक्त एक मज़ार फ़क़ीह अलाउद्दीन किर्मानी का है। वे किर्मान के निवासी थे। इस मज़ार के अनेक आशीर्वाद (१५७) प्रसिद्ध हैं और इस पर दैवी प्रकाश की वर्षा हुआ करती है। यह ईदगाह के पश्चिम में स्थित है। इसके निकट सूफ़ियों के और भी मज़ार हैं। ईश्वर हमें उनके द्वारा लाभ प्रदान करे।

देहली के आलिम तथा सूफ़ी—

इस समय जो आलिम जीवित हैं उनमें शेख़ महमूदुल क़ुब्बा हैं। वे बड़े बुज़ुर्ग सम्मानित तथा धर्मनिष्ठ हैं। लोगों का विचार है कि उन्हें धन प्राप्त करने के अदभुत साधन ज्ञात हैं। उनके पास देखने में कोई धन-सम्पत्ति नहीं किन्तु वे प्रत्येक यात्री को भोजन, सोना चाँदी तथा वस्त्र प्रदान करते हैं। उन्होंने अपने चमत्कारों के अनेक प्रदर्शन किये हैं जिनके फलस्वरूप वे बड़े प्रसिद्ध हो गये हैं। मैं अनेक बार उनकी सेवा में उपस्थित हुआ और आशीर्वाद प्राप्त किया।

(१५८) दूसरे शेख़ अलाउद्दीन नीली हैं। वे भी बड़े विद्वान तथा सदाचारी हैं। उनका नाम मिस्र की नील नदी के नाम पर है किन्तु भगवान् ही ठीक बात जानता है। वे योग्य तथा सदाचारी शेख़ निज़ामुद्दीन बदायूनी के शिष्य हैं। वे प्रत्येक जुमे को धार्मिक प्रवचन करते हैं। लोग उनके हाथ पर तोबा[2] करते हैं और सिर मुड़वा कर वज्द[3] करने वाले बन जाते हैं। कुछ लोग तो मूर्च्छित हो जाते हैं।

एक कहानी—

एक बार वे धार्मिक प्रवचन कर रहे थे। मैं भी उपस्थित था। क़ारी[4] ने क़ुरान की यह आयत[5] पढ़ी। "हे लोगो! ईश्वर का भय करो। अवश्य ही क़यामत में भूमि का हिलना बड़ा भयानक होगा। उस दिन तू देखेगा कि प्रत्येक दूध पिलाने वाली माता अपने बालक को दूध पिलाना भूल जायगी और प्रत्येक गर्भवती स्त्री का गर्भ गिर जायगा। ऐसा ज्ञात होगा कि लोगों ने मदिरा पान किया है, यद्यपि उन्होंने ऐसा न किया होगा। ईश्वर लोगों को बड़े कठोर दण्ड देगा।"[6] जब क़ारी ने यह आयत पढ़ ली तो फ़क़ीह अलाउद्दीन

१ नमाज़ के लिये क्रमशः हाथ मुँह आदि धोना।
२ पाप अथवा कुकर्म न करने का संकल्प।
३ उन्माद। ईश्वर के ध्यान में सब कुछ भूल कर मस्त हो जाना।
४ क़ुरान को अच्छे स्वर से पढ़ने वाला।
५ क़ुरान का एक पूरा वाक्य।
६ क़ुरान भाग १७, सूरा २२, आयत १।

ने उसे स्वयं पढ़ा। एक फ़क़ीर ने मस्जिद के एक कोने से चीख मारी। शेख ने पुनः आयत (१५६) पढ़ी। फ़क़ीर ने एक और चीख मारी और गिर कर मर गया। मैंने भी उसके जनाज़े की नमाज़ पढ़ी।

एक और योग्य आलिम सद्रुद्दीन कुहरानी (कुहरामी) हैं। वे सर्वदा रोज़ा रखते हैं और रात भर नमाज़ पढ़ते हैं। उन्होंने संसार को पूर्णतया त्याग दिया है। वे केवल एक कम्बल ओढ़ते हैं। सुल्तान तथा प्रतिष्ठित लोग उनके दर्शन को जाते हैं किन्तु वे उनसे छिपते फिरते हैं। सुल्तान ने उन्हें कुछ ग्राम प्रदान करने चाहे जिससे वे फ़क़ीरों तथा यात्रियों के भोजन का प्रबन्ध कर सकें किन्तु उन्होंने स्वीकार न किया। एक दिन सुल्तान उनके दर्शनार्थ गया और १० हज़ार दीनार उनको भेंट किये किन्तु उन्होंने स्वीकार न किया। कहा जाता है कि वे तीन दिन तक निरंतर रोज़ा रखते हैं और इसके पूर्व भोजन नहीं करते। जब उनसे इसका कारण पूछा गया तो उन्होंने उत्तर दिया कि मैं जब तक विवश नहीं हो जाता उस समय तक रोज़ा नहीं खोलता। विवश हो जाने के उपरान्त मृतक शरीर भी खाया जा सकता है।

(१६०) एक अन्य व्यक्ति कमालुद्दीन अब्दुल्ला अलग़ारी हैं जो इमाम, विद्वान, पवित्र जीवन व्यतीत करने वाले, भगवान् का भय करने वाले तथा अपने काल एवं युग के अद्वितीय पुरुष हैं। उनका यह नाम इस कारण पड़ा कि वे देहली के बाहर शेख निज़ामुद्दीन बदायूनी की खानक़ाह के निकट एक ग़ार (गुफ़ा) में रहते हैं। मैंने गुफा में तीन बार उनके दर्शन किये।

उनका एक चमत्कार—

मेरा एक दास मेरे पास से भाग गया। मैंने उसको एक तुर्क के पास पहिचाना और उसे वापस लेना चाहा। शेख ने मुझे मना किया 'कि यह तेरे योग्य नहीं, जाने दे।' वह तुर्क मुझ से मामला तय करना चाहता था। मैंने १०० दीनार लेकर दास उसके पास छोड़ दिया। छः महीने के उपरान्त मैंने सुना कि उसने अपने स्वामी की हत्या करदी है। वह बन्दी बना कर सुल्तान के सम्मुख उपस्थित किया गया। सुल्तान ने आदेश दिया कि उसे उसके स्वामी के पुत्रों को सौंप दिया जाय। उन्होंने उसकी हत्या करदी।

मैं शेख का यह चमत्कार देख कर उनका भक्त हो गया और उनके आदेशों का पालन करने लगा। संसार त्याग कर मैं उनकी सेवा में उपस्थित रहने लगा। मैंने देखा कि वे (१६१) दस-दस दिन और बीस-बीस दिन का रोज़ा रखते थे और रात के अधिकतर भाग में नमाज़ पढ़ा करते थे। मैं उस समय तक जब तक कि बादशाह ने मुझे पुनः न बुला लिया और मैं संसार से फिर न लिपट गया, उनकी सेवा में ही उपस्थित रहा। भगवान् मेरा अन्त शान्ति-पूर्वक करे। मैं इसका उल्लेख यदि ईश्वर ने चाहा तो फिर करूँगा और यह वर्णन करूँगा कि किस प्रकार मैं संसार के कार्यों में लग गया।[1]

सुल्तान ग़यासुद्दीन तुग़लुक़ शाह—

(२०१) मुझसे पवित्र विद्वान् तथा सर्वदा एबादत करने वाले इमाम रुक्नुद्दीन ने, जो पवित्र शेख शम्सुद्दीन अबू अब्दुल्लाह के पुत्र थे और अब्दुल्लाह इमाम धर्मनिष्ठ तथा विद्वान् बहाउद्दीन ज़करिया क़ुरैशी मुल्तानी के पुत्र थे और जिनकी खानक़ाह मुल्तान में है, मुझे बताया कि सुल्तान तुग़लुक़ उन तुर्कों में था जिनका नाम क़रौना है और जो सिन्ध तथा

१ इसके उपरान्त देहली के सुल्तानों का हाल है जिसका संक्षिप्त अनुवाद आदि तुर्क कालीन भारत (पृ० १०६-३१४) तथा खलजी कालीन भारत (पृ० २१३–२१६) में दिया गया है। इस पुस्तक में सुल्तान ग़यासुद्दीन तुग़लुक़ शाह के वृत्तान्त से अनुवाद प्रारम्भ किया गया है।

तुर्कों के देश के मध्य के पर्वतों में निवास करते हैं। तुग़लुक़ बड़ा ही दरिद्र था। वह सिन्ध के किसी व्यापारी का सेवक होकर आया। वह उसकी "गुलवानी" करता था अर्थात् उसके घोड़ों की देख भाल करता था। इस समय सुल्तान अलाउद्दीन का राज्य था और सिन्ध का अमीर (अधिकारी) उसका भाई उलुग़ खाँ था। तुग़लुक़ उसका नौकर हो गया। उसने उसे ब्यादह (पदातियों) में भर्ती कर दिया। इसके उपरान्त वह अपनी वीरता के लिये प्रसिद्ध हो गया और वह सवारों में भर्ती हो गया। इसके उपरान्त वह निम्न श्रेणी का अफ़सर हो (२०२) गया। उलुग़ खाँ ने उसे अमीरुल खैल[1] नियुक्त कर दिया। इसके उपरान्त वह बहुत बड़ा अमीर हो गया और मलिक ग़ाज़ी के नाम से प्रसिद्ध हो गया। मैंने मुल्तान की जामा मस्जिद के मक़सूरा[2] पर, जो उसके आदेश से बनवाई गई थी, यह खुदा हुआ देखा कि "मैंने ततारियों (मंगोलों) से २९ बार युद्ध किया और उन्हें पराजित किया। इसी कारण मेरी उपाधि मलिकुल ग़ाज़ी निश्चित हुई।"

जब क़ुतुबुद्दीन राज-सिंहासन पर आरूढ़ हुआ तो उसने उसे दीपालपुर तथा उसके अधीन स्थानों का वाली (हाकिम) नियुक्त किया। उसने उसके पुत्र को जो इस समय हिन्दुस्तान (२०३) का सुल्तान है, अमीरुल खैल नियुक्त किया। उसका नाम जौनह है। राज-सिंहासन पर आरूढ़ होने के उपरान्त जौनह ने मुहम्मद शाह की पदवी धारण कर ली। जब क़ुतुबुद्दीन की हत्या हो गई और ख़ुसरो खाँ सिंहासनारूढ़ हुआ तो उसने जौनह को अमीरुल खैल के पद पर रहने दिया। जब तुग़लुक़ ने विद्रोह करना निश्चय कर लिया तो उसके साथ ३०० आदमी थे जिन पर वह युद्ध में विश्वास कर सकता था। उसने किशलू खाँ को, जो इस समय मुल्तान में था, पत्र भेज कर सहायता देने की उससे प्रार्थना की। मुल्तान तथा दीपालपुर में ३ दिन की यात्रा की दूरी है। उसने किशलू खाँ को क़ुतुबुद्दीन के विशेष आश्रय की स्मृति दिला कर उसके रक्त का बदला लेने के लिये उससे आग्रह किया। किशलू खाँ का पुत्र देहली में था अतः उसने तुग़लुक़ को लिखा कि "यदि मेरा पुत्र मेरे साथ होता तो मैं अवश्य तुम्हारी सहायता करता।" इस पर तुग़लुक़ ने अपने पुत्र को, जो कुछ उसने निश्चय कर लिया था, लिखा और उसे आदेश दिया कि जिस प्रकार हो सके वह किशलू खाँ के पुत्र को लेकर भाग आये। मलिक जौनह ने एक योजना बनाई जो उसकी इच्छानुसार सफल हो गई।

उसने ख़ुसरो खाँ से कहा कि "घोड़े बड़े मोटे हो गये हैं और उन्हें यराक़ अथवा ऐसी कसरतों की आवश्यकता है जिससे वह दुबले हो जायं।" सुल्तान ने उन्हें बाहर ले जाने की (२०४) अनुमति दे दी। अतः वह घोड़े पर सवार होकर अपने आदमियों के साथ बाहर जाने लगा और एक-एक घंटा, दो-दो घंटे तथा तीन-तीन घंटे बाहर रहने लगा, यहाँ तक कि वह चार-चार घंटे तक बाहर रहने लगा। एक दिन वह मध्याह्नोत्तर की नमाज़ के समय तक न लौटा; भोजन का समय आ गया। सुल्तान ने आदेश दिया कि सवार होकर उसका पता लगाया जाय किन्तु उसका पता न चला। वह अपने पिता के पास पहुंच गया और अपने साथ किशलू खाँ के पुत्र को भी ले गया।

इसके उपरान्त तुग़लुक़ ने खुल्लम खुल्ला विद्रोह कर दिया और सेना भर्ती करने लगा। किशलू खाँ भी अपने सैनिकों को लेकर उससे मिल गया। सुल्तान ने अपने भाई ख़ानेखानाँ को उन दोनों से युद्ध करने के लिये भेजा; किन्तु उन लोगों ने उसे बुरी तरह पराजित कर दिया। उसकी सेना विजयी सेना से मिल गई। ख़ानेखानाँ अपने भाई के पास वापस हो गया। उसके पदाधिकारी मारे गये और उसका ख़ज़ाना तुग़लुक़ के अधिकार में आ गया।

---

१ घोड़ों की देख भाल करने वाला सबसे बड़ा अधिकारी।

२ मस्जिद का वह भाग जहाँ इमाम (नमाज़ पढ़ाने वाला) खड़ा होता है।

इसके उपरान्त तुग़लुक़ ने देहली पर आक्रमण किया। ख़ुसरो ख़ाँ अपने सवारों को (२०५) लेकर उससे युद्ध करने के लिये निकला और आसियाबाद में जिसका अर्थ हवा की चक्की है, शिविर लगा दिये। उसने आदेश दिया कि ख़ज़ाना लुटा दिया जाय। लोगों को थैलियाँ बिना गिने अथवा तौले हुए प्रदान कर दी गईं। जब उसका तुग़लुक़ से युद्ध हुआ तो हिन्दू बड़ी वीरता से लड़े। तुग़लुक़ के सैनिक परास्त हो गये। उसका शिविर लूटा जाने लगा और वह अपने ३०० प्राचीन सैनिकों के साथ अकेला रह गया। उसने उनसे कहा कि अब भागने के लिये कोई स्थान नहीं है। जहाँ भी हम पकड़े जायेंगे हमारी हत्या कर दी जायगी। इस बीच में ख़ुसरो के सैनिक लूटने में लगे हुये थे और छिन्न-भिन्न हो गये थे। उसके साथ केवल थोड़े से मनुष्य रह गये। तुग़लुक़ अपने साथियों को लेकर उस पर टूट पड़ा। इस देश में सुल्तान की उपस्थिति चत्र से पहचानी जाती है जो उसके सिर पर लगा रहता है। मिस्र में इसे तैर (चिड़िया) अथवा क़ुब्बा (गुम्बद) कहते हैं और वह केवल ईद के दिन सुल्तान ही के ऊपर लगाया जाता है; किन्तु हिन्दुस्तान तथा चीन में, चाहे सुल्तान यात्रा कर रहा हो और चाहे अपने महल में हो, चत्र सर्वदा बादशाह के सिर पर रहता है।

जब तुग़लुक़ तथा उसके साथी ख़ुसरो ख़ाँ पर टूट पड़े तो उनके एवं हिन्दुओं के मध्य (२०६) में घोर युद्ध हुआ और सुल्तान[1] के सैनिक परास्त हुये। जब कोई भी उसके साथ न रहा तो वह भाग खड़ा हुआ। वह अपने घोड़े पर से भी उतर पड़ा। वस्त्र तथा अस्त्र शस्त्र उतार कर फेंक दिये। केवल एक क़मीज पहने रहा। सिर के बाल पीछे लटका लिये जैसे कि हिन्दुस्तान के फ़क़ीर लटकाये रहते हैं और निकट के एक उद्यान में घुस गया। समस्त सेना तुग़लुक़ के अधीन हो गई और वह नगर की ओर चल खड़ा हुआ। कोतवाल ने नगर की कुञ्जियाँ उसे दे दीं। महल में प्रविष्ट होकर उसने एक कोने में डेरा लगा दिया। उसने किशलू ख़ाँ से कहा कि "तू सुल्तान बन जा"। किशलू ख़ाँ ने उत्तर दिया कि "नहीं तू ही सुल्तान बनेगा।" कुछ वाद-विवाद के उपरान्त उसने कहा कि "यदि तू सुल्तान बनना स्वीकार न करेगा तो हम तेरे पुत्र को सुल्तान बना देंगे।" उसे यह बात स्वीकार न थी; अतः उसने सुल्तान बनना स्वीकार कर लिया। राज-सिंहासन पर आरूढ़ होकर लोगों की बैअत लेनी प्रारम्भ कर दी। समस्त विशेष तथा साधारण व्यक्तियों ने उसकी बैअत कर ली।

ख़ुसरो ख़ाँ तीन दिन तक निरंतर उद्यान में छिपा रहा। तीसरे दिन भूख से विवश होकर बाहर निकला, और इधर उधर टहलने लगा। वह माली से मिला। उसने माली से भोजन माँगा किन्तु माली के पास भोजन की कोई वस्तु न थी। ख़ुसरो ख़ाँ ने उसे अँगूठी (२०७) देकर कहा कि 'इसे गिरवी रख कर भोजन सामग्री ले आओ।" जब वह अँगूठी लेकर बाज़ार पहुंचा तो व्यापारियों को संदेह हुआ और वे उसे शहना के पास, जो पुलिस का सबसे बड़ा अधिकारी था, ले गये। वह उसे सुल्तान तुग़लुक़ के पास ले गया। उसने सुल्तान को अँगूठी देने वाले का पता बतला दिया। तुग़लुक़ ने अपने पुत्र मुहम्मद को ख़ुसरो ख़ाँ को लाने के लिये भेजा। उसने ख़ुसरो ख़ाँ को बन्दी बना लिया और उसको टट्टू पर बैठा कर सुल्तान के समक्ष लाया। जब ख़ुसरो ख़ाँ सुल्तान के सामने उपस्थित हुआ तो उसने कहा कि "मैं क्षुधित हूँ; मुझे कुछ भोजन दो।" तुग़लुक़ ने उसके लिये भोजन तथा शर्बत मँगवाया। उसके उपरान्त कुछ फ़ुक़्क़ा पीने को दी और अन्त में ताम्बूल खिलाया। जब वह भोजन कर चुका तो उसने तुग़लुक़ से कहा कि "हे तुग़लुक़! मेरे साथ वही व्यवहार कर जो बादशाहों के लिये उचित हो और मुझे अपमानित न कर।" तुग़लुक़ ने उसकी प्रार्थना स्वीकार करली और आदेश दिया कि उसकी हत्या उसी स्थान पर की जाय जहाँ उसने

१ ख़ुसरो ख़ाँ।

क़ुतुबुद्दीन की हत्या की थी, उसका सिर तथा शरीर छत से उसी प्रकार फेंक दिया जाय जिस प्रकार उसने क़ुतुबुद्दीन का सिर फिकवाया था। इसके उपरान्त उसका मृतक शरीर (२०८) नहलाया गया और कफ़न देकर उसे उसके बनवाये हुए मक़बरे में दफ़न कर दिया गया। तुग़लुक़ ४ वर्ष तक भली भाँति राज्य करता रहा। वह बड़ा ही न्यायी तथा योग्य सुल्तान था।

उसके पुत्र का विद्रोह जो सफल न हो सका—

जब तुग़लुक़ अपनी राजधानी में स्थायी रूप से बादशाह हो गया तो उसने अपने पुत्र मुहम्मद को तिलंग प्रदेश पर विजय प्राप्त करने के लिये भेजा। तिलंग देहली नगर से ३ मास की यात्रा की दूरी पर है। उसने उसके साथ एक बहुत बड़ी सेना जिसमें मुख्य अमीर उदाहरणार्थ मलिक तमूर (तिमुर), मलिक तिगीन, मलिक काफ़ूर मुहरदार तथा मलिक बैरम आदि थे। तिलंग प्रदेश पहुँच कर उसने विद्रोह करना निश्चय कर लिया। उसका एक (२०९) नदीम था जो फ़क़ीह तथा कवि था। उसका नाम उबैद था। उसने उसके द्वारा सेना में यह प्रसिद्ध करा दिया कि सुल्तान तुग़लुक़ की मृत्यु हो चुकी है। उसका विचार था कि सैनिक यह समाचार पाते ही उससे बैअत कर लेंगे। जब सेना को यह समाचार प्राप्त हुआ तो प्रत्येक अमीर ने तबल बजवा कर विद्रोह कर दिया और समस्त सेना ने उसका साथ छोड़ दिया। वे उसकी हत्या कर देना चाहते थे किन्तु मलिक तमूर ने उन्हें रोक दिया और वह उसकी रक्षा करता रहा। वह किसी प्रकार भाग कर अपने पिता के पास पहुँचा। उसके साथ १० अश्वारोही थे जिन्हें वह याराने मुआफ़िक़ अर्थात् दृढ़ मित्र कहता था। उसके पिता ने उसे धन-सम्पत्ति तथा सेना दी और उसे तिलंग वापस जाने का आदेश दिया; किन्तु उसके पिता को यह ज्ञात हो चुका था कि उसने क्या षड्यन्त्र रचा था। उसने उबैद फ़क़ीह की हत्या करा दी। उसने मलिक काफ़ूर मुहरदार की हत्या का भी आदेश दे दिया। एक नोंकदार सीधी लकड़ी भूमि में गड़वा दी गई। उनका सिर नीचे की ओर करके वह लकड़ी उनकी गर्दन में चिभो कर, लकड़ी के नोकदार सिरे को दूसरी ओर से निकलवा दिया। (२१०) शेष विद्रोही अमीर सुल्तान शम्सुद्दीन बिन सुल्तान नासिरुद्दीन बिन सुल्तान ग़यासुद्दीन बल्बन के पास[1] भाग गये और उसके दरबार में नौकर हो गये।

तुग़लुक़ का लखनौती पर आक्रमण तथा उस समय से लेकर उसकी मृत्यु तक का हाल—

भागे हुये अमीर सुल्तान शम्सुद्दीन की सेवा में प्रविष्ट हो गये। कुछ समय उपरान्त शम्सुद्दीन की मृत्यु हो गई। उसका पुत्र शिहाबुद्दीन उसका उत्तराधिकारी हुआ। वह उसके स्थान पर राज-सिंहासन पर आरूढ़ हुआ, किन्तु उसके छोटे भाई ग़यासुद्दीन बहादुर बूरा (भूरा) ने राज्य पर अपना अधिकार जमा लिया। बूरा का हिन्दी में अर्थ काला है। उसने अपने भाई क़तुलू खाँ तथा अन्य भाइयों की हत्या कर दी। उसके दो भाई शिहाबुद्दीन तथा नासिरुद्दीन भाग कर तुग़लुक़ के पास पहुँचे। वह उन्हें साथ लेकर उनके भाइयों से युद्ध करने के लिये चल खड़ा हुआ और राजधानी में अपने पुत्र मुहम्मद को अपना (नायब) नियुक्त (२११) कर दिया। वह शीघ्रातिशीघ्र लखनौती पहुँचा और उस पर विजय प्राप्त करली। उसने ग़यासुद्दीन बहादुर को बन्दी बना लिया और उसे साथ लेकर देहली की ओर चल खड़ा हुआ।

देहली में निज़ामुद्दीन बदायूनी नामक एक सूफ़ी निवास करते थे। सुल्तान का

---

१ बंगाल।

पुत्र मुहम्मद शाह उनके दर्शन को बराबर जाया करता था और उनके चेलों का बड़ा आदर-सम्मान करता था। वह उनसे सर्वदा अपने लिये ईश्वर से शुभ कामनायें करने का आग्रह किया करता था। कभी कभी शेख़ ईश्वर के ध्यान में मूर्च्छित हो जाया करते थे। सुल्तान के पुत्र ने उनके सेवकों से कहा कि जब शेख़ इस दशा में हों तो मुझे इसकी सूचना देना। जब शेख़ इस प्रकार ईश्वर के ध्यान में मूर्च्छित हो गये तो उन्होंने मुहम्मद को इसकी सूचना देदी। वह तुरन्त शेख़ की सेवा में उपस्थित हुआ। जब शेख़ ने उसे देखा तो उन्होंने कहा कि "हमने तुम्हें यह राज्य दे दिया।" कुछ समय पश्चात् सुल्तान की अनुपस्थिति में शेख़ की मृत्यु हो गई। सुल्तान का पुत्र मुहम्मद शेख़ का जनाज़ा अपने कन्धों पर ले गया। यह समाचार उसके पिता को पहुंचाये गये। वह इस पर बड़ा खिन्न हुआ और उसने कई कठोर संदेशे उसके पास भेजे। इससे पूर्व भी उसे कई बार मुहम्मद के कार्यों से उस पर संदेह हो चुका था। वह उसके दान-पुण्य तथा प्रजा को प्रसन्न करने का प्रयत्न करने और अधिक संख्या में दास मोल लेने पर बड़ा रुष्ट हो गया था। जब उसने यह सुना कि ज्योतिषियों ने यह कह दिया है कि इस युद्ध के उपरान्त देहली न लौट सकेगा तो उसने (२१२) उन्हें भी धमकी के पत्र लिखे।

जब वह इस युद्ध से लौट कर देहली के निकट पहुंचा तो उसने अपने पुत्र को यह आदेश भेजा कि अफ़ग़ानपुर नामक मैदान में उसके लिये एक नये महल का, जो कूश्क कहलाता है, निर्माण कराये। पुत्र ने पिता के आदेशानुसार तीन दिन में महल बनवाया जो अधिकतर लकड़ी का बना हुआ था। उसकी नींव लकड़ी के स्तम्भों पर रक्खी गई। इसकी तैयारी बड़ी होशियारी से मलिकज़ादा ने करवाई थी। उसका नाम अहमद बिन अयाज़ था और उसे बाद में ख्वाजये जहाँ की पदवी प्राप्त हो गई थी। वह सुल्तान मुहम्मद का मुख्य वज़ीर हो गया। उस समय वह शहनये एमारत[1] था। उसने महल इस युक्ति से बनवाया कि यदि उसके एक ओर हाथी चलें तो समस्त महल गिर पड़े। सुल्तान इस महल में उतरा और उसने अपने आदमियों को भोजन कराया। भोजन के उपरान्त वे लोग चले गये। उसके पुत्र ने उससे प्रार्थना की कि उसे हाथियों को समारोह के साथ (२१३) उपस्थित करने की अनुमति प्रदान की जाय। सुल्तान ने उसे अनुमति प्रदान करदी।

शेख़ रुक्नुद्दीन ने मुझे बताया कि वह उस दिन सुल्तान के साथ उपस्थित थे। सुल्तान का प्रिय पुत्र महमूद भी उसके साथ था। सुल्तान के पुत्र मुहम्मद ने उपस्थित होकर शेख़ से कहा कि "हे खुन्द (स्वामी)! अस्र की नमाज़ का समय आ गया है। आप जाकर नमाज़ पढ़लें।" शेख़ ने मुझे बताया कि "मैं उसके कहने पर चला गया।" हाथी, जैसा कि निश्चित हो चुका था, एक दिशा से लाये गये। जब वे उस ओर से गुज़रे तो महल सुल्तान तथा उसके पुत्र महमूद पर गिर पड़ा। शोर सुन कर मैं बिना नमाज़ समाप्त किये हुये वहाँ पहुँचा और देखा कि महल गिर चुका है। उसका पुत्र फावड़े तथा कस्सियाँ लाने का आदेश दे रहा था जिससे सुल्तान को खोद कर निकाला जाय किन्तु उसने ऐसा संकेत कर दिया कि ये वस्तुयें देर में आयें। इस प्रकार वे सूर्यास्त के पूर्व न लाई जा सकीं। जब सुल्तान को खोद कर निकाला गया तो लोगों ने देखा कि सुल्तान अपने पुत्र के ऊपर उसको मौत से बचाने के (२१४) लिए झुका था। कुछ लोगों का अनुमान है कि उसका मृतक शरीर निकाला गया। कुछ लोगों का अनुमान है कि वह जीवित था और उसकी हत्या कर दी गई। रात्रि में ही

१ भवन निर्माण विभाग का मुख्य अधिकारी।

उसे उस मक़बरे में, जो उसने तुग़लुक़ाबाद में अपने लिए बनवाया था, पहुँचा दिया गया और वहीं दफ़न कर दिया गया।

तुग़लुक़ाबाद के बनाने का कारण इससे पूर्व बताया जा चुका है। इसमें तुग़लुक़ के महल तथा राज कोष थे। वहाँ क़िले में बादशाह ने एक ऐसा महल बनवाया था जिसकी ईंटों पर सोने का पत्तर चढ़ा हुआ था। जिस समय सूर्य उदय होता तो उसकी चमक दमक से कोई व्यक्ति महल की ओर देर तक दृष्टिपात न कर सकता था। सुल्तान ने इसमें अत्यधिक धन-सम्पत्ति व्यय की थी। कहा जाता है कि इसमें सुल्तान ने एक हौज़ बनवाया था और उस हौज़ में सोना पिघला कर भरवा दिया था। वह सोना जम कर एक डला बन गया। उसके पुत्र सुल्तान मुहम्मद शाह ने सिंहासनारूढ़ होने के उपरान्त वह समस्त सोना व्यय किया क्योंकि ख़्वाजये जहाँ ने उस महल के बनवाने में जिसके गिरने के कारण सुल्तान की मृत्यु हुई, विशेष कुशलता दिखाई थी, अतः ख़्वाजये जहाँ से अधिक कोई भी वज़ीर तथा अन्य (२१५) व्यक्ति सुल्तान का विश्वास-पात्र न था और न कोई उसकी बराबरी कर सकता था।

सुल्तान अबुल मुजाहिद मुहम्मद शाह बिन (पुत्र) सुल्तान ग़यासुद्दीन तुग़लुक़ शाह हिन्द तथा सिन्ध का बादशाह जिसके दरबार में हम आये—

सुल्तान तुग़लुक़ के निधन के उपरान्त उसका पुत्र मुहम्मद बिना किसी विरोध तथा प्रतिस्पर्धी न होने के कारण राज्य का स्वामी हो गया। हम इसका उल्लेख कर चुके हैं कि उसका नाम जौनह था। बादशाह होने पर उसने अपना नाम मुहम्मद और कुन्नियत अबुल मुजाहिद रक्खी। हिन्दुस्तान के पिछले बादशाहों का जो हाल में लिख चुका हूं, उसका अधिक भाग मुझे शेख कमालुद्दीन बिन (पुत्र) बुरहान ग़ज़नी निवासी, क़ाज़ी-उल-क़ुज़्ज़ात द्वारा ज्ञात हुआ तथा कुछ भाग मैंने अन्य लोगों से सुना। इस बादशाह का जो कुछ हाल मैं लिख रहा हूं, वह इस देश के मेरे (२१६) अपने निरीक्षण पर अवलम्बित है।

उसका चरित्र—

यह बादशाह अत्यधिक दान तथा रक्तपात के लिये प्रसिद्ध है। कोई दिन ऐसा व्यतीत नहीं होता जिस दिन उसके द्वार के समक्ष कोई न कोई दरिद्र धनी न हो जाता हो अथवा किसी न किसी जीवित की हत्या न कर दी जाती हो। लोगों में उसकी वीरता तथा दान एवं अपराधियों के प्रति कठोरता और अत्याचार की कहानियाँ बड़ी प्रसिद्ध हो चुकी हैं। इस पर भी उससे अधिक कोई भी नम्र तथा न्यायकारी एवं सत्य का पालन करने वाला नहीं। उसके दरबार में धर्म (इस्लाम) के आदेशों का पूर्ण रूपेण पालन होता है। वह नमाज़ पढ़ने को बड़ा महत्व प्रदान करता है और जो लोग नमाज़ नहीं पढ़ते उन्हें कठोर दंड देता है। वह उन बादशाहों में है जो बहुत बड़े सौभाग्यशाली हैं और उसे विशेष सफलता प्राप्त हुई है किन्तु उसका सब से बड़ा गुण उसकी दानशीलता है। मैं उसकी दानशीलता की ऐसी विचित्र कहानियाँ सुनाऊँगा जिनके समान किसी ने किसी पिछले बादशाह के विषय में कोई बात न सुनी होगी (२१७) किन्तु ईश्वर उसके फ़रिश्ते तथा उसके रसूल इस बात के साक्षी हैं कि मैं जो कुछ भी उसकी अद्‌भुत दानशीलता के विषय में लिख रहा हूं वह पूर्णतया सत्य है और ईश्वर ही सब से बड़ा साक्षी है। मैं समझता हूं कि कुछ घटनाओं जिनका मैं उल्लेख कर रहा हूं उनके विषय में बहुत से लोग अनुमान भी न लगा सकेंगे और उन्हें वे साधारणतया असम्भव समझेंगे; किन्तु जो घटनायें मेरे सामने घटी हैं और जिनकी सत्यता के विषय में मुझे पूर्ण विश्वास है और जिनमें से बहुत सी घटनाओं में मेरा भी कुछ न कुछ भाग रहा है, उनका उल्लेख मैं अवश्य

करूंगा। इसके अतिरिक्त इनमें से बहुत सी घटनायें अलग अलग प्रमाणों से भी, जो पूर्व में पर्याप्त मात्रा में मिल जाते हैं, सिद्ध हो जाती हैं।

द्वारों, दरबार तथा दरबार के नियमों का उल्लेख--

मुल्तान का देहली का महल "दारे सरा" कहलाता है। इस में बहुत से द्वार हैं। प्रथम द्वार पर पहरे के सिपाही रहते हैं। शहनाई, तुरही तथा सिंगा बजाने वाले भी यहीं बैठते हैं। जब कोई अमीर अथवा बड़ा आदमी आ जाता है तो शहनाई एवं तुरही यह स्वर निकालते (२१८)हुये बजने लगती हैं कि "अमुक व्यक्ति आया है, अमुक व्यक्ति आया है।" दूसरे तथा तीसरे द्वार पर भी यही होता है। प्रथम द्वार के बाहर चबूतरे हैं उन पर जल्लादून (जल्लाद) बैठते हैं। उनका कार्य लोगों की हत्या करना है। यहाँ की यह प्रथा है कि जब सुल्तान किसी की हत्या का आदेश देता है तो महल के द्वार के समक्ष उसकी हत्या की जाती है और शव तीन दिन तक पड़ा रहता है। प्रथम तथा द्वितीय द्वार के मध्य में दोनों ओर लम्बे लम्बे दालान तथा चबूतरे बने हैं। वहाँ नोबत वाले, जो द्वारपालों में से ही होते हैं, बैठे रहते हैं। द्वितीय द्वार पर उस द्वार के द्वारपाल बैठे रहते हैं। दूसरे तथा तीसरे द्वार के बीच में एक बड़ा चबूतरा है। उस पर नक़ीबुल नुक़बा[1] बैठता है। उसके हाथ में सोने की गदा होती है। वह अपने सिर पर सोने की एक जड़ाऊ टोपी पहने रहता है। उस पर मोर के पंख लगे होते हैं। अन्य नक़ीब उसके सामने खड़े रहते हैं। प्रत्येक के सिर की टोपी पर सुनहरी झालर लगी होती है (२१९) और उनकी कमर में सुनहरी पेटियाँ बँधी रहती हैं। उनके हाथों में कोड़े होते हैं, जिनकी मुठिया सोने या चाँदी की होती है। दूसरे द्वार से चल कर एक बहुत बड़ा कमरा मिलता है। यहाँ साधारण लोग बैठते हैं।

तृतीय द्वार पर भी चबूतरे बने हैं, जिन पर कुत्ताबुल बाब[2] बैठे रहते हैं। वहाँ की यह प्रथा है कि जब तक सुल्तान की अनुमति नहीं प्राप्त हो जाती उस समय तक किसी को द्वार में प्रविष्ट होने की आज्ञा नहीं मिलती। प्रत्येक अमीर के साथ आने वाले अधिकारियों तथा मनुष्यों की संख्या निर्धारित रहती है। जब कोई इस द्वार पर आता है, तो कुत्ताब लिख लेते हैं "पहले घन्टे में अमुक व्यक्ति आया। दूसरे घन्टे में अमुक व्यक्ति आया।" इसी प्रकार सन्ध्या समय तक जो लोग आते रहते हैं, उनके नाम लिखे जाते हैं। रात्रि की नमाज़ (एशा) के पश्चात् सुल्तान समस्त विवरण पढ़ता है। द्वार पर जितनी घटनायें होती हैं, उन्हें भी वे बड़ी सावधानी से लिखते हैं। कुछ मलिकों के पुत्र सुल्तान तक यह विवरण ले जाने के लिये नियुक्त रहते हैं।

(२२०) यह भी प्रथा है कि जो अधिकारी तीन दिन अथवा इससे अधिक किसी कारण से अथवा अकारण अनुपस्थित हो जाता है तो वह पुनः उस समय तक द्वार में प्रविष्ट नहीं हो सकता जब तक कि बादशाह का इस विषय में आदेश न प्राप्त हो जाय। यदि वह किसी रोग अथवा किसी अन्य कारण से अनुपस्थित रहता है तो वह सुल्तान के समक्ष अपनी श्रेणी के अनुसार उपहार प्रस्तुत करता है। इसी कारण जो लोग लम्बी यात्राओं से लौटते हैं, वे भी अपनी श्रेणी के अनुसार उपहार प्रस्तुत करते हैं। फ़क़ीह क़ुरान अथवा कोई पुस्तक या इसी प्रकार की कोई अन्य वस्तु, फ़क़ीर मुसल्ला, तसबीह मिसवाक इत्यादि, अमीर तथा इसी प्रकार के बड़े अधिकारी घोड़े, ऊँट तथा हथियार उपहार के रूप में प्रस्तुत करते हैं।

तृतीय द्वार से होकर एक बहुत ही बड़े मशवर (विशाल कक्ष) में प्रविष्ट होते हैं। इसका नाम हज़ार सुतून अथवा हज़ार स्तम्भों वाला है। स्तम्भ पालिश की हुई लकड़ी के बने हैं।

१ नक़ीबों का सबसे बड़ा अधिकारी।

२ द्वार के सचिव।

इनके ऊपर लकड़ी की छत है जिसमें बड़ी सुन्दर पच्चीकारी तथा चित्रकारी है। लोग इसके नीचे बैठते हैं और सुल्तान इसी में अपना आम दरबार करता है।

दरबार के नियम—

(२२१) प्रायः दरबार अस्र[1] की नमाज़ के उपरान्त होते हैं। कभी कभी
वह दिन के प्रथम भाग में भी दरबार करता है। वह सिंहासन पर विराजमान होता
है। सिंहासन एक मच पर रक्खा रहता है। वह सफ़ेद फ़र्श से ढका रहता है। उसके
पीछे एक बहुत बड़ा तकिया रक्खा रहता है। दो अन्य तकिये उसके हाथों के सहारे
के लिये दाहिनी तथा बाईं ओर रक्खे रहते हैं। वह घुटनों को इस प्रकार मोड़ कर रखता
है जिस प्रकार मनुष्य नमाज में बैठने के समय रखते हैं। इसी प्रकार हिन्दुस्तान के अन्य लोग
बठते हैं। जब वह आसीन होता है तो वज़ीर उसके सम्मुख खड़ा होता है। वज़ीर के पीछे
कुत्ताब (सचिव) खड़े होते हैं। उनके पीछे कबीरुल हुज्जाब (हाजिबों का सरदार) तथा हाजिब
खड़े होते हैं। हाजिबों का सरदार फ़ीरोज मलिक है। वह सुल्तान के चाचा का पुत्र तथा सुल्तान
का नायब है। वह अपनी श्रेणी के अनुसार सुल्तान के सबसे निकट है। उसके उपरान्त
खास हाजिब, उसके पश्चात् नायब खास हाजिब वकीलुद्दार (वकील दर), उसका नायब
शरफ़ुलहुज्जाब (उच्च हाजिब), सैयिदुल हुज्जाब (मुख्य हाजिब) तथा उनके अधीन अधिकारी
(२२२) होते हैं। हाजिबों के पीछे नक़ीब होते हैं। उनकी संख्या १०० के लगभग होती है।

जब बादशाह आसीन हो जाता है तो हाजिब तथा नक़ीब बड़े उच्च स्वर में "बिस्मिल्लाह" (अल्लाह के नाम से) कहते हैं। जब वह बैठ चुकता है तो मलिक कबीर (बड़ा मलिक) क़बूला सुल्तान के पीछे चंवर लेकर खड़ा होता है और मक्खियाँ उड़ाता जाता है। १०० सशस्त्र सैनिक सुल्तान के दाहिनी ओर १०० सैनिक उसके बाईं ओर ढाल, तलवार तथा धनुष लेकर खड़े होते हैं। विशाल कक्ष के दाहिनी तथा बाईं ओर लम्बाई में क़ाज़ी-उल-क़ुज़्ज़ात (मुख्य क़ाज़ी), तत्पश्चात् खतीबुल खुत्बा (मुख्य खतीब), फिर अन्य क़ाज़ी और फिर बड़े बड़े फ़क़ीह, फिर बड़े बड़े शरीफ़ (सैयिद), फिर मशायख (सूफ़ी), फिर सुल्तान के भाई तथा साले और उनके पश्चात् बड़े बड़े अमीर; फिर अज़ीज़ (परदेशी) और ग़ुरबा (अन्य देशों वाले) तथा क़ुव्वाद (सेना के अधिकारी) खड़े होते हैं।

तत्पश्चात् साठ अश्व लाये जाते हैं। उन पर शाही ज़ीन रक्खी रहती है और उनके
लगामें लगी रहती हैं। इनमें से कुछ घोड़ों के खिलाफ़त के चिह्न[2] अर्थात् कुछ की लगाम
(२२३) तथा छल्ले काले रेशम के और कुछ के सफ़ेद रेशम के तथा जड़ाऊ होते हैं। इन पर
सुल्तान के अतिरिक्त कोई अन्य नहीं सवार हो सकता। आधे घोड़े दाहिनी ओर तथा आधे घोड़े
बाईं ओर खड़े किये जाते हैं, जिससे बादशाह सब पर दृष्टिपात कर सके। तत्पश्चात् पचास
हाथी आते हैं जिन पर सुनहरे तथा रुपहले वस्त्र पड़े रहते हैं। उनके दाँतों पर लोहा चढ़ा
रहता है जिससे वे अपराधियों की सुगमता-पूर्वक हत्या कर सकें। प्रत्येक गज की ग्रीवा
पर उसका महावत होता है। उसके हाथ में लोहे का अंकुश होता है जिससे वह हाथियों
को दंड देता रहता है और अपनी इच्छानुसार उनसे कार्य करा लेता है। प्रत्येक हाथी की
पीठ पर एक बड़ा हौदा होता है। उसमें लगभग बीस योद्धा हाथी के डील डौल के अनुसार
बैठ सकते हैं। इन हौदों के कोनों पर चार झंडे लगे होते हैं। इन हाथियों को सुल्तान के
(२२४) सम्मुख गर्दन झुका कर अभिवादन करने की शिक्षा दी जाती है। जिस समय
हाथी झुक कर अभिवादन करते हैं तो हाजिब उच्च स्वर में "बिस्मिल्लाह" कहते हैं। आधे

१ मध्याह्नोत्तर तथा सायंकाल की नमाजों के बीच की नमाज़।

२ अब्बासी ख़लीफ़ाओं का चिह्न काला होता था।

हाथी दाहिनी ओर तथा आधे बाईं ओर खड़े होते हैं। हाथी मनुष्यों के पीछे खड़े किये जाते हैं।

जब कोई दाहिनी अथवा बाईं ओर अपना स्थान लेने के लिये उपस्थित होता है तो सर्व प्रथम हाजिबों के स्थान के पास पहुँच कर अभिवादन करता है और हाजिब अभिवादन करने वाले की श्रेणी के अनुसार स्वर को नीचा अथवा ऊँचा करके एक साथ "बिस्मिल्लाह" कहते हैं। तत्पश्चात् वह अपने निर्धारित स्थान पर दाहिनी अथवा बाईं ओर खड़ा हो जाता है। उसके आगे वह कदापि नहीं बढ़ सकता। यदि अभिवादन करने वाला हिन्दू होता है तो हाजिब तथा नक़ीब "हद्कल्लाह" (अल्लाह तुझे मार्ग दर्शाये) का नारा लगाते हैं। सुल्तान के दास लोगों के पीछे हाथों में ढाल तलवार लिये खड़े रहते हैं। कोई भी उनके मध्य से होकर प्रविष्ट नहीं हो सकता। जो भी आता है, उसे नक़ीबों तथा हाजिबों के, जो सुल्तान के सम्मुख खड़े होते हैं, खड़े होने के स्थान से होकर आना होता है।

परदेशियों का प्रवेश तथा दरबार में उपहार प्रस्तुत करना—

(२२५) यदि द्वार पर कोई ऐसा व्यक्ति उपस्थित होता है, जो सुल्तान के सम्मुख उपहार प्रस्तुत करना चाहता है तो हाजिब उसकी सूचना देने के लिये इस क्रम से सुल्तान के समक्ष जाते हैं। सब के आगे-आगे अमीरे हाजिब, उसके पीछे उसका नायब, फिर खास हाजिब और उसका नायब, उसके पीछे वकीलदर और उसका नायब, उनके पीछे सैयिदुल हुज्जाब तथा शरफ़ुल हुज्जाब होते हैं। वे तीन स्थानों पर अभिवादन करते हैं और द्वार पर आने वाले की सूचना सुल्तान को देते हैं। जब अनुमति प्राप्त हो जाती है तो उसके उपहार लोगों के हाथों पर रक्खे हुये इस प्रकार प्रस्तुत किये जाते हैं कि सुल्तान उनको देख सके। फिर उपहार लाने वाले को बुलाने का आदेश होता है। वह सुल्तान तक पहुँचने के पूर्व तीन बार अभिवादन करता है। हाजिबों के स्थान पर पहुँच कर वह पुनः अभिवादन प्रकट करता है। यदि वह कोई उच्च श्रेणी का व्यक्ति होता है तो वह अमीरे हाजिब की पंक्ति में खड़ा होता है अन्यथा वह उसके पीछे खड़ा होता है। सुल्तान फिर उससे स्वयं नम्रता-पूर्वक वार्त्तालाप (२२६) करता है और उसका स्वागत करता है। यदि वह सम्मान के योग्य होता है तो सुल्तान उससे हाथ मिलाता है तथा आलिंगन करता है और उसके कुछ उपहारों के विषय में प्रश्न करता है। तत्पश्चात् उपहार उसके सम्मुख रक्खे जाते हैं। यदि कोई वस्त्र अथवा शस्त्र होता है तो वह उसे उलट पलट कर देखता है और लाने वाले का उत्साह बढ़ाने के लिये उनकी प्रशंसा करता है। फिर सुल्तान उसे खिलअत प्रदान करता है और 'सर शोई' (सिर धुलवाने) के नाम से कुछ धन उसकी श्रेणी के अनुसार उसके लिये निश्चित कर दिया जाता है।

उसके आमिलों (अधिकारियों) के उपहार का हाल—

जब कोई आमिल (अधिकारी) दरबार में अपने उपहार लेकर आता है अथवा किसी प्रान्त का कर लाता है तो उनके सोने तथा चाँदी के बर्तन उदाहरणार्थ तश्त, लोटे आदि बनवा (२२७) लिये जाते हैं। सोने तथा चाँदी की ईंटें भी बनवा ली जाती हैं जो 'खिश्त' कहलाती हैं। फ़र्राशून (फ़र्राश) जो बादशाह के दास होते हैं, उनमें से एक एक वस्तु अपने हाथों पर लेकर बादशाह के सामने खड़े होते हैं। यदि उपहार में कोई हाथी हो तो वह भी लाया जाता है। तत्पश्चात् घोड़े, ज़ीन आदि सामानों सहित, लाये जाते हैं। फिर खच्चर तथा ऊँट लाये जाते हैं। इन सब पर माल लदा होता है। जब बादशाह दौलताबाद से आया, तो वज़ीर ख्वाजये जहाँ ने अपने उपहार प्रस्तुत किये। मैं भी उस समय उपस्थित था। ख्वाजये जहाँ ने

ब्याना नगर से बाहर निकल कर अपने उपहार प्रस्तुत किये। उसके उपहार उसी क्रम से प्रस्तुत हुये जिसका उल्लेख मैं ने अभी किया। उसने जो वस्तुयें प्रस्तुत कीं उनमें एक थाल लाल मणि का, एक थाल पन्ने का तथा एक थाल बहुमूल्य मोतियों का था। इस समय एराक़ के बादशाह सुल्तान अबू सईद का चचेरा भाई हाजी काऊन भी उपस्थित था। सुल्तान ने उन उपहारों का एक भाग उसे प्रदान कर दिया। यदि ईश्वर ने चाहा तो इसका उल्लेख फिर किया जायगा।

दोनों ईदों[१] के जुलूस तथा उनसे सम्बन्धित बातों का उल्लेख—

(२२८) ईद से पूर्व रात्रि में सुल्तान, मलिकों, मुख्य अधिकारियों, कर्मचारियों, परदेशियों अर्थात् अज़ीज़ों, कुत्ताब (सचिवों), हाजिबों, नक़ीबों, सेना के अधिकारियों, समाचार सम्बन्धी अधिकारियों, दासों आदि को एक एक खिलअत, उनकी श्रेणी के अनुसार भेजता है। ईद के दिन प्रातःकाल समस्त हाथी रेशमी वस्त्रों, सोने तथा जवाहरात से सजाये जाते हैं। सोलह ऐसे हाथी हैं जिन पर कोई सवार नहीं होता। उन पर केवल सुल्तान ही सवार होता है। प्रत्येक पर रेशम का बना हुआ एक छत्र होता है जिसमें जवाहरात जड़े होते हैं। प्रत्येक छत्र की मुठिया शुद्ध सोने की होती है। प्रत्येक हाथी पर जवाहरात से जड़ी हुई एक रेशमी गद्दी होती है। सुल्तान उनमें से एक हाथी पर सवार होता है। उसके आगे आगे ज़ीन-पोश अर्थात् ग़ाशिया होता है जिस पर बहुमूल्य जवाहरात जड़े होते हैं। शाही हाथियों के सामने दास तथा सेवक होते हैं। (२२९) प्रत्येक अपने सिर पर सोने की रोयेंदार एक टोपी पहने रहता है। कमर में सोने की पेटी होती है जिस पर जवाहरात जड़े होते हैं। बादशाह के आगे आगे नक़ीब भी होते हैं। उनकी संख्या लगभग ३०० होती है। प्रत्येक अपने सिर पर एक सुनहरी उक़रूफ़ (ऊँची शंख के समान टोपी) पहने रहता है और एक सुनहरी पेटी बाँधे तथा सोने की मुठिया का छोटा डंडा लिये रहता है। क़ाज़ी-उल-क़ुज़्ज़ात सद्रे जहाँ कमालुद्दीन ग़ज़नवी, क़ाज़ी-उल-क़ुज़्ज़ात सद्रे जहाँ नासिरुद्दीन ख्वारज़मी, तथा समस्त मुख्य अज़ीज़ (परदेशी), ख़ुरासानी, एराक़ी, शामी मिस्री तथा मग़रबी (उत्तर पश्चिमी अफ़रीक़ा निवासी) हाथियों पर सवार होकर चलते हैं। विदेशी इस देश में ख़ुरासानी कहलाते हैं। अज़ान देने वाले भी हाथियों पर सवार होते हैं। वे "अल्लाहो अकबर" (अल्लाह सर्वश्रेष्ठ है) का नारा लगाते रहते हैं।

सुल्तान उपर्युक्त नियम से राजभवन के द्वार से अपने सेवकों के साथ निकलता है। (२३०) इसी बीच में सैनिक उसके निकलने की प्रतीक्षा करते रहते हैं। प्रत्येक अमीर अपनी अपनी टोली लिए पताकाओं तथा तुरही सहित खड़ा रहता है। सर्व प्रथम सुल्तान की सवारी अग्रसर होती है। बादशाह के आगे-आगे वे लोग जिनका मैं उल्लेख कर चुका हूँ, पैदल होते हैं। उनके पीछे क़ाज़ी तथा मुअज़्ज़िन होते हैं जो अल्लाह के नाम का जाप किया करते हैं। सुल्तान के पीछे उसके 'मरातिब' अर्थात् पताकायें, ढोल, तुरही, बिगुल तथा शहनाई होती हैं। उनके पीछे बादशाह के खास सेवक होते हैं। उनके पीछे-पीछे सुल्तान का भाई मुबारक खाँ अपने मरातिब तथा सैनिकों सहित होता है। उसके पीछे बादशाह के भतीजे बहराम खाँ की सवारी तथा उसके मरातिब एवं सैनिक होते हैं। उनके पीछे सुल्तान के चचेरे भाई मलिक फ़ीरोज़ की सवारी तथा 'मरातिब' एवं सैनिक होते हैं। फिर वज़ीर तथा उसके मरातिब एवं सैनिक होते हैं। फिर मलिक मुजीर इब्न (पुत्र) ज़िर्‌रिजा तथा उसके "मरातिब" एवं सैनिक होते हैं। फिर मलिक कबीर क़बूला तथा उसके मरातिब एवं सैनिक होते हैं। सुल्तान मलिक क़बूला का बड़ा सम्मान करता है। उसे बड़ा उत्कर्ष तथा अत्यधिक धन-सम्पत्ति प्राप्त है। उसके एक साहिबे दीवान[२] सिक़तुलमुल्क अलाउद्दीन अली अलमिस्री ने जो इब्नुश्

१ ईदुल फ़ितर तथा ईदुज़्ज़ुहा।

२ दीवान उस समय किसी मुहकमे अथवा विभाग को कहते थे। यहाँ बहुत बड़े अधिकारी (मुख्य सचिव) से अभिप्राय है।

(२३१) शराबिशी कहलाता है मुझे बताया कि उसका तथा उसके दासों का व्यय तथा वृत्ति ३६ लाख (तन्के) वार्षिक है। उसके पीछे मलिक नुक़बिया, उसके 'मरातिब' तथा सैनिक होते है। उसके पीछे मलिक बुग़रा, उसके 'मरातिब' तथा सैनिक होते हैं। उसके पीछे मलिक मुखलिस, उसके 'मरातिब' तथा सैनिक होते हैं। उसके पीछे मलिक क़ुतुबुल मुल्क उसके मरातिब तथा सैनिक होते हैं।

उपर्युक्त अमीरों को बड़ा उत्कर्ष प्राप्त है। वे सुल्तान से कभी पृथक् नहीं होते। वे लोग ईद में अपने 'मरातिब' सहित जाते हैं। अन्य अमीरों की सवारियाँ बिना मरातिब के होती हैं। जो लोग ईद के जुलूस की सवारी में जाते हैं, वे सशस्त्र होते हैं। उनके घोड़े भी इसी दशा में होते हैं। इनमें से अधिकतर सुल्तान के ममलूक (दास) होते हैं। जब सुल्तान मुसल्ला (ईदगाह) के द्वार पर पहुंच जाता है, वह द्वार पर रुक जाता है और (२३२) क़ाज़ियों, बड़े-बड़े अमीरों, मुख्य अज़ीज़ों (परदेशियों) को प्रविष्ट होने का आदेश देता है। फिर वह स्वयं उतरता है और इमाम नमाज़ प्रारम्भ करता है और ख़ुत्बा पढ़ता है। इदुज़्ज़हा में सुल्तान एक भाले से ऊँट की गर्दन छेद कर उसकी हत्या करता है। सर्व प्रथम वह अपने वस्त्र पर एक रेशम की चादर डाल लेता है जिससे उसके वस्त्र पर रक्त की छींटें न गिर सकें। फिर वह हाथी पर सवार होकर महल को वापस चला जाता है।

ईद का दरबार, विशाल सिंहासन तथा बृहत् धूप पात्र—

ईद के दिन महल में फ़र्श बिछाये जाते हैं और उन्हें बड़े सुन्दर ढंग से सजाया जाता है। दरबार के बड़े कक्ष के बाहर बारगाह खड़ी की जाती है। यह एक बहुत बड़े मंडप के समान होती है। इसमें बड़े मोटे मोटे स्तम्भ लगाये जाते हैं। उसके चारों ओर भी खेमे लगे होते हैं। भिन्न-भिन्न रंगों के रेशम के वृक्ष बनाये जाते हैं और उनमें फूल लगाये जाते हैं। (२३३) बड़े कक्ष में उनकी तीन पंक्तियाँ सजाई जाती हैं। प्रत्येक दो वृक्षों के मध्य में एक सोने की कुर्सी रक्खी जाती है। उस पर एक गद्दी रक्खी जाती है। विशाल सिंहासन, कक्ष के मध्य में रक्खा जाता है। यह शुद्ध सोने का होता है। इसके पायों में जवाहरात जड़े रहते हैं। इसकी लम्बाई २३ बालिश्त होती है। उसकी चौड़ाई इसकी आधी होती है। इसके भिन्न-भिन्न भाग होते हैं। इन सब को मिला कर जब आवश्यकता होती है तो सिंहासन बना लिया जाता है। सोने के भार के कारण प्रत्येक भाग कई-कई मनुष्य मिल कर उठाते हैं। उस पर तकिया रक्खा जाता है। सुल्तान के सिर पर जवाहरात से जड़ा हुआ चत्र लगाया जाता है। जैसे ही वह सिंहासन पर चढ़ता है, हाजिब तथा नक़ीब उच्च स्वर में "बिस्मिल्लाह" का नारा लगाते हैं। फिर जो लोग उपस्थित होते हैं, वे अभिवादन करते है। सर्व प्रथम क़ाज़ी, फिर ख़तीब आलिम, शरीफ़ (सैयिद) मशायख (सूफ़ी), सुल्तान के भाई, सम्बन्धी, मुख्य अज़ीज़ (परदेशी), वज़ीर, सेना के अमीर (अधिकारी) ममलूक (दासों) के शेख (सरदार) बड़े-बड़े सैनिक बारी-बारी अभिवादन करते हैं और किसी (२३४) प्रकार की गड़बड़ी नहीं होने पाती।

यहाँ यह भी प्रथा है कि ईद के दिन वे लोग, जिनको ग्राम प्रदान किये गये हैं, सोने के सिक्के (दीनार) एक पटखण्ड में बाँध कर लाते हैं, जिस पर उनका नाम अंङ्कित होता है और उसे वे एक सोने के थाल में डाल देते हैं। इस प्रकार अत्यधिक धन एकत्र हो जाता है और इसमें से सुल्तान जिसे उसकी जो इच्छा होती है दे देता है।

जब लोग अभिवादन कर चुकते हैं, तो सब लोगों के लिये उनकी श्रेणी के अनुसार भोजन लाया जाता है। उस दिन भी बृहत् धूपपात्र निकाला जाता है जो मीनार के समान

तथा शुद्ध सोने का होता है। इसके भी भिन्न-भिन्न भाग होते हैं। जब आवश्यकता होती है तो इन टुकड़ों को जोड़ कर धूप पात्र बना लिया जाता है। प्रत्येक भाग कई कई मनुष्य मिल कर उठाते हैं। इसके भीतरी भाग में तीन खाने होते हैं। उनमें लोग प्रविष्ट होकर ऊद, अम्बर आदि वस्तुयें जलाते हैं। इनके धुयें से कमरा सुगन्धित हो जाता है। तरुण दासों के हाथों में (२३५) सोने तथा चाँदी के गुलाब छिड़कने के पात्र होते हैं। वे उनसे उपस्थित सज्जनों पर गुलाब-जल छिड़कते हैं।

दोनों ईदों के अतिरिक्त यह सिंहासन तथा धूपपात्र कभी नहीं निकाले जाते। अन्य दिनों में सुल्तान सोने के दूसरे सिंहासन पर आसीन होता है। इससे कुछ दूर बारगह, जैसा कि उल्लेख किया जा चुका है लगाई जाती है। इसमें तीन द्वार होते है। सुल्तान इसके भीतर विराजमान होता है। प्रथम द्वार पर एमादुलमुल्क सरतेज़ खड़ा होता है। द्वितीय पर मलिक नुक़बिया और तीसरे द्वार पर यूसुफ़ बुग़रा खड़े होते हैं। दाहिनी ओर सशस्त्र ममलूकों (दासों) के दल का अमीर (सरदार) खड़ा होता है। इसी प्रकार वे बाईं ओर भी खड़े होते हैं। अन्य लोग उन स्थानों पर, जो उनकी श्रेणी के अनुसार निश्चित रहते हैं, खड़े होते हैं। शहनये बारगाह मलिक तग़ी अपने हाथ में सोने का डंडा लिये रहता है। उसके नायब के हाथ में चाँदी का डंडा होता है। उनके द्वारा वे दरबार में सब लोगों को अपने अपने स्थानों पर खड़े होने में सहायता देते रहते हैं, तथा पंक्तियाँ ठीक रखते हैं। वज़ीर अपने स्थान पर खड़ा होता है और उसके कुत्ताब (सचिव) नायब के पीछे खड़े होते हैं। हाजिब तथा नक़ीब अपने अपने स्थानों पर खड़े होते हैं। तत्पश्चात् गायक तथा नर्तकियाँ प्रविष्ट होती (२३६) हैं। सर्व प्रथम काफ़िर (हिन्दू) राजाओं की पुत्रियाँ जो उस वर्ष युद्ध में बन्दी बनाई जाती हैं, आकर गाती नाचती हैं। तत्पश्चात् वे अमीरों तथा मुख्य परदेशियों को प्रदान करदी जाती हैं। इसके उपरान्त अन्य काफ़िरों की पुत्रियाँ आकर नाचती गाती हैं। जब वे नाच गा चुकती हैं, तो सुल्तान उन्हें अपने भाइयों, सम्बन्धियों, मलिकों के पुत्रों आदि को दे देता है। सुल्तान यह दरबार अस्र की नमाज़ के पश्चात् करता है। दूसरे दिन पुनः इसी प्रकार अस्र के उपरान्त दरबार होता है। इसमें गायकायें लाई जाती हैं। जब वे नाच गा चुकती है तो सुल्तान उन्हें ममलूक के अमीरों (मुख्य दासों) को दे देता है। तीसरे दिन सुल्तान के सम्बन्धियों के विवाह होते हैं और उन्हें उपहार दिये जाते हैं। चौथे दिन दास मुक्त किये जाते हैं। पाँचवे दिन दासियाँ मुक्त की जाती हैं। छठे दिन दास तथा दासियों का विवाह होता है। सातवें दिन वह बड़ी उदारता से दान करता है।

यात्रा से वापसी के समारोह—

(२३७) जब सुल्तान यात्रा से लौटता है तो हाथी सजाये जाते हैं। उनमें से सोलह पर सोलह मुनहरे तथा जड़ाऊ छत्र लगाये जाते हैं। आगे आगे ग़ाशिया अर्थात् ज़ीन-पोश उठा कर ले जाते हैं। उसमें भी जवाहरात जड़े होते हैं। लकड़ी के क़ुब्बे बनाये जाते हैं। उनमें कई कई मंज़िलें होती हैं। वे रेशमी कपड़ों से ढके रहते हैं। उनमें से प्रत्येक में गायिकायें सुन्दर वस्त्र तथा आभूषणों द्वारा शृङ्गार किये बैठी रहती हैं। प्रत्येक क़ुब्बे के मध्य में एक बहुत बड़ा चमड़े का हौज़ तैयार कराया जाता है। उसमें शर्बत भरा जाता है। शर्बत में गुलाब जल पड़ता है। उसमें से सभी को, चाहे वे नगर निवासी हों अथवा (परदेशी) दिया जाता है। शर्बत के उपरान्त उन्हें ताम्बूल, शर्बत और पुंगीफल दिये जाते हैं। क़ुब्बों के मध्य, के स्थान पर रेशम का फ़र्श बिछाया जाता है। इसी पर सुल्तान की सवारी (हाथी) जाती है। नगर के द्वार से महल के द्वार तक जिस मार्ग से सुल्तान जाता है, उसके (२३८) दोनों ओर के घरों की दीवारों को रेशमी वस्त्रों से मढ़कर सुसज्जित किया

जाता है। सुल्तान के आगे आगे हज़ारों दास पैदल होते हैं। उनके पीछे पीछे सेना होती हैं। एक बार जब वह राजधानी में प्रविष्ट हुआ तो मैंने यह भी देखा कि तीन चार छोटे रवादे (अरादे) हाथियों पर रक्खे थे। उन से लोगों पर दीनार तथा दिरहम की वर्षा की जाती थी। लोग उन्हें चुनने के लिये टूटे पड़ते थे। यह वर्षा नगर में प्रविष्ट होने से लेकर महल तक होती रही।

सुल्तान के भोजन का प्रबन्ध—

सुल्तान के महल में दो प्रकार का भोजन होता है। एक ख़ासा, सुल्तान का विशेष भोजन, दूसरा सर्वसाधारण का भोजन। ख़ासा सुल्तान स्वयं खाता है। वह सुल्तान के ख़ास कमरे में खाया जाता है। जो लोग उस समय उपस्थित होते हैं, उसमें सम्मिलित होते हैं। उस समय खास खास अमीर, अमीर हाजिब जो सुल्तान का चचेरा भाई है, एमादुलमुल्क सरतेज़ (२३९) तथा अमीर मजलिस उपस्थित होते हैं। यदि सुल्तान किसी उत्कृष्ट परदेशी को सम्मानित करना चाहता है तो वह उसे अपने साथ भोजन करने के लिये बुला लेता है और वह उसके साथ भोजन करता है। कभी कभी उपर्युक्त उपस्थित जनों को सम्मानित करने के लिये वह स्वयं रिकाबी अपने हाथ में लेकर उसमें रोटी का टुकड़ा रख कर उसे दे देता है। पाने वाला उसे लेकर अपनी बाईं हथेली पर रखता है और दाहिने हाथ से भूमि छूकर अभिवादन करता है। कभी कभी वह भोजन में से कुछ किसी अनुपस्थित अमीर को भी भेज देता है। पाने वाला उसी प्रकार अभिवादन करता है, जिस प्रकार उपस्थित लोग करते हैं। तत्पश्चात् वह उसे अपने साथियों के साथ खाता है। मैं कई बार उसके ख़ास भोजन में सम्मिलित हो चुका हूं और उपस्थित लोगों की संख्या लगभग बीस होती थी।

आम भोजन का प्रबन्ध—

यह भोजन पाकशाला से लाया जाता है। उसके आगे आगे नक़ीब होते हैं। वे 'बिस्मिल्लाह' का नारा लगाते जाते हैं। सब के आगे आगे नक़ीबुल नुक़बा (मुख्य नक़ीब) होता है। (२४०) उसके हाथ में सोने की एक गदा होती है। उसके साथ उसका नायब भी होता है। उसके हाथ में चाँदी की गदा होती है। जब वे चौथे द्वार में प्रविष्ट होते हैं तो जो लोग दरबार के कक्ष में उपस्थित होते हैं, वे उनकी आवाज़ सुन कर खड़े हो जाते हैं। केवल सुल्तान बैठा रहता है। जब भोजन भूमि पर रक्खा जाता है तो सब नक़ीब पंक्ति में खड़े हो जाते हैं। उनका सरदार सब के आगे खड़ा होकर सुल्तान की प्रशंसा करता है। फिर वह अभिवादन करता है और समस्त नक़ीब भीं उसी के साथ अभिवादन करते हैं। फिर इसी प्रकार दरबार कक्ष में बड़े छोटे जो भी उपस्थित होते हैं, वे अभिवादन करते हैं। यहाँ यह प्रथा है कि जब कोई इस अवसर पर मुख्य नक़ीब की आवाज़ सुनता है तो वह चुपचाप खड़ा हो जाता है। यदि वह चल रहा होता है तो रुक जाता है। जब तक प्रशंसा समाप्त नहीं हो जाती उस समय तक न तो कोई हिलता ही है और न अपना स्थान छोड़ सकता है।

इसके उपरान्त उसका नायब भी इसी प्रकार की प्रशंसा करता है, और अभिवादन करता है। नक़ीब तथा जो लोग उपस्थित होते है, वे पुनः अभिवादन करते हैं। तत्पश्चात् सब बैठ जाते हैं। कुत्ताबुलबाब (द्वार के सचिव) भोजन आने की लिखित सूचना करते हैं। (२४१) यद्यपि सुल्तान को भोजन पहुँचने की सूचना होती है फिर भी वह लिखित सूचना किसी बालक को दी जाती है। वह किसी मलिक का पुत्र होता है और यह उसी का कर्तव्य होता है। वह उस सूचना को सुल्तान के पास ले जाता है। उसे पढ़ कर सुल्तान उपस्थित अमीरों में से किसी बड़े अमीर को सब लोगों को उचित स्थान पर बैठाने का आदेश देता है। वही भोजन वितरण का भी प्रबन्ध करता है।

भोजन में चपातियाँ, भुना मांस, मीठे समोसे, चावल, मुर्ग़ा तथा समोसे होते हैं। इनका सविस्तार उल्लेख हो चुका है और उनके तैयार करने की विधि भी बताई जा चुकी है। दस्तरख्वान के मध्य में क़ाज़ी, ख़तीब, फ़क़ीह, शरीफ़ (सैयिद) तथा शेख़ (सूफ़ी) होते हैं। उनके पश्चात् सुल्तान के सम्बन्धी, मुख्य अमीर तथा अन्य लोग होते हैं। प्रत्येक मनुष्य का स्थान निर्धारित रहता है। कोई अपने निर्धारित स्थान के अतिरिक्त किसी स्थान पर नहीं बैठ सकता। इस विषय पर कभी कोई गड़बड़ी नहीं हो पाती।

जब सब लोग बैठ जाते हैं तो शुर्बदारिया अर्थात् जल पिलाने वाले सोने चाँदी तांबे (२४२) तथा काँच के बर्तन लाते हैं। इनमें शर्बत होता है। भोजन के पूर्व लोग शर्बत पीते हैं। जब लोग शर्बत पी चुकते हैं तो हाजिब "बिस्मिल्लाह" कहता है। फिर वे भोजन आरम्भ करते हैं। प्रत्येक मनुष्य के पास सब प्रकार का भोजन उसके लिये पृथक् होता है। कोई अन्य उसमें से नहीं ले सकता। जब भोजन समाप्त हो जाता है तो लोग फ़ुक़्क़ा पीते हैं। वह क़लई के प्यालों में लाई जाती है। तत्पश्चात् हाजिब 'बिस्मिल्लाह' कहता है। फिर पान तथा मसाले के थाल लाये जाते हैं। प्रत्येक मनुष्य को कुटे हुये मसाले का एक चम्मच तथा १५ पान के बीड़े दिये जाते हैं। बीड़े लाल रेशम के धागे से बँधे रहते हैं। जब लोग पान ले लेते हैं तो हाजिब तुरन्त बिस्मिल्लाह कहता है। सब लोग उठ खड़े होते हैं। जो अमीर भोजन का प्रबन्ध करने के लिए नियुक्त होता है वह अभिवादन करता है। उसके साथ सब लोग अभिवादन करते हैं और फिर वहाँ से चले जाते हैं। इस प्रकार दिन में दो बार भोजन होता हैं। (१) दोपहर से पूर्व (२) अस्र की नमाज़ के पश्चात्।

बादशाह के दान तथा उदारता की कहानियाँ—

(२४३) इस विषय पर केवल मैं उन्हीं घटनाओं का उल्लेख करूँगा जिनको मैंने स्वयं अपनी आँखों से देखा है। ईश्वर ही को मेरे सत्य के विषय में पूर्ण ज्ञान है और यही प्रमाण पर्याप्त है। इसके अतिरिक्त यह चर्चा सुप्रसिद्ध है और अनेक साथियों द्वारा, जो हिन्दुस्तान तथा हिन्दुस्तान के पड़ोसी देशों के अर्थात् यमन, ख़ुरासान एवं फ़ार्स के निवासी हैं प्रमाणित हो चुकी है। यह घटनायें इन देशों में बड़ी प्रसिद्ध हैं, और यहाँ के निवासी उन्हें सत्य समझते हैं। विदेशियों को उसके दान के विषय में पूर्ण ज्ञान है क्योंकि वह उन पर हिन्दुस्तानियों की अपेक्षा अधिक कृपादृष्टि प्रदर्शित करता है। उन पर अपने उपकारों की वर्षा करता है। उनसे अत्यधिक उदारतापूर्वक व्यवहार करता है। उन्हें राज्य के उच्च पदों पर नियुक्त करता है और उन्हें बड़े बहुमूल्य उपहार प्रदान करता है। उसकी उदारता का एक उदाहरण यह है कि उसने विदेशियों को "अज़ीज़" की पदवी प्रदान करदी है और उन्हें विदेशी कहने से लोगों को रोक दिया है। उसका विचार है कि जब किसी को विदेशी कहा जाता है तो इससे वह अपने आपको अपमानित तथा तिरस्कृत समझता है। यदि ईश्वर ने (२४४) चाहा तो मैं अब उसके कुछ मुक्त-हस्त उपहारों तथा दानों की चर्चा करूँगा।

व्यापारी शिहाबुद्दीन गाज़रूनी[१] को दान—

यह शिहाबुद्दीन, मलिकुत्तुज्जार (व्यापारियों का बादशाह, बहुत बड़ा व्यापारी) गाज़रूनी, जो परवेज कहलाता है, का मित्र है। सुल्तान ने मलिकुत्तुज्जार को खम्बायत नगर अक़्ता में प्रदान कर दिया था और उसे वज़ीर नियुक्त करने का वचन दिया था। इस पर उसने अपने मित्र शिहाबुद्दीन को बुला भेजा। जब वह आया तो उसने उसे बादशाह के लिये भेंट तैयार करने का आदेश दिया। उसने जो भेंट तैयार की। उसमें एक सराचा अर्थात् डेरा था जो

१ ईरान में फ़ार्स प्रान्त के शीराज़ तथा बूशहर नगर के बीच में एक स्थान।

रेशमी वृत्तखंड कपड़े का बना था। इस पर सुनहरे फूल लगे थे। इसका सीवान (सायबान) भी उसी प्रकार के कपड़े का बना था। एक ख़िबा (खेमा) और उससे सम्बन्धित दूसरा ख़ेमा तथा क़नात आदि था। एक अन्य ख़ेमा विश्राम करने के लिये था। सभी रेशमी कपड़ों तथा बेल बूटों से सजे थे। बहुत से खच्चर भी थे।

जब शिहाबुद्दीन यह सब वस्तुयें लेकर अपने मित्र मलिकुत्तुज्जार के पास लाया तो (२४५) वह भी चलने के लिये तैयार था। उसने भी अपना ख़राज तथा उपहार तैयार कर लिये थे। वज़ीर ख्वाजये जहाँ को इस बात की सूचना थी कि सुल्तान ने मलिकुत्तुज्जार को वज़ीर बनाने का वचन दे दिया है। उसे बड़ी ईर्ष्या तथा त्रास था। इससे पूर्व खम्बायत तथा जुज़रात (गुजरात) प्रदेश का प्रबन्ध वज़ीर द्वारा होता था। वहाँ के निवासियों को उससे बड़ा प्रेम तथा उसके प्रति बड़ी निष्ठा थी और वे उसकी सेवा को उद्यत रहते थे। उनमें अधिकतर काफ़िर थे। उनमें से कुछ विद्रोही भी थे जो दुर्गम पर्वतों में निवास किया करते थे। वज़ीर ने उनके पास गुप्त संदेश भेज दिया कि जब मलिकुत्तुज्जार उस मार्ग से राजधानी जाते हुये गुजरे तो वे उसकी हत्या कर दें। जब मलिकुत्तुज्जार शिहाबुद्दीन के साथ ख़राज तथा उपहार लेकर मार्ग में पहुँचा तो वे दोपहर से पूर्व जैसा कि उनकी आदत थी कहीं पड़ाव डाले थे। समस्त सैनिक अपने अपने कार्य में तल्लीन हो गये और कुछ सो गये। उसी समय बहुत से क़ाफ़िर उन पर टूट पड़े और मलिकुत्तुज्जार की हत्या करके समस्त धन सम्पत्ति तथा उपहार एवं ख़राज लूट लिया। शिहाबुद्दीन के उपहार भी लूट लिये गये। केवल शिहाबुद्दीन (२४६) ही के प्राण बच सके।

सुल्तान को समाचारवाहकों द्वारा सूचना मिल गई। उसने आदेश दिया कि शिहाबुद्दीन को नहरवाला प्रदेश के कर से ३०,००० दीनार देदिये जायँ और वह अपने देश को लौट जायें। जब उससे कहा गया तो उसने इसे स्वीकार न किया और उसने कहा कि वह अपने देश से सुल्तान के दर्शनार्थ तथा उसके सम्मुख भूमि चुम्बन करने आया था। सुल्तान को इस बात की सूचना दी गई। वह बड़ा प्रभावित हुआ और उसने आदेश दिया कि शिहाबुद्दीन को पूर्ण सम्मान से देहली लाया जाय।

संयोग से जिस दिन वह दरबार में उपस्थित होने वाला था वही दिन हमारे उपस्थित होने का भी निश्चय हुआ था। उसने (सुल्तान ने) हम सबको खिलअत प्रदान किये और हमारे ठहराये जाने का आदेश दिया। शिहाबुद्दीन को अत्यधिक धन-सम्पत्ति भी दी। कुछ दिन पश्चात् सुल्तान ने आदेश दिया कि मुझे ६ हज़ार तन्के दिये जायं। इसकी चर्चा मैं फिर करूँगा। इसी दिन उसने शिहाबुद्दीन की अनुपस्थिति का कारण पूछा। बहाउद्दीन इब्नुल फ़लकी ने उत्तर दिया, अख़ुन्द आलम (संसार के स्वामी) में नहीं जानता[1]।" फिर उसने कहा 'सुना है वह अस्वस्थ है।"[2] (२४७) सुल्तान ने उससे कहा "तुरन्त राजकोष से एक लाख सोने के तन्के लेजा कर उसे दे दो जिससे वह प्रसन्न हो जाय।"[3] बहाउद्दीन ने सुल्तान के आदेशानुसार उसके पास धन पहुँचा दिया। सुल्तान ने आदेश दे दिया कि वह उस धन से जो भी हिन्दुस्तानी सामान चाहे क्रय करले। जब तक शिहाबुद्दीन समस्त वस्तुयें क्रय न करले उस समय तक कोई भी कोई वस्तु मोल न ले। इसके अतिरिक्त सुल्तान ने आदेश दिया कि उसकी यात्रा के लिये तीन जहाज़ तैयार कराये जायं। उसके समस्त सामान की व्यवस्था की जाय और जहाज़ के सेवकों का वेतन भी ख़ज़ाने से प्रदान किया जाय।

---

१ न मी दानम।

२ शनोदम जहमत दारद।

३ बिरौ, हमीं जमाँ दर ख़ज़ाना यक लक तन्कये ज़र बेगीरी व पेशे ऊ बे बरी ता दिले ऊ ख़ुश शवद।

इस प्रकार शिहाबुद्दीन वहाँ से चल कर हुरमुज़[1] पहुँचा। वहाँ उसने अपने लिये एक विशाल भवन बनवाया। मैंने बाद में यह भवन देखा था। मैं शिहाबुद्दीन से भी मिला। उसकी धन-सम्पत्ति समाप्त हो चुकी थी। वह शीराज़ में वहाँ के सुल्तान अबू इसहाक़ से दान की (२४८) आशा कर रहा था। हिन्दुस्तान में एकत्र किये हुये धन की यही दशा होती है। यहाँ से धन-सम्पत्ति लेकर बहुत कम लोग जा पाते हैं। यदि कोई चला भी जाता है तो भगवान् उस पर कोई ऐसा संकट डाल देता है कि जो कुछ उसके पास होता है, वह नष्ट हो जाता है। इसी प्रकार शिहाबुद्दीन का धन भी नष्ट हो गया। हुरमुज़ के बादशाह तथा उसके भतीजों के झगड़ों में उसकी धन-सम्पत्ति नष्ट हो गई और उसने (निर्धन) होकर वह देश त्याग दिया।

शेख़ुश् श्यूख़ (बहुत बड़े सूफ़ी) रुक्नुद्दीन को उपहार—

सुल्तान ने मिस्र में खलीफ़ा अबुल अब्बास के पास उपहार भेज कर यह प्रार्थना की कि उसे सिन्ध तथा हिन्द पर राज्य करने का अधिकार-पत्र प्रदान किया जाय। इसका कारण यह था कि उसका विश्वास था कि खलीफ़ा ही को इस प्रकार का अधिकार प्राप्त है। खलीफ़ा अबुल अब्बास ने उसकी इच्छानुसार मिस्र के मुख्य शेख रुक्नुद्दीन के हाथ यह अधिकार-पत्र (२४९) भेजा। जब वह राजधानी में पहुँचा तो उसने उसे बहुत सम्मानित किया और उसे अत्यधिक धन-सम्पत्ति प्रदान की। जब कभी वह उससे भेंट करने जाता तो वह खड़े होकर उसका स्वागत करता था और उसका विशेष सम्मान करता था। अंत में उसने उसे वापस जाने की अनुमति दी और उसे बहुमूल्य उपहार प्रदान किये। इस बार उसने जो उपहार उसे दिये उसमें शुद्ध सोने की बनी हुई नालें तथा कीलें थीं। उसने उससे निवेदन किया कि जब वह जहाज़ से उतरे तो अपने घोड़े के खुरों में यही नालें लगवा ले। रुक्नुद्दीन खम्बायत की ओर चल दिया। वहाँ से वह जहाज़ पर यमन जाने वाला था। इसी समय क़ाज़ी जलालुद्दीन ने विद्रोह कर दिया और इब्नुल कौलमी की धन-सम्पत्ति लूट ली। शेख की भी धन-सम्पत्ति लूट ली गई। वह स्वयं इब्नुल कौलमी के साथ भाग कर सुल्तान के पास पहुंचा। सुल्तान ने जब उसे देखा तो उसने उपहास से कहा, "तुम धन-सम्पत्ति इस आशय से लेने आये कि उसके द्वारा रमणियाँ प्राप्त कर सको किन्तु तुम धन सम्पत्ति तो ले न जा सके और अपना (२५०) सिर छोड़े जाते हो।"[2] उसने यह उपहास में कहा और फिर उससे बोला "चिन्ता मत करो। मैं विद्रोही से युद्ध करने जा रहा हूँ और मैं तुम्हें जितना उन लोगों ने तुमसे छीन लिया है उससे कई गुना अधिक दूंगा।" मैंने सुना है कि मेरे हिन्दुस्तान से चले आने के उपरान्त सुल्तान ने अपने वचन के अनुसार उसकी हानि की पूर्ति कर दी और वह उस धन से मिस्र पहुंच गया।

वाइज़ तिर्मिज़ी नासिरुद्दीन को उपहार—

यह फ़क़ीह तथा वाइज़ सुल्तान के दरबार में आया था। एक वर्ष तक वह सुल्तान की उदारता द्वारा लाभ प्राप्त करता रहा। तत्पश्चात् उसने अपने देश को वापस होने की इच्छा प्रकट की। सुल्तान ने उसे जाने की अनुमति दे दी किन्तु उसने अभी तक उसका वाज़ (प्रवचन) तथा भाषण न सुना था। जब सुल्तान युद्ध के लिये माबर जाने की तैयारी करने लगा तो उसने प्रस्थान करने के पूर्व नासिरुद्दीन का भाषण सुनने की इच्छा की। उसने

१ फ़ारस की खाड़ी के द्वार पर एक टापू।

२ यह वाक्य फ़ारसी में इस प्रकार लिखा है: "आमदी के ज़र बरी, बा दिगरे सनम ख़ुरी, ज़र न बरी व सर निही।"

आदेश दिया कि उसके लिये श्वेत चन्दन की लकड़ी "मुकासिरा" का एक मिम्बर (मंच) तैयार किया जाय। उसके खूंटे और पत्तियाँ सोने की बनवाई जायँ। उसके ऊपर एक बड़ा लाल (२५१) मणि लगवाया जाय। नासिरुद्दीन को अब्बासी रंग की (काली) खिलअत प्रदान की। वह काले रंग की थी और उस पर सोने का काम किया गया था। उसमें बहुमूल्य रत्न जड़े थे। इसी के जोड़ की उसे पगड़ी भी दी गई। मिम्बर उसके लिये एक डेरे में जिसे हम लोग अफ़राज कहते हैं रक्खा गया। सुल्तान सिंहासन पर आसीन हुआ। उसके विश्वासपात्र उसके दाहिनी तथा बाईं ओर खड़े हुये; क़ाज़ी, फ़क़ीह तथा अमीर अपने अपने स्थान पर बैठ गये। वाइज़ ने वाक् पटुता से भरा हुआ एक ख़ुत्बा पढ़ा। तत्पश्चात् उसने कुछ चेतावनियाँ तथा शिक्षायें दीं। उसके इन सब कार्यों में कोई विशेषता न थी किन्तु भाग्य उसका सहायक था। जब वह मिम्बर पर से उतरा तो सुल्तान खड़े होकर उसके पास पहुंचा। उसे आलिंगन किया, और उसे एक हाथी पर बैठाया। जो लोग उपस्थित थे, और जिनमें मैं भी था, आदेश दिया कि वे उसके आगे आगे उस सिराचे (डेरे) तक जायँ जो उसके लिये लगाया गया था। यह सुल्तान के सिराचे (डेरे) के सम्मुख था। यह पूरा घेरा रंगीन रेशम का तैयार किया गया था। उसके भाग, ख़ेमा तथा छत्र भी रेशम के बने थे। वह बैठ गया और हम भी बैठ गये। सिराचे के एक कोने में कुछ सोने के बर्तन थे जो सुल्तान ने उसे प्रदान कर दिये थे। एक बहुत बड़ा तन्दूर था जिसमें मनुष्य बैठ सकता था। (२५२) दो बड़े देग, रिकाबियाँ जिनकी संख्या मुझे ज्ञात नहीं, कुछ लोटे, पानी की एक मश्क, एक तिमीसन्दा (जग), चार पायों वाला एक ख्वान, पुस्तकों का एक स्टैंड भी दिये गये। यह सब शुद्ध सोने के थे। एमादुद्दीन सिमनानी[1] ने सिराचे के दो खूंटे उठा कर देखे। उनमें से एक ताँबे का था और दूसरा काँसे का था। ऐसा ज्ञात होता था कि वे सोने तथा चाँदी के हैं किन्तु ऐसा न था। इसके अतिरिक्त सुल्तान ने उसके पहुंचने पर उसे चाँदी के एक लाख दीनार दराहिम (तन्के) तथा २०० दास दिये थे जिनमें से कुछ उसने मुक्त कर दिये और कुछ अपने साथ ले गया।

अब्दुल अज़ीज़ अर्दवेली को दान—

अब्दुल अज़ीज़ फ़क़ीह तथा मुहद्दिस[2] था। दमिश्क़ में उसने तक़ीउद्दीन इब्ने तैमिया, बुरहानुद्दीन इब्नुल बर्केह, जमालुद्दीन अल मिज़्ज़ी, शम्सुद्दीन अज़् ज़हबी आदि से शिक्षा प्राप्त की (२५३) थी। तत्पश्चात् वह सुल्तान के दरबार में आया। उसने उसका बड़ी उदारता से स्वागत किया और उसे बहुमूल्य उपहार दिये। एक दिन संयोग से उसने अब्बास[3] तथा उनकी संतान की विशेषता के विषय में कुछ हदीसों की चर्चा की और उनके उत्तराधिकारी अब्बासी ख़लीफ़ाओं के कुछ महत्वपूर्ण कार्यों का उल्लेख किया। सुल्तान इससे बड़ा प्रभावित हुआ क्योंकि वह अब्बासी वंश का बड़ा भक्त था। उसने इस विद्वान के चरण स्पर्श किये और २००० तन्कों से भरे हुये एक सोने के थाल के लाने का आदेश दिया। वह उसने अपने हाथ से उसको प्रदान करते हुये कहा, "यह तुम्हारे लिये हैं और थाल भी।" इस कहानी का इससे पूर्व भी उल्लेख हो चुका है।

शम्सुद्दीन अन्दकानी (अन्दगानी[4]) को दान—

फ़क़ीह शम्सुद्दीन अन्दकानी दार्शनिक तथा जन्म कवि था। उसने सुल्तान की प्रशंसा में

---

१ सिमनान ईरान अथवा एराक़ का एक नगर।

२ हदीस वेत्ता।

३ मुहम्मद साहब के चाचा (मृत्यु ६५२ ई०)। अब्बासी ख़लीफ़ा इन्हीं की संतान थे।

४ इस नाम के ग्राम ख़ुरासान तथा फ़र्ग़ाना में हैं।

एक फ़ारसी क़सीदा लिखा। उसमें २७ छन्द थे। सुल्तान ने प्रत्येक छन्द के लिये एक हज़ार चाँदी के दीनार दिये। यह दान उन दानों से कहीं अधिक महत्त्वपूर्ण है जिनमें यह उल्लेख (२५४) होता है कि पिछले बादशाह प्रत्येक छन्द के लिये एक एक हज़ार दिरहम दे दिया करते थे क्योंकि यह उनसे दस गुना अधिक है।

अज्दुद्दीन शवन्कारी[1] को दान—

अज्दुद्दीन बड़ा योग्य फ़क़ीह तथा इमाम था। वह बड़ा योग्य था और अपने देश में बड़ा प्रसिद्ध था और उसका बड़ा आदर सम्मान किया जाता था। सुल्तान ने उसके विषय में कहानियाँ तथा उसके प्रशंसनीय गुणों की चर्चा सुन कर दस हज़ार दीनार दराहिम (चाँदी के तन्के) उसके पास उसके नगर शवन्कारा में भेजे यद्यपि उसने इससे पूर्व न तो उसे देखा था और न उससे भेंट की थी।

क़ाज़ी मज्दुद्दीन को भेंट—

जब सुल्तान ने क़ाज़ी मज्दुद्दीन शीराज़ी की पवित्रता तथा गुणों के विषय में सुना तो उसने उसके पास शीराज़ में शेखज़ादा दमिश्क़ी के हाथ दस हज़ार दीनार भेजे। मज्दुद्दीन का उल्लेख पहले भाग में हो चुका है और आगे भी उनके विषय में कुछ अधिक कहा जायगा।

बुरहानुद्दीन साग़र्ज[2] (निवासी) को दान—

(२५५) बुरहानुद्दीन साग़र्ज बहुत बड़ा वाइज़ तथा इमाम था। वह दान करने में इतना उदार था कि वह लोगों को दान करने में सब कुछ व्यय कर देता तथा दान के लिये ऋण लिया करता था। सुल्तान ने उसके विषय में सुन कर उसके पास ४०,००० दीनार भेजे और उससे राजधानी में पधारने की प्रार्थना की। उसने धन स्वीकार कर लिया और उससे अपना ऋण चुका दिया किन्तु वह वहाँ से ख़िता (कथे) चल दिया और उसने सुल्तान के पास आना स्वीकार न किया और कहा कि "मैं ऐसे सुल्तान की सेवा में नहीं जाऊँगा जो आलिमों को अपने सम्मुख खड़ा रखता है।"

हाजी काउन को दान तथा उसका हाल—

(२५६) हाजी काउन एराक़ के बादशाह सुल्तान अबू सईद के चाचा का पुत्र था। उसका भाई मूसा एराक़ के एक भाग का बादशाह था। हाजी काउन सुल्तान मुहम्मद से भेंट करने आया। सुल्तान ने उसका बड़े सम्मान से स्वागत किया और उसको अत्यधिक उपहार प्रस्तुत किये। एक दिन जब बज़ीर ख्वाजये जहाँ ने अपने उपहार भेंट किये और जिनमें जैसा कि उल्लेख हो चुका है तीन थाल, एक लाल मणि का, दूसरा पन्ने का और तीसरा मोतियों का था, तो हाजी काउन भी उपस्थित था। मैंने स्वयं देखा कि सुल्तान ने बहुत बड़ा भाग उसे प्रदान कर दिया। इसके उपरान्त भी उसने उसे बहुत से उपहार दिये। हाजी काउन एराक़ चला गया। वहाँ पहुंच कर उसे ज्ञात हुआ कि उसके भाई की मृत्यु हो गई है और सुलेमान खाँ उसके स्थान पर राज्य करने लगा है। उसने अपने भाई के राज्य की माँग की और अपने आप को बादशाह घोषित कर दिया और सेना का अभिवादन भी प्राप्त कर लिया। वह फ़ार्स की ओर चला गया और शवन्कारा नगर में अपने शिविर लगा दिये। इसी नगर में इमाम अज्दुद्दीन भी, जिसकी चर्चा हमने अभी की है, निवास करता था। जब उसके शिविर नगर के बाहर लग गये तो शेखों (सम्मानित व्यक्तियों)

१ फ़ार्स का एक नगर।
२ समरक़न्द से ५ मील दूर।

(२५७) को अभिवादन करने के लिए उपस्थित होने में कुछ विलम्ब हो गया। जब वे अभिवादन करने आये तो उसने उनसे पूछा "तुम लोगों को तुरन्त अभिवादन करने के लिये उपस्थित होने में क्या बात बाधक थी ?" उन्होंने क्षमा-याचना की किन्तु उसने उनकी बात स्वीकार न की और अपने सशस्त्र सैनिकों को आदेश दिया कि अपनी तलवारें निकाल लें। उन लोगों ने तलवार निकाल ली और उनमें से बहुत से लोगों की हत्या करदी।

जब उस नगर के आस पास के अमीरों ने यह हाल सुना तो उन्हें बड़ा क्रोध आया और उन्होंने शम्सुद्दीन सिमनानी को, जो एक बहुत बड़ा फ़क़ीह तथा अमीर था, शवन्कारा के मनुष्यों का हाल लिख भेजा और उससे हाजी काउन के विरुद्ध सहायता चाही। शम्सुद्दीन अपनी सेना लेकर युद्ध करने के लिये चल खड़ा हुआ। उस स्थान के आस पास के निवासी उन शेखों (सम्मानित व्यक्तियों) का बदला लेने के लिये तैयार हो गये। उन लोगों ने रात्रि में उसकी सेना पर छापा मार कर उनको परास्त कर दिया। हाजी काउन नगर के क़िले (२५८) में था। उन लोगों ने क़िला घेर लिया। वह शौच गृह में छिप गया। उन लोगों ने उसे ढूंढ कर उसका सिर काट कर सुलेमान ख़ाँ के पास भेज दिया और लोगों के क्रोध को शान्त करने के लिए उसके शव के टुकड़े राज्य के भिन्न भिन्न स्थानों पर भेज दिये।

इब्नुल ख़लीफ़ा (ख़लीफ़ा के पुत्र) का आना तथा उसका हाल—

उसका नाम अमीर ग़यासुद्दीन मुहम्मद इब्न (पुत्र) अब्दुल क़ाहिर इब्न (पुत्र) यूसुफ़ इब्न (पुत्र) अब्दुल अज़ीज़ इब्न (पुत्र) अल मुस्तन्सिर बिल्लाह, जो बग़दाद के खलीफ़ा थे, वह सुल्तान अलाउद्दीन तुर्माशीरीन से जो मावराउन्नहर का बादशाह था, भेंट कर चुका था। उसने उसका बड़ा सम्मान किया और उसे क़सम (पुत्र) अब्बास की क़ब्र से सम्बन्धित खानक़ाह का प्रबन्धक बना दिया। वह कुछ वर्षों तक वहाँ निवास करता रहा किन्तु बाद में सुल्तान के अब्बास के वंश से प्रेम तथा निष्ठा का वृत्तान्त सुन कर उसकी इच्छा उसके पास जाने की हुई। उसने सुल्तान के पास दो दूत भेजे। उनमें से एक उसका बड़ा पुराना मित्र मुहम्मद (२५९) इब्न (पुत्र) अबू अल शरफ़ी अल हरबावी और दूसरा मुहम्मद हमदानी सूफ़ी था। वे दोनों सुल्तान के समक्ष उपस्थित हुये। नासिरुद्दीन तिर्मिज़ी, जिसकी चर्चा इससे पूर्व हो चुकी हैं, ग़यासुद्दीन से बग़दाद में भेंट कर चुका था। बग़दाद निवासियों ने उसके समक्ष ग़यासुद्दीन के वंश की सत्यता को प्रमाणित किया था। अतः उसने उसे सुल्तान के सम्मुख प्रमाणित किया। तत्पश्चात् जब उसके दोनों दूत सुल्तान के पास पहुँचे तो उसने उन्हें ५००० दीनार प्रदान किये और उनके द्वारा ग़यासुद्दीन के मार्ग व्यय के लिए ३०,००० दीनार भेजे। इसके साथ उसने एक पत्र अपने हाथ से लिख कर भेजा जिसमें उसके सम्मान का उल्लेख करते हुये उसे दरबार में आने के लिये निमंत्रित किया।

पत्र पाकर ग़यासुद्दीन उसके पास आने के लिये चल पड़ा। जब वह सिन्ध प्रदेश में पहुँचा और समाचार प्रेषित करने वाले अधिकारियों ने उसके आगमन की सूचना सुल्तान को भेजी तो सुल्तान ने अपनी प्रथा के अनुसार अधिकारियों को उसके स्वागतार्थ भेजा। जब (२६०) ग़यासुद्दीन सरसुती पहुंच गया तो सुल्तान ने सद्रे जहाँ क़ाज़ी-उल-क़ुज़्ज़ात कमालुद्दीन ग़ज़नवी तथा कुछ अन्य फ़कीहों को उसके स्वागत के लिये भेजा। तत्पश्चात् उसने अमीरों को भी इसी कार्य हेतु भेजा। जव वह राजधानी के बाहर मसऊदाबाद पहुँचा, तो सुल्तान स्वयं उसके स्वागतार्थ गया। जब उनकी भेंट हुई तो ग़यासुद्दीन सुल्तान के सम्मान के लिये घोड़े से उतर पड़ा और झुका। सुल्तान ने भी घोड़े से उतर कर उसके सम्मुख अभिवादन किया।

वह अपने साथ कुछ उपहार भी लाया था जिसमें कुछ वस्त्र भी थे। सुल्तान ने उसमें से एक वस्त्र लेकर उसके सम्मुख उसी प्रकार अभिवादन किया जिस प्रकार अन्य लोग उसके

समक्ष अभिवादन करते हैं। तत्पश्चात् घोड़े लाये गये। सुल्तान स्वयं एक घोड़ा लेकर उसके पास गया और उसे शपथ दी कि वह उस पर सवार हो जाय। जब तक वह सवार हुआ सुल्तान उस समय तक पाद धारणी पकड़े रहा। फिर सुल्तान भी सवार हुआ और दोनों साथ साथ चले। शाही छत्र दोनों की छाया के लिये लगा था। सुल्तान ने अपने हाथों में पान लेकर उसके सम्मुख प्रस्तुत किया। यह बहुत बड़ा सम्मान था क्योंकि वह स्वयं किसी को पान (२६१) छालियाँ नहीं देता। उसने यह भी कहा कि "यदि मैं ने खलीफ़ा अबुल अब्बास की बैंअत न की होती तो आप ही की बैंअत कर लेता।" इस पर ग़यासुद्दीन ने उत्तर दिया, "मैं भी उन्हीं की बैंअत में हूँ।" ग़यासुद्दीन ने सुल्तान से यह भी कहा, 'अल्लाह के रसूल (मुहम्मद साहब) ने कहा है कि "जो कोई बंजर भूमि में जीवन डाल देता है, वह उसी की हो जाती है। आपने हम लोगों को जीवन प्रदान किया है।" सुल्तान ने इसका बड़ी नम्र तथा स्नेहमयी वाणी में उत्तर दिया। जब वे उस सिराचा (डेरे) में पहुंचे जो सुल्तान के लिये तैयार किया गया था तो उसने वह उसके निवास के लिये प्रदान कर दिया। सुल्तान के लिये दूसरा खेमा लगाया गया।

दोनों ने रात्रि में नगर के बाहर निवास किया। वे दूसरे दिन प्रातःकाल राजधानी में प्रविष्ट हुये। सुल्तान ने उसे सीरी नगर में, जो दारुल खिलाफ़ा भी कहलाता है, अलाउद्दीन खलजी तथा उसके पुत्र क़ुतुबुद्दीन के बनवाये हुये क़िले में निवास स्थान प्रदान किया। सुल्तान ने समस्त अमीरों को उसे क़िले तक पहुंचाने का आदेश दिया। उसमें उसकी आवश्यकतानुसार समस्त सामग्री सोने, चाँदी के बर्तन आदि एकत्र किये। उसमें उसके स्नान के लिये सोने का हौज़ था। उसने अपनी प्रथानुसार उसके सर शोई (सिर धुलाने) के लिये चार लाख दीनार (२६२) तथा ख्वाजा सरा, दास, दासियाँ भेजे। उसके व्यय के लिये ३०० दीनार प्रति दिन के हिसाब से निश्चित किये। इसके अतिरिक्त वह अपने विशेष भोजन में से भी उसके पास भोजन भेजा करता था। तत्पश्चात् उसने उसे अक़्ता में समस्त सीरी नगर और उसके समस्त घर, उद्यान तथा शाही भूमि, १०० ग्राम और देहली से सम्बन्धित पूर्व के भागों का राज्य प्रदान कर दिये। उसने उसे तीस खच्चर सुनहरी ज़ीन सहित भी प्रदान किये जिनके व्यय के सम्बन्ध में निर्णय कर दिया कि खज़ाने से प्रदान किया जाय। उसने आदेश दिया कि एक स्थान के अतिरिक्त जहाँ केवल सुल्तान घोड़े पर सवार होकर जा सकता था, वह किसी स्थान पर भी सुल्तान के महल को आते समय घोड़े से न उतरे। नगर के छोटे बड़े सब को आदेश दे दिया गया कि वे उसके सम्मुख उसी प्रकार अभिवादन करें जिस प्रकार सुल्तान के सम्मुख अभिवादन किया (२६३) करते हैं। जब ग़यासुद्दीन सुल्तान के सम्मुख आता तो सुल्तान उसके सम्मान हेतु राजसिंहासन पर से उतर आता था। यदि वह कुर्सी पर होता तो वह खड़ा हो जाता था। दोनों एक दूसरे के सम्मुख अभिवादन करते और वह सुल्तान के बराबर क़ालीन पर बैठा करता था। जब उठता तो सुल्तान भी उठ खड़ा होता और दोनों एक दूसरे के सम्मुख अभिवादन करते और जब वह दरबार से जाने लगता तो उसके लिये क़ालीन बिछा दिया जाता था और जब तक उसकी इच्छा होती वह वहाँ बैठा रहता और फिर अपने घर चला जाता। वह दिन में दो बार यही करता था।

सुल्तान द्वारा उसके आदर की एक कहानी—

जिस समय इब्नुल खलीफ़ा देहली में ठहरा था, बंगाल से वज़ीर उपस्थित हुआ। सुल्तान ने समस्त मुख्य अमीरों को उसके स्वागतार्थ जाने का आदेश दिया। अंत में वह स्वयं उसके स्वागत को गया और उसका बड़ा आदर सम्मान किया। नगर के बाहर उसी प्रकार क़ुब्बे सजाये गये, जिस प्रकार सुल्तान के प्रविष्ट होने के समय सजाये जाते थे। इब्नुल

खलीफ़ा (खलीफ़ा का पुत्र, अमीर ग़यासुद्दीन) भी उससे भेंट करने गया। फ़क़ीह क़ाज़ी और प्रतिष्ठित लोग भी गये। जब सुल्तान अपने राजभवन में लौट आया तो उसने वज़ीर से कहा, (२६४) "मख्दूम ज़ादे (ग़यासुद्दीन) के महल को जाओ।" वह उसे इसी नाम से पुकारा करता था। इसका अर्थ है "स्वामी का पुत्र।" अतः वज़ीर भी उससे भेंट करने गया और २,००० सोने के तन्के तथा वस्त्र उपहार में भेंट किये। अमीर क़बूला, अन्य मुख्य अमीर तथा मैं इस अवसर पर यह दृश्य देख रहे थे।

इसी प्रकार की एक अन्य कहानी—

एक बार ग़ज़नी का बादशाह बहराम सुल्तान से भेंट करने आया। उसमें तथा इब्नुल खलीफ़ा (खलीफ़ा के पुत्र) में चिरकाल से वैमनस्य चला आता था। सुल्तान ने आदेश दिया कि उसे सीरी के एक भवन में ठहरा दिया जाय। वह स्थान इब्नुल खलीफ़ा (खलीफ़ा के पुत्र) के अधीन था। सुल्तान ने यह भी आदेश दिया कि वहीं बहराम के लिये एक भवन निर्माण कराया जाय। इब्नुल खलीफ़ा (खलीफ़ा का पुत्र) यह सुन कर आग बबूला हो गया। वह सुल्तान के महल में पहुँचा और उस क़ालीन पर जहाँ वह बैठा करता था बैठ गया और वज़ीर को बुलवा कर, उससे कहा 'खुन्द आलम को मेरा अभिवादन पहुँचा कर कह दो कि "जो कुछ उसने मुझे प्रदान किया है वह सब मेरे महल में वर्तमान (२६५) है। मैंने उसमें से कोई वस्तु कम नहीं की है अपितु उसमें कुछ न कुछ वृद्धि हो गई है। अब मैं उसके पास नहीं ठहर सकता।" यह कह कर वह वहाँ से उठा और चल दिया। वज़ीर ने उसके आदमियों में से एक से इसका कारण पूछा। उसने उत्तर दिया कि वह सुल्तान द्वारा सीरी में ग़ज़नी के बादशाह के लिए भवन निर्माण का आदेश देने पर रुष्ट है।

वज़ीर ने सुल्तान के पास जाकर उसे इस बात की सूचना दी। सुल्तान तुरन्त अपने दस विशेष सेवकों को लेकर इब्नुल खलीफ़ा (खलीफ़ा के पुत्र) के प्रासाद पर पहुंचा, और उसे सूचना कराई। महल के बाहर घोड़े पर से उस स्थान पर उतर पड़ा जहाँ साधारण लोग उतरा करते थे। उसके पास पहुँच कर सुल्तान ने क्षमा-याचना की। इब्नुल खलीफ़ा (खलीफ़ा के पुत्र) ने उसकी क्षमा स्वीकार करली, किन्तु सुल्तान ने कहा "ईश्वर की शपथ है मैं उस समय तक आपको सन्तुष्ट न समझूंगा जब तक आप अपने चरण मेरी ग्रीवा पर न रख देंगे।" उसने उत्तर दिया कि "चाहे मेरी हत्या ही क्यों न करदी जाय किन्तु मैं यह कदापि न करूँगा।" सुल्तान ने फिर कहा "मैं आपको अपने शीश की शपथ देता हूं कि आप यह अवश्य करें।" इस पर उसने अपने चरण भूमि पर रख दिये। मलिक कबीर (२६६) क़बूला ने इब्नुल खलीफ़ा के चरण अपने हाथ से उठाकर सुल्तान की गर्दन पर रख दिये। इसके उपरान्त सुल्तान उठ खड़ा हुआ और उसने कहा "अब मैं समझता हूं कि आप मुझसे सन्तुष्ट हो गये और मेरा हृदय शान्त है।" यह एक बड़ी अद्भुत कहानी है। इस प्रकार की कहानी किसी बादशाह के विषय में न सुनी गई होगी।

मैं उसके पास ईद के उस दिन उपस्थित था जब मलिकुल कबीर (क़बूला) उसके लिये सुल्तान के पास से तीन खिलअतें लाया। इनमें रेशम के बन्द के स्थान पर बेर से बड़े मोतियों के बटन लगे थे। मलिक कबीर उसके द्वार पर खड़ा उसकी प्रतीक्षा करता रहा। जब वह बाहर निकला तो मलिक कबीर ने उसे खिलअत पहनाया। सुल्तान ने उसको अपार धन-सम्पत्ति प्रदान की थी किन्तु इब्नुल खलीफ़ा (खलीफ़ा का पुत्र) पृथ्वी पर सब से अधिक कृपण था। उसकी कृपणता के विषय में बड़ी विचित्र कहानियों की चर्चा की जाती है। कृपणता में उसका वही स्थान था, जो सुल्तान का दान में। हम अब इस विषय में कुछ कहानियों की चर्चा करेंगे।

इब्नुल खलीफ़ा (खलीफ़ा के पुत्र) के लोभ की कुछ कहानियां—

(२६७) मैं और वह मित्र थे। मैं उससे कभी-कभी भेंट करने उसके घर जाया करता था। मैंने उसके पास अपना एक पुत्र जिसका नाम अहमद था, हिन्दुस्तान से चलते समय छोड़ दिया था। ईश्वर जाने उन दोनों का क्या हुआ। मैंने उससे एक दिन कहा, "आप नित्य अकेले ही भोजन क्यों करते हैं और अपने मित्रों को अपने साथ भोजन करने के लिये क्यों नहीं बुलवा लेते ?" उसने उत्तर दिया "मैं उन सब को अपने साथ भोजन करते नहीं देख सकता।" अतः वह अकेला ही भोजन किया करता था और केवल अपने मित्र मुहम्मद इब्न (पुत्र) अबी अबूश् शरफ़ी को कुछ भोजन दिया करता था और शेष भोजन स्वयं खा जाता था।

जब मैं उसके घर जाता तो उसकी चौखट पर अन्धेरा पाता और कोई प्रकाश न होता था। मैंने उसे कभी कभी जलाने के लिये बाग़ में टहनियाँ चुनते हुये भी देखा था। उसने अपने गोदाम इन टहनियों से भर लिये थे। जब मैंने उससे उनके विषय में प्रश्न किया तो उसने उत्तर दिया, "कि इनकी भी आवश्यकता पड़ सकती है।" वह अपने सेवकों, ममलूक (दासों) ख्वाजा सराओं को अपने बाग़ के कार्य में लगाये रखता था और कहा करता (२६८) था, "मैं नहीं चाहता कि वे बिना कुछ कार्य किये ही भोजन किया करें।" एक बार मुझ पर कुछ ऋण हो गया। मुझे वह ऋण चुकाना था। उसने मुझ से कहा कि "वास्तव में मैं तेरा ऋण चुका देना चाहता हूँ किन्तु मुझे इस बात का साहस नहीं होता।"

कहानी—

उसने एक बार मुझे यह कहानी सुनाई। उसने कहा, "मैं एक बार अपने तीन साथियों के साथ बग़दाद से चला। मेरे साथ मेरा मित्र मुहम्मद इब्न (पुत्र) अबूश् शरफ़ी भी था। हम लोग पैदल यात्रा कर रहे थे। हमारे साथ कोई भोजन सामग्री भी न थी। हम लोग एक ग्राम में एक झरने के किनारे रुके। हम में से एक को झरने में एक दिरहम मिला। हम लोगों ने विचार किया कि हमें एक दिरहम से क्या करना चाहिये। अन्त में हमने रोटी मोल लेना निश्चय किया। हम में से एक व्यक्ति रोटी लेने गया। रोटी बेचने वाले ने केवल रोटी बेचना स्वीकार न किया और कहा कि वह आधी भूसी और आधी रोटी बेचेगा (२६९) अतः वह रोटी और भूसी दोनों लाया। हम लोगों ने भूसी फेंक दी क्योंकि हमारे साथ कोई पशु न था। रोटी के टुकड़े हमने आपस में बाँट लिये। अब तुम स्वयं देख रहे हो कि सौभाग्य से मुझे कौनसा स्थान प्राप्त हो गया है ?" मैंने उससे कहा "आपका यह कर्त्तव्य है कि आप ईश्वर के कृतज्ञ हों और बड़ी उदारता से दरिद्रों को दान किया करें और इस प्रकार अपनी धन-सम्पत्ति को उपयोगी सिद्ध करें।" उसने उत्तर दिया, "मुझ से यह नहीं हो सकता।" वास्तव में मैंने कभी उसे उदार अथवा दान करते नहीं देखा। ईश्वर हमें कृपणता से सुरक्षित रक्खे।

कहानी—

एक दिन मैं हिन्दुस्तान से लौट कर बग़दाद में मुसतनसरिया विद्यालय में बैठा था। इसे उसके दादा अमीरुल मोमिनीन खलीफ़ा मुसतनसिर[1] ने बनवाया था। मैंने वहाँ एक युवक बड़ी दरिद्र अवस्था में देखा। वह एक आदमी के पीछे जो मदरसे से निकला था दौड़ रहा था। (२७०) मुझे एक विद्यार्थी ने बताया कि यह युवक जिसे तुमने अभी देखा खलीफ़ा मुसतनसिर के पोते का, अमीर मुहम्मद का जो हिन्दुस्तान में है (ग़यासुद्दीन मुहम्मद इब्नुल खलीफ़ा)

१ मिस्र के फ़ातमी वंश का पाँचवाँ खलीफ़ा। उसकी मृत्यु १०९४ ई० में हुई।

का पुत्र है।" इस पर मैंने उसे बुलाया और उससे कहा, "मैं हिन्दुस्तान से आया हूं और तुम्हें तुम्हारे पिता के समाचार बता सकता हूं।" उसने उत्तर दिया "मुझे उसके समाचार अभी कुछ दिन हुये मिल चुके हैं।" यह कह कर वह फिर उस आदमी के पीछे भागा। मैंने लोगों से पूछा कि वह कौन आदमी था? 'लोगों ने मुझे बताया कि वह किसी वक़्फ़ का नाज़िर (प्रबन्धक) था। युवक एक दिरहम रोज़ पर किसी मस्जिद का इमाम था और वह उस आदमी से अपना दैनिक वेतन माँग रहा था। मेरे आश्चर्य की कोई सीमा न रही। मैं ईश्वर की शपथ खा कर कहता हूं कि यदि उसका पिता सुल्तान द्वारा प्रदान किये हुये खिलअतों में से एक मोती भी उसके पास भेज देता तो उसका जीवन-निर्वाह हो जाता। ईश्वर हम लोगों को ऐसी स्थिति से सुरक्षित रक्खे।

अमीर सैफ़ुद्दीन ग़द्दा इब्न (पुत्र) हिबत उल्लाह इब्न (पुत्र) मुहन्ना, अरब तथा शाम के अमीर को सुल्तान का दान--

(२७१) जब यह अमीर सुल्तान से भेंट करने आया तो उसने उसका बड़ी उदारता से स्वागत किया और उसे देहली नगर के भीतर सुल्तान जलालुद्दीन के महल में ठहराया। यह महल "कूश्के लाल" कहलाता है। इसका अर्थ है "लाल महल"। यह एक विशाल भवन है और इसका प्रांगण अत्यन्त विशाल है। इसके दालान भी बहुत बड़े बड़े हैं। दालान के सिरे पर एक गुम्बद है जो प्रांगण तथा एक अन्य प्रांगण के सामने है। इसी से होकर प्रासाद में प्रविष्ट होते हैं। जब लोग दूसरे प्रांगण में गेंद खेलते थे, तो सुल्तान जलालुद्दीन इसी गुम्बद में बैठ कर देखा करता था। जब अमीर सैफ़ुद्दीन उस महल में निवास करने लगा तो मैं वहाँ गया। मैंने देखा कि वहाँ बैठने के सामान, बिछौने, क़ालीन, फ़र्श आदि भरे पड़े थे किन्तु सब सामान फट चुका था और नष्ट हो गया था क्योंकि हिन्दुस्तान की यह प्रथा है कि सुल्तान की मृत्यु के उपरान्त उसके प्रासाद को छोड़ देते हैं। वह उसमें जो कुछ छोड़ जाता (२७२) है उसे कोई नहीं छूता और सभी वस्तुयें वैसी ही पड़ी रहती हैं। उसके उत्तराधिकारी अपने लिये दूसरा भवन बनवा लेते हैं। मैंने उसमें पहुँच कर उसका भली भाँति निरीक्षण किया और महल के ऊपर तक चढ़ गया। वह बड़ी ही शिक्षाप्रद दशा में था और मेरे नेत्रों में अश्रु आ गये। उस समय फ़क़ीह तथा चिकित्सक जमालुद्दीन मग़रिबी ग़रनाता निवासी जिसका जन्म बिजाया[1] में हुआ था और जो हिन्दुस्तान में अपने पिता के साथ आकर निवास करने लगा था और जिसके इस देश में सन्तान भी हो गई थी, मेरे साथ था। जब हमने यह दृश्य देखा तो उसने यह छन्द पढ़ा :

"उनके सुल्तानों की दशा मिट्टी से पूछ
कि बड़े-बड़े सिरों की हड्डियाँ ही रह गई होंगी।"

इसी महल में अमीर सैफ़ुद्दीन के विवाह का भोजन हुआ। इसकी चर्चा शीघ्र ही होगी। सुल्तान को अरबों से बड़ा प्रेम था। वह उनको विशेष रूप से सम्मानित करता था और उनकी बड़ी प्रशंसा करता था। जब इस अमीर ने उससे भेंट की तो उसने इसे अत्यधिक (२७३) उपहार प्रदान किये और इससे उदारता-पूर्वक व्यवहार किया। जब एक बार मानिकपुर बिलाद (प्रान्त) से आज़म मलिक बायज़ीदी के उपहार प्रस्तुत किये गये तो उसने उसमें से अमार सैफ़ुद्दीन को अच्छी नस्ल के ११ घोड़े प्रदान कर दिये। एक अन्य बार उसने उसे दस घोड़े सुनहरी ज़ीन तथा लगाम सहित प्रदान किये। इन सबसे बढ़ कर उसने अपनी बहिन फ़ीरोज़ खुन्दा का विवाह भी उससे कर दिया।

१ अल्जीरिया तट पर एक नगर।

सुल्तान की बहिन से अमीर सैफ़ुद्दीन का विवाह—

जब सुल्तान ने अमीर ग़द्दा से अपनी बहिन के विवाह का आदेश दिया तो उसने मलिक फ़तहुल्लाह को जो शू नवीस[1] कहलाता था विवाह के समस्त प्रबन्ध तथा भोजन के प्रबन्ध के लिये नियुक्त किया। उसने मुझे आदेश दिया कि मैं भी उन दिनों में अमीर ग़द्दा के साथ रहूँ। मलिक फ़तहुल्लाह ने कूश्के लाल के उपर्युक्त दोनों बड़े प्रांगणों में बड़े-बड़े पंडाल लगवाये। (२७४) प्रत्येक में उसने बड़े-बड़े क़ुब्बे भी तैयार कराये। उनमें उत्तम प्रकार के फ़र्श तथा तकिये लगवाये। शम्सुद्दीन तबरेज़ी अमीरुल मुतरिबीन (गायकों का मुख्य अधिकारी) गायकों तथा गायिकाओं एवं नर्तकियों को लाया। वे सब सुल्तान के दास तथा दासियाँ हैं। बावर्ची, नान-बाई, मांस भूनने वाले, हलवाई, सक़्क़े तथा पान वाले उपस्थित हो गये। पशु तथा पक्षी मारे गये और १५ दिन तक लोगों को भोजन बाँटा जाता रहा। बड़े बड़े अमीर तथा मुख्य परदेशी रात दिन उपस्थित रहते थे।

विवाह की रात्रि से दो रात्रि पूर्व खातूनें (स्त्रियाँ) सुल्तान के राज भवन से इस भवन में आईं। उन्होंने उसमें सुन्दर फ़र्श बिछवाये तथा सामान लगवाये और उसे बड़े उत्तम प्रकार से सजाया। तत्पश्चात् उन्होंने अमीर सैफ़ुद्दीन को बुलवाया। वह अरब, तथा परदेशी था। उसका कोई सम्बन्धी यहाँ न था। उन्होंने उसे अपने मध्य में करके एक गद्दे पर बैठाया जो उस स्थान पर उसी के लिये रक्खा गया था। सुल्तान ने आदेश दिया कि उसकी सौतेली माँ अर्थात् उसके भाई मुबारक खाँ की माता अमीर ग़द्दा की माता बने। खातूनों में अन्य स्त्रियाँ उसकी (२७५) बहिनें, चाचियाँ, खालायें आदि बनें जिससे वह अपने आपको अपने सम्बन्धियों के ही मध्य में समझे। जब वे भी गद्दों पर बैठ गईं तो उन्होंने उसके हाथों पैरों में मेंहदी लगाई। शेष स्त्रियाँ उसके चारों ओर खड़ी हुई नाचती गाती रहीं। तत्पश्चात् वे उस भवन में चली गईं जहाँ विवाह होने वाला था और अमीर अपने भवन में अपने मित्रों के साथ रह गया।

सुल्तान ने अपने कुछ अधिकारियों की दुलहे की टोली में और कुछ को दुलहिन की टोली में नियुक्त किया। यहाँ यह प्रथा है कि दुलहिन की टोली अपने उस घर के द्वार पर खड़ी हो जाती है जहाँ दुलहिन दुलहे को अपना मुंह दिखाती है। दुलहा अपनी टोली के साथ आता है किन्तु वे उस समय तक भीतर प्रविष्ट नहीं हो सकते जब तक वह दुलहिन की टोली पर विजय प्राप्त न कर लें। यदि वे विजय नहीं प्राप्त कर पाते तो उन्हें कई हज़ार दीनार देने पड़ते हैं। विवाह की सायं में अमीर के लिये एक खिलअत लाई गई। वह नीले रेशम की थी। उसमें इतने जवाहरात जड़े थे कि उसका रंग दिखाई न देता था। यही दशा पगड़ी की भी थी। (२७६) मैं ने इससे सुन्दर खिलअत कहीं नहीं देखी है। मैं ने उन खिलअतों को भी देखा है, जो सुल्तान ने विवाह के समय अपने अन्य सालों को प्रदान की थीं, उदाहरणार्थ मलिकुल मुलूक (सब से बड़े मलिक) एमादुद्दीन सिमनानी के पुत्र को, मलिकुल उलमा (सब से बड़े आलिम) के पुत्र को, शेखुल इस्लाम के पुत्र को तथा सद्रे जहाँ बुखारी के पुत्र को जो खिलअतें प्रदान की गईं, इससे उनकी तुलना हो ही नहीं सकती थी।

तत्पश्चात् अमीर सैफ़ुद्दीन घोड़े पर सवार हुआ। उसके साथ उसके मित्र, दास आदि थे। प्रत्येक के हाथ में एक डंडा था, जिसे उसने इस अवसर के लिये तैयार कराया था। उसके लिये चमेली, नसरीन, तथा रायबेल का एक मुकुट लाया गया। उसमें इन्हीं फूलों का एक परदा (सेहरा) था जिससे मुख तथा सीना ढक जाता था। अमीर से उसे अपने सिर पर पहनने के लिये कहा गया किन्तु उसने स्वीकार न किया। वह अरब का वहशी था और वह राजसी

१ विवाहों का प्रबन्ध करने वाला अधिकारी।

प्रथाओं तथा नागरिक जीवन से अपरिचित था। मैं ने उसे बहुत समझाया। अंत में उसने (२७७) उसे धारण करना स्वीकार कर लिया। वहाँ से वह बाबुसूसर्फ़, जो बाबुल हरम[1] भी कहलाता है, पहुंचा। वहाँ दुलहिन की टोली उसकी प्रतीक्षा कर रही थी। अमीर ने उनके सिरों पर अपने साथियों सहित एक अरबी आक्रमण कर दिया और उन लोगों को परास्त करके उन्हें घोड़ों से उतरवा दिया। दुलहिन का दल उनका सामना न कर सका। जब सुल्तान को इसकी सूचना मिली तो वह बड़ा प्रसन्न हुआ।

अमीर प्रांगण में प्रविष्ट हुआ। दुलहिन एक ऊंचे मिम्बर (मंच) पर बैठाई गई थी। वह किमखाब तथा जवाहरात से सजा था। प्रांगण में स्त्रियाँ भरी थीं। गायिकायें भिन्न-भिन्न प्रकार के बाजे लाई थीं। सभी उसके सम्मान में खड़े थे। वह घोड़े पर बैठे ही बैठे मिम्बर तक चला गया। वहाँ उसने उतर कर मिम्बर की पहली सीढ़ी पर अभिवादन किया। दुलहिन खड़ी हो गई। दुलहा मिम्बर (मंच) पर पहुंच गया। दुलहिन ने उसे अपने हाथ से पान दिया। पान लेकर वह, जहाँ दुलहिन खड़ी थी, उससे एक सीढ़ी नीचे बैठ गया। अमीर के (२७८) उन साथियों पर, जो उपस्थित थे, सोने के दीनारों की वर्षा की गई। स्त्रियाँ उन्हें लूटने लगीं और गायिकायें गाने लगीं। द्वार के बाहर नौबत, तुरही तथा नक़्क़ारे बज रहे थे। अमीर अपनी पत्नी का हाथ पकड़ कर मिम्बर से उतरा। वह भी उसके पीछे-पीछे चली। वह अपने घोड़े पर सवार होकर क़ालीन तथा फ़र्श पर से चला। उसके तथा उसके साथियों पर दीनार न्योछावर किये गये। दुलहिन एक डोले में बैठाई गई जिसे दास अपने कन्धों पर उठाये थे। वह महल में लाई गई। शाहज़ादियाँ उसके आगे आगे घोड़ों पर सवार थीं और अन्य स्त्रियाँ पैदल थीं। जब वे लोग किसी अमीर अथवा बड़े आदमी के घर के सामने से गुजरते तो वह उन पर अपनी श्रेणी के अनुसार दीनार तथा दिरहम न्योछावर करता था। इस प्रकार वे लोग अमीर के प्रासाद तक पहुंचे।

दूसरे दिन दुलहिन की ओर से उसके पति के मित्रों के पास वस्त्र तथा दीनार और दिरहम भेजे गये। सुल्तान ने प्रत्येक को एक घोड़ा ज़ीन तथा लगाम सहित तथा सिक्कों की (२७९) थैलियाँ भेजीं जिनमें से प्रत्येक में २०० दीनार से १००० दीनार तक थे। मलिक फ़ुतहुल्लाह ने ख़ातूनों (सम्मानित स्त्रियों) के पास विभिन्न रंगों के वस्त्र, थैलियाँ भिजवाई तथा इसी प्रकार के उपहार गायिकाओं को भी भिजवाये। हिन्दुस्तान में यह प्रथा है कि विवाह के प्रबन्धकों के अतिरिक्त गायकों को कोई कुछ नहीं देता। उस दिन एक अन्य दावत हुई और विवाह संस्कार समाप्त हो गया।

सुल्तान ने आदेश दिया कि अमीर ग़द्दा को मालवा, गुजरात, खम्बायत तथा नहरवाले का राज्य प्रदान कर दिया जाय। फ़ुतहुल्लाह जिसका उल्लेख अभी हुआ है उसके राज्य में उसका नायब नियुक्त हुआ। वास्तव में सुल्तान ने उसे बहुत सम्मानित किया किन्तु वह वहशी बद्दू था और उसके महत्त्व को न समझता था। उसके स्वभाव में अरब की जो असभ्यता थी, उसके कारण विवाह के बीस दिन उपरान्त ही उसका पतन हो गया।

अमीर ग़द्दा का बन्दी होना—

विवाह के २० दिन पश्चात् वह सुल्तान के महल पर पहुँचा और महल में प्रविष्ट (२८०) होना चाहा। अमीरुल पर्दादारिया ने, जो द्वारपालों का मुख्य अधिकारी होता है, उसे रोक दिया किन्तु उसने उसके निषेध की ओर ध्यान न दिया और बल-पूर्वक प्रविष्ट होना चाहा। मुख्य द्वारपाल ने उसके सिर के बाल पकड़ कर उसे पीछे ढकेल दिया। उसने

---

१ अन्तःपुर का द्वार।

अमीरुल पर्दादरिया के वहीं पड़ा हुआ एक डंडा इतने ज़ोर से मारा कि उसके रक्त प्रवाहित होने लगा। जिस व्यक्ति पर प्रहार किया गया था, वह बहुत बड़ा अमीर था। उसका पिता ग़ज़नी का क़ाज़ी कहलाता था और सुल्तान महमूद इब्न (पुत्र) सुबक्तिगीन के वंश से था। सुल्तान, ग़ज़नी के क़ाज़ी को पिता कह कर पुकारता था और उसके पुत्र को भाई कहता था। उसने सुल्तान के पास पहुंच कर अपने वस्त्र पर रक्त दिखा कर अमीर ग़द्दा की शिकायत की। सुल्तान कुछ समय तक सोचता रहा और फिर कहा, "तुम्हारे अभियोग का निर्णय क़ाज़ी करेगा। सुल्तान अपने किसी सेवक के अपराध को क्षमा नहीं कर सकता और वह मृत्यु-दंड का पात्र है किन्तु मैं धैर्य से कार्य करूँगा क्योंकि वह परदेशी है।" क़ाज़ी कमालुद्दीन दरबार कक्ष में उपस्थित था। सुल्तान ने मलिक ततर को आदेश दिया (२८१) कि वह उन लोगों को क़ाज़ी के पास ले जाय। ततर हाजी था और मक्के में कुछ समय तक निवास कर चुका था। उसे अरबी की अच्छी योग्यता प्राप्त थी और जब वह दोनों को लेकर क़ाज़ी के पास गया तो उसने अमीर से कहा, "तुमने इसको मारा है? कहदे नहीं।" इस प्रकार उसे संकेत कर दिया कि वह अपना अपराध स्वीकार न करे किन्तु अमीर सैफ़ुद्दीन अनभिज्ञ तथा हठी मनुष्य था। उसने कहा "हाँ मैंने इसे मारा है।" जब उस आदमी के पिता ने, जिस पर प्रहार हुआ था, आकर समझौता कराना चाहा तो सैफ़ुद्दीन ने स्वीकार न किया।

क़ाज़ी ने आदेश दिया कि उस रात्रि में अमीर ग़द्दा को बन्दीगृह में डाल दिया जाय। मैं ईश्वर की शपथ खाकर कहता हूँ कि पत्नी ने न तो उसके सोने के लिये कोई बिछौना भेजा और न सुल्तान के भय से उसके कुशल समाचार मंगाये। उसके मित्र भी भयभीत हो गये और वह अपनी धन-सम्पत्ति इधर उधर करने लगे। मैंने उससे बन्दीगृह में भेंट करनी चाही किन्तु एक अमीर ने, जो मुझे मार्ग में मिला, मुझ से कहा, "तुम अवश्य न भूले होगे" और इस प्रकार मुझे उस घटना की स्मृति दिलाई जो शेख़ शिहाबुद्दीन इब्न (२८२) (पुत्र) शेख़ुल जाम से मेरे मिलने पर घटी थी और सुल्तान ने उस अपराध में मेरी हत्या करनी चाही थी। इसकी चर्चा बाद में होगी। इस पर मैं लौट आया और मैंने उससे भेंट न की। मध्याह्न के निकट अमीर ग़द्दा बन्दीगृह से मुक्त हुआ किन्तु सुल्तान ने उसकी ओर से मुख मोड़ लिया और उसे राज्य प्रदान करने का जो विचार किया था उसे उसने त्याग दिया और उसको देश से निकाल देना निश्चय कर लिया।

सुल्तान का एक बहनोई मुग़ीस इब्न (पुत्र) मलिकुल मुलूक नामक था। सुल्तान की बहिन उससे उसकी शिकायत किया करती थी। अन्त में उसकी मृत्यु हो गई। उसकी दासियों ने कहा कि उसकी मृत्यु उसके पति के अत्याचार के कारण हुई है। उसके वंश में भी सन्देह था। सुल्तान ने अपने हाथ से लिखा कि पितृहीन देश से निकाल दिया जाय। उसका तात्पर्य अपने बहनोई से था। तत्पश्चात् उसने लिखा "मूश ख्वार (चूहा खाने वाले) को देश से निकाल दो।" मूश ख्वार अर्थात् चूहा खाने वाले का तात्पर्य अमीर ग़द्दा से था क्योंकि मरुस्थल के अरब यरबू खाते हैं जो चूहों के समान होता है।

जब सुल्तान ने उसको देश से निकाल देने का आदेश दिया तो नक़ीब निरन्तर उसे निकालने के लिये आने लगे। वह अपने महल में प्रविष्ट होकर अपनी पत्नी से विदा होना (२८३) चाहता था किन्तु उन्होंने इसका अवसर भी न दिया और वह रोता हुआ उठ खड़ा हुआ। इस पर मैं सुल्तान के महल में गया और रात भर वहीं रहा। मुझ से एक अमीर ने पूछा कि "मैं वहाँ रात से क्यों हूं?" मैंने उससे कहा, 'मैं अमीर सैफ़ुद्दीन की सिफ़ारिश करने आया हूं कि उसे बुला लिया जाय और निकाला न जाय।" उसने उत्तर दिया,

"यह हो ही नहीं सकता।" मैंने उत्तर दिया, 'मैं ईश्वर की शपथ खाकर कहता हूं यदि मुझे सैकड़ों रातों तक इसी प्रकार रहना पड़ा, तो भी मैं सिफ़ारिश किये बिना सुल्तान के महल से न जाऊँगा।" सुल्तान को जब इसकी सूचना मिली तो उसने अमीर ग़द्दा को वापस बुलाने का आदेश दे दिया। उसे अमीर मलिक क़बूला लाहौरी के साथ कर दिया। वह चार वर्ष तक उसके अधीन रहा। वह उसी के साथ सवार होता और उसी के साथ यात्रा करता था। इस बीच में वह सभ्य हो गया और उसने बहुत कुछ सीख लिया। इसके उपरान्त सुल्तान ने उसे उसका पुराना स्थान प्रदान कर दिया। उसे कुछ स्थानों की अक़्ता प्रदान करदी और सेना के कुछ भाग का अधिकारी नियुक्त कर दिया। उसे उच्च स्थान प्राप्त हो गया।

सुल्तान का अपने वज़ीर की दो पुत्रियों का ख़ुदावन्द ज़ादा क़िवामुद्दीन के दोनों पुत्रों से जो हमारे साथ दरबार में आये थे, विवाह करना—

(२८४) ख़ुदावन्द ज़ादा के पहुंचने पर सुल्तान ने उसे अत्यधिक धन-सम्पत्ति उदारतापूर्वक प्रदान की और उसे विशेष रूप से सम्मानित किया। तत्पश्चात् उसने उसके दो पुत्रों का विवाह वज़ीर ख़्वाजये जहाँ की पुत्रियों से करना निश्चय कर लिया। वज़ीर उस समय बाहर गया था अतः सुल्तान स्वयं उसके घर पहुँचा और विवाह के समारोहों में सम्मिलित हुआ मानों वह वज़ीर की ओर से प्रबन्ध कर रहा हो। वह उस समय तक खड़ा रहा जब तक क़ाज़ी-उल-क़ुज़्ज़ात ने सिदाक़[1] का उल्लेख न कर लिया। क़ाज़ी, अमीर तथा शेख बैठे रहे। सुल्तान ने अपने हाथों में वस्त्र तथा थैलियाँ ले कर क़ाज़ी तथा ख़ुदावन्द ज़ादा के दोनों पुत्रों के सम्मुख प्रस्तुत कीं। अमीरों ने सुल्तान को उनके सम्मुख इस प्रकार के व्यवहार करने से रोका किन्तु उसने उन्हें बैठे रहने का आदेश दिया और अन्त में अपने स्थान पर एक बहुत बड़े अमीर को नियुक्त करके वह चला गया।

सुल्तान की नम्रता तथा न्यायप्रियता की कहानी—

(२८५) एक प्रमुख हिन्दू ने इस बात का अभियोग (दावा) किया कि सुल्तान ने उसके भाई की अकारण हत्या करादी है। क़ाज़ी के सम्मुख अभियोग पेश हुआ। सुल्तान क़ाज़ी के न्यायालय में निशस्त्र पैदल ही चला गया। उसने क़ाज़ी के सम्मुख अभिवादन किया। उसने क़ाज़ी को पूर्व ही से सूचना भेज दी थी कि जब वह न्यायालय में आये तो वह खड़ा न हो और अपना स्थान न छोड़े। वह, जिस स्थान पर क़ाज़ी बैठा था, वहीं पहुँच कर उसके सम्मुख खड़ा हो गया। क़ाज़ी ने सुल्तान के विरुद्ध निर्णय दे दिया और कहा कि वह वादी को उसके भाई के रक्तपात के कारण सन्तुष्ट करे। सुल्तान ने उसके निर्णय का पालन किया।

इसी प्रकार की एक अन्य कहानी—

एक बार किसी मुसलमान ने सुल्तान पर कुछ धन का अभियोग किया। अभियोग क़ाज़ी के सम्मुख पेश हुआ। क़ाज़ी ने सुल्तान के विरुद्ध निर्णय किया। सुल्तान ने उसे धन दे दिया।

ऐसी ही एक अन्य कहानी—

(२८६) किसी मलिक के एक बालक ने सुल्तान के विरुद्ध दावा किया कि सुल्तान ने

१ महर, वह धन जिसे दुलहा, दुलहिन को अदा करने का वचन देता है अथवा तुरन्त अदा करता है। इसकी घोषणा सभी उपस्थित जनों के समक्ष की जाती है और जब तक महर का धन निश्चय नहीं हो जाता उस समय तक निकाह नहीं हो सकता।

उसे अकारण पीटा है। अभियोग क़ाज़ी के सम्मुख पेश हुआ। क़ाज़ी का निर्णय हुआ कि सुल्तान बालक को धन देकर सन्तुष्ट करे। यदि वह स्वीकार न करे तो बालक सुल्तान को पीटे। मैं उस दिन उपस्थित था। जब सुल्तान दरबार में वापस आया तो उस बालक को बुलवा कर उसके हाथ में एक छड़ी दी और उससे कहा "मैं तुझे अपने सिर की शपथ देता हूं कि तू मुझे उसी प्रकार पीट, जिस प्रकार मैं ने तुझे पीटा था।" बालक ने छड़ी लेकर सुल्तान के २१ छड़ियाँ मारीं, यहाँ तक कि एक बार उसके सिर से कुलाह (टोपी) भी गिर गई।

नमाज़ के विषय में उसके कड़े आदेश—

सुल्तान नमाज़ के विषय में बड़ी चेतावनी दिया करता था। उसने इस विषय में कड़े आदेश दे रक्खे थे कि लोग जमाअत की नमाज़ (सामूहिक नमाज़) में कदापि अनुपस्थित न हों। जो लोग नमाज़ न पढ़ते उन्हें वह कठोर दंड देता था। उसने नमाज़ न पढ़ने पर एक दिन में (२८७) नौ मनुष्यों की हत्या करा दी। उनमें से एक गायक भी था। वह लोगों को बाज़ार में इसी बात की छान बीन करने के लिये भेजा करता था। नमाज़ के समय जो कोई भी (मुसलमान) बाज़ार में मिल जाता उसे दंड दिया जाता; यहाँ तक कि साईस जो, दरबार कक्ष के द्वार के सामने घोड़े लिये खड़े रहते थे, नमाज़ छोड़ देने पर दण्ड के भागी हो जाते थे। सुल्तान ने आदेश दे दिया था कि लोग (मुसलमान) नमाज़, वज़ू तथा इस्लाम के अन्य नियम रट लें। उनसे इस विषय पर प्रश्न किये जाते थे और जो संतोषजनक उत्तर न दे पाते थे उन्हें दण्ड भोगना पड़ता था। लोग एक दूसरे को यह नियम सभा भवन तथा बाज़ारों में सिखाया तथा लिखाया करते थे।

शरा (इस्लामी नियमों) के पालन करने के विषय में कठोरता—

वह इस्लामी नियमों का बड़ी कठोरता से पालन करता था। इसका एक उदाहरण यह है कि उसने अपने भाई मुबारक ख़ां को आदेश दे दिया था कि वह क़ाज़ी-उल-क़ुज़्ज़ात (२८८) कमालुद्दीन के साथ सभा कक्ष में एक ऊंचे गुम्मट के नीचे बैठ कर न्याय कराये। यह गुम्मट फ़र्श आदि से सजा रहता था। इसमें क़ाज़ी की गद्दी उसी प्रकार तकिये लगा कर तैयार कराई गई थी, जिस प्रकार सुल्तान की गद्दी थी। सुल्तान का भाई उसके दाहिने ओर बैठता था। यदि किसी बड़े आदमी पर कोई दावा करता तो सुल्तान का भाई उस अमीर को बुलवा कर उसका दावा पूरा कराता।

करों तथा अन्य अनुचित कार्यों का निषेध, तथा जिन पर अत्याचार किया गया हो उनका न्याय—

७४१ हि० (१३४०-४१ ई०) में सुल्तान ने आदेश दिया कि उसके राज्य में कोई मुकूस (चुंगी, व्यापार के सामान पर कर) न लिया जाय। उसने आदेश दिया कि ज़कात तथा उश्र (इस्लामी करों) के अतिरिक्त कोई कर उसकी प्रजा से वसूल न किया जाय। वह स्वयं दरबार कक्ष के सामने खुले स्थान में प्रत्येक सोमवार तथा बृहस्पतिवार को अन्-नज़र फ़िल मज़ालिम (अन्याय तथा अत्याचारों) के विषय में छान बीन करने के लिये बैठा करता (२८९) था। उन दिनों में "अमीर हाजिब", "ख़ास हाजिब," सैयिदुल हुज्जाब तथा शरफ़ुल हुज्जाब के अतिरिक्त कोई भी अधिकारी उसके समक्ष न खड़ा होता था। जो कोई भी उसके सम्मुख कोई शिकायत पेश करना चाहता उसे कोई रोक न सकता था। सुल्तान दरबार कक्ष के चारों द्वारों पर चार अमीरों (अधिकारियों) को बैठा देता था जो लिखित शिकायत प्राप्त किया करते थे। चौथा अमीर (अधिकारी) उसके चाचा का पुत्र मलिक फ़ीरोज़ था।

यदि पहले द्वार का अमीर (अधिकारी) शिकायत का प्रार्थना पत्र ले लेता तो कोई बात न थी। यदि वह न लेता तो प्रार्थना पत्र देने वाला दूसरे द्वार पर जाता और यदि वहाँ भी वह प्रार्थना-पत्र न लिया जाता तो वह तीसरे और चौथे द्वार पर क्रम से अपना प्रार्थना-पत्र ले जाता। यदि चारों द्वारों पर उसके प्रार्थना-पत्र न लिये जाते तो वह सद्रे जहाँ क़ाज़ी-उल-ममालीक (राज्य का मुख्य न्यायधीश) के पास अपना प्रार्थना-पत्र ले जाता। यदि वह भी न लेता तो प्रार्थी सीधे सुल्तान के पास चला जाता। यदि सुल्तान को इस बात का प्रमाण मिल जाता कि वह किसी अधिकारी के पास गया और उस अधिकारी ने उसका प्रार्थना पत्र नहीं लिया तो वह उसको दंड देता था। अन्य दिनों में जो प्रार्थना-पत्र प्राप्त होते सुल्तान उन्हें रात्रि में एशा[1] की नमाज़ के उपरान्त पढ़ा करता था।

अकाल के समय भोजन का वितरण—

जब हिन्द तथा सिन्ध में अकाल पड़ा हुआ था और मूल्य इतना चढ़ गया कि एक मन[2] गेहूं ६ दीनार में बिकने लगा तो सुल्तान ने आदेश दे दिया कि देहली के प्रत्येक व्यक्ति को राजकीय गोदामों से छः मास के लिये अनाज दे दिया जाय। प्रत्येक मनुष्य के लिये डेढ़ रतल[3] मग़रिबी प्रतिदिन के हिसाब से निश्चित हुआ। इसमें छोटे बड़े, स्वतन्त्र तथा दास किसी में कोई भेद भाव नहीं किया गया। फ़क़ीहों तथा क़ाज़ियों ने प्रत्येक मुहल्ले की जन गणना की पंजिकाय तैयार कराईं। वे प्रत्येक मनुष्य की उपस्थिति लिखते थे और उसे छः महीने का अनाज दिया जाता था।

सुल्तान द्वारा घोर रक्तपात तथा उसके घृणित कार्य—

इतनी नम्रता, न्यायप्रियता, दया, अत्यधिक दान के बावजूद, जिसका उल्लेख किया गया, सुल्तान रक्तपात में बड़ा निष्ठुर था। उसके महल के द्वार पर कोई समय ऐसा बहुत (२९१) कम होता था जब किसी ऐसे मनुष्य का शव पड़ा हुआ न मिले, जिसकी हत्या की गई थी। मैं देखा करता था कि उसके महल के द्वार पर बहुत से लोगों की हत्या होती रहती थी और उनका शव पड़ा रहता था। एक दिन मैं घोड़े से आ रहा था। मेरा घोड़ा भड़क गया। मैंने भुमि पर एक सफ़ेद ढेर देखा। मैंने लोगों से पूछा, "यह क्या है ?" मेरे एक साथी ने बताया "यह एक आदमी का धड़ है जिसे काटकर तीन टुकड़े कर दिया गया है" वह छोटे बड़े अपराधों पर बिना किसी बात पर ध्यान दिये दंड देता रहता था। वह किसी के ज्ञान, पवित्रता तथा श्रेणी पर कोई ध्यान न देता था। नित्य सैकड़ों लोग ज़ंजीरों में जकड़, कर उसके सभा कक्ष में लाये जाते थे। जिन लोगों को मृत्यु दंड का आदेश होता था उन्हें मृत्यु-दंड मिलता। जिन्हें दारुण कष्ट पहुँचाने का आदेश होता उन्हें वह दंड मिलता और जिनके लिये पीटे जाने का आदेश होता उन्हें पीटा जाता। उसने यह नियम बना दिया था कि सभी बन्दियों को नित्य बन्दीगृह से लाया जाय। केवल वे शुक्रवार को नहीं लाये जाते थे। उस दिन वे विश्राम तथा स्नान आदि करते थे। ईश्वर कष्टों से हमारी रक्षा करे।

अपने भाई की हत्या—

(२९२) सुल्तान का एक सौतेला भाई मसऊद खाँ था। उसकी माता सुल्तान अलाउद्दीन

१ सोने से पूर्व की रात्रि की नमाज़।

२ उस समय आधुनिक १४ सेर के लगभग होता है)

३ आधुनिक तोल के हिसाब से लगभग १२ छटाँक।

की पुत्री थी। मसऊद के समान रूपवान व्यक्ति मैंने संसार भर में कहीं नहीं देखा। सुल्तान को संदेह हो गया कि वह विद्रोह करना चाहता है। उससे इस विषय पर पूछताछ की गई। मसऊद ने दारुण कष्ट भोगने के भय से यह अपराध स्वीकार कर लिया क्योंकि जो कोई भी इस प्रकार के अपराध, जो सुल्तान उसके विरुद्ध लगाता है, स्वीकार नहीं करता तो उसे दारुण कष्ट पहुँचा कर अपराध स्वीकार कराया जाता है। लोग मृत्यु को इस कष्ट से कहीं अधिक अच्छा समझते हैं। सुल्तान ने आदेश दिया कि बाज़ार के मध्य में उसका सिर काट डाला जाय। नियमानुसार उसका शव तीन दिन तक वहीं पड़ा रहा। दो वर्ष पूर्व उसकी माता की भी उसी स्थान पर पत्थर मार मार कर हत्या कराई गई थी। उसने व्यभिचार का अपराध स्वीकार कर लिया था। क़ाज़ी कमालुद्दीन ने पत्थर मार मार कर उसकी हत्या करने का आदेश दिया था।

उसके आदेशानुसार ३५० मनुष्यों की एक साथ हत्या—

(२९३) एक बार सुल्तान ने मलिक यूसुफ़ बुग़रा के अधीन एक सेना देहली की सीमा पर स्थित एक पहाड़ी के कुछ हिन्दुओं के विरुद्ध युद्ध करने के लिये भेजी। यूसुफ़ ने सेना के बहुत बड़े भाग के साथ प्रस्थान किया, किन्तु कुछ सैनिक उसके साथ न गये। यूसुफ़ ने उनके विषय में सुल्तान को लिख दिया। सुल्तान ने आदेश दिया कि नगर में तलाशी ली जाय और उन सैनिकों में से जो भी मिल जाय उसे बन्दी बना लिया जाय। उनमें से ३५० सैनिक बन्दी बना लिये गये। उसने आदेश दिया कि सब की हत्या कर दी जाय। तदनुसार सब की हत्या कर दी गई।

शेख शिहाबुद्दीन को दारुण कष्ट पहुँचाया जाना तथा उसकी हत्या—

शेख शिहाबुद्दीन इब्न (पुत्र) शेख़ुल जाम ख़ुरासानी, जिसके पूर्वजों के नाम पर ख़ुरासान के जाम[1] नगर का नाम है और जिसकी चर्चा हो चुकी है, बहुत बड़ा शेख और बड़ा ही (२९४) प्रतिष्ठित तथा पवित्र जीवन व्यतीत करने वाला व्यक्ति था। वह चौदह-चौदह दिन तक निरंतर रोज़ा रक्खा करता था। दोनों पिछले सुल्तान अर्थात् क़ुतुबुद्दीन एवं तुग़लुक़ उसका बड़ा आदर सम्मान किया करते थे और उसका आशीर्वाद प्राप्त करने के लिये उसके दर्शनार्थ जाया करते थे। सुल्तान मुहम्मद बिन तुग़लुक़ ने सिंहासनारूढ़ होने के पश्चात् उसे राज सेवा प्रदान करनी चाही। उसका यह नियम था कि वह फ़क़ीहों, शेखों (सूफ़ियों) तथा अन्य पूज्य व्यक्तियों को राज सेवाओं पर नियुक्त किया करता था। इसका यह कारण था कि इस्लाम के आलिमों तथा पूज्य व्यक्तियों के अतिरिक्त कोई भी सरकारी पद न प्राप्त कर सकता था किन्तु शेख शिहाबुद्दीन ने कोई भी पद ग्रहण करना स्वीकार न किया। सुल्तान ने स्वयं दरबार में उससे पद स्वीकार करने के लिये आग्रह किया किन्तु शेख निरन्तर निषेध करता रहा और आपत्तियाँ प्रकट करता रहा। सुल्तान को बड़ा क्रोध आया। उसने पूज्य फ़क़ीह शेख ज़ियाउद्दीन सिमनानी को आदेश दिया कि इसकी दाढ़ी नोच लो।" ज़ियाउद्दीन ने यह बात स्वीकार न की और कहा, "मैं यह नहीं कर सकता।" इस पर सुल्तान ने आदेश दिया कि "दोनों की दाढ़ियाँ नोची जायं।" उसके आदेश का पालन किया गया। ज़ियाउद्दीन को तिलंग निर्वासित कर दिया गया। कुछ समय उपरान्त वह वारंगल का क़ाज़ी (२९५) नियुक्त कर दिया गया। वहीं उसका निधन हो गया। शिहाबुद्दीन को दौलताबाद निर्वासित कर दिया गया। वह वहाँ सात वर्ष तक निवास करता रहा। सात वर्ष उपरान्त सुल्तान ने उसे बुलवाया और बड़े आदर भाव से उसका स्वागत किया और उसे दीवाने

१ हिरात तथा मशहद के मध्य में एक नगर।

मुसतखरज–दीवाने बक़ाया उल उम्माल—का अधिकारी नियुक्त किया अर्थात् उसे उस विभाग का अधिकारी नियुक्त किया जो आमिलों के बक़ाये को वसूल करता था और उनसे कठोरता तथा दारुण कष्ट द्वारा जो कुछ उन पर शेष होता वह प्राप्त किया करता था। वह उसका अत्यधिक आदर सम्मान किया करता था और अमीरों को आदेश दे रक्खा था कि वे उसके सम्मुख अभिवादन किया करें और उसके परामर्श से कार्य किया करें। सुल्तान की व्यक्तिगत सेवाओं से सम्बन्धित उससे बड़ा कोई अन्य अधिकारी न था। जब सुल्तान ने अपनी राजधानी गंगा तट पर बनवा ली और वहाँ सुर्ग द्वार (स्वर्ग द्वारी) नामक राजप्रासाद का निर्माण कराया (स्वर्ग द्वारी का अर्थ था 'स्वर्ग के समान'[1]) तो शेख़ शिहाबुद्दीन ने राजधानी ही में रुक जाने की अनुमति चाही। सुल्तान ने उसे अनुमति प्रदान कर दी और उसे देहली से छः मील दूर पर एक ऊसर स्थान प्रदान कर दिया। वहाँ उसने एक विशाल गुहा तैयार कराई। उसके भीतर उसने कमरे, अनाज की कोठरियाँ, रसोई घर, स्नान आदि के स्थान बनवाये। उसने यमुना नदी से एक नहर निकाली और वहाँ (२९६) कृषि करवाने लगा। अकाल के कारण उसने अपार धन-सम्पत्ति एकत्र करली। वह वहाँ ढाई वर्ष तक सुल्तान की अनुपस्थिति में निवास करता रहा। उसके दास दिन में कृषि करते थे और रात्रि में गुहा में घुस जाते थे और काफ़िर डाकुओं के भय से गुहा बन्द कर लेते थे, क्योंकि वह स्थान उस ओर के अगम्य पर्वतों के मध्य में स्थित था।

जब सुल्तान वापस हुआ तो शेख ने वहाँ से निकल कर सात मील आगे बढ़ कर उसका स्वागत किया। सुल्तान ने उसको सम्मानित किया और उससे मिल कर उसे आलिंगन किया। शेख़ अपनी गुहा को लौट गया। कुछ दिन पश्चात् सुल्तान ने उसे बुलवाया किन्तु वह न आया। सुल्तान ने एक शाही दूत मुखलिसुलमुल्क नज़रद्वारी (नन्द्रबारी[2]) को भेजा जो बहुत बड़ा मलिक था। उसने पहले तो उसे समझाया और फिर उसे सुल्तान की कठोरता याद दिला कर चेतावनी दी किन्तु उसने उत्तर दिया कि "मैं अत्याचारी की सेवा नहीं कर (२९७) सकता।" मुख़लिसुलमुल्क ने लौट कर सुल्तान को यह सूचना पहुंचा दी। सुल्तान ने शिहाबुद्दीन को बुलाने का आदेश दिया और जब वह उसे लाया तो सुल्तान ने उससे कहा "क्या तुम्हीं ने मुझे अत्याचारी कहा है?" उसने उत्तर दिया "हाँ, तुम अत्याचारी हो और अमुक कार्य तुम्हारे अत्याचार के उदाहरण हैं।" उसने बहुत से कार्य गिनाये जिनमें देहली नगर का नष्ट किया जाना, वहाँ के निवासियों का निर्वास आदि सम्मिलित थे। सुल्तान ने इस पर अपनी तलवार निकाल ली और उसे सद्रे जहाँ को देकर कहा, "मुझे अत्याचारी सिद्ध करदो और इस तलवार द्वारा मेरा सिर काट डालो।" शिहाबुद्दीन ने उत्तर दिया, "जो कोई भी साक्षी होगा उसकी हत्या कर दी जायगी किन्तु तेरा हृदय भली भाँति जानता है कि तू अत्याचारी है।"

सुल्तान ने आदेश दिया कि शेख को मलिक नुकबिया को सौंप दिया जाय जो दावेदारिया[3] का अध्यक्ष था। उसने उसके पैरों में चार शृङ्खलायें डाल दीं और हाथों में हथकड़ियाँ डाल दीं। वह इसी दशा में १४ दिन तक पड़ा रहा और अन्न जल त्याग दिया। (२९८) वह इस बीच में नित सभा कक्ष में लाया जाता और फ़क़ीह तथा शेख़ एकत्र होकर

१ यह अर्थ इब्ने बत्तूता ने ही लिखा है। सम्भव है उसके समकालीन इस शब्द का यही अर्थ समझते हों।

२ तापती पर ख़ानदेश का एक बड़ा क़स्बा।

३ शाही लेखन सामग्री का मुख्य प्रबन्धक

उसे समझाते कि अपना अभियोग वापस ले लो। वह उत्तर देता, "मैं वापस न लूंगा और मैं शहीदों में सम्मिलित होना चाहता हूँ।" चौदहवें दिन सुल्तान ने मुखलिसुलमुल्क के हाथ उसे भोजन भिजवाया। उसने भोजन करना स्वीकार न किया और कहा "मेरा इस पृथ्वी का भोजन समाप्त हो चुका है। अपना भोजन सुल्तान के पास लौटा ले जाओ।" जब सुल्तान को इसकी सूचना मिली तो उसने आदेश दिया कि शेख को ५ इस्तार[1] मनुष्य का मल खिलाया जाय, अर्थात् २½ रतल मग़रिब (मराको) के। इस कार्य के लिये काफ़िर हिन्दू नियुक्त होते थे। सुल्तान के आदेशानुसार उन्होंने शेख को चित लिटा दिया और उसका मुंह सड़सी से खोल कर, मल को पानी में मिला कर उसे पिलाया। दूसरे दिन उसे क़ाज़ी सद्रे जहाँ के भवन पर भेजा गया। वहाँ फ़क़ीह, शेख तथा मुख्य परदेशी एकत्र किये गये। उन्होंने उसे बहुत बुरा भला कहा और उससे अपना दावा लौटा लेने के विषय में बड़ा आग्रह किया। जब उसने स्वीकार न किया तो उसकी हत्या करा दी गई (परमेश्वर उस पर दया करे)।

फ़क़ीह मुदर्रिस[2] अफ़ीफ़ुद्दीन काशानी[3] तथा दो अन्य फ़क़ीहों की हत्या—

(२६६) अकाल के समय सुल्तान ने राजधानी के बाहर कुंए खोदने तथा अनाज बोने का आदेश दिया था। उसने इस कार्य के लिये लोगों को अपनी ओर से बीज तथा व्यय हेतु धन प्रदान किया। उसका आदेश था कि कृषि अनाज के शाही भंडार को सम्पन्न बनाने के लिये की जाय। जब फ़क़ीह अफ़ीफ़ुद्दीन को यह ज्ञात हुआ तो उसने कहा "इस प्रकार की कृषि से कोई लाभ न होगा। किसी ने सुल्तान तक यह बात पहुंचा दी। सुल्तान ने उसे बन्दी करके कहा "तुम राज्य के कार्य में क्यों हस्तक्षेप करते हो।" कुछ समय पश्चात् उसने उसे मुक्त कर दिया। जब वह अपने घर जा रहा था तो मार्ग में उसे दो फ़क़ीह मिले जो उसके मित्र थे। उन्होंने कहा, "ईश्वर को धन्य है कि तू मुक्त हो गया।" फ़क़ीह ने उत्तर दिया, "ईश्वर को धन्य है कि उसने अत्याचारी से मुझे छुड़ा दिया।"[4] तत्पश्चात् वे अपने अपने घरों को चल दिये। वे तीनों अपने घर पहुँच भी न पाये थे कि सुल्तान तक सब हाल (३००) पहुंच गया। सुल्तान ने आदेश दिया कि वे तुरन्त बुलाये जायं और वे तीनों सुल्तान के सम्मुख लाये गए। उसने कहा, "इस आदमी (अफ़ीफ़ुद्दीन) को ले जाओ और इसके शरीर के सिर के बीच से दो भाग करदो। दोनों अन्य (फ़क़ीहों) के सिर काट डालो।" उन दोनों ने कहा, "जहाँ तक इसका (अफ़ीफ़ुद्दीन का) सम्बन्ध है वह अपने शब्दों के लिये दंड का पात्र है; किन्तु हम लोगों की हत्या किस अपराध में की जा रही है?" सुल्तान ने उत्तर दिया, "तुमने उसकी बात सुन कर कोई आपत्ति प्रकट नहीं की अतः तुम लोग भी उसके सहयोगी हो।" अतः उन दोनों की भी हत्या करदी गई। भगवान् उन पर दया करे।

सिन्ध के दो अन्य फ़क़ीहों की हत्या जो उसकी सेवा में थे—

सिन्ध के इन दो फ़क़ीहों को सुल्तान ने एक अमीर के साथ, जो किसी प्रान्त का आमिल नियुक्त हुआ था, जाने का आदेश दिया और उनसे कहा, "मैंने उस प्रान्त तथा वहाँ की प्रजा के कार्य का उत्तरदायी तुम्हें बनाया है। यह अमीर तुम्हारे साथ रहेगा और तुम्हारे आदेशों

---

१ एक इस्तार लगभग आधुनिक १ तोले १० माशे अथवा दो तोले के बराबर होता था।

२ गुरू।

३ ट्रान्सकजियाना में एक नगर।

४ वास्तव में फ़क़ीह ने क़ुरान के एक वाक्य का उल्लेख किया था।

का पालन करेगा।" उन लोगों ने उत्तर दिया कि "हम लोग दो साक्षियों के समान रहेंगे
(३०१) और उसे उचित मार्ग दर्शा देंगे जिससे वह उस पर आचरण कर सके।" सुल्तान ने कहा, "तुम्हारी इच्छा है कि मेरा धन उड़ाओ और इस तुर्क को, जिसमें नाम मात्र को बुद्धि नहीं, उत्तरदायी बनाओ।" उन्होंने कहा, "भगवान् न करे ऐसा हो। अखुन्द आलम! हमारी यह इच्छा कदापि नहीं।" किन्तु सुल्तान ने उनसे कहा, "तुम्हारी कोई अन्य इच्छा थी ही नहीं। इन लोगों को शेखज़ादा निहावन्दी[1] के पास ले जाओ। वह कठोर दण्ड देने का अधिकारी था। जब उन लोगों को उसके सम्मुख ले गये तो उसने उनसे कहा, "सुल्तान तुम लोगों की हत्या करना चाहता है; अतः तुम लोग कष्ट से बचने के लिये जो कुछ वह कहता है, उसे स्वीकार करलो।" उन्होंने कहा, "भगवान् की शपथ जो कुछ हम लोगों ने कहा, उससे अधिक हमारी कोई इच्छा न थी।" उसने अपने सेवकों से कहा, "इसे कुछ मज़ा चखाओ।" इसका अर्थ यह था कि उनको दंड दो। वे चित लिटा दिये गये और उनके सीनों पर एक जलता हुआ लोहे का तवा रख दिया गया। फिर वह तवा उठा लिया गया। उसके साथ साथ सीने का सब माँस निकल आया। फिर घाव पर मूत्र तथा
(३०२) राख मिला कर मला गया। उस समय उन लोगों ने अपनी इच्छा के विरुद्ध स्वीकार कर लिया कि हमारी वही इच्छा थी जो सुल्तान समझा था और हम मृत्यु-दंड के अपराधी हैं। हमें अपनी हत्या के विषय में सुल्तान के विरुद्ध न तो इस संसार में कुछ कहना हैं और न क़यामत में।" उन्होंने उपर्युक्त बात अपने हाथ से लिख दी और क़ाज़ी के सम्मुख साक्षियों के सामने प्रमाणित कर दिया। क़ाज़ी ने उस काग़ज़ पर अपनी मुहर लगादी। इसका अभिप्राय यह था कि उन लोगों ने बिना किसी धमकी अथवा कठोरता के अपना अपराध स्वीकार कर लिया है। यदि वे कहते कि उन्हें लिखने के लिये विवश किया गया तो उन्हें और अधिक कष्ट पहुंचाया जाता। उन्होंने तुरंत मृत्यु को प्राप्त हो जाना दारुण कष्ट से कहीं अधिक अच्छा समझा अतः उन लोगों की हत्या कर दी गई। भगवान् उन पर दया करे।

शेख़ हूद की हत्या—

शेखज़ादा हूद पूज्य शेख रुक्नुद्दीन का पोता था। शेख रुक्नुद्दीन शेख़ बहाउद्दीन के,
(३०३) शेख बहाउद्दीन शेख़ अबू ज़करिया मुल्तानी के पुत्र थे। उसके दादा शेख़ रुक्नुद्दीन का सुल्तान बड़ा सम्मान करता था। इसी प्रकार सुल्तान रुक्नुद्दीन के भाई एमादुद्दीन का बड़ा सम्मान करता था। एमादुद्दीन का रूप सुल्तान से बहुत मिलता जुलता था। किशलू ख़ाँ से युद्ध के दिन लोगों ने सुल्तान समझ कर उसकी हत्या कर दी। इसकी चर्चा शीघ्र ही होगी। जिस दिन एमादुद्दीन की हत्या हुई, सुल्तान ने उसके भाई रुक्नुद्दीन को १०० ग्राम, उसके तथा उसकी खानक़ाह के व्यय तथा यात्रियों को दान करने के लिये प्रदान किये। शेख रुक्नुद्दीन ने अपने निधन के उपरान्त अपने पोते शेख हूद को अपनी खानक़ाह का उत्तराधिकारी नियुक्त किया। शेख रुक्नुद्दीन के भाई के पुत्र ने उसका विरोध किया। उसका दावा था कि वह अपने चाचा के स्थान का अधिकारी है। इस पर दोनों सुल्तान की सेवा में, जब वह दौलताबाद में था, उपस्थित हुये। यह स्थान मुल्तान से अस्सी दिन की यात्रा की दूरी पर स्थित है। सुल्तान ने अपना निर्णय शेख़ हूद के पक्ष में दिया क्योंकि शेख रुक्नुद्दीन ने उसे अपना उत्तराधिकारी स्वयं नियुक्त किया था। उसकी आयु भी अधिक थी। इसके विपरीत शेख के भतीजे की आयु भी कम थी। सुल्तान ने हूद के प्रति अत्यन्त सम्मान प्रदर्शित किया। उसने

१　निहावन्द—ईरान का एक बहुत बड़ा नगर जो हमदान के निकट है।

आदेश दिया कि वह जिस स्थान पर भी उतरे उसका स्वागत उसके अतिथि के रूप में किया (३०४) जाय। मुल्तान तक प्रत्येक क़स्बे की प्रजा उसका स्वागत करे। प्रत्येक क़स्बे में उसके लिये दावत का प्रबन्ध किया जाय।

जब यह आदेश देहली पहुँचा तो फ़क़ीह, क़ाज़ी, शेख़ तथा अइज़्ज़ा (परदेशी) उसके स्वागतार्थ गये। मैं भी उनमें सम्मिलित था। जब हम लोग उसके पास पहुंचे तो वह 'डोले' में बैठा था। उसे मनुष्य उठाये थे। उसके घोड़े आगे आगे थे। हम लोगों ने अभिवादन किया। मुझे उसका पालकी में बैठा रहना अच्छा न लगा। मैं ने उससे कहा कि क़ाज़ी तथा शेख़ आदि घोड़े पर सवार हैं, अतः उसे भी घोड़े पर सवार हो जाना चाहिये। उसने मेरी बात सुनी तो वह भी घोड़े पर सवार हो गया और उसने कहा कि "पीड़ा के कारण मैं घोड़े पर सवार न हो सकता था और 'डोले' में बैठा था।" जब वह राजधानी में पहुँचा तो उसके लिये सुल्तान की ओर से एक बहुत बड़े भोज का आयोजन हुआ और अत्यधिक धन व्यय किया गया। क़ाज़ी, शेख़, फ़क़ीह तथा अइज़्ज़ा (परदेशी) सभी उपस्थित थे। दस्तरख़्वान लगा और रकाबियाँ प्रथानुसार लाई गईं। तत्पश्चात् जो लोग उपस्थित थे, (३०५) उन्हें उनकी श्रेणियों के अनुसार धन प्रदान किया गया। क़ाज़ी-उल-क़ुज़्ज़ात को ५०० दीनार और मुझे २५० दीनार मिले। इस देश में इस प्रकार के शाही भोजों में धन प्रदान किये जाने की प्रथा है।

शेख़ हूद वहाँ से अपने नगर को चल दिया। उसके साथ शेख़ नूरुद्दीन शीराज़ी भी गया। उसे सुल्तान ने अपनी ओर से शेख़ को उसके दादा के सज्जादे (गद्दी) पर आरूढ़ करने के लिए तथा शेख़ के लिये मुल्तान में बादशाह की ओर से दावत का प्रबन्ध करने के लिये भेजा था। इस प्रकार वह अपनी ख़ानक़ाह में आरूढ़ हो गया और वह कई वर्ष तक उस स्थान पर रहा। सिन्ध के अमीर (हाकिम) एमादुलमुल्क ने सुल्तान को लिखा कि "शेख़ तथा उसके सम्बन्धी धन एकत्र करने में लगे हैं और उसे अपने स्वार्थ में व्यय कर रहे हैं। ख़ानक़ाह में वे किसी को भोजन नहीं प्रदान करते।" सुल्तान ने आदेश भेजा कि उन के धन पर अधिकार जमा लिया जाय। तदनुसार एमादुलमुल्क ने उन लोगों को बुलवाया। कुछ को उसने बन्दी बनवाया और कुछ को पिटवाया। कुछ दिनों तक वह नित्य बीस हज़ार (३०६) दीनार वसूल करता रहा। इस प्रकार जो कुछ भी उन लोगों के पास था प्राप्त कर लिया गया। उनके पास से अपार धन-सम्पत्ति प्राप्त हुई। जो चीज़ें प्राप्त हुईं उनमें दो जूतियाँ थीं, जिन पर मोती और जवाहरात जड़े थे। उनका मूल्य ७००० दीनार निकला। कुछ लोगों ने बताया कि वे शेख़ हूद की पुत्री की थीं; किसी ने कहा कि वे शेख़ हूद की किसी रखेली स्त्री की थीं।

जब शेख़ हूद ने अपनी यह दुर्दशा देखी तो वह तुर्कों के देश में भाग जाने की योजनायें बनाने लगा किन्तु वह बन्दी बना लिया गया। ऐमादुलमुल्क ने सुल्तान को सूचना भेजी। उसने आदेश दिया कि शेख़ हूद तथा उस व्यक्ति को जिसने उसे बन्दी बनाया है, ज़ंजीर में जकड़ कर तथा हथकड़ियाँ डलवा कर भिजवा दिया जाय। जब वे दोनों सुल्तान के सम्मुख लाये गये तो उसने बन्दी बनाने वाले को मुक्त कर दिया और शेख़ से पूछा "तुम कहाँ भागना चाहते थे?" उसने अनेक बहाने बनाये किन्तु सुल्तान ने उससे कहा, "सत्य तो यह है कि तुम तुर्कों के पास जाना चाहते थे और तुम वहाँ जाकर कहते कि मैं शेख़ बहाउद्दीन ज़करिया का पुत्र हूं और सुल्तान ने मुझसे इतना दुर्व्यवहार किया है। इस प्रकार तुम उन्हें मुझ से युद्ध कराने के लिये लाना चाहते थे। इसका सिर काट डाला जाय।" इस प्रकार उसका (३०७) सिर काट डाला गया। भगवान् उस पर दया करे।

ताजुल आरेफ़ीन के पुत्रों का बन्दी बनाया जाना तथा उसकी संतान का बध—

पूज्य शेख़ शम्सुद्दीन इब्न (पुत्र) ताजुल आरेफ़ीन कोवेल[1] में निवास करते थे। वे केवल ईश्वर की उपासना में तल्लीन रहते थे और बड़ा उत्कृष्ट जीवन व्यतीत करते थे। जब सुल्तान कोवेल पहुंचा तो उसने शेख़ को बुलवाया किन्तु शेख़ उससे भेंट करने नहीं आये। सुल्तान उनके दर्शनार्थ गया किन्तु जब वह उनके घर के निकट पहुँचा तो उसने अपने विचार बदल दिये और शेख़ के दर्शन न किये।

इसके पश्चात् किसी प्रान्त के अमीर ने विद्रोह कर दिया। वहाँ की प्रजा ने उसकी बैअत[2] करली। सुल्तान को यह सूचना मिली कि शेख़ शम्सुद्दीन की सभा में उस अमीर की चर्चा हुई थी। शेख़ ने उसकी प्रशंसा भी की थी और उसे बादशाही के योग्य भी (३०८) बताया था। इस पर सुल्तान ने एक अमीर को शेख़ के पास भेजा। उसने उनको तथा उनके पुत्रों को ज़ंजीर में बांध लिया। कोवेल के क़ाज़ी तथा मुहतसिब को भी बन्दी बना लिया गया, क्योंकि कहा जाता था कि वे लोग भी उस सभा में उपस्थित थे, जिसमें विद्रोही अमीर की प्रशंसा की गई थी। क़ाज़ी तथा मुहतसिब अन्धे बना दिये गये और सभी बन्दीगृह में डाल दिये गये। शेख़ का बन्दीगृह में ही निधन हो गया। क़ाज़ी तथा मुहतसिब एक द्वारपाल के साथ निकल कर भिक्षा माँगते थे और फिर बन्दीगृह में पहुँचा दिये जाते थे।

सुल्तान को सूचना मिली थी कि शेख़ के पुत्रों की हिन्दू काफ़िरों तथा विद्रोहियों से बड़ी घनिष्ठता थी। उनके पिता के निधन के पश्चात् सुल्तान ने उन्हें बन्दीगृह से मुक्त कर दिया और कहा, "फिर ऐसा न करना।" उन्होंने कहा, "हमने किया क्या था ?" सुल्तान को इस बात पर इतना क्रोध आया कि उसने आदेश दिया कि "इन सब की हत्या कर दी जाय।" और उन सब की हत्या करदी गई। फिर उस क़ाज़ी को जिसका उल्लेख हो चुका है, बुलवाया और उससे कहा, "उन लोगों के नाम बताओ जो इन लोगों से जिनकी हत्या करादी (३०९) गई है, सहमत थे और जो उनके सहायक थे। क़ाज़ी ने बहुत से लोगों के नाम बताये जो क़स्बे के बड़े बड़े आदमी थे। जब उसकी बताई हुई सूची सुल्तान के सम्मुख प्रस्तुत की गई तो उसने कहा, "यह आदमी तो पूरे क़स्बे को उजाड़ना चाहता है। इसका सिर काट डाला जाय।" इस प्रकार उसकी हत्या करदी गई। भगवान् उस पर दया करे।

शेख़ हैदरी की हत्या—

शेख़ अली हैदरी हिन्दुस्तान के समुद्र तट पर खम्बायत में निवास करता था। वह बड़ा ही गुणवान् व्यक्ति था और उसकी ख्याति दूर-दूर तक फैली थी। समुद्र के व्यापारी उसके नाम की मनौती माना करते थे और वहाँ पहुंच कर सबसे पहले उसके सम्मुख अभिवादन करते थे। वह गोप्य भेदों को भी बता दिया करता था। जब कभी कोई मनौती मानता और फिर वह उसे पूरी न करना चाहता तो जब कभी वह शेख़ के सम्मुख अभिवादन करने आता वह उसकी मनौती के विषय में तुरन्त बता देता और उसको आदेश देता कि (३१०) वह अपनी मनौती पूरी करे। यह बात अनेक बार हुई और वह उसके लिये प्रसिद्ध हो गया।

जब उस प्रदेश में क़ाज़ी जलालुद्दीन अफ़ग़ानी तथा उसके क़बीले वालों ने विद्रोह कर

---

१ कोल, अलीगढ़।

२ अधीनता स्वीकार करली।

दिया तो सुल्तान को ज्ञात हुआ कि शेख़ हैदरी ने क़ाज़ी जलाल के लिये शुभ कामना की थी और उसे अपने सिर की टोपी प्रदान की थी। यह भी ज्ञात हुआ कि क़ाज़ी जलाल के हाथ पर शेख़ ने बैअत की थी। जब सुल्तान स्वयं उससे युद्ध करने गया और क़ाज़ी जलाल परास्त हुआ तो उसने शरफ़ुलमुल्क अमीर बख़्त को, जो हमारे साथ सुल्तान के दरबार में उपस्थित हुआ था, खम्बायत में छोड़ा और आदेश दिया कि कुल विद्रोहियों की खोज की जाय। उसके साथ कुछ फ़क़ीह भी नियुक्त किये और उनको आदेश दिया कि वह उनके फ़तवों के अनुसार आचरण करता रहे। शेख़ हैदरी भी उसके सम्मुख लाया गया और यह प्रमाणित हो गया कि उसने विद्रोही को अपने सिर की टोपी दी थी और उसके लिये शुभ कामना भी की थी। उन्होंने उसकी हत्या का निर्णय दे दिया किन्तु जब जल्लाद ने उसके तलवार मारी तो उसका कुछ प्रभाव न हुआ। जो लोग वहाँ उपस्थित थे, उन्हें बड़ा आश्चर्य हुआ (३११) और उन्होंने सोचा कि उसे अब क्षमा कर दिया जायगा, किन्तु अमीर ने दूसरे जल्लाद को उसका सिर काटने का आदेश दिया और उसने सिर काट डाला। ईश्वर उस पर दया करे।

तुग़ान तथा उसके भाई की हत्या—

तुग़ान अल फ़र्ग़ानी तथा उसका भाई फ़र्ग़ाना नगर के निवासी थे। वे जब सुल्तान के दरबार में पहुँचे तो उनका बड़ी उदारता से स्वागत हुआ और उन्हें अत्यधिक (उपहार) प्रदान किये गये। वे बहुत समय तक दरबार में रहे किन्तु जब बहुत दिन हो गये तो उन्होंने अपने देश को वापस जाना चाहा और भाग जाने की योजनायें बनाने लगे। उनके एक साथी ने सुल्तान को इसकी सूचना देदी। सुल्तान ने उनके दो टुकड़े करने का आदेश दे दिया और उसके आदेशों का पालन किया गया। जिस व्यक्ति ने सूचना पहुँचाई थी उसे उन लोगों की धन-सम्पत्ति प्रदान कर दी गई। इस देश की यही प्रथा है कि जब कोई किसी व्यक्ति पर किसी प्रकार का आरोप लगाता है और वह सिद्ध हो जाता है और उस मनुष्य की हत्या हो जाती है तो उस व्यक्ति की धन-सम्पत्ति उसे ही मिल जाती है।

मलेकुत्तुज्जार के पुत्रों की हत्या—

(३१२) मलेकुत्तुज्जार का पुत्र तरुण था। अभी उसके कपोलों पर रोम भी न जमे थे। जब ऐनुलमुल्क ने विद्रोह कर दिया, जिसका सविस्तार उल्लेख आगे किया जायगा, तो मलेकुत्तुज्जार का पुत्र उसके अधिकार में था। उसने उसे भी अपने साथ ले लिया। जब ऐनुलमुल्क पराजित हुआ और वह तथा उसके मित्र बन्दी बना कर लाये गये तो उनमें मलेकुत्तुज्जार का पुत्र तथा उसका बहनोई क़ुतुबुलमुल्क का पुत्र भी थे। सुल्तान ने आदेश दिया कि उनके हाथ लकड़ी पर बाँध कर उनको लटका दिया जाय। मलिकों के पुत्रों को आदेश दिया कि वे उन पर बाणों की वर्षा करें। इस प्रकार उनकी मृत्यु हो गई।

उनकी मृत्यु के उपरान्त ख़्वाजा अमीर अली तबरेज़ी हाजिब ने क़ाज़ी-उल-क़ुज़्ज़ात कमालुद्दीन से कहा कि "इस तरुण की हत्या न करानी चाहिये थी।" जब सुल्तान को इस बात की सूचना मिली तो उसने उसे बुला कर कहा, "तूने उसकी मृत्यु के पूर्व यह बात क्यों न कही थी?" उसने आदेश दिया कि उसके २०० कोड़े लगवाये जायँ और उसे बन्दीगृह में डाल दिया जाय। उसकी समस्त धन-सम्पत्ति जल्लादों के अमीर को दे दी गई। मैंने दूसरे दिन देखा (३१३) कि वह अमीर अली तबरेज़ी के वस्त्र धारण किये और उसकी कुलाह अपने शीश पर पहने उसके घोड़े पर सवार होकर कहीं जा रहा था। मैं दूर से समझा कि वह अमीर अली तबरेज़ी है।

वह कुछ मास तक बन्दीगृह में रहा। तत्पश्चात् सुल्तान ने उसे मुक्त कर दिया और उसे उसकी प्राचीन श्रेणी प्रदान करदी। कुछ समय पश्चात् सुल्तान उससे पुनः कुपित हो गया और उसे खुरासान की ओर भिजवा दिया। वह हेरात में निवास करने लगा और वहाँ से सुल्तान की सेवा में एक प्रार्थना पत्र भेज कर दया की याचना की। सुल्तान ने उस पत्र पर लिख दिया, "यदि तुझे पश्चात्ताप हो तो लौट आ[1]।" इस प्रकार वह वापस आ गया।

खतीबुल खुत्बा[2] को पिटवाया जाना—

देहली के खतीबुल खुत्बा को सुल्तान ने एक बार यात्रा में आदेश दिया कि वह जवाहरात के कोष का निरीक्षण करता रहे। अकस्मात् कुछ काफ़िर डाकू रात्रि में खजाने पर (३१४) टूट पड़े और उसमें से कुछ लेकर भाग गये। इस पर सुल्तान ने खतीब को पीटने का आदेश दिया और वह मार खाते खाते ही मर गया। भगवान् उस पर दया करे।

देहली का विनाश, वहाँ के निवासियों का निकाला जाना, एक अन्धे और एक अपाहिज की हत्या—

सब से अधिक जिस बात के लिये सुल्तान की निन्दा की जाती है वह उसका देहली निवासियों को देहली निर्वासन पर विवश करना है। उसका कारण यह था कि वे लोग पत्र लिख लिख कर उस पर मुहर लगा देते थे और लिफ़ाफ़े पर लिख देते थे कि मखुन्द आलम (सुल्तान) के सिर की शपथ है कि उसके अतिरिक्त कोई अन्य इसे न पढ़े। उसमें उसकी निन्दा तथा उसके लिये गालियाँ भरी रहती थीं। वे इन पत्रों को रात्रि में दरबार के कक्ष में डाल जाया करते थे। जब सुल्तान उन पत्रों को खोलता तो उन्हें गालियों से भरा पाता। उसने देहली को उजाड़ डालने का संकल्प कर लिया। उसने देहली के निवासियों से उनके घर मोल ले लिये और उन्हें उनके गृहों का पूरा मूल्य चुका दिया और उन्हें आदेश दे दिया कि वे देहली से दौलताबाद चले जायँ। उन लोगों ने यह बात स्वीकार न की। उसने इस बात की घोषणा करादी कि तीन दिन के पश्चात् कोई भी नगर में न पाया जाय। बहुत से (३१५) लोग चल पड़े किन्तु कुछ लोग अपने अपने घरों में ही छिप गये। सुल्तान ने इस बात के पता लगाने का आदेश दे दिया कि कोई नगर में रह तो नहीं गया। खोज के उपरान्त उसके दासों को दो मनुष्य मिले। उनमें एक अन्धा और दूसरा अपाहिज था। वे दोनों सुल्तान के सम्मुख लाये गये। सुल्तान ने अपाहिज को मन्जनीक़ से उड़वा दिया। अन्धे को देहली से दौलताबाद तक जो चालीस दिन की यात्रा की दूरी पर स्थित है खींचा गया। मार्ग में उसके टुकड़े टुकड़े हो गये और केवल उसका एक पैर ही दौलताबाद तक पहुँच सका। जब लोगों ने यह दशा देखी तो सब के सब अपनी धन-सम्पत्ति छोड़ कर निकल खड़े हुये और शहर उजड़ गया।

मुझे एक विश्वस्त सूत्र से ज्ञात हुआ है कि सुल्तान एक रात्रि में अपने राज भवन की छत पर चढ़ा और शहर की ओर उसने दृष्टिपात किया तो उसे न तो अग्नि और न धूम्र और न दीपक दृष्टिगत हुआ। सुल्तान ने कहा, "अब मैं सन्तुष्ट हूँ और मेरा हृदय शान्त हो गया।" (३१६) फिर उसने अन्य नगरों के निवासियों को आदेश दिया कि वे देहली को आबाद करें। फलतः अन्य नगर भी नष्ट हो गये किन्तु देहली आबाद न हो सकी। उसका विस्तार इतना अधिक है कि बहुत थोड़े ही से लोग वहाँ आकर बस सके। देहली संसार का एक बहुत बड़ा नगर है। जब हम लोग देहली में प्रविष्ट हुये तो वहाँ कोई आबादी न थी और उसमें केवल कुछ ही घर आबाद थे।

---

१ इब्ने बत्तूता ने इस स्थान पर फ़ारसी वाक्य का प्रयोग किया है: "अगर बाज़ आमदी बाज़ आई।"
२ मुख्य खतीब।

सुल्तान मुहम्मद के राज्य का हाल

हम ने सुल्तान के बहुत से गुणों तथा दोषों की चर्चा कर दी है। अब हम उसके राज्य की कुछ घटनाओं का हाल लिखेंगे।

सुल्तान का बहादुर बूरा को अपने राज्य के प्रारम्भ में आश्रय प्रदान करना—

जब सुल्तान अपने पिता की मृत्यु के उपरान्त सिंहासनारूढ़ हुआ और लोगों ने उसकी बैअत कर ली तो उसने सुल्तान ग़यासुद्दीन बहादुर बूरा को बुलवाया। सुल्तान तुग़लुक़ ने उसे बन्दीगृह में डाल दिया था। उसने उसे क्षमा कर के बन्दीगृह से मुक्त कर दिया। उसे बहुत (३१७) कुछ धन-सम्पत्ति, घोड़े तथा हाथी प्रदान किये और उसका राज्य उसे लौटा दिया। उसके साथ अपने भतीजे इबराहीम खाँ को भेजा और उससे प्रतिज्ञा करा ली कि दोनों राज्य को बराबर बराबर बाँट लें; दोनों ही के नाम के सिक्के चलें और दोनों का नाम ख़ुत्बों में पढ़ा जाय। ग़यासुद्दीन अपने पुत्र मुहम्मद को, जो बरबात के नाम से प्रसिद्ध है, उसके पास शरीरबन्धक के रूप में भेज दे। ग़यासुद्दीन ने अपने राज्य में पहुँच कर सभी प्रतिज्ञायें पूरी कीं किन्तु अपने पुत्र को न भेजा और यह बहाना कर दिया कि वह उसकी आज्ञाओं का पालन नहीं करता और अशिष्ट व्यवहार करता है। इस पर सुल्तान ने अपने भतीजे इबराहीम खाँ के पास दुलजी तातार की अधीनता में सेना भेजी। उन्होंने ग़यासुद्दीन से युद्ध कर के उसकी हत्या कर दी। उसकी खाल खिंचवा कर उसमें भूसा भरवा दिया और उसे समस्त राज्य में घुमाया।

उसके पिता की बहिन के पुत्र का विद्रोह तथा अन्य हाल—

(३१८) सुल्तान तुग़लुक़ की एक बहिन के पुत्र का नाम बहाउद्दीन गश्तास्प था। उसने उसे किसी स्थान का अमीर नियुक्त कर दिया था। अपने मामा की मृत्यु के उपरान्त उसने उसके पुत्र की बैअत[1] न की। वह बड़ा ही वीर तथा पराक्रमी था, सुल्तान ने उससे युद्ध करने के लिये एक बहुत बड़ी सेना भेजी जिसमें बड़े बड़े अमीर थे। मलिक मुजीर[2] तथा वज़ीर ख़्वाजये जहाँ सेना के मुख्य सेनापति थे। जब सवार एक दूसरे के सामने हुये तो घोर युद्ध प्रारम्भ हो गया। दोनों ओर की सेनायें अपने अपने स्थानों पर डटी थीं। अन्त में सुल्तान की सेनाओं को विजय प्राप्त हुई। बहाउद्दीन एक काफ़िर राजा राय कम्पिला के पास भाग गया। राय का अर्थ उनकी भाषा में सुल्तान होता है जिस प्रकार फ़िरंगियों की भाषा में "रे" शब्द सुल्तान (३१९) के लिये प्रयोग में आता है। कम्पिला उस स्थान का नाम है जहाँ उस राय का राज्य था। इस राय का राज्य दुर्गम पर्वतों में स्थित था और वह हिन्दुओं का बहुत बड़ा राजा था।

जब बहाउद्दीन उसके पास भाग गया तो सुल्तान की सेना ने उसका पीछा किया और उस राय के राज्य को घेर लिया। वह बड़े असमंजस में पड़ गया। राजा के पास जो कुछ अनाज था वह समाप्त हो गया। उसे भय हुआ कि कहीं वह बन्दी न बना लिया जाय।

१ अधीनता स्वीकार न की।

२ सम्भवतया मुजीरुद्दीन अबू रिजा।

उसने बहाउद्दीन से कहा "इस समय जो दशा है वह तुम स्वयं देख रहे हो। मैंने अपने तथा अपने परिवार एवं अपने अन्य साथियों सहित नष्ट हो जाने का संकल्प कर लिया है। तुम अमुक राजा के पास चले जाओ। वह तुम्हारी रक्षा करेगा।" उसने उसे अपने एक अधिकारी के साथ उस राजा के पास भेज दिया। तत्पश्चात् राय कम्पिला ने एक विराट अग्नि प्रज्वलित कराई और अपनी समस्त धन-सम्पत्ति उसमें डाल दी और अपनी स्त्रियों तथा पुत्रियों से कहा, "मैंने अपने आपको नष्ट कर देने का संकल्प कर लिया है। जो मेरा साथ देना चाहे वह दे सकता है।" उनमें से प्रत्येक स्त्री स्नान करके चन्दन मल-मल कर आती थी और उस (३२०) के सम्मुख भूमि चुम्बन करती और अपने आपको अग्नि में डाल देती थी। इस प्रकार उनमें से प्रत्येक जल कर मर गई। उसके अमीरों वज़ीरों तथा अन्य अधिकारियों की स्त्रियों ने भी यही किया। अन्य स्त्रियाँ भी इसी प्रकार जल कर मर गईं। तत्पश्चात् राजा ने भी स्नान किया, चन्दन मला और ढाल के अतिरिक्त सभी हथियार लगाये। इसी प्रकार अन्य लोगों ने भी, जो उसके साथ प्राण त्यागना चाहते थे, हथियार लगाये। वे सबके सब सुल्तान की सेना पर टूट पड़े और सभी युद्ध के उपरान्त मृत्यु को प्राप्त हो गये। सुल्तान की सेना नगर में प्रविष्ट हो गई। वहाँ के निवासी बन्दी बना लिये गये। राय कम्पिला के ग्यारह पुत्र भी पकड़े गये। वे सुल्तान के सम्मुख प्रस्तुत किये गये। सबने इस्लाम स्वीकार कर लिया। सुल्तान ने उनके पिता की वीरता तथा उच्च वंश के कारण उन्हें अमीर नियुक्त कर दिया। मैंने उनमें से तीन को देखा है। एक नस्र, दूसरा बख्तियार और तीसरा मुहरदार कहलाता था। उसके पास सुल्तान की मुहर रहती थी और सुल्तान के प्रत्येक खाने पीने की चीज़ पर लगाई जाती थी। उसकी कुन्नियत (पुत्र अथवा पिता के नाम पर नाम) अबू मुस्लिम थी। हम दोनों एक दूसरे के घनिष्ठ मित्र हो गये थे[1]।

(३२१) राय कम्पिला की हत्या के उपरान्त शाही सेना उस काफ़िर के राज्य की ओर चल पड़ी जहाँ बहाउद्दीन ने शरण ली थी और उसे घेर लिया। इस राजा ने कहा, "जो राय कम्पिला ने किया, वह मैं नहीं कर सकता।" उसने बहाउद्दीन को बन्दी बना कर शाही सेना को दे दिया। उन्होंने उसके बेड़ियाँ और हथकड़ियाँ डाल कर सुल्तान के पास भेज दिया। जब वह सुल्तान के सम्मुख प्रस्तुत हुआ तो उसने आदेश दिया कि उसे अंतःपुर में उसकी सम्बन्धी स्त्रियों के पास भेज दिया जाय। वहाँ उन लोगों ने उसे गालियाँ दीं और उसके मुंह पर थूका। फिर सुल्तान ने आदेश दिया कि जीवित ही उसकी खाल खींच ली जाय। जब उसकी खाल खींच ली गई तो उसका माँस चावल में पकवा कर उसकी पत्नियों तथा पुत्रों के पास भिजवाया गया। शेष को एक थाल में रख कर एक हथनी के सम्मुख खाने के लिये रक्खा गया किन्तु उसने न खाया। सुल्तान के आदेशानुसार उसकी खाल में भूसा भरवाया गया और उसे राज्य के भिन्न-भिन्न भागों में बहादुर बूरा की खाल के साथ साथ घुमाया गया।

जब खालें सिन्ध में पहुंचीं, तो उस समय वहाँ का मुख्य अमीर किशलू खाँ सुल्तान (३२२) तुग़लुक़ का सहचर था। उसने सुल्तान तुग़लुक़ को राज्य प्राप्त करने में सहायता दी थी। सुल्तान मुहम्मद उसका बड़ा आदर सम्मान करता था और उसे चाचा कहा करता था। जब वह अपने राज्य से देहली आता तो वह उसके स्वागतार्थ उससे मिलने देहली के बाहर जाया करता था। किशलू खाँ ने आदेश दिया कि दोनों खालें दफ़न कर दी जायँ। जब सुल्तान

१ इस विद्रोह को शान्त करने में जिस प्रकार सुल्तान ने युद्ध किया उसका उल्लेख फ़िरिश्ता ने सविस्तार किया है। बरनी ने इसकी चर्चा नहीं की है। तारीखे मुबारक शाही के अनुसार यह विद्रोह ७२७ हि० (१३२७ ई०) में हुआ।

को यह ज्ञात हुआ तो वह बड़ा खिन्न हुआ और उसने उसकी हत्या करने का संकल्प कर लिया।

किशलू ख़ाँ का विद्रोह तथा उसकी हत्या—

जब किशलू ख़ाँ के दोनों खालों के दफ़न करा देने का समाचार सुल्तान को ज्ञात हुआ तो उसने उसे बुलवाया। किशलू ख़ाँ समझ गया कि सुल्तान उसको दंड देना चाहता है। उसने जाने से मना किया और विद्रोह कर दिया। लोगों को धन प्रदान करना तथा सेनायें एकत्र करना प्रारम्भ कर दिया। तुर्क, अफ़ग़ान तथा खुरासानी भर्ती किये। उसने इतनी बड़ी सेना एकत्र करली कि उसकी सेना बादशाही सेना के समान अपितु उससे बढ़ कर हो गई। सुल्तान ने स्वयं उससे युद्ध करने के लिये प्रस्थान किया। मुल्तान से दो दिन की यात्रा की दूरी पर (३२३) अबुहर के मैदान में युद्ध हुआ। युद्ध के समय सुल्तान ने एक चाल चली। उसने चत्र के नीचे मुल्तान के शेख़ रुक्नुद्दीन के भाई शेख़ एमादुद्दीन को रख दिया। मुझे यह हाल शेख़ रुक्नुद्दीन ने स्वयं बताया था। इसका यह कारण था कि एमादुद्दीन तथा सुल्तान का रूप बहुत मिलता जुलता था। जब युद्ध प्रचण्ड हुआ तो सुल्तान ४००० सैनिकों को लेकर पृथक् हो गया। किशलू ख़ाँ के सैनिक यह समझ कर कि छत्र के नीचे सुल्तान है, छत्र पर टूट पड़े और उन्होंने एमादुद्दीन की हत्या करदी। सेना में यह समाचार फैल गया कि सुल्तान की हत्या हो गई। इस पर किशलू ख़ाँ के सैनिक लूट मार में लग गये और उससे पृथक् हो गये। जब उसके साथ केवल थोड़े से ही सैनिक रह गये, तो सुल्तान ने अपने सैनिकों को लेकर उस पर आक्रमण कर दिया। उसकी हत्या करके उसका सिर काट डाला। जब उसकी सेना को यह बात ज्ञात हुई तो वह भाग खड़ी हुई। सुल्तान मुल्तान में प्रविष्ट हो गया। वहाँ के क़ाज़ी करीमुद्दीन को पकड़वा कर उसकी खाल खिंचवा डाली। किशलू ख़ाँ का सिर मुल्तान के द्वार पर लटकवा दिया। जब मैं मुल्तान पहुँचा था, तो वह सिर मुझे वहाँ लटका हुआ मिला था।

(३२४) सुल्तान ने एमादुद्दीन के भाई शेख़ रुक्नुद्दीन तथा उसके पुत्र सद्रुद्दीन को सौ गाँव इनाम में प्रदान किये जिससे वे अपना जीवन निर्वाह करें और अपने दादा शेख़ बहाउद्दीन ज़करिया की खानक़ाह में यात्रियों के भोजन का प्रबन्ध कर सकें। सुल्तान ने अपने वज़ीर ख्वाजये जहाँ को आदेश दिया कि वह कमालपुर[1] नगर की ओर जाय। यह नगर बहुत बड़ा है और समुद्र तट पर स्थित है। यहाँ के निवासियों ने भी विद्रोह कर दिया था। एक फ़क़ीह ने मुझे बताया कि जब वज़ीर नगर में प्रविष्ट हुआ तो वह वहाँ उपस्थित था। शहर का क़ाज़ी तथा खतीब वज़ीर के समक्ष लाये गये और उसने आदेश दिया कि दोनों की खाल खिंचवा डाली जाय। उन्होंने कहा कि "हमारी हत्या किसी अन्य प्रकार क्यों नहीं करा दी जाती।" वज़ीर ने पूछा, "तुम्हारी हत्या क्यों कराई जाती है ?" उन्होंने उत्तर दिया कि "सुल्तान की आज्ञा के उल्लंघन के कारण।" इस पर वज़ीर ने उनसे कहा, "फिर मैं उसकी आज्ञाओं का उल्लंघन क्यों करूँ जब कि उसने आदेश दिया है कि तुम्हारी हत्या इसी प्रकार कराई जाय।" तत्पश्चात् उसने खाल खींचने वालों को आदेश दिया कि "इनके मुंह के नीचे दो गड्ढे खोद दो जिससे यह सांस ले सकें।" ऐसा करने का यह कारण है कि जब लोगों (३२५) की खाल खींची जाती है (भगवान् हमारी रक्षा करे) तो लोगों को इसी प्रकार लिटाया जाता है। तत्पश्चात् सिन्ध में शान्ति हो गई और सुल्तान राजधानी को लौट गया।

---

१ कदाचित कराची के निकट एक ग्राम।

क़राचिल[1] पर्वत (हिमालय) में सुल्तान की सेना पर दुर्घटना——

यह बड़ा लम्बा चौड़ा पर्वत है। इसकी लम्बाई तीन मास की यात्रा की है। देहली से इसकी दूरी दस दिन की यात्रा की है। यहाँ का राजा, काफ़िर राजाओं में सबसे अधिक शक्तिशाली है। सुल्तान ने मलिक नुकबिया को, जो मुख्य दावेदारिया था, एक लाख अश्वारोही तथा अत्यधिक पदाति देकर इस पर्वत में युद्ध करने के लिए भेजा। उसने जिदया नगर[2] पर, जो पर्वत के नीचे है, अधिकार जमा लिया। वहाँ के निवासियों को बन्दी बना लिया और (३२६) नगर को जलाकर नष्ट कर दिया। काफ़िर पर्वत के ऊपरी भाग पर चले गये और अपनी भूमि, धन-सम्पत्ति तथा राजा का कोष छोड़ गये। इस पर्वत में केवल एक मार्ग है। इसके नीचे एक घाटी और ऊपर पर्वत है। इसमें केवल घोड़ों की एक पंक्ति ही चल सकती है। मुसलमान सैनिक इस मार्ग पर चढ़ते चले गये और उन्होंने वरंगल[2] नगर पर, जो पर्वत के ऊपरी भाग पर है, अधिकार जमा लिया। वहाँ उन्हें जो कुछ मिला, उसे प्राप्त कर लिया। जब उनके द्वारा भेजे हुये विजय के समाचार सुल्तान को प्राप्त हो गये तो उसने उनके पास एक क़ाज़ी तथा एक खतीब भेजा और उन्हें आदेश दे दिया कि वे वहीं निवास करें किन्तु वर्षा प्रारम्भ होने पर सेना में एक रोग फैल गया। सैनिक दुर्बल हो गये। घोड़े मर गये। धनुष कार्य के योग्य न रहे। इस पर अमीरों ने सुल्तान को पत्र लिखकर पर्वत छोड़ने और वर्षा के अन्त तक पर्वत के नीचे उतर आने की अनुमति मांगी। वर्षा के उपरान्त उन्होंने पुनः पर्वत पर पहुँच जाने के लिये लिखा।

सुल्तान ने अनुमति प्रदान कर दी। अमीर नुकबिया ने समस्त कोष तथा जवाहरात (३२७) सैनिकों को इस आशय से बाँट दिए कि वे उन्हें पर्वत के नीचे ले चलें। काफ़िरों को जब यह हाल ज्ञात हुआ तो वे गुफाओं तथा अन्य सकरे मार्गों पर घात लगा कर बैठ गये। वे बड़े बड़े वृक्ष काट कर पर्वत पर से लुढ़का देते थे और इस प्रकार जो लोग भी मार्ग में होते मर जाते। बहुत लोग मर गये। शेष सैनिक बन्दी बना लिये गये। काफ़िरों ने खज़ानों पर अधिकार जमा लिया। धन सम्पत्ति, घोड़े, हथियार आदि भी छीन लिये। सेना में केवल तीन व्यक्ति ही शेष रहे उनका सरदार नुकबिया, दूसरा बद्रुद्दीन मलिक दौलत शाह और तीसरे के नाम का मुझे स्मरण नहीं। इससे शाही सेना को बड़ी हानि पहुंची और हिन्दुस्तान की सेना शक्तिहीन हो गई। सुल्तान ने पहाड़ियों से खराज लेकर सन्धि कर ली क्योंकि (३२८) उनकी भूमि पर्वत के नीचे भी थी और वे सुल्तान की आज्ञा के बिना कृषि न कर सकते थे।

माबर प्रदेश में शरीफ़ जलालुद्दीन का विद्रोह और वज़ीर के भाँजे की हत्या जिसका सम्बन्ध इस घटना से है[3]—

सुल्तान ने शरीफ़ जलालुद्दीन एहसन शाह को माबर प्रदेश का, जो देहली से छः मास के मार्ग पर है, अमीर नियुक्त कर दिया था। उसने विद्रोह कर दिया और स्वयं बादशाह बन बैठा। उसने सुल्तान के अधिकारियों की हत्या करा दी और अपने नाम के दीनार तथा दिरहम चालू करा दिये। उसने दीनार के एक ओर "ता, हा, यासीन" (मुहम्मद साहब) की संतति, दरिद्रों तथा दीनों का पोषक जलालुद्दनियाँ वद्दीन" और दूसरी ओर "वह जो दयानिधि की सहायता पर आश्रित है, एहसन शाह सुल्तान" लिखवाया।

---

१ इब्ने बत्तूता का अभिप्राय कुमायूँ गढ़वाल के पर्वतीय प्रदेशों से है।

२ इन दोनों नगरों के विषय में कुछ ज्ञात नहीं है।

३ यह विद्रोह ७३५ हि० (१३३५ ई०) में हुआ। उसके इस समय के सिक्के भी प्राप्य हैं।

(३२९) जब सुल्तान ने उसके विद्रोह के समाचार सुने तो वह स्वयं उससे युद्ध करने के लिए निकल खड़ा हुआ। कूश्के ज़र (सोने का क़िला) नामक स्थान पर आठ दिन तक ठहर कर सेना के लिए सामग्री एकत्र कराता रहा। इन्हीं दिनों में वज़ीर ख्वाजये जहाँ का भागिनेय तथा तीन चार अमीर, जिनके हाथों में हथकड़ियाँ पड़ी थीं, लाये गये। सुल्तान ने वज़ीर को अपने पूर्व ही भेज दिया था। जिहार (धार) पहुँच कर, जो देहली से २४ दिन की यात्रा की दूरी पर स्थित है, वह कुछ दिनों के लिए ठहर गया। उसका भागिनेय बड़ा ही वीर तथा पराक्रमी था। उसने उन अमीरों से जो बन्दी बना लिये गये थे, यह षड्यन्त्र रचा कि वज़ीर की हत्या करके समस्त धन-सम्पत्ति लेकर शरीफ़ के पास, जिसने विद्रोह कर दिया था, माबर भाग जायें। उन्होंने वज़ीर को शुक्रवार के दिन जब वह नमाज़ पढ़ने जाता मार डालना निश्चय कर लिया था। उनमें से एक ने, जो उस षड्यन्त्र में सम्मिलित था (३३०) और जिसका नाम मलिक नुसरत हाजिब था, वज़ीर को सूचना भेज दी। उसने कहा कि "उनके षड्यन्त्र का प्रमाण यह है कि वे अपने वस्त्र के नीचे कवच पहने हुये हैं" वज़ीर ने उन्हें बुलवाया और वे अपने वस्त्रों के नीचे कवच पहने हुये पाये गये। वज़ीर ने उनको सुल्तान के पास प्रेषित कर दिया। जब वे लोग सुल्तान के सम्मुख प्रस्तुत किये गये तो उस समय मैं भी उपस्थित था। मैंने देखा कि उनमें से एक, जिसकी दाढ़ी लम्बी थी, भय से काँप रहा था, और सूरए यासीन[1] पढ़ रहा था। सुल्तान के आदेशानुसार वे हाथियों के सम्मुख फेंक दिये गये। यह हाथी मनुष्यों की हत्या करने की शिक्षा पाते हैं। वज़ीर का भागिनेय उसके मामा के पास इस आशय से भेज दिया गया कि वह उसकी हत्या करा दे। उसने उसकी हत्या करा दी। उसका उल्लेख अभी किया जायगा।

जिन हाथियों से मनुष्यों की हत्या का काम लिया जाता है उन पर लोहे के नुकीले खोल चढ़े होते हैं, जो हल के फाले के समान होते हैं। इनके दोनों ओर चाकू के समान धार होती है। महावत हाथी पर सवार होता है। जब किसी मनुष्य को हाथी के सामने डाला जाता है तो गज उसको अपनी सूंड में लपेट कर ऊपर की ओर फेंक देता है और (३३१) फिर अपने दाँतों पर इधर उधर पलटता है और अपने सामने भूमि पर डाल कर अगला पैर उसके सीने पर रख देता है और सुल्तान के आदेशानुसार महावत उससे जो कुछ करने का संकेत करता है, वह उसी प्रकार करता है। यदि महावत उससे उस मनुष्य के टुकड़े-टुकड़े करने को कहता है तो वह दाँतों से उसके टुकड़े टुकड़े कर डालता है और यदि महावत हाथी को उसे पड़ा रहने देने का आदेश देता है तो हाथी उसे पड़ा रहने देता है। जिसके टुकड़े नहीं किये जाते उसकी खाल खिंचवाई जाती है। इन अमीरों की भी खाल खींची गई। जब मैं सायंकाल के पश्चात् सुल्तान के महल से बाहर निकला तो उनका मांस श्वान भक्षण कर रहे थे और उनकी खालों में भूसा भरा जा रहा था। ईश्वर हमारी रक्षा करे।

जब सुल्तान ने युद्ध के लिये माबर जाने का संकल्प कर लिया तो मुझे राजधानी में ठहरने का आदेश दे दिया। इसका उल्लेख बाद में होगा। सुल्तान दौलताबाद पहुंचा। उस समय अमीर हलाजून ने अपने प्रदेश में विद्रोह कर दिया। वज़ीर ख्वाजये जहाँ राजधानी में सेना एकत्र करने तथा सवार भर्ती करने के लिये ठहर गया।

हलाजून[2] का विद्रोह—

(३३२) जब सुल्तान दौलताबाद पहुँचा और अपनी राजधानी से बहुत दूर निकल गया तो

१ क़ुरान का एक अध्याय जो प्रायः मृत्यु तथा भय के अवसर पर पढ़ा जाता है।

२ यह विद्रोह १३३५ ई० में हुआ।

अमीर हलाजून ने लाहौर में विद्रोह कर दिया और स्वयं बादशाह बन बैठा। इस विद्रोह में अमीर क़ुलजन्द (गुलचन्द) ने जिसे उसने अपना वज़ीर बना लिया उसकी सहायता की। यह समाचार वज़ीर ख़्वाजये जहाँ को प्राप्त हुये। वह उस समय देहली में था। वज़ीर समस्त ख़ुरासानियों तथा उस सेना को जो उस समय देहली में थी, एवं अन्य अधिकारियों को लेकर लाहौर की ओर चल पड़ा। मेरे साथी भी उसके साथ गये। सुल्तान ने उसकी सहायतार्थ दो बड़े अमीर भेजे। एक क़ीरान मलिक सफ़दार अर्थात् पंक्तियों को सुव्यवस्थित रखने वाले को और दूसरे मलिक तमूर शुर्बदार अर्थात् पीने की वस्तुओं का प्रबन्ध करने वाले को। हलाजून अपनी सेना लेकर युद्ध करने के लिये निकला। एक बड़ी नदी के किनारे युद्ध हुआ। हलाजून पराजित हुआ। वह भाग गया। उसकी सेना का बहुत बड़ा भाग नदी में डूब कर नष्ट हो गया। वज़ीर नगर में प्रविष्ट हुआ। उसने कुछ नगरवासियों की खाल खिंचवा डाली। कुछ लोगों (३३३) की अन्य प्रकार से हत्या करा दी। लोगों की हत्या कराने का कार्य मुहम्मद बिन (पुत्र) नजीब नायब वज़ीर ने कराया। उसको लोग अजदर मलिक (अजगर मलिक) कहते थे। वह 'सगे सुल्तान' अर्थात् 'सुल्तान का कुत्ता' के नाम से भी प्रसिद्ध था। वह बड़ा ही निष्ठुर तथा निर्दयी था। सुल्तान उसे असदुल अस्वाक़ (बाज़ार का सिंह) कहा करता था। वह प्रायः अपराधियों को अपने रक्तपायी एवं निष्ठुर स्वभाव के कारण अपने दाँतों से काटा करता था। वज़ीर ने विद्रोहियों की लगभग तीन सौ सम्बन्धी स्त्रियाँ ग्वालियर के क़िले में भेज दीं। उनमें से कुछ स्त्रियों को मैंने वहाँ देखा था। एक फ़क़ीह की पत्नी भी इन्हीं स्त्रियों के साथ ग्वालियर भेजी गई थी। वह अपनी पत्नी के पास आया जाया करता था। बन्दीगृह में उसके एक शिशु भी उत्पन्न हुआ।

शाही सेना में महामारी—

(३३४) शरीफ़ से युद्ध के लिये माबर जाते समय जब सुल्तान तिलंग प्रदेश में पहुंचा तो उसने तिलंग की राजधानी बद्रकोट नगर में पड़ाव किया। यह स्थान माबर से तीन मास की यात्रा की दूरी पर है। इस समय सुल्तान की सेना में महामारी फैल गई। सेना का बहुत बड़ा भाग नष्ट हो गया। दास तथा ममलूक, सैनिक एवं अमीर मर गये। उनमें से एक मलिक दौलत शाह था जिसे सुल्तान चाचा कहा करता था। अमीर अब्दुल्लाह हरवी भी मृत्यु को प्राप्त हो गया। उसका हाल प्रथम यात्रा में लिखा जा चुका है। यह वही व्यक्ति है जिसे सुल्तान ने यह आदेश दिया था कि 'राजकोष से जितना धन उठा कर ले जा सकते हो ले जाओ।' इस प्रकार वह तेरह थैलियाँ अपनी भुजाओं में बाँध कर एक बार में उठा ले गया था। जब सेना में महामारी का प्रकोप हो गया तो वह दौलताबाद लौट आया। बहुत से प्रान्तों में अराजकता फैल गई थी और दूर के भाग वाले पृथक् हो गये थे। यदि सुल्तान के (३३५) भाग्य में अन्य प्रकार से लिखा होता तो राज्य उसके हाथ से निकल जाता।

सुल्तान की मृत्यु की अफ़वाह तथा मलिक होशंज (होशंग) का भागना—

दौलताबाद लौटते समय सुल्तान रुग्ण हो गया और उसकी मृत्यु का जन-प्रवाद लोगों में दूर दूर तक प्रसारित हो गया। फलतः अनेक स्थानों पर विद्रोह होने लगे। मलिक कमालुद्दीन गुर्ग का पुत्र मलिक होशंज (होशंग) दौलताबाद का अधिकारी था। उसने सुल्तान के सम्मुख प्रतिज्ञा की थी कि न तो वह उसके जीवन-काल में और न उसकी मृत्यु के उपरान्त किसी से बैअत करेगा। जब उसने सुल्तान की मृत्यु का जन-प्रवाद सुना तो वह एक काफ़िर राजा के पास, जिसका नाम बरबरा था, चला गया। उसका राज्य दौलताबाद तथा कूकान

(कौंकन) थाना के मध्य के दुर्गम पर्वतों में था। उसके भागने का समाचार सुन कर विद्रोह के भय से सुल्तान शीघ्रातिशीघ्र दौलताबाद पहुँचा। तत्पश्चात् तुरन्त होशंज (होशंग) (३३६) का पीछा करके उस राज्य के नगर को घेर लिया। सुल्तान ने राजा को पत्र लिखा कि मलिक होशंज (होशंग) को उसके पास भेज दिया जाय। उसने स्वीकार न किया और कहला भेजा "मैंने जिसे आश्रय प्रदान कर दिया है उसे कदापि नहीं दे सकता चाहे मेरी भी वही दशा क्यों न हो जाय जो राय कम्पिला की हुई।" होशंज (होशंग) ने भयभीत होकर सुल्तान से पत्र व्यवहार प्रारम्भ कर दिया और यह निश्चय हुआ कि 'सुल्तान दौलताबाद को लौट जाय और अपने गुरु क़ुतलू खाँ (क़ुतलुग़ खाँ) को वहाँ छोड़ जाय। वह क़ुतलू खाँ के वचन पर उसके पास चला जायगा और उसकी रक्षा का उत्तरदायित्व क़ुतलू पर होगा।' सुल्तान लौट गया। होशंज (होशंग) ने क़ुतलू के पास पहुंच कर वचन ले लिया कि सुल्तान न तो उसकी हत्या करेगा और न उसे अपमानित करेगा। होशंज (होशंग) अपनी धन-सम्पत्ति, परिवार तथा सहायकों को लेकर सुल्तान के पास चला गया। सुल्तान उसके आने पर बड़ा प्रसन्न हुआ और खिलअत देकर उसने उसे सन्तुष्ट कर लिया। क़ुतलू खाँ (क़ुतलुग़ खाँ) अपनी बात का बड़ा पक्का था। लोग उस पर विश्वास करते थे और उनको उसकी बात पर बड़ा भरोसा था। सुल्तान उसका बड़ा आदर सम्मान करता था। जब कभी वह सुल्तान के पास आता तो सुल्तान स्वागतार्थ खड़ा हो जाता था। इसी कारण वह सुल्तान के पास बिना (३३७) बुलाये न जाता था ताकि सुल्तान को खड़े होने का कष्ट न उठाना पड़े। वह बहुत बड़ा दानी था और दरिद्रों तथा दीनों को अत्यधिक दान किया करता था।

शरीफ़ इबराहीम का विद्रोह[1] तथा इसका अन्त--

शरीफ़ (सैयिद) इबराहीम खरीतादार कहलाता था अर्थात् सुल्तान की लेखनी तथा काग़ज उसके पास रहते थे। वह हाँसी तथा सरसुती का वाली था। जब सुल्तान माबर की ओर गया और इस सैयिद इबराहीम के पिता शरीफ़ एहसन शाह ने माबर में विद्रोह कर दिया था और सुल्तान की मृत्यु की किंवदन्ती फैल गई थी तो इबराहीम को भी राज्य का लोभ हो गया। वह बड़ा ही रूपवान, वीर तथा दानी था। उसकी बहिन हूर नसब से मेरा (३३८) विवाह हो गया था। वह बड़ी पवित्र स्त्री थी। वह रात्रि में तहज्जुद[2] की नमाज़ तथा अल्लाह का ज़िक्र (जाप) किया करती थी। मेरी एक पुत्री उसी के गर्भ से थी। अब मुझे नहीं ज्ञात कि इन दोनों का क्या हुआ। वह पढ़ना जानती थी किन्तु लिख न सकती थी।

जब इबराहीम ने विद्रोह करना निश्चय कर लिया तो सिन्ध का एक अमीर, जो खज़ाना लिये हुये देहली की ओर जा रहा था, उसके राज्य से गुज़रा। इबराहीम ने उससे कहा, "मार्ग सुरक्षित नहीं है और इसमें डाकुओं का भय है। कुछ दिन यहीं रुको। जब मार्ग में शान्ति हो जायगी तो मैं तुम्हें पहुंचवा दूंगा।" वास्तव में वह चाहता था कि सुल्तान की मृत्यु के समाचार प्रमाणित हो जायं तो वह उस धन पर अधिकार जमा ले। जब उसे ज्ञात हो गया कि सुल्तान जीवित है तो उसने अमीर को चले जाने की अनुमति देदी। उस अमीर का नाम ज़ियाउलमुल्क इब्न (पुत्र) शम्सुलमुल्क था।

राजधानी से ढाई वर्ष तक अनुपस्थित रहने के उपरान्त सुल्तान के राजधानी में लौटने पर शरीफ़ इबराहीम दरबार में आया। उसके एक दास ने सुल्तान से उसकी चुग़ली

१ यह विद्रोह ७३७ हि० (१३३६ ई०) में हुआ।

२ आधी रात्रि के बाद की विशेष नमाज़ें।

करदी और उसकी योजना का हाल उसे बता दिया। सुल्तान उसकी तुरन्त हत्या कराना चाहता था किन्तु इबराहीम से स्नेहवश उसने उस समय उस विचार को त्याग दिया। एक (३३९) बार ज़िबह[1] किया हुआ हिरन का एक बच्चा सुल्तान के सम्मुख लाया गया। सुल्तान उसको ज़िबह होते हुये देख रहा था। उसने कहा कि ज़िबह ठीक नहीं हुआ है। इसे फेंक दो।" इबराहीम ने उस हिरन के बच्चे को देख कर कहा "ज़िबह ठीक हुआ है। मैं इसे खालूंगा।" सुल्तान को यह समाचार सुन कर बड़ा क्रोध आया और इस बहाने से उसने उसे बन्दी बना लिया। उसके हाथ उसकी गर्दन से बँधवा दिये गये। फिर उस पर यह दोषारोपण किया कि वह उस धन को, जो ज़ियाउलमुल्क ला रहा था, अपने अधिकार में करना चाहता था। इबराहीम समझ गया कि सुल्तान उसके पिता के विद्रोह के कारण उसकी हत्या कराना चाहता है अतः अब किसी बात से कोई लाभ नहीं हो सकता और उसे नाना प्रकार के कष्ट पहुँचाये जायेंगे। अतः उसने दारुण कष्ट से मृत्यु को अच्छा समझ कर अपना अपराध स्वीकार कर लिया। सुल्तान के आदेशानुसार उसके दो टुकड़े कर दिये गये।

इस देश में यह प्रथा है कि सुल्तान जिसकी हत्या कराता है उसका शव तीन दिन तक उसी स्थान पर पड़ा रहता है। तीन दिन के उपरान्त जो काफ़िर इस कार्य के लिये नियुक्त हैं, वे शव को उठा कर नगर के बाहर खाई में डाल देते हैं। वे लोग भी खाई के निकट ही निवास करते हैं जिससे उन लोगों के, जिनको हत्या हुई है, सम्बन्धी शव को उठा ले जायें। वे लोग घूस लेकर शव को उठा ले जाने देते हैं और उसे दफ़न कर दिया जाता है। शरीफ़ इबराहीम भी इसी प्रकार दफ़न हुआ। ईश्वर उस पर दया करे।

सुल्तान के नायब का तिलंग में विद्रोह—

जब सुल्तान तिलंग से लौटा और उसकी मृत्यु के समाचार फैल गये तो यह हाल ताजुलमुल्क नुसरत ख़ाँ को भी ज्ञात हुआ। सुल्तान ने उसे तिलंग में अपना नायब नियुक्त कर दिया था। सुल्तान में और उससे बहुत समय से घनिष्ठता थी। उसने सुल्तान की मृत्यु के समाचार सुन कर शोक सम्बन्धी क्रियायें पूरी करने के पश्चात् अपने आपको बादशाह घोषित कर दिया। लोगों ने राजधानी बद्रकोट में उससे बैअत[2] करली। जब सुल्तान को इसकी सूचना मिली तो उसने अपने गुरु क़ुतलू ख़ाँ (क़ुतलुग़ ख़ाँ) को एक बहुत बड़ी सेना देकर भेजा। उसने घोर युद्ध के पश्चात्, जिसमें बहुत से लोग मारे गये, बद्रकोट को घेर लिया। इससे बद्रकोट वालों को बड़ी हानि हुई यद्यपि वहाँ तक पहुंचना बड़ा कठिन था। क़ुतलू ख़ाँ (क़ुतलुग़ ख़ाँ) ने उसमें सुरंग लगानी आरम्भ करदी किन्तु नुसरत ख़ाँ ने उससे अपने प्राणों की रक्षा करने की याचना की। क़ुतलु ख़ाँ (क़ुतलुग़ ख़ाँ) ने रक्षा का वचन दे दिया। वह नगर के बाहर चला गया और उसने नुसरत ख़ाँ को सुल्तान के पास भेज दिया। इस प्रकार नगर निवासी तथा नुसरत ख़ाँ की सेना बच गई।

सुल्तान का गंगा नदी की ओर प्रस्थान तथा ऐनुल मुल्क का विद्रोह—

जब देश में दुर्भिक्ष फैल गया, सुल्तान अपनी सेना लेकर गंगा तट पर चला गया। यहाँ हिन्दू लोग यात्रा करने के लिए जाते हैं। यह देहली से दस दिन की यात्रा की दूरी पर है। सुल्तान ने लोगों को आदेश दिया कि वे लोग वहाँ अपने लिए घर बनालें। इससे पूर्व

१ अल्लाह का नाम लेकर जानवरों का गला काटना। यदि इसमें कुछ भूल हो जाय तो ज़िबह ठीक नहीं माना जाता और उसे कोई मुसलमान खा नहीं सकता।

२ अधीनता स्वीकार करली।

लोग फूँस के छप्पर बनाते थे जिनमें प्राय: आग लग जाती थी और इस प्रकार लोगों को बड़ी हानि पहुँचती थी। इससे बचने के लिये लोगों ने भूमि के नीचे गुफायें बनानी प्रारम्भ करदीं। जब कभी आग लग जाती थी तो वे उसमें अपना सामान डाल कर मिट्टी से उसे बन्द (३४२) कर देते थे। मैं भी उन्हीं दिनों में सुल्तान के शिविर में पहुंचा। गंगा के पश्चिमी भाग के स्थानों में घोर अकाल पड़ा था किन्तु पूर्व की ओर के स्थानों में अनाज की कमी न थी। पूर्वी तट के भाग का अमीर (अधिकारी) ऐनुलमुल्क इब्न (पुत्र) माहिरू था। अवध ज़फ़ाबाद तथा अलकनों (लखनऊ) एवं अन्य स्थान उसके अधिकार में थे। वह प्रत्येक दिन पचास हज़ार मन गेहूं, चावल तथा चने पशुओं के चारे के लिए भेजा करता था। फिर सुल्तान ने आदेश दिया कि शिविर के हाथी, घोड़े, खच्चर आदि पूर्व की ओर, जहाँ चारे की अधिकता थी, चराई के लिये भेज दिये जायँ। ऐनुल मुल्क को उनकी रक्षा के लिए नियुक्त किया गया।

ऐनुलमुल्क के चार भाई थे। इनमें से तीन का नाम शहरुल्लाह, नसरुल्लाह तथा फ़ज़लुल्लाह था। चौथे के नाम का मुझे स्मरण नहीं। उन्होंने अपने भाई ऐनुलमुल्क से मिल कर यह षड्यन्त्र रचा कि वे शाही हाथी तथा पशु भगा ले जायँ और ऐनुलमुल्क से बैअत करके उसे बादशाह बना दें और विद्रोह कर दें। ऐनुलमुल्क रात्रि में उनके पास भाग गया; (३४३) और उनकी योजना लगभग पूर्ण हो गई।

हिन्दुस्तान के बादशाहों का यह नियम है कि प्रत्येक छोटे बड़े अमीर के पास उनका कोई न कोई ममलूक (दास) होता है जो गुप्तचर का कार्य करता है और बादशाहों तक प्रत्येक बात पहुंचाया करता है। इसी प्रकार बादशाहों द्वारा नियुक्त दासियाँ भी अमीरों के घरों में गुप्तचर का कार्य किया करती हैं। इस प्रकार भंगिनें भी जासूसी करती हैं क्योंकि वे अनुमति के बिना लोगों के घरों में आती जाती हैं। दासियाँ समस्त समाचार भंगिनों को दे देती हैं। भंगिनें समाचार (मलिकुल मुखबिरीन) गुप्तचरों के अधिकारियों के पास पहुँचा देती हैं और वे समस्त समाचार सुल्तान तक पहुँचा देते हैं। कहा जाता है कि एक अमीर अपनी स्त्री के पास सोया था। उसने रति-क्रिया करनी चाही। उस स्त्री ने उसे सुल्तान के सिर की शपथ देकर ऐसा करने से रोका। उस अमीर ने उसकी बात स्वीकार न की। प्रातःकाल सुल्तान ने उसे बुलवा कर उसको सब हाल बताया, और इस कारण उसकी हत्या करादी।

(३४४) सुल्तान का एक ममलूक (दास) इब्ने मलिक शाह था। वह ऐनुलमुल्क पर गुप्तचर नियुक्त था। जब उसने सुल्तान को ऐनुलमुल्क के भागने तथा नदी पार, कर लेने की सूचना दी तो सुल्तान ने अपने किये पर घोर पश्चाताप किया और समझा कि यह उस पर बड़ा घातक आक्रमण हुआ, क्योंकि उसके हाथी, घोड़े अनाज आदि सभी ऐनुलमुल्क के पास थे और उसकी सेना इधर उधर फैली हुई थी। उसने राजधानी वापस जाना तथा सवार एकत्र करके वापस होना और युद्ध करना निश्चय किया। इस योजना के विषय में उसने अपने राज्य के मुख्य अधिकारियों से परामर्श किया। खुरासानी अमीर तथा खुरासानियों एवं विदेशियों को इस विद्रोही का बड़ा भय था, क्योंकि वह हिन्दुस्तानी था और हिन्दुस्तानी विदेशियों से इस लिये घृणा करते थे कि सुल्तान उन्हें विशेष रूप से सम्मानित किया करता था। इसी कारण से उन्होंने इस योजना का विरोध किया और कहा "हे अखुन्द आलम! यदि आपने ऐसा किया तो उसे यह बात ज्ञात हो जायगी और वह अपनी शक्ति और भी बढ़ा लेगा। वह अन्य सेना भी एकत्र कर लेगा। उसके पास समस्त विद्रोही (३४५) तथा दुर्भावना वाले अन्य लोग इकट्ठे हो जायँगे। अतः उसकी शक्ति बढ़ने के पूर्व ही उसका विनाश कर दिया जाय तो उचित है।" "सर्व प्रथम नासिरुद्दीन मुतहर अवहरी

ने यह बात प्रस्तुत की और सभी अमीरों ने उसका समर्थन किया।

सुल्तान ने उनकी बात स्वीकार कर ली। उसी रात्रि में निकट की सेनाओं तथा अमीरों को उपस्थित होने के लिये पत्र लिखे। वे तुरन्त चले आये। सुल्तान ने इस अवसर पर एक अन्य युक्ति का प्रदर्शन किया। यदि सौ मनुष्य आते तो सुल्तान अपने हजारों मनुष्यों को उनके स्वागतार्थ भेजता था और वे सब मिल कर बहुत बड़ी संख्या में सुल्तान के शिविर में प्रविष्ट होते थे। इस प्रकार शत्रुओं को सहायतार्थ आने वालो की संख्या बहुत ज्ञात होती थी। सुल्तान नदी के किनारे-किनारे अग्रसर हुआ। उसका विचार था कि क़न्नौज नगर अपने पीछे की ओर कर ले। वहाँ के कोट के अत्यन्त दृढ़ होने के कारण वह वहाँ शरण लेना चाहता था। क़न्नौज उस स्थान से तीन दिन की यात्रा की दूरी पर था। प्रथम पड़ाव पर पहुंचने के उपरान्त उसने अपनी सेना को युद्ध के लिये तैयार किया और उन्हें एक पंक्ति में खड़ा किया। प्रत्येक अपने हथियार अपने सामने किये हुये था और उसका घोड़ा उसके बराबर था। प्रत्येक के पास (३४६) एक छोटा खेमा था जहाँ वह भोजन तथा वजू आदि किया करता था। मुख्य मुहल्ला (शिविर) वहाँ से दूर होता था। तीन दिन तक सुल्तान ने न तो अपने शिविर में प्रवेश किया और न कभी छाया में बैठा।

एक दिन मैं अपने शिविर में था। मेरे एक ख्वाजा सरा ने जिसका नाम सुम्बुल था, मुझे पुकारा और शीघ्र आने के लिये मुझ से कहा। मेरे साथ मेरी दासियाँ भी थीं। जब मैं बाहर निकला तो उसने मुझ से कहा कि "सुल्तान ने इस समय आदेश दिया है कि जिसके पास भी उसकी स्त्री तथा दासियां होंगी उसकी हत्या कर दी जायगी।" अमीरों के आग्रह पर उसने आदेश दिया कि मुहल्ले (शिविर) में कोई स्त्री भी न रहे और सब को कम्बील[1] नामक एक क़िले में, जो तीन मील की दूरी पर था भेज दिया जाय। तत्पश्चात् मुहल्ले (शिविर) में कोई स्त्री न रही यहाँ तक कि सुल्तान के साथ भी कोई स्त्री न रही।

उस रात्रि में हम लोग युद्ध की तैयारी करते रहे। दूसरे दिन सुल्तान ने अपनी सेना के (३४७) दस्ते युद्ध के लिये तैयार किये। प्रत्येक दस्ते के साथ हाथी थे जिन्हें कवच पहना दिया गया था। उन पर हौदे कसे थे। उनमें सैनिक बैठे थे। समस्त सेना को कवच पहनने का आदेश दे दिया गया था और सभी युद्ध के लिये तैयार थे। दूसरी रात्रि में भी युद्ध की तैयारियाँ होती रहीं। तीसरे दिन यह समाचार प्राप्त हुये कि विद्रोही ऐनुलमुल्क ने नदी पार कर ली है। सुल्तान यह समाचार पाकर बड़ा भयभीत हो गया। उसे सन्देह हुआ कि अन्य अमीरों से जो उसकी ओर थे पत्र व्यवहार किये बिना उसने (ऐनुलमुल्क ने) यह कार्यवाही नहीं की होगी। उसने आदेश दिया कि उसके मुसाहिबों को उसके अस्तबल से अच्छी नसल के घोड़े तुरंत बाँट दिये जायें। मेरे पास भी कुछ घोड़े भेजे गये। मेरे साथ अमीरे अमीरान किर्मानी नामक एक व्यक्ति था। वह बड़ा ही शूर वीर था। मैं ने उसे उसमें से सब्ज़ रंग का एक घोड़ा दे दिया। जब वह उस पर सवार हुआ तो घोड़ा भाग खड़ा हुआ और उससे न रुका। घोड़े ने उसे नीचे गिरा दिया और तत्काल ही उसकी मृत्यु हो गई। ईश्वर उस पर दया करे।

सुल्तान उस दिन अतिशीघ्र प्रस्थान करके अस्र[2] पश्चात् क़न्नौज नगर पहुंच गया (३४८) क्योंकि उसे भय था कि कहीं विद्रोही उससे पूर्व ही वहाँ न पहुंच जायं। उस रात्रि में सुल्तान स्वयं सेना को सुव्यवस्थित करता रहा। वह हमारा भी निरीक्षण करने आया। हम लोग सेना के अग्रिम भाग में थे। उसके चाचा का पुत्र मलिक फ़ीरोज हमारे साथ था।

---

१ कम्बील अथवा कम्पिला फ़तेहगढ़ से २८ मील उत्तर पश्चिम में।

२ दोपहर पश्चात्।

अमीर ग़द्दा इब्ने मुहन्ना, सैयिद नसीरुद्दीन मुतहर तथा ख़ुरासान के अमीर भी हमारे साथ थे। उसने हमें अपने व्यक्तिगत विशेष साथियों में सम्मिलित कर लिया और हमसे कहा कि "तुम लोग मुझे बड़े प्रिय हो और मेरा साथ कभी मत छोड़ो।" इसमें कुशल ही रही क्योंकि विद्रोही ने रात्रि के अन्तिम भाग में सेना के अग्रिम भाग पर छापा मारा। वज़ीर ख़्वाजये जहाँ भी उसी भाग में था। सेना में बड़ा कोलाहल मच गया। सुल्तान ने आदेश दिया कि 'कोई भी अपने स्थान को न छोड़े और शत्रु से तलवार के अतिरिक्त किसी वस्तु से युद्ध न करे।' समस्त सेना ने तलवारें खींच लीं और वह शत्रु की ओर अग्रसर हुई। युद्ध प्रचंड हो गया। सुल्तान ने उस रात्रि में अपना चिह्न देहली तथा ग़ज़नी निश्चित किया था। जब हमारी सेना का कोई सवार दूसरे को मिलता था तो देहली शब्द कहता था। यदि वह उत्तर में ग़ज़नी कहता तो समझ लिया जाता कि वह हमारी सेना का है अन्यथा उसके विषय में आदेश था कि उसकी हत्या कर दी जाय। विद्रोही का विचार सुल्तान के शिविर पर छापा मारने का (३४९) था किन्तु उसके मार्ग दर्शाने वाले ने उससे विश्वास-घात किया और वह वज़ीर के स्थान पर पहुँच गया। उसने मार्ग दर्शाने वाले की हत्या करदी। वज़ीर की सेना में ईरानी, तुर्क तथा ख़ुरासानी बड़ी संख्या में थे। वे हिन्दुओं (हिन्दुस्तानियों) के शत्रु होने के कारण जी तोड़ कर लड़े। यद्यपि शत्रु की सेना में लगभग पचास हज़ार सैनिक थे किन्तु दिन निकलते निकलते वे भाग खड़े हुये।

मलिक इबराहीम, जो बन्जी तातार के नाम से प्रसिद्ध था और जिसे सुल्तान की ओर से सन्दीले[1] की, जो ऐनुलमुल्क के प्रांत का एक ग्राम था, अक़्ता प्राप्त थी, विद्रोह में उसका सहायक बन गया था और उसने उसे अपना नायब नियुक्त कर दिया था। क़ुतुबुल मुल्क का पुत्र दाऊद तथा मलिकुत्तुज्जार का पुत्र, जो सुल्तान के हाथियों तथा घोड़ों की देख रेख के लिये नियुक्त हुये थे, उससे (ऐनुलमुल्क से) मिल गये। दाऊद को ऐनुलमुल्क ने अपना हाजिब नियुक्त कर दिया था। जब ऐनुलमुल्क ने वज़ीर की सेना पर छापा मारा तो दाऊद (३५०) चिल्ला-चिल्ला कर सुल्तान को गन्दी-गन्दी गालियाँ देता था। सुल्तान ने स्वयं उसकी गालियाँ सुनीं और उसकी आवाज़ पहचानी।

जब लोग भागने लगे तो ऐनुलमुल्क ने अपने नायब इबराहीम तातार से कहा "हे मलिक इबराहीम! अब तेरी क्या राय है? सेना के बहुत से लोग भाग रहे हैं। अच्छे-अच्छे योद्धा भाग खड़े हुये हैं। हम लोग भी भागने का प्रयत्न क्यों न करें?" इबराहीम ने अपने साथियों से अपनी भाषा में कहा "जब ऐनुलमुल्क भागने लगेगा तो मैं उसके दब्बूक़ा (केश) पकड़ लूंगा। तुम उसी समय उसके घोड़े को मार देना। इस प्रकार वह भूमि पर गिर पड़ेगा। फिर हम लोग उसे पकड़ कर सुल्तान के पास ले जायेंगे। सम्भव है कि इस प्रकार विद्रोह में उसका साथ देने का हमारा अपराध सुल्तान क्षमा कर दे।" जब ऐनुलमुल्क भागने लगा तो इबराहीम ने कहा, "हे सुल्तान अलाउद्दीन! कहाँ जाते हो?" ऐनुलमुल्क ने अपनी उपाधि सुल्तान अलाउद्दीन रक्खी थी। उसने ऐनुलमुल्क के दब्बूक़ा (केश) ज़ोर से पकड़ लिये। उसके साथियों ने उसके घोड़े को मार दिया। वह भूमि पर गिर पड़ा। इबराहीम भी उसी पर फांद पड़ा और उसे पकड़ लिया। जब वज़ीर के अधिकारी उसे पकड़ने को आये तो उसने उन्हें रोका और कहा कि, "मैं इसे स्वयं वज़ीर के पास ले जाऊँगा (३५१) अन्यथा युद्ध करके प्राण त्याग दूंगा, किन्तु इसे जाने न दूंगा।" उन लोगों ने उसे छोड़ दिया और वह उसे वज़ीर के पास ले गया।

---

१ उत्तर प्रदेश के हरदोई जिले का एक क़स्बा।

उस दिन प्रातःकाल में देख रहा था कि सुल्तान के सम्मुख हाथी तथा पताकाएँ लाई जा रही थीं। उसी समय एक एराक़ी ने आकर मुझसे कहा, "ऐनुलमुल्क बन्दी बना लिया गया है और वज़ीर के पास पहुँचा दिया गया है।" मुझे विश्वास न हुआ। कुछ समय पश्चात् मलिक तमूर शुर्बदार आया और उसने मेरा हाथ पकड़ कर बधाई देते हुये कहा, "वास्तव में ऐनुलमुल्क बन्दी बना लिया गया और इस समय वज़ीर के पास है।" उसी समय सुल्तान चल खड़ा हुआ और हम भी ऐनुलमुल्क के मुहल्ले (शिविर) की ओर गंगा की तरफ़ बढ़े। सैनिकों ने उसका शिविर लूट लिया था। ऐनुलमुल्क के बहुत से सैनिक नदी में घुस गये थे और डूब कर मर गये थे। क़ुतुबुलमुल्क का पुत्र दाऊद तथा मलिकुत्तुज्जार का पुत्र दोनों ही अन्य लोगों के साथ बन्दी बना लिये गये थे। धन सम्पत्ति तथा घोड़े लूट लिये गये थे। सुल्तान घाट के निकट उतरा और वज़ीर ऐनुलमुल्क को लाया। वह पूर्णतया नग्न था; केवल एक लंगोट बंधा था और उसका एक सिरा उसकी गर्दन में लपेट दिया
(३५२) गया था और वह बैल पर सवार था।

वज़ीर ने उसे शिविर के द्वार पर खड़ा कर दिया। वज़ीर सुल्तान के पास गया। सुल्तान ने उसके सम्मान के लिये उसे शुर्बा (पीने की कोई वस्तु) दी। मलिकों के पुत्र ऐनुलमुल्क के पास आते थे, उसे गालियाँ देते थे और उसके मुख पर थूकते तथा उसके साथियों को मारते थे। सुल्तान ने मलिक कबीर को उसके पास भेज कर कहलाया कि "तू ने यह क्या किया ?" किन्तु उसे कोई उत्तर न मिला। सुल्तान के आदेशानुसार उसे फटे पुराने वस्त्र पहनाये गये और उसके पैरों में चार बेड़ियाँ डाली गई। उसके हाथ गर्दन पर बाँध दिये गय और उसे वज़ीर को सौंप दिया गया कि वह उसकी रक्षा करता रहे।

उसके भाई नदी पार करके भाग गये और अवध पहुँच कर वहाँ से अपने परिवार तथा जो कुछ धन सम्पत्ति उठा कर ले जा सके लेकर भाग गये। उन्होंने अपने भाई ऐनुलमुल्क की पत्नी से कहा कि, 'तू भी अपने बाल बच्चों को लेकर हमारे साथ प्राणों की रक्षा हेतु भाग चल।' उसने उत्तर दिया कि "क्या मैं काफ़िर स्त्री से भी कम हूँ जो अपने पति के साथ जल
(३५३) जाती है ? यदि मेरा पति जीवित रहेगा तो मैं भी जीवित रहूँगी और यदि वह मरेगा तो मैं भी मर जाऊँगी' इस पर वे लोग उसे छोड़ गये। सुल्तान को जब इस बात की सूचना मिली तो यह बात उसके सौभाग्य का कारण बन गई क्योंकि सुल्तान को उस पर दया आ गई। उन भाइयों में से नसरुल्लाह नामक, सुहैल ख्वाजा सरा के हाथ लग गया। उसने नसरुल्लाह की हत्या कर दी और उसका कटा शीश सुल्तान के सम्मुख प्रस्तुत कर दिया। वह ऐनुलमुल्क की माता, पत्नी तथा बहिन को भी लाया। वे वज़ीर को सौंप दी गई। उन्हें ऐनुलमुल्क के पास एक खेमे में रक्खा गया। ऐनुलमुल्क उनसे भेंट करने जाया करता था और कुछ समय तक उनके पास बैठ कर अपने बन्दीगृह को लौट जाता था।

विजय के दिन अस्र के समय सुल्तान ने आदेश दिया कि बाज़ारी, साधारण लोग, दास तथा इस प्रकार के जो भी लोग बन्दी बनाये गये हैं, उन्हें मुक्त कर दिया जाय। मलिक इबराहीम बंजी, जिसका उल्लेख हो चुका है, प्रस्तुत किया गया। मलिकुल असकर (सेनापति)
(३५४) मलिक नुवा ने, कहा कि, "अखुन्द आलम ! इसने भी विद्रोह किया था; अतः इसकी भी हत्या कर दी जाय।" वज़ीर ने कहा, "ऐनुलमुल्क को बन्दी बनाने के कारण इसका अपराध क्षमा कर दिया गया।" सुल्तान ने भी उसको क्षमा कर दिया। वह मुक्त कर दिया गया और उसे अपने प्रान्त में जाने की अनुमति दे दी गई। मग़रिब के उपरान्त (सायंकाल के पश्चात्) सुल्तान काष्ठ के बुर्ज में बैठा। विद्रोही के ६२ मुख्य सहायक उसके सम्मुख प्रस्तुत किये गये। तत्पश्चात् हाथी लाये गये और उन लोगों को हाथियों के समक्ष डाल दिया गया। उन्होंने

अपने दाँतों में लगे हुये फल से उन्हें चीरना फाड़ना आरम्भ कर दिया। कुछ की तो उन्होंने ऊपर उछाल उछाल कर हत्या कर दी। उस समय नौबत, नक़्क़ारे तथा नफ़ीरी बजाई जाती थीं। ऐनेलमुल्क खड़ा देख रहा था और उनके टुकड़े उसकी ओर फेंके जाते थे। तत्पश्चात् उसे बन्दीगृह में भेज दिया गया।

सुल्तान ने नदी के घाट पर मनुष्यों की अधिकता तथा नौकाओं की कमी के कारण कुछ दिनों तक पड़ाव किया। सुल्तान का सामान तथा राजकोष हाथियों द्वारा पार किया गया। सुल्तान ने कुछ हाथी अपने खास खास अमीरों को अपनी अपनी सम्पत्ति नदी के पार (३५५) ले जाने के लिये प्रदान किये। उसने मुझे भी एक हाथी भेजा जिस पर मैंने अपना माल लाद कर नदी को पार किया।

तत्पश्चात् सुल्तान हम लोगों को साथ लेकर बहराइच की ओर चल खड़ा हुआ। यह नगर सरयू नदी के तट पर बसा है और बड़ा ही सुन्दर है। सरयू बहुत बड़ी नदी है और बड़ी तीव्र गति से बहती है। सुल्तान ने पवित्र शेख सालार मसऊद[1] की क़ब्र की ज़ियारत[2] करने के लिये नदी पार की। उसी ने इस ओर के बहुत से भागों पर विजय प्राप्त की थी। उसके तथा उसके युद्धों के विषय में बड़ी विचित्र कहानियाँ प्रसिद्ध हैं। लोगों के नदी पार करने के समय बड़ी भीड़ थी। एक बड़ी नाव, जिसमें ३०० मनुष्य थे, डूब गई और केवल एक अरब जो अमीर ग़द्दा का साथी था बच सका। हम एक छोटी नौका में थे, और ईश्वर ने हमें बचा लिया। जो अरब डूबने से बच गया उसका नाम सालिम (सुरक्षित) था और यह एक विचित्र अनुरूपता थी। वह हमारे साथ नौका पर बैठना चाहता था किन्तु उसने जब यह देखा कि हमारी नौका आगे बढ़ गई तो वह बड़ी नाव पर, जो डूब गई थी, बैठ गया। (३५६) जब वह नदी से निकला तो लोगों को सन्देह हुआ कि वह हमारे साथ था। इस पर हमारे साथियों में चीत्कार मच गया कि हम डूब गये; किन्तु जब लोगों ने हमें सुरक्षित देखा तो सब बड़े प्रसन्न हो गये।

तत्पश्चात् हम लोगों ने उपर्युक्त शेख की क़ब्र की ज़ियारत की। उनकी क़ब्र एक गुम्बद में है किन्तु मैं अत्यधिक भीड़ के कारण उसमें प्रविष्ट न हो सका। उसी प्रदेश में हम एक बाँस के जंगल में प्रविष्ट हुये तो हम ने एक गेंड़ा देखा। जब लोग उसकी हत्या करके उसका सिर लाये तो वह हाथी के सिर से कई गुना बड़ा था, किन्तु उसका शरीर हाथी से छोटा था। इस पशु का उल्लेख इसके पूर्व हो चुका है।

सुल्तान का अपनी राजधानी को लौटना तथा अली शाह कर (बहरा) का विद्रोह—

ऐनुलमुल्क पर विजय प्राप्त करने के उपरान्त, जिसका उल्लेख हो चुका है, सुल्तान २½ वर्ष के पश्चात् अपनी राजधानी को लौटा। उसने ऐनुलमुल्क तथा नुसरत खाँ को, जिसने (३५७) तिलंग प्रान्त में विद्रोह किया था, क्षमा कर दिया और दोनों को अपने उद्यानों का नाज़िर (प्रबन्धक) नियुक्त कर दिया। उन्हें खिलअत तथा घोड़े प्रदान किये गये और उनके लिये आटे तथा मांस के प्रदान किये जाने का प्रबन्ध राज्य की ओर से कर दिया गया।

---

१ एक प्रसिद्ध मुसलमान संत। कहा जाता है कि वे बहराइच में निवास करने लगे थे और महमूद ग़ज़नवी के बहुत बड़े सहायक थे। कहा जाता है कि बहराइच में हिन्दुओं से युद्ध करते हुये १८ वर्ष की अवस्था में १०३३ ई० में मारे गये। वे बहराइच में दफ़न हुये और उनका मज़ार बड़ा प्रसिद्ध है।

२ दर्शन।

तत्पश्चात् यह समाचार मिला कि क़ुतलू खाँ (क़ुतलुग़ खाँ) के एक साथी अली शाह कर (बहिरा) ने सुल्तान के विरुद्ध विद्रोह कर दिया। वह बड़ा ही वीर, रूपवान तथा चरित्रवान व्यक्ति था। उसने बद्रकोट पर अधिकार जमा कर उसे अपनी राजधानी बना लिया और वहाँ की सेना को निकाल दिया। सुल्तान के आदेशानुसार उसका गुरु (क़ुतलुग़ खाँ) एक बहुत बड़ी सेना लेकर उससे युद्ध करने गया। वहाँ पहुंच कर उसने उसे घेर लिया और बुर्जों को सुरंग से उड़ा दिया। जब अली शाह की दशा शोचनीय हो गई तो उसने आश्रय की प्रार्थना की। क़ुतलू खाँ ने वचन देकर उसे सुल्तान के पास बन्दी बना कर भेज दिया। (३५८) सुल्तान ने उसे क्षमा कर के ख़ुरासान की सीमा पर स्थित ग़ज़नी नगर में भेज दिया। वह वहाँ कुछ समय तक रहा, किन्तु देश प्रेम से विवश होकर उसने लौट आना निश्चय कर लिया। इस प्रकार मानो उसका अन्तिम समय आ गया था। सिन्ध में वह बन्दी बना लिया गया और सुल्तान के पास भेज दिया गया। सुल्तान ने उससे कहा, "तुम पुनः उपद्रव मचाने आ गये" और उसकी हत्या करादी।

अमीर बख़्त का भागना और फिर पकड़ा जाना—

सुल्तान अमीर बख़्त से कुपित था। उसकी उपाधि शरफ़ुलमुल्क थी। वह उन लोगों में से था जो हमारे साथ सुल्तान के पास आये थे। सुल्तान ने उसका वेतन चालीस हज़ार (तन्के) से घटा कर एक हज़ार कर दिया और उसे वज़ीर की सेवा में देहली भेज दिया। संयोग से अमीर अब्दुल्लाह हरवी तिलंग में संक्रामक रोग में मर गया। उसकी सम्पत्ति उसके साथियों के पास देहली में थी। उन लोगों ने अमीर बख़्त से मिल कर भाग निकलने की योजना बनाली। जब वज़ीर देहली से सुल्तान से मिलने गया तो वे अमीर बख़्त तथा (३५६) उसके साथियों के साथ भाग गये और सात दिन में सिन्ध पहुँच गये यद्यपि यह मार्ग चालीस दिन का है। उनके साथ कोतल घोड़े थे। उनका विचार था कि वे सिन्ध नदी तैर कर पार करलें। अमीर बख़्त, उसके पुत्र तथा उन लोगों ने, जो तैरना न जानते थे, नरकट के बेड़ों पर जो इसी उद्देश्य से तैयार किये जाते हैं नदी पार करना निश्चय किया। इस कार्य के लिये उन्होंने रेशम की डोरियाँ तैयार करली थीं। जब वे नदी पर पहुँचे तो तैर कर पार करने से डर गये। उन्होंने अपने दो आदमी उच्च के साहिब (हाकिम) जलालुद्दीन के पास भेजे। उन दोनों ने जाकर उससे कहा कि "कुछ व्यापारी नदी को पार करना चाहते हैं और उन्होंने यह ज़ीन उपहार में भेज कर प्रार्थना की है कि उन्हें नदी पार करने की अनुमति प्रदान करदी जाय।" अमीर को सन्देह हुआ कि व्यापारी किस प्रकार ऐसी ज़ीन भेंट कर रहे हैं। उसने दोनों को बन्दी बनाये जाने का आदेश दे दिया। उनमें से एक भाग कर शरफ़ुल मुल्क तथा उसके साथियों के पास पहुँच गया। वे जागरण तथा निरंतर यात्रा करने के कारण (३६०) थक कर सो गये थे। उसने उनको सब हाल बताया। वे घबड़ा कर सवार होकर भाग खड़े हुये। जलालुद्दीन ने आदेश दिया कि जो आदमी बन्दी बना लिया गया है उसे ख़ूब पीटा जाय। उसने शरफ़ुलमुल्क का हाल बता दिया। जलालुद्दीन के आदेशानुसार उसका नायब सेना लेकर उन लोगों का पीछा करने के लिये चल पड़ा। जब वह वहाँ पहुँचा तो उसे ज्ञात हुआ कि वे भयभीत होकर भाग चुके हैं किन्तु वह अनुमान से उनके पीछे चल दिया और उन तक पहुँच गया। सेना ने बाणों की वर्षा प्रारम्भ करदी। शरफ़ुलमुल्क के पुत्र ताहिर का बाण अमीर जलालुद्दीन के नायब के बाज़ू पर लगा किन्तु उन पर अधिकार जमा लिया गया। वे सब जलालुद्दीन के सम्मुख प्रस्तुत किये गये। उसने उनके पैरों में बेड़ियाँ तथा हाथों में हथकड़ियाँ डलवा कर वज़ीर के पास उनके सम्बन्ध में सूचना भेज दी। वज़ीर ने आदेश दिया

कि उन्हें राजधानी में भेज दिया जाय, अतः वे राजधानी को भेज दिये गये । वहाँ वे बन्दीगृह में डाल दिये गये । ताहिर बन्दीगृह में मर गया । तत्पश्चात् सुल्तान ने आदेश दिया कि शरफ़ुलमुल्क के प्रतिदिन सौ कोड़े लगाये जायं । उसे कुछ समय तक यह दंड मिलता रहा (३६१) किन्तु अन्त में सुल्तान ने उसको क्षमा कर दिया और उसे अमीर निज़ामुद्दीन मीर नजला के साथ चन्देरी प्रान्त में भेज दिया । वहाँ वह इतनी दीन अवस्था को प्राप्त हो गया कि उसके पास घोड़ा भी न रह गया था और वह बैल पर सवार हुआ करता था । बहुत समय तक उसकी यही दशा रही किन्तु कुछ समय उपरान्त वह अमीर (नजला) शरफ़ुलमुल्क को अपने साथ लेकर सुल्तान से मिला और सुल्तान ने उसे चाशनीगीर नियुक्त कर दिया । उसका कार्य यह था कि वह मांस के टुकड़े कर-कर के सुल्तान के समक्ष रखता था और भोजन लेकर सुल्तान के सम्मुख जाता था । कुछ समय पश्चात् सुल्तान ने उसके सम्मान में और भी वृद्धि करदी । उसका सम्मान इतना बढ़ गया कि जब वह रुग्ण हुआ तो सुल्तान उसकी दशा पूछने गया । उसने आदेश दिया कि उसके बराबर सोना तोल कर उसे दे दिया जाय । पहली यात्रा के उल्लेख में इस कहानी की चर्चा हो चुकी है । कुछ समय पश्चात् सुल्तान ने उसका विवाह अपनी बहिन से कर दिया और उसे चन्देरी प्रान्त प्रदान कर दिया जहाँ वह अमीर निज़ामुद्दीन के सेवक के रूप में बैल पर सवार हुआ करता था । ईश्वर को धन्य है जो इस प्रकार हृदय परिवर्तित कर देता है और कुछ का कुछ कर देता है ।

सिन्ध में शाह अफ़ग़ान[1] का विद्रोह—

(३६२) शाह अफ़ग़ान (शाह अफ़ग़ान) ने सुल्तान के विरुद्ध मुल्तान में, जो सिन्ध प्रान्त में है, विद्रोह कर दिया । वहाँ के अमीर बहज़ाद की हत्या कर दी और स्वयं सुल्तान बन बैठा । जब सुल्तान ने उस पर चढ़ाई करने की तैयारी प्रारम्भ करदी तो, यह समझ कर कि सुल्तान से युद्ध करना असम्भव है, वह अपनी जाति के अफ़ग़ानों में चला गया जो कठिन तथा अगम्य पर्वतों में निवास करते हैं । सुल्तान को इस पर बड़ा क्रोध आया । उसने अपने अधिकारियों को लिखा कि उन्हें जहाँ कहीं भी अफ़ग़ान मिलें, उनको बन्दी बना लिया जाय । क़ाज़ी जलाल के विद्रोह का कारण यही था ।

क़ाज़ी जलाल का विद्रोह—

क़ाज़ी जलाल तथा कुछ अफ़ग़ान किम्बाया नगर[2] तथा बुलूज़रा[3] नगर के निकट निवास करते थे । जब सुल्तान ने अपने अधिकारियों को अफ़ग़ानों के बन्दी बनाये जाने के सम्बन्ध में आदेश दिया तो उसने गुजरात तथा नहरवाले के वज़ीर के नायब मलिक मुक़बिल (३६३) को यह आदेश भेजा कि किसी युक्ति से क़ाज़ी जलाल तथा उसके साथियों को बन्दी बना लिया जाय । बुलूज़रा प्रदेश मलिकुल हुकमा की अक्ता में था । मलिकुल हुकमा का विवाह सुल्तान की सौतेली माता अर्थात् उसके पिता सुल्तान तुग़लुक़ की पत्नी से हुआ था । तुग़लुक़ द्वारा उसके एक पुत्री हुई थी जिसका विवाह अमीर ग़द्दा से हुआ था । मलिकुल हुकमा उस समय मुक़बिल के साथ था क्योंकि उसका प्रदेश उसी की देख रेख में था । जब वे गुजरात में पहुंचे तो मुक़बिल ने मलिकुल हुकमा को आदेश दिया कि वह क़ाज़ी जलाल तथा उसके साथियों को उसके पास ले आये । जब मलिकुल हुकमा उनके राज्य में पहुंचा तो गुप्त रूप से उन्हें सचेत कर दिया क्योंकि वे भी उसी के देश के निवासी थे और उन्हें यह भी सूचना भेज दी कि मुक़बिल उन लोगों को बन्दी

१ यह विद्रोह ७४२ हि० (१३४१ ई०) में हुआ ।

२ खम्बायत ।

३ भड़ौंच अथवा बड़ौदा ।

बनाने के लिये बुलवा रहा है। अतः वे लोग बिना अस्त्र शस्त्र के उसके पास न जायँ। वे लोग अस्त्र शस्त्र लगा कर ३०० की संख्या में घोड़ों पर सवार होकर मुक़बिल के पास पहुँचे और कहा "हम लोग एक साथ ही प्रविष्ट होंगे।" मुक़बिल समझ गया कि उन्हें इकट्ठा बन्दी बनाना बड़ा कठिन (३६४) है। उसने उनके भय के कारण उन्हें आदेश दिया कि वे अपने घरों को लौट जायँ और उन्हें आश्वासन दिलाया कि उन्हें कोई भय नहीं किन्तु उन लोगों ने विद्रोह कर दिया। किम्बाया (खम्बायत) नगर में प्रविष्ट हो गये और वहाँ सुल्तान का ख़ज़ाना तथा प्रजा की धन सम्पत्ति लूट ली। इब्नुल कौलमी व्यापारी की भी धन-सम्पत्ति लूट ली। उसने सिकन्दरया में एक सुन्दर विद्यालय का निर्माण कराया था। इसका उल्लेख इसके पश्चात् होगा। मलिक मुक़बिल उन से युद्ध करने को गया किन्तु उन लोगों ने उसे बुरी तरह पराजित कर दिया। तत्पश्चात् मलिक अज़ीज़ ख़म्मार तथा मलिक जहाँ बम्बल ७००० अश्वारोहियों को लेकर उनसे युद्ध करने गये किन्तु उन लोगों ने उन्हें भी परास्त कर दिया। कलहकारी तथा अपराधी इन घटनाओं का हाल सुन सुन कर उनके पास एकत्र होने लगे। क़ाज़ी जलाल स्वयं सुल्तान बन बैठा और उसके साथियों ने उसकी बैअत करली। जब सुल्तान ने उनसे युद्ध करने के लिये सेनायें भेजीं तो क़ाज़ी जलाल ने उन सेनाओं को भी हरा दिया। दौलताबाद में भी अफ़ग़ानों का एक समूह रहता था। उन लोगों ने भी विद्रोह कर दिया।

मलिक मल के पुत्र का विद्रोह—

(३६५) मलिक मल का पुत्र (सुल्तान नासिरुद्दीन अफ़ग़ान) दौलताबाद में कुछ अफ़ग़ानों के साथ निवास करता था। सुल्तान ने अपने नायब निज़ामुद्दीन को जो उसके गुरु क़ुतुलू ख़ाँ (क़ुतलुग़ ख़ाँ) का भाई था, उन्हें बन्दी बनाने के लिए लिखा। उसे ज़ंजीरों तथा हथकड़ियों के गट्ठर और शिशिर-कालीन खिलअ़त भी भेजी। हिन्दुस्तान के सुल्तान की यह प्रथा है कि वे प्रत्येक नगर के अमीर (शासक, तथा अपनी सेना के मुख्य अधिकारियों को साल में दो खिलअ़तें भेजते है—एक शीत तथा दूसरी ग्रीष्म ऋतु में। खिलअ़तों के पहुंचने पर अमीर तथा सेना वाले उसके स्वागतार्थ जाते हैं। जब वे खिलअ़त लाने वाले के निकट पहुंचते हैं तो अपनी सवारियों से उतर पड़ते हैं। उनमें से प्रत्येक अपनी अपनी खिलअ़त ले कर कन्धे पर रख लेता है और जिस दिशा में सुल्तान की उपस्थित ज्ञात होती है उस ओर मुख करके अभिवादन करता था। सुल्तान ने निज़ामुद्दीन को यह लिख दिया था कि जब अफ़ग़ान नगर के बाहर आयें और खिलअ़त लेने के लिए सवारियों से उतर पड़ें तो उसी समय उन्हें बन्दी बना दिया जाय। खिलअ़त लाने वालों में से एक ने अफ़ग़ानों को उस षड्यंत्र (३६६) की सूचना दे दी। इसके कारण निज़ामुद्दीन ने जो योजना बनाई वह उल्टी पड़ गई। जब वह तथा अफ़ग़ान सवार होकर नगर से बाहर निकले और खिलअ़त लाने वालों के निकट पहुंचे तो निज़ामुद्दीन अपने घोड़े से उतर पड़ा। अफ़ग़ानों ने उस पर तथा उसके साथियों पर आक्रमण कर दिया। उसे बन्दी बना लिया और उसके बहुत से साथियों की हत्या कर दी। वे नगर में प्रविष्ट हो गये और उन्होंने ख़ज़ाने पर अधिकार जमा लिया। उन्होंने मलिक मल के पुत्र नासिरुद्दीन को अपना सरदार नियुक्त कर लिया। उपद्रव कारी उनके पास एकत्र होने लगे और वे बड़े शक्तिशाली बन गये।

सुल्तान का स्वयं किम्बाया (खम्बायत) पर आक्रमण करना—

सुल्तान खम्भायत तथा दौलताबाद के अफ़ग़ानों के विद्रोह की सूचना पाकर स्वयं युद्ध के लिये निकल खड़ा हुआ और सर्व प्रथम उसने खम्बायत पर आक्रमण करना निश्चय किया। तत्पश्चात् वह दौलताबाद को वापस होना चाहता था। उसने विवाह के सम्बन्ध के अपने एक रिश्तेदार आज़मुल मलिक बायज़ीदी को ४,००० सैनिक देकर अपने आगे युद्ध करने के

(३६७) लिये भेजा किन्तु क़ाज़ी जलाल के सैनिकों ने उन्हें पराजित कर दिया। वे बुलूज़रा (भड़ौंच) में घेर लिये गये और उनसे वहीं युद्ध हुआ। क़ाज़ी जलाल की सेना में एक व्यक्ति शेख़ जलूल नामक था। वह बड़ा ही शूरवीर था और वह (शाही) सेना पर निरंतर आक्रमण तथा उनका संहार करता रहा किन्तु कोई भी उससे पृथक् युद्ध न कर सका। संयोग से एक दिन उसने अपने घोड़े को दौड़ाया और वह उसे लेकर एक खाई में जा पड़ा। जलूल घोड़े से गिर पड़ा और किसी ने उसकी हत्या करदी। वह दो कवच धारण किये था। उसका सिर सुल्तान के पास भेज दिया गया और उसका शरीर बुलूज़रा (भड़ौंच) नगर की शहर पनाह पर लटका दिया गया। उसके हाथ पाँव अन्य प्रदेशों में भेज दिये गये। तत्पश्चात् सुल्तान अपनी सेना लेकर पहुँचा। क़ाज़ी जलाल को सुल्तान का सामना करना असम्भव हो गया और वह अपने साथियों सहित अपना परिवार तथा धन सम्पत्ति छोड़ कर भाग गया। सेना ने वह सब लूट लिया और वे नगर में प्रविष्ट हो गये। सुल्तान कुछ दिनों तक वहाँ ठहरा रहा और फिर वहाँ से प्रस्थान करके अपने बहनोई शरफ़ुलमुल्क अमीर बख़्त को (३६८) वहाँ छोड़ गया। इसका उल्लेख हो चुका है कि वह किस प्रकार भागा, सिन्ध में पकड़ा गया, किस प्रकार वह अपमानित अवस्था में रहा और किस प्रकार उसे पुनः आदर सम्मान प्रदान किया गया। सुल्तान ने आदेश दिया कि जिन-जिन लोगों ने जलालुद्दीन की बैअ़त की थी उन्हें वह ढुंढ़वाये और उसकी सहायता के लिये कुछ फ़क़ीह भी छोड़ दिये जिससे वह उनके निर्णय के अनुसार व्यवहार करे। इस प्रकार शेख हैदरी की, जिसका उल्लेख हो चुका है, हत्या हुई।

क़ाज़ी जलाल भाग कर मलिक मल के पुत्र नासिरुद्दीन के पास दौलताबाद पहुँचा और उसके साथियों में सम्मिलित हो गया। सुल्तान स्वयं वहाँ पहुँचा। विद्रोहियों ने ४०,००० सेना एकत्र की जिसमें अफ़ग़ान, तुर्क, हिन्दू तथा (हबशी) दास सम्मिलित थे। सब ने प्रतिज्ञा की थी कि वे भागेंगे नहीं अपितु सुल्तान से युद्ध करते रहेंगे। जब सुल्तान ने सर्व प्रथम उनसे युद्ध प्रारम्भ किया तो अपने ऊपर चत्र न लगाया। जब युद्ध प्रचण्ड हो गया तो अचानक चत्र लगा दिया गया। विद्रोही देख कर विस्मित हो गये और बुरी तरह परास्त हो (३६९) गये। मलिक मल का पुत्र तथा क़ाज़ी जलाल अपने ४०० मुख्य अधिकारियों को लेकर द्वाक़ीर (देवगिरि) के क़िले में शरण के लिये घुस गये। इस क़िले का उल्लेख बाद में होगा। यह संसार का अत्यन्त दृढ़ क़िला समझा जाता है। सुल्तान ने दौलताबाद नगर में निवास किया। द्वाक़ीर (देवगिरि) उसी का क़िला है। उसने उन लोगों (विद्रोहियों) के पास सूचना भेजी कि वे क़िले के बाहर निकल आयें किन्तु उन्होंने कहा "जब तक हमारे प्राणों की रक्षा का आश्वासन न दिया जायगा हम लोग बाहर न आयेंगे।" सुल्तान ने उन्हें किसी प्रकार का आश्वासन देना स्वीकार न किया किन्तु उन पर दया के प्रदर्शन हेतु उनके पास भोजन सामग्री भेज दी और स्वयं वहीं ठहरा रहा। मुझे उन लोगों के विषय में इतना ही ज्ञात है।

मुक़बिल तथा इब्नुल कौलमी का युद्ध—

यह युद्ध क़ाज़ी जलाल के विद्रोह के पूर्व हुआ। ताजुद्दीन इब्नुल कौलमी एक बहुत बड़ा व्यापारी था। वह सुल्तान के पास तुर्कों के देश[१] से बड़े बहुमूल्य उपहार लेकर (३७०) आया था। उपहार में दास, ऊँट, व्यापारिक माल, हथियार तथा वस्त्र सम्मिलित थे। सुल्तान इससे बड़ा प्रसन्न हुआ और उसे बारह लाख (तन्के) प्रदान किये, यद्यपि कहा

१ ट्रान्स कज़ियाना।

जाता है कि उपहार का मूल्य एक लाख (तन्के) से अधिक न था। उसे किम्बाया (खम्बायत) का वाली नियुक्त कर दिया जिसका नाज़िर मलिक मुक़बिल वज़ीर का नायब था।

उस नगर में पहुंच कर उसने मलाबार, सैलान टापू (लंका) तथा अन्य स्थानों पर जहाज़ भेजने प्रारम्भ कर दिये। उसके पास बहुमूल्य वस्तुयें तथा अन्य उपहार उन जहाज़ों में आने लगे और वह बड़ा धनी हो गया। राजधानी में जब उसके अधीन स्थानों के खराज भेजने का समय आया, तो मलिक मुक़बिल ने इब्नुल कौलमी को सूचना भेजी कि वह खराज के साथ-साथ समस्त धन सम्पत्ति तथा उपहार भी जो उसे प्राप्त हुये हैं प्रथानुसार भेज दे। इब्नुल कौलमी ने सुल्तान के आदर सम्मान तथा बहुमूल्य उपहारों के भरोसे पर जो उसने सुल्तान से प्राप्त किये थे उस की बात स्वीकार न की और कहला भेजा "मैं उन्हें स्वयं ले जाऊँगा अथवा उन्हें अपने किसी सेवक द्वारा भेज दूंगा, क्योंकि न तो वज़ीर का और न उसके नायब का मुझ पर कोई अधिकार है।" इस पर मुक़बिल ने वज़ीर को लिख भेजा। (३७१) वज़ीर ने मुक़बिल के पत्र के पीछे लिख दिया "यदि तू अपने अधीन स्थानों को अपने वश में नहीं रख सकता तो उन्हें छोड़ कर चला आ।" यह उत्तर पा कर उसने सेना एकत्र करके अपने दासों को लेकर इब्नुल कौलमी पर आक्रमण कर दिया। दोनों का किम्बाया (खम्बायत) के बाहर युद्ध हुआ। इब्नुल कौलमी पराजित हो गया। दोनों ओर से बहुत से आदमी मारे गये। इब्नुल कौलमी एक बहुत बड़े व्यापारी इलयास के घर में छिप गया।

मुक़बिल ने नगर में प्रविष्ट होकर इब्नुल कौलमी की सेना के सरदारों की हत्या करा दी किन्तु इब्नुल कौलमी की रक्षा का आश्वासन दिलाते हुये कहला भेजा कि इसकी शर्त यह है कि वह अपनी व्यक्तिगत सम्पत्ति रख ले किन्तु वह सुल्तान की सम्पत्ति, उपहार तथा नगर का खराज अदा कर दे। उसने स्वीकार कर लिया। मुक़बिल ने समस्त सम्पत्ति अपने सेवकों के हाथ सुल्तान की सेवा में भेज दी और उसके साथ ही एक पत्र इब्नुन कौलमी की शिकायत का भी प्रेषित कर दिया। इब्नुल कौलमी ने भी मुक़बिल की शिकायत लिखी। सुल्तान ने इस पर मलिकुल हुकमा को उनके झगड़े का निर्णय करने को भेजा। इसी के तुरन्त पश्चात् क़ाज़ी (३७२) जलाल का विद्रोह हो गया और इब्नुल कौलमी की धन सम्पत्ति लूट ली गई और वह स्वयं अपने कुछ ममलूक (दासों) के साथ भाग कर सुल्तान के पास पहुँच गया।

हिन्दुस्तान में अकाल--

सुल्तान की अपनी राजधानी से अनुपस्थिति तथा माबर के प्रस्थान के समय हिन्दुस्तान में बहुत बड़ा दुर्भिक्ष पड़ा। एक मन (अनाज) का मूल्य ६० दिरहम हो गया। कुछ समय उपरान्त मूल्य इससे भी अधिक हो गया। चारों ओर क्लेश तथा पीड़ा फैल गई। एक बार जब मैं वज़ीर से भेंट करने जा रहा था तो मैंने तीन स्त्रियों को मरे हुये घोड़े की खाल काट-काट कर खाते देखा। यह घोड़ा महीनों का मरा हुआ था। लोग चमड़ों को पका-पका कर बाजार में बेचते थे। गाय बैलों के ज़िबह होने के समय जो रक्त निकलता था, वह पी जाते थे। मुझसे (३७३) कुछ खुरासानी विद्यार्थियों ने बताया कि वे जब अकरोहा[1] नगर में जो हाँसी तथा सरसुती के मध्य में है प्रविष्ट हुये तो उन्हें नगर रिक्त मिला। वे रात्रि व्यतीत करने के लिए एक घर में चले गये। उस घर की एक कोठरी में एक मनुष्य आग जलाये एक आदमी की टाँग भून भून कर खा रहा था। ईश्वर हमारी रक्षा करे।

जब दशा बड़ी ही शोचनीय हो गई तो सुल्तान ने आदेश दिया कि देहली के समस्त निवासियों को छः मास की भोजन सामग्री प्रदान की जाय। क़ाज़ी, कातिब (सचिव)

१ हिसार से १३ मील दूर (अगरोहा)।

तथा अमीर गलियों एवं मुहल्लों में जा जाकर लोगों के नाम लिखते थे और प्रत्येक को छः मास की भोजन सामग्री १½ रतल (पौंड) प्रतिदिन के हिसाब से प्रदान करते थे। उन दिनों, मैं लोगों को सुल्तान क़ुतुबुद्दीन के मक़बरे में एकत्रित किये हुये भोजन में से भोजन वितरित करता था। इसका उल्लेख शीघ्र होगा। लोग इस प्रकार धीरे धीरे संभलते जाते थे। ईश्वर हमें उस दान का उचित बदला प्रदान करे।

अब सुल्तान के इतिहास तथा उसके समय की बातों की चर्चा पर्याप्त रूप से हो चुकी है; अतः मैं अब उन बातों का उल्लेख करूँगा जिनका सम्बन्ध मुझसे है। अब मैं सर्व प्रथम (३७४) सुल्तान की राजधानी में पहुँचने, तथा उसकी सेवा में रहने के समय तक अपने भाग्य की दशा तथा अन्त में सुल्तान की ओर से राजदूत बनाकर चीन भेजे जाने एवं अपने देश को वापस होने का वृत्तांत लिखूँगा।

सुल्तान मुहम्मद का दरबार

सुल्तान की अनुपस्थिति में हमारा शाही महल में पहुँचना—

जब हम राजधानी, देहली, में प्रविष्ट हुये तो हम सीधे सुल्तान के दरबार में पहुंचे। सर्व प्रथम हम पहले द्वार में प्रविष्ट हुये, फिर दूसरे और फिर तीसरे। प्रत्येक द्वार पर नक़ीब वर्त्तमान थे। उमका उल्लेख इसके पूर्व हो चुका है। जब हम नक़ीबों के सरदार के पास पहुँचे तो हमें एक नक़ीब एक बहुत लम्बे चौड़े कक्ष में ले गया। वहाँ हमने वज़ीर ख्वाजये जहाँ को प्रतीक्षा करते देखा। सबसे आगे आगे ज़ियाउद्दीन ख़ुदावन्द ज़ादा था। उसके पीछे उसका भाई क़िवामुद्दीन, उसके पीछे उसका भाई एमादुद्दीन था। फिर मैं और मेरे पीछे उनका (३७५) भाई बुहरानुद्दीन था। फिर अमीर मुबारक समरक़न्दी और उसके पीछे तुर्क अरुन बुग़ा, फिर मलिक ज़ादा, ख़ुदावन्द ज़ादा का भागिनेय और सबके अंत में बद्रुद्दीन फ़स्साल थे।

हम लोग इसी क्रम से प्रविष्ट हुये। जब हम तीसरे द्वार से प्रवष्टि हुये तो हम बहुत बड़े दरबार कक्ष में जिसका नाम हज़ार सुतून था पहुँचे। यहाँ सुल्तान दरबारे आम करता है। यहाँ पहुँच कर वज़ीर ने अभिवादन प्रकट किया और इस सीमा तक झुक गया कि उसका सिर भूमि के निकट पहुँच गया। हमने भी अभिवादन प्रकट किया किन्तु रुकू[1] के समान झुके यद्यपि हमारी अंगुलियाँ भूमि तक पहुँच गई। यह अभिवादन सुल्तान के सिंहासन की ओर किया गया था। जो लोग हमारे साथ थे उन्होंने भी अभिवादन किया। अभिवादन के उपरान्त नक़ीबों ने उच्च स्वर में "बिस्मिल्लाह[2]" कहा और हम बाहर निकल आये।

सुल्तान की माता के महल में पहुँचना तथा उसके गुण—

(३७६) सुल्तान की माता "मख़दूमये जहाँ" कहलाती है। वह बड़ी ही गुणवती स्त्री हैं और अत्यधिक दान पुण्य करती रहती है। उसने बहुत सी ख़ानक़ाहों का निर्माण कराया है। वहाँ समस्त यात्रियों को भोजन मिलता है। वह नेत्रहीन है। इसका यह कारण बताया जाता है कि जब उसका पुत्र सिंहासनारूढ़ हुआ तो समस्त शाहज़ादियाँ, मलिकों तथा अमीरों की पुत्रियाँ अत्युत्तम वस्त्र तथा आभूषण से शृंगार करके उसकी सेवा में उपस्थित हुईं। वह एक सोने के सिंहासन पर, जिसमें जवाहरात जड़े थे, आसीन थी। उन सब ने उसके सम्मुख अभिवादन किया। चमक की चका चौंध से उसके नेत्रों का प्रकाश जाता रहा। यद्यपि उसका नाना प्रकार से उपचार हुआ किन्तु कोई लाभ न हो सका। उसका पुत्र सबसे अधिक उसका आदर सम्मान करता है। उसका एक उदाहरण यह है।

एक बार वह यात्रा में सुल्तान के साथ गई और सुल्तान उससे कुछ दिन पूर्व ही लौट आया। उसके पहुंचने पर वह उसके स्वागतार्थ गया और घोड़े से उतर पड़ा। जब वह पालकी में थी तो उसने उसके पैरों का चुम्बन किया। सब लोग यह दृश्य देखते रहे।

(३७७) अब मैं अपना असली वृत्तांत आरम्भ करता हूं। जब हम सुल्तान के महल से लौटे तो वज़ीर हम लोगों को साथ लेकर बाबुस्सर्फ़ (मुड़ने वाले द्वार) तक जो बाबुल हरम (पवित्र

१ घुटनों के बल।

१ अल्लाह के नाम से।

द्वार) के नाम से भी प्रसिद्ध है, ले गया। यह मखदूमये जहाँ का निवास स्थान है। जब हम उसके द्वार पर पहुँचे तो अपने घोड़ों से उतर पड़े। हममें से प्रत्येक मखदूमये जहाँ के लिये अपनी सामर्थ्य के अनुसार उपहार लाया था। क़ाज़ी-उल-क़ुज़्ज़ात[1] कमालुद्दीन इब्न (पुत्र) बुरहानुद्दीन हमारे साथ भीतर गया। वज़ीर तथा क़ाज़ी ने उसके द्वार के सम्मुख अभिवादन किया। हमने भी उसी प्रकार अभिवादन किया। उसके द्वार के कातिब (सचिव) ने हमारे उपहारों की सूची तैयार की। तत्पश्चात् कुछ ख्वाजा सरा निकले। उनका सरदार वज़ीर के सम्मुख उपस्थित हुआ और उसने उससे चुपके से कुछ वार्त्तालाप किया। वे फिर महल को लौट गये। वे वज़ीर के पास फिर आये और फिर लौट गये। हम लोग खड़े हुये प्रतीक्षा करते रहे। फिर हमें एक दालान में बैठने का आदेश हुआ।

वहाँ हमारे लिये भोजन लाया गया। तत्पश्चात् सोने के बर्तन लाये गये जिनको (३७८) "सुयून" कहते हैं। यह घड़े के समान थे। उनकी घड़ोंचियाँ, जिन्हें सुबुक कहते हैं, सोने की थीं। तत्पश्चात् प्याले रकाबियाँ तथा लोटे लाये गये। ये सब भी सोने के बने थे; दो दस्तरख्वान बिछाये गये। प्रत्येक दस्तरख्वान पर दो दो पंक्तियाँ थीं। प्रत्येक में सर्व-प्रथम जो मेहमानों में सबसे उच्च श्रेणी का होता है वह आसीन होता है। जब हम भोजन के लिये अग्रसर हुये तो हाजिबों तथा नक़ीबों ने अभिवादन किया और हमने भी अभिवादन किया। पहले शर्बत लाया गया। जब हम शर्बत पी चुके तो हाजिबों ने "बिस्मिल्लाह" कहा। उस समय हमने भोजन प्रारम्भ किया। जब भोजन हो चुका तो फ़ुक़्क़ा, तत्पश्चात् पान लाये गये। फिर हाजिबों ने "बिस्मिल्लाह" कहा। हम सबने अभिवादन किया। तत्पश्चात् हम लोगों को एक निर्धारित स्थान पर ले जाया गया। वहाँ हमें रेशम के बने खिलअत दिये गये जिन पर (३७९) सोने का काम था। फिर हम महल के द्वार पर आये वहाँ पहुँच कर सबने अभिवादन किया और हाजिबों ने "बिस्मल्लाह" कहा। वज़ीर वहीं रुक गया। हम सब भी रुक गये। तत्पश्चात् महल से रेशमी सूती तथा सन के कपड़ों के थान लाये गये। उसमें से हम सब को प्रदान हुआ। तत्पश्चात् एक सोने का थाल आया। उसमें सूखे मेवे थे। दूसरे थाल में गुलाब तथा तीसरे में पान थे।

इस देश में यह प्रथा है कि जिसके लिये यह वस्तुयें लाई जाती हैं वह थाल को हाथ में लेता है और उसे अपने कंधे पर रख कर दूसरे हाथ से भूमि छूता है। वज़ीर ने थाल अपने हाथ में लेकर हमें बतलाया कि हमें क्या करना चाहिये। उसने यह कार्य हमारे ऊपर दया करके एवं अतिथि सत्कार हेतु किया। ईश्वर उस पर दया करे। मैंने भी उसी प्रकार किया। तत्पश्चात् हम लोग उस घर को चले गये जो हमारे निवास के लिये देहली में तैयार किया गया था। यह घर पालम द्वार के निकट था। वहीं हमारे आतिथ्य के लिये सामग्री भेज दी गई।

अतिथि सत्कार—

जब मैं उस घर में पहुंचा तो मैंने अपनी आवश्यकता की समस्त वस्तुयें, अर्थात् फ़र्श, (३८०) चटाई, बर्तन, चारपाई, बिछौना आदि, वहाँ पाईं। हिन्दुस्तान में चारपाइयाँ हलकी होती हैं। एक चारपाई एक ही मनुष्य उठा कर ले जा सकता है। यात्रा में प्रत्येक व्यक्ति चारपाई अपने साथ ही रखता है। उसे उसके सेवक अपने सिर पर रख कर ले जाते हैं। इसमें चार सूच्याकार पाये होते हैं। इनमें लम्बाई तथा चौड़ाई में चार लकड़ियाँ ठुकी होती हैं। उन्हें रेशम अथवा सूत की रस्सियों से बुनते हैं। जब कोई उन पर सोता है तो

१ मुख्य क़ाज़ी।

उसे चारपाई को लचीला बनाने की आवश्यकता नहीं होती क्योंकि वह स्वयं ही लचीली होती हैं।

चारपाई के साथ दो गद्दे, दो तकिये तथा एक लहाफ़ लाये गये। ये सब रेशम के थे। इस देश में यह प्रथा है कि गद्दों तथा लिहाफ़ पर सूती अथवा सन के कपड़ों के ग़िलाफ़ चढ़ा दिये जाते हैं। जब वह मैला हो जाता है तो उसे धो डालते हैं। इस प्रकार गद्दे तथा लिहाफ़ सुरक्षित रहते हैं। उसी रात्रि में दो आदमी लाये गये। एक आटे वाला था जिसे "खर्रास" कहते हैं और दूसरा माँस वाला था जिसे "क़स्साब" कहते हैं। हम लोगों से कह दिया गया कि हम उनसे इतना माँस तथा इतना आटा ले लिया करें। मुझे तोल ठीक याद (३८१) नहीं। इस देश की यह प्रथा है कि आटा तथा माँस तोल में बराबर बराबर दिया जाता है। यह अतिथि सत्कार सुल्तान की माता की ओर से था। तत्पश्चात् सुल्तान की ओर से अतिथि सत्कार हेतु उपहार आने लगे। इसका उल्लेख बाद में होगा।

दूसरे दिन हम सुल्तान के महल में गये और वज़ीर के समक्ष हमने अभिवादन किया। उसने मुझे दो थैलियाँ हज़ार-हज़ार चाँदी के दीनार दराहिम (तन्कों) की दीं और कहा "यह सर शुस्ती अर्थात तुम्हारे सिर धोने के लिये है।" इसके अतिरिक्त उसने मुझे उत्तम ऊन का एक खिलअत दिया। मेरे समस्त साथियों, सेवकों तथा दासों की एक सूची तैयार की गई और उन्हें चार श्रेणियों में विभाजित किया गया। प्रथम श्रेणी वालों में से प्रत्येक को २०० दीनार, दूसरी श्रेणी वालों में से प्रत्येक को १५० दीनार, तीसरी श्रेणी में से प्रत्येक को १०० दीनार तथा चौथी श्रेणी में से प्रत्येक को ७५-७५ दीनार प्रदान किये गये। मेरे साथ कुल चालीस (३८२) आदमी थे और उन सब को लगभग ४,००० दीनार प्रदान किये गये।

तत्पश्चात् सुल्तान की ओर से अतिथि सत्कार का प्रबन्ध निश्चित हुआ। इसमें एक हज़ार हिन्दी रतल आटा जिसमें एक तिहाई मैदा तथा शेष दो तिहाई बिना छना आटा, एक हज़ार हिन्दुस्तानी रतल मांस था। चीनी, घी, मधु, छालियाँ भी कई कई रतल आईं। मुझे वह याद नहीं। हिन्दुस्तानी रतल मग़रिब (मराको) के बीस रतल तथा मिस्र के पच्चीस रतल के बराबर होता है। ख़ुदावन्द ज़ादा के आतिथ्य उपहार में ४००० रतल आटा तथा ४००० रतल माँस तथा अन्य वस्तुएं जिनका ऊपर उल्लेख हो चुका है, थीं।

मेरी पुत्री का निधन तथा मृतक-क्रिया—

हमारे पहुँचने के १½ मास पश्चात्, मेरी एक पुत्री की, जिसकी अवस्था एक वर्ष से कम (३८३) थी, मृत्यु हो गई। जब उसकी मृत्यु की सूचना वज़ीर को प्राप्त हुई तो उसने आदेश दिया कि उसे उस ख़ानक़ाह में जो उसने पालम द्वार के बाहर हमारे शेख़ इबराहीम क़ूनवी के मक़बरे के पास बनाई थी, दफ़न किया जाय। उसके वहाँ दफ़न हो जाने के उपरान्त वज़ीर ने उसके विषय में सुल्तान को लिखा। दूसरे दिन सायं में उत्तर प्राप्त हो गया, यद्यपि सुल्तान वहाँ से दस दिन की दूरी पर था।

यहाँ यह प्रथा है कि मृतक की क़ब्र पर दफ़न होने के तीसरे दिन प्रातःकाल लोग जाते हैं। वे क़ब्र के चारों ओर रेशमी कपड़े, क़ालीन आदि बिछाते हैं। क़ब्र फूलों से ढक दी जाती है। यह फूल प्रत्येक ऋतु में मिल जाते हैं उदाहरणार्थ, चम्पा, गुल शब्बो, जिसमें पीले फूल होते हैं, रायबेल, जो सफ़ेद होती है, दो प्रकार की चमेली, सफ़ेद तथा पीली। नारंगी तथा नीबू की डालियाँ फलों सहित भी रक्खी जाती हैं। यदि उनमें फल नहीं होते तो कुछ फल तागे से बाँध दिये जाते हैं। क़ब्र पर सूखे फल तथा नारियल के ढेर कर दिये जाते हैं। जो लोग वहाँ एकत्र होते हैं, वे अपने अपने क़ुरान लाकर वहाँ पढ़ते हैं। जब पूरा क़ुरान पढ़ लिया

(३८४) जाता है तो उन्हें शर्बत पिलाया जाता है। तत्पश्चात् उन पर अत्यधिक गुलाब जल छिड़का जाता है। उन्हें पान भी दिया जाता है और फिर वे चले जाते हैं।

इस पुत्री के दफ़न होने के तीसरे दिन, प्रातःकाल में रीति के अनुसार बाहर निकला और जो कुछ मुझसे सम्भव हो सका मैंने प्रबन्ध किया, किन्तु ज्ञात हुआ कि वज़ीर ने सब कुछ तैयार करा रक्खा है और क़ब्र के ऊपर एक सिराचा (मंडप) लगा हुआ है। हाजिब शम्सुद्दीन फ़ूशंजी जिसने सिन्ध में हमारा स्वागत किया था, क़ाज़ी निज़ामुद्दीन कर्वानी तथा नगर के अन्य प्रतिष्ठित व्यक्ति उपस्थित थे। मेरे आने के पूर्व यह लोग वहाँ बैठे थे। हाजिब उनके सम्मुख खड़ा था। वे क़ुरान पढ़ रहे थे। मैं भी अपने साथियों के साथ क़ब्र पर बैठ गया। जब वे पढ़ चुके तो क़ारियों (कुरान पढ़ने वालों) ने बड़ी सुन्दर ध्वनि में
(३८५) क़ुरान पढ़ा। तत्पश्चात् क़ाज़ी खड़ा हुआ और उसने मरसिया[1] पढ़ा तथा सुल्तान के गुणों के विषय में कविता पढ़ी। जब सुल्तान का नाम लिया गया तो सब खड़े हो गये और उन्होंने सुल्तान के प्रति अभिवादन किया। तत्पश्चात् सब बैठ गये। उसके उपरान्त क़ाज़ी ने बड़े सुन्दर ढंग से प्रार्थना की। हाजिब तथा उसके साथियों ने गुलाब के पात्रों को लेकर लोगों पर गुलाब जल छिड़का। तत्पश्चात् सब को प्यालों में मिश्री का शर्बत पिलाया गया और पान बाँटे गये। इसके उपरान्त मुझे तथा मेरे साथियों के लिये ११ खिलअतें लाई गई।

फिर हाजिब सवार हुआ और हम उसके साथ सवार होकर सुल्तान के महल में गये। राजसिंहासन की ओर मुख करके नियमानुसार हमने अभिवादन किया। फिर मैं अपने घर चला आया। मैं अपने घर में पहुँचा ही था कि मखदूमये जहाँ के महल से इतना भोजन आया कि मेरा तथा मेरे साथियों के घर भर गये। हम लोगों के भोजन करने तथा दरिद्रों को बाँटने के उपरान्त भी बहुत सी रोटियाँ, हलवा, शकर तथा मिश्री बची रही और बहुत दिनों तक पड़ी रही। यह सब सुल्तान के आदेशानुसार हुआ था।

(३८६) कुछ दिन पश्चात् सुल्तान की माता मखदूमये जहाँ के यहाँ से 'डोला' आया। यह पालकी (के समान) होता है। इसमें स्त्रियाँ यात्रा करती हैं, यद्यपि पुरुष भी कभी कभी इसमें बैठते हैं। यह चारपाई के समान होती है और रेशम अथवा सूत की रस्सियों से बुनी जाती है। इसके ऊपर एक लकड़ी होती है जो एक ठोस बाँस को टेढ़ा करके बनाई जाती है। वह उस लकड़ी के समान होती है जो हमारे यहाँ छत्रों में लगती है। इसे आठ आदमी दो दो भाग में विभाजित होकर उठाते हैं। पहले चार मनुष्य उठाते हैं और चार आराम करते हैं। हिन्दुस्तान में डोलों से वही कार्य लिया जाता है जो मिस्र में गधों से। प्रायः लोगों की जीविका इन्हीं पर निर्भर है। जिन लोगों के पास दास होते हैं उनके डोले दास उठाते हैं। यदि दास न हों तो किराये के मनुष्य मिल जाते हैं। नगर में इस कार्य के लिये, बाज़ारों में, सुल्तान तथा बड़े बड़े आदमियों के द्वार पर इस प्रकार के मनुष्य पर्याप्त संख्या में मिल जाते हैं। लोग उन्हीं को किराये पर कर लेते हैं। स्त्रियों के डोले पर रेशम के पर्दे पड़े होते हैं। इसी प्रकार जो डोला सुल्तान की माता के घर से ख्वाजा सरा लाये थे, उस पर रेशमी पर्दा पड़ा
(३८७) था। उसमें मेरी कनीज[2], को जो मृतक पुत्री की माता थी, बैठाया गया। मैंने उसके साथ एक तुर्की दासी सुल्तान की माता के पास उपहार में भेजी। रात्रि में उस पुत्री की माता वहीं रही। दूसरे दिन वह लौटी। उसे एक हज़ार दीनार दराहिम[3], सोने के जड़ाऊ कड़े, सोने का जड़ाऊ हार, रेशमी सोने के काम का एक कुर्ता, रेशम की एक खिलअत और कपड़ों

---

१ एक प्रकार की कविता जिसमें मृतक के गुणों तथा शोक का उल्लेख होता है।

२ रखेली स्त्री।

३ चाँदी के तन्के।

के कई थान प्रदान किये गये। जब वह इन वस्तुओं को लाई तो मैंने उन्हें अपनी प्रतिष्ठा की रक्षा के लिये अपने साथियों तथा उन व्यापारियों को दे दिया जिनसे मैंने उधार लिया था क्योंकि गुप्तचर मेरे विषय में साधारण से साधारण सूचना को प्रेषित किया करते थे।

सुल्तान तथा वज़ीर की सुल्तान की राजधानी से अनुपस्थिति में मेरे प्रति दानशीलता--

(३८८) जिस समय में सुल्तान की प्रतीक्षा कर रहा था, सुल्तान का आदेश प्राप्त हुआ कि मुझे कुछ ग्राम प्रदान कर दिये जायँ जिनका वार्षिक कर ५००० दीनार हो। तद्नुसार वज़ीर तथा दीवान के अधिकारियों ने मुझे ग्राम प्रदान कर दिये और मैं उन्हें देखने गया। एक ग्राम बदली[1] दूसरा बसही और एक आधा ग्राम बलरह[2] था। यह ग्राम राजधानी से १६ कुरोह अर्थात मील पर स्थित थे। वे सब हिन्दपत (इन्द्रप्रस्थ) की सदी में सम्मिलित थे।

सदी इस देश में सौ ग्रामों के समूह को कहते हैं। नगरों के अधीन स्थान सदियों में विभाजित हैं। प्रत्येक सदी पर एक जौतरी (चौधरी) होता है। वह उस स्थान के काफ़िरों का अधिकारी होता है जो कर एकत्रित करने के लिए एक मुतसर्रिफ़ होता है।

उस समय देहली में कुछ काफ़िर बन्दी स्त्रियाँ प्राप्त हुईं और वज़ीर ने उनमें से दस (३८९) दासियाँ मेरे पास भेज दीं। मैंने उनमें से एक लाने वाले को दे दी। वह उससे संतुष्ट न हुआ। मेरे साथियों ने उनमें से तीन युवतियाँ ले लीं। मुझे शेष के विषय में कोई स्मृति नहीं। लूट द्वारा प्राप्त दासियाँ इस देश में बड़ी सस्ती होती हैं। वे गन्दी होती हैं और नागरिक सभ्यता से परिचित नहीं होतीं। सीखी सिखाई लौंडियाँ भी यहाँ बड़ी सस्ती हैं अतः बन्दी लौंडियों को मोल लेने की किसी को आवश्यकता नहीं होती।

हिन्दुस्तान में काफ़िर समस्त देश में मुसलमानों के साथ मिले जुले रहते हैं और मुसलमान उन पर विजयी रहते हैं। बहुत से काफ़िर दुर्गम पर्वतों ऊबड़ खाबड़ स्थानों तथा बाँस के घने जंगलों में अपनी रक्षा हेतु निवास करते हैं।

यहाँ के बाँस खोखले नहीं होते और बहुत लम्बे हो जाते हैं। इनकी डालियाँ इस प्रकार एक दूसरे से उलझी रहती हैं कि इन पर अग्नि का भी प्रभाव नहीं होता और वे बड़े ही दृढ़ होते हैं। काफ़िर इन्हीं जंगलों में निवास करने लगते हैं और यह जंगल उनके लिये मानों दीवार बन जाते हैं। इसी में इनके पशु तथा खेत होते हैं। वे वर्षा का जल एकत्र कर लेते हैं। इस प्रकार वे एक बड़ी सेना के बिना पराजित नहीं होते। सेनायें जंगलों (३९०) में घुस कर बाँसों को उन यंत्रों से काट डालती हैं जो इसी कार्य के लिये बनाये जाते हैं।

सुल्तान की अनुपस्थिति में ईद--

ईदुल-फ़ित्र (रमज़ान के महीने के बाद की ईद) आई और सुल्तान अभी तक राजधानी में वापस न हुआ था। जब ईद का दिन आया तो खतीब हाथी पर सवार हुआ। उस हाथी की पीठ पर एक चीज़ सिंहासन के समान रक्खी गई। उसके चारों कोनों पर चार पताकायें लगाई गईं। खतीब काले वस्त्र धारण किये था। मुअज़्ज़िन (अज़ान देने वाले) भी हाथियों पर सवार हुये। वे खतीब के आगे आगे "अल्लाहो अकबर" का नारा लगाते जाते थे। नगर के क़ाज़ी तथा फ़क़ीह भी घोड़ों पर सवार थे। उनमें से प्रत्येक के पास भिक्षा के

---

१ देहली के उत्तर पश्चिम की ओर एक ग्राम।

२ बसही तथा बलरह देहली के उत्तर पूर्व की ओर एक ग्राम।

निमित्त वस्तुयें थीं जो वे ईदगाह के मार्ग में लुटाते जाते थे। ईदगाह पर सूती कपड़े का शामियाना लगाया गया था और भूमि पर फ़र्श बिछाये गये थे। जब लोग ईश्वर की उपासना (३९१) हेतु एकत्र हुये तो खतीब ने नमाज़ पढ़ाई और ख़ुत्बा पढ़ा। तत्पश्चात् लोग अपने अपने घरों को चले गये। हम लोग सुल्तान के महल की ओर चल दिये। वहाँ मलिकों, अमीरों तथा अज़ीज़ों (परदेशियों) को भोजन के उपरान्त लोग अपने-अपने घरों को चले गये।

सुल्तान का राजधानी में आगमन तथा हमारी भेंट—

४ शव्वाल [८ जून, १३३४ ई०] को सुल्तान तिलपट के महल में जो राजधानी से सात मील की दूरी पर है, ठहरा। वज़ीर ने हमें उसके स्वागतार्थ बाहर जाने के लिये आदेश दिया। हम सब स्वागतार्थ बाहर गये। प्रत्येक के पास उपहार के लिये घोड़े, ऊंट, ख़ुरासानी मेवे मिस्री तलवारें, दास तथा तुर्कों के प्रदेश[1] के दुम्बे थे। जब हम महल के (३९२) द्वार के पास पहुंचे और सब आने वाले एकत्रित हो गये तो सब अपनी अपनी श्रेणी के अनुसार प्रविष्ट हुये और सुल्तान के सम्मुख प्रस्तुत किये जाने लगे। सब को रेशमी सोने के काम की खिलअतें प्रदान की गईं। जब मैं प्रविष्ट हुआ तो मैंने सुल्तान को एक कुर्सी पर आसीन पाया। मैं समझा कि वह कोई हाजिब है किन्तु जब मैंने उसके पास मलिकुन्नुदमा (मुख्य नदीम) नासिरुद्दीन काफ़ी हरवी (हेरात निवासी) को देखा, जिसे मैं पहचानता था, तो मुझे ज्ञात हुआ कि सुल्तान यही है। हाजिब ने अभिवादन किया। मैंने भी अभिवादन किया। अमीर हाजिब ने जो सुल्तान के चाचा का पुत्र फ़ीरोज़ था, मेरा स्वागत किया। मैंने उसके साथ पुनः अभिवादन किया। फिर मलिकुन्नुदमा ने कहा "बिस्मिल्लाह" (पधारो) मौलाना बद्रुद्दीन।" हिन्दुस्तान में मुझे बद्रुद्दीन कहते थे। (हिन्दुस्तान में) मौलाना (हमारे स्वामी) सभी विद्वानों की पदवी होती है। मैं सुल्तान के निकट पहुँचा। सुल्तान ने मेरा हाथ पकड़ कर मुझ से हाथ मिलाया और मेरा हाथ अपने हाथ में लेकर बड़ी सुशीलता से फ़ारसी में कहा "तुम्हारा आना शुभ हो। तुम संतुष्ट रहो। मैं तुम्हारे ऊपर अत्यधिक कृपा-दृष्टि रक्खूंगा (३९३) और तुम्हें इतने पुरस्कार दूंगा कि तुम्हारे अन्य देशवासी भी सुन सुन कर तुम्हारे पास आयेंगे।" फिर पूछा कि "तुम किस देश से आ रहे हो?" मैंने कहा 'मग़रिब'। उसने पूछा 'अब्दुल मोमिन (अमीरुल मोमिनीन) के देश से?" मैंने कहा, "हाँ।" जब भी वह मेरे प्रोत्साहन हेतु कोई बात कहता था तो मैं उसके हाथों का चुम्बन करता था यहाँ तक कि मैंने सात वार उसके हाथ चूमे। मुझे खिलअत दिया गया और मैं वापस आ गया।

समस्त आगन्तुक एकत्रित हो गये थे। उनके लिए दस्तरख़्वान बिछाया गया, सबके आगे क़ाज़ी-उल-कुज़्ज़ात (मुख्य क़ाज़ी) सद्रे जहाँ नासिरुद्दीन ख़्वारज़मी जो एक बहुत बड़ा फ़क़ीह था, क़ाज़ी-उल-क़ुज़्ज़ाते ममालीक (राज्य का मुख्य क़ाज़ी) सद्रे जहाँ कमालुद्दीन ग़ज़नवी, एमादुलमुल्क अर्ज़े ममालीक, मलिक जलालुद्दीन कीजी और बहुत से हाजिब तथा अमीर खड़े हुये थे। उस दस्तरख़्वान पर ख़ुदावन्द ज़ादा ग़यासुद्दीन भी उपस्थित था। वह ख़ुदावन्द ज़ादा क़िवामुद्दीन तिरमिज़ के क़ाज़ी के चाचा का पुत्र था। वह हमारे साथ आया था। सुल्तान उसका बड़ा आदर सम्मान करता था। वह उसे "भाई" कह कर सम्बोधित करता था। वह अपने देश से प्रायः सुल्तान के पास आया जाया करता था।

(३९४) उस अवसर पर निम्नांकित यात्रियों को खिलअत प्रदान किये गये। ख़ुदावन्दज़ादा क़ेवामुद्दीन, उसके भाई ज़ियाउद्दीन, एमादुद्दीन तथा बुरहानुद्दीन, उनके भागिनेय अमीर बख़्त बिन (पुत्र) सैयिद ताजुद्दीन जिसका दादा वजीहुद्दीन ख़ुरासान का वज़ीर था और जिसका मामा अलाउद्दीन हिन्दुस्तान में अमीर तथा वज़ीर था, अमीर हैबतुल्लाह बिन (पुत्र)

१ ट्रान्साकजियाना तथा उसके आस पास के स्थान।

फ़लकी तबरेज़ी जिसका पिता एराक़ का नायब वज़ीर था और जिसने तबरेज़ में फ़लकिया विद्यालय की स्थापना की थी, मलिक केरये जो किसरा के मुसाहिब बहराम जूर[1] के वंश से था और जो बदख़शाँ के पर्वतों का निवासी था और जहाँ से बलख़ी याक़ूत तथा वैडूर्य प्राप्त (३९५) होते हैं, अमीर मुबारक शाह समरक़न्दी, अरुन बुग़ा बुख़ारी, मलिकज़ादा तिरमिज़ी तथा शिहाबुद्दीन गाज़रूनी जो तबरेज़ से सुल्तान के लिये उपहार लाया था किन्तु वह सब मार्ग ही में लुट गया था।

सुल्तान का अपनी राजधानी में प्रवेश तथा हमारे लिये घोड़े प्रदान करने का आदेश——

दूसरे दिन सुल्तान ने हममें से प्रत्येक को अपने अस्तबल से एक एक घोड़ा प्रदान किया। उनके साथ जड़ाऊ ज़ीन तथा लगाम भी दी। जब सुल्तान सवार होकर राजधानी की ओर चला तो हम लोग भी आगे आगे सद्रे जहाँ के साथ घोड़ों पर सवार होकर चले। सुल्तान की सवारी के आगे आगे १६ सजे हुये हाथी थे। उन हाथियों पर पताकायें फहरा रही थीं। प्रत्येक हाथी पर एक एक चत्र लगा था। कुछ चत्र जड़ाऊ थे और कुछ सोने के। सुल्तान के सिर पर भी इसी प्रकार का चत्र था। उसके सामने एक ग़ाशिया अर्थात् ज़ीन-पोश[2] था जिसमें जवाहरात जड़े थे। कुछ हाथियों पर छोटे छोटे रआदे (अरादे) रक्खे थे। (३९६) जब सुल्तान नगर के निकट पहुँचा तो उन रआदों (अरादों) से दीनार तथा दिरहम मिले जुले फेंके गये। सुल्तान के आगे आगे जो लोग पैदल थे, वे उन्हें लूटते जाते थे। इसी प्रकार सुल्तान के महल तक पहुँचने तक धन लुटाया गया। उसके आगे आगे हज़ारों पदाती चल रहे थे। मार्ग में भिन्न भिन्न स्थानों पर लकड़ी के क़ुब्बे बने थे, जो रेशमी कपड़ों से ढके हुये थे। उन पर गायिकायें बैठी थीं। इनका सविस्तार उल्लेख हो चुका है।

सुल्तान के दरबार में हमारा प्रवेश तथा उपहार एवं पद जो हमें प्राप्त हुये——

सुल्तान के प्रविष्ट होने के दूसरे दिन शुक्रवार था। हम सभा कक्ष के द्वार पर पहुँचे। तीसरे द्वार के दालान में पहुँचकर हम बैठ गये। अभी तक हमारे प्रवेश की अनुमति प्राप्त न हुई थी। हाजिब शम्सुद्दीन फ़ूशंजी ने प्रविष्ट होकर कातिबों (सचिवों) को आदेश दिया (३९७) कि हमारे नाम की सूची तैयार करें। उसे यह भी आदेश दे दिया कि वह हमारे साथियों को भी, जिनकी संख्या निर्धारित कर दी गई थी, प्रवेश की अनुमति प्रदान कर दे। उसने मुझे अपने साथ आठ आदमियों को लाने की अनुमति प्रदान कर दी। अतः मैं अपने साथियों के साथ प्रविष्ट हुआ। इतने में थैलियाँ तथा तराज़ू लाये गये। जब क़ाज़ी उल कुज़्ज़ात (मुख्य क़ाज़ी) तथा कातिब (सचिव) बैठ गये तो अज़ीज़ (परदेशी) जो द्वार पर थे बुलाये जाने लगे। प्रत्येक का हिस्सा निश्चित था। वह उसे मिलने लगा। मेरे भाग में ५,००० दीनार आये। कुल एक लाख दीनार सुल्तान की माता ने अपने पुत्र के सकुशल राजधानी में लौटने पर दान हेतु निकाले थे। उस दिन हम लौट गये।

इसके उपरान्त सुल्तान ने कई बार हमें अपनी उपस्थिति में भोजन करने के लिये बुलाया। वह नम्रता-पूर्वक हमारा हाल पूछा करता था। उसने हमसे एक दिन कहा, "तुमने यहाँ आकर हमें बहुत सम्मानित किया। हम इसका यथारूप पुरस्कार नहीं दे सकते।

---

१ सासानी वंश का एक ईरानी बादशाह अथवा मुहम्मद साहब के समकालीन ख़ुसरो पर्वेज़ के समय का बहराम चोबीन।

२ यह सुल्तानों के ऐश्वर्य का चिह्न समझा जाता था।

तुममें से जो वृद्ध है वह मेरा पिता है। जो अवस्था में मेरे बराबर है, मेरा भाई है और जो (३९८) मुझसे छोटा है, वह मेरा पुत्र है। मेरे राज्य में इस राजधानी से बड़ा कोई नगर नहीं और यह मैं तुम्हें प्रदान करता हूँ।"[१] हमने यह सुनकर उसके प्रति कृतज्ञता प्रकट की और उसके लिये ईश्वर से शुभ कामनायें कीं। तत्पश्चात् उसने हमारे लिये वृत्ति निश्चित की। मुझे १२,००० दीनार वार्षिक वृत्ति प्रदान की। तीन ग्राम मुझे पहले ही प्रदान हो चुके थे। उसने दो ग्राम और बढ़ा दिये। एक जौज़ा ग्राम तथा दूसरा मलिकपुर[२] ग्राम था।

एक दिन उसने ख़ुदावन्द ज़ादा ग़यासुद्दीन तथा क़ुतुबुलमुल्क के अमीर सिन्ध के हाकिम को हमारे पास भेजा। उन्होंने कहा, "अख़ुन्द आलम ने कहलाया है कि तुम लोगों में जो कोई वज़ीर, कातिब (सचिव) अमीर, क़ाज़ी, अध्यापक, अथवा मशीख़त[३] के पद के योग्य हो उसे वही पद प्रदान कर दिया जाय।" प्रत्येक सर्व प्रथम चुप रहा क्योंकि वे सब धन एकत्र करके अपने देश को लौट जाना चाहते थे। अंत में अमीर बख़्त बिन (पुत्र) सैयिद ताजुद्दीन ने, (३९९) जिसका उल्लेख हो चुका है, कहा "मेरे पूर्वज वज़ीर थे। मैं स्वयं कातिब (सचिव) हूँ। इनके अतिरिक्त मैं कोई कार्य नहीं जानता।" हैबतुल्लाह फ़लकी ने भी इसी प्रकार से कुछ कहा। फिर ख़ुदावन्द ज़ादा ने मुझसे अरबी भाषा में कहा "सैयिदना (हे मेरे सरदार!) आप क्या कहते हैं।" इस देश के सब लोग अरबों को सैयिद के अतिरिक्त किसी अन्य शब्द से सम्बोधित नहीं करते। सुल्तान भी अरबों के सम्मान हेतु उन्हें सैयिद कहता है। मैंने कहा, "विज़ारत तथा किताबत (सचिव का कार्य) मेरा कार्य नहीं किन्तु क़ाज़ी अथवा मशीख़त मेरे व्यवसाय हैं और यही कार्य मेरे पूर्वजों का रहा है। अमीरी (सेना की अध्यक्षता) के विषय में आप लोगों को स्वयं ज्ञात है कि अरब की तलवार के भय से सभी लोग जो अरब नहीं हैं मुसलमान हुये हैं।" सुल्तान मेरा उत्तर सुन कर बड़ा प्रभावित हुआ।

उस समय वह महल हज़ार सुतून में भोजन कर रहा था। उसने हम सबको बुलवाया। हमने भी उसके साथ भोजन किया। फिर हम लोग हज़ार सुतून के बाहर आ गये। मेरे साथी वहीं बैठ गये। मेरे फोड़ा निकला था और मैं बैठ नहीं सकता था; इस कारण अपने घर लौट आया। जब सुल्तान ने मेरे साथियों को पुनः बुलाया तो वे उपस्थित हो गये और मेरी (४००) ओर से क्षमा-याचना करली। मैं अस्र की नमाज़ के पश्चात् लौट आया और मग़रिब तथा एशा की नमाज़ मैंने सभा-कक्ष में पढ़ी।

इतने में हाजिब आकर हमें बुला ले गया। सर्व प्रथम ख़ुदावन्द ज़ादा ज़ियाउद्दीन, जो अपने भाइयों में सबसे बड़ा था, प्रविष्ट हुआ। सुल्तान ने उसे अमीर दाद[४] नियुक्त किया। वह बहुत बड़ा अमीर (अधिकारी) होता है। वह क़ाज़ी के साथ बैठता है। यदि कोई किसी अमीर अथवा किसी बड़े आदमी पर कोई अभियोग चलाता है तो वह उसे क़ाज़ी के सम्मुख उपस्थित करता है। सुल्तान ने उस कार्य के लिये ५०,००० दीनार वार्षिक निश्चित किये। उसके लिये मजाशीर (जागीर) प्रदान की जिसका कर उतना (५०,००० दीनार) होता था। उसने आदेश दिया कि ५०,००० दीनार नक़द उसे प्रदान किये जायं। सोने के तारों के काम का रेशमी खिलअत, जिसको सूरते शेर कहते हैं उसे प्रदान किया गया। इस खिलअत के सामने और पीछे सिंह का मित्र बना होता है। खिलअत के भीतर एक पर्चा लपेट कर सीं दिया जाता है, जिसमें यह लिखा होता है कि इसमें इतना सोना प्रयोग में आया है। उसे प्रथम श्रेणी

१ इस दान का कोई अर्थ न था, केवल यह परदेशियों के प्रति सुल्तान का शिष्टाचार था।

२ देहली के उत्तर में जौरा तथा मलिकपुर नामक ग्राम थे।

३ शेख़ी अथवा ख़ानक़ाह के प्रबन्धक का पद।

४ न्याय विभाग का एक अधिकारी।

(४०१) का एक घोड़ा भी प्रदान हुआ। इस देश में घोड़े चार श्रेणियों में विभाजित किये जाते हैं। उनकी ज़ीनें मिस्री ज़ीनों के समान होती हैं। उसके बहुत बड़े भाग पर चाँदी मढ़ी रहती है और चाँदी पर सोने का मुलम्मा होता है।

तत्पश्चात् अमीर बख़्त प्रविष्ट हुआ और सुल्तान ने आदेश दिया कि वह वज़ीर के साथ मसनद पर आसीन हुआ करे और दीवानों (सरकारी विभागों) के हिसाब किताब की जाँच किया करे। उसने उसके लिये ४०,००० वार्षिक वेतन निश्चित किया और उसे ४०,००० वार्षिक कर की मजाशीर (जागीर) प्रदान की गई। ४०,००० दीनार उसे नक़द दिये गये। एक घोड़ा तथा खिलअत जैसा कि उल्लेख हो चुका है। उसे भी प्रदान किये गये। उसे शरफ़ुलमुल्क की उपाधि भी प्रदान हुई। फिर हैबतुल्लाह बिन (पुत्र) फ़लकी प्रविष्ट हुआ। सुल्तान ने उसे रसूलदार नियुक्त किया अर्थात् हाजिबुल इरसाल[1]। उसका २४००० दीनार वार्षिक वेतन निश्चित हुआ और इस मूल्य की जागीर उसे प्रदान हुई। २४००० दीनार उसे (४०२) नक़द दिये गये। एक घोड़ा ज़ीन आदि सहित तथा एक खिलअत भी उसे प्रदान हुआ और उसकी उपाधि बहाउलमुल्क रक्खी गई।

तत्पश्चात् मैं प्रविष्ट हुआ। सुल्तान महल की छत पर सिंहासन से टेक लगाये बैठा था। वज़ीर ख़्वाजा जहाँ सामने था और मलिक कबीर क़ुबूला उसके समक्ष खड़ा था। जब मैं ने अभिवादन किया तो मलिक कबीर ने कहा, "अभिवादन करो, क्योंकि अख़ुन्द आलम ने तुम्हें राजधानी देहली का क़ाज़ी नियुक्त किया है। तुम्हारा वेतन १२००० दीनार वार्षिक निश्चित किया है और इस मूल्य की जागीर प्रदान कर दी है। तुम्हें १२००० दीनार नक़द देने का भी आदेश हो गया है जो ईश्वर ने चाहा तो तुम्हें कल मिल जायेंगे। उसने तुम्हें एक घोड़ा ज़ीन तथा लगाम सहित प्रदान किया है और तुम्हें एक मेहराबी खिलअत भी मिलेगा।" इस खिलअत के सामने तथा पीछे मेहराब का चित्र बना था। मैंने अभिवादन किया। जब वह मेरा हाथ पकड़ कर सुल्तान के सम्मुख ले गया तो सुल्तान ने कहा, "देहली के क़ाज़ी का पद कोई छोटा पद नहीं है। हम इसे बहुत बड़ा पद (४०३) समझते हैं।" मैं उसकी बात समझता था किन्तु (फ़ारसी में) ठीक से उत्तर न दे सकता था। सुल्तान भी अरबी समझता था किन्तु तेज़ी से बोल न सकता था अतः मैं ने कहा 'ऐ मौलाना (स्वामी) मैं (इमाम) मालिक[2] के धर्म का अनुयायी हूं और यहाँ के लोग हनफ़ी[3] हैं। इसके अतिरिक्त मैं यहाँ वालों की भाषा से भी अनभिज्ञ हूँ।" उसने उत्तर दिया "मैंने बहाउद्दीन मुल्तानी तथा कमालुद्दीन बिजनौरी को तुम्हारा सहायक नियुक्त कर दिया है। वे तुम्हें परामर्श देते रहेंगे। तुम्हें केवल समस्त काग़ज़ों पर अपनी मुहर लगानी होगी। तुम हमारे लिये पुत्र के समान हो।" मैं ने उत्तर दिया "मैं आपका दास तथा सेवक हूँ।" फिर सुल्तान ने मेरे सम्मान के लिये बड़ी नम्रता से दयापूर्वक कहा, "नहीं तुम हमारे स्वामी तथा मालिक हो।" फिर उसने शरफ़ुलमुल्क अमीर बख़्त से कहा 'मैंने इसके लिये जो वेतन निश्चित किया है यदि वह पर्याप्त न हो, क्योंकि यह बहुत व्यय करता है और अगर यह फ़क़ीरों की (४०४) देख भाल कर सके तो मैं इसे एक खानक़ाह भी प्रदान कर दूं।" शरफ़ुलमुल्क से उसने

१ हाजिबुल इरसाल अथवा रसूलदार देश के राज्य तथा देश के बाहर के राज्यों से सम्पर्क स्थापित रखता था। वह एक प्रकार से राजदूतों का अधिकारी होता था।

२ मालिक बिन (पुत्र) अनस (मृत्यु ७६५ ई०) मदीने के बहुत बड़े फ़िक़हवेत्ता थे। उनके द्वारा इस्लामी नियमों के मानने वाले मालकी कहलाते हैं और मिस्र तथा उत्तरी-पश्चिमी अफ़्रीक़ा में बहुत बड़ी संख्या में पाये जाते हैं।

३ इमाम अबू हनीफ़ा के मानने वाले हनफ़ी कहलाते हैं। वे कूफ़े के निवासी थे और उनकी मृत्यु ७६७ ई० में हुई। वे बहुत बड़े विद्वान थे। हिन्दुस्तान के अधिकतर सुन्नी उन्हीं के अनुयायी हैं।

कहा "यह बात इससे अरबी में कहो।" उसका विचार था कि शरफ़ुलमुल्क अरबी अच्छी बोलता है किन्तु यह बात न थी। जब सुल्तान ने यह देखा तो उसने कहा 'आज रात्रि में जा कर एक स्थान पर सोओ और यह बात उससे कह कर भली भाँति इसका अर्थ उसे समझा दो। कल इन्शा अल्लाह (ईश्वर ने चाहा) मेरे पास उपस्थित होकर मुझे बताओ कि वह क्या उत्तर देता है।"

हम लोग चले आये। एक तिहाई रात व्यतीत हो चुकी थी और नौबत बज चुकी थी। यहाँ की यह प्रथा है कि नौबत बज जाने के उपरान्त कोई बाहर नहीं निकल सकता। हमने वज़ीर के आने की प्रतीक्षा की। जब वह आ गया तो हम भी उसके साथ बाहर आये। देहली के द्वार बन्द हो चुके थे। इस लिये हम रात्रि में सैयिद अबुल हसन एबादी एराक़ी के घर में सरापुर ख़ाँ की गली में सो गये। यह शेख़ शाही धन से व्यापार करता था और (४०५) सुल्तान के लिये एराक़ तथा ख़ुरासान में अस्त्र शस्त्र तथा अन्य सामग्री मोल लिया करता था। दूसरे दिन सुल्तान ने हमें बुलवाया और हमने धन, घोड़े तथा ख़िलअत प्राप्त किये। हम में से प्रत्येक ने धन के थैले अपने कन्धों पर रख लिये और हमने सुल्तान के सम्मुख उपस्थित होकर उसी प्रकार अभिवादन किया।[1] घोड़ों के खुरों पर कपड़ा डाल दिया गया था। हमने उनका चुम्बन किया और फिर लगाम पकड़ कर हम स्वयं उनको सुल्तान के महल के द्वार पर ले गये और वहाँ उन पर सवार हुये और अपने घरों को चले गये। यह सब बातें यहाँ की प्रथा के अनुसार करनी होती हैं। सुल्तान ने मेरे साथियों को भी दो हज़ार दीनार और दस ख़िलअतें प्रदान किये किन्तु उसने किसी अन्य के साथी को कुछ न दिया क्योंकि मेरे साथियों ने अपने रूप से सुल्तान को बड़ा प्रभावित किया था और वह बड़ा प्रसन्न हुआ था। उन लोगों ने अभिवादन किया और सुल्तान ने आभार प्रकट किया।

सुल्तान का दूसरा उपहार और कुछ समय तक उसका प्राप्त न होना—

(४०६) क़ाज़ी नियुक्त होने तथा उपहार प्राप्त करने के कुछ समय उपरान्त मैं एक दिन सभा-कक्ष के प्रांगण में एक वृक्ष के नीचे बैठा था। मेरे पास मौलाना नासिरुद्दीन तिरमिज़ी वाइज़[2], जो बड़े विद्वान् थे, बैठे थे। एक हाजिब आकर मौलाना नासिरुद्दीन को बुला ले गया। वह सुल्तान के सम्मुख उपस्थित हुआ। सुल्तान ने उसे एक ख़िलअत तथा एक क़ुरान प्रदान किया जिस पर जवाहरात जड़े थे। तत्पश्चात् एक हाजिब मेरे पास आया और उसने कहा, "अख़ुन्द आलम ने तेरे लिये १२००० दीनार का आदेश दिया है। यदि मुझे कुछ दिलवाओ तो मैं 'ख़त्ते ख़ुर्द' ले आता हूँ।" मुझे विश्वास न हुआ। मैं समझा वह मुझे छल कर कुछ प्राप्त करना चाहता है किन्तु जब उसने अपनी बात पर विशेष जोर दिया तो मेरे एक साथी ने कहा, "मैं उसे कुछ दूंगा।" उसने उसे दो तीन दीनार दिये और वह एक 'ख़त्ते ख़ुर्द' अर्थात् छोटा आदेश-पत्र ले आया। उस पर लिखा होता है "अख़ुन्द आलम का आदेश है कि अपरिमित राजकोष से अमुक व्यक्ति (४०७) को अमुक व्यक्ति के प्रमाण पर इतना धन दिया जायगा।" पहले उस पत्र पर प्रमाणित करने वाले अधिकारी के हस्ताक्षर होते हैं। तत्पश्चात् तीन अमीर उस पर हस्ताक्षर करते हैं अर्थात् ख़ाने आज़म क़ुतलू (क़ुतलुग़) ख़ाँ, सुल्तान का गुरु, ख़रीतादार जो सुल्तान की लेखन सामग्री रखता है तथा अमीर नुकबिया दवादार अर्थात् सुल्तान की दावात रखने वाला। जब इनमें से प्रत्येक हस्ताक्षर कर लेता है तो वह पत्र वज़ीर के दीवान में भेजा जाता है। वहाँ दीवान के सचिव उसकी एक प्रति तैयार करके अपने कार्यालय में रखते हैं। इसके उपरान्त उसे दीवाने इशराफ़ तथा दीवाने नज़र में लिखा जाता है। तत्पश्चात् पर्वाना

१ अभिवादन के नियम का उल्लेख हो चुका है।

२ धार्मिक प्रवचन करने वाले।

तैयार होता है, जिसमें वज़ीर ख़ज़ान्ची को धन दे देने का आदेश लिखता है। तत्पश्चात ख़ज़ान्ची उसे अपने दीवान (विभाग) में लिखता है। वह प्रतिदिन समस्त परवानों का लेखा तैयार करके सुल्तान के सम्मुख प्रस्तुत करता है। यदि सुल्तान किसी को शीघ्र धन दिलवाना चाहता है तो वह इसके विषय में आदेश दे देता है। जिसके लिये यह आदेश होता है कि (४०८) 'देर हो जाय तो कोई बात नहीं' तो उसको देर से मिलता है किन्तु मिलता अवश्य है चाहे जितने दिन बाद मिले। यह १२,००० दीनार मुझे वास्तव में छः मास उपरान्त दूसरे पुरस्कार के साथ मिले। इसका उल्लेख में आगे करूँगा। हिन्दुस्तान में यह प्रथा है कि जिसको जितना पुरस्कार मिलता है उसका दसवाँ भाग काट कर दिया जाता है। यदि १,००,००० का आदेश हो तो ९०,००० मिलता है। यदि १०,००० का आदेश हो तो ९००० मिलता है।

ऋणदाताओं का हाल, ऋण की अदायगी की माँग, सुल्तान के विषय में क़सीदा,[१] ऋण की अदायगी के विषय में आदेश तथा कुछ समय तक न मिलना—

मैं यह चर्चा कर चुका हूं कि मैंने व्यापारियों से अपने मार्ग व्यय तथा उपहार एवं देहली के व्यय हेतु ऋण लिया था। जब वे अपने नगर को लौटने लगे तो ऋण अदा करने का आग्रह करने लगे। अतः मैंने सुल्तान के लिये इस प्रकार आरम्भ करते हुये एक लम्बा क़सीदा लिखा—

(४०९) धार्मिक लोगों का सरदार,
आदरणीय स्वामी
हम आये हैं तेरे पास, रेगिस्तानों को पार करके।
एक यात्री हूं मैं, तेरे प्रताप के पूजागृह के दर्शनार्थ।
तेरा महल हमारे शरण का स्थान है।
यदि प्रताप का स्थान सूर्य से भी बढ़ कर होता,
तो उसके उत्कर्ष के लिये तू बड़ा ही उपयुक्त था।
तू इमाम है, विचित्र तथा प्रतापी सर्वदा।
तेरे शब्द अभ्रान्त हैं तथा कार्य विस्तृत।
में दीन हूं, तेरा दान नितांत है।
मेरी आशा तथा तेरे उत्कर्ष से मेरी कठिनाई शांत हो सकती हैं।
क्या मैं स्वयं कह दूं अथवा तेरी प्रफुल्लता पर्याप्त है।
यह कहना कि मैं तेरे दान की छाया में निवास करता हूं, याचना करने से कहीं अच्छा है।

(४१०) अपने पूजागृह के पुजारी की सहायता शीघ्र कर
उसका ऋण अदा करदे क्योंकि ऋण-दाता उसे तंग कर रहे हैं।

एक दिन सुल्तान कुर्सी पर बैठा था। मैंने यह क़सीदा स्वयं प्रस्तुत किया। उसने इसे अपने घुटनों पर रख लिया और इसका एक सिरा स्वयं पकड़ लिया तथा दूसरा सिरा मेरे हाथ में था। एक-एक छन्द पढ़ कर मैं क़ाज़ी-उल-कुज़्ज़ात कमालुद्दीन ग़ज़नवी से कहता जाता था, "अख़ुन्द आलम को इसका अर्थ बताओ।" वह अर्थ बताता था और सुल्तान

१ वह कविता जिसमें किसी की प्रशंसा हो और उससे कुछ याचना की गई हो।

बड़ा प्रसन्न होता था। इन लोगों को अरबी कविता से विशेष प्रेम है। जब मैं इस छन्द पर पहुंचा 'अपने पूजागृह के पुजारी की सहायता शीघ्र कर'। उसने कहा "मरहमत" अर्थात् "मैंने तुझ पर दया की"। उस समय हाजिब मेरा हाथ पकड़ कर मुझे सभा कक्ष में मेरे खड़े होने के स्थानं पर इस आशय से ले जाने लगा कि मैं अभिवादन करूँ, किन्तु सुल्तान ने कहा "इसे छोड़ दो और पढ़ लेने दो।" अतः मैंने पढ़ने के उपरान्त अभिवादन किया। (४११) उपस्थित-गणों ने मुझे बधाई दी। मैंने कुछ दिन प्रतीक्षा की और फिर एक प्रार्थनापत्र जिसे अर्जदाश्त कहते हैं लिखा और मैंने उसे सिन्ध के हाकिम क़ुतुबुलमुल्क को दिया। उसने वह सुल्तान के समक्ष प्रस्तुत की। सुल्तान ने कहा "ख्वाजये जहाँ के पास जाओ और कह दो कि इसका ऋण अदा कर दे।" क़ुतुबुलमुल्क ने जा कर ख्वाजये जहाँ को सूचना दी। उस ने कहा, "अवश्य"; किन्तु कुछ दिन तक इसका भी कोई परिणाम न हुआ। इसी बीच में सुल्तान ने ख्वाजये जहाँ को दौलताबाद जाने का आदेश दे दिया और फिर सुल्तान स्वयं शिकार खेलने चल दिया। वज़ीर चला गया और मुझे बहुत समय तक यह धन न मिल सका।

जिन कारणों से इसकी अदायगी स्थगित रही, उनका मैं अब सविस्तार उल्लेख करता हूँ। जब मेरे ऋणदाता जाने को तैयार हो गये तो मैंने उनसे कहा कि "जब मैं राजभवन के द्वार में जाऊँ तो तुम इस देश की प्रथानुसार सुल्तान की दहूँनी (दुहाई) देना। सम्भव है कि सुल्तान समाचार पाकर ऋण अदा करदे।" इस देश की यह प्रथा है कि जब कोई ऐसा व्यक्ति ऋणी होता है जो सुल्तान की शरण में होता है और वह ऋण अदा नहीं कर पाता तो ऋणदाता राजभवन के द्वार पर प्रतीक्षा करते रहते हैं। जैसे ही ऋणी महल में प्रविष्ट (४१२) होने लगता है, वे पुकार पुकार कर सुल्तान की दुहाई देते हैं और सुल्तान के सिर की शपथ दिलाते हैं कि "जब तक हमारा ऋण अदा न कर दे, भीतर मत जा।" उस समय ऋणी के लिये इसके अतिरिक्त कोई अन्य उपाय नहीं होता कि वह या तो ऋण चुका दे अथवा उनसे कह सुन कर कुछ समय की मुहलत माँग ले।

एक दिन सुल्तान अपने पिता की क़ब्र के दर्शन करने गया और वहीं एक महल में उतरा। मैं ने अपने ऋणदाताओं से कहा, "अब समय है।" अतः वे महल के द्वार पर मेरी प्रतीक्षा करते रहे और जब मैं प्रविष्ट होने लगा तो उन्होंने सुल्तान की दुहाई देकर कहा "जब तक मेरा ऋण चुका न देना उस समय तक प्रविष्ट न होना।" द्वार के सचिवों ने सुल्तान को लिखित सूचना दी। इस पर हाजिबे क़िस्सा[1] शम्सुद्दीन, जो बहुत बड़ा फ़क़ीह था, बाहर निकला और उसने उन लोगों से पूछा कि वे लोग क्यों दुहाई दे रहे थे। उन्होंने कहा "इस पर हमारा ऋण है।" वह भीतर लौट गया और उसने सुल्तान को सूचना कर दी। सुल्तान ने उसके द्वारा उन लोगों से पुछवाया कि कितना ऋण है। उन्होंने उत्तर दिया (४१३) "५५००० दीनार।" हाजिब ने लौट कर सुल्तान को बता दिया। यह सुन कर सुल्तान ने उससे कहा, "उन लोगों से जा कर कह दो, अखुन्द आलम ने कहा है कि धन मेरे पास है और तुम्हें मैं अदा करूंगा। उससे कुछ न माँगो।"

फिर उसने एमादुद्दीन सिमनानी तथा खुदावन्द जादा ग़यासुद्दीन को आदेश दिया कि वे हजार सुतून राजभवन में बैठ कर ऋण के काग़जों की जाँच करें। ऋणदाता अपने काग़ज़ लाये और उन्होंने जांच के उपरान्त सुल्तान से निवेदन किया कि "हिसाब ठीक है।" सुल्तान हँसा और हंस कर कहने लगा "मुझे ज्ञात है कि वह क़ाज़ी है और अपना कार्य भली भाँति जानता है।" फिर उसने खुदावन्द जादा को आदेश दिया कि "वह धन राजकोष से अदा कर दिया

१ प्रार्थना-पत्र प्रस्तुत करने वाला हाजिब।

जाय" किन्तु उसने घूस के लोभ में खत्ते खुर्द लिखने में विलम्ब किया। मैं ने उसे २०० तन्के भेजे किन्तु उसने स्वीकार न किये और उन्हें वापस करा दिये। उसके एक सेवक ने उसकी (४१४) ओर से मुझ से कहा कि वह ५०० तन्के माँगता है। मैं ने देना स्वीकार न किया और एमादुद्दीन सिमनानी के पुत्र अमीदुलमुल्क को इस बात की सूचना कर दी। उसने अपने पिता से यह बात कही और उसके पिता ने वज़ीर से। वज़ीर तथा ख़ुदावन्द ज़ादा में न बनती थी। उसने सुल्तान से निवेदन कर दिया और उसके साथ अन्य शिकायतें भी कीं। सुल्तान उससे रुष्ट हो गया और उसको नगर में बन्द करा दिया। सुल्तान ने कहा "अमुक व्यक्ति उसे क्यों घूस देता था। इस आदेश को उस समय तक स्थगित कर दो जब तक यह पता न चल जाय कि ख़ुदावन्द ज़ादा जिसके विषय में मैं मना करता हूँ उसे कुछ दे देता है अथवा मेरे आदेश पर देने से मना कर देता है।" इस प्रकार मेरे ऋण की अदायगी स्थगित हो गई।

शिकार के लिए सुल्तान का बाहर जाना, मेरा उसके साथ जाना, तथा उस अवसर पर जो कुछ मैंने किया—

जब सुल्तान शिकार के लिये बाहर गया तो मैं भी उसके साथ हो लिया। मैंने सब कुछ तैयारी पहले ही करली थी। हिन्दुस्तानियों की प्रथा के अनुसार मैंने एक सिराचा अर्थात् (४१५) अफ़राज (मंडप) मोल ले लिया था। वहां प्रत्येक मनुष्य सिराचा लगा सकता है और बड़े बड़े अधिकारियों के लिये तो यह अत्यावश्यक है। सुल्तान का सिराचा लाल रंग का होता है। अन्य श्वेत रंग के होते हैं और उन पर नीले रंग का काम होता है। मैंने सीवान भी मोल ले लिया। यह एक प्रकार का शामियाना होता है, जिसे सिराचे (डेरे) में छाये के लिये लगाया जाता है। यह दो बड़े बाँसों पर खड़ा किया जाता है। सब सामान केवानी अपने कन्धों पर ले जाते हैं। यहाँ यह प्रथा है कि यात्री केवानी किराये पर रख लेते हैं। इनका उल्लेख पहले हो चुका है। इसी प्रकार पशुओं के लिये हरा चारा लाने के लिये लोग नौकर रख लिये लिए जाते हैं क्योंकि हिन्दुस्तानी पशुओं को सूखी घास नहीं खिलाते। कहार भी किराये पर रक्खे जाते हैं। ये लोग भोजन पकाने के बर्तन ले जाते हैं। इसके अतिरिक्त डोला अर्थात् पालकी ले जाने के लिये भी यही लोग नौकर रक्खे जाते हैं। वे ख़ाली पालकी भी ले जाते हैं। फ़र्राश भी नौकर रख लिये जाते हैं। वे सिराचा खड़ा करते हैं और उसमें फ़र्श बिछाते हैं और सामान को ऊँटों पर लादते हैं। दवादवी भी नौकर रक्खे जाते हैं जो आगे (४१६) आगे दौड़ते हैं और रात्रि में मशाल लेकर चलते हैं। मैंने सभी प्रकार के नौकर किराये पर रख लिये और इतनी तेज़ी का प्रदर्शन किया कि मैं भी उसी दिन, जिस दिन सुल्तान ने नगर छोड़ा, नगर से चल दिया। अन्य लोग दो-दो, तीन-तीन दिन पश्चात् आये।

प्रस्थान करने के दिन अस्र की नमाज़ के उपरान्त सुल्तान अपने अधिकारियों के विषय में पता लगाने के लिए, कि कौन कौन तैयार है, किस किस ने शीघ्र तैयारी की और किस किस ने देर की, हाथी पर सवार होकर जाने वाला था। सर्व प्रथम वह सिराचा के बाहर एक कुर्सी पर आसीन हुआ। मैंने पहुंच कर अभिवादन किया और दाहिनी ओर अपने निश्चित स्थान पर खड़ा हो गया। उसने मलिक कबीर क़ुबूला सरजामादार[1] को भेजा उसका कार्य सुल्तान पर से मक्खियाँ उड़ाना है। उसने कहा कि 'सुल्तान का आदेश है कि बैठ जाओ।' यह सुल्तान की विशेष कृपा थी अन्यथा उस दिन मेरे अतिरिक्त किसी को भी बैठने की अनुमति न प्राप्त हुई थी। इतने में हाथी भी आ पहुँचा। सीढ़ी लगाई गई और (४१७) सुल्तान उस पर सवार हुआ। उसके सिर पर चत्र लगाया गया। सुल्तान के मुख्य

१ शाही वस्त्रों का मुख्य प्रबन्धक। सरजानदार अधिक उपयुक्त है।

अधिकारी भी सवार हुये। थोड़ी देर निरीक्षण के उपरान्त सुल्तान सिराचा (शिविर) में लौट आया।

यहाँ यह प्रथा है कि जब सुल्तान सवार होता है तो प्रत्येक अमीर अपनी अपनी सेना लेकर सवार होता है। सेना के साथ पताका, ढोल, नफ़ीरी तथा सरना भी होती हैं। यह सब वस्तुयें मरातिब कहलाती हैं। सुल्तान के सामने हाजिबों, अहले तरब (नाचने गाने वालों), तबलचियों (गले में तबले लटकाये हुये) तथा सरना बजाने वालों के अतिरिक्त कोई भी सवार होकर नहीं चलता। सुल्तान के दाहिनी ओर १५ व्यक्ति होते हैं और इतने ही मनुष्य बाईं ओर होते हैं। इनमें क़ाज़ी-उल-क़ुज़्ज़ात, (मुख्य क़ाज़ी) वज़ीर, बड़े बड़े अमीर तथा अज़ीज़ (परदेशी) होते हैं। मैं भी दाहिनी ओर वालों में से था। सुल्तान के सामने पदाती तथा मार्ग प्रदर्शन करने वाले होते हैं। उनके पीछे पताकायें होती हैं। वे रेशम की होती हैं और उन पर सोने का काम होता है। ढोल ऊँट पर होते हैं। उनके पीछे शाही दास तथा (४१८) सेवक होते हैं। उनके पीछे अमीर तथा अन्य सैनिक होते हैं। किसी को यह बात ज्ञात नहीं होती कि उसे कहाँ ठहरना है। जब सुल्तान किसी ऐसे स्थान पर पहुँचता है जहाँ वह अपना शिविर लगाना चाहता है तो वह रुक जाने का आदेश दे देता है। उसके सिराचे (शिविर) के पूर्व कोई सिराचा नहीं लगाया जा सकता। तत्पश्चात् शिविर के प्रबन्ध करने वाले अधिकारी प्रत्येक के लिए स्थान निश्चित करते हैं। सुल्तान किसी नदी तट पर अथवा वृक्षों के मध्य में ठहर जाता है। उसके समक्ष भेड़ का माँस, मोटे ताज़े पक्षी, सारस तथा अन्य प्रकार के शिकार लाये जाते हैं। मलिकों के पुत्र उपस्थित होते हैं। प्रत्येक के हाथ में मांस भूनने की एक शलाका होती है। वे आग जलाते तथा मांस भूनते हैं। तत्पश्चात् सुल्तान के लिये एक छोटा सा सिराचा (डेरा) लगता है। वह उसके बाहर आसीन होता है। उसके मुख्य अधिकारी उसके पास बैठ जाते हैं। जब भोजन का प्रबन्ध होता है तो वह जिसे चाहता है भोजन के लिये बुला लेता है।

एक दिन जब सुल्तान सिराचे (शिविर) के भीतर था, उसने पुछवाया कि बाहर कौन-(४१९) कौन लोग हैं। सैयिद नासिरुद्दीन मुतहर अवहरी ने, जो उसका एक नदीम (मुसाहिब, था, कहा कि अमुक मग़रबी खड़ा है और बड़े कष्ट में है। सुल्तान ने पूछा 'क्यों?' उसने उत्तर दिया "अपने ऋण के कारण, क्योंकि उसके ऋणदाता अपना ऋण मांगते हैं। अख़ुन्द आलम ! ने वज़ीर को आदेश दिया था कि ऋण अदा कर दिया जाय किन्तु वह अदा करने के पूर्व ही चला गया। या तो अख़ुन्द आलम ऋण दाताओं को आदेश दे दें कि वे वज़ीर के आने तक प्रतीक्षा करें और उसे कष्ट न दें या उनका ऋण चुका दें।" उस समय मलिक दौलत शाह भी उपस्थित था। सुल्तान उसे चाचा कहा करता था। उसने कहा "अख़ुन्द आलम यह रोज हमसे कुछ न कुछ अरबी में कहा करता है किन्तु मैं इसकी बात नहीं समझता है। सैयिदी (मेरे स्वामी) नासिरुद्दीन तुम्हें कुछ ज्ञात है ?" उसने यह बात इस आशय से कही थी कि नासिरुद्दीन अपनी बात फिर दुहरा दे। नासिरुद्दीन ने कहा, 'वह अपने ऋण के विषय में, जो उसने ले रखा है, निवेदन किया करता है। सुल्तान ने कहा "जब हम लोग राजधानी को वापस हों तो "हे चाचा,. तुम स्वयं जाकर राजकोष से यह धन दिलवा (४२०) देना।' ख़ुदावन्द ज़ादा भी इस समय उपस्थित था। उसने कहा, "अख़ुन्द आलम ! यह बड़ा अपव्ययी है। मैं इसे अपने देश में इसके पूर्व सुल्तान तुर्माशीरीन[1] के दरबार में देख चुका हूँ।

१ तुर्माशीरीन—ट्रान्साक्सियाना का चग़ताई बादशाह। १३२६ ई० में मंगोल सुल्तान अबू सईद (१३१६-३५ ई०) के बहनोई अमीर चोबाँ ने अपने पुत्र हसन को ग़ज़नी तथा काबुल पर आक्रमण करने के लिये भेजा। तुर्माशीरीन उस समय ख़ुरासान पर आक्रमण करने की तैयारी कर रहा था किन्तु हसन द्वारा पराजित होकर वह भाग खड़ा हुआ और हिन्दुस्तान पहुँचा।

इस वार्त्तालाप के उपरान्त सुल्तान ने मुझे भोजन के लिए बुलवाया। मुझे ज्ञात न था कि मेरे विषय में क्या वार्त्ता हुई है। जब मैं बाहर आया तो सैयिद नासिरुद्दीन ने कहा कि, "मलिक दौलत शाह का कृतज्ञ हो" और दौलत शाह ने मुझ से कहा, "खुदावन्द ज़ादा का आभारी हो।"

इन्हीं दिनों में जब हम सुल्तान के साथ शिकार में थे तो वह घोड़े पर सवार होकर शिविर से जाया करता था। वह एक दिन मेरे डेरे की ओर निकल खड़ा हुआ। मैं दाहिनी ओर था और मेरे साथी पीछे पीछे थे। मेरे सिराचा के निकट मेरा एक खेमा था। मेरे सिराचे के पास मेरे कुछ साथी खड़े थे। मेरे साथियों ने वहाँ ठहर कर सुल्तान के समक्ष अभिवादन किया। उसने एमादुलमुल्क तथा मलिक दौलत शाह को भेज कर पुछवाया कि वे किसके शिविर हैं। उन्हें बताया गया कि वे अमुक व्यक्ति के हैं। जब उन्होंने सुल्तान को इसकी सूचना दी तो वह मुसकराया। दूसरे दिन उसने आदेश दिया कि मैं नासिरुद्दीन मुतहर अवहरी, मिस्र के (४२१) क़ाज़ी का पुत्र तथा मलिक सबीह के साथ वापस चला जाऊँ। हमें खिलअत प्रदान किये गये। इस प्रकार हम लोग राजधानी को लौट आये।

मैं ने सुल्तान को उपहार में ऊंट दिया—

शिकार की यात्रा में सुल्तान ने मुझ से पूछा था कि "मलिकुन्नासिर ऊँट पर सवार होता है अथवा नहीं।" मैं ने उत्तर दिया "वह हज के समय महारी ऊंटों पर सवार होकर दस दिन में मिस्र से मक्का पहुँच जाता है किन्तु वह ऊँट इस देश के ऊँटों के समान नहीं होते।" मैं ने कहा "मेरे पास एक महारी ऊँट है" जब मैं राजधानी को वापस हुआ तो मैं ने एक मिस्री अरब को बुलवाया। उसने महारी ऊँटों पर प्रयोग में आने वाली काठी का मोम का एक नमूना तैयार किया। मैं ने उसे एक बढ़ई को दिखलाया। उसने बड़ी कुशलता से उसी नमूने की एक काठी तैयार की। मैं ने उसे बानात से मढ़वाया और उसमें रिकाब लगवाये। मैं ने ऊँट पर एक बड़ा सुन्दर पट्टीदार झूल डलवाया और उसकी नाक के लिये रेशम की डोरी तैयार कराई। मेरे पास यमन का एक निवासी था। वह हलवा बनाने में बड़ा दक्ष था। (४२२) उसने कुछ ऐसे हलवे तैयार कराये जो खजूर के समान थे और कुछ अन्य वस्तुओं के।

मैंने ऊँट तथा हलवा सुल्तान की सेवा में भेज दिये। ले जाने वाले से कहा, "यह वस्तुयें मलिक दौलत शाह को देना।" मैंने उसे भी एक घोड़ा तथा दो ऊँट भेजे। जब यह वस्तुयें उसको प्राप्त हुईं तो वह सुल्तान के पास पहुँचा और उसने कहा, "अखुन्द आलम! मैंने एक विचित्र वस्तु देखी है।" सुल्तान के पूछने पर उसने कहा, "अमुक व्यक्ति ने एक ऊँट भेजा है जिस पर काठी है।" सुल्तान ने कहा "उसे मेरे समक्ष लाओ।" ऊँट सिराचा (शिविर) के भीतर ले जाया गया। सुल्तान उसे देख कर प्रसन्न हुआ और उसने मेरे आदमी से कहा "इस पर सवार हो।" वह सवार हुआ और उसने ऊंट को सुल्तान के सम्मुख चलाया। सुल्तान ने उसे चाँदी के २०० दीनार दराहिम (तन्के) तथा एक खिलअत प्रदान किया। जब आदमी ने लौट कर सब हाल बताया तो मैं बड़ा प्रसन्न हुआ। मैं ने सुल्तान को राजधानी में वापस आने पर दो ऊँट और भेंट किये।

सुल्तान को दो ऊँट तथा हलवा फिर भेंट करना, ऋण के अदा करने का आदेश—

(४२३) जब मेरा आदमी ऊँट भेंट करके लौट आया और उसके विषय में सब हाल बताया तो मैंने दो ऊँटों की काठियाँ और तैयार कराईं। उनके अग्रिम और पृष्ठ भागों को रजत पत्रों से मढ़वाया और उन पर सोने का मुलम्मा कराया और दोनों को बानात से मढ़वाया

और उस पर रजत-पत्र चढ़वाये। दोनों ऊँटों के लिए झूल, जिनमें किम्खाब का अस्तर था, तैयार कराया। दोनों ऊँटों के पैरों में चाँदी के मुलम्मे की झाँझें पहनाईं। हलवे के ११ थाल तैयार कराये। प्रत्येक थाल को रेशम के रूमाल से ढकवा दिया।

सुल्तान ने शिकार से लौट कर दूसरे दिन जब दरबारे आम किया तो मैं शीघ्र उपस्थित होकर ऊँटों को उसके समक्ष ले गया। उसके आदेशानुसार वे उसके सम्मुख चलाये गये। जब वे दौड़ रहे थे तो एक के पाँव की झाँझ गिर गई। उसने बहाउद्दीन बिन (पुत्र) (४२४) फ़लकी को आदेश दिया कि "पायल बरदारी[1]"। उसने झाँझ उठाली। फिर सुल्तान ने थालों की ओर देखा और पूछा "चे दारी दरआँ तबक़हा? हलवा अस्त[2]" मैंने कहा, "हाँ"। तत्पश्चात् उसने फ़क़ीह नासिरुद्दीन तिर्मिज़ी वाइज़ से कहा 'मैंने इस प्रकार का हलवा जैसा इसने शिविर में भेजा था, न तो खाया और न देखा है।" फिर उसने आदेश दिया कि "थाल उसके विशेष बैठने के स्थान पर पहुंचा दिये जायें।" सुल्तान दरबार से उठ कर उस स्थान पर पहुंचा और मुझे भी बुलवाया। भोजन लाया गया और मैंने भी भोजन किया।

सुल्तान ने एक हलवे के विषय में जो मैंने इससे पूर्व उसके पास भेजा था पूछा कि "उसका क्या नाम था?" मैंने कहा, "अखुन्द आलम! हलवे नाना प्रकार के थे। मुझे ज्ञात नहीं कि आपका तात्पर्य किस हलवे से है।" सुल्तान ने कहा "वह तबाक़ (थाल) लाओ।" ये (४२५) लोग तैफ़ूर को तबाक़ (थाल) कहते हैं। जब वह थाल लाया गया और रूमाल हटाया गया तो उसने कहा, "मैं इस हलवे के विषय में पूछ रहा था।" और थाल अपने हाथ में ले लिया। मैंने निवेदन किया कि "इसे मुक़र्रसा कहते हैं।" फिर उसने दूसरे प्रकार का हलवा हाथ में लेकर पूछा, 'इसका क्या नाम है?" मैंने उत्तर दिया "इसको लुक़ैमातुल क़ाज़ी कहते हैं।" उस समय एक व्यापारी जो बग़दाद का शेख था सुल्तान के समक्ष बैठा था। वह सामिरी के नाम से प्रसिद्ध था। वह अपने आपको अब्बास की संतान बताता था और बड़ा धनी था। सुल्तान उसे पिता कहा करता था। वह मुझसे ईर्ष्या रखता था। उसने मुझे लज्जित करने के लिए कहा "यह लुक़ैमातुल क़ाज़ी नहीं।" उसने एक अन्य हलवे को उठा कर, जिसका नाम जल्दुलफ़रस था, कहा "लुक़ैमातुल क़ाज़ी इसे कहते हैं।" उसके सम्मुख मलिकुन्नुदमा नासिरुद्दीन काफ़ी हरवी जो शेख से सुल्तान के सम्मुख परिहास की वार्त्ता किया करता था आसीन था। उसने कहा "ख्वाजा आप झूठ बोलते हैं और क़ाज़ी सत्य कहता है।" सुल्तान ने उससे पूछा, "किस प्रकार?" उसने उत्तर दिया "अखुन्द आलम! यह क़ाज़ी है और (४२६) अपने लुक़मों (ग्रास) को अन्य लोगों की अपेक्षा अधिक जानता है।" सुल्तान ने हँस कर कहा "ठीक है।"

भोजन के पश्चात् हलवा खाया गया और फिर फ़ुक़्क़ा पिया गया। अन्त में पान खा कर हम बाहर चले आये। थोड़ी देर में कोषाध्यक्ष ने आकर कहा "अपने आदमियों को भेज दो ताकि वे धन ले आये।" मैंने अपने आदमी उसके साथ कर दिये। जब मैं सन्ध्या समय अपने आवास पर लौटा तो तीन थैलों में ६२३३ (सोने के) तन्के थे। जो ५५००० तन्के (चाँदी) के बराबर थे, जो मुझे ऋण के अदा करने थे। इसके अतिरिक्त १२००० तन्कों के पुरस्कार का सुल्तान द्वारा पहले ही आदेश हो चुका था। यह धन प्रथा के अनुसार १/१० काटने के पश्चात् प्रदान हुआ। तन्का मग़रिब के ढाई सोने के दीनार के बराबर होता है।

सुल्तान का प्रस्थान और मेरे लिये राजधानी में रहने का आदेश होना–

(४२७) ६ जमादी-उल-अव्वल (२१ अक्तूबर, १३४१ ई०) को सुल्तान माबर की

१ झाँझ उठा।
२ इन थालों में क्या है? हलवा है।

ओर प्रस्थान करने तथा उस प्रदेश के विद्रोही सरदार (सैयिद जलालुद्दीन एहसन शाह) से युद्ध करने के लिये निकला। मैंने अपने ऋण-दाताओं का हिसाब चुका दिया था और सुल्तान के साथ युद्ध में जाना निश्चय कर लिया था। कहारों, फ़र्राशों, किवानियों तथा दवादवियों को, जिनका उल्लेख हो चुका है, ९ मास का वेतन पेशगी दे चुका था। उस समय मुझे आदेश प्राप्त हुआ कि कुछ अन्य लोगों के साथ मैं राजधानी ही में रहूँ। हाजिब ने आदेश प्राप्त होने के प्रमाण में हम से हस्ताक्षर करा लिये। इस प्रथा का यह कारण है कि आदेश प्राप्त करने वाला मना न कर सके और वह लिखना प्रमाण के रूप में रहे। सुल्तान ने आदेश दिया कि मुझे "६००० दीनार दराहिम (तन्के), मिस्र के क़ाज़ी के पुत्र को १०,००० और इसी प्रकार प्रत्येक अज़ीज़ (परदेशी), को जिसे ठहरने का आदेश हुआ था, प्रदान किये जायँ।" राजधानी के निवासियों को कुछ न मिला।

(४२८) मुझे सुल्तान ने आदेश दिया कि "तुम सुल्तान क़ुतुबुद्दीन के मक़बरे के मुतवल्ली (प्रबन्धक) नियुक्त किये जाते हो।" उसका इतिहास लिखा जा चुका है। सुल्तान उस मक़बरे का बड़ा सम्मान करता था, क्योंकि वह किसी समय में सुल्तान क़ुतुबुद्दीन का सेवक रह चुका था। मैं ने देखा है कि क़ुतुबुद्दीन के मक़बरे पर पहुंच कर वह सुल्तान क़ुतुबुद्दीन की चरण पादुकाओं का चुम्बन करता था और उन्हें अपने सिर पर रखता था। यहाँ यह प्रथा है कि मृतक की क़ब्र के पास एक चौकी पर उसके जूते भी रख दिये जाते हैं। सुल्तान मक़बरे में प्रविष्ट होकर उसी प्रकार अभिवादन करता था जिस प्रकार उसके जीवन-काल में किया करता होगा। वह उसकी विधवा का भी बड़ा सम्मान करता था और उसको बहिन कह कर पुकारता था। उसने उसे अपने अन्तःपुर की स्त्रियों के साथ निवास करने के लिये स्थान दे दिया था। कुछ समय उपरान्त उसने उसका विवाह मिस्र के क़ाज़ी के पुत्र के साथ कर दिया। इसी कारण उसका बड़ा आदर करता था। वह प्रत्येक शुक्रवार को उससे भेंट करने जाता था।

सुल्तान ने प्रस्थान करने के समय हमको विदा करने के लिये बुलवाया। मिस्र के क़ाज़ी के पुत्र ने खड़े होकर कहा "मैं अख़ुन्द आलम से पृथक् नहीं हो सकता अतः मैं विदा न होउंगा।" सुल्तान ने उससे कहा, "अच्छा जा, यात्रा की तैयारी कर।" यह उसके भाग्य के लिये (४२९) अच्छा हुआ। तत्पश्चात् मैं विदा होने के लिये आगे बढ़ा। मैं नगर में ठहरना चाहता था किन्तु इसका परिणाम अच्छा न हुआ। उसने मुझ से पूछा, "तुम क्या कहना चाहते हो?" मैं ने एक काग़ज निकाला, जिसमें छः प्रार्थनायें लिखी थीं किन्तु उसने कहा, 'अपनी ज़बान से कहो।" मैं ने निवेदन किया "अख़ुन्द आलम ने मुझे क़ाज़ी का कार्य करने का आदेश दिया है किन्तु अभी तक मैं ने वह कार्य नहीं किया। मैं यह नहीं चाहता था कि मुझे केवल क़ाज़ी के पद का सम्मान प्राप्त रहे। इस पर मेरे दो सहायक इस कार्य के लिये नियुक्त हो गये थे।" उसने उत्तर दिया "ठीक है।" मैं ने कहा "सुल्तान क़ुतुबुद्दीन के मक़बरे का मैं किस प्रकार प्रबन्ध करूँ। उसमें ४६० आदमियों की दैनिक वृत्ति निश्चित कर चुका हूँ। उस वक़्फ़ की आय पर्याप्त नहीं।" सुल्तान ने वज़ीर से कहा, "५०,०००" और फिर कहा कि "फ़स्ल की उत्पत्ति भी तो होने वाली होगी। इसका अर्थ यह हुआ कि इसे १ लाख मन अनाज दे दिया जाय (४३०) अर्थात् गेहूँ तथा चावल। यह इस वर्ष खर्च हो। इसी बीच में क़ब्र के वक्फ़ की फ़स्ल हो जायगी।" मन, मग़रबी २० रतल के बराबर होता है।

फिर सुल्तान ने पूछा "और क्या कहना है?" मैंने कहा "मेरे साथी इस कारण बन्दी बना लिये गये हैं कि उन्होंने उन ग्रामों से, जिनके बदले में मैंने कुछ अन्य प्राप्त कर लिया था, कुछ वसूल कर लिया था। दीवान के अधिकारी कहते हैं कि जो कुछ प्राप्त हुआ है उसे अदा करदो अथवा उसके क्षमा कर दिये जाने के विषय में अख़ुन्द आलम का आदेश

ला दो।" सुल्तान ने पूछा "उससे कितना प्राप्त हुआ है ?" मैंने उत्तर दिया "५००० दीनार।" उसने कहा "वह मैं तुझे उपहार में देता हूँ।" मैंने फिर कहा "जो घर मेरे निवास के लिये प्रदान हुआ है उसके जीर्णोद्धार की आवश्यकता है।" उसने कहा "बनवा लिया जाय।" और फिर मुझसे पूछा "कुछ और कहना है ?" मैंने कहा "नहीं।" फिर उसने कहा "एक परामर्श देता हूँ कि ऋण न लिया कर नहीं तो सम्भव है कि मुझे सूचना न मिले और ऋणदाता तुझे (४३१) कष्ट पहुंचायें। मैंने जो कुछ दिया है उसी के अनुसार व्यय कर; क्योंकि अल्लाह ताला ने कहा है "अपने हाथ अपनी गर्दन पर बंधे न रक्खो, न उन्हें पूर्णतया खोल दो। खाओ पीओ किन्तु अपव्ययी मत बनो। जो कोई भी व्यय के समय न तो अधिक व्यय करता है और न कंजूसी करता है अपितु मध्य का मार्ग ग्रहण करता है वह उत्कृष्ट है।" मैंने सुल्तान के चरणों का चुम्बन करना चाहा किन्तु उसने मुझे रोक दिया और मेरा सिर पकड़ लिया। मैंने सुल्तान के हस्त चुम्बन किये और बाहर निकल आया।

राजधानी में लौटने के पश्चात् मैंने अपने घर की मरम्मत प्रारम्भ करदी। मैंने उस पर ४००० दीनार व्यय किये किन्तु दीवान (कर विभाग) द्वारा मुझे कुल ६०० दीनार मिले और शेष मैंने स्वयं अदा किये। मैंने अपने घर के सामने एक मस्जिद बनवाई और स्वयं सुल्तान क़ुतुबुद्दीन के मक़बरे का प्रबन्ध करने लगा। सुल्तान ने आदेश दिया था कि उस पर एक गुम्बद बनाया जाय जो सौ हाथ ऊँचा हो अर्थात् एराक़ के बादशाह ग़ाज़ान[1] (४३२) के मक़बरे के गुम्बद से २० हाथ अधिक। सुल्तान ने यह भी आदेश दिया था कि ३० ग्राम क्रय करके मक़बरे के लिये वक़्फ़ कर दिये जायँ। उसने उन्हें मेरे अधीन कर दिये जाने का आदेश भी दे दिया था जिससे उनके कर से प्रथा के अनुसार १/१० मुझे मिलता रहे।

मक़बरे का प्रबन्ध—

हिन्दुस्तान वालों का नियम है कि मृतक की क़ब्र पर उन समस्त वस्तुओं को एकत्रित रखते हैं जो उनके जीवन काल में आवश्यक होती हैं। हाथी तथा घोड़े मक़बरे के पास लाकर उसके द्वार के निकट बाँध देते हैं। मक़बरा खूब सजाया जाता है। मैंने यहाँ की रीति के अनुसार समस्त वस्तुओं का प्रबन्ध किया और क़ुरान पढ़ने वाले १५० नौकर रखे जो खतमी कहलाते हैं। ८० विद्यार्थी, ८ अध्यापक, जो मुकररीन कहलाते हैं, एक आचार्य, ८० सूफ़ी, एक इमाम, कई मुअज़्ज़िन, (अज़ान देने वाले) सुन्दर स्वर के क़ारी (क़ुरान पढ़ने वाले), प्रशंसा (४३३) गाने वाले, उपस्थिति लेने वाले तथा परिचय देने वाले नौकर रक्खे। यह सब लोग इस देश में "अरबाब" कहलाते हैं।

मैंने दूसरे प्रकार के लोग भी नौकर रक्खे जो हाशिया कहलाते हैं। उनमें फ़र्राश, भोजन बनाने वाले, दवादविया, जल पिलाने वाले, शुरबादार जो अन्य पीने की वस्तुओं का प्रबन्ध करते हैं, ताम्बोलदार (पान का प्रबन्ध करने वाले), सिलाहदार (अस्त्र शस्त्र का प्रबन्ध करने वाले), नेज़ादार (भाले का प्रबन्ध करने वाले), चत्र दार (छत्र का प्रबन्ध रखने वाले), तश्त दार (तश्त का प्रबन्ध करने वाले), हाजिब तथा नक़ीब नौकर रक्खे। इनकी कुल संख्या ४६० थी। सुल्तान का आदेश था कि प्रतिदिन १२ मन आटा तथा १२ मन मांस पकाया जाय। मैंने देखा कि यह पर्याप्त न था। चूँकि अनाज बहुत अधिक मात्रा में प्रदान हुआ था, अतः मैंने दैनिक

---

१ अरग़ून ख़ाँ का पुत्र तथा चंगेज़ ख़ाँ के वंश वालों में इस्लाम स्वीकार करने वालों में दूसरा बादशाह। उसने अपनी उपाधि सुल्तान मुहम्मद रखी थी। उसने ६ वर्ष तक राज्य किया। उसकी मृत्यु १७ मई १३०४ ई० को हुई। उसके उपरान्त उसका भाई उलजैतू बादशाह हुआ जिसकी उपाधि मुहम्मद ख़ुदा बन्दा थी।

व्यय ३५ मन आटा, ३५ मन माँस तथा उसी के अनुसार शकर, मिश्री, घी और पान (४३४) निश्चित कर दिया। केवल वेतन पाने वालों ही को भोजन न मिलता था, अपितु यात्रियों तथा आगन्तुकों को भी भोजन प्रदान होता था। उस समय अकाल बड़ा प्रचंड था; किन्तु लोगों को मेरे इस (प्रबन्ध) के कारण बड़ी सुविधा हो गई और यह समाचार दूर दूर तक प्रसारित हो गये। जब मलिक सबीह सुल्तान के पास दौलताबाद पहुँचा और सुल्तान ने देहली के लोगों का हाल पूछा तो उसने उत्तर दिया कि, "यदि देहली में अमुक व्यक्ति के समान दो आदमी और भी होते तो अकाल से किसी को कोई कष्ट न होता।" सुल्तान इस पर बड़ा प्रसन्न हुआ और उसने अपने निजी प्रयोग का ख़िलअत मेरे लिये भेजा।

मैं दोनों ईदों,[1] मुहम्मद साहब के जन्म के दिन,[2] आशूरे (१० मुहर्रम) के दिन[3], शबरात, तथा सुल्तान क़ुतुबुद्दीन के मृत्यु के दिन १०० मन आटा और उतना ही मांस पकवाता था और दरिद्रों तथा दीनों को भोजन कराता था। बड़े बड़े आदमियों के लिये (४३५) भोजन का पृथक् प्रबन्ध होता था। इस प्रथा का अब उल्लेख किया जाता है।

वलीमा (विशिष्ट भोजनों) में खाने के प्रबन्ध का उल्लेख—

हिन्दुस्तान तथा सरा[4] में प्रथा है कि जब वलीमा (विशिष्ट भोजन) हो चुकता है तो प्रत्येक शरीफ़ सैयिद, फ़क़ीह, सूफ़ी तथा क़ाज़ी के सम्मुख एक ख्वान (थाल) लाकर रक्खा जाता है। वह झूले के समान होता है। उसके नीचे चार पाये होते हैं और वह खजूर के तन्तु से बुना होता है। सर्व प्रथम उसमें चपातियाँ रखते हैं। उसके ऊपर एक भुना हुआ भेड़ का सिर और चार टिकियाँ जिनके भीतर साबूनिया मिठाई भरी होती है और उन पर चार हलवे के टुकड़े रक्खे जाते हैं। चमड़े की दो छोटी थालियों में हलवे तथा समोसे होते हैं। इन सब वस्तुओं को रख कर एक सूती रूमाल से ढांक दिया जाता है। जो लोग इनसे नीची श्रेणी के होते हैं, उन्हें भेड़ का आधा सिर दिया जाता है और इसे ज़ल्ला कहते हैं। (४३६) इसी प्रकार इन्हें समस्त सामग्री केवल आधी दी जाती है। जो इनसे भी कम श्रेणी के होते हैं उनको इसके चतुर्थांश के बराबर मिलता है। प्रत्येक व्यक्ति के, जिसके सम्मुख ख्वान रक्खा जाता है सेवक इसे उठा कर ले जाते हैं। सर्व प्रथम मैंने यह प्रथा सरा नगर में देखी जो सुल्तान ऊज़बक की राजधानी है। मैंने इस प्रथा से अनभिज्ञ होने के कारण अपने सेवकों को इसे उठाने से रोक दिया था। इसी प्रकार अन्य प्रतिष्ठित व्यक्तियों के घर वलीमे (विशिष्ट भोज) का भोजन भेजा जाता है।

हज़ार अमरोहा की यात्रा—

सुल्तान के आदेशानुसार वज़ीर ने खानक़ाह के लिये निर्धारित अनाज में से १०,००० मन अनाज दे दिया और शेष के लिये लिख दिया कि हज़ार[5] अमरोहा के एलाक़े से दिया जाय। वहाँ का वालिये खराज (कर का प्रबन्धक) अज़ीज़ खम्मार था और वहाँ का अमीर (अधिकारी) शम्सुद्दीन बदखशानी था। मैंने अपने कुछ आदमी भेजे। उन्होंने कुछ तो बताये

१ ईद तथा बक़रईद।

२ १२ रबी-उल-अव्वल साधारणतया मुहम्मद साहब का जन्म दिन माना जाता है। उस दिन मुसलमानों के यहाँ बड़ा समारोह होता है।

३ मुहम्मद साहब के नाती इमाम हुसेन के शहीद होने का दिन अर्थात् १० मुहर्रम।

४ ख्वारिज़्म से हिन्दुस्तान के मार्ग में किपचाक़ के खानों की राजधानी।

५ १००० ग्रामों अथवा उससे कुछ कम या अधिक का एक समूह जो प्रबन्ध की सुविधा के लिये बनाया जाता था। ऐसा ज्ञात होता है कि अमरोहा इन ग्रामों का केन्द्र था। अमरोहा उत्तर प्रदेश के मुरादाबाद ज़िले में है।

हुए अनाज में से प्राप्त कर लिया; किन्तु अज़ीज़ खम्मार की धूर्तता की शिकायत की। अतः (४३७) शेष अनाज प्राप्त करने के लिये मैं स्वयं गया। देहली से इस स्थान तक पहुँचने में तीन दिन यात्रा करनी पड़ती है। वर्षा ऋतु थी। मैंने अपने साथ अपने ३० आदमी लिये। दो गायक भी अपने साथ ले लिये। वे दोनों भाई थे। वे मार्ग में मुझे गाना गा गाकर सुनाते थे। जब हम बिजनौर पहुँचे तो तीन अन्य गायक मिले। वे तीनों भी भाई थे। मैंने उन लोगों को भी साथ ले लिया। वे और पहले वाले दोनों गायक मुझे बारी बारी गाना गा गा कर सुनाते थे।

फिर हम अमरोहा पहुंचे। यह छोटा सा सुन्दर नगर है। वहाँ के अधिकारी मेरे स्वागतार्थ आये। नगर का क़ाज़ी शरीफ़ (सैयिद) अमीर अली तथा खानक़ाह के शेख[1] भी आये। इन लोगों ने मिल कर मेरे लिये एक बड़े अच्छे भोज का प्रबन्ध किया। अज़ीज़ खम्मार सरयू नदी के तट पर स्थित अफ़ग़ानपुर नामक स्थान पर था। यह नदी हमारे तथा अफ़ग़ानपुर के बीच में थी। कोई नाव वहाँ उपलब्ध न थी। हमने लकड़ी के तख़्तों (४३८) तथा घास फूस से बेड़ा तैयार कराया और उसमें अपना सामान रक्खा और दूसरे दिन नदी के पार हुये। अज़ीज़ का भाई नजीब अपने कुछ साथियों को लेकर हमारे स्वागतार्थ आया और हमारे लिये एक सिराचा (शिविर) लगवाया। तत्पश्चात् उसका भाई वाली आया। वह अपने अत्याचार के कारण बड़ा कुप्रसिद्ध था। उसके अधीन १५०० ग्राम थे और उनका वार्षिक कर ६० लाख (चाँदी के तन्के) था। इसका बीसवाँ भाग उसे प्राप्त होता था।

जिस नदी के किनारे हमारे शिविर लगे उसकी एक विचित्र विशेषता यह थी कि कोई भी वर्षा में उसका जल न पीता था और न किसी पशु को पिलाता था। हम उस नदी तट पर तीन दिन तक ठहरे रहे और हममें से किसी ने भी उसमें से एक घूंट जल न पिया और न उसके निकट ही गये। इसका कारण यह है कि इसका उद्गम क़राचिल पर्वत (हिमालय) में है जहाँ सोने की खानें हैं और यह विषैली घासों में से होकर बहती है; अतः जो (४३९) कोई भी इसका जल पीता है उसकी मृत्यु हो जाती है। यह पर्वत तीन मास की यात्रा के विस्तार में फैला है और उसके दूसरी ओर तिब्बत है जहाँ कस्तूरी वाले मृग पाये जाते हैं। हम उस दुर्घटना का उल्लेख कर चुके हैं जो इस पर्वत में मुसलमानों की सेना के साथ घटित हुई थी। इस स्थान पर मेरे पास हैदरी फ़क़ीरों का एक समूह आया। उन्होंने सर्व प्रथम समा[2] सुना और फिर आग जलवाई और आग में घुस गये और उन्हें कोई हानि न हुई। इसका भी उल्लेख में इससे पूर्व कर चुका हूँ।

इस नगर के अमीर (मुख्य सैनिक अधिकारी) शम्सुद्दीन बदख्शानी तथा वाली अज़ीज़ खम्मार में विरोध उत्पन्न हो गया था। शम्सुद्दीन उससे युद्ध करने के लिये सेना लेकर निकला। वह (अज़ीज़) रक्षा के लिये अपने घर में घुस गया। जब उनमें से एक की शिकायत वज़ीर के पास देहली पहुँची तो वज़ीर ने मुझे, मलिक शाह अमीर ममालिक[3] जो अमरोहे में था और जिसके अधीन ४,००० शाही दास थे तथा शिहाबुद्दीन रूमी को लिखा कि "इन दोनों (४४०) के झगड़े की पूछताछ करलो और जिसका अपराध हो, उसे बन्दी बना कर देहली भेज दो।" वे सब मेरे घर में एकत्र हुये। अज़ीज़ ने शम्सुद्दीन पर अनेक दोषारोपण किये। उनमें से एक यह था कि उसके एक सेवक रज़ी मुल्तानी ने उपर्युक्त अज़ीज़ के कोषाध्यक्ष के

१ मुख्य प्रबन्धक।

२ सूफ़ियों का संगीत तथा नृत्य।

३ दासों के अधिकारी।

घर जाकर मदिरापान किया और कोषाध्यक्ष के धन में से ५००० दीनारों की चोरी करली। मैं ने रज़ी से इस विषय में प्रश्न किया तो उसने मुझ से कहा, "मैं जब से, आठ वर्ष हुये, मुल्तान से आया हूं, मैं ने कभी मदिरापान नहीं किया।" मैंने उससे प्रश्न किया कि "तुमने मुल्तान में मदिरापान किया था?" उसने उत्तर दिया कि "हाँ"। मैंने उसके ८० कोड़े लगवाये और उसे उस अपराध पर, जिसे उसने स्वीकार कर लिया था, बन्दी बना दिया।

देहली से दो मास तक अनुपस्थित रहने के उपरान्त मैं अमरोहे से लौटा। मैं अपने साथियों के लिये प्रति दिन एक बैल ज़िबह किया करता था। मैं अपने साथियों को वहीं छोड़ आया ताकि वे अज़ीज़ से वह अनाज, जो उसके ज़िम्मे था और जिसके भिजवाने का दायित्व उस पर था, प्राप्त करके ले आयें। उसने ग्रामवासियों को आदेश दिया कि वे ३०,००० मन अनाज ३००० बैलों पर लाद कर पहुंचा आयें। हिन्दुस्तानी लोग बोझ लादने के लिये बैलों के
(४४१) अतिरिक्त किसी अन्य पशु से काम नहीं लेते। यात्रा में भी बैलों ही पर बोझ लादते हैं। गधों की सवारी करना वे बड़ा ही घृणित अपमान समझते हैं। उनके गधे छोटे होते हैं और लाशा (मृतक शरीर) कहलाते हैं। यदि किसी को अपमानित करना हो तो वे उसे पिटवा कर गधे पर सवार करते हैं।

मेरे एक मित्र की उदारता—

सैयिद नासिरुद्दीन अवहरी ने जाने के समय मेरे पास १०६० तन्के छोड़ दिये थे। मैंने उन्हें व्यय कर दिया था। जब मैं देहली लौटा तो मुझे ज्ञात हुआ कि उसने इस धन को ख़ुदावन्द ज़ादा क़िवामुद्दीन को ऋण में दे दिया था और वह वज़ीर का सहायक (नायब) होकर आगया था। मुझे इस बात के कहने में लज्जा होती थी कि मैंने वह धन व्यय कर दिया है। उसे एक तिहाई दे देने के उपरान्त मैं घर से बाहर न निकला और यह प्रसिद्ध हो गया कि मैं
(४४२) रुग्ण हूं। नासिरुद्दीन ख़्वारिज़्मी सद्रे जहां मुझे देखने आया और उसने मुझे देख कर कहा, "तुम मुझे अस्वस्थ नहीं ज्ञात होते।" मैंने कहा "मेरा हृदय रोगी है।" जब उसने कहा कि मैं अपना तात्पर्य समझाऊँ तो मैंने उससे कहा, "अपने नायब शेख़ुल इस्लाम को भेज देना। मैं उसे सब बात समझा दूँगा।" जब शेख़ुल इस्लाम मेरे पास आया तो मैंने शेख को सब हाल बताया और उसने लौट कर सद्रे जहाँ को सब हाल बता दिया। उसने मेरे पास १००० दीनार दराहिम (तन्के) भेजे, यद्यपि मुझे उसे १००० दीनार पहले ही अदा करने थे। जब मुझसे शेष धन माँगा गया तो मैंने सोचा कि मुझे सद्रे जहाँ के अतिरिक्त कोई इस अवसर पर सहायता प्रदान नहीं कर सकता क्योंकि वह बड़ा धनी है। मैंने एक अश्व जीन सहित, जिसका तथा ज़ीन का मूल्य १,६०० दीनार था, एक दूसरा तुरंग जिसका तथा ज़ीन का मूल्य ८०० दीनार, दो खच्चर जिनका मूल्य १२०० दीनार, रजत का एक तूणीर, दो तलवारें जिन के म्यानों पर चाँदी मढ़ी थी उसके पास भेजे और उसे कहला भेजा कि "इसका मूल्य निश्चित करके धन मेरे पास भेजदो।" उसने सब चीजें ले लो और उनका मूल्य ३००० दीनार
(४४३) निश्चित किया और अपने २००० दीनार काट कर मेरे पास १००० दीनार भिजवा दिये। मैं इतना निराश हुआ कि मुझे ज्वर चढ़ आया। मैं ने सोचा कि यदि मैं वज़ीर से इसकी शिकायत करूँगा तो और भी अपमानित होउँगा। अतः मैंने ५ घोड़े, दो दासियाँ तथा दो दास मलिक मुग़ीसुद्दीन मुहम्मद बिन (पुत्र) मलिकुल मलूक एमादुद्दीन सिमनानी के पास भेजे। उस युवक ने उन्हें मुझ को लौटा दिया और मुझे बड़ी उदारता से २०० तन्के (सम्भवतया सोने के) भिजवा दिये। मैंने उस ऋण को अदा कर दिया। दोनों मुहम्मदों के आचरण में कितना अन्तर था।

सुल्तान के मुहल्ले (शिविर) की ओर मेरा प्रस्थान–

जब सुल्तान माबर पर आक्रमण करने हेतु प्रस्थान कर के तिलंग पहुंच गया तो वहाँ उसकी सेना में संक्रामक रोग फैल गया। इस कारण वह दौलताबाद लौट आया और वहाँ से चल कर गंगा नदी के तट पर उसने शिविर लगाये। अपने सैनिकों को भी उसने आदेश दिया कि वे वहीं घर बना लें। मैं भी उस समय उसके मुहल्ले (शिविर) में पहुंचा। इसी समय ऐनुल-(४४४) मुल्क का विद्रोह, जिसकी चर्चा हो चुकी है, हुआ। मैं इस समय निरन्तर सुल्तान के साथ रहा। सुल्तान ने उत्तम प्रकार के कुछ तुरंग अपने सभासदों को वितरण किये और मुझे भी उन्हीं लोगों में सम्मिलित करके कुछ उत्तम घोड़े दिये। ऐनुलमुल्क से युद्ध तथा उसके बन्दी बनाये जाने के समय में सुल्तान के साथ था। मैं ने उसके साथ गंगा नदी पार की। तत्पश्चात् सरयू को पार करके सालार मसऊद की क़ब्र के दर्शनार्थ गया। जब सुल्तान देहली की ओर वापस लौटा तो मैं भी उसके साथ था।

सुल्तान के मुझे दण्ड देने के विचार तथा भगवान् की दया से मेरा बच जाना—

इस का यह कारण था कि मैं एक दिन शेख़ शिहाबुद्दीन बिन (पुत्र) शेख जाम से भेंट करने उस गुहा में, जो उसने देहली से बाहर बनायी थी, गया। मेरा उद्देश्य गुहा देखना था। जब सुल्तान ने उसे बन्दी बनाया और उसके पुत्रों से प्रश्न किया कि "तुम्हारे पिता से भेंट करने कौन-कौन आता था?" तो उन्होंने अन्य लोगों के साथ मेरा नाम भी ले लिया। इस पर सुल्तान ने आदेश दिया कि सभा-कक्ष में मेरे ऊपर उसके चार दासों का निरन्तर पहरा रहे। (४४५) जब इस प्रकार का आदेश किसी के विषय में होता है तो उसका बचना बड़ा कठिन हो जाता है। मेरे ऊपर शुक्रवार के दिन से पहरा लगा और मुझे दैवी प्रेरणा प्राप्त हुई कि मैं क़ुरान के इस वाक्य का जप किया करूँ "हमारे लिये भगवान् यथेष्ठ है और वह ही महान रक्षक है।" मैं ने उस दिन इस वाक्य का ३३,००० बार जप किया। रात्रि में मैं सभा-कक्ष में रहा। मैं ने पाँच दिन का एक रोज़ा रक्खा। प्रत्येक दिन पूरा क़ुरान पढ़ डालता था और सायंकाल केवल जल पी कर रोज़ा तोड़ता था। पाँच दिन के उपरान्त मैं ने कुछ भोजन किया और पुनः चार दिन का रोज़ा रखा। शेख की हत्या के पश्चात् मैं मुक्त कर दिया गया। ईश्वर प्रशंसनीय है।

सुल्तान की सेवा से मेरा पृथक् होना तथा संसार त्यागना–

कुछ समय उपरान्त मैं सुल्तान की सेवा से पृथक् हो गया और शेख, इमाम, आबिद (उपासक), जाहिद (त्यागी), नम्र, संसार त्यागी, विद्वान, अद्वितीय, कमालुद्दीन अब्दुल्लाह ग़ाज़ी (४४६) की सेवा में रहने लगा। वे बहुत बड़े वली (संत) थे और उनके चमत्कार बड़े प्रसिद्ध हैं। इनमें से कुछ मैं ने स्वयं देखे हैं और इसके पूर्व उसके हाल में उनकी चर्चा कर चुका हूँ। मैं ने अपनी समस्त धन सम्पत्ति दीनों तथा दरिद्रियों को वितरण कर दी और शेख़ की सेवा में प्रविष्ट हो गया। शेख दस-दस दिन और कभी कभी बीस बीस दिन का रोज़ा (उपवास) रक्खा करते थे। मेरा हृदय भी चाहता था कि मैं भी उसी प्रकार रोज़ा रक्खूं किन्तु मुझे शेख रोक देते थे और मुझ से कहते थे कि "उपासना में अपने प्राणों को अधिक कष्ट न दिया करो। जो कोई औरों से आगे बढ़ जाने के लिये तेज़ भागता है और शीघ्र इच्छित स्थान तक पहुंचना चाहता है, वह अपनी यात्रा में उन्नति नहीं करता और अपने ऊपर दया नहीं करता।" मेरे पास अभी तक कुछ धन था, अतः मेरे हृदय में व्याकुलता रहती थी। अस्तु मेरे पास जो कुछ थोड़ा बहुत था वह भी मैं ने दान कर दिया। अपने वस्त्र भी एक फ़क़ीर को दे डाले

और उसके वस्त्र स्वयं धारण कर लिये। मैं ५ मास तक शेख का शिष्य रहा। सुल्तान उस समय सिन्ध में था।

सुल्तान का मुझे बुलाना, मेरा उसकी सेवा स्वीकार न करना तथा एबादत (उपासना)—

(४४७) जब सुल्तान को मेरे संसार त्यागने का समाचार मिला तो उसने मुझे बुलवाया। वह उस समय सिविस्तान में था। मैं उसकी सेवा में फ़क़ीरों के वस्त्र धारण किये उपस्थित हुआ। उसने मुझ से बड़ी नम्रता से तथा दया-पूर्वक वार्त्ता की और पुनः अपनी सेवा में सम्मिलित होने के लिये कहा। मैं ने स्वीकार न किया और उससे हेजाज जाने की आज्ञा माँगी। उसने मुझे आज्ञा प्रदान कर दी। मैं सुल्तान के पास से बाहर चला आया और एक खानक़ाह में, जो मलिक बशीर के नाम से प्रसिद्ध थी, ठहर गया। यह जमादी उस्सानी ७४२ हि० (जून १३४१ ई०) का अन्त था। मैं ने रजब मास में तथा शाबान[१] के पहले दस दिनों में एक चिल्ला[२] खींचा। धीरे-धीरे ५-५ दिन का रोज़ा रखने लगा। पाँचवे दिन बिना सालन के थोड़े से चावल खाता था। दिन भर क़ुरान पढ़ता और रात्रि में, जितनी ईश्वर शक्ति देता, तहज्जुद[३] पढ़ता। जब मैं भोजन करता तो कष्ट अनुभव होता और जब भोजन न करता तो आराम हो जाता। (४४८) मैं ने इस अवस्था में चालीस दिन व्यतीत किये। इसके उपरान्त सुल्तान ने मुझे पुनः बुलवाया।

---

१ इस्लामी कैलन्डर का जमादी उस्सानी छठा मास, रजब सातवाँ मास तथा शाबान आठवां मास होता है।

२ एक निर्धारित समय तक एकान्तवास करके कुछ विशेष एबादतें।

३ आधी रात के बाद की नमाज़ें।

अस-सीन (चीन) में दूत बनाकर भेजा जाना

चालीस दिन पूरे हो जाने के उपरान्त सुल्तान ने मेरे पास ज़ीन सहित घोड़े, दासियां, दास, वस्त्र तथा कुछ धन भेजा। मैंने वस्त्र धारण कर लिये और उसकी सेवा में उपस्थित हुआ। मेरे पास एक सूती अस्तरदार नीले रंग का वस्त्र था जिसे मैं चिल्ले के दिनों में पहिना करता था। जब मैंने उसे उतारा और सुल्तान का भेजा हुआ वस्त्र धारण किया तो अपनी घोर निन्दा की। जब कभी मैं उस वस्त्र की ओर दृष्टिपात करता तो मुझे अपने हृदय में एक प्रकाश का अनुभव होता। वह मेरे पास काफ़िरों द्वारा समुद्र में मेरे वस्त्र छिन जाने तक रहा। जब उन्होंने मुझे लूट लिया तो वह भी जाता रहा।

जब मैं सुल्तान की सेवा में उपस्थित हुआ तो पहले की अपेक्षा उसने मेरे ऊपर कहीं अधिक कृपादृष्टि प्रदर्शित की और मुझसे कहा, "मैंने तुम्हें इस लिये बुलाया है कि तुम्हें अपनी ओर से दूत बनाकर अस-सीन (चीन) के बादशाह के पास भेजूं, क्योंकि तुम्हें यात्रा तथा भ्रमण से बड़ी रुचि है।" फिर उसने मेरी आवश्यकता की सभी वस्तुओं का
(४४९) प्रबन्ध करा दिया और कुछ अन्य लोग मेरे साथ जाने के लिये नियुक्त किये। इसकी चर्चा मैं अब प्रारम्भ करता हूँ।

अस-चीन (चीन)[१] में उपहार भेजने के कारण, जो लोग साथ भेजे गये उनका उल्लेख, एवं उपहारों का विवरण—

(१) चीन के बादशाह ने सुल्तान के पास सौ ममलूक (दास) तथा दासियाँ, ५०० मखमल के थान, जिनमें से सौ ज़ैतून[२] में तथा सौ खन्सा[३] में बने थे, ५ मन कस्तूरी, रत्नों से जड़ी हुई ५ खिलअतें, ५ जड़ाऊ निषंग तथा ५ तलवारें भेज कर यह प्रार्थना की थी कि सुल्तान उसे क़राजिल (हिमालय) पर्वत के आंचल में समहल[४] नामक स्थान पर मन्दिरों को पुनः निर्मित कराने की अनुमति प्रदान कर दे। समहल में चीनी लोग धर्म-यात्रा करने के
(२) लिये जाते थे। हिन्दुस्तान की इस्लामी सेना ने इस पर अधिकार प्राप्त कर लिया था, और उसे लूट कर ध्वंस कर दिया था।

सुल्तान ने उपहार की प्राप्ति के उपरान्त चीन के बादशाह को लिखा कि "इस्लामी नियमानुसार मुसलमानों के राज्य में मन्दिर बनाने की अनुमति केवल उन्हीं लोगों को प्रदान की जा सकती है जो जिज़या अदा करना स्वीकार कर लें। यदि तू जिज़या अदा करना स्वीकार कर ले तो तुझे मन्दिर के निर्माण की अनुमति प्रदान की जा सकती है। जो लोग उचित मार्ग पर चलते हों ईश्वर उनका कल्याण करे।" उसने उन उपहारों से भी अधिक बहुमूल्य उपहार तैयार कराये। उत्तम प्रकार के सौ ज़ीन तथा अन्य सामग्रियों सहित घोड़े, सौ हिन्दू दास तथा दासियाँ जो संगीत तथा नृत्य में दक्ष थीं, बैरमी कपड़े के सौ थान जो एक प्रकार का सूती कपड़ा होता है किन्तु सुन्दरता में अद्वितीय होता है और एक एक थान का मूल्य सौ सौ दीनार होता है, खज़ नामक रेशमी कपड़े के सौ थान जिसमें पाँच पाँच रंगों के

१ यहाँ से डेफ़्रेमरी संस्करण का चौथा भाग प्रारम्भ होता है।
२ चीन का च्वान चूफ़ नगर।
३ चीन का हंगचूफ़ नगर।
५ इस स्थान का कोई पता नहीं। सम्भल भी यह किसी प्रकार नहीं हो सकता।

(३) रेशम का प्रयोग होता है, चार सौ थान सलाहिया[१] के, सौ थान शीरीन बाफ़[२] के, सौ थान शान बाफ़ के, पाँच सौ थान कशमीरी ऊनी कपड़ों के जिनमें सौ काले रंग के, सौ सफ़ेद रंग के, सौ लाल रंग के, सौ हरे रंग के, सौ नीले रंग के थे, सौ रूमी कतान[३] के थान, सौ टुकड़े कम्बल के कपड़े के, एक सिराचा (डेरा), छः (छोटे) खेमे, सोने के चार शमादान (मोम बत्ती रखने का एक प्रकार का पात्र) चार चांदी के जिन पर मीनाकारी की गई थी, सोने के चार तश्त[४] लोटों सहित, चाँदी के छः तश्त, दस जड़ाऊ ख़िलअ़तें विशेष रूप से सुल्तान के प्रयोग की, दस शाशिया टोपियाँ सुल्तान के प्रयोग की जिनमें से एक पर जवाहरात जड़े हुये थे, दस जड़ाऊ निषंग जिनमें से एक पर मोती जड़े थे, दस तलवारें जिनमें से एक के म्यान पर मोती जड़े थे, दस्ताने जिन पर मोती जड़े थे, और पंद्रह ख्वाजा सरा, सुल्तान द्वारा भेजे गये।

(४) उपहारों को मेरे साथ लेकर जाने के लिये सुल्तान ने अमीर ज़हीरुद्दीन जंजानी[५] को आदेश दिया। वह बहुत बड़ा विद्वान् था। उपहार काफ़ूर नामक ख्वाजा-सरा शुरबदार के अधीन किये गये। हमें समुद्र-तट तक पहुँचाने के लिये हमारे साथ अमीर मुहम्मद हरवी तथा हज़ार सवार भेजे गये। चीन के बादशाह के पंद्रह दूत भी, जिनके सरदार का नाम तुरसी था और जिनके साथ सौ सैनिक थे, हमारे साथ भेजे गये। इस प्रकार हमारे साथ मनुष्यों की बहुत बड़ी संख्या हो गई; और हमारे साथ बड़े शानदार सैनिक भी थे। सुल्तान ने आदेश दे दिया कि हम लोग जिस स्थान पर भी पहुँचें, वहाँ हमारे भोजन आदि का प्रबन्ध राज्य की ओर से किया जाय।

हम लोगों ने १७ सफ़र ७४३ हि० (२२ जुलाई १३४२ ई०) को प्रस्थान किया क्योंकि इस देश में प्रायः लोग महीने की २, ७, १२, १७, २२, अथवा २७ तिथि को यात्रा के लिये (५) प्रस्थान करते हैं। प्रथम पड़ाव हमने तिलपट में किया। यह देहली से २¾ फ़रसख[६] की दूरी पर स्थित है। वहाँ से हम लोग आऊ[७] की ओर रवाना हुये। वहाँ से हीलू[८] और फिर वहाँ से ब्याना पहुँचे।

यह एक बहुत बड़ा नगर है और बड़ा सुन्दर बना हुआ है। यहाँ की जामा मस्जिद भी बड़ी भव्य है। इसकी दीवारें तथा छतें पाषाण की बनी हुई हैं। यहाँ का अमीर (मुख्य अधिकारी) मुज़फ़्फ़र इब्नुल दाया, सुल्तान की दाई का पुत्र है। उससे पूर्व मलिक मुजीर बिन (पुत्र) अबिल रिजा (अबू रिजा) वहाँ का (मुख्य अधिकारी) था। वह एक बहुत बड़ा मलिक था। उसका उल्लेख इससे पूर्व हो चुका है। वह अपने आप को क़ुरेश वंश का बताता था किन्तु वह बड़ा ही निरंकुश तथा अत्याचारी था। उसने इस नगर के बहुत से निवासियों की हत्या करदी थी और बहुत से लोगों के हाथ पैर कटवा डाले थे। इस नगर में मैंने एक मनुष्य देखा जो बड़ा ही रूपवान था और अपने घर की चौखट पर बैठा था किन्तु उसके (६) हाथ पाँव कटे हुये थे। एक बार सुल्तान यात्रा करते हुये उस नगर में पहुंचा। वहाँ के निवासियों ने मलिक मुजीर की उससे शिकायत की। बादशाह ने उसके बन्दी बनाये जाने

१ एक प्रकार का कपड़ा।
२ एक प्रकार का कपड़ा।
३ एक प्रकार का रेशमी कपड़ा। लिनेन
४ एक प्रकार का गहरा थाल जिसमें हाथ मुंह धोते हैं।
५ ईरान में तेहरान तथा तबरेज़ के मध्य में जंजान स्थित है।
६ एक फ़रसख में लगभग १८,००० फ़ीट होते हैं।
७ भरतपुर में एक ग्राम।
८ कदाचित भरतपुर से २० मील दक्षिण-पश्चिम।

का आदेश दे दिया। उसकी गर्दन में तौक़ (लोहे की हंसुली) डलवा दिया गया और उसे वज़ीर के सामने दीवान (सभा कक्ष) में बैठा दिया गया। नगर निवासी आ-आ कर उसके अत्याचारों के विषय में लिखित शिकायतें प्रस्तुत करते थे। सुल्तान ने आदेश दिया कि वह उन सब को सन्तुष्ट करे। जब वह सब को धन देकर संतुष्ट कर चुका तो उसकी हत्या करादी गई।

इस नगर के प्रतिष्ठित निवासियों में आलिम इमाम इज्ज़ुद्दीन ज़बेरी थे, जो ज़ुबेर इब्नुल अव्वाम के वंशज थे। वे बहुत बड़े फ़क़ीह थे और बड़ा पवित्र जीवन व्यतीत करते थे। उनसे भेंट गालियूर (ग्वालियर) में मलिक इज्ज़ुद्दीन अल् बनतानी, जो आज़म मलिक कहलाते थे, की सेवा में हुई।

फिर हम ब्याना से चल कर कोल (अलीगढ़) नगर पहुँचे। यह एक सुन्दर नगर है जिसमें अत्यधिक उद्यान पाये जाते हैं और आम के वृक्ष बहुत बड़ी संख्या में हैं। हम लोग नगर के बाहर एक बहुत बड़े मैदान में ठहरे। वहाँ हम ने शेख सालेह (पवित्र) आबिद (उपासक) शम्सुद्दीन के, जो ताजुल आरेफ़ीन कहलाते हैं, दर्शन किये। वे अन्धे थे और बड़े (७) वृद्ध हो गये थे। बाद में सुल्तान ने उनको बन्दीगृह में डलवा दिया था और वहीं उनकी मृत्यु हो गई। उनके विषय में इससे पूर्व उल्लेख हो चुका है।

कोल के आस पास में एक युद्ध जिसमें हम ने भाग लिया—

कोल नगर में पहुँच कर हमें सूचना मिली कि कुछ हिन्दू काफ़िरों ने जलाली[1] के क़स्बे को घेर लिया है। यह क़स्बा कोल से सात मील दूर है। अतः हम लोग उस दिशा में चल खड़े हुये। इसी बीच में काफ़िरों ने क़स्बे के निवासियों से युद्ध प्रारम्भ कर दिया था और क़स्बे वालों का विनाश होने ही वाला था। काफ़िरों पर हमारे आक्रमण कर देने के पूर्व तक उन्हें हमारे पहुँचने की सूचना न हो सकी। यद्यपि वे एक सहस्र अश्वारोही तथा तीन सहस्र पदातियों की संख्या में थे, किन्तु हम ने सब की हत्या कर दी और उनके घोड़ों तथा उनके अस्त्र शस्त्र पर अधिकार जमा लिया। हमारे २३ अश्वारोही तथा ५५ पदाती शहीद हुये (८) (मारे गये)। इनमें ख्वाजा सरा काफ़ूर साक़ी[2] भी था, जिसको उपहार सौंपे गये थे। हम ने पत्र द्वारा सुल्तान को उसकी मृत्यु की सूचना दी और उसके उत्तर की प्रतीक्षा करते रहे। काफ़िर पहाड़ियों से निकल निकल कर जलाली पर आक्रमण करते रहे और हम लोग सवार होकर उस क़स्बे के अमीर (मुख्य अधिकारी) के साथ उन लोगों से युद्ध करने के लिये जाया करते थे।

दुर्भाग्य से मेरा बन्दी होना, एक वली अल्लाह (संत) द्वारा कष्टों से मेरी मुक्ति—

एक दिन मैं अपने कुछ साथियों के साथ सवार होकर बाहर गया। ग्रीष्म के कारण हम लोग एक उद्यान में मध्याह्न की अल्प-निद्रा हेतु गये। हम ने कुछ शोर की आवाज़ सुनी। हम सवार होकर जलाली के उस ग्राम की ओर गये जिस पर हिन्दुओं ने आक्रमण कर दिया था। हम ने उनका पीछा किया। वे भिन्न-भिन्न टोलियों में विभाजित होकर भाग गये। हम लोग भी टोलियाँ बना कर उनके पीछे हो लिये। मेरे साथ कुल पाँच आदमी थे। अचानक एक झाड़ी में से कुछ अश्वारोही तथा पदाती निकले और उन्होंने हम पर आक्रमण कर दिया। (९) उनकी संख्या अधिक थी; अतः हम भाग खड़े हुये। लगभग दस आदमियों ने मेरा पीछा किया किन्तु बाद में तीन आदमियों के अतिरिक्त सब ने पीछा करना छोड़ दिया। मेरे सामने

१ अलीगढ़ से दक्षिण पूर्व की ओर एक ग्राम जो अलीगढ़ से लगभग ११ मील दूर है।

२ पीने की वस्तुओं का प्रबन्ध करने वाला।

कोई मार्ग न था और भूमि पथरीली थी। मेरे घोड़े के अगले पाँव पत्थरों में फँस गये; अतः मैं ने उतर कर घोड़े के पैर पत्थर से निकाले और पुनः सवार हुआ।

हिन्दुस्तान में दो तलवारें रखने की प्रथा है। एक ज़ीन में लटकी रहती है और "रिकाबी" कहलाती है। दूसरी निषंग के साथ मनुष्य के शरीर पर होती है। मेरी रिकाबी तलवार म्यान से निकल कर गिर पड़ी। उसकी मुठिया सोने की थी, अतः मैं उसको उठाने के लिये घोड़े से उतरा और उसको उठा कर मैंने पुनः ज़ीन में लटका लिया। मेरे शत्रु निरंतर मेरा पीछा कर रहे थे। मैं एक गहरी खाई के निकट पहुँचा और घोड़े से उतर कर खाई में घुस गया। इसके पश्चात् मैं ने उन लोगों को नहीं देखा।

वहाँ से निकल कर मैं एक घाटी में पहुँचा जो जंगल से ढकी हुई थी। उसके मध्य में एक मार्ग था। मैं उस मार्ग पर हो लिया। मुझे उस मार्ग के विषय में कुछ ज्ञात न था। (१०) अचानक लगभग चालीस काफ़िर दृष्टिगत हुये। उनके हाथ में धनुष-वाण थे। वे मुझ पर टूट पड़े। मुझे भय हुआ कि यदि मैं भागा तो वे वाणों से मेरी हत्या कर देंगे। मैं कवच भी न पहिने था, अतः मैं भूमि पर लेट गया क्योंकि जो लोग इस प्रकार आत्म-समर्पण कर देते हैं, उनकी इस देश में हत्या नहीं की जाती। उन्होंने मुझे बन्दी बना लिया और मेरे पास जो कुछ था वह सब छीन लिया, केवल एक लबादा, एक कुर्त्ता और एक पायजामा रहने दिया। फिर वे मुझे उस जंगल में ले गये, जहाँ उनके शिविर थे। वहाँ वृक्षों के मध्य में एक जलाशय था। वहां उन्होंने मुझे माश (उरद) की बनी हुई रोटी दी। मैंने थोड़ी सी रोटी खाकर थोड़ा सा जल पिया। उनके साथ दो मुसलमान थे जिन्होंने मुझ से फ़ारसी में वार्त्ता की और मेरे विषय में पूछा। मैंने अपना कुछ हाल उन्हें बताया किन्तु यह न कहा कि मैं सुल्तान के पास से आ रहा हूं। तब उन लोगों ने मुझे बताया कि "तुम्हारी अवश्य हत्या कर दी जायगी। या तो यह लोग और या अन्य लोग तुम्हारी हत्या कर देंगे।" एक मनुष्य (११) की ओर संकेत करते हुये उन्होंने कहा कि "यह उनका मुक़द्दम (चौधरी) है।" मने उन दो मुसलमानों द्वारा उससे वार्त्ता की और उसे प्रभावित करना चाहा। उसने मुझे अपने अधीन मनुष्यों के सिपुर्द कर दिया जिसमें एक वृद्ध, दूसरा उसका पुत्र तथा एक काले रंग का दुष्ट व्यक्ति था। इन तीनों ने मुझसे कुछ बात चीत की जिससे मैंने यह निष्कर्ष निकाला कि उन तीनों लोगों को मेरी हत्या का आदेश दे दिया गया है। उसी दिन सायंकाल वे मुझे एक गुहा में ले गये। ईश्वर की कृपा से काले आदमी को कम्प-ज्वर आगया और उसने मेरे ऊपर अपने पांव रख दिये। वृद्ध तथा उसका पुत्र सो गये। प्रातःकाल उन्होंने परस्पर वार्त्तालाप के उपरान्त मुझ से अपने साथ जलाशय तक आने के लिए कहा। मैं समझ गया कि वे लोग मेरी हत्या करने वाले हैं। मैंने वृद्ध से बात चीत की और उसे प्रभावित करने का प्रयास किया। उसे मुझ पर दया आ गई। मैंने अपने कुर्ते की आसतीन फाड़ कर उसे दे दी जिससे वह अन्य लोगों से बहाना कर दे कि मैं भाग गया और कोई उस पर दोष न लगा सके।

ज़ुहर (दोपहर पश्चात्) के निकट हमने जलाशय के पास कुछ लोगों को बातें करते सुना। वृद्ध ने समझा कि उसके साथी आ गये। उसने मुझे अपने साथ आने के लिए संकेत किया। जब हम नीचे पहुँचे तो हमें वहाँ कुछ अन्य लोग मिले। उन लोगों ने वृद्ध से अपने साथ चलने को कहा किन्तु उसने तथा उसके साथियों ने स्वीकार न किया। तीनों मेरे (१२) सामने बैठ गये और भूमि पर भंग के वृक्ष की रस्सी रख दी। मैं उन्हें निरंतर देखता जाता था और अपने हृदय में कहता जाता था कि अब यह लोग इस रस्सी से बाँध कर मेरी हत्या कर देंगे। फिर तीन अन्य मनुष्य, जिन्होंने हमें पकड़ा था, उनके पास आये और उनसे

कुछ वार्त्ता की। मैं समझ गया कि वे मेरे विषय में पूछ रहे हैं कि उन्होंने अभी तक मेरी हत्या क्यों नहीं की ? वृद्ध ने काले आदमी की ओर संकेत किया। मैं समझ गया कि वह काले आदमी के रुग्ण हो जाने का बहाना कर रहा था। उन तीन व्यक्तियों में एक रूपवान युवक था। उसने मेरी ओर संकेत करके पूछा कि "क्या तू चाहता है कि तुझे मुक्त कर दिया जाय ?" मैंने उत्तर दिया, "हाँ।" उसने कहा, "जा, चला जा।" मैंने उसे अपना लबादा दे दिया। उसने मुझे अपनी पुरानी कमली देदी और मुझसे कहा कि "वह मार्ग है; जा, उस पर चला जा।" मैं चल दिया किन्तु मुझे भय था कि कहीं वे अपना विचार बदल न दें और मुझे पुनः न पकड़ लें। इस लिए मैं एक बाँस के जंगल में घुस गया और सायंकाल तक वहीं घुसा रहा।

(१३) तत्पश्चात् मैं उस मार्ग पर जो मुझे युवक ने दिखाया था चल दिया। उस मार्ग से मैं एक जलाशय पर पहुंचा और वहाँ मैं ने जल पिया। मैं एक तिहाई रात्रि तक यात्रा करता रहा और एक पहाड़ी के निकट पहुंच गया, और उसी पहाड़ी के नीचे सो गया। प्रातःकाल मैं ने पुनः यात्रा प्रारम्भ कर दी। दोपहर पूर्व मैं एक ऊँची पहाड़ी पर पहुंच गया जिस पर कीकर तथा बेरी के वृक्ष थे। मैंने बेर खाने प्रारम्भ कर दिये। मेरी भुजायें घायल हो गईं और उसके चिह्न अभी तक वर्त्तमान हैं। पहाड़ी से उतर कर मैं मैदान में आया जिसमें कपास तथा रेंड के वृक्ष थे। वहाँ एक 'बाईं' भी थी जिसका अर्थ उनकी भाषा में चौड़ा कूप होता है। वह पत्थर की बनी होती है और उसमें जल तक उतरने के लिये सीढ़ियाँ होती हैं। कुछ में पत्थर के गुम्बद, मेहराब तथा बैठने के स्थान बने होते हैं। मलिक तथा अमीर ऐसे मार्गों में, जहाँ जल का अभाव होता है, इस प्रकार की बाईं बनवाने में (१४) अपना बहुत बड़ा सम्मान समझते हैं। आगे के पृष्ठों में कुछ अन्य बाईंयों का जो हमने मार्ग में देखीं उल्लेख किया जायगा। बाईं पर पहुँच कर मैंने उस में से कुछ जल पिया। वहाँ सरसों के कुछ पत्ते तथा शाखायें पड़ी थीं जिन्हें कोई धोते समय उस स्थान पर छोड़ गया था। मैं ने सरसों की कुछ डालियाँ खालीं और शेष अपने पास रख लीं। तत्पश्चात् मैं एक रेंड के वृक्ष के नीचे सो गया। इतने में चालीस अश्वारोही अस्त्र शस्त्र धारण किये बाईं के निकट जल लेने के लिये आये। कुछ लोग खेतों में घुस गये। ईश्वर ने उन्हें मेरी ओर से अन्धा कर दिया और कोई मुझे न देख सका। तत्पश्चात् पचास अन्य मनुष्य हथियार लगाये बाईं के पास आये और बाईं पर रुक गये। एक आदमी तो उस वृक्ष के सामने के वृक्ष तक आ गया जहाँ मैं लेटा था, किन्तु वह भी मुझे न देख सका। तत्पश्चात् मैं कपास के खेत में चला गया और दिन भर वहीं छिपा रहा। वे लोग बाईं पर कपड़े धोते तथा क्रीड़ा करते रहे। रात्रि के समय उनकी आवाज मन्द पड़ गयी। मैं समझ गया कि वे या तो चले गये (१५) और या सो गये। उस समय मैं बाहर निकला और घोड़ों के पैर के चिह्न के सहारे-सहारे चल पड़ा। चाँदनी रात थी, अतः मैं चलता रहा। चलते-चलते मैं दूसरी बाईं पर पहुँचा जिस पर एक गुम्बद था। बाईं में उतर कर मैंने जल पिया। मैं ने सरसों की कुछ डालियाँ जो मेरे पास थीं खाईं। फिर मैं गुम्बद में प्रविष्ट हो गया। मैं ने देखा कि वहाँ पक्षियों ने घास एकत्र करदी है। मैं उसी घास पर सो गया। मुझे घास में कभी-कभी एक कीड़ा रेंगता हुआ ज्ञात हुआ। सम्भवतया वह सर्प होगा किन्तु मैं इतना थक गया था कि मैंने उस ओर ध्यान न दिया।

दूसरे दिन प्रातःकाल मैं एक चौड़े मार्ग पर चल दिया। इस मार्ग से मैं एक उजाड़ ग्राम में पहुँचा। तत्पश्चात् मैं दूसरे मार्ग पर हो लिया किन्तु फिर भी मैं एक उजाड़ ग्राम ही में पहुँचा। कई दिन तक यही होता रहा। एक दिन मैं वृक्षों के एक झुन्ड की ओर

पहुँचा। उनके मध्य में एक जलाशय था। वृक्षों के बीच के स्थान से एक घर (कमरा) सा बन गया था। जलाशय के चारों ओर खजूर के प्रकार के वृक्ष खड़े थे। मैंने सोचा कि मैं वहाँ रुक जाऊँ। सम्भवतया ईश्वर कोई मनुष्य वहाँ भेज दे जो मुझे आबादी का मार्ग
(१६) बता सके। किन्तु मुझ में कुछ शक्ति आ गई, अतः मैं उठ कर एक मार्ग पर चल खड़ा हुआ जिस पर बैलों के खुरों के चिह्न थे। मार्ग में एक बैल दृष्टिगत हुआ जिस पर झूल पड़ी थी और एक हँसिया रक्खी थी; किन्तु यह मार्ग भी काफ़िरों के ग्राम की ओर जाता था। फिर मैं दूसरे मार्ग पर चल खड़ा हुआ। इस मार्ग से मैं एक उजाड़ ग्राम में पहुंचा। वहाँ मुझे दो काले काले आदमी नंगे धड़ंगे दृष्टिगोचर हुये। भय के कारण मैं वहीं कुछ वृक्षों में छिप गया। रात्रि में, मैं ग्राम में प्रविष्ट हुआ। एक उजड़े हुये घर में मैंने मिट्टी की एक कोठी देखी जिसमें अनाज भरा जाता था। उसके नीचे एक इतना चौड़ा छेद था, जिसमें एक मनुष्य प्रविष्ट हो सकता था। मैं उसके भीतर घुस गया। वहाँ कटी हुई घास का बिछौना सा बिछा था और वहीं एक पत्थर रक्खा था। मैं उसी पत्थर पर सिर रख कर सो गया। उसके ऊपर रात भर एक पक्षी के फड़फड़ाने की आवाज़ सुनाई देती रही। ऐसा ज्ञात होता था कि वह पक्षी मुझसे डरता था। इस प्रकार डरे हुये जीवों का एक जोड़ा वहाँ एकत्रित
(१७) हो गया था। मैं शनिवार को पकड़ा गया था। उस दिन से आज तक सात दिन व्यतीत हो चुके थे। सातवें दिन मैं काफ़िरों के एक ग्राम में पहुंचा। उसमें एक जलाशय भी था और कुछ तरकारी भी बोई हुई थी। मैंने वहाँ के निवासियों से भोजन के लिये कुछ माँगा किन्तु उन्होंने कुछ न दिया। वहाँ कूप के समीप मूली के कुछ पत्ते पड़े थे। मैंने वही पत्ते खा लिये। जब मैं ग्राम में प्रविष्ट हुआ तो वहाँ मुझे कुछ काफ़िर सैनिक मिले। कुछ लोग उनके ऊपर पहरा देने के लिये नियुक्त थे। पहरेदारों ने मुझे टोका किन्तु मैंने उत्तर न दिया और भूमि पर बैठ गया। एक आदमी तलवार खींच कर मेरे समीप आया और मेरी हत्या करनी चाही किन्तु मैंने कोई ध्यान न दिया क्योंकि मैं बहुत थक गया था। तत्पश्चात् उसने मेरी तलाशी ली किन्तु उसे कुछ भी न मिला। जब उसे कुछ न मिला तो उसने वही कुर्ता ले लिया जिसकी आसतीनें मैंने वृद्ध को दी थीं।

आठवें दिन मैं प्यास से व्याकुल हो गया। मेरे पास जल की बूंद भी न थी। मैं एक उजड़े हुये ग्राम में पहुँचा किन्तु वहाँ कोई जलाशय न था। उन ग्रामों में यह प्रथा है कि वे लोग जलाशय बनवा कर उन्हीं में वर्षा का जल एकत्र कर लेते हैं। इस प्रकार उन्हें पूरे वर्ष जल मिलता
(१८) रहता है। मैं एक मार्ग पर हो लिया और एक कच्चे कूप पर पहुँचा। उस पर मूंज की रस्सी पड़ी हुई थी किन्तु जल खींचने के लिये कोई पात्र न था। मेरे सिर पर कपड़े का एक टुकड़ा लिपटा हुआ था। मैं ने रस्सी में वह कपड़ा बाँधा और जो कुछ जल उसमें लग गया वह मैंने चूस लिया किन्तु इससे मेरी प्यास न बुझी। फिर मैं ने रस्सी में अपना जूता बाँधा और उसके द्वारा कुछ जल खींचा किन्तु मेरी प्यास फिर भी न बुझी। मैं ने जूता पुनः कुयें में डाला किन्तु इस बार रस्सी टूट गई और जूता कुयें में गिर गया। फिर मैं ने दूसरा जूता बाँधा और जी भर कर जल पिया। तत्पश्चात् मैं ने जूता काट कर उसका ऊपरी भाग कुयें की रस्सी तथा कपड़े की कुछ चिटों द्वारा अपने पैरों पर बाँध लिया। जब मैं इस प्रकार जूता पैरों में बाँध रहा था और मेरी समझ में कुछ न आता था कि अब मैं क्या करूँ तो एक मनुष्य मुझे दृष्टिगोचर हुआ। मैं उसकी ओर देखने लगा। वह काले रंग का एक व्यक्ति था। उसके हाथ में एक लोटा कंधे पर डंडा तथा झोला था। उसने मुझसे
(१९) "सलामुनअलैकुम" (तुम पर मेरा सलाम) कहा। मैंने "अलैकुमुस्सलाम व रहमतुल्लाहे" (तुम्हारे ऊपर सलाम तथा ईश्वर की दया हो) कहा। उसने मुझसे फ़ारसी में पूछा कि

"चे कसी ?"[1] मैंने कहा कि "मैं मार्ग भूल गया हूं।" उसने कहा कि "मैं भी मार्ग भूल गया हूं।" उसने फिर अपनी रस्सी में लोटा बाँधा और जल निकाला। मैंने जल पीना चाहा किन्तु उसने मुझसे ठहर जाने को कहा। फिर अपने झोले से भुने हुये चने तथा मुरमुरे निकाले। मैंने खा कर जल पीया। उसने वजू करके दो रकात नमाज़ पढ़ी। मैंने भी वजू किया और नमाज़ पढ़ी। मुझसे उसने मेरा नाम पूछा। मैंने उत्तर दिया कि 'मेरा नाम मुहम्मद है।" तत्पश्चात् मैंने उससे उसका नाम पूछा। उसने उत्तर दिया "क़ल्बुल फ़ारेह (प्रसन्न हृदय)।" मैंने इसे एक उत्तम शकुन समझा और प्रसन्न हो गया। तत्पश्चात् उसने मुझसे कहा कि "अल्लाह का नाम लेकर मेरे साथ चल।" मैंने कहा 'अच्छा" और कुछ दूर तक उसके साथ चला। कुछ दूर चल कर मुझ में चलने की शक्ति न रह गई और मैं खड़ा न रह सका, अतः मैं बैठ गया। उसने पूछा "तुझे क्या हो गया ?" मैंने उत्तर दिया "मैं तुमसे मिलने के पूर्व चल सकता
(२०) था किन्तु तुमसे मिलने के उपरान्त अब मुझमें चलने की कोई शक्ति नहीं।" उसने कहा 'सुब्हानल्लाह (ईश्वर उत्कृष्ट हो)' मेरे कन्धों पर बैठ जाओ।" मैंने उससे कहा कि "तुम दुर्बल हो और तुम मुझे नहीं उठा सकते।" उसने उत्तर दिया कि "ईश्वर मुझे शक्ति प्रदान करेगा। तुम अवश्य बैठ जाओ।" मैं उसके कंधों पर बैठ गया। उसने मुझसे कहा कि "ईश्वर ही पर्याप्त है और वह बड़ा ही उत्तम रक्षक है"[2] वाक्य का जप करते रहो। मैं उपर्युक्त वाक्य का जप करता रहा किन्तु मैं अपनी आँखें खुली न रख सका और मैं उसी समय सावधान हुआ जब ऐसा ज्ञात हुआ कि मैं भूमि पर गिर रहा हूं। मैं जाग उठा किन्तु उस मनुष्य का कहीं कोई चिह्न न था। मैंने अपने आपको एक आबाद गाँव में पाया। वहाँ के निवासी हिन्दू थे किन्तु वे सुल्तान की प्रजा थे। उनका मुख्य हाकिम मुसलमान था। जब उसको सूचना हुई तो वह मेरे पास आया। मैंने उस ग्राम का नाम पूछा। उसने उत्तर दिया "ताजपुरा"। वहाँ से कोल की दूरी जहाँ हमारे अन्य साथी थे दो फ़रसख थी। हाकिम मुझे एक घोड़े पर बैठा कर अपने घर ले गया और मुझे गरम गरम भोजन कराया। मैंने स्नान किया। हाकिम
(२१) ने कहा कि "मेरे पास एक वस्त्र तथा एक पगड़ी है जिसे मेरे पास मिस्र का एक अरब छोड़ गया था। वह उस सेना का एक सैनिक था जो कोल में टिकी हुई है।" मैंने कहा "उसे मुझे देदो। मैं उसे पहन कर शिविर तक चला जाऊँगा।" जब वह उन्हें मेरे निकट लाया तो मैंने देखा कि वे मेरे ही दोनों वस्त्र थे जिन्हें मैं कोल आते समय उसी अरब को दे गया था। मैं यह देखकर आश्चर्यचकित हो गया। फिर मुझे उस मनुष्य का ध्यान आया जो मुझे अपने कन्धों पर लाया था और मुझे अबू अब्दुल्लाह मुर्शिदी की बात याद आ गई जिसका उल्लेख मैं पहली यात्रा में कर चुका हूं। उन्होंने मुझसे कहा था "तुम्हें हिन्दुस्तान में मेरा भाई दिलशाद मिलेगा और तुम्हें वह एक बहुत बड़े कष्ट से मुक्त करायेगा।" मुझे यह भी याद आ गया कि जब मैंने उससे उसका नाम पूछा तो उसने क़ल्बुल फ़ारेह बताया था जिसका फ़ारसी में अर्थ दिलशाद (प्रसन्न हृदय) होता है। मैं समझ गया कि उस दरवेश ने उसके विषय में मुझसे कहा था कि मैं उससे मिलूंगा और वह भी एक दरवेश था किन्तु मैं उसके साथ इससे अधिक न रह सका जितना मैं इससे पूर्व लिख चुका हूं।

(२२) मैं ने उसी रात्रि में अपने साथियों के पास कोल में अपनी कुशलता के समाचार लिख भेजे। वे मेरी कुशलता के समाचार पाकर बड़े प्रसन्न हुये और मेरे लिये वस्त्र तथा घोड़ा लाये। मुझे ज्ञात हुआ कि सुल्तान का उत्तर प्राप्त हो चुका है। उसने एक अन्य दास को

---

१ तू कौन है।

२ हस्बुनल्लाहो व नेमल वकील।

जिसका नाम सुम्बुल था और जो जामादार[1] था, शहीद काफ़ूर के स्थान पर भेज दिया था और यह आदेश दे दिया था कि यात्रा जारी रहे। मुझे यह भी पता चला कि उन्होंने मेरे विषय में भी लिख दिया था और वे इस यात्रा को अशुभ समझते थे, क्योंकि आरम्भ ही में काफ़ूर की हत्या हो चुकी थी और मैं बन्दी बना लिया गया था। इस प्रकार वे लोग लौट जाना चाहते थे, किन्तु जब मैं ने यह देखा कि सुल्तान यात्रा के लिये आग्रह कर रहा है तो मैं ने बड़े दृढ़ संकल्प से अपने साथियों से यात्रा के लिये कहा। उन्होंने उत्तर दिया कि "तुम नहीं देखते कि यात्रा के प्रारम्भ ही में हमें कितने कष्ट भोगने पड़े। सुल्तान तुम को क्षमा कर देगा; अतः हमें वापस हो जाना चाहिये अथवा उसके उत्तर की प्रतीक्षा करनी चाहिये।" किन्तु मैं ने उत्तर दिया कि "हमें रुकना न चाहिये। हम लोग जहाँ कहीं भी होंगे, सुल्तान का उत्तर हमें प्राप्त हो जायगा।"

(२३) हम कोल से निकल कर ब्रजपुर[2] पहुंचे। वहाँ एक बड़ी उत्तम खानक़ाह थी। वहाँ एक रूपवान तथा सदाचारी शेख निवास करते थे। उनका नाम मुहम्मद उरयाँ (नग्न) था क्योंकि वे एक तहबंद के अतिरिक्त कोई वस्त्र धारण नहीं करते थे। वे शेख सालेह वली अल्लाह (संत) मुहम्मद उरयाँ, क़राफ़ा निवासी के, जो मिस्र में है, शिष्य थे। ईश्वर हमें उनके द्वारा लाभ प्रदान करे।

शेख़ के विषय में एक कहानी—

शेख अवलिया अल्लाह थे और सर्वस्व त्याग कर केवल एक तन्नूरा (तहबंद) अर्थात् नाभि से पैर तक एक कपड़ा बांधते थे। कहा जाता है कि वे एशा (रात्रि की नमाज़) के पश्चात् खानक़ाह में जो कुछ भोजन, जल, अन्न इत्यादि होता, वह सब फ़क़ीरों को बाँट देते थे, यहाँ तक कि वे दीपक की बत्ती तक फेंक देते थे और दूसरा दिन पुनः ईश्वर पर आश्रित हो कर प्रारम्भ करते थे। वे नित्य प्रातःकाल अपने शिष्यों को रोटी और सेम खिलाते थे। प्रातःकाल (२४) रोटी तथा सेम बेचने वाले शीघ्रातिशीघ्र खानक़ाह पहुँचने का प्रयास किया करते थे। वे उनसे खानक़ाह वालों की आवश्यकतानुसार वस्तुयें मोल ले लेते थे और विक्रेताओं से कह देते थे कि बैठ जाओ। जो कोई जो कुछ फ़ुतूह (उपहार) लाता वह चाहे कम हो अथवा अधिक विक्रेताओं को दे देते थे।

कहा जाता है कि जब क़ाज़ान (ग़ाज़ान) तातारियों का बादशाह (१२९५-१३०४ ई०) अपनी सेना लेकर शाम पर चढ़ आया और उसने दमिश्क़ पर अधिकार जमा लिया और क़िला उसके हाथ न आया तो मलिक नासिर उससे युद्ध के लिये निकला। युद्ध दमिश्क़ से दो दिन की यात्रा की दूरी पर क़शहब नामक स्थान पर हुआ। मलिक नासिर उस समय युवक था और उसे युद्ध का कोई अनुभव न था। शेख मुहम्मद उरयाँ भी उसकी सेना में थे। उसने मलिक नासिर के घोड़े के पाँव में ज़ंजीर डाल दी जिससे मलिक नासिर युद्ध के समय अपनी युवावस्था के कारण भाग न जाय और मुसलमान पराजित न हो जायं। इस प्रकार मलिक नासिर अपने (२५) स्थान पर डटा रहा और तातारी बुरी तरह पराजित हो गये। बहुत से तातारी मारे गये और बहुत से नदी में, जिसके बाँध खोल दिये गये थे, डूब गये। तातारियों ने तत्पश्चात् मुसलमानों के देश पर फिर कभी कोई आक्रमण न किया। शेख मुहम्मद उरयाँ ने, जिनका उल्लेख इससे पूर्व किया गया, और जो मिस्र के शेख के शिष्य थे, मुझे बताया कि वे उस युद्ध में उपस्थित थे और उस समय नवयुवक थे।

---

१ शाही वस्त्रों की देख रेख करने वाला अधिकारी, जामादार।

२ क़न्नौज में भोजपुर।

हम ने ब्रजपुर से प्रस्थान करके आबे सियाह (काली नदी)[1] पर शिविर लगाये। वहाँ से हम लोग क़न्नौज नगर की ओर चल दिये। यह बहुत बड़ा नगर है और बड़ा ही दृढ़ है। यहाँ का क़िला भी बड़ा दृढ़ है। यहाँ वस्तुओं का मूल्य बड़ा सस्ता तथा कम है और शकर बड़ी अधिक मात्रा में होती है। शकर यहाँ से देहली भेजी जाती है। इस नगर की शहर-पनाह बड़ी ऊंची है। इस नगर का उल्लेख इससे पूर्व हो चुका है। इस नगर में शेख मुईनुद्दीन बाख़रज़ी निवास करते थे। उन्होंने हमारी दावत की। वहाँ का अमीर (मुख्य अधिकारी) (२६) फ़ीरोज़ बदख़शानी था। वह किसरा के एक मुसाहिब बहराम ज़ूर का वंशज था। इस नगर में बहुत से सदाचारी तथा योग्य व्यक्ति निवास करते हैं। वे शरफ़ जहाँ की संतान हैं। उनके दादा (शरफ़ जहाँ) दौलताबाद के क़ाज़ी-उल-क़ुज़्ज़ात (मुख्य क़ाज़ी) थे। वे अपने दान-पुण्य के लिये बड़ा प्रसिद्ध थे। उन्हें समस्त हिन्दुस्तान में अपनी धर्म-निष्ठता के कारण मान्यता प्राप्त हो गयी थी।

उनके विषय में एक कहानी—

कहा जाता है कि शरफ़ जहाँ एक बार अपने पद से हटा दिये गये। उनके शत्रुओं की संख्या अधिक थी। उनमें से एक ने उस क़ाज़ी के सामने, जो उनके स्थान पर नियुक्त हुआ था, उन पर यह अभियोग चलाया कि "मेरे दस हज़ार दीनार उन (शरफ़ जहाँ) के पास हैं किन्तु मेरे पास कोई लिखित प्रमाण नहीं और मैं चाहता हूं कि शरफ़ जहाँ हलफ़ उठालें।" क़ाज़ी ने शरफ़ जहाँ को बुलवाया। उसने (शरफ़ जहाँ) पूछा कि "इसका क्या दावा है।" क़ाज़ी ने उत्तर दिया कि दस हज़ार दीनार का दावा है। क़ाज़ी शरफ़ जहाँ ने दस हज़ार दीनार भेज दिये और कहला दिया कि मुद्दई को दस हज़ार दीनार दे दिये जायँ। अलाउद्दीन को इस घटना (२७) की सूचना मिल गई। उसे ज्ञात था कि अभियोग मिथ्या है। उसने शरफ़ जहाँ को पुनः क़ाज़ी नियुक्त कर दिया और दस हज़ार दीनार वापस करा दिये।

हम लोग क़न्नौज में तीन दिन तक ठहरे रहे। इसी बीच में सुल्तान का उत्तर प्राप्त हो गया। उसने मेरे विषय में यह लिखा था कि यदि मेरा पता कहीं नहीं चलता है तो दौलताबाद के क़ाज़ी, वजीहुल मुल्क को मेरे स्थान पर ले लिया जाय।

फिर हम लोग इस नगर से चल कर हनोल[2] पहुंचे। वहाँ से वज़ीरपुर[3] फिर बजालसा[4] फिर मौरी पहुँचे। यह छोटा सा क़स्बा है, किन्तु बाज़ार अच्छे हैं। वहाँ मैंने शेख क़ुतुबुद्दीन के जो हैदर फ़रग़ानी के नाम से प्रसिद्ध थे दर्शन किये। वे उस समय रुग्ण थे। उन्होंने मेरे लिए ईश्वर से शुभ कामना की और मुझे जौ की एक रोटी प्रदान की। वे कहते थे कि उनकी अवस्था १५० वर्ष से अधिक थी। उनके मित्र कहते थे कि वे सर्वदा रोज़ा (२८) रक्खा करते थे और कभी-कभी कई-कई दिन तक रोज़ा न खोलते थे। वे प्रायः एकान्त-वास किया करते थे और चिल्ले (एक निश्चित अवधि तक एकान्त में सिद्धि हेतु बैठना) में बैठते थे। इस बीच में वे नित्य केवल एक खजूर और कुल चालीस खजूरें खाया करते थे। मैंने स्वयं देहली में रजब अल बुरक़ई को देखा था। वे चालीस खजूरें लेकर चिल्ले में बैठते थे। जब चालीस दिन पश्चात् वे निकलते तो उनके पास १३ खजूरें शेष रह जाती थीं।

---

१ यह उत्तर प्रदेश के मुज़फ़्फ़रनगर ज़िले से निकल कर खुरजा फिर मेरठ, बुलन्दशहर, अलीगढ़, एटा, फ़र्रुखाबाद होती हुई क़न्नौज से चार मील पर गंगा में गिरती है।

२ आगरा सरकार में एक महाल (हिन्दाउन)

३ आगरा सरकार में एक महाल।

४ कदाचित जलेसर जिसका बाद में मुहम्मदाबाद नाम हुआ।

वहाँ से चल कर हम लोग मरह[1] पहुंचे। यह एक बहुत बड़ा नगर है। यहाँ के अधिकतर निवासी ज़िम्मी काफ़िर हैं। यहाँ का कोट बड़ा दृढ़ है। यहाँ गेहूं बड़े उत्तम प्रकार का होता है। यहाँ के समान गेहूं कहीं भी नहीं होता। यहाँ से गेहूँ देहली भेजा जाता है। यहाँ के गेहूं के दाने लम्बे, अधिक पीले और बड़े होते हैं। चीन के अतिरिक्त मैंने ऐसे गेहूँ कहीं नहीं देखे। इस नगर का नाम मालवा के नाम पर है। यह एक हिन्दू जाति होती है। वे बड़े डील डौल के तथा रूपवान होते हैं। उनकी स्त्रियाँ बड़ी ही रूपवती होती हैं। वे अपने (२६) आकर्षण तथा संभोग के आनन्द के लिए प्रसिद्ध होती हैं। मरहठा तथा मालदीव द्वीप की स्त्रियों में भी यही विशेषता होती है।

मरह से हम अलाबपुर[2] (अलापुर) पहुंचे। यह एक छोटा सा क़स्बा है। यहाँ के निवासी ज़िम्मी काफ़िर हैं और सुल्तान की प्रजा हैं। इस क़स्बे से एक दिन की यात्रा की दूरी पर एक हिन्दू राजा का राज्य है। उसका नाम क़तम है। वह जंबील[3] का राजा था। उसने कालिओर (ग्वालियर) पर आक्रमण किया और उसे घेर लिया। वहीं उसकी मृत्यु हो गई।

कहानी—

इस हिन्दू राजा ने राबरी[4] (रापरी) पर भी आक्रमण करके उसे घेर लिया था। राबरी यमुना नदी पर स्थित है। इसके अधीन बहुत से ग्राम तथा कृषि के योग्य भूमि है। यहाँ का अमीर (मुख्य अधिकारी) खत्ताब अफ़ग़ान था। वह बड़ा शूरवीर समझा जाता था। (३०) हिन्दू राजा ने एक अन्य हिन्दू राजा से, जो राजू कहलाता था और जिसकी राजधानी सुल्तानबुर[5] (सुल्तानपुर) में थी, सहायता माँगी। दोनों ने मिल कर राबरी को घेर लिया। खत्ताब ने सुल्तान से सहायता की याचना की किन्तु सुल्तान की भेजी हुई सेना उसके पास देर में पहुंची क्योंकि वह स्थान राजधानी से चालीस दिन की यात्रा की दूरी पर स्थित है। खत्ताब ने इस भय से कि कहीं हिन्दुओं को विजय न प्राप्त हो जाय, ३०० अफ़ग़ान, ३०० ममलूक (दास) और ४०० अन्य सैनिक एकत्र किये। सबने अपनी अपनी पगड़ियाँ अपने घोड़ों के गलों में बाँध दीं। हिन्दुस्तान में यह प्रथा है कि जब लोग अपने प्राण परमेश्वर को समर्पित करके मृत्यु हेतु सन्नद्ध हो जाते हैं, तो वे यही करते हैं। खत्ताब तथा उसकी जाति के लोग आगे आगे निकल पड़े। अन्य लोग भी उनके पीछे-पीछे हो लिये। उन्होंने प्रातःकाल द्वार खोल कर पूर्ण संघटन से हिन्दुओं पर आक्रमण कर दिया। हिन्दुओं की संख्या १५,००० थी। अल्लाह की सहायता से हिन्दू पराजित हो गये। दोनों राजा क़तम तथा राजू मारे गये। उनके सिर सुल्तान की सेवा में भेज दिये गये। हिन्दुओं की सेना में केवल थोड़े से मनुष्य जो भाग गये बच सके।

अलापुर के अमीर (मुख्य अधिकारी) का हाल तथा उसका शहीद होना—

(३१) अलापुर का अमीर (मुख्य अधिकारी) बद्र हबशी सुल्तान का दास था। वह अपनी वीरता के लिये उदाहरण के रूप से प्रस्तुत किया जाता था। वह अकेला ही काफ़िरों के राज्य पर आक्रमण किया करता था और उन का विनाश कर देता अथवा बन्दी बना लेता था। इस प्रकार वह

---

१ ग्वालियर के निकट पूर्व की ओर।

२ ग्वालियर का एक क़स्बा जिसमें एक क़िला भी था।

३ यह चम्बल अथवा इलाहाबाद जिले का कुसम हो सकता है।

४ शिकोहाबाद के निकट एक ग्राम।

५ गोमती के दाहिने तट पर एक नगर।

दूर दूर तक प्रसिद्ध हो गया था और काफ़िर उसके नाम से डरने लगे थे। वह बड़ा लम्बा तथा मजबूत था। वह एक पूरी भेड़ एक बार में खा जाता था। कहा जाता है कि वह हबशियों की प्रथानुसार भोजन के पश्चात् १½ रतल (३ पाव) घी पी जाता था। उसका पुत्र भी उतना ही वीर था।

एक बार बद्र ने हिन्दुओं के एक ग्राम पर अपने दासों सहित आक्रमण कर दिया। उसका घोड़ा उसे लेकर किसी गड्ढे में गिर पड़ा। ग्रामीण उसके चारों ओर एकत्र हो गये। उनमें से एक ने उस पर क़त्तारे (कटार) का वार कर दिया। यह एक लोहे का टुकड़ा होता हैं और हल के फार से मिलता जुलता है। इसके भीतर हाथ डाल देते हैं और उसके बाज़ू (३२) ढँक जाते हैं। केवल दो हाथ का धार वाला भाग निकला रहता है। इसकी चोट वड़ी घातक होती है। उसने बद्र की इसकी चोट से हत्या कर दी; किन्तु उसके दासों ने घोर युद्ध किया और गाँव पर अधिकार जमा लिया। उन्होंने वहाँ के पुरुषों की हत्या कर डाली, स्त्रियों को बन्दी बना लिया और वहाँ का सब कुछ लूट लिया। घोड़े को गड्ढे से सुरक्षित निकाल लिया और उसे उस (बद्र) के पुत्र के पास ले गये। यह बड़ा ही आश्चर्यजनक संयोग है कि उसका पुत्र उसी घोड़े पर सवार होकर देहली जा रहा था जबकि मार्ग में काफ़िरों ने उस पर अचानक आक्रमण कर दिया। उसने उनसे युद्ध किया किन्तु वह मारा गया और घोड़ा उसके साथियों के पास लौट आया। उन्होंने उसे उसकी विधवा के पास पहुँचा दिया। कुछ समय पश्चात् बद्र का बहनोई उस पर सवार होकर जा रहा था। काफ़िरों ने उस पर भी आक्रमण कर के उसकी हत्या कर दी।

फिर हम लोग कालियुर अथवा कियालीर (ग्वालियर) की ओर गये। यह एक बहुत बड़ा नगर है। इसका क़िला एक पृथक पहाड़ी पर अत्यन्त दृढ़ बना हुआ है। इसके द्वार पर (३३) एक हाथी तथा हाथीवान की पत्थर की मूर्तियाँ खड़ी हैं। इसका उल्लेख सुल्तान क़ुतुबुद्दीन के हाल में हो चुका है। यहाँ का अमीर (मुख्य अधिकारी) अहमद बिन (पुत्र) सेर (शेर) खाँ है। वह बड़ा ही चरित्रवान है। उसने इस यात्रा से पूर्व जब मैं उसके पास ठहरा था, मेरा बड़ा आदर सत्कार किया था। एक दिन जब मैं उसके पास गया तो वह एक काफ़िर के दो टुकड़े कराने वाला था। मैंने उससे आग्रह किया कि ईश्वर के लिये वह ऐसा न करे क्योंकि मैंने अपने सामने किसी की हत्या होते नहीं देखी है। उसने मेरी प्रार्थना के कारण उसे बन्दी बना देने का आदेश दे दिया। इस प्रकार मेरे कारण उसके प्राण बच गये।

कालियुर (ग्वालियर) से हम बरवन[1] पहुँचे। यह एक छोटा सा नगर है और हिन्दुओं के मध्य में है किन्तु वह मुसलमानों के अधिकार में है। उसका अमीर (मुख्य अधिकारी) मुहम्मद बिन (पुत्र) बैरम था। वह तुर्क वंश का था। नगर के चारों ओर हिंस्र जंतु बड़ी संख्या में पाये जाते हैं। वहाँ के एक निवासी ने मुझे बताया कि एक सिंह, नगर में द्वारों के (३४) बन्द हो जाने पर भी प्रविष्ट हो जाता था और लोगों को उठा ले जाता था। इस प्रकार उसने नगर के बहुत से लोगों की हत्या कर दी थी। लोग इस बात पर आश्चर्य किया करते थे कि वह किस प्रकार प्रविष्ट हो जाता है। उस नगर के एक निवासी मुहम्मद तौफ़ीरी ने जो वहाँ मेरा पड़ौसी था, मुझे बताया कि वह रात्रि में उसके घर में घुस गया और चारपाई पर से एक बालक को उठा ले गया। एक अन्य व्यक्ति ने मुझे बताया कि "हम लोग एक विवाह में जा रहे थे। एक आदमी शौच हेतु बाहर चला गया। सिंह ने उसे फाड़ डाला। उसके साथी जब उसकी खोज में निकले तो उसे गली में पड़ा पाया। सिंह ने उसका रक्त पी

१ कदाचित नारवार सरकार (आगरा प्रान्त में) बरोई।

लिया था, किन्तु उसका माँस न खाया था। कहा जाता है कि सिंह यही किया करता था। एक आश्चर्यजनक बात यह है कि एक आदमी ने मुझे बताया कि यह कार्य सिंह का नहीं अपितु एक मनुष्य का था। वह एक जादूगर था और जोगी (योगी) कहलाता था। वह सिंह बन कर निकलता था। जब मैंने यह बात सुनी तो मुझे उस पर विश्वास न हुआ किन्तु कई लोगों ने मुझ से यही बात कही, अतः मैं इस स्थान पर इन जादूगरों के विषय में प्रसिद्ध कुछ कहानियों का उल्लेख करता हूँ।

उन जादूगरों का हाल जो जोगी (योगी) कहलाते थे—

(३५) जोगी (योगी) बड़े अद्भुत कार्य करते हैं। कुछ जोगी (योगी) महीनों तक न कुछ खाते हैं और न कुछ पीते हैं। कुछ भूमि में गुहा बना लेते हैं। उसमें केवल हवा आने के लिये छेद होता है। वे इसमें महीनों तक पड़े रहते हैं। कुछ लोगों का कथन है कि वे एक वर्ष तक इसी प्रकार रह सकते हैं। मंजरौर (मंगलौर) नगर में मैंने एक मुसलमान को देखा जो इन लोगों का शिष्य था। वह एक ऊँचे ढोल पर बैठा था और कुछ खाता पीता न था। इस प्रकार २१ दिन व्यतीत हो चुके थे। मुझे यह नहीं ज्ञात कि वह मेरे चले आने के पश्चात् इस प्रकार कितने दिन और बैठा रहा। लोग कहते हैं कि यह लोग एक प्रकार की गोली बनाते हैं। एक गोली के सेवन के उपरान्त उन्हें कुछ समय तक अन्न जल की आवश्यकता नहीं पड़ती। वे गुप्त रहस्यों को भी बता सकते हैं। सुल्तान उनका बड़ा (३६) सम्मान करता है और उन्हें अपने साथ रखता है। कुछ लोग तरकारी के अतिरिक्त कुछ नहीं खाते और अन्य लोग भी, जो बहुत बड़ी संख्या में हैं, मांस नहीं खाते। यह स्पष्ट है कि वे योग-सिद्धि द्वारा इस प्रकार के हो जाते हैं कि न तो उन्हें किसी वस्तु की आवश्यकता होती है और न उन्हें सांसारिक आडम्बरों की चिन्ता ही रहती है। कुछ लोग तो ऐसे होते हैं कि यदि वे किसी मनुष्य की ओर दृष्टिपात करदें तो उसकी तुरन्त मृत्यु हो जाती है। जन साधारण का कथन है कि इस प्रकार जिस मनुष्य की हत्या हो गई हो. यदि उसका सीना चीरा जाय तो उसमें हृदय न मिलेगा। उनका कथन है कि उसका हृदय खा लिया जाता है। यह कार्य प्रायः स्त्रियाँ करती हैं और ऐसी स्त्रियाँ कफ़तार कहलाती हैं।

एक कहानी—

जब हिन्दुस्तान में अनावृष्टि के कारण विकराल दुर्भिक्ष का प्रकोप हुआ तो सुल्तान उस (३७) समय तिलंग में था। उसने आदेश भेज दिया था कि देहली निवासियों को १½ रतल (तीन पाव) प्रति मनुष्य के हिसाब से भोजन दिया जाय। वज़ीर ने अकाल पीड़ितों को एकत्र करके उनकी एक-एक टोली अमीरों तथा क़ाज़ियों को सौंप दी और उनके भोजन का प्रबन्ध भी उन्हीं लोगों के सिपुर्द कर दिया। ५०० व्यक्तियों का प्रबन्ध मुझको भी करना था। मैंने दो घरों में दालानें बनवा कर उन लोगों को उसमें बसा दिया। मैं उन्हें ५ दिन की भोजन सामग्री दे दिया करता था। एक दिन वे एक स्त्री लाये और कहा "यह कफ़तार (जोगिन) है। इसने अपने बराबर के घर वाले के बालक का हृदय खा लिया है।" वे लोग बालक का शव भी लाये। मैंने आदेश दिया कि "इसे सुल्तान के नायब (वज़ीर ख्वाजये जहाँ) के पास ले जाओ।" उसने आदेश दिया कि उसकी परीक्षा ली जाय। चार घड़ों में जल भरा गया और उन घड़ों को उसके हाथ पैर में बाँध दिया गया और उसे यमुना नदी में डाल दिया गया। वह न डूबी। इस प्रकार यह सिद्ध हो गया कि वह कफ़तार थी। यदि वह डूब जाती तो फिर यह सिद्ध हो जाता कि वह कफ़तार नहीं है। तत्पश्चात् उसने उसे अग्नि में जला डालने का आदेश दे दिया। नगर के लोगों ने उसकी राख एकत्र करली। इसमें (३८) स्त्री-पुरुष सभी सम्मिलित थे। लोगों का यह विश्वास है कि जो कोई उसकी राख को धूनी ले लेता है, उस पर एक वर्ष तक कफ़तार के जादू का कोई प्रभाव नहीं होता।

कहानी—

जब मैं देहली में सुल्तान के साथ था तो उसने एक बार मुझे बुलवाया। सुल्तान उस समय एकांत में अपने कुछ विशेष व्यक्तियों सहित बैठा था। दो जोगी (योगी) भी उसके पास बैठे थे। जोगी (योगी) रजाई ओढ़े रहते हैं और सिर को भी ढके रहते हैं। जिस प्रकार लोग बग़ल के बाल उखाड़ डालते हैं, उसी प्रकार ये लोग राख से अपने सिरों के बाल नोच डालते हैं। सुल्तान ने मुझे बैठ जाने का आदेश दिया। जब मैं बैठ गया, तो उसने उन लोगों से कहा कि "यह अज़ीज़ (परदेशी) यहाँ से एक बहुत दूर के देश से आया है। अतः इसे कुछ ऐसी चीज़ें दिखाओ जो इसने कभी न देखी हों।" उन्होंने उत्तर दिया "अच्छा।" उनमें से एक भूमि पर पालथी मार कर बैठ गया। तत्पश्चात् वह उसी प्रकार बैठे-बैठे वायु में बहुत ऊँचे स्थान तक पहुँच गया। मैं विस्मित होकर भूमि पर मूर्छित अवस्था में (३६) गिर पड़ा। बादशाह ने मुझे एक औषधि, जो उस समय उसके पास थी, पिलाने का आदेश दिया। मैं सावधान होकर बैठ गया। वह उसी प्रकार वायु में आसीन रहा। उसके साथी ने एक बोरिये में से, जो उसके पास थी, खड़ावें निकालीं और उन्हें भूमि पर पटका मानो उसे क्रोध आ गया हो। खड़ावें वायु में चढ़ गईं और उस आदमी की ग्रीवा तक पहुँच कर उसको ग्रीवा को पीटने लगीं। वह शनैः शनैः भूमि पर उतरने लगा और अन्त में उतर कर भूमि पर बैठ गया। तत्पश्चात् सुल्तान ने बताया कि वायु में बैठने वाला खड़ाऊँ वाले का शिष्य है। उसने कहा कि "यदि तेरे डर जाने का भय न होता तो मैं इन लोगों को इस से भी अधिक आश्चर्य-जनक चीज़ें दिखाने का आदेश देता। मैंने विदा ली किन्तु मुझे ख़फ़क़ान (धड़का) हो गयी और मैं रुग्ण हो गया। सुल्तान ने मेरे लिये एक औषधि भेजी और मैं उसके द्वारा स्वस्थ हो गया।

अब हम फिर अपनी यात्रा का उल्लेख प्रारम्भ करते हैं। हम लोग परौन से अगवारी नामक पड़ाव पर पहुँचे। वहाँ से कजर्रा (खजुरहो) के पड़ाव पर पहुँचे। यहाँ एक बहुत बड़ा (४०) जलाशय है जिसकी लम्बाई एक मील है। इसके चारों ओर मन्दिर हैं जिनकी मूर्तियों के अंग मुसलमानों द्वारा भंग कर दिये गये हैं। जलाशय के मध्य में लाल पत्थर के तीन गुम्बद हैं उनमें से प्रत्येक में तीन-तीन मंज़िलें हैं और चारों कोनों पर भी एक एक गुम्बद है। उन गुम्बदों में जोगी निवास करते थे। वे अपने बालों पर भभूत मले रहते थे। उनके बाल उनके पैरों तक पहुँचते थे। उनका रंग तपस्या के कारण पीला पड़ गया था। बहुत से मुसलमान भी उनके रहस्य के ज्ञान हेतु उनके शिष्य हो जाते हैं। कहा जाता है कि यदि कोई किसी शारीरिक रोग में ग्रस्त व्यक्ति अर्थात् कुष्ठ अथवा श्लीपद से पीड़ित मनुष्य उनकी संगति में कुछ समय तक रहता है तो वह ईश्वर की कृपा से स्वस्थ हो जाता है।

सर्व प्रथम मैं ने इस प्रकार के लोगों को तुर्किस्तान के सुल्तान तूर्माशीरीन के मुहल्ला (शिविर) में देखा था। उनकी संख्या लगभग पचास थी और उनके लिये भूमि में एक गुहा खोद दी गई थी। वे उससे शौच के अतिरिक्त किसी अन्य कार्य से न निकलते थे। उनके पास सींग के प्रकार की एक वस्तु होती थी जिसे वे प्रातः तथा सायंकाल, एवं तिहाई रात्रि (४१) व्यतीत हो जाने पर बजाते थे। उनके सब ही कार्य अद्भुत होते थे। एक जोगी ने माबर के सुल्तान ग़यासुद्दीन दामग़ानी के लिये कुछ गोलियाँ बना दी थीं। वह कामोद्दीपक औषधि थी। उस में फ़ौलाद का बुरादा पड़ा था। वह उन गोलियों के प्रभाव से इतना प्रसन्न हुआ कि वह निर्धारित मात्रा से अधिक खा गया और उसकी मृत्यु हो गई। उसका भतीजा नासिरुद्दीन उसका उत्तराधिकारी बना। वह उस जोगी (योगी) का बड़ा आदर करता था और उसने उसे विशेष रूप से सम्मानित किया।

फिर हमने चंदेरी नगर की ओर प्रस्थान किया। यह एक बहुत बड़ा नगर है। इसके बाजार भी बहुत बड़े बड़े हैं। इस बेलाद (प्रान्त) का अमीरुल उमरा (सबसे बड़ा अधिकारी) यहीं निवास करता था। उसका नाम इज़्ज़ुद्दीन बनतानी था। उसकी उपाधि आज़म मलिक थी। वह बहुत बड़ा विद्वान तथा दानी था, वह आलिमों को अपने पास बुलाया करता था। जो आलिम उसके पास प्रायः आते जाते थे उनमें फ़क़ीह इज़्ज़ुद्दीन ज़ुबेरी, फ़क़ीह तथा आलिम (४२) वजीहुद्दीन ब्यानी ब्याना निवासी (ब्याना का उल्लेख हो चुका है), फ़क़ीह तथा क़ाज़ी खास्सा, एवं स्थानीय इमाम शम्सुद्दीन सम्मिलित थे। उसके वित्त सम्बन्धी कार्यों के नायब का नाम क़मरुद्दीन था। उसका सेना सम्बन्धी कार्यों का नायब तिलंगाने का सआदत था। वह बड़ा शूरवीर था। उसी के सामने सेना का अर्ज़ (निरीक्षण तथा भर्ती) होता था। आज़म मलिक शुक्रवार तथा विशेष दिनों के अतिरिक्त दर्शन नहीं देता था।

चन्देरा से हम ज़िहार (धार पहुंचे)। यह मालवे की राजधानी एवं उस प्रान्त का सबसे बड़ा नगर है। इस प्रान्त में कृषि बड़ी ही उत्तम होती है, विशेष कर गेहूं खूब पैदा होता है। यहाँ से पान देहली भेजे जाते हैं। दोनों स्थानों के बीच की दूरी २४ दिन की यात्रा की है। पूरे मार्ग पर पत्थर के खम्बे (मील) लगे हैं। इन पत्थरों पर मीलों की संख्या खुदी है। जिस यात्रा को भी यह जानने की आवश्यकता होती है कि उस दिन उसने कितने मील की यात्रा की है, अथवा पड़ाव या वह स्थान जहाँ उसे जाना है कितनी (४३) दूर है, तो वह मील पर खुदा हुआ लेख पढ़ लेता है और उसे सब बातें ज्ञात हो जाती हैं। धार शेख इबराहीम की अक़्ता में है, जो मालदीव का निवासी था।

कहानी—

कहा जाता है कि यह शेख इबराहीम सर्व प्रथम इस नगर में आकर, नगर के बाहर ठहरा। उसने बंजर भूमि पर कृषि की। वह खरबूज़े की खेती करता था। उसके खेत के खरबूज़े बड़े मीठे होते थे। उस प्रकार के खरबूज़े उस प्रदेश में नहीं मिलते। अन्य लोग भी वहीं खरबूज़े बोते, किन्तु उनके खरबूज़े उतने मीठे नहीं होते। वह दीनों तथा दरिद्रियों को भोजन कराया करता था। जब सुल्तान माबर पर आक्रमण करने जा रहा था तो इस शेख ने उसके पास कुछ खरबूज़े भेजे। उसने उन्हें स्वीकार कर लिया। वह खरबूज़े उसे बड़े स्वादिष्ट लगे। उसने धार को उसकी अक़्ता में दे दिया। उस (सुल्तान) ने उसे आदेश दिया कि वह नगर के सामने पहाड़ी पर एक खानक़ाह बनवाये। उसने एक बड़ी ही सुन्दर खानक़ाह (४४) निर्मित कराई। वहाँ से वह हर प्रकार के यात्रियों को भोजन वितरित कराया करता था। कुछ समय उपरान्त वह सुल्तान की सेवा में उपस्थित हुआ और १३ लाख तन्के उसके सम्मुख प्रस्तुत करके उसने कहा कि "यह धन लोगों को भोजन कराने के उपरान्त शेष रह गया है और यह बैतुलमाल (इस्लामी खज़ाने) का हक़ है।" सुल्तान ने वह धन स्वीकार कर लिया किन्तु उसे उसका यह कार्य अच्छा न लगा क्योंकि वह धन एकत्र करता रहा और उसे दीनों एवं दरिद्रियों के भोजन हेतु व्यय न किया।

इसी नगर में वज़ीर ख्वाजये जहाँ के भागिनेय ने अपने मामा की उसके खज़ाने पर अधिकार जमाने के उद्देश्य से उसकी हत्या का प्रयत्न किया था। तत्पश्चात् वह माबर के विद्रोहियों (सैयिद जलालुद्दीन एहसन शाह) के पास भाग जाना चाहता था। उसके षड्यन्त्र की सूचना उसके मामा को मिल गई। उसने तुरंत उसे बन्दी बना लिया और उसे तथा उसके सहायक अमीरों को सुल्तान के पास भेज दिया। सुल्तान ने अमीरों की हत्या करा दी किन्तु वज़ीर के भागिनेय को उसके पास वापस भेज दिया, जिसने उसकी हत्या करा दी।

कहानी—

जब वज़ीर का भागिनेय उसके पास वापस भेज दिया गया तो उसने आदेश दिया कि (४५) जिस प्रकार उसके अन्य सहायकों की हत्या कराई गई है, उसी प्रकार उसकी भी हत्या करा दी जाय। उस युवक की एक कनीज़ (रखेली स्त्री) थी जिससे वह बड़ा प्रेम करता था। उसने उसे बुलवा कर उसे पान लगा कर दिया। उस (कनीज़) ने भी उसे पान लगा कर दिया। उसने उसे आलिंगन कर के विदा किया। तत्पश्चात् उसे हाथी के पैरों के नीचे कुचलवा दिया गया और उसकी खाल खिंचवा कर उसमें भूसा भरवा दिया गया। रात्रि में वह (कनीज़) उस स्थान पर पहुँची जहाँ उसके प्रेमी की हत्या कराई गई थी और निकट के एक कूप में डूब कर उसने आत्म हत्या कर ली। प्रातःकाल वह कूप से निकाली गई और कनीज़ तथा उसके प्रेमी को एक ही क़ब्र में दफ़न कर दिया गया। वह क़ुबूरे आशिक़ाँ (गोरे आशिक़ाँ) अर्थात् प्रेमियों की क़ब्र कहलाती है।

धार से चल कर हम उज्जैन पहुँचे। यह बड़ा सुन्दर नगर है और यहाँ की आबादी बड़ी घनी है। मलिक नासिरुद्दीन इब्न (पुत्र) ऐनुलमुल्क यहीं निवास करता था। वह बड़ा ही सदाचारी, दानी तथा विद्वान था। सन्दाबूर (सन्दापुर) टापू की विजय के समय वह वहीं शहीद हो गया। मैं ने उसकी क़ब्र के वहीं दर्शन किये थे और उसका उल्लेख उचित स्थान पर (४६) किया जायगा। इस नगर में फ़क़ीह, तबीब (चिकित्सक) जमालुद्दीन मग़रिबी निवास करते थे। वे ग़रनाता से इस देश में आये थे।

उज्जैन से चल कर हम लोग दौलताबाद पहुँचे। यह बड़ा ही भव्य नगर है और वह महत्व तथा बनावट और फैलाव के कारण देहली के समान है। यह तीन भागों में विभाजित है। प्रथम मुख्य दौलताबाद है। इसमें केवल सुल्तान तथा उसकी सेना निवास कर सकती है। दूसरा भाग कताका (कटका) कहलाता है। तीसरे भाग में दुवैक़ीर (देवगिरि) का अद्वितीय क़िला है। दृढ़ता में इसकी तुलना किसी अन्य क़िले से नहीं हो सकती।

दौलताबाद में खाने आज़म क़ुतलु ((कुतलुग़) खाँ निवास करता है। वह सुल्तान का गुरु है। वह उस नगर का अमीर (मुख्य अधिकारी) है। वह सुल्तान की ओर से उस स्थान तथा साग़र (सागर) प्रदेश एवं तिलंगाना प्रान्त और उस ओर के सम्बन्धित स्थानों का नायब है। यह समस्त स्थान तीन मास की यात्रा की दूरी में फैले हैं और बड़े अच्छे ढंग (४७) से बसे हैं। वे क़ुतलुग़ खां के अधीन हैं। उसके नायब इनका शासन प्रबन्ध करते हैं। देवगिरि का क़िला एक मैदान में स्थित चट्टान को काट कर उसकी चोटी पर बनाया गया है। इस तक पहुँचने के लिये चमड़े की बनी सीढ़ियों का प्रयोग होता है। यह सीढ़ियाँ रात्रि में उठा ली जाती हैं। उसमें मुफ़रद सैनिक अर्थात् वे सैनिक रहते है जिनका नाम पंजिका में लिखा रहता है। वे अपने परिवार सहित रहते हैं। इस क़िले में काल कोठरियाँ हैं जिनमें बड़े-बड़े अपराधी रक्खे जाते हैं। उन कोठरियों में बहुत बड़े-बड़े चूहे रहते हैं। वे बिल्लियों से भी बड़े होते हैं। वास्तव में बिल्लियाँ भी उनके सामने से भाग जाती हैं और अपनी रक्षा नहीं कर पातीं। उन्हें बड़े विचित्र ढंग से पकड़ा जाता है। मैं उन उपायों को देख कर आश्चर्य में पड़ गया।[1]

कहानी—

मलिक खत्ताब अफ़ग़ान ने मुझे बताया कि वह इस क़िले की इसी प्रकार की एक काल कोठरी में बन्दी बना दिया गया था। वह कोठरी चूहों की गुहा कहलाती थी। उसने मुझको बताया कि रात्रि में चूहे मेरे भक्षण हेतु एकत्र हो जाते थे, और मैं रात भर उन चूहों से

१ देखो सियारुल औलिया पृ० २१५। यह बन्दी गृह भाकसी में था। अमीर ख़ुर्द का सबसे बड़ा चाचा भी इसमें बन्दी बनाया गया था।

(४८) बड़ी कठिनाई से अपनी रक्षा कर पाता था। मैंने एक स्वप्न देखा जिसमें मुझे किसी ने बताया कि एक हज़ार बार इखलास का सूरा[१] पढ़ो तो तुम मुक्त हो जाओगे। मैंने यह सूरा पढ़ा और जब मैं एक हज़ार बार यह सूरा पढ़ चुका तो मुझे मुक्त कर दिया गया। मेरी मुक्ति का यह कारण था : मलिक मल मेरी कोठरी के समीप वाली कोठरी में बन्दी बना दिया गया था। वह रुग्ण हो गया। चूहे उसकी अँगुलियाँ और आँखें खा गये और उसका देहान्त हो गया। जब सुल्तान को यह सूचना मिली तो उसने आदेश दिया कि "खत्ताब को निकाल लो" कहीं उसकी भी वही दशा न हो जाय।" इसी क़िले में इसी मलिक मल के पुत्र नासिरुद्दीन तथा क़ाज़ी जलाल ने सुल्तान से पराजित होकर शरण ली थी।

दौलताबाद के निवासी मरहठे हैं। ईश्वर ने उनकी स्त्रियों को विशेष रूप से सुन्दरता प्रदान की है। उनकी नाकें तथा भृकुटियाँ बड़ी ही सुन्दर होती हैं। उनसे संभोग में विशेष (४९) आनन्द प्राप्त होता है। उन्हें अन्य स्त्रियों की अपेक्षा प्रेम सम्बन्धी बातों का अधिक ज्ञान होता है। यहाँ के काफ़िर अधिकतर व्यापारी हैं और रत्नों का व्यापार करते हैं। उनके पास अपार धन सम्पत्ति है। जिस प्रकार मिस्र के व्यापारी अकारिम कहलाते हैं, उसी प्रकार वे साह के नाम से प्रसिद्ध हैं।

दौलताबाद में अनार तथा अंगूर बहुत होते हैं। दोनों, वर्ष में दो बार फलते हैं। इस प्रदेश का कर घनी आबादी तथा अधिक विस्तार के कारण अन्य प्रान्तों की अपेक्षा बहुत अधिक है। मुझे लोगों ने बताया कि किसी हिन्दू ने नगर तथा प्रान्त के कर का ठेका १७ करोड़ में लिया। करोड़ में १०० लाख और एक लाख में १०० हज़ार दीनार होते हैं। यह लिखा जा चुका है कि प्रान्त की यात्रा में तीन महीने लगते हैं। वह अपने वचन का पालन न कर सका और पूरी रक़म अदा न कर सका। उसकी धन सम्पत्ति छीन ली गई और उस की खाल खिंचवा ली गई।

बाज़ार तथा गायिकायें--

(५०) दौलताबाद नगर में गायकों तथा गायिकाओं का अत्यन्त सुन्दर तथा बड़ा बाज़ार है जो तरबाबाद कहलाता है। इसमें बहुत सी दूकानें हैं। प्रत्येक का एक द्वार दुकान के स्वामी के घर में खुलता है। प्रत्येक घर में एक अन्य द्वार भी होता है। दूकानें क़ालीनों से सजी रहती हैं। इसके मध्य में एक बड़ा झूला सा होता है जिसमें कोई गायिका बैठी अथवा लेटी रहती है। वह नाना प्रकार के आभूषणों से शृंगार किये रहती है। उसकी दासियाँ झूला झुलाया करती हैं। बाज़ार के मध्य में क़ालीनों तथा फ़र्शों से सुसज्जित एक बहुत बड़ा गुम्बद है। इसमें बृहस्पतिवार को (अमीरुल मुतरिबीन) गायकों का सरदार अस्र की नमाज़ के पश्चात् बैठता है। उसके सेवक तथा दास भी इसके साथ रहते हैं। गायिकायें बारी-बारी आकर उसके समक्ष सायंकाल की नमाज़ के समय तक गायन तथा नृत्य करती रहती हैं। (५१) तत्पश्चात् वे चली जाती हैं। उसी बाज़ार में नमाज़ के लिये मस्जिदें हैं। उनमें रमज़ान के महीनों में इमाम तरावीह[२] पढ़ाता है। हिन्दुस्तान के कुछ हिन्दू राजा जब इस बाज़ार में से गुज़रते तो वह गुम्बद में रुक कर गायिकाओं का गायन सुना करते थे। कुछ मुसलमान बादशाह भी ऐसा ही करते हैं।

दौलताबाद से चल कर हम नज़रबार (नन्द्रुबार)[३] पहुंचे। यह एक छोटा सा नगर है जिसके अधिकतर निवासी मरहठे हैं। वे बड़े अच्छे शिल्पकार होते हैं। तबीब (चिकित्सक)

१ क़ुरान का एक अध्याय जिसमें एकेश्वरवाद का बड़ा विशद उल्लेख है।

२ रमज़ान के महीने की विशेष नमाज़ें, जिनमें पूरा क़ुरान समाप्त किया जाता है।

३ ताप्ती नदी के दक्षिणी तट पर।

ज्योतिषी तथा मरहठों के गण्यमान्य व्यक्ति ब्राह्मण तथा कतरी (क्षत्री) होते हैं। वे चावल, भाजी, तथा सरसों का तेल खाते हैं। वे मांस नहीं खाते और न तो किसी पशु को कष्ट पहुँचाते हैं और वे भोजन के पूर्व उसी प्रकार अनिवार्य रूप में स्नान करते हैं जिस प्रकार हम लोग वीर्य्य निकल जाने के पश्चात् अनिवार्य रूप से स्नान करते हैं। अपने सम्बन्धियों से जब तक सात दादाओं (पीढ़ियों) का अन्तर न हो विवाह नहीं करते। वे मदिरापान (५२) नहीं करते और इसे बहुत बड़ा पाप समझते हैं। हिन्दुस्तान में मुसलमानों का भी यही विचार है। यदि कोई मुसलमान मदिरापान करता है तो उसके ८० कोड़े लगाये जाते हैं और तीन मास तक उसे एक काल कोठरी में बन्द कर दिया जाता है और केवल भोजन देने के लिये उसे खोला जाता है।

यहाँ से चलकर हम साग़र[१] (सगर) पहुँचे। यह नगर साग़र[२] नदी के किनारे बसा है और बहुत बड़ा नगर है। नदी पर बहुत बड़े बड़े रहट चलते हैं। यहाँ आम, केले और गन्नें के उद्यान हैं। यहाँ के निवासी सदाचारी धर्मनिष्ठ तथा विश्वास के योग्य होते हैं। उनके समस्त कार्य प्रशंसनीय होते हैं। उद्यानों में उन्होंने यात्रियों के लिये खानक़ाहें निर्मित करा दी हैं। जो कोई खानक़ाह बनवाता है, वह उसके साथ उद्यान भी वक़्फ़ कर देता है और अपने पुत्रों को उसका मुतवल्ली (प्रबन्धक) नियुक्त कर देता है। यदि उसके संतान न हो तो क़ाज़ी मुतवल्ली नियुक्त हो जाता है। यहाँ की आबादी बहुत घनी है। लोग, यहाँ के निवासियों के दान पुण्य से लाभ उठाने के लिये बहुत बड़ी संख्या में पहुँचते रहते हैं। नगर से कोई कर नहीं लिया जाता; इस लिये भीड़ और भी अधिक हो जाती है।

(५३) साग़र से चल कर हम लोग किम्बाया (खम्बायत) पहुँचे। यह नगर समुद्र की एक भुजा पर, जो नदी के समान है[३], बसा है। यहाँ जहाज भली भाँति आ जा सकते हैं और जल में ज्वार भाटे का उठना दृष्टिगत होता रहता है। जल उतर जाने के समय मैंने वहाँ बहुत से जहाज़ कीचड़ में धंसे हुये देखे। जब समुद्र का जल चढ़ जाता था तो वे पुनः तैरने लगते थे। यह नगर अत्यन्त सुन्दर बना है। यहाँ के भवन तथा मस्जिदें बड़ी ही सुन्दर बनी हैं। इसका यह कारण है कि यहाँ के अधिकतर निवासी बाहरी व्यापारी हैं। वे बड़े शोभायमान भवन तथा मस्जिदें निर्मित कराते हैं और इस विषय में वे परस्पर स्पर्धा किया करते हैं। नगर के भव्य भवनों में उस शरीफ़ सामरी का भी भवन समझा जाता है, जिसने मुझे हलवे के मामले में फांसना चाहा था किन्तु मलिकुन्नुदमा[४] ने उसे झूठा बता दिया था उसके घर में जो लकड़ी लगी थी उससे अधिक दृढ़ तथा मोटी लकड़ी मैंने किसी घर में नहीं देखी। इस घर का द्वार इतना बड़ा है मानो वह नगर का द्वार हो। उसके घर के बराबर (५४) एक बहुत बड़ी मस्जिद है जो उसी के नाम पर प्रसिद्ध है। मलिकुत्तुज्जार[५] गाज़रूनी का भी घर बहुत बड़ा है। उसके बराबर भी एक भव्य मस्जिद है। शम्सुद्दीन कुलाहदोज़ (टोपी सीने वाले) का भवन भी बहुत बड़ा है। वह भी व्यापारी है।

कहानी—

क़ाज़ी जलाल अफ़ग़ान के विद्रोह के समय, जिसका उल्लेख इससे पूर्व हो चुका है,

---

१ बड़ौदा राज्य में सिनोर, नन्द्रबार तथा खम्बायत के मार्ग के मध्य में।

२ नर्मदा होना चाहिये।

३ इब्ने बत्तूता का तात्पर्य खाड़ी से है।

४ मुख्य मुसाहिब। यह पदवी सुल्तान अपने बड़े बड़े अमीरों को उनके अन्य कार्यों के साथ प्रदान कर दिया करता था।

५ बहुत बड़ा व्यापारी। यह भी एक पदवी थी जो बड़े बड़े व्यापारियों को प्रदान की जाती थी।

इस शम्सुद्दीन, जहाज़ों के स्वामी इलयास, जो नगर का एक प्रतिष्ठित व्यक्ति था, तथा मलिकुल हुकमा[1] ने, जिसकी इससे पहले चर्चा हो चुकी है, इस नगर में विद्रोही के विरुद्ध अपनी रक्षा का प्रयास किया था। उन्होंने नगर के चारों ओर ख़ाई खुदवानी प्रारम्भ करदी क्योंकि नगर में कोई चहार दीवारी न थी; किन्तु उसे (क़ाज़ी जलाल को) विजय प्राप्त हो गई और वह नगर में प्रविष्ट हो गया। वे तीनों एक घर में छिप गये। इस भय से कि कहीं वे बन्दी न बना लिये जायँ उन्होंने एक दूसरे की हत्या करना निश्चय कर लिया। प्रत्येक ने एक दूसरे पर गत्तारे (कटार) का, जिसका उल्लेख हो चुका है, वार किया। दो (५५) मर गये किन्तु मलिकुल हुकमा बच गया।

वहां के मुख्य व्यापारियों में नजमुद्दीन जीलानी[2] भी था। वह बड़ा ही रूपवान तथा धनी था। उसने नगर में एक भव्य भवन तथा मस्जिद का निर्माण कराया। कुछ समय उपरान्त सुल्तान ने उसे बुलवा कर उस नगर का अमीर (मुख्य अधिकारी) नियुक्त कर दिया। उसे मरातिब (पताका ढोल आदि, विशेष चिह्न) भी प्रदान किये; किन्तु अंत में उसे अपने प्राण से हाथ धोना पड़ा और उसकी धन सम्पत्ति नष्ट हो गई।

हमारे खम्बायत पहुँचने के समय वहाँ का अमीर (मुख्य अधिकारी) मुक़बिल तिलंगी था। सुल्तान के दरबार में उसका बड़ा आदर सम्मान होता था। शेख ज़ादा इस्फ़हानी भी उसके साथ रहता था और वह उसकी ओर से समस्त प्रकार के प्रबन्ध करने के लिये उसका नायब था। इस शेख के पास अपार धन-सम्पत्ति थी और शासन सम्बन्धी ज्ञान में वह अद्वितीय था। वह अपने देश को निरंतर धन-सम्पत्ति भेजा करता था और यहाँ से भागने के अवसर की खोज में रहता था। सुल्तान को इसकी सूचना मिल गई। किसी ने सुल्तान से कह दिया कि वह भागने की योजनायें बना रहा है। सुल्तान ने मुक़बिल को लिखा कि (५६) उसे बरीद (पैदल डाक) द्वारा देहली भेज दिया जाय। मुक़बिल ने उसे भेज दिया। वह सुल्तान के सम्मुख प्रस्तुत किया गया। सुल्तान ने उसे पहरेदारों को सौंप दिया। उसके दरबार की यह प्रथा थी कि यदि इस प्रकार कोई पहरेदारों के सिपुर्द होता था तो उसकी अवश्य ही हत्या करा दी जाती थी। इस शेख ने पहरेदार को उसे अत्यधिक धन सम्पत्ति देकर मिला लिया। दोनों भाग खड़े हुये। एक विश्वसनीय व्यक्ति ने मुझे बताया कि, "मैं ने उसे क़लहात[3] में एक मस्जिद के खम्भे के सहारे खड़ा देखा था।" अंत में वह अपने देश में पहुँच गया। उसने अपनी धन-सम्पत्ति अपने अधिकार में करली और उसे फिर किसी बात का भय न रहा।

कहानी—

मलिक मुक़बिल ने अपने घर में एक दिन हमारी दावत की। संयोग से नगर का क़ाज़ी दाहिनी आँख से काना था। उसके सामने बग़दाद का एक शरीफ़ (सैयिद) बैठा था। उसका रूप क़ाज़ी से मिलता जुलता था किन्तु वह बाईं आंख से काना था। शरीफ़ क़ाज़ी की ओर देख देख कर हंसता जाता था। जब क़ाज़ी ने उसकी निन्दा की तो उसने उत्तर दिया "क्रोध की कोई बात नहीं। मैं तुमसे अधिक रूपवान हूं।" क़ाज़ी ने पूछा, "किस प्रकार ?" उसने उत्तर दिया "इस कारण कि तुम्हारी दाहिनी आँख कानी है और मेरी बाईं (५७) आँख कानी है।" मलिक मुक़बिल तथा सभी उपस्थित जन हंस पड़े। क़ाज़ी लज्जित होकर चुप हो गया क्योंकि शरीफ़ों (सैयिदों) का हिन्दुस्तान में बड़ा आदर सम्मान किया जाता है।

---

१ बहुत बड़ा दार्शनिक। यह भी एक पदवी थी।

२ जीलान अथवा गीलान, कैस्पियन सागर के दक्षिणी तट पर एक ईरानी प्रान्त।

३ मस्क़ट के दक्षिण पूर्व।

इस नगर (खम्बायत) में हाजी नासिर, जो दयार बक्र[1] के निवासी थे, बड़े ही धर्मनिष्ठ थे। वे जामा मस्जिद की एक कोठरी में निवास करते थे। हम भी उनके दर्शन को गये तथा उनके साथ हमने भोजन किया। कहा जाता है कि जब क़ाज़ी जलाल खम्बायत में विद्रोह करके नगर में प्रविष्ट हो गया तो वह उनकी सेवा में उपस्थित हुआ। सुल्तान को भी सूचना मिल गई कि हाजी ने जलाल के लिये शुभकामना की थी। वे इस कारण भाग गये कि कहीं हैदरी के समान उनकी भी हत्या न कर दी जाय। दूसरे धार्मिक व्यक्ति, व्यापारी ख्वाजा इसहाक़ थे। उनकी खानक़ाह में प्रत्येक यात्री को भोजन मिलता था। वे दीनों तथा दरिद्रियों को अत्यधिक दान करते रहते थे, फिर भी उनकी धन-सम्पत्ति में वृद्धि हो जाती थी।

इस नगर से चल कर हम कावा[2] में पहुँचे। वह एक खाड़ी के किनारे है जहाँ ज्वार भाटा उठता रहता है। यह काफ़िर राजा राय जालन्सी के अधिकार में है। उसका उल्लेख (५८) आगे किया जायगा। वहाँ से हम क़न्धार[3] गये। यह भी एक बहुत बड़ा नगर है और काफ़िरों के अधिकार में है। यह एक खाड़ी के किनारे स्थित है।

यहाँ के राजा का उल्लेख—

क़न्धार का राजा काफ़िर है। उसका नाम जालन्सी है। वह मुसलमानों के अधीन है। वह हिन्दुस्तान के सुल्तान को प्रति वर्ष उपहार (कर) भेजा करता है। जब हम क़न्धार पहुँचे तो वह हमारे स्वागतार्थ आया और उसने हमारा बड़ा आदर सम्मान किया। उसने अपना महल हमारे लिये खाली कर दिया और हमें उसमें ठहराया। उसके दरबार के प्रसिद्ध मुसलमान हमारे दर्शनार्थ आये। उनमें ख्वाजा बुहरा के पुत्र थे। आने वालों में एक जहाज़ों का स्वामी इबराहीम भी था। उसके पास छः जहाज़ थे। इस नगर से हम जहाज़ पर सवार हुये।

---

१ टिंगरिस नदी के बायें तट पर।
२ भड़ौंच के निकट एक क़स्बा।
३ नर्बदा के मुहाने के निकट एक बन्दरगाह।

समुद्री यात्रा

जहाज़ में सवार होना—

(५९) इस नगर से हम इबराहीम के 'जाकर' नामक एक जहाज़ पर सवार हुये। उपहार के घोड़ों में से ७० घोड़े हमने इसी जहाज़ पर सवार कराये। शेष घोड़े तथा कर्मचारी इबराहीम के भाई के जहाज़ 'मनूरत' में सवार कराये। राय जालन्सी ने हमें एक जहाज़ दिया। इस पर हमने ज़हीरुद्दीन, सुम्बुल तथा उसकी टोली के लोगों के घोड़ों को सवार कराया। राय जालन्सी ने हमारे लिये भोजन, जल तथा घोड़ों के लिये चारे की व्यवस्था कर दी और एक जहाज़ में जिसका नाम उकैरी था, उसने अपने पुत्र को हमारे साथ कर दिया। वह जहाज "गुराब"[1] के समान था किन्तु वह उससे कुछ बड़ा था। इस जहाज़ में ६० डाँडे थे। युद्ध के समय इस पर छत डाल दी जाती थी जिससे खेने वालों को बाण तथा पत्थर न लग सकें। मैं स्वयं 'जाकर' जहाज में सवार था जिसमें पचास धनुर्धारी तथा पचास हबशी योद्धा थे। ये लोग इस समुद्र (अरब सागर) की रक्षा के स्वामी हैं। यदि इनमें से एक भी (६०) किसी जहाज में विद्यमान होता है तो समुद्री डाकू तथा काफ़िर किसी को कोई हानि नहीं पहुंचा सकते।

दो दिन की यात्रा के उपरान्त हम बैरम (पेरिम) द्वीप में पहुंचे। इस द्वीप में कोई आबादी नहीं और यह स्थल भाग से चार मील की दूरी पर स्थित है। हम इस स्थान पर जहाज़ से उतरे और हमने एक जलाशय से जल लिया। इसके आबाद न होने का कारण यह है कि मुसलमानों ने काफ़िरों को परास्त कर इस पर अधिकार जमा लिया किन्तु वे इसे आबाद न कर सके। मलिकुत्तुज्जार ने, जिसका उल्लेख हो चुका है, उसे आबाद करना निश्चय किया था और इसके लिये चहार दीवारी बनवा कर इस पर मन्जनीक़ लगवायी और कुछ मुसलमानों को यहाँ बसाया।

वहाँ से चल कर हम दूसरे दिन क़ूक़ा[2] (गोगो) पहुँचे। यह एक बहुत बड़ा नगर है और यहाँ के बाज़ार भी बहुत बड़े-बड़े हैं। हमने नगर से चार मील पर लंगर डाला क्योंकि वह भाटे का समय था। मैं भाटे के समय अपने कुछ साथियों सहित नगर में जाने के लिये एक छोटी हलकी तरणी में चला गया। किन्तु जब हम नगर से एक मील की दूरी पर थे, (६१) तो नौका कीचड़ में फँस गई। जब हम कीचड़ में फँस गये तो मैं अपने दो आदमियों के सहारे से चल पड़ा। क्योंकि लोगों ने बताया कि यदि पानी चढ़ गया तो बड़ी कठिनाई होगी, और इसलिये भी कि मैं तैरना न जानता था। मैंने नगर में पहुंच कर बाजारों में भ्रमण किया। मैंने वहाँ एक मस्जिद देखी जिसके विषय में प्रसिद्ध था कि वह खिज़्र तथा इलयास[3] की मस्जिद है। उसमें मैंने संध्या समय की नमाज पढ़ी। इस मस्जिद में हैदरी फ़क़ीरों का एक समूह रहता था। उनका शेख़ भी उन्हीं के साथ था। फिर मैं जहाज में वापस आ गया।

---

१ लम्बा नुकीला जहाज़।

२ बम्बई में १०३ मील उत्तर पश्चिम।

३ मुसलमानों के अनुसार दो पैग़म्बर (ईश्वर के दूत), जिनके विषय में उनका विश्वास है कि वे सर्वदा जीवित रहेंगे।

राजा का हाल—

क़ूक़ा का राजा काफ़िर है। उसका नाम दुनकूल है। वह दिखाने को तो हिन्दुस्तान के सुल्तान के अधीन था किन्तु वास्तव में वह विद्रोही था।

इस नगर से चल कर तीन दिन पश्चात् हम सन्दापुर द्वीप (गुआ) में पहुँचे। इस द्वीप (६२) में ३६ ग्राम हैं। इसके चारों ओर एक खाड़ी है, जिसका जल भाटा के समय मीठा और स्वादिष्ट होता है तथा ज्वार के समय खारी और कड़वा होता है। द्वीप के मध्य में दो नगर हैं। प्राचीन नगर काफ़िरों का बसाया हुआ है और दूसरा मुसलमानों ने उस समय बसाया था जब सर्व प्रथम उन्होंने इस द्वीप पर विजय प्राप्त की थी। इसमें एक बहुत बड़ी जामा मस्जिद है जो बग़दाद की मस्जिदों के समान है। जहाज़ों के स्वामी हसन ने, जो सुल्तान जमालुद्दीन हिनौरी का पिता था, इसे बनवाया था। दूसरी बार इस द्वीप की विजय के समय उसके साथ में भी था। इसका उल्लेख आगे चल कर होगा। [इस बार] हम लोग इस द्वीप में न रुके अपितु हम ने एक छोटे द्वीप में स्थल भाग के निकट लंगर डाला। यहाँ एक मन्दिर, एक उद्यान, तथा एक जलाशय था, जहाँ हमें एक जोगी मिला।

इस जोगी (योगी) की कहानी—

जब हम इस छोटे द्वीप में पहुँचे तो हमें वहाँ एक जोगी (योगी) मिला जो एक बुतख़ाने (६३) (मन्दिर) की दीवार के सहारे झुका हुआ था। वह दो मूर्तियों के बीच में खड़ा था और ऐसा ज्ञात होता था कि वह बहुत समय से तपस्या कर रहा है। जब हमने उससे वार्त्ता की तो उसने कोई उत्तर न दिया। हमने यह देखने का प्रयत्न किया कि उसके पास कोई भोजन सामग्री भी है तो हमें कुछ न दिखाई दिया। उसने तत्काल एक चीख़ मारी और तुरन्त एक नारियल वृक्ष से टूट कर हमारे पास आ गिरा। उसने वह हमें दे दिया। हमें बड़ा ही आश्चर्य हुआ। हमने उसे कुछ दीनार तथा दिरहम दिये किन्तु उसने स्वीकार न किये। जब हम उसके लिये कुछ भोजन सामग्री लाये तो उसने उसे भी स्वीकार न किया। उसके सामने ऊँट के बालों का बना हुआ एक चुग़ा पड़ा था। मैं ने उसे देखने के लिये उठाया। उसने वह मुझे दे दिया। मेरे हाथ में ज़ेले[1] की एक तस्बीह (जप करने की सुमिरनी) थी। उसने उसके दाने उलट पलट कर देखे। मैं ने वह उसे दे दी। उसने उसे अपनी अंगुलियों से मला। उसे सूँघा, चूमा और सर्व प्रथम आकाश की ओर और फिर मक्के की ओर संकेत किया। मेरे साथी उसके संकेतों को न समझ सके किन्तु मैं समझ गया कि वह अपने विषय में बता रहा है कि, (६४) "मैं मुसलसान हूँ और अपने इस्लाम को इस द्वीप के निवासियों से छिपाता हूँ और इस प्रकार का जीवन व्यतीत कर रहा हूँ।" जब हम उससे विदा हुये तो मैंने उसके हाथ चूमे। मेरे साथी इस बात से असन्तुष्ट हुये और वह उनके भाव समझ गया। उसने मेरा हाथ अपने हाथ में लिया, मुसकुराया और हमसे चले जाने का संकेत किया। हम लोग चल दिये। मैं सब के अन्त में था। उसने मेरा वस्त्र खींचा। मैं ने मुड़ कर देखा तो उसने मुझे दस दीनार दिये। जब हम बाहर आ गये तो मेरे साथियों ने मुझसे पूछा कि "उस जोगी (योगी) ने तुम्हारा वस्त्र पकड़ कर क्यों खींचा था?" मैं ने उत्तर दिया 'उसने मुझे दस दीनार दिये हैं।' उनमें से मैं ने तीन दीनार तो ज़हीरुद्दीन को दे दिये और तीन सुम्बुल को और उस समय मैं ने उन लोगों को बताया कि वह मुसलमान है क्योंकि जब उसने आकाश की ओर संकेत किया था तो इसका अर्थ यह था कि वह अल्लाह पर विश्वास रखता है। जब मक्के की ओर संकेत किया तो इसका अर्थ यह था कि वह पैग़म्बर (मुहम्मद साहब) पर विश्वास रखता है। उसका तस्बीह स्वीकार कर

१ अदन के सामने अफ़्रीका तट पर एक नगर।

लेना इस बात की पुष्टि करता है। जब मैं ने उन लोगों को बताया तो वे वहाँ पुनः गये किन्तु उन्हें उस स्थान पर कोई न मिला।

(६५) वहाँ से शीघ्र ही दूसरे दिन चल कर हम लोग हिनौर[1] पहुँचे। यह नगर एक बड़ी खाड़ी पर स्थित है जहाँ जहाज़ आ जा सकते हैं। नगर समुद्र से आधे मील की दूरी पर है। वर्षा में समुद्र बहुत चढ़ जाता है और उसमें तूफ़ान आते रहते हैं अतः चार मास तक कोई भी मछली मारने के अतिरिक्त, समुद्र में किसी कार्य से नहीं जा सकता।

जब हम हिनौर पहुँचे तो एक जोगी (योगी) हमारे पास आया और मुझे छः दीनार दे गया और मुझ से कहा कि "ब्राह्मण ने यह तुम्हारे लिये भेजे हैं" अर्थात् उस जोगी (योगी) ने जिसे मैं ने तस्बीह दी थी। जब उसने मुझे दीनार दिये तो मैं ने एक दीनार उसे देना चाहा किन्तु उसने स्वीकार न किया और चला गया। मैं ने अपने साथियों को सब हाल बताया और उनसे कहा "यदि तुम चाहो तो अपना भाग इसमें से ले लो।" उन्होंने न लिया और उत्तर दिया कि "पहले जो छः दीनार तुमने हम को दिये थे उनमें हमने छः दीनार और मिला कर दोनों मूर्तियों के बीच में उसी स्थान पर जहाँ जोगी बैठा था, रख दिये थे। (६६) मुझे इस घटना पर और भी आश्चर्य हुआ और दीनार मैं ने सावधानी से अपने पास रख लिये।

हिनौर नगर के निवासी शाफ़ई[2] मजहब के अनुयायी हैं। वे बड़े ही सदाचारी, सरल तथा धार्मिक होते हैं। वे अपनी समुद्री शक्ति के लिये बड़े प्रसिद्ध हैं और समुद्री युद्ध खूब लड़ते हैं। सन्दापुर विजय के उपरान्त दुर्भाग्य ने उनका मान कम करा दिया। इसका उल्लेख शीघ्र ही किया जायगा। इस नगर के धर्मनिष्ठ व्यक्तियों में शेख़ मुहम्मद नाक़ौरी (नागौरी) हैं। उन्होंने अपनी खानक़ाह में मेरा अतिथि सत्कार किया। वे अपना भोजन स्वयं बनाते थे जिससे दास तथा दासियों के अशुद्ध हाथ उसमें न लग सकें। मैं ने इस नगर में फ़क़ीह इस्माईल के, जो लोगों को क़ुरान पढ़ाते हैं, दर्शन किये। वे बड़े संयमी, उत्तम स्वभाव वाले तथा दानी प्रकृति के व्यक्ति हैं। मैं उस नगर के क़ाज़ी नूरुद्दीन अली से मिला। मैं ने वहाँ के ख़तीब के भी दर्शन किये। उसका नाम मैं भूल गया।

(६७) इस नगर की स्त्रियाँ तथा इस पूरे समुद्रतट की स्त्रियाँ सिला हुआ वस्त्र नहीं पहनतीं अपितु बिना सिला ढीला ढाला वस्त्र धारण करती हैं। उसका एक छोर वे अपनी कमर में बाँध लेती हैं और शेष भाग अपने कन्धों तथा सीने पर ओढ़ लेती हैं।[3] वे बड़ी सुन्दर तथा पवित्र होती हैं। प्रत्येक अपनी नाक में एक सोने की नथ पहने रहती है। इनमें एक विशेषता यह है कि उन्हें क़ुरान शरीफ़ कंठस्थ होता है। मैं ने नगर में बालिकाओं के १३ और बालकों के २३ मकतब देखे। इस नगर के अतिरिक्त मैं ने यह बात कहीं न पाई। यहाँ के निवासी समुद्री व्यापार से जीवकोपार्जन करते हैं। इनके यहाँ कृषि-योग्य भूमि नहीं। मलाबार निवासी सुल्तान जमालुद्दीन की समुद्री शक्ति के भय से उसे वार्षिक निर्धारित धन दिया करते हैं। उसकी सेना में ६०० अश्वारोही तथा पदाती हैं।

हिनौर के सुल्तान का हाल—

(६८) उसका नाम सुल्तान जमालुद्दीन मुहम्मद इब्न (पुत्र) हसन है। वह बड़ा ही

१ सन्दापुर के दक्षिण में एक प्राचीन बन्दरगाह।

२ इमाम अबू अब्दुल्लाह मुहम्मद बिन (पुत्र) इदरीस शाफ़ई (मृत्यु ८२० ई०) के अनुयायी। वे अफ़रीका के कुछ भागों में बड़ी संख्या में हैं।

३ साड़ी पहनती हैं।

उत्कृष्ट तथा शक्तिशाली सुल्तान है। वह काफ़िर सुल्तान हरयब[1] के अधीन है। हरयब का उल्लेख बाद में किया जायगा। सुल्तान जमालुद्दीन सर्वदा जमाअत की नमाज़ (मुसलमानों की सामूहिक नमाज़) पढ़ा करता था। उसका यह नियम था कि वह मस्जिद में सूर्योदय के पूर्व ही पहुँच जाता था। प्रातःकाल तक क़ुरान पढ़ा करता था। तत्पश्चात् वह उचित समय पर नमाज पढ़ता था। फिर नगर के आसपास के स्थानों को चला जाता था। प्रातःकाल तथा मध्याह्न के मध्य में वह लौट कर सर्व प्रथम मस्जिद में नमाज़ पढ़ता था। फिर महल में जाता था। अय्यामिल बीज़[2] में रोज़े रखता था। जिन दिनों में उसके पास ठहरा था, उन दिनों में वह मुझे अपने साथ रोज़ा खोलने के लिये बुलाया करता था। मैं, फ़क़ीह अली, तथा फ़क़ीह इस्माईल उपस्थित हुआ करते थे। चार छोटी कुरसियाँ भूमि पर रख दी जाती थीं। उनमें से एक पर वह स्वयं बैठता था और शेष पर हम तीनों।

उसकी दावत के नियम—

(६९) निम्नांकित नियमों का दावत में पालन किया जाता है। सर्व प्रथम एक ताँबे का दस्तरख्वान जो ख्वाञ्चा (थाल) कहलाता है, लाया जाता है। उस पर ताम्र की एक बड़ी रिकाबी होती है। उसे तालम कहते हैं। तत्पश्चात् एक रूपवती रेशमी सौब (साड़ी) धारण किये आती है और भोजन के पात्र उसके समक्ष रखती है। वह ताँबे का एक बड़ा चम्मच भी लाती है। चावलों का एक चम्मच भर कर रिकाबी में डालती है। उसके ऊपर घी डालती है। उसी थाल में दूसरी ओर मिर्चों का अचार, हरी अदरक, नीबू तथा आम का अचार रख देती है। एक एक ग्रास के उपरान्त अचार खाते हैं। जब यह चावल खा लिये जावे हैं, तो वह दूसरा चम्मच भर कर रिकाबी में डालती है। पका हुआ एक पक्षी भी एक रिकाबी में रख देती है और वह भी चावल के साथ खाया जाता है। जब वह चम्मच भर चावल भी खा लिया जाता है तो वह चावल का तीसरा चम्मच डालती है और दूसरे प्रकार का पका हुआ पक्षी भी रख देती है। जब भिन्न भिन्न प्रकार के पक्षी समाप्त हो जाते हैं,
(७०) तो विभिन्न प्रकार की मछलियां लाई जाती हैं और उनसे चावल खाया जाता है। जब समस्त प्रकार की मछलियाँ भी खा ली जाती हैं तो भिन्न भिन्न प्रकार की घी में पकी हुई तरकारियाँ, तथा दूध से बनी हुई चीजें लाई जाती हैं। इन्हें भी चावल से खाते हैं। इन भोजनों के समाप्त हो जाने के पश्चात् कुशान, अर्थात् दही की लस्सी लाई जाती है। तत्पश्चात् भोजन समाप्त हो जाता है। जब दही लाया जाय तो फिर यह समझ लेना चाहिये कि अब भोजनार्थ कोई वस्तु शेष नहीं। अन्त में वे लोग उष्ण जल पीते हैं, क्योंकि वर्षा में ठंडा जल हानिकारक होता है।

मैं इस सुल्तान के दरबार में दूसरी बार ११ मास ठहरा किन्तु मुझे रोटी खाने को कभी न मिली। वे केवल चावल खाते हैं। इसी प्रकार जब तक मैं महाल (द्वीप) सीलान (सीलोन) माबर तथा मलाबार में तीन वर्ष तक रहा तो चावल के अतिरिक्त मुझे कुछ भी खाने को न मिला। मैं चावल केवल पानी की सहायता से ही निगल सकता था।

वहाँ का सुल्तान रेशम तथा सन के बने हुये बारीक वस्त्र धारण करता है। वह कमर में एक चादर लपेटता है और दो चुग़े एक दूसरे के ऊपर पहनता है। वह अपने सिर
(७१) के बालों को गूंधता है और एक छोटी सी पगड़ी बांधता है। जब सवार होता है तो वह एक क़बा भी पहन लेता है और उसके ऊपर से दो अन्य चुग़े धारण कर लेता है। उसके

१ सम्भवतः हरिहर।

२ इस्लामी महीनों की १३ तारीख़ से १५ तारीख़।

आगे आगे ढोल तथा बिगुल बजाते जाते हैं। इस बार हम उसके साथ तीन दिन ठहरे। उसने हमें यात्रा हेतु भोजन सामग्री भी दी।

वहाँ से चल कर हम तीन दिन उपरान्त मुलेबार (मलाबार) तट पर पहुँचे। यह काली मिर्चों का देश है। इसकी लम्बाई सन्दापुर (गुग्रा) से कवालम (क़ुईलुन) तक फैली है और इसकी यात्रा में दो मास लगते हैं। मार्ग के दोनों ओर छायामय वृक्ष हैं। आधे-आधे मील पर लकड़ी के घर बने हैं। उसमें लकड़ी के चबूतरे (बेंचें) बने हैं। उन पर सभी यात्री चाहे वे काफ़िर हों अथवा मुसलमान बैठ सकते हैं। प्रत्येक घर के पास कुआँ होता है जिस पर काफ़िर जल पिलाते हैं। काफ़िर-यात्रियों को वह बर्तन में पानी पिलाता है, किन्तु मुसलमानों को चुल्लू से जल पिलाता है। पिलाने वाला पीने वाले के हाथ पर, जिसे वह अपने (७२) मुंह के निकट कर लेता है, जल डालता रहता है। जब वह संकेत से निषेध कर देता है, तो वह जल डालना बन्द कर देता है। मालाबार के काफ़िरों का यह नियम है कि कोई मुसलमान उनके घरों में प्रविष्ट नहीं हो सकता और न उनके पात्रों में भोजन कर सकता है। यदि कोई मुसलमान उनके पात्रों में भोजन कर लेता है तो वे या तो उसे तोड़ डालते हैं अथवा उसी को दे देते हैं। यदि कोई मुसलमान किसी ऐसे स्थान पर पहुंच जाता है जहाँ कोई मुसलमान नहीं होता तो वे मुसलमान के लिये भोजन बना देते हैं और केले के पत्ते पर रख देते हैं। उसी पर तरकारी आदि डाल देते हैं। जो बच जाता है उसे पक्षी तथा कुक्कुर खा लेते हैं। इस मार्ग के समस्त पड़ावों पर मुसलमानों के भी घर हैं, जहाँ मुसलमान यात्री उतरते हैं और अपनी आवश्यकता की वस्तुयें मोल ले सकते हैं। वहाँ उनके लिये भोजन भी बन जाता है। यदि ये मुसलमान न होते तो फिर कोई मुसलमान इस देश में यात्रा नहीं कर सकता था।

(७३) इस दो महीने के मार्ग में भूमि का एक अल्प भाग भी ऐसा नहीं है, जिस पर कृषि न होती हो। प्रत्येक मनुष्य का अपना घर होता है। उसके चारों ओर एक उद्यान होता है। उसके चारों ओर लकड़ी का एक कटघरा होता है। मार्ग उद्यान के बीच से होकर जाता है। जब एक उद्यान समाप्त हो जाता है तो उसके कटघरे में लकड़ी की सीढ़ियाँ मिलती हैं। उस पर चढ़ कर दूसरे उद्यान में पहुँच जाते हैं। इसी प्रकार दो मास की यात्रा की जाती है। इस देश में कोई भी किसी पशु पर बोझ लाद कर नहीं लेजा सकता और न घोड़े पर जा सकता है। केवल सुल्तान के पास ही घोड़े होते हैं। प्रायः लोग डोले पर यात्रा करते हैं। इसे किराये के मजदूर अथवा दास उठाते हैं। जो लोग डोले पर यात्रा नहीं करते वे चाहे जो कोई भी हों पैदल यात्रा करते हैं। यदि किसी के पास कोई भारी सामान अथवा व्यापारिक सामग्री होती है तो वह किराये पर मजदूर रख लेता है। वे अपनी पीठ पर सामान लाद कर ले जाते हैं। किसी किसी व्यापारी के साथ सामान ले जाने के लिये १००, १००, क़ुली तक होते हैं। प्रत्येक मजदूर अपने हाथ में एक मज़बूत डंडा लिये रहता है। उसके नीचे लोहे की एक कील लगी रहती है और ऊपर लोहे का एक काँटा लगा रहता है। जब वह थक जाता है और उसे आराम के लिये कोई चबूतरा नहीं मिलता तो (७४) वह भूमि पर अपना डंडा गाड़ देता है और उस पर सामान की गठरी लटका देता है। जब वह आराम कर चुकता है तो किसी से सहायता माँगे बिना अपना सामान उठा कर चल देता है।

मैं ने इतना सुरक्षित कोई अन्य मार्ग नहीं देखा। यदि कोई एक नारियल भी चुरा लेता है तो उसकी हत्या करदी जाती है। जब कोई फल गिर पड़ता है तो उसे कोई नहीं

उठाता। जब उसका स्वामी आता है तो वहीं से उसे उठाता है। कहते हैं कि किसी ने कोई नारियल उठा लिया। जब हाकिम को सूचना मिली तो उसने आदेश दिया कि भूमि पर एक लकड़ी गाड़ दी जाय। उसके सिरे पर लोहे की नोक थी। उस पर एक तख्ता लगा था। उस चोर को तख्ते पर लिटाया गया। लोहे की नोक उसके पेट से होकर सीने के पार हो गई। वह लोगों की शिक्षा हेतु वहीं लटका रहा। इस प्रकार की लकड़ियाँ मार्ग में बहुत से स्थानों पर लगी हैं। इससे लोग भय करते रहते हैं। हमने इस मार्ग में रात्रि के समय भी बहुत से काफ़िर देखे। वे एक ओर खड़े हो जाते थे और जब हम लोग निकल जाते थे, (७५) तब वे अपनी यात्रा प्रारम्भ करते थे। यहाँ मुसलमानों का बड़ा आदर सम्मान होता है। जैसा इससे पूर्व उल्लेख हो चुका है, केवल भोजन उनके साथ नहीं किया जाता और न उन्हें अपने घरों में प्रविष्ट होने की अनुमति दी जाती है।

मालाबार में १२ काफ़िर राजा हैं। कुछ इतने बड़े हैं कि उनकी सेना में ५०,००० सैनिक हैं। जो इतने शक्तिशाली नहीं उनके पास ३,००० सैनिक हैं, किन्तु इनमें इस पर कोई वैमनस्य नहीं। शक्तिशाली राजा शक्तिहीन राज्यों के अपहरण की आकांक्षा नहीं रखता। जब एक राजा के राज्य की सीमा समाप्त हो जाती है और दूसरे राजा की सीमा आरम्भ होती है तो एक लकड़ी का द्वार मिलता है। उस पर आगे आने वाले राज्य के राजा का नाम खुदा होता है। उसे "उस राजा की रक्षा का द्वार" कहा जाता है। यदि कोई काफ़िर अथवा मुसमलान किसी राज्य में कोई अपराध करके किसी दूसरे राजा के रक्षा द्वार में प्रविष्ट हो जाता है तो उसे कुछ भय नहीं रहता। कोई राजा कितना ही शक्तिशाली क्यों न हो किन्तु वह शक्तिहीन राजा को अपराधी को देने पर विवश नहीं करता।

(७६) इन राजाओं के पुत्र राज्य के उत्तराधिकारी नहीं होते किन्तु उनके भागिनेय उनके उपरान्त राज्य के स्वामी बनाये जाते हैं। मैंने यह प्रथा मसूफ़ा[1] के अतिरिक्त किसी में भी नहीं देखी। वे बुर्क़ा पहनते हैं। इनका उल्लेख बाद में होगा। यदि कोई राजा किसी व्यापारी का व्यापार बन्द करा देना चाहता है तो वह अपने दासों को भेज कर उसकी दुकान पर वृक्षों की डालियाँ तथा पत्तियाँ लटकवा देता है। जब तक डालियाँ लटकी रहती हैं, उस समय तक उस दुकान से कोई क्रय-विक्रय नहीं कर सकता।

काली मिर्चों का वर्णन—

काली मिर्चों की झाड़ियाँ अंगूर की बेल के समान होती हैं। वह नारियल के समीप बोयी जाती हैं और उनकी बेलें नारियल के वृक्ष पर अंगूर की बेलों के समान चढ़ जाती हैं। मिर्च की बेलों में अंगूर की बेलों के समान तन्तु नहीं होते। उसके पत्र हींग के पत्तों के (७७) समान होते हैं। कुछ पत्र अलीक़ (एक प्रकार की घास जिसे खाकर घोड़े मोटे हो जाते हैं) के पत्तों के समान होते हैं। उसका फल छोटे छोटे गुच्छों में लगता है और जब वे हरे होते हैं तो अबू क़िन्नीना[2] के समान होते हैं। खरीफ़ में उन्हें तोड़ कर नरकट की चटाई पर उसी प्रकार सुखा देते हैं जिस प्रकार किशमिश बनाते समय अंगूर सुखाये जाते हैं। उनको उलटते पलटते रहते हैं। जब वे सूख जाते हैं और उनका रंग काला हो जाता है तो उन्हें व्यापारियों के हाथ बेच दिया जाता है। हमारे देश में लोगों का यह विचार है कि उनको आग में भूनते हैं, इसी कारण उनमें करारापन आ जाता है; किन्तु यह बात ठीक नहीं। यह करारापन धूप से पैदा होता है। हमने क़ालक़ूत (कालीकट) नगर में इसको उसी प्रकार नाप नाप कर भरते देखा है जिस प्रकार हमारे देश में ज्वार भरते हैं।

---

१ सूडान में अफ़रीका की एक जाति जो बुर्क़ा पहनती है।

२ एक प्रकार की खजूर।

मलाबार का सबसे प्रथम नगर जिसमें हम प्रविष्ट हुए अबू शूरूर (बर सिलोर) था। यह एक छोटा सा स्थान है और एक बड़ी खाड़ी पर स्थित है। यहाँ नारियल के वृक्ष बहुत बड़ी संख्या में होते हैं। वहाँ के मुसलमानों का नेता शेख़ जुमा है। वह अबू सित्ता भी कहलाता (७८) है। वह बहुत बड़ा दानी है। उसने अपनी समस्त धन-सम्पत्ति दीनों तथा दरिद्रियों पर व्यय करदी। दो दिन यात्रा करके हम फ़ाकनौर (बरकूर)[1] पहुँचे। यह भी एक खाड़ी पर स्थित है और बहुत बड़ा नगर है। यहाँ बड़े ही उत्तम प्रकार का गन्ना होता है। यहाँ के समान और किसी स्थान पर गन्ना नहीं होता। यहाँ मुसलमानों की अच्छी संख्या है। उनका नेता हुसेन अस्सेलात है। इस नगर में एक क़ाज़ी तथा एक खतीब भी है। जुमे की नमाज़ के लिये इस हुसेन ने इस नगर में एक मस्जिद भी बनवाई है।

यहाँ के राजा का हाल—

इस नगर के राजा का नाम बासदव (बासुदेव) है। उसके पास युद्ध के तीस जहाज़ हैं। उन सब का मुख्य अधिकारी एक मुसलमान है जिसका नाम लूला है। वह बड़ा ही दुष्ट (७९) तथा समुद्री डाकू है और व्यापारियों को लूट लिया करता है। जब हम लोगों ने यहाँ लंगर डाला तो राजा ने अपना पुत्र हमारे पास जहाज पर शरीर-बन्धक के रूप में भेज दिया। हम समुद्र तट पर उससे भेंट करने गये और उसने हमारा बड़ा आदर सत्कार किया और तीन दिन और रात तक हमारी दावत की। यह सब उसने हिन्दुस्तान के सुल्तान के सम्मान तथा अतिथि सत्कार एवं हमारे साथियों से व्यापार करके लाभ उठाने के उद्देश्य से किया। यहाँ की यह प्रथा है कि जो जहाज़ भी इनके तट से होकर गुज़रता है, उसे यहाँ लंगर डालना पड़ता है और राजा को कुछ न कुछ उपहार (कर) देना पड़ता है। यह हक़्-कुल-बन्दर[2] कहलाता है। यदि कोई ऐसा नहीं करता तो यहाँ के जहाज़ उसका पीछा करके उसे अत्याचार-पूर्वक अपने बन्दरगाह पर ले आते हैं और उससे दुगना कर वसूल कर लेते हैं और जब तक चाहते हैं उसे रोके रखते हैं और आगे बढ़ने नहीं देते।

फ़ाकनौर से चल कर तीन दिन पश्चात् हम मंजरूर (मंगलौर) पहुँचे। यह एक बहुत बड़ा नगर है और अद्दुम्ब नामक खाड़ी पर स्थित है। यह मालाबार की सबसे बड़ी खाड़ी (८०) है। यहां फ़ार्स तथा यमन के जहाज़ लंगर डालते हैं। काली मिर्च तथा अदरक यहाँ अधिक मात्रा में होती है।

मंजरूर के राजा का हाल—

इस नगर का राजा मालाबार का सब से अधिक शक्तिशाली है। उसका नाम रामदेव है। इस नगर में लगभग चार हज़ार मुसलमान रहते हैं। उनकी आबादी नगर के निकट एक स्थान पर है। कभी-कभी नगर वालों तथा उनमें युद्ध हो जाता है किन्तु राजा व्यापारियों की आवश्यकता के कारण उनमें सन्धि करा देता है। इस नगर में एक शाफ़ई क़ाज़ी भी है जिसका नाम बद्रुद्दीन माबरी है। यह बड़ा ही योग्य तथा दानी है। यह धार्मिक शिक्षा भी देता है। यह क़ाज़ी हमारे जहाज़ में आया और इसने हम से नगर में चल कर निवास करने का आग्रह किया। हमने कहा 'जिस प्रकार फ़ाकनौर के राजा ने अपना पुत्र जहाज़ पर, शरीर-बन्धक के रूप में भेज दिया था, उसी प्रकार जब तक यह राजा भी अपना पुत्र नहीं भेज देगा, तब तक हम लोग नहीं उतरेंगे।" उसने कहा "फ़ाकनौर में मुसलमानों की संख्या बहुत कम है और उन्हें कोई अधिकार प्राप्त नहीं हैं, किन्तु यहाँ के राजा को भी हम लोगों से भय रहता है।" हमने फिर भी उस समय तक

१ मद्रास के दक्षिणी कनारा जिलों में एक ग्राम।

२ सीमा शुल्क।

(८१) उतरना स्वीकार न किया जिस समय तक राजा ने अपना पुत्र न भेज दिया। जब राजा ने अपना पुत्र, जिस प्रकार पिछले राजा ने भेजा था, भेज दिया, तब हम जहाज़ से उतरे। नगर वालों ने हमारा बड़ा आदर सत्कार किया और हम ने तीन दिन तक वहाँ विश्राम किया।

वहाँ तीन दिन ठहर कर हम लोग हीली की ओर चल खड़े हुये। दो दिन में वहाँ पहुँचे। यह एक बहुत बड़ा नगर है। यहाँ के भवन भी बड़े सुन्दर हैं। यह एक बहुत बड़ी खाड़ी के किनारे बसा है। इस खाड़ी में बड़े बड़े जहाज़ आ जा सकते हैं। इस नगर तक चीन के जहाज़ आते जाते हैं और केवल इस बन्दरगाह तथा कौलम (क़ुईलून) एवं क़ालक़ूत (कालीकट) में प्रविष्ट हो सकते हैं। हीली नगर को मुसलमान तथा हिन्दू दोनों ही इस कारण बड़ा पवित्र समझते हैं कि यहाँ एक जामा मस्जिद है जो बड़ी शुभ समझी जाती है तथा दैवी प्रकाश से देदीप्यमान रहती है। जहाज़ों के यात्री इस मस्जिद के नाम पर अपनी कुशलता के लिये चढ़ावों की मनौती करते हैं। वे लोग बड़ी बड़ी भेंटें चढ़ाते हैं। इसके कोष में अत्यधिक धन है और वह ख़तीब हुसेन तथा हसन वज़्ज़ान के अधीन है। हसन यहां के मुसलमानों में सब से अधिक प्रतिष्ठित है। इस मस्जिद में बहुत से विद्यार्थी इस्लाम धर्म की शिक्षा प्राप्त किया (८२) करते हैं। उन्हें मस्जिद के कोष की आय से वृत्ति प्रदान की जाती है। इस मस्जिद की एक रसोई भी है जहाँ से सभी यात्रियों तथा दरिद्र मुसलमानों को भोजन प्राप्त होता रहता है।

इस मस्जिद में मेरी भेंट एक सदाचारी फ़क़ीह से हुई। उनका नाम सईद था। वे मक़दशव[1] के निवासी थे। वे सर्वदा रोजा रक्खा करते थे। मुझे लोगों ने बताया कि उन्होंने १४ वर्ष तक मक्के में शिक्षा ग्रहण की थी और इतने ही समय तक मदीने में शिक्षा प्राप्त की थी। उन्होंने मक्के के अमीर (शासक) अबू नामी तथा मदीने के अमीर (शासक) मन्सूर बिन (पुत्र) जमाज़ के भी दर्शन किये थे। उन्होंने हिन्दुस्तान तथा चीन की भी यात्रा की थी।

हीली से चल कर हम जुरफ़त्तन[2] पहुँचे। यह हीली से तीन फ़रसंग पर है। मेरी वहाँ एक बड़े सम्मानित फ़क़ीह से भेंट हुई। वे बग़दाद के निवासी थे और सरसरी कहलाते थे। (८३) सरसर बग़दाद तथा कूफ़े के मार्ग पर बग़दाद से दस मील की दूरी पर एक नगर है। उसका नाम सरसर उसी प्रकार है जिस प्रकार हमारे देश मग़रिब (उत्तरी पश्चिमी अफ़्रीक़ा) में सरसर है। उनका एक भाई इस नगर (जुरफ़त्तन) में निवास करता था। वह बड़ा धनी था। उसकी सभी संतानें अल्पायु की थीं। उसकी मृत्यु हो गई थी और उसने अपनी संतानों को उन्हीं की देख रेख में दे दिया था। जब मैं वहाँ से चला तो वे उन लोगों को बग़दाद ले जाने की तैयारी कर रहे थे। सूडान वालों के समान हिन्दुस्तान में भी यह प्रथा है कि किसी भी मनुष्य की जिसकी मृत्यु हो जाती है, धन-सम्पत्ति में किसी प्रकार का हस्तक्षेप नहीं किया जाता चाहे वह धन कितना ही अधिक क्यों न हो। समस्त धन उस समय तक मुसलमानों के नेता के पास रहता है जब तक उस धन का क़ानूनी उत्तराधिकारी न आ जाय।

जुरफ़त्तन के राजा का हाल—

उसका नाम कुएल है। वह मालाबार के राजाओं में सबसे अधिक शक्तिशाली है। उसके पास बहुत से जहाज़ हैं जो उमान, फ़ार्स तथा यमन में जाते हैं। दहफ़त्तन एवं बुद्फ़त्तन, जिनका उल्लेख शीघ्र ही होगा, उसी के राज्य में हैं।

१ पूर्वी अफ़रीका के जंजिबार तट पर एक क़स्बा।

२ कनानोर अथवा श्रीकन्दापुरम।

(८४) जुरफ़त्तन से हम दहफ़त्तन[1] पहुँचे। यह एक बहुत बड़ा नगर है और एक खाड़ी के किनारे बसा है। यहाँ नारियल, काली मिर्च तथा पुंगीफल बहुत अधिक मात्रा में होते हैं। यहाँ अरवी भी बहुत पैदा होती है जो माँस के साथ पकाई जाती है। इतने सस्ते तथा अधिक केले मैंने कहीं भी नहीं देखे। इस नगर में एक बहुत बड़ी बाईं है। वह ५०० पग लम्बी तथा ३०० पग चौड़ी है। यह लाल कटे हुये पत्थर की बनी है। इसके चारों ओर २८ बड़े-बड़े गुम्बद हैं। प्रत्येक में चार बड़े-बड़े पत्थर के बैठने के स्थान हैं। उनकी छत तक पहुँचने के लिये पत्थर की सीढ़ियाँ बनी हुई हैं। जलाशय के मध्य में तीन मन्ज़िलों का एक बहुत बड़ा गुम्बद है। प्रत्येक मंज़िल में चार बैठने के स्थान हैं। मुझे बताया गया कि यह बाईं वर्त्तमान राजा कुएल के पिता ने बनवाई थी। इसके समक्ष मुसलमानों की एक जामा मस्जिद है। इसमें ज़ीने बने हैं जिनसे उतर कर जलाशय तक जा सकते हैं। लोग वहाँ वज़ू (८५) तथा स्नान करते हैं। फ़क़ीह हुसेन ने मुझे बताया कि इस मस्जिद तथा बाईं को राजा कुएल के किसी पूर्वज ने, जो मुसलमान हो गया था, बनवाया था। वह बड़ी ही विचित्र परिस्थिति में मुसलमान हुआ था। इसका उल्लेख आगे आयेगा।

मस्जिद के सामने के विचित्र वृक्ष का उल्लेख—

मैंने मस्जिद के निकट एक बड़ा ही सुन्दर वृक्ष हरा भरा देखा। उसकी पत्तियाँ अन्जीर की पत्तियों के समान थीं किन्तु वे कुछ अधिक नरम थीं। इस वृक्ष के चारों ओर दीवार बनी है। वहाँ एक मेहराब[2] भी है जहाँ मैं ने दो रकात[3] नमाज़ पढ़ी। यह वृक्ष "दरख़्ते शहादत" कहलाता है। कहा जाता है कि प्रत्येक शरद ऋतु में इस वृक्ष का एक पत्ता पहले पीला हो जाता है, फिर लाल हो जाता है और तत्पश्चात् गिर पड़ता है। उस पर दैवी लेखनी से 'ला इलाहा इल्लल्लाह मुहम्मदुर् रसूलुल्लाह[4]' लिखा होता है। फ़क़ीह हुसेन (८६) तथा कुछ अन्य विश्वसनीय लोगों ने मुझे बताया कि उन्होंने स्वयं अपनी आँखों से वह पत्ता देखा था और उस पर "कलमा" लिखा हुआ पढ़ा था। मुझे लोगों ने यह भी बताया कि पत्ते के गिरने के समय विश्वस्त मुसलमान तथा काफ़िर वृक्ष के नीचे जाकर बैठ जाते हैं। जब यह पत्ता गिर पड़ता है तो उसका आधा भाग तो मुसलमान ले लेते हैं और आधा काफ़िर राजा के कोष में रख दिया जाता है। इसके द्वारा बहुत से रोगी स्वस्थ हो जाते हैं। राजा कुएल का पूर्वज जिसने जलाशय तथा मस्जिद का निर्माण कराया इसी पत्ते को देख कर मुसलमान हुआ था। वह अरबी पढ़ सकता था। जब उसने वह पत्ता पढ़ा और उसके अर्थ पर मनन किया तो वह पक्का मुसलमान हो गया। वह बड़ा पक्का मुसलमान रहा। यह कहानी मुझे बहुत से लोगों ने बताई और यह यहाँ के लोगों में बड़ी प्रचलित है। फ़क़ीह हुसेन ने मुझे बताया कि उसकी कोई संतान अपने पिता की मृत्यु के उपरान्त पुनः काफ़िर हो गई और उसने बड़ा अत्याचार प्रारम्भ कर दिया। उसने आदेश दिया कि वृक्ष का समूल उच्छेदन कर दिया जाय। उसके आदेशानुसार वृक्ष का कोई चिह्न न छोड़ा (८७) गया किन्तु वह पुनः हरा हो गया और पूर्व की अपेक्षा कहीं अधिक बढ़ा। उस राजा का शीघ्र ही अन्त हो गया।

---

१ कदाचित धर्मपट्टम।

२ मस्जिद का वह स्थान जहाँ इमाम नमाज़ पढ़ाता है।

३ नमाज़ में 'घुटनों के बल झुकना तथा सिजदा करना और फिर खड़े हो जाना' यह पूरी क्रिया एक रकात कहलाती है।

४ मुसलमानों का कलमा "अल्लाह के अतिरिक्त कोई ईश्वर नहीं तथा मुहम्मद उसके रसूल (दूत) हैं।"

वहाँ से चल कर हम बुदफ़त्तन[1] पहुंचे। यह एक बड़ी खाड़ी के किनारे स्थित है और एक बड़ा नगर है। समुद्र तट पर नगर के बाहर एक मस्जिद है जहाँ मुसलमान यात्री आकर ठहरते हैं क्योंकि इस नगर में कोई मुसलमान नहीं है। इस नगर का बन्दरगाह बड़ा ही सुन्दर है और यहाँ का जल बड़ा मीठा होता है। यहाँ छालिया बहुत अधिक होती है और चीन तथा हिन्दुस्तान में बहुत अधिक मात्रा में भेजी जाती है। यहाँ के अधिकतर निवासी ब्राह्मण हैं। हिन्दू उनको बड़ा ही पूज्य समझते हैं। वे मुसलमानों से घृणा करते हैं। इसी कारण यहाँ कोई मुसलमान निवास नहीं करता।

कहानी—

इस मस्जिद के नष्ट न होने का यह कारण बताया जाता है कि एक ब्राह्मण ने (८८) इसकी छत तोड़ डाली और उसका सामान अपने घर की छत में लगा लिया। कुछ समय पश्चात् उसके घर में आग लग गई और वह, उसके कुटुम्ब वाले तथा उसकी धन-सम्पत्ति सब कुछ जल गया। इस कारण अब लोग इस मस्जिद का बड़ा आदर करते हैं और कोई इसको किसी प्रकार की हानि नहीं पहुंचाता। उन्होंने इसके बाहर एक हौज़ बनवा दिया है जिससे यात्री पानी पी सकें और इसके द्वार पर लकड़ी की जाली लगादी है जिससे पक्षी इसमें प्रविष्ट न हो सकें।

बुदफ़त्तन से चल कर हम फ़नदरना (पन्देरानी) पहुँचे। यह भी एक बहुत बड़ा नगर है। इसमें उद्यान तथा बाजार बहुत बड़ी संख्या में हैं। इसमें मुसलमानों के तीन मुहल्ले हैं। प्रत्येक मुहल्ले में एक मस्जिद है। जामा मस्जिद समुद्र तट पर है। इसमें समुद्र की ओर बैठने के लिये स्थान बने हैं और एक अद्‌भुत दृश्य प्रस्तुत रहता है। नगर का क़ाज़ी तथा खतीब उमान के निवासी हैं। क़ाज़ी का भाई भी, जो बड़ा ही योग्य है, यहीं रहता है। चीनी जहाज़ शरद ऋतु में यहीं ठहरते हैं।

वहाँ से चल कर हम क़ालीक़ूत (कालीकट) पहुंचे। यह मालाबार का मुख्य बन्दरगाह है और संसार के बड़े बड़े बन्दरगाहों में सम्मिलित ह। चीन, सुमात्रा, सीलोन, मालदीव (८९) (मालद्वीप), यमन तथा फ़ार्स के यात्री यहाँ आते जाते हैं और संसार के समस्त भागों के यात्री यहाँ एकत्र होते हैं।

यहाँ के राजा का हाल—

क़ालीक़ूत (कालीकट) का राजा काफ़िर है। वह सामरी (ज़मुरिन) कहलाता है। वह वृद्ध पुरुष है और अपनी दाढ़ी उसी प्रकार मुड़वाता है जिस प्रकार यूनान निवासी मुड़वाते हैं। मैंने उससे वहाँ भेंट की। यदि ईश्वर ने चाहा तो इसका उल्लेख इसके पश्चात् होगा। अमीरुत्तुज्जार (व्यापारियों का नेता) का नाम इबराहीम शाह बन्दर[2] है। वह बहरैन का निवासी है, और बड़ा ही योग्य तथा दानी पुरुष है। प्रत्येक दिशा के यात्री एकत्र होकर उसके यहाँ भोजन करते हैं। इस नगर के क़ाज़ी का नाम फ़ख़रुद्दीन उसमान है। वह बड़ा ही योग्य और दानी है। खानक़ाह का शेख शिहाबुद्दीन गाज़रूनी हे। जो लोग चीन तथा हिन्दुस्तान में शेख अबू इसहाक़ गाज़रूनी की मनौती मानते हैं, वे उन्हीं के समक्ष अपनी भेंट रखते हैं। (९०) इसी नगर में जहाज़ों का स्वामी मिस्क़ाल भी रहता है। वह बड़ा प्रसिद्ध तथा धनी है। उसके जहाज़ हिन्दुस्तान, चीन, यमन तथा फ़ार्स से व्यापार करते हैं। जब हम इस नगर में पहुंचे, तो शाह बन्दर इबराहीम, क़ाज़ी, शेख शिहाबुद्दीन, नगर के मुख्य व्यापारी तथा

१ माही के दक्षिण पूर्व मालाबार का एक बड़ा प्राचीन बन्दरगाह।

२ समुद्री कर वसूल करने वाला मुख्य अधिकारी।

राजा का नायब, जो क़ुलाज कहलाता है, हमारे स्वागतार्थ जहाज पर आये। उनके साथ साथ
नौबत नक़्क़ारे तथा पताकायें भी थीं। हमने इतना बड़ा बन्दरगाह इस ओर कहीं नहीं देखा।
हम बन्दरगाह में बड़े समारोह से प्रविष्ट हुये, किन्तु इस हर्ष के उपरान्त ही हम बड़े संकट
में पड़ गये। हम लोग क़ालीक़ूत (कालीकट) बन्दरगाह में रुक गये। उस समय वहाँ चीन
के १३ जहाज़ लंगर डाले हुये थे। हम सब पृथक्-पृथक् एक एक घर में ठहरे। हम लोग
(९१) तीन मास तक राजा के अतिथि रहे और चीन की यात्रा के लिये उचित अवसर की
प्रतीक्षा करते रहे। चीन के समुद्रों में केवल चीनी जहाज़ों में यात्रा की जा सकती है। उनके
विषय में अभी उल्लेख किया जायगा।

चीनी जहाज़ों का उल्लेख—

चीन के जहाज़ तीन प्रकार के होते हैं। बड़े जहाज़ "जुनूक" कहलाते हैं। जुनूक का
एक वचन जुन्क है। मध्यम श्रेणी के जहाज़ 'जो' और छोटे जहाज़ 'ककम' कहलाते हैं। बड़े
जहाज़ों में तीन से बारह तक पाल होते हैं। यह बाँस की छड़ियों के होते हैं और चटाई के
समान बुने होते हैं। उनको कभी नीचे नहीं गिराते। वायु के झोंके उनको घुमा देते हैं।
जब जहाज़ लंगर डालते हैं, तब भी पाल लगे रहते हैं और हवा के साथ उड़ते रहते हैं।
प्रत्येक जहाज़ में १,००० मनुष्य होते हैं। इनमें से ६०० मल्लाह और ४०० सैनिक होते
(९२) हैं। सैनिकों में कुछ धनुर्धारी, ढालों वाले और चर्खी द्वारा नफ़्त फेंकने वाले[1] होते
हैं। प्रत्येक बड़े जहाज़ के अधीन तीन छोटे जहाज़ होते हैं: एक बड़े से आधा, दूसरा
उससे तिहाई और तीसरा उससे चौथाई। यह जहाज़ चीन में केवल ज़ैतून नगर अथवा चीन
कलां (बृहत् चीन) में जो चीनुल चीन[2] है, बनाये जाते हैं।

उनके जहाज़ बनाने की विधि यह है: सर्व प्रथम लकड़ी के लट्ठों की दो
दीवारें बनाई जाती हैं। फिर इन दीवारों को मोटी-मोटी लकड़ियों से मिलाते हैं।
इन लकड़ियों की लम्बाई तथा चौड़ाई में तीन-तीन हाथ की कीलें जड़ते हैं। जब
यह दीवारें इस प्रकार एक दूसरे से जकड़ जाती हैं तो इन दीवारों के ऊपर फ़र्श
बनाया जाता है जो जहाज़ के सबसे नीचे के भाग का फ़र्श होता है। उनको फिर समुद्र में
डाल दिया जाता है और वहीं इसको पूरा बना कर तैयार किया जाता है। चूंकि यह भारी
लकड़ियों का भाग जल से मिला रहता है, अतः लोग इसके नीचे जाकर स्नान करते तथा
शौच आदि से मुक्त होते हैं। इन नीचे के लट्ठों के बराबर डाँडे लगे होते हैं जो मस्तूल के
(९३) समान बड़े-बड़े होते हैं। एक-एक डाँडे पर दस से पंद्रह मल्लाह तक खेने का कार्य करते
हैं। यह मल्लाह खड़े होकर कार्य करते हैं। जहाज़ में चार छतें होती हैं। इनमें व्यापारियों
के लिये कमरे, कोठरियाँ, घर आदि होते हैं। प्रत्येक घर में कई-कई कमरे तथा संडास[3]
के लिये एक स्थान होता है। घर का स्वामी इसके द्वार में ताला लगा सकता है और वह
उनमें अपने साथ अपनी स्त्रियाँ तथा दासियाँ भी रख सकता है। प्रायः एक घर के
स्वामी के विषय में जहाज़ के अन्य यात्रियों को उस समय तक कोई ज्ञान नहीं होता जब तक
जहाज़ किसी नगर में नहीं पहुंच जाता। मल्लाह जहाज़ में अपने परिवार को भी रख
सकते हैं और वे लकड़ी के होज़ से बना कर उनमें तरकारियाँ तथा अदरक आदि बो देते हैं।
जहाज़ का वकील (प्रबन्धक) बड़ा ही प्रतिष्ठित व्यक्ति होता है और एक अमीर के समान
होता है। जब वह ख़ुश्की पर जाता है तो धनुर्धारी, तथा हबशी भाले एवं तलवारें लिये
उसके आगे-आगे रहते हैं। ढोल, बिगुल, सरना आदि भी साथ होती हैं। जब वह पड़ाव

१ एक प्रकार की मध्यकालीन मशीन द्वारा अग्नि फेंकने वाले।

२ चीन का चीन।

३ इस शब्द का प्रयोग इब्ने बत्तूता ही ने किया है।

पर पहुंचता हैं और वहाँ ठहरना चाहता है तो (सैनिक) अपने भाले उसके निवास स्थान के (९४) फाटक के दोनों ओर गाड़ देते हैं। जब तक वे वहाँ ठहरे रहते हैं भाले उसी प्रकार गड़े रहते है। कुछ चीन वाले कई-कई जहाज़ों के स्वामी होते हैं। उन पर उनके कर्मचारी अन्य देशों को जाते हैं। संसार में चीनियों से अधिक धनी कोई भी नहीं।

चीन की यात्रा की तैयारी तथा उसका अंत—

जब चीन की ओर यात्रा का समय आया तो सुल्तान सामरी (ज़मुरिन) ने कालीकट में ठहरे हुये तेरह जुन्कों में से एक जुन्क हमारे लिये तैयार कराया। उस जुन्क का वकील (प्रबन्धक) सुलेमान सफ़दी शामी था। उससे मेरा परिचय था। मैंने उससे कहा, "मुझे एक मिसरिये (घर, केबिन) की आवश्यकता है जिसमें मेरे साथ कोई अन्य न हो क्योंकि मेरे साथ दासियाँ हैं में उनके बिना यात्रा नहीं कर सकता।" उसने उत्तर दिया कि, "चीनी यात्रियों ने सभी मिसरियों (घर, केबिन) का किराया दोनों ओर की यात्रा के लिये अदा कर दिया है। मेरे जामाता के पास एक मिसरिया (घर, केबिन) है जो मैं तुम्हें दे सकता हूँ किन्तु उसमें कोई संडास का स्थान नहीं किन्तु मैं उसका कुछ प्रबन्ध कर दूंगा।" मैं ने अपने कर्मचारियों को (९५) अपना समस्त सामान जहाज़ पर लादने का आदेश दिया और दास तथा दासियाँ जुन्क पर सवार हो गईं। यह घटना वृहस्पतिवार की है। मैं शुक्रवार की नमाज़ पढ़ने के लिये ख़ुश्की पर ही रुका रहा। सुम्बुल तथा ज़हीरुद्दींन भी उपहार आदि लेकर सवार हो गये। शुक्रवार को प्रातःकाल एक दास जिसका नाम मैं ने हिलाल रक्खा था मेरे पास आया और उसने मुझको बताया कि जो मिसरिया (घर, केबिन) मैं ने लिया था, वह बड़ा छोटा है और किसी काम का नहीं। मैंने जहाज़ के कप्तान से इस विषय में निवेदन किया तो उसने उत्तर दिया कि, "अब कोई उपाय नहीं। यदि तुम 'ककम' में यात्रा करना चाहो तो तुम्हारी इच्छानुसार मिसरिये (घर, केबिन) मिल सकते हैं।" मैं ने अपनी स्वीकृति देदी और अपने कर्मचारियों को आदेश दे दिया कि वे दासियों तथा समस्त सामाम को ककम में पहुँचा दें। शुक्रवार की नमाज़ के पूर्व उन लोगों ने सब कुछ तैयारी करली।

इस समुद्र में अस्र के समय (सायंकाल के पूर्व) प्रायः तूफ़ान आ जाता है और उस समय कोई सवार नहीं हो सकता। सब जुन्क चल चुके थे और कोई भी जुन्क, उस जुन्क के (९६) अतिरिक्त जिस में उपहार थे, शेष न रह गया था। एक अन्य जुन्क जिसके स्वामी ने फ़नदरयाना में शरत् ऋतु व्यतीत करना निश्चय किया था तथा वह ककम जिसमें मैं ने अपना सामान तथा दास दासियाँ भेज दी थीं, रह गये थे। शुक्रवार की रात्रि में हम लोग समुद्र तट पर ही रहे। न ककम में से कोई नीचे समुद्र तट पर आ सका और न हम ककम में सवार हो सके। मेरे पास बिछौने के अतिरिक्त कुछ न था। शनिवार को प्रातः काल जुन्क तथा ककम बन्दरगाह से दूर निकल गये। वह जुन्क जो फ़नदरयाना जाना चाहता था, किनारे से टकरा कर चूर चूर हो गया। कुछ लोग जो उसमें सवार थे बच गये और कुछ मर गये। एक व्यापारी की दासी भी उसमें थी। वह उससे बड़ा प्रेम करता था। उसने घोषणा की कि जो कोई उसे निकाल लायेगा, वह उसे दस (सोने के) दीनार प्रदान करेगा। दासी जुन्क के पिछले भाग पर एक लकड़ी पकड़े हुये थी। हुर्मुज़ का एक मल्लाह उसे निकाल लाया किन्तु उसने दीनार स्वीकार न किये और उत्तर दिया कि "मैं ने यह कार्य अल्लाह के लिये किया था।"

(९७) रात्रि में समुद्र की लहरें उस जुन्क से भी टकराईं जिसमें सुल्तान के उपहार थे और जहाज़ टूट गया। जो लोग उसमें सवार थे, नष्ट हो गये। प्रातःकाल मैंने सबको किनारे पर पड़ा देखा। ज़हीरुद्दीन का सिर फट गया था और उसका भेजा निकल आया था।

मलिक सुम्बुल के कान में लोहे की कील घुस गई थी और दूसरी ओर निकल गई थी। हमने उनके जनाज़े की नमाज़ पढ़ कर उन्हें दफ़न कर दिया।

कालीकट का राजा धोती बाँधे हुये तथा सिर पर एक छोटी सी पगड़ी रक्खे हुये आया। उसका दास छत्र लगाये था। उसके सामने आग जलती हुई आती थी। उसके सिपाही लोगों को पीटते जाते थे ताकि जो कुछ समुद्र के किनारे पड़ा हो उसे कोई उठा न ले जाय। मालाबार में यह प्रथा है कि ऐसा धन राजकोष में सम्मिलित कर लिया जाता है किन्तु कालीकट की यह प्रथा है कि वह सामान जहाज़ वालों का ही रहता है और उसके क़ानूनी उत्तराधिकारियों को प्राप्त हो जाता है। इसी कारण यह नगर बड़ी उन्नति पर है और इसमें अत्यधिक जहाज़ आते जाते रहते हैं।

(९८) ककम के मल्लाहों ने जब यह हाल देखा तो उन्होंने अपने जहाज़ के पाल उठा दिये और चल दिये। उसमें मेरे सभी साथी, धन-सम्पत्ति तथा दास दासियां थीं। मैं समुद्र तट पर अकेला रह गया। मेरे साथ केवल एक दास रह गया था और उसे भी मैं मुक्त कर चुका था। वह भी मुझे छोड़ कर चला गया। मेरे पास केवल दस दीनार, जो जोगी ने दिये थे, रह गये और एक बिछौना शेष था।

मुझे लोगों ने बताया कि ककम कौलम (क़ुईलून) के बन्दरगाह पर अवश्य रुकेगा। मैंने वहाँ जाना निश्चय किया। कौलम (क़ुईलून) जल तथा स्थल दोनों ही मार्गों से दस दिन की यात्रा की दूरी पर स्थित है। मैं जल के मार्ग से चल दिया और एक मुसलमान को बिछौना उठाने के लिये मज़दूरी पर रख लिया। नदी द्वारा यात्रा करने वाले रात्रि में स्थल भाग पर किसी ग्राम में ठहर जाते हैं और दूसरे दिन पुनः जहाज़ पर आ जाते हैं। हमने (९९) भी यही किया। जहाज़ पर उस मुसलमान के अतिरिक्त जिसे हमने किराये पर लिया था कोई अन्य मुसलमान न था। यह आदमी किनारे पर पहुंच कर काफ़िरों के साथ मदिरापान करता था और मुझसे झगड़ा किया करता था। इस कारण मैं और भी दुःखी रहता था।

पाँच दिन यात्रा करके हम कुंजाकरी में पहुँचे। यह एक पहाड़ी की चोटी पर स्थित है। यहाँ यहूदी रहते हैं। उनका अमीर (मुख्य अधिकारी) भी यहूदी है। वे कौलम (क़ुईलून) के राजा को जिज़या देते हैं।

दालचीनी तथा बक़म[1] के वृक्षों का हाल--

इस नदी के किनारे किनारे दालचीनी तथा बक़म (ब्राज़ील) के वृक्ष हैं। उस ओर इन्हीं वृक्षों की लकड़ियाँ ईंधन के काम आती हैं।

दसवें दिन हम कौलम (क़ुईलून) पहुँचे। मालाबार का यह सब से अधिक सुन्दर नगर है। यहाँ के बाज़ार बड़े शानदार हैं और यहाँ के व्यापारी सूली कहलाते हैं। वे बड़े धनी (१००) होते हैं। अकेला व्यापारी पूरा जहाज़ मोल ले लेता है और उसमें अपने गोदाम का समस्त सामान लाद देता है। यहाँ मुसलमान व्यापारियों की भी आबादी है। उनका नेता अलाउद्दीन आवजी (आवची) एराक़ के आवा नामक स्थान का रहने वाला था। वह राफ़ज़ी[2] है और उसके साथी भी खुल्लम खुल्ला इसी धर्म के अनुयायी हैं। नगर का क़ाज़ी क़ज़वीन[3] का एक विद्वान है। वहाँ के मुसलमानों का नेता मुहम्मद शाह बन्दर है। उसका भाई बड़ा

१ एक प्रकार की लाल लकड़ी, ब्राज़ील।

२ शीआ; मुहम्मद साहब के बाद अली को प्रथम ख़लीफ़ा मानने वाले। सुन्नी अबूबक्र को प्रथम ख़लीफ़ा मानते हैं।

३ तेहरान (ईरान) के उत्तर पश्चिम में एक नगर।

योग्य तथा दानी है। उसका नाम तक़ीउद्दीन है। यहाँ की जामा मस्जिद बड़ी ही भव्य है। उसे व्यापारी ख़्वाजा मुहज़्ज़ब ने निर्मित कराया था। यह नगर मालाबार के नगरों में चीन से सब से अधिक निकट है। इसी कारण बहुत से चीनी यहाँ यात्रा करने आते रहते हैं। मुसलमानों का इस नगर में बड़ा आदर सत्कार होता है.

यहाँ के राजा का हाल—

(१०१) यहाँ का राजा काफ़िर है। उसका नाम तीरावरी है। वह मुसलमानों का आदर करता है और चोरों तथा दुराचारियों को कठोर दण्ड देता है।

कहानी—

कौलम में मैं ने जो बातें देखीं उनमें से एक यह है: एक एराक़ी धनुर्धारी ने दूसरे की हत्या कर दी और आवजी के घर में शरण ले ली। वह बड़ा धनी था। जब मुसलमानों ने उसे दफ़न करना चाहा तो राजा के कर्मचारियों ने उसे रोक दिया और कहा, "इसे उस समय तक दफ़न नहीं किया जा सकता जब तक हत्यारा हमारे सिपुर्द न कर दिया जायगा।" उसका शव आवजी के घर के द्वार के सामने रख दिया गया, यहाँ तक कि उसमें से दुर्गन्ध आने लगी। आवजी ने यह देख कर हत्यारे को राजा के कर्मचारियों के सिपुर्द कर दिया और निवेदन किया कि "उसकी हत्या न की जाय और उसके स्थान पर उसकी धन सम्पत्ति ले ली जाय" किन्तु अधिकारियों ने इसे स्वीकार न किया और उसकी हत्या करा दी। तत्पश्चात् मृतक शरीर (१०२) दफ़न कर दिया गया।

कहानी—

कहते हैं कि कौलम (क़ुईलून) का राजा एक दिन नगर के उपान्त में सवार होकर जा रहा था। उसका मार्ग उद्यानों के मध्य में से होकर जाता था। उसका जामाता उसके साथ था। वह भी किसी राजा का पुत्र था। उसने एक आम, जो किसी वृक्ष से गिर पड़ा था, उठा लिया। राजा उसे देख रहा था। उसने आदेश दिया कि उसी स्थान पर उसके दो टुकड़े कर दिये जायँ। उसके शरीर के दोनों भाग मार्ग के दाहिनी तथा बाईं ओर रखवा दिये गये। इसी प्रकार आम के भी दो टुकड़े कर दिये गये और उन्हें भी मार्ग के दोनों ओर रखवा दिया गया, जिससे दर्शक गण शिक्षा ग्रहण कर सकें।

कहानी—

कालीकट में भी इसी प्रकार की एक घटना घट चुकी थी। एक बार राजा के नायब के भतीजे ने एक मुसलमान व्यापारी की तलवार छीन ली। व्यापारी ने उसके चाचा से अपनी तलवार का अभियोग कर दिया। उसने घटना की पूछताछ करने का वचन दे दिया। वह (१०३) अपने घर के द्वार पर बैठ गया। कुछ समय पश्चात उसका भतीजा तलवार बाँधे आया। नायब ने उसे बुला कर उससे प्रश्न किया, "यह तलवार मुसलमान की है?" उसने उत्तर दिया, "हाँ।" नायब ने उससे पूछा कि "क्या तुम ने इसे उससे क्रय किया है?" उसके भतीजे ने उत्तर दिया, "नहीं"। नायब ने अपने कर्मचारियों को आदेश दिया कि उसकी हत्या उसी तलवार से कर दी जाय।

मैं कौलम (क़ुईलून) में कुछ समय तक शेख़ फ़ख़रुद्दीन की ख़ानक़ाह में ठहरा रहा। वह शेख़ शिहाबुद्दीन गाज़रूनी, जो कालीकट की ख़ानक़ाह के शेख़ हैं, का पुत्र है। मुझे ककम के विषय में कुछ ज्ञात न हो सका। इसी बीच में चीन के बादशाह के दूत, जो हमारे साथ देहली से आये थे और दूसरे जुन्क में सवार थे, पहुँच गये। उनका जुन्क भी टूट गया था। चीनी व्यापारियों ने उन्हें वस्त्र दिये और वे चीन लौट गये। मैं ने उनसे चीन में भी भेंट की।

मेरा विचार था कि मैं कौलम से सुल्तान (देहली) के पास चला जाऊँ किन्तु मैंने फिर सोचा कि कहीं वह मुझे इस कारण दण्ड न देने लगे कि मैं उपहारों से क्यों पृथक् (१०४) हुआ। मैंने निश्चय किया कि मैं सुल्तान जमालुद्दीन के पास हिनौर चला जाऊँ और उसके पास उस समय तक ठहरा रहूं जब तक मुझे ककम का पता न चल जाय, अतः मैं कालीकट लौट गया। मुझे वहाँ हिन्दुस्तान के सुल्तान का एक जहाज़ मिला। उस पर उसने एक अरब अमीर सैयिद अबुल हसन को भेजा था। वह उसका बर्दादार (परदा दार) अर्थात् उसके द्वार का रक्षक था। सुल्तान ने उसे बहुत सा धन देकर अरबों को हुर्मुज़, क़तीफ़[1] आदि से लाने के लिये भेजा था क्योंकि उसे अरबों से बड़ा प्रेम है। मैं उस अमीर की सेवा में गया। उसने शीतकाल कालीकट ही में व्यतीत करना निश्चय कर लिया था। तत्पश्चात् वह अरब के देशों को जाने वाला था। मैंने उससे सुल्तान के पास लौट जाने के विषय में परामर्श किया। उसने मुझे वापस होने की सलाह न दी; अतः मैं उसके साथ उसके जहाज़ पर कालीकट से यात्रा करने लगा। वह समुद्री यात्रा का अन्तिम समय था। हम (१०५) लोग केवल दिन के प्रथम भाग में ही यात्रा करते थे और फिर दूसरे दिन तक ठहरे रहते थे। हमें मार्ग में चार युद्ध के जहाज़ मिले किन्तु उन्होंने हमें कोई हानि न पहुँचाई।

हिनौर पहुँच कर मैं सुल्तान की सेवा में उपस्थित हुआ और मैंने अभिवादन किया। उसने मुझे एक घर में ठहरा दिया। मेरे पास कोई सेवक न था। उसने मुझ से कहा कि मैं उस के साथ नमाज़ पढ़ा करूँ। मैं प्रायः मस्जिद में बैठा रहता था और दिन भर में एक पूरा क़ुरान पढ़ डालता था। फिर दो क़ुरान पढ़ने लगा। एक तो प्रातःकाल से (दोपहर पश्चात् की नमाज़) तक के बीच में और दूसरा पुनः वज़ू कर के मग़रिब तक (सन्ध्या की नमाज़ के समय तक)। मैं यही कार्य तीन मास तक करता रहा और इस बीच में मैंने चालीस दिन तक का एक चिल्ला भी खींचा।

(ग़ज़्व) धर्म-युद्ध हेतु हमारा प्रस्थान तथा सन्दापुर की विजय—

(१०६) सुल्तान जमालुद्दीन ने सन्दापुर से युद्ध करने के लिये ५२ जहाज़ तैयार कराये। सन्दापुर के राजा का अपने पुत्र से झगड़ा हो गया था। उसके पुत्र ने सुल्तान जमालुद्दीन को सन्दापुर पर आक्रमण करने के लिये पत्र लिखा और यह प्रतिज्ञा की कि वह मुसलमान हो जायगा और सुल्तान की बहिन से विवाह कर लेगा। जब जहाज़ तैयार हो गये तो मैं भी उन लोगों के साथ युद्ध के लिये जाने को तैयार हो गया। मैंने क़ुरान खोला और मेरी दृष्टि सर्व प्रथम इस वाक्य पर पड़ी "ईश्वर का नाम प्रायः लिया जाता है। ईश्वर उनकी अवश्य सहायता करेगा जो उसके लिये कार्य करेंगे" मैंने समझा "यह बड़ा ही उत्तम शकुन है।" जब सुल्तान अस्र की नमाज़ के लिये आया तो मैंने उससे कहा कि "मैं भी (युद्ध के लिये) प्रस्थान करना चाहता हूँ।" उसने कहा "अच्छा तो फिर तुम्हीं इस युद्ध के सरदार बनो।" मैंने उसे बताया कि क़ुरान खोलने पर सर्व प्रथम मेरी दृष्टि किस (वाक्य) पर पड़ी। (१०७) वह बड़ा प्रसन्न हुआ और उसने स्वयं प्रस्थान करना निश्चय कर लिया यद्यपि पहले वह इसे उचित न समझता था।

वह एक जहाज़ पर सवार हुआ। मैं भी उसके साथ था। यह घटना शनिवार की है। सोमवार को संध्या समय हम सन्दापुर पहुँचे और उसकी खाड़ी में प्रविष्ट हो गये। हमने वहाँ के निवासियों को युद्ध हेतु तैयार पाया। उन लोगों ने मंजनीक़ें लगा रक्खी थीं। हमने नगर के समीप रात्रि व्यतीत की। प्रातःकाल ढोल, बिगुल तथा सरने बजने लगे

१　बहरैन के निकट।

और जहाज़ अग्रसर हुये। वहाँ के निवासियों ने मंजनीक़ें चलानी प्रारम्भ करदीं और सुल्तान के पास कुछ लोग जो खड़े थे, उनके एक पत्थर लगा। जहाज़ के मल्लाहों का समूह हाथ में तलवार ढाल लिये हुये जल में कूद पड़ा। सुल्तान एक उकेरी अर्थात् तीन मस्तूल के एक प्रकार के छोटे जहाज में सवार हो गया। मैं भी अन्य लोगों के साथ जल में कूद पड़ा। हमारे पास दो तरीदतान (जहाज) थे जिनके पिछले भाग खुले हुये थे और जिनमें घोड़े थे। ये जहाज़ इस विधि से तैयार किये जाते हैं कि लोग घोड़ों पर सवार होकर इनमें प्रविष्ट हो सकते थे और कवच धारण करके घोड़े पर सवार हुये बाहर निकल सकते थे। उन लोगों ने भी यही किया।

(१०८) ईश्वर की कृपा से सन्दापुर पर विजय प्राप्त होगई। भाग्य ने मुसलमानों की सहायता की। हम तलवारें हाथ में लिये हुये आगे बढ़े। अधिकतर काफ़िरों ने अपने राजा के क़िले में शरण लेली। हमने उसमें आग लगा दी। इस पर उन्हें निकलना पड़ा। हमने उन्हें बन्दी बना लिया। सुल्तान ने उन्हें क्षमा करके उनकी स्त्रियाँ तथा बालक उन्हें लौटा दिये। उनमें से दस हज़ार को सुल्तान ने सन्दापुर के निकट निवास करने के लिये स्थान प्रदान कर दिया। सुल्तान राज भवन में ठहरा और उसने आस पास के घर अपने दरबारियों को निवास करने के लिये दे दिये। उसने मुझे एक युवती, जो बन्दी बना ली गई थी प्रदान की। उसका नाम लेमकी था। मैंने उसका नाम मुबारका रक्खा। उसका पति उसके बदले में धन देना चाहता था किन्तु मैंने स्वीकार न किया। सुल्तान ने मुझे एक मिस्री पोशाक प्रदान की जो काफ़िर के खज़ाने से प्राप्त हुई थी। मैं उसके साथ सन्दापुर विजय होने के दिन से अर्थात् १३ जमादी-उल-अव्वल से शाबान के मध्य (३ अक्तूबर, १३४३ ई० से १ जनवरी, १३४४ ई०) तक रहा। फिर मैं ने उससे जाने की अनुमति माँगी। उसने मुझसे वचन ले लिया कि मैं उसके पास आऊँगा।

(१०९) मैं ने समुद्र द्वारा हिनौर, फिर फ़ाकनौर, मंजरूर (मंगलौर) हीली, जुरफ़त्तन, दहफ़त्तन, बुदफ़त्तन, फ़न्दरैना (पानदेरानी), क़ालक़ूत (कालीकट) की क्रमशः यात्रा की। इन स्थानों का मैं इससे पूर्व उल्लेख कर चुका हूँ। फिर मैं ने शालियात[1] की ओर प्रस्थान किया। यह बड़ा सुन्दर नगर है और अपने शाल दुशालों के लिये बड़ा प्रसिद्ध है। मैं वहाँ बहुत समय तक ठहरा रहा। वहाँ से मैं कालीकट लौट गया। वहाँ मुझे मेरे दो सेवक मिले जो ककम पर सवार थे। उन्होंने मुझे सूचना दी कि उस दासी की, जो गर्भवती थी और जिसकी मुझे बड़ी चिन्ता थी, मृत्यु हो गई। सुमात्रा के राजा ने मेरी शेष दासियाँ अपने अधिकार में कर ली थीं। मेरी सम्पत्ति भी ले ली गई और मेरे साथी चीन जावा तथा बंजाला (बंगाल) की ओर छिन्न भिन्न हो गये।

यह सुन कर मैं हिनौर लौट गया। वहाँ से मैं मुहर्रम के अन्त में सन्दापुर पहुंचा। वहाँ मैं २ रबी-उल-आख़िर (७४५ हि०) तक ठहरा रहा। उस नगर का काफ़िर राजा, (११०) जो हमारी विजय के ससय भाग गया था, इसे पुनः अधिकार में करने के लिये लौट आया था। समस्त काफ़िर उसके पास एकत्र हो गये। हिनौर के सुल्तान के सैनिक ग्रामों में भगा दिये गये और वे हम से पृथक् हो गये। काफ़िर हमें घेर कर परेशान करते थे। जब दशा बड़ी शोचनीय हो गई तो मैंने नगर को छोड़ दिया। वह उस समय घिरा हुआ था। मैं क़ालक़ूत (कालीकट) लौट गया। मैंने ज़ीबतुल महल (मालद्वीप) की यात्रा करना निश्चय कर लिया। मैंने उसके विषय में बहुत कुछ सुन रक्खा था। क़ालक़ूत (कालीकट) से प्रस्थान करके हम ज़ीबतुल महल (मालद्वीप) पहुँच गये।[2]

---

१ कालीकट से दक्षिण पूर्व की ओर ७ मील पर एक क़स्बा।

२ इस स्थान के उपरान्त मालद्वीप तथा सीलौन की यात्रा का उल्लेख है जिसका इस इतिहास से सम्बन्ध न होने के कारण अनुवाद नहीं किया गया।

माबर

माबर की ओर प्रस्थान--

(१८५) फिर हम लोग माबर की ओर चले। हमारी यात्रा के समय वायु बड़ी तीव्र हो गई और जल बहुत ऊँचा उठने लगा और जहाज़ में प्रविष्ट होने वाला था। हमारे साथ कोई योग्य रईस (कप्तान) न था। फिर हम एक चट्टान के निकट पहुंच गये और (१८६) जहाज़ टकरा कर टूट जाने वाला ही था कि हम कम जल वाले भाग में पहुँच गये और जहाज़ डूबने लगा। मृत्यु हमारी आँखों के समक्ष घूमने लगी। लोगों के पास जो कुछ था, वह उन्होंने फेंक दिया और विदा होने लगे। हमने जहाज़ के मस्तूल काट कर फेंक दिये और मल्लाहों ने लकड़ी की एक नौका बनाई। भूमि वहाँ से दो फ़रसंग थी। मैंने भी नौका में उतरने का विचार किया। मेरे साथ दो दासियाँ तथा दो अन्य साथी थे। उन लोगों ने कहा, "क्या तुम हम लोगों को छोड़ कर नौका में उतरना चाहते हो ?" मैंने उन लोगों की रक्षा को अपनी रक्षा पर प्रधानता दी और कहा, "तुम दोनों मेरी प्रिय दासी के साथ नीचे चले जाओ।" दासी ने कहा कि, "मैं ख़ूब तैरना जानती हूँ। मैं नौका की एक रस्सी पकड़ कर लटक जाऊँगी और तैरती चली आऊँगी।" इस पर मेरे दोनों साथी नौका में उतर गये। उनमें से एक मुहम्मद बिन (पुत्र) फ़रहान अत्तूज़री था और दूसरा एक मिस्री था। वे दोनों तथा एक दासी नौका में बैठ गये और दूसरी दासी तैरने लगी। मल्लाहों ने भी नौका की (१८७) रस्सियाँ बाँध लीं और तैरने लगे। मैंने अपना बहुमूल्य सामान, रत्न तथा अम्बर आदि उन्हें दे दिये। वह सब सामान मुझे बड़ा प्रिय था और समस्त वस्तुयें वायु के अनुकूल होने के कारण सुरक्षित समुद्र तट पर पहुँच गईं।

मैं जहाज़ ही में ठहरा रहा। रईस (कप्तान) भी एक लकड़ी के तख़्ते के सहारे किनारे पहुँच गया। मल्लाह चार नौकायें बनाने लगे किन्तु उनके पूर्ण होने के पूर्व ही रात्रि हो गई और जहाज़ में जल आ गया। मैं जहाज़ के पिछले भाग पर चढ़ गया और रात्रि में वहीं रहा। प्रातःकाल कुछ काफ़िर (हिन्दू) एक नौका लेकर हमारे पास आये और हम लोग उनके साथ माबर के तट पर पहुँचे।

हमने उन्हें बताया कि मैं उनके सुल्तान का, जिसके वे ज़िम्मी (प्रजा) हैं, सम्बन्धी हूँ। उन्होंने उसे इस बात की सूचना भेजी। सुल्तान उस समय एक युद्ध के लिये आया हुआ था और वहाँ से दो दिन की यात्रा की दूरी पर था। मैं ने भी उसे एक पत्र लिखा जिसमें इस दुर्घटना का उल्लेख किया। काफ़िर हमें एक घने जंगल में ले गये और हमारे लिये ख़रबूज़े के समान एक फल लाये। यह एक प्रकार के खजूर का फल था। इसमें रूई के समान कोई चीज़ (१८८) थी और इसका रस बड़ा मीठा था। इस रस की एक मिठाई (हलवा) बनती है जो "ताल" कहलाती है। इसका स्वाद शक्कर के समान होता है। तत्पश्चात् काफ़िर हमारे लिये कुछ उत्तम प्रकार की मछली लाये। हम लोग वहाँ तीन दिन तक ठहरे रहे।

इसके उपरान्त सुल्तान की ओर से क़मरुद्दीन नामक एक अमीर कुछ अश्वारोहियों तथा पदातियों को लेकर आया। वे एक 'डोला' तथा दस घोड़े लाये। मैं, मेरे साथी, जहाज़ का 'रईस' (कप्तान) तथा एक दासी घोड़े पर सवार हुये और दूसरी दासी 'डोले' पर सवार हुई। इस प्रकार हम लोग 'हरकातू' क़िले में पहुँचे। रात्रि में हम लोगों ने वहीं विश्राम किया।

मैंने दासियों, कुछ दासों तथा साथियों को वहीं छोड़ दिया और दूसरे दिन हम सुल्तान के शिविर में पहुँच गये।

माबर प्रदेश का सुल्तान—

माबर प्रदेश का सुल्तान ग़यासुद्दीन दामग़ानी था। आरम्भ में वह मलिक मुजीर बिन (पुत्र) अबु रिजा के अश्वारोहियों की सेना का एक अश्वारोही था। मलिक मुजीर सुल्तान मुहम्मद का एक सेवक था। फिर वह अमीर हाजी बिन (पुत्र) सैयिद सुल्तान जलालु-(१८९) द्दीन की सेवा में प्रविष्ट हो गया। इसके उपरान्त वह बादशाह हो गया। बादशाह होने के पूर्व वह सिराजुद्दीन कहलाता था किन्तु सिंहासनारूढ़ होने के पश्चात् उसने ग़यासुद्दीन की उपाधि धारण कर ली।

माबर प्रदेश देहली के बादशाह सुल्तान मुहम्मद के अधीन था किन्तु मेरे श्वसुर शरीफ़ जलालुद्दीन एहसन शाह ने उसके विरुद्ध विद्रोह कर दिया और माबर पर पाँच वर्ष तक राज्य करता रहा। तत्पश्चात् उसकी हत्या कर दी गई और उसका एक अमीर अलाउद्दीन उदैजी बादशाह हुआ और वह एक वर्ष तक राज्य करता रहा। तत्पश्चात् वह काफ़िरों से युद्ध करने के लिये निकला और अत्यधिक धन सम्पत्ति प्राप्त करके अपने राज्य को लौट आया। दूसरे वर्ष उसने उन पर पुनः चढ़ाई की और उन्हें पराजित करके बहुतों की हत्या कर डाली। जिस दिन हत्या की जा रही थी उसने जल पीने के लिये अपना सिरत्राण हटाया। उसी समय किसी अज्ञात दिशा से एक बाण आकर उसके लगा और उसकी तुरन्त मृत्यु हो गई।

इसके उपरान्त उसका जामाता क़ुतुबुद्दीन सिंहासनारूढ़ किया गया किन्तु लोगों को उसका चरित्र अच्छा न लगा और चालीस दिन पश्चात् उसकी हत्या कर दी गई। तत्पश्चात् (१९०) सुल्तान ग़यासुद्दीन सिंहासनारूढ़ किया गया। उसने सुल्तान शरीफ़ जलालुद्दीन की एक पुत्री से विवाह किया। उसकी बहिन से देहली में मेरा विवाह हुआ था।

सुल्तान ग़यासुद्दीन के शिविर में हमारा पहुंचना—

जब हम लोग उसके शिविर के निकट पहुँचे तो उसने हमारे स्वागतार्थ अपने हाजिब भेजे और वह स्वयं लकड़ी के गुम्बद पर बैठा रहा। समस्त हिन्दुस्तान में यह प्रथा है कि कोई भी सुल्तान की सेवा में मोज़े पहने बिना नहीं जा सकता किन्तु मेरे पास मोज़े न थे। एक काफ़िर ने मुझे मोजे दिये यद्यपि वहाँ बहुत से मुसलमान उपस्थित थे। मुझे उन मुसलमानों की अपेक्षा काफ़िर को उदार देख कर आश्चर्य हुआ।

मैं सुल्तान की सेवा में उपस्थित हुआ। उसने मुझे बैठने का आदेश दिया। तत्पश्चात् उसने क़ाज़ी, हाजी सद्रुज्ज़माँ बहाउद्दीन को बुलवाया और उसके निवास स्थान के निकट उसने मुझे तीन डेरे, जिन्हें हिन्दुस्तान में ख्याम कहते हैं, प्रदान किये। उसने मेरे लिये क़ालीन (१९१) तथा भोजन भेजा। भोजन में चावल तथा माँस था। हिन्दुस्तान में भी हमारे देश की भाँति भोजन के उपरान्त लस्सी पीते हैं। तत्पश्चात् मैं ने सुल्तान से भेंट की और उसे मालद्वीप की घटना की सूचना देकर उससे वहाँ सेना भेजने के लिये कहा। उसने सेना भेजने का संकल्प कर लिया और इस कार्य हेतु जहाज भी निश्चित कर दिये। मालद्वीप की मलिका के लिये उपहार तथा वज़ीरों एवं अमीरों के लिये भी उपहार और खिलअतें तैयार कराईं। उसने मुझे मलिका की बहिन के साथ उसका विवाह निश्चय करने के लिये नियुक्त किया। मालद्वीप के दरिद्रियों के लिये तीन नावें दान की सामग्री से भरवाईं। इसके उपरान्त उसने मुझको ५ दिन पश्चात् वहाँ जाने के लिये कहा किन्तु क़ाएदुलबहर (समुद्रीय सेनानायक) ख्वाजा सरलक ने सुल्तान से कहा कि 'उस द्वीप की तीन मास तक यात्रा करना सम्भव नहीं।'

यह सुन कर सुल्तान ने मुझसे कहा, "यदि यह बात है, तो अच्छा है कि तुम फ़त्तन (पट्टन) चले जाओ और जब तक हम लोग इस युद्ध में तल्लीन हैं, तुम वहीं रहो। जब हम लोग (१६२) अपनी राजधानी मुतरा (मदुरा) पहुंच जायँ तो तुम वहीं आ जाना और फिर वहाँ से प्रस्थान करना।" मैं सुल्तान के पास ठहरा रहा। इतने में मैंने अपने साथी तथा दासियाँ भी बुलवा लीं।

सुल्तान के प्रस्थान की योजना तथा उसका दुष्कर्म—स्त्रियों एवं बालकों की हत्या—

हमें जिस स्थान की यात्रा करनी थी उसके मार्ग में एक बड़ा घना जंगल था। उस में बाँस बहुत बड़ी संख्या में थे और उसमें होकर किसी ने अभी तक यात्रा न की थी। सुल्तान ने आदेश दिया कि सेना के सभी छोटे बड़े अपने हाथ में लकड़ी काटने हेतु कुल्हाड़ी ले लें। जहाँ कहीं शिविर लगता तो सुल्तान घोड़े पर सवार होकर चल खड़ा होता। उसके साथ उसकी सेना होती थी। वे लोग प्रातःकाल से मध्याह्न के अन्त तक वृक्ष काटते रहते। फिर एक-एक दल भोजन करता था और पुनः वृक्षों की कटाई प्रारम्भ हो जाती थी और रात्रि तक वृक्ष काटे जाते थे। जो कुफ़्फ़ार (शत्रु) सेना को जंगल में मिलते, वे बन्दी बना लिये (१६३) जाते थे। एक लकड़ी, जिसके दोनों सिरों पर तेज़ नोक निकाल ली जाती थी। उन बन्दियों के कन्धों पर रख दी जाती थी और वे उस लकड़ी को उठा कर ले जाते थे। प्रत्येक बन्दी के साथ उस की स्त्री तथा बालक भी होते थे। वे इस दशा में शिविर में लाये जाते थे। वे लोग अपने शिविर के चारों ओर एक लकड़ी का कटघरा बना लेते हैं। इसमें चार द्वार होते हैं। इसे यह लोग कतकर (कठघर) कहते हैं। सुल्तान के निवास स्थान के चारों ओर एक दूसरा कतकर बनता है। मुख्य कतकर के बाहर मनुष्य के डील के आधे के बराबर पत्थर के चबूतरे बनाये जाते हैं और उस पर रात भर आग जलाते रहते हैं। दास तथा पदाती उस स्थान पर बाँस की पतली-पतली लकड़ी के गट्ठे लिये विद्यमान रहते हैं। जब रात्रि में कोई शत्रु शिविर पर आक्रमण करने आता है तो कभी दास एवं पदाती अपने हाथ के गट्ठों को जला देते हैं। फलस्वरूप अत्यधिक प्रकाश से रात्रि दिन के समान हो जाती है और फिर सवार शत्रुओं की खोज में निकल खड़े होते हैं।

दूसरे दिन प्रातःकाल जो लोग पिछले दिन बन्दी बना कर लाये जाते थे, चार भागों (१६४) में विभाजित किये जाते थे। प्रत्येक दल को कतकर (कटघर) के एक-एक द्वार पर ले जाते थे और प्रत्येक द्वार के समक्ष वह नोकदार लकड़ी, जिसे वे लाते थे, गाड़ दी जाती थी। प्रत्येक बन्दी को लकड़ी की नोक पर रख कर, लकड़ी उसके शरीर में प्रविष्ट कर देते थे। उनकी स्त्रियों के बाल उसी लकड़ी से बाँध दिये जाते थे और उनकी तथा उनके बालकों की हत्या कर दी जाती थी। तत्पश्चात् उन्हें उसी दशा में छोड़ दिया जाता था। इसके उपरान्त वे लोग जंगल के दूसरे भाग के वृक्ष काटने लगते थे और शत्रुओं के दूसरे दल के साथ भी, जो बन्दी बनाये जाते थे, यही व्यवहार किया जाता था। यह बड़ा ही घोर पाप है। मैंने किसी भी बादशाह को इस प्रकार का पाप करते हुये नहीं देखा है। इस कारण शीघ्र ही उसकी मृत्यु हो गई।

एक दिन क़ाज़ी सुल्तान के दाहिनी ओर बैठा था और मैं बाईं ओर। हम लोग भोजन कर रहे थे। एक काफ़िर तथा उसकी पत्नी और उसके सात वर्ष के बालक को प्रस्तुत किया गया। सुल्तान ने जल्लादों को उसकी हत्या कर देने का संकेत किया और फिर

आदेश दिया "उसकी पत्नी तथा बालक को भी[1]।" तदनुसार उनके भी सिर काट डाले गये। (१६५) मैंने अपना मुख उस ओर से फेर लिया। जब मैं उठा तो उन के सिर भूमि पर पड़े थे।

एक दिन जब मैं सुल्तान के साथ था तो एक काफ़िर लाया गया। सुल्तान ने कुछ कहा जिसे मैं न समझ सका। इस पर उसके जल्लादों ने तुरन्त तलवारें निकाल लीं। मैं तुरन्त उठा और चलने लगा किन्तु उसने मुझ से पूछा, "तुम कहाँ जा रहे हो?" मैंने उत्तर दिया कि 'मैं अस्र की नमाज़ पढ़ने जा रहा हूँ।" वह समझ गया और हंसा। तत्पश्चात् उसने आदेश दिया कि काफ़िर के हाथ पाँव काट डाले जायें। जब मैं लौटा तो वह रक्त तथा धूल में लोट रहे थे।

सुल्तान ग़यासुद्दीन द्वारा काफ़िरों की पराजय, इस्लाम की एक बहुत बड़ी विजय—

उसके राज्य के निकट बलाल देव नामक एक काफ़िर (हिन्दू) राजा का राज्य था। वह बहुत बड़ा काफ़िर राजा था। उसकी सेना में एक लाख से भी अधिक सैनिक थे। इनके अतिरिक्त उसके साथ २० हज़ार मुसलमान थे जो बड़े ही दुर्वृत्त पापी तथा भागे हुये दास थे। उसकी माबर विजय करने की इच्छा हुई। वहाँ मुसलमान सेना की संख्या ६००० थी। इनमें से आधे तो बड़े अच्छे सैनिक थे किन्तु आधे किसी कार्य योग्य न थे। (१९६) मुसलमान सेना का इन लोगों से कुब्बान नगर के उपान्त में युद्ध हुआ। काफ़िरों ने उन्हें बुरी तरह पराजित किया और वे लोग मुतरा (मदुरा) की राजधानी की ओर भाग गये।

काफ़िर राजा ने अपने शिविर कुब्बान के निकट जो इनका (मुसलमानों का) बहुत बड़ा तथा दृढ़ नगर है, लगा दिये। वह उसे दस मास तक घेरे रहा। अन्त में उनके पास केवल चौदह दिन का भोजन शेष रह गया। काफ़िर (राजा) ने उन लोगों को सूचना भेजी कि यदि वे क़िला छोड़ दें तथा नगर के बाहर निकल जायं तो उन्हें कोई हानि न पहुंचाई जायगी किन्तु उन लोगों ने कहा "हम अपने सुल्तान से अनुमति प्राप्त करलें।" उसने कहा "अच्छा इन्हीं चौदह दिनों में अनुमति मँगा लो।" उन्होंने अपनी दशा के विषय में सुल्तान ग़यासुद्दीन को लिख भेजा। सुल्तान ने शुक्रवार के दिन वह पत्र सब को सुनाया। सब लोग रो पड़े और (१९७) उन्होंने कहा, "हम लोग अल्लाह के लिये अपने प्राण त्याग देंगे क्योंकि यदि काफ़िर उस नगर पर अधिकार प्राप्त कर लेंगे तो फिर वे हम लोगों को भी घेर लेंगे; अतः तलवार की छाया में प्राण त्याग देना कहीं अच्छा है। उन्होंने एक दूसरे के समक्ष प्रतिज्ञा की कि कोई न भागेगा।

इस प्रकार मृत्यु के लिये सन्नद्ध होकर वे लोग दूसरे दिन चल खड़े हुये। उन्होंने अपनी पगड़ियाँ अपने सिर से उतार कर घोड़ों की गर्दनों में बाँध दीं। यह इस बात का चिह्न था कि उन्होंने मर जाने का संकल्प कर लिया है। उनमें से वीर तथा पराक्रमी सब के आगे के भाग में थे। उनकी कुल संख्या ३०० थी। दाहिनी ओर सैफ़ुद्दीन बहादुर था। वह बड़ा ही धार्मिक तथा वीर फ़क़ीह था। बाईं ओर मलिक मुहम्मद सिलाहदार था। सुल्तान ने स्वयं घोड़े पर सवार होकर मध्य भाग में स्थान ग्रहण किया। उसके साथ ३००० सैनिक थे। उसने शेष ३००० को सब के पीछे रखा और असदुद्दीन कैखुसरो फ़ारिसी को उनका सरदार नियुक्त किया।

---

१ इब्ने बत्तूता ने आदेश का प्रभाव बढ़ाने के लिये इस वाक्य को फ़ारसी में लिखा है। "व ज़ने ऊ व पिसरे ऊ।"

इस प्रकार तैयार होकर वे मध्याह्न के भोजन के पश्चात् की निद्रा के समय शत्रु के शिविर पर टूट पड़े। उस समय उनकी सेना असावधान थी और घोड़े चरने के लिये गये थे। जैसे ही उन लोगों ने उनके शिविर पर आक्रमण किया तो काफ़िरों ने समझा कि वे चोर हैं (१९८) अतः वे बिना किसी तैयारी के बाहर निकल आये और युद्ध करने लगे। इतने में सुल्तान ग़यासुद्दीन भी पहुँच गया और काफ़िर बुरी तरह पराजित हो गये। यद्यपि राजा की अवस्था अस्सी वर्ष की थी किन्तु उसने घोड़े पर सवार होने का प्रयत्न किया; परन्तु सुल्तान ग़यासुद्दीन के भतीजे नासिरुद्दीन ने, जो बाद में उसका उत्तराधिकारी हुआ, उसे पकड़ लिया। नासिरुद्दीन राजा को न पहचानता था, अतः वह उसकी हत्या करने वाला ही था कि उसके एक सेवक ने कहा, "यह राजा है।" नासिरुद्दीन उसे बन्दी बना कर अपने चाचा के पास ले गया। वह उससे उस समय तक उचित व्यवहार करता रहा तथा मुक्त कर देने का आश्वासन देता रहा जब तक कि उसने उसकी धन-सम्पत्ति, हाथी, घोड़े आदि न प्राप्त कर लिये। जब उसने उसकी समस्त धन-सम्पत्ति छीन ली तो उसने उसकी हत्या करवा दी और उसकी खाल खिंचवा डाली। उसकी खाल में भूसा भरवा कर उसे मुतरा (मदुरा) नगर की दीवार पर लटकवा दिया। मैं ने भी उसे वहाँ लटके हुये देखा था।

अब मैं अपना विषय प्रारम्भ करता हूँ। मैं शिविर छोड़ कर फ़त्तन (पट्टन) पहुंचा। यह समुद्र तट पर एक भव्य तथा सुन्दर नगर है। इसका बन्दरगाह बड़ा विचित्र है। इसके बन्दरगाह में एक बहुत बड़ा लकड़ी का गुम्बद है जो मोटी-मोटी लकड़ियों (शहतीरों) पर (१९९) बनाया गया है। यहाँ तक पहुंचने के लिये लकड़ी के ज़ीने पर होकर जाना पड़ता है। शत्रु के आक्रमण के समय जो जहाज़ बन्दरगाह में होते हैं, वे उसके निकट लगा दिये जाते हैं। पदाती तथा धनुर्धारी गुम्बद पर चढ़ जाते हैं और शत्रु उन्हें कोई हानि नहीं पहुँचा पाते।

इस नगर में एक पत्थर की बनी हुई सुन्दर मस्जिद है। उसमें अंगूर तथा अनार बहुत बड़ी संख्या में होते हैं। वहाँ मैं शेख़ मुहम्मद सालेह नीशापुरी से मिला। वे उन ध्यान मग्न फ़क़ीरों (सन्तों) में हैं जो अपने बाल अपने कन्धों पर डाले रखते हैं। उनके पास एक सिंह था जो फ़क़ीरों के साथ भोजन करता था और उनके साथ बैठा रहता था। शेख के साथ लगभग तीस फ़क़ीर रहते थे। उनमें से एक के पास एक सुन्दर मृग था। वह सिंह के साथ ही एक ही स्थान पर रहता था किन्तु सिंह उसे कोई हानि न पहुंचाता था।

मैं फ़त्तन (पट्टन) नगर में ठहरा। एक जोगी (योगी) ने सुल्तान ग़यासुद्दीन की मैथुन शक्ति बढ़ाने के लिये गोलियाँ तैयार करदी थीं। कहा जाता है कि उसमें कुछ अंश लोहे के चूर्ण का भी था और सुल्तान उन्हें निर्धारित मात्रा से अधिक खा गया, अतः रुग्ण हो (२००) गया। वह उसी अवस्था में फ़त्तन (पट्टन) पहुंचा। मैं उससे भेंट करने लगा और एक उपहार उसे समर्पित किया। उसने क़ाएदुलबहर (समुद्रीय सेनानायक) ख्वाजा सरवर को बुला कर कहा कि "जो जहाज़ द्वीप में भेजे जाने वाले हैं उनकी तैयारी के अतिरिक्त कोई अन्य कार्य न करना।" उसने मुझे मेरे उपहार का मूल्य चुकाना चाहा किन्तु मैंने स्वीकार न किया। इसका मुझे पश्चाताप ही रहा क्योंकि ग़यासुद्दीन की मृत्यु हो गई और मुझे कुछ न प्राप्त हो सका।

सुल्तान ग़यासुद्दीन फ़त्तन (पट्टन) में आधे मास तक ठहरा और फिर अपनी राजधानी को चला गया, किन्तु मैं उसके जाने के उपरान्त भी १५ दिन तक ठहरा रहा। फिर मैं भी उसकी राजधानी अर्थात् मुतरा (मदुरा) गया।

यह एक बहुत बड़ा नगर है और इसके मार्ग बड़े चोड़े हैं। सर्व प्रथम मेरे श्वसुर सुल्तान शरीफ़ जलालुद्दीन एहसन शाह ने इसे राजधानी बनाया था। उसने इसे देहली के ढंग पर बनाया था और इसको बड़े ही उत्तम रूप से निर्मित कराया था। जब मैं वहाँ पहुँचा तो (२०१) वहाँ संक्रामक रोग का प्रकोप था। जो कोई भी रुग्ण होता वह दूसरे अथवा तीसरे दिन मृत्यु को प्राप्त हो जाता। यदि ऐसा न होता तो चौथे दिन तो वह अवश्य ही मर जाता। जब मैं बाहर निकलता तो कोई न कोई रोगी अथवा मृतक शरीर दिखाई पड़ता। मैंने एक दासी यह समझ कर मोल ली कि वह पूर्णतया स्वस्थ है किन्तु वह दूसरे ही दिन मृत्यु को प्राप्त हो गई।

एक दिन मेरे पास एक स्त्री आई। उसका पति सुल्तान एहसन शाह का एक वज़ीर था। उसके साथ उसका आठ वर्ष का पुत्र भी था। लड़का बड़ा सभ्य समझदार तथा गुणवान ज्ञात हुआ। स्त्री ने अपनी दरिद्रता की चर्चा की। मैंने उसे तथा उसके पुत्र को कुछ दे दिया। दोनों ही स्वस्थ थे। दूसरे दिन वह आकर अपने पुत्र के कफ़न के लिये कुछ माँगने लगी। पता चला कि उसके पुत्र की मृत्यु हो गई। जिस समय सुल्तान के मरने के दिन निकट आ गये थे, मैं देखता था कि सुल्तान के महल में सैकड़ों स्त्रियाँ नित्य मृत्यु को प्राप्त होती थीं। यह स्त्रियाँ उन चावलों के कूटने के लिये लाई जाती थीं जो सुल्तान के भोजन हेतु नहीं अपितु अन्य लोगों के भोजन के प्रयोग में आता था। जब वे रुग्ण हो जाती थीं तो धूप में पड़ जाती थीं और मर जाती थीं।

(२०२) जब सुल्तान मुतरा (मदुरा) में प्रविष्ट हुआ तो उसने अपनी माता, पत्नी, तथा पुत्र को रुग्ण पाया। वह नगर में केवल तीन दिन तक ठहरा और फिर नगर से एक फ़रसंग दूर एक नदी तट पर चला गया। वहाँ काफ़िरों (हिन्दुओं) का एक मन्दिर था। मैं सुल्तान के पास बृहस्पतिवार को पहुंचा। मुझे क़ाज़ी के समीप के खेमे में ठहरा दिया गया। जब मेरे लिये खेमा लग गया उस समय मैंने सुना कि लोग दौड़े जा रहे हैं। कोई कहता था कि सुल्तान की मृत्यु हो गई और कोई कहता था कि उसके पुत्र की। अन्त में पता चला कि उसके पुत्र की मृत्यु हो गई। यह उसका इकलौता पुत्र था। उसकी मृत्यु के कारण सुल्तान का रोग और भी बढ़ गया और दूसरे बृहस्पतिवार को सुल्तान की माता की मृत्यु हो गई।

सुल्तान की मृत्यु, उसके भतीजे का सिंहासनारोहण तथा मेरा उससे विदा होना—

तृतीय बृहस्पतिवार को सुल्तान ग़यासुद्दीन की मृत्यु हो गई। यह सूचना पाकर उपद्रव (२०३) के भय से मैं नगर में चला आया। मैं उसके भतीजे तथा उत्तराधिकारी नासिरुद्दीन से मिला। वह शिविर की ओर, जहाँ उसे बुलाया गया था, जा रहा था, क्योंकि सुल्तान के कोई पुत्र न था। उसने मुझसे अपने साथ शिविर की ओर लौट चलने के लिये कहा किन्तु मैंने स्वीकार न किया। उसे यह बात बड़ी बुरी लगी। अपने चाचा के सिंहासनारूढ़ होने के पूर्व नासिरुद्दीन देहली में नौकर था। जब ग़यासुद्दीन बादशाह हो गया तो उसका भतीजा फ़क़ीरों का वेश बना कर भाग आया। उसके भाग्य में उसके उपरान्त बादशाह होना लिखा था।

जब उसकी बैअत हो गई[1] तो कवियों ने उस की प्रशंसा में कवितायें पढ़ीं। उन्हें अत्यधिक पुरस्कार प्राप्त हुये। सर्व प्रथम क़ाज़ी सद्रुज्जमाँ प्रशंसा पढ़ने के लिये खड़ा हुआ।

१ जब लोगों ने उसे बादशाह स्वीकार कर लिया।

उसे सुल्तान ने ५०० दीनार[1] तथा एक खिलअत प्रदान की। तत्पश्चात् वज़ीर ने जिसका नाम क़ाज़ी था, प्रशंसा पढ़ी। सुल्तान ने उसे २००० दीनार दिये। मुझे ३०० दीनार तथा एक खिलअत दी। दीनों तथा दरिद्रियों को बहुत कुछ दान किया गया। जब ख़तीब ने नये सुल्तान के नाम का प्रथम ख़ुत्बा पढ़ा तो सोने चांदी के थाल में दिरहम तथा दीनार रख कर (२०४) उसके सिर पर से न्योछावर किये गये। तत्पश्चात् ग़यासुद्दीन की मृत्यु की शोक सम्बन्धी प्रथायें मनाई गईं। सुल्तान की क़ब्र पर प्रतिदिन पूरा क़ुरान पढ़ा जाता था फिर अश्शारून[2] बारी बारी क़ुरान पढ़ते थे। तत्पश्चात् भोजन लाया जाता और सब लोग भोजन करते थे। फिर सब को उसकी श्रेणी के अनुसार दिरहम (धन) दिया जाता था। इसी प्रकार चालीस दिन तक होता रहा। तत्पश्चात् प्रत्येक वर्ष उसकी मृत्यु के दिन यही होता था।

सर्व प्रथम जो कार्य सुल्तान नासिरुद्दीन ने किया वह यह था कि उसने अपने चाचा के वज़ीर को पदच्युत कर दिया और उससे राज्य का धन माँगा। उसने मलिक बद्रुद्दीन को अपना वज़ीर बनाया। यह वही व्यक्ति था जिसे उसके चाचा ने मेरे पास जब कि मैं फ़त्तन (पट्टन) में था भेजा था। उसकी शीघ्र ही मृत्यु हो गई और ख्वाजा सरवर क़ाएदुलबहर (समुद्रीय सेनानायक) उसके स्थान पर वज़ीर नियुक्त हुआ। उसने आदेश दिया कि जिस प्रकार देहली का वज़ीर ख्वाजये जहाँ कहलाता है, उसी प्रकार उसे भी ख्वाजये जहाँ कहा जाय। जो कोई ख्वाजये जहाँ न कहता उसे कुछ दीनार (तन्के) दंड के रूप में देने पड़ते।

(२०५) फिर सुल्तान नासिरुद्दीन ने अपने फूफी के पुत्र की जिसके साथ सुल्तान ग़यासुद्दीन की पुत्री का विवाह हुआ था, हत्या करा दी और उसकी विधवा से स्वयं विवाह कर लिया। जब उसे यह सूचना मिली कि मलिक मसऊद ने उसकी फूफी के पुत्र से कारागार में भेंट की है, तो उसने उसकी भी हत्या करा दी। इसी प्रकार मलिक बहादुर की भी जो बड़ा ही वीर तथा गुणवान था, हत्या करा दी गई। मेरे विषय में उसने आदेश दिया कि द्वीप के लिये उसके चाचा ने जो जहाज़ तैयार कराये थे, वे मेरे साथ भेजे जायँ। इसी समय मुझे वहीं ज्वर चढ़ आया जो संक्रामक रोग के रूप में फैला हुआ था। मैं समझा कि 'बस अब मैं जीवित नहीं रह सकता।' ईश्वर ने मुझे कुछ ऐसी प्रेरणा दी कि मैं लगभग एक रतल (आधा सेर) इमली, जो इस प्रदेश में बहुत होती है, घोल कर पी गया। इससे मुझे तीन दिन तक दस्त आते रहे और ईश्वर ने मुझे उस रोग से मुक्त कर दिया।

मुझे उस नगर से घृणा होने लगी और मैंने यात्रा करने की प्रार्थना की। सुल्तान ने मुझ से कहा, 'तुम किस प्रकार यात्रा कर सकते हो। तुम्हारे जाने के समय में एक मास शेष है। तुम यहीं ठहर जाओ तो मैं ख़ुन्द आलम (सुल्तान ग़यासुद्दीन) के आदेशों का पालन कर (२०६) सकूंगा और जो कुछ उन्होंने तुम्हारे साथ भेजना निश्चय किया था, तुमको दे सकूंगा" किन्तु मैंने स्वीकार न किया।

फिर उसने फ़त्तन (पट्टन) के अधिकारियों को लिख भेजा कि मैं जिस जहाज़ से भी यात्रा करना चाहूँ उसमें मुझे ले जाया जाय। जब मैं फ़त्तन (पट्टन) पहुँचा तो मुझे ८ जहाज़ मिले जो यमन जा रहे थे। मैं एक जहाज़ पर सवार हो गया। मार्ग में हमें चार युद्ध के जहाज़ मिले जिनसे कुछ देर तक हमारा युद्ध हुआ और फिर वे लौट गये। हम कोलम (क़ुईलून) पहुँचे। मैं अब भी रुग्ण था। अतः मैं वहाँ तीन मास तक ठहर गया। फिर मैं

१ चाँदी के तन्के।

२ क़ुरान का १/३० भाग पढ़ने वाले।

एक जहाज़ में बैठ कर सुल्तान जमालुद्दीन हिनौरी के पास जाने के विचार से चला, किन्तु हिनौर तथा फ़ाकनौर के मध्य में काफ़िरों ने हम पर आक्रमण कर दिया।

काफ़िरों (समुद्री डाकुओं) का हमको लूटना--

जब हम हिनौर तथा फ़ाकनौर के मध्य में एक छोटे से द्वीप में पहुँचे, तो काफ़िरों के १२ युद्ध के जहाजों ने हम पर आक्रमण कर दिया। भीषण युद्ध हुआ और हम पराजित हो गये। जो कुछ मेरे पास था तथा जो कुछ मैंने कुसमय के लिये बचा रखा था, छीन लिया। (२०७) रत्न तथा याक़ूत जो मुझे राजा सीलान (लंका) ने दिये थे, और मेरे वस्त्र तथा वह वस्तुयें जो मुझे फ़क़ीरों तथा अवलिया (संतों) ने दी थीं, छीन लीं। उन्होंने मेरे शरीर पर एक पाएजामे के अतिरिक्त कुछ न रहने दिया। इसी प्रकार समस्त जहाज वालों को लूट खसोट लिया और हमें समुद्रतट पर उतार दिया। अतः मैं कालकूत (कालीकट) पहुँचा और एक मस्जिद में प्रविष्ट हो गया। एक फ़क़ीह ने मुझे वस्त्र भेजे। क़ाज़ी ने मेरे लिये शिरस्त्राण और एक व्यापारी ने एक अन्य वस्त्र भेजा।

यहाँ आकर मुझे ज्ञात हुआ कि वज़ीर अब्दुल्लाह ने वज़ीर जमालुद्दीन की मृत्यु के उपरान्त सुल्ताना खदीजा से विवाह कर लिया है और मेरी उस पत्नी के, जिसको मैं गर्भवती छोड़ गया था, एक पुत्र का जन्म हुआ है। मेरे हृदय में आया कि मालद्वीप की ओर जाऊं किन्तु इसी बीच में वज़ीर अब्दुल्लाह की शत्रुता का विचार मेरे मन में उत्पन्न हुआ. अतः मैं ने क़ुरान खोली और उसमें से यह आयत निकली "फ़रिश्ते उनके पास आयेंगे और कहेंगे--भय मत करो तथा चिंतित मत हो।" मैं इसको एक शुभ फ़ाल (चिह्न) समझ कर चल पड़ा।

दस दिन की समुद्री यात्रा के उपरान्त मैं जज़ाएर ज़ेबतुल महल (माल द्वीप) में पहुँचा (२०८) और कनूनलूस टापू में उतरा। वहाँ के वाली (हाकिम) अब्दुल अज़ीज मक़दशावी ने मेरा बड़े समारोह से स्वागत किया। उसने मेरी दावत की और मेरे साथ एक नौका कर दी। तब मैं हुलली (हलली) पहुंचा।

इस टापू में सुल्ताना तथा उसकी बहिनें सैर के लिये आती हैं और तैरती हैं। इसे समुद्री यात्रा कहते हैं। वे जहाज पर क्रीड़ा-कौतुक करती हैं। इस अवसर पर वज़ीर तथा अमीर उसे उपहार भेजते हैं। वहाँ सुल्ताना की बहिन, उसके पति, खतीब मुहम्मद बिन (पुत्र) वज़ीर जमालुद्दीन तथा उसकी माता से, जो मेरी पत्नी रह चुकी थी, मेरी भेंट हुई। तत्पश्चात् खतीब ने मुझ से भेंट की और मुझे भोजन भी कराया।

इसी बीच में उस टापू के कुछ निवासियों ने वज़ीर अब्दुल्लाह के पास जाकर मेरे आने की सूचना भेज दी। उसने मेरे तथा मेरे साथियों के विषय में पुछवाया। उसे बताया गया कि मैं अपने पुत्र को लेने आया हूँ जो दो वर्ष का था। उस बालक की माता ने वज़ीर (२०९) के पास जाकर शिकायत की। वज़ीर ने कहा, "मैं उसे अपना पुत्र ले जाने से नहीं रोक सकता।" उसने मुझे महल टापू (मालद्वीप) में प्रविष्ट होने पर विवश किया और अपने प्रासाद के गुम्बद के समक्ष के एक घर में ठहराया ताकि उसे मेरे विषय में सूचना मिलती रहे। तत्पश्चात् उसने प्रथा के अनुसार मेरे पहिनने के लिए पूरे वस्त्र, पान तथा गुलाब जल भेजे। मैं अभिवादन के समय दो रेशमी वस्त्र भेंट करने के लिये ले गया। वस्त्र मुझ से ले लिये गये किन्तु वज़ीर उस दिन मुझ से भेंट करने के लिये न आया।

मेरा पुत्र मेरे पास लाया गया किन्तु मैंने यही उचित समझा कि वह टापू वालों के साथ रहे, अतः मैंने उसे उन्हें लौटा दिया। मैं टापू में पांच दिन तक ठहरा और वहाँ से शीघ्र ही चला जाना मुझे उचित ज्ञात हुआ; अतः मैंने जाने की अनुमति माँगी। इस पर

वज़ीर ने मुझे बुलवाया और मैं वज़ीर के पास गया। उस समय दो रेशमी वस्त्र, जो मुझ से ले लिये गये थे, लाये गये। मैंने अभिवादन के समय प्रथा के अनुसार उन वस्त्रों को भेंट किया। वज़ीर ने मुझे अपने पास बैठाया और मेरे विषय में पूछताछ करता रहा। मैंने उसके साथ भोजन किया और उसके साथ उसी पात्र में हाथ धोये। यह सम्मान वह किसी को नहीं प्रदान करता। तत्पश्चात् पान लाया गया और मैं विदा हुआ। फिर उसने मेरे पास कुछ वस्त्र तथा कौड़ियाँ भेजीं। उसने मेर साथ बड़ा ही सुन्दर व्यवहार किया।

(२१० फिर मैं यात्रा के लिये चल दिया और समुद्र में ४३ दिन तक यात्रा करता रहा। अन्त में हम बंजाल (बंगाल) पहुँचे।

———

बंजाला (बंगाल)

(२१०) बंगाल एक बड़ा विशाल देश है और यहाँ चावल बड़ी अधिक मात्रा में होता है। मैं ने संसार के किसी देश में इतनी सस्ती चीज़ें नहीं देखीं किन्तु इस देश में कुहरा बहुत होता है और खुरासानी (विदेशी) इसे 'दोज़खे पुर नेमत' (उत्तम वस्तुओं से परिपूर्ण नरक) कहते हैं। मैं ने बंगाल की गलियों में एक चांदी के दीनार[१] का २५ देहली के रतल[२] के बराबर चावल बिकते हुये देखा। एक चाँदी का दीनार ८ दिरहम के बराबर होता है। एक हिन्दुस्तानी दिरहम[३] एक चाँदी के दिरहम के बराबर होता है। देहली का एक रतल, मग़रिब (मराको) के २० रतल के बराबर होता है। मैं ने बंगाल वालों को यह कहते सुना था कि उस वर्ष उनके यहाँ मंहगाई थी। मुहम्मद मसमूदी मग़रिबी (मराको निवाती) ने जो एक बहुत बड़े संत थे और देहली में मेरे घर के निकट रहा करते थे, और जो इस स्थान (बंगाल) के प्राचीन निवासी थे, तथा जिनकी मृत्यु देहली में हुई, मुझे बताया था, कि (२११) वे अपनी पत्नी तथा अपने एक सेवक के लिये पूरे वर्ष के वास्ते ८ दिरहम (१ दीनार) में भोजन सामग्री मोल ले लेते थे। वे कहते थे कि उन दिनों में ८ दिरहम में ८० देहली के रतल के बराबर धान मिलते थे। कूटने के उपरान्त उसमें से पचास रतल चावल निकलते थे और यह दस क़िन्तार[४] हुये। दूध देने वाली भैंसें तीन चाँदी के दीनार की मिलती थीं। वहाँ भैंसें ही गाय का काम देती हैं। मैं ने वहाँ एक दिरहम की ८ अच्छी तथा मोटी मुर्ग़ियाँ बिकती हुई देखीं और कबूतर के बच्चे एक दिरहम के १५ बिकते थे। मोटी भेड़ दो दिरहम की और एक रतल शकर ४ दिरहम की मिलती थी। रतल, से देहली का रतल समझना चाहिये। एक रतल गुलाब जल ८ दिरहम में मिलता था। एक रतल घी चार दिरहम में और एक रतल मीठा तेल २ दिरहम में, ३० गज़ बारीक सूती कपड़ा २ दीनार (चाँदी के तन्के) में मिल जाता था। एक रूपवती कनीज़ (दासी) एक सोने के दीनार[५] में, जो मग़रिब (मराको) के २½ सोने के दीनार के बराबर होता था, मिल जाती थी। इस मूल्य पर मैं ने आशूरा (२१२) नामक एक बड़ी ही रूपवती कनीज़ (दासी) मोल ली। मेरे एक साथी ने लूलू नामक एक तरुण दास दो सोने के दीनार में मोल लिया।

बंगाल का पहला नगर जिसमें हम प्रविष्ट हुये सुदकावाँ (चिटागांग) था। विशाल समुद्र तट पर यह एक बड़ा भव्य नगर है। इस स्थान पर गंगा, जहाँ हिन्दू तीर्थ यात्रा करते हैं, तथा जून[६] एक दूसरे से मिलती हैं और फिर एक साथ बहती हुई समुद्र में गिरती हैं। गंगा नदी पर बहुत अधिक संख्या में जहाज़ थे। इन्हीं जहाज़ों से वे लखनौती वालों से युद्ध करते हैं।

१ चाँदी के तन्के के बराबर।

२ देहली का रतल—देहली के एक मन के बराबर होता था जो आधुनिक १४ सेर के बराबर होता था।

३ इसे आधुनिक लगभग दो आने के बराबर समझना चाहिये।

४ इसके वज़न के विषय में कुछ ज्ञात नहीं।

५ दस चाँदी के तन्के के बराबर।

६ ब्रह्मपुत्र होना चाहिये।

बंगाल का सुल्तान—

(२१३) उसका नाम सुल्तान फ़खरुद्दीन[1] है। वह फ़खरा कहलाता है। वह बड़ा ही योग्य शासक है। उसे परदेशियों से बड़ा प्रेम है और वह फ़क़ीरों तथा सूफ़ियों (संतों) का बड़ा आदर करता है। बंगाल का राज्य सर्व प्रथम सुल्तान ग़यासुद्दीन बल्बन के पुत्र सुल्तान नासिरुद्दीन के अधीन था। उसका (नासिरुद्दीन का) पुत्र, मुइज्जुद्दीन देहली का बादशाह हुआ। इस पर नासिरुद्दीन अपने पुत्र से युद्ध करने के लिये निकला। दोनों की गंगा नदी पर भेंट हुई। उनकी भेंट को लिक़ाउस्सादैन[2] 'दो शुभ नक्षत्रों का मिलाप' कहा गया। हम इसका उल्लेख कर चुके हैं और इस बात की चर्चा हो चुकी है कि किस प्रकार नासिरुद्दीन ने अपने पुत्र के लिये देहली का राज्य छोड़ दिया और बंगाल लौट आया और वहीं अपनी मृत्यु के समय तक निवास करता रहा।

तत्पश्चात् उसका पुत्र शम्सुद्दीन सिंहासनारूढ़ हुआ। जब उसकी भी मृत्यु हो गई तो उसके स्थान पर उसका पुत्र शिहाबुद्दीन सुल्तान हुआ। कुछ समय उपरान्त उसके भाई ग़यासुद्दीन बहादुर बूर (भूरा) ने उस पर अधिकार जमा लिया। शिहाबुद्दीन ने सुल्तान ग़यासुद्दीन तुग़लुक़ से सहायता की याचना की। उसने उसकी सहायता की और बहादुर बूर को बन्दी बना लिया। सुल्तान ग़यासुद्दीन के पुत्र सुल्तान मुहम्मद ने सिंहासनारूढ़ होने के उपरान्त उसे मुक्त कर दिया और उसने सुल्तान मुहम्मद से राज्य को परस्पर बाँट लेने की प्रतिज्ञा की थी; किन्तु जब उसने अपने वचन का पालन न किया तो सुल्तान मुहम्मद ने उस (२१४) पर चढ़ाई की और उसकी हत्या करदी और अपने साले[3] को इस प्रान्त का राज्य प्रदान कर दिया, किन्तु उसकी सेना ने उसकी भी हत्या कर दी। अब अली शाह ने जो लखनौती में था बंगाल का राज्य अपने अधिकार में कर लिया। जब फ़खरुद्दीन ने देखा कि राज्य सुल्तान नासिरुद्दीन के वंश से निकल गया तो उसने सुदकावाँ (चिटागांग) तथा बंगाल के अन्य भागों में विद्रोह कर दिया, क्योंकि वह उस वंश का हितैषी था। उसने वहाँ अपना राज्य दृढ़ कर लिया किन्तु उसमें तथा अली शाह में भीषण युद्ध छिड़ गया। जाड़े में जबकि वर्षा के कारण कीचड़ भरी हुई थी, फ़खरुद्दीन ने जल मार्ग से जिस पर उसे बड़ा दृढ़ अधिकार प्राप्त था, आक्रमण कर दिया, किन्तु सूखे मौसम में अली शाह ने स्थल मार्ग से बंगाल पर आक्रमण किया क्योंकि इस क्षेत्र में उसकी शक्ति बहुत बढ़ी हुई थी।

कहानी—

सुल्तान फ़खरुद्दीन फ़क़ीरों (संतों) से इतना प्रेम करता था कि उसने एक फ़क़ीर शैदा (२१५) को सुदकावाँ (चिटागांग) में अपना नायब नियुक्त कर दिया। सुल्तान फ़खरुद्दीन फिर अपने एक शत्रु पर आक्रमण करने के लिये गया किन्तु शैदा ने स्वतन्त्र हो जाने के विचार से विद्रोह कर दिया। उसने सुल्तान फ़खरुद्दीन के पुत्र की हत्या करदी। सुल्तान के उसके अतिरिक्त कोई अन्य पुत्र न था। यह सुन कर सुल्तान तुरन्त अपनी राजधानी की ओर लौटा। शैदा तथा उसके सहायक भाग कर सुनुरकावाँ (सुनार गाँव) पहुंचे। वह बड़ा ही दृढ़ नगर था। सुल्तान ने एक सेना उसका घेरा डालने के लिए भेजी। वहाँ के निवासियों ने अपने प्राणों के भय से शैदा को बन्दी बना कर सुल्तान की सेना में भेज दिया। सुल्तान को इसकी सूचना भेजी गई तो उसने आदेश दिया कि विद्रोही का सिर भेज दिया जाय

---

१ सुल्तान फ़ख़रुद्दीन मुबारक शाह (१३३७-१३४९ ई०)

२ अमीर ख़ुसरो ने क़िरानुस्सादैन नामक मसनवी में इसी घटना का उल्लेख किया है।

३ तातार ख़ाँ। वह सुल्तान का साला न था।

अस्तु उसका सिर काट कर भेज दिया गया और उसके कारण बहुत से फ़क़ीरों की हत्या करादी गई। जब मैं सुदकावाँ (चिटागाँग) में प्रविष्ट हुआ तो मैंने वहाँ के सुल्तान से भेंट नहीं की क्योंकि उसने हिन्दुस्तान के बादशाह से विद्रोह कर दिया था और मैंने सोच लिया था कि इस भेंट का परिणाम अच्छा न निकलेगा।

कामरू (कामरूप)—

सुदकावां (चिटागांग) से मैं कामरू (कामरूप) के पर्वत की ओर, जो वहाँ से एक मास (२१६) की यात्रा की दूरी पर स्थित थे, चल दिया। कामरू (कामरूप) पर्वत बड़े ही विशाल हैं और चीन से तिब्बत तक, जहाँ कस्तूरी वाले मृग पाये जाते हैं, फैले हैं। यहाँ के निवासी तुर्कों के समान हैं और वे बड़े ही परिश्रमी होते हैं। वहाँ का एक दास अन्य देशों के कई दासों से अधिक कार्य करता है। वे लोग जादू टोने के लिये भी बड़े प्रसिद्ध हैं। मैं उन पर्वतों[1] में शेख़ जलालुद्दीन तबरेज़ी[2] नामक एक वली (संत) से, जो वहाँ निवास करते थे, भेंट करने के उद्देश्य से जाना चाहता था।

शेख़ जलालुद्दीन—

शेख़ बहुत बड़े वली (संत) और बड़े ही अद्भुत व्यक्ति थे। उनकी करामातें (सूफ़ियों के चमत्कार) लोगों में बड़ी प्रसिद्ध थीं। उन्होंने बहुत बड़े बड़े कार्य किये थे। वे बड़े वृद्ध थे। उन्होंने मुझे बताया कि उन्होंने ख़लीफ़ा मुस्तासिम बिल्लाह अब्बासी[3] के बग़दाद में दर्शन किये थे और वे उसकी हत्या के समय वहीं थे। उनके साथियों ने बाद में मुझे बताया कि उनकी (२१७) मृत्यु १५० वर्ष की अवस्था में हुई। उन्होंने लगभग चालीस वर्ष तक रोज़ा रखा और वे दस दस दिन तक उस रोज़े को न तोड़ते थे। उनके पास एक गौ थी जिसके दूध से वे रोज़ा तोड़ते थे। वे रात रात भर नमाज़ पढ़ा करते थे। वे दुबले पतले लम्बे डील के व्यक्ति थे और उनकी दाढ़ी बहुत छोटी थी। इन पर्वतों के मुसलमानों ने इन्हीं के हाथों से इस्लाम स्वीकार किया था, अतः वे इन्हीं लोगों के साथ निवास करते थे।

उनकी एक करामात (चमत्कार)—

उनके कुछ शिष्यों ने मुझे बताया कि उन्होंने अपनी मृत्यु से एक दिन पूर्व अपने समस्त शिष्यों को बुलवाया और उनसे कहा "ईश्वर ने चाहा तो मैं कल तुम से विदा हो जाऊंगा। मैं तुम्हें अल्लाह के जिसके अतिरिक्त कोई अन्य ईश्वर नहीं सिपुर्द करता हूं।" ज़ुहर की नमाज़ के उपरान्त अन्तिम सिजदे में उन्होंने अपने प्राण त्याग दिये। उनकी गुहा के निकट एक खुदी

---

१ कदाचित इब्ने बत्तूता ने सिलहट की, जो खासी, जैनतिया तथा टिपरा की पहाड़ियों से घिरा है, सैर की (रेहला पृ० २३८)।

२ शेख़ जलालुद्दीन तबरेज़ी, शेख़ अबू सईद तबरेज़ी के चेले थे। उनकी मृत्यु के उपरान्त शेख़ शिहाबुद्दीन सुहरवर्दी (मृ० १२३४ ई०) की सेवा की। ख़्वाजा क़ुतुबुद्दीन बख्तियार काकी (मृ० १२३६ ई०) तथा शेख़ बहाउद्दीन ज़करिया (मृ० १२६७ ई०) के साथ इनकी मित्रता थी। देहली में उनका वहाँ के एक आलिम शेख़ुल इस्लाम नजमुद्दीन सुग़रा से विरोध हो गया। वहाँ से वे बदायूं होते हुये बंगाल चले गये (अख़बारुल अख़यार, मुजतबाई मुद्रणालय देहली, १३३२ हि० पृ० ४४-४३)। कहा जाता है कि वे १५० वर्ष तक जीवित रहे और उनकी मृत्यु ७४७ हि० (१३४६ ई०) में हुई। पंडुआ में इनकी ख़ानक़ाह सुल्तान अलाउद्दीन अली शाह ने बनवाई और वहीं कदाचित इनकी मृत्यु भी हुई।

३ मुस्तासिम बिल्लाह अन्तिम अब्बासी ख़लीफ़ा था। हलाकू ने १२५८ ई० में उसकी हत्या की।

(२१८) हुई क़ब्र मिली जिसमें कफ़न तथा हनूत (सुगन्धित वस्तुयें) विद्यमान थीं। अस्तु, शेख के मृतक शरीर को स्नान कराया गया तथा कफ़न (शव वस्त्र) धारण कराया गया और नमाज़ पढ़ कर उन्हें दफ़न कर दिया गया (ईश्वर उन पर दया करे)।

शेख़ की एक अन्य करामात (चमत्कार)—

जब मैं शेख के दर्शन को गया तो शेख के निवास स्थान से दो दिन की यात्रा की दूरी पर मुझे उनके चार शिष्य मिले और उन्होंने मुझे बताया कि शेख ने उन लोगों से कहा है कि "एक व्यक्ति मग़रिब से तुम्हारे पास आ रहा है। तुम जा कर उसका स्वागत करो।" उन्होंने मुझ से कहा कि शेख के आदेशानुसार वे मेरा स्वागत करने आये हैं। शेख को मेरे विषय में इससे पूर्व कुछ ज्ञात न था। उनको सब कुछ कश्फ़ (दैवी प्रेरणा) द्वारा ज्ञात हुआ था। मैं उनके साथ शेख की सेवा में उपस्थित हुआ और उनकी ख़ानक़ाह में पहुँचा जो गुहा के बाहर थी। उसके निकट कोई आबादी न थी। उस स्थान के निकट के सभी लोग हिन्दू तथा मुसलमान शेख के दर्शनार्थ आते थे और उनके लिये उपहार लाते थे। उसमें से फ़क़ीर तथा यात्री खाते थे किन्तु (२१९) शेख केवल अपनी गाय के दूध पर जीवन निर्वाह करते थे और उसी दूध से जैसा कि उल्लेख हो चुका है, अपना दस दिन लगातार का रोज़ा तोड़ते थे।

जब मैं उनकी सेवा में उपस्थित हुआ तो खड़े होकर उन्होंने मुझसे आलिंगन किया। मेरे देश के तथा मेरी यात्रा के विषय में मुझसे पूछते रहे और मैं ने उन्हें सब कुछ बताया। शेख ने मुझसे कहा, "तू अरब का यात्री है।" उनके एक शिष्य ने, जो उस समय उपस्थित था, कहा "सैयिदना (हे स्वामी) यह अरब तथा अजम (अरब के अतिरिक्त) का यात्री है।" शेख ने कहा "अजम का भी, अतः इसका आदर सत्कार करो।" इस पर वे लोग मुझे ख़ानक़ाह में ले गये और तीन दिन तक मेरा अथिति सत्कार करते रहें।

उनके करामात (चमत्कार) की एक अद्‌भुत कहानी—

जिस दिन मेरी शेख से भेंट हुई, मैं ने उनको एक बकरे के बाल का मुरक़्क़ा (चुग़ा) पहिने देखा। मुझे वह चुग़ा बड़ा अच्छा लगा। मैं ने अपने हृदय में सोचा कि यदि शेख मुझे अपना चुग़ा दे दें, तो कितनी अच्छी बात हो। जब मैं उनसे विदा होने लगा तो वे गुहा के एक कोने में गये और उन्होंने अपना चुग़ा उतार कर मुझे पहिना दिया। उन्होंने मुझे अपनी टोपी भी प्रदान की और स्वयं पेवन्द लगा हुआ एक वस्त्र धारण कर लिया। फ़क़ीरों ने मुझे बताया कि शेख साधारणतया यह चुग़ा नहीं पहिना करते थे। यह उन्होंने मेरे (२२०) आने के समय ही पहिना था और कहा था कि 'मग़रिबी (मराको निवासी) इस चुग़े की इच्छा करेगा। एक काफ़िर बादशाह उससे यह छीन लेगा और हमारे भाई बुरहानुद्दीन साग़रजी (समरक़न्द में साग़र्ज नामक स्थान का निवासी) को दे देगा जिसके लिये यह तैयार कराया गया है।" जब फ़क़ीरों ने मुझे यह बताया तो मैंने दृढ़ संकल्प कर लिया कि शेख का यह वस्त्र मेरे लिये एक बहुत बड़ी देन हैं। मैं इसे पहिन कर किसी मुसलमान अथवा काफ़िर बादशाह के पास कदापि न जाऊँगा।' फिर मैं शेख के पास से चला आया।

बहुत समय उपरान्त जब मैं चीन गया और ख़ंसा नगर (हाँग चौफ़ू) पहुँचा तो अत्यधिक भीड़ के कारण मेरे साथी मुझसे पृथक् हो गये। उस समय मैं वही चुग़ा पहिने था। जब मैं एक मार्ग पर था तो मुझे वज़ीर मिला। उसके साथ उसके परिजन भी थे। उसने मुझे देखा और मुझको बुलाया। मेरा हाथ पकड़ कर मेरे आने के विषय में पूछता (२२१) रहा। बातें करते करते हम राजभवन के द्वार पर पहुँच गये। मैं ने उससे विदा

होना चाहा किन्तु उसने मुझे अनुमति न दी। उसने बादशाह से मेरी भेंट कराई। बादशाह मुझसे मुसलमान सुल्तानों के विषय में पूछता रहा। मैंने उसके प्रश्नों के उत्तर दिये। इसी समय उसकी दृष्टि मेरे चुग़े पर पड़ गई। उसने उसकी बड़ी प्रशंसा की। वज़ीर ने उसे उतार देने के लिये कहा और मुझे स्वीकार करना पड़ा। बादशाह ने चुग़ा ले लिया और आदेश दिया कि मुझे दस खिलअतें, एक घोड़ा साज़ व सामान सहित तथा व्यय हेतु धन प्रदान किया जाय। मुझे इसका बड़ा दुःख हुआ और शेख़ के शब्दों का स्मरण हुआ और मैं बड़े आश्चर्य में पड़ गया।

दूसरे वर्ष मैं चीन के शहंशाह के राज भवन ख़ान बालिक़ (पेकिंग) गया। फिर में साग़रज के शेख़ बुरहानुद्दीन की ख़ानक़ाह में गया। मैं ने देखा कि वे वही चुग़ा पहिने हुये एक पुस्तक पढ़ रहे थे। मुझे बड़ा आश्चर्य हुआ। मैं ने चुग़े को अपने हाथ से उलट पलट कर देखा। शेख़ ने मुझसे कहा, "तू इस को क्यों उलटता पलटता है? क्या तू इसे पहचानता है।" मैं ने कहा, "हाँ यह वही चुग़ा है जो ख़ंसा (हाँग चौफ़ू) के बादशाह ने मुझसे ले लिया था।" शेख़ ने कहा "यह चुग़ा मेरे लिये मेरे भाई जलालुद्दीन ने तैयार कराया था, और मुझे पत्र लिखा था कि वह मुझे अमुक व्यक्ति द्वारा प्राप्त होगा।" शेख़ ने मुझे वह पत्र दिखाया। मैंने उसे पढ़ा और मुझे शेख़ की आध्यात्मिक शक्ति पर बड़ा (२२२) आश्चर्य हुआ। इस पर मैंने कुल हाल शेख़ बुरहानुद्दीन को सुनाया। उन्होंने कहा "मेरे भाई जलालुद्दीन इससे भी बड़ी बड़ी बातें कर सकते थे। वे संसार में अनेक परिवर्तन कर सकते थे किन्तु अब उनकी मृत्यु हो गई है। ईश्वर उन पर दया करे।" बुरहानुद्दीन ने फिर मुझसे कहा, "मुझे ज्ञात है कि वे प्रातःकाल की नमाज़ मक्के में पढ़ते थे और प्रतिवर्ष हज किया करते थे। अर्फ़े[1] तथा ईद के दिन वे अदृश्य हो जाते थे और किसी को कोई सूचना न होती थी।"

अब मैं अपने विषय को पुनः प्रारम्भ करता हूँ। जब मैं शेख़ जलालुद्दीन से विदा हुआ तो मैं हबंक़[2] की ओर रवाना हुआ। यह एक बड़ा तथा सुन्दर नगर है। एक नदी इसके मध्य में बहती है। यह कामरू (कामरूप) के पर्वतों से निकलती है। इसका नाम नहरुल अज़रक़ (नीली नदी) है। इस नदी के मार्ग से लोग बंगाल तथा लखनौती पहुँच जाते हैं। (२२३) इस नदी के दाईं तथा बाईं ओर जल की चर्खियाँ, उद्यान तथा ग्राम उसी प्रकार दृष्टिगत होते हैं जिस प्रकार मिस्र में नील नदी के तट पर। हबंक़ के निवासी काफ़िर ज़िम्मी हैं। उनसे उत्पादन का आधा भाग ले लिया जाता है और इन्हें कुछ अन्य सेवायें भी करनी पड़ती हैं। हमने इस नदी में बहाओ की ओर १५ दिन तक यात्रा की। मार्ग में ग्रामों तथा उद्यानों की अधिकता से ऐसा ज्ञात होता था कि मानो हम बाज़ार में यात्रा कर रहे हों। इसमें असंख्य नावें चलती हैं। प्रत्येक नाव में एक नक़्क़ारा होता है। जब दो नावें एक दूसरे के समक्ष आती हैं तो नक़्क़ारा बजाया जाता है। इस प्रकार मल्लाह एक दूसरे के प्रति अभिवादन करते हैं। सुल्तान फ़ख़रुद्दीन का आदेश है कि इस नदी में फ़क़ीरों से कोई कर न लिया जाय और जिसके पास भोजन सामग्री न हो, उसे भोजन दिया जाय। जब कोई फ़क़ीर इस नगर में आता है तो उसे आधा दीनार प्रदान किया जाता है।

---

१ ज़िलहिज्जा मास का नवाँ दिन।

२ यह अब हबंग टीला कहलाता है और उजड़ चुका है। यह हबीगंज के दस मील दक्षिण में है। (रेहला पृ० २४१)

१५ दिन की यात्रा के उपरान्त हम सुनरकावाँ (सोनार गाँव) पहुँचे। यहीं के
(२२४) निवासियों ने शैदा फ़क़ीर को, जब उसने यहाँ शरण ली थी, बन्दी बना लिया
था। वहाँ पहुँचते ही हमें एक जुन्क (चीनी जहाज़) जावा (सुमात्रा) के लिये तैयार मिला।
वह यहाँ से चालीस दिन की यात्रा की दूरी पर स्थित है। हम जुन्क पर बैठ गये और १५ दिन
की यात्रा के पश्चात् बरहनाकार (बारह नगर) पहुँचे।

मसालिकुल अबसार फ़ी ममालिकुल अमसार

[लेखक—शिहाबुद्दीन अल उमरी]

हिन्दुस्तान तथा सिन्ध

देश तथा उसके निवासी—

यह एक बड़ा ही महत्त्वपूर्ण देश है। इसकी तुलना संसार के किसी अन्य देश से इसके विस्तृत क्षेत्र, अपार धन-सम्पत्ति, अगणित सेनाओं तथा सुल्तान के वैभव के कारण, चाहे वह कूच करता हो अथवा राज प्रासाद में निवास करता हो, तथा उसके राज्य की शक्ति के कारण नहीं की जा सकती। इस देश की ख्याति तथा प्रसिद्धि सर्वत्र व्यापक है।

प्रचलित समाचारों तथा लिखित पुस्तकों द्वारा, मैं जो कुछ सुन अथवा देख पाता था, उसके विषय में ज्ञान प्राप्त किया करता था परन्तु उस विवरण की सत्यता से मैं अपने को परिचित नहीं करा सकता था क्योंकि यह प्रदेश हमसे बहुत दूर थे। जब मैं इस पुस्तक की रचना करने लगा और विश्वस्नीय वर्णन देने वालों से मैंने पूछताछ की तो, जो कुछ मैंने सुन रखा था, उससे अधिक ज्ञात किया और आशा से भी अधिक बड़ी-बड़ी बातें पाईं।

अधिक कहने की आवश्यकता नहीं। यह ऐसा देश है जिसके समुद्रों में मोती हैं, जिसकी भूमि में सोना है, जिसके पर्वतों में याक़ूत तथा हीरे हैं। घाटियों में अगर की लकड़ी तथा कपूर है[1], और इसके नगरों में बादशाहों के सिंहासन हैं। यहाँ के जानवरों में हाथी तथा गेंड़े हैं। यहाँ के लोहे से हिन्दुस्तानी तलवारें बनाई जाती हैं। इसमें लोहे, पारे तथा सीसे की खानें हैं। इसके कुछ स्थानों में केसर मिलती है। इसकी कुछ घाटियों में स्फटिक व बिल्लौर मिलता है। इस देश में जीवन की सुन्दर वस्तुयें अधिक मात्रा में उपलब्ध हैं। वस्तुओं के मूल्य यहाँ कम है; यहाँ की सेनायें अगणित हैं और यहाँ के प्रदेश सीमा रहित हैं। यहाँ के लोग बड़े बुद्धिमान तथा प्रतिभाशाली हैं। अन्य देश वालों की अपेक्षा यह लोग बड़े संयमी हैं। अधिकांशतः यह लोग ईश्वर तक पहुँचने के लिये प्रयत्नशील रहते हैं।

मुहम्मद बिन (पुत्र) अब्दुर रहीम की तुहफ़तुल अल्बाब[2]—

मुहम्मद इब्न (पुत्र) अब्दुर रहीम उक़लीशी अल ग़मती अपनी पुस्तक तुहफ़तुल अल्बाब में वर्णन करता है: विशाल देश, अत्यधिक न्याय, पर्याप्त धन, सुशासन जीवन की निरन्तर सुविधायें व सुरक्षा जिसके कारण हिन्दुस्तान एवं चीन[3] के देशों में कोई भय नहीं है। दर्शनशास्त्र, चिकित्सा, गणित में हिन्दुस्तानी सर्वाधिक विद्वान हैं और ये समस्त आश्चर्यजनक हस्त-कलाओं में इतने (सुदक्ष) हैं कि उनका अनुकरण करना असम्भव है। इनके पर्वतों एवं द्वीपों में अगर की लकड़ी तथा कपूर के वृक्ष एवं समस्त प्रकार के सुगंधित

---

१ 'सुबहुल आशा' लेखक क़लक़शन्दी, भाग ५, (क़ाहिरा १९१५ ई०) पृ० ६१।

२ 'तुहफ़तुल अल्बाब व नुख़बतुल अजब', लेखक अबू हामिद अथवा अब्दुल्लाह बिन अब्दुर रहीम बिन सुलेमान अल क़ैसी अल ग़रनाती (मृत्यु ५६५ हि०, ११६९ ई०)। यह संसार के भूगोल एवं तत्सम्बन्धी अन्य विवरणों का संग्रह है।

३ सुबहुल आशा में चीन का उल्लेख नहीं। (पृ० ६२)

पौधे जैसे लौंग, जायफल, बालछड़, दालचीनी, इलायची, कबाबचीनी, जावित्री और बनस्पति जगत की अन्य बहुत सी औषधियों एवं बूटियों के पौधे होते हैं। इन लोगों के यहाँ कस्तूरी-मृग तथा सिन्नौरुज्जबाद[१] भी होते हैं। इन लोगों के देश से विभिन्न प्रकार के मणियों का निर्यात होता है, अधिकांशतः लंका से।[२]

इब्न अब्दुर रब्बेह की 'अल-इक़्द'—

इब्न अब्दुर रब्बेह ने अपने ग्रन्थ अल-इक़्द[३] में नुऐम बिन (पुत्र) हम्माद को अपना सूत्र बताते हुये वर्णन किया है, "हिन्दुस्तान के बादशाह ने एक पत्र उमर बिन (पुत्र) अब्दुल अज़ीज़ के पास प्रेषित किया जिसमें (लिखा था) : 'बादशाहों का बादशाह जो सहस्रों बादशाहों का पुत्र है, जिसके अधीन सहस्रों बादशाहों की कन्यायें हैं, जिसके अस्तबलों में सहस्रों हाथी हैं और जिसके (देश में) दो नदियाँ हैं जिनके कारण अगर की लकड़ी, अन्य सुगन्धित लकड़ियाँ, आखरोट तथा कपूर, जिसकी सुगंधि १२-१२ मील तक फैल जाती है, अरबों के बादशाह के पास, जो किसी भी वस्तु को ईश्वर से मिश्रित नहीं करता। आरम्भ में मैं एक उपहार भेजता हूं और यह एक उपहार नहीं है अभिवादन है। मेरी अभिलाषा है कि आप मेरे पास कोई ऐसा व्यक्ति भेजें जो मुझे इस्लाम की शिक्षा दे और इस्लाम समझाये और सलाम। उपहार से अर्थ है 'पत्र'।"

मुबारक इब्न (पुत्र) महमूद अल खम्बाती[४]—

विद्वान तथा आशीश प्राप्त शेख, कुलीन पूर्वजों के वंशज, मुबारक इब्न (पुत्र) महमूद अल खम्बाती जो मुहम्मद शाज़ान हाजिबे ख़ास के वंशजों से सम्बन्ध रखने वाले हैं और जो विश्वास के योग्य और ईमानदार हैं और अपने विषय तथा इस देश के बादशाहों के पूर्वजों से अपने सम्बन्ध के विषय में सुविज्ञ हैं, कहते हैं कि यह देश अत्यधिक विशाल है। साधारण रूप से यात्रा करने में उसकी लम्बाई ३ वर्ष में व चौड़ाई भी ३ वर्ष में समाप्त होगी।[५] इसका अक्षांश वह है जो सोमनाथ तथा सरनदीब[६] के बीच में ग़ज़नी तक है और देशान्तर अदन के सम्मुख वाली खाड़ी से लेकर सिकन्दर की दीवार[७] तक है जहाँ हिन्द महासागर, अतलांटिक महासागर से मिलता है। इस देश में नगर पास ही पास स्थित हैं जिनमें मिम्बर[८], सिंहासन, आमाल[९], ग्राम एवं बाज़ार तथा पैंठ हैं। इन (नगरों) के बीच में कोई भी उजाड़ स्थान नहीं है।[१०]

---

१ एक प्रकार की बिल्ली।

२ सुबहुल आशा, भाग ५, पृ० ६२।

३ इब्दुल फ़रीद, लेखक अबू उमर अहमद बिन मुहम्मद बिन अब्दुर रब्बेह (जन्म २४६ हि०। ८६० ई० कारडोवा; मृत्यु ३२८ हि०। ९४० ई०)। इतिहास एवं जीवन-वृत्तान्त सम्बन्धी एक वृहत् ग्रन्थ।

४ खम्बायत निवासी। सुबहुल आशा में अम्बाती है (पृ० ६२)।

५ शेख़ मुबारक का परिचय तथा हिन्दुस्तान के विस्तृत क्षेत्र का यह उल्लेख सुबहुल आशा में नहीं (पृ० ६२)।

६ लंका।

७ चीन की वृहत् दीवार।

८ सम्भवतया जामा मस्जिदों के मिम्बर से अभिप्राय है।

९ जिले।

१० सुबहुल आशा, भाग ५ पृ० ६२।

मैं ने कहा कि देशान्तर व अक्षांश के विचार से जो दूरी उसने बताई है उसका परीक्षण करना आवश्यक है, क्योंकि समस्त बसा हुआ संसार भी इस दूरी के बराबर नहीं है, केवल यह कि यदि इस कथन से उसका आशय यह हो कि यह दूरी उन लोगों के लिये है जो एक स्थान से दूसरे स्थान तक के मध्य में स्थित समस्त वस्तुओं के विषय में पूर्ण परिचय प्राप्त करते हुये यात्रा करते हैं। वह कहता है, 'क़राजिल प्रदेश के लोग इस सुल्तान की प्रजा हैं। कर देने के कारण, जो उन लोगों से लिये जाते हैं और जो सुल्तान के लिये धन का साधन हैं, यह लोग सुल्तान द्वारा सुरक्षित रहते हैं।[1] क़राजिल पर्वत में सोने की सात खानें हैं जिनसे अपार धन प्राप्त होता है। समुद्रों के मध्य में इधर उधर स्थित द्वीपों के अतिरिक्त पूरा देश जिसमें भूमि तथा समुद्र सम्मिलित हैं इस सुल्तान के अधिकार में है। जहाँ तक समुद्रीय तट का सम्बन्ध है एक बित्ते भर भी कोई स्थान ऐसा नहीं है जिसकी कुञ्जियाँ तथा जहाँ के दृढ़ स्थान उसके अधिकार में न हों। वर्त्तमान समय में खुत्बा पढ़वाने तथा सिक्का ढलवाने का अधिकार इस पूरे देश में उसी को है।[2] इस देश में उसके अतिरिक्त किसी को कोई अधिकार नहीं।"

वह कहता है, "बड़ी-बड़ी विजयों का, जिनमें मैं उसके साथ था, उल्लेख स्वयं आँख से देखने के कारण सारांश में करूँगा विस्तृत रूप से नहीं, क्योंकि व्याख्या लम्बी होने का भय है।"

सुल्तान की विजय—

पहला स्थान जो विजय किया गया, तिलंग प्रदेश था। यह एक विशाल प्रान्त है जिसमें बहुत से ग्राम हैं और जिनकी संख्या नौ लाख नौ सौ है। तत्पश्चात् जाजनगर प्रान्त विजित हुआ। इसमें ७० सुन्दर नगर हैं जो समुद्र तट पर बन्दरगाह हैं और जिनका कर मोतियों, हाथियों, विभिन्न प्रकार के वस्त्रों तथा सुगन्धियों के रूप में प्राप्त होता है। तत्पश्चात् लखनौती का प्रान्त, जो ६ बादशाहों की राजधानी रह चुकी है, विजित हुआ। इसके उपरान्त देवगीर (देवगिरि) का प्रान्त विजय किया गया। इसमें ८४ दृढ़ पर्वतीय क़िले हैं। शेख बुरहानुद्दीन अबू बक्र बिन (पुत्र) अल खल्लाल अल बज्जी का कथन है कि इसमें १ करोड़ दो लाख ग्राम हैं। इसके पश्चात् द्वार समुद्र का प्रान्त विजित हुआ, जहाँ सुल्तान बलाल देव तथा पाँच काफ़िर राजा शासन करते थे। तत्पश्चात् माबर के प्रान्त पर विजय प्राप्त हुई।[3] यह एक विशाल इक़लीम है। इसके समुद्रीय तटों पर ६० बन्दरगाह स्थित हैं। इनका कर सुगन्धियों, रेशमी वस्त्रों, विभिन्न प्रकार के कपड़ों तथा अन्य सुन्दर वस्तुओं के रूप में प्राप्त होता है।

देश के प्रान्त—

विद्वान, फ़क़ीह, सिराजुद्दीन अबू सफ़ा उमर बिन (पुत्र) इसहाक़ बिन (पुत्र) अहमद अल शिबली अल अवधी ने, जो हिन्दुस्तान के अवध प्रान्त के हैं और जो इस समय देहली के सुल्तान के दरबार के बहुत बड़े फ़क़ीह हैं, मुझे बताया कि इस बादशाह के राज्य में २३ मुख्य प्रान्त हैं। इनके नाम यह हैं : (१) देहली (२) देवगीर (देवगिरि) (३) मुल्तान (४) कहरान (कुहराम) (५) सामाना, (६) सबूस्तान (सिबिस्तान) (७) वज्जा (उच्छ) (८) हासी (हाँसी) (९) सरसुती (सिरसा) (१०) माबर (११) तिलग (तिलंगाना) (१२) गुजरात (१३) बदायूँ (१४) अवज़ (अवध) (१५) क़न्नौज (१६) लखनौती (१७) बिहार (१८) कड़ा

१ जिज़या अदा करने के कारण ज़िम्मी हैं।

२ वह पूर्ण रूप से स्वतंत्र बादशाह है।

३ सुबहुल आशा, भाग ५, पृ० ८६।

(१९) मालवा (२०) लहावुर (लाहौर) (२१) कलानूर (२२) जाजनगर (२३) तलंज तथा (२४) दार समन्द (द्वार समुद्र)।[1]

नगर तथा गाँव—

इन प्रान्तों में १२०० नगर हैं जो सभी छोटे या बड़े क्षेत्रों के रूप में हैं। इन सब में ही प्रशासन के विचार से इकाइयाँ हैं[2] और घनी आबादी के ग्राम। मैं उनके ग्रामों की संख्या नहीं जानता; केवल इतना जानता हूं कि मेरे ज्ञान के अनुसार क़न्नौज प्रान्त में १२० लाख ग्राम हैं जब कि एक लाख में १०० हज़ार ग्राम हैं। इस प्रकार १२० लाख ग्राम हुये। तिलंग प्रान्त में ३६ लाख ग्राम हैं। मालवा प्रान्त क़न्नौज से बड़ा है, परन्तु मैं उसके ग्रामों की निश्चित संख्या नहीं बता सकता। मावर में बहुत से बड़े-बड़े द्वीप हैं। प्रत्येक में प्रतिष्ठित राज्य हैं जैसे क़ुईलून, फ़त्तन, सीलान[3] तथा मालाबार।

लखनौती—

शेख मुबारक ने बताया कि लखनौती में २०० हज़ार छोटी परन्तु वेग गति से चलने वाली नौकायें हैं। यदि सब से आगे वाली नौका पर वाण फेंका जाये तो वह उन नौकाओं की वेग गति के कारण मध्य वाली नौका पर लगेगा। बहुत सी नौकायें ऐसी हैं जिनमें चक्कियाँ, रसोइयाँ तथा बाजार होते हैं। जहाज़ों के अत्यन्त बड़े होने के कारण यात्री लोग कुछ समय व्यतीत हो जाने के उपरान्त ही एक दूसरे का परिचय प्राप्त कर पाते हैं।[4]

देवगिरि—

देहली नगर देश की राजधानी है। इसके पश्चात् क़ुब्बतुल इस्लाम का नगर (आता) है और यही देवगीर (देवगिरि) का नगर है। इसे इस सुल्तान ने पुनः निर्माण किया और इसका नाम क़ुब्बतुल इस्लाम रखा। मैं कहता हूँ "इस प्रकार हम्मद के गुरु ने (ईश्वर उस पर दया करे) 'तक़वीमुल बुल्दाम'[5] में एक विश्वस्त सूत्र के आधार पर लिखा है।" शेख मुबारक ने बताया कि क़ुब्बतुल इस्लाम तीसरी इक़लीम (जलवायु के प्रदेश) में स्थिति है। जब मैंने उसे ६ वर्ष पूर्व छोड़ा था तब वह पूर्ण न हुआ था और मेरा अनुमान है कि वह अब भी पूरा न हुआ होगा, क्योंकि वह बड़ा ही विशाल था तथा उसमें बड़े भव्य भवन निर्माण कराये जा रहे थे। सुल्तान ने उसको इस बुद्धिमत्ता से विभाजित किया था कि प्रत्येक श्रेणी के लोगों के लिये पृथक् बस्तियाँ थीं; सेना के लिये एक बस्ती, वज़ीरों के लिये एक बस्ती, (कातिब) सचिवों के लिये एक बस्ती, क़ाज़ियों तथा आलिमों के लिये एक बस्ती, शेखों (सूफ़ियों, सन्तों) तथा फ़क़ीरों के लिये एक बस्ती और व्यापारियों तथा शिल्पकारों के लिये एक बस्ती थी। प्रत्येक बस्ती में प्रत्येक श्रेणी के लोगों की आवश्यकतानुसार मस्जिद, मीनार, बाजार, स्नानागार, आटा (पकाने) के लिये धावे थे, जिनके कारण उस बस्ती के लोग क्रय विक्रय एवं वस्तुओं के विनमय के लिए एक दूसरी बस्ती पर निर्भर न रहते थे। प्रत्येक बस्ती

---

१ इस सूची में २४ प्रान्त हैं। तिलंग का नाम दो स्थानों पर लिख गया है। इसी प्रकार से सुबहुल आशा में भी तिलंग दो बार लिखा गया है (पृ० ७७)।

२ सुबहुल आशा, भाग ५, पृ० ७७। लेखक का अभिप्राय जिलों से है।

३ सुबहुल आशा, भाग ५, पृ० ७८।

४ सुबहुल आशा, भाग ५, पृ० ७८।

५ 'तक़वीमुल बुल्दान' लेखक अबुल फ़िदा हमत का हाकिम तथा राज्यकुमार। यह भूगोल की बड़ी प्रसिद्ध पुस्तक है।

पृथक् आत्म-निर्भर नगर के समान थी और किसी भी वस्तु के लिये दूसरे पर अवलम्बित न थी।[1]

उजाड़ स्थान

इस देश में २० दिन की यात्रा में तय किये जाने वाले स्थान के अतिरिक्त जो ग़ज़नी से मिला हुआ है कोई भी उजाड़ स्थान नहीं है। यह स्थान भी हिन्दुस्तान के बादशाहों तथा तुर्किस्तान एवं मावराउन्नहर, जो उजाड़ पर्वतों व घने जंगलों से भरा हुआ है, के मध्य झगड़े के कारण ऐसा है[2]। उस(देश) की उपज में सुगन्धित जड़ी बूटियाँ, सुगन्धित वस्तुयें सुगन्धित पौधे, जो औषधि पुस्तकों में उल्लिखित हैं, सम्मिलित हैं। अनाज की अपेक्षा वे कहीं अधिक लाभप्रद हैं और अनाज से इनकी तुलना नहीं की जा सकती।

मुल्तान——

मैं कहता हूँ क़ाज़ी निज़ामुद्दीन यहया बिन (पुत्र) हकीम ने इस देश पर लिखित एक ग्रन्थ की ओर मेरा ध्यान आकर्षित किया। इसमें उल्लिखित है कि मुल्तान प्रदेश में १२६००० ग्राम हैं[3] जो दीवान में (अंकित) हैं। मुल्तान तथा देहली तीसरी इक़लीम में हैं जबकि देश का अधिकांश भाग दूसरी एवं तीसरी इक़लीम में स्थित है। यह एक विशाल देश है और चावलों के खेतों के अतिरिक्त स्वास्थ्यप्रद है। यह खेत स्वास्थ्यवर्द्धक नहीं हैं और तराई के स्थान (निचले स्थान) हानि कारक हैं। उसी ग्रन्थ में यह भी उल्लिखित है कि मुबारक बिन (पुत्र) यूसुफ़ अस सक़फ़ी ने सिन्ध के ४० बेहार सोने के प्राप्त किये। प्रत्येक बेहार में ३३३ मन होते हैं। उसका कथन है कि ग़ज़नी तथा क़न्धार के प्रदेशों से यहाँ की सीमा आरम्भ होती है।

मुख्य भूभाग—

मैंने शेख मुबारक से हिन्दुस्तान के मुख्य भूभाग तथा सीमान्त प्रदेशों के विषय में पूछा। उसने मुझे उत्तर दिया, इस देश में लगभग १००० छोटी बड़ी नदियाँ हैं। कुछ तो लम्बाई में नील नदी के समान हैं, कुछ उससे छोटी हैं, और कुछ उससे और भी अधिक छोटी हैं और शेष साधारण नदियों के समान हैं। नदी के तटों पर ग्राम तथा नगर, घने जंगल, एवं हरे भरे मैदान हैं।"

जलवायु——

हिन्दुस्तान की जलवायु समशीतोष्ण है। यहाँ की ऋतुओं में अधिक परिवर्तन नहीं होता। यह न तो अत्यधिक गर्म ही है और न ठंडा ही मानो पूरे वर्ष तक बसन्त ऋतु हो। इस देश में वायु व आनन्ददायक पश्चिमी हवा धीरे धीरे चलती है। वर्षा अधिकांशतः बसन्त ऋतु के अन्त में ग्रीष्म काल के आरम्भ होने तक निरन्तर ४ मास तक होती है।[4]

अनाज, तरकारियाँ, फल, फूल आदि—

इस देश में कई प्रकार के अनाज, गेहूँ, चावल, जौ, मटर, मसूर, उर्द, लोभिया व तिल होते हैं। फ़ूल (एक प्रकार की चौड़ी सेम) यहाँ नहीं पाई जाती है। मैं कहता हूँ मेरा विचार यह है कि फ़ूल की अनुपस्थिति का कारण यह है कि यह देश दार्शनिकों का है जिनका यह विचार है कि यह फलियाँ प्रतिभा पर प्रभाव डालती हैं। इसी लिये साबी लोगों ने भी

१ सुबहुल आशा, भाग ५ पृ० ७०।

२ सुबहुल आशा, भाग ५, पृ० ६७।

३ सुबहुल आशा, भाग ५, पृ० ६५।

४ सुबहुल आशा, भाग ५, पृ० ६८।

इसका प्रयोग वर्जित कर दिया। उसने बताया, इसमें फल हैं : अंजीरें, अंगूर, मीठे खट्टे तथा तीखे अनार, केले, आंड़ू, चकोतरे, नीबू, जभीरी नीबू, नारंगी, अंजीर का वृक्ष, काले शहतूत, जो फिरसाद कहलाते हैं,[१] तरबूज, पीली व हरी ककड़ियाँ तथा खरबूज़े। अंजीर, तथा अंगूर अन्य फलों की अपेक्षा कम संख्या में होते हैं। बिही भी पाई जाती है और इस देश में इसका आयात भी होता है। नाशपाती व सेब बिही से भी कम होते हैं। यहाँ और भी बहुत से फल होते हैं जैसे आम, महुआ, लाहा, नग़ज़क तथा अन्य उत्तम एवं स्वादिष्ट फल, जो मिस्र शाम, तथा एराक़ में नहीं होते! नारियल से किसी अन्य वस्तु की तुलना नहीं की जा सकती। यह ताज़ा तथा तेल से भरा हुआ होता है। हम्मार को हिन्दुस्तानी इमली कहते हैं। यह एक जंगली वृक्ष होता है जो पर्वतों में बहुतायत से उगता है। नारियल तथा केले समीप के प्रान्तों की अपेक्षा, जहाँ यह बहुत बड़ी मात्रा में पाये जाते हैं, देहली से कुछ कम होते हैं।

समस्त देश में गन्ना अधिक मात्रा में पाया जाता है। एक गन्ना तो काली जाति का होता है, जो गन्ने के विचार से खराब होता है। चूसने के विचार से यह (जाति) सबसे उत्तम है परन्तु पेलने के विचार से नहीं। यह कहीं और नहीं पाया जाता। अन्य प्रकार के गन्नों से बहुत बड़ी मात्रा में शकर तैयार की जाती है और मिश्री एवं साधारण शकर के रूप में सस्ती होती है परन्तु इसके रवे नहीं बन पाते और सफ़ेद आटे की भाँति होती है।[२]

शेख मुबारक बिन (पुत्र) मुहम्मद शाजन के वर्णन के अनुसार इस देश में २१ प्रकार के चावल होते हैं।[३] यह लोग शलजम, गाजर, लौकी. कद्दू, बैंगन, अदरक भी उगाते हैं। जब यह साग हरे ही होते हैं तो यह लोग उनको उसी प्रकार से पकाते हैं जैसे गाजर पकाई जाती है। इसका स्वाद इतना उत्तम होता है कि किसी की तुलना इससे नहीं की जा सकती। चुक़न्दर, प्याज, सोया, पोदीना सुगन्धित पौधे जैसे गुलाब, कंवल, बनफ़शा, जायफल, जिसे खल्लाफ़ भी कहते हैं, मिस्री सरई, नरगिस, जिसे अब्बार कहते हैं, नरगिस, चमेली, मेंहदी, जिसे फ़ग़िया कहते हैं, यहाँ होते हैं। इसी प्रकार यहाँ तिल का तेल भी होता है जिसे यह लोग प्रकाश करने के लिये प्रयोग करते हैं।

जैतून को यह लोग आयात करते हैं। मधु तो अत्यधिक प्राप्त होता है। मोम केवल सुल्तान के महलों में ही मिलता है और अन्य लोगों को उसका प्रयोग करने की अनुमति नहीं है[४]। पशु, पालतू जानवर जैसे भैंस, गाय, भेड़ व बकरियां भी अगणित हैं और पक्षी जैसे मुर्ग़ी जंगली तथा पालतू कबूतर, कलहंस, जो दूसरों की अपेक्षा कम होती है, पाये जाते हैं। पेरु पक्षी आकार में लगभग कलहंस के बराबर होता है। यह सब जानवर बहुत ही सस्ते मूल्य तथा कम दामों में बिकते हैं।[५]

मक्खन तथा विभिन्न प्रकार का दूध तो इतना होता है कि इनको तो कोई पूछता ही नहीं और न इनको कोई महत्त्व ही दिया जाता है। बाज़ारों में विभिन्न प्रकार के भोजन जैसे भुना हुआ माँस, चावल, पकी तथा तली हुई वस्तुयें, ६५ प्रकार की मिठाइयाँ, फलों के रस तथा शरबत बिकते हैं जो (संसार के) अन्य किसी नगर में कठिनाई से ही प्राप्त होंगे।

---

१ सुबहुल आशा, भाग ५, पृ० ८२।
२ सुबहुल आशा, भाग ५, पृ० ८२-८३।
३ सुबहुल आशा, भाग ५, पृ० ८२।
४ सुबहुल आशा, भाग ५, पृ० ८२, ८३।
५ सुबहुल आशा, भाग ५, पृ० ८२।

शिल्पकार--

इसमें शिल्पकार तथा कारीगर भी हैं जैसे तलवार, धनुष, भाले तथा विभिन्न प्रकार के अस्त्र शस्त्र, कवच आदि बनाने वाले, सुनार, कढ़ाई का काम करने वाले, काठी बनाने वाले, तथा हर प्रकार की हस्तकला के दक्ष लोग, जो पुरुषों तथा स्त्रियों, तथा तलवार चलाने वालों, सुदक्ष लेखकों एवं साधारण लोगों के, जो असंख्य हैं, प्रयोग हेतु विशेष वस्तुयें बनाते हैं।

ऊँट--

ऊँट बहुत कम हैं। । यह केवल सुल्तान तथा खानों, अमीरों, वज़ीरों एवं अन्य उच्च अधिकारियों के लिये, जो उसके (सुल्तान के) साथ रहते हैं, होते हैं।[1]

घोड़े--

घोड़े बहुत हैं। इनकी दो जातियाँ हैं : अरब के तथा लद्दू घोड़े और अधिकांशतः इनका कार्य प्रशंसनीय है; अतः इन घोड़ों को हिन्दुस्तान के तुर्कों से समीप के देशों से लाया जाता हैं। अरबी घोड़े, बहरैन, यमन, तथा एराक़ से लाये जाते हैं। यद्यपि हिन्दुस्तान के आन्तरिक भागों में अच्छी नसल के अरबी घोड़े मिल जाते हैं जिनका मूल्य भी कम होता है; परन्तु वे संख्या में अधिक नहीं हैं। हिन्दुस्तान में जब घोड़े अधिक दिनों तक ठहर जाते हैं तो इनके पैर दुर्बल हो जाते हैं।[2]

गधे तथा खच्चर--

यहाँ के लोगों के मतानुसार खच्चरों तथा गधों पर सवारी करना उनके लिये अत्यन्त अपमानजनक तथा लज्जाप्रद है। कोई भी फ़क़ीह तथा आलिम खच्चर पर सवार होना उचित नहीं समझेगा। इन लोगों के अनुसार गधे पर सवार होना अत्यन्त लज्जाप्रद तथा अपमानजनक है परन्तु प्रत्येक व्यक्ति घोड़े पर सवार होता है। धनी लोगों का सामान घोड़ों पर ले जाया जाता है और साधारण लोग बैलों पर लाद कर ले जाते हैं। यह बड़े तेज़ चलने वाले होते हैं और लम्बे लम्बे पग रखते हैं।[3]

देहली का नगर--

मैंने शेख़ मुबारक से देहली नगर, उसकी दशा, एवं सुल्तान के मामलों के प्रबन्ध के विषय में पूछा। उसने मुझे बताया कि देहली में बहुत से नगर सम्मिलित हैं जिनको मिला कर एक कर दिया गया है। उनमें से प्रत्येक के भिन्न भिन्न नाम हैं। देहली उनमें से केवल एक का नाम है और उसी के नाम पर सबका नाम पड़ गया। यह लम्बाई तथा चौड़ाई में बहुत ही विस्तृत है और ४० मील के क्षेत्रफल में फैला हुआ है। यहाँ के भवन पत्थर तथा ईंट के बने हैं। छतें लकड़ी की होती हैं। इनके फ़र्श संगमरमर के समान श्वेत पत्थर से बनाये जाते हैं। इस नगर में भवन दो मंज़िल से अधिक ऊँचे नहीं बनाये जाते। इनमें से कुछ तो एक मंज़िल के होते हैं। सुल्तान के अतिरिक्त कोई भी अपने (घर का) फ़र्श संगमरमर के नहीं बनवाता है।[4]

शेख़ अबू बक्र बिन (पुत्र) अल ख़ल्लाल का कथन है कि यह बात देहली के प्राचीन भवनों से सम्बन्धित है। जिन भवनों का मैं उल्लेख करता हूँ वे वैसे नहीं हैं। वह कहता है

---

१ सुबहुल आशा, भाग ५, पृ० ८२।
२ सुबहुल आशा, भाग ५, पृ० ८१।
३ सुबहुल आशा, भाग ५, पृ० ८२।
४ सुबहुल आशा, भाग ५, पृ० ६६।

उन सब नगरों की संख्या जिनको वर्त्तमान समय में देहली कहा जाता है २१ है। तीन ओर तो सीधी पंक्तियों में उद्यान हैं। प्रत्येक पंक्ति १२ मील लम्बी है। पश्चिम दिशा में पहाड़ियों के कारण उद्यान नहीं हैं।

मदरसे, चिकित्सालय, ख़ानक़ाहें, सराय, बाज़ार, स्नानागार–

देहली में १००० मदरसे हैं जिनमें से केवल १ शाफ़ई[1] लोगों का और शेष हनफ़ी[2] लोगों के हैं। लगभग ७० बीमारिस्तान (चिकित्सालय) हैं जो दारुश्शफ़ा कहलाते हैं। देहली तथा उसके चारों ओर खानक़ाहें तथा सरायें हैं जिनकी संख्या २००० है। बड़ी बड़ी खानक़ाहें तथा विस्तृत बाज़ार एवं अगणित स्नानागार हैं।

जल का प्रबन्ध–

जल कुओं से, जो पानी वाले स्थानों के निकट खोदे जाते हैं और जिनकी गहराई ७ हाथ से अधिक नहीं होती, जिन पर जल निकालने वाली चर्खियाँ लगी होती हैं, प्राप्त होता है। ये लोग वर्षा का जल भी पीते हैं जिसे बड़े बड़े जलकुण्डों में एकत्र कर लिया जाता है और प्रत्येक जलकुण्ड का व्यास १ वाण के निशाने की दूरी या उससे कुछ अधिक होता है।[3]

मस्जिद एवं मीनार—

देहली में एक मस्जिद है जो अपने मीनार के कारण बड़ी प्रसिद्ध है। ऊँचाई तथा कुर्सी को देखते हुये संसार में कोई अन्य इमारत नहीं है। शेख बुरहानुद्दीन अल खल्लाल उल बज़्ज़ी अल सूली[4] का कथन है कि उसकी ऊँचाई ६०० गज़ है।[5]

सुल्तान तथा अमीरों आदि के भवन—

शेख मुबारक का कथन है कि जहाँ तक देहली में स्थित सुल्तान के महलों एवं भवनों का सम्बन्ध है, वे केवल उसके निवास तथा उसकी स्त्रियों, कनीज़ों, ख्वाजा सराओं के निवास के लिये हैं। नौकरों तथा दासों के भी घर हैं। कोई अमीर अथवा खान उसके (सुल्तान के) साथ निवास नहीं करता। न उनमें से कोई राज्य के किसी कार्य के बिना वहाँ ठहर सकता है। कार्य के पश्चात् प्रत्येक अपने अपने घर को चला जाता है। यह लोग दिन में २ बार प्रातः तथा तीसरे पहर राज्य के कार्य के संचालन हेतु उपस्थित होते हैं।[6]

अमीर–

अमीरों की निम्नलिखित श्रेणियाँ होती हैं : सबसे बड़ों को खान का पद होता है, फिर मलिक, अमीर, सिपहसालार, तत्पश्चात् अन्य अधिकारी वर्ग होते हैं। सुल्तान की सेवा में ८० या इससे कुछ अधिक खान हैं। उसकी सेवा में ९००,००० अश्वारोही हैं जिनमें से कुछ उसके दरबार में हैं और शेष प्रान्तों में। सुल्तान का दीवान उनकी जीविका के साधन का प्रबन्ध

---

१ शाफ़ई—अबू अब्दुल्लाह मुहम्मद बिन इदरीस, शाफ़ई का जन्म ७६७ ई० में तथा निधन मिस्र में ८२० ई० में हुआ। उन्होंने अनेक ग्रन्थों की रचना की। उनके द्वारा बताये हुये सुन्नी मुसलमानों के धर्म विधान को मानने वाले शाफ़ई कहलाते हैं।

२ हनफ़ी—इमामे आज़म अबू हनीफ़ा के बताये हुये सुन्नी मुसलमानों के धर्म विधान के अनुयायी हनफ़ी कहलाते हैं। हिन्दुस्तान के अधिकांश सुन्नी मुसलमान इसी धर्म विधान को मानते हैं। इनका निधन ७६७ ई० में हुआ।

३ सुबहुल आशा, भाग ५, पृ० ६६।

४ ,, ,, 'कूफ़ी' पृ० ६६।

५ सुबहुल आशा, भाग ५, पृ० ६८। इस स्थान पर लेखक का अभिप्राय क़ुतुब मीनार तथा मस्जिद क़ुव्वतुल इस्लाम से है।

६ सुबहुल आशा, भाग ५, पृ० ६६।

करता है। वह सभी को इनाम प्रदान करता है। सेना में तुर्की, खिताई, ईरानी तथा हिन्दुस्तानी होते हैं। उनमें पहलवान, दरबारी तथा विभिन्न क़ौमों एवं श्रेणी के लोग हैं।[1]

सब के ही पास दाग़े हुये घोड़े, अत्युत्तम अस्त्र शस्त्र होते हैं। वे लोग उत्कृष्ट आकृति के होते हैं। अधिकांश अमीर तथा अधिकारी फ़िक़ह (के ज्ञान प्राप्त करने) में संलग्न रहते हैं और विभिन्न मज़हबों[2] के अनुयायी होते हैं। हिन्दुस्तान के लोग सामान्यतया अबू हनीफ़ा के अनुयायी हैं।

हाथी—

सुल्तान के पास ३००० हाथी हैं जिन्हें युद्ध के समय सोने के काम की लोहे की झूलें पहिनाई जाती हैं। शान्ति के समय उन पर रेशमी किमख्वाब अथवा विभिन्न प्रकार के रेशमी वस्त्र, जिन पर बेलबूटे बने हुये होते हैं, से ढके हुये हौदज रखे जाते हैं। हाथियों पर छत्र तथा हौदज होते हैं। बैठने के स्थान पर पत्तुर लगे होते हैं। उनमें लकड़ी की गुमटियाँ लगी रहती हैं जो कीलों द्वारा जकड़ी जाती हैं। हिन्दुस्तानी लोग युद्ध के लिये अपने बैठने का स्थान इन्हीं में बनाते हैं। हाथी की शक्ति के अनुसार एक हाथी पर ६ से १० मनुष्य तक बैठते हैं।

दास तथा सेना—

सुल्तान के पास २०,००० तुर्क दास हैं।[3] अल बज़्ज़ी का कथन है कि १०००० ख्वाजा सरा (हीजड़े) १००० खज़न्दार[4], १००० बशमक़दार[5], २००००० रिकाबिया[6] (रक्षक) जो अस्त्र शस्त्र धारण करके सुल्तान के साथ उसकी सवारी के आगे-आगे चलते हैं। कोई भी खान, मलिक, अमीर, अथवा सरदार अपनी सेवार्थ सैनिक एकत्र नहीं कर सकता। इन लोगों को अक़्तायें दे दी जाती हैं जैसा कि पहले (वर्णन) किया जा चुका है और जिस प्रकार से मिस्र तथा शाम में होता है। यों कहना चाहिये कि प्रत्येक का अपने से ही सम्बन्ध रहता है। सुल्तान सैनिकों को सेना के लिये भर्ती करता है। उनको वेतन उसके दीवानों द्वारा प्रदान होता है। जो कुछ भी खान, मलिक, अमीर तथा सिलहदार को दिया जाता है वह उसके व्यक्तिगत प्रयोग के लिए होता है[7]।

हाजिब, वज़ीफ़ा पाने वाले तथा राज्य के पदाधिकारी जो सेना से सम्बन्ध रखते हैं जैसे खान, मलिक, अमीर, अपने पद के अनुसार श्रेणी पाते हैं।

सिपहसालारों में से किसी को भी सुल्तान के निकट रहने के योग्य नहीं समझा जाता। उन लोगों में से केवल वाली अथवा इसी प्रकार के अन्य पदाधिकारी नियुक्त किये जाते हैं।

---

१ सुबहुल आशा, भाग ५, पृ० ६१-६२।

२ मज़हब। शाफ़ई, हनफ़ी, मालिकी, हम्बली।

३ सुबहुल आशा, १०,००० पृ०, ६२।

४ कोषाध्यक्ष।

५ सुल्तान के जूतों की देख रेख करने वाला अधिकारी अथवा निम्न वर्ग के कर्मचारी।

६ रक्षक, साथ यात्रा करने वाले।

७ सुबहुल आशा भाग ५, पृ० ६२ (समस्त सेना केवल सुल्तान से सम्बन्धित होती है और उसके दीवान द्वारा उनके वेतन का भुगतान होता है, यहां तक कि उनके वेतन का भी, जो खानों मलिकों तथा अमीरों की सेवा में होते हैं। उनके स्वामी उन्हें अक़्ता प्रदान नहीं कर सकते जैसा कि मिस्र तथा शाम में प्रथा है।)

खान के अधीन १०,००० सवार, मलिक के अधीन १०००, अमीर के अधीन १०० और सिपहसालार के अधीन इससे कम सवार होते हैं[१]।

अधिकारियों का वेतन—

वेतन के लिये खानों, मलिकों, अमीरों तथा सिपहसालारों के पास भूमि के भाग अक़्ता के रूप में होते हैं जो उन्हें दीवान द्वारा दिये जाते हैं। यदि इनमें वृद्धि नहीं की जाती तो इन्हें घटाया भी नहीं जाता। सामान्यतया जितने धन का उनसे अनुमान किया जाता है उससे अधिक प्राप्त होता है।

प्रत्येक खान को लाखों मिलते हैं[२]; एक-एक लाख में १००००० तन्के होते हैं और प्रत्येक तन्के में ८ दिरहम होते हैं। यह धन उन्हें उनके व्यक्तिगत व्यय हेतु प्राप्त होता है। उसको इसमें से सैनिकों पर कुछ व्यय नहीं करना पड़ता।

प्रत्येक मलिक को ६०,००० से ५०,००० तन्के तक, प्रत्येक अमीर को ४०,००० से ३०,००० तन्के तक तथा सिपहसालार को २०,००० तन्के के लगभग दिये जाते हैं। अन्य अधिकारियों को १०,००० से १००० तन्के तक प्राप्त होते हैं। सुल्तान के दासों में से प्रत्येक को ५००० से १००० तन्के तथा भोजन और वस्त्र एवं उनके जानवरों के लिये चारा मिलता है[३]।

सैनिकों तथा दासों के पास भूमि नहीं होती। वे लोग नक़द वेतन ख़ज़ाने से पाते हैं। जिन लोगों के पास भूमि है, जिसकी आय उसके कथनानुसार इस प्रकार है--जो अक़्ता उन्हें प्रदान की जाती है, यदि उसकी आय निर्धारित वेतन से अधिक नहीं होती तो उससे कम भी नहीं होती। इनमें से कुछ ऐसे भी हैं जो अपनी अनुमानित आय से दुगुना अथवा उससे भी अधिक वसूल करते हैं।

प्रत्येक दास को प्रति मास २ मन गेहूं तथा चावल भोजन हेतु मिलता है और ३ सेर मांस उसकी अन्य आवश्यकताओं सहित दिया जाता है। प्रति मास चांदी के १० तन्के तथा प्रतिवर्ष ४ जोड़े वस्त्र के प्रदान किये जाते हैं[४]।

कारख़ाने--

सुल्तान का कढ़ाई का एक कारखाना है जिसमें ४००० रेशम का कार्य करने वाले कार्य करते हैं। खिलअतों तथा उपहार के लिए विभिन्न प्रकार के वस्त्र तैयार करते हैं। इनके अतिरिक्त चीन, एराक़, सिकन्दरिया से भी आयात होता है। सुल्तान प्रतिवर्ष २ लाख पूरे वस्त्र वितरित करता है अर्थात् १००००० बसन्त ऋतु में तथा १००००० शरद ऋतु में। बसन्त ऋतु की खिलअतें सिकन्दरिया के ही माल से सिकन्दरिया में ही बनी हुई होती हैं। ग्रीष्म कालीन खिलअतें रेशम की होती हैं जो देहली के कारखाने में चीन तथा एराक़ से लाये हुये सामान की बनती हैं। वह उन्हें खानक़ाहों में वितरित करता है।

सुल्तान के पास ४००० ज़रदोज़ी का कार्य करने वाले हैं जो अन्तःपुर के लिये किमख्वाब तथा उसके (सुल्तान के) उपयोग के लिए वस्त्र तैयार करते हैं जिनको वह राज्य के पदाधिकारियों तथा उनकी पत्नियों को प्रदान करता है।

घोड़ों के उपहार तथा घोड़ों का मूल्य—

प्रतिवर्ष वह १०,००० दाग़े हुये अरबी घोड़े वितरित करता है। उनमें से कुछ पर

---

१ बरनी पृ०, १४५। आदि तुर्क कालीन भारत पृ०; २२५।

२ सुबहुल आशा, भाग ५ पृ०, ६४। (प्रत्येक खान को दो लाख तन्के मिलते हैं)

३ सुबहुल आशा, भाग ५, पृ० ६४।

४ सुबहुल आशा, भाग ५, पृ० ६४।

ज़ीन तथा लगाम होती हैं और अन्य अरबी नस्ल के घोड़ों पर न तो ज़ीन ही होती हैं और न लगाम। ज़ीन तथा लगाम वाले घोड़े विभिन्न प्रकार के होते हैं। कुछ पर झूल होती हैं और कुछ अन्य प्रकार से सजे होते हैं। कुछ घोड़ों की झूल या सजावट की सामग्री सोने के काम की होती है और कुछ रुपहले चांदी के काम की। जहां तक लद्दू घोड़ों का सम्बन्ध है, जिन्हें वह भेंट करता है, उनकी कोई संख्या नहीं। वह झुन्ड के झुन्ड प्रदान कर देता है और सैकड़ों की संख्या में वितरित करता है। यद्यपि इस देश में घोड़े बहुत बड़ी संख्या में होते हैं और बाहर से भी बहुत बड़ी संख्या में आयात किये जाते हैं फिर भी उनको वह (सुल्तान) प्रत्येक दिशा से प्राप्त करता रहता है और बड़ी उदारता से उनका अधिकतम मूल्य देता है। वह उपहार तथा भेंट में जितने घोड़े देता है उनकी संख्या अधिक होने के कारण उनका मूल्य भी अधिक है और जो लोग इनका व्यापार करते हैं उनको बहुत लाभ होता है।

बहरैन के अरबी अमीरों में से अली बिन (पुत्र) मन्सूर अल उक़ैली ने, जो इस सुल्तान के यहाँ घोड़ों का आयात करता है, मुझसे कहा कि इस देश के लोग घोड़ों के विषय में एक पहचान, जो केवल इन्हीं को ज्ञात है, जानते हैं। जब उस लक्षण को वे किसी घोड़े में देखते हैं तब वे चाहे जितना अधिक मूल्य क्यों न देना पड़े उसे मोल ले लेते हैं।

नायब अथवा अमरिया तथा अन्य अधिकारी—

खानों में से ही एक सुल्तान का नायब होता है जो अमरिया कहलाता है। उसकी अक़्ता में एराक़ के समान बड़ा प्रान्त होता है और वज़ीर की अक़्ता भी एराक़ के समान होती है। सुल्तान के ४ नायब होते हैं जिनमें से प्रत्येक शक़ कहलाता है। इनमें से प्रत्येक को ४०,००० से २०,००० तन्के तक दिये जाते हैं। उसके ४ दबीर, निजी सचिव[1] होते हैं और इनमें से प्रत्येक के पास समुद्र तट पर स्थित भारी आय का एक नगर है। प्रत्येक के अधीन ३०० कातिब[2] होते हैं[3] जिनमें से सबसे नीचा तथा कम वेतन वाला भी १०००० तन्के तक वेतन के रूप में पा लेता है। इनमें से बड़े बड़े कातिबों के पास ग्राम तथा भूमि के बड़े बड़े भाग होते हैं और कुछ के पास ५०-५० ग्राम तक होते हैं। सद्रे जहाँ के पास, जो क़ाज़ी-उल-क़ुज़्ज़ात की उपाधि है, और जो हमारे समय में कमालुद्दीन इब्ने (पुत्र) बुरहान है, १० ग्राम हैं। इनकी आय लगभग ६०,००० तन्के है। इसे सद्रुल इस्लाम भी कहते हैं। न्याय सम्बन्धी विषयों में यह सब नायबों से श्रेष्ठ है। शेख़ुल इस्लाम अर्थात् शेखुश्शयूख की भी (आय) इतनी ही है। मुहतसिब के पास एक ग्राम होता है। इसकी आय ८,००० तन्के से भी ऊपर है।

सुल्तान के पास १२०० चिकित्सक हैं। उसके पास १०,००० बाज़ पालने वाले तथा सिखाने वाले हैं जो घोड़ों पर सवार होकर शिकार पकड़ने के लिये इन पक्षियों को ले जाते हैं, ३००० हंकवे जो शिकार खेलने के लिये शिकार को हांक कर लाते हैं, ५०० दरबारी, १२०० संगीतज्ञ, उन दास गवय्यों के अतिरिक्त हैं जिनकी संख्या १००० है और जो विशेष रूप से गान विद्या सिखाने के ही उद्देश्य से नियुक्त हैं, ३ भाषाओं अरबी, फ़ारसी, हिन्दी के १००० कवि भी हैं जो उच्च स्तर के लोग थे। शाही दीवान द्वारा इन सब को वेतन प्राप्त होता है और इनको उपहार भी भेंट किये जाते हैं।[4] जब सुल्तान को यह पता लग जाता है कि उसके किसी गवय्ये ने किसी अन्य के यहाँ गाया है तो वह उसकी हत्या करवा डालता

---

१. मूल पुस्तक में कातिबुस् सिर।
२ सचिव के अधीन अधिकारी।
३ सुबहुल आशा, भाग ५, पृ० ६२।
४ सुबहुल आशा, भाग ५, पृ० ६२।

है। मैंने उससे उन लोगों के वेतन के विषय में पूछा। उसने उत्तर दिया, "मैं इन लोगों के वेतन के विषय में कुछ नहीं जानता। केवल इतना ही ज्ञात है कि कुछ दरबारियों के पास दो ग्राम, कुछ के पास एक ग्राम है, और खिलअतों, वस्त्रों तथा जीविका-वृत्ति के अतिरिक्त इनमें से प्रत्येक को ४०,०० , ३०,००० से २०,००० तन्के तक प्राप्त हो जाते हैं।

शेख मुबारक का कथन है : इस सुल्तान के लिये प्रातःकाल तथा सायंकाल के दरबार के समय दो बार दस्तरख्वान लगाया जाता है और खानों मलिकों, अमीरों, सिपहसालारों तथा सेना के प्रतिष्ठित व्यक्तियों में से २०,००० व्यक्ति भोजन करते हैं। मध्याह्न तथा रात्रि के उसके निजी भोजन के समय २०० फ़क़ीह उसके साथ उपस्थित रहते हैं और उसके समक्ष वाद विवाद करते हैं।[1]

शेख़ मुबारक ने बताया कि इन लोगों की अधिक संख्या होने के कारण सेना के प्रसिद्ध व्यक्ति ही अथवा वे लोग जिनको आवश्यक कार्यवश उसके समक्ष बुलाया जाता है, इस सुल्तान की मजलिस में प्रविष्ट हो पाते हैं। इसी प्रकार दरबारियों तथा गवय्यों में से समस्त निजी सेवक इन निजी सभाओं में उपस्थित नहीं होते; केवल बारी आने पर ही आते हैं। यही बात राज्य के पदाधिकारियों जैसे दबीरों, चिकित्सकों तथा अन्य लोगों के साथ है जो अपनी बारी पर ही उपस्थित होते हैं। कवि लोग वर्ष के विशेष अवसरों पर जैसे ईद, अन्य समारोहों पर, रमज़ान मास के आने पर और सुल्तान को बधाई देने के अवसरों पर या जब वे अपने क़सीदे प्रस्तुत करते हैं, उपस्थित होते हैं।

सेना—

सामान्य रूप से प्रजा के मामलों की अपेक्षा सेना के मामले विशेष रूप से अमरिया से सम्बन्ध रखते हैं। देश में बसे हुये और बाहर से आने वाले फ़क़ीहों तथा आलिमों के मामले सद्रे जहाँ के अधिकार क्षेत्र में होते हैं। देशवासित तथा बाहर से आये हुये फ़क़ीरों के मामले शेखुल इस्लाम के अधिकार क्षेत्र में होते हैं। साधारण यात्रियों, दूतों, विद्वानों तथा कवियों के मामले जो इस देश में बसे हुये हैं या बाहर से आये हुये हैं दबीरों अथवा सचिवों के हाथ में होते हैं।

बिग़दान द्वारा धन भिजवाना—

क़ाज़ी-उल-क़ुज़्ज़ात अबू मुहम्मद अल हसन बिन (पुत्र) मुहम्मद अल ग़ोरी अल हनफ़ी ने मुझ से वर्णन किया कि सुल्तान मुहम्मद बिन तुग़लुक़ शाह ने अपने एक दबीर (सचिव) बिग़दान को दूत के रूप में सुल्तान अबू सईद[2] के पास भेजा और १ करोड़ तन्के उसके साथ इस आशय से भेजे कि वह उनको कुफ़े, एराक़ तथा अन्य स्थानों के पवित्र नगरों में दान कर दे।, इस बिग़दान के विचार कुत्सित थे। उसने इस धन को अपने बादशाह के पास, जिसने उसे भेजा था, लौटाने के विचार से लिया। जब वह वहाँ पहुँचा तो अबू सईद की मृत्यु हो चुकी थी। तब इसका (पता लगाना) सम्भव हो सका कि उसके विचार क्या थे। फिर वह बग़दाद में दिखाई दिया और उसके साथ उसके तथा उसके साथियों के लिये ५०० घोड़े थे। तत्पश्चात् वह दमिश्क़ पहुँचा। वह कहता है, "तब मुझे पता लगा कि वह वहाँ से एराक़ वापस लौटा और बग़दाद में ठहरा और वहीं बस गया।" मैं कहता हूं निज़ामुद्दीन अबुल फ़ज़ल यहया बिन (पुत्र) अल हाकिम ने इस मनुष्य के विषय में यह बताया कि उसने उस आदमी को दमिश्क़ में देखा था परन्तु उसने दान के धन के विषय में कोई उल्लेख नहीं किया। शिबली मुल्तानी तथा अल

---

१ सुबहुल आशा, भाग ५, पृ० ६५।

२ ईरान का मंगोल बादशाह जिसने १३१६ ई० से १३३५ ई० तक राज्य किया।

बज़्ज़ी ने भी उसके विषय में मुझे बताया। यद्यपि उनके शब्दों में अन्तर है किन्तु अर्थ दोनों का एक ही है। उनमें से प्रत्येक का यही कथन था कि यह बिग़दान प्रसिद्ध आलिम तथा उत्कृष्ट चरित्र का व्यक्ति था।

सुल्तान के आदेशों का पालन—

शेख अबू बक्र अल बज़्ज़ी कहता है, इस सुल्तान के आदेशों का सम्मान उसके आतंक के कारण, जो लोगों में आरूढ़ है, होता है, और विश्व उसकी सेना के कारण कम्पित रहता है। वह अपने राज्य एवं देश के कार्यों में अपने को अधिक संलग्न रखता है और स्वयं बैठकर अपनी प्रजा के प्रति न्याय करता है।

सुल्तान का सर्वदा सशस्त्र रहना—

खोजा अहमद बिन (पुत्र) खोजा उमर बिन (पुत्र) मुसाफ़िर उसके विषय में कहता है कि वह (सुल्तान) अपनी प्रजा के प्रार्थना पत्रों को एक सामान्य सभा में पढ़ने के लिये बैठता है और शस्त्र, यहाँ तक कि चाक़ू भी, धारण किये हुये कोई व्यक्ति वहाँ उसके निजी सचिव के अतिरिक्त, प्रविष्ट नहीं हो सकता, और अन्य कोई भी नहीं घुस सकता[1] परन्तु सुल्तान धनुष वाण तथा निषंग इत्यादि द्वारा पूर्ण रूपेण सशस्त्र रहता है। जहाँ कहीं भी वह आसीन होता है, वह अपने अस्त्र शस्त्र नहीं छोड़ता। वह कहता है, "यह सदैव ही उसकी आदत है।"

सुल्तान की गतिविधि—

सुल्तान की गतिविधियाँ विभिन्न प्रकार की हैं। कभी तो युद्ध के लिये, कभी देहली में ही एक स्थान से दूसरे स्थान तक जाने के लिये और कभी अपने प्रासाद में घूमने के लिये। जब वह युद्ध के लिये सवार होकर जाता है तो ऐसा प्रतीत होता है मानो पर्वत चल रहे हों, रेत उड़ रही हो, समुद्र उमड़ रहे हों, विद्युत चमक रही हो और ऐसी वस्तुयें होती हैं जिसका झूठ आँखें विश्वास कर लेती हैं और जो जिह्वा को उनका वर्णन करने से रोकती हैं। हाथियों पर ऐसे बुर्ज होते हैं जैसे कोई नगर या दुर्गम क़िला हो; और आँखों को इन जानवरों द्वारा उड़ाई हुई एवं दिन पर छाये हुये रात्रि के अँधेरे के अतिरिक्त और कुछ नहीं दिखाई देता।

सुल्तान की पताकायें—

सुल्तान की पताकायें काले रंग की होती हैं जिनके मध्य में सुनहरे काम का एक अजगर बना होता है। उसके अतिरिक्त किसी अन्य को काली पताकायें ले जाने की अनुमति नहीं है। उसके सीधे अंग की ओर काली पताकायें तथा बायें अंग की ओर लाल पताकाय रहती हैं जिनके ऊपर सोने के काम में अजगर बने हुये होते हैं।

वाद्य यंत्र—

अन्य अमीरों में प्रत्येक अपनी श्रेणी के अनुसार पताका ले चलता है। जिस समय सुल्तान महल में या यात्रा में होता है उस समय वाद्य यंत्र सुल्तान के लिये इसी प्रकार बजाये जाते हैं जैसे सिकन्दर महान के लिये (बजाये जाते थे)। २०० नक़्क़ारे, ४० बड़े तम्बूरे, २० बड़ी दुन्दुभी तथा १० बड़े मंजीरे होते हैं।[2] उसके लिये ५ बार नक़्क़ारे बजाये जाते हैं। अगणित खज़ाना तथा उसी के समान वस्तुयें, अतुलनीय घोड़े उसके साथ निकाले जाते हैं।

शिकार—

शिकार में वह एक छोटे से रक्षक दल के साथ जाता है जिसमें उसके साथ १०,००० सवार तथा २०० हाथी से अधिक नहीं होते। वह अपने साथ लकड़ी के चार मंडप, ८००

---

१ सुबहुल आशा, भाग ५, पृ० ६६।

२ सबहुल आशा, भाग ५, पृ० ६६-६७।

ऊँटों पर लदवा कर ले जाता है। प्रत्येक मंडप २०० ऊँटों पर, जो सुनहरे काम के काले रेशमी कपड़ों की झालरों से ढके होते हैं, रखा जाता है। प्रत्येक मंडप में २ मंज़िलें होती हैं। खेमें, डेरे (खरगाह) इनके अतिरिक्त होते हैं।

मनोरंजनार्थ यात्रायें—

जब वह एक स्थान से दूसरे स्थान पर मनोरंजनार्थ या इसी प्रकार के किसी ग्रन्य उद्देश्य से जाता है तो लगभग ३०,००० सवार उसके साथ होते हैं ग्रौर हाथियों के विषय में भी यही रीति है। १००० घोड़े, जीन एवं लगाम सहित हाथ से पकड़ कर ले जाये जाते हैं। इनमें से कुछ सुनहरे काम के कपड़ों की झालरों से सुसज्जित होते हैं ग्रौर उनके गलों में हंसुलियें पड़ी होती हैं। ग्रन्य हीरों तथा नीलम से सजाये जाते हैं।[1]

महल में सवारी--

सुल्तान के महल में सवारी के विषय में शेख़ मुहम्मद ग्रल ख़ुजन्दी ने, जो देहली में निवास कर चुका है, ग्रौर जिसने वहाँ की सेना में नौकरी कर ली थी, मुझसे कहा कि उसने उसे (सुल्तान को) एक महल से दूसरे महल तक जाते हुये देखा है। वह सवार होकर जा रहा था। उसके सिर के ऊपर एक छत्र था ग्रौर सिलहदार ग्रस्त्र शस्त्र लिये हुये उसके पीछे-पीछे चल रहे थे ग्रौर उसके चारों ग्रोर १२००० दास थे जो सब पैदल थे। उनमें छत्र ले जाने वालों, सिलहदारों तथा जामादारों (वस्त्र ले जाने वालों) के ग्रतिरिक्त कोई भी सवार नहीं था[2]।

चत्र--

शेख मुबारक ने मुझे बताया कि यह सुल्तान ग्रपने सिर के ऊपर, सवार होकर जाने के समय, एक छत्र रखता है; परन्तु जब वह युद्ध के लिये ग्रथवा लम्बी यात्रा के लिये जाता है तो उसके सिर पर ७ चत्र रहते हैं, जिनमें से २ पर जवाहरात जड़े होते हैं। इन दोनों चत्रों का मूल्यांकन नहीं किया जा सकता।[3]

सिंहासन का वैभव- —

उसके सिंहासन के लिये वैभव, ग्राडम्बर एवं शाही नियम तथा ग्रन्य नियम होते हैं, जिनके समान नियम सिकन्दर महान ग्रथवा मलिक शाह बिन (पुत्र) ग्रलप ग्ररसलान के ग्रतिरिक्त ग्रौर किसी ने नहीं बनाये थे।

ख़ानों, मलिकों ग्रादि के ग्रधिकार—

ख़ानों, मलिकों तथा ग्रमीरों में से प्रत्येक ग्रपने निवास स्थान पर ग्रथवा यात्रा में पताका सहित सवारी करता है। ख़ान ग्रधिक से ग्रधिक ६ पताकायें ले जा सकता है ग्रौर ग्रमीर कम से कम ३ पताकायें ले जा सकता है। ग्रपने निवास स्थान पर रहते समय ख़ान ग्रधिक से ग्रधिक १० कोतल घोड़े रख सकता है ग्रौर ग्रमीर ग्रपने निवास पर रहते समय ग्रधिक से ग्रधिक २ कोतल घोड़े तक रख सकता है। जिस समय वे यात्रा में हों तब इनमें से प्रत्येक ग्रपनी उदारता तथा दानशीलता के ग्रनुसार जितने चाहे उतने रख सकता है।[4] इस सब के होते हुये भी, जब वे सुल्तान के प्रासाद के पास पहुँचते हैं तो वे नम्रता प्रदर्शित करते

---

१ सुबहुल ग्राशा, भाग ५, पृ० ६७।
२ ,, ,, ,, पृ० ६६।
३ ,, ,, ,, पृ० ६७।
४ ,, ,, ,, पृ० ६८।

हैं, क्योंकि उसका सूर्य उनके सितारों को नष्ट कर देता है और उसका समुद्र उनके वर्षा-वाहक बादलों को भक्षण कर लेता है। यह सुल्तान इस सब के होते हुये भी उदार, दानशील तथा शक्तिशाली ईश्वर के प्रति विनीत है।

सुल्तान मुहम्मद बिन तुग़लुक शाह के गुण–

अबू अस्सफ़ा उमर बिन (पुत्र) इशान अश् शिबली ने मुझे बताया कि उसने सुल्तान को एक पवित्र फ़क़ीर[1] के, जिसका निधन हो गया था, क्रिया कर्म के लिये तथा उसके जनाज़े को अपने कन्धों पर ले जाते हुये देखा था। बातों में वह अत्यधिक निपुण है। दैवी पुस्तक (क़ुरान) तथा अबू हनीफ़ा के मज़हब पर हिदाया उसे कंठस्थ है। वह तर्क बुद्धि में बड़ा प्रसिद्ध है। वह बड़ा उत्तम सुलेख लिखता है, धार्मिक कर्त्तव्यों का पालन करने में एवं संयम तथा अल्पाहार तथा उत्कृष्ट चरित्र में स्थिर तथा दृढ़ है। वह कविता गान तथा उनकी रचना भी करता है और अन्य लोगों का इनका गान करना उसे रुचिकर है और वह उनके अर्थ समझता है। वह विद्वान लोगों से वाद विवाद में संलग्न होता है, प्रसिद्ध विद्वानों से बहस करता है और फ़ारसी भाषा के कवियों की विशेष रूप से आलोचना करता है क्योंकि वह इस भाषा के अलंकारों की जटिलता को समझता है, और कविता सम्बन्धी उत्तम बातों का उसे ज्ञान है।

वह कहता है: "मैंने उसे प्रत्येक दृष्टिकोण से वर्त्तमान काल पर, भूतकाल की श्रेष्ठता के महत्त्व पर विवाद करते देखा है, क्योंकि वे लोग कहते थे कि श्रेष्ठता या तो समय या अंश (मात्रा) या तत्व के विचार से होती है और यह सम्भव नहीं है कि वह इनमें से किसी एक श्रेणी में हो। उसने उन्हें स्वीकार करने पर विवश कर दिया कि उनका तर्क निरर्थक था क्योंकि भूतकाल, इनमें से किसी अकेले के विचार से नहीं श्रेष्ठ है।" उसने कहा: "मैंने उसे विभिन्न विषयों पर उन सब विद्वानों से जो वहाँ उपस्थित रहते थे विवाद करते देखा है, यद्यपि उनकी संख्या बड़ी अधिक है।" उसने कहा, "उसकी मजलिस (गोष्ठी) में आलिम (विद्वान) उपस्थित रहते हैं और रमज़ान के मास में उसके साथ इफ़्तार[2] करते हैं। सद्रे जहाँ प्रत्येक रात्रि को उपस्थित जनों में से किसी को कोई से विषय विवाद हेतु उठाने के लिये आमंत्रित करता है। तब सभी सुल्तान की उपस्थिति में उस समस्या पर विभिन्न दृष्टिकोण से वाद-विवाद करते हैं और वह भी उनमें से ही एक की भाँति वाद विवाद करता है और उनके तर्क का खंडन करता है।"

"वह उन लोगों में से है जो वर्जित कार्यों को करने की अनुमति नहीं देते, न वर्जित वस्तुओं ही का किसी को सेवन करने देता है और न कोई (खुल्लम खुल्ला) देश के भीतर नियमों के प्रतिकूल अपराध करने का साहस करता है। बड़ी कठोरता से वह मदिरापान का निषेध करता है और उसके लिए वैधानिक दण्ड देता है और अपने दरबारियों तक को, जो मदिरापान करने के आदी हैं, दण्ड देने पर उतर आता है।" सैयिद अश् शरीफ़ ताजुद्दीन अबुल मुजाहिद अल हसन अस् समरक़न्दी ने मुझे बताया है कि देहली में एक उच्च पदस्थ खान मदिरापान करता था और उसका आदी था और उसे निरन्तर पीता ही रहता था जबकि सुल्तान ने उसका निषेध कर दिया था परन्तु उसने यह आदत न छोड़ी। सुल्तान उससे इस पर अत्यन्त क्रोधित हुआ। उसे बन्दी बना दिया और उसकी सम्पत्ति छीन ली। उसके पास से ४३,७००,००० मिस्क़ाल[3] सोना प्राप्त हुआ। इस कथा द्वारा सुल्तान की कुकृत्य के प्रति घोर निन्दा तथा देश

१ सुलतानुल मशायख निज़ामुद्दीन औलिया जिनका निधन देहली में १३२५ ई० में हुआ।

२ दिन भर के रोज़े के उपरान्त सायंकाल का भोजन।

३ १ मिस्क़ाल = १$\frac{3}{7}$ ड्राम।

के धन बाहुल्य के विषय में पर्याप्त उदाहरण मिलता है। इस धन की मिस्री क़न्तारों में गणना की जाय तो ४३७०० सोने के क़न्तार होते हैं।

वही शरीफ़ हसन अस् समरक़न्दी उन व्यक्तियों में से है जिसने इस देश के धन तथा इसी प्रकार की अन्य वस्तुओं के विषय में, जो बुद्धि को उलझन में डाल देती हैं, मुझे बताया है।

सुल्तान की उदारता

सुल्तान की उदारता तथा दानशीलता के ऐसे कृत्य हैं कि संसार को उन्हें अपने उत्कृष्ट कार्यों के आलेख्य के पृष्ठों के ऊपर लिखना पड़ेगा। मैंने वह सब वर्णन उससे सुन कर संकलित किया है। मैं उनका विस्तृत विवरण शेख मुबारक के बताने के पूर्व नहीं जानता था। उसने मुझे बताया कि यह सुल्तान प्रति दिन २ लाख (तन्के) दान में दिया करता है और इससे कम नहीं। मिस्री सिक्कों के अनुसार यह धन १६०,००० दिरहम प्रतिदिन के बराबर होगा। किन्हीं-किन्हीं दिनों में तो यह धन ५० लाख (तन्के) तक पहुंच जाता है और प्रति मास नया चन्द्रमा दिखाई देने के समय २ लाख तन्के दान में दे देना उसका सदैव का अभिन्न रूप से नियम है। उसने ४०,००० दीनों तथा दरिद्रियों की जीविका प्रदान करने का दायित्व अपने ऊपर ले रक्खा है। उनमें से प्रत्येक प्रतिदिन एक दिरहम तथा रोटी के लिए ५ रतल गेहूँ अथवा चावल पाता है। मकतबों में सहस्रों फ़क़ीह नियुक्त किये जाते हैं जिनकी जीविकावृत्ति दीवान (वित्त विभाग) द्वारा प्रदान की जाती है। वे लोग अनाथों तथा प्रजा के बालकों को क़िरअत[1] तथा लिखना सिखाते हैं। वह किसी भी भिखारी को देहली के भीतर लोगों से भिक्षा माँगने की आज्ञा नहीं देता। इसके विपरीत प्रत्येक व्यक्ति को भिक्षा माँगने से रोका जाता है और उसे उतना ही धन सुल्तान की ओर से प्राप्त होता है जितना कि एक फ़क़ीर को मिल जाता है।

अपरिचित लोगों तथा उन लोगों के प्रति जो उसकी ओर सहायता हेतु दृष्टि लगाये रहते हैं उसकी परोपकारिता का उल्लेख अविश्वसनीय बन जाता है। आलिम (विद्वान) निज़ामुद्दीन अबुल फ़ज़ल यहया बिन (पुत्र) अल हाकिम अल तय्यारी ने निम्नलिखित बातें बताईं : सुल्तान अबू सईद की सेना में हमारे साथ अजद बिन (पुत्र) क़ाज़ी यज्द नामक एक व्यक्ति था। वह वज़ीर बनने के अनुकूल योग्यता न रखते हुये भी इस पद का आकांक्षी था। फिर भी प्रतिस्पर्धी गिने जाने के कारण उसने वज़ीरों के मध्य में विरोध उत्पन्न करा दिया और सेना में विद्रोह खड़ा कर दिया। इस कारण उन लोगों ने उसे हटा देने का तथा देहली दूत बना कर एक पत्र, जिसमें बधाई, प्रेम, प्रश्नों तथा जिज्ञासा का ही विषय था, देकर भेजने का निश्चय किया। स्पष्टतया, यह सबने उसे वहाँ से हटाने के विचार से ही किया परन्तु उनकी इच्छा यह थी कि वह वहाँ से न लौटे। जब वह देहली पहुँचा और इस सुल्तान के समक्ष उपस्थित हुआ और उस पत्र को दिया तो सुल्तान ने उसका स्वागत किया और उसे एक खिलअत तथा उपहार भेंट किये और अपने समीप एक विशाल भवन में ठहराया और उसे अपार धन-सम्पत्ति प्रदान की। तत्पश्चात् जब वह अपने भेजने वाले के पास लौटने की इच्छा करने लगा तो सुल्तान ने उससे कहा, "मेरे खज़ाने में प्रविष्ट होकर जो चाहो ले जाओ।" यह अजद बड़ा चतुर व्यक्ति था। जब वह खज़ाने में प्रविष्ट हुआ तो उसने क़ुरान शरीफ़ के अतिरिक्त कोई अन्य वस्तु न ली। सुल्तान को यह सुन कर बड़ा आश्चर्य हुआ और उसने उससे पूछा, "तुमने क़ुरान शरीफ़ के अतिरिक्त कोई अन्य वस्तु क्यों न ली ?" उसने उत्तर दिया, "सुल्तान ने मुझे अपने परोपकार द्वारा अत्यन्त धनी बना दिया

---

१ क़ुरान का नियमानुसार पाठ।

है और मुझे क़ुरान शरीफ़ के अतिरिक्त किसी अन्य वस्तु का कोई मूल्य न दीख पड़ा।" सुल्तान का आश्चर्य उसके इस कृत्य एवं इन शब्दों से और भी बढ़ गया और उसने उसे पर्याप्त धन दिया जिसमें से कुछ तो स्वयं उसके लिये था और कुछ उपहार स्वरूप अबू सईद के लिये था। अबू सईद के उपहारों तथा उसके उपहारों का कुल मूल्य ८०० तुमन था जबकि एक तुमन प्रचलित १०००० दीनार तथा १ दीनार ६ दिरहम के बराबर होता है। इस प्रकार यह धन ८० लाख प्रचलित दीनारों अथवा ४ (चार) करोड़ ८० लाख दिरहम के बराबर हुआ। जब अजम इस अपार धन राशि को लेकर लौटा तो उसे भय हुआ कि कहीं उससे यह सब सेना ले न ले। अतः उसने उसके कई भाग कर दिये और सैनिकों की दृष्टि से इसे छिपा दिया। अमीर अहमन बिन (पुत्र) ख्वाजा रशीद,[1] जो वज़ीर का भाई था, एक मामले में फँसा हुआ था जिसके परिणाम स्वरूप वह सेना से निकाल दिया गया; परन्तु उसके भाई ग़यासुद्दीन मुहम्मद के उत्कृष्ट सम्मान के कारण उस पर दया की गई और उसे यह लिख दिया गया कि उसे अमीर अल इलकह की उपाधि दी गई। उसका अर्थ यह है कि वह उन प्रान्तों के शासकों से, जहाँ वह पहुँचा, श्रेष्ठ है। मार्ग में वह सैयिद अजद से मिला और उसने उसे बहुत धन दिया। यह सम्भव है कि उसने उस धन से कई गट्ठर सोने चाँदी के बर्तनों के अबू सईद तथा उसकी बेगमों को भेंट करने के लिये बनवा लिये और उसे यह आशा थी कि उसे सेना में लौटने की पुनः अनुमति प्राप्त हो जायगी; परन्तु मृत्यु ने उसे शीघ्र ही आघेरा। तत्पश्चात् अबू सईद का भी देहान्त हो गया और अज़द की भी मृत्यु हो गई। समय बीत गया, सोना ग़ायब हो गया और जो कुछ उसने प्राप्त किया था उससे कोई भी धनवान नहीं हुआ।

इब्ने हकम कहता है, 'देहली के शासक, इस सुल्तान की उदारता असाधारण है और विदेशियों के प्रति उसकी परोपकारिता महान है। ईरान का एक विद्वान् उसके पास आया और उसे दर्शन शास्त्र सम्बन्धी पुस्तकें भेंट कीं जिनमें इब्ने सीना[2] की लिखित पुस्तक शिफ़ा भी थी। ऐसा हुआ कि जब वह सुल्तान के सम्मुख खड़ा था तो बहुमूल्य जवाहिरात का एक बड़ा बोझ लाया गया और उसे भेंट किया गया। उसने उसमें से १ मुट्ठी भर उसे भेंट करने हेतु निकाल लिया। उनका मूल्य बीस हज़ार मिस्क़ाल सोने के बराबर था। अन्य वस्तुओं के साथ साथ उसने उसे यह भी प्रदान कर दिया। शरीफ़ अस्समरक़न्दी ने मुझे बताया है कि बुखारा के लोग उसके पास पके हुये खरबूज़े, जो जाड़ों भर उनके पास रहे थे, लाये और उसने (सुल्तान ने) उन्हें बहुत इनाम दिये।" वह आगे कहता है—एक निवासी, जिसे मैं जानता था, उसके पास खरबूज़ों के दो बोझ ले गया। उनमें से अधिकांश खराब हो गये थे जिसके कारण वह केवल २२ खरबूज़े ही भेंट कर सका। सुल्तान ने उसे ३००० मिस्क़ाल सोना दिया।

शेख़ अबू बक्र बिन (पुत्र) अबुल हसन अल मुल्तानी ने जो इब्नुत्ताज अल हाफ़िज़ के नाम से प्रसिद्ध था, वर्णन किया : "हम को यह सब मुल्तान में ज्ञात हुआ और यह समाचार

१ रशीदुद्दीन फ़ज़लुल्लाह बिन एमादुद्दौला अबुल ख़ैर अल हमदानी का जन्म ६४५ हि० (१२४७-४८ ई०) के लगभग हुआ। वह मंगोल सुल्तान ग़ाज़ान ख़ाँ का ६९७ हि० (१२९८ ई०) में वज़ीर नियुक्त हुआ। अबू सईद के राज्य में १३१७ ई० में सर्व प्रथम वह पदच्युत हुआ और तत्पश्चात् ७१८ हि० (१३१८ ई०) में तबरेज़ में उसकी हत्या करा दी गई। उसने जामे-उत्-तवारीख़ नामक प्रसिद्ध इतिहास की रचना की जिसे उसने १३००-१ ई० में प्रारम्भ किया और १३१०-११ ई० में समाप्त किया। यह विश्व का इतिहास है जिसमें मंगोलों का विशेष रूप से वर्णन है।

२ अबू अली सीना प्रसिद्ध दार्शनिक एवं चिकित्सक था। उसका जन्म बुखारा में ९८३ ई० में तथा निधन १०३७ ई० में हमादान में हुआ। वह इब्ने सीना के नाम से भी प्रसिद्ध है। कहा जाता है कि उसने लगभग १०० पुस्तकों की रचना की। उसकी शिफ़ा नामक पुस्तक को बड़ी ख्याति प्राप्त है।

हम लोगों में प्रचलित थे। मैं ने देहली तक यात्रा की और वहाँ ठहरा। इस बात को वहाँ भी प्रचलित पाया कि इस सुल्तान ने यह बात अपने लिये आवश्यक बना ली है कि वह ३००० मिस्क़ाल से कम इनाम देने के लिये अपना हाथ नहीं खोलेगा" अल खुजन्दी ने मुझे यह बतलाया "मैं उसके पास गया और उसकी सेवा में प्रविष्ट हो गया। उसने मुझे १००० मिस्क़ाल सोना प्रदान किया। तब उसने मुझ से पूछा कि, 'तुम ठहरना चाहते हो अथवा घर लौट जाना चाहते हो ?' मैं ने कहा "मैं यहीं पर ठहरना चाहता हूं।" तब उसने मुझे सेना में नियुक्त कर दिया।

शेख़ अबू बक्र बिन (पुत्र) अल खल्लाल अल बज़्ज़ी अस्सूफ़ी ने मुझे यह बताया "इस सुल्तान ने एक दल को जिसमें मैं भी था ३ लाख के मूल्य का सोना देकर मावराउन्नहर इस आशय से भेजा कि १ लाख विद्वानों में वितरित कर दिया जाय, १ लाख निर्धनों को दान के रूप में दे दिया जाय तथा तीसरे लाख की उसके लिये वस्तुयें मोल ले ली जायँ।" वर्णन करने वाला कहता है कि सुल्तान ने कहा "मैंने सुना है कि शेख बुरहानुद्दीन अस्सागरजी (समरक़न्द के शेख़) जो पाण्डित्य तथा तपस्वी जीवन के लिये प्रसिद्ध हैं और धन संचित नहीं करते, उन्हें ४०,००० तन्के दे दिये जायँ जिससे वे मुल्तान की यात्रा कर सकें। तत्पश्चात् जब वे हमारे देश में प्रविष्ट होंगे तब हम उन्हें अपार धन प्रदान करेंगे। यदि तुम उनसे भेंट न कर पाओ तो यह धन उनके परिवार को दे देना ताकि वे उनके लौटने पर उन्हें दे दें। वे (परिवार वाले) उन्हें इस बात की सूचना दे दें कि हम उन्हें मुल्तान आने के लिये आमंत्रित करते हैं।" शेख बुरहानुद्दीन कहता है, "जब हम समरक़न्द पहुंचे तो पता चला कि वे चीन चले गये, अतः हम ने धन उनकी कनीज़ (दासी) को दे दिया और उसे सूचित कर दिया कि सुल्तान की इच्छा उनसे मिलने की थी और वह उन्हें आमंत्रित करने का अभिलाषी है।

फ़क़ीह अबुल फ़ज़ल उमर बिन (पुत्र) इसहाक़ अश् शिबली ने मुझे बताया कि यह सुल्तान चाहे यात्रा में हो अथवा अपने महल में, विद्वानों की संगति के बिना नहीं रहता। वह कहता है "हम लोग उसकी एक विजय के अवसर पर उसके साथ थे। जब हम लोग मार्ग में थे तो अग्रिम रक्षक दल के पास से विजय के समाचार प्राप्त हुये। उस समय हम लोग उसकी सेवा में थे।" उसे अत्यन्त प्रसन्नता हुई और उसने कहा 'यह उन आलिमों के आशीश के ही कारण है।' तब उसने उन लोगों को शाही खज़ाने में प्रविष्ट होने का आदेश दिया और वे लोग जितना धन ले जा सकते थे ले गये। उनमें से जो लोग निर्बल थे उन्होंने अपने प्रतिनिधि नियुक्त कर दिये जो उनकी ओर से धन उठा कर ले गये। वर्णन करने वाला कहता है 'वे लोग खज़ाने में प्रविष्ट हुये किन्तु मैं नहीं प्रविष्ट हुआ और न मेरे बहुत से साथी क्योंकि हम (४४) लोग उस टोली से सम्बन्धित न थे। उनमें से प्रत्येक दो थैलियाँ जिनमें से प्रत्येक में १०००० दिरहम थे, ले गया परन्तु उनमें से एक तो तीन थैलियाँ ले गया, दो अपनी बग़ल में और एक सिर पर। जब सुल्तान ने उनको देखा तो वह आश्चर्य-चकित होकर तीन थैलियाँ ले जाने वाले की लिप्सा पर हँसा। उसने लोगों के विषय में, जो प्रविष्ट न हुये थे, पूछा। उसे बताया गया कि यह लोग उन लोगों से निम्न श्रेणी के थे क्योंकि वे लोग बहुत बड़े बड़े विद्वान थे और यह लोग उनके सहायक थे। तब उसने उनमें से प्रत्येक को १०,००० दिरहम प्रदान करने का आदेश दिया और वह धन हम लोगों में वितरित कर दिया गया। वर्णनकर्त्ता कहता है 'शरीअत का दीपक उसके कारण ज्वलित है और विद्वानों के प्रति उसमें स्नेह पाया जाता है। उनके प्रति सम्मान एवं सत्कार प्रदर्शित होता है। वे लोग (विद्वान) अपने मस्तिष्क तथा आकृति को उन्नति देकर अध्ययन तथा विद्या-दान में सहनशील बन कर एवं समस्त विषयों में उचित वितर्क उपस्थित करके तथा समस्त मामलों में संयम प्रदर्शित

करके उन सब बातों को सुरक्षित रखने का भरसक प्रयत्न रखते हैं।

उसके जेहाद—

जेहाद में सुल्तान शिथिल नहीं है। थल मार्ग अथवा जल मार्ग द्वारा जेहाद छेड़ने में उसका भाला अथवा उसकी लगाम उससे छूटती नहीं है। यह उसका मुख्य लक्ष्य है जो उसके आँख तथा कान को संलग्न रखता है। उसने इन प्रदेशों में तथा ईमान के उत्थान एवं इस्लाम के प्रचार हेतु बड़ा धन व्यय किया है जिसके कारण इस्लाम का प्रकाश यहाँ के निवासियों में फैला और सत्य मार्ग (इस्लाम) की विद्युत इन लोगों में चमकी। अग्नि मन्दिर नष्ट कर दिये और बुद्ध की प्रतिमायें तथा मूर्त्तियाँ खंडित कर दी गईं और देश को उन लोगों से मुक्त कर दिया गया जो सुरक्षित प्रदेश में सम्मिलित नहीं थे अर्थात् उन लोगों से जिन्होंने ज़िम्मी होना स्वीकार नहीं किया था। उसके (सुल्तान) द्वारा सुदूर पूर्व में इस्लाम का प्रचार हुआ और सूर्योदय के स्थान तक पहुँच गया। अबू नस्र अल आईनी के कथनानुसार वह इस्लाम के अनुयाइयों की पताकायें उन स्थानों पर ले गया जहाँ कोई पताका कभी नहीं पहुँची थी और जहाँ (क़ुरान) का कोई सूरा अथवा कोई आयत नहीं पढ़ी गई थी। तत्पश्चात् उसने मस्जिदें तथा एबादत के स्थानों का निर्माण कराया और अज़ान को संगीत के स्थान पर प्रचलित कर दिया तथा क़ुरान के उच्चारण द्वारा अग्नि पूजकों के मंत्र पाठ को बन्द करा दिया और उसने इस धर्म (इस्लाम) के लोगों को काफ़िरों के गढ़ों की ओर निर्देशित किया और उसने ईश्वर की कृपा से उन लोगों को इनकी (काफ़िरों की) सम्पत्ति, भूमि तथा उस देश का, जिसे उन्होंने कभी पददलित नहीं किया[1] था, उत्तराधिकारी नियुक्त कर दिया है। प्रदेश के बाद प्रदेश इस सुल्तान की पताका के अधीन होते गये। भूमि पर उसकी पताकायें चीलों के समान एवं समुद्र पर यह पताकायें चलते हुये जहाज़ों के कौवे मालूम पड़ती हैं, यहाँ तक कि कोई भी दिन ऐसा व्यतीत नहीं होता जबकि सहस्रों दास बन्दियों की अगणित संख्या के कारण बड़े अल्प मूल्य पर न बेचे जाते हों।

दास—

इन वर्णनकर्त्ताओं में से प्रत्येक ने मुझे बताया है कि देहली में एक कनीज़ का मूल्य ८ तन्के से अधिक नहीं था और जो सेवा तथा रखेली स्त्रियाँ बनाने के योग्य हैं उनका मूल्य १५ तन्के है परन्तु देहली के बाहर यह और भी अधिक सस्ती हैं।

अबुल फ़ज़्ल उमर बिन (पुत्र) इस्हाक़ अश् शिबली ने मुझे बताया कि उसने चंचल स्वभाव का एक वयस्क तरुण ४ दिरहम में, दास के रूप में क्रय किया और अन्य दासों के मूल्य का अनुमान इसी के अनुसार कर लिया जाय। उसने फिर कहा, "इन दासों के इतने कम दाम लगने के बावजूद भी हमको (ऐसी) हिन्दुस्तानी कनीज़ें भी मिल जाती हैं जिनका मूल्य २० हज़ार तन्के या इससे अधिक होता है।"

इब्नुत्ताज अल हाफ़िज़ अल मुल्तानी ने मुझसे कहा, "मैंने पूछा कि एक कनीज़ का मूल्य (देश में) इतनी मन्दी होने पर भी इतना कैसे पहुँच जाता है। उनमें से प्रत्येक ने व्यक्तिगत रूप से भेंट के अवसर पर मुझे बताया कि मूल्य में यह अन्तर व्यवहार की कुशलता अथवा उसके शिष्टाचार के उत्कृष्ट होने के कारण हो जाता है और इनमें बहुत सी कनीज़ों को क़ुरान कंठस्थ होता है। वे लिख सकती हैं, पद्योचारण एवं कथायें कह सकती हैं। गान विद्या में पारंगत होती हैं। सारंगी बजातीं, शतरंज व चौपड़ इत्यादि खेलती हैं। कनीज़ें इस प्रकार की बातों पर गर्व करती हैं: उनमें से एक कहती है कि 'मैं अपने स्वामी के हृदय

१ सुबहुल आशा, भाग ५, पृ० ८५।

को ३ दिन में जीत लूंगी।' दूसरी कहती है 'मैं उसका हृदय एक दिन में मोह लूंगी' और तीसरी कहती है कि '१ घंटे में ही उसके हृदय पर अधिकार जमा लूंगी' और अन्य कहती हैं कि "मैं पलक मारते ही उसके हृदय पर विजय प्राप्त कर लूंगी।" उन लोगों का कथन है कि सौन्दर्य की दृष्टि से हिन्दुस्तानी युवती तुर्की अथवा क़िपचाक़ की युवतियों से कहीं बढ़ कर होती हैं और उत्तम नस्ल, विभिन्न योग्यताओं से सम्पन्न होने के कारण भी वे प्रसिद्ध होती हैं। उनमें से अधिकांश सुनहरे रंग की होती हैं, कुछ लाल मिश्रित चमकदार श्वेत रंग की होती हैं। यद्यपि वहाँ तुर्की, क़िपचाक़ी, रूमी तथा अन्य राष्ट्रों की युवतियाँ बहुत बड़ी संख्या में मिलती हैं फिर भी प्रत्येक व्यक्ति उनकी पूर्ण सुन्दरता, मधुरता तथा अन्य बातों के कारण जिनका वर्णन शब्दों द्वारा नहीं हो सकता, हिन्दुस्तानी रूपवती के अतिरिक्त अन्य किसी को पसन्द नहीं करता।"

सुल्तान के उपहार—

सिराजुद्दीन उमर अश् शिबली ने मुझे बताया कि उन लोगों के अतिरिक्त जिनको सुल्तान वस्त्र प्रदान करता है कोई भी रूस तथा सिकन्दरिया से आयात किया हुआ सूती वस्त्र धारण नहीं करता। उनकी क़बा तथा वस्त्र बारीक सूत के बने होते हैं। उसने मुझे बताया कि उससे ऐसे वस्त्र बनाये जाते हैं जो बग़दाद के वस्त्रों के समान होते हैं परन्तु बग़दाद तथा नफ़ीस वस्त्र बारीक होने तथा बाह्य सौन्दर्य की दृष्टि से भिन्न होते हैं। उनमें से कुछ तो बारीक होने, शुद्धता तथा उच्च स्तर के होने के कारण रेशम जैसे प्रतीत होते हैं।

शेख़ मुबारक ने मुझे बताया कि उन लोगों के अतिरिक्त, जिन्हें सुल्तान ने ऐसे वस्त्र प्रदान न किये हों तथा सोने से मढ़ी हुई अथवा सोने के काम की ज़ीन न दी हो कोई अन्य इन वस्तुओं का प्रयोग नहीं कर सकता[1]। जब वह किसी को सुनहरे काम की कोई वस्तु प्रदान कर देता है तब उसे अपनी इच्छानुसार उन्हें प्रयोग करने की अनुमति होती है। सामान्य सवारी के लिए ज़ीन या तो रेशमी कपड़े से ढकी होती है या रेशम से उस पर कशीदाकारी होती है।

उसने बताया "सुल्तान अपनी सेवा में रहने वाले लोगों में से तलवार चलाने में दक्ष लोगों सुदक्ष लेखकों तथा विद्वानों में से उनकी श्रेणी के अनुसार हाथियों के अतिरिक्त हर प्रकार की उत्तम वस्तुयें, बहुमूल्य अक़्तायें, धन जवाहरात, घोड़े, सुनहरे काम की ज़ीनें, सुनहरी पेटियाँ तथा विभिन्न प्रकार की सामग्री प्रदान करता है। वे (हाथी) केवल उसी के व्यक्तिगत प्रयोग के लिए हैं और उसकी प्रजा में कोई अन्य उसका प्रयोग नहीं कर सकता। हाथियों के चारे के लिये अत्यधिक धन व्यय किया जाता है। सम्भवतया इन हाथियों के लिये एक बड़े प्रान्त के कर से कम धन राशि पर्याप्त नहीं होगी। जब मैंने उससे (सुल्तान से) चारे की मात्रा के विषय में पूछा तो उसने उत्तर दिया, 'जाति तथा आकृति के अनुसार हाथी विभिन्न प्रकार के होते हैं और इसी प्रकार उनका चारा भी विभिन्न होता है। मैं अधिकतम तथा न्यूनतम मात्रा के विषय में जो एक हाथी के लिए प्रतिदिन आवश्यक है बता सकता हूं। उसके लिये अधिकतम मात्रा ४० रतल चावल ६० रतल जौ तथा २० रतल चर्बी और आधा गट्ठर घास का है। उनके ऊपर रखवालों तथा सेवकों की संख्या बहुत है और उनके पास बड़ा काम होता है। हाथियों का मुख्य अधिकारी राज्य के उच्च अधिकारियों में से एक प्रभाव शाली व्यक्ति होता है। शिबली ने बताया "उसकी अक़्ता एराक़ जैसे एक बड़े प्रान्त के बराबर की होती हैं।

१ सुबहुल आशा, भाग ५, पृ० ६३।

युद्धस्थल में सेना का व्यवहार—

इस देश में बादशाह जब युद्ध के लिए जाते हैं तो क्रम इस प्रकार रहता है; सुल्तान तो केन्द्र में खड़ा होता है और उसके चारों ओर इमाम[1] तथा आलिम लोग खड़े होते हैं। धनुर्धारी लोग सामने तथा पीछे होते हैं। दाहिने एवं बायें अङ्ग को दोनों ओर फैला दिये जाता है, जिससे सेना के दोनों अङ्ग मिल जाते हैं। उसके सामने लोहे के साज से ढके हुये तथा हौदे सहित, जिसमें सैनिक छिपे होते हैं जैसा कि पहले उल्लेख किया जा चुका है, हाथी होते हैं। हौदे के इन स्तम्भों में बाँण छोड़ने तथा ज्वलनशील पदार्थों से भरी हुई सामग्री फेंकने के लिए छिद्र होते हैं। हाथियों के सामने दास होते हैं जो हल्के कवच धारण किये हुए तलवार तथा अन्य अस्त्र-शस्त्र लेकर चलते हैं।[2] वे हाथियों के लिये मार्ग बनाते जाते हैं। वे तलवारों से घोड़ों के पैरों की नसें काट डालते हैं और धनुर्धारी बुर्जों में बैठे हुये उनको पीछे तथा ऊपर से देखते रहते हैं, जबकि घुड़ सवार लोग (सेना के) दायें व बायें अङ्ग में होते हैं। सेना के बग़ली अङ्ग शत्रु को घेरते हैं और हाथियों के चारों ओर तथा उनके पीछे युद्ध करते हैं। भागने वाले आदमी को कोई गुहा अथवा प्रवेश द्वार नहीं मिल पाता और कठिनाई से ही कोई उनके बीच में से निकल कर भाग सकता है क्योंकि चहुँ ओर स्थित सेनायें उनको घेरे रहती हैं और बाँण तथा ज्वलनशील पदार्थ ऊपर से फेंका जाता है और पदाती उनको नीचे से खींचते रहते हैं। अतः प्रत्येक स्थान से ही मृत्यु इनके सामने आती है और दुर्भाग्य उनको हर ओर से घेरे रहता है।

सुल्तान की विजय—

इस सुल्तान ने, जो इस समय शासन कर रहा है, वह प्राप्त कर लिया है, जो इस देश के किसी भी बादशाह ने अभी तक प्राप्त नहीं किया था। विजय, श्रेष्ठता, देशों को विजित करना, काफ़िरों के गढ़ों का विनाश, जादूगरों की गाँठ खोलना और प्रतिमाओं तथा मूर्त्तियों को जिनसे व्यर्थ में हिन्दुस्तानी ठगे जाते थे, नष्ट कर दिया है। उन थोड़े से लोगों के अतिरिक्त जो समुद्र पार बिखरे हुये हैं और कोई शक्ति नहीं रखते, कठिनाई से ही, कोई मुक्त होगा। यह सुल्तान उस समय तक नहीं थकता जब तक कि वह विजय कार्य पूरा नहीं कर लेता और जो कुछ शेष रह जाता है उसे तलवार से साफ़ नहीं कर देता। उसके हाथ हिन्दुस्तान भर में उसकी प्रसिद्धि की सुगन्धि बखेर रहे हैं जो इस देश की अन्य सुगन्धियों से कहीं अधिक मधुर है और इस देश के बहुमूल्य पत्थरों से कहीं अधिक मूल्य की वस्तुओं से उसके हाथ उसके काल को सुशोभित करते हैं। वही है जो आज इन क्षेत्रों के सिरों को मिलाता है और मरुभूमि तथा समुद्रों के कटि सूत्रों को पकड़े रहता है। आजकल जब कभी हिन्दुस्तान के सुल्तान का उल्लेख होता है तो वही है जिससे उस (उल्लेख) का अर्थ होता है और यह शुभ नाम[3] केवल उसी के लिये प्रयुक्त होता है।

शिबली ने कहा "प्रत्येक मुसलमान का यह कर्त्तव्य है कि वह इस सुल्तान के लिये धर्म युद्ध में (विजय की कामना हेतु) हृदय से प्रार्थना किया करे। उसकी परोपकारिता तथा उसका प्राकृतिक स्वभाव ऐसा ही है।"

दरबारे आम—

मुहम्मद अल खुजन्दी ने मुझे बताया कि इस सुल्तान ने प्रति सप्ताह एक दिन प्रजा

१ धार्मिक नेता; नमाज पढ़ाते समय जो सबके आगे खड़े होकर नमाज पढ़ाता है।

२ सुबहुल आशा, भाग ५, पृ० ६७।

३ मुहम्मद।

के लिये निर्धारित कर दिया है जब वह आम दरबार करता है। यह मंगलवार का दिन है। वह एक विशाल प्रांगण में, जिसमें एक बड़ा राजसी शामियाना उसके लिये लगाया जाता है, बैठता है। वह एक उच्च सिंहासन पर प्रांगण के मध्य में आसीन होता है। इस पर सोने के पत्तर जड़े होते हैं और जवाहरात से सुशोभित होता है। राज्य के अधिकारी उसके चारों ओर दायें तथा बायें हाथ पर खड़े होते हैं। उसके पीछे सिलाहदार, जामादर तथा वे लोग होते हैं जो सुल्तान के व्यक्तिगत अधिकारियों से सम्बन्धित कोई पद रखते हैं और अन्य पदाधिकारी अपने-अपने पद के अनुसार खड़े होते हैं। खानों, सद्रे जहाँ तथा दबीरों के अतिरिक्त उसके सामने कोई भी नहीं बैठता। हाजिब लोग खड़े ही रहते हैं। एक नक़ीब चिल्लाता है, "जिस किसी को कोई शिकायत हो आगे बढ़े।" तत्पश्चात् प्रत्येक व्यक्ति जिसे कोई शिकायत करनी होती है अथवा सुल्तान से कुछ निवेदन करना होता है आगे आता है। जब वह आगे आता है या सुल्तान के सम्मुख खड़ा होता है तब उसे उस समय तक रोका या झकझोरा नहीं जाता है जब तक वह अपनी शिकायत समाप्त नहीं कर लेता और सुल्तान उसके विषय में अपने आदेश नहीं दे देता है।[1]

अन्य दरबार, तथा सुल्तान तक पहुंचने के नियम—

अन्य दिनों में वह अपना दरबार प्रातःकाल तथा सायंकाल करता है और अपने समस्त खानों, मलिकों, तथा अमीरों के साथ महल की ओर सवार होकर जाता है। उसके यहाँ यह प्रथा है कि कोई भी उसके सम्मुख किसी भी शस्त्र यहाँ तक कि छोटा सा चाकू भी लेकर नहीं जा सकता। जो कोई भी उसके सम्मुख आता है सर्व प्रथम उसकी तलाशी प्रविष्ट होने तथा सुल्तान के बैठने के स्थान तक पहुंचने से पूर्व ही ली जाती है। प्रत्येक को एक के बाद एक करके सात द्वार पार करने पड़ते हैं। बाहर वाले द्वार पर तुरही लिये हुए एक आदमी रहता है। जब कोई खान, अथवा मलिक या कोई बड़ा अमीर आता है तो वह उस तुरही को, सुल्तान को इस बात की सूचना देने हेतु कि कोई बड़ा आदमी आ रहा है, बजाता है ताकि वह सदैव सतर्क तथा तैयार रहे। जिन लोगों को वह बुलवाता है, वे चाहे जो भी हों, उन्हें प्रथम बाहरी द्वार पर उतर जाना पड़ता है और (वहाँ से) सुल्तान के सामने उपस्थित होने के लिए सातवें द्वार में प्रविष्ट होने तक पैदल चलना पड़ता है। फिर कुछ ऐसे भी व्यक्ति हैं जिन को छठे द्वार तक घोड़े पर सवार होकर जाने का सम्मान प्राप्त होता है। तुरही उस समय तक निरन्तर बजती रहती है जब तक आगन्तुक सातवे द्वार के निकट नहीं पहुँच जाता। इस द्वार पर प्रवेश पाये हुए सब लोग बैठ जाते हैं। जब सब लोग एकत्र हो जाते हैं तो समस्त आगन्तुकों को प्रविष्ट होने की अनुमति दी जाती है। जब वे प्रविष्ट हो जाते हैं तो जो बैठने के अधिकारी होते हैं वे उसके चारों ओर स्थान ग्रहण कर लेते हैं और अन्य लोग खड़े रहते हैं। क़ाज़ी, वज़ीर तथा दबीर[1] ऐसे स्थान पर बैठते हैं जहाँ सुल्तान की दृष्टि उन पर नहीं पड़ती।

मामलों का निर्णय—

रुवान बिछाये जाते हैं और हाजिब लोग प्रार्थना-पत्र प्रस्तुत करते हैं। प्रत्येक श्रेणी के लोगों से सम्बन्धित एक हाजिब होता है। वह उनके मामले तथा उनकी प्रार्थनायें (सुल्तान) के हाथ में प्रस्तुत करता है। समस्त हाजिब अपने-अपने मामले हाजिबे खास के पास ले जाते हैं। वह मुख्य हाजिब होता है और उन सब से श्रेष्ठ होता है और वह उन

१ सुबहुल आशा, भाग ५; पृ० ६५।

१ कातिबुस् सिर (निजी सचिव)

मामलों को सुल्तान के सम्मुख प्रस्तुत करता है। जब सुल्तान चला जाता है तब हाजिबे खास दबीर के साथ बैठता है और उसे वह सब प्रार्थना पत्र जिनके विषय में सुल्तान का निर्णय हो चुकता है, देता है और वह (दबीर) उनको कार्यान्वित कराता है।

सुल्तान की गोष्ठी—

तत्पश्चात् जब सुल्तान दरबार से चला जाता है तो वह एक निजी गोष्ठी में बैठता है। वह आलिमों को आमंत्रित करता है और वहाँ वे लोग उपस्थित होते हैं, जो प्रथानुसार उपस्थित रहा करते हैं। तत्पश्चात् वह उनके साथ बैठता है, मित्रता-पूर्वक व्यवहार करता है, भोजन तथा वार्त्तालाप करता[1] है और ये लोग उसके विश्वासपात्र होते हैं। तत्पश्चात् वह उन्हें जाने की अनुमति दे देता है और नदीमों तथा गवय्यों के साथ एकांत में बैठता है। कभी वे कहानियाँ सुनाते हैं, कभी उसके लिये गायन करते हैं, परन्तु प्रत्येक दशा में आम दरबार में तथा एकान्त वास में वह अत्यधिक शुद्ध तथा शिष्ट रहता है। क्रियाशीलता में एवं विश्राम में वह अपने आप को नियंत्रण में रखता है। गुप्त स्थिति में तथा सब लोगों के सामने वह ईश्वर का भय करता रहता है। वह (शरा द्वारा) वर्जित कार्य नहीं करता और न उसकी ओर प्रवृत्त होता है।

मदिरापान का निषेध : पान—

शिबली ने मुझे बताया कि न तो खुले आम और न गुप्त रूप से मदिरा देहली में मिलती है क्योंकि यह बादशाह इसके बहुत ही विरुद्ध है और उन लोगों से जो इसके आदी होते हैं घृणा करता है। वर्णनकर्त्ता इसके आगे कहता है: हिन्दुस्तानी लोग मदिरा तथा अन्य मादक पेय पदार्थों की ओर प्रवृत्त नहीं हैं और पान खाकर ही सन्तुष्ट रहते हैं और इसकी अनुमति है। निःसन्देह पान स्वभावानुकूल होता है: इसमें कुछ ऐसे गुण होते हैं जो मदिरा में नहीं पाये जाते। यह श्वाँस को सुगन्धित कर देता है, पाचन शक्ति को बढ़ाता है, आत्मा को अत्यन्त प्रफुल्लित करता है और बुद्धि को शक्ति प्रदान करने तथा स्मरण शक्ति को शुद्ध करने के साथ साथ असाधारण आनन्द प्रदान करता है और स्वाद में हर्षजनक है। उसके अवयवों में पान का पत्ता, सुपारी तथा चूना है जो विशेष रूप से तैयार किया जाता है। उसने बताया, "इस देश के लोग इससे बढ़ कर कोई सत्कार नहीं समझते। जब कोई आदमी किसी का अतिथि होता है और वह उसका (अतिथि का) हर प्रकार का भोजन, भुने हुये माँस, मिठाई, पेय पदार्थों, इत्रों तथा सुगन्धियों से सत्कार करता है किन्तु उसके साथ पान नहीं देता तब उसके (अतिथि के) प्रति यह सम्मान नहीं समझा जायेगा और अपने अतिथि का उसने सत्कार किया है यह कोई नहीं मानेगा। इसी प्रकार से यदि कोई उच्च पदस्थ आदमी किसी अन्य के प्रति सम्मान प्रदर्शित करना चाहता है तो वह उसे पान प्रस्तुत करता है। मैं कहता हूँ, यह चंगेज खाँ की सन्तानों के देशों की मुस्के अलियाक़ के समान है। अलियाक़ मदिरा अथवा ताड़ी का एक एक गिलास होता है जिसे महान व्यक्ति के लिये जिसका वह आदर करना चाहता है हाथ में पकड़ता है या उस व्यक्ति के लिये जिसे वह भक्ति भाव प्रदर्शित करना चाहता है, और इनके विचार से भक्ति भाव प्रदर्शन का यह सर्वोत्कृष्ट साधन है। ईश्वर ने चाहा तो इसका उल्लेख उसके स्थान पर किया जायगा।

जासूसों तथा डाक का प्रबंध—

आलिम (विद्वान) सिराजुद्दीन अबुस् सफ़ा उमर अश् शिबली ने मुझे बताया कि यह सुल्तान अपने प्रान्तों के तथा देश की घटनाओं, अपनी सेना एवं प्रजा से सम्बन्धी मामलों से

१ सुबहुल आशा, भाग ५, पृ० ९६।

पूर्ण रूप से परिचित रहता है। उसके पास ऐसे व्यक्ति होते हैं जो उसे सूचना देते रहते हैं। ये कई श्रेणियों में विभाजित होते हैं। कुछ तो इनमें सेना से तथा कुछ जन साधारण से मेल जोल रखते हैं। जब इनमें से किसी की कोई ऐसी बात ज्ञात होती है जिसकी सूचना सुल्तान को देनी आवश्यक हो तो वह शीघ्र ही उसे अपने से उच्च अधिकारी को सूचित कर देता है। तब वह अपने से उच्च अधिकारी तक सूचना पहुँचाता है। इसी क्रम से सर्वोच्च अधिकारी उसे सुल्तान तक पहुँचा देता है।

दूरस्थ स्थानों से सूचना प्राप्त करने के लिये सुल्तान तथा उसके मुख्य प्रान्तों के बीच में एक दूसरे के निकट ऐसे स्थान हैं जो मिस्र तथा शाम के थानों से मिलते जुलते हैं, परन्तु दूरी के विचार से ये स्थान एक दूसरे के बहुत निकट हैं। एक स्थान से दूसरे स्थान के बीच में ४ तीरों की पहुँच की दूरी के बराबर फ़ासला है या इससे कम होगा। प्रत्येक स्थान पर दस हरकारे, जो बड़ी तीव्र गति से दौड़ते हैं, इस स्थान से अगले स्थान तक पत्र ले जाते हैं। जब इनमें से एक को पत्र प्राप्त हो जाता है तो वह एक स्थान से दूसरे स्थान तक तीव्र से तीव्र गति से दौड़ता है। जब वह दूसरे स्थान पर पहुँच जाता है तो दूसरा अगले स्थान तक दौड़ता है जैसे प्रथम दौड़ने वाला और प्रथम हरकारा सुविधापूर्वक अपने स्थान को लौट आता है। इस प्रकार एक दूरस्थ स्थान से दूसरे दूरस्थ स्थान तक पत्र अल्प समय में उत्तम नस्ल के घोड़ों की डाक से भी शीघ्र पहुँच जाता है।

वह कहता है प्रत्येक मुख्य स्थान में मस्जिदें हैं जहाँ नमाज़ पढ़ी जा सकती है और यात्री विश्राम कर सकते हैं। इनमें पीने के जल हौज़ तथा मनुष्यों एवं पशुओं के लिये भोजन सामग्री खरीदने के बाज़ार हैं। इस प्रकार किसी को यात्रा करते समय अथवा पड़ाव पर किसी वस्तु अथवा जल ले जाने की बड़ी कठिनाई से आवश्यकता होती है।

वह पुनः कहता है सुल्तान की कृपा से उसके देश की दो राजधानियों देहली तथा देवगिरि के मध्य के उन स्थानों पर जो सूचना प्रेषित करने के लिये निश्चित हैं, नक़्क़ारे रख दिये गये हैं। जब कभी वह एक नगर में होता है और दूसरे नगर के द्वार बन्द किये जाते अथवा खोले जाते हैं तो नक़्क़ारे बजाये जाते हैं। जब पास वाला उनको सुनता है तो वह भी नक़्क़ारा बजाता है। इसी क्रम से उस नगर के द्वार के जहाँ से वह अनुपस्थित है, खुलने तथा बन्द होने की सूचना, जहाँ वह उपस्थित होता है, प्रतिदिन नक़्क़ारे की आवाज़ से पहुँचा दी जाती है।[१]

सुल्तान तक पहुँच—

सुल्तान का बहुत आदर सत्कार होता है जिसके कारण लोग हृदय से उसके प्रति विनीत हैं, यद्यपि वह उनसे बहुत घनिष्ठ है। उसकी बात चीत तथा वार्त्तालाप में मधुरता है। जो कोई भी उसके पास पहुँचना चाहता है वह पहुँच सकता है। न तो हाजिबों का आतंक और न उनके प्रतिबन्ध उसे रोक सकते हैं। ईश्वर ने उसके काल में धन की वृद्धि प्रदान की है और सांसारिक अधिकार क्षेत्रों और समृद्धि को बढ़ाया है, क्योंकि हिन्दुस्तान सदैव ही जीवन की समृद्धि के लिये प्रसिद्ध तथा उदारता एवं दानशीलता के लिये प्रख्यात रहा है।

मूल्यों का सस्ता होना——

ख़ुजन्दी ने मुझे निम्नलिखत बात बताई : "देहली के किसी ज़िले में मैंने तथा मेरे तीन मित्रों ने एक जीतल में गौ मांस, रोटी तथा मक्खन (घी) का तृप्त होकर भोजन किया, और यह सब चार फ़ुलूस में ही[२]।

---

१ सुबहुल आशा, भाग ५, पृ० ६८।

२ सुबहुल आशा, भाग ५, पृ० ८६।

सिक्के, नाप तथा तोल—

मैं अब सिक्कों, नाप तथा तोल के विषय में बताऊँगा, तत्पश्चात् मूल्यों के विषयों में क्योंकि मूल्य इन्हीं पर आधारित हैं और इन्हीं के अनुसार सर्व प्रसिद्ध हैं। शेख मुबारक ने मुझे बताया कि लाल तन्का तीन मिस्क़ाल के बराबर होता है और सफ़ेद तन्का अर्थात् चाँदी के तन्के में ८ हश्तगानी दिरहम होते हैं। यह हश्तगानी दिरहम चाँदी के दिरहम के वज़न के बराबर है जोकि मिस्र तथा शाम में प्रचलित है। इसका मूल्य पूर्णतया उसके ही समान होता है और दोनों में कठिनाई से ही कोई अन्तर है। इस हश्तगानी दिरहम में चार सुल्तानी दिरहम होते हैं और उसे 'दोगानी' कहते हैं। यह सुल्तानी दिरहम शश्तगानी दिरहम के एक तिहाई के बराबर होता है और यह एक प्रकार का सिक्का है जो हिन्दुस्तान में चलता है। इसका मूल्य हश्तगानी दिरहम के तीन चौथाई के बराबर होता है। इस सुल्तानी दिरहम का आधा 'यगानी' कहलाता है और एक जीतल होता है। एक दूसरा दिरहम 'द्वाज़देहगानी' कहलाता है जिसका मूल्य हश्तगानी के ड्योढ़े के बराबर होता है। एक अन्य दिरहम 'शान्ज़देहगानी' कहलाता है, जिसका मूल्य दो दिरहम के बराबर होता है। इस समय हिन्दुस्तान में छः प्रकार के दिरहम हैं: शान्ज़देहगानी, द्वाज़देहगानी, हश्तगानी, शश्तगानी, सुल्तानी तथा यगानी। इनमें सबसे छोटा सुल्तानी दिरहम होता है। यह तीनों दिरहम प्रचलित हैं और इनमें (हिन्दुस्तानियों में) व्यापारिक लेन देन इन्हीं से होता है परन्तु अधिकांशः (कारोबार) सुल्तानी दिरहम में होता है जोकि मिस्र तथा शाम के दिरहम के चौथाई के बराबर होता है। इस सुल्तानी दिरहम में आठ फ़ुलूस अथवा दो जीतल होते हैं। प्रत्येक जीतल ४ फ़ुलूस के बराबर होता है। इस प्रकार हश्तगानी दिरहम में जो मिस्र तथा शाम में प्रचलित चाँदी के दिरहम के चौथाई के बराबर होता है ३२ फ़ुलूस होते हैं।[1]

इन लोगों का रतल सेर कहलाता है जिसका वज़न ७० मिस्क़ाल होता है जो १०२$\frac{३}{७}$ मिस्री दिरहम के बराबर होता है। प्रत्येक मन ४० सेर का होता है। यह लोग नाप का प्रयोग नहीं जानते हैं।

मूल्य——

रहा मूल्यों के विषय में तो औसत रूप से एक मन गेहूं डेढ़ हश्तगानी दिरहम में बिकता है। एक मन जौ एक दिरहम में, एक मन चावल १$\frac{३}{४}$ दिरहम (हश्तगानी) में

---

१ सुबहुल आशा, भाग ५, पृ० ८४।

प्रथम—मिस्र के सिक्के दिरहम के तोल के बराबर हश्तगानी दिरहम होता है। इसका प्रचलित मूल्य वही है जो मिस्र के दिरहम का। दोनों में कठिनाई से ही कोई अन्तर है। हश्तगानी में ८ जीतल (चाँदी के तन्के का $\frac{१}{६४}$) होते हैं और प्रत्येक जीतल में चार फ़ुलूस (छोटे ताँबे के सिक्के) होते हैं। इस प्रकार हश्तगानी में ३२ ताँबे के सिक्के होते हैं।

द्वितीय—सुल्तानी दिरहम दोगानी कहलाता है। यह मिस्री दिरहम के चौथाई के बराबर होता है। प्रत्येक सुल्तानी दिरहम में २ जीतल होते हैं; सुल्तानी दिरहम का आधा एक जीतल के बराबर होता है।

तृतीय—शश्तगानी दिरहम, हश्तगानी का तीन चौथाई होता है। इसका मूल्य ३ सुल्तानी दिरहम के बराबर होता है।

चतुर्थ—द्वाज़देहगानी दिरहम। इसका प्रचलित मूल्य हश्तगानी दिरहम के तीन चौथाई के बराबर होता है। इस प्रकार यह शश्तगानी के समान होता है। ८ हश्तगानी दिरहम तन्के के बराबर होते हैं

जहाँ तक सोने का संबन्ध है, वह यहाँ मिस्क़ालों में तोला जाता है। प्रत्येक तीन मिस्क़ाल तन्का कहलाते हैं। सोने का तन्का "लाल तन्का" और चाँदी का तन्का "सफ़ेद तन्का" कहलाता है।

बिकता है, परन्तु चावलों की कुछ प्रसिद्ध क़िस्में इससे महंगी हैं। २ मन मटर का मूल्य एक हश्तगानी दिरहम है। गौमांस तथा बकरे के मांस का एक ही मूल्य है और एक सुल्तानी दिरहम से, जो हश्तगानी दिरहम का चौथाई होता है, ६ अस्तार (सेर) मिलता है। भेड़ का मांस एक सुल्तानी दिरहम में ४ सेर, एक हंस (बत्तख) २ हश्तगानी दिरहम में तथा ४ पक्षी एक हश्तगानी दिरहम में[1] ५ सेर शकर एक हश्तगानी दिरहम में, ४ सेर क़न्द (मिश्री) एक हश्तगानी दिरहम में, अच्छी तथा मोटी भेड़ १ तन्के की जो ८ हश्तगानी दिरहम के बराबर होता है। एक उत्तम गाय २ तन्के की आती है और कभी कभी इससे भी सस्ती। भैंस भी इसी मूल्य पर बिकती है।

अधिकांशत: हिन्दुस्तानी गौ माँस तथा बकरे का माँस खाते हैं। मैंने शेख मुबारक से पूछा, 'क्या यह भेड़ों के कम प्राप्त होने के कारण है ?" इस पर उसने उत्तर दिया "नहीं केवल आदत के कारण ही ऐसा है क्योंकि हिन्दुस्तान के प्रत्येक ग्राम में इनकी गणना सैकड़ों तथा हज़ारों की संख्या के अतिरिक्त नहीं की जा सकती।" चार उत्तम मुर्ग़ियाँ १ मिस्री दिरहम में बिकती हैं। गौरय्ये तथा अन्य प्रकार के पक्षी और भी सस्ते बिकते हैं। शिकार खेलने के लिये पशु तथा पक्षी अगणित हैं[2]। यहां हाथी तथा गैंडे भी होते हैं। परन्तु जंज के हाथी सब से उत्तम होते हैं।

पोशाक—

रहा इनकी पोशाक की विशेषता के विषय में, तो इनके वस्त्र श्वेत सामग्री तथा जूख[3] के बनते हैं। ऊनी कपड़ा जब बाहर से मंगाया जाता है तो बहुत ऊँचे मूल्य पर बिकता है। केवल आलिम तथा फ़क़ीर ही ऊनी वस्त्र धारण करते हैं। सुल्तान, खान, मलिक तथा सैनिक, श्रेणी के अन्य लोग तातारी क़बाये[4], तकलावात[5], ख्वारज़म की इस्लामी क़बायें जो शरीर के मध्य में बाँधी जाती हैं, पहनते हैं। पगड़ी ५ अथवा ६ हाथ से अधिक बड़ी नहीं होती और अच्छे मलमल की बनी होती है।

शरीफ़ नासिरुद्दीन मुहम्मद अल हुसैन अल करीमी[6] ने, जो जमुरंदी के नाम से प्रसिद्ध है और जिसने हिन्दुस्तान की दो बार यात्रा की है और सुल्तान क़ुतुबुद्दीन के साथ देहली में ठहर चुका है, मुझे बताया कि अधिकांशत: इन लोगों के वस्त्र श्वेत होते हैं और उनकी तातारी क़बाओं पर सोने की कशीदाकारी होती है। इनमें से कुछ किमखाब जो बाहुओं पर कढ़ी होती है, पहिनते हैं। अन्य लोग कंधों के बीच के भाग को मुग़लों की भाँति कढ़वाते हैं। उनके सिर का वस्त्र आकार में वर्गाकार होता है जो जवाहरात से सुसज्जित होता है और अधिकांशत: उसमें मणी तथा हीरे जड़े होते है। वे लोग अपने बालों को लटकते हुये गुच्छों में गूंथते हैं जिस प्रकार से मिस्र तथा शाम के लोग किया करते थे और ये लोग रेशमी फ़ीते उन गुच्छों में डालते हैं। यह लोग सोने तथा चाँदी की पेटियाँ अपनी कमर में बांधते हैं और जूते तथा एड़ियाँ पहिनते हैं। यात्रा के अतिरिक्त यह लोग अपनी तलवार कमर में नहीं बाँधते। जब घर पर होते हैं तो तलवार नहीं बाँधते।

---

१ सुबहुल आशा, भाग ५, पृ० ८५।

२ सबहुल आशा, भाग ५, पृ० ८६।

३ एक प्रकार का कपड़ा।

४ तातारी क़बायें; एक प्रकार का लबादा।

५ एक प्रकार का वस्त्र जो हिन्दुस्तान के अमीर लोग पहनते हैं।

६ सुबहुल आशा, अदमी पृ० ९३।

वज़ीरों तथा कातिबों (सचिवों) की पोशाक सैनिकों की भाँति होती है, परन्तु ये लोग पेटियाँ नहीं बाँधते हैं। ग्रन्य लोग सूफ़ियों की भांति ग्रपने साफ़े के सिरे को ग्रपने सामने लटका रहने देते हैं। क़ाज़ी तथा ग्रालिम लोग फ़रजिया पहिनते हैं जो जंदियत तथा ग्ररबी तोग़े से मिलती जुलती है।[1]

विद्वानों को ग्राश्रय–

ग्रश् शिबली ने मुझे बताया कि देहली वाले बुद्धिमान, प्रतिभा-सम्पन्न तथा फ़ारसी एवं हिन्दी में ग्रच्छे वाक्‌पटु होते हैं। उनमें से ग्रधिकांश फ़ारसी तथा हिन्दी में काव्य रचना करते हैं। कुछ लोग ग्ररबी में कविता करते हैं ग्रौर ग्रच्छी लिखते हैं। सुल्तान की प्रशंसा में क़सीदों की रचना करने वालों की संख्या बड़ी ग्रधिक है। उनके नाम 'दीवान' में नहीं लिखे हुए हैं। वह उनको स्वीकार करता है ग्रौर उन्हें पुरस्कार देता है। शिबली ने मुझे बताया, सुल्तान का एक दबीर किसी विजय या किसी महान घटना के घटित होने पर क़सीदों की रचना किया करता है। सुल्तान की ग्रादत है कि वह क़सीदे के छन्दों को गिनवा कर प्रत्येक छन्द के लिए १०,००० तन्के प्रदान करता है। प्रायः जब सुल्तान किसी व्यक्ति के कृति का ग्रनुमोदन कर देता है या उसे यह ज्ञात हो जाता है कि उसे कोई हानि पहुँचाई गई है तो वह किसी निश्चित धन राशि को क्षति पूर्ति के रूप में देने का ग्रादेश नहीं देता ग्रपितु उस व्यक्ति को खज़ाने में प्रविष्ट हो कर ग्रपनी इच्छानुसार (धन) ले जाने का ग्रादेश दे देता है। जब वर्णन करने वाले ने व्ययाधिक्य इनामों एवं उपहारों की सीमा के वर्णन पर मुझे ग्राश्चर्य-चकित देखा तो उसने कहा : इस दान को प्रदान करने में इस ग्रत्यधिक उदारता के बावजूद भी वह ग्रपने देश की ग्राय का केवल ग्राधा ही व्यय करता है।

हमारे शेख ने जो इस काल में एक ग्रद्वितीय पुरुष है (ग्रौर जिनका नाम) शम्सुद्दीन ग्रल इस्फ़हानी है निम्नलिखित बात मुझे बताई : क़ुतुबुद्दीन ग्रश्शीराज़ी ने यह बात सिद्ध कर दी है कि कीमिया एक यथार्थ विज्ञान है। उसने कहा : एक बार में ने उससे कीमिया की ग्रसत्यता पर विवाद किया जिस पर उसने मुझ से कहा, "तुम जानते हो कि कितना सोना भवनों तथा निर्मित वस्तुग्रों पर व्यर्थ जाता है जब कि खानें, जितना नष्ट हो जाता है उसके बराबर पैदा नहीं कर सकतीं। हिन्दुस्तान के विषय में में ने हिसाब लगाया है कि ३ हज़ार वर्ष से इन लोगों ने विदेशों को सोने का निर्यात नहीं किया है ग्रौर जो कुछ यहाँ ग्रा गया है वह बाहर नही जा सका है। ग्रन्य क्षेत्रों में व्यापारी शुद्ध सोना हिन्दुस्तान में लाते हैं ग्रौर उसके बदले में जड़ी बूटियाँ तथा ग्ररबी गोंद ले जाते हैं। यदि सोना एक कृत्रिम उत्पादित वस्तु न होता तो वह पूर्णरूप से मिट जाता। हमारे शेख शिहाबुद्दीन ने कहा, उसके बाद विवाद के ग्रनुसार यह तर्क सत्य है कि सोना हिन्दुस्तान में लाया जाता है ग्रौर यहाँ से बाहर नहीं भेजा जाता किन्तु कीमिया की यथार्थता के विषय में उसका तर्क ग्रसत्य है ग्रौर प्रमाणित नहीं।" में ने कहा : में ने सुना है कि इस सुल्तान के पूर्व एक सुल्तान ने एक महान विजय प्राप्त की ग्रौर वहाँ से १३,००० बैलों पर सोना लदवा कर लाया। में ने कहा यह प्रसिद्ध है कि इस देश के लोग धन संचय करते हैं यहाँ तक कि जब उनमें से एक से पूछा गया कि उसके पास कितना धन है तो उसने उत्तर दिया, 'में नहीं जानता परन्तु में दूसरी या तीसरी संतान हूँ जो इस छिद्र ग्रथवा इस कुयें में ग्रपने दादा के धन को एकत्र कर रहा हूं। में नहीं जानता हूँ कि यह कितना है।' हिन्दुस्तानी लोग ग्रपने धन को संचित करने के लिए कुएँ खोदते हैं। इनमें से कुछ तो घरों में छेद बना लेते हैं ग्रौर उसे होज़ के रूप में बना कर

---

१ सुबहुल ग्राशा, भाग ५, पृ० ६१।

ऊपर से बन्द कर देते हैं और उसमें केवल एक छेद छोड़ देते हैं। इस छेद में वे सोना एकत्र करने के लिए धन डाल देते हैं। यह लोग नक़्क़ाशी किया हुआ अथवा टूटा हुआ या ईंट के टुकड़ों के रूप में धोखे के भय से सोना नहीं लेते। ये लोग केवल सोने के सिक्के ही लेते हैं। इनके समुद्रों के कुछ द्वीपों में कुछ ऐसे लोग हैं जो अपने घर की छत पर कुछ चिह्न बना देते हैं। जब एक घड़ा सोने से भर जाता है तो वह चिह्न बना देते हैं। इस प्रकार लोगों के दस अथवा इस से अधिक चिह्न होते हैं।

सूफ़ी शेख़ बुरहानुद्दीन अबूबक्र बिन (पुत्र) अल खल्लाह मुहम्मद अल बज्ज़ी ने मुझे निम्नलिखित बात बताई, इस सुल्तान ने अपनी सेना एक प्रान्त[१] में भेजी और यह (प्रान्त) देवगीर (देवगिरि) के निकट में उसकी सीमा के छोर पर है। यहाँ के लोग काफ़िर थे और यहाँ का प्रत्येक राजा 'राय' कहलाता था। जब सुल्तान के सैनिकों ने उसके विरुद्ध अपने पाँव युद्धस्थल में जमाये, तो उसने एक दूत भेज कर यह कहलाया कि "सुल्तान से कहो कि वह हम से युद्ध न करे और धन के रूप में उसे जो कुछ भी चाहिये वह उसे दे दिया जायेगा। वह केवल उतने बोझा ढोने वाले जानवर भेज दे जितना धन वह ले जाना चाहता है।' सेनापति ने जो कुछ राय ने कहा था उसकी सूचना सुल्तान को दे दी। उसका उत्तर आया कि वह उनसे युद्ध न करे और राय को शरण दे दे। जब वह सुल्तान के समक्ष उपस्थित हुआ तो उसने (सुल्तान ने) उसका बड़ा सम्मान किया और उस से कहा: "मैंने ऐसी बात कभी नहीं सुनी जो तुमने कही है। तुम्हारे पास कितना धन है कि तुमने मुझे कहला भेजा कि जितना धन मैं ले जाना चाहूं उसी के अनुसार बोझा ढोने वाले जानवर भेज दूँ।" राय ने उत्तर दिया, "मुझ से पूर्व सात राय इस देश में हो चुके हैं। उनमें से प्रत्येक ने धन की ७०,००० बाईं संचित कीं और वह सब मेरे पास अब भी हैं।" उसने बताया, बाईं एक बहुत विस्तृत हौज़ होता है जिसमें उतरने के लिए चारों ओर सीढ़ियाँ होती हैं। सुल्तान उसकी बात सुन कर आश्चर्यचकित हो गया और उसने (उनको सुरक्षित रखने के लिए) बाइयों पर अपने नाम की मुहर लगा देने का आदेश दे दिया। अतः वे सुल्तान के नाम से मुहरबन्द कर दी गई। तब उसने राय को आदेश दिया कि वह अपने प्रदेश में अपना प्रतिनिधि शासक नियुक्ति कर दे और स्वयं देहली में निवास करता रहे तथा मुसलमान हो जाय; किन्तु उसने इस्लाम स्वीकार न किया अतः उसने (सुल्तान ने) उसे धर्म के विषय में पूर्ण स्वतंत्रता दे दी और वह (राय) उसके दरबार में निवास करने लगा। उसने अपने देश में अपना एक प्रतिनिधि शासक नियुक्त कर दिया। सुल्तान ने उसे ऐसे सेवक दे दिये जो उस जैसे राय के लिए उचित थे और उसके देश को बहुत सा धन दान के रूप में उसकी प्रजा में वितरण हेतु यह कहला कर भेजा कि वे लोग भी उसकी प्रजा में सम्मिलित हो गये हैं। सुल्तान ने बाइयों को किसी प्रकार से हाथ नहीं लगाया। उन पर केवल अपनी मुहर लगा कर उनको मुहर सहित उसी दशा में रहने दिया। मैंने यह वर्णन अल बज्ज़ी के वर्णन के आधार पर दिया है और वह अपनी सत्यता के लिए प्रसिद्ध है। इसका उत्तरदायित्व उसी पर है। जो कोई इसके विषय में अधिक सूचना प्राप्त करना चाहता है वह सूचना प्राप्त करे।

अली बिन (पुत्र) मन्सूर अल उदैली ने जो बहरैन का एक अमीर था मुझे निम्नलिखित बात बताई: हमारे यात्री हिन्दुस्तान से निकट सम्पर्क रखते हैं और हम वहाँ की घटनाओं से पूर्ण रूप से परिचित रहते हैं और हम लोगों को सूचना मिली है कि इस सुल्तान मुहम्मद तुग़लुक़ शाह ने बड़ी बड़ी विजयें प्राप्त की हैं। उसने एक ऐसा नगर विजय किया

१ इस प्रान्त का नाम न पढ़ा जा सका। सम्भवतया तिलंगाना होगा।

था जिसमें एक छोटी सी झील थी जिसके मध्य में उन लोगों का एक प्रख्यात मन्दिर था। वे लोग अपनी भेंट वहाँ लेकर जाते थे और जो कोई भी भेंट वहाँ ले जाता वह झील में फेंक दी जाती थी। जब उसने उसे विजय किया तो उसे इस बात की सूचना दी गई। उसने उस झील में से एक नदी (नहर) निकलवादी और उसका जल निकलवा दिया और वह पूर्णतया सूख गयी। तत्पश्चात् वह, उसमें जो कुछ सोना था, २०० हाथियों तथा हज़ारों बैलों पर लदवा कर ले गया। वर्णन करने वाले ने बताया कि सुल्तान दानशील तथा उत्कृष्ट स्वभाव का व्यक्ति है जो परदेशियों का उपकार करता है। हममें से दो व्यक्ति उसके पास यात्रा करते हुये पहुंच गये और उससे परिचित कराये जाने का उनको सौभाग्य प्राप्त हुआ। उसने उन पर कृपा-दृष्टि की और खिलअतों द्वारा सम्मानित किया और उन्हें अपार धन दिया, यद्यपि वे साधारण स्थिति के अरब लोग थे। तब उसने (सुल्तान ने) उनके सामने ठहरने अथवा वापस लौटने का प्रस्ताव रखा। उनमें से एक ने तो ठहरना स्वीकार किया और सुल्तान ने उसे एक बहुत बड़ा प्रान्त, पर्याप्त उपहार तथा मवेशियों, भेड़ों एवं गायों में से बहुत सी वस्तुयें दीं। इस समय भी वह धनी एवं परिवर्तित व्यक्ति के रूप में वहाँ रह रहा है। दूसरे ने घर जाने की अनुमति चाही और सुल्तान ने उसे ३००० सोने के तन्के प्रदान किये, अतः वह भी अपने घर उपहारों से लदा हुआ प्रसन्नतापूर्वक लौट आया।

भाग स

बाद के कुछ मुख्य इतिहासकार

यह्या बिन अह्मद्
(क) तारीखे मुबारक शाही

मुहम्मद बिहामद ख़ानी
(ख) तारीखे मुहम्मदी

निज़ामुद्दीन अह्मद
(ग) तबक़ाते अकबरी

अब्दुल क़ादिर बदायूनी
(घ) मुन्तखबुत्तवारीख

अली बिन अज़ीज़ुल्लाह् तबातबा
(च) बुरहाने मआसिर

मीर मुहम्मद मासूम नामी
(छ) तारीखे सिन्ध

फ़िरिश्ता
(ज) तारीखे फ़िरिश्ता

तारीखे मुबारक शाही

[लेखक—यहया बिन अहमद बिन अब्दुल्लाह सिहरिन्दी]

(प्रकाशन—कलकत्ता १६३१ ई०)

सुल्तान ग़यासुद्दीन तुग़लुक़ शाह—

(६२) सुल्तान ग़यासुद्दीन तुग़लुक़ शाह दयालु तथा न्यायकारी बादशाह था। उसमें सुव्यवस्थित रखने, निर्माण कराने, आबाद करने, बुद्धिमत्ता, कौशल, पवित्रता, सदाचरण तथा शुद्धता स्वाभाविक रूप से पाई जाती थीं। समझ, सूझ बूझ, योग्यता, बुद्धिमत्ता तथा कौशल में वह अद्वितीय था। सर्वदा पाँचों समय की नमाज़ जमाअत[1] के साथ पढ़ता था। सोने के समय की नमाज़ पढ़े[2] बिना वह अन्तःपुर में न प्रविष्ट होता था।

नासिरुद्दीन की पराजय के उपरान्त सुल्तान ग़यासुद्दीन शनिवार पहली शाबान (७२१ हि०) [२६ अगस्त १३२१ ई०] को राजधानी में अमीरों, मलिकों, इमामों, सैयिदों, क़ाज़ियों तथा सर्व साधारण की सहमति से सिंहासनारूढ़ हुआ। अलाई अमीरों तथा मलिकों को सम्मानित किया और उन्हें पद, सम्मान तथा अक्तायें प्रदान कीं। जिन वंशों का विनाश हो चुका था, उन्हें पुनः जीवन दान किया और अपने कुछ सम्बन्धियों को उपाधि एवं पद प्रदान किये।

तिलंग पर आक्रमण—

(६३) जब राज्य सुव्यवस्थित हो गया तो उसने उपर्युक्त सन् में उलुग़ खाँ को बहुत बड़ी सेना के साथ तिलंग तथा माबर प्रदेश की ओर भेजा। उलुग़ खाँ राजसी ठाठ बाट तथा बड़े वैभव से बाहर निकला। चन्देरी, बदायूँ, अवध, कड़ा, दलमऊ, बाँगरमऊ तथा अन्य अक्ताओं की सेनायें उससे मिलीं। मार्ग में देवगीर (देवगिरि) से होता हुआ तिलंग प्रदेश में प्रविष्ट हो गया। देवगीर की सेना भी साथ हो गई। उलुग़ खाँ ने अरंगल को राय करण महादेव (प्रताप रुद्रदेव द्वितीय) तथा उसके पूर्वजों की ७०० वर्ष से राजधानी था, पहुँच कर घेर लिया।

(६४) देहली से समाचार न पहुँचने के कारण उबैद कवि ने प्रसिद्ध कर दिया कि सुल्तान ग़यासुद्दीन का निधन हो गया। अमीरों एवं मलिकों जैसे मलिक तिगीन तथा अन्य अमीरों को भड़का दिया कि वे उलुग़ खाँ की हत्या कर डालें और विद्रोह कर दें। उलुग़ खाँ को इस बात की सूचना मिल गई। वह वहाँ से ५० सवारों को लेकर बाहर निकल गया। सभी हरामखोर अमीर वहाँ से अपनी-अपनी अक्ताओं को चले गये। जब उलुग़ खाँ निरन्तर कूच करता हुआ राजधानी पहुंचा और उसने समस्त हाल बताया तो सुल्तान ने आदेश दिया कि वे लोग जहाँ कहीं भी मिलें उनकी हत्या करदी जाय। उपर्युक्त अमीर अपनी-अपनी विलायतों (प्रदेशों) में पहुँच भी न पाये थे कि सुल्तान का फ़र्मान निकल गया और वे जंगलों में नष्ट कर दिये गये। मलिक हुसामुद्दीन अबू रिजा मुस्तौफ़िये ममालिक को आदेश हुआ कि वह अवध जाकर मलिक तिगीन के परिवार एवं सहायकों को ले आये। उसने वहाँ

१ प्रातःकाल, मध्याह्नोत्तर, तीसरे पहर, सायंकाल तथा रात्रि की अनिवार्य सामूहिक नमाज़ें।

२ यह नमाज़ अनिवार्य नहीं।

पहुंच कर सभी को बन्दी बना लिया। मलिक तिगीन का जामाता मलिक ताजुद्दीन तालक़ानी बन्दीगृह से भाग गया। उपर्युक्त मलिक ताजुद्दीन सरयू तट पर बन्दी बना लिया गया और वहीं उसकी हत्या करादी गई। मलिक तिगीन के पुत्र एवं परिवार तथा सहायकों को देहली लाया गया। सुल्तान ने समस्त स्त्रियों, पुरुषों, छोटों तथा बड़ों को राजधानी के द्वार के समक्ष हाथी के पाँव के नीचे डलवा दिया। उबैद कवि को उलटा सूली पर लटका दिया गया।

(९५) कहा जाता है कि उबैद कवि शेखुल इस्लाम शेख़ निज़ामुद्दीन का सेवक था। वह सर्वदा अमीर खुसरो का विरोध किया करता था। इस कारण शेखुल मशायख़ उससे सर्वदा खिन्न रहा करते थे। इसी बीच में एक हिन्दू आकर मुसलमान हो गया। शेख़ निज़ामुद्दीन उसे शिक्षा दिया करते थे। एक दिन शेख़ ने उसे दो मिसवाक (दातौन) दीं। उस नव मुसलमान ने उबैद से पूछा, 'इन मिसवाकों का किस प्रकार प्रयोग किया जाय ?' उस दुष्ट ने कहा, "एक मुंह में करो और एक गुदा में।" वह नित्य इसी प्रकार किया करता था, यहाँ तक कि उसकी गुदा सूज गई। एक दिन वह शेखुल मशायख़ के पास बड़े दुःख की अवस्था में पहुंचा और उसने कहा, "हे शेख ! आपने मुझे दो मिसवाकें प्रदान करने की कृपा की थी। उनमें से एक जिसे मैं मुंह में करता हूँ, बड़ी अच्छी है और दूसरी जिसे मैं गुदा में करता हूँ बड़ी खराब है।" शेख बड़े रुष्ट हुये। उन्होंने पूछा, "तुझे यह किसने सिखाया ?" उसने कहा, "उबैद कवि ने।" तत्काल शेख़ ने कहा, "हे उबैद ! लकड़ी से खेल करता है" उसी समय से सभी समझने लगे कि उसे सूली पर चढ़ाया जायगा।

तिलंग पर दूसरा आक्रमण––

७२४ हि० (१३२३ ई०) में उलुग़ ख़ाँ को पुनः तिलंग भेजा गया। राय लुद्दर महादेव ने पुनः क़िला बन्द कर लिया। कुछ ही दिनों में बाणों, पत्थरों तथा मग़रबी द्वारा बाहरी तथा भीतरी क़िलों पर विजय प्राप्त कर ली गई। उपर्युक्त राय तथा समस्त (अधीन) राय एवं उनके परिवार, कोष तथा हाथी अधिकार में कर लिये गये। समस्त तिलंग प्रदेश पर अधिकार स्थापित हो गया। उसने अपने कारकुन (अधिकारी) तथा मुक़्ते नियुक्त किये।

जाजनगर पर चढ़ाई—

(९६) तिलंग से उसने जाजनगर पर चढ़ाई की और वहाँ चालीस हाथी प्राप्त हुये। विजय तथा सफलता प्राप्त करके वह अरंगल वापस हुआ और कुछ दिन वहाँ ठहर कर राजधानी की ओर चल दिया।

लखनौती पर चढ़ाई––

७२४ हि० (१३२३ ई०) में सुल्तान ने लखनौती की ओर प्रस्थानकिया। उलुग़ ख़ाँ को जिसे उसने अपना उत्तराधिकारी नियुक्त किया था राजधानी तुग़लुक़ाबाद में, जो ३ वर्ष तथा कुछ महीनों में तैयार हुई थी, अपना नायब बना कर राज्य करने के लिये नियुक्त दिया। लखनौती पहुँच कर उसे विजय किया। उसी स्थान पर हैबतुल्लाह क़ुसूरी द्वारा लखनौती के बादशाह बहादुर शाह नोदह[१] के बन्दी बनाये जाने के समाचार प्राप्त हुये।

सुल्तान की मृत्यु—

सुल्तान उस स्थान से अपनी राजधानी को लौटा और उपर्युक्त बहादुर शाह को भी अपने साथ राजधानी में लाया। जब वह अफ़ग़ानपुर पहुँचा जहाँ एक महल में जो दरबारे आम के लिये शीघ्रातिशीघ्र बनवाया गया था और गीला था, दरबार किया और आदेश

१. एक पोथी में बौदह है।

दिया कि जो हाथी लखनौती के ध्वंस द्वारा प्राप्त हुये हैं उन्हें एक साथ दौड़ाया जाय। महल गीला था। पर्वत रूपी डील डौल वाले हाथियों के दौड़ने के कारण हिल गया और गिर पड़ा। सुल्तान ग़यासुद्दीन तुग़लुक़ शाह एक अन्य मनुष्य के साथ महल के नीचे दब गया और शहीद होगया। यह घटना रबी-उल-अव्वल ७२५ हि० (फ़रवरी-मार्च १३२५ ई०) में घटी।

कहा जाता है कि इस स्थान पर भी शेखुल अक़्ताब शेख मुहीउद्दीन निज़ामुल हक़ वश् (६७) शरा वद्दीन का आशीर्वाद था। शेख ने सुल्तान के प्रस्थान के समय अपनी मोतियों की वर्षा करने वाली जिह्वा से कहा था, "देहली तुझसे दूर है।" जब सुल्तान विजय तथा सफलता प्राप्त करके अफ़ग़ानपुर लौटा तो उसने कहा, 'शत्रु के सीने को कुचल कर सुरक्षित लौट आया हूँ।' जब यह बात हज़रत शेखुल अक़्ताब (निज़ामुद्दीन) औलिया ने सुनी तो उन्होंने कहा, "देहली तुझसे दूर है।" यह घटना उसी मास में घटी।

सुल्तान ग़यासुद्दीन तुग़लुक़ शाह का ज्येष्ठ पुत्र सुल्तान मुहम्मद शाह

देवगीर (देवगिरि) की ओर प्रस्थान—

(६८) ७२७ हि० (१३२६-२७ ई०) में सुल्तान मुहम्मद ने देवगीर (देवगिरि) की ओर प्रस्थान किया[१]। देहली से देवगीर (देवगिरि) तक प्रत्येक कोस पर धावे आबाद कराये। उन्हें उसी स्थान पर भूमि प्रदान की जिससे वहाँ के कर से वे अपना वेतन प्राप्त कर सकें। प्रत्येक उलाग़ एक धावे से दूसरे धावे तक सिर पर घंटी रख कर पहुंचता था।[२] उसने प्रत्येक पड़ाव पर एक घर तथा खानक़ाह निर्मित कराई। वहाँ एक शेख नियुक्त किया। (६९) वहाँ के लिये भोजन सामग्री का प्रबन्ध किया, जिससे जो कोई भी वहाँ पहुँचे, भोजन, शरबत, पान तथा स्थान प्राप्त कर सके। मार्ग के दोनों ओर उसने वृक्ष लगवाये। उनके चिह्न इस समय तक वर्त्तमान हैं। देवगीर (देवगिरि) का नाम दौलताबाद रख कर उसे अपनी राजधानी बनाया। मखदूमये जहाँ के साथ जो उसकी (सुल्तान) माता थी, वह समस्त अमीरों, मलिकों, प्रतिष्ठित तथा गण्यमान्य व्यक्तियों, विशेष लोगों, दासों के घर बार राज्य के हाथियों, घोड़ों, खज़ानों तथा गड़ी हुई धन-सम्पत्ति भी दौलताबाद ले गया। मखदूमये जहाँ के प्रस्थान के उपरान्त, सैयिदों, शेखों (सूफ़ियों) आलिमों, तथा देहली के बड़े बड़े लोगों को भी दौलताबाद बुलवाया गया। सभी वहाँ पहुँचे और ज़मीन बोस करके सम्मानित हुये। (उनके) इनाम तथा इदरार एक के स्थान पर दो कर दिये गये। भवन निर्माण कराने के लिये उन्हें पृथक् धन प्रदान हुआ। सभी संतुष्ट हो गये।

मलिक बहादुर गर्शास्प का विद्रोह—

उपर्युक्त सन् (७२७ हि०) के अन्त में मलिक बहादुर गर्शास्प ने, जो आरिज़े लश्कर था, यात्रा में विद्रोह कर दिया। सुल्तान ने ख्वाजये जहाँ को बहुत बड़ी सेना देकर उसके विद्रोह के दमन हेतु भेजा। जब ख्वाजये जहाँ वहाँ पहुँचा तो बहादुर ने अपनी सेना लेकर उससे युद्ध किया। अन्त में युद्ध न कर सका और परास्त हुआ तथा हिन्दुओं द्वारा बन्दी बना लिया गया। उसे ज़ीवित दरबार में उपस्थित किया गया। वहाँ उसकी हत्या करा दी गई।

बहराम ऐबा का विद्रोह—

तत्पश्चात् उसने अली खतती को बहराम ऐना (ऐबा) के घर बार को मुल्तान से राजधानी में लाने के लिये भेजा। वहां पहुँच कर उसने उसके घरबार के लाने में बड़ी कठोरता

१ इस समय के सुल्तान के सोने के सिक्के जो दौलताबाद से चलाये गये अब भी वर्त्तमान हैं।

२ मूल पुस्तक में यह वाक्य स्पष्ट नहीं।

(१००) दिखाई। दीवान (दरबार) में बैठ कर बहराम ऐना (ऐबा) को बुरा भला कहा करता था और बड़े कटुवचन कहता था। इससे उन लोगों को भय होने लगा। एक दिन बहराम ऐना (ऐबा) का जामाता लूली घर से आ रहा था। अली खतती कहने लगा "तुम अपने घर बार को क्यों नहीं भेजते ? ज्ञात होता है कि जाना नहीं चाहते। हरामज़दगी करते हो।" उसने पूछा "हरामज़ादा किसको कहते हो ?" अली ने कहा "जो घर में बैठा है, उसे कहता हूँ।" उसने कहा "तुझे क्या मालूम जो इस प्रकार कहता है" अली खतती ने दौड़ कर लूली के केश पकड़ लिये। उसने अली को भूमि पर पटक दिया और सिलाहदार को आदेश दिया कि उसका शीश उसके शरीर से पृथक् कर दे। अली की हत्या करके उसका सिर भाले पर चढ़ाया गया। उस समय इस कार्य पर सोच विचार किया गया।

दूसरे दिन बहराम ऐना (ऐबा) ने विद्रोह कर दिया। सुल्तान को बहराम के विद्रोह की सूचना दी गई। सुल्तान देवगीर (देवगिरि) से देहली पहुँचा। बहुत बड़ी सेना एकत्र करके बाहर निकला। मुल्तान पर चढ़ाई करने का दृढ़ संकल्प कर लिया। जब वह मुल्तान पहुँचा तो बहराम ऐना (ऐबा) ने युद्ध किया किन्तु मुल्तान की सेना पराजित हो गई। बहराम मारा गया। उसका सिर काट डाला गया और राजसिंहासन के समक्ष लाया गया। उसके बहुत से विश्वासपात्रों की हत्या करा दी गई। सुल्तान, मुल्तानियों के रक्त की नदी बहाने पर तुला था। शेख़ूल इस्लाम शेख रुक्नुद्दीन ने मुल्तान के सर्व साधारण लोगों की सुल्तान से सिफ़ारिश की। वह सुल्तान के दरबार में नंगे सिर खड़ा रहा। जो मुल्तानी बहराम ऐना (ऐबा) (१०१) के मित्र थे, उन्हें भी शेख को प्रदान कर दिया गया। मुल्तान की अक़्ता सिन्ध प्रदेश की सीमा पर है। वहाँ क़िवामुलमुल्क मक़बूल को नियुक्त किया गया। कुछ वर्ष उपरान्त बेहज़ाद भेजा गया। जब शाहू लोदी ने बेहज़ाद की हत्या कर दी तो सुल्तान दीबालपुर (दयुपालपुर) पहुँचा। शाहू भागकर पर्वत में चला गया। उस समय शेख़ क़ुतुबुल आलम (रुक्नुद्दीन) का निधन हो चुका था। सुल्तान ने वह अक़्ता मलिक एमादुलमुल्क सुल्तानी को प्रदान की। कुछ प्रतिष्ठित अमीर तथा मलिक जिनके साथ ५०,००० सवार थे, एमादुलमुल्क के देश (राज्य) में प्रविष्ट हो गये। सुल्तान देहली की ओर रवाना हो गया।

तुर्माशीरीन का आक्रमण—

७२६ हि० (१३२८–२६ ई०) में ख़ुरासान के बादशाह क़ुतलुग़ ख़्वाजा का भाई तुर्माशीरीन मुग़ल एक बहुत बड़ी सेना लेकर देहली की विलायतों में घुस आया और बहुत से क़िलों पर विजय प्राप्त कर ली। लाहौर, सामाने इन्दरी और बदायूं तक की सीमा के लोगों को बन्दी बना लिया। जब उसकी सेना नदी तट (यमुना तट) तक पहुंच गई तो वह लौट गया। सुल्तान देहली तथा हौज़े खास के मध्य में एक बहुत बड़ी सेना एकत्र करके वहीं उतर पड़ा। जब पराजित तुर्मा ने सिन्ध नदी पार कर ली तो सुल्तान एक भारी सेना लेकर कलापुर (कलानूर) की सीमा तक उसका पीछा करता हुआ गया। सुल्तान ने कलापुर (कलानूर) का क़िला जो टूट फूट गया था, मलिक मुजीरुद्दीन अबू रिजा को प्रदान किया ताकि वह उसे सुव्यवस्थित कर दे। कुछ वीर तथा पराक्रमी सरदारों को तुर्माशीरीन का पीछा करने के लिये भेज कर सुल्तान देहली लौट आया।

कर वृद्धि—

(१०२) तत्पश्चात् सुल्तान ने निश्चय किया कि विलायत (विलायतों-प्रान्तों) का खराज दस गुना तथा बीस गुना लेना चाहिये।[1] घरी तथा चराई भी लागू की। इस कारण

१ यह वाक्य उसी प्रकार है जिस प्रकार बरनी ने लिखा है।

मवेशियों के दाग़ लगाया गया। प्रजा के घरों की गणना की गई। खेतों की नाप की गई। उसके अनुसार आदेश दिये गये। चीज़ों के भाव निश्चित किये गये। इसी कारण लोग अपने मवेशियों को छोड़ कर आबादी से जंगलों में घुस गये। षड्यन्त्रकारी शक्तिशाली बन गये।

देहली के निवासियों का दौलताबाद भेजा जाना—

तत्पश्चात् शाही आदेश हुआ कि देहली तथा आस पास के क़स्बों के सभी निवासी क़ाफ़िला बना बना कर दौलताबाद को प्रस्थान करें; नगरवासियों के घर उनसे मोल ले लिये जायें; घरों का मूल्य खज़ाने से नक़द दे दिया जाय। शाही आदेशानुशार समस्त नगरवासी तथा आसपास के स्थानों के लोग दौलताबाद रवाना कर दिये गये। देहली नगर इस प्रकार रिक्त हो गया कि कुछ दिनों तक द्वार बन्द रहे। कुत्ते, बिल्ली भी नगर में न बोलते थे। साधारण लोग तथा गुंडे, जो नगर में रह गये थे, नगर वालों की सम्पत्ति घरों से निकाल-निकाल कर नष्ट करते थे। तत्पश्चात् यह आदेश हुआ कि बड़े-बड़े क़स्बों तथा देश के अन्य भागों से आलिमों, शेख़ों (सूफ़ियों) तथा प्रतिष्ठित लोगों को लाकर शहर (देहली) में बसाया जाय। उन्हें इनाम तथा इदरार प्रदान किये गये। समस्त दौलताबाद शहर (देहली) के लोगों से परिपूर्ण हो गया। चूंकि सुल्तान ने अत्यधिक धन-सम्पत्ति दिल खोल कर प्रदान की थी और बड़ा ही अपव्यय किया अतः खज़ाने के धन को बड़ी हानि पहुँची।

तांबे के सिक्के—

समस्त आय के साधन तथा अबवाब (कर) पूर्णतः बन्द हो गये। उसने ताँबे के सिक्के चलाने का आदेश दिया। एक बिस्त गानी (ताँबे) की मुद्रा का मूल्य आधुनिक एक (चांदी) के तन्के के बराबर कर दिया। जो कोई इन सिक्कों के स्वीकार करने में आना कानी करता (१०३) था, उसे कठोर दंड दिये जाते थे। हिन्दुओं, मवासात[1] के फ़सादियों तथा विलायतों के मवासात ने प्रत्येक ग्राम में टिकसालें बना लीं; और ताँबे के सिक्के ढालने लगे। उन्हें वे शहर (देहली) में भेज देते थे और उससे सोना, चाँदी, घोड़े, अस्त्र-शस्त्र तथा बहुमूल्य वस्तुयें मोल ली जाती थीं। इसी कारण षड्यन्त्रकारी शक्तिशाली बन गये। कुछ ही समय में दूर के लोग ताँबे के सिक्के स्वीकार करना बन्द करने लगे। सोने के तन्के का मूल्य ताँबे के ५०-६० तन्कों के बराबर हो गया। जब उसने उन सिक्कों का द्वार खुलते देखा (बिना मूल्य के होते देखा) तो उसने विवश होकर उन्हें रद्द कर दिया और आदेश दिया कि जिसके घर में ताँबे का सिक्का हो, वह उसे लें आये और खज़ाने से सोने के तन्के ले जाये। लोग अत्यधिक धन ले गये और धनी बन गये। वे खज़ाने से सोने के तन्के ले गये। ताँबे के सिक्कों के चलन का अन्त हो गया। बहुत समय तक तुग़लुकाबाद के महल में उनके ढेर लगे रहे।

क़राजिल पर्वत पर आक्रमण—

उसने क़राजिल (हिमालय) पर्वत को जो हिन्दुस्तान तथा चीन के मध्य में है, अधिकार में करने का आदेश दिया। ८० हज़ार सवार सरदारों सहित नियुक्त किये गये। उसने आदेश दिया कि घाटी में प्रवेश करने के उपरान्त मार्ग में थाने स्थापित करदें ताकि सेना को वापसी के समय कष्ट न हो। सेना ने वहाँ पहुंच कर थाने स्थापित किये। समस्त सेना क़राजिल पर्वत में प्रविष्ट हो गई किन्तु मार्ग की कठिनाई तथा भोजन सामग्री की कमी से उन्हें बड़ा कष्ट हुआ। उन्होंने जो थाने स्थापित किये थे, उन पर पहाड़ी लोगों ने अधिकार (१०४) प्राप्त कर लिया। समस्त थानेदारों की हत्या कर दी। जो सेना भीतर प्रविष्ट

१ मवास, उन स्थानों को कहते थे जहाँ विद्रोही रक्षा के लिये छिप जाते थे।

हुई थी वह सब की सब मार डाली गई। सेना के कुछ सरदार बन्दी बना लिये गये और बहुत समय तक राय के पास रहे। उस प्रकार की सेना पुनः एकत्र न हो सकी। यह घटना ७३८ हि० (१३३७-३८ ई०) में हुई।

फ़ख़रुद्दीन का सुनार गाँव में बादशाह होना—

तत्पश्चात् सुनार गांव में बहराम खाँ की मृत्यु हो गई। ७३९ हि० (१३३८-३९ ई०) में बहराम खाँ के सिलाहदार, मलिक फ़ख़रुद्दीन ने विद्रोह कर दिया और बादशाह बन बैठा। उसने अपनी उपाधि सुल्तान फ़ख़रुद्दीन रख ली। मलिक पिन्दार खलजी क़दर खाँ लखनौती का हाकिम, मलिक हुसामुद्दीन अबू रिजा मुस्तौफ़ीये ममालिक, आजम मलिक, इज्जुद्दीन यहया सत गाँव का मुक़्ता, तथा नुसरत खाँ अमीर (हाकिम) कड़ा (निवासी) का पुत्र फ़ीरोज खाँ, फ़ख़रुद्दीन के विद्रोह के दमन हेतु सुनार गांव पहुँचे। उसने अपने सैनिकों सहित (उनका) मुक़ाबला किया। दोनों में युद्ध हुआ। अन्त में फ़ख़रुद्दीन पराजित हुआ और वहाँ से भाग गया। उसके हाथी घोड़े भी अधिकार में आ गये। क़दर खाँ उसी स्थान पर रह गया। अन्य अमीर अपनी-अपनी अक़्ताओं को चले गये।

वर्षा के प्रारम्भ हो जाने पर क़दर खाँ की सेना के बहुत से घोड़े मर गये। चूंकि उसने अत्यधिक धन चाँदी के तन्कों के रूप में एकत्र कर लिया था, अतः वह इन्हें दो-तीन मास पश्चात् महल में ले जाकर एक स्थान पर ढेर करा दिया करता था और कहा करता था कि "इसी प्रकार मैं इन्हें शाही राजभवन के द्वार के समक्ष ढेर करा दूंगा। जितना ही अधिक मैं एकत्र कर लूंगा, उतना ही वह प्रत्येक आवश्यकता के लिये उपयोगी होगा।" मलिक हुसामुद्दीन ने उसे समझाया कि 'दूर की अक़्ताओं में धन एकत्र करने से हानि होती है। (१०५) लोग लालच करने लगते हैं। मूर्ख सोचने लगते हैं कि किस कारण (धन) राजधानी में नहीं भेजा जा रहा है। खजाने का जो धन एकत्र हो उसका बादशाह के खजाने में पहुँच जाना उचित होता है।' वह न सुनता था। न तो सेना वालों का हक़, सेना वालों को प्रदान करता था और न खजाने में धन पहुंचाता था। सेना वालों को धन का लोभ होता था। जैसे ही मलिक फ़ख़रुद्दीन वहाँ पहुँचा उसकी (क़दर खाँ की) सेना फ़ख़रुद्दीन से मिल गई। उसकी (क़दर खाँ) हत्या कर दी।

अली मुबारक का लखनौती पर अधिकार प्राप्त करना—

फ़ख़रुद्दीन सुनार गाँव में निवास करता था और उसने अपने दास मुखलिस को लखनौती में नियुक्त कर दिया था। क़दर खाँ के लश्कर के आरिज, अली मुबारक ने उपर्युक्त दास की हत्या कर दी और लखनौती पर अधिकार जमा लिया, किन्तु बादशाही के चिह्न प्रकट न किये। सुल्तान के पास पत्र लिखे कि "मैंने लखनौती पर अधिकार प्राप्त कर लिया है। यदि कोई दास राजधानी से भेज दिया जाय और लखनौती में आरूढ़ हो जाय तो मैं राजधानी में उपस्थित हो जाऊँ।" सुल्तान ने निश्चय किया कि शहर (देहली) के शहना यूसुफ़ को खान की श्रेणी प्रदान करके भेज दिया जाय। इन्हीं दिनों में मलिक यूसुफ़ की मृत्यु हो गई। सुल्तान ने उस ओर कोई ध्यान न दिया और किसी को लखनौती न भेजा। फ़ख़रुद्दीन के विरोध के कारण अली मुबारक ने बादशाही के चिह्न प्रकट कर दिये और अपनी उपाधि सुल्तान अलाउद्दीन निश्चित कर ली।

इलयास हाजी का सिंहासनारूढ़ होना—

कुछ समय उपरान्त, मलिक इलयास हाजी ने, जिसके पास बहुत सैनिक थे, लखनौती के अमीरों, मलिकों तथा प्रजा से मिल कर अलाउद्दीन की हत्या करदी। मलिक इलयास हाजी

बादशाह हो गया और अपनी उपाधि सुल्तान शम्सुद्दीन निश्चित की। ७४१ हि० (१३४०-४१ ई०) में इलयास ने सुनार गाँव पर आक्रमण किया और मलिक फ़खरुद्दीन को जीवित बन्दी बना कर लौट आया। कुछ दिन पश्चात् उसकी भी लखनौती में हत्या करदी गई। (१०६) तत्पश्चात् बहुत समय तक लखनौती सुल्तान शम्सुद्दीन तथा उसके पुत्रों के अधीन रही और फिर देहली के बादशाहों के अधिकार में न आई।

मलिक इबराहीम के पिता सैयिद हसन कैथली का विद्रोह—

७४२ हि० (१३४१-४२ ई०) में मलिक इबराहीम खरीतादार के पिता सैयिद हसन कैथली ने माबर में विद्रोह कर दिया। देहली की जो सेना माबर में शासन प्रबन्ध के लिये नियुक्त थी, उनमें से कुछ की हत्या करदी और कुछ को अपनी ओर मिला लिया। समस्त माबर प्रदेश अपने अधिकार में कर लिया। सुल्तान उस विद्रोह को शान्त करने के लिये देवगीर (देवगिरि) पहुँचा। वहाँ से वह तिलंग तक पहुँच कर रुग्ण हो गया। वहाँ से लौट आया। यह प्रसिद्ध हो गया कि पालकी में सुल्तान का शव लाया जा रहा है। मलिक होशंग जो अशान्ति के कारण बदीधन में गया था, सुल्तान के जीवित होने के विषय में जानकारी प्राप्त करके लौट कर सुल्तान से मिल गया। सुल्तान निरंतर कूच करता हुआ देहली पहुँचा और क़ुतलुग़ खाँ को दौलताबाद में नियुक्त कर आया। माबर का विद्रोह उसी प्रकार चलता रहा।

गुलचन्द्र तथा मलिक हलाचून का विद्रोह—

७४३ हि० (१३४२-४३ ई०) में गुलचन्द्र तथा मलिक हलाचून ने विद्रोह कर दिया। मलिक ततार ख़ुर्द (छोटा) लाहौर के मुक़्ता की हत्या कर डाली और विद्रोह कर दिया। सुल्तान ने ख्वाजये जहाँ को उनका विद्रोह शान्त करने के लिए भेजा। जब वह लाहौर पहुँचा तो मलिक हलाचून तथा गुलचन्द्र खुक्खर (निवासी) ने मुक़ाबला किया किन्तु अन्त में पराजित हो गये। ख्वाजये जहाँ उस विद्रोह के दमन के उपरान्त लौट आया।

शाहू लोदी का विद्रोह—

७४४ हि० (१३४३-४४ ई०) में सेना के तंग आ जाने के कारण फ़खरुद्दीन बेहज़ाद ने मूर्खता प्रारम्भ करदी थी। शाहू लोदी अफ़ग़ान ने मुल्तान में विद्रोह कर दिया और बेहज़ाद की हत्या कर दी। मलिक नुवा उसके (बेहज़ाद के) साथ था। वह वहाँ से भाग कर देहली (१०७) पहुंचा। सुल्तान ने स्वयं मुल्तान की ओर प्रस्थान किया। उस समय शहर (देहली) में घोर अकाल पड़ा था। मनुष्य मनुष्य को खाये जाता था।...... सुल्तान के दीबालपुर पहुंचने पर शाहू युद्ध न कर सका। वह भाग गया और पर्वतों में घुस गया। सुल्तान ने दीबालपुर से लौट कर मुल्तान की अक़्ता एमादुलमुल्क सरतेज़ को प्रदान कर दी।

कैथल के सैयिदों की हत्या—

सुनाम तथा सामाने में होकर उसने कैथल के सैयिदों तथा अन्य मुसलमानों की हत्या कर दी। उस प्रदेश के सभी मुक़द्दमों को वहाँ से निकाल कर देहली के निकट ले गया और वहाँ के ग्राम तथा अक़्तायें प्रदान कर दीं। प्रत्येक को सोने की पेटी तथा जड़ाऊ पेटियाँ प्रदान करके वहां बसा दिया और स्वयं शहर (देहली) में प्रविष्ट हो गया। नगर वासियों को आदेश दिया कि लोग हिन्दुस्तान चले जायें और वहाँ कुछ समय तक रहें ताकि अकाल के कष्ट से मुक्त हो जायें।

ख़ुरासानियों का आगमन—

इसी बीच में ख़ुरासानी, जिन्हें सुल्तान अत्यधिक दान दिया करता था, धन के लोभ

में बहुत बड़ी संख्या में पहुँचे हुये थे । प्रत्येक को उसकी श्रेणी के अनुसार चांदी, सोना, मोती घोड़े, वस्त्र, पेटी, टोपी, दास, उपहार तथा अन्य वस्तुयें इतनी अधिक संख्या में प्रदान होती (१०८) थीं, कि उतनी किसी ने कदापि न देखी होंगी । राजधानी में वही लोग दृष्टिगत होते थे । वे सभी वस्तुयें अर्थात् दास, सोना, चाँदी, काग़ज़ और किताब मोल लेकर ख़ुरासान भेजा करते थे ।

कड़े के मुक़्ता का विद्रोह—

७४५ हि० (१३४४-४५ ई०) में कड़े के मुक़्ता मलिक निज़ाम ने कुछ दासों के बहकाने से अभिमानवश विद्रोह कर दिया । ऐनुलमुल्क के भाई शहरुल्लाह ने अवध से सेना तैयार करके उस पर आक्रमण कर दिया । उसकी सेना पराजित हो गई और वह जीवित ही बन्दी बना लिया गया । वह विद्रोह शान्त हो गया ।

शिहाब सुल्तानी का बिदर में विद्रोह—

उसी सन् में शिहाब सुल्तानी ने बिदर में विद्रोह कर दिया । बिदर वालों को अपनी ओर मिला लिया । क़ुतलुग़ ख़ाँ उसका विद्रोह शान्त करने के लिये वहाँ गया । शिहाबुद्दीन का लघु पुत्र अपनी सेना लेकर युद्ध करने के लिये निकला किन्तु युद्ध न कर सका । पराजित होकर बिदर के क़िले में घुस गया । पिता और पुत्र दोनों क़िले में बन्द हो गये । क़ुतलुग़ ने उन्हें रक्षा का वचन देकर देहली भेज दिया ।

अली शाह का विद्रोह—

७४६ हि० (१३४५-४६ ई०) में ज़फ़र ख़ाँ अलाई का भागिनेय तथा क़ुतलुग़ ख़ाँ का अमीर सदा देवगीर से गुलबर्गा, कर वसूल करने के लिये गया । उसने वह स्थान सेना, मुक़्तों तथा वालियों से रिक्त पाया । अपने भाइयों को अपना सहायक बना लिया । षड्यंत्र करके गुलबर्गे के मुतसर्रिफ़ बहरन की हत्या कर दी और अत्यधिक धन-सम्पत्ति लूट ली और वहाँ से बिदर पहुंचा । बिदर के नायब की हत्या करके अत्यधिक धन-सम्पत्ति पर अधिकार जमा लिया और बिदर प्रदेश पर राज्य करने लगा ।

जब सुल्तान को इसकी सूचना मिली तो उसने क़ुतुलुग़ ख़ाँ को कुछ अमीरों, मलिकों (१०९) तथा धार की सेना के साथ उस विद्रोह को शान्त करने के लिये नियुक्त किया । जब क़ुतलुग़ ख़ाँ वहाँ पहुंचा तो अली शाह अपने सैनिकों को लेकर युद्ध करने के लिये निकला । अन्त में पराजित होकर क़िले में घुस गया । क़ुतलुग़ ख़ाँ ने क़िले को घेर लिया । कुछ दिन उपरान्त अली शाह अपने भाइयों सहित जीवित बन्दी बना लिया गया । क़ुतलुग़ ख़ाँ ने उन्हें सुल्तान के पास स्वर्गद्वारी भेज दिया । सुल्तान ने सभी को ग़ज़नी भिजवा दिया । उनको वहां से पुनः बुलवा लिया और महल के समक्ष उनकी हत्या करा दी ।

ऐनुलमुल्क का विद्रोह—

७४७ हि० (१३४६-४७ ई०) में सुल्तान ने सेना लेकर हिन्दुस्तान की ओर प्रस्थान किया । जब वह स्वर्गद्वारी पहुँचा तो ऐनुल मुल्क उसके समक्ष उपस्थित हुआ । धन-सम्पत्ति तथा अन्य बहुमूल्य वस्तुयें उपहार स्वरूप भेंट कीं । सुल्तान ने यह निश्चय किया कि उसे उसके सहायकों तथा भाइयों को दौलताबाद भेज दे । क़ुतलुग़ ख़ाँ को राजधानी में बुलवा ले । यह बात किसी प्रकार ऐनुलमुल्क के कानों तक पहुँच गई । उसने समझा कि 'इस बहाने से हमें हिन्दुस्तान से निर्वासित करके हत्या करा दी जायगी ।' इस कारण वह बड़ा भयभीत हुआ और रातों रात स्वर्गद्वारी से भाग गया । गंगा नदी पार करके अवध चला गया । उसके विरोधी होने के पूर्व सुल्तान ने अधिकांश हाथी, घोड़े, सिलाहदार तथा अन्य समूह वाले, भोजन सामग्री

की अधिकता के कारण ऐनुलमुल्क के भरोसे पर गंगा नदी के उस पार भेज दिये थे। बहुत थोड़ी सी पायगाह[1] रह गई थी। वह भी इस कारण कि मलिक फ़ीरोज मलिक नायब बारबक ने निवेदन किया था कि 'पायगाह के समस्त घोड़े नदी के उस पार जा रहे हैं। शिकार के लिये उनकी अवश्य आवश्यकता पड़ेगी। सभी को भेज देना उचित नहीं।' उस समय पायगाह (११०) में थोड़े से घोड़े रख लिये गये थे। ऐनुलमुल्क के भाई शहरुल्लाह ने नदी के उस पार से घोड़े तथा हाथियों को अपने अधिकार में करने के उपरान्त उपर्युक्त समूह को अपनी ओर परिवृत्त करके अपने साथ ले लिया। ऐनुलमुल्क तथा हाथी-घोड़े एवं सेना सहित भाग कर वे निरन्तर कूच करते हुए क़न्नौज के नीचे पहुंचे। वहाँ से नदी पार करके पड़ाव डाल दिया। सुल्तान ने कुछ अमीरों तथा मलिकों को, जिन्हें इससे पूर्व उनकी अक़्ताओं की ओर विदा कर दिया था, उदाहरणार्थ ख्वाजये जहाँ को धार की ओर, मलिक एमादुलमुल्क को मुल्तान की ओर और जो ब्याना तक पहुँचे थे, उन्हें बुलवा लिया। अन्य अमीर भी दूसरी दिशाओं से आ गये। सुल्तान भी उस स्थान से बढ़ कर, क़न्नौज के कोट के बराबर उतरा। ऐनुल मुल्क ने मध्याह्नोत्तर में लीदबह घाट से नदी पार की। जब सुल्तान को यह सुचना मिली तो उसने कहा "लीदबह उनके लिये अशुभ है और हम लोग तैयार हैं।" जब रात्रि के अन्त में वे शाही सेना में प्रविष्ट हुये तो उन्होंने जिस प्रकार हिन्दुस्तान में युद्ध किया जाता है, पैदल होकर युद्ध किया। सुल्तान ने इस ओर से हाथियों तथा सेना के दल बना दिये थे। वे पहले ही आक्रमण में पराजित हो गये। शहरुल्लाह घायल अवस्था में गंगा में कूद पड़ा और डूब गया। इसी प्रकार समस्त सेना वाले घोड़ों तथा अस्त्र शस्त्र सहित नदी में कूद पड़े और डूब गये। जो लोग बच कर बाहर निकले वे हिन्दुओं द्वारा नष्ट हो गये। ऐनुलमुल्क जीवित बना लिया गया। इबराहीम बंगी उसे नग्न अवस्था में लाशह[2] पर सवार करके सुल्तान के समक्ष लाया। वह कुछ दिनों तक राजभवन में बन्द रहा। अन्त में मुक्त कर दिया गया और शाही कृपा द्वारा सम्मानित हुआ। सुल्तान वहां से देहली की ओर वापस हुआ। क़ुतलुग़ खाँ को उसके (१११) सहायकों तथा अधीनों सहित राजधानी में बुलवाया। क़ुतलुग़ खाँ शाही आदेशानुसार अपने भाई आलिम मलिक को वहाँ छोड़ कर (राजधानी) पहुंचा।

७४८ हि० (१३४७-४८ ई०) में देहुई तथा बरौदे के अमीराने सदा ने ख्वाजये जहाँ, जो गुजरात का नायब वज़ीर था, के दास मुक़बिल पर, जो राजधानी जा रहा था, छापा मारा तथा विद्रोह कर दिया। माल अस्बाब, खज़ाना तथा अस्त्र-शस्त्र, सबका सब उनके हाथ आ गया। धार के अधिकारी मलिक अज़ीज ने उपर्युक्त अमीराने सदा के विरुद्ध युद्ध किया किन्तु उसकी हत्या करदी गई। सुल्तान ने इस विद्रोह के दमन के लिये एक बहुत बड़ी सेना लेकर प्रस्थान किया। जब वह गुजरात के निकट पहुँचा तो उसने कुछ अमीर जैसे मलिक अली सर जानदार, मलिक अहमद लाचीन तथा कुछ अन्य अमीर आलिम मलिक के पास दौलताबाद इस आशय से भेजे कि वे दौलताबाद के अमीराने सदा को उसके समक्ष ले आये। आलिम मलिक ने शाही आदेशानुसार अमीराने सदा को भेज दिया। जब दौलताबाद के अमीराने सदा, उन अमीरों के साथ मानिक गंज की घाटी में पहुँचे तो उन्हें भय हुआ कि उन्हें क़त्ल करने के लिये बुलवाया जा रहा है। रात्रि में उन्होंने संघटित होकर विद्रोह कर दिया। प्रस्थान के समय उन्होंने उपर्युक्त अमीरों पर आक्रमण कर दिया। मलिक अहमद लाचीन मारा गया। अन्य लोग भाग गये। उपर्युक्त अमीराने सदा दौलताबाद पहुँचे। आलिम मलिक ने दौलताबाद का क़िला बन्द कर लिया। अमीराने सदा ने आलिम मलिक को इस कारण

१ शाही अश्वशाला।

२ गधे, यह अर्थ इब्ने बत्तूता ने लिखा है।

कि उसने उनके साथ अच्छा व्यवहार किया था मुक्ति प्रदान करके शहर (देहली) की ओर भेज दिया। इसमाईल मुख़ को बादशाह घोषित कर दिया और उसकी उपाधि सुल्तान नासिरुद्दीन निश्चित की।

(११२) सुल्तान यह समाचार सुन कर आगे बढ़ गया। उसने देहुई तथा बरौदा के अमीराने सदा से युद्ध करने के लिये एक सेना भेजी। अमीराने सदा ने सुल्तान की सेना से युद्ध किया किन्तु परास्त होकर दौलताबाद चले गये और दौलताबाद के अमीराने सदा से मिल गये। सुल्तान वहाँ से दौलताबाद की ओर चल दिया और उसने इसमाईल मुख़ से युद्ध किया। इसमाईल युद्ध न कर सका और भाग कर धारागर के किले में घुस गया। बहुत से लोग मारे गये। दौलताबाद के कुछ मुसलमान तो मारे गये और कुछ नष्ट भ्रष्ट हो गये। कुछ इसमाईल के साथ चल दिये।

मलिक तग़ी का गुजरात में विद्रोह—

सुल्तान उसी स्थान पर था कि गुजरात से मलिक तग़ी के विद्रोह की सूचना प्राप्त हुई कि उसने मलिक मुज़फ़्फ़र की हत्या करके उसकी समस्त धन-सम्पत्ति तथा घोड़ों पर अधिकार जमा लिया है। सुल्तान ने मलिक जौहर, ख़ुदावन्द जादा क़िवामुद्दीन, शेख़ बुरहानुद्दीन बलारामी तथा कुछ अन्य अमीरों को धारागर में छोड़ दिया। मलिक एमादुद्दीन सरतेज़ को एक बहुत बड़ी सेना देकर दौलताबाद की सेना के पीछे जो परास्त होकर बिदर की ओर चलदी थी भेजा और स्वयं गुजरात की ओर तग़ी के पीछे चल दिया।

हसन काँगू का दौलताबाद में बादशाह होना——

दौलताबाद की सेना ने, जिसका सरदार हसन काँगू था, घात लगा कर एमादुलमुल्क पर आक्रमण कर दिया और उसकी हत्या करदी। एमादुलमुल्क की सेना परास्त होकर दौलताबाद पहुंची। मलिक जौहर तथा अन्य अमीर जो दौलताबाद में धारागर के सामने पड़ाव डाले हुये थे, युद्ध न कर सके और वहाँ से भाग गये। हसन काँगू उनका पीछा करता हुआ दौलताबाद पहुँचा और इसमाईल मुख़ को हटा कर स्वयं बादशाह बन गया और अपनी उपाधि सुल्तान अलाउद्दीन करली। उस समय से दौलताबाद की अक़्ता हसन काँगू तथा उसके पुत्रों के पास ही रही।

गुजरात की ओर सुल्तान का प्रस्थान—

(११३) सुल्तान तग़ी के पीछे गुजरात की ओर एक स्थान से दूसरे स्थान में फिरता रहा। उसने दो बार सुल्तान से युद्ध किया और परास्त हुआ। इसी युद्ध में मलिक फ़ीरोज़ मलिक को देहली से बुलवाया गया। वह सुल्तान से मिला। कुछ समय उपरान्त मलिक कबीर जो क़ुबुल ख़लीफ़ती का पुत्र था मर गया। ख़्वाजये जहाँ तथा मलिक मक़बूल क़िवामुलमुल्क देहली में थे। इसी समय भूतपूर्व के सभी सुल्तानों विशेष कर सुल्तान अलाउद्दीन के परिश्रम से इस्लाम के प्रचार, धर्म (इस्लाम) के प्रोत्साहन उत्तम वस्तुओं की बहुतायत, मार्गों की रक्षा, प्रजा के आराम, तथा देश एवं प्रदेशों के अधिकार में करने तथा सुव्यवस्थित बनाने के सम्बन्ध में जो कुछ प्राप्त हुआ था, वह समाप्त हो गया। इस्लाम में कमजोरी, धर्म (इस्लाम) में विघ्न धन-सम्पत्ति में कमी, मार्ग में भय, लोगों में परेशानी, राज्य तथा प्रदेश में उपद्रव उठ खडा हुआ था। न्याय के स्थान पर अत्याचार तथा इस्लाम के स्थान पर कुफ़ की दृढ़ता प्राप्त हो गई। इसके कई कारण हैं।

(१) तुर्माशीरीन मुग़ल ने बहुत से क़स्बों के लोगों प्रजा तथा ग्रामों को विध्वंस कर दिया। उन विलायतों को पुनः आबाद न किया जा सका।

(२) विलायत (प्रदेश) का कर दसगुना तथा बीसगुना कर दिया। मवेशियों के चराई के लिये दाग़ लगाया गया। लोग घरों और मवेशियों को छोड़ कर मवासों तथा (जंगलों) में घुस गये। षड्यंत्रकारी शक्तिशाली हो गये और तत्पश्चात् विलायत नष्ट भ्रष्ट हो गई और ख़राबी पैदा हो गई।

(३) समस्त विलायत में वर्षा न हुई तथा घोर अकाल पड़ गया। सात वर्ष में एक बूंद पानी न बरसा और हवा में बादल न दिखाई पड़े।

(११४) (४) देहली की समस्त प्रजा को दौलताबाद भेज दिया गया और आसपास के क़स्बों के लोग शहर (देहली) लाये गये और पुनः लौटाये गये। उन्हें अपने पूर्वजों से जो धन-सम्पत्ति प्राप्त हुई थी उसे उसी प्रकार घर में छोड़ कर वे चले गये। तत्पश्चात् न उन्हें वह धन-सम्पत्ति ही प्राप्त हुई और न वे अन्य का प्रबन्ध कर सके। न शहर (देहली) आबाद हुआ और न क़स्बे।

(५) ८०,००० सवार, दासों तथा सेवकों के अतिरिक्त, क़राजिल पर्वत में भेजे गये। समस्त सेना एक साथ मृत्यु के छिद्र में पहुँच गई और सभी मार डाले गये और उनमें से दो सवार भी वापस न हुये। इस प्रकार की सेना पुनः एकत्र न हो सकी।

(६) जो कोई प्राणों के भय से किसी प्रदेश में विद्रोह करता था तो वहाँ के कुछ लोग तो मार डाले जाते थे और कुछ भय से इधर उधर भाग जाते थे। वह प्रदेश नष्ट हो जाता था और मुक़द्दम तथा षड्यंत्रकारी शक्तिशाली बन जाते थे और वे रक्तपात करना प्रारम्भ कर देते थे और कोई भी उन्हें रोक न सकता था। सुल्तान ने अपना समस्त लाव लश्कर इस प्रकार नष्ट तथा तबाह कर दिया था कि किसी के पास भोजन सामग्री न रही थी।

(७) शहर (देहली) तथा आसपास के अमीर, मलिक, प्रतिष्ठित व्यक्ति, दरिद्र, भिखारी, शिल्पी, महाजन, कृषक, साधारण लोग तथा श्रमिक अत्याचार और आतंक की तलवार से मार डाले गये। राजभवन के समक्ष मृतक शरीरों के ढेर लग जाते थे, यहाँ तक (११५) कि जल्लाद मरे हुये लोगों की खाल खींचते खींचते परेशान हो गये थे और राज्य के कार्य में पूर्णतया विघ्न पड़ गया था। जिस ओर षड्यंत्र को दबाने का प्रयत्न किया जाता तो दूसरी ओर बहुत बड़ा विद्रोह उठ खड़ा होता। भूतकाल के सुल्तानों ने राज्य व्यवस्था को जिस प्रकार स्थापित किया था, उसका अन्त हो गया। सुल्तान विस्मित था। जिस बात का वह संकल्प कर लेता, चाहे अपने राज्य में विघ्न पड़ते देखता, धर्म (इस्लाम) में हानि होते देखता और अपनी आन्तरिक तथा बाह्य परेशानियों का निरीक्षण करता, और फिर भी उससे बाज़ न आता। राज्य व्यवस्था तथा शासन प्रबन्ध का कोई साधन शेष न रह गया था। ईश्वर को धन्य है। मानो इस सबको अपने समक्ष, संसार से रवाना कर दिया था और स्वयं अकेला रह गया था ताकि जब समय आ जाय तो वह भी उनसे मिल जाय।

अपराधियों को दंड देने के लिये सुल्तान के नियम—

कहा जाता है कि उसने लोगों की हत्या कराने की इस सीमा तक व्यवस्था की थी कि चार मुफ़्तियों को महल में घर दे दिये गये थे। जिस किसी पर कोई आरोप लगाया जाता, सर्वप्रथम उसकी हत्या के विषय में वह उपर्युक्त मुफ़्तियों से वाद विवाद किया करता था। उसने उन लोगों से कह दिया था कि यदि कोई बिना किसी अपराध के मार डाला जायगा और तुम लोग उसकी ओर से सत्य बात कहने में कमी करोगे तो उसका रक्त तुम्हारी गर्दन पर होगा। मुफ़्ती उनको निर्दोष सिद्ध करने में कोई कमी न करते। यदि वे अपराधी सिद्ध हो जाते तो उनकी, चाहे आधी रात क्यों न हो, हत्या कर दी जाती थी; किन्तु यदि सुल्तान वाद (११६) विवाद में परास्त हो जाता तो सोचता था कि उपर्युक्त मुफ़्तियों की दूसरी बैठक की

जाय जिससे वह कोई ऐसा तर्क प्रस्तुत कर सके जिससे उनकी बात का खंडन हो सके। यदि मुफ़्ती बादशाह की बात में कोई दोष न निकाल पाते तो तत्काल अपराधी की हत्या कर दी जाती। यदि सुल्तान कोई उत्तर न दे पाता तो अपराधी को तुरन्त मुक्त कर दिया जाता था। पता नहीं कि वह शरा का इतना ध्यान लोगों की सुगमता के लिये करता था, अथवा किसी अन्य कारण से।

सुल्तान के अत्याचार की एक कहानी—

कहा जाता है कि वह एक बार जूते पहने हुये दीवाने क़ज़ा के मुहकमे में, शहर क़ाज़ी कमालुद्दीन सद्रे जहाँ के पास चला गया और कहने लगा कि "शेखज़ादा जामी ने मुझे बिना किसी अपराध के अत्याचारी कहा है। उसे बुलवा कर मेरा अत्याचार सिद्ध कराया जाय और जो कुछ शरा का आदेश हो उसके अनुसार आचरण किया जाय।" क़ाज़ी कमालुद्दीन ने शेखज़ादे को बुलवाया और उपर्युक्त दावे का उत्तर पूछा। शेखज़ादे ने स्वीकार किया। सुल्तान ने कहा, "मेरे अत्याचारों का उल्लेख कर।" शेख ने उत्तर दिया कि "जिस किसी अपराधी अथवा निर्दोषी की तूने हत्या कराई वह उसका कर्त्तव्य समझा जा सकता है किन्तु उनकी स्त्रियों तथा पुत्रों को जल्लादों को बेच डालने के लिये दे डालना, ऐसा अत्याचार है जो किसी धर्म में उचित नहीं।" सुल्तान चुप हो रहा और उसने कोई उत्तर न दिया। मुहकमये क़ज़ा से निकल कर आदेश दिया कि शेखज़ादा जामी को बन्दी बना कर लोहे के पिंजड़े में रखा जाय। ऐसा ही किया गया। दौलताबाद के युद्ध में पिंजड़ा हाथी की पीठ पर ले जाया जाता था। जब वह देहली लौटा तो मुहकमे के समक्ष पिंजड़े से निकलवा कर उसकी हत्या करा दी। (११७) उसके राज्य की खराबी का हाल तथा उसके अत्याचार का इस इतिहास में उल्लेख उचित नहीं; इस लिये कि बुज़ुर्गों के अपराध को पकड़ना अपराध है; किन्तु ये बातें राज्य के अधिकारियों की शिक्षार्थ लिख दी गई हैं जिससे वे सचेत होकर शिक्षा प्राप्त कर सकें।

संक्षिप्त में, जब उसके अत्यधिक अत्याचार के कारण उसके राज्य के कार्य तथा शासन प्रबन्ध में विघ्न पड़ गया तो सुल्तान इसी सोच में रुग्ण हो गया। वह थत्तह (थट्टा) की ओर, जहाँ तग़ी ने शरण ले रक्खी थी, उन लोगों को बन्दी बना कर मार डालने के लिये चल खड़ा हुआ। कुछ दिन पश्चात् वह स्वस्थ हो गया। खुरासान के बादशाह के नायब अमीर क़रग़न ने, उल्तून बहादुर मुग़ल के साथ ५००० सवार सुल्तान को सहायतार्थ भेजे थे। सुल्तान ने उल्तून बहादुर तथा उसकी सेना को अत्यधिक इनाम प्रदान किया और उन्हें सम्मानित किया। वे सुल्तान के साथ रहे। जब सुल्तान थत्तह (थट्टा) के निकट पहुंचा तो उसका वही रोग पुनः आरम्भ हो गया और २१ मुहर्रम ७५२ हि० (२० मार्च, १३५१ ई०) को सुल्तान सिन्धु नदी के तट पर मृत्यु को प्राप्त हो गया। उसने २७ वर्ष तक राज्य किया।

——

तारीखे मुहम्मदी

[लेखक—मुहम्मद बिहामद ख़ानी]

[ब्रिटिश म्युज़ियम मैनुसकिरिप्ट]

(३९५ अ) ७२० हि[1] में सुल्तानुल ग़ाज़ी ग़यासुद्दुनिया वद्दीन तुग़लुक़ शाह बड़े-बड़े मलिकों तथा प्रतिष्ठित अमीरों की सहमति से शुभ मूहूर्त्त में कूश्के सीरी (सीरी के राज भवन) में सिंहासनारूढ़ हुआ।.........

(३९५ ब) उसने ७२१ हि० (१३२१ ई०) में अपने ज्येष्ठ पुत्र जौनाँ मलिक अर्थात् सुल्तान मुहम्मद को, जिसकी उपाधि उस समय उलुग़ ख़ाँ थी, राजसी ठाठ बाट तथा शाही गौरव के साथ अरंगल की ओर, जो तिलंग का एक बहुत बड़ा प्रदेश है, भेजा। बदायूं, चन्देरी, अवध, बाँगर मऊ तथा अन्य अक़्ताओं की सेनायें उसकी शुभ सवारी के साथ भेजीं। (३९६ अ) उलुग़ ख़ाँ निरन्तर कूच करता हुआ देवगीर (देवगिरि) के क्षेत्र में पहुँच गया। वहाँ की समस्त सेनायें उसके साथ रवाना हुईं। जब विजयी सेनायें अरंगल के क्षेत्र में जो तिलंग की राजधानी है पहुँचीं तो अरंगल के कोट को घेर लिया गया। मंजनीक़ तथा अरादे की तैयारियाँ होने लगीं। नित्य भीषण युद्ध तथा घोर रक्तपात होता था। कुछ दिन उपरान्त इस्लामी सेनाओं को विजय प्राप्त हुई और अरंगल का बाहरी कोट युद्ध द्वारा विजय कर लिया गया। दुष्ट काफ़िर भीतरी कोट में घुस गये। अन्त में सन्धि का प्रयत्न करके इस्लामी सेना को धन तथा हाथी देकर लौटा देने की इच्छा करने लगे। उलुग़ ख़ाँ अर्थात् सुल्तान मुहम्मद संधि करना स्वीकार न करता था और कोट का द्वार खुलवाने का अत्यधिक प्रयत्न कर रहा था और कोट पर विजय प्राप्त होने वाली ही थी कि इसी बीच में कुछ दिन तक देहली से सन्देश-वाहक न पहुंचे। उबैद कवि तथा शेख़ ज़ादा दमिश्क़ी ने, जो बहुत बड़े षड्यन्त्रकारी थे, षड्यन्त्र खड़ा कर दिया और सेना में यह किम्वदन्ती उड़ा दी कि (३९६ ब) सुल्तान ग़यासुद्दीन तुग़लुक़ शाह का निधन हो गया और देहली का शासन प्रबन्ध छिन्न-भिन्न हो गया है। इसी कारण सभी मार्ग पूर्णतया बन्द हो गये हैं। उन दोनों दुष्टों ने इस प्रकार के अनुचित समाचार बड़े-बड़े मलिकों तथा प्रतिष्ठित अमीरों तक पहुँचाये। इस समाचार से मलिक तिमुर, मलिक तिगीन मलिक मुद (मुख) अफ़ग़ान तथा मलिक काफ़ूर मुहर दार जोकि प्रतिष्ठित अलाई मलिक थे, उलुग़ ख़ाँ अर्थात् सुल्तान मुहम्मद से भयभीत हो गये और अपनी सेना तथा सहायकों सहित (शाही) सेना के शिविर से पृथक् हो गये। उलुग़ ख़ाँ शाही सेना लेकर देवगीर (देवगिरि) की ओर चल दिया।

जब देहली से समाचार-वाहक निरन्तर आने लगे तो वे मार्ग ही से अरंगल की ओर भाग गये। मलिक तिमुर कुछ सवारों के साथ काफ़िरों के मध्य में पहुंच गया। उसकी वहीं मृत्यु हो गई। मलिक तिगीन भी हिन्दुओं के हाथ पड़ गया और देवगीर (देवगिरि) भेज दिया गया। मलिक काफ़ूर मुहर दार, उबैद कवि तथा कुछ अन्य विद्रोही बन्दी बना कर उलुग़ ख़ाँ की सेवा में लाये गये। उन्हें बन्दी बना कर देहली भेज दिया गया। सुल्तान तुग़लुक़ शाह ने उन्हें जीवित फाँसी पर चढ़ा दिया। मलिक तिगीन के सभी सहायकों को कठोर दण्ड दिये गये। उन दिनों सीरी के कूश्क में इतने कठोर दण्ड दिये गये जिससे सभी षड्यन्त्रकारियों को शिक्षा प्राप्त हो गई।

---

१ पुस्तक में ७१० हि० है जो पुस्तक नक़ल करने वाले की भूल है।

दूसरी बार इस्लामी सेना अरंगल के क़िले पर पहुँची और पहुँचते ही बाहरी कोट (३९७ अ) पर विजय प्राप्त करली। कुछ दिन उपरान्त युद्ध करके दूसरा कोट भी जीत लिया। लुद्दर देव (रूद्रदेव) तथा समस्त रानाओं और उनके ख़ज़ानों, बहुमूल्य वस्तुओं तथा घोड़े और हाथियों पर अधिकार जमा लिया गया। विजय-पत्र देहली भेज दिये गये। उसने समस्त तिलंग में अपने वाली (अधिकारी) नियुक्त कर दिये। तिलंग से उसने जाजनगर पर चढ़ाई की। वहाँ से युद्ध के हाथी प्राप्त करके वह अरंगल पहुँचा। वहाँ से वह सुल्तान तुग़लुक़ की सेवा में पहुँचा। सुल्तान ने उसे अत्यधिक इनाम तथा खिलअतें प्रदान कीं।

७२४ हि० (१३२३-२४ ई०) में सुल्तान ग़यासुद्दीन तुग़लुक़ शाह ने सेना लेकर लखनौती की ओर प्रस्थान किया। उलुग़ ख़ाँ अर्थात् सुल्तान मुहम्मद को अपना उत्तराधिकारी बना कर चत्र एवं दूरबाश प्रदान किये और स्वयं निरन्तर कूच करता हुआ लखनौती की ओर चल दिया। ईश्वर की कृपा से इस्लामी सेना ने कठिनाइयों को सुगमता-पूर्वक झेलते हुये मार्ग को पार कर लिया। जब सुल्तान की विजयी सेनायें तिरहुट के पास पहुंचीं तो (३९७ ब) लखनौती का शासक सुल्तान नासिरुद्दीन सुल्तान ग़यासुद्दीन के दरबार में उपस्थित हुआ और राज्य के स्तम्भों (अमीरों) में प्रविष्ट हो गया। तातार जिसकी उस समय उपाधि तातार मलिक थी और सुल्तान ग़यासुद्दीन तुग़लुक़ द्वारा पुत्र कहे जाने के कारण बड़ा सम्मानित था और ज़फ़राबाद का मुक़्ता हो गया था, मलिकों और अमीरों के साथ आगे भेजा गया। वह समस्त बंगाल-भूमि को ध्वंस करके सुल्तान बहादुर सरीखे प्रतापी बादशाह की गर्दन में रस्सी बाँध कर सुल्तान ग़यासुद्दीन के द्वार के समक्ष लाया और उस प्रदेश में बड़ा पौरुष, तथा वीरता प्रदर्शित की। थोड़े समय में लखनौती, सत गाँव, तथा सुनार गाँव, जो कि पृथक् प्रदेश हैं, जीत लिये गये और तुग़लुक़ शाह के अधीन हो गये। सुल्तान ग़यासुद्दीन तुग़लुक़ शाह ने कृपा दृष्टि दिखाते हुये सुल्तान नासिरुद्दीन को, जिसने सर्व प्रथम उसका स्वागत किया था, चत्र तथा दूरबाश प्रदान किये और लखनौती के राज सिंहासन पर उसे आरूढ़ कर दिया। सुनार गाँव के शासक बहादुर को, जो बड़ा ही षड्यन्त्रकारी तथा उपद्रवी था, बन्दी बना कर देहली भेज दिया और विजय-पत्र देहली भेज दिये।

अपनी इच्छा की पूर्ति के उपरान्त वह वापस हुआ और निरन्तर कूच करता हुआ तुग़लुक़ाबाद के उपान्त में पहुँचा और उस कूश्क में, जो कि नव निर्मित था, उतरा। दैवी दुर्घटना से वह कूश्क भूमि पर गिर पड़ा और उसके नीचे दब जाने के कारण सुल्तान का (३९८अ) निधन हो गया। उसका पुत्र सुल्तान मुहम्मद देहली के राजसिंहासन पर आरूढ़ हुआ।......उसने चार वर्ष तथा कुछ समय तक राज्य किया।

सुल्तान ग़यासुद्दीन तुग़लुक़ शाह के निधन के उपरान्त उसका ज्येष्ठ पुत्र जौना मलिक अर्थात् मुहम्मद बिन तुग़लुक़ शाह बड़े-बड़े मलिकों तथा प्रतिष्ठित अमीरों की सहमति से एक शुभ मुहूर्त्त में ७२५ हि० में तुग़लुक़ाबाद में राज सिंहासन पर आरूढ़ हुआ। सिंहासनारोहण के प्रारम्भ ही से उसने अपनी अत्यधिक दया के कारण अपने अपार राज कोष के द्वार दूर तथा निकट के लोगों पर खोल दिये और विद्रोहियों तथा उपद्रवकारियों के विरुद्ध रक्तपात (३९८ ब) तथा युद्ध के हेतु कटि-बद्ध हो गया। सिंहासनारोहण के ४० दिन उपरान्त वह देहली नगर में प्रविष्ट हुआ और राज भवन में पुनः प्राचीन सुल्तानों के राजसिंहासन पर आरूढ़ हुआ। सोने के दीनार तथा चाँदी के दिरहम हाथियों के हौदज पर रखवा कर प्रत्येक गली तथा मुहल्ले में लोगों पर न्योछावर किये गये। उस काल के प्राचीन लोग इस बात से सहमत थे कि न्योछावर की इतनी अधिकता किसी समय भी न हुई थी। देहली सोने चाँदी के तन्कों की अधिकता से उद्यान के समान लाल फूलों तथा सैकड़ों पंखड़ियों वाले फूलों से

परिपूर्ण होगया। लोग माला माल हो गये। सुल्तान मुहम्मद बिन तुग़लुक़ शाह बड़ा ही आलिम, फ़ाज़िल, न्यायकारी तथा दानी बादशाह था। ईश्वर की कृपा से राज्य व्यवस्था तथा शासन प्रबन्ध के उद्यान में इस प्रतापी बादशाह को जो सफलता प्राप्त हुई वह पिछले तथा भूतकाल के सुल्तानों को कम प्राप्त हो सकी मानो शासन व्यवस्था के वस्त्र तथा राज्य व्यवस्था की खिलअत उसके शुभ शरीर पर सी गई हो। वह इतना अधिक दानी था कि समस्त संसार एक तुच्छ भिखारी को दान कर देता था।······ यदि भूतकाल के सुल्तान खज़ाने से अपार धन-सम्पत्ति प्रदान करते थे तो सुल्तान मुहम्मद शाह समस्त खज़ाना दान (३९९ अ) कर देता था। उसने सञ्जर बदख़शानी को ८० लाख तन्के तथा मौलाना नासिरुद्दीन तवील एवं मलिकुन्नुदमा को अत्यधिक सोने के सिक्के एवं रत्न प्रदान किये।

जब समस्त हिन्दुस्तान, देवगीर (देवगिरि) गुजरात, बंगाल, तिलंग, जोकि बहुत ही विशाल हैं, उस सम्मानित बादशाह के अधीन हो गये और कम्पिला, धोर सन्दा (द्वार समुद्र), माबर तथा समुद्र तट के सभी प्रदेश उसे खराज अदा करने लगे तो ७२७ हि० (१३२६-२७ ई०) में सुल्तानुल आज़म मुहम्मद बिन तुग़लुक़ शाह ने अत्यधिक सेना लेकर देवगीर (देवगिरि) की ओर प्रस्थान किया और देवगीर का जो कुफ़्र की राजधानी था, दौलताबाद नाम रक्खा और उसे इस्लाम की राजधानी इस कारण से बनाया कि आकाश का चुम्बन करने वाली इस्लामी पताकाओं की छाया में अत्यधिक इक़लीमें आ गई थीं और राजधानी को ऐसे स्थान पर होना चाहिये जहाँ से सभी इक़्लीमें समान दूरी पर हों और वह स्थान केन्द्र में हो जिससे प्रत्येक देश (प्रदेश) की उत्कृष्ट बातों तथा उपद्रव का हाल राजसिंहासन के समक्ष पहुँचता रहे। इस उद्देश्य से, जिसका उल्लेख हो चुका है, उसने देवगीर (देवगिरि) को अपनी राजधानी बनाया और उसका नाम दौलताबाद रक्खा। उसने अपनी माता मलिकये जहाँ (३९९ ब) (मखदूमये जहाँ) को आदेश दिया कि वह मलिकों तथा अमीरों के परिवार को लेकर देहली से दौलताबाद की ओर प्रस्थान करे। उस सदाचारी मलका ने देहली के अमीरों के समस्त परिवार के साथ राजधानी दौलताबाद की ओर प्रस्थान किया। इस मलका के पहुंचने पर दौलताबाद सद्रों, प्रतिष्ठित तथा गण्यमान्य व्यक्तियों से परिपूर्ण हो गया और प्रत्येक को देहली में जो इदरार तथा इनाम प्राप्त होते थे उससे अधिक प्राप्त होने लगे।

उपर्युक्त वर्ष के अन्त में किशलू खाँ अर्थात् बहराम ऐबा ने सिन्ध में विद्रोह कर दिया और चत्र धारण कर लिया। जब उसके विद्रोह के समाचार सुल्तान के कानों तक पहुँचे तो वह दौलताबाद से देहली पहुँचा और देहली से शुभ मुहूर्त्त में बहुत बड़ी सेना लेकर बाहर निकला और मुल्तान की ओर प्रस्थान किया। किशलू खाँ भी एक भारी सेना लेकर बाहर निकला और सुल्तान से युद्ध किया और पहले ही आक्रमण में पराजित हो गया। वह (४०० अ) कृतघ्न सुल्तान के दासों द्वारा मार डाला गया।········· बहराम ऐबा के समस्त सहायक तथा सम्बन्धी मार डाले गये और उसका पूरा शिविर नष्ट हो गया। सुल्तान मुहम्मद बिन तुग़लुक़ शाह मुल्तान के क़िले के द्वार के समक्ष आया और वहाँ के निवासियों के रक्त की नदी वह बहाना चाहता था किन्तु शेख़ुल इस्लाम शेख रुक्नुद्दीन की सिफ़ारिश पर मुल्तान वालों को क्षमा कर दिया और विजय तथा सफलता प्राप्त करके देहली की ओर लौट गया।

वहाँ उसने आदेश दिया कि देहली के सभी निवासियों, साधारण तथा उच्च श्रेणी वालों और क़स्बों तथा शहर (देहली) के निकट के लोगों के क़ाफ़ले दौलताबाद की ओर प्रस्थान करें। इस बात से शहर (देहली) इस प्रकार रिक्त हो गया कि कुछ दिनों तक कोट के द्वार बन्द रहे। तत्पश्चात् उसने आदेश दिया कि बड़े बड़े क़स्बों के आलिमों, सूफ़ियों, पवित्र लोगों तथा प्रतिष्ठित व्यक्तियों को इधर उधर से लाकर शहर (देहली) में बसाया जाय।

जब सुल्तान मुहम्मद शाह दो तीन वर्ष तक दौलताबाद में निवास करता रहा तो उन्हीं दिनों में तुर्माशीरीं की घटना घटी। वह दुष्ट बहुत भारी सेना लेकर तिरमिज़ से हिन्दुस्तान पहुँचा और दोआब के मध्य के बहुत से नगर विजय कर लिये तथा प्रजा की हत्या कर दी एवं उन्हें बन्दी बना लिया। सुल्तान मुहम्मद बिन तुग़लुक़ शाह भी एक भारी सेना लेकर यमुना नदी के तट पर पहुँचा और वहाँ अपने शिविर लगा दिये। यमुना नदी दोनों सेनाओं के मध्य (४०० ब) में थी। जब दुष्ट तुर्माशीरीन ने मुसलमानों की शक्ति तथा उनका ऐश्वर्य देखा तो तुरन्त लौट गया और तिरमिज़ पहुंच गया।

उसी तिथि से समय की कुदृष्टि का प्रभाव आरम्भ हो गया और राज्य के कार्यों में विघ्न पड़ने लगा। इसका प्रारम्भ मलिक बहाउद्दीन गर्शास्प के विद्रोह से हुआ जो सुल्तान तुग़लुक़ की बहिन का पुत्र था। उसने भक्कर में विद्रोह कर दिया और दौलताबाद पर चढ़ाई की तथा शाही सेना से युद्ध किया और पराजित होकर कम्पिला के राय के पास भाग गया। इस्लामी सेना ने कम्पिला में उसका पीछा किया और कम्पिला पर अधिकार जमा लिया। कम्पिला के राय तथा उसके परिवार एवं ख़ज़ाने और धन-सम्पत्ति पर भी अधिकार कर लिया। बहाउद्दीन गर्शास्प मलिक उस स्थान से अपने परिवार को नष्ट कराके धोर समुद्र (द्वार समुद्र) की ओर चला गया। वहाँ उसे बन्दी बना कर दौलताबाद भेज दिया गया। सुल्तान मुहम्मद ने उसकी हत्या करा दी और हाथी के पाँव के नीचे फिंकवा दिया।

दूसरा विघ्न यह था कि ४० हज़ार सवार क़राचिल पर्वत की ओर भेजे गये। जब इस्लामी सेना पर्वत के सकरे मार्ग में पहुँची तो काफ़िरों ने मार्ग पर अधिकार जमा लिया और उनकी वापसी रोक दी। इस प्रकार समस्त सेना का वहीं विनाश हो गया और कोई भी जीवित न लौट सका।

तीसरा विघ्न बहराम ख़ाँ की मृत्यु तथा उसके साथियों के बंगाल में छिन्न भिन्न होने के समाचार पहुँचने से हुआ। क़दर ख़ाँ शाही आदेशानुसार लखनौती पहुंचा। वह भी कोई सफलता प्राप्त न कर सका और वह समस्त परिवार एवं धन सम्पत्ति तथा ख़ज़ाने सहित विद्रोहियों द्वारा बन्दी बना लिया गया और वह इक़लीम (राज्य) उसके हाथ से निकल गई (४०१ अ) और पुनः अधिकार में न आ सकी।

चौथा विघ्न माबर में सैयिद एहसन का विद्रोह था। वह सैयिद इब्राहीम ख़रीतादार का पिता था। उसने वहाँ के सभी अमीरों की हत्या करके शाही ख़ज़ाना अपने अधिकार में कर लिया तथा माबर के प्रदेश का शासक बन बैठा। यह इक़लीम भी शाही दासों के हाथ से निकल गई।

पाँचवाँ विघ्न यह था कि सुल्तान मुहम्मद बिन तुग़लुक़ शाह ने कम्पिला प्रदेश, कम्पिला के राय के एक सम्बन्धी को दे दिया। उस हरामखोर ने उस प्रदेश पर अधिकार जमा लिया।

चूँकि दौलताबाद की जलवायु देहली वालों के अनुकूल सिद्ध न हुई, अतः अधिकांश लोग रुग्ण हो गये। यह हाल राजसिंहासन के समक्ष प्रस्तुत किया गया। सुल्तान ने आदेश दिया कि ससस्त प्रजा मलिकये जहां के साथ देहली भेज दी जाय। इस समय देहली के आस पास घोर अकाल पड़ा था। इस कारण बहुत से लोग मरहट भूमि में रह गये और कुछ मार्ग में नष्ट हो गये। राज्य व्यवस्था में बड़ा विघ्न पड़ गया। शाही पताकाओं ने दौलताबाद से तिलंग की इक़लीम के शासन प्रबन्ध की व्यवस्था के लिये प्रस्थान किया। दौलताबाद क़ुतलुग़ ख़ाने मुअज़्ज़म को सौंप दिया गया। तिलंग की इक़लीम (राज्य) मलिक मक़बूल नायब वज़ीर को, जो सुल्तान फ़ीरोज़ शाह के राज्य काल में वज़ीर ख़ाने जहाँ हो गया

(४०१ ब) था, प्रदान कर दी गई और (सुल्तान) शीघ्रातिशीघ्र वहाँ से दौलताबाद की ओर लौट गया। मार्ग में वह रुग्ण हो गया। जब वह दौलताबाद, देवगीर (देवगिरि) पहुंचा तो मलिक ताजुद्दीन होशंग के विद्रोह के कारण, जो पर्वत में घुस गया था, उसे दौलताबाद में लगभग तीन दिन तक ठहरना पड़ा। तत्पश्चात् उसने होशंग को क़ुतलुग़ ख़ाँ के सिपुर्द कर दिया और शिहाबुद्दीन सुल्तान की उपाधि नुसरत ख़ाँ रख दी। बिदर का क़िला तथा उसके आसपास के समस्त स्थान उसे प्रदान कर दिये और स्वयं रुग्णावस्था में देहली की ओर प्रस्थान किया। यद्यपि देहली पहुँच कर बादशाह स्वस्थ हो गया था किन्तु देहली अकाल के कारण बड़ी दुर्दशा को प्राप्त हो गया था और शहर के आसपास के स्थान बहुत बुरी दशा में तथा परेशान थे। इसी अवस्था में शाहू अफ़ग़ान ने मुल्तान में विद्रोह कर दिया और नायब वज़ीर की हत्या कर दी। जब शाही सेनायें उस ओर पहुँचीं तो वह मुल्तान के क़िले को त्यागकर सुलेमान पर्वत में अपने क़बीले वालों—अफ़ग़ानों के पास चला गया। यह विद्रोह ईश्वर की कृपा से शीघ्र ही शान्त हो गया और शाही पताकायें शाहू के युद्ध में विजय तथा सफलता पाकर लौट गईं। जब शाही पताकायें सुनाम के उपान्त में पहुँचीं, तो सुल्तान की माता मख़दूमये जहाँ के निधन के समाचार प्राप्त हुये। उसके नाम पर क़ुरान का पाठ हुआ और अत्यधिक (४०२ अ) दान पुण्य किया गया। इस मलका के निधन से एक बहुत बड़ी हानि हुई। कुछ समय उपरान्त मलिक मक़बूल नायब वज़ीर जो तिलंग की इक़लीम (राज्य) का वाली (अधिकारी) था, बिना किसी उद्देश्य के राजधानी में पहुँच गया और वह इक़लीम हाथ से निकल गई।

सुल्तान मुहम्मद अकाल के कारण देहली से कटिहर पहुँचा और वह प्रदेश विध्वन्स कर दिया और कम्बज तथा बतयाबी के क्षेत्र में गंगा तट पर एक उच्च स्थान पर ठहरा और उसी स्थान को अपने निवास के लिये चुन लिया। उस स्थान का नाम सुर्गं द्वारी (स्वर्गद्वारी) रक्खा। वहाँ हिन्दुस्तान की ओर से अत्यधिक अनाज तथा धन सामग्री आने लगी और लोग समृद्ध होने लगे। उन दिनों ऐनुलमुल्क के भाई, जिनके नाम शहरुल्लाह तथा फ़ज़्लुल्लाह थे और जो अवध तथा ज़फ़राबाद के स्वामी थे, अत्यधिक दासता, एवं निष्ठा प्रदर्शित करते थे। उन्हीं के प्रयत्न से कड़े में निज़ाम माईं का विद्रोह शान्त हो गया। जिस समय सुल्तान स्वर्गद्वारी में निवास कर रहा था, शहर (देहली तथा शहर के उपान्त के लोग अकाल के कारण हिन्दुस्तान पहुँच गये। यद्यपि उन्हें मार्ग में रोका जाता किन्तु इसका कोई लाभ न होता और लोग हिन्दुस्तान पहुँच जाते। सर्व साधारण तथा उच्च श्रेणी के व्यक्ति इतनी बड़ी संख्या में ऐनुलमुल्क के भाइयों के पास एकत्र हो गये कि उन लोगों को बादशाही का लोभ होने लगा। इसी बीच में उनका बड़ा भाई (४०२ ब) ऐनुल मुल्क दरबार से भाग कर अपने भाइयों के पास पहुँच गया। उसके भाई स्वर्गद्वारी के तीस कोस पर पहुंच गये थे। जब ऐनुलमुल्क उनके पास पहुंचा तो वे तुरन्त कई हज़ार वीर सवार लेकर गंगा तट पर पहुँच गये और हाथी घोड़ों, जो उनको देख भाल के लिये दिये गये थे, पर उन्होंने अधिकार जमा लिया और उन्हें अपने शिविर में ले गये। एक बहुत बड़ा उपद्रव उठ खड़ा हुआ। सुल्तान मुहम्मद कुछ दिन उपरान्त स्वर्गद्वारी से क़न्नौज की ओर रवाना हुआ और उस नगर के उपान्त में अपने शिविर लगा दिये। ऐनुलमुल्क तथा उसके भाइयों की पहुंच लेखनी तक थी और वे तलवार चलाना न जानते थे। वे बँगरतू (बाँगरमऊ) की नदी पार करके सुल्तान के लश्कर के समक्ष उतर पड़े। दूसरे दिन प्रातःकाल के पूर्व ऐनुलमुल्क तथा उसके भाई एक बहुत बड़ी सेना लेकर शाही शिविर के निकट पहुंच गये और युद्ध प्रारम्भ हो गया। जैसे ही सुल्तान

उन कृतघ्नों के निकट पहुँचा, वे पराजित हो गये और उन अधर्मी विद्रोहियों की सेना छिन्न-भिन्न हो गई। ऐनुलमुल्क की गर्दन रस्सी से बाँधी गई और वह सुल्तान के समक्ष लाया गया। चूंकि वह शान्ति प्रिय एवं योग्य था, अतः सुल्तान ने उसे क्षमा कर दिया और उसके भाइयों की, जो विद्रोह तथा दुराचार की जड़ थे, हत्या करा दी।

(४०३ अ) इसी बीच में यह समाचार प्राप्त हुये कि मरहट भूमि में पुनः विद्रोह हो गया। सर्व प्रथम शिहाबुद्दीन सुल्तानी ने, जो नुसरत ख़ाँ हो गया था, विद्रोह कर दिया। दूसरे अली शाह ने, जो ज़फ़र ख़ाँ अलाई का भतीजा तथा क़ुतलुग़ ख़ाँ का अमीर सदा था, विद्रोह कर दिया और गुलबर्गे के शासक तथा बिदर के क़िले के नायब की हत्या करदी। देवगीर (देवगिरि) के बड़े बड़े अमीरों तथा क़ुतलुग़ ख़ाँ के धावों (समाचार वाहकों) की दो बार हत्या करदी। क़ुतलुग़ ख़ाँ अपार तथा असंख्य सेना लेकर बिदर के क़िले के निकट पहुँचा और उसे घेर लिया। अन्त में शिहाबुद्दीन सुल्तानी एवं अली शाह को क्षमा प्रदान करके क़िले के बाहर निकाला और दोनों को अपने विश्वासपात्रों के हाथ सुल्तान के पास भेज दिया और अपनी योग्यता से क़िला विजय कर लिया।

७४४ हि० (१३४३-४४ ई०) में हाजी सईद सरसरी मिस्र से देहली आया और सुल्तान मुहम्मद बिन तुग़लुक़ शाह के लिये ख़िलाफ़त[1] का अधिकार पत्र तथा अमीरी की खिलअत लाया। इस बादशाह ने अपनी निष्ठा के कारण समस्त सद्रों तथा राजधानी के प्रतिष्ठित लोगों को लेकर उसका स्वागत किया और उसका बड़ा आदर सम्मान किया और अमीरुल मोमिनीन (ख़लीफ़ा) से राज्य व्यवस्था सम्बन्धी सभी प्रकार के आदेश देने की प्रार्थना की (लिखी) और बड़े दीन भाव से विस्तारपूर्वक एक प्रार्थना पत्र ख़लीफ़ा को लिखा और उसे (४०३ ब) बहुमूल्य रत्नों सहित शेख हाजी रजब सरसरी के हाथ ख़लीफ़ा के पास मिस्र भेजा। दो वर्ष उपरान्त पुनः शेख हाजी तथा मिस्र के शेख़ुश् शुयूख़ अधिकार पत्र एवं उपहार लेकर देहली पहुंचे। सुल्तान ने उनका अत्यधिक आदर सम्मान किया। दूसरी बार पुनः मख़दूम ज़ादा अब्बासी भरौंच से अधिकार-पत्र तथा ख़लीफ़ा के उपहार मिस्र से लाया। इस बार भी उसने उसका बड़ा आदर सम्मान किया। सुल्तान मुहम्मद को अब्बासी ख़लीफ़ाओं द्वारा जो कुछ प्राप्त हुआ, वह ख़ुरासान तथा हिन्दुस्तान के सुल्तानों में किसी को कम ही प्राप्त हो सका होगा। उसने मलिक क़ुबूल ख़लीफ़ती को, जिसकी इसके पूर्व उपाधि मलिक कबीर थी, मलिक ख़लीफ़ा बना दिया। उसकी उपाधि क़ुबूल ख़लीफ़ती रक्खी।

जिस वर्ष शाही पताकाओं की छाया गुजरात पर पड़ी, सुल्तान द्वारा क़ुतलुग़ ख़ाँ को दौलताबाद बुलवाने का फ़रमान निकाला गया। क़ुतलुग़ ख़ाँ अपने समस्त सहायकों को लेकर सुल्तान की सेवा में पहुंचा। देवगीर (देवगिरि) की इक़लीम, एमादलमुल्क सरतेज़ सुल्तानी को प्रदान हुई। रमज़ान ७४५ हि० (जनवरी, १३४५ ई०) के अन्त में परवर्दा (बरौदा) तथा दहोई (दभोई) के अमीराने सदा के विद्रोह के समाचार प्राप्त हुये जो अज़ीज़ ख़म्मार के कठोर दण्डों के कारण उठ खड़ा हुआ था। सुल्तान ने तुरन्त उन पर चढ़ाई की। जब शाही पताकायें भरौंच के उपान्त में पहुँचीं तो दुष्ट लोग भाग खड़े हुये और देवगीर (४०४ अ) (देवगिरि), चल दिये। मलिक मक़बूल नायब वज़ीर ने एक भारी सेना लेकर उनका पीछा किया और नर्बदा तट पर उनसे युद्ध किया। उनके समस्त परिवार को बन्दी बना लिया। परवर्दा (बरौदा) के कुछ बड़े-बड़े अमीराने सदा बन्दी बना लिये गये।

तत्पश्चात् सुल्तान ने देवगीर (देवगिरि) के अमीराने सदा को बुलवाने का आदेश भेजा। उन्होंने भयभीत होकर विद्रोह कर दिया। क़ुतलुग़ ख़ाँ के भाई मौलाना निज़ामुद्दीन

१ ख़लीफ़ा नियुक्त किये जाने।

को बन्दी बना लिया और शाही ख़ज़ाना अपने अधिकार में कर लिया। परवर्दा (बरौदा) के शेष अमीराने सदा उन विद्रोहियों से मिल गये और एक बहुत बड़ा उपद्रव उठ खड़ा हुआ। जब सुल्तान को यह समाचार प्राप्त हुये तो उसने भरौंच से देवगीर (देवगिरि) पर चढ़ाई की। उसके पहुंचते ही समस्त दुष्ट छिन्न-भिन्न तथा पराजित हो गये। सुल्तान ने वह राज्य एमादुलमुल्क सरतेज़ सुल्तानी को प्रदान कर दिया किन्तु जो प्रदेश दुर्भाग्य से छिन्न-भिन्न हो रहे थे, मनुष्य के प्रयत्न से सुव्यवस्थित न हो सके। हसन कांगू तथा अन्य विद्रोहियों ने एमादुलमुल्क पर आक्रमण करके उसकी हत्या कर दी। हसन कांगू दौलताबाद पहुँचा और उसने चत्र धारण कर लिया और अपने नाम का ख़ुत्बा तथा सिक्का चलवा दिया। उस समय से इस समय ८३९ हि०[1] (१४३५-३६ ई०) तक जोकि इस इतिहास के संकलन की तिथि है, राजसिंहासन, मुकुट एवं दौलताबाद का राज्य उसकी संतान द्वारा सुशोभित है। सुल्तान मुहम्मद बिन तुग़लुक़ शाह के उपरान्त कोई भी बादशाह उस प्रदेश में सेना न लेजा (४०४ ब) सका और उस प्रदेश को अपने अधिकार में न कर सका। वह प्रदेश हसन कांगू की संतान के ही अधीन रहा।

जब सुल्तान मुहम्मद बिन तुग़लुक़ शाह देवगीर (देवगिरि) के राज्य से लौटा तो मार्ग में उसे तग़ी हरामखोर के, जो सफ़दर बेग का दास था, विद्रोह के समाचार प्राप्त हुये। वह निरन्तर कूच करता नर्बदा तट पर पहुंचा। जब तग़ी हरामख़ोर को विजयी सेना के पहुंचने के समाचार प्राप्त हुये तो वह भाग कर खम्बायत की ओर चल दिया। मलिक यूसुफ़ बुग़रा कई हज़ार सवारों के साथ उस हरामखोर के विनाश हेतु भेजा गया। जब तग़ी से युद्ध होने लगा तो दुर्भाग्यवश मलिक यूसुफ़ बुग़रा तथा कुछ बड़े बड़े अमीर युद्ध में मार डाले गये और सेना पराजित होकर पुनः भरौंच पहुंची। सुल्तान ने स्वयं एक भारी सेना लेकर नर्बदा नदी पार की और खम्बायत की ओर प्रस्थान किया। तग़ी हरामख़ोर खम्बायत से असावल की ओर चल दिया। शाही पताकाओं ने भी असावल की ओर प्रस्थान किया। तग़ी वहाँ से नहरवाला चल दिया। सुल्तान ने मलिक यूसुफ़ बुग़रा के पुत्र को एक भारी सेना देकर नहरवाले की ओर भेजा। मार्ग में मलिक यूसुफ़ बुग़रा के पुत्र ने असावधानी दिखलाई। मक्कार तग़ी नहरवाला के क़िले से रात्रि के अंधेरे में अपने सहायकों के साथ निकल कर थट्टा तथा दमरीला की ओर भाग गया। सुल्तान उसके पीछे पीछे नहरवाला पहुंचा और तिलंग हौज़ के तट पर पड़ाव (४०५अ) किया। कुछ दिन उपरान्त वह एक शुभ मुहूर्त्त में अपनी पताकाओं को थट्टा की ओर ले गया। जब वह सिन्धु नदी के तट पर पहुंचा तो समस्त प्रदेशों की सेनायें उसके पास पहुँच गईं। विजयी सेनाओं ने एक शुभ मुहूर्त्त में नदी पार की और दूसरी ओर पड़ाव किया। सुल्तान ने उसी स्थान से उल्तून बहादुर को कई हज़ार वीर मुग़ल सवारों के साथ (आगे) भेजा। अमीर रोग़न सुल्तान की सहायतार्थ (शाही) सेना से मिला और अत्यधिक इनाम तथा असंख्य खिलअतें प्राप्त कीं। वहाँ से विजयी सेनाओं ने, सिन्धु नदी के किनारे किनारे थट्टा की ओर प्रस्थान किया। तग़ी हरामखोर थट्टा के क़िले में शरण लिये हुये था। विजयी सेनायें थट्टा से बीस कोस की दूरी पर पड़ाव डाल कर मन्जनीक़ तथा अरादों की तैयारियाँ करने लगीं। थट्टा का कार्य एक ही दो दिन में सम्पन्न होने वाला था कि सुल्तान रुग्ण हो गया। २१ मुहर्रम ७५२ हि० को उसका निधन हो गया।

इस उच्च स्वभाव वाले बादशाह के राज्यकाल में शरा के आलिम, सूफ़ी, पवित्र लोग (४०५ ब) तथा कवि बहुत बड़ी संख्या में थे। तारीखे फ़ीरोज़शाही के संकलनकर्त्ता ने उनके

१ वास्तव में यह इतिहास ८४२ हि० (१४३८-३९ ई०) को पूरा हुआ।

नाम विस्तार से लिखे हैं। यह क़िता[1] मलिक ताजुद्दीन एहतेसान दबीर ने उस बादशाह के विषय में अपनी पुस्तक बसातीन में लिखा है। उसे इस स्थान पर लिखा जा रहा है :

ये है, हे स्वामी ! जो तेरी चौखट पर गर्व करते हैं,
रूम तथा चीन के सैकड़ों बादशाह परदा दारी (रक्षा) की सेवा में।
में तेरे योग्य कण भर भी सेवा न कर सका,
में सूर्य के समान संसार में प्रसिद्ध हो गया।
मैं आँख की पुतली के समान प्रिय तथा प्रसिद्ध हो गया,
तू ने महती कृपा करके मुझे स्वीकार किया,
यदि मैं हज़ार वर्ष तेरी देन के प्रति कृतज्ञता प्रकट करूँ,
तो भी मेरी जिह्वा को स्वीकार करना होगा कि यह कम है।

सुल्तान मुहम्मद ने अपनी अन्तिम अवस्था में मलिक एहतेसान को उपहार देकर दूत नियुक्त करके सुल्तान अबू सईद के पास तबरेज़ भेजा। सुल्तान मुहम्मद के निधन के उपरान्त मलिक एहतेसान हिन्दुस्तान लौट आया और मार्ग में थट्टा के क्षेत्र में मृत्यु को प्राप्त हो गया।

---

१ छोटी कविता।

तबक़ाते अकबरी

[लेखक—निज़ामुद्दीन अहमद]

[प्रकाशन—कलकत्ता १९११ ई०]

(१९७) जब उलुग़ ख़ाँ ने सुना कि उसका पिता शीघ्रातिशीघ्र पहुंच रहा है तो उसने आदेश दिया कि अफ़ग़ानपुर के निकट जो तुग़लुक़ाबाद से तीन कोस है, तीन दिन में एक महल बनवाया जाय जिससे सुल्तान वहाँ पहुँच कर उतरे और रात्रि वहीं व्यतीत करे। शहर (देहली) के लोग उसका स्वागत करके उसकी सेवा में उपस्थित हों। प्रातःकाल एक शुभ मुहूर्त्त में बादशाही ऐश्वर्य से शहर में प्रविष्ट हो। जब सुल्तान उस महल में पहुँचा तो तुग़लुक़ाबाद में खुशियाँ मनाई गईं और क़ुब्बे सजाये गये। उलुग़ ख़ाँ मलिकों, अमीरों तथा शहर के गण्यमान्य व्यक्तियों को लेकर स्वागतार्थ बाहर निकला और उसकी सेवा में उपस्थित हुआ। सुल्तान तुग़लुक़ शाह उन लोगों के साथ जो उसके स्वागतार्थ आये थे, उस महल में बैठा और खास दस्तरख्वान बिछाया गया। जब भोजन उठाया गया तो लोग यह समझे कि सुल्तान शीघ्रातिशीघ्र सवार होगा अतः वे बिना हाथ धोये निकल आये। सुल्तान हाथ धोने के लिये वहीं रह गया। इसी बीच में महल की छत गिर गई और उसके नीचे दब कर सुल्तान की मृत्यु हो गई। उसने चार वर्ष तथा कुछ मास तक राज्य किया।

(१९८) कुछ इतिहासों में लिखा है कि चूंकि महल नया-नया बना था और ताजा था, सुल्तान तुग़लुक़ शाह के उन हाथियों को दौड़वाने के कारण, जो वह अपने साथ बंगाले से लाया था, महल की भूमि बैठ गई और छत गिर पड़ी। बुद्धिमान लोगों से यह छिपा न होगा कि इस महल के बनवाने से जिसकी कोई आवश्यकता न थी यह संदेह होता है कि उलुग़ ख़ाँ ने अपने पिता की हत्या करना निश्चय कर लिया होगा। ऐसा ज्ञात होता है कि तारीखे फ़ीरोज शाही के लेखक ने, चूंकि अपना इतिहास फ़ीरोज शाह के राज्यकाल में लिखा था, और सुल्तान फ़ीरोज, सुल्तान मुहम्मद का बड़ा भक्त था, अतः उसने उसका पक्ष लेकर यह बात नहीं लिखी।

इस तुच्छ ने बहुत से विश्वास के योग्य लोगों से बार बार सुना है और यह बात प्रसिद्ध है कि चूंकि सुल्तान तुग़लुक़, शेख निज़ामुद्दीन औलिया से खिन्न था, उसने शेख के पास यह संदेश भेज दिया था कि 'जब मैं देहली पहुँचूं तो शेख शहर के बाहर चले जायँ।' शेख ने कहा "अभी देहली दूर है।" यह वाक्य हिन्दुस्तान में लोकोक्ति बन गया है। प्रसिद्ध है कि सुल्तान मुहम्मद तुग़लुक़ शेख का बड़ा भक्त था। उसी वर्ष शेख निज़ामुद्दीन तथा अमीर खुसरो की मृत्यु हुई।

सुल्तान मुहम्मद बिन तुग़लुक़ शाह

(१९९) उसके स्वभाव में दानशीलता इस सीमा तक थी कि दान करते समय पलक मारते मारते खज़ानों को रिक्त कर देता। धनी, भिखारी, पराये तथा अपने उसकी दृष्टि में समान थे। जब उसने सुल्तान बहादुर सुनारगामी को उसका राज्य देकर विदा किया तो खज़ाने में जितना नक़द धन था, सब प्रदान कर दिया। मलिक ग़ज़नी को प्रतिवर्ष १०० लाख तन्के दिया करता था। क़ाज़ी ग़ज़नी को भी इतना देता कि कोई अनुमान न

कर सकता। मलिक सन्जर बदख़शानी को ८० लाख तन्के, मलिक एमादुद्दीन को ७० लाख तन्के, सैयिद अज़द को ४० लाख तन्के और इसी प्रकार उसका इनाम लाखों से कम न होता। यह बात स्पष्ट रूप से जान लेनी चाहिये कि इन तन्कों से अभिप्राय चाँदी का तन्का है जिसमें थोड़ा सा ताँबा भी होता था और काले ८ तन्के के बराबर होता है।······

(२१४) सुल्तान मुहम्मद ने स्वर्गद्वारी में दूसरा कार्य जो किया, वह आमिलों तथा नये वुलात (वालियों) को नियुक्त एवं प्राचीन मुतसद्दियों को पद-च्युत करना था। जब सुल्तान के समक्ष निवेदन किया गया कि मरहट एवं देवगीर (देवगिरि) प्रदेश क़ुतलुग़ ख़ाँ के कारकुनों के अत्याचार एवं अपहरण के कारण नष्ट हो रहा है और वहाँ का महसूल दस से एक पहुंच गया है, तो सुल्तान ने मरहट की विलायत को सात करोड़ निश्चित करके चार शिक़ों में विभाजित किया और चार शिक़दार, सरवरुलमुल्क मुख़्लिसुल मुल्क, यूसुफ़ बुग़रा तथा अज़ीज़ हिमार (ख़म्मार) नियुक्त किये। देवगीर (देवगिरि) की विज़ारत एमादुल मुल्क सरीर सुल्तानी को तथा धार की नियाबत (विज़ारत) उसको सौंप दी। उसने तक़ावी तथा शाही उसलूबों का भार उठाया था। क़ुतलुग़ ख़ाँ को उसके सहायकों तथा अधीन लोगों सहित देवगीर (देवगिरि) से बुलवाया। देवगीर (देवगिरि) निवासी क़ुतलुग़ ख़ाँ के आने से निराश तथा परेशान हो गये क्योंकि सुल्तान के कड़े दन्डों का हाल चारों ओर प्रसिद्ध हो चुका था। देवगीर (देवगिरि) के निवासी क़ुतलुग़ ख़ाँ की छत्र छाया में कठोर दण्डों से सुरक्षित थे।······

———

मुन्तख़बुत्तवारीख़ भाग १

[लेखक—अब्दुल क़ादिर बिन मुलूक शाह बदायूनी]

[प्रकाशन : कलकत्ता १८६८ ई०]

सुल्तान मुहम्मद आदिल बिन तुग़लुक़ शाह

(२२५) वह उलुग़ खाँ था और ७२५ हि० (१३२४-२५ ई०) में अमीरों तथा राज्य (२२६) के पदाधिकारियों की सहमति से राजसिंहासन पर आरूढ़ हुआ। चालीस दिन तक शोक सम्बन्धी प्रथाओं के पूर्ण हो जाने के उपरान्त वह शहर (देहली) में पिछले सुल्तानों के महल में पहुंचा और अत्यधिक न्योछावर प्रदान की। अमीरों को पद तथा उपाधि वितरित कीं। अपने चाचा के पुत्र मलिक फ़ीरोज़ को, जो सुल्तान फ़ीरोज़ हुआ, नायब नियुक्त किया। इसी प्रकार अपने विश्वासपात्रों का सम्मान बढ़ा दिया। हमीद लोइकी, मुशरिफ़ नियुक्त हुआ। मलिक सरतेज़ एमादुलमुल्क, मलिक ख़ुर्रम ज़हीरुल जुयूश, मलिक पिन्दार खलजी, क़दर खाँ, तथा मलिक अज़ीज़ुद्दीन यहया को आज़मुलमुल्क की उपाधियाँ प्रदान हुईं। उसे सत गाँव की अक़्ता प्रदान की गई।

७२७ हि०(१३२६-२७ ई०) में सुल्तान ने देवगीर (देवगिरि) का संकल्प किया। देहली से उस स्थान तक मार्ग में प्रत्येक कोस पर धावे अर्थात् समाचार पहुंचाने वाले पायक (पदाती) नियुक्त किये। प्रत्येक पड़ाव पर कूश्क (भवन) तथा ख़ानक़ाह बनवाई और वहाँ एक-एक शेख़ नियुक्त किया। भोजन, पेय, तांबूल तथा आतिथ्य की समस्त सामग्री एकत्र की। दोनों ओर के मार्ग रक्षकों को आदेश दिया कि यात्रियों को कष्ट न हो। उनके चिह्न बहुत दिनों तक शेष रहे। देवगीर (देवगिरि) का नाम दौलताबाद रक्खा और उसे अपने प्रान्तों के मध्य में समझ कर राजधानी बनाया। अपनी माता मख़दूमये जहाँ को अमीरों, मलिकों, प्रतिष्ठित तथा गण्यमान्य व्यक्तियों, लाव लश्कर, सेवकों के परिवार एवं ख़ज़ाने तथा गड़ी हुई धन-सम्पत्ति सहित दौलताबाद ले गया। मख़दूमये जहाँ के साथ साथ, सैयिद, सूफ़ी तथा आलिम भी सब के सब उस स्थान को प्रस्थान कर गये। सभी के इनामों तथा इदरारों में वृद्धि कर दी गई। इस लोकोक्ति (के अनुसार) कि "निर्वास बहुत बड़ा कष्ट, एवं परदेशी होना बड़ा दुःखदायी होता है", देहली के इस प्रकार वीरान होने एवं स्थानान्तरण से लोगों को अत्यन्त कष्ट पहुँचा। बहुत सी विधवायें, अनाथ, दीन तथा दरिद्र लोग मार्ग में नष्ट हो गये। जो लोग पहुँचे, वे रुक न सके।

उपर्युक्त सन् के अन्त में मलिक बहादुर गर्शास्प ने जो (शाही) सेना का आरिज़ था, (२२७) देहली में विद्रोह कर दिया। मलिक अहमद अयाज़ ने, जिसकी उपाधि ख़्वाजये जहाँ हो गई थी, बहादुर से युद्ध किया और उसे पराजित करके बन्दी बना लिया तथा सुल्तान के पास ले गया। उसकी हत्या करा दी गई।

तत्पश्चात् मलिक बहराम ऐबा ने, जिसे सुल्तान तुग़लुक़ भाई कहा करता था, मुल्तान में विद्रोह कर दिया। अली खतती की, जो उसे बुलाने दरबार से भेजा गया था, हत्या करा दी। सुल्तान उसका विद्रोह शान्त करने के लिये दौलताबाद से देहली और वहाँ से निरन्तर कूच करता हुआ मुल्तान पहुँचा। बहराम युद्ध करने के लिये बाहर निकला और परास्त हुआ।

उसकी हत्या करा दी गई। उसका सिर सुल्तान के निकट लाया गया। सुल्तान उसके अपराध के कारण, मुल्तान निवासियों के रक्त की नदी बहा देना चाहता था। शेख रुक्नुल हक़ वद्दीन क़ुरेशी ने सुल्तान के दरबार में अपने शुभ शीश नग्न करके खड़े होकर उन लोगों की सिफ़ारिश की। सुल्तान ने उन्हें क्षमा कर दिया। सुल्तान क़िवामुलमुल्क मक़बूल को मुल्तान प्रदान करके लौट आया। कुछ दिन उपरान्त उसे बदल कर बहज़ाद को भेज दिया। शाहू लोदी अफ़ग़ान ने बहज़ाद की हत्या कर दी और विद्रोह कर दिया। सुल्तान, जब दीबालपुर पहुँचा तो शाह भाग कर पर्वत के आँचल में घुस गया। सुल्तान लौट आया।

७२९ हि० (१३२८–२९ ई०) में तुर्माशीरीन मुग़ल जो ख़ुरासान के बादशाह क़ुतलुग़ ख्वाजा मुग़ल का, जो पूर्व में हिन्दुस्तान आ चुका था, भाई था, बहुत बड़ी (२२८) सेना लेकर देहली में प्रविष्ट हो गया और बहुत से क़िलों पर विजय प्राप्त कर ली। लाहौर, सामाने तथा इन्दरी से बदायूँ तक लोगों की हत्या करा दी और बन्दी बना लिया। जब इस्लाम की विजयी सेनायें उसके निकट पहुँचीं तो वह उसी प्रकार लौट गया। सुल्तान कलानोर तक उसका पीछा करके उस क़िले का ध्वंस मुजीरुद्दीन अबू रिजा को सौंप कर देहली की ओर लौट आया।

इन दिनों में सुल्तान ने ऐसा निश्चय किया कि "चूँकि दोआब की प्रजा विद्रोह कर रही है, अतः उस विलायत (प्रान्त) का ख़राज दस का बीस[1] निश्चित कर दिया जाय।" गायों तथा घरों की गणना एवं कुछ नई बातें भी पैदा कर दीं जो उस विलायत के विनाश तथा ध्वंस का कारण बन गईं। बलहीन क्षीण हो गये। बलवानों ने उपद्रव प्रारम्भ कर दिया।

सुल्तान ने आदेश दिया कि "देहली तथा आसपास के क़स्बों के लोगों के क़ाफ़िले बना कर दौलताबाद भेज दिये जायँ, लोगों के घर उनके स्वामियों से मोल ले लिये जायँ और उनका मूल्य खज़ाने से नक़द अदा कर दिया जाय, अत्यधिक इनाम अलग से प्रदान हों।" इस प्रकार दौलताबाद तो परिपूर्ण तथा देहली ऐसा नष्ट हो गया कि वहाँ कुत्ते बिल्ली भी न रहे।

इसी कारण खज़ाने को भी क्षति पहुँची। खज़ाने की हानि के कारणों में एक कारण यह था कि सुल्तान ने आदेश दिया कि ताँबे की मुद्राओं को चाँदी की मुद्राओं के समान व्यय किया जाय। जो कोई उसे लेने में टालमटोल करे उसे तुरन्त कठोर दंड दिये जायँ। इस कारण देश में बहुत से विद्रोह उठ खड़े हुये। षड्यंत्रकारियों तथा विद्रोहियों ने अपने अपने (२२९) स्थानों पर टकसालें बनवा लीं। ताँबे के फ़ुलूस (पैसों) पर मुहर लगवा कर, नगरों में ले जाकर उस चाँदी (धन) से घोड़े, अस्त्र-शस्त्र एवं उत्तम वस्तुयें मोल लेकर वे शक्ति-शाली तथा वैभवशाली बन गये। चूँकि दूर के स्थानों पर ताँबे के सिक्के प्रचलित न थे अतः सोने के एक तन्के (का मूल्य) तांबे के ५०–६० सिक्कों तक पहुँच गया। व्यापार में उनके मूल्यहीन होने का हाल सुल्तान को भी ज्ञात हो गया। उसने आदेश दिया कि जिस किसी के घर में ताँबे का तन्का हो वह उसे खज़ाने में लाकर उसके बराबर सोने के तन्के ले जाय। प्रजा को इस कारण अत्यधिक धन प्राप्त हो गया। आखिर ताँबा-ताँबा तथा चाँदी-चाँदी होती है। तारीख़े मुबारक शाही के लेखक के अनुसार इन तांबे के तन्कों के ढेर सुल्तान मुबारक शाह के समय तक लगे रहे और तुग़लुक़ाबाद में ये पत्थर के समान रहे।

७३८ हि० (१३३७-३८ ई०) में उसने ८०,००० सवार प्रसिद्ध सरदारों के साथ,

---

१ अर्थात् दुगुना कर दिया "ख़राजे आँ विलायत दह बिस्त मुक़र्रर साज़न्द।" यहाँ "यके ब देह व यके ब बिस्त" का उल्लेख नहीं। (तारीख़े फ़ीरोज़शाही पृ० ४७३)

हिमाचल पर्वत की विजय हेतु, जो हिन्दुस्तान तथा चीन के मध्य में है और जिसे क़राचिल भी कहते हैं, नियुक्त किये। उसने आदेश दिया कि प्रत्येक स्थान पर इस आशय से रक्षक नियुक्त किये जायं कि रसद के आने-जाने का मार्ग खुला रहे और लोगों की वापसी सुगमता-पूर्वक सम्भव हो सके। इस सेना के प्रविष्ट हो जाने के उपरान्त उस पर्वत की इस विशेषता के कारण, कि मनुष्यों की आवाज़ तथा घोड़ों के हिनहिनाने से अत्यधिक वर्षा होने लगती है, तथा मार्ग की कठिनाई एवं अनाज की कमी के कारण वे अधिक न ठहर सके। पर्वत निवासी विजयी हो गये और उन्होंने उस सेना को परास्त कर दिया। सेना का पीछा करके विषैले बाणों तथा पत्थरों से उन्हें नष्ट कर दिया। अधिकांश की हत्या कर दी और शेष को बन्दी बना लिया। बहुत समय तक वे वहाँ परेशान फिरते रहे। जो लोग बड़ी कठिनाई से बच सके, उनकी सुल्तान ने हत्या करा दी। इस घटना के उपरान्त वैसी सेना सुल्तान के पास (२३०) एकत्र न हो सकी। वेतन का वह समस्त धन नष्ट हो गया।

७३६ हि० (१३३८-३६ ई०) में सुनार गाँव के हाकिम बहराम खाँ की मृत्यु हो गई। मलिक फ़खरुद्दीन सिलाहदार ने विद्रोह करके सुल्तान की उपाधि धारण कर ली। लखनौती के शासक क़दर खाँ से जिसके साथ मलिक हुसामुद्दीन अबू रिजा मुस्तौफ़ी तथा इज़्ज़ुद्दीन यहया आज़मुलमुल्क थे, युद्ध किया तथा पराजित हुआ। उसके वैभव की सामग्री, ख़ज़ाना तथा सेना क़दर खाँ को प्राप्त हो गई। चूंकि वर्षा ऋतु आ गई थी और क़दर खाँ के घोड़े नष्ट हो गये थे और उसने अपने महल में सुल्तान को भेंट करने के लिये अपार धन-सम्पत्ति एकत्र करके, उसके ढेर लगा रक्खे थे, और यद्यपि हुसामुद्दीन अबू रिजा उसे, लोगों के लोभ तथा उपद्रव उठ खड़ा होने के कारण, धन सम्पत्ति एकत्र करने से रोका करता था और क़दर खाँ न सुनता था, और अन्त में परिणाम हुसामुद्दीन के कथनानुसार ही हुआ, अतः मलिक फ़ख़रुद्दीन पुनः चढ़ आया। क़दर खाँ के सैनिक उसके सहायक बन गये और उन्होंने अपने स्वामी की हत्या करदी। फ़ख़रुद्दीन को धन प्राप्त होगया और सुनार गाँव का राज्य उसे मिल गया। उसने अपने दास मुख़ालिस को लखनौती में नियुक्त कर दिया। क़दर खाँ की सेना के आरिज़ अली मुबारक ने मुखलिस की हत्या करके अपना अधिकार स्थापित कर लिया। उसने नीति-युक्त पत्र सुल्तान की सेवा में लिखे। सुल्तान ने मलिक यूसुफ़ को नियुक्त किया। मार्ग में उसकी मृत्यु हो गई। सुल्तान ने अन्य कार्यों में व्यस्त होने के कारण किसी अन्य को उस ओर न भेजा। इस बार अली मुबारक ने फ़ख़रुद्दीन की शत्रुता के कारण बादशाही के चिह्न प्रकट कर दिये और अपनी उपाधि सुल्तान अलाउद्दीन निश्चित की। मलिक इलयास हाजी ने, जिसके पास क़बीला तथा सैनिक थे, कुछ दिन उपरान्त लखनौती के कुछ अमीरों तथा मलिकों से मिलकर, अलाउद्दीन की हत्या करदी और अपनी उपाधि सुल्तान शम्सुद्दीन (२३१) रखली।

७४१ हि० (१३४०-४१ ई०) में सुल्तान मुहम्मद ने सुनार गाँव की विजय के लिये प्रस्थान किया। फ़ख़रुद्दीन को बन्दी बना कर लखनौती लाया और उसकी हत्या करके लौट गया। शम्सुद्दीन उस प्रदेश में स्थायी रूप से बादशाह हो गया। उस देश का राज्य एवं शासन दीर्घ काल तक उसके तथा उसकी सन्तान के अधीन रहा और पुनः सुल्तान मुहम्मद के अधिकार में न आया।

६४२ हि० (१३४१-४२ ई०) में मलिक इबराहीम सुल्तान के ख़रीतादार के पिता सैयिद हुसेन कैथली ने, जो हसन काँगू[1] के नाम से प्रसिद्ध है और अन्त में जिसे दक्षिण

१ ये दोनों भिन्न भिन्न व्यक्ति थे। दोनों को एक कहना बदायूनी की भूल है।

का राज्य प्राप्त हुआ और जिसने अलाउद्दीन बहमन शाह की उपाधि धारण की, माबर में सुल्तान के कठोर नियमों एवं उसके ईजाद किये हुये क़ानूनों और उसके क़त्ले आम के कारण विद्रोह कर दिया और देहली की अधिकांश सेना जो उस ओर नियुक्त थी अपनी ओर मिला ली। विरोधी सरदारों की हत्या करदी। सुल्तान उस विद्रोह को शान्त करने के लिये लखनौती से देवगिरि पहुँचा। तिलंग पहुँच कर वह रुग्ण हो गया। वहाँ से वह निरन्तर कूच करता हुआ देहली पहुँचा। क़ुतलुग़ ख़ाँ को दौलताबाद में छोड़ दिया। माबर का विद्रोह उसी प्रकार विद्यमान रहा। हसन का कार्य उन्नति पर रहा।

७४३ हि० (१३४२-४३ ई०) में मलिक हलाजून, गुलचन्द्र खुक्खर तथा मलिक ततार ख़ुर्द ने षड्यंत्र करके लाहौर के हाकिम की हत्या कर दी। जब ख़्वाजये जहाँ उनके विरुद्ध नियुक्त हुआ तो उसने युद्ध करके उन्हें कठोर दंड दिये। वे दंड के कारण भाग गये।

७४४ हि० (१३४३–४४ ई०) में सुल्तान ने हसन काँगू से खिन्न होने के कारण सुनाम तथा सामाने से होकर कैथल के सैयिदों तथा समस्त मुसलमानों की हत्या का आदेश (२३२) दे दिया। उनके स्थान पर उस प्रदेश के मुक़द्दमों की रिआयत करके शहर (देहली) के आसपास के स्थानों पर ले जाकर, ग्राम तथा अक़्तायें प्रदान कीं। बहुमूल्य खिलअतें तथा सोने की पेटियाँ देकर उन्हें वहाँ बसा दिया। अकाल के कारण सुल्तान ने आदेश दिया कि "जो कोई चाहे हिन्दुस्तान के पूर्व में जाकर मँहगाई तथा कठिनाई के दिन व्यतीत करे और कोई रोक टोक न की जाय। इसी प्रकार जो कोई दौलताबाद का निवास त्याग कर देहली लौट आये तो उस पर कोई आपत्ति न प्रकट की जाय। उस वर्ष में ख़ुरासान, एराक़ तथा समरक़न्द से सुल्तान के दान की आशा से इतने व्यक्ति हिन्दुस्तान आये कि उनके अतिरिक्त अन्य लोग दिखाई ही न पड़ते थे।

इस वर्ष हाजी सईद मिस्री,[1] मिस्र से ख़लीफ़ा का ममशूर, (अधिकार-पत्र) लिवा (झंडा) ख़िलअत तथा नासिरे अमीरुल मोमिनीन[2] की उपाधि ख़लीफ़ा की ओर से लाया। सुल्तान ने नगर में सजावट कराई और समस्त सूफ़ियों, सैयिदों तथा विश्वास पात्रों को लेकर उनके स्वागतार्थ गया और पैदल होकर हाजी सईद के चरणों का चुम्बन किया और उसके आगे आगे रवाना हुआ। शुक्रवार तथा ईद की नमाज़ जो इस समय तक ख़लीफ़ा के आदेश (की प्रतीक्षा) में स्थगित थीं, उसकी अनुमति प्राप्त होने पर पुनः प्रारम्भ करा दीं। ख़लीफ़ा के नाम का ख़ुत्बा पढ़वाया और सुल्तान महमूद के अतिरिक्त उन लोगों के नाम, जिन्हें ख़लीफ़ा द्वारा अनुमति न प्राप्त हुई थी, पृथक् करा दिये। उसने अत्यधिक धन-सम्पत्ति एवं बहुमूल्य वस्तुयें इतनी अधिक संख्या में दान कीं कि ख़ज़ाना रिक्त हो गया। एक अत्योत्तम मोती, जिसके समान कोई मोती ख़ज़ाने में न था, अन्य उपहारों सहित हाजी बुरक़ई द्वारा मिस्र भेज दिया और अपने विचार से सच्चा ख़लीफ़ा बन गया। क़ुरान शरीफ़, मशारिक़ तथा (२३३) ख़लीफ़ा का मनशूर सर्वदा अपने समक्ष रख कर राज्य किया करता था और कहा करता था "ख़लीफ़ा इस प्रकार कहता है और ख़लीफ़ा उस प्रकार कहता है।" लोगों से ख़लीफ़ा की बैअत[3] कराया करता था।

वह सुर्गद्वारी (स्वर्गद्वारी), जो शम्साबाद के निकट है, पहुँचा। दो तीन बार बरौज (भड़ौंच) तथा खम्बायत में भी ख़लीफ़ा के अधिकार पत्र प्राप्त हुये। अन्य बार मख़दूम ज़ादा बग़दादी

१ अन्य स्थानों पर हाजी सईद सरसरी है। फ़िरिश्ता ने हुरमुज़ी लिखा है।

२ धर्म निष्ठ मुसलमानों के शासक का सहायक।

३ अधीनता की शपथ।

पहुँचा। सुल्तान पालम तक पैदल उसके स्वागतार्थ गया। जब कभी वह उसे दूर से देख पाता तो आगे बढ़ कर राजसिंहासन पर अपने पास बैठा लेता। कीली नगर, उद्यान, महल तथा समस्त घर उसके अधिकार में दे दिये।

७४५ हि० (१३४४-४५ ई०) में कड़े के हाकिम मलिक निज़ामुलमुल्क ने विद्रोह कर दिया। ऐनुलमुल्क के भाई शहरुल्लाह ने अवध से सेना लेकर उस पर आक्रमण किया और उसे बन्दी बना लिया। वह विद्रोह शान्त हो गया। शिहाबुद्दीन सुल्तान ने बिदर में विद्रोह किया। क़ुतलुग़ खाँ उस ओर नियुक्त हुआ। शिहाबुद्दीन ने अपने पुत्र सहित युद्ध किया और क़िला बन्द कर लिया। क़ुतलुग़ ने उसे क्षमा प्रदान करके बाहर निकाला और उसे राजधानी भेज दिया।

७४६ हि० (१३४५-४६ ई०) में ज़फ़र खां अलाई के भागिनेय अली शेर ने अपने समस्त सैनिकों सहित गुलबर्ग (गुलबर्गे) पर अधिकार जमा लिया। बिदर के शासक की हत्या करदी। अपार धन-सम्पत्ति अपने अधिकार में कर ली। क़ुतलुग़ खाँ से युद्ध किया और पराजित होकर बिदर के क़िले में बन्द हो गया। क़ुतलुग़ खाँ ने उसे भी बन्दी बना कर सुर्गद्वारी (स्वर्गद्वारी) में, जहाँ सुल्तान का शिविर था, भेज दिया। सुल्तान ने सर्व प्रथम उन बन्दियों को ग़ज़नी की ओर निर्वासित कर दिया। तत्पश्चात् उन्हें बुला कर उन सब की हत्या करादी।

(२३४) ७४७ हि० (१३४६-४७ ई०) में जब कुछ समय के लिए सुल्तान का शिविर सुर्गद्वारी (स्वर्ग द्वारी) में था, ऐनुलमुल्क, ज़फ़राबाद तथा अवध से धन-सम्पत्ति एवं बहुमूल्य वस्तुयें लेकर सुल्तान के दरबार में भेंट करने आया। सुल्तान ने यह उचित समझा कि क़ुतलुग़ खाँ को दक्षिण से बुलवा कर ऐनुलमुल्क को उसके स्थान पर भेज दे। ऐनुलमुल्क ने आशंकित होकर रातों रात स्वर्गद्वारी से भाग कर, गंगा नदी पार करके अवध की ओर प्रस्थान किया। उसका भाई शहरुल्लाह शाही हाथियों तथा घोड़ों को जो चराई के लिये छोड़ दिये गये थे, छापा मार कर ले गया। सुल्तान उनका पीछा करता हुआ क़न्नौज तक गया। ऐनुलमुल्क ने अपने भाइयों तथा मलिक फ़ीरोज़ नायब बारबक के अधीन लोगों के, जो हाथियों तथा घोड़ों के प्रबन्धक थे, बहकाने से, गंगा नदी पार की और इस ओर आकर सुल्तान की सेना पर आक्रमण कर दिया और चोरों तथा हिन्दुस्तान के गंवारों के समान जंगल में प्रविष्ट होकर पैदल युद्ध किया। शाही हाथियों तथा बाण चलाने वालों से युद्ध करने की शक्ति न पाकर भाग खड़ा हुआ। शहरुल्लाह, उसके अन्य भाई तथा ऐनुलमुल्क के अधिकांश सरदार नदी में डूब गये। कुछ सिपाहियों की तलवार का भोजन बन गये तथा कुछ भागने वाले गंवारों द्वारा बन्दी बना लिये गये। ऐनुलमुल्क को जीवित गधे पर सवार करके नंगे सिर दरबार में लाया गया। उसे कुछ दिन तक बेकार पड़ा रहने दिया गया। सुल्तान ने उसकी सुयोग्य सेवाओं का ध्यान करके उसे मुक्त कर दिया और पूर्व की भाँति उसके सम्मान में वृद्धि करके विलायत प्रदान करने के पश्चात् स्वयं देहली लौट आया। क़ुतलुग़ खाँ को दक्षिण से बुलवाया। चूंकि क़ुतलुग़ खां ने उस विलायत को सुव्यवस्थित कर रक्खा था और लोग उससे संतुष्ट थे अतः उसके स्थानान्तरण से बड़ी खराबी तथा हानि उत्पन्न हो गई। अज़ीज़ खम्मार ने, जो एक कमीना व्यक्ति था मालवा पहुंच कर अत्यधिक अमीर सदा लोगों की, जो यूज़बाशी के समान होंगे, सुल्तान के आदेशानुसार हत्या करा दी और विद्रोह उठ खड़ा हुआ।

(२३५) ७४८ हि० (१३४७-४८ ई०) में अमीराने सदा ने गुजरात में विद्रोह कर दिया।

ख्वाजये जहाँ के दास मुक़बिल पर, जो गुजरात का नायब वज़ीर था और दरबार में खज़ाना लिये जा रहा था, रात्रि में छापा मारा और खज़ाना, घोड़े तथा बादशाही माल अस्बाब अपने अधिकार में कर लिया। सुल्तान इस विद्रोह को शान्त करने के लिये गुजरात पहुँचा और कुछ विश्वस्त अमीर उदाहरणार्थ मलिक अली सर जानदार तथा अहमद लाचीन को इस आशय से दौलताबाद भेजा कि वे समस्त अमीर सदा को बन्दी बना कर दरबार में ले आयें। मलिक अहमद लाचीन जब मानिक गंज दर्रे में पहुंचा तो अमीर सदा लोगों ने अपने प्राणों के भय से संघठित होकर, मलिक अहमद लाचीन की हत्या कर दी।

अज़ीज़ खम्मार, जिसने देवही (दभोई) तथा बरौदा के अमीर सदा लोगों के विनाश हेतु गुजरात से प्रस्थान किया था, उनसे युद्ध करते समय होश हवास खोकर घोड़े से गिर पड़ा और बन्दी बना लिया गया। जब यह सूचना सुल्तान को प्राप्त हुई तो उसका क्रोध और बढ़ गया। मुक़बिल की पराजय तथा अज़ीज़ की हत्या के उपरान्त वे बड़े धृष्ट बन गये। प्रत्येक स्थान से अपने क़बीलों तथा सम्बन्धियों को बुला कर सुल्तान के विरोध के सम्बन्ध में एका कर लिया। दौलताबाद का क़िला, मलिक आलिम के अधिकारियों से छीन कर, अपने अधिकार में कर लिया। इसमाईल फ़तह[1] नामक को बादशाह बना कर उसकी उपाधि सुल्तान नासिरुद्दीन रख दी। तत्पश्चात् देवही (दभोई) तथा बरौदा के अमीर सदा लोग, सुल्तान द्वारा उनके विरुद्ध नियुक्त किये गये अमीरों से पराजित होकर दौलताबाद के अमीर सदा लोगों से मिल गये। जब सुल्तान दौलताबाद पहुंचा तो इसमाईल फ़तह ने उससे युद्ध किया। वह परास्त हुआ और धारा नगर के क़िले में जो दौलताबाद का क़िला कहलाता है, बन्द हो गया। दौलताबाद के अत्यधिक मुसलमान इस युद्ध में मारे गये और बन्दी बना लिये गये। मलिक एनायत एमादुलमुल्क सरतेज़, भागे हुये अमीर सदा लोगों का पीछा करने के लिये बिदर (२३६) भेजा गया।

इसी बीच में मलिक तग़ी के विद्रोह की सूचना गुजरात से प्राप्त हुई कि उसने वहाँ के हाकिम, मलिक मुज़फ़्फ़र की हत्या करके, अत्यधिक घोड़े तथा अपार धन-सम्पत्ति अपने अधिकार में कर ली है। सुल्तान ने मलिक जौहर, खुदावन्द जादा क़िवामुद्दीन तथा शेख बुरहानुद्दीन बलारामी को धारा नगर में छोड़ कर, मलिक तग़ी के विद्रोह को शान्त करने के लिये प्रस्थान किया।

दौलताबाद की भागी हुई सेना का सरदार हसन काँगू उस स्थान से, जहाँ वह घात लगाये था, निकल कर मलिक एमादुलमुल्क सरतेज पर टूट पड़ा। एमादुलमुल्क की हत्या कर दी गई। उसकी सेना ने भाग कर दौलताबाद में शरण ली। मलिक जौहर तथा खुदावन्द जादा क़िवामुद्दीन एवं अन्य अमीर दौलताबाद में हसन का मुक़ाबिला न कर सके और उस स्थान को छोड़ कर धारा नगर की ओर चल दिये। हसन काँगू उनका पीछा करता हुआ दौलताबाद पहुंचा और इसमाईल फ़तह को भगा कर उसने सुल्तान अलाउद्दीन की उपाधि धारण कर ली और स्वयं बादशाह बन बैठा। इसके उपरान्त दौलताबाद का राज्य एवं शासन उसके वंश में रहा और उसके नाम पर तारीखे फ़ुतूहुस्सलातीन[2] की रचना हुई।

विद्रोही तग़ी ने सुल्तान के गुजरात पहुंचने के उपरान्त दो बार युद्ध किया और परास्त हुआ तथा लूट मार करता हुआ मारा मारा फिरता रहा। सुल्तान ने भी उसका पीछा करने से हाथ न खींचा। जहाँ कहीं वह जाता वहीं वह (सुल्तान) पहुँच जाता। सुल्तान ने

१ अन्य स्थानों पर इसमाई मुख अथवा इसमाईल मल।

२ लेखक-एसामी।

इस युद्ध के समय मलिक फ़ीरोज़ को देहली से बुलवाया। वह उसके दरबार में उपस्थित हुआ।

इस वर्ष, मलिक गीर ने जो मलिक क़ुबूल ख़लीफ़ती का पुत्र था और जिसे (मलिक क़ुबूल) ने अपने समस्त कार्य सौंप दिये थे, और जिसने उसकी ओर से पत्र लिख कर मिस्र के (२३७) अब्बासी ख़लीफ़ा के पास हाजी बुरक़ई के हाथ भेजा था, प्राण त्याग दिये। अहमद अयाज़, जो ख़्वाजये जहाँ था, तथा मलिक क़ुबूल क़िवामुलमुल्क देहली में राज्य का प्रबन्ध करते थे। सुल्तान मुहम्मद के राज्य काल के अन्तिम समय में प्रति दिन इतने विद्रोह तथा इतनी अशान्तियाँ प्रकट होने लगीं कि यदि एक की रोक थाम की जाती तो दूसरा (राज्य) हाथ से निकल जाता।........................

———

बुरहाने मआसिर

[लेखक—अली बिन अज़ीज़ुल्लाह तबातबा]

(प्रकाशन—हैदराबाद १६३६ ई०)

(११) सुल्तान अलाउद्दीन हुसेन शाह, उयूनुत्तवारीख तथा अन्य हिन्दुस्तान के सुल्तानों के इतिहासकारों एवं अन्य विश्वास के योग्य इतिहासकारों के अनुसार, बहमन इसफ़न्दियार[1] के वंश से थे। इसी कारण यह वंश बहमनी वंश के नाम से प्रसिद्ध है। कुछ वंशावलियों के अनुसार सुल्तान हसन का वंश बहराम गोर[2] से मिलता है। सुल्तान अलाउद्दीन हसन (१२) शाह बहमनी समय के अत्याचार के कारण सुल्तान मुहम्मद बिन तुग़लुक़ के राज्य काल में देहली पहुंचा। उसने अपने वंश का कोई परिचय न दिया और सुल्तान मुहम्मद बिन तुग़लुक़ के सेवकों में सम्मिलित हो गया। उन्हीं दिनों में सुल्तान मुहम्मद बिन तुग़लुक़, शेख निज़ामुद्दीन औलिया की सभा में उपस्थित था।[3] संयोगवश सुल्तान मुहम्मद बिन तुग़लुक़ के लौटने के समय सुल्तान अलाउद्दीन हसन बहमनी भी शेख की खानक़ाह के द्वार पर पहुँचा। शेख ने अपने एक सेवक से कहा "एक सुल्तान बाहर गया तथा दूसरा सुल्तान द्वार से प्रविष्ट होने के लिये आया है।" जब सेवक बहमन शाह को भीतर लाया तो शेख ने उसका सम्मान करते हुये उसे राज्य की बधाई दी। वहाँ से लौट कर वह बराबर राज्य की अभिलाषा करता रहा।

चूंकि उस वर्ष मुहम्मद बिन तुग़लुक़ के राज्य में विघ्न पड़ गया और प्रत्येक अमीर (१३) तथा वज़ीर ने विद्रोह करना प्रारम्भ कर दिया तो सुल्तान अलाउद्दीन हसन शाह कुछ वीरों तथा अफ़ग़ान युवकों को लेकर दकिन (दक्षिण) की ओर, जिसके लिये शेख ने संकेत किया था, प्रस्थान किया और दौलताबाद पहुँच कर समय की प्रतीक्षा करने लगा। इसी अशांति में गुप्तचरों ने सुल्तान को यह सूचना दी कि अमीराने सदा तथा उस सेना ने, जो गुजरात के समुद्र तट के शासन प्रबन्ध के लिये नियुक्त हुई थी, विद्रोह कर दिया है और मुसलमानों की धन सम्पत्ति लूट रहे हैं। गुजरात के एक अमीर को भी, जो राज्य-कोष देहली ला रहा था, लूट लिया। गुजरात के जो अमीर इस विद्रोह के दमन करने के लिये गये, उनमें से भी बहुत से मार डाले गये और शेष अपने प्रान्त को भाग गये।

सुल्तान यह सुन कर स्वयं विद्रोह शान्त करने के लिये चल खड़ा हुआ। चूँकि दौलताबाद का शासक क़ुतलुग़ खाँ, जिसने अपनी योग्यता से वहाँ शान्ति स्थापित कर रखी थी, गुजरात के विद्रोह के प्रारम्भ होने के पूर्व सुल्तान द्वारा देहली बुला लिया गया था और उसने अपने भाई आलिम मलिक को अपना नायब नियुक्त कर दिया था, अतः मार्ग में सुल्तान ने सोचा कि दौलताबाद में क़ुतलुग़ खाँ नहीं है तो सम्भव है कि वहाँ के भी अमीराने सदा गुजरात

१ अर्दशेर दराज़ दस्त जो बहमन कहलाता था, इसफ़न्दियार का पुत्र था और ईरान का प्राचीन बादशाह था। वह अपने दादा गश्तास्प के उपरान्त ४६४ ईसा पूर्व में ईरान का बादशाह हुआ। वह अपनी बुद्धिमत्ता के लिये बड़ा प्रसिद्ध था। कहा जाता है कि उसने ११२ वर्ष तक राज्य किया।

२ ईरान के सासानी वंश का १४ वाँ बादशाह। वह यज़्दजर्द प्रथम का पुत्र था और उसके उपरान्त ४२० ई० में बादशाह हुआ। वह बहराम पंचम कहलाता था। उसकी मृत्यु ४३८ में हुई।

३ यह घटना यदि सत्य है तो सुल्तान ग़यासुद्दीन तुग़लुक़ शाह के राज्य काल से सम्बन्धित हो सकती है जब सुल्तान मुहम्मद, शाहज़ादा था।

की सेना का अनुसरण करते हुये विद्रोह न करदें; अतः उसने कुछ अमीरों को दौलताबाद इस आशय से भेजा कि वे दौलताबाद के अमीराने सदा को शाही सेना में पहुँचा दें। अमीराने सदा सुल्तान के आदेशानुसार शाही लश्कर की ओर चल खड़े हुये। मार्ग में भयभीत होकर उन्होंने आधी रात्रि में संघटित होकर शाही सेना पर आक्रमण कर दिया। चूँकि शाही सेना असावधान थी, अतः उनमें से बहुत से लोगों की हत्या करदी गई, और बहुत से बड़ा कष्ट उठा कर शाही लश्कर में पहुँचे।

अमीराने सदा सुल्तान की सेना की पराजय के उपरान्त दौलताबाद लौट आये और इसमाईल मुख अफ़ग़ान को सुल्तान नासिरुद्दीन की उपाधि देकर सिंहासनारूढ़ कर दिया। आलिम मलिक को, जो देवगीर (देवगिरि) के क़िले में घिरा हुआ था, इस कारण से कि उसने इन लोगों से अच्छा व्यवहार किया था, चले जाने की अनुमति प्रदान करदी। उस समय सुल्तान अलाउद्दीन हसन शाह बहमनी अपनी सेना लिये दौलताबाद में समय की प्रतीक्षा कर रहा था। हिन्दुस्तान के कुछ इतिहासों में लिखा है कि राज्य प्राप्त करने के पूर्व सुल्तान हसन, सुल्तान तुग़लुक़ की सेना में सम्मिलित था और दकिन (दक्षिण) की रक्षा के लिये नियुक्त था। सर्व प्रथम उस विद्रोह के उपरान्त इसमाईल मुख़ को सिंहासनारूढ़ किया गया। चूंकि वह राज्य के योग्य न था अतः सैनिकों ने सुल्तान हसन शाह को सिंहासनारूढ़ कर दिया।

जब सुल्तान मुहम्मद बिन तुग़लुक़ गुजरात पहुँचा तो विद्रोहियों ने सुल्तान से युद्ध किया और बड़ी कठिनाई से वे भगाये जा सके। कुछ लोग तो मार डाले गये और कुछ (१४) दौलताबाद पहुँच कर इसमाईल मुख़ तथा उसके साथियों से मिल गये। सुल्तान मुहम्मद बिन तुग़लुक़ गुजरात के विद्रोह को शांत करके एक बहुत बड़ी सेना लेकर दौलताबाद की ओर बढ़ा। इसमाईल मुख़ ने बड़ी वीरता से युद्ध किया किन्तु शाही लश्कर की संख्या बहुत ही अधिक थी। वे दौलताबाद भाग गये। इसमाईल मुख देवगीर (देवगिरि) के क़िले को बन्द करके बैठ रहा। सुल्तान हसन शाह बहमनी ने अपनी सेना लेकर गुलबर्गे की ओर प्रस्थान किया। सुल्तान मुहम्मद ने दौलताबाद के क़िले को घेर लिया। मलिक एमादुद्दीन सरतेज़ को एक वीर सेना देकर सुल्तान अलाउद्दीन का पीछा करने के लिये भेजा।

इसी बीच में गुजरात से समाचार प्राप्त हुआ कि मलिक तग़ी ने विद्रोह कर दिया है। विवश होकर सुल्तान ने एक सेना दौलताबाद में छोड़ कर स्वयं गुजरात की ओर प्रस्थान किया। जब सुल्तान अलाउद्दीन को पता चला कि शाही सेना उसका (तग़ी का) पीछा कर रही है तो उसने अवसर पाकर शाही सेना पर अचानक आक्रमण कर दिया और एमादुल मुल्क की हत्या कर दी और शाही सेना का पीछा करते हुये दौलताबाद की ओर प्रस्थान किया। जब यह सूचना उन अमीरों को, जो इसमाईल मुख़ को घेरे थे, प्राप्त हुई तो वे भी भाग खड़े हुये। सुल्तान (हसन) दौलताबाद पहुंचा। इसमाईल मुख भी देवगीर (देवगिरि) के क़िले के नीचे उतरा। उसने स्वयं राज्य त्याग दिया और नासिरुद्दीन की उपाधि छोड़ कर अपना नाम शम्सुद्दीन रख लिया। २८ शाबान ७४८ हि० [३ दिसम्बर, १३४७ ई०] शुक्रवार को नौ घड़ी दिन व्यतीत हो जाने पर सुल्तान अलाउद्दीन हसन सिंहासनारूढ़ हुआ। कुछ लोगों का मत है कि वह शुक्रवार २४ रबी उस्सानी ७४८ हि० [३ अगस्त १३४७ ई०] को सिंहासनारूढ़ हुआ।

(१५) सुल्तान ने कुछ सेना मुहम्मद बिन तुग़लुक़ के कुछ अमीरों का पीछा करने के लिये, जो भाग चुके थे, भेजी। शाही सेना का सरदार निज़ामुलमुल्क मारा गया। शेष बड़ी कठिनाई से अपने प्राण बचा कर भाग सके। सुल्तान ने अपने सहायकों में से प्रत्येक को उसकी योग्यता के अनुसार पद तथा पदवियाँ प्रदान कीं। सुल्तान मुहम्मद बिन तुग़लुक़

(१६) के एक अमीर ऐनुद्दीन को, जो अपने पुत्र के साथ सुल्तान अलाउद्दीन हसन की सेवा में प्रविष्ट हो गया था, ख्वाजये जहाँ की उपाधि प्रदान की।

सुल्तान ने ख्वाजये जहाँ को गुलबर्गा, सिकन्दर खाँ को बिदर, क़ीर खाँ को कूतर, सफ़दर खाँ को सकर जो 'साग़र' कहलाता है, तथा हुसेन गर्शास्प को कोतगीर भेजा। अन्य सरदारों को काफ़िरों के राज्य पर आक्रमण करने के लिये नियुक्त किया। एमादुलमुल्क तथा मुबारक खाँ ने तावी नदी तक छापा मार कर हिन्दुओं के राज्य को छिन्न भिन्न कर दिया। दनकुरी प्रदेश पर आक्रमण करके मनात (मूर्ति) का सिर काट कर जंजवाल पर चढ़ाई की। उस क़िले को ध्वंस करके अधर्मी दालमिहद का सिर काट कर उसका शरीर मिट्टी में मिला दिया।

गर्शास्प को जो कोटगीर पर अधिकार जमाने के लिये भेजा गया था, क़न्धार के मार्ग में जो अब क़न्धार कहलाता है सूचना मिली, कि सुल्तान मुहम्मद बिन तुग़लुक़ की तुर्क सेना ने, जो क़न्धार में थी, सुल्तान अलाउद्दीन शाह के सिंहासनारूढ़ होने की सूचना पाकर सुल्तान (मुहम्मद) के विरुद्ध विद्रोह कर दिया और क़न्धार के क़िले पर अधिकार जमा लिया। इकराज भाग कर बूदन की ओर चला गया और उसका परिवार तुर्कों द्वारा बन्दी बना लिया गया। तुर्कों ने गर्शास्प को पत्र लिख कर अधीनता प्रकट की। गर्शास्प (१७) यह ज्ञात कर बड़ा प्रसन्न हुआ और उसने उन्हें प्रोत्साहन-युक्त एक पत्र लिख कर उस ओर रवाना हुआ। जब वह वहाँ पहुँचा तो उन लोगों ने अधीनता स्वीकार कर ली।

गर्शास्प ने उस स्थान से कोतगीर पहुंच कर 'दिनगर के बादशाह को घेर लिया। क़िले वालों ने कुछ दिन पश्चात् क़िला उसके हवाले कर दिया। गर्शास्प ने प्रजा के लिए कर तथा मालगुज़ारी निश्चित कर दी।

सैयिद रज़ी उद्दीन क़ुतबुलमुल्क ने, जिसने मुन्दरी की ओर प्रस्थान किया था, मार्ग से मरम की ओर बढ़ कर उस पर अधिकार जमा लिया। तत्पश्चात् अकलौत पर आक्रमण करके उसे अपने अधिकार में कर लिया। उसका नाम सैदाबाद रखा। वहाँ के ज़मींदारों में से प्रत्येक ने अधीनता स्वीकार कर ली। उन लोगों की अक़्ता उन्हीं के पास रहने दी। जिन लोगों ने विरोध किया उन्हें नष्ट भ्रष्ट कर दिया। यद्यपि उसके पास अधिक सेना न थी फिर भी उसने तीन चार क़िले अपने अधिकार में कर लिये।

क़ीर खाँ जिसे कोतर की अक़्ता प्राप्त हुई थी उस ओर रवाना हुआ। मार्ग में उसने कल्यान के क़िले पर आक्रमण किया और ५० दिन तक क़िले वालों को घेरे रहा। तत्पश्चात् क़िले वालों ने क़िला हवाले कर दिया और अधीनता स्वीकार कर ली। जब सुल्तान को इस विजय की सूचना मिली तो दौलताबाद में एक सप्ताह तक हर्ष तथा आनन्द मनाया गया। दौलताबाद का नाम फ़तहाबाद रक्खा गया।

(१८) सिकन्दर खाँ ने, जो बिदर भेजा गया था, मलखेर पर आक्रमण किया। हिन्दुओं ने अधीनता स्वीकार कर ली। तत्पश्चात् उसने तिलंग के शासक कनानीद को पत्र लिखा कि चूंकि सुल्तान के पास अच्छे हाथी नहीं हैं अतः वह कुछ अच्छे हाथी सुल्तान के लिये भेज दे। कनानीद ने यह पत्र पाकर सिकन्दर खाँ के पास पत्र भेज कर अपनी अधीनता का आश्वासन दिलाया और उससे भेंट करने की इच्छा प्रकट की। सिकन्दर खाँ एक बहुत बड़ी सेना लेकर तिलंग की ओर गया। कनानीद ने उसका बड़ा आदर सम्मान किया और उचित रूप से उपहार भेंट किये। दो हाथी तथा उपहार सिकन्दर खाँ के द्वारा सुल्तान के दरबार में भेजे। सिकन्दर ने बिदर लौट कर हाथी तथा अन्य उपहार सुल्तान की सेवा में

भेज दिये। सुल्तान ने सिकन्दर खाँ को फ़रमान भेज कर चत्र प्रदान किया और कनानीद पर भी बड़ी ही कृपा दृष्टि प्रकट की।

इसमाईल मुख का विद्रोह—

इसमाईल मुख को जिसने राज्य त्याग दिया था अकार थाना, जो तरदल तथा जाकमन्दी के निकट है, इनाम में प्रदान कर दिया गया था। कुछ दिन उपरान्त नरायन (नारायण) अधर्मी तथा दुष्ट ने उसे मार्ग-भ्रष्ट कर दिया और उसे शाही (सुल्तान मुहम्मद) की कृपा का आश्वासन दिला कर उससे विद्रोह करा दिया। अन्त में उसे बन्दी बना कर उसे विष दे कर मार डाला। ख्वाजये जहाँ ने सुल्तान (हसन) के आदेशानुसार मुबारकाबाद मिर्ज से (१९) उस दुष्ट को दंड देने के लिये प्रस्थान किया। मलिक क़ुतबुलमुल्क भी मुन्द्री से ख्वाजये जहाँ की सहायतार्थ पहुँचा। दोनों ने गुलबर्गे पहुँच कर उसे घेर लिया। क़िले के मुक़द्दम पूचारेदी ने बड़े छल तथा युक्ति से कार्य किया किन्तु जल के अभाव के कारण क़िले वालों को क़िला छोड़ देना पड़ा। क़िले के बहुत से लोग मारे गये। पूचारेदी को बन्दी बना कर राजधानी में भेज दिया गया। ख्वाजये जहाँ ने गुलबर्गा नगर में शासन की गद्दी पर आरूढ़ हो कर उस प्रदेश को सुव्यवस्थित कर दिया।

कुछ समय उपरान्त उसे सूचना मिली कि सकर की सेना ने विद्रोह कर दिया है। सफ़दर खाँ, की, जिसने किम्बा के क़िले को घेर रखा था और जब कि क़िले वालों की बहुत बड़ी संख्या महामारी तथा अकाल के कारण मर रही थी, कम्पर्स, मुहम्मद इब्ने आलम तथा नत्थू अलमबक एवं कुछ अन्य षड्यन्त्रकारियों के प्रयत्न से हत्या हो गई। सफ़दर खाँ की हत्या के उपरान्त उन लोगों ने सकर पहुंच कर उस क़िले पर विजय प्राप्त कर ली। अली लाचीन तथा फ़खरुद्दीन मेहरवार किसी बहाने से भाग कर विद्रोहियों से पृथक् हो गये। ख्वाजये जहाँ ने विद्रोहियों को पत्र लिखा कि अच्छा हुआ कि हरामखोर की हत्या हो गई। अब तुरन्त यहाँ पहुंच कर अपनी समस्त धन-सम्पत्ति प्रस्तुत कर दो। मुहम्मद इब्ने (पुत्र) आलम ने नत्थू अलमबक को ख्वाजये जहां के पास भेज कर यह कहलाया कि "यदि हमारा महाल हमारे पास रहने दिया जाय तो हम आज्ञाकारिता के लिये तैयार हैं अन्यथा कौन हमारा विनाश कर सकता है?" जब नत्थू ने ख्वाजये जहाँ को यह संदेश पहुंचाया तो उसने उसे बन्दी बना कर सब हाल सुल्तान को लिख भेजा। सुल्तान ने आदेश भेजा कि ख्वाजये जहाँ तुरन्त चहनोर नदी को पार करके दूसरी ओर पड़ाव डाले और जब तक सुल्तान की सेना वहाँ न पहुँच जाय किसी ओर प्रस्थान न करे। ख्वाजये जहाँ ने सुल्तान के आदेशानुसार नदी के दूसरी ओर पड़ाव किया और नित्य सेना के वीरों को विद्रोहियों के प्रदेश में छापा मारने के लिये भेज कर उनके हृदय में आतंक बैठा दिया। मुहम्मद बिन तुग़लुक़ के कारण, सुल्तान दौलताबाद छोड़ना उचित न समझता था।

सुल्तान के विजयी पताकाओं का गुलबर्गा की ओर प्रस्थान—

दो मास तक ख्वाजये जहाँ की सेना चहनोर के दूसरे तट पर पड़ी रही। एक रात्रि में (२०) सुल्तान ने स्वप्न में मुहम्मद बिन तुग़लुक़ शाह के राज्य के अन्त की सूचना पाकर दौलताबाद से सेना लेकर गुलबर्गे की ओर प्रस्थान किया। क़दर खाँ, गर्शास्प, एमादुल मुल्क तथा अज़दुल मुल्क आदि को दौलताबाद में छोड़ कर गुलबर्गा नगर में पड़ाव डाल दिया। वहाँ के निवासियों ने उसका स्वागत करते हुये उपहार भेंट किये तथा अभिवादन किया। सुल्तान ने वहाँ के निवासियों को सम्मानित किया। जब ख्वाजये जहाँ को सुल्तान की सेना

के पहुंचने के समाचार प्राप्त हुये तो उसने सेना को शिविर में छोड़ कर अकेले ही सुल्तान की सेवा में पहुंच कर क़ालीन (भूमि) चूमने का सौभाग्य प्राप्त किया।

(२१) इसी समय दूतों ने सूचना पहुँचाई कि सुल्तान मुहम्मद बिन तुग़लुक़ ने गुजरात तथा तत्ता (थट्टा) के मार्ग में प्राण त्याग दिये। सुल्तान ने शत्रु की ओर से निश्चित हो कर दकिन (दक्षिण) विजय के लिये प्रस्थान किया। तीन दिन उपरान्त नदी पार करके सुल्तान ने निरन्तर शत्रु की ओर बढ़ना प्रारम्भ कर दिया। मुहम्मद इब्ने आलम यह सुन कर, सुल्तान की सेवा में उपस्थित हो गया। सुल्तान ने आदेश दिया कि उसकी धन सम्पत्ति पर अधिकार जमा कर उसे बन्दी बना लिया जाय और उसके प्राण को कोई हानि न पहुंचाई जाय।

————

तारीखे सिन्ध

अथवा

तारीखे मासूमी

[लेखक—सैयिद मुहम्मद मासूम भक्करी]

(प्रकाशन—पूना १९३८ ई०)

सुल्तान ग़यासुद्दीन

(४६) जिस समय सुल्तान ग़यासुद्दीन ने मुल्तान से देहली की ओर प्रस्थान किया तो सूमरा लोगों ने आक्रमण करके थत्तह पर अधिकार जमा लिया। सुल्तान ग़यासुद्दीन ने मलिक ताजुद्दीन को मुल्तान, ख्वाजा खतीर को भक्कर तथा मलिक अली शेर को सिविस्तान में नियुक्त (४७) किया। ७२३ हि० (१३२३ ई०) के अन्त में सुल्तान ग़यासुद्दीन तुग़लुक़ शाह ने अपने पुत्र सुल्तान मुहम्मद को अपना वलीअहद (उत्तराधिकारी) नियुक्त किया और उसके नाम की बैअत राज्य के प्रतिष्ठित लोगों से करा ली। ७२५ हि० (१३२४-२५ ई०) के प्रारम्भ में उसका निधन हो गया।

सुल्तान मुहम्मद शाह बिन तुग़लुक़ शाह

सुल्तान मुहम्मद शाह बिन (पुत्र) तुग़लुक़ शाह के सिंहासनारूढ़ होने के उपरान्त उसकी प्रसिद्धि एवं ख्याति अत्यधिक प्रसारित हो गई। उसने ७२७ हि० (१३२६-२७ ई०) में किशलू खाँ को सिन्ध प्रान्त में नियुक्त किया। तत्पश्चात् दौलताबाद पहुँच कर उसे राजधानी बनाया। उसके उस स्थान पर दो वर्ष तक रहने के कारण किशलू खाँ ने भक्कर से मुल्तान पहुँच कर मुल्तान वालों तथा बिल्लोच लोगों को मिला कर विद्रोह का संकल्प कर लिया। सुल्तान मुहम्मद शाह यह समाचार सुन कर शीघ्रातिशीघ्र ७२८ हि० (१३२७-२८ ई०) में मुल्तान पहुंचा। किशलू खाँ ने कृतघ्नता प्रकट करते हुये अपने आश्रयदाता से युद्ध किया। जैसे ही दोनों सेनाओं का आमना सामना हुआ तो जो सेना तलीआ[1] के रूप में सामने थी, उसने किशलू खाँ पर आक्रमण करके विजय प्राप्त कर ली और उसका सिर काट कर सुल्तान के समक्ष लाई। उसकी सेना सुल्तान के कठोर दण्ड के भय से छिन्न-भिन्न हो गई। सुल्तान ने आदेश दिया कि मुल्तान वालों के रक्त की नदी बहा दी जाय। जब सैनिक नंगी तलवारें लेकर मुल्तान वालों की हत्या के विचार से पहुँचे तो शेखुल इस्लाम शेख रुक्नुद्दीन मुल्तान वालों की सिफ़ारिश के लिये सुल्तान मुहम्मद शाह के दरबार में उपस्थित हुये और नंगे सिर खड़े हो गये। सुल्तान ने कुछ क्षण के पश्चात् शेख की सिफ़ारिश स्वीकार कर ली और मुल्तान वालों के अपराध क्षमा कर दिये। वह मुल्तान भक्कर एवं सिविस्तान में अपने विश्वास-पात्रों को नियुक्त करके उपर्युक्त सन् के अन्त में वहाँ से लौट गया।

७४४ हि० (१३४३-४४ ई०) में सुल्तान मुहम्मद शाह के हृदय में यह बात आई कि देहली की सुल्तानी एवं शासन अब्बासी खलीफ़ा के आदेश बिना उचित नहीं। उसने खलीफ़ा के परोक्ष में उससे बैअत करली। इस विषय में उसने बड़ी अधिकता प्रदर्शित की। प्रजा

१ सेना का अग्रिम भाग जो शत्रुओं का पता लगाने तथा पहरे आदि के लिये नियुक्त किया जाता है।

को जुमे (की सामूहिक) नमाज़ पढ़ने से रोक दिया। मलिक रफ़ी को उपहार देकर मिस्र भेजा। मिस्र के ख़लीफ़ा ने मलिक रफ़ी तथा अपने आदमियों के साथ उसके लिये पताका एवं खिलअत प्रेषित कीं। सुल्तान ने प्रसन्न होकर उन लोगों का बड़ा सम्मान किया और उन्हें इनाम में धन प्रदान किया। ख़लीफ़ा के नाम का ख़ुत्बा पढ़वा कर अपना नाम उसके पीछे रखवाया।

७५१ हि० (१३५०-५१ ई०) में सुल्तान मुहम्मद शाह ने देहली से गुजरात की ओर प्रस्थान किया और शीघ्रातिशीघ्र कर्नाल[1] पहुंचा। तग़ी नामक सुल्तान का दास विद्रोह करके खम्बायत के बन्दरगाह की ओर भाग गया। जब सुल्तान वहाँ पहुँचा तो वह भाग कर जारीजा पहुंचा। सुल्तान ने भी नान्कनी[2] का संकल्प करके थत्तह की ओर प्रस्थान किया और तहरी[3] ग्राम में नदी तट पर सेना एकत्र करने के लिये पड़ाव डाला। इसी बीच में सुल्तान ज्वर से पीड़ित हो गया और उसे परदेश में होने का दुःख कष्ट देने लगा। सुल्तान तहरी से प्रस्थान करके कन्दल[4] पहुँचा और वहीं ठहर गया। वहाँ सुल्तान रोग से मुक्त होने लगा। इस पड़ाव पर अन्तःपुर की स्त्रियाँ नदी के मार्ग से पहुँच गईं। सुल्तान उनके आने से बड़ा प्रसन्न हो गया। सेना को अत्यधिक वस्तुयें प्रदान कीं और बहुत बड़ी सेना लेकर थत्तह की ओर प्रस्थान किया। तग़ी को, जो भाग कर थत्तह पहुँचा था कोई उपाय समझ में न आया। जब सुल्तान थत्तह के निकट १२ कोस पर पहुँच गया तो संयोग से उस दिन (४९) १० मुहर्रम थी। सुल्तान ठहर गया। उस दिन वह रोज़ा रक्खे था। दूसरे दिन सुल्तान का रोग पुनः बढ़ गया और बहुत ज़ोर से ज्वर चढ़ आया। चिकित्सकों के उपचार से कोई लाभ न हुआ और २१ मुहर्रम ७५२ हि० (२० मार्च १३५१ ई०) को उसका निधन हो गया।

सुमरा तथा सुमा

(६०) इससे पूर्व उल्लेख हो चुका है कि जब सुल्तान महमूद ग़ाज़ी, ग़ज़नी से मुल्तान पहुँचा तथा मुल्तान अपने अधिकार में कर लिया तो उसने कुछ लोगों को सिन्ध की विलायत (प्रान्त) विजय करने के लिये भेजा। सुल्तान महमूद ग़ाज़ी के देहान्त के पश्चात् जब शासन तथा राज्य सत्ता अब्दुर्रशीद[5] बिन (पुत्र) सुल्तान मसऊद को प्राप्त हुई तो उसने भाग विलास में व्यस्त रहना प्रारम्भ कर दिया और राज्य-व्यवस्था की चिन्ता न की। दूर की सीमा के लोगों ने विद्रोह प्रारम्भ कर दिया।

संक्षेप में उस समय सूमरा[6] लोगों ने तहरी के आस-पास से एकत्र होकर सूमरा नामक एक व्यक्ति को शासन की गद्दी पर आरूढ़ कर दिया। वह बहुत समय तक उन लोगों का

---

१ जूना गढ़।

२ सम्भवतया कच्छ में कोई स्थान।

३ तहरी, हैदराबाद (सिन्ध) में मुहब्बत डेरे के निकट जो सूमरा लोगों की राजधानी था।

४ कन्दल अथवा गोन्दल कर्नाल से उत्तर की ओर १५ कोस पर (तबक़ाते अकबरी भाग १, पृ० २२२) काठियावाड़ में। तारीख़े फ़ीरोज़ शाही (पृ० ५२३) देखो।

५ (४४१—४४४ हि० । १०४९ ई०—१०५३-५४ ई०)।

६ अबुल फ़ज़्ल ने लिखा है कि सूमरा लोग ३६ व्यक्ति थे और उन्होंने ५०० वर्ष राज्य किया। (आईने अकबरी, नवल किशोर १८९३, भाग २, पृ० १६७)। तोहफ़तुल किराम के लेखक के अनुसार इन लोगों का राज्य ७५२ हि० (१३५१—५२ ई०) में समाप्त हुआ (तोहफ़तुल किराम लेखक अली शेर क़ाने थत्तवी, बम्बई, भाग ३, पृ० ३५) अतः इनकी सत्ता का प्रारम्भ २५२ हि० (८६६–६७ ई०) के लगभग से समझा जा सकता है। अलीशेर क़ाने के अनुसार सूमरा लोगों में बड़ी विचित्र प्रथायें थीं (तोहफ़तुल किराम भाग ३, पृ० ४६—४७)।

सरदार रहा और उस प्रदेश के समीप के स्थानों को विद्रोहियों से मुक्त कर दिया। साद नामक ज़मींदार से जो उस भूभाग में बड़ा प्रभुत्वशाली हो चुका था, मेल कर लिया और उसकी पुत्री से विवाह कर लिया। उससे भुनगर नामक, एक पुत्र का जन्म हुआ। अपने पिता की मृत्यु के उपरान्त वह अपने पूर्वजों के राजसिंहासन पर आरूढ़ हुआ। अन्त में उसकी भी मृत्यु हो गई। उसके उपरान्त उसके पुत्र दूदा नामक ने राज्य का कार्य भार संभाला। कुछ (६१) वर्ष राज्य करने के उपरान्त उसने नसरपुर को अपने अधिकार में कर लिया। युवावस्था में ही उसका देहान्त हो गया। इसका बालक संघार नामक था अतः उसकी पुत्री तारी ने दीर्घकाल तक राज्य किया और प्रजा उसकी आज्ञाकारी रही। जब संघार युवावस्था को प्राप्त हुआ तो राजसिंहासन स्वयं प्राप्त करके वह राज्य व्यवस्था में व्यस्त हो गया। जो लोग विद्रोह कर रहे थे एवं अशान्ति फैला रहे थे उन्हें कड़ी चेतावनी देकर कच (कच्छ) की ओर इस आशय से प्रस्थान किया कि नान्कनी को अपने अधिकार में कर ले। कुछ वर्ष उपरान्त उसका देहान्त हो गया।

उसके कोई पुत्र न था। उसकी पत्नी हमून नामक, वाहका[१] के क़िले पर राज्य करती थी। उसने अपने भाइयों को मुहम्मद तोर[२] तथा तहरी के राज्य के लिये नियुक्त कर दिया। कुछ समय पश्चात् दूदा के भाइयों ने जो पास ही (किसी स्थान पर) छिपे थे, प्रकट होकर हमून के भाइयों को परास्त कर दिया। इसी बीच में दूदा की संतान में से पहतू नामक एक व्यक्ति ने आक्रमण कर दिया और बहुत बड़ी संख्या में लोग उसके सहायक बन गये। जो लोग राज्य पर अधिकार जमाने के लिये उठ खड़े हुये थे, उनका उसने समूल उच्छेदन कर दिया और स्वयं सिंहासनारूढ़ हो गया। उसने भी कई वर्ष तक राज्य किया। उसके देहान्त के पश्चात् खैरा नामक एक व्यक्ति ने राज्य का कार्य भार संभाला। उसमें बहुत से गुण थे। उसकी मृत्यु के उपरान्त उरमील नामक एक व्यक्ति सिंहासनारूढ़ हुआ। वह बड़ा ही अत्याचारी तथा निष्ठुर था। प्रजा उसके अत्याचार से घृणा के कारण उसकी हत्या के लिये सन्नद्ध हो गई। सुमा समूह वाले कच (कच्छ) के आस-पास से आकर सिन्ध के उपान्त में निवास करने लगे थे। उन लोगों तथा सिन्ध वालों में परस्पर व्यापार एवं (६२) विवाह के कारण मेल हो गया था। सुमा समूह का उनर नामक व्यक्ति बड़ा ही योग्य था। राज्य के प्रतिष्ठित व्यक्तियों ने प्रातःकाल उसके घर में गुप्त रूप से संघटन करके उरमील की हत्या करदी और उसका सिर नगर के द्वार पर लटकवा दिया। वह सभी लोगों की सहमति से सिंहासनारूढ़ हो गया।

जाम उनर बिन (पुत्र) बाबनया[३]—

वह अमीरों की सहमति से स्थायी शासक बन गया। बहुत बड़ी संख्या में लोग उसके चारों ओर एकत्र हो गये। उसने एक बहुत बड़ी सेना लेकर सिविस्तान पर आक्रमण करने का संकल्प किया। सिविस्तान के उपान्त में पहुंच कर, मलिक रतन से, जो तुर्क सुल्तानों

---

१ वगह काट अथवा वजह कोट परान नहर से पूर्व की ओर ५ मील पर अल्लाह बन्द के ऊपर था। जिस समय रन कच्छ में जहाज़ चल सकते थे, यह एक प्रसिद्ध बन्दरगाह था।

२ मुहम्मद तोर को सूमरा लोगों ने तहरी के उपरान्त अपनी राजधानी बनाया था। मीरपुर बतोरा तालुके में शाह कपूर के आस पास- गोंगरह वाह के किनारे।

३ तारीख़े मुबारक शाही में यह शब्द बाबनहनिया लिखा है (तारीख़े मुबारक शाही पृ० १३१) तारीख़े फ़ीरोज शाही (लेखक) शम्स सिराज अफ़ीफ़ में बाँहबंना है (तारीख़े फ़ीरोज शाही पृ० १९९, २००, २०१, २४०, २४१-२४६ २५३, २५४, २८१)। तोहफ़तुल किराम में पानिया है। (तोहफ़तुल किराम भाग ३, पृ० ४६) दासद पोता के अनुसार इसे बाँभ होना चाहिये। (तारीख़े सिन्ध पृ० २०५)।

का पदाधिकारी था, युद्ध छेड़ दिया। मलिक रतन भी सेना लेकर क़िले से निकला और रणक्षेत्र में पहुँचा और युद्ध की अग्नि प्रज्वलित कर दी। जाम उनर सर्व प्रथम युद्ध में पराजित हुआ। उसने पुनः अपने भाइयों की सहायता से संघटित होकर युद्ध प्रारम्भ कर दिया। मलिक रतन घोड़ा दौड़ाते समय घोड़े से पृथक् होकर भूमि पर गिर पड़ा। जाम उनर ने उसका सिर उसके शरीर से काट कर सिविस्तान के क़िले पर अधिकार जमा लिया। मलिक फ़ीरोज़ तथा अली शाह तुर्क ने, जो भक्कर के समीप थे, उसे पत्र लिखे कि 'यह वीरता उचित न थी। अब शाही सेना से युद्ध करने की तैयारी करके पौरुष दिखा। उसने इन बातों से प्रभावित होकर तहरी का संकल्प कर लिया किन्तु उन्हीं दिनों में रुग्ण होकर मृत्यु को प्राप्त हो गया। उसने तीन वर्ष और छः मास तक राज्य किया।

कुछ लोगों का यह मत है कि जब जाम उनर ने सिविस्तान विजय कर लिया तो वह एक रात्रि में भोग-विलास का प्रबन्ध करके मदिरापान में तल्लीन था। इसी बीच में समाचार प्राप्त हुये कि कुछ विद्रोही पहुँच गये। उसने अपने वकील (प्रधान मंत्री) काहा बिन (पुत्र) तमाची को विद्रोहियों से युद्ध करने के लिये भेजा। जब वह सेना लेकर धावा (६३) मारता हुआ उन लोगों के समीप पहुंचा तो युद्ध ही के समय बन्दी बना लिया गया। जाम उनर उसकी ओर से उपेक्षा करके उसी प्रकार भोग विलास में तल्लीन रहा। काहा बिन (पुत्र) तमाची इसी कारण उससे ईर्ष्या रखने लगा। उसने किसी न किसी उपाय से अपने आपको शत्रुओं के हाथों से मुक्त कराया और जाम उनर का विरोधी बन कर भक्कर के क़िले पर पहुँचा तथा अली शाह तुर्क से भेंट की। अली शाह ने मलिक फ़ीरोज़ा के साथ सेना एकत्र कर के बहरामपुर[1] के क़िले में जाम उनर की हत्या कर दी और मलिक फ़ीरोज़ को क़िले पर अधिकार प्रदान करके स्वयं लौट गया। तीन दिन पश्चात् जाम उनर के आदमियों ने छल एवं धूर्तता से काहा बिन (पुत्र) तमाची तथा मलिक फ़ीरोज़ की हत्या करदी।

जाम जूना बिन (पुत्र) बाबनया—

जाम उनर की मृत्यु के उपरान्त, जाम जूना सुमा समूह में जामी की उपाधि से प्रसिद्ध हुआ। उसने समस्त सिन्ध विजय करने का संकल्प किया। उसने अपने भाइयों तथा सम्बन्धियों को प्रोत्साहन प्रदान करके (उस) विलायत (प्रान्त) की ओर नियुक्त किया। उन लोगों ने तलहती नामक स्थान पार करके भक्कर के ग्रामों तथा क़स्बों में रक्तपात एवं ध्वंस प्रारम्भ कर दिया। दो तीन बार सुमा लोगों तथा भक्कर के अधिकारियों के मध्य में घोर युद्ध हुआ। तुर्क लोग युद्ध की शक्ति न पाकर, भक्कर का क़िला छोड़ कर उच्च की ओर चले गये। जाम जूना उस सेना के भागने का समाचार पाकर निरन्तर कूच करता हुआ भक्कर पहुंचा और उसने कुछ वर्ष स्थायी रूप से सिन्ध में व्यतीत किये। जिन दिनों सुल्तान अलाउद्दीन[2] (खलजी) ने अपने भाई उलुग़ खाँ को मुल्तान के आसपास के स्थानों के लिये नियुक्त किया, उलुग़ खाँ ने मलिक ताज काफ़ूरी तथा तातार खां को जाम जूना के विनाश हेतु सिन्ध भेजा। जाम जूना सेना के पहुँचने के पूर्व कण्ठ के एक संक्रामक रोग के कारण मृत्यु को प्राप्त हो गया। उसने १३ वर्ष तक राज्य किया। सुल्तान अलाउद्दीन की सेना ने भक्कर के उपान्त में पहुँच कर भक्कर के क़िले पर विजय प्राप्त कर ली और सिविस्तान की ओर प्रस्थान किया।

---

१ बहरामपुर—तन्दा डिवीज़न, हैदराबाद (सिन्ध) के नीचे। बहरामपुर का क़िला सम्भवतया गूनी तालुक़े में था।

२ सुल्तान अलाउद्दीन खलजी का निधन १३१५ ई० में हुआ। जाम जूना ७३४ हि० [१३३३-३४ ई०] के पश्चात् सिंहासनारूढ़ हुआ, अतः यह घटना निराधार है।

जाम तमाची बिन (पुत्र) जाम उनर (तथा उसका पुत्र खैरुद्दीन)—

(६४) (जाम तमाची) राज्य के प्रतिष्ठित व्यक्तियों की सहमति से अपने पूर्वजों के राजसिंहासन पर आरूढ़ हुआ। सुल्तान अलाउद्दीन की सेना युद्ध करके जाम तमाची बिन (पुत्र) उनर को बन्दी बना कर परिवार सहित देहली ले गई।[1] वहाँ उसके पुत्रों का जन्म हुआ। सुमा समूह तहरी के उपान्त में जीवन व्यतीत करता था और जाम उनर के पदाधिकारी राज्य व्यवस्था अपने हाथ में लेकर शासन प्रबन्ध करते थे। कुछ समय उपरान्त मलिक खैरुद्दीन वल्द जाम तमाची, जो बाल्यावस्था में अपने पिता के साथ देहली चला गया था, अपने पिता के निधन के पश्चात् सिन्ध पहुँचा और उसे अपने अधिकार में करके राज्य करने लगा।

कुछ समय उपरान्त सुल्तान मुहम्मद शाह गुजरात के मार्ग से सिन्ध पहुँचा। चूंकि जाम खैरुद्दीन बन्दीगृह के कष्ट भोग चुका था, अतः सुल्तान मुहम्मद शाह के अत्यधिक बुलाने पर भी उसने उसकी सेवा स्वीकार न की, यहाँ तक कि सुल्तान मुहम्मद शाह बिन (पुत्र) तुग़लुक़ शाह की थत्तह के उपान्त में मृत्यु हो गई।

---

१ इस घटना का भी कोई आधार नहीं।

तारीखे फ़िरिश्ता

[लेखक—मुहम्मद क़ासिम हिन्दू शाह फ़िरिश्ता]

[प्रकाशन – नवल किशोर प्रेस]

ग़यासुद्दीन तुग़लुक़ शाह

(१३२) उलुग़ ख़ाँ ने यह सुन कर कि उसका पिता शीघ्रातिशीघ्र पहुँच रहा है, अफ़ग़ानपुर के निकट तीन दिन में एक महल इस आशय से बनवा कर पूरा कराया कि, उसका पिता वहाँ पहुंच कर रात्रि में विश्राम करे और प्रातःकाल जब शहर को सजा लिया जाय और राज्य की समस्त व्यवस्था तैयार करली जाय, तो वह पूर्ण समारोह से शहर में प्रविष्ट हो। जब सुल्तान वहाँ पहुँचा तो उसने भवन के निर्माण का कारण ज्ञात करके वहीं विश्राम किया। तुग़लुक़ाबाद में ख़ुशिया मनाई गईं और क़ुब्बे सजाये गये। दूसरे दिन उलुग़ ख़ाँ तथा समस्त अमीर बादशाह की अंगुलियों को चूम कर सम्मानित हुये। सुल्तान उन लोगों के साथ जो उसके स्वागतार्थ आये थे, उस महल में बैठ कर भोजन करने लगा। जब भोजन हटाया गया तो लोगों ने समझा कि बादशाह उसी समय सवार होगा। वे बिना हाथ धोये बाहर निकल आये। उलुग़ ख़ाँ भी जिसकी मौत न आई थी हाथी घोड़े तथा समस्त उपहार प्रस्तुत करने हेतु बाहर निकला। इसी बीच में महल की छत गिर पड़ी और बादशाह पाँच व्यक्तियों के साथ उस छत के नीचे मृत्यु को प्राप्त हो गया।

कुछ इतिहासों में लिखा है कि चूंकि महल नवनिर्मित और ताज़ा था, अतः हाथियों के दौड़ाने के कारण गिर पड़ा। कुछ इतिहासकारों ने लिखा है कि इस प्रकार के भवन के निर्माण से जिसकी कोई आवश्यकता न थी, यह सन्देह होता है कि उलुग़ ख़ाँ ने अपने पिता की हत्या कराना निश्चय कर लिया था। ज़िया बरनी ने, जो फ़ीरोज़ शाह का समकालीन था, इस कारण कि फ़ीरोज़ बादशाह, सुल्तान मुहम्मद का बड़ा भक्त था, यह बात नहीं लिखी किन्तु बुद्धिमानों से यह बात छिपी नहीं रह सकती कि यह बात बुद्धि के निकट ठीक नहीं। क्योंकि उलुग़ ख़ाँ भोजन में अपने पिता के साथ था, उसमें यह चमत्कार कहाँ से उत्पन्न हो गया कि उसके निकलते ही छत गिर पड़े। सब से बढ़ कर यह कि सद्रे जहाँ गुजराती ने अपने इतिहास में लिखा है कि उलुग़ ख़ाँ ने इस भवन को एक जादू पर आधारित किया था। जब वह जादू न रहा तो छत नीचे आ रही। हाजी मुहम्मद क़न्धारी ने अपने इतिहास में लिखा है कि जिस समय सुल्तान हाथ धो रहा था एक बज्र आकाश से गिरा और छत को फाड़ता हुआ उसके सिर पर पड़ा। यह बात ठीक ज्ञात होती है। उसकी मृत्यु रबी-उल अव्वल ७२५ हि० (फ़रवरी-मार्च १३२५ ई०) में हुई।

सुल्ताने आज़म सुल्तान मुहम्मद तुग़लुक़ शाह

(१३३) वह बड़ा ही पराक्रमी बादशाह था। सातों इक़्लीमों की बादशाही से वह संतुष्ट न था और उसकी इच्छा थी, कि समस्त जिन्नात तथा मनुष्य उसके आज्ञाकारी हो जायँ, सभी संसार वाले उसके दास बने रहें। यदि उसे अपने पूर्वजों से इस्लाम प्राप्त न हुआ होता तो वह अपने आपको ईश्वर कहलवाता। वह इतना बड़ा दानी था कि पूरा खजाना भिखारी को दे देने के उपरान्त भी उसे कुछ न समझता था। हातिम का आजीवन का दान उसके एक दिन के दान के बराबर था। दान करते समय वह धनी, भिखारी, मित्र तथा अन्य लोगों को बराबर समझता था। ततार ख़ाँ को, जिसे बादशाह ग़यासुद्दीन तुग़लुक़

शाह ने सुनार गाँव का वाली नियुक्त कर दिया था और जो उसका मुंह बोला भाई था, बहराम खाँ की उपाधि प्रदान की और एक दिन में १०० हाथी, १००० घोड़े, एक करोड़ लाल तन्के, चत्र तथा दूरबाश प्रदान किये और बंगाले तथा सुनार गाँव की विलायत स्थायी रूप से देकर बड़े सम्मान से उसे उस ओर भेजा। मलिक संजर बदखशानी को ८० लाख तन्के, मलिकुल मुलूक एमादुद्दीन को ७० लाख तन्के तथा अपने गुरु मौलाना अज़्ज़ुद्दीन को ४० लाख तन्के एक ही दिन में प्रदान कर दिये। मलिकन्नुदमा नासिरुद्दीन कामी को प्रत्येक वर्ष लाखों तन्के देता था। मलिक ग़ाज़ी को जो बड़ा प्रतिष्ठित, बुद्धिमान तथा अच्छा कवि था, प्रत्येक वर्ष १००,००० तन्के प्रदान करता रहता था। क़ाज़ी ग़ज़नी को भी इतना ही प्रदान करता जिसका अनुमान कोई न कर सकता था। निज़ामुद्दीन अहमद बख़्शी[१] के अनुसंधान के अनुसार तन्के का अभिप्राय चाँदी के तन्के से है जिसमें थोड़ा सा ताँबा भी होता था। एक तन्के में १६ ताँबे के पोल (पैसे) होते थे। ·· वह बादशाह बड़ा ही अद्भुत प्राणी था। उसमें विरोधाभासी गुण पाये जाते थे। उसकी आकांक्षा यह थी कि सुलेमान के समान राज्य को नबूवत से जोड़े रक्खे और शरा तथा राज्य सम्बन्धी आदेश अपनी ओर से निकालता था और मुहम्मद साहब के धर्म के पालन में पाँचों समय की नमाज़ पढ़ता था।······

(१३४) आरम्भ में जब उसका राज्य दृढ़ भी न हुआ था कि तुर्माशीरीन खान बिन (पुत्र) दाऊद खाँ हाकिम उलूस चुग़ताई जिसमें रुस्तम की वीरता तथा किसरा (नौशीरवाँ) का न्याय एकत्र था और जो मुसलमानों का बादशाह था, एक बहुत बड़ी सेना लेकर हिन्दुस्तान पर विजय प्राप्त करने के विचार से ७२७ हि० (१३२६-२७ ई०) में इस राज्य में घुस आया। लमग़ान तथा मुल्तान से देहली के द्वार तक कुछ प्रदेशों को विध्वंस करता और कुछ को वचन लेकर अधिकार में करता हुआ अपने शिविर उस नगर (देहली) में लगवा दिये। सुल्तान मुहम्मद तुग़लुक़ शाह ने युद्ध करना सम्भव न देख कर बड़ी नम्रता से व्यवहार किया और कुछ विश्वासपात्रों को मध्य में डाल कर धन-सम्पत्ति तथा जवाहरात जिससे तुर्माशीरीन संतुष्ट हो सका, देकर अपना सम्मान तथा राज्य पुनः खरीद लिया। तुर्माशीरीन दिखाने को तो देहली से प्रस्थान कर गया किन्तु गुजरात की ओर जाकर उसने उस विलायत को, जो मार्ग में थी, विध्वंस कर दिया और एक संसार की सम्पत्ति पर अधिकार जमा कर और अत्यधिक लोगों को बन्दी बना कर सिन्ध तथा मुल्तान के मार्ग से पूर्णतया सुरक्षित लौट गया। ज़िया बरनी ने अपने समय का पक्ष लेकर अपने इतिहास में इस घटना का उल्लेख नहीं किया।

बादशाह मुहम्मद तुग़लुक़ शाह इसके उपरान्त सेना की सुव्यवस्था एवं राज्यों को अपने अधीन करने में तल्लीन हो गया। दूर दूर की विलायतें उदाहरणार्थ धोर समुन्द (द्वार समुद्र), माबर, कम्पिला, वारंगल, लखनौती, हबीब गाँव, सुनार गाँव तथा देहली के निकट के स्थान अपने अधिकार में कर लिये। करनाटक की विलायत (प्रदेश) को समस्त लम्बाई तथा चौड़ाई में समुद्र तट तक अपने अधिकार में कर लिया। वहाँ के कुछ रायों ने खराज अदा करने का वचन दे दिया और प्रत्येक वर्ष खज़ाने में खराज भेजा करते थे। किसी भी विद्रोही अथवा उपद्रवी को दीवानी के धन में से आधा दिरहम भी छिपा लेने अथवा विद्रोह करके रख लेने की शक्ति न थी। राज्य के अधीन प्रदेशों के समस्त मुक़द्दम, राय तथा ज़मींदार अधीनता एवं सेवा भाव प्रकट करते हुये कर अदा करना आवश्यक समझा करते थे। उसे चारों ओर से इतना धन प्राप्त होता रहता था कि उसके अत्यधिक व्यय के बावजूद खज़ाने में किसी कारण कमी न हो पाती थी किन्तु सुल्तान के राज्य के मध्य एवं अन्त में इतनी दृढ़ता के

१ तबक़ाते अकबरी पृ० १९९।

होते हुये भी राज्य इस प्रकार कम्पित हो उठा कि गुजरात के अतिरिक्त उपर्युक्त प्रदेशों में से कोई भी उसके अधीन न रहा। उसके राज्य के पतन के कई कारण थे : (१) दोआब के खराज में वृद्धि। (२) सोने चाँदी के स्थान पर पीतल और ताँबे के सिक्के चलाना। (३) ३,७०,००० सवार खुरासान तथा मावराउन्नहर की विजय हेत तैयार करना तथा अलाई खज़ाना व्यय करना। (४)एक लाख सवार तैयार करके अपने भागिनेय खुसरो मलिक के अधीन क़राजिल पर्वत की ओर, जिसे हिमाचल भी कहते हैं, भेजना। (५) मुसलमानों तथा काफ़िरों की अत्यधिक हत्या। खराज में वृद्धि करने का हाल इस प्रकार है : उसने कुछ बातों को ध्यान में रख कर दोआब के प्रदेश के बीच का खराज दस के स्थान पर तीस एवं दस के स्थान पर चालीस कर दिया। यह बात प्रजा के विनाश तथा विद्रोह का कारण बन गई और कृषि में विघ्न पड़ गया। दो तीन वर्ष तक वर्षा भी बन्द हो गई और इस कारण देहली में घोर अकाल पड़ गया·········
चूंकि बादशाह चाहता था कि सिकन्दर के समान सातों इक़लीमों पर अधिकार प्राप्त करले और सेना तथा राजकोष इसके लिये पर्याप्त न था अतः इस उद्देश्य की पूर्ति हेतु उसने ताँबे के सिक्के चलाये और आदेश दिया कि जिस प्रकार चीन में जाद (चाउ) चलता है उसी प्रकार हिन्दुस्तान में भी ताँबे के सिक्के चलाये जायं और सोने चाँदी के सिक्कों के स्थान पर प्रयोग में आयें और क्रय-विक्रय उन्हीं के द्वारा हो। जाद (चाउ) काग़ज़ का टुकड़ा होता था जिस पर चीन के बादशाहों का नाम तथा उपाधि अंकित होती थी और वहाँ के लोग उन्हें सोने चाँदी के सिक्कों के स्थान पर प्रयोग में लाते थे किन्तु यह कार्य हिन्दुस्तान में सफल न हो सका।·········

समस्त संसार को विजय करने का अशुद्ध विचार तथा बहुत बड़ी सेना एकत्र करने का ख्याल इस कारण पैदा हुआ कि तुर्माशीरीन खाँ का जामाता अमीर नौरोज़ जो चग़ताई शाहज़ादा था, अत्यधिक हज़ारा तथा सदा अमीरों के साथ हिन्दुस्तान पहुँच कर सुल्तान मुहम्मद शाह का सेवक हो गया और एराक़ तथा खुरासान से भी शाहज़ादे, अमीर एवं गण्यमान्य व्यक्ति सेवा में पहुंचे और उन्होंने यह बताया कि ईरान तथा तूरान सुगमतापूर्वक विजय हो जायगा। यद्यपि सुल्तान मुहम्मद युद्ध की भी तैयारी करता था किन्तु वहाँ से आने वालों को प्रसन्न करने के लिये धन भी बाँटता और उनको प्रोत्साहन प्रदान करता। सीमाओं की सेना के अतिरिक्त जो राज्य की रक्षा हेतु अत्यावश्यक होती है उसने ३ लाख (१३५) ७० हज़ार सवार सुरक्षित किये और उनके घोड़ों को दाग़ करके प्रथम वर्ष उनका वेतन खज़ाने से प्रदान किया········· ।

सुल्तान को हिमाचल तथा चीन के मध्य के प्रदेश को विजय करने का विचार हुआ। प्रसिद्ध अमीर तथा आज़माये हुये सरदार १००,००० योग्य सवारों सहित अपने भागिनेय खुसरो मलिक के अधीन ७३८ हि० (१३३७-३८ ई०) में रवाना किये। उन्हें आदेश दिया कि "वे सर्व प्रथम हिमाचल पर्वत पर अधिकार जमा लें और जहाँ कहीं भी आवश्यकता समझें क़िला तैयार कराके तथा सेना छोड़ कर आगे बढ़ें, यहाँ तक कि चीन की सीमा पर पहुंच कर एक अत्यन्त दृढ़ तथा विशाल क़िले का निर्माण करायें और वहीं ठहर जायें। हिमाचल की विलायत यथारूप अपने अधिकार में करके दरबार में प्रार्थना पत्र भेजें, जब दरबार से सहायता प्राप्त हो जाय तो धीरे धीरे अग्रसर होकर चीन पर अधिकार जमाने का प्रयत्न करें।" यद्यपि राज्य के पदाधिकारियों ने संकेत में तथा स्पष्ट रूप से निवेदन किया कि यह विचार उचित नहीं और हिन्दुस्तान के बादशाहों का वहाँ की एक हाथ भूमि भी अधिकार में करना सम्भव नहीं किन्तु उसने स्वीकार न किया। जब खुसरो मलिक तथा बेचारे अमीरों ने आज्ञा पालन के अतिरिक्त कोई उपाय न देखा तो वे चल पड़े। उपर्युक्त पर्वत में प्रविष्ट होकर उन्होंने

उचित स्थानों पर क़िले स्थापित किये और अश्वारोहियों तथा पदातियों के दलों को सौंपकर अग्रसर हो जाते थे। जब हिमाचल पर्वत का बहुत बड़ा भाग पार करके चीन की सीमा के नगरों में पहुँचे तो चीन के अमीरों का वैभव एवं उनकी शान देख कर चकित हो गये। क़िले की दृढ़ता, मार्गों के सकरे होने तथा भोजन सामग्री की कमी का ध्यान करके आतंकित तथा भयभीत हो गये। लौटना निश्चय कर लिया। वर्षा ऋतु के आ जाने के कारण अधिकांश मार्ग, जिसे ये लोग पार करके आ गये थे, जल मग्न होकर अदृश्य हो गये। उन लोगों को बाहर निकलने का मार्ग ज्ञात न था। परेशान होकर पर्वत के आँचल के सहारे चले जाते थे। पर्वतीय लोगों ने अवसर पाकर मुसलमानों की हत्या तथा लूटमार प्रारम्भ कर दी। अकाल के चिह्न उत्पन्न कर दिये। एक सप्ताह उपरान्त मुसलमान बड़े परिश्रम के उपरान्त एक विशाल मैदान में पहुँचे। उसे वे पार कर चुके थे। विश्राम हेतु वे लोग ठहरे। भाग्यवश उस रात्रि में बड़ी वर्षा होने लगी। सेना का शिविर इस प्रकार जल मग्न हो गया कि घोड़े द्वारा तथा तैर कर पार करना कठिन हो गया। ख़ुसरो मलिक तथा समस्त लोग दस पंद्रह दिन में भोजन सामग्री के अभाव के कारण नष्ट हो गये। जो दल उस सेना से कुछ दूर पर उतरा था, हिन्दुस्तान की ओर रवाना हो गया। हिमाचल के लोगों को जब यह हाल ज्ञात हुआ, तो वे नौकाओं पर बैठकर उस स्थान पर शीघ्र पहुँचे और अत्यधिक धन सम्पत्ति तथा अस्त्र शस्त्र अपने अधिकार में करके धन धान्य सम्पन्न हो गये। जिन लोगों को ख़ुसरो मलिक ने रक्षा के लिये नियुक्त कर दिया था, उनकी उन्होंने हत्या कर दी और उनका कोई चिह्न शेष न रहा। थोड़े से लोग जो सहस्त्रों कठिनाइयों के उपरान्त सुरक्षित पहुँच सके वे सुल्तान मुहम्मद शाह के क्रोध की तलवार के पंजे में फंस गये।

देहली के विनाश की कहानी इस प्रकार है: सुल्तान मुहम्मद शाह के चाचा का पुत्र जिसकी उपाधि गर्शास्प थी, और जो एक बहुत बड़ा अमीर था, दक्षिण की साग़र नामक अक़्ता का स्वामी था। राज्य के कार्यों में विघ्न पड़ते देख कर उसको बादशाही की आकांक्षा हो गई। वह साग़र के क़िले को दृढ़ बनाने तथा सेना एवं अपने सहायक बढ़ाने में तल्लीन हो गया। आज्ञाकारिता त्याग कर दक्षिण के अधिकांश अमीरों को अपनी ओर मिला लिया। दक्षिण के चुने हुये उत्तम स्थानों को अपने अधिकार में करके अपनी शक्ति बहुत बढ़ा ली। कुछ अमीर जो उसके सहायक न बने थे उसका मुक़ाबला न कर सके और पराजित होकर माँडू तथा सावी चल दिये। जब सुल्तान को यह समाचार प्राप्त हुये तो उसने ख़्वाजये जहाँ को राजधानी के कुछ अमीरों के साथ गुजरात की समस्त सेना देकर उसके विनाश हेतु भेजा। ख़्वाजये जहाँ जब देवगीर (देवगिरि) पहुंचा तो गर्शास्प भी सेना तैयार करके युद्ध करने के लिये निकला। युद्ध के समय गर्शास्प के एक बहुत बड़े अमीर ख़िज़्र बहराम के उसका विरोध करके ख़्वाजये जहाँ से मिल जाने के कारण, उसको बहुत बड़ी हानि पहुँची और ख़्वाजये जहाँ की शक्ति बढ़ गई। गर्शास्प ने ठहरना उचित न समझा और रण-क्षेत्र से भाग खड़ा हुआ और साग़र तक किसी स्थान पर भी न रुका। कुछ दिन उपरान्त शत्रु की सेना के पीछा करने के कारण उस स्थान पर भी ठहर न सका और सपरिवार कम्पिला को जो कर्नाटक का एक भाग है और जहाँ का राजा उसका मित्र था, चला गया और वहाँ शरण ली। इसी बीच में बादशाह भी दौलताबाद पहुँच गया। ख़्वाजये जहाँ को एक भारी सेना देकर कम्पिला की विलायत (प्रदेश) के विरुद्ध नियुक्त किया। ख़्वाजये जहाँ दो बार गर्शास्प से पराजित हुआ किन्तु देवगीर (देवगिरि) से बहुत बड़ी नयी सेना के सहायतार्थ पहुँच जाने से तीसरी बार उसे विजय प्राप्त हो गई। उसने कम्पिला के राय को बन्दी बना लिया। गर्शास्प, बलाल देव के निवास स्थान को भाग गया। बलाल देव इस्लामी सेना के उसका

पीछा करने के कारण घबड़ा गया और गर्शास्प को बन्दी बना कर, वज़ीर ख़्वाजये जहाँ के पास भेज दिया और अपने आपको बादशाह के हितैषियों में सम्मिलित कर लिया। ख़्वाजये जहाँ ने गर्शास्प को बन्दी बना कर सुल्तान के दरबार में भेज दिया। सुल्तान ने आदेश दिया कि उसकी खाल खींच कर उसमें घास फूस भर दिया जाय और उसे नगर में घुमाया जाय।

(१३६) सुल्तान ने इस अवसर पर यह सोचा कि "मेरी आकाश का चुम्बन करने वाली पताका की छाया में बहुत से देश आगये हैं। राजधानी किसी (ऐसे) स्थान पर बनाई जाय जो राज्य के मध्य में हो, जिससे यदि किसी प्रदेश में कोई दुर्घटना हो तो शीघ्र ही समाचार मिल जाय और तुरन्त सेना भेजी जा सके।" कुछ बुद्धिमान दरबारियों ने जिन्हें हिन्दुस्तान की सब दिशाओं का ज्ञान था, निवेदन किया कि उज्जैन राजधानी बनाई जाय क्योंकि वह हिन्दुस्तान के मध्य में है और बिक्रमाजीत (विक्रमादित्य) खत्तरी (क्षत्री) ने इसी कारण उसे राजधानी बनाया था। कुछ लोगों ने जो बादशाह के हृदय की बात जानते थे कहा कि देवगीर (देवगिरि) हिन्दुस्तान के मध्य में है। बादशाह ने ईरान और तूरान के जैसे शक्तिशाली बादशाहों के निकट होने पर जो उसके शत्रु थे, तथा अन्य बातों पर ध्यान न देकर आदेश दिया कि देहली का विनाश करके जो भिस्र के समान थी, वहाँ के लोगों, छोटों बड़ों नोकरों तथा अन्य लोगों, स्त्रियों तथा पुरुषों को देवगीर (देवगिरि) में बसाया जाय। ......शहर देवगीर का नाम दौलताबाद रख कर बड़े बड़े भवनों की नींव डाली गई। देवगीर (देवगिरि) के क़िले के चारों ओर खाई खोदी गई। दौलताबाद के बालाघाट में यलोरा के निकट बड़े बड़े उद्यान तथा हौज़ बनवाये गये।......ख़्वाजा हसन देहलवी उसी समय दौलताबाद में मृत्यु को प्राप्त हुआ। जलवायु के अनुसार दौलताबाद में कोई आपत्ति नहीं किन्तु उसमें दोष यही है कि वह ईरान तथा तूरान से दूर है।

गर्शास्प के युद्ध तथा देहली वालों को दौलताबाद में बसाने के उपरान्त सुल्तान कन्धाना के क़िले की विजय के लिये, जो ख़ैबर के निकट है, रवाना हुआ। नाग नायक कोलियों का नेता था। उसने बड़ी वीरता से युद्ध किया। वह क़िला पर्वत की चोटी पर बड़ा ही दृढ़ बना है। सुल्तान आठ मास तक क़िले को घेरे रहा और साबात बनवाने तथा मग़रिबी लगवाने में व्यस्त रहा। नाग नायक ने परेशान होकर क्षमा याचना कर ली और क़िला सौंप कर प्रतिष्ठित अमीरों की श्रेणी में आ गया। बादशाह दौलताबाद लौट कर प्रसन्नता-पूर्वक समय व्यतीत करने लगा।

मलिक बहराम ऐबा का मुल्तान में विद्रोह ......(विद्रोह शान्त करने के उपरान्त) बादशाह लौट कर देहली पहुँचा। चूँकि (देहली के) आसपास के लोग जो ज़बरदस्ती दौलताबाद में बसाये गये थे, छिन्न-भिन्न हो गये थे, बादशाह ने दो वर्ष वहाँ रह कर दौलताबाद का समृद्ध बनाना निश्चय कर लिया। अपनी माता मखदूमये जहाँ तथा समस्त अमीरों और सैनिकों की स्त्रियों को दौलताबाद की ओर रवाना किया। देहली के किसी व्यक्ति को जो वहाँ की जलवायु के आदी बन गये थे, उस स्थान पर रहने न दिया। दोआब में कर वृद्धि...... (१३७) प्रजा का विनाश......इसी प्रकार उसने क़न्नौज से प्रस्थान करके महोबे तक एक संसार की हत्या कर दी। बहराम खाँ की मृत्यु के उपरान्त मलिक फ़ख़रुद्दीन का बंगाल में विद्रोह......सैयिद हसन का माबर में विद्रोह......सुल्तान ने देहली पहुँच कर सैयिद हसन के सम्बन्धियों को बन्दी बनाया और ७४२ हि० (१३४१-४२ ई०) में माबर की ओर प्रस्थान किया। देवगीर (देवगिरि) पहुँच कर आमिलों तथा मुक़ातेओं के कर को बहुत बढ़ा दिया। कुछ लोग कर की अधिकता के कारण मृत्यु को प्राप्त हो गये। उस विलायत में भी भारी ख़राज लगा कर कठोर कर वसूल करने वाले नियुक्त किये। तत्पश्चात् ख़्वाजये जहाँ को देहली

भेजा और स्वयं सैयिद हसन का विद्रोह शान्त करने के लिये तिलंग के मार्ग से माबर की ओर चल खड़ा हुआ। जब वह वहाँ पहुंचा तो उस स्थान पर दस दिन से संक्रामक रोग फैला हुआ था और अधिकतर मनुष्य रुग्ण थे। कुछ प्रतिष्ठित सरदार मर गये। सुल्तान भी रुग्ण हो गया। मलिक नायब तथा एमादुलमुल्क वज़ीर को वहां छोड़ कर स्वयं दौलताबाद की ओर लौट गया। जब वह बीर के क़स्बे के निकट पहुंचा तो उसके दाँतों में पीड़ा होने लगी। उसका एक दाँत वहीं गिर गया और वहीं दफ़न करके एक गुम्बद बना दिया गया जो अभी तक वर्त्तमान है और सुल्तान तुग़लुक़ के दाँत के गुम्बद के नाम से प्रसिद्ध है। बादशाह ने पटन पहुंच कर कुछ दिनों तक अपने रोगों का उपचार किया। शिहाब सुल्तान को नुसरत खाँ की उपाधि देकर उसे बिदर की विलायत प्रदान की। वहाँ के आसपास की अक़्ताओं को एक लाख तन्के के मुक़ातये (कर का ठेका) पर उसे प्रदान कर दिया। शाह, अफ़ग़ान के विद्रोह की सूचना पाकर उसी रुग्णावस्था में पालकी पर बैठ कर देहली की ओर लौटा और आदेश दिया कि देहली के निवासियों में से जिसे दौलताबाद में निवास करना अच्छा लगे, वह दौलताबाद रहे और जो देहली लौटना चाहे, वह देहली लौट जाय। कुछ लोग बादशाह के साथ देहली चल दिये और कुछ मरहट प्रदेश में रह गये .... घोर अकाल......एक सेर अनाज १७ दिरहम में भी प्राप्त न होता था। सुल्तान कृषि को उन्नति देने में व्यस्त रहा। कुछ समय तक कठोर दंड देना छोड़ दिया। प्रजा को खज़ाने से धन प्रदान किया। कुएँ खुदवाने तथा लोगों को कृषि करने के विषय में प्रोत्साहन देता रहा। लोगों ने तक़ावी के रूप में जो धन पाया था, उसमें से कुछ अपने भोजन पर व्यय कर दिया। कुछ से कुएँ खुदवाये तथा कृषि कराई किन्तु वर्षा न होने के कारण कुओं के जल से कोई लाभ न हो सका। बहुत से लोगों को कठोर दंड दिये गये।......शाहू अफ़ग़ान का विद्रोह......बादशाह मार्ग से लौट कर देहली पहुंचा। देहली में दूसरी बार भी अकाल था। मनुष्य को मनुष्य खाये जाता था। सुल्तान ने कुएँ खोदने के लिये पुनः धन दिया जिससे लोग कृषि कर सकें किन्तु लोग अपनी परेशानी, निर्धनता एवं वर्षा की कमी के कारण अपराधी समझे जाते और उन्हें कठोर दंड दिये जाते।

इस समय मन्दहरान, चौहान, मियाना तथा बहिस्तियान के जो गरोह सुनाम तथा सामाने में थे, विद्रोही हो गये। घने जंगलों में घुस कर उन लोगों ने वहीं घर बना लिये तथा मालगुज़ारी देना बन्द कर दिया। बादशाह ने उनके विनाश के लिये चढ़ाई करके उनके निवास स्थानों को जो हिन्दुस्तान में मन्दल कहलाते हैं विध्वंस करा दिया। उनके सहायकों को छिन्न-भिन्न करके, उनके सरदारों को अपने साथ लाकर शहर (देहली) में बसा दिया।

७४३ हि० (१३४२-४३ ई०) में खुक्खरों के सरदार तिलक चन्द्र ने विद्रोह करके लाहौर के हाकिम मलिक तातार खां की हत्या करदी। सुल्तान ने ख्वाजये जहां को उसका विद्रोह शान्त करने के लिये भेजा ....।

(१३८) ७४४ हि० (१३४३-४४ ई०) में हाजी सईद हुरमुज़ी बादशाह के राजदूत के साथ आया और हकूमत का मनशूर (अधिकार-पत्र) तथा खिलाफत (खलीफ़ा होने) की खिलअत लाया। बादशाह ने समस्त अमीरों, आलिमों तथा सूफ़ियों सहित लगभग ५-६ कोस तक उसका स्वागत किया। खलीफ़ा के मनशूर को सिर पर रक्खा। हाजी सईद हुरमुज़ी के चरणों के चुम्बन किये। कुछ पग उसके आगे-आगे पैदल चला। शहर (देहली) में क़ुब्बे सजाये गये। मनशूर पर सोना न्योछावर किया गया। जुमे तथा ईदों की नमाज़ों की, जो स्थगित कर दी गई थीं अनुमति दे दी। खलीफ़ा के नाम का ख़ुत्बा पढ़ा गया। जिन बादशाहों को खलीफ़ा द्वारा अनुमति न प्राप्त हुई थी उनके नाम यहाँ तक कि अपने पिता का नाम ख़ुत्बे से पृथक् करा दिया।

उसी समय किशना (कृष्णा) नायक लुद्दर (रुद) देव का पुत्र जो वरंगल के पास रहता था अकेला कर्नाटक के महान राय बलाल देव के पास पहुंचा और उससे कहा कि "मुसलमान तिलंग तथा कर्नाटक प्रदेश में प्रविष्ट होकर हम लोगों का समूल उच्छेदन कर देना चाहते हैं। इस विषय में सोच विचार करना चाहिये।" बलाल देव ने अपने राज्य के सभी उच्च पदाधिकारियों को बुला कर परामर्श किया। बड़े सोच विचार के उपरान्त निश्चय हुआ कि बलाल देव अपना समस्त राज्य पीछे छोड़ कर स्वय इस्लामी सेना के मार्ग की सीमा पर राजधानी बनाये तथा माबर घोर समुन्दर (द्वार समुद्र) एवं कम्पिला को मुसलमानों के राज्य से निकाल ले। किशना नायक (कृष्णा नायक) को भी परामर्श दिया कि वह भी इस समय अवसर होने के कारण अरंगल को देहली की अधीनता से निकाल ले। बलाल देव ने अपने राज्य की पर्वतीय सीमा में एक दुर्गम स्थान पर एक नगर अपने पुत्र बेजन राय के नाम पर बनवाया जो बेजन नगर के नाम से प्रसिद्ध हुआ और शनैः शनैः प्रयोग होते होते बेजा नगर (विजया नगर) हो गया। किशना (कृष्णा) नायक के साथ अत्यधिक अश्वारोही तथा पदाती करके सर्व प्रथम वरंगल पर अधिकार जमा लिया। मलिक एमादुलमुल्क वज़ीर भाग कर दौलताबाद पहुंच गया। तत्पश्चात् बलाल देव ने किशना (कृष्णा) नायक को सहायता प्रदान करके दो ओर से माबर तथा घोर समुन्दर (द्वार समुद्र) के रायों को जो प्राचीन काल से कर्नाटक के हाकिम के अधीन थे, मुसलमानों के अधिकार से निकाल लिया। चारों ओर से विद्रोह उठ खड़ा हुआ। दूर के प्रदेशों में गुजरात तथा देवगीर (देवगिरि) के अतिरिक्त कोई भी स्थान देहली के बादशाह के अधीन न रहा। ७४५ हि० (१३४४-४५ ई०) में निज़ाम माईं ने कड़े में विद्रोह किया।...... उसी वर्ष नुसरत ख़ाँ ने दकिन (दक्षिण) में विद्रोह किया।......एक मास व्यतीत न हुआ था कि जफ़र ख़ाँ अलाई का भागिनेय अलीशाह ने जो दौलताबाद का अमीर सदा था, गुलबर्गे में शाही कर एकत्र करने के लिये पहुंचा। उस स्थान को शाही पदाधिकारियों से रिक्त पाकर अपने भाइयों को जिसमें हसन काँगू भी था एकत्र करके ७४६ हि० (१३४५-४६ ई०) में विद्रोह कर दिया.........उसी समय कुछ नवीसिन्दों पर अपहरण का आरोप लगाया गया था। बादशाह ने उनकी हत्या का आदेश दे दिया था। वे देहली से मँहगाई का बहाना करके अवध तथा जफ़राबाद ऐनुल मुल्क के शरण में पहुँच गये। वह इस कारण सुल्तान को अपने आप से रुष्ट पाता था।

उन्हीं दिनों में उसे सूचना मिली कि मरहट तथा दौलताबाद की विलायत क़ुतलुग़ ख़ाँ के कारकुनों के अत्याचार के कारण नष्ट हो गई है। दकिन (दक्षिण) के महसूल दस से एक पहुँच गया है। बादशाह ने त्रुटिपूर्ण बातों पर विश्वास कर लिया था और क़ुतलुग़ ख़ाँ को (१४०) जो उत्कृष्ट व्यवहार तथा न्याय में अद्वितीय था, दकिन (दक्षिण) से बुलवाया और आदेश दिया कि क़ुतलुग़ ख़ाँ का भाई मौलाना निजामुद्दीन, जिसकी उपाधि आलिम मलिक थी और जो, बरौच में था, दौलताबाद पहुँच कर देहली से आमिलों के पहुँचने तक राज्य व्यवस्था एवं शासन प्रबन्ध करता रहे। क़ुतलुग़ ख़ाँ उस समय एक हौज़ बनवाने में व्यस्त था जो इस समय हौज़े क़ुतलू के नाम से प्रसिद्ध है। इस स्थानान्तरण पर हौज़ के निर्माण का कार्य उसको सौंप दिया। बादशाही खजाना जो उसने एकत्र किया था और मार्ग के भय से देहली न ले जा सकता था धारा गढ़ क़िले में छोड़ दिया और शीघ्रातिशीघ्र देहली की ओर प्रस्थान कर दिया। धारागढ़ पर्वत के ऊपर के क़िले को कहते हैं। उस पर्वत के आँचल में उसके एक कोने से मिलाकर चूने तथा पत्थर का एक क़िला बनवाया गया है। दौलताबाद का क़िला वही है जो पर्वत पर बना है।.........

परिशिष्ट 'अ'

सुल्तान मुहम्मद बिन तुग़लुक़ की कथित स्वजीवनी

ब्रिटिश म्यूज़ियम लन्दन की तबक़ाते नासिरी की एक हस्तलिखित पोथी के अन्त में सुल्तान मुहम्मद बिन तुग़लुक़ की कथित स्वजीवनी के दो वरक़ मिलते हैं।[1] इसका संक्षिप्त उल्लेख भी ब्रिटिश म्यूज़ियम की हस्तलिखित पोथियों की सूची में चार्ल्स रियू ने दिया है। इस पर एक लेख प्रोफ़ेसर मुहम्मद हबीब ने 'इण्टरमीजिएट कालेज मैगज़ीन अलीगढ़' १९३० ई० में लिखा था। डाक्टर आग़ा महदी हुसेन ने अपनी पुस्तक 'The rise and fall of Muhammad Bin Tughluq' में इस कथित स्वजीवनी को बड़ा ही महत्त्वपूर्ण बताया है और इन चार पृष्ठों का रोटोग्राफ़ (फ़ोटो) भी छापा है तथा अंग्रेज़ी अनुवाद भी अपनी पुस्तक में दिया है।[2] वे इसे बाबर की स्वजीवनी के समान महत्त्वपूर्ण बताते हैं। डाक्टर इश्तियाक़ हुसेन क़ुरेशी का विचार है कि यह सुल्तान मुहम्मद बिन तुग़लुक़ के उस अरबी प्रार्थना-पत्र की फ़ारसी प्रति हो सकती है जो सुल्तान ने मिस्र के खलीफ़ा के पास भेजा था।[3] श्री खलीक़ अहमद निज़ामी ने अपनी पुस्तक "Studies in Medieval Indian History" में इस कथित स्वजीवनी पर १० पृ० का एक लेख लिखा है जिसमें यह सिद्ध करने का प्रयत्न किया है कि यह खंड आद्योपान्त असत्यों का भण्डार है।[4] उन्होंने अपने लेख को कथित निषेधार्थक तथा निरपेक्ष प्रमाणों पर आधारित किया है। उनका विचार है कि यदि सुल्तान मुहम्मद बिन तुग़लुक़ ने कोई स्वजीवनी लिखी होती तो उसका ज्ञान बरनी को अवश्य हुआ होता। मुहम्मद बिन तुग़लुक़ की स्वरचित जीवनी का इस प्रकार अज्ञात होना आश्चर्यजनक है। उनका यह भी विचार है कि इस कथित स्वजीवनी की शैली को सुल्तान मुहम्मद बिन तुग़लुक़ की शैली बताना, जोकि बहुत बड़ा विद्वान था, उचित नहीं। इसके अतिरिक्त उन्होंने इस बात को विशेष महत्त्व दिया है कि सुल्तान मुहम्मद बिन तुग़लुक़ किसी प्रकार अपने पूर्ववर्त्ती सुल्तानों के विषय में वह बातें नहीं लिख सकता था जो इस खंड में पाई जाती हैं। उन्होंने यह भी लिखा है कि सुल्तान मुहम्मद बिन तुग़लुक़ का दार्शनिकों की निन्दा करना किसी भी समकालीन अथवा बाद के इतिहास से सिद्ध नहीं होता।

इस खंड के अध्ययन से पता चलता है कि इसका लेखक अपने लिए बन्दा, बन्दये कमतरीन अथवा सेवक या तुच्छ सेवक शब्दों का प्रयोग करता है; किन्तु जिस प्रकार इसमें पिछले समस्त सुल्तानों के कार्यों की समीक्षा की गई है तथा अपने अभिप्राय का उल्लेख किया गया है उस पर दृष्टिपात करते हुये इसे किसी स्वजीवनी का भाग नहीं कहा जा सकता किन्तु इसे कोई पत्र अथवा इसी प्रकार का लेख अवश्य कहा जा सकता है। पूर्ववर्त्ती सुल्तानों के

१ ब्रिटिश म्यूज़ियम की फ़ारसी हस्तलिखित पोथियों की सूची (१८७९ ई०) भाग १, पृ० ७३, ७४ (Add—२५७८५) वरक़ ३१६, ३१७।

२ महदी हुसेन पृ० १७४, १७६।

३ "Administration of the Sultanate of Delhi." P. 16.

४ "Studies in Medieval Indian History" Cosmopolitan Publishers, Badarbagh, Aligarh 1956, P. 76--85.

विषय में जो कुछ भी लिखा गया है[1] उसके सम्बन्ध में यह कह देना कि सुल्तान मुहम्मद बिन तुग़लुक़ उन सुल्तानों के विषय में यह बातें लिख ही नहीं सकता था उचित नहीं। सुल्तान मुहम्मद बिन तुग़लुक़ केवल अपने पिता को ही सर्व साधारण की सम्मति से सिंहासनारूढ़ किया हुआ बादशाह मानता था। अन्य सुल्तानों ने जिस प्रकार राज्य पर अधिकार जमाया उनकी आलोचना किसी के लिये भी कठिन नहीं। श्री निज़ामी ने अपने तर्क की पुष्टि में पिछले सुल्तानों के उत्कृष्ट कार्यों का तथा समकालीन इतिहासकारों द्वारा उनकी प्रशंसा का भी उल्लेख किया है, किन्तु इन सुल्तानों के दुष्कृत्यों को भी न भूल जाना चाहिये। सुल्तान जलालुद्दीन को यद्यपि बरनी ने सुल्तानुल हलीम (मृदुल सुल्तान) लिखा है किन्तु उसने जिस प्रकार राज्य प्राप्त किया उससे उसके समकालीन सन्तुष्ट न थे और दूसरे वंश में राज्य के चले जाने पर उन्हें विशेष आपत्ति दृष्टिगत होती थी अतः श्री निज़ामी के इस तर्क में कोई अधिक महत्त्व नहीं ज्ञात होता। उनका यह कथन है कि यह खंड असत्यों का भण्डार है, न्यायसंगत नहीं। यद्यपि पिछले सुल्तानों के सिक्कों द्वारा यह सिद्ध हो जाता है कि वे अपने आपको ख़लीफ़ा का सहायक समझते थे किन्तु यह भी स्वीकार करना पड़ेगा कि देहली के किसी सुल्तान ने, विशेष रूप से सुल्तान इल्तुतमिश के उपरान्त, ख़लीफ़ा से अधिकार-पत्र मंगवाने अथवा सम्पर्क स्थापित रखने को इस प्रकार महत्त्व नहीं दिया। यद्यपि सुल्तान बलबन ने अपने पुत्र से अब्बासी ख़लीफ़ाओं की अनुमति मंगवाने का उल्लेख किया है किन्तु यह चर्चा धर्मनिष्ठ सुल्तानों के प्रसंग में की गई है, साधारण सांसारिक सुल्तानों के विषय में नहीं।[2] सुल्तान मुहम्मद बिन तुग़लुक़ ने अब्बासी ख़लीफ़ा द्वारा अधिकार-पत्र प्राप्त करने के विषय में इतना अधिक ज़ोर दिया था, कि उसके सभी समकालीन इस बात पर आश्चर्य किया करते थे[3]। ऐसे सुल्तान द्वारा पिछले सुल्तानों की निन्दा जिन्होंने इस कार्य को महत्त्व न दिया था, कोई आश्चर्यजनक बात नहीं। जिस समय सुल्तान मुहम्मद बिन तुग़लुक़ शाह ने मिस्र के अब्बासी ख़लीफ़ाओं द्वारा अधिकार-पत्र मंगवाना निश्चय किया, उसकी बहुत सी योजनायें असफल हो चुकी थीं। विद्रोह तथा अकाल व्यापक था। प्रजा का विश्वास समाप्त हो चुका था, अतः जिस परिस्थिति में इस खंड में उल्लिखित बातें लिखी गईं उस परिस्थिति को देखते हुये जो कुछ उसमें लिखा गया है वह न्याय-विरुद्ध नहीं कहा जा सकता। सुल्तान ने यह सोचा होगा कि यदि वह अपने वंश के अधिकार को, जिसे उसने निर्वाचन पर आधारित बताया है, दृढ़ता-पूर्वक प्रजा के समक्ष रखे और अन्य सुल्तानों की आलोचनायें तथा अपने पिछले कार्यों की निन्दा करते हुये अब्बासी ख़लीफ़ाओं के सहारे पर लोगों से आज्ञाकारिता की आशा करे तो उचित होगा। ख़लीफ़ा का इतना आदर सम्मान यदि बिना किसी राजनैतिक कारण के समझा जाये तो इसे निरा पागलपन ही कहना होगा, क्योंकि सुल्तान मुहम्मद बिन तुग़लुक़ शाह इतना धर्मान्ध भी न था, अतः इस खंड को सुल्तान मुहम्मद बिन तुग़लुक़ द्वारा लिखा गया अथवा लिखवाया गया समझना उस समय तक ग़लत नहीं कहा जा सकता जब तक निरपेक्ष प्रमाणों के आधार पर इसका खंडन न किया जा सके।

---

१ देखो बरनी पृ० ४९१-९२ तुग़लुक़ कालीन भारत भाग १, पृ० ५८। "जब सुल्तान मुहम्मद शहर (देहली) से स्वर्गद्वारी में निवास करने लगा था तो उसके हृदय में यह बात आई कि बादशाहों की सल्तनत तथा उनका शासन बिना ख़लीफ़ा की अनुमति के जोकि अब्बास की संतान से है उचित नहीं। जो बादशाह अब्बासी ख़लीफ़ाओं की अनुमति के बिना स्वयं बादशाही कर चुके हैं अथवा कर रहे हैं, वे अपहरणकर्त्ता हैं। जब वह शहर देहली पहुँचा तो उसने जुमे तथा ईद की नमाज़ें स्थगित करा दीं।"

२ बरनी पृ० १७५-७६; ख़लजी कालीन भारत पृ० २-३

३ बरनी पृ० ४९५-९६, तुग़लुक़ कालीन भारत भाग १, पृ० ६०-६१।

इस खंड को वह महत्त्व भी प्रदान नहीं किया जा सकता जो डाक्टर महदी हुसेन ने इसे दिया है। इस खंड में जो कुछ लिखा है और जिस प्रकार लिखा गया है उसे, जैसा कि पहले लिखा जा चुका है, स्वजीवनी का कोई भाग कहना बड़ा कठिन है, किन्तु इसे पत्र कहा जा सकता है जिसमें सुल्तान ने अब्बासी खलीफ़ाओं के प्रति अपनी निष्ठा प्रदर्शित की। यह कहना कठिन है कि यही पत्र मिस्र भेजा गया था किन्तु सम्भव है कि इसका भारतवर्ष में प्रचार किया गया हो और जिस प्रकार मुग़लकालीन महत्त्वपूर्ण पत्र पुस्तकों के अन्त में लोग नक़ल कर दिया करते थे, उसी प्रकार इस पत्र को भी नक़ल कर दिया गया हो।

स्वजीवनी का अनुवाद

"जिस तिथि से उपर्युक्त बल्बन ने सुल्तान ग़यासुद्दीन की उपाधि धारण की, उस दिन से उसने इतने अत्याचार तथा जुल्म किये कि दिन प्रति दिन धर्म (इस्लाम) निर्बल होता गया और इस्लाम के आदेशों की उपेक्षा होने लगी। परिणाम स्वरूप अधिकांश लोगों ने उपद्रव करना आरम्भ कर दिया। इस दुष्कृत्य में संलग्न होना उन्होंने लाभ का साधन समझा। अवैध तग़ल्लुब[1] को सल्तनत प्राप्त करने का उचित साधन समझा जाने लगा और इसी कारण से राज्य एक मुतग़ल्लिब (अपहरणकर्त्ता) से दूसरे मुतग़ल्लिब (अपहरणकर्त्ता) तथा एक विद्रोही से दूसरे विद्रोही के हाथ में पहुँचने लगा और यथोचित इमाम की सर्वमान्यता, जो पैग़म्बर द्वारा प्रस्थापित नियमों में से एक है और जो सदाचार के पथ पर उम्मते मुहम्मदी (मुस्लिम समाज) की उन्नति का कारण है, (लोगों के) हृदय से मिट गई। अतएव जो कोई भी उस इमाम (संत पुरुष) की प्रतिष्ठा के प्रति आज्ञाकारिता का शीश नहीं नवाता तो ऐसे शापित पुरुष का नाम इस्लाम की सूची से निकाल देना चाहिये। यद्यपि सर्व साधारण ऐसे मुतग़ल्लिबों (अपहरणकर्त्ताओं) को सुल्तान समझते तथा कहते भी थे, फिर भी बल्बन के परिवार के एक सेवक ने, जिसने जलालुद्दीन की उपाधि धारण करली थी, बल्बन के पौत्र की हत्या करदी और तग़ल्लुब से (अपहरण द्वारा) राज्य पर अधिकार जमा लिया और ५ वर्ष तक इस देश के मुसलमान उसके अत्याचार के अन्धकार से पीड़ित रहे। 'अली काम्रो' नामक उसका एक भतीजा था। उसने उपर्युक्त जलालुद्दीन का सिर काट लिया और उसने तग़ल्लुब (अपहरण द्वारा) से सुल्तान अलाउद्दीन की उपाधि धारण करली। उसने विद्रोहियों की एक सेना एकत्र की और इस देश पर अधिकार जमा लिया। न तो उसे इस्लाम के मूल सिद्धान्तों का ही कोई ज्ञान था और न उसे सल्तनत के कर्त्तव्यों तथा शासन की लेशमात्र कल्पना ही थी। उसके शासन काल में इस्लाम का कोई चिह्न शेष न रह गया। मारुफ़ (वैध) को मुन्किर (अवैध) तथा मुन्किर (अवैध) को मारुफ़ (वैध) बनाया गया। मुसलमानों से उनके व्यक्तित्व तथा सम्पत्ति की सुरक्षा छिन गई थी और लोगों के हृदयों में अत्याचार तथा जुल्म के नियम आरूढ़ हो गये थे। उसके पश्चात् उसका एक पुत्र सिंहासनारूढ़ हुआ, जिसने अपनी उपाधि सुल्तान क़ुतुबुद्दीन रखी। उसने भी अपने पिता का स्थान लिया और एक हिन्दू-जन्य ग़ुलाम बच्चे को उन्नति प्रदान की और उसे अपना विश्वासपात्र बनाया। उसकी उपाधि ख़ुसरो ख़ाँ निश्चित की। इस हिन्दू-जन्य दास ने छल तथा विश्वासघात को, जिसकी प्रथा सी पड़ गई थी, अपनी उन्नति का साधन बनाया और राज्य की कल्पना करने लगा। उसने अपने उपकारी के प्रति विश्वासघात की कल्पना की। सुल्तान क़ुतुबुद्दीन की उसके निवास स्थान में ही हत्या की और उसके किसी भी पुत्र को जीवित न छोड़ा। इस घृणित व्यवहार द्वारा उसने केवल तग़ल्लुब (अपहरण) से राजसिंहासन पर अधिकार जमा लिया।

यह आतंक ४ मास तक रहा। उस हिन्दूजन्य कृतघ्नी के प्रति आज्ञाकारिता से मैं पीछे हट गया। मैंने उससे दूर रहना आवश्यक समझा। इस समय सेवक का पिता, जो

१ तग़ल्लुब अथवा अपहरण या आक्रमण द्वारा भी राज्य प्राप्त करने का एक साधन था। मध्यकालीन राजनीतिज्ञों ने इसके औचित्य पर भी अपने विचार प्रकट किये हैं।

उपर्युक्त मुतग़ल्लिब (अपहरणकर्त्ता) अलाउद्दीन का अमीर था, एक बड़ी अक़्ता का स्वामी था। देहली से घृणा के कारण सेवक (मैं) अपने पिता के पास चला गया। उस हिन्दू बच्चे का विरोध तथा प्रतिरोध करना दो कारणों से मेरे हृदय को रुचिकर हुआ : (१) प्रतिकार लेने की मानव प्रवृत्ति जो एक उपकारी (सुल्तान क़ुतुबुद्दीन) के उपकारों के कारण उत्तेजित हुई, यद्यपि वह वास्तविक अर्थ में उपकारी नहीं था, (२) अपने जीवन का भय क्योंकि प्रत्येक मुतग़ल्लिब (अपहरणकर्त्ता) ने उन अमीरों की, जो पूर्ववर्त्ती शासक के काल में समृद्ध हुये थे, हत्या करना अपनी आदत बनाली थी। इन दो कारणों से ही उस कृतघ्न दुष्ट के विनाश हेतु अभियान पर रवाना होना निश्चय हुआ। कुछ अनुयाइयों के समूह के साथ, जिन्हें संघटित करने में हमें सफलता मिली, अपने लक्ष्य पर दृढ़ होकर हमने देहली की ओर प्रस्थान किया। वह हिन्दू ज़ादा, जिसने (उस समय तक) देहली के समस्त अमीरों तथा सेना पर अधिकार जमा लिया था, अपने समस्त शाही सैनिकों के साथ हमारा सामना करने के लिये निकला। ईश्वर ने उस क्षण मेरे पिता को शक्ति तथा सहनशीलता प्रदान की और उस तुच्छ हिन्दू पर विजय प्रदान की और जो कोई भी सुल्तान क़ुतुबुद्दीन तथा उसके भाइयों की हत्या में उसका सहयोगी था, वह हमारी तलवार का शिकार हुआ; और सर्व साधारण को उसके आधिपत्य से मुक्ति प्राप्त हुई।

तत्पश्चात् देहली के बहुत से लोग एकत्र हुये और उन्होंने सेवक के पिता को शासक चुना[1] और मेरे पिता ने सभी के सहयोग से चार वर्ष एवं दस मास तक राज्य किया। चूँकि इस देश में बल्बन के तग़ल्लुब (अपहरण) के दिनों के कुछ समय पश्चात् एक अपरिचित व्यक्ति के रूप में आये थे, अतः मुतग़ल्लिबों (अपहरणकर्त्ताओं) के तग़ल्लुब (अपहरण) के दोष से मुक्त रहे और अवैध तग़ल्लुब (अपहरण) तथा अकृतज्ञता की धूल ने उनके वस्त्र को स्पर्श न किया परन्तु उनके जीवन-गति की परिस्थितियों ने उन्हें उलूमे दीनी (धार्मिक विद्याओं) का ज्ञान प्राप्त करने से वंचित रखा। अपने विषय में अध्ययन तथा परिश्रम के अभाव के कारण उन्होंने सेवक को भी वैध इमाम की खोज करने में प्रोत्साहन न दिया। उन्होंने उन विषयों को भी कोई महत्त्व न दिया जो वास्तव में वैध इमाम की स्वीकृति पर निर्भर थे; तत्पश्चात् अपने पिता के अनुकरण में जीवन व्यतीत करने के कारण इस तुच्छ सेवक द्वारा उन झूठे समूहों को प्रोत्साहन प्राप्त हो गया और चूंकि सेवक को इस गौरवपूर्ण कार्य के विषय में कोई ज्ञान न था, मुतग़ल्लिबों (अपहरणकर्त्ताओं) की प्रथा के अनुसार अब्बासी (खलीफ़ाओं) का सहयोग प्राप्त करने की आवश्यकता पर ध्यान न देकर मैं अपने आपको कलंकित करता रहा और उस खुराफ़ात पर कान धरता रहा। इस प्रकार सीधे नरक में अपने लिये एक स्थान तैयार कर लिया। समकालीन 'उलमा', यह विश्वास करके कि आवश्यकता वर्जित बातों को भी अनुज्ञेय बना देती है, सत्य बोलने से पीछे हटते थे[2] और अपने स्वार्थ के कारण उन्होंने दुष्टता का हाथ अधर्म की आस्तीन के बाहर निकाला।

झूठे पदों की लालसा में उन्होंने सहायता की अतः धार्मिक विद्याओं की ज्योति (मुसलमानों के) उम्मत के मध्य से पूर्णतया लुप्त होगई। क्योंकि मनुष्य प्राकृतिक रूप से विज्ञान की खोज में रहते हैं, अतः वे इस खोज के बिना शान्ति अनुभव नहीं कर सकते। संयोगवश मेरी भेंट कुछ दार्शनिकों से हो गई और यह सोचकर कि वे उचित मार्ग पर होंगे मैं उनके संसर्ग में आया; और उनके कुछ शब्द मेरे हृदय में प्रारम्भिक शिक्षण के रूप में विद्यमान रहे। भ्रमों का प्रभाव आरम्भ से ही इस सीमा तक व्यापक हो गया था कि सृष्टिकर्त्ता की विद्यमानता के

१ इस स्थान पर चुनाव का उल्लेख है, तग़ल्लुब (अपहरण) का नहीं।

२ देखो बरनी पृ० ४६६, तुग़लुक़ कालीन भारत भाग १, पृ० ३६।

विषय में लोगों में भ्रम प्रसारित होगये और इस परिस्थिति ने मुतग़ल्लिबों (अपहरणकर्त्ताओं), जिनके काल में उलमा लोग सत्य को व्यक्त करने में असमर्थ थे, की दुष्टता में वृद्धि की।

मेरी दशा ऐसी हो गई कि मेरी कोई भी इच्छा वास्तव में कार्यान्वित नहीं हो सकी और राज्य, देश, धर्म तथा समृद्धि के विषय अस्त व्यस्त हो गये। यह सामान्य अव्यवस्था इस सीमा को पहुँच गई कि प्रत्येक मनुष्य (इस्लाम के प्रति नैराश्य में) जनेऊ बांधना (क़ाफ़िर होना) पसन्द करता।

तथापि, चूंकि अपने स्वभाव के अनुसार मनुष्य निश्चय ही सभ्य समाज से सम्बन्धित होते हैं, इस (स्थिति) ने मुझे अपने विषय में तथा मुझ जैसे उन लोगों, जो अपने आपको अब भी इस्लाम से सम्बन्धित समझते थे, के विषय में, और ऐसी स्थिति के अन्त के विषय में विचार मग्न कर दिया।

जब मैं इन दुःखपूर्ण विचारों से पीड़ित था, तब आकाश से, जहाँ दैवी कृपा की वायु चलती है, प्रसन्नता की एक मन्द वायु मेरे ऊपर आई, और जिसे मैं अनुभव करने लगा और तर्क आधारित वाद विवाद तथा परम्परागत प्रमाणों के बल पर सृष्टिकर्त्ता की विद्यमानता तथा उसके शुद्ध गुण स्पष्ट हो गये। जब हृदय ईश्वर की एकता पर दृढ़ हुआ और जब उसे पैग़म्बर जो लोगों को ईश्वर की ओर अग्रसर करते हैं, की प्रतिष्ठा के विषय में विश्वास होगया तो मैंने वैध इमाम जो ईश्वर का खलीफ़ा है और पैग़म्बर का नायब है, के इच्छानुकूल अपना व्यवहार बनाने की आवश्यकता को स्वीकार किया। अत्यधिक दूरी होते हुये भी खलीफ़ा के प्रति निष्ठा सुविधा-पूर्वक प्रदर्शित की जा सकती है[1]।

———

१ देखो बरनी पृ० ४९१-९६; तुग़लुक़ कालीन भारत भाग १, पृ० ५८, ६१।

परिशिष्ट 'ब'

तारीख़े फ़ीरोज़शाही

(रामपुर की हस्तलिखित पोथी)

ज़ियाउद्दीन बरनी की तारीखे फ़ीरोज़शाही का संकलन सर सैयिद अहमद ख़ाँ ने किया था और वह कलकत्ते से १८६०–६२ ई० में प्रकाशित हुई। फ़ारसी की हस्तलिखित पुस्तकों की प्रकाशित सूचियों से तारीख़े फ़ीरोज शाही की निम्नांकित हस्तलिखित पोथियों का पता चलता है :

बलोशे—भाग १, ५५७ (मध्य १५ वीं शताब्दी ईसवी)
भाग ४, २३२७ (१७ वीं शताब्दी ईसवी)
रियु—भाग ३, ९१९ (१५ वीं शताब्दी ईसवी)
१०१४ अ (१८५० ई०, थोड़ा सा अंश)
१०२१ अ (थोड़ा सा अंश)
१०२३ अ (थोड़ा सा अंश)
१०४५ ब (थोड़ा सा अंश)
बुहार—६१ (१६ वीं शताब्दी ईसवी)
बाँकीपुर—भाग ७, ५४६ (ग़यासुद्दीन तुग़लुक़ से फ़ीरोज़ तुग़लुक़, १६ वीं शताब्दी ईसवी)
ईथे—२११ (१००७ हि० / १५९९ ई०)
बाडलिएन—१७३ (अपूर्ण, १००९ हि० / १६०० ई०)
१७२ (११९७ हि० / १७८३ ई०)
१७४ (११९६ हि० / १७८२ ई०)
आईवानव (करज़न)—२३ (१८ वीं शताब्दी ईसवी)
बराऊन फ़ारसी कैटलॉग—८५ (११२८ हि० / १७१६ ई० का मुहर)
लिनडेसियाना—पृ० २३५ नम्बर ८२३ (१२३० हि० / १८१५ ई०)
आसफ़िया—पहला भाग पृ० २२८ नम्बर २५६।
बरलिन—४४७।

इनके अतिरिक्त रामपुर के रिज़ा पुस्तकालय में तारीख़े फ़ीरोज़शाही की एक हस्त लिखित पोथी भी वर्त्तमान है जिसमें सुल्तान मुहम्मद बिन तुग़लुक़ तथा फ़ीरोज तुग़लुक़ का हाल प्रकाशित पोथी से विभिन्न है। जब तक उपर्युक्त समस्त हस्तलिखित पोथियों का अध्ययन न कर लिया जाय उस समय तक इन समस्त पोथियों तथा प्रकाशित पुस्तक में जो कुछ अन्तर है, उसके विषय में कुछ नहीं कहा जा सकता।[१]

रामपुर की हस्तलिखित पोथी को मुहम्मद इब्ने जमाल मुहम्मद खतीब सुल्तानपुरी ने १०१७ हि० (१६०८ ई०) में नक़ल किया था। इसमें ३४४ पृष्ठ हैं और पुस्तक की लम्बाई

१ अलीगढ़ के इतिहास विभाग के प्रोफ़ेसर शेख़ अब्दुर्रशीद तारीख़े फ़ीरोज़शाही का नया संकलन प्रकाशित कर रहे हैं। वे सम्भवतया उपर्युक्त केवल दो या तीन हस्तलिखित पोथियों के ही आधार पर अपना संकलन तैयार कर रहे हैं।

चौड़ाई ११$\frac{3}{4}$ इंच × ६$\frac{1}{2}$ इंच है। लिखे हुये भाग की लम्बाई-चौड़ाई ८ इंच × ४$\frac{3}{4}$ इंच है। प्रत्येक पृष्ठ में १९ पंक्तियाँ हैं। पुस्तक सुन्दर नस्तालीक़ में काली मसि से नक़ल की गई है और शीर्षक लाल मसि से लिखे गये हैं। विषय तालिका इस प्रकार है:—

मुख्य पृष्ठ पर पुस्तक के निरीक्षण सम्बन्धी दो लेख हैं जिनमें एक १०४७ हि० (१६३७ ई०) का है। मुख्य पृष्ठ पर मुहम्मद रफ़ी मोतमद खां के हस्ताक्षर तथा मुहर है और तिथि १०४५ हि० (१६३५ ई०) है। पुस्तकालय को यह पुस्तक मौलवी मुहम्मद ग़ुल ने २१ अप्रैल १८७१ ई० को भेंट की थी।[1]

रामपुर की हस्तलिखित पोथी में मुहम्मद बिन तुग़लुक़ शाह के राज्य का हाल क्रम से दिया गया है। सर्व प्रथम भूमिका में सुल्तान मुहम्मद बिन तुग़लुक़ शाह के गुणों का उल्लेख किया गया है। तत्पश्चात् देवगिरि को राजधानी बनाने का हाल लिखा है और इस घटना का समय ७२७ हि० लिखा है[2]। प्रकाशित पुस्तक में इस घटना का उल्लेख सुल्तान की योजनाओं के सम्बन्ध में किया गया है[3]। इसके उपरान्त किशलू ख़ाँ बहराम ऐबा के विद्रोह का हाल लिखा है[4]। प्रकाशित पुस्तक में इसकी चर्चा सुल्तान के राज्यकाल के विद्रोहों के सम्बन्ध में की गई है[5]। सुल्तान के लौटने के उपरान्त हस्तलिखित पोथी में देहली निवासियों के दूसरी बार देवगिरि भेजे जाने की चर्चा की गई है[6]। प्रकाशित पुस्तक में इस प्रकार की कोई चर्चा नहीं।

इसके उपरान्त हस्तलिखित पोथी में तुर्माशीरीं के आक्रमण[7] तथा सुल्तान के भागिनेय मलिक बहाउद्दीन[8] के विद्रोह का हाल लिखा है। इन दोनों घटनाओं का उल्लेख तारीख़े फ़ीरोज़शाही की प्रकाशित पोथी में नहीं। सम्भवतया फ़िरिश्ता के पास जो तारीख़े फ़ीरोज़शाही की प्रति थी, उसमें भी तुर्माशीरीं के आक्रमण का हाल न था। वह लिखता है, "ज़िया बरनी ने समय का पक्ष लेकर इस घटना का उल्लेख अपने इतिहास में नहीं किया[9]।"

दोआब में कर की वृद्धि का समय तारीख़े फ़ीरोज़शाही की हस्तलिखित पोथी में बहराम ऐबा के विद्रोह को शान्त करने के उपरान्त सुल्तान के देहली के निवास-काल को

---

१ इस पुस्तक के समस्त आवश्यक उद्धरणों का अनुवाद पाद-टिप्पणियों में कर दिया गया है।

२ तुग़लुक़ कालीन भारत भाग १, पृ० ४२।

३ ,, ,, ,, ,, १, ,, ४२-४३।

४ ,, ,, ,, ,, १, ,, ४७-४८।

५ ,, ,, ,, ,, ,, ,, ४७।

६ ,, ,, ,, ,, ,, ,, ४२।

७ ,, ,, ,, ,, ,, ,, १०३।

८ ,, ,, ,, ,, ,, ,, ६२-६३।

९ तारीख़े फ़िरिश्ता भाग १, पृ० १२४।

बताया गया है[1]। तत्पश्चात् क़राचिल पर आक्रमण, बंगाल के विद्रोह, माबर में सैयिद एहसन के विद्रोह तथा कम्पिला में विद्रोह का हाल लिखा गया है। इसके उपरान्त देहली के अकाल तथा सुल्तान के सुर्गद्वारी (स्वर्ग द्वारी) में निवास एवं ऐनुलमुल्क के विद्रोह[2] का हाल लिखा है। तत्पश्चात् हाजी सईद सरसरी के आगमन, सोन्धार के वितरण[3], कृषि की उन्नति के प्रयास, मुग़लों को दान, क़ुतलुग़ खां के देवगिरि से बुलाये जाने[4] का हाल लिखा है। इसके उपरान्त अमीराने सदा के विद्रोह का विवरण तथा सुल्तान के अत्यधिक कठोर दण्डों के कारण बताये गये हैं[5]।

रामपुर की हस्तलिखित पोथी में ख़ज़ाने के रिक्त होने के कारण बड़े विस्तार से लिखे गये हैं। प्रथम कारण परदेशियों को अत्यधिक इनाम[6], दूसरा कारण ग़ज़नी आदि देशों पर आक्रमण हेतु सेना की भरती[7], तीसरा कारण तांबे की मुद्राओं का चलाया जाना लिखा है[8]। इस सम्बन्ध में चीन के "चाउ[9]" की भी चर्चा की गई है। चौथा कारण खराज की अधिकता के कारण लोगों की परेशानी तथा विनाश को बताया गया है[10]। प्रकाशित पुस्तक में तांबे की मुद्राओं, ख़ुरासान पर आक्रमण तथा सेना की भरती का उल्लेख सुल्तात मुहम्मद बिन तुग़लुक़ शाह की योजनाओं के सम्बन्ध में किया गया है। अन्त में प्रकाशित पुस्तक के समान हस्तलिखित पोथी में भी अज़ीज़ ख़म्मार को धार प्रदान किये जाने, अमीराने सदा के विद्रोह, सुल्तान द्वारा विद्रोहों को शान्त किये जाने के प्रयत्न तथा उसकी मृत्यु का हाल लिखा है। सुल्तान फ़ीरोज शाह का वृत्तान्त भी रामपुर की हस्तलिखित पोथी में प्रकाशित पुस्तक की अपेक्षा बड़ा संक्षिप्त है। सुल्तान मुहम्मद बिन तुग़लुक़ शाह के वृत्तान्त में हस्तलिखित पोथी में बरनी तथा सुल्तान मुहम्मद बिन तुग़लुक़ शाह की वार्त्तालाप एवं अन्य समीक्षायें भी नहीं। इसी प्रकार सुल्तान बलबन से लेकर सुल्तान ग़यासुद्दीन तुग़लुक़ शाह के इतिहास में भी विस्तृत समीक्षायें एवं राजनैतिक वार्त्तालाप कम दी गई हैं; केवल ऐतिहासिक घटनाओं का ही उल्लेख किया गया है।

एक एक वस्तु के गुण तथा दोष का उल्लेख जिस प्रकार चार-चार, छः छः समानार्थक शब्दों द्वारा प्रकाशित पुस्तक में वर्त्तमान है, उस प्रकार हस्तलिखित पोथी में नहीं। हस्तलिखित पोथी के वाक्य अधिक स्पष्ट हैं और लेखक का अभिप्राय प्रकाशित पुस्तक की अपेक्षा सुगमता पूर्वक समझ में आ जाता है। हस्तलिखित पोथी तथा प्रकाशित पुस्तक की भूमिका में अधिक अन्तर नहीं।

दोनों पुस्तकों की तुलना के आधार पर दो मत प्रस्तुत किये जा सकते हैं :

(१) ज़ियाउद्दीन बरनी ने आरम्भ में तारीख़े फ़ीरोज़शाही की जो प्रति तैयार की वह वही है जो रामपुर के रिज़ा पुस्तकालय में वर्त्तमान है और प्रकाशित पुस्तक दूसरा संशोधित तथा परिवर्धित संस्करण है।

---

१ तुग़लुक़ कालीन भारत भाग १, पृ० ४७ ४८।
२ ,, ,, ,, ,, ,, ,, ४५।
३ तुग़लुक़ कालीन भारत भाग १, पृ० ६३।
४ ,, ,, ,, ,, ,, ६६।
५ ,, ,, ,, ,, ,, ६४।
६ ,, ,, ,, ,, ,, ६६।
७ ,, ,, ,, ,, ,, ४६।
८ ,, ,, ,, ,, ,, ४४-४५।
९ काग़ज़ के नोट।
१० तुग़लुक़ कालीन भारत भाग १, पृ० ६४।

(२) ज़ियाउद्दीन बरनी का पहला मूल ग्रन्थ वही है जो प्रकाशित हो चुका है और रामपुर की हस्तलिखित पोथी को किसी ने संक्षिप्त किया है और उसमें से अनावश्यक बातें जिनका इतिहास से अधिक सम्बन्ध न था निकाल दी गई हैं।

दूसरे मत को स्वीकार करने में सबसे बड़ी कठिनाई यह है कि रामपुर की हस्तलिखित पोथी केवल संक्षिप्त संस्करण नहीं अपितु उसमें सुल्तान मुहम्मद बिन तुग़लुक़ शाह का वृत्तान्त दूसरे ढंग से ही लिखा गया है। घटनाओं के क्रमानुसार उल्लेख के अतिरिक्त दो ऐसी घटनायें भी लिखी हैं जो प्रकाशित पोथी में विद्यमान नहीं अर्थात् बहाउद्दीन गर्शास्प का विद्रोह और तुर्माशीरीं का आक्रमण। इसके अतिरिक्त मुहम्मद बिन तुग़लुक़ की ताम्र मुद्राओं के उल्लेख के प्रसंग में 'चाउ' का भी उल्लेख हुआ है। 'चाउ' की चर्चा उन ऐतिहासिक ग्रन्थों में से किसी भी ग्रन्थ में नहीं मिलती जो तारीखे फ़िरिश्ता के पूर्व लिखे गये। तारीखे फिरिश्ता लगभग उसी समय में लिखी गई है जबकि रामपुर की हस्तलिखित पोथी नक़ल की जा रही थी अतः यह कहना बड़ा कठिन होगा कि किसी ने रामपुर की हस्तलिखित पोथी को संक्षिप्त करते समय तारीखे फ़िरिश्ता के आधार पर 'चाउ' का उल्लेख बढ़ा दिया होगा। सबसे बढ़ कर ऐनुलमुल्क के विद्रोह के सम्बन्ध में बरनी ने रामपुर की तारीखे फ़ीरोज़शाही की हस्तलिखित पोथी में इस घटना का हाल लिखते समय अपना परिचय इस प्रकार दिया है "मैं तारीखे फीरोज़शाही का संकलन कर्त्ता सुल्तान के नदीमों (मुसाहिबों) में थोड़ा बहुत सम्मान रखता था। मैंने सुल्तान द्वारा सुना था कि वह बार बार कहता था कि ऐनुलमुल्क ने अपनी योग्यता से हमारे लिये धनसम्पत्ति अवध तथा ज़फ़राबाद से पहुँचाई है।"[1] इन परिवर्धित अंशों को देखते हुये यह बात स्वीकार करनी कठिन नहीं कि रामपुर की तारीखे फ़ीरोज़शाही की पोथी ज़ियाउद्दीन बरनी द्वारा ही लिखी गई थी और सम्भवतया यही पोथी ज़ियाउद्दीन बरनी का प्रथम मूल संस्करण है और प्रकाशित पुस्तक को बरनी ने इस पुस्तक के लिखने के उपरान्त पुनः राजनैतिक सिद्धान्तों का मिश्रण करके संशोधित तथा परिवर्धित किया।

---

१ तुग़लुक़ कालीन भारत भाग १, पृ० ५४।

परिशिष्ट 'स'

सुल्तान ग़यासुद्दीन तुग़लुक़ तथा सुल्तान मुहम्मद बिन तुग़लुक़ के सिक्के[1]

ग़यासुद्दीन तुग़लुक़ प्रथम

७२०—७२५ हि० (१३२०—१३२५ ई०)

संख्या	टकसाल	तिथि	भार तथा आकार	Obverse (चेहरा)	Reverse (पृष्ठदेश)
				स्वर्ण के	
२७४	देहली हज़रत (राजधानी)	७२१	भार १६६ आकार १	दो वर्गों में अस्सुल्तानुल ग़ाज़ी ग़यासुद्दुनिया वद्दीन अबुल मुज़फ़्फ़र	वृत्त में तुग़लुक़ शाह अस्सुल्तान नासिरे अमीरुल मोमिनीन[2] हाशिये में ज़ुरेबा हाज़ेहिस् सिक्कते बेहज़रते देहली फ़ी सनते एहदा व इशरीन व सबामेयत[3]
				मिश्रित	
ब २८१	—	७२०	भार ५६ आकार ·६	अस्सुल्तानुल ग़ाज़ी ग़यासुद्दुनिया वद्दीन	अबुल मुज़फ़्फ़र तुग़लुक़ शाह अस्सुल्तान ७२०
२९३ २९४	—	७२०	भार ५६ आकार ·६५	२८२ संख्या के जैसा ही, किन्तु तीसरी पंक्ति के अन्त में ७२०	वृत्त में शाह तुग़लुक़ चारों ओर स्री सुलतां ग़यासुदीं[4]

१ "Catalogue of the Coins in the Indian Museum, Calcutta" by H. Nelson Wright. Vol. II (Oxford 1907)

२ 'तुग़लुक़ शाह सुल्तान अमीरुल मोमनीन (ख़लीफ़ा) का सहायक'।

३ 'यह सिक्का देहली में सन् ७२१ में ढला।'

४ सिक्के में हिन्दी में इसी प्रकार लिखा है।

मुहम्मद तृतीय बिन तुग़लुक़

७२५ हि०—७५२ हि० (१३२५ ई०—१३५१ ई०)

संख्या	टकसाल	तिथि	भार तथा आकार	Obverse (चेहरा)	Reverse (पृष्ठदेश)
				स्वर्ण 'अ'	
				अपने पिता की स्मृति में ढलवाया	
३००	दौलताबाद नगर	७२६	भार १७३ आकार १	अस्सुल्तान उस्सईदुश्शहीद अलग़ाज़ी ग़यासुद्दनिया वद्दीन	वृत्त में अबुल मुज़फ़्फ़र तुग़लुक़ शाह अस्सुल्तान अनारअल्लाहो बुरहानुहू हाशिया ज़ुरेबा हाज़ेहिस् सिक्कते फ़ी बल्दते दौलताबाद सनता सित व इशरीन व सबामेयता[1]
				ब	
				अपने नाम में ढलवाया	
३०१	देहली हज़रत (राजधानी)	७२५	भार १६९ आकार ·९५	वृत्त में ला इलाहा इल्ला अल्लाह मुहम्मदुन रसूलुल्लाह हाशिया में ज़ुरेबत हाज़ेहिस्सिक्कते बेहज़रते देहली फ़ी सनता खम्स-व इशरीन व सबमेयता[2]	अबू बक्र अल मुजाहिद फ़ी सबीलुल्लाह मुहम्मद बिन तुग़लुक़ शाह (दाहिनी ओर अली बाईं ओर उमर नीचे उस्मान)
				स	
				खलीफ़ा अलमुस्तकफ़ी के नाम में ढलवाया	
३१५	देहली	७४२	भार १६८ आकार ·८	ज़ुरेबा हाज़द्दीनारो अलखलीफ़तये फ़िद्देहली फ़ी शहरे सनता इसना व अरबईनो व सबामेयता[3]	फ़ी ज़मानिल इमाम अलमुस्तकफ़ी बिल्लाह अमीरुल मोमिनीन अबुररबी सुलेमान खलद— अल्लाहो खिलाफ़तहू[4]

१ 'यह सिक्का दौलताबाद नगर में ७२६ में ढला।'

२ 'यह सिक्का देहली राजधानी में ७२५ में ढला।'

३ 'यह दीनार देहली में ७४२ में ढला।'

४ 'इमाम मुस्तकफ़ी बिल्लाह अमीरुल मोमिनीन अबुर रबी ईश्वर उसको सर्वदा खलीफ़ा रखे।'

संख्या	टकसाल	तिथि	भार तथा आकार	Obverse (चेहरा)	Reverse (पृष्ठ देश)
				द	
				खलीफ़ा अल हाकिम द्वितीय के नाम में ढलवाया	
				Within Cinquefoil	Within Cinquefoil
३१८	—	—	भार १७० आकार ·७५	फ़ी ज़मानिल इमामे अमीरुल मोमिनीन अल हाकिम बे अम्र	अल्लाह अबू अल अब्बास अहमद खल्लद मुल्कहु
				ताम्र के	
३६४	—	—	भार ६५ आकार ·६	दोहरे वृत्त में अस्सुल्तान ज़िलुल्लाह[1]	दोहरे वृत्त में मुहम्मद बिन तुग़लुक़ शाह
				खलीफ़ा अलमुस्तकफ़ी के नाम में ढलवाया	
३७२	—	—	भार ५२ आकार ·५	अल्लाहु अलकाफ़ी[2]	अल खलीफ़ा अल मुस्तकफ़ी
				खलीफ़ा अल हाकिम द्वितीय के नाम में ढलवाया	
३७३	—	७४६	भार १२५ आकार ·७	अल्लाहो अल हाकिम बे अम्र (बाईं ओर खड़े खड़े) ७४६	वृत्त में अबू अल अब्बास अहमद
				FORCED CURRENCY	
३७५	देहली तख़्तगाह (राजधानी)	७३०	भार १३७ आकार ·७५	वृत्त में मन अताअ अस्सुल्ताने फ़क़द अताअ अर रहमान[3] हाशिया में दर तख़्तगाहे देहली साल बर हफ़सद सी	मुहर शुद तन्का राइज दर रोज़गारे बन्दये उम्मीदवार मुहम्मद तुग़लुक़

१ 'सुल्तान ख़ुदा का साया है।'

२ 'अल्लाह काफ़ी है।'

३ 'जिसने बादशाह की आज्ञाकारिता की उसने ख़ुदा की आज्ञाकारिता की।' इस वाक्य का अर्थ बड़ा महत्त्वपूर्ण है क्योंकि ईश्वर का प्रतिनिधि होने के कारण सुल्तान के प्रति आज्ञाकारिता प्रदर्शित करते हुये इस सिक्के को मान्य समझना लक्षित है। यह सुल्तान की ताम्र मुद्रा के सिक्कों पर इसी कारण लिखा गया।

संख्या	टकसाल	तिथि	भार तथा आकार	Obverse (चेहरा)	Reverse (पृष्ठदेश)
३७६	देहली तख़्तगाह (राजधानी)	७३१	भार १३८	यथावत किंतु हाशिये में साल बर हफ़सद सी यक	मुहर शुद तन्का राइज दर रोज़गारे बन्दये उम्मीदवार मुहम्मद तुग़लुक़
३७७	,,	७३२		यथावत किन्तु सी दो	,,
३७९ ३८० ३८१	धार (दर्रा)	७३१	भार १४७-१२४ आकार ७	यथावत किंतु हाशिये में दर्रे धार साल बर हफ़सद सी यक	,,
३८२	लखनौती (इक़्लीम)	,,	भार १४२ आकार ·७५	यथावत किंतु हाशिये में दर इक़्लीम लखनौती साल बर हफ़सद सी यक	,,
३८३	सत गाँव	७३०	भार १४३ आकार ·८	जैसा संख्या ३७५ में किन्तु हाशिये में दर अरसा सतगाँव	,,
३८४	तुग़लुक़पुर उर्फ़ तिरहुत	७३१	भार १४० आकार ८	यथावत किंतु हाशिये में इक़्लीम तुग़लुक़पुर उर्फ़ तिरहुत	,,
३८५	दौलताबाद तख़्तगाह (राजधानी)	,,	भार १४१ आकार ·७५	यथावत किंतु हाशिये में दर तख़्तगाह दौलताबाद साल बर हफ़सद सी यक	यथावत किंतु दूसरी पंक्ति में 'पंजाहगानी', 'राइज' के स्थान पर
३८६ ३८७	—	७३०	भार ११३·५–११० आकार ·७५	मन अताअ अस्सुल्ताने मुहम्मद ७३०	फ़क़द अताअ अर रहमान तुग़लुक़
३८८	—	७३०	भार ११३	अतीय उल्लाहो व अतीय उर् रसूलो व उलिल अम्रे मिनकुम मुहम्मद[1] ७३०	ला (ले) युवह्लस् सुल्तान कुल्लुन नास बाज़हुम बाज़ा तुग़लुक़[2]

१ अल्लाह की आज्ञाकारिता करो तथा रसूल की, और जो तुम में से हाकिम हो उसकी आज्ञाकारिता करो।

२ सुल्तान के प्रति निष्ठा रखनी चाहिए। समस्त मनुष्य एक दूसरे से सम्बन्धित हैं।

संख्या	टकसाल	तिथि	भार तथा आकार	Obverse (चेहरा)	Reverse (पृष्ठदेश)
४००	—	—	भार ६६ आकार '६	दोहरे वृत्त में मुहम्मद तुग़लुक़ चारों ओर भागों में श्री : मीहमद[1]	भागों में सिक्कये ज़र जायज दर अहद बन्दा उम्मीदवार मुहम्मद तुग़लुक़
४१० ४०२	—	—	भार ५६ आकार '५	दोहरे वृत्त में मुहम्मद तुग़लुक़	दोहरे वृत्त में अदूल हश्तगानी
४०३ ४०४	—	—	भार ३५–२४ आकार '४५	वृत्त में मुहम्मद तुग़लुक़	वृत्त में सिक्का दो गानी

१ इस सिक्के में हिन्दी में ऐसा ही खुदा है।

———

परिशिष्ट 'द'

सिन्ध के बाज़ कत्बे

[संकलनकर्त्ता—मुहम्मद शफ़ी, प्रोफ़ेसर पंजाब यूनिवर्सिटी]

ओरियन्टल कालिज मैगज़ीन लाहौर, जिल्द ११, अदद २ फ़रवरी १९३५ ई०

सिह्वान

ख़ानक़ाह मख़दूम लाल शहबाज़ क़लन्दर

(१५५) क़लन्दर साहब की ख़ानक़ाह के पीछे के दो महत्त्वपूर्ण कत्बे (शिला लेख)—

उत्तर की ओर का कत्बा (शिला लेख)--

जिस पत्थर पर यह कत्बा (शिला लेख) लगा है वह २९१$\frac{3}{4}$ इन्च लम्बा और १८ इन्च चौड़ा है। इसमें कुल छः छन्द लिखे हैं। अन्तिम छन्द के कुछ शब्द टूट गये हैं।

संसार मनुष्यों की हत्या करता है। हे हृदय उसका प्राण से भक्त मत बन,
अत्याचार से ईर्ष्या एवं शोषण के अतिरिक्त कोई अन्य कार्य उत्पन्न नहीं होता।
तू मुहम्मद शाह की दशा से शिक्षा ग्रहण कर,
कि किस प्रकार विश्वासघाती समय उसे राजसिंहासन से ले गया।
हे स्वामी के हत्यारे (समय)! यदि तू भूमि के भीतर देखे तो शहंशाह मिलेगा,
संसार के बादशाह उसके दासों के समान थे।
यद्यपि इससे पूर्व उसके दरबार को तूने सैकड़ों बार उस प्रकार देखा था,
इस समय बुद्धि की आँख खोल और इस स्थान पर उसे इस बार देख।
(१५६) पौरुष से उसने संसार विजय किया और उदारतापूर्वक उसने दान किया,
संसार में प्रयत्न एवं अत्यधिक दान हीं उसका आचरण रहा।
मुहर्रम मास की [२१ वीं] थी और शनिवार की रात्रि, जब उसमें,
७५२ (हि०)[1] में उसने उस लोक को प्रस्थान किया।

पश्चिमी ओर का कत्बा (शिला लेख)--

यह भी सफ़ेद पत्थर पर लिखा है। पत्थर २८$\frac{1}{2}$ इंच लम्बा तथा १२$\frac{1}{2}$ इंच चौड़ा है।

पृथ्वी के बादशाह फ़ीरोज़ शाह के राज्य काल में,
कि ईश्वर उसके राजसिंहासन का रक्षक रहे।
धर्म की रक्षा करने वाले उस सुल्तान (की क़बर) पर ऐसा गुम्बद तैयार हुआ,

---

१ १३५१ ई०।

जिसकी पायंती आकाश चक्कर लगाता रहता है।

७५४ हि०[१] में, उसके दरबार के स्वीकृत सेवक सरमस्त मेमार ने निर्माण कराया।[२]

---

१ १३५३-५४ ई०।

२ (सुल्तान फ़ीरोज़) ने स्वयं सुल्तान मुहम्मद का ताबूत (जनाज़ा) हाथी पर रख कर और उस पर चत्र लगाकर निरन्तर कूच करते हुये राजधानी देहली की ओर प्रस्थान किया (तारीख़े मुबारक शाही पृ० ११६)। इससे पता चलता है कि सुल्तान मुहम्मद बिन तुग़लुक़ शाह का शव देहली लाया गया। आसारुससनादीद में सर सैयिद अहमद ख़ाँ ने तुग़लुक़ शाह के मक़बरे के वृत्तान्त के सम्बन्ध में लिखा है। "इस मक़बरे में एक तो इसी बादशाह की क़ब्र है। दूसरी मख़दूमये जहां उसकी पत्नी की और तीसरी सुल्तान मुहम्मद आदिल तुग़लुक शाह उसके पुत्र की जो ७५२ हि० (१३५१ ई०) में सिन्धु नदी के तट पर मरा था। (आसारुस् सनादीद, नामी प्रेस कानपुर १९०४ ई० पृ० २९)। बाद के समस्त लेखकों तथा आरक्योलोजीकल सर्वे [पुरातत्व पर्यवेक्षण] की रिपोर्टों के अनुसार तुग़लुक़ शाह के मक़बरे में एक क़ब्र सुल्तान मुहम्मद बिन तुग़लुक़ की है किन्तु उपर्युक्त शिला लेखों के अनुसार सुल्तान मुहम्मद बिन तुग़लुक़ की क़ब्र सिहवान ही में बनाई गई थी। सुल्तान फ़ीरोजशाह का सिन्धु नदी के तट से सुल्तान मुहम्मद बिन तुग़लुक़ के शव का देहली ले जाना जबकि राजनैतिक दशा बड़ी ही शोचनीय थी, ठीक नहीं ज्ञात होता।

संकेत-सूची

एसामी	*फ़ुतूहुस्सलातीन*
फ़िरिश्ता	*तारीखे फ़िरिश्ता*
बदायूनी	*मुन्तख़बुत्तवारीख़*
बरनी	*तारीखे फ़ीरोज़शाही*
महदी हुसेन	*The Rise and Fall of Muhammad Bin Tughluq*
रेहला	*The Rehla of Ibn Battuta* by Mahdi Husain.
होदीवाला	*Studies in Indo-Muslim History*

मुख्य सहायक ग्रन्थों की सूची

फ़ारसी

अफ़ीफ़, शम्स सिराज	तारीखे फ़ीरोज़शाही (कलकत्ता १८९० ई०)
अब्दुल हक़ मुहद्दिस देहलवी	अखबारुल अखियार (देहली १३३२ हि०)
अमीर खुर्द, सैयिद मुहम्मद मुबारक अलवी	सियरुल औलिया (देहली १८८५ ई०)
अमीर खुसरो	वस्तुल हयात (अलीगढ़)
	क़ेरानुस् सादैन (अलीगढ़ १९१८ ई०)
	मिफ़ताहुल फ़ुतूह (अलीगढ़ १९२७ ई०)
	तुग़लुक़ नामा (हैदराबाद १९३३ ई०)
अली बिन अज़ीज़ुल्लाह तबातबा	बुरहाने मआसिर (हैदराबाद १९३६ ई०)
एसामी	फ़ुतूहुस्सलातीन (मद्रास १९४८ ई०)
क़ज़्वीनी, मीर अलाउद्दौला	नफ़ायसुल मआसिर (हस्तलिखित, अलीगढ़ विश्व विद्यालय)
निज़ामुद्दीन अहमद	तबक़ाते अकबरी (कलकत्ता १९२७ ई०)
फ़िरिश्ता, मुहम्मद क़ासिम	तारीखे फ़िरिश्ता (नवल किशोर प्रेस)
बदायूनी, अब्दुल क़ादिर	मुन्तखबुत्तवारीख (कलकत्ता १८६८ ई०)
बद्रे चाच	क़सायदे बद्रे चाच (कानपुर १८७३ ई०)
बरनी, ज़ियाउद्दीन	तारीखे फ़ीरोज़ शाही (कलकत्ता १८६०-६२ ई०)
	तारीखे फ़ीरोज़ शाही (रामपुर, हस्तलिखित)
	फ़तावाये जहाँदारी (इण्डिया आफ़िस लन्दन, हस्तलिखित)
	सहीफ़ै नाते मुहम्मदी (रामपुर, हस्तलिखित)
मुहम्मद बिन तुग़लुक़	कथित स्वजीवनी (हस्तलिखित, ब्रिटिश म्युज़ियम लन्दन)
मुहम्मद बिहामद खानी	तारीखे मुहम्मदी (हस्तलिखित, ब्रिटिश म्युज़ियम लन्दन)
मुहम्मद मासूम	तारीखे सिन्ध (पूना १९३८ ई०)
यहया बिन अहमद सहरिन्दी	तारीखे मुबारकशाही (कलकत्ता १९३१ ई०)
हमीद क़लन्दर	खैरुल मजालिस (अलीगढ़)
हसन, अमीर, सिजज़ी	फ़वाइदुल फ़ुआद (देहली १२७२ हि०)
हाजी अब्दुल हमीद मुहर्रिर	दस्तूरुल अलबाब फ़ी इल्मिल हिसाब (हस्तलिखित, रामपुर)

अरबी

इब्ने बत्तूता	यात्रा का विवरण (पेरिस १९४९ ई०)
क़लक़शन्दी	सुबहुल आशा फ़ी सिनाअतिल इनशा (क़ाहिरा १९१५ ई०)

उर्दू

मुहम्मद हुसेन — अजाइबुल असफ़ार (लाहौर १८९८)

सर सैयिद अहमद ख़ाँ — आसारुस्सनादीद (कानपुर १९०४)

ओरियण्टल कालिज मैगज़ीन लाहौर

हिन्दी

रिज़्वी, एस० ए० ए० — आदि तुर्क कालीन भारत (अलीगढ़ १९५६)

खलजी कालीन भारत (अलीगढ़ १९५५)

ENGLISH

Benett, W. C. — *A Report on the Family History of the Chief Clans of Roy Bareilly District* (Lucknow 1870)

Elliot and Dowson — *History of India as told by its own Historians* (London 1887)

Ethe, H. — *Catalogue of the Persian Manuscripts in the Library of the India Office*

Gibb, H. A. R. — *Ibn Battuta* (London 1929)

Haig, Sir Wolseley. — *The Cambridge History of India* Vol III (Cambridge 1928)

Hodivala, S. H. — *Studies in Indo-Muslim History* (Bombay 1939)

Ibbetson, Sir D. — *A Glossary of the Tribes and Castes of the Punjab and North-West Frontier Province* (Lahore 1919)

Mahdi Husain. — *The Rehla of Ibn Battuta* (Baroda 1953)

The Rise and Fall of Muhammad Bin Tughluq (London 1938)

Mirza, M. W. — *The Life and Works of Amir Khusrau* (Calcutta 1935)

Moreland, W. H. — *The Agrarian System of Moslem India* (Cambridge 1929)

Nizami, K. A. — *Studies in Medieval Indian History* (Aligarh 1956)

Otto Spies — *Masalik-ul-Absar Fi Mumalik ul-Amsar* (Aligarh)

Prasad, Ishwari — *History of Medieval India* (Allahabad 1940)

History of Qaraunah Turks in India (Allahabad 1936)

Qureshi I. H. — *The Administration of the Sultanate of Delhi* (Lahore 1944)

Rieu, C. — *Catalogue of the Persian Manuscripts in the British Museum London*

Storey, C. A. — *Persian Literature, A Bio-Bibliographical Survey*

Thomas, E. — *The Chronicles of the Pathan Kings of Delhi* (London 1871)

Tripathi, R. P. — *Some Aspects of Muslim Administration* (Allahabad 1936)

Wright, H. N. — *Catalogue of the Coins in the Indian Museum, Calcutta* (Oxford 1907)

Archaeological Survey Reports

नामानुक्रमणिका (अ)

पारिभाषिक शब्द

[इन शब्दों के विषय में इब्ने बत्तूता की यात्रा के विवरण तथा मसालिकुल अबसार द्वारा ज्ञान प्राप्त होता है।]

नामानुक्रमणिका (ब)

(अ)

(आ)

(इ)

(ई)

(उ)

(ऊ)

(ए)

(ऐ)

(क)

(ख)

(घ)

(च)

(छ)

(ज)

(झ)

(ट)

(ड)

(ढ)

(त)

(थ)

(द)

(ध)

(न)

(प)

(फ)

(ब)

(भ)

(म)

(य)

(र)

(ल)

(व)

(श)

(स)

(ह)

शुद्धि-पत्र

पृष्ठ	पंक्ति	अशुद्ध	शुद्ध
१६	२	सत्य	असत्य
३८	१०	धन, खराज	खराज
४४	३१	दिहम	दिरहम
५३	२०	पहुँचाने लगे	पहुँचने लगे
५६	३५	४०००	४००
५७	३४	कालीनट	कालीन
८५	१	कुालहे ज़र	कुलाहे ज़र
८६	२७	बरगाह	बारगाह
८९	२२	तातार जाशगूरी, वीर, हिन्दू	तातार जाशगूरी वीर हिन्दू
९०	१	हिन्दू तथा ततार दाहिनी ओर के सरदार थे।	हिन्दू ततार दाहिनी ओर का सरदार था।
१०८,११२,११४	१५,७,१७,२५	आलम	आलिम
११९	३३	जंगग	जगंग
१२०	११	दोहनी द्वारा जलाल की	जलाल दोहनी की
१२२	८	हिजब	बहा
१२५	३८	वीर	बीर (बीड़)
१४२	२१	पाल	पास
२२५	१	नसीरुद्दीन	नासिरुद्दीन
२३१	३४	इहनुल	इब्नुल
२३४	९	बुहरानुद्दीन	बुरहानुद्दीन
२४१	३५	मित्र	चित्र
२६४	२३	जालों	वालों
३०७	४	वेश	देश
३१०	२२	तक़वीमुल बुल्दाम	तक़वीमुल बुल्दान
३२३	७	अजम	अज़द
३२३	९	अमीर अहमन	अमीर अहमद
३५९	३	१९११	१९२७
३६२	७	शाह	शाहू
३६४	२१	ममशूर	मनशूर
३६८	४	अलाउद्दीन हुसेन	अलाउद्दीन हसन
६७०	१०	क़न्धार	कन्धार

नोट—छपाई की बहुत ही साधारण अशुद्धियों का उल्लेख नहीं किया गया है।